Die Welt der Etrusker

Archäologische Denkmäler
aus Museen der sozialistischen Länder

Staatliche Museen zu Berlin,
Hauptstadt der DDR
Altes Museum
vom 4. Oktober bis 30. Dezember 1988

Henschelverlag Berlin

Ausstellung und Katalog

Gesamtleitung: Prof. Dr. sc. Günter Schade

Leitung des nationalen und internationalen
Arbeitsstabes: Dr. Gisela Holan

Wissenschaftliche Arbeitsgruppe:
Dr. Max Kunze (Leitung), Dr. Volker Kästner,
Dr. Huberta Heres, Ursula Kästner,
Irmgard Kriseleit, Wolfgang Hoffmann,
Prof. Dr. Janos György Szilágyi, Budapest,
Dr. Jevgenij Mavleev, Leningrad,
Dr. Ludmila Akimova, Moskau,
Dr. Witold Dobrowolski, Warschau,
Prof. Dr. Jan Bouzek, Prag

Katalogredaktion: Dr. Max Kunze,
Dr. Volker Kästner

Technische Arbeiten:
Marianne Gross, Holger Schwarzer,
Marion Tröger

Schreibarbeiten:
Margarete Novak, Gabriela Stöhr,
Lucie Schenk, Marga Ewald,
Susannah Weyhmann, Heidi Zapke,
Petra Iken, Andrea Berndt

Zeichnungen: Thérèse-Martine Sallmann

Übersetzungen: Dr. Jürgen Teller,
Eugenia Meyer, Peter Görke,
Anna Schulze, Gabriele Schmidt,
Günter Kluge, Dr. Detlef Rößler

Konservatorische Betreuung:
Museumsrat Georg Jacob,
Christel Teller, Priska Schilling,
Renate Lehmann, Sylvia Hradetzky,
Kathrin Zippel, Gerd Jendritzki,
Johannes Noack, Wolfgang Maßmann,
Paul Hofmann, Holger Schell, Bernd
Zimmermann

Nachbildungen: W. Kuckenburg, H. Griese

Gestaltung/Aufbau:
Werner Schulz †, Hans Pietsch, Friedrich
Kalusche

Technisch-organisatorische Mitwirkung:
Irina Bröckel, Andrea Berndt

Kataloggestaltung:
Jörg Brosig, Jochen Eichler, Judith Riemelt,
Claudia Schauß, Hans Spörri

Plakatentwürfe: Ellen Senst

Verzeichnis der beteiligten Museen

DDR
Staatliche Museen zu Berlin (SMB),
Antikensammlung
Staatliche Museen zu Berlin (SMB),
Münzkabinett
Staatliche Museen zu Berlin (SMB),
Museum für Ur- und Frühgeschichte
Museum für Deutsche Geschichte (MfDG),
Museum für Ur- und Frühgeschichte
Staatliche Kunstsammlungen Dresden
(SKS), Skulpturensammlung
Staatliches Lindenau-Museum, Altenburg
Museen der Stadt Gotha, Schloßmuseum
(Gotha, Schloßmuseum)
Friedrich-Schiller-Universität Jena
(FSU), Sammlung antiker Kleinkunst
Karl-Marx-Universität Leipzig (KMU),
Antikenmuseum
Martin-Luther-Universität Halle–Wittenberg
(MLU), Archäologisches Museum

Ausland
Staatliche Ermitage (GE), Antiken-
sammlung, Leningrad
Staatliche Museen für Bildende Künste
Puschkin (GMII), Antikensammlung, Moskau
Voronesh, Museum der Bildenden Künste
I. N. Kramskoji
Museum der Schönen Künste (SzM),
Antikensammlung, Budapest
Nationalmuseum Warschau (Warschau, NM),
Galerie antiker Kunst
Nationalmuseum Poznań, Schloß Gołuchow
Nationalmuseum Prag (Prag, NM)
Karlsuniversität Prag (Prag, UKA)
Nationalgalerie Prag (Prag, NG)
Museum für Kunstgewerbe Prag (Prag, MKG)
Slowakisches Nationalmuseum Bratislava
(Bratislava, NM)
Mährische Galerie Brno, Abt. Kunstgewerbe
Städtisches Museum Zateč
Jablonec, Glas- und Bijouteriemuseum
Plzeň, Westböhmisches Museum

Verzeichnis der Autoren

L. A.	Ludmila Akimowa, Moskau
J. B.	Jan Bouzek, Prag
S. B.	Sonja Boriskovskaja, Leningrad
Z. B.	Zinaida Bilimovič, Leningrad
W. D.	Witold Dobrowolski, Warschau
L. I. G.	Ludmila I. Gatalina, Leningrad
G. H.	Gerald Heres, Berlin
H. H.	Huberta Heres, Berlin
I. K.	Irmgard Kriseleit, Berlin
K. K.	Kordelia Knoll, Dresden
M. K.	Max Kunze, Berlin
U. K.	Ursula Kästner, Berlin
V. K.	Volker Kästner, Berlin
H. M.	Heinrich Müller, Berlin
E. M.	Jevgenij Mavleev, Leningrad
H.-P. M.	Hans-Peter Müller, Leipzig
O. N.	Oleg Neverov, Leningrad
E. P.	Eberhard Paul, Leipzig
V. P.-Z.	Verena Paul-Zinserling, Jena
M. R.	Martin Raumschüssel, Dresden
I. S.	Irina Saverkina, Leningrad
Th.-M. Sch.	Theun-Matthias Schmidt, Berlin
S. S.	Sabine Schulz, Berlin
J. G. Sz.	Janos György Szilágyi, Budapest
M. J. T.	Michail J. Treister, Moskau
O. V. T.	Olga V. Tuguševa, Moskau
V. S. Z.	Valentina S. Zabelina, Moskau

ISBN 3-362-00276-5

1. Auflage
© Henschelverlag Kunst und Gesellschaft
DDR – Berlin 1988
Lizenz-Nr. 414.235/54/88
LSV-Nr. 8158
Printed in the German Democratic Republic
Gesamtherstellung: Grafische Werke Zwickau
625 876 0
07200

Inhaltsverzeichnis

Zum Geleit

Dieser Katalog begleitet eine Ausstellung mit mehr als 1000 Denkmälern der etruskischen Kultur aus Museen sozialistischer Länder, die größtenteils erstmalig der Öffentlichkeit zugänglich sind. Sie vermitteln einen umfassenden Einblick in die weltgeschichtliche Bedeutung der etruskischen Kultur, die neben denen der altorientalischen und antiken Sklaverei- und Klassengesellschaften zu den bedeutenden Hochkulturen Europas gehörte. Sie entwickelte sich auf dem Boden Italiens zwischen dem 9. und 1. Jahrhundert v. u. Z. und beeinflußte einerseits die römische Kultur, strahlte andererseits stark auf das eisenzeitliche Mitteleuropa aus.

»Die Welt der Etrusker« ist als ein multilaterales Gemeinschaftsprojekt zwischen Museen sozialistischer Länder vor einigen Jahren begründet worden. Die Vorbereitung dieses großen Projektes, das Ausstellung wie Katalog einschließt, hat die enge und freundschaftliche Zusammenarbeit zwischen Wissenschaftlern und Mitarbeitern von Museen in der Sowjetunion, der ČSSR, der Volksrepublik Ungarn, der Volksrepublik Polen und der DDR wesentlich befördert. So ist sie ein erneuter Ausdruck der sich vertiefenden kulturellen Beziehungen zwischen den Staaten der sozialistischen Gemeinschaft und wird ihr gemeinsames kulturelles Wirken auch in anderen Ländern befördern.

Die umfassende Schau zur etruskischen Kultur aus Beständen vieler Museen dieser Länder, insbesondere der Staatlichen Ermitage in Leningrad und der Antikensammlung der Staatlichen Museen zu Berlin, garantiert ein hohes wissenschaftliches Niveau, so daß das Projekt auch als bemerkenswerter Beitrag zur internationalen etruskologischen Forschung verstanden werden kann.

Die Ausstellung will – auch mit ihrer spezifischen Art der Präsentation – dem wachsenden Geschichtsbewußtsein der Museumsbesucher entsprechen, das sich auch in zunehmendem Interesse an komplex dargestellten archäologischen Themen und an kulturhistorischen und sozialen Zusammenhängen widerspiegelt.

Von Berlin aus wird diese Ausstellung ihren Weg in die beteiligten Länder antreten und sich dem wachen Blick vieler Menschen stellen. Ich wünsche dazu Erfolg, ihren Besuchern Erkenntnisgewinn, Entdeckerlust und Freude.

Dr. Hans-Joachim Hoffmann
Minister für Kultur der
Deutschen Demokratischen Republik

Vorwort

Die Berliner Antikensammlung besaß und besitzt noch immer eine der bedeutenden Sammlungen etruskischer Kunst außerhalb Italiens. Viele Zeugnisse der etruskischen Kunst und des Kunsthandwerkes wurden bereits unmittelbar vor und nach der Eröffnung des ersten öffentlichen Museums in Berlin, dem Alten Museum am Lustgarten, erworben, so daß bereits 1843/44 im Hauptgeschoß des Schinkel-Baus ein separater »Etruskischer Saal« eingerichtet werden mußte. Bedeutende Erwerbungen aus den etruskischen Nekropolen folgten im weiteren 19. Jahrhundert. Sie sind mit bekannten Vertretern der Berliner Altertumswissenschaft verbunden. Mit dem Namen des Berliner Archäologen Eduard Gerhard zum Beispiel steht zugleich eine bedeutsame Etappe in der Erforschung der etruskischen Geschichte, Kultur und Kunst in Zusammenhang, die mit den altertumswissenschaftlichen Instituten in Berlin verknüpft ist. Von hier aus gingen wichtige Impulse für die Erforschung dieser erst mit dem 19. Jahrhundert in das internationale Interesse gerückten antiken Hochkultur aus.

Der vom deutschen Faschismus entfesselte zweite Weltkrieg riß Lücken auch in die Bestände etruskischer Kunst der Antikensammlung: Manche Objekte sind unwiederbringlich verloren, während andere Zeugnisse etruskischer Kleinkunst später nach Berlin (West) gelangten. Dennoch ist die Berliner Sammlung im Pergamonmuseum nach Qualität und Vielfalt noch bedeutend genug, um ein anschauliches Bild der etruskischen Kultur zu vermitteln. In dieser Sonderausstellung geht es aber um weit mehr: In der Kooperation mit Partnermuseen in der UdSSR, der VR Ungarn, der VR Polen sowie der ČSSR ist versucht worden, diese auf dem Boden Italiens zwischen dem 9. und 1. Jh. v. u. Z. entstandene Kultur in umfassender Weise zu dokumentieren und in einer temporären Ausstellung zu präsentieren. Die Ausstellung will damit dem gewachsenen Interesse der Museumsbesucher an breiten archäologischen Darstellungen in den an der Ausstellung beteiligten sozialistischen Ländern entsprechen. Hinzu kommt ein neues, allgemeines Interesse an dieser bemerkenswerten Hochkultur, das durch zahlreiche Ausstellungen und Veröffentlichungen in dem in Italien 1985 begangenen »Jahr der Etrusker« weltweit geweckt wurde. Die wissenschaftlichen Ergebnisse dieser großen italienischen Projekte und Kampagnen haben zugleich neue Maßstäbe für Darstellungen etruskischer Kultur gesetzt.

Daß der hier vorgelegte umfangreiche Ausstellungskatalog, dessen Drucklegung wiederum in großzügiger Weise der Henschel-Verlag Berlin übernommen hat, auf dem der heutigen etruskologischen Forschung entsprechenden hohen wissenschaftlichen Niveau möglich wurde, ist ein Ergebnis der intensiven Zusammenarbeit zwischen den Museen der genannten sozialistischen Länder. Seit vielen Jahren bestehen ständige und direkte Arbeitsbeziehungen zwischen den Staatlichen Museen zu Berlin und dem Puschkin-Museum für Bildende Künste Moskau, der Staatlichen Ermitage in Leningrad, dem Museum der Schönen Künste Budapest und dem Nationalmuseum Warschau. Sie haben es ermöglicht, den notwendigen wissenschaftlichen Austausch in der Vorbereitung dieses Katalogs und der Ausstellung durchzuführen. Über Jahre haben Archäologen und Restauratoren der genannten Museen unter Einbeziehung tschechoslowakischer Kollegen an der wissenschaftlichen Bearbeitung der für die Ausstellung ausgewählten Objekte gearbeitet, die bisher zu einem großen Teil nur aus veralteten Publikationen bekannt oder unpubliziert waren. Das hier vorgelegte Ergebnis dieses multilateralen Gemeinschaftsprojektes legt beredtes Zeugnis für die gemeinsame Forschungsarbeit an den Museen sozialistischer Länder ab und ist Ausdruck der vertieften kulturellen Beziehungen zwischen den Ländern der sozialistischen Staatengemeinschaft. Die Ausstellung »Die Welt der Etrusker – Archäologische Denkmäler aus Museen sozialistischer Länder« wird von Oktober bis Dezember 1988 im Alten Museum in Berlin gezeigt und wird danach in den Ländern der beteiligten Museen zu sehen sein. Ausstellungsprojekte von dieser Bedeutung haben in Berlin bereits Tradition: Erinnert sei an Ausstellungen wie »Kunst der Reformationszeit« (1984), »Weltschätze der Kunst – Der Menschheit bewahrt« (1985) oder »Kunst in Berlin 1648–1987« (1987), die zu Anziehungspunkten für Hunderttausende von Besuchern wurden. Die bevorstehende archäologische Ex-position setzt somit die Reihe bedeutsamer Ausstellungen der Staatlichen Museen zu Berlin fort. Fülle und Vielfalt archäologischer Denkmäler zur etruskischen Kunst und zum Kunsthandwerk, die diese Ausstellung in Berlin dokumentiert, werden sicher ebenfalls das Interesse eines breiten interessierten Publikums finden. Möglich wurde diese Exposition aber nur durch die zahlreichen Leihgaben aus den beteiligten Museen. Hervorgehoben sei an dieser Stelle besonders die Staatliche Ermitage in Leningrad, die in großzügiger Weise die wichtigsten Objekte ihrer bedeutenden Etruskersammlung zur Verfügung gestellt hat. Mit wertvollen Leihgaben unterstützen diese Ausstellung aber auch die Antikensammlungen im Puschkin-Museum Moskau und Voronesh, des Nationalmuseums in Warschau, des Museums der Schönen Künste Budapest und des Nationalmuseums in Prag sowie verschiedene Sammlungen in der ČSSR.

Der Dank an die Leihgeber wäre nicht vollständig, wenn er nicht auch die Museen und Sammlungen in der DDR einschließen würde: Dank gebührt den Staatlichen Kunstsammlungen in Dresden, dem Staatlichen Lindenau-Museum Altenburg, den Museen der Stadt Gotha (Schloß Friedenstein), den Sammlungen der Karl-Marx-Universität in Leipzig, der Friedrich-Schiller-Universität Jena und der Martin-Luther-Universität Halle-Wittenberg sowie dem Museum für Deutsche Geschichte Berlin. Alle Leihgeber trugen durch ihre freundliche Unterstützung wesentlich zur Realisierung der Ausstellung bei. Die Idee für dieses gemeinsame Ausstellungsprojekt geht auf unsere Leningrader Kollegen, insbesondere auf die 1980 verstorbene Wissenschaftlerin Dr. A. I. Voščinina zurück. Die Berliner Kollegen haben diese Idee gern aufgegriffen und in Zusammenarbeit mit allen Beteiligten realisieren können. Doch wäre auch dies nicht ohne die stets fördernde Mitwirkung des bedeutenden Gelehrten und Spezialisten für Etruskologie, Prof. Dr. J. G. Szilágyi, Direktor der Antikensammlung in Budapest, möglich geworden. Ihm sei für seine zuverlässige Hilfe gedankt.

Prof. Dr. sc. Günter Schade, Generaldirektor der Staatlichen Museen zu Berlin

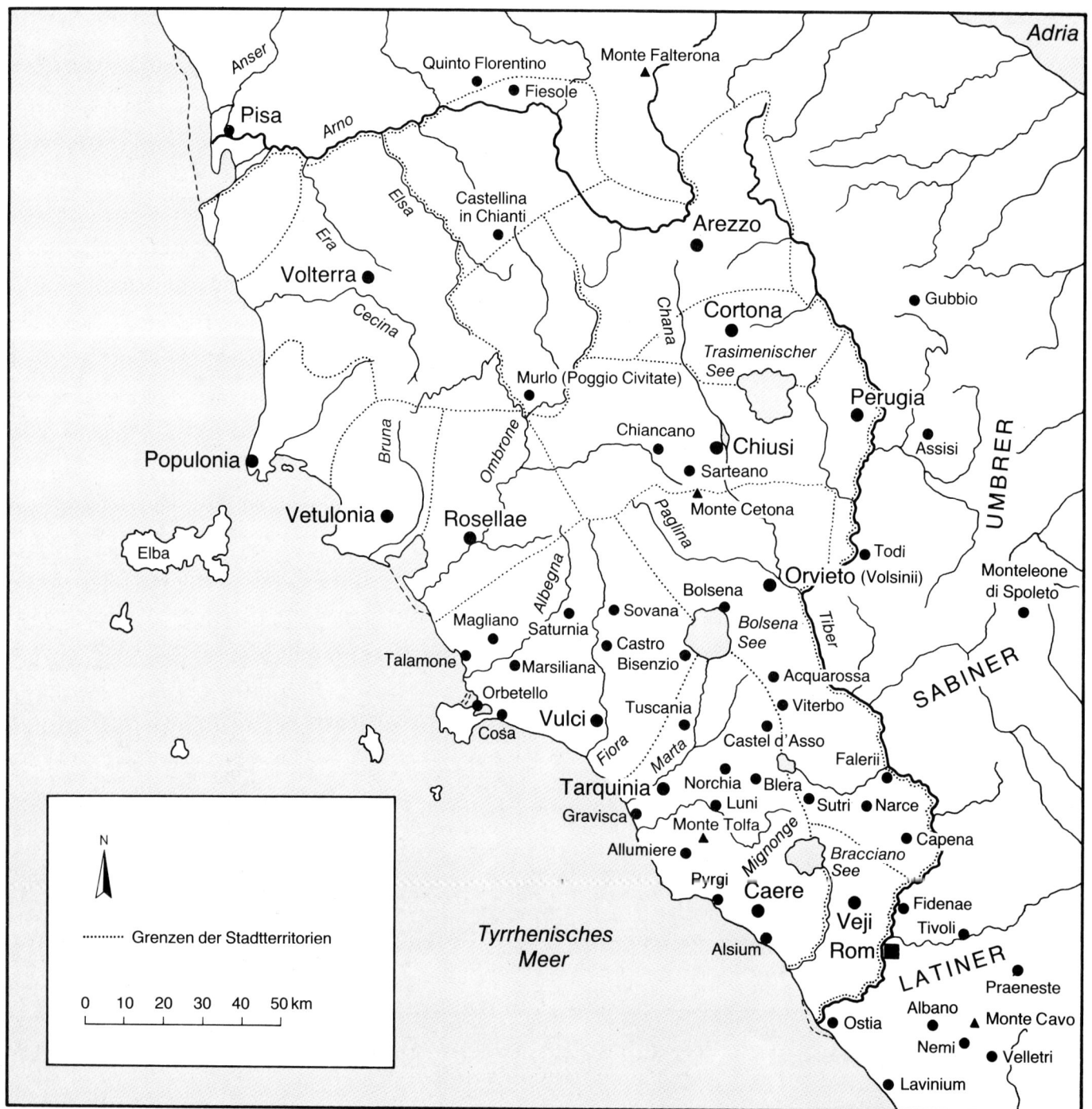

Etrurien

Der Ursprung der Etrusker und die Villanova-Kultur

Schon die alten Autoren waren in der Frage des Ursprungs der Etrusker nicht einig. Herodot (5. Jh. v. u. Z.) und einige andere Schriftsteller haben von einer Einwanderung der Etrusker aus dem kleinasiatischen Lydien berichtet, Dionysios von Halikarnassos (1. Jh. v. u. Z.) hielt sie für ein in Italien autochthones Volk, und die moderne Wissenschaft entwickelte eine dritte Theorie, wonach die Etrusker aus dem östlichen Mitteleuropa eingewandert wären. Alle drei Hypothesen weisen auf verschiedene Aspekte des Problems hin und haben ihre Vertreter. Alle drei Antworten könnten einen wahren Kern enthalten; eben das beweist aber, daß die Lösung dieses Problems auf anderem Wege versucht werden sollte.

Die Tatsache, daß es in Italien keine dem Etruskischen verwandte Sprache gibt, läßt die Annahme einer Einwanderung berechtigt, doch nicht unbedingt zwingend erscheinen: Es kann sich auch um eine altmediterrane Sprache handeln, die nach der Ankunft der Italiker als kleine Sprachinsel weiterlebte. Dazu gibt es Parallelen im gesamten altmediterranen Raum. In der Endphase der Bronzezeit, im 11. bis 10. Jh. v. u. Z., gab es eine relativ einheitliche Kultur in Italien. Zuweilen wird sie Protovillanova-Kultur genannt, aber es erscheint besser, diesen Namen für einen »Dialekt« der endbronzezeitlichen Kultur Italiens zu gebrauchen, der sich auf dem Gebiet der heutigen Regionen Toskana, Lazio, Campania, Emilia-Romagna und Marche ausbreitete. Die engen Beziehungen der Protovillanova-Kultur zur mitteleuropäischen Urnenfelderkultur sind offensichtlich, reichen jedoch nicht aus, um die Annahme einer ethnischen Verwandtschaft und einer Migration vom Norden nach Süden zu unterstützen. Um 900 v. u. Z., zu Beginn der Früheisenzeit, gab es zwar radikale Veränderungen im späteren Etrurien, aber die nach einem Fundort in der Nähe von Bologna benannte neue Villanova-Kultur hat, trotz aller Verschiedenheiten, so viele Kontakte mit der vorangehenden Protovillanova-Kultur, daß sie kaum als importiert betrachtet werden kann. Aus der Villanova-Kultur entstand dann – teilweise als Folge des Erscheinens der Griechen im Golf von Neapel, teilweise im Laufe einer organischen inneren wirtschaftlichen und

sozialen Entwicklung – um die Mitte des 8. Jh. v. u. Z. eine Kultur, die wir schon etruskisch nennen dürfen. Eine Einwanderung kleinerer oder größerer Völkergruppen aus Kleinasien ist nicht völlig auszuschließen, kann aber nur im 12. Jh. v. u. Z. vor der Ausbildung der Protovillanova-Kultur stattgefunden haben. Die

ethnische Zugehörigkeit dieser Völkergruppen hatte jedenfalls ihre Bedeutung längst verloren, als die historische etruskische Kultur entstand. Zu ihrer Herausbildung haben natürlich auch diejenigen Italiker beigetragen, die die Hauptträger der Protovillanova-Kultur waren. Das Wesentliche ist aber, daß das Volk und die Kul-

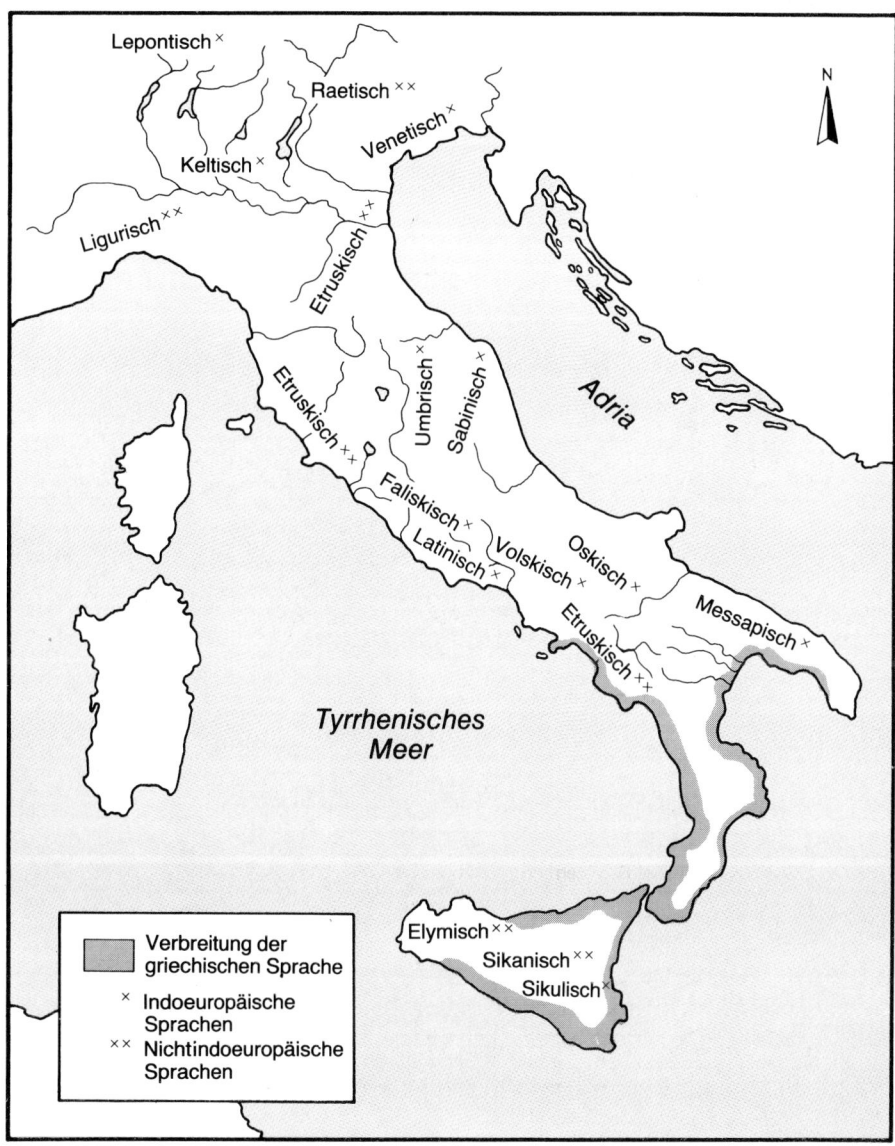

Verbreitung der Sprachen im antiken Italien

tur, die die antiken Schriftquellen etruskisch nennen, als Ergebnis eines inneritalischen geschichtlichen Prozesses zustande kamen und sich organisch aus den Trägern der vorangehenden Villanova-Kultur entwickelten.

Die Tradition der Etrusker setzt den Anfang ihrer Geschichte in das Jahr 968 v. u. Z.; etwa in dieselbe Zeit kann man die Anfänge der protourbanen Zentren Etruriens datieren. Die Struktur dieser Zentren deutet an, daß es sich

bei ihren Gründungen um Synoikismen handelte ähnlich wie in mehreren griechischen Städten und in Rom: Verschiedene Gruppen haben aber noch lange in ihrer Kultur gewisse autonome Züge beibehalten.

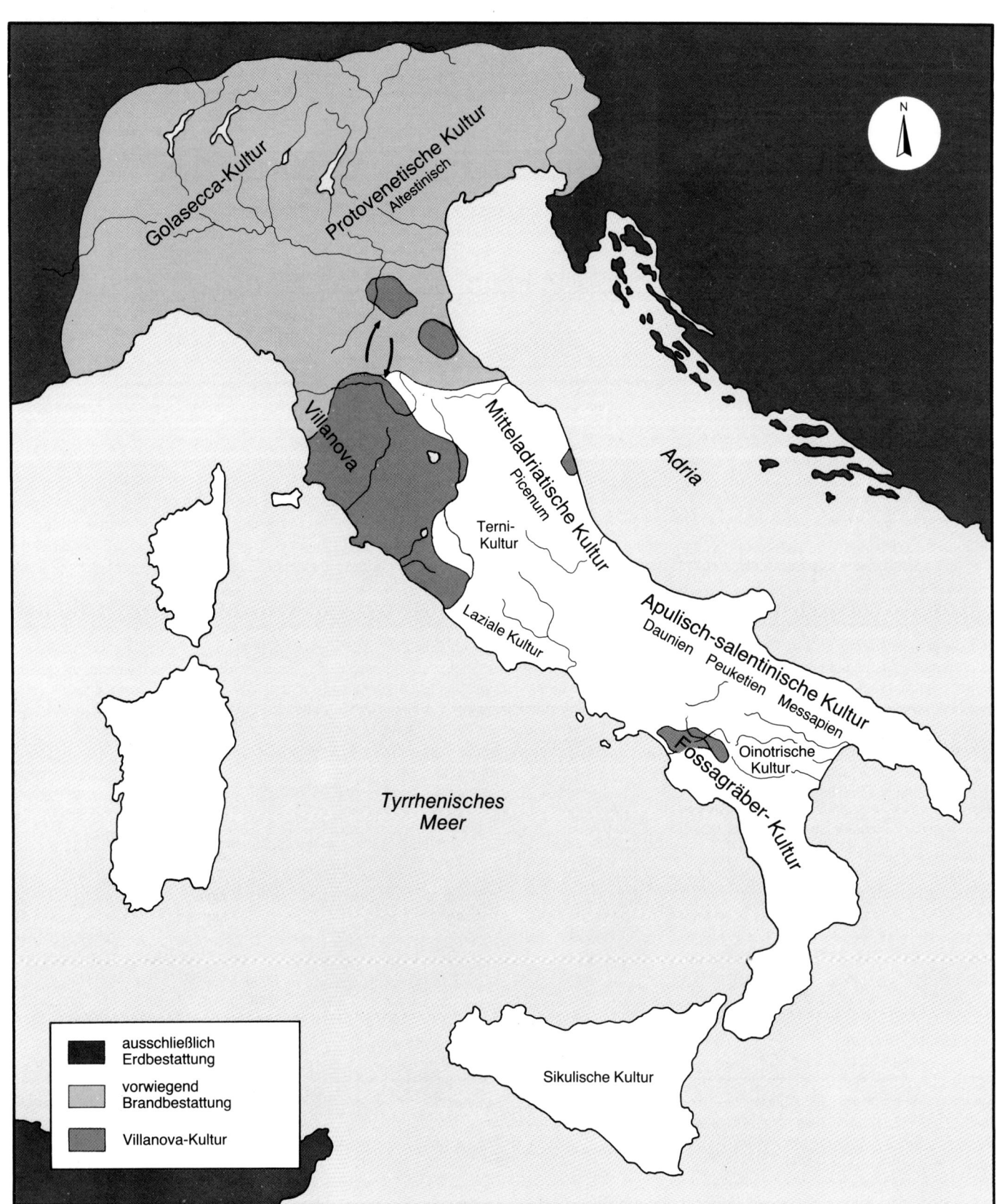

	ausschließlich Erdbestattung
	vorwiegend Brandbestattung
	Villanova-Kultur

Eisenzeitliche Kulturen in Italien

Diese Protostädte wurden Zentren der Villanova-Kultur, die in der Toskana, im Norden bis in die Gegend von Bologna und im Süden auch in Kampanien verbreitet war. Auch die damalige laziale Kultur wurde in mehreren Hinsichten von der Villanova-Kultur geprägt.

Die protourbanen Zentren sind noch wenig erforscht, und auch jene der Villanova-Zeit sind uns – ähnlich wie die spätere etruskische Kultur – vorwiegend aus den Gräbern bekannt. Die Toten wurden verbrannt und die Brandreste in Urnen beigesetzt: Die sogenannte Villanova-Urne (Kat.-Nr. A 1.3) stellt die charakteristische für diesen Zweck verwendete Form dar; in Latium hat man dagegen als Behälter für den Leichen-brand Hausmodelle, sogenannte Hüttenurnen (Kat.-Nr. A 1.1), benutzt. Die typische Keramik der Villanova-Zeit nennt man Impasto: Sie war dunkel, fein geglättet und durch Ritzung oder Riefen verziert. In der späteren Phase der Villanova-Kultur, von der 1. Hälfte des 8. Jh. v. u. Z. an, erscheinen schon griechische Importwaren im späteren Etrurien. Zunächst aber überwog noch die italische Tradition: Die Bronzegefäße (Kat.-Nr. A 3.9, 4.44–53) und die Bronzeschutz-waffen ähneln oft jenen aus dem damaligen Mitteleuropa; nur die kürzeren Schwerter (Kat.-Nr. A 3.2,3) zeugen von einer veränderten Kampfweise, obwohl sie auch genetisch den mitteleuropäischen verwandt sind. Der Hort-fund von Elba (Kat.-Nr. A 3.1) enthält eine späte Bogenfibel mit mehreren Lappenbeilen aus der frühesten Villanova-Zeit (9. Jh. v. u. Z.), erhalten sind ferner Beispiele damaligen Zaumzeugs (Kat.-Nr. A 3.8), mit der europäischen Sonnen-symbolik verbundene Gegenstände (Sonnen-gott in Sonnenbarke mit Vögeln oder Vogelköpfen, Kat.-Nr. A 3.11) und mehrere Fibeln, mit denen die Etrusker ihre Kleider an den Schultern zusammenhielten.

Die Überwindung der Villanova-Kultur und die Geburt der etruskischen Kultur zeigt der Inhalt der Tomba del Guerriero aus Tarquinia (Kat.-Nr. A 4).

Lit.: Siehe S. 33   J. B.

Die Etrusker. Ein historischer Überblick

Das Volk der Rasenna, das die Griechen Tyrrhénoi nannten und das wir heute, lateinischem Sprachgebrauch folgend, als Etrusker bezeichnen, hatte neben den Griechen die sicher bedeutendste vorrömische Zivilisation auf dem Gebiet des heutigen Italien hervorgebracht. Durch ihre Aufnahmebereitschaft gegenüber den kulturellen Leistungen des östlichen Mittelmeergebietes und hierbei besonders durch den engen Kontakt mit der griechischen Welt haben die Etrusker wesentlich zur Ausbreitung der für ihre Zeit progressiven antiken Gesellschaftsstrukturen beigetragen.

Als Kerngebiet der etruskischen Kultur gilt der größte Teil der heutigen Toskana, Nordlatium und das westliche Umbrien, ein Territorium, das vom Tyrrhenischen Meer im Westen, dem toskanisch-emilianischen Apennin und dem Arno im Norden sowie vom Lauf des Tiber im Osten und Süden begrenzt wurde. Dieses Areal war auch weitgehend identisch mit jener durch die Gebietsreform des Augustus entstandenen Region Etruria des antiken Italien.

Eine Darstellung der Geschichte der in diesem Landstrich seit etwa 700 v. u. Z. als ethnische Einheit faßbaren Etrusker trifft zunächst auf das Problem, daß eigene historische Aufzeichnungen dieses Volkes fast vollständig fehlen. Immerhin wurden noch von dem römischen Gelehrten Varro (116–27 v. u. Z.) und dem Kaiser Claudius (10 v.–54 u. Z.), der sich mit historischen Studien beschäftigte und eine leider verlorene zwanzig Bände umfassende »Tyrrhenika« schrieb, die im 2. Jh. v. u. Z. entstandenen »Tuscae Historiae« benutzt. Diese gehörten aber wohl ebenso zur Sakralliteratur wie ein Fragment mit der Legende von der Eroberung der Po-Ebene durch den Gründungsheros Tarchun von Tarquinia, das vielleicht dem Briefpartner Ciceros, Aulus Caecina, oder seinem Vater zugeschrieben werden kann und inhaltlich stärker an religiösen Momenten orientiert ist als an der Schilderung historischer Gegebenheiten. Neben religiösem Schrifttum, das sicher in erheblichem Maße geschichtliche Ereignisse als Interpretationsbasis für die berühmte etruskische Weissagekunst festhielt, muß auch bis in die Zeit des augusteischen Prinzipats mit den Archiven vornehmer etruskischer Familien gerechnet werden, und nicht zuletzt lassen Magistratenlisten in Tarquinia und Caere auf lokale Stadtchroniken schließen. Die wenigen Nachrichten, die hiervon überliefert sind, künden von einem religiös bestimmten und von Schicksalsgläubigkeit geprägten Weltbild. Demzufolge glaubten die Etrusker an eine vorbestimmte Zeit ihrer Existenz, die eingeteilt war in »saecula« unterschiedlicher Länge und die in der frühen Kaiserzeit mit dem Ende des zehnten »saeculum« ihren Abschluß gefunden hätte. Aufgrund dieser Quellenlage muß sich eine Geschichte der Etrusker vorwiegend auf Äußerungen griechischer und lateinischer Autoren stützen sowie für die Frühzeit fast ausschließlich auf die Interpretation archäologischer Befunde. Nach diesen vollzog sich der Übergang von urgesellschaftlichen Verhältnissen zur differenzierten Sozialstruktur der etruskischen Gesellschaft im Rahmen der italischen Eisenzeit. So fallen in der jüngeren Villanova-Zeit (800 bis 700 v. u. Z.) einzelne Grabgruppen durch eine Häufung der Beigaben auf, wobei die Zunahme der Metallobjekte und erste importierte Keramik aus euböischen und kykladischen Werkstätten hervorzuheben sind. Das zeugt von einem anwachsenden Reichtum einzelner Personen und Gruppen, die sich aus dem Stammesverband lösten und an einer Wiederbelebung des seit mykenischer Zeit brachliegenden Kontaktes mit dem östlichen Mittelmeerraum interessiert waren. Die Herausbildung einer aristokratischen Schicht war verknüpft mit ökonomischen Veränderungen und einer protourbanen Bevölkerungskonzentration an günstigen Siedlungsplätzen. Neue Formen der Arbeitsteilung – das Herauslösen einzelner Handwerkszweige, wie der Töpferei und der Metallbearbeitung, aus den Landwirtschaft betreibenden Familienver-bänden – begünstigte die Übernahme produktiverer Techniken (Töpferscheibe, Metallausschmelzverfahren und solidere Bautechniken). Seit dieser Zeit begannen auch die südetruskischen Zentren – Tarquinia, Veji und Vulci, aber ebenso Capua und Pontecagnano, in Kampanien aufgrund ihrer handelspolitisch günstigen Lage eine Führungsrolle gegenüber den Siedlungen im mittleren und nördlichen Etrurien einzunehmen. Noch verstärkt wurde diese Entwicklung durch die um 775 v. u. Z. mit der Gründung des Handelsstützpunktes Pithekussai einsetzende griechische Kolonisation.

Die aus den reichen Grabinventaren ablesbare »Handelstätigkeit« der oberen Schichten der etruskischen Gesellschaft konnte sich vor allem auf den Erzreichtum des Landes stützen. Auf der Insel Elba und in den Monti Metalliferi nördlich von Populonia wurde Eisenerz abgebaut, aber auch Kupfer, Zinn, Blei und Silber gewonnen. Dieselben Bodenschätze wurden in Fallonica, um Massa Marittima und am Monte Amiata gefunden, Kupfer und Eisenerz in den Tolfa-Bergen nördlich von Caere geschürft. Für die Ausbeutung der Lagerstätten lieferten wahrscheinlich, ebenso wie für die Metallverarbeitung im 8. und 7. Jh. v. u. Z., orientalische Handwerker die nötigen Kenntnisse. Nordsyrische Einflüsse schlugen sich in der frühen Goldschmiedekunst und der Elfenbeinschnitzerei nieder. Einen über diese frühen Kontakte hinausgehenden Einfluß vermochte allerdings nur das griechische Handwerk auszuüben. Um die Mitte des 7. Jh. v. u. Z. soll nach Plinius (n. h. 25.152) der Bakchiade Demaratos vor der Tyrannis des Kypselos in Korinth mit griechischen Handwerkern nach Tarquinia geflüchtet sein. Ein von dem griechischen Vasenmaler Aristhonotos in Caere geschaffener und signierter Krater schildert etwa um dieselbe Zeit ein Seegefecht – ein Motiv, das ein zentrales Thema jener Zeit anspricht. Die Etrusker begannen das Tyrrhenische Meer zu beherrschen, wobei Seehandel und Piraterie ineinander übergingen und

bereits aufkeimende Interessengegensätze zu den in Süditalien siedelnden Griechen erkennen ließen. Die sich zwischen 720 und 620 v. u. Z. gänzlich herauskristallisierende etruskische Aristokratie konnte sich bei der Akkumulation ungeheurer Reichtümer, die sich in den Ausstattungen der »Fürstengräber« manifestierte, jedoch nicht nur auf Erträge aus dem Bergbau und dem Handel stützen, sondern auch auf die durch Drainageverfahren und Olivenanbau wesentlich verbesserte Landwirtschaft, die hier wie in der übrigen antiken Welt als wesentliche Existenzgrundlage angesehen werden muß. In ihr bildeten sich auch die für die etruskische Gesellschaft charakteristischen Abhängigkeitsverhältnisse heraus, die eine religiös sanktionierte persönliche Bindung der Landbevölkerung an die in den Städten ansässigen Aristokratenfamilien beinhalteten – vergleichbar etwa dem Status der messenischen Heloten oder dem römischen Clientel.

Die nach archäologischen Zeugnissen etwa um die Mitte des 7. Jh. v. u. Z. erfolgte Einführung der Hoplitentaktik ermöglichte es der Aristokratie, in Ausübung des militärischen Schutzes ihre Machtposition gegenüber den unmittelbaren Produzenten weiter auszubauen. Der Lebensstil dieser herrschenden Schicht schloß eine vollständige Übernahme der griechischen Kultur ein, die zu dieser Zeit vom orientalisierenden Stil geprägt war. Der orientalisierende Stil entsprach in besonderem Maße dem luxuriösen Gebaren der Aristokratie, das sich in aufwendigen Hausbauten mit Terrakotta-Dekoration nach griechischem Vorbild, den Hausbau imitierenden Grabanlagen (Caere), der urbanen Ausgestaltung von Siedlungen mit Befestigungen und Heiligtümern sowie in den Erzeugnissen des Kunsthandwerkes äußerte. Letzteres weist mit seinen bildlichen Darstellungen zudem auf die Übernahme des Banketts und der zeremoniellen Spiele sowie der Mythen der Griechen hin.

In der zweiten Hälfte des 7. Jh. v. u. Z. expandierte die etruskische Kultur nach Süden, wo in Kampanien ein Zwölfstädtebund mit den Hauptorten Capua und Pontecagnano entstanden sein soll. Der Landweg nach Kampanien wurde durch die Einflußnahme im Faliskerland und in Latium gesichert, wobei Praeneste eine besondere Schlüsselposition zukam. Der Überlieferung zufolge fällt auch die Begründung der etruskischen Königsherrschaft der Tarquinier in Rom (616 v. u. Z.) in diese Zeit. Eine Intensivierung des Handels läßt sich aus dem Export von Wein, Bucchero-Keramik und Bronzen nach Südfrankreich, Sizilien, Karthago, Sardinien und dem östlichen Mittelmeerraum ableiten. Im 6. Jh. v. u. Z. begann im Norden Populonia als Zentrum der Erzverarbeitung aufzublühen, und die etruskische Kolonisation dehnte sich bis in die Po-Ebene aus, wo Städte mit regulärem Grundriß nach kolonialgriechischem Vorbild entstanden (Marzabotto). In den südetruskischen Stadtstaaten begünstigten Handwerk und Handel die Entstehung neuer sozialer Schichten, die mit den traditionellen clientelartigen Strukturen nicht mehr vereinbar waren. Die Nekropolen von Caere und Orvieto bezeugen mit ihren stadtähnlichen Gruppierungen bescheidenerer Einzelgräber die Ausbildung einer dem griechischen Demos oder der römischen Plebs vergleichbaren Bevölkerungsgruppe, die, nach den orvietanischen Grabinschriften zu urteilen, zu einem großen Teil aus zugewanderten Ausländern – aus Italikern, Latinern und Griechen – bestand. Um eine Aufweichung der bestehenden Sozialstrukturen zu verhindern, legte die Aristokratie nunmehr eine mehr restriktive Haltung gegenüber diesen Zuwanderern an den Tag, indem sie z. B. in Tarquinia dafür sorgte, daß Ausländer in besonderen Emporien (Graviscae) außerhalb der Städte angesiedelt wurden. Im etruskischen Rom führte diese Entwicklung sogar zur Unterbrechung der Königsherrschaft durch die »Tyrannis« des Servius Tullius, die ihrerseits mit dem Versuch einer ersten Münzprägung (aes signatum) verknüpft war. Trotz einer im allgemeinen unangefochtenen Königsherrschaft in den Städten zeichneten sich hier schon Konflikte innerhalb der Aristokratie und zwischen den einzelnen sozialen Gruppen ab. Daneben traten nun aber auch außenpolitische Veränderungen ein. So berichtet Herodot (1.66) von einer Seeschlacht vor Alalia im Sardischen Meer (540 v. u. Z.), in der es den Phokäern zwar gelungen sein soll, eine alliierte Flotte der Etrusker und Karthager zu besiegen, sie jedoch letztlich gezwungen wurden, ihren Außenposten im etruskisch-karthagischen Interessengebiet aufzugeben und sich nach Süditalien zurückzuziehen. Die führende Rolle in dieser Auseinandersetzung dürfte das von Herodot ausdrücklich unter dem Namen Agylla erwähnte Caere (chaisrie) gespielt haben, dem wegen der barbarischen Ermordung phokäischer Kriegsgefangener vom delphischen Orakel eine besondere Sühne in Gestalt von Totenopfern und Leichenspielen auferlegt wurde. Dies deutet neben den griechisch beeinflußten Kunstäußerungen, dem der Hera geweihten Tempel im Stadtgebiet und einem in Delphi errichteten Schatzhaus (Strabon 5.220) auf eine besonders enge Beziehung zu den Griechen hin. Wahrscheinlich war auch der von Pausanias (5.12.5) erwähnte Etruskerkönig Aristemnos, der als erster Nichtgrieche dem Zeus in Olympia einen Thron geweiht haben soll, in Caere beheimatet, und Livius (10.4.9) berichtet sogar von einem Stadtteil mit griechischer Bevölkerung. Pyrgi, die wichtigste Hafenstadt Caeres, ging vielleicht auf eine griechische Handelsniederlassung zurück und besaß ein über die Grenzen Etruriens berühmtes Heiligtum, dessen Gottheit die Griechen als Leukothea oder Eileithyia verehrten. Weitere Caeretaner Häfen befanden sich in Alsium und Punicum, dessen Name andererseits auf die außenpolitischen Kontakte zu Karthago hinweist, mit dem, nach den Pyrgi-Goldblechen zu urteilen, zu Beginn des 5. Jh. v. u. Z. der »Tyrann« Thefarie Velianas politische und kultische Kontakte pflegte. Zur wirtschaftlichen Basis Caeres gehörten die erzreichen Tolfa-Berge, um deren Besitz die Stadt erfolgreich mit dem benachbarten Tarquinia (tarchna) stritt.

Um die Entstehung jener schon im 8. Jh. v. u. Z. herausragenden Metropole rankten sich zahlreiche Mythen. Es wurde behauptet, ihr Gründer Tarchon sei der Bruder oder Sohn des aus Lydien stammenden legendären Stammvaters Tyrrhenos gewesen, und hier wäre angeblich der göttliche Knabe Tages aus einer Ackerscholle aufgetaucht, um die Etrusker in der Kunst des Ergründens göttlichen Willens mittels Vogelflugdeutung und Eingeweideschau (auspicium, haruspicina) zu unterweisen. Tarquinia wurde im 6. Jh. v. u. Z. vom benachbarten Caere überflügelt, spielte dann aber im 4. Jh. v. u. Z. neben Volsinii noch einmal eine wichtigere Rolle.

Von den Anfängen Vulcis (velchal) berichten nur archäologische Funde. Aus den Nekropolen dieser Stadt, deren Gebiet nördlich an die Chora von Tarquinia anschloß, stammen die meisten der seit dem 6. Jh. v. u. Z. massenhaft nach Etrurien exportierten attischen Vasen. Die Gemälde der bei Vulci gelegenen Tomba François aus dem 4. Jh. v. u. Z. schildern den sagenhaften Kampf der Brüder Aule und Caele Vibenna zusammen mit Macstrna (Tacitus, Annales 2.25f.; Tabula Lugdunensis, CIL 13, 1668) gegen die römische Dynastie der Tarquinier, was möglicherweise mit einer gegen Vulci gerichteten Allianz der Tiberstädte zusammenhing.

Das im Landesinneren gelegene Chiusi (clevsin) trat erst gegen Ende des 6. Jh. v. u. Z. historisch in Erscheinung, als es dem König Porsenna gelang, Rom vorübergehend zu erobern, bevor er 504 v. u. Z. von den Latinern und den cumäischen Griechen unter Aristodemos bei Aricia geschlagen wurde. Berühmt war auch das Grabmal dieses Königs, das Plinius (n. h. 36.91) beschrieb. Chiusis Wirtschaft beruhte auf Ackerbau und Binnenhandel, weswegen es auch von der Krise des 5. Jh. v. u. Z. weniger stark betroffen war. Bei Volsinii (velzna) lag das Heiligtum des etruskischen Zwölfstädtebundes, dem neben den erwähnten Orten noch Vetulonia, Roselle, Volterra, Perugia, Arezzo und das ständig in Kämpfe mit Rom verwickelte Veji angehörten. Analog zur latinischen Städteliga verkörperte dieser spätestens seit dem 5. Jh. v. u. Z. auftretende Bund allerdings eher eine kultische, auf alten Stammesinstitutionen beruhende Gemeinschaft als eine wirklich politisch handlungsfähige Einheit.

Im 5. Jh. v. u. Z. geriet Etrurien in eine tiefe Krise, geprägt von Kämpfen mit vordringenden einheimischen Völkerschaften und Griechen. Im Jahre 474 v. u. Z. unterlag die etruskische Flotte einem unter syrakusanischer Leitung stehenden griechischen Aufgebot vor den Gestaden von Cumae. Der Verlust der Seeherrschaft

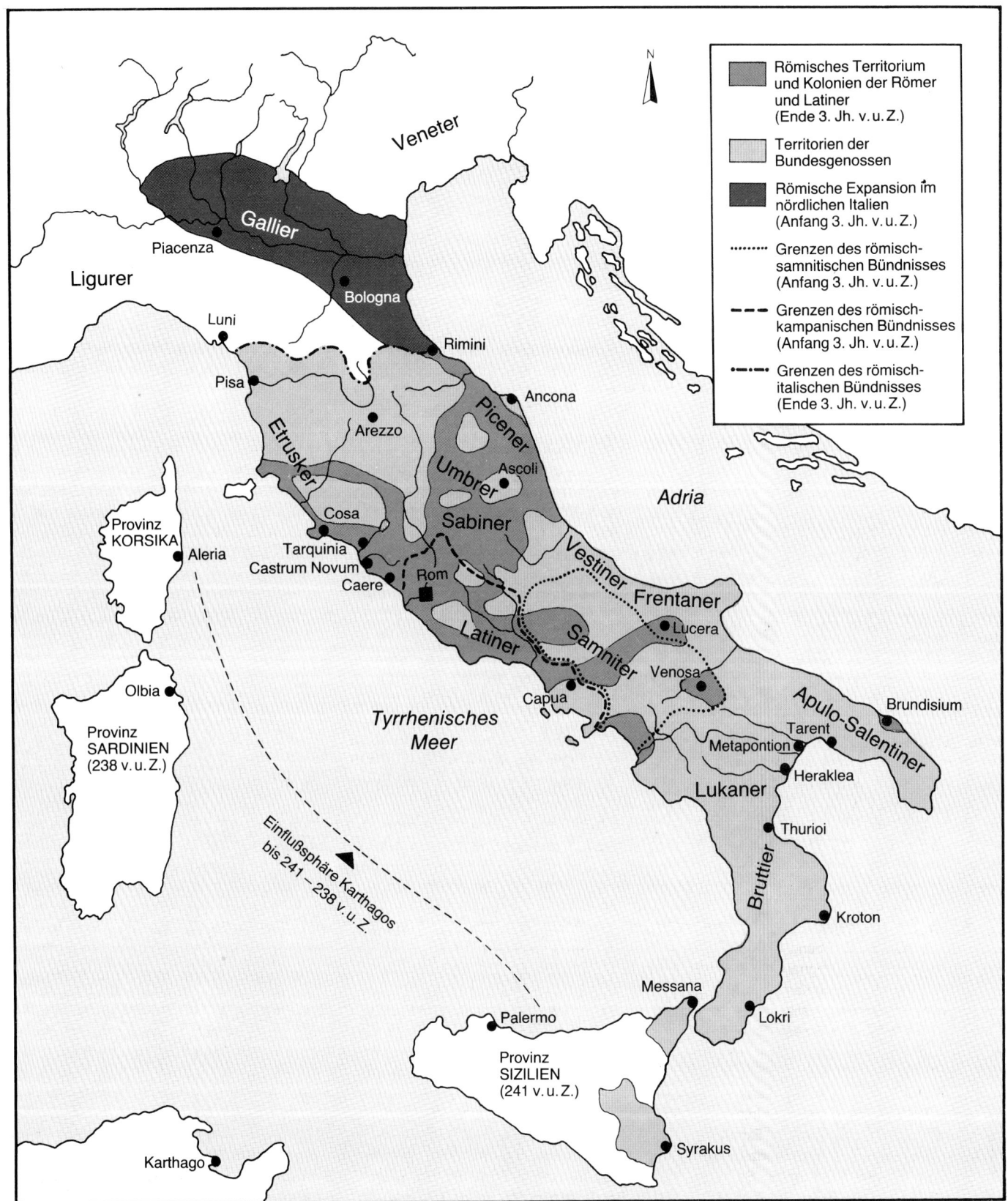

	Römisches Territorium und Kolonien der Römer und Latiner (Ende 3. Jh. v. u. Z.)
	Territorien der Bundesgenossen
	Römische Expansion im nördlichen Italien (Anfang 3. Jh. v. u. Z.)
·········	Grenzen des römisch-samnitischen Bündnisses (Anfang 3. Jh. v. u. Z.)
– – –	Grenzen des römisch-kampanischen Bündnisses (Anfang 3. Jh. v. u. Z.)
–·–·–	Grenzen des römisch-italischen Bündnisses (Ende 3. Jh. v. u. Z.)

Veneter

Gallier

Piacenza

Ligurer

Bologna

Luni

Rimini

Pisa

Ancona

Etrusker

Arezzo

Picener

Cosa

Umbrer

Ascoli

Sabiner

Provinz
KORSIKA

Aleria

Tarquinia
Castrum Novum

Adria

Vestiner

Caere

Rom

Frentaner

Latiner

Samniter

Lucera

Olbia

Venosa

Provinz
SARDINIEN
(238 v. u. Z.)

Capua

Apulo-Salentiner

Brundisium

Einflußsphäre Karthagos
bis 241 – 238 v. u. Z.

Tarent

Metapontion

Heraklea

Lukaner

Tyrrhenisches
Meer

Thurioi

Bruttier

Kroton

Messana

Lokri

Palermo

Provinz
SIZILIEN
(241 v. u. Z.)

Syrakus

Karthago

Politische Situation Italiens im 3. Jh. v. u. Z.

führte in der Folgezeit zu wiederholten Piratenaktionen der Syrakusaner längs der südetruskischen Küste (453 v. u. Z. und 384 v. u. Z.). Diese Situation führte mit zum Zusammenbruch der etruskischen Hegemonie im kampanischen Hinterland, das jetzt, nach der Einnahme von Capua 423 v. u. Z., von den Samniten besetzt wurde. Die anhaltende Folge außenpolitischer Rückschläge brachte schließlich zwischen 475 und 450 v. u. Z. den griechischen Handel mit Südetrurien zum Erliegen. Anlaufplätze für griechische Händler und den attischen Vasenimport waren seither die Küstenorte der Po-Ebene (Spina). Der Niedergang von Handel und Handwerk traf besonders den »Demos«, des-

sen politische Entwicklung stagnierte, und die anhaltenden Kriege unterhöhlten die soziale Basis der aristokratischen Herrschaft. Ein gewisser kultureller Aufschwung, den man etwas überschwenglich als etruskische »Renaissance« bezeichnet hat, setzte erst mit einer relativen Beruhigung der politischen Situation um die Wende zum 4. Jh. v. u. Z. ein und hielt etwa bis zur Mitte des 3. Jh. v. u. Z. an. Die großen Städte konnten ihr Gebiet auf Kosten kleinerer Orte erweitern, was Möglichkeiten für die Eingliederung vermögender, bisher von der Machtausübung ausgeschlossener Gruppen schuf. Die neue Aristokratie bestand nunmehr neben den Resten der patrizischen Oligarchie aus finanziell potenten, aufgestiegenen Plebejern. Tarquinia mußte nach erfolglosen Kriegen 358 bis 351 v. u. Z. gegen Rom seine politische Führungsrolle an Volsinii abgeben, das gegen Ende des 4. Jh. v. u. Z. zum Sitz des Praetors Etruriae (zilath mechl rasnal) aufstieg. Um 400 v. u. Z. begannen bereits die Einfälle der Gallier, die 390 v. u. Z. Rom brandschatzten und Anfang des 3. Jh. v. u. Z. Spina zerstörten. Nachdem die inneretruskischen Städte erfolglos versucht hatten, durch militärische Aktionen 311 bis 308 v. u. Z. die Expansion des römischen Staates aufzuhalten, scheiterte schließlich auch ein Bündnis mit den Umbrern, Samniten und Galliern, dem die römischen Legionen bei Sentinum 295 v. u. Z. eine katastrophale Niederlage bereiteten. In der Folgezeit wurden die etruskischen Stadtstaaten durch erzwungene Bünd-

nisverträge der römischen Oberhoheit unterstellt. Das war mit erheblichen Tributzahlungen und besonders für Caere, Tarquinia, Volsinii und Vulci mit Gebietsverlusten verbunden. Auf den abgetretenen Territorien entstanden römische Militärkolonien: 245 v. u. Z. Fregenae, 247 v. u. Z. Alsium, 264 v. u. Z. Pyrgi und Castrum Novum, 273 v. u. Z. Cosa und im 2. Jh. v. u. Z. Graviscae, Saturnia, Statonia und Heba. Hinzu kam die Anlage von Straßen – Via Aurelia, Clodia und Via Cassia –, die das Land dem römischen Zugriff erschlossen. Die in Südetrurien mit Sklaven betriebene Latifundienwirtschaft zerstörte die spezifisch etruskischen Sozialstrukturen. Bei einem Aufstand der plebejischen Schichten (servi) in Volsinii wandten sich die vertriebenen Aristokraten an Rom, das die Gelegenheit nutzte, um dieses noch relativ unabhängige etruskische Zentrum 265 v. u. Z. auszuschalten. Das etruskische Bundesheiligtum wurde zerstört, und 2000 Bronzestatuen sollen als Beute nach Rom gelangt sein. 241 v. u. Z. wurde auch Falerii zerstört. Aus der Zeit des zweiten Punischen Krieges erwähnt Livius (28.45) eine eindrucksvolle Liste von Kontributionen, die etruskische Städte für den Afrikafeldzug des Scipio aufzubringen hatten – ein Beweis für deren wirtschaftliche Leistungskraft und die romfreundliche Haltung der etruskischen Aristokratie. Sie konnte stets auf römische Hilfe vertrauen, wenn es um die Niederschlagung der vor allem in den nordetruskischen Städten stark mit Italikern durchsetzten

aufständischen plebejischen Schichten ging. Nach dem Bundesgenossenkrieg (90 bis 88 v. u. Z.) erhielten dann auch die Etrusker das römische Bürgerrecht. Die Integration in den römischen Staat und die Verwicklung in die Bürgerkriege der ausgehenden Republik, in denen die Etrusker die Partei der Popularen ergriffen und dementsprechend von Sulla drangsaliert wurden, hinterließen tiefe Wunden in der etruskischen Gesellschaft. Demgegenüber bewirkte die Triumviratszeit mit weiteren Koloniegründungen eine Integration der verbliebenen etruskischen Geschlechter in die römische Gesellschaft und brachte neben der Sklavenwirtschaft auch eine gewisse ökonomische Stabilisierung. Es war eine Zeit angebrochen, in der man sich noch einmal nostalgisch großer Leistungen der Vergangenheit bewußt wurde und in Tarquinia beispielsweise dem Gründungsheros Tarchon sowie der Spurinasfamilie Denkmäler setzte. Die Historiographen begannen schließlich in der Zeit der julisch-claudischen Dynastie zu sammeln, was an Überlieferungen über die Etrusker erhalten geblieben war – die geschichtliche Bedeutung dieses Volkes war jedoch mit der Eingliederung in den römischen Staat beendet.

Lit.: M. Pallotino, Die Etrusker, 1965; A. Alföldi, Early Rome and the Latins, 1965; W. V. Harris, Rome in Etruria and Umbria, 1971; J. Heurgon, Die Etrusker, 1971; M. Torelli, Storia degli Etruschi, 1981; A. I. Nemirovskij, Etruski. Ot mifa k istorii, 1983.   V. K.

Die etruskische Gesellschaft

Eine der schwierigsten Fragen der Etruskologie ist die richtige Bestimmung des Charakters der etruskischen Gesellschaft. Erst vor relativ kurzer Zeit, als sich die historischen Wissenschaften um Hilfe an die theoretische Ökologie wandten, wurde es möglich, die ökonomische Struktur dieser Gesellschaft und das auf dieser Grundlage sich entwickelnde soziale und politische System besser zu verstehen.

Zunächst hatte man sich in dieser Frage auf die äußerst lückenhaften und knappen Erwähnungen der Etrusker in den Werken griechischer und römischer Historiker gestützt. Die Zusammenfassung dieser Zeugnisse ergab jedoch ein sehr widersprüchliches Bild. Dies beruhte in erster Linie auf dem Umstand, daß die Griechen und Römer bei der Darstellung von Ereignissen der etruskischen Geschichte ihre eigene Denkweise und weltanschauliche Position zugrunde legten, die aber auf ganz anderen gesellschaftlichen Voraussetzungen beruhte. Sie sahen so in den etruskischen Verhältnissen etwas absolut Ungewohntes, ja bisweilen ihren Erfahrungen und Vorstellungen direkt Widersprechendes.

Die etruskische Gesellschaft wurde in der

griechisch-römischen Tradition als eine Sklavenhaltergesellschaft dargestellt. So bezeugen die literarischen Quellen einhellig eine Gliederung der etruskischen Gesellschaft in zwei ungleiche Schichten: die Aristokraten und die sogenannten Sklaven. Macht man aber den Versuch, diese sozialen Kategorien rechtlich zu begründen, so tauchen Zweifel an der Richtigkeit der Ansichten antiker Autoren auf. Tatsächlich ist bei Griechen und Römern die Grundlage dieses sozialen Antagonismus real, begründet auf dem Bürgerrecht des in einem konkret gegebenen Territorium lebenden Menschen. Hatte er hier seit jeher gelebt, war er vollberechtigt und frei, kam er von außen, war er dagegen ein Feind, ein Fremder, ein potentieller Sklave. Ein solches Kriterium läßt sich auf Etrurien nicht völlig anwenden. Es gab hier zwar ebenso Sklaven wie in der übrigen antiken Welt, doch sie bildeten eine Minderheit. Die Mehrheit der etruskischen »Sklaven« wäre richtiger als freie, aber abhängige Produzenten zu bezeichnen. Sie bildeten wohl den größten Teil der Bevölkerung. Wahrscheinlich waren sie auf ihrem Territorium wenn nicht früher, so auf jeden Fall auch nicht später als ihre »Herren« erschienen.

Die Apenninenhalbinsel litt seit alters her ständig unter Einfällen immer neuer Völkergruppen aus Europa und Asien. Als sich in der Bronzezeit im Gebiet des späteren Etruriens Elemente einer Zivilisation ausbildeten, war das ethnische Bild hier äußerst bunt und verkomplizierte sich zudem später immer mehr. Etrurien barg zwar auf seinem Gebiet zahlreiche und vielfältige Bodenschätze, darunter auch Metallerze, aber für eine intensivere Landwirtschaft, die zur Versorgung der wachsenden Bevölkerung nötig war, mußte der Boden durch Meliorationsarbeiten verbessert worden, um ein Versumpfen zu verhindern. Unter den gegebenen schwierigen Bedingungen verlangte die Entwicklung von Methoden zur Bodenverbesserung von den ersten Siedlern viel Zeit und Mühe. Das Ergebnis war die Schaffung komplizierter Meliorationssysteme, in deren Folge besondere soziale und politische Strukturen entstanden, die lebhaft an altorientalische Verhältnisse erinnern.

M. Torelli (in: Hellenische Poleis, Bd. 2, 1974, S. 827) charakterisierte die hierbei entstandene Sozialstruktur folgendermaßen: »Die Gesellschaft, die nunmehr ebenso wie die griechi-

schen Poleis eine Vielzahl von sozialen Schichten kennt, organisiert sich in wohlabgegrenzten Formen, und die Aristokratie wird sich ihrer Existenz als Klasse bewußt.«

Innerhalb der Aristokratie existierte eine Elite, die in die Geheimnisse der Natur und der Religion eingeweiht war. In der griechisch-römischen Tradition wurde sie als Lucumones bezeichnet. Diese »Priesterfürsten« waren für die antiken Autoren der Inbegriff einer für sie schwer begreiflichen archaischen Struktur der etruskischen Gesellschaft, die sich von der antiken Polisordnung wesentlich unterschied. Die Lucumones galten als Träger einer besonderen charismatischen Macht, die ihnen aus der Kraft des Bodens zufloß, auf dem die Menschen lebten. Im religiösen Bewußtsein der Etrusker bildeten sie die oberste Instanz innerhalb der sozialen Hierarchie. Im Rang folgten den Lucumones die Angehörigen der herrschenden Aristokratie, danach erst die verschiedenen Kategorien der abhängigen Produzenten bis zu den anscheinend wirklich als Sklaven zu definierenden Angehörigen der untersten gesellschaftlichen Gruppen. Die Geschichte der Machtinstitution der Lucumones ist verknüpft mit der komplizierten Entstehungsgeschichte des sich allmählich konsolidierenden weitverzweigten und differenzierten bürokratischen Verwaltungsapparates des etruskischen Staates mit seinen zahlreichen Funktionen entsprechend der komplizierten Entwicklung der Zivilisation nach dem 8. Jh. v. u. Z., zu denen die Anlage von Städten, die Entwicklung von Handwerk und Handel, der Unterhalt eines Heeres, die Ansiedlung ausländischer Handwerker u. v. a. gehörten. Im 5. Jh. v. u. Z. wurde im etruskischen Staatswesen die Selbstherrschaft (die Königsherrschaft antiker Quellen, die von despotisch-theokratischen bis zu tyrannischen Formen führte) durch die kollegiale Führung abgelöst. In dieser Zeit näherten sich die Herrschaftsstrukturen in den etruskischen Staatswesen denen griechischer Oligarchien an. Allerdings blieben hierbei noch viele eigene lokale Traditionen wirksam. Es handelte sich um eine Machtausübung bestimmter Geschlechter, die wahrscheinlich von einem charismatischen Sendungsbewußtsein durchdrungen waren. Entsprechend den epigraphischen Quellen bestand die Verwaltung in den verschiedenen etruskischen Stadtstaaten, die jeweils nur ein begrenztes Territorium umfaßten, aus einer unterschiedlichen Zahl von Magistraten mit streng spezialisierten Funktionen. Jedoch blieb dabei möglicherweise der anfängliche charismatische Charakter der Macht, die nun nicht mehr in den Händen einzelner lag, sondern von einem ganzen aristokratischen Stand wahrgenommen wurde, erhalten. Diese kastenmäßige Bindung der etruskischen Gesellschaft, ihre Unfähigkeit, sich umzustellen und einen Teil der Rechte anderer Kasten zu übergeben, war einer der Gründe für ihre Hilflosigkeit gegenüber der äußeren Bedrohung durch Rom.

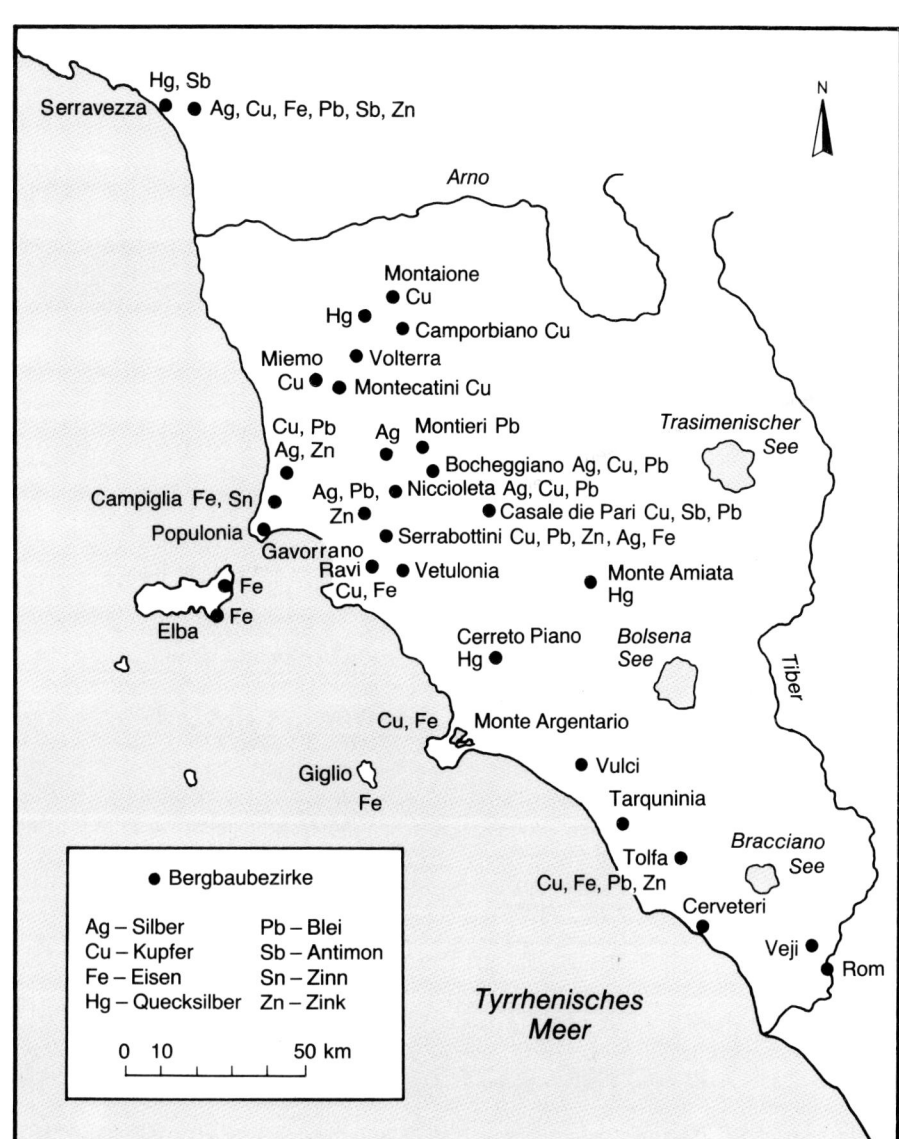

Erzlagerstätten in Etrurien

Den Etruskern erschien die gesamte Welt als ein riesiges, bis ins kleinste Detail festgelegtes kosmisches System, in dem Götter, Dämonen und Menschen ihren vorbestimmten Platz und ihr vorbestimmtes Schicksal erlebten und in dem die Sterblichen nach ihrem physischen Tod komplizierten Metamorphosen unterworfen waren. Das Sterben eines Menschen wurde in dieser Gesellschaft nur als eine Etappe im endlosen Wechsel der Daseinsformen betrachtet. Bestimmte Grenzen hierfür wurden erstens durch die Kastenzugehörigkeit eines Menschen gesetzt und zweitens durch das Maß an Erfolg, das dieser in seiner gesellschaftlichen Karriere erlangte, denn das Dasein innerhalb der Gesellschaft wurde als ein Dienen für die göttliche Ordnung betrachtet.

Die sozialpolitische Struktur der etruskischen Gesellschaft war so auf Stabilität und Unwandelbarkeit berechnet. Einen ersten Schlag erhielt sie durch den Verlust der kolonisierten Länder im Norden und Süden des etruskischen Zentrums.

Auf diese Weise wurde der in Jahrhunderten entwickelte Mechanismus der Administration im eigentlichen Etrurien aus dem Gleichgewicht gebracht, was sich auf das verletzliche Ökosystem nachteilig auswirken mußte. Schon im 4. Jh. v. u. Z. begann so eine allgemeine ökologische Krise, die durch erfolglose Kriege gegen die sie bedrängenden Nachbarvölker noch beschleunigt wurde. Das religiöse Weltverständnis der Etrusker nahm in der Folge ausgesprochen pessimistische und fatalistische Züge an. Wahrscheinlich gewann in dieser Epoche die Verbreitung der Lehre an Boden, nach der es den Etruskern beschieden sei, lediglich acht oder zehn Jahrhunderte auf der Erde zu existieren, um danach unterzugehen.

Mit der römischen Eroberung verschwand die Schicht der Träger charismatischer Macht. Übrig blieben die »Sklaven«, ihrer Herkunft nach Angehörige verschiedener italischer Stämme, die sich wenig von den anderen Völkerschaften des zu dieser Zeit tiefgreifend romanisierten Italiens unterschieden.   E. V. M.

Die Kunst der Etrusker

Auf dem Gebiet der etruskischen Kultur steht uns eine sehr reiche Dokumentation zur Verfügung, dennoch stößt der Versuch einer geschichtlichen Einordnung des bekannten Materials auf nicht unerhebliche Hindernisse. Es genügt, nur die drei bedeutendsten zu erwähnen. Zum ersten kennen wir die etruskischen Kunstwerke viel weniger aus wissenschaftlichen Ausgrabungen als aus solchen, deren Ziel die Suche nach verwertbaren Kunstschätzen war. Obwohl sich in den letzten Jahrzehnten diese Situation radikal verändert hat, gibt es noch immer große Lücken in unseren Kenntnissen, besonders bezüglich der etruskischen Architektur und Urbanistik. Die zweite Schwierigkeit ergibt sich aus dem Mangel oder wenigstens aus der geringen Zahl schriftlicher und inschriftlicher Quellen, im Unterschied beispielsweise zur Chronologie der griechischen Kunstgeschichte, wo sie viele Fixpunkte liefern. Die Ursache eines dritten Problems liegt im Grundcharakter der etruskischen Kunst: Im Gegensatz zur griechischen fehlt es ihr – ebenso wie den meisten Künsten jener Kulturen, die im Altertum mit den Griechen in Kontakt waren – an einem kontinuierlichen Entwicklungsgang von organisch ineinander übergehenden künstlerischen Ausdrucksformen. Seit Winckelmann sind wir daran gewöhnt, die etruskische Kunst im Vergleich mit der griechischen zu beurteilen. Aus gutem Grund, denn sie war stets eng mit der Kunst der Hellenen verbunden. Da aber das Verhältnis der beiden Künste zueinander nicht das einfache Geben und Nehmen war, sind die aus dem Vergleich mit der griechischen Kunst gewonnenen Erkenntnisse für die Beurteilung der Bedeutung oder der zeitlichen Stellung etruskischer Kunstphänomene oft irreführend. Was bei den Griechen zufällig, einmalig oder peripher war, konnte bei den Etruskern in den Mittelpunkt gerückt werden; was dort veraltet war, konnte hier aktuell bleiben oder wieder aktuell werden. Was bei den Griechen Züge gegensätzlicher lokaler Schulen, verschiedener Zeitalter, ja auch sich gegenseitig ausschließender Geschmacksrichtungen darstellte, konnte bei den Etruskern zu einer organischen Einheit verschmolzen und so in den Dienst ihres eigenen künstlerischen Selbstausdrucks gestellt werden. Ein solches Verhältnis zur griechischen Kunst bedeutet zugleich, daß dieselben oder ähnlichen Erscheinungen in Etrurien eine völlig andere kunstgeschichtliche Rolle haben konnten als in Griechenland, das die entscheidenden Impulse gab. Der hier folgende Versuch einer Periodisierung der etruskischen Kunst beabsichtigt, auch in der Terminologie die Dialektik von Zusammengehörigkeit und Unterschiedlichkeit beider Künste zu veranschaulichen:

geometrische Zeit
um 750 bis 690–650 v. u. Z.

orientalisierende Zeit
um 700 bis 630–625 v. u. Z.

archaische Zeit
um 650 bis 550 v. u. Z.
– früharchaisch
  um 650 bis 630–625 v. u. Z.
– reifarchaisch
  um 630–625 bis 580 v. u. Z.
– spätarchaisch
  um 580–550 v. u. Z.

klassische Zeit
um 550 bis 470–460 v. u. Z.
– frühklassisch
  um 550 bis 530–520 v. u. Z.
– reifklassisch
  um 530–520 bis 500–490 v. u. Z.
– spätklassisch
  um 500–490 bis 470–450 v. u. Z.

subklassische Zeit
um 470 bis 400 v. u. Z.

Zeit der zweiten Klassik
um 420–400 bis 400–280/270 v. u. Z.
– frühe Periode
  um 420–400 bis 350 v. u. Z.
– späte Periode
  um 350 bis 280–270 v. u. Z.

hellenistisch-römische Zeit
um 280–270 bis 80–50 v. u. Z.

Diese Periodisierung weicht von den geläufigen hauptsächlich in ihrer Terminologie ab; die Namen der Hauptperioden der griechischen Kunst wurden beibehalten, da aber Benennungen wie archaisch oder klassisch nur einen relativen Wert haben, schien es berechtigt, in Anbetracht der Eigenheit der etruskischen Kunstentwicklung den größten Teil der orientalisierenden Epoche archaisch, die chronologisch der reif- und spätarchaischen Zeit der griechischen Kunst entsprechende früh- und reifklassisch, die Periode des »strengen Stils« spätklassisch zu nennen. Subklassisch heißt die Periode zwischen 470–400 v. u. Z. in doppeltem Sinne: Der Ausdruck soll einerseits auf das Fortleben der Traditionen der klassisch genannten etruskischen Kunst, andererseits auf die losen, aber nichtsdestoweniger existierenden Beziehungen zur griechischen Klassik hinweisen. Die Bezeichnung »zweite Klassik« schien mehr geeignet, die Bedeutung des 4. Jh. v. u. Z. in der Geschichte der etruskischen Kunst zu charakterisieren als die oft benutzte »etruskische Renaissance«, da es sich hier viel weniger um ein bewußtes Streben nach Wiederbelebung alter Kunstformen handelt als in der Renaissance der Neuzeit. Diese Periodisierung – wie auch andere – ist natürlich nur eine Abstraktion, die

der Vielfalt der Einzelerscheinungen ebensowenig gerecht werden kann wie der teilweise autonomen Entwicklung einzelner Kunstgattungen oder – was noch wichtiger ist – einzelner Kunstzentren oder Kunstlandschaften. In dieser Hinsicht war nämlich Etrurien noch viel weniger einheitlich als Griechenland, wo wenigstens *eine* Zeitperiode durch den absoluten Vorrang einer Stadt wie Athen auf allen Gebieten der Kunst gekennzeichnet war. Überschneidungen einzelner Kunstperioden sind ebenso selbstverständlich wie die Tatsache, daß die Zeitgrenzen nur pauschal denjenigen der Perioden der etruskischen Geschichte entsprechen. Diese Feststellung bedeutet zugleich, da die Quellen der etruskischen Geschichte, besonders bezüglich der frühesten Perioden, überwiegend archäologisch sind, daß auch archäologische und kunstgeschichtliche Periodisierung nicht unbedingt einander decken müssen. Uns beschäftigt hier die letztere.

1. Geometrische Zeit

Die Anfänge der etruskischen Kunst, das Heraustreten aus dem frühgeschichtlichen Stadium wird durch drei wichtige Momente gekennzeichnet: die Wendung des kulturellen Interesses vom Norden nach Süden, von Mitteleuropa zu den Griechen, die Geburt der Bronzeplastik und die Entwicklung – überwiegend nach euböischen Vorbildern – der lokalen Schulen der Vasenmalerei. Mitteleuropäische und besonders Villanova-Formen leben aber weiter, und zum Teil verschmelzen sie mit den neuen Ausdrucksformen. Die ersten geometrischen Bronzestatuetten sind Geräteschmuck, meist Pferde auf Trensenknebeln oder Reiter und Wasservögel auf gefäßtragenden Dreifüßen. Beide Gattungen überlebten die Jahrhundertgrenze, und von geometrischen Menschendarstellungen im engeren Sinne des Wortes kann man erst ab etwa 700 v. u. Z. sprechen. Auch in der Keramik lebt die geometrische Dekorationsweise, zum Teil in subgeometrischer Form, bis um die Mitte des 7. Jh. v. u. Z. weiter.

2. Orientalisierende Zeit

Die Zeittafel zeigt klar, daß das Ende der geometrischen und der Anfang der archaischen Periode aufeinandertreffen. Das weist darauf hin, daß das Orientalisieren in der etruskischen Kunst eine wesentlich andere Rolle spielte als in der griechischen: Es wurde nie alleinherrschende oder dominierende Tendenz und hat sich zuletzt in die etruskische Archaik integriert. Dennoch wäre es verfehlt, die Existenz einer vom Orientalisieren bestimmten Epoche zu leugnen, da eine ganze Reihe von Kunstgattungen im engen Anschluß an orientalische Vorbilder in dieser Periode der etruskischen Kunst auftrat. Andererseits gibt es wichtige Momente in der Kunst dieser Jahrzehnte, die zwar nicht

Blick von Nordwesten auf das Stadtzentrum von Vulci: Decumanus, römisch-republikanische Villa und Tempel aus dem 4. Jh. v. u. Z.

Volumnier-Grab bei Perugia, 2. Hälfte 2. Jh. v. u. Z.

Blick von Süden zum Stadtplateau von Pitigliano

Blick von Westen auf das Stadtplateau von Orvieto (Volsinii)

Caere, Blick von Osten auf die Gräber im nördlichen Teil der Banditaccia-Nekropole

Caere, Tumuli der Banditaccia-Nekropole

Caere, Grabdecke, 7. Jh. v. u. Z.

Caere, Innenraum der Tomba delle Scudi e delle Sedie, 575–525 v. u. Z.

23

Populonia, Grabtumulus in der S.-Cerbone-Nekropole, 675–525 v. u. Z.

Populonia, Grabaedicula in der S.-Cerbone-Nekropole, 550–450 v. u. Z.

Populonia, Reste eines Grabtumulus in der S.-Cerbone-Nekropole

Populonia, Reste eines Grabtumulus in der S.-Cerbone-Nekropole

Populonia, Reste der Stadtmauer auf der Akropolis

Populonia, hellenistisches Felsengrab

orientalisierend, aber doch epochemachend waren. Hierzu gehören das Erscheinen des rechteckigen Kammergrabes am Anfang des 7. Jh. v. u. Z. sowie die Ursprünge der Urbanisation in architektonischem Sinne und der Übergang von der Hütte zum Haus während der 1. Hälfte des genannten Jahrhunderts. Von den Erzeugnissen spezifisch orientalisierender Kunstgattungen sind vor allem zu nennen der Goldschmuck (Fibeln, Halsketten, Armbänder, Nadeln u. a.) mit in orientalischer Granulationstechnik ausgeführten figuralen Darstellungen; die Elfenbeinschnitzerei; die in Nachahmung importierter phönikischer Silberschalen gefertigten, reliefverzierten Silbergefäße mit oder ohne Vergoldung und die Reliefs in orientalisierendem Stil aus getriebenem Bronzeblech (auf Schilden, Gefäßen, Untersätzen, auf der Brüstungsverkleidung eines Wagens u. ä.).

Das führende Kunstzentrum dieser Zeit war Caere. Die große Wandlung, die in die archaische Epoche hinüberführt, wurde durch die bedeutenden Leistungen der orientalisierenden Zeit vorbereitet, die meisten spezifisch orientalisierenden Kunstgattungen lebten aber wenigstens in der frührarchaischen Zeit weiter.

3. Archaische Zeit

Das Jahrhundert zwischen 650–550 v. u. Z. spielt eine ähnliche Rolle in der etruskischen Kunst wie das 6. Jh. bis um 480 v. u. Z. in der griechischen. Der epochemachende Zug ist der Drang zur Monumentalität auf allen Gebieten des künstlerischen Schaffens. Um 650 v. u. Z. erscheinen die ersten monumentalen, fast vollplastischen Grabreliefs in Ceri, das erste Grab mit Wandmalereien in Veji, die ersten großen Tonvasen mit mythologischen Szenen in Caere. Von der Veränderung der gesamten Lebensweise, wenigstens der obersten Schichten, zeugt die Ablösung der früheisenzeitlichen ovalen oder runden Hütten durch Wohnhäuser mit viereckigem Grundriß, Fundamenten aus Stein, Mauern aus Lehmziegeln und Dächern, die mit Tonziegeln gedeckt waren. Es folgten bald die ersten Heiligtümer (Veji) und »Paläste« (Murlo bei Siena um 600–590 v. u. Z.) sowie ein Gebäudetypus mit zwei oder drei Räumen, die vorn vielleicht durch eine offene Vorhalle verbunden waren (Acquarossa). Der Typus ist aus der archaischen Hausarchitektur bekannt, in der Grabarchitektur nachgeahmt und steht in enger Beziehung zu der typischen Tempelform der Etrusker, deren früheste Beispiele aus dem etruskischen Rom bekannt sind (um 580 bis 570 v. u. Z.). Dieses von Vitruv beschriebene *templum tuscanicum* stand auf einem Podium und war im Gegensatz zum griechischen Tempel nicht von allen Seiten mit Säulen umgeben, sondern hatte eine geschlossene Rückseite. Der hölzerne Dachstuhl wurde bei Tempeln und anderen wichtigeren Gebäuden mit reliefgeschmückten Verkleidungsplatten aus Ton verziert. Die Reihe dieser farbigen architektonischen Terrakottareliefs setzt in der reifarcha-

Totenlager und Grabsitz, Caere; 2. Hälfte 6. Jh. v. u. Z.

Tomba 56 dei Capitelli, Caere, 575–525 v. u. Z.

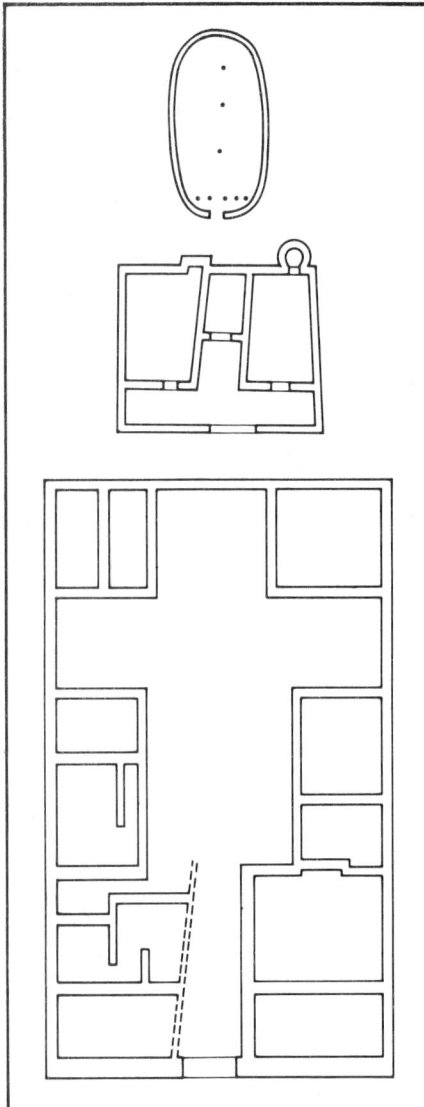

Grundrißtypen etruskischer Wohnhäuser.
Oben: San Giovenale, Hütte D (frühe
Eisenzeit); Mitte: Acquarossa, Haus A
in Zone B (Ende 7. Jh. v. u. Z.);
unten: Marzabotto, Haus 6 der Insula 1
in Region IV (5.–4. Jh. v. u. Z.)

ischen Periode ein und lebt ununterbrochen bis
zum Ende der etruskischen Kunst weiter. Auch
die übrige plastische Dekoration der Tempel
(Akrotere usw.) wurde in Ton ausgeführt, Stein
wurde in der Architektur – abgesehen von der
Grabarchitektur – selten, Marmor spät und nur
vereinzelt verwendet.

Das gilt in eingeschränktem Maße auch für
die monumentale Freiplastik, die, überwiegend
Impulsen der sogenannten dädalischen Richtung der griechischen Skulptur folgend, in der
archaischen Periode ihre plötzliche Entfaltung
und ihre in der klassischen Zeit sich fortsetzende Blütezeit erlebte. Die frühesten bekannten Beispiele (etwa von 630 v. u. Z. ab) stammen
aus Vetulonia, die Hauptzentren waren in Vulci
und Chiusi, und das Material bildete fast immer
lokaler Stinkkalk oder vulkanischer Tuffstein,

nur ganz ausnahmsweise Alabaster oder Marmor. In der reifarchaischen Zeit erscheinen
auch die ersten Großskulpturen aus Bronzeblech (Vulci). In allen diesen Fällen handelt es
sich um Grab- oder Votivstatuen, deren Zahl
durch die um 700 v. u. Z. einsetzende reiche
Produktion von gegossenen kleinen Votivbronzen ergänzt wird. Um 600 v. u. Z. mehren sich
die Beispiele der mit figuralen Fresken verzierten Gräber (Caere, Tarquinia, Veji, Vulci). Der
lokale Grabritus schafft verschiedene neue
Kunstgattungen, wie in Tarquinia die in der reif-
und spätarchaischen Zeit üblichen steinernen
»Grabtreppen«, in der Umgebung von Bologna
eigenartige Formen von Grabmonumenten mit
Reliefverzierung und in Chiusi die tönernen
Aschenbehälter auf einem Thronsessel, der
meist aus Ton, in der reifarchaischen Zeit aber
manchmal aus reliefverziertem Bronzeblech
gefertigt wurde. Die Aschenbehälter waren
menschengestaltig gedacht, die Darstellungen
aber nur durch mehr oder weniger plastisch geformte Hände und vor allem durch den Deckel in
Form eines zuweilen lebensgroßen Kopfes, der
mitunter eine Bronzemaske trug, realisiert. Die
Gattung dieser sogenannten Kanopen wurde in
Chiusi vom Anfang der archaischen Zeit bis
zum Ende der klassischen produziert. Bezeichnend für die Verschiedenheit der etruskischen
Kunstzentren ist auch die Tatsache, daß die Vasenmalerei zu dieser Zeit in Chiusi völlig unbekannt war, die Bedürfnisse nach kunstvoller Keramik wurden hier ausschließlich mit importierten Vasen befriedigt. Diese kamen, wie auch in
den großen Städten Südetruriens, meistens aus
dem griechischen Osten, vor allem aber aus Korinth, und wurden in Vulci und Cerveteri bald in
lokalen Werkstätten nachgeahmt. Die so entstandene etrusko-korinthische Vasenmalerei
war die vorherrschende Gattung bemalter
etruskischer Keramik in der archaischen Zeit.
Das Korinthisieren blieb nicht nur auf die Vasenmalerei beschränkt, sondern war vor allem in
Südetrurien allgemein verbreitet und erstreckte
sich auf die Reliefplastik oder auf die Elfenbeinschnitzereien ebenso wie auf die eingeritzte
oder gestempelte Verzierung der schwarzen
Bucchero-Gefäße. Die aus lokalen Traditionen
entwickelte, meistens unverzierte Bucchero-Keramik war ein beliebtes Tafelgeschirr der
archaischen Zeit und zugleich die einzige
exportfähige Gattung der etruskischen Tongefäße.

4. Klassische Zeit

In den Hauptleistungen dieser Periode gelangte die Synthese lokaler Traditionen und
griechischer Impulse zu einem harmonischen
Gleichgewicht im Dienste des künstlerischen
Selbstausdrucks der Etrusker. In der Urbanistik
hat sich erst jetzt das vom Osten mit griechischer Vermittlung übernommene System des
orthogonalen Stadtplans durchgesetzt. Am vollständigsten konnte es in den neugegründeten
Städten verwirklicht werden (die besterhaltene

befindet sich bei Marzabotto in der Nähe von
Bologna und entstand am Ende der klassischen
Zeit). Aber die Form des am Anfang der klassischen Zeit erscheinenden Würfelgrabes ermöglichte es, daß dieses Prinzip auch in den
Nekropolen (Caere, Orvieto) zur Geltung kam.
Eine lebhafte Bautätigkeit hatte sich in den großen Etruskerstädten des Südens entfaltet. Sie
umfaßte die Errichtung von öffentlichen Bauwerken ebenso wie die Gründung oder Umgestaltung von Tempeln. Um 500 v. u. Z. entstand
in Veji (Portonaccio) das früheste Beispiel des
templum tuscanicum, das wir aus Etrurien kennen, und zu gleicher Zeit im Heiligtum von Pyrgi,
der wichtigsten Hafenstadt von Caere, der sogenannte Tempel B, der einzige bekannte
etruskische Tempel, der nach griechischer Art
von allen Seiten mit Säulen umgeben war. Aus
Marzabotto kennen wir einen neuen Typus des
Wohnhauses, der mit den um einen Zentralhof
angeordneten Wohnräumen der Vorläufer des
römischen Atriumhauses war.

Der Epochenwechsel offenbart sich am auffallendsten in der Vasenmalerei. Das Korinthisieren verschwand völlig und wurde von einem
neuen schwarzfigurigen Stil ersetzt, der sich unter starkem ostgriechischem und immer intensiverem attischem Einfluß entwickelte. Den Höhepunkt bedeutete das Schaffen des Vulcenter
Micali-Malers (um 525–500 v. u. Z.). Die Spitzenleistungen der Zeit sind jedoch nicht in der
Vasenmalerei, sondern in den monumentalen
Gattungen zu suchen. Die Wandmalerei, die in
der archaischen Periode nur eine geringe Rolle
spielte, erlebte in der klassischen Zeit ihre
Blüte, vor allem in den Gräbern von Tarquinia,
zu denen sich nach 500 v. u. Z. noch einige
Chiusiner Grabmalereien gesellten. Eine andere bedeutende Malerschule war in Caere tätig; im Mittelpunkt ihrer die ganze klassische
Periode umfassenden Tätigkeit stand die Bemalung großer Tonplatten, die meist in zusammenhängenden Zyklen die Innenwände von
Gräbern, Tempeln und wohl auch profanen Gebäuden schmückten; sie wurden im Gegensatz
zu den Wandmalereien, in denen in dieser Periode die echte Freskotechnik Anwendung fand,
in einer der Keramik nahestehenden Technik
ausgeführt. In der Großplastik hat sich (hauptsächlich in Vulci) die Produktion von Steinskulpturen fortgesetzt, aber die hervorragendsten
Leistungen sind den Koroplasten der Vejienter
Schule zu danken, die laut literarischer Überlieferung auch die Ausschmückung des Capitolinischen Jupitertempels in Rom übernommen haben; ihre berühmtesten erhaltenen Werke sind
die lebensgroßen Terrakottaskulpturen (Leto,
Apollo, Herakles, Hermes u. a.), die den erwähnten, um 500 v. u. Z. entstandenen Tempel
in Veji (Portonaccio) bekrönten und für uns den
Höhepunkt der etruskischen Plastik bilden. Eine
Reihe von bedeutenden architektonischen Terrakottaskulpturen ist aber auch aus anderen
Zentren (Caere, Arezzo, Falerii) erhalten. Aus
der Spätphase der klassischen Zeit sind auch

die ersten gegossenen Bronzeskulpturen bekannt.

Die Einheit der klassischen Periode wird durch Kunstgattungen bewiesen, deren Existenz sich nur auf diese Zeitspanne begrenzte, so außer den erwähnten Terrakottaplatten die Caeretaner Terrakottasarkophage, die mit feinen Reliefs geschmückten, aus Stinkkalk gefertigten Urnen und Grabmäler aus Chiusi, verschiedene Typen von reliefverzierten Grabstelen aus Nordetrurien und Elfenbeinreliefs von hölzernen Schmuckkästchen. Sie entstanden parallel zu einigen der langlebigen Kunstgattungen jener Zeit: Bronzespiegel mit geritztem Dekor (seit der reifklassischen Zeit), geschnittene Steine in Form von Skarabäen (seit dem Anfang der Periode), plastische Verzierungen von Geräten aus Vulci u. a. In dieser Zeit gewinnen auch der etruskische Norden und die etruskische Einflußzone im Süden eine erhöhte selbständige künstlerische Bedeutung (hufeisenförmige Stelen aus Felsina-Bologna mit Reliefdarstellung; architektonische Terrakotten und Bronzegefäße mit plastischem Dekor aus Capua u. a.). Die Periode endete mit dem Überwiegen der attischen Einflüsse (was auch die dann einsetzenden Nachahmungen der attisch-rotfigurigen Vasenmalerei bezeugen) und mit solchen Meisterwerken der etruskischen Plastik wie dem monumentalen Hochrelief aus Ton mit einer Darstellung aus der griechischen Mythologie, das den rückwärtigen Giebel des Tempels A in Pyrgi verzierte.

5. Subklassische Zeit

Auf den doppelten Sinn der Benennung wurde schon anfangs hingewiesen. Die zähe Verhaftung in der Tradition der vorangegangenen Periode und die Verzögerung in der Aufnahme von Impulsen der griechischen Klassik erschwert die Beurteilung von einzelnen Kunstwerken, sagt aber das Wesentliche über die gesamte Kunstepoche aus. Ein qualitativer und quantitativer Verfall ist nicht zu leugnen. Es fehlt weitgehend an originellen Neuschöpfungen, und daran ändert sich auch nicht viel, wenn wir die blühenden Etruskerstädte des Nordens (Bologna, Spina) oder Kampaniens (Capua, Nola) in die Betrachtung miteinbeziehen. Besonders die Städte des südetruskischen Küstengebietes zeigen die Symptome einer tiefgehenden Krise, die führende Rolle wird von den Zentren im Innern Etruriens (Veji, Falerii, Orvieto, Chiusi, Arezzo) übernommen.

Die einzige wahrhaft bedeutende neue Kunstgattung ist die der Chiusiner Urnen in Form von zuweilen lebensgroßen sitzenden oder gelagerten Gestalten aus Stinkkalk oder Alabaster; ihre Herstellung reicht bis an die Zeitgrenzen der Periode. In einer unteren Ebene der Kunstproduktion (Votivbronzen, Geräte) ist der Verfall weniger auffallend, der Beginn der Gestaltung von Votivköpfen aus Ton – einer zukunftsträchtigen Gattung der italischen Kunst – reicht sogar in diese Zeit zurück.

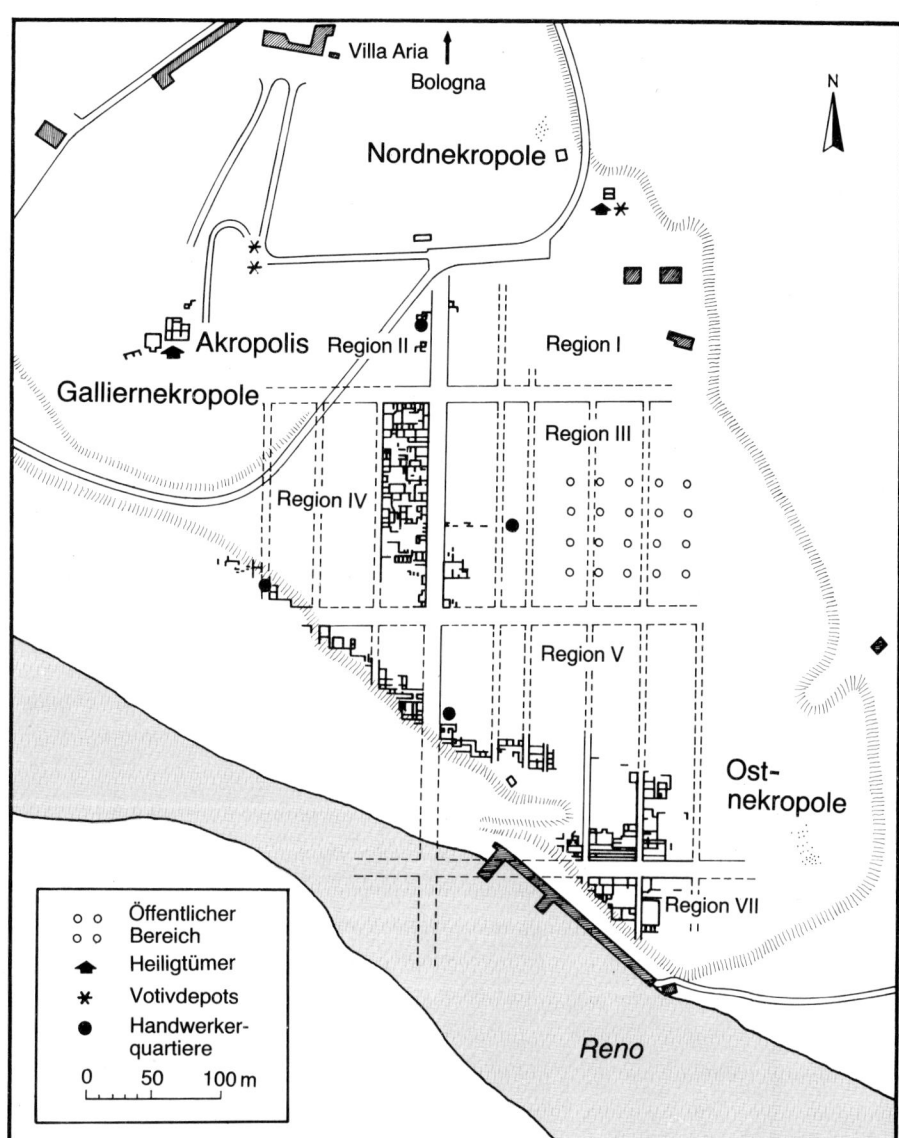

Marzabotto. Plan der etruskischen Stadt

6. Zweite Klassik

Die Benennung ist auch hier doppeldeutig. Zum einen weist sie auf die Wiederbelebung der Kontakte mit der griechischen Kunst hin, deren Folge eine verspätete, doch nichtsdestoweniger fruchtbare Auseinandersetzung mit den künstlerischen Ausdrucksformen der griechischen Hochklassik war, zum anderen fand die etruskische Kunst in dieser Periode neue und veränderte Formen des Selbstausdruckes, die ihre früher kaum in Erscheinung getretenen besonderen Aspekte nun mit klassischer Gültigkeit vergegenwärtigten. Die Periode wird durch einen nicht tiefen, doch bemerkbaren Einschnitt um die Mitte des 4. Jh. v. u. Z. gekennzeichnet. Andererseits gibt es offenbar keinen Grund, den Anfang des Hellenismus in Griechenland als verbindliche Zeitgrenze in der Geschichte der etruskischen Kunst zu betrachten: Die spätklassische Periode endet erst im ausgehenden ersten Drittel des 3. Jh. v. u. Z., diesmal im völligen Gleichklang mit der politischen Geschichte. Im

4. Jh. werden die vom griechischen Mutterland ausgehenden Impulse immer mehr durch die großgriechischen ersetzt. Das ist nur ein – wenn auch bedeutender – Faktor des Prozesses, der im Laufe des 4. Jh. v. u. Z. in der Kunst Italiens zur Ausbildung einer einheitlichen Ausdrucksweise (Koine) führte.

Die meisten etruskischen Städte wurden erst in dieser Zeit der wachsenden äußeren Bedrohungen mit Steinmauern umgeben. Eine rege Tätigkeit ist auf dem Gebiet der Tempelarchitektur zu beobachten. Die neu entstandenen Tempel – vor allem in Tarquinia, Falerii, Volsinii-Orvieto – bekamen eine reiche plastische Ausschmückung, zu der Hauptwerke der etruskischen Terrakottaskulpturen gehören. Auch die Meisterwerke der Freiplastik in Bronze sind meistens als Votivgaben zur Aufstellung in Heiligtümern bestimmt, so der sogenannte Mars von Todi oder die Chimaira von Arezzo. Auf die Verlagerung der Kunstzentren vom Süden in das innere und nördliche Etrurien deuten nicht

nur die Fundorte hin, sondern mehr noch die Tatsache, daß die Werkstätten der beiden oben genannten Großbronzen aus der Frühphase der Epoche in Orvieto und vielleicht in Arezzo zu suchen sind. Doch der Aufschwung hatte auch die alten südetruskischen Zentren berührt. Die Grabfresken mehrten sich in Tarquinia wieder, ebenso sind auch aus einigen Gräbern von Orvieto und Vulci bedeutende Wandmalereien erhalten. Eine neue Kunstgattung am Anfang der zweiten Klassik bilden die reliefverzierten Steinsarkophage (Caere, Vulci, Tarquinia) und Steinurnen (Volterra, Chiusi). Viele Gebiete der Kleinkunst erlebten jetzt ihre Blütezeit, so die Zeichenkunst der gravierten Bronzespiegel, die gegen Ende des 5. Jh. v. u. Z. einsetzende rotfigurige Vasenmalerei (Falerii, Vulci, Caere, Chiusi, Volterra, Orvieto), die neu entstandene Ringsteinglyptik und die in der vorangegangenen Periode kaum nachweisbare Goldschmiedekunst, die ihren Typenschatz völlig erneuerte. Auch die Spätphase der Epoche war nicht arm an bedeutenden Einzelleistungen. Zu nennen wären hier ein reliefverziertes Grab in Cerveteri, ein Marmorsarkophag aus Tarquinia mit gemalter Verzierung und einige hervorragende architektonische Terrakottaskulpturen. Daneben gab es aber auch noch neue Initiativen, etwa die Herstellung von Toilettenbüchsen aus Bronzeblech mit gravierter Verzierung in Praeneste, die unter starkem etruskischem Einfluß stand, sowie zukunftsreiche Werkstätten schwarzbemalter Tongefäße in Volterra u.a. Zwei Erscheinungen verdienen es, zur Illustration der bipolaren Situation der etruskischen Kultur dieser Zeit kurz erwähnt zu werden: Zum einen die Tatsache, daß die meisten Gestalten der etruskischen Götterwelt, Mythologie und der zum Teil sicherlich heroisierten Geschichte erst jetzt ihre erste, durch Namenbeischrift konkretisierte visuelle Darstellung erhalten – als Zeichen eines intensiven, fast verzweifelten Strebens der Etrusker nach Selbstbehauptung oder, wie man heute sagen würde, einer Suche nach Identitätsbewußtsein. Auf der anderen Seite steht die massenhafte Herstellung von billigen Votivstatuetten aus Ton (Köpfe und andere Körperteile) und Bronze (Götter, Krieger, Opfernde und vor allem Heraklesfiguren) als Zeugnis für das Emporkommen unterer Gesellschaftsschichten, deren Kultur immer mehr in der gemeinitalischen Koine aufging. Auch in dieser Hinsicht ist die wachsende Bedeutung Roms als Kunstzentrum beachtenswert.

7. Hellenistisch-römische Zeit

Nie zuvor war die etruskische Kunst so unmittelbar von der geschichtlich-politischen Situation bestimmt wie in ihrer Endperiode. Die Selbständigkeit der etruskischen Städte bestand nur noch rein theoretisch, praktisch waren sie der römischen Macht untergeordnet. Die großen historischen Zentren des südetruskischen Küstengebiets verfielen, während kleinere Siedlungen, zunächst im Hinterland von Tarquinia

und Vulci – wie Bieda, Norchia, Castel d'Asso und Sovana – an Bedeutung gewannen, was sich am klarsten in ihrer Felsgrabarchitektur offenbart. Dieser teilweise auf archaische Vorbilder zurückgehende Begräbnistypus erlebte seine Blütezeit im ausgehenden 4. und im 3. Jh. v. u. Z. Die Grabkammern wurden in den Felsen gehauen und bekamen eine Scheinfassade, die zuweilen zu einer Tempelfront mit Säulen und Reliefverzierung ausgebildet wurde. Eine erwähnenswerte architektonische Tätigkeit ist sonst fast ausschließlich auf die großen Agrarzentren Mittel- und Nordetruriens beschränkt, die aus den bekannten sozialgeschichtlichen Gründen von der allgemeinen Krise Etruriens am wenigsten berührt waren. Die Stadtmauern von Volterra, Perugia sowie des im Jahre 241 v. u. Z. begründeten Falerii Novi wurden von reliefverzierten Bogentoren durchbrochen, eine aus der hellenistischen Architektur übernommene Lösung, ebenso wie die echten Tonnengewölbe anstelle der archaischen Pseudokuppeln in einigen Gräbern von Chiusi, Cortona und Perugia. Sonst konzentrierte sich die Bautätigkeit vor allem auf die Errichtung oder den Umbau von Tempeln und Heiligtümern, wobei wieder die Aufnahme griechischer Einflüsse vorherrscht, so bei der Errichtung eines hellenistischen Theater-Tempels in Arezzo, oder die erst jetzt übernommene und sich rasch verbreitende Gewohnheit, die Tempelgiebel mit Skulpturengruppen zu verzieren. Die erhaltenen Beispiele sind durch Stil, Themenwahl und Fundort Zeugen der dominierenden, von Großgriechenland ausgehenden griechischen Impulse, gleichzeitig aber auch des Fortlebens und der weitreichenden Wirkung etruskischer plastischer Traditionen sowie der sich immer stärker durchsetzenden Integration der Kunstlandschaften Italiens. Als wichtigste Beispiele von tönernen Tempelgiebelreliefs dieser Zeit in Italien können Talamone in der Nähe von Vulci (Sieben gegen Theben), die römische Kolonie Luni (Tötung der Niobiden), Civitalba an der adriatischen Küste (Dionysos findet Ariadne, Plünderung eines Heiligtums durch die Gallier) und Capua (Niobide in Budapest) genannt werden. Die italische Koine kam – mit gewissen lokalen Präferenzen – besonders eindeutig in den Votivstatuetten aus Bronze und Ton zur Geltung, während sich die etruskischen Traditionen vor allem in solchen Kunstgattungen fortpflanzten, deren Besteller zur Mittelschicht der etruskischen Städte gehörten, wie z.B. bei Graburnen und Sarkophagen. Die letzteren wurden in immer geringerer Qualität hauptsächlich in der Umgebung von Tarquinia in Stein ausgeführt und von der Mitte des 2. Jh. v. u. Z. ein Jahrhundert lang in einer Werkstatt von Tuscania in Ton nachgeahmt. Der plastische Schmuck beschränkt sich hierbei meist auf die gelagerte Deckelfigur, die Kiste bleibt oft unverziert. In Nordetrurien waren dagegen die Graburnen mit Deckelfigur und mit Reliefverzierung auf einer der Längsseiten der

Kiste verbreitet. In Volterra findet man sie meist aus Alabaster, in Perugia aus Travertin gearbeitet. Dagegen bevorzugte man in Chiusi seit der Mitte des 3. Jh. v. u. Z. Terrakotta, und die Reliefs wurden in der Regel mit Matrizen vervielfältigt. Die bis zum Ausgang der etruskischen Kunst dauernde Produktion dieser Reliefs enthält überwiegend mittelmäßige, zuweilen aber auch hervorragende Stücke. Im ganzen führt sie die allgemeine Entwicklung der spätetruskischen Kunst klar vor Augen, mit dem dominierenden Einfluß kleinasiatisch-pergamenischer Vorbilder in der ersten Hälfte der Periode und mit dem immer intensiveren Durchsetzen des von Rom ausgehenden neuattischen Klassizismus in der zweiten Hälfte. Die Romanisierung offenbart sich begreiflicherweise am klarsten in den anspruchsvollsten Werken, die in der Oberschicht der Etruskerstädte ihre Besteller oder Abnehmer fanden, so in manchen der Grabfresken, die mit vereinzelten Ausnahmen auch in dieser Periode bis um die Mitte des 2. Jh. v. u. Z. vorwiegend in Tarquinia angefertigt wurden; in einigen Prachtsarkophagen aus Tarquinia, Chiusi oder Volterra und in den wenigen erhaltenen Großbronzen, vor allem in einem Porträtkopf, dem sogenannten Kapitolinischen Brutus, und in der lebensgroßen Votivstatue des Arringatore aus der Gegend von Perugia, die laut Zeugnis ihrer etruskischen Inschrift einen vornehmen Römer darstellt. Dieses Beispiel veranschaulicht die Tatsache, daß der Prozeß der Romanisierung in der etruskischen Kunst oft keine bloße Stilfrage war. Dies wird auch durch die großen Familiengräber bewiesen, z.B. das Volumniergrab in Perugia und das Grab der Curunas-Familie in Tuscania, in denen nach der Sitte dieser Epoche viele Generationen kontinuierlich in ein und demselben Grab bestattet wurden und die Urnen oder Sarkophage eine organische Stilentwicklung zeigen. Nur in den Inschriften wurde die etruskische Sprache nach und nach von der lateinischen abgelöst. Bei inschriftlosen Stücken kann man annehmen, daß sie, was ihre künstlerische Form angeht, der etruskischen, ideologisch aber mehr der römischen Kunst zugehören. Das gilt besonders in Fällen, wo die Werke etruskischer Meister den Erwartungen der herrschenden römischen Geschmacksrichtungen entgegenkamen – außer den oben erwähnten einige »physiognomische« Terrakottaköpfe aus Caere oder Tarquinia, die sogenannte Sedia Corsini, ein Marmorthron in der traditionellen etruskischen Form mit Reliefdarstellungen, in denen sich klassizistische Motive mit mittelitalischen Ausdrucksformen vermischen. Etruskische Kunstformen überlebten jedoch die selbständige politische Existenz der Etrusker.

Lit.: P. J. Riis, An Introduction to Etruscan Art, 1953; M. Pallottino, Civiltà artistica etrusco-italica, 1971; O. Brendel, Etruscan Art, 1978; M. Cristofani, L'arte degli Etruschi, 1978; R. Bianchi Bandinelli, L'arte etrusca, 1960/1982.   J. G. Sz.

Kultisches Brauchtum der Etrusker

Im spätrepublikanischen und frühkaiserlichen Rom glaubte man, daß die Etrusker ein tief religiöses Volk wären. Ihre Religion war jedoch von besonderer Natur. Seneca berichtet, sie seien – im Gegensatz zur rationalen Weltsicht der Griechen und Römer – von der Vorstellung durchdrungen, »was in der Welt geschieht, ist nicht dadurch von Bedeutung, daß es geschieht, sondern es geschieht, weil es eine bestimmte Bedeutung hat«.

Jedes Ereignis war demnach bei den Etruskern von einer göttlichen Absicht erfüllt oder verkörperte eine göttliche Entscheidung. Das menschliche Schicksal wurde durch die Zuneigung, Abneigung oder den Zorn der Götter gestaltet. Die Grundlage einer harmonischen Beziehung zwischen Mensch und Gott bestand also in einer genauen Befolgung aller rituell festgelegten Regeln und religiösen Praktiken oder, im weiteren Sinne, jener detailliert kodifizierten Vorschriften, die das Verhältnis zwischen Göttern und Menschen bestimmten. Diesen Regeln wurde ein göttlicher Ursprung zugeschrieben: Durch die mythische Gestalt des Tages, der als »Kind mit der Greisenweisheit« in der Nähe von Tarquinia aus der Erde aufgetaucht sei, waren den Einwohnern diese Regeln übergeben worden. Aktivitäten im privaten und öffentlichen Leben verbanden sich in Etrurien stets mit dem Rat der Priester. So war auch die etruskische Wahrsagekunst weit über die Grenzen des Landes hinaus berühmt. Um den göttlichen Willen zu erfahren, beobachtete man den Vogelflug, die Blitze und betrieb die Eingeweideschau. Daneben entwickelten die etruskischen Priester die Kunst der Traumdeutung und der Auslegung ungewöhnlicher Ereignisse. Die Römer brachten diesen Praktiken großes Interesse entgegen, selbst die römischen Kaiser nahmen sie in Anspruch, und der Senat ermunterte etruskische Aristokraten dazu, die »disciplina etrusca« in vornehmen Familien zu verbreiten. Ebenso waren die unteren Volksschichten Etruriens in starkem Maße von diesen abergläubischen Kultpraktiken beeinflußt. Daraus erklärt sich auch, warum der Name tuscei von dem homerischen Begriff thyoskóoi und der Ausdruck caerimoniae (Zeremonie) vom Namen der etruskischen Metropole Caere mit Unrecht abgeleitet wurde. Im Kult lassen sich öffentliche und private Formen unterscheiden. Der private Kult stand hauptsächlich mit dem Haus und dem Grab in Verbindung, äußerte sich aber auch in anderen Bereichen. Der öffentliche Kult war vor allem an die Heiligtümer gebunden, d. h. an einen speziellen, durch eine festgelegte Grenze von der Umgebung geschiedenen Bezirk, der für die Gottheit bestimmt war. In einem Sanktuarium befanden sich vor allem Altäre verschiedener Gestalt und Größe. Altäre der Himmelsgottheiten dienten für Brandopfer, Altäre der Unterweltgötter waren für Blutopfer

bestimmt, hatten eine zylindrische Form und besaßen eine senkrechte Öffnung für den Abfluß des Blutes. Die Gottheit selbst wurde im Heiligtum durch eine anikonische Darstellung – einen Baumstumpf, einen Stein oder eine Lanze – verkörpert. Sie konnte auch anthropomorph dargestellt werden, wobei das Aufkommen der figürlichen Götterbilder im Zusammenhang mit dem seit der Mitte des 6. Jh. v. u. Z. vorherrschenden griechischen Kultureinfluß zusammenhängt.

Eine gewisse Vorstellung vom Aussehen etruskischer Kultbilder vermitteln Votivstatuetten, die Gläubige in den Heiligtümern weihten. Die Götterstatue befand sich in einem eigens zu diesem Zweck errichteten Kultbau, dem Tempel, der als Wohnsitz des Gottes galt. Anfangs waren es nur einfache Bauten aus Pfählen und Flechtwerk mit Lehmbewurf, die von den Hütten aus der Eisenzeit herzuleiten sind. Sie behielten dieses bescheidene Aussehen, bis man gegen Ende des 7. Jh. v. u. Z. unter griechischem Einfluß begann, die Tempel vor allem mit Dekorationselementen aus gebranntem Ton auch architektonisch zu gestalten.

Die neue formierte etruskische Aristokratie war offenbar zunächst mehr am Grabkult interessiert, d. h., man legte Wert auf den eigenen aristokratischen Ahnenkult und kümmerte sich weniger um die Götter der Gemeinschaft. So entstand erst im letzten Viertel des 7. Jh. v. u. Z. ein repräsentativer öffentlicher Tempeltyp in Form eines rechteckigen Hauses, mit Lehmziegelmauern auf steinernem Fundament und einem ziegelgedeckten Giebeldach.

Die in den heiligen Bezirken dargebrachten Votive (Weihgaben) sollten entweder an die Götter gerichtete Wünsche erfüllen helfen oder waren Ausdruck des Dankes für erfahrene göttliche Wohltaten. Sie bestanden meist aus kleinen Götterbildern, menschlichen, auf die Weihenden bezogenen Darstellungen oder Darstellungen von Opfergeräten und Opfertieren. Mitunter wurde das Weihgeschenk auch mit dem Namen des betreffenden Gottes versehen (Kat.-Nr. B 8.19).

Gottheiten, denen man Einflüsse auf die Gesundheit zuschrieb, widmete man Votive, die Körperteile und verschiedene anatomische Organe darstellten (Kat.-Nr. D 3.34 ff.), Fruchtbarkeitsgottheiten weihte man Kinderstatuetten und Darstellungen von Geschlechtsorganen. Die Grundlage für diesen Brauch bildete die Überzeugung vom symbolischen Wert dieser Gaben, die einfach als Ersatz für reale Personen, Dinge und Gegenstände dem göttlichen Schutz anempfohlen wurden. Die interessanteste Gruppe dieser Weihgeschenke sind die menschlichen Terrakottaköpfe, die sich in Südetrurien besonderer Beliebtheit erfreuten. Die zunächst sehr summarisch gestalteten, einem zeitbedingten Idealtypus entsprechenden Vo-

tivköpfe (Kat.-Nr. D 3.1) tragen zum Teil Züge realistischer Porträts.

Eine stärkere Individualisierung läßt sich auch von den wahrscheinlich häufig in Bronze gefertigten Statuen ablesen, deren Zahl in der Spätzeit in den etruskischen Sanktuarien enorm angewachsen sein muß und die hier eine ähnliche Rolle spielten wie die griechischen und römischen Ehrenstatuen. Gewissermaßen das Pendant zu den hier genannten Votiven, die eine positive göttliche Einflußnahme bewirken sollten, verkörperten die defixionum tabellae (Fluchtäfelchen). Die auf Bleitäfelchen geschriebenen Fluchformeln, die mit ins Grab gelegt wurden, sollten auf diese Weise nachdrücklich Strafe für denjenigen heraufbeschwören, der es wagte, die Ruhe des Toten zu stören.

Der Heroenkult war den Etruskern unbekannt. Seine Funktion wurde wahrscheinlich vom Totenkult mit übernommen. Das Stammesoberhaupt wurde vermutlich in der Frühzeit von den Stammesmitgliedern als ein übernatürliches Wesen, vergleichbar dem griechischen Heros, angesehen.

Eine Widerspiegelung derartiger Vorstellungen könnte man unter anderem auch in dem Brauch der ungewöhnlich reich ausgestatteten »Fürstengräber« der Frühzeit (Kat.-Nr. A 4) sehen. In der archaischen Zeit entwickelte sich dann eine modifizierte Form der Grabausstattung, die zwar nicht mehr so umfangreich war, aber in Form einer hausähnlichen Grabkammer mit auf Wandgemälden wiedergegebenen Gelagen, Jagd- und Wettkampfszenen eine dem aristokratischen Status gemäße Lebensweise im Jenseits sichern sollte. Hier spiegeln sich wohl auch viele, nach griechischem Vorbild entwickelte spektakuläre Formen des Totenkultes wider, wie anläßlich des Begräbnisses veranstaltete Wettkämpfe, Gauklerpossen, akrobatische und szenische Darbietungen. So wie die Votivstatuetten in den heiligen Bezirken wahrscheinlich frühere Menschenopfer ersetzen sollten, so sind die Wandbilder in den Gräbern mit Darstellungen bekannter Kampfszenen zwischen einem maskierten Mann (phersu) mit Hund und einem Mann mit Keule und verhülltem Kopf vielleicht der Ersatz für eine Art von Gladiatorenkämpfen, die in der Frühzeit beim Begräbnis hochrangiger Stammesmitglieder veranstaltet wurden.

Das Grab galt – wie schon erwähnt – als Wohnstätte des Verstorbenen, die mit Haushaltsgegenständen, Möbeln und Waffen oder deren Nachbildungen (Kat.-Nr. A 3.14) neben speziellem Grabschmuck (Grabschilde in Tarquinia, Kat.-Nr. B 7.45) ausgestattet wurde. Die in der orientalisierenden Phase und später in den Gräbern anzutreffenden Throne, auf denen die Urne aufgestellt oder mit denen zusammen manchmal auch ein Bildnis des Verstorbenen wiedergegeben war, können als sicheres

Zeichen für eine hohe Rangstellung des Toten gelten. Besondere Berühmtheit erlangten die etruskischen Gräber, vor allem die von Tarquinia, durch ihre reichen gemalten Wanddekorationen. Bei den Grabgemälden zeichnen sich Szenen aus, die das Motiv eines Banketts zeigen, häufig verknüpft mit der Darstellung musikalischer Darbietungen. In der archaischen Epoche dominierten diese Gelage- und Tanzszenen mit Musikanten neben Darstellungen von »Festzelten«, die auf eine weitere, lebensbejahende Weltsicht der Aristokratie in der Blütezeit der etruskischen Kultur hinzuweisen scheinen. Im 4. Jh. v. u. Z. änderte sich das jedoch grundlegend. Seit dieser Zeit stellte man die Verstorbenen als überirdische Wesen dar, die bei Kerzenschein in der Unterwelt in Anwesenheit von Göttern und Dämonen tafeln. Das in den Gräbern angetroffene Tafelgeschirr beweist, daß das Festmahl als eine Form der überirdischen Existenz des Verstorbenen betrachtet wurde. Die auf den hellenistischen Urnen und Sarkophagen dargestellten schicksalsschweren Szenen aus dem griechischen Mythos lassen um den Verstorbenen eine erhabene und trübe Atmosphäre entstehen.

Lit.: C. Clemen, Die Religion der Etrusker, 1936; R. Herbig, Götter und Dämonen der Etrusker, hrsg. von E. Simon, 1965; A. J. Pfiffig, Religio etrusca, 1975.   W. D.

Griechische Mythen in der etruskischen Kunst

Das Auftreten von Szenen der griechischen Mythologie in der etruskischen Kunst beschäftigte die Wissenschaft zwei Jahrhunderte hindurch. Da sich das Interesse vieler Forscher im 19. Jh. auf Griechenland konzentrierte, wurde das Phänomen als Ausdruck der in den verschiedenen Bereichen nachweisbaren Abhängigkeit der etruskischen Kultur und Zivilisation von Hellas betrachtet. Man beschäftigte sich mit diesen Szenen, um das Wissen über griechische Mythen und ihre Ikonographie zu vertiefen.

Erst in den letzten Jahrzehnten begann man, Überlegungen darüber anzustellen, welchen Platz diese griechischen Mythen in der etruskischen Kultur einnahmen und was sie für die Etrusker selbst bedeuteten. Man untersuchte die Verbreitungsweise der griechischen Mythen in der etruskischen Gesellschaft, die Frage, wie weit sie von den Etruskern verstanden wurden, und die Möglichkeiten ihrer schöpferischen Anwendung. Neben der traditionellen Auffassung, daß die etruskischen Künstler und Handwerker den Inhalt griechischer Epen gekannt haben mußten, gab es auch Überlegungen bezüglich der Wege, auf denen griechische Mythen in Etrurien verbreitet wurden, z. B. durch den Import von Erzeugnissen des Kunsthandwerks mit mythologischen Szenen oder durch Kontakte mit griechischen Kaufleuten und Handwerkern. Da die vorhandenen etruskischen Schriftquellen begrenzt sind – ganz im Gegensatz zu Reichtum und Vielfalt griechischer Quellen, insbesondere der großartigen griechischen Literatur –, ist die Forschung lediglich auf zwei Arten etruskischer Zeugnisse angewiesen: die Überlieferung in der Kunst und eine gewisse Anzahl griechischer Namen der mythologischen Gestalten, die in assimilierter Form durch etruskische Inschriften dokumentiert sind. Die mythischen Szenen treten in der etruskischen Kunst vom Ende des 7. Jh. v. u. Z. bis zum 1. Jh. v. u. Z. auf und zeigen im Lauf der Zeit Einflüsse verschiedener griechischer Gebiete: Argolis, Korinth und einige hellenistische Zentren. Inschriften zu mythischen Szenen erscheinen verhältnismäßig spät, sie finden sich verbreitet erst im 5. Jh. v. u. Z. Der Zeitpunkt ihres Erscheinens in der assimilierten Form zeigt jedoch, daß sie viel früher übernommen wurden. Mit Hilfe der Kenntnisse der etruskischen Phonetik und der Chronologie ihrer charakteristischen Veränderungen konnte man feststellen, daß griechische Mythen in Etrurien eine lange mündliche Tradition hatten, daß viele von ihnen während der lebhaften und vielfältigen Kontakte bereits in archaischer Zeit aufgenommen wurden. Die Geschichte der Entlehnungen war nicht nur ein langer, sondern auch ein differenzierter Prozeß. Die Namen wurden in den verschiedenen Zeitabschnitten aus unterschiedlichen griechischen Dialekten – aus dem dorischen und ionisch-attischen – entlehnt. Die Forschung schließt die Möglichkeit von Entlehnungen aus der dorischen poetischen Sprache nicht aus, eventuell aus der griechischen Chorlyrik des 6. und 5. Jh. v. u. Z.

Lebhafte Handelskontakte begünstigten diese Entlehnungen. Es wird vermutet, daß die griechischen Kaufleute bemalte Keramik in die etruskischen Häfen mitbrachten, ihre Kunden über den Inhalt der dargestellten Mythen informierten und ihnen gleichzeitig allgemeine Kenntnisse über andere Mythen vermittelten. Durch die Anwesenheit etruskisch sprechender Griechen in Etrurien und griechisch sprechender Etrusker könnte die Verbreitung der Kenntnisse über die Mythen in ihrer poetischen Form begünstigt worden sein.

Der Vergleich etruskischer Darstellungen mit ihren griechischen Vorbildern zeigt bedeutende Unterschiede, die von den Forschern verschieden beurteilt wurden. Einige betonen den grundlegenden Unterschied zwischen den Kulturen Griechenlands und Etruriens und vertreten darum die Auffassung, daß etruskische Handwerker mythologische Szenen auf den Kunstgegenständen, hauptsächlich in der Vasenmalerei, mechanisch entlehnten, ohne den Inhalt der Mythen und die auf der Basis des Mythos geschaffenen griechischen Kunstwerke tiefer zu verstehen. Aus dem Unverständnis bzw. der oberflächlichen Kenntnis der Mythen würden sich Verwechslungen und Irrtümer erklären. Die Verdoppelung konkreter Göttergestalten zugunsten symmetrischer Darstellung könnte als Beweis für eine formalistische Betrachtungsweise der griechischen Vorbilder durch die Etrusker dienen. Sprachforschungen haben aber jene Meinungen bestätigt, nach denen in einigen Fällen etruskische Handwerker den Inhalt griechischer Mythen kannten und ihnen diese Kenntnis half, eigene Szenen in der Bildkunst zu gestalten. Bei der Auswahl der mythologischen Szenen wurden offensichtlich diejenigen bevorzugt, in denen von den Helden griechischer Sagenwelt berichtet wurde; dabei kam es nur auf den allgemeinen Charakter einzelner Heroen und ihren Platz in der griechischen Religion an. Die Verbreitung der Kenntnisse über die literarischen Versionen einzelner Mythen waren von der Zeit, den Mitteln und den gesellschaftlichen Verhältnissen abhängig. Griechische Handwerker und Künstler, die ihre Werkstätten in Etrurien hatten, zum Teil auch griechische Sklaven, die sich nach und nach assimilierten, spielten eine große Rolle bei der Vereinigung der verschiedenen Traditionen. Die attische Keramik dagegen spielte keine entscheidende Rolle. Am Beispiel etruskischer Darstellungen der Meeresmythen aus der 2. Hälfte des 6. Jh. v. u. Z. zeigt sich die völlige Unabhängigkeit von attischen Vorstellungen. Man darf dabei nicht vergessen, daß die Mythen besonders in archaischer Zeit, aber auch später, in bestimmten Kreisen nichts anderes bedeuteten als rein literarische Erscheinungen. Für die bedeutende Mehrheit der Gesellschaft – die Handwerker bildeten mit Sicherheit keine intellektuelle Elite – bestimmten die Mythen die Wirklichkeit; man betrachtete durch sie die Welt und versuchte so, die Geschichte und das Weltgeschehen zu verstehen. Natürlich ist es schwierig, religiöse Bedeutungen in den Darstellungen der Taten des Herakles auf dem Dreifuß (Leningrad, Inv. V 486) oder in einigen Szenen auf den Bronzespiegeln, die die Macht der Aphrodite verkünden (Kat.-Nr. F 20), zu finden. Diese Mythen gehörten nicht im engeren Sinne zur religiösen Sphäre, sondern waren allgemeiner Bestandteil der Kultur, zu der die Kenntnis griechischer Poesie gehörte. Die Ausstattung der Tempel, der Gräber und die sepulkrale Kunst im allgemeinen bestätigen, daß die griechischen Mythen nicht nur ihrem literarischen Inhalt nach adaptiert wurden, sondern daß sie verhältnismäßig früh mit dem religiösen Bereich verbunden waren. Die interessante Szene auf

der schwarzfigurigen Amphora aus Berlin (Kat.-Nr. B 5.29), die Hermes mit drei Göttinnen, wahrscheinlich Athena, Hera und Aphrodite, und einen Jüngling, offenbar Paris, darstellt, beweist deutlich, daß der Maler nicht nur oberflächlich das ikonographische Schema – das Urteil des Paris – benutzte, sondern daß er eine allgemeine Kenntnis, eine gewisse mündliche Tradition in bezug auf die einzelnen Personen, besaß. Die Tatsache, daß Paris ein Hirt war, brachte den Maler vielleicht auf den Gedanken, Hermes als Kriophoros (Widderträger) darzustellen. Der Akzent wurde von der konkreten Handlung des griechischen Mythos auf die Personen verlagert, die nun einen bestimmten Wert verkörperten, aber in der Erzählung eigentlich keine bestimmte Rolle haben. Diese Tatsache bedeutete aber nicht, daß die Szene völlig äußerlich, lediglich als ein bestimmtes Formsystem ausgewählt wurde. Eine solche Konzeption war sicherlich der etrurischen wie der gesamten antiken Kunst fremd. Mit der gleichen Begründung könnte man behaupten, daß die handlungslose »sacra conversazione« in der Renaissance nur Teil eines Dekorationssystems sei. Um die verschiedenen Funktionen griechischer Mythen in Etrurien zu verstehen, sind nicht nur die Szenen mit ablesbaren Ähnlichkeiten oder Bedeutungsparallelen zu bestimmten literarischen Werken wichtig, sondern auch einzelne Motive oder Fragmente und selbständig ausgebildete Themen. Die in der Kunst des 6. Jh. v. u. Z. beliebten Mischwesen – Tritone, Kentauren, Sirenen, Acheloos-Darstellungen – kann man nicht nur als Ausdruck etruskischer Vorliebe für das Phantastische werten. Durch ihre halb tierische Gestalt drücken sie den Glauben an das Bestehen unbekannter Dualismen, übermenschlicher Gestalten und deren außergewöhnliche Möglichkeiten aus. Während des 6. und 5. Jh. v. u. Z. finden sich in der etruskischen Kunst häufig epische Themen auf bemalten Vasen, Bronzeerzeugnissen, Spiegeln oder Gemmen, die von interessierten aristokratischen Kunden gekauft wurden. Die klassischen Formen der Amazonomachie und der Gigantomachie erscheinen später, im 4. Jh. v. u. Z. (Kat.-Nr. D 1.19, 35). In der gleichen Zeit kann man eine wachsende Popularität dionysischer Szenen, die oft Beziehungen zum Totenglauben haben, beobachten. Wie in der süditalischen Keramik tauchen nun auch Theaterszenen auf (Kat.-Nr. D 1.20). Die hellenistische Periode brachte eine ungewöhnliche Verbreitung mythologischer Motive und Szenen in der sepulkralen Kunst, so auf Sarkophagen und Urnenreliefs aus Volterra, Chiusi und Perugia. Lange Bilderserien, die geschlossene Zyklen zu den trojanischen und thebanischen Epen sowie zur Odyssee bilden, erinnern an die Szenen kontinuierlich erzählender Friese oder an Reliefnachbildungen von Buchillustrationen. Die Auswahl der Szenen, die Dramatisierung des Todes und die Unausweichlichkeit des dem Menschen vorbestimmten Schicksals sind Grundtöne dieser Darstellungen und der Anlaß für ihre Beliebtheit in der Grabkunst.

Lit.: R. Hampe, E. Simon, Griechische Sagen in der frühen etruskischen Kunst, 1964; I. Krauskopf, Der Thebanische Sagenkreis und andere griechische Sagen in der etruskischen Kunst, 1974; G. Camporeale, in: Studi in onore di Luisa Banti, 1965; H. Rix, in: Schriften des Deutschen Archäologischen Verbandes 5, 1981, S. 96 ff.   W. D.

A 1.17

Die Formierung der etruskischen Kultur im Rahmen der italischen Eisenzeit (10.–7. Jh. v. u. Z.)

A 1 Impasto-Keramik

Als Impasto wird eine prähistorische Keramik bezeichnet, die für die italische Bronze- und Eisenzeit charakteristisch ist. Es handelt sich dabei um eine zunächst noch ohne Verwendung der Töpferscheibe handgefertigte Ware, deren grobe Tonstruktur durch den umfangreichen Zusatz von Magerungsmitteln (Mineralien, Sand) bedingt ist. Dieses Verfahren sicherte bei der noch primitiven Brenntechnik, die keine Regulation der Oxydations- und Reduktionsverhältnisse im Ofen kannte, die Festigkeit der Tonware. Demzufolge ist die Impasto-Keramik in der Regel dickwandig, variiert erheblich in Form und Farbe und zeigt deutliche Unregelmäßigkeiten. Allgemein gehört diese Keramik zu den Produkten einer noch relativ unentwickelten prähistorischen Gesellschaft, die für den lokalen Bedarf hergestellt wurden. Jedes lokale Zentrum entwickelte also eine gewisse eigene Formenkontinuität, woraus sich für das hier interessierende mittel- und süditalische Gebiet (Etrurien, Latium und Kampanien) eine verhältnismäßig große Vielfalt der Formen und Dekorationen ergab. Zum frühen Impasto gehören bikonische Gefäße mit seitlichen Henkeln, deren Dekor eingeritzt und mit einer weißen Masse gefüllt, eingedrückt oder aufgesetzt war. Die Farbe der wenig geglätteten Oberfläche variiert von grau, schwarzbraun bis rötlichbraun, wie z. B. bei den großen Villanova-Urnen und Deckelschalen (Kat.-Nr. A 1.3–4). Für Latium waren auch tonnenförmige Gefäße mit aufgelegten Netzmustern und Hüttenurnen charakteristisch (Kat.-Nr. A 1.1–2). Hinzu kamen ovoide Amphoren mit Bandhenkeln (Spiralamphoren, Kat.-Nr. A 1.6), die von Südetrurien über Latium bis nach Kampanien verbreitet waren und auch mit Buckeln verziert wurden (Kat.-Nr. A 1.7–8). Der Kontakt mit der orientalisch-phönikischen und griechischen Welt führte zu einer raschen Verbesserung der Keramiktechnologie und zur Übernahme oder Imitation neuer Dekorationsformen. Gegen Ende des 8. Jh. v. u. Z. wurde die langsam drehende Töpferscheibe eingeführt, auf der zunächst nur bestimmte Gefäßteile, wie Füße und Mündungen, abgedreht, dann aber auch großformatige Vasen getöpfert wurden. Die Gefäßoberfläche wurde durch eine Politur vor dem Brand verbessert, bei der sich auf der Außenhaut die feineren Tonteilchen anreicherten, wodurch diese oft den Eindruck erweckte, als wäre sie mit einem Firnisüberzug versehen. Seit dem 8. Jh., verstärkt aber im 7. Jh. v. u. Z. führte der Import griechischer subgeometrischer und protokorinthischer Keramik zur Übernahme der orientalisierenden Ornamentik mit ihren naturalistischen Motiven, mit Mäandern, Palmetten, Blüten, Spiralen, Fächern, Fischen und Vögeln (aironi). Neben dem grauen, braunen und schwarzen Impasto treten auch rotgefärbte oder mit einem hellen Überzug (engobierter Impasto) versehene Vasen auf, die rot bemalt wurden (Kat.-Nr. A 1.16). Das Formenrepertoire umfaßt nun neben Weiterentwicklungen traditioneller italischer Gefäßtypen, wie Bandhenkelamphoren, Ollen, Kelchen, Kyathoi und Tellern, auch imitierte importierte Vasenformen, wie Trinkschalen (Kylikes), Henkelbecher (Kotylen und Skyphoi) und Kannen teils griechischer, teils kyprophönikischer Herkunft. Eine besonders eindrucksvolle italische Kreation dieser Zeit ist der Holmos (Kat.-Nr. A 1.19), ein in Ton gefertigter Kesselständer nach orientalischen Metallvorbildern aus dem syrisch-urartäischen Gebiet. Diese Ständer sind sowohl in Griechenland anzutreffen als auch nach Italien importiert worden und waren kombiniert mit charakteristischen Kesselaufsätzen, die mit Tierprotomen geschmückt waren.

Lit.: H. Müller-Karpe, Beiträge zur Chronologie der Urnenfelderzeit nördlich und südlich der Alpen; ders., RM Ergh. 5, 1959 und 8, 1962; T. Dohrn, in: Helbig 2, 1966, S. 795–805; A. M. Radmilli, Guida della preistoria italiana, 1975; M. Zuffa, La civiltà villanoviana (Popoli e Civiltà

A 1.1

A 1.3/A 1.4

dell'Italia Antica 5, 1976, S.197–363); Civiltà del Lazio primitivo, Kat. Rom 1976; M.Cristofani, L'arte degli etruschi 1978, S.123–127; Hencken, Tarquinia; D. und F.C.Ridgway (Hrsg.), Italy before the Romans: the Iron Age, Orientalizing and Etruscan periods, 1979; K.Raddatz, Eisenzeitliche Fundstellen von Vulci, in: PZ 58, 1983, S.211–249; F.Buranelli, L'urna Calabresi di Cerveteri, 1985. S.B./V.K.

A 1.1 (Abbildung)
Hausurne
Impasto, Latium. 9. Jh. v. u. Z.
Rotbrauner grober Ton, Oberfläche braunschwarz, geglättet. Aus mehreren Stücken zusammengesetzt, Oberfläche stellenweise stark zerstört; Deckelösen ausgebrochen, ein Hörnchen abgebrochen und Deckel verloren
H. 25 cm, D. 27 cm
Aus Albano; 1846 erworben
Berlin, SMB, Antikensammlung
Inv.: F 1351 (TC 5026)

Urne in Hüttenform mit leicht einwärts geneigten Wänden, abgesetzter Sockelleiste und wenig vorkragendem flachem Walmdach. Die annähernd quadratische »Türöffnung« wird seitlich von doppelten »Pfosten« gerahmt und war ursprünglich durch einen Tondeckel mit waagerecht durchgestecktem Stab (Lochreste an den inneren »Pfosten«) geschlossen. Das Dach ist durch 4 aufgesetzte Paare leistenartiger Grate gegliedert, die am First in hörnerartige Aufsätze auslaufen. An der Front endet der mittlere Grat unten in einer dreifachen Gabel. Urnen dieses Typs sind charakteristisch für Pozzo-Gräber der ausgehenden Bronze- und frühen Eisenzeit in Latium (laziale Phase I und II A) und Rom (Phase Rom – Albaner Berge I) aus dem 10. bis 9. Jh. v. u. Z. Daneben lassen sich vergleichbare Urnenformen auch im eigentlichen etruskischen Gebiet, in Vetulonia, Tarquinia und Vulci nachweisen. Neben ihrer Bedeutung für den Sepulkralkult, in dem offenbar auch eine magisch-religiöse Bewahrung der Behausung eine Rolle spielte, liefern die als relativ getreue Abbil-

der von Hütten zu charakterisierenden Urnentypen Hinweise für die Rekonstruktion prähistorischer Hüttenformen, deren Wände aus Pfosten mit Flechtwerk und deren Dächer aus pflanzlichem Material bestanden.

Bemerkenswert sind das auf Pfosten ruhende Vordach am Eingang und die zu Befestigungen des Dachbelages nötigen Auflatten mit schmückenden Aufsätzen, die Anknüpfungspunkto für dio Entwicklung spezifisch etruskischer Akroterformen seit dem späten 7. Jh. v. u. Z. lieferten. Aus Ton, Stein oder Bronze gefertigte Behälter für die Asche des Verstorbenen lassen sich auch in der Folgezeit in etruskischen Gräbern nachweisen, ganz abgesehen von dem Aufgreifen des Hausmotivs bei der Gestaltung von Grabräumen z. B. im archaischen Caere.

Lit.: Unveröffentlicht. Ähnliche Urnen aus dem Gebiet um Castelgandolfo (H. Müller-Karpe, RM Ergh. 5, 1959, Taf. 14.5 mit allgemeinen Bemerkungen S. 45 ff. und 87 ff.; außerdem F.Prayon, RM Ergh. 22, 1975, S. 123 ff.); Urnen

aus dem Gebiet von Velletri und Rom (Civiltà del Lazio primitivo, Katalog Rom, 1976, S.83f. Taf.6. B.1, 112 Taf.14 A; ebd. S.68ff., zu den Gräbern in den Albaner Bergen); allgemein: Sundwall; W. R. Bryan, Italic Hut Urns and Hut Urn Cemeteries, 1925; H. Müller-Karpe, RM Ergh. 8, 1962 und P. G. Gierow, I colli Albani nel quadro della civiltà Laziale, in: OpRom 14, 1983, S.7ff.; A. Andrén, in: MedelhavsMusB 4, 1964, S.30–37.   V.K.

A 1.2
Retikulatbecher
Impasto, Ende 9.–8. Jh. v. u. Z.
Brauner Ton mit Einschlüssen von Glimmer und weißen Einsprengungen, modellierte Oberfläche ohne Politur. Intakt
H. 6 cm
Fundort unbekannt; 1928 aus dem Museums-fonds
Leningrad, GE, Antikensammlung
Inv.: B 4455

Gefäß mit einer flachen, breiten Basis, verti-kaler, leicht gewölbter Wandung, schwach her-vorgehobener Schulter und fast gerade verlau-fender schmaler Mündung (Lippe). Am Rumpf verläuft ein reliefartiger Wulst, der in der Mitte von einem horizontalen Wulst gekreuzt wird, wodurch zwei Reihen Netze gebildet werden (Retikulat). Über dem Boden und an den Schul-tern horizontale Wülste. Gefäße dieses Typs waren in Latium weit verbreitet und wurden auch in den Pozzogräbern auf dem Esquilin und dem Forum in Rom gefunden.

Lit.: Kul'tura i iskusstvo Etrurii, S.14 Nr.1; ähnliche Formen bei G. Gierow, The Iron Age Culture of Latium I, 1966, S.133f.   S.B.

A 1.3 (Abbildung)
Bikonische Urne
Impasto »dark polished ware«, Villanova, 9. Jh. v. u. Z.
Graubrauner Ton, handgeformt, schwarz-poliert, mit Ritzungen und Stempel-verzierung. Randstück herausgebrochen (angeblich für den Henkel der Deckel-schale), Riß im Boden
H. 44,8 cm, D. 29,5 cm
Aus Vulci, Polledrara, in einer tomba a pozzo zusammen mit Inv.: F 1357 (soll im Grab als Deckel über die Urne gestülpt gewesen sein), F 1356, F 1385, F 1394, F 1397 (alle in Berlin [West]) sowie einer Anzahl von Metallgeräten (Inv.: M.I.7813 bis 7830) gefunden.
Der Besitzer bezeichnete das Grab als »Tomba Egizia foderata di tufo«; 1882 von Helbig angekauft
Berlin, SMB, Antikensammlung
Inv.: F 1352 (M.I.7807)

Schlankes bikonisches Gefäß mit abgesetz-tem Kegelhals, hoher ausladender Mündung und einem kleinen Horizontalhenkel am Bauch. Oben um den Hals Ritzdekor: breiter Stufen-mäander zwischen gefüllten Zickzackbändern,

darunter Rundstempel mit Gitter- und Sternmu-ster. In der Zone des größten Umfangs flache Riefeln.

Die bikonische Urne gehört zu den bekannte-sten Keramiktypen der frühen Eisenzeit in ganz Etrurien, vgl. Falconi Amorelli, Vulci S.67f. Nr.30–32, Abb.17, 21 und 22 und Montelius, Civilisation, S.207 Taf.258/13.

Lit.: A. Furtwängler, in: AZ 1883, Sp.271.   U.K.

A 1.4 (Abbildung)
Henkelschale
Impasto, »dark polished ware«, Villa-nova I B, 9.–8. Jh. v. u. Z.
Schwarzbrauner Ton, handgeformt und schwarzpoliert, Ritzungen mit weißen Inkrustationen. Intakt, kleine Aus-platzungen am Rand
H. (o. Henkel) 11,5 cm,
H. (m. Henkel) 15 cm, D. 23,7 cm
Aus Tarquinia; 1831 aus Sammlung Dorow-Magnus erworben
Berlin, SMB, Antikensammlung
Inv.: F 1358

Tiefe konische Schale auf kleiner gerader Standfläche, mit knapp einbiegendem Rand und horizontal ansetzendem hochgezogenem, leicht tordiertem Henkel zwischen zwei hornarti-gen Aufsätzen. Im Rand und um die Hörnchen herumführend doppeltes Stichband, darunter

Gruppen gefüllter Doppelhaken in doppelten Ritzlinien, die weiß inkrustiert sind (teilweise er-halten).

Die Formen der Schale entsprechen der früh-eisenzeitlichen Keramik Villanova I B (Henk-ken). Parallelen sind Schalen aus Selciatello Sopra, Grab 76 und bes. 79 (Hencken, Tarqui-nia, S.70 Fig.56c und S.71 Fig.57m) sowie Vulci (Falconi Amorelli, Vulci, S.69 Nr.35 Abb.24). Zur Ornamentik s. K.Kilian, in: RM Ergh. 10, 1964, S.69ff.

Lit.: M. Pallottino, in: MonAnt 36, 1937, S.37 Anm.3.   U.K.

A 1.5
Einhenkelige Schale
Impasto, Villanova,
2.–3. Viertel 8. Jh. v. u. Z.
Dunkelbrauner Ton mit dunkelgrauer mattpolierter Oberfläche, handgeformt.
Intakt, Henkel geklebt
H. (m. Henkel) 9,45 cm, D. (max.) 10,53 cm
Fundort unbekannt; Geschenk von János Lakos
Budapest, SzM, Antikensammlung
Inv.: 64.22.A

Konkaver Fuß, die 40 Rippen um den Scha-lenboden herum sind mit einem Stab einge-drückt. Der durch einen Steg zweigeteilte Band-henkel, der sich oben mit leicht aufgebogenen Kanten nach vorn verbreitert, ist durch eine

A 1.6

35

schmale, mit drei eingedrückten Horizontalstreifen verzierte Platte mit dem Schalenrand
verbunden. In der Mitte des Schalenbodens befindet sich ein Omphalos. Die Form ist in der
Villanova-Kultur Südetruriens allgemein verbreitet, kommt auch in Latium und Lukanien vor.
Die hier vertretene Variante gehört in die II B-
Periode der früheisenzeitlichen Kultur von Veji,
dessen Ausgrabungen bis heute den sichersten
Ausgangspunkt für die Datierung bieten.

Lit.: CVA Budapest 1, 1981, Taf. 1.3,5; zum
Typus in Veji: J. Close-Brooks, in: NSc 1965,
S. 57 Nr. 42 Abb. 5. Zur absoluten Chronologie
zuletzt G. Bartoloni, in: Atti del Secondo Congresso Internazionale Etrusco (Florenz 1985),
1987.   J. G. Sz.

A 1.6 (Abbildung)
Bandhenkelamphora
Impasto, um 700 v. u. Z.
Hellbrauner Ton im Bruch, Oberfläche
schwarzbraun, Ritzungen mit weißen
Einlagen. Intakt, kleine Ausplatzungen
am oberen Henkelansatz
H. 12 cm, D. 12,5 cm
Aus Tarquinia; 1831 aus Sammlung
Dorow-Magnus erworben
Berlin, SMB, Antikensammlung
Inv.: F 1409

Dünnwandiges bauchiges Gefäß mit ausge-
stülpter Standfläche und breiten Bandhenkeln.
Ritzungen: am Bauch beidseitig liegende Doppel-
spirale, an den Seiten großes W-förmiges
Zickzackmuster aus vier Linien; auf den Henkeln vertikale Linien.

Der Typus der Bandhenkelamphora mit Spiralen erscheint bereits im ausgehenden
8. Jh. v. u. Z. (G. Colonna, in: StEtr 36, 1968,
S. 271); vgl. auch die Amphora aus dem Bok-
choris-Grab, Tarquinia, um 700 v. u. Z. (Henk-
ken, Tarquinia, S. 375 Abb. 367 b) und eine Amphora im Louvre (Inv. C 40: CVA Louvre 20,
1982, IV Ba Taf. 4.1–2 S. 31 und 28 ff. zum Typus allgemein). Diese Amphora gehört zu den
späteren Impasto-Formen und stellt zugleich
eine Vorstufe der Bucchero-Formen (Kat.-
Nr. B 2.1) dar, die sich im 7. Jh. v. u. Z. entwickelten.

Lit.: Furtwängler, Vasen, S. 163 Nr. 1409.
                                                   U. K.

A 1.7
Amphora
Impasto, kampanisch,
2. Hälfte 8. Jh. v. u. Z.
Grauer Ton. Intakt, kleiner Ausbruch
an der Lippe
H. 12 cm, D. 13 cm
Bis 1945 in Wilanów
Warschau, NM, Galerie antiker Kunst
Inv.: 147348

Kleine bikonische Amphora mit kugelförmigem Hals, wenig ausschwingender Lippe und
Bandhenkeln. Auf der Schulter beidseits fünf
Buckel, die durch leichtes Eindrücken der Wandung erzielt wurden. Buckelamphoren dieses

A 1.8

Typs traten in Südetrurien, Latium (CVA Louvre
20, 1982, Taf. 1.9–10 S. 21, Amphora Inv. C 7)
und in Kampanien auf (B. D'Agostino, in: StEtr
33, 1965, S. 678 ff. Taf. 88.a9, Pontecagnano –
Proprietà Negri, Fossagrab 183).

Lit.: CVA Warschau 6, 1976, IV B, Taf. 38.5
S. 44; vgl. P. Gastaldi, in: AnnAStorAnt 1, 1979,
S. 39 (Amphora Typ 1b) Abb. 9.   V. K.

A 1.8 (Abbildung)
Amphora
Impasto, kampanisch,
Ende 8.–Anfang 7. Jh. v. u. Z.
Bräunlicher, geglätteter Ton. Intakt
H. 26,6 cm
Fundort unbekannt; 1834 aus Sammlung
Pizzati erworben
Leningrad, GE, Antikensammlung
Inv.: B 93

Dickwandiges Gefäß mit gerundetem Rumpf
auf flacher, schwach hervorgehobener Basis.
Hals kräftig gestreckt, konische Form, leicht ge-

bogener Rand, der mit dem mittleren Teil des
Rumpfes durch zwei flache, gebogene Henkel
verbunden ist. Den mittleren Teil des Rumpfes
bilden vier flache Buckel, die von breiten vertikalen Rillen eingerahmt werden. Die Oberfläche ist geglättet. Die Form des Gefäßes ist charakteristisch für Kampanien. Der Typus steht lazialen Amphoren nahe und ist mit diesen von
Gefäßtypon der Fossa-Kultur abzuleiten.

Lit.: Stephani, Nr. 1028; Val'dgauer, Nr. 465;
S. Boriskovskaja, in: SA 1969, Nr. 2 S. 47
Abb. 3; Kul'tura i iskusstvo Etrurii, S. 16 Nr. 10
mit Abb.; vgl. E. Dressel, in: Anndell'Inst 56,
1884, S. 234 Taf. 0, Nr. 2; NSc 1928, S. 237
Abb. 5 f.   S. B.

A 1.9

Amphora

Impasto, kampanisch,
2.–3. Viertel 7. Jh. v. u. Z.
Grau-bronzener Ton, Oberfläche graugelb
bis schwarz und leicht geglättet. Gefäß
geklebt; ausgebröckelte Stellen entlang
der Klebekanten, an Ausguß und Bauch
H. 23,1 cm, D. 18,2 cm
Aus Sammlung St. K. Potocki, zusammen-
gestellt 1785–86 in der Umgebung von
Neapel (Nola), oder Sammlung Słubicka, die
hauptsächlich kampanisches Material enthielt.
Bis 1945 in Sammlung Branicki in Wilanów
Warschau, NM, Galerie antiker Kunst
Inv.: 147349

Amphora mit flachem, leicht konkavem Boden, rundem Bauch und abgesetztem hohem
konischem Hals. Henkel bandartig, in der Mitte
leicht abgeschnürt, an Rand und Schultern ansetzend.

Lit.: CVA Warschau 6, 1976, Taf. 37.5 S. 43;
vgl. CVA Capua 4, 1969, IV B, Taf. 4,8. Ähnliches Stück mit stark verlängertem Hals: ebd.
Taf. 5.6 (zitiert Parallele aus Kopenhagen).
W. D.

A 1.10

Miniaturamphora

Buccheroides Impasto, kampanisch, letztes
Viertel 7. Jh.–Anfang 6. Jh. v. u. Z.
Buccheroartiger Ton von mittlerer Stärke
und grauschwarzer Farbe; Oberfläche
schwarz poliert. Ausguß beschädigt,
ausgedehnte Abblätterungen an der Ober-
fläche des Halses
H. 7,4 cm, D. 7 cm
Bis 1945 in Wilanów
Warschau, NM, Galerie antiker Kunst
Inv.: 147319

Kleine Amphora mit leicht konkavem Boden,
runder abgeplatteter Bauch, hoher konischer
Hals mit konkavem Profil und herausgebogener
Lippe. Bandhenkel, an Schultern und Rand ansetzend.

Die Gefäßform ähnelt den charakteristischen
italischen Spiralamphoren (vgl. Kat.-Nr. A 1.6),
die im letzten Viertel des 8. Jh. v. u. Z. auftauchten und die sich im Gebiet Caere–Veji–Falerii
im Laufe des 7. Jh. v. u. Z. verbreiteten. Dieser
Typ wurde auch aus Bronze und Silber hergestellt und beeinflußte die Spiralamphora aus
Bucchero sottile. Dennoch scheint es, daß das
Warschauer Stück, zu dem es genaueste Parallelen unter den in Kampanien hergestellten Gefäßen aus Impasto und Bucchero gibt, sich nicht
so sehr von den Spiralamphoren herleitet, als
vielmehr von den für die erste Eisenzeit-Periode
in Latium und Kampanien charakteristischen
Amphorentypen mit rundem Bauch, abgeplattetem flachem Boden, kegelstumpfförmigem Hals
und zwei vertikalen, an Rand und Schultern be-
festigten Henkeln.

Lit.: CVA Warschau 6, 1976, Taf. 37.2 S. 43;
vgl. CVA Capua 4, 1969, IV B, Taf. 5.10–11 (aus
Impasto); B. D'Agostino, in: NSc 1968, S. 169

Abb. 62 Nr. 12 (aus Impasto); A. Lezzi-Hafter
u. a., in: AW, Sondernummer 1980, S. 42
Abb. 129, S. 59 Nr. 82.
W. D.

A 1.11 (Abbildung)

Kleine Amphora mit kissenförmigem Bauch

Impasto, kampanisch, 600–500 v. u. Z.
Bronzefarbener schwarzer Ton mit leicht
geglätteter Oberfläche. Kleine Aus-
bröckelungen und Sprünge an der Ober-
fläche, weiße Kalkablagerungen
H. 15,2 cm, D. 14,2 cm
Bis 1945 in Sammlung Branicki in Wilanów
(vgl. Kat.-Nr. A 1.9)
Warschau, NM, Galerie antiker Kunst
Inv.: 147354

Kleine Amphora mit Bauch und unten konkavem, oben konvexem Profil sowie mit vier großen kegelförmigen Vorsprüngen im mittleren
Teil, die dem Bauch die Form eines viereckigen
Kissens verleihen. Henkel walzenförmig, an
den Enden abgeplattet, ansetzend an Rand und
Schultern. Der Hals nach oben unwesentlich erweitert.

Lit.: CVA Warschau 6, 1976, Taf. 38.9 S. 44;
vgl. W. Johannowsky, in: StEtr 33, 1965,
Taf. 141: Phase III Capua-Cales; B. D'Agostino,

in: NSc 1968, S. 159 Abb. 55, Grab 20,14;
Lezzi-Hafter u. a., in: AW, Sondernummer
1980, S. 58 Nr. 73 Abb. 23, Nr. 74 Abb. 123;
J. W. Hayes, Etruscan and Italic Pottery in the
Royal Ontario Museum, 1985, S. 133 Nr. D4.
W. D.

A 1.12 (Abbildung)

Oinochoe

Impasto, kampanisch, letztes Viertel
7. Jh.–Anfang 6. Jh. v. u. Z.
Grau-bronzener Ton; Oberfläche bronze-
artig, geglättet. Ergänzungen am Bauch,
ein Loch und Sprünge in der Oberfläche,
weißliche Ablagerungen
H. 22 cm, D. 16,3 cm
Bis 1945 in Sammlung Branicki in Wilanów
(vgl. Kat.-Nr. A 1.9)
Warschau, NM, Galerie antiker Kunst
Inv.: 147265

Oinochoe mit kaum angedeutetem kleinem
Fuß, rundem Bauch, dreiteiligem Ausguß, wal-
zenförmigem, oben abgeplattetem Henkel. Dekoration mit Hilfe eines gezähnten Werkzeugs
eingedrückt: eine Reihe kleiner Kreise zwischen Linien unterhalb des Halsansatzes; vier
hängende Dreiecke, ausgefüllt mit parallelen Linien, auf den Schultern. Letzteres Motiv finden

A 1.11

wir in der protokorinthischen Keramik. Dagegen treten die nächsten Parallelen zu dem Gefäß bei den kampanischen Oinochoen aus Impasto auf, die eine Dekoration aus kleinen Kreisen und Linien haben – eingedrückt mit einem gezähnten Werkzeug (Rollrädchen). Ähnliche Oinochoen-Formen treffen wir auch unter bemalten geometrischen Gefäßen, die sich von ionischen Prototypen herleiten lassen und Ende 7. bis Anfang 6. Jh. v. u. Z. datiert werden.

Lit.: CVA Warschau 6, 1976, Taf. 37.1. Vgl. CVA Capua 4, IV B, Taf. 2,2 und Taf. 2,3. Analogien für die Form: B. D'Agostino, in: NSc 1968, S. 100 Abb. 17, S. 101, 186 Abb. 76,3 (Pontecagnano). W. D.

A 1.13 (Abbildung)
Olla mit Piatellenhenkeln
Impasto, kampanisch, 7. Jh. v. u. Z.
Grober brauner Ton, Oberfläche schwarzbraun, geglättet. Intakt, ein Tellerchen zur Hälfte abgebrochen

A 1.12

H. 46 cm, D. 37 cm
Angeblich aus Rom; 1828 aus Sammlung Koller erworben
Berlin, SMB, Antikensammlung
Inv.: F 1360

Dickwandiges bauchiges Gefäß, das sich nach unten und zum Hals hin verjüngt. Schlanker wulstartig abgesetzter Hals mit wenig sich erweiternder Mündung. Auf der Schulter vier breite vertikale Bandhenkel, deren unterer Ansatz gegabelt ist, oben mit durchbohrtem Teller (Piatelle). Auf den Henkeln ein nach unten weisendes Sparrenmuster und unter jedem Henkel ein mit einem gezähnten Werkzeug eingedrücktes radförmiges Ornament in gestrichelter Manier (vgl. Kat.-Nr. A 1.12), zwischen den Henkeln gravierte Kreise.

Der Gefäßtyp mit den Piatellenhenkeln ist bereits in der frühen Eisenzeit nachgewiesen: Kegelhalsgefäße aus Sala Consilina, Valle di Diano, Grab 1 Nr. 7 und Grab 19 Nr. 6 (K. Kilian, in: RM Ergh. 10, 1964, S. 52 Beil. 7 u. 20), geht

auf subapenninisches Formengut zurück und ist typisch für die kampanische Fossa-Kultur. Diese Form ist auch in Latium weiterentwickelt worden (z. B. mit Rippen auf dem Körper): Olla aus Rom, Esquilin, Grab 128 (Civiltà del Lazio Primitivo, Katalog Rom 1976, S. 141 Nr. 1 Taf. 21 F 1: letztes Viertel 7. Jh. v. u. Z.).

Lit.: Furtwängler, Vasen, S. 158 Nr. 1360; vgl. M. R. Fariello, in: StEtr 48, 1980, S. 3–5, 19 f. Taf. 1. U. K.

A 1.14
Olla mit Piatellenhenkeln
Lokale kampanische Ware, 6. Jh. v. u. Z.
Graubrauner Ton, schwärzlicher Überzug. Teile der Lippe fehlen, zwei Tellerchen nur noch zur Hälfte erhalten
H. 36 cm, D. 30,5 cm
Angeblich aus Rom; 1828 aus Sammlung Koller erworben
Berlin, SMB, Antikensammlung
Inv.: F 1361

Breitausladendes bauchiges Gefäß auf hohem konischem Fuß mit niedrigem abgesetztem Hals und vier Henkeln, deren senkrechter Teil unten gegabelt ist und oben Teller trägt. Die Teller sind mit der breiten flachen Lippe verbunden. Die Henkelrückseite ist durch einen kurzen Steg zusätzlich mit der Gefäßschulter verklammert. Um den Hals laufen drei Wulstringe. Zwischen den Henkeln auf der Schulter je eine Spitze zwischen zwei flachen Scheiben. Auf den Henkelgabeln außen Schrägriefen, darüber sechs kreisförmige Dellen. Der Gefäßtyp selbst läßt sich im kampanischen Hinterland in Gräbern der Fossa-Kultur (Typ Oliveto-Cairano) bis zum Beginn des 5. Jh. v. u. Z. nachweisen. Es handelt sich hierbei um das konservative Beharren auf Formengut, das in den entwickelteren Zentren Kampaniens (Aufidena, Capua, Pontecagnano) bereits in der orientalisierenden Phase aufgegeben wurde, bei den einheimischen Stämmen des Ofanto-Tales aber noch in fast unveränderter Gestalt ein Jahrhundert hindurch erhalten blieb.

Lit.: Furtwängler, Vasen, S. 158 Nr. 1361; vgl. G. Bailo Modesti, Cairano nell'età arcaica, 1980, S. 102 Nr. 8 (1. Hälfte 6. Jh. v. u. Z.) und 163 Nr. 15 (Anfang 5. Jh. v. u. Z.). U. K.

A 1.15 (Abbildung)
Olla
Impasto, frühes 7. Jh. v. u. Z.
Grober graubrauner Ton, handgeformt, braunschwarz poliert, Ritzungen und Stempel. Fuß etwa zur Hälfte weggebrochen, nicht durchgehender Riß von Lippe zum Bauch, Ausplatzungen am Bauch, Versinterungen
H. 21,5 cm, D. 20 cm
Aus Poggio Buco, »Necropoli delle Sparne dell'Abbadia del Fiume«, Grab 12 (fossa con due loculi); 1899 von R. Mancinelli erworben
Berlin, SMB, Antikensammlung
Inv.: V.I. 3422

Kugeliges Gefäß, innen unpoliert, auf hohem kegelförmigem Fuß mit breitem Standring, Lippe nach außen biegend. Am Bauch umlaufendes Wellenband, bestehend aus drei eingedrückten Linien und einem Band gestempelter Dreiecke, ober- und unterhalb des Wellenbandes eingestempelte fünfeckige Blütenornamente (?). Zur Form vgl. Narce, Grab 71 M Nr. 13 (Dohan, Taf. 6, 13); siehe auch Falconi Amorelli, Vulci S. 90 Nr. 60 Abb. 34.

Lit.: Boehlau, S. 178 Nr. 4 Abb. 18.4.   U. K.

A 1.16
Olla

Engobierter Impasto,
1. Hälfte 7. Jh. v. u. Z.
Hellbrauner Ton mit gelblich-weißer
Engobe und roter Bemalung. Intakt,
Teile der Lippe gebrochen
H. 39 cm, D. 33,5 cm
Aus Poggio Buco, »Necropoli delle Sparne dell'Abbadia del Fiume«, Grab 25 (fossa);
1899 von R. Mancinelli erworben
Berlin, SMB, Antikensammlung
Inv.: V.I. 3474

Kugeliges, henkelloses Gefäß auf hohem konischem Fuß mit kurzem Hals und breiter ausbiegender Lippe. Bemalung am Bauch: großes Zickzackband zwischen gleichbreiten Streifen; darunter abwechselnd Gruppen stehender Wellenlinien und gittergefüllter Quadrate, ein weiterer breiter Streifen über dem Fuß und ebenso stehende Wellenlinien und Quadrate, abgeteilt durch vertikale breite Streifen.

Zur Form, Bemalung und Verbreitung dieses Gefäßtyps s. zuletzt E. Mangani, in: CVA Grosseto 1, 1986, Taf. 38–39 S. 42 ff.

Lit.: Boehlau, S. 172 f. Nr. 4 Abb. 13.   U. K.

A 1.17
Zweihenkelige Olla

Impasto, 1. Hälfte 7. Jh. v. u. Z.
Rotbrauner, grobkörniger Ton, rote
Engobe und plastische Riefelung. Fuß gebrochen und geklebt, Risse an der Mündung; zwei Protome gebrochen
H. 49,8–50,4 cm, D. 34,5 cm
Aus Vulci, in einem Kistengrab des
6. Jh. gefunden; 1884 von Helbig in Rom erworben
Gotha, Schloßmuseum Inv.: AVa 51
(alte Inv.-Nr.: Ahv. 294)

Bauchiges, nach unten sich verjüngendes Gefäß mit zwei Doppelhenkeln in der Gefäßmitte und trichterförmiger Öffnung. Oberhalb der Henkel fünf Tierkopfprotome; plastische Längsriefen am Bauch, welche bogenförmig um die Protome herumführen, zwischengesetzt fünf plastisch aufgelegte Radornamente. Oben drei horizontale, plastisch aufgelegte Riefen, Mündungsrand innen mit vier konzentrisch verlaufenden Eintiefungen.

Gefäße dieser Form – meist jedoch ohne Protome – sind besonders in der Umgebung Vulcis gefunden worden (vgl. ähnliche Gefäße aus

A 1.13

Poggio Buco, Gräber 16 und 23, Kat.-Nr. A 5.10, B 3.3).

Lit.: CVA Gotha 1, 1964, Taf. 14.6 S. 26.   U. K.

A 1.18
Deckel

Impasto, 1. Hälfte 7. Jh. v. u. Z.
Ziegelroter, glimmerhaltiger Ton, außen mit dunkelroter Engobe. Intakt, kleine Bestoßungen am Rand; außen ein aufgelegtes Tonplättchen abgefallen
H. (mit Knauf) 9 cm, D. 23 cm
Angeblich zu der Olla, Kat.-Nr. A 1.17 gehörend
Gotha, Schloßmuseum Inv.: AVa 52
(alte Inv.-Nr.: Ahv. 295)

Gewölbter Deckel mit profiliertem Knauf (Buckel in der Mitte) und plastischen Riefelverzierungen: viermal jeweils vier konzentrische Reliefbögen, in den Zwickeln aufgelegte kleine runde Tonplättchen, von denen eines fehlt.

Lit.: CVA Gotha 1, 1964, Taf. 14.7 S. 26.   U. K.

A 1:19 (Abbildung)
Kessel mit hohem Ständer (Holmos)

Impasto, Caere, um 650 v. u. Z.
Geglätteter Ton mit bräunlichem Überzug, gekerbte und rot aufgemalte
Ornamentik
H. (mit Kessel) 1,35 m
Fundort unbekannt; 1862 aus Sammlung Campana erworben
Leningrad, GE, Antikensammlung
Inv.: B. 1324 und 1324a

Der Ständer besteht aus vier Gliedern: einem ovoiden Unterteil mit einer schmalen gestuften Fußleiste, zwei sich gleichenden kleineren topfartigen Mittelteilen und einem sich trichterartig weitenden Oberteil, das einen bauchigen Kessel mit vier ausbiegenden Löwenprotomen aufnimmt. Die Nahtstellen zwischen den Einzelgliedern sind jeweils durch vier vertikale Klammern mit Hörnern überbrückt, die in der Höhe gegeneinander versetzt angeordnet wurden. Der Dekor besteht aus einfachen Rillen auf dem

A 1.15

Standring und dreifachen gekerbten Wellenrillen am oberen Ende des Fußgliedes, auf den mittleren Elementen und am Ansatz des Oberteils, das darüber zusätzlich mit senkrechten ährenartigen Mustern bemalt ist. Der Körper des Fußgliedes ist zusätzlich mit großen Kreisrosetten bemalt, die um einen plastischen Mittelknopf in zehn Felder eingeteilt sind, die alternierend durchbrochen gearbeitet wurden. Die Formen des Gerätes erinnern an orientalische Vorbilder, die aus Bronze gefertigt waren. Sie wurden in Etrurien in Ton nachgeahmt, wobei unser Exemplar schon eine fortgeschrittene Entwicklungsstufe der zunächst einfach strukturierten italo-geometrischen und Impastoständer darstellt. Ch. Zindel konnte das Leningrader Exemplar einer Gruppe großer Holmoi zuweisen, die in Caere wahrscheinlich im 2. Viertel des 7. Jh. v. u. Z. produziert wurde (AntK 24, 1981, S. 114–120).

Lit.: Stephani Nr. 29; Val'dgauer S. 47 Nr. 435; Kul'tura i iskusstvo Etrurii, S. 16 f. Nr. 12; vgl. auch CVA Stockholm 1, 1983, Taf. 29.6 S. 65. S. B.

A 1.20 (Abbildung)
Henkelschale
Impasto, 1. Hälfte 7. Jh. v. u. Z.
Bräunlicher Ton, im Bruch grau mit weißen Einsprengseln und Glimmer, außen geglättet und mit gelblich-weißer Bemalung. Aus mehreren Fragmenten zusammengesetzt, Beschädigungen an der Lippe und am Rumpf
H. (m. Henkel) 25,5 cm, D. 33,5 cm
Fundort unbekannt; Geschenk des Grafen Stroganov
Leningrad, GE, Antikensammlung
Inv.: B 5651

Weitgeöffnete Schale mit abgesetzter, sich verbreiternder Mündung (Lippe) und breitem, flachem, sich über den Rand des Gefäßes erhebendem Henkel. An der Stelle des Ansatzes an die Lippe verbreitert und spaltet sich der Henkel. Der Boden der Schale wird durch vertikale Rillen gegliedert. Auf der Schulter läuft ein Leiterband, das mit Swastiken gefüllt ist. Die Mündung ist mit einem Mäandermuster verziert. Das Innere der Schale ist in vier Teile gegliedert (in jedem eine Swastika). Auf dem Henkel befindet sich eine dreieckige, schachbrettartige Verzierung, gesäumt von Mäanderbändern. Der De-

kor ist weiß aufgesetzt. Die Form des Gefäßes erinnert an metallene Vasen aus der Villanova-Epoche. In diese Zeit gehört auch die geometrische Verzierung. Der Typ des Gefäßes ist für Südetrurien (Vulci) charakteristisch und ahmt offenbar Vorbilder aus Metall nach.

Lit.: S. Korsunska, in: AA 1930, S. 20–24 Abb. 3,4; Kul'tura i iskusstvo Etrurii, S. 15 Nr. 3 mit Abb.; derselbe Typus mit variierter Dekoration in CVA Stockholm 1, 1983, Taf. 31.7 S. 69 f. Abb. 20 mit weiteren Belegen. S. B.

A 1.21
Amphoriskos
Impasto, 2. Viertel 7. Jh. v. u. Z.
Rotbrauner Ton, Oberfläche poliert, weiße pastose Zinnmalerei auf dunkler Grundierung. Kleine Ausplatzung an der Lippe, kleines Loch in der Wandung; Bemalung teilweise abgeblättert
H. 11,5 cm, D. 11,5 cm
Aus Poggio Buco, »Necropoli delle Sparne dell'Abbadia del Fiume«, Grab 25 (fossa semplice); 1899 von R. Mancinelli erworben
Berlin, SMB, Antikensammlung
Inv.: V.I. 3459

Dünnwandiges kugeliges Gefäß mit kleiner Standfläche, kurzem Hals und zwei Bandhenkeln. Am Halsansatz beidseitig der Henkel runde Dellen.

Bemalung mit breiten Streifen: am Bauch in der Mitte kreuzförmiges Ornament, auf der anderen Seite gegenständiges T-Muster, jeweils flankiert auf beiden Seiten von trapezförmigem Rahmen mit strichgefülltem Dreieck. Auf dem Hals Schräggitter, eingefaßt von horizontalen Streifen, Henkelränder weiß gesäumt, an den oberen Henkelansätzen kurze horizontale Striche.

Vgl. Falconi Amorelli, Vulci S. 107 Nr. 92 Abb. 45 und Bartoloni, Grab 4, S. 48 Nr. 3 Abb. 19, Taf. 20 c: 2. Viertel 7. Jh. v. u. Z. (S. 57).

Lit.: Boehlau, Grab 25,1 S. 169 f. Abb. 11. U. K.

A 1.22
Riefelschale
Impasto, 2.–3. Viertel 7. Jh. v. u. Z.
Rotbrauner, innen dunkelgrauer Ton; polierte Oberfläche; teilweise handgeformt. Ungebrochen, mit kleineren Rissen und Abplatzungen
H. 6,4 cm, D. (mit Rippen) 23 cm
Fundort unbekannt; in Rom erworben
Budapest, SzM, Antikensammlung
Inv.: 53.11

Schale mit ausschwingendem Rand, gerieftem Unterteil und kleinem Standring. Innen in der Mitte des Schalenbodens zwei konzentrische Rillen. Die Form ist auf vorderasiatische Metallvorbilder zurückzuführen, die in Etrurien seit der zweiten Hälfte des 8. Jh. v. u. Z. in Ton und Metall nachgeahmt und weiterentwickelt wurden. Die dünnen, in einem relativ großen Abstand aufeinanderfolgenden Rillen sowie die

schräge Wandung des Unterteils deuten darauf hin, daß es sich um eine spätere, höchst individuelle Variante des südetruskischen Typus handelt.

Lit.: CVA Budapest 1, 1981, Taf. 1.2,4; Zur Geschichte der Form H.-G. Niemeyer und H. Schubart, in: MM 6, 1965, S. 77–80. Zu den mittelitalischen und etruskischen Nachahmungen vor allem L. Pareti, La Tomba Regolini-Galassi, 1947, S. 225 und 237; G. Camporeale, La Tomba del Duce, 1967, S. 45–48 und zuletzt, mit ausführlichen typologischen Untersuchungen: P. H. G. Howes Smith, in: BABesch 59, 1984, S. 73–112.   J. G. Sz.

A 1.23
Knickwandschale mit hohem Fuß
Impasto, faliskisch,
3. Viertel 7. Jh. v. u. Z.
Dunkelbrauner Ton mit polierter
Oberfläche. Fuß aus mehreren Stücken
zusammengesetzt; Oberteil teilweise,
Unterteil völlig handgeformt. An einem
Henkel abgesplittert
H. 9,32 cm, D. (m. Henkeln) 13,33 cm
Herkunft unbekannt
Budapest, SzM, Antikensammlung
Inv.: 54.337

Schale mit abgesetzter, nach außen geneigter Mündung. In der Mitte des Schalenbodens eine kleine runde Eintiefung. Zwei viereckige Henkelplatten mit zwei Buckeln an den Ecken und mit je zwei Löchern. Der unten trompetenartig verbreiterte Fuß mit vier dreieckigen Durchbrüchen. Der Rand des Schalenbodens und der Henkel sind mit Kerbschnitt verziert, oberhalb der Henkelplatten befinden sich eingeritzte Linien, auf den Buckeln je ein eingeritztes Kreuz. Die Form ist besonders im faliskischen Gebiet verbreitet, viel seltener dagegen in Südetrurien, und dürfte auf vorderasiatische Vorbilder zurückzuführen sein, die in Italien wahrscheinlich über die griechische Keramik vermittelt wurden. Das kleine Format spricht für eine Verwendung als Thymiaterion.

Lit.: CVA Budapest 1, 1981, Taf. 1.1; außerdem zu Typus, Vorbildern und Verbreitung: J. M. Davison, Seven Italic Tomb-Groups from Narce, 1972, S. 10–11 und K. Raddatz, in: AKorrBl 12, 1982, S. 477–481.   J. G. Sz.

A 1.19

A 1.20

A 2 Geometrische und subgeometrische Vasen

Bemalte Tongefäße gehören zu den frühesten Zeugnissen der etruskischen Kunst. Die ersten Impulse verdankten die Etrusker den importierten griechischen Vasen, die auch in der Folgezeit die etruskischen Vasenmaler zum Nachahmen, zum Wetteifern oder, mit kritischer Distanz, zu eigenen Gestaltungsweisen anregten. Schon früh, in der ersten Hälfte des 8. Jh. v. u. Z., sind in Etrurien die ersten importierten griechischen Vasen nachzuweisen, die man auch bald nachzuahmen begann. Von einer etruskischen Vasenmalerei können wir aber erst seit dem 3. Viertel des 8. Jh. v. u. Z. sprechen, als die ersten Werke entstanden, die nicht nur begehrte Importwaren durch lokale Kopien ersetzen sollten, sondern von nun an auch in kreativer Selbständigkeit ihren Vorbildern gegenüberstanden. Damit ist auch gesagt, daß die bemalten etruskischen Vasen, mit ganz seltenen Ausnahmen, nie dogmatische Nachfolger der griechischen Vorbilder waren. Für die etruskischen Handwerker beinhaltete das Zusam-

menwirken von Form, Stil und Darstellung eines griechischen Tongefäßes nie eine verbindliche Norm für ihre eigene Arbeit. Von Anfang an unterscheidet die etruskischen Werke von den griechischen ein von außen betrachtendes, eigengesetzliches Verhältnis zu den bewunderten Vorbildern.

Das gilt schon für die ersten erkennbaren etruskischen Malerpersönlichkeiten, die aller Wahrscheinlichkeit nach eingewanderte Griechen waren. Obwohl die euböische und die korinthische Keramik praktisch gleichzeitig in Etrurien auftauchten, läßt sich in der Anfangsperiode der etruskischen Vasenmalerei, die ebenso durch geometrische Gestaltungsprinzipien geprägt war wie die gleichzeitige griechische, eine beinahe absolute Vorherrschaft der euböischen Einflüsse erkennen – natürlich mit den oben betonten Einschränkungen. In der kurzen Blütezeit der etruskisch geometrischen Vasenmalerei – in der zweiten Hälfte des 8. Jh. v. u. Z. – ist ein Figurenstil entstanden, der

die Unterscheidung von Künstlerpersönlichkeiten erleichtert. Eine der ersten unter diesen war ein Schüler des euböischen Cesnola-Malers, der *Casale-del-Fosso-Maler*, der wohl noch im 3. Viertel des 8. Jh. v. u. Z. in Veji tätig war (Kat.-Nr. A 2.1). Die führende Rolle übernahm aber bald Vulci, wo im letzten Viertel des 8. Jh. v. u. Z. eine große Zahl talentierter Vasenmaler arbeitete (Kat.-Nr. A 2.2). Hier und in Tarquinia hat sich am Ende des Jahrhunderts nach attisch beeinflußten euböischen Vorbildern ein neues Dekorationssystem entwickelt, in dem mit einfachen geometrischen Mustern – wie gegitterten Rhomben – ausgefüllte viereckige Metopenfelder durch vertikale Linien getrennt waren. Nach diesem Ornamentsystem wurden die Vasen unter dem Begriff Metopengattung zusammengefaßt.

Die frühesten Beispiele der *Metopengattung* kamen in dem berühmten *Kriegergrab von Tarquinia* zum Vorschein. Die geometrischen Vasen des in die Jahre um 710–690 v. u. Z. datier-

baren Grabes liefern einen guten Überblick über die Tendenzen in der bemalten etruskischen Keramik um die Jahrhundertwende, fassen die erreichten Ergebnisse zusammen und deuten auf die zukünftige Entwicklung hin. Was die Formen angeht, sind die halbkugeligen Schalen (Kat.-Nr. A 4.64–66) auf orientalische Metallvorbilder, die Oinochoe (Kat.-Nr. A 4.58) und die flachen Teller (Kat.-Nr. A 4.69–70) auf phönikisch-kyprische, die Kotyle (Kat.-Nr. A 4.61) auf korinthische, der zweihenkelige Teller (Kat.-Nr. A 4.71) auf attische oder kykladisch-griechische und das Tiergefäß (Kat.-Nr. A 4.57) vielleicht auf einheimische Vorbilder zurückzuführen. Auch in der Verzierung vermischten sich lokale, euböische, korinthische und attisch-kykladische Elemente, während die schwarz-rote Bemalung von Kat.-Nr. A 4.62 und A 4.63 mit einer wohl aus Zypern übernommenen kurzlebigen Maltechnik ausgeführt wurde. Ein typischer Vertreter der Metopengattung ist der Teller Kat.-Nr. A 4.69. Von den figuralen Darstellungen haben die Vögel meistens noch euböischen Charakter. Einige, besonders das mit weißer Deckfarbe ausgeführte Vogelmotiv des Tellers Kat.-Nr. A 4.70, bilden aber auch den Anfang einer durch das ganze 7. Jh. v. u. Z. zäh bewahrten Tradition.

Das Aufkommen der Metopengattung mit ihrer stark standardisierten Verzierungsweise (Kat.-Nr. A 2.3, 5, 6, 14) bedeutete das Ende der kreativen Periode der geometrisch-figuralen Vasenmalerei Etruriens. Dem konservativen Charakter dieser Produktion entsprach auch die Vorliebe für lokale Vasenformen, die zuweilen genaue Abformungen von Impasto-Gefäßen darstellten (Kat.-Nr. A 2.5). In den kulturell eng miteinander verbundenen Zentren Tarquinia und Vulci lebte diese subgeometrische Gattung wenigstens bis um die Mitte des 7. Jh. v. u. Z. weiter, ohne aber anderweitige Ausdrucksweisen auszuschließen.

Um die Jahrhundertwende wurden die Euböer von den Korinthern aus der führenden Rolle in der westlichen Kolonisation verdrängt. Auch in den griechischen Städten Kampaniens traten sie seit dieser Zeit an die Stelle der Koloniegründer; Pithekussai und Cumae wurden zu Vermittlern korinthischer Waren oder ihrer lokalen Varianten. So kam über Cumae der Vasentyp der frühprotokorinthischen Oinochoe nach Südetrurien und wurde dort wenigstens bis in die zwanziger Jahre des 7. Jh. v. u. Z. besonders in Tarquinia in lokalen Werkstätten weiterentwickelt. Die Verzierungen waren meistens altmodisch und eintönig, dennoch können einige Werkstätten deutlich unterschieden werden. Eine der frühesten war die *Bokchoris-Werkstatt*, so genannt nach einem Grab in Tarquinia, in dem eine Fayencevase mit dem Namen des ägyptischen Pharaos Bokchoris gefunden wurde. Die Tiergestalten der Kotyle aus diesem Grab kehren auf einem der frühesten etruskischen Exemplare des erwähnten Oinochoen-Typus wieder, beide sind Werke des

Bokchoris-Malers, einem der letzten Vertreter der aussterbenden etrusko-geometrischen figuralen Malerei. Aus seiner Werkstatt ging auch eine ganze Reihe von *Oinochoen* des behandelten Typus ohne figurale Darstellungen (Kat.-Nr. A 2.7) hervor. Die Wandlungen dieses Gefäßtypus in Tarquinia kann man anhand eines reichen Materials verfolgen. Die frühesten Exemplare hängen eng mit ihren cumäischen Vorbildern zusammen (Kat.-Nr. A 2.10); später, um die Mitte des 7. Jh. v. u. Z., wurde die Dekoration immer monotoner und sparsamer. In diese Zeit gehören zwei Kannen in Berlin (Kat.-Nr. A 2.8,9), die aus einer äußerst produktiven Werkstatt in Tarquinia stammen.

Die Oinochoen des cumäischen Typus mit ihrer *subgeometrischen Verzierung* (eine der wenigen Ausnahmen ist Kat.-Nr. A 2.11) vertreten im ganzen eine nicht weniger konservative Richtung als die Vasen der Metopengattung. Es hat aber selbst in Vulci und Tarquinia nicht an Experimenten mit neuen malerischen Ausdrucksmöglichkeiten gefehlt. Einige, wie die oben erwähnte bichrome Technik, fanden keine Fortsetzung. Auch eine andere Technik, die rote Bemalung auf einer weißen Grundierung, mit der man besonders im Vulcenter Gebiet – Bisenzio mit einbegriffen – die dunkelrote oder dunkelbraune Tonfarbe der Impasto-Gefäße überzog (Kat.-Nr. A 1.16), hatte keinen dauernden Erfolg. Viel zukunftsträchtiger war das entgegengesetzte Verfahren – die helle Bemalung auf dunkelrotem Grund, sei es auf der polierten Oberfläche der Impasto-Gefäße (Kat.-Nr. B 1.1) oder auf einer dunkelfarbigen Grundierung, wie sie auf dem Rande eines Tellers aus dem Kriegergrab (Kat.-Nr. A 4.70) zu sehen ist. Die Tradition dieser Technik können wir bis zum Ausgang der etruskischen Vasenmalerei verfolgen (vgl. die sogenannten pseudo-rotfigurigen Vasen).

Die großen Leistungen der frühorientalisierenden Periode der griechischen Keramik haben auf Etrurien sehr geringen Einfluß gehabt. Die sehr seltenen bedeutenderen figuralen Vasenbilder, Werke von einigen markanten Künstlerpersönlichkeiten, unter denen der bekannteste – Aristonothos – wohl ein gebürtiger Grieche war, sind nicht in Tarquinia oder Vulci, sondern in Caere und in seinem künstlerischen Einflußbereich – in Veji und dem Faliskergebiet – entstanden. Doch selbst in Caere, dem die unbestrittene Führungsrolle in der etruskischen Vasenmalerei der Periode um 700–630 v. u. Z. zukam, war der subgeometrische Stil vorherrschend, nur daß sich in den Caeretaner Werkstätten aus einheimischen und griechischen Traditionen besondere Formen und Dekorationsmotive (Kat.-Nr. A 2.16, 18) entwickelten, die in Vulci und Tarquinia ebensowenig Aufnahme fanden wie die Metopengattung in dem Gebiet von Caere. Das figurale Leitmotiv der Caeretaner Vasen, der airone (Reiher) – eine abstrakte Variante des Vogelmotivs (Kat.-Nr. A 2.18) – ist in Tarquinia und Vulci unbe-

kannt geblieben, während die einzige häufiger vorkommende Tiergestalt der subgeometrischen Vasen von Tarquinia, der Fisch (Kat.-Nr. A 2.10), auch in Caere geläufig war. Beide erschienen oft auch zwischen den eingeritzten ornamentalen Motiven der Impasto- und Bucchero-Gefäße, die im Laufe des 7. Jh. v. u. Z. neben den bemalten Vasen auftraten und sie an Popularität bald weit übertrafen. Sie überlebten auch die große Umwälzung im letzten Drittel des Jahrhunderts, als eine neue Welle orientalisierender Figurenmalerei die etruskisch-subgeometrische Keramik zum Erliegen brachte.

Lit.: Åkerström; CVA Tarquinia 3, 1974; H. P. Isler, in: NumAntCl 12, 1983, S. 9–48 (mit Lit.); J. G. Szilágyi, in: Atti II Congresso Internazionale Etrusco (Florenz 1985), 1987; D. Williams, in: Italian Iron Age Artefacts, 1986, S. 295–304; S. Leach, ebd., S. 305–308.

J. G. Sz.

A 2.1 (Abbildung)
Kesseluntersatz
(Holmos)
Etrusko-geometrisch, um 740–720 v. u. Z.
Gelbbrauner Ton, dunkelbraune bis schwarze Bemalung. Zusammengesetzt, mit kleinen Absplitterungen
H. 25,96 cm, D. (Mündung) 21,9 cm
Fundort unbekannt
Budapest, SzM, Antikensammlung
Inv.: 81.72.A
Ständer mit glockenförmigem Unter- und trichterförmigem Oberteil. Die Wandung des Unterteils ist von vier »Fenstern« durchbrochen, dazwischen stehen vier Beinplatten. Drei Fenster sind ungefähr gleichgroß und mit einem kreuzförmigen, schraffierten Gitter, das vierte viel größere dagegen mit drei kreuzförmigen Gittern ausgefüllt. Der Fußring ist profiliert. Die Innenseite der Mündung ist ebenso wie das Schulterteil der Wandung mit konzentrischen Kreisen verziert, die mit einem Kammpinsel gezogen sind. Auf dem Lippenrand befinden sich Gruppen von senkrechten Strichen, auf der Außenseite der Mündung eine Zickzacklinie und auf dem Hals ein Kolbenmuster. Die einzelnen Ornamentstreifen werden von je drei waagerechten Linien eingerahmt, und auf den Fußring ist eine Punktreihe gemalt. Auf den Beinplatten sind stehende Hindinnen mit zurückgewendeten Köpfen dargestellt. Als Füllmotive dienen oben rechts je eine gegitterte Raute und unter dem Körper bei drei Tieren je eine Swastika, einmal ein Sternchen – auf dieser letzten Platte erscheint oben links auch eine Punktrosette. Diese Gefäßform hat sich zwar aus lokalen Vorläufern entwickelt, die Motive der Verzierung gehen jedoch meist auf euböisch-geometrische Vorbilder zurück. Der Meister, wohl ein eingewanderter Grieche, ist einer der ersten faßbaren Vasenmaler in Etrurien. Ihm ist auch die Bemalung eines zweiten Untersatzes der gleichen Form aus einem Grab der Casale-del-Fosso-Nekropole in Veji zuzuweisen. Dieser Grabfund

sichert die Datierung des Budapester Stückes. Die Werkstatt war wahrscheinlich in Veji oder in dessen Umgebung beheimatet.

Lit.: J. G. Szilágyi, in: BMusHongr 68–69, 1986 und Atti del II Congresso Internazionale Etrusco (Florenz 1985) 1987; zur Vasenform: G. Colonna, in: MEFRA 89, 1977, S. 471–491 und 92, 1980, S. 591–605; A. Siegfried, in: Italian Iron Age Artefacts in the British Museum, 1986, S. 249–255; F. Buranelli, in: MEFRA 92, 1980, S. 578 ff. und F. Delpino, in: Civiltà S. 75 f. (Untersatz aus Veji).   J. G. Sz.

A 2.2.1–2
Sogenannter Grabfund von Vulci

In der AZ 1883, Sp. 271 erwähnt A. Furtwängler einen 1882 erworbenen Grabfund aus einer »tomba a camera colla volta a botta« bei Vulci. Es handelt sich hierbei um folgende, im Miscelleninventar unter den Nummern M.I. 7756 bis 7762 inventarisierte Gegenstände:

M.I. 7756 ägyptische Fayence
M.I. 7757 italo-geometrische Amphora (F 193)
M.I. 7758 italo-geometrische Amphora (F 194)
M.I. 7759 italo-geometrische Amphora (F 192)
M.I. 7760 Impasto-Gefäß (F 1378)
M.I. 7761 Pyxis m. phönikischen Palmetten (F 1158)
M.I. 7762 Gefäß aus opakem Glas

Hinsichtlich der Fundumstände traten jedoch Unklarheiten auf, da Helbig im Bullettino dell'instituto di Corrispondenza archeologica 1882, S. 100 diesen 1872 entdeckten Grabfund als in einer »tomba a pozzo … coperta di lastre di tufo« gefunden beschreibt. In einem Brief vom 29. 4. 1882 änderte er jedoch diese Angabe in »tomba a camera colla volta a botta«. Diese Unstimmigkeit untersucht Åkerström (S. 69–73, Taf. 17 und 18) und kommt zu dem Schluß, daß es sich hierbei unmöglich um *einen* Fund handeln kann: Die Pyxiden M.I. 7756 und 7761 gehören der späteren orientalisierenden Phase an, in der das Fossa-Grab schon nicht mehr als Bestattungsform relevant war, und gegen eine Mehrfachbelegung in einer Tomba a camera spricht die frühe Stufe des italo-geometrischen und des Impasto-Gefäßes. Da bislang vergleichbare Amphoren der Metopengattung vor allem in Bisenzio gefunden wurden (S. 70) und Bisenzio auch eine Polledrara hat, nimmt Åkerström eine Verwechslung an. Man muß deshalb davon ausgehen, daß es sich hier um zwei Funde handelt: ein Fossa-Grab mit Inv.: M.I. 7757, 7758, 7759, 7760 und 7762 – möglicherweise aus Bisenzio – und ein Camera-Grab mit M.I. 7756 und 7761 (zur Erwerbung vgl. auch S. 407 f.).

Die Gefäße M.I. 7756, 7757 (F 193), 7758 (F 194) und 7761 (F 1158) befinden sich in Berlin (West), über den Verbleib des Glasgefäßes M.I. 7762 ist nichts bekannt. In den SMB, Antikensammlung sind noch folgende Gefäße:

A 2.2.1 (Farbtafel)
Amphora mit Doppelhenkeln

Italo-geometrisch, Metopengattung, um 700 v. u. Z.
Blasser hellgelber Ton, dünner Überzug, rot- bis mittelbrauner Firnis, größtenteils verdünnt aufgetragen. Risse im Gefäßboden, im Henkel abgebrochen, Mündung und Fuß mehrfach gebrochen und mit Fehlstellen; Ausplatzungen und Versinterungen am Gefäßkörper, Malerei teilweise abgeblättert
H. 35,5 cm, D. 23,4 cm
Berlin, SMB, Antikensammlung
Inv.: F 192 (M.I. 7759)

Bauchiges Gefäß auf hohem, hohlem Fuß mit zwei senkrecht stehenden Doppelhenkeln, deren Ansätze mit plastischen Spitzen verziert sind. Breiter zylindrischer Hals mit wenig ausbiegender Mündung. Am Fuß und unteren Teil des Gefäßes vertikale Wellenlinien zwischen horizontalen Streifen. Um den Bauch gittergefüllte Rhomben mit zwischengesetzten Punkten. In der Henkelzone auf der Vorderseite Rhombenornament, umgeben von gittergefüllten Dreiecken, rechts und links schräge Kreuzblüten mit länglichen schraffierten Blättern und zwischengesetzten Punktrosetten. Links ein Vogel mit schraffiertem Körper. Auf der Rückseite abwechselnd Kreuzblüten und Vögel. Zwischen den Henkelansätzen jeweils ein schrägliegendes Swastika-Ornament. Unterhalb des Halses auf Vorder- und Rückseite vier stehende gittergefüllte Dreiecke, durch je ein vertikales Wellenband getrennt. Über den Henkeln horizontale Wellenbänder. Um den Hals versetzte Stäbe, die einen tongrundigen Zinnenmäander ergeben zwischen horizontalen Streifen; auf den Henkeln streifengesäumte Punktreihen.

Zur Form mit Doppelhenkel und Ornamentik vgl. Gefäße aus Bisenzio: Olmo Bello Grab 10, bes. Nr. 3 (Amphora auf hohem Fuß) und Nr. 1 (Rhombenornament und Kreuzblüten, Åkerström, S. 57 f. Taf. 12 und M. A. Fugazzola Delpino, La cultura villanoviana, Guida ai materiali … nel Museo di Villa Giulia, 1984, S. 159). Enge Parallelen auch bei H. P. Isler, in: NumAntCl, 12, 1983, S. 10–20, 24–26 und 40. Von derselben Hand scheinen die Gefäße Nr. 1, 2 und 4 der dort aufgeführten Liste (»Ticino-Maler«, um 710–700 v. u. Z.) zu stammen.

Lit.: Furtwängler, Vasen S. 22 f. Nr. 192; Åkerström, S. 71 f. (Nr. 4), Taf. 17.4 und 6.
     J. G. Sz., U. K.

A 2.2.2
Olla mit Deckel

Impasto, Anfang 7. Jh. v. u. Z.
Ziegelroter grober Ton, Oberfläche rotbraun glänzend poliert. Ungebrochen, Ausplatzungen am Fuß, an einem Henkel und am unteren Teil des Gefäßes
H. (ohne Deckel) 37 cm,
H. (mit Deckel) 44 cm, D. 30,7 cm
Berlin, SMB, Antikensammlung
Inv.: F 1378 (M.I. 7760)

Breit ausladendes Gefäß auf kegelförmigem Fuß. Kurzer breiter Hals mit weit ausladender Lippe. In der Zone der größten Ausdehnung zwei horizontale, in der Mitte gekerbte Rundhenkel mit eingekerbten Schrägstrichen; dazwischen in der Gefäßmitte auf jeder Seite ein Buckel. Flache vertikale Riefeln auf dem Bauch, vorn und hinten jeweils um den Buckel halbkreisförmig herumführend. Oberhalb der Buckel und der Henkel fünf bzw. acht kreisförmige Eintiefungen.

Ebensolche Dellen auch unten am Fuß, darüber schwach eingetiefte horizontale Riefen. Deckel gewölbt, unverziert mit einfachem kleinem Knauf. Zur Form vgl. Vulci Grab 22 Nr. 3 (Dohan, S. 91 Nr. 3, Taf. 47.3) und Poggio Buco, Grab 16 (Kat.-Nr. A 5.10 mit weiterer Lit.).

Lit.: Furtwängler, Vasen S. 160 Nr. 1378; Åkerström, S. 72 Nr. 5, Taf. 17.3   U. K.

A 2.3
Fußschale

Italo-geometrisch, Vulci, 1. Viertel 7. Jh. v. u. Z.
Blasser rosa bis hellockerfarbener Ton, rotbrauner Firnis. Intakt, Bemalung stellenweise abgeblättert, Verharzungen am Fuß
H. 20 cm, D. 20 cm
Aus Vulci, Polledrara, in einer Tomba a cassone gefunden zusammen mit vierzehn italo-geometrischen, korinthischen, etrusko-korinthischen und Bucchero-Vasen (V.I. 2784–98); siehe Kat.-Nr. B 4.8 – alles andere Verlust oder in Berlin (West). Vorhanden auch korinthische Schale (Inv.: F 996), ebenfalls verloren dagegen eine Goldfibel und zwei Goldspiralen (Inv. M.I. 7868–70);
1882 von Helbig erworben.
Berlin, SMB, Antikensammlung
Inv.: F 235 a (V.I. 2785)

Tiefes schüsselartiges Gefäß auf hohem kegelförmigem Fuß; kleine, nach außen umbiegende Lippe. Um Fuß und Gefäß breite und dünne horizontale Firnisstreifen. In der Zone der größten Ausdehnung durch je sechs Striche abgeteilte niedrige Metopenfelder, darin Zickzackornament. Auf der Lippe Gruppe von je sechs Strichen, innen breite konzentrische Kreise.

Die Gefäßform war in ganz Süditalien und dem Faliskergebiet verbreitet; vgl. CVA Tarquinia 3, 1974, Taf. 29.3, S. 37 f. Die vorliegende Variante ist jedoch typisch für das Vulcenter Gebiet – dazu a. O. S. 38, Taf. 29.4–5; vgl. auch Poggio Buco, Grab 16 (Kat.-Nr. A 5.18).

Lit.: Furtwängler, in: AZ 1884, Sp. 65 (schon 1882 erworben, doch erst 1883 inventarisiert); Åkerström, S. 92 Nr. 16; Gsell, Vulci, S. 389.
     U. K.

A 2.1

A 2.4
Napf

Italo-geometrisch,
1. Viertel 7. Jh. v. u. Z.
Hellockerfarbener Ton, rotbrauner Firnis.
Ein Teil des Randes und ein Henkel
weggebrochen, die Oberfläche dort stark
zerstört, die Bemalung teilweise abgeblättert
H. 10 cm, D. 11 cm
Aus Vulci; 1831 aus Sammlung Dorow-
Magnus erworben
Berlin, SMB, Antikensammlung Inv.: F 219

Konischer Napf mit gerader, wulstartig abgesetzter Standfläche, Horizontalhenkeln und etwas eingezogenem, doch vertikalem Mün-
dungsstück, offenbar zur Aufnahme eines Dek-
kels bestimmt. Innen bis auf einen tongrundigen
Randstreifen rot gefirnißt. Außen im unteren Teil
gefirnißt, darüber dünne horizontale Linien. In
der Henkelzone metopenartige Felder mit Zickzack und liegendem Sanduhrmotiv, getrennt
durch vertikale Strichgruppen. Henkel mit einfachen Streifen.

Vgl. Falconi Amorelli, Vulci, S. 126 zu Nr. 124.
Weitere Parallelen stammen aus dem Vulcenter
Gebiet oder Narce. Das Sanduhrmotiv ist auf
korinthischen und seit Ende des 8. Jh. v. u. Z. auf
geometrischen und subgeometrischen Vasen
anzutreffen (vgl. F. Delpino, in: ArchCl 78, 1976,
S. 6–7 Anm. 29).

Lit.: Furtwängler, Vasen, S. 26 Nr. 219.   U. K.

A 2.5 (Abbildung)
Amphoriskos mit Kreuzschlaufenhenkeln

Italo-geometrisch, Metopengattung,
1. Viertel 7. Jh. v. u. Z.
Blaß-hellockerfarbener Ton, schwarz-
brauner Firnis. Ein Stück des Randes
fehlt, ein Henkel ist beschädigt, der
Firnis stellenweise abgeblättert und im
oberen Teil sehr verblaßt; innen und
außen Verharzungen
H. 10,5 cm, D. 7,5 cm
Aus Vulci; 1831 aus Sammlung Dorow-
Magnus erworben
Berlin, SMB, Antikensammlung Inv.: F 233

Fast bikonischer Napf mit gerader Standfläche und vertikal ansetzenden, jeweils kreuzweise gedrehten Schlaufenhenkeln. Innen ungefirnißt. Außen im unteren Drittel voll gefirnißt
(streifig), darüber Horizontallinien. In der Schulterzone gittergefüllte Rhomben in metopenartigen Feldern, dazwischen je sechs vertikale
Stäbe. Um die Lippe ein Zickzackband, auf den
Henkeln kleine Striche.

Die Form entspringt lokaler Tradition, während die Verzierung auf euböische Vorbilder zurückgeht. Åkerström (S. 91 ff.) prägte für sol-
cherart verzierte Keramik den Begriff Metopengattung. Neue Untersuchungen verweisen
diese Dekoration noch in das 8. bzw. beginnende 7. Jh. v. u. Z., vgl. G. Bartoloni, in: Studi di
Antichità in onore di Guglielmo Maetzke, Bd. 4,
1984, S. 103–113 und CVA Grosseto 1, 1986,
Taf. 32.1 (mit Literatur).

A 2.5

Lit.: Furtwängler, Vasen, S. 27 Nr. 223; zu
den Impasto-Vorbildern: J. W. Hayes, Etruscan
and Italic Pottery in the Royal Ontario Museum,
1985, S. 38.   J. G. Sz./U. K.

A 2.6
Amphoriskos mit Bandhenkeln

Italo-geometrisch, Metopengattung,
1. Hälfte 7. Jh. v. u. Z.
Blaß-hellbrauner Ton und roter Firnis.
Große Teile der Henkel und entsprechende
Ansätze an der Mündung fehlen, die Ober-
fläche ist stellenweise beschädigt,
dort die Malerei abgeblättert; Spuren
von Verharzungen, besonders innen
H. 13 cm, D. 11 cm
Aus Vulci; 1831 aus Sammlung Dorow-
Magnus erworben
Berlin, SMB, Antikensammlung
Inv.: F 234

Bauchiges Gefäß mit gerader abgesetzter
Standfläche, breiten vertikalen, nur im Ansatz
erhaltenen Bandhenkeln und fast konischem
Hals mit knapp ausbiegendem Rand. Innen ungefirnißt. Außen: im unteren Teil breite, darüber
dünne horizontale Linien. In der Schulterzone
gittergefüllte Rhomben und Gruppen vertikaler
Striche (Metopenmuster). Am Hals umlaufendes Zickzackband zwischen horizontalen Linien. Erhaltene Henkelteile mit Strichverzie-
rung. Die Form geht auf lokale Impasto-Keramik
zurück (Kat.-Nr. A 1.6), während die Verzierung
griechische Vorbilder hat (Kat.-Nr. A 4,69), vgl.
auch CVA Tarquinia 3, 1974, Taf. 36.7–8
(Form) und 37.1–4 (Dekor).

Lit.: Furtwängler, Vasen, S. 27 Nr. 234.   U. K.

A 2.7
Kanne

Italo-geometrisch, Bokchoris-Werkstatt
(Tarquinia), 700–690 v. u. Z.
Hellocker- bis rosafarbener Ton, roter
bis brauner Firnis. Intakt, kleine
Ausplatzungen an der Lippe, stark
verriebene Oberfläche an der Vorderseite;
Eindellungen am Bauch
H. 29 cm, D. 18,8 cm
Aus Tarquinia; 1831 aus Sammlung
Dorow-Magnus erworben
Berlin, SMB, Antikensammlung
Inv.: F 205

Bauchige Kanne, die sich nach unten verjüngt, mit Kleeblattmündung, wulstartig abgesetzter Standfläche und Bandhenkel. Der untere Teil des Bauches ist mit einem Wellenband
und zwischengesetzten S-Ornamenten verziert, darüber befinden sich Horizontallinien.
Auf die Schulter ist ein schmales Band mit vertikalen Strichgruppen und darüber, durch vier Linien getrennt, ein Wellenband gemalt. Der Hals
zeigt ein weiteres Wellenband mit oben zwischengesetzten Punkten. Die Lippe ist gefirnißt,
auf dem Henkel eine vertikale Wellenlinie. Nach
der von früh- bis mittelprotokorinthischen Vorbildern abgeleiteten Form und der Verzierung
(S-Motiv, Schlangen- bzw. Wellenlinien) läßt
sich die Kanne den Oinochoen der Bokchoris-
Werkstatt zuordnen (vgl. CVA Tarquinia 3,
1974, Taf. 6.1–6).

Lit.: Furtwängler, Vasen, S. 24 Nr. 205.   U. K.

46

Kanne

Italo-geometrisch, Tarquinia,
1. Hälfte 7. Jh. v. u. Z.
Blaßgelber Ton, schwarzbrauner Firnis.
Intakt, Oberfläche stark verrieben,
Malerei stellenweise abgeblättert
H. 21 cm
Aus Tarquinia; 1831 aus Sammlung Dorow-
Magnus erworben
Berlin, SMB, Antikensammlung Inv.: F 211

Nach unten sich verjüngendes rundliches
Gefäß mit schlankem Hals und Kleeblattmündung, an die ein Bandhenkel ansetzt. Schmaler
Standring mit Linien. Der untere Gefäßkörper ist
bis zur Hälfte ungleichmäßig streifig gefirnißt.
Darüber befinden sich horizontale Linien, auf
der Schulter Zickzackgruppen und darüber
Strahlen. Auf dem Hals sind linksläufig ineinandergreifende S-Haken zwischen Horizontallinien gemalt. Die Lippe ist gefirnißt, der Henkel
mit vertikalen Streifen dekoriert. Die Form der
Kanne erinnert an eine cumäische Oinochoe in
Tarquinia (CVA Tarquinia 3, 1974, Taf. 2.2 S. 8),
die von früh- bis mittelprotokorinthischen Vorbildern abhängig ist, während die Dekoration eher
im Gefäßaufbau stärker akzentuierten Gießge-
fäßen einer etwas jüngeren Gruppe entspricht,
der die folgende Kat.-Nr. A 2.9 zugewiesen werden kann.

Lit.: Furtwängler, Vasen, S. 25 Nr. 211.   U. K.

A 2.9

Kanne

Italo-geometrisch,
1. Hälfte 7. Jh. v. u. Z.
Blasser, weißgelber bis grünlicher Ton,
schwarzbrauner Firnis, stellenweise
verdünnt aufgetragen. Intakt, kleine
Ausplatzungen am Fuß
H. 30 cm, D. 16,8 cm
Aus Tarquinia; 1831 aus Sammlung Dorow-
Magnus erworben
Berlin, SMB, Antikensammlung Inv.: F 210

Nach unten sich verjüngende Kanne mit
knapp umbiegender Schulter und langem
schlankem Hals auf kleinem Standring sowie
kleeblattförmiger Mündung und breitem vertikalem Bandhenkel. Zwei Drittel des Bauches gefirnißt, durchbrochen von einem tongrundigen
Streifen. Darüber sind zwischen dünnen Linien
nachlässig drei Reihen versetzt angeordneter
Zickzackgruppen gemalt. Auf der Schulter
große gefüllte Strahlen. Um den Hals Horizontallinien, in der Mitte linksläufig schräge S-Haken, Lippe gefirnißt, Henkel mit kurzen horizontalen und vertikalen Strichen.

In Form und Dekoration gleicht die Kanne Oinochoen aus Tarquinia, die wohl von derselben
Hand stammen (CVA Tarquinia 3, 1974,
Taf. 7.1–2 und 8.2–7 S. 12 ff.). Die Form ist mit-
telprotokorinthisch (zuletzt D. Williams, in: Italian Iron Age Artefacts in the British Museum,
1986, S. 297 Anm. 56).

Lit.: Furtwängler, Vasen, S. 25 Nr. 210.   U. K.

A 2.10 (Abbildung)

Kanne mit Kleeblattmündung

Italo-geometrisch, wohl aus Tarquinia,
7. Jh. v. u. Z.
Heller rotbrauner Ton mit gelbweißer
Engobe und roter Firnisbemalung;
stellenweise geschwärzt. In der Mitte
gebrochen und zusammengesetzt
H. 36,3 cm, D. 18,8 cm
Fundort unbekannt
Prag, NM Inv.: 18/86

Schlanke, relativ dickwandige Kanne mit
Bandhenkel und Kleeblattmündung über einem
Fußring und leicht gewölbtem Boden. Die Mündung ist mit Firnis überzogen. Am Hals zwischen drei waagerechten oberen und vier unteren Linien ein Netzmuster mit Punkten. Auf der
Schulter zweimal hängende volle Dreiecke, da-

A 2.10

A 2.8/A 2.11

zwischen drei Linien. In der Bauchzone oben und unten von je drei Linien gesäumt, schwimmende Fische mit schwarzem Körper, zwei Bauchflossen, zwei Rückenflossen und einer kurzen Schwanzflosse. Der Kopf mit einem großen runden Auge, einem bogenförmigen Mund und Kiemen ist ausgespart. Zwischen den Fischen befinden sich hängende Dreiecke, zwischen der Hauptzone und dem Fußring dagegen stehende Dreiecke.

Lit.: Unveröffentlicht; vgl. CVA Tarquinia 2, 1955, IVc, Taf. 1.2.   J. B.

A 2.11 (Abbildung)
Kanne
Italo-geometrisch, Tarquinia,
Mitte 7. Jh. v. u. Z.
Blaßgelber Ton; rötlicher bis brauner Firnis (ungleichmäßig gebrannt). Ein Stück

der Lippe fehlt, Ausplatzung am Fuß; am Gefäßkörper Verharzungen
H. 30,5 cm, D. 17,5 cm
Aus Tarquinia; 1831 aus Sammlung Dorow-Magnus erworben
Berlin, SMB, Antikensammlung
Inv.: F 215

Nach unten spitz zulaufendes Gefäß mit knapp umbiegender Schulter, kleeblattförmiger Mündung und breitem Bandhenkel. Schmaler Standring mit Horizontalstreifen. Am unteren Teil des Bauches Strahlen, darüber zwischen horizontalen Linien rechtsläufige V-Ornamente mit zu Voluten aufgerollten Enden. Auf der Schulter ebenfalls Strahlen. Am Hals ein liegendes Sanduhrmotiv in metopenartigen Feldern zwischen senkrechten Linien. Mündung und Henkelränder sind gefirnißt, auf dem Henkel tongrundige Rhomben. Das bislang singuläre

Ornament am Bauch erinnert an Nautilosmotive. Die Kannenform mit der knapp umbiegenden, nahezu waagerechten Schulter ist von mittelprotokorinthischen Vorbildern abgeleitet, bei denen ebenfalls – allerdings nicht direkt vergleichbare – Spiralornamente auftauchen: vgl. CVA Tarquinia 3, 1974, S. 8 zu Taf. 2.1; ebd. S. 12 f. Taf. 7.1 zur Kannenform und Taf. 9.6 zum Henkeldekor; weiterhin Hencken, Tarquinia, S. 395 ff. Abb. 384 f. (Kanne aus Tarquinia, Monterozzi-Nekropole; vor der Mitte des 7. Jh. v. u. Z.).

Lit.: Furtwängler, Vasen, S. 25 Nr. 215. U. K.

A 2.12
Henkellose Schale
Kampanisch, subgeometrisch,
640–620 v. u. Z.
Rosa bis hellockerfarbiger Ton, rot bis
braunschwarzer Firnis. Intakt, kleine
Ausplatzungen am Rand. Zwei neben-
einanderliegende Löcher zur Befestigung
als Deckel (?)
H. 2,5 cm, D. 13 cm
Aus Nola; 1828 aus Sammlung Koller
erworben
Berlin, SMB, Antikensammlung
Inv.: F 237
   Kleine Schüssel mit kaum abgesetzter Stand-
fläche und breitem Rand. Außen und innen kon-
zentrische Linien. Auf dem Rand fünf Gruppen
vertikaler Striche.
   Offenbar kampanischen Ursprungs (Phase
Capua IV A); vgl. W. Johannowsky, Materiali di
età archaica della Campana, 1983, Taf. 47 (Ca-
pua, Grab 514) und in: AttiConv 1 (1961), 1962,
S. 181 f. mit Abb. (Suessula, Collezione Spi-
nelli).
   Lit.: Furtwängler, Vasen, S. 27 Nr. 237.
                                    J. G. Sz./U. K.

A 2.13 (Abbildung)
Lekanis
Kampanisch, subgeometrisch,
640–620 v. u. Z.
Blaßgelber bis rosafarbener Ton, rotbrauner
Firnis. Intakt, außen Verharzungen
H. 7 cm, D. 20 cm
Aus Nola; 1828 aus Sammlung Koller
erworben
Berlin, SMB, Antikensammlung
Inv.: F 239
   Tiefe Schale mit horizontalen Henkeln. Innen
und außen horizontale Streifen, in der Henkel-
zone außen eine Wellenlinie. Der Schalentyp ist
von attischen und ostgriechischen Vorbildern
abgeleitet und auch in Tarquinia produziert wor-
den (vgl. CVA Tarquinia 3, 1974, Taf. 36.6, 4.49
mit Lit.). In Kampanien erscheinen derartige
Schalen in der Phase Capua IV A, vgl. Calatia,
Grab 11 (C. Albore-Livadie, Taf. 5 Abb. 5), Capua, Grab 548 (ebd., Taf. 2 Abb. 2) und Pontecagnano, Grab 26 (B. D'Agostino, in: NSc 1968,
S. 104 f. Typ 26 Abb. 19).
   Lit.: Furtwängler, Vasen, S. 27 Nr. 236.   U. K.

A 2.14 (Abbildung)
Fußschale
Kampanisch, subgeometrisch,
640–620 v. u. Z.
Blaßgelber Ton, rotbrauner Firnis.
Mehrfach gebrochen und geklebt. Bemalung
außen teilweise abgeblättert. Doppelloch
zur Befestigung eines Deckels unterhalb
des Randes
H. 11,5 cm, D. 14,2 cm
Aus Nola; 1828 aus Sammlung Koller
erworben
Berlin, SMB, Antikensammlung
Inv.: F 236 (TC 485)

A 2.14

A 2.15

49

A 2.13

A 2.17

Kleine Schale, konischer Boden scharfgratig angesetzt, auf hohem trompetenförmigem Fuß. Um den Fuß Gruppen horizontaler Linien, um die Schale zwei Reihen versetzt angeordneter Gruppen mit stehenden Wellenlinien. Auf dem Rand Strichgruppen, innen konzentrische Linien.

Die Form dieser geknickten Fußschale ist eine kampanische Variante eines auch in Südetrurien verbreiteten Fußschalen-Typs (Kat.-Nr. A 2.3). Vergleichbar sind ähnliche Schalen aus Calatia, Grab 58 (C. Albore-Livadie, Taf. 6 Abb. 6, Phase Capua IV A) und Pontecagnano, Grab 23 (B. D'Agostino, in: NSc 1968, S. 105f. Typ 32 Abb. 21).

Lit.: Furtwängler, Vasen, S. 27 Nr. 236. U. K.

A 2.15 (Abbildung)
Henkellose Buckelschale
Etruskisch-subgeometrisch,
2.–3. Viertel 7. Jh. v. u. Z.
Hellockerfarbener, stark glimmerhaltiger Ton mit braunroter matt glänzender Bemalung. Intakt
H. 6,5 cm, D. 16,5 cm
Aus Fiano Romano; 1908 durch Walter Müller erworben
Leipzig, KMU, Antikenmuseum
Inv.: T 2361

Die flache Schüssel, die sich auf einem schmalen Standring erhebt, fällt durch ihre ungewöhnliche Form mit den dreizehn buckelförmigen Fortsetzungen am oberen Teil des Schalenrundes auf. Der leicht konkav eingezogene, relativ hohe Hals geht in einen ausladenden Lip-

penrand über. Die Doppelbohrung auf dem Rand könnte zum Aufhängen oder zum Verschluß des Gefäßes gedient haben. Die einfache Dekoration ist der Gefäßform angepaßt. Von einem Punkt auf der Unterseite ausgehend, über den Standring auf das äußere Schalenrund übergreifend drei breite Ringe, an die sich zwei tongrundige Bänder, jeweils von dreifachen Linien eingefaßt, anschließen. Der untere zeigt zehn Dreiecke mit Schrägschraffur, die an den dreizehn buckelförmigen Fortsätzen des Schulterstreifens, auf der Ober- und Unterseite sowie zwischen den Buckeln wiederkehren. Die Innenseite ist bis auf einen tongrundigen Streifen in der Mitte des Schalenrundes rot, der Lippenrand tongrundig. J. G. Szilágyi bezeichnet das Stück als späte etruskische Variante der bronzenachahmenden, unten geriefelten Impasto-Schüsseln vom Ende des 7. oder dem 1. Viertel des 6. Jh. v. u. Z., vgl. Kat.-Nr. A 1.22.

Lit.: Antike Kunst im Mittelmeerraum, Katalog Leipzig 1984, S. 12 Nr. 29; vgl. auch Kat.-Nr. A 2.16. E. P.

A 2.16
Henkellose Buckelschale
Etruskisch-subgeometrisch,
2.–3. Viertel 7. Jh. v. u. Z.
Heller braungelber Ton, rötliche Bemalung.
Aus zwei Stücken zusammengesetzt
H. 6,9 cm, D. (mit Buckeln) 19,8 cm
Fundort unbekannt
Budapest, SzM, Antikensammlung
Inv.: 50.820

Form und Dekoration wie Kat.-Nr. A 2.15, jedoch mit vierzehn Buckeln und zwei ausgesparten konzentrischen Streifen auf der Innenseite. Die Werkstatt dieses Schalentyps ist anhand der Fundorte ähnlicher Vasen eindeutig in Caere zu lokalisieren.

Lit.: CVA Budapest 1, 1981, Taf. 13.2, 4–5 (mit weiterer Lit. zur Vasenform, ihrer Verbreitung und Datierung, S. 48–49); vgl. auch M. A. Rizzo, in: Civiltà, S. 90–92. J. G. Sz.

A 2.17 (Abbildung)
Deckelbüchse
Etruskisch-subgeometrisch, 7. Jh. v. u. Z.
Hellrötlicher Ton mit hellem eierschalfarbenem Überzug und ziegelroter Bemalung mit stumpfem Firnis. Mehrfach gebrochen, Rand der Schale teilweise ausgebrochen
H. (mit Deckel) 8,6 cm (13,0 cm),
D. 14,7 cm
In Chiusi erworben; 1908 Geschenk von Walter Müller
Leipzig, KMU, Antikenmuseum
Inv.: T 2364

Auf flachem Standring stark ausladendes kurzes Unterteil mit hohem, leicht konkav geschwungenem, mit zwei wulstförmigen Griffhenkeln versehenem Gefäßkörper, auf den der hohe Deckel mit rundem, profiliertem, auf der Oberseite gerilltem Knauf und überstehendem

Rand eingepaßt ist. Das Dekorationssystem wird bestimmt von wechselnd breiten und schmalen Bändern auf der Unterseite und dem Deckel des Gefäßes sowie einem von den seitlichen Griffhenkeln unterbrochenen breiten Ornamentband auf der Gefäßwandung. Der von je drei Linien oben und unten eingefaßte Henkelstreifen zeigt eine flüchtig gezeichnete verbundene Folge von punktgefüllten Rhomben. Henkel und Innenwandung der Büchse rot, Deckelunterseite tongrundig.

Lit.. Antike Kunst im Mittelmeerraum, Katalog Leipzig 1984, S. 12 Nr. 28.   E. P.

A 2.18
Zweihenkelige stamnoide Olla (Pyxis)
Etruskisch-subgeometrisch,
2.–3. Viertel 7. Jh. v. u. Z.
Braungelber Ton, rötlich-dunkelbraune Bemalung. Intakt
H. 17,56 cm, D. (mit Henkeln) 21,35 cm
Fundort unbekannt; in den 50er Jahren des 19. Jh. in Rom erworben (ehemals in Sammlung Antal Haán)
Budapest, SzM, Antikensammlung
Inv.: 50.321

Die abgesetzte Lippe oben und innen, die Henkel und Henkelansätze und die Außenseite des Standringes bemalt. In der Henkelzone auf beiden Seiten zwei Silhouettenvögel nach rechts. Unterteil des Gefäßes bemalt, darüber bis zur Henkelzone horizontale Linien, die durch einen dicken Streifen geteilt werden. Über den Bildzonen drei horizontale Linien. Der Vogeltypus Airone ist ein Leitmotiv der etruskisch-subgeometrischen Vasenmalerei. Nach Form und Verzierung ist die Vase einer Werkstatt in Caere oder – mit weniger Wahrscheinlichkeit – seinem kulturellen Einflußgebiet (Veji, Faliskerland, Latium) zuzuweisen.

Lit.: CVA Budapest 1, 1981, Tafel 13.1,3; weitere Lit. ebd. S. 47–48; vgl. auch S. Leach, in: Italian Iron Age Artefacts in the British Museum, 1986, S. 305–308 (»Heron Class«).   J. G. Sz.

A 3 Gegenstände aus Bronze

Fund von der Insel Elba
A 3.1.1–5
Schenkung des Generalmajors von Knobelsdorff (Weimar), 1913, mit der Fundortangabe Insel Elba
Von den ursprünglich acht Bronzeobjekten sind nur noch fünf erhalten geblieben. Verloren sind die Lappenbeile Inv. 30203 (L. 18,5 cm) und Inv. 30204 (L. 15 cm) sowie die Lanzenspitze Inv. 30206 (L. 18,5 cm). Die große Bogenfibel (Kat.-Nr. A 3.1.1.) und die beiden Lappenbeile sind als hervorragende metallurgische Leistungen zu werten. Über die näheren Umstände der Auffindung der Objekte wurde nichts mitgeteilt, zeitlich gehören sie noch in die frühe Eisenzeit (9.–8. Jh. v. u. Z.).

Lit.: Unveröffentlicht; ähnlicher Fund von Beilen und kleineren Fibeln, in: Civiltà del Lazio primitivo, Katalog Rom 1976, S. 314 ff. Taf. 81 (Ardea).   I. K.

A 3.1.1 (Abbildung)
Bogenfibel
9.–8. Jh. v. u. Z.
Bronze, gegossen, getrieben. Intakt bis auf kleine Fehlstelle am Fuß
L. 20,5 cm
Berlin, SMB, Antikensammlung
Inv.: 30201
Große Bogenfibel, deren Bügel mit parallel und schräg geritzten Windungen und je drei plastischen Ringen sowie mit Ritzdekor versehen ist. Der Bügelhalter zeigt auf der Vorder- und Rückseite zwei Reihen getriebener Punkte, die durch kleinere Punkte miteinander verbunden sind.

Lit.: Vgl. Sundwall, Fibeln, Typ B II alpha a 9.   I. K.

A 3.1.2 (Abbildung)
Lappenbeil
Bronze. Intakt
L. 21,2 cm
Berlin, SMB, Antikensammlung
Inv.: 30202

A 3.1.3 (Abbildung)
Lappenbeil
Bronze. Intakt
L. 15,3 cm
Berlin, SMB, Antikensammlung Inv.: 30205

A 3.1.4 (Abbildung)
Dolchklinge
Bronze. Fragment, stark korrodiert
L. 8 cm
Berlin, SMB, Antikensammlung Inv.: 30207

A 3.1.5 (Abbildung)
Spiraldiskus
Bronze. Fragment, stark korrodiert
Br. (max.) 6 cm
Berlin, SMB, Antikensammlung Inv.: 30208
Wahrscheinlich Teil einer Fibel wie Kat.-Nr. A 3.18   I. K.

A 3.2
Pilzknaufschwert
9.–8. Jh. v. u. Z.
Bronze. Oberfläche korrodiert, kleine Ausbrüche an den Schneiden, Spitze leicht verbogen
L. 47,3 cm
Fundort unbekannt; stammt möglicherweise aus Sammlung Naue
Berlin, SMB, Antikensammlung
Inv.: 31579a
Kurzschwert mit Pilzknauf und schlankem Griff, der ehemals mit anderem Material verkleidet war.
Im Vergleich zu dem Schwert Kat.-Nr. A 3.3 sind die Ränder des Griffes weniger hochstehend. Feiner Ritzliniendekor in parallel verlaufenden Bündeln, die an der Spitze zusammentreffen und die im oberen Teil waagerecht nach außen verlaufen. Die unverzierte Mitte der Klinge ist beiderseits gratartig erhöht.

Lit.: Vgl. Hencken, Tarquinia, Abb. 50; V. Bianco Peroni, Die Schwerter in Italien, 1970.   I. K.

A 3.3
Pilzknaufschwert mit Scheide
2. Hälfte 8. Jh. v. u. Z.
Bronze. Patina stellenweise abgerieben, Spitze abgebrochen, restauriert, kleine Ausbrüche an den Rändern (Schwert); Zierknauf und Spitze abgebrochen und angesetzt, Verdrückungen und kleine Ausbrüche an rechter Seite (Scheide)
L. (Schwert) 41,2 cm,
L. (Scheide) 39 cm
Fundort unbekannt; 1841 von E. Gerhard erworben
Berlin, SMB, Antikensammlung
Inv.: Fr. 1150
Kurzschwert mit Pilzknauf und kräftigem Griff, der ursprünglich mit anderem Material verkleidet war. In den Befestigungslöchern sind Reste der Stifte erhalten geblieben. Auf der Klinge feine, parallel verlaufende Ritzlinienbündel, die an der Spitze zusammengefügt werden und die im oberen Teil der Klinge waagerecht nach außen umbiegen.
Ca. 0,8 mm starkes Bronzeblech wurde zu einer Schwertscheide gebogen, wobei die Naht an der Rückseite offenblieb. An der Mündung befindet sich ein kleiner Haken und an der Spitze eine Verzierung, die aus zwei unterschiedlich großen Scheiben mit zwei dazwischenliegenden kleineren, mit Fischgrätenmuster verzierten Ringen besteht. Die Vorderseite zeigt einen senkrecht verlaufenden Rillendekor.

Lit.: Friederichs, S. 244 Nr. 1150; A. Bastian, A. Voss, Bronzeschwerter des Königlichen Museums zu Berlin, 1878, S. 57 Taf. 12a, b; vgl. A. M. Adam, Bronzes étrusques et italiques, 1984, S. 106 f. Nr. 130; H. Hencken, The earliest European Helmets, 1971, Abb. 62.   I. K.

A 3.4
Rundschild
700–600 v. u. Z.
Bronze, getrieben, gestempelt, Vergoldung. Oberfläche reduziert, in

A 3.1.1–5

Fragmenten erhalten, große Fehlstellen,
Brüche, von den sechs Kegelkopfnieten
nur noch drei erhalten
D. 92 cm
Aus Tarquinia (Tomba Avvolta); 1831 aus
Sammlung Dorow-Magnus erworben
Berlin, SMB, Antikensammlung
Inv.: Fr. 1008

Großer Rundschild aus dünnem Bronzeblech
mit gestempeltem Dekor. Um den mit Perlbuk-
keln und Leisten verzierten, etwas erhöhten Mittelpunkt ist eine Vielzahl von unterschiedlich
breiten Dekorzonen angeordnet, die jeweils
durch Linien voneinander abgegrenzt sind. Die
Zonen enthalten, von der Mitte her gesehen,
Perlbuckel zwischen senkrechten Linien, dicht
aneinander gereihte kurze senkrechte Linien,
Kreisaugen, Perlbuckel ohne Rahmung, größere Kreisaugen, Fischgrätenmuster, Men-
schengestalten, gefolgt von einem Strichdekor
zwischen Perlbuckelreihen, die sich in der
nächsten Zone mit Menschendarstellungen
wiederholen.

Eine etwas breitere Zone enthält Tierfiguren,
es folgen Strichlinien, eine Art Ankermotiv sowie ein zweisträhniges Flechtband mit Kreis-

augen und ganz außen eine Reihe Perlbuckel.
Der Griff des Schildes, der wohl nur Zierfunktion
hatte, war mit je drei Kegelkopfnieten befestigt.
Tarquinia war das wichtigste Zentrum für die
Produktion derartiger mit Stempeldekor verse-
hener Schilde.

Lit.: Anndell'Inst 1829, S. 96; Friederichs,
S. 220 Nr. 1008; I. Strøm, S. 30 Nr. 38 (mit Lit.)
Abb. 21; zum Fundzusammenhang vgl. Kat.-Nr.
L 31.   I. K.

A 3.5 (Abbildung)
Zierscheibe (Rüstungsteil)
Um 600 v. u. Z.–Anfang 6. Jh. v. u. Z.
Bronze
D. 23,8 cm
Fundort unbekannt; 1862 aus Sammlung
Campana erworben
Leningrad, GE, Antikensammlung
Inv.: V 534

Flach gewölbter Diskus, umgeben von einer
Reihe reliefartig aufgesetzter Kugeln. Aus gleichartigen Kugeln bestehen zwei Kreise mit flachem Buckel und je drei weiteren Kugeln, die
schräg gegenüber auf dem Innenfeld nahe dem
Kugelrand angeordnet sind. Dazwischen getrie-

bene phantastische Tierdarstellung. Der Körper
mit erhobenem Kopf erinnert an ein Hufeisen
mit Dornen und einem Strahlenbündel. Der gekrümmte erhobene Schwanz und die gekrümmten Beine laufen in wedelartige dreizehige Pfoten aus. Am Rande des Diskus befinden sich in
unterschiedlichem Abstand paarige kleine
runde Löcher, von denen zwei noch kleine
Drahtringe besitzen. Die Herstellung solcher
Platten war in Nord- und Mittelitalien, im Gebiet
der Picener und Samniten, weit verbreitet und
gelangte von dort auch nach Etrurien. Die
Scheiben waren Bestandteile einer Schutzrü-
stung und wurden auf Brust und Rücken mit
Bändern befestigt (vgl. die Kriegerskulptur von
Capestrano).

Lit.: Stefani, Bronzy i terrakoty, Nr. 369; Kul'-
tura i iskusstvo Etrurii, Nr. 43; AChB, Nr. 122;
S. P. Boriskovskaja, in: Pamjatniki antičnogo
prikladnogo iskusstva, 1973, S. 5–15 Abb. 2;
vgl. W. Schiering, in: RM 85, 1978, S. 1 ff. Z. B.

A 3.6

Brustschmuck mit Anhängern

7. Jh. v. u. Z.

Bronze

L. 22 cm

Fundort unbekannt; 1926 aus Sammlung
Stroganov erworben

Leningrad, GE, Antikensammlung

Inv.: V 1935

Brustschmuck in Form von zwei zusammengenieteten Platten, verziert mit Ornamenten
aus Doppelreihen von Punkten, die auf der Vorderseite zwei Rosetten und Rhomben und auf
der Rückseite Rhomben bilden. Im unteren
Rand der Platte wurden in die Öffnungen Ketten
mit massiven konischen Anhängern eingehängt. In der Mitte des oberen Randes wurden
durch eine rechteckige Öse Schlingen aus
Draht mit spiralförmig gedrehten Enden durchgezogen. Außerdem verzieren kleinere Spiralen die Platte in ihrer ganzen Länge.

Lit.: AChB, Nr. 121; S. P. Boriskovskaja, in:
Istorija i kul'tura antičnogo mira, 1977, S. 30, 31
Abb. 3.   Z. B.

A 3.7

Halbmondrasiermesser

8.–7. Jh. v. u. Z.

Bronze, gegossen. Kleine Fehlstellen
an der Schneide

H. 9,2 cm

Aus der alten königlichen Sammlung

Berlin, SMB, Antikensammlung

Inv.: Fr. 1221

Halbmondförmiges Rasiermesser auf langem Stiel mit einer Ringöse, die mit zwei kleinen, mitgegossenen protomenartigen Ornamenten verziert ist.

Lit: Friederichs, S. 254 Nr. 1221; vgl. ähnliches Exemplar in Florenz, in: Civiltà, S. 53
Abb. 2.4.55   I. K.

A 3.8 (Abbildung)

Pferdetrense

Typ Vetulonia; frühes 7. Jh. v. u. Z.

Bronze. Hellgrüne Patina

L. 33 cm, Seitenplatten 7,8 × 6,0 cm

Aus der habsburgischen Schloßsammlung
Brandys nad Labem

Prag, NM Inv.: 1225

Das eigentliche Pferdegebiß besteht aus
zwei Stangen mit Ösen an den Enden, die aus
starkem Draht zusammengedreht sind. Beiderseits sind Doppelösen angekettet. Die flachen
Außenösen dieser Außenglieder dienten zur
Befestigung der Riemen. Die beiden auf die
Stangen gesteckten dekorativen Seitenstücke
bestehen aus je einer rechteckigen Platte. Von
dem mit einem Grat gesäumten Plattenloch laufen je sechs plastische Strahlen zum rippenartig
verdickten Rand. Obere Plattenaufsätze in
Form zweier symmetrischer Vogelköpfe, dazwischen ein stilisiertes Efeublatt. Parallelen zu
diesem Trensentyp wurden ausschließlich in
Vetulonia gefunden. In derselben Sammlung

befindet sich noch ein zweites Exemplar dieses
Typs (Inv. 1225a); beide werden von einem alten Grabfund aus dem Gebiet von Vetulonia
herrühren.

Lit.: Antické umění Nr. 247; Umění Etruskù
Nr. 18 mit Abb.; vgl. F. W. v. Hase, Die Trensen
der Früheisenzeit in Italien, 1969 (Prähistorische Bronzefunde 16.1), S. 16–18 Taf. 7. 65–74
(besonders Nr. 73).   J. B.

A 3.9 (Abbildung)

Einhenkelige Tasse

8. Jh. v. u. Z.

Bronze, getrieben, gepunzt, graviert.
Henkel durch vier Nieten mit halbrundem
Kopf befestigt; separat gearbeiteter Fuß
eingepaßt. Kleine Fehlstellen an Lippe,
Wandung, Boden und Fuß; Oberfläche
stellenweise korrodiert

H. 6 cm, mit Henkel 8,8 cm, D. 13 cm,
D. des Standringes: 8,1 cm

1906 aus Sammlung Blumner, Florenz,
erworben

Berlin, SMB, Antikensammlung

Inv.: M.I. 10791

Die weit ausladende Tasse steht auf unver-
ziertem, ca. 1 cm hohem Fuß. Auf der Gefäßwandung zwölf von zwei Ringen umgebene
Zierbuckel. Darüber eine Reihe dicht aneinan-
derliegender, etwas kleinerer Zierbuckel zwi-

schen feinen Perlschnüren. Die 1 cm breite
Randzone zeigt ein graviertes Dreiecksmuster.
Die Lippe ist leicht nach außen gezogen. Im Bo-
den ein von drei Kreisen umgebener Zierbuckel.
Der 1,8 cm breite Bandhenkel ist mit zwei Rei-
hen gravierter Dreiecksmuster zwischen
Längsstreifen dekoriert.

Lit.: Unveröffentlicht; vgl. ähnliches Exemplar
in: Civiltà, Nr. 1.15,2, Abb. S. 40; Dreiecksmuster (hier gegenständig) an einer Tasse aus
Pratica di Mare, in: Civiltà del Lazio primitivo,
Katalog Rom 1976, S. 302 f. Taf. 77.30; Zier-
buckelornamente ebd. Taf. 77.33 (Dreifußstän-
der).   I. K.

A 3.10

Räucherpfanne auf Rädern

8. Jh. v. u. Z.

Bronze

L. 17 cm

Fundort unbekannt; 1862 aus Sammlung
Campana erworben

Leningrad, GE, Antikensammlung

Inv.: V 612

Räucherpfanne in Form eines stilisierten Vogels mit flachem Schwanz und kleinem Kopf auf
einem dünnen, gekrümmten Hals. Ihr Körper,
der Pfannenbehälter, mit quadratischen Öffnungen im oberen Teil, besitzt vier Füße. Je
zwei sind durch eine Achse verbunden. An den

A 3.5

53

A 3.8

A 3.9

Achsen sitzen insgesamt vier Räder. Der flache Deckel der Räucherpfanne mit zwei runden Öffnungen wiederholt die Form des Vogels und ist am unteren Rand mit Punkten verziert. Der Wagen gehört zu einer stilistisch und zeitlich einheitlichen Gruppe von Kultgeräten, die teilweise auch aus Impasto angefertigt wurden und im Gebiet von Salerno, Viterbo, Este und Canosa anzutreffen sind. Vorbildhaft waren Kultwagen der Bronze- und Eisenzeit im Donauraum (vgl. Wagen von Glasinac in Bosnien, Hallstatt-Zeit). Ein vergleichbares Wägelchen in einem Grab der Monterozzi-Nekropole von Tarquinia kann aufgrund der Beifunde in die Zeit zwischen Ende 9. und Anfang 8. Jh. v. u. Z. datiert werden.

Lit.: Stefani, Bronzy i terrakoty, Nr. 92; Kul'tura i iskusstvo Etrurii, Nr. 42; AChB, Nr. 116; O. Montelius, Civilisation, Taf. 377a; G. Kossack, Studien zum Symbolgut, 1954, S. 75, III Nr. 271 E Taf. 21; E. Woytowitsch, Die Wagen der Bronze- und frühen Eisenzeit in Italien (Prähistorische Bronzefunde 17.1), 1978.   Z. B.

A 3.11
Gefäß in Bootform

Sardisch, 8.–7. Jh. v. u. Z.
Bronze
L. 19,7 cm
Fundort unbekannt; 1930 aus dem Museum der Gesellschaft zur Förderung der Künste (vorher Sammlung Castellani) erworben
Leningrad, GE, Antikensammlung Inv.: V 2207

Gefäß in Form eines Bootes mit flachem Boden auf vier kleinen Füßen und mit sich nach oben verbreiternden Seitenwänden. Längs drei Reliefringe: Einer trennt den Boden, ein zweiter liegt auf der Mittellinie, der dritte auf dem Rand. Der Bug ist länglich und mit einem Stierkopf geschmückt. Dieser hat gekrümmte Hörner und einen schlanken Hals, hervorgehoben durch eine Reihe querverlaufender Relieflinien. Ein gebogener Henkel mit kleinem Vorsprung im mittleren Teil lagert auf zwei kleinen Stierstatuetten, die am Bootsrand stehen. Ihre Köpfe sind dem Heck zugewandt.

Lit.: Kul'tura i iskusstvo Etrurii, Nr. 45; AChB, Nr. 124; Kunst und Kultur Sardiniens. Katalog Karlsruhe, 1980, S. 406 Nr. 190.   Z. B.

A 3.12
Zwei Griffe

Vulci, 7. Jh. v. u. Z.
Bronze, Vollguß. An einem Exemplar fehlt die Spitze eines Blattes; kleine Bestoßungen
H. 3,9 cm, L. 5,1 cm, Br. 7,4 cm
Aus einer Tomba a Pozzo in der Polledrara bei Vulci; 1882 durch W. Helbig erworben
Berlin, SMB, Antikensammlung
Inv.: M.I. 7825 und 7826

Die Henkel bestehen jeweils aus einem ca. 5 mm dicken runden Griff, an dessen Ende je ein halbrunder Zierknopf befestigt ist. An der Rückseite sind Nietenreste stehengeblieben. Auf die Mitte der Henkel ist eine zweiblättrige Blüte mit Knospe gesetzt. An einem Exemplar ist der untere Teil der Blüte mit einem kleinen Wulst versehen, der bei dem anderen, etwas kleineren Exemplar fehlt.

Lit.: Zum Typ vgl. reicher ausgestattete Griffe eines Beckens aus der Tomba Bernardini in Praeneste: Civiltà del Lazio primitivo, Katalog Rom 1976, Taf. 51 A.; die Blüten an einem Wagen aus Cerveteri (Tomba Regolini – Galassi), in: Giglioli, AE, Taf. 18.1.   I. K.

A 3.13 (Abbildung)
Miniaturdreifuß

7. Jh. v. u. Z.
Bronze, getrieben und genietet.
Ursprünglich aus 8 Fragmenten zusammengesetzt; jetziger Zustand: Ränder beidseitig ausgebrochen, fehlende Bronzeplättchen
H. 24,5 cm, D. 12,5–13,2 cm
Aus Sammlung G. Karo; 1936 über die Vereinigung der Freunde antiker Kunst erworben
Berlin, SMB, Antikensammlung
Inv.: 31573,54

An drei oben gegabelten und einwärts abgewinkelten Beinen aus geschnittenem Bronzeblech, die durch Streben miteinander verbunden sind, ist ein etwa 4,2 cm hoher Zylinder angenietet. Dieser Ring, dessen oberer Rand leicht nach außen biegt, ist mit fünf Reihen getriebener Punkte von unterschiedlicher Größe verziert.

Lit.: Unveröffentlicht; vgl. ein großes Exemplar ähnlicher Form im Louvre, in: A. de Ridder, Les bronzes antiques, 1913, S. 17, 102 Abb. 36; und Exemplar aus Satricum in Rom, Villa Giulia, in: Giglioli AE, S. 7 Taf. 13 (links); für einige Details: Civiltà del Lazio primitivo, Katalog Rom 1976, S. 303 Nr. 33 und 34 Taf. 77.33, 34; Kunst der Etrusker, Katalog Hamburg 1981, Nr. 9; R. Lindner, in: AA 1985, S. 293ff.   I. K.

A 3.14
Tisch

Letztes Viertel 7. Jh. v. u. Z.
Bronze, getrieben und genietet.
Tischplatte stellenweise stark korrodiert; größere Teile der Beine verloren

Tischplatte: L. 59,5 cm, Br. 27,5–28 cm
Tischbeine: H. ca. 36 cm, Br. (oben) 10 cm,
Br. (unten) 11–11,5 cm
Blechstärke: etwa 0,8 cm
Aus Chiusi; 1883 mit einem Grabfund
erworben
Berlin, SMB, Antikensammlung
Inv.: M.I. 7888

Die aus einem Stück getriebene Tischplatte
wird an allen Seiten von einem 3,2–4 cm breiten
abgesetzten Rand umgeben, so daß die Tischplatte etwas vertieft liegt. Auf dem Rand sind
alle Rundkopfnieten, mit denen die Beine befestigt sind, erhalten geblieben. Es handelt sich
um jeweils drei Nieten in einem Abstand von ca.
2,5 cm. Durch den erhöhten Rand und die zwölf
Nieten wird eine dekorative Wirkung erreicht.
Die Tischbeine haben eine nach außen geschwungene Form und verbreitern sich leicht
zur Standfläche hin. Unterhalb der Vernietung
der Beine mit der Tischplatte sind drei mit den
Rundkopfnieten korrespondierende Zierbuckel
sichtbar. Der untere Teil der Beine ist mit einem
Ritzdekor in Form langer Dreiecke zwischen
waagerechten Linien versehen. Wahrscheinlich
waren ursprünglich die Beine mit je zwei Streben zur Stabilisierung verbunden. Eine im vorigen Jahrhundert vorgenommene Wiederher-
stellung erschwert jedoch die Klärung dieses
Sachverhaltes.

Lit.: Vgl. G. M. A. Richter, The Furniture of the
Greeks, Etruscans and Romans, 1966, S. 94
Abb. 469.   I. K.

A 3.15
Thronlehne

Ende 7. Jh. v. u. Z.
Bronze, getrieben und genietet, Eisen.
Starke Zerstörungen durch Korrosion,
Brüche, größere Fehlstellen,
Beschädigungen durch Anschrauben eines
modernen Eisenrahmens
H. etwa 30 cm, L. etwa 68 cm,
Blechstärke 0,8 cm
Aus Chiusi (Belluno); 1893 von Forrer
(Straßburg) aus Sammlung Ancona (Mailand)
erworben
Berlin, SMB, Antikensammlung
Inv.: M.I. 8383

Die Lehne besteht aus zwei Hälften, die in der
Mitte mit 1,5 cm breiter Überlappung zusam-
mengenietet sind. Einige Rundkopfnieten sind
an der Außenseite erhalten geblieben. Der
Rand der Lehne war an der Rückseite mit einem
1,4–1,6 cm breiten und ca. 1,5 mm starken Ei-
senrahmen verstärkt, der mit Rundkopfnieten,
die auch Zierfunktion hatten, befestigt war. Teile
dieses Eisenrahmens blieben erhalten. Um den
Rahmen war die Oberkante der Lehne herumgebogen. In Treibarbeit ist in der rechten Hälfte
eine stehende Sphinx mit stark vorspringendem
Kinn, spitzer Nase und langen Locken dargestellt, der eine Chimäre antithetisch gegenüber-
steht. Die beiden Fabelwesen werden in der
Mitte durch ein volutenartiges Ornament ver-

bunden und an den Seiten jeweils von Lotosblüten eingerahmt.

Die Lehne war Teil eines sicher runden Sitzes, der nicht mehr erhalten ist.

Lit.: A. Furtwängler, in: AA 1894, S. 118
Nr. 11; I. Strøm, in: Italian Iron Age Artefacts in
the British Museum, 1986, S. 56 Nr. 9 (mit Lit.).
     I. K.

Fibeln
A 3.16–36

Die Fibeln dienten bei den Etruskern und bei
ihren Nachbarn zum Zusammenheften des
Gewandes (archaischer Chiton, Mantel) an
den Schultern bzw. an der Brust. Seit dem
13. Jh. v. u. Z. läßt sich die echte einteilige Fibel
(sog. Peschiera- oder Violinbogenfibel) im Gebiet Nordostitaliens und im Ostalpenraum nach-

weisen. Aus der Violinbogenfibel hat sich wäh-
rend der Protovillanova-Zeit die Bogenfibel ent-
wickelt und aus dieser weitere Fibelformen der
Villanova-Zeit, besonders die Sanguisugafibel
(Kat.-Nr. A 3.17, 24) und die Kahnfibel (Kat.-
Nr. A 3.26–29), über die Kniefibel die Schlan-
gen- (Kat.-Nr. A 3.19–21) und Drachenfibel
(Kat.-Nr. A 3.30) sowie schließlich auch die
Tierfibeln (Kat.-Nr. A 3.31, 32).

Die in ihrer Konstruktion komplizierten Platten-
fibeln (dazu auch unsere Beispiele der Brillen-
und Vierspiralspange, Kat.-Nr. A 3.22, 23)
entstammen typologisch ebenfalls der alten Pe-
schieraform und sind durch eine analoge Entwicklung entstanden. Seit dem Ende des
7. Jh. v. u. Z. nahm die Verwendung der Fibeln in
den Hauptgebieten Etruriens, ähnlich wie in

A 3.13

Griechenland, stark ab, in der Gegend von Bologna und bei den primitiveren Nachbarn der Etrusker blieben sie aber auch weiterhin feste Bestandteile der Tracht. So bildet die Entwicklungsreihe der Fibeltypen das Rückgrat der Chronologie der Protovillanova- und Villanova-Zeit, in Nordetrurien sogar bis ins 5. Jh. v. u. Z. hinein.

Die Entwicklung der italischen Fibeltypen war nicht auf das etruskische Gebiet beschränkt, sondern betraf auch die übrigen italischen Stämme dieser Zeit. Neben den aus Gräbern und Heiligtümern stammenden Serien haben wir hier möglichst gut erhaltene und große Exemplare ausgewählt, die in anschaulicher Weise die Entwicklung der Haupttypen verdeutlichen können. In einigen Fällen wurden auch Fundstücke aus dem Picenum oder Nordostitalien ausgestellt, die, zwar in größerem Format, Typen wiedergeben, die auch in Etrurien selbst anzutreffen sind.

Lit.: Sundwall, Fibeln; P. G. Guzzo, Le fibule in Etruria dal VI al I secolo, 1973.   J. B.

A 3.16
Bogenfibel
11.–9. Jh. v. u. Z.
Bronze, gegossen. Intakt
L. 12 cm
Aus Sammlung Ancona (Mailand) 1892 erworben
Berlin, SMB, Antikensammlung
Inv.: M.I. 8299

Beide Seiten des Bügels sind mit fünf parallel verlaufenden Ringen, die Abschnitte dazwischen und daneben mit feinen Gravierungen in Rillen- und Frischgrätenmuster verziert.

Lit.: Unveröffentlicht; vgl. Sundwall, Fibeln, Typ B I alpha g 4.   I. K.

A 3.17
Sanguisugafibel mit großem Nadelhalter und eingehängtem Ring
Norditalisch, frühes 8. Jh. v. u. Z.
Bronze. Intakt
L. 13 cm
Ankauf kurz vor oder während des ersten Weltkrieges, ohne Fundortangabe
Jablonec, Glas- und Bijouteriemuseum
Inv.: MSB W 204

Am geschwollenen Bügel Querritzung mit Fischgrätenmuster alternierend, am Nadelhalter getriebene Punkte.

Lit.: Vgl. Sundwall, Fibeln, Typ B II alpha b–c (mit großem Nadelhalter, Bügel aber weniger geschwollen).   J. B.

A 3.18
Bogenfibel mit Diskusfuß und eingehängtem Tonwirtel
9.–8. Jh. v. u. Z.
Bronze, gegossen; Terrakotta. Intakt
L. 9,5 cm
Aus Sammlung Ancona (Mailand) 1892 erworben
Berlin, SMB, Antikensammlung
Inv.: M.I. 8296

Bogenfibel mit flachgestrecktem Bügel, der mit dichtem, parallelem Streifendekor verziert ist. Auf dem Diskus feiner Punktdekor, der nach dem Restaurierungsverfahren nicht mehr gut sichtbar ist. In die Nadel, die mit drei Windungen der Feder ansetzt, ist ein Tonwirtel eingehängt.

Lit.: Unveröffentlicht; vgl. Sundwall, Fibeln, Typ B III b 11.   I. K.

A 3.19
Schlangenfibel
9.–8. Jh. v. u. Z.
Bronze, gegossen. Intakt
L. 12,2 cm
Alter Besitz, ohne Herkunfts- und Fundortangabe
Berlin, SMB, Antikensammlung
Inv.: Fr. 303

Schlangenfibel mit gerader Nadel, großer Feder in zwei Windungen und Spiraldiskusfuß. Bügel mit in die Höhe gerückter Knieschleife.

Lit.: Friederichs, S. 101, Nr. 303; vgl. Sundwall, Fibeln, Typ D II alpha e 2.   I. K.

A 3.20   (Abbildung)
Schlangenfibel mit zwei Augen am Bügel
9. Jh. v. u. Z.
Bronze. Intakt
L. 7,2 cm
Ankauf von Ginz, Prag 1911
Plzeň, Westböhmisches Museum
Inv.: ZM 13544

Nadelhalter mit Endspirale, Querritzungen am Bügel, zwischen den Augen und dem Sattel sowie zwischen dem Nadelhalter und einem der Augen. Am abgeplatteten Sattel Dreiecke.

Lit.: Vgl. Sundwall, Fibeln, Typ D II alpha f 2; Hencken, Tarquinia, S. 454, Abb. 459 e.   J. B.

A 3.21
Schlangenfibel mit Fußdiskus
8.–7. Jh. v. u. Z.
Bronze, gegossen und getrieben. Oberfläche reduziert, Ausbrüche am Rand des Diskus, Teile der Nadel sowie Enden der Querstange verloren
L. 10,1 cm
Aus Rom, Esquilin-Nekropole; 1887 aus Sammlung Dressel erworben
Berlin, SMB, Antikensammlung
Inv.: M.I. 7988

Schlangenfibel mit Fußdiskus, der mit feinen Gravierungen versehen ist. Außen umlaufend ein mehrfaches Linienmuster, in das in gleichen Abständen ein Streifen aus winzigen Schrägstrichen eingeritzt ist. Die Mitte wird durch vier gravierte Vierecke mit sich überkreuzenden Linien verziert. Um die Spirale des Diskus sind spitze Dreiecke mit feinen Ritzlinien gelegt. Die Enden der Querstange waren ursprünglich aufgebogen und enthielten wahrscheinlich Schmuckanhänger. An einer in vielen Details übereinstimmenden Schlangenfibel aus Bronze

mit Golddrahtumwicklung aus Tarquinia ist die Nadel besser erhalten.

Lit.: Unveröffentlicht; vgl. Sundwall, Fibeln, Typ D IV delta a; F. W. von Hase, in: Hamburger Beiträge zur Archäologie 5, 2, 1975, S. 115f. Taf. 16 (unten).   I. K.

A 3.22
Brillenfibel
8. Jh. v. u. Z.
Bronze. Fast intakt
L. 25,7 cm
Ankauf, ohne Fundortangabe
Jablonec, Glas- und Bijouteriemuseum
Inv.: MSB W 200

Achtförmige Schleife, in der Mitte auf ein Bronzeband genietet, das den Bügel der eigentlichen Fibel darstellt. Nadelhalter spiralförmig endend. Diese Fibeln treten meist in Ost- und Süditalien auf, seltener in Etrurien.

Lit.: Vgl. Sundwall, Fibeln, Typ E I alpha d.   J. B.

A 3.23
Vierspiralenagraffe
8. Jh. v. u. Z.
Bronze. Leicht korrodiert
L. 10,7 cm
Ankauf, ohne Fundortangabe
Jablonec, Glas- und Bijouteriemuseum
Inv.: MSB W 274

Vier kreuzartig verbundene Spiralen, an der Unterseite vierblättrige Hülse zum Aufsetzen. Fibeln dieses Typs treten in Süd- und Ostitalien sowie in Etrurien auf.

Lit.: Vgl. Sundwall, Fibeln, Typ E II c.   J. B.

A 3.24
Sanguisugafibel
8. Jh. v. u. Z.
Bronze, hohl gegossen, antike, jetzt ausgefallene Ausflickungen. Reduzierte Oberfläche, kleine Fehlstelle am Nadelhalter
L. 10,6 cm
Alter Besitz, ohne Herkunfts- und Fundortangabe
Berlin, SMB, Antikensammlung
Inv.: 32740

Kurzfüßige Sanguisugafibel, deren rundum geschlossener Bügel in einzelnen Zonen mit reichem Dekor in Form von gliedernden Quer- und Längsrillen, feinen Ritzlinien und Kreismustern verziert ist. Die Feder hat zwei Windungen, die Nadel ist leicht verbogen.

Lit.: Unveröffentlicht; vgl. Sundwall, Fibeln, Typ F I alpha b 7.   I. K.

A 3.25
Bogenfibel mit eingehängten Scheiben
9.–8. Jh. v. u. Z.
Bronze; Bein und Bernstein. Intakt
L. 8,9 cm; H. 5,6 cm;
D. (Scheiben) 2,9–3,1 cm
Fundort und Herkunft unbekannt
Berlin, SMB, Museum für Ur- und Frühgeschichte Inv.: IV h 111

Bogenfibel, deren Bügel aus Draht von viereckigem Querschnitt besteht. Die Nadel setzt mit drei Windungen der Feder an. In den Bügel eingehängt drei Scheiben, zwei aus Bein und die mittlere aus Bernstein.

Lit.: Vgl. Sundwall, Fibeln, Typ F II b; Etrusker in der Toskana, Katalog Hamburg 1987, S. 106 Nr. 29.　　　　　　　　　　　　　　I. K.

A 3.26
Kahnfibel mit langem Fuß und kleinem Endstück

Etruskisch oder norditalisch,
Mitte 6. Jh. v. u. Z.
Bronze. Intakt
L. 11,5 cm
Ankauf, ohne Fundortangabe
Jablonec, Glas- und Bijouteriemuseum
Inv.: MSB W 207

In der Mitte des Bügels tiefe schräge Einschnitte und Längsrillen, dazwischen Gruppen von feinen Querrillen. An beiden Enden des Bügels Gruppen von tiefen Querrillen.

Lit.: Vgl. Sundwall, Fibeln, Typ G I beta a.
　　　　　　　　　　　　　　J. B.

A 3.27
Kahnfibel mit langem Fuß

Nordostitalien, um 600 v. u. Z.
Bronze. Nadel und Windung fehlen
L. 19,5 cm
Ankauf, ohne Fundortangabe
Jablonec, Glas- und Bijouteriemuseum
Inv.: MSB W 206

Am Bügel alternierende Längsbänder von schrägen Strichen und Zickzackmustern, an beiden Enden Gruppen von Querstrichen.

Lit.: Vgl. Sundwall, Fibeln, Typ G I beta a.
　　　　　　　　　　　　　　J. B.

A 3.28
Kahnfibel mit langem Nadelhalter und profiliertem Endstück

Etrurien bis Norditalien, 6. Jh. v. u. Z.
Bronze. Intakt
L. 14,3 cm
Ankauf von Kallai, Wien 1905
Plzeň, Westböhmisches Museum
Inv: ZM 13599

Feingerillte Querbänder am Bügel wechseln mit glatten und schraffierten Flächen ab. Zwischen Bügel und Fuß Ringeinschnitte, am Fußende spindelartige Gebilde.

Lit.: Vgl. Sundwall, Fibeln, Typ G I beta c; P. G. Gierow, Early Iron Age in Latium II, S. 267 Abb. 160.7; Hencken, Tarquinia, Abb. 348 und 350.　　　　　　　　　　　　　　J. B.

A 3.29
Kahnfibel mit Querrippe in der Mitte des Bügels und extrem langem Fuß

Um 750–ca. 700 v. u. Z.
Bronze. Fast intakt
L. 12,6 cm
Ankauf, ohne Fundortangabe
Jablonec, Glas- und Bijouteriemuseum
Inv.: MSB W 275

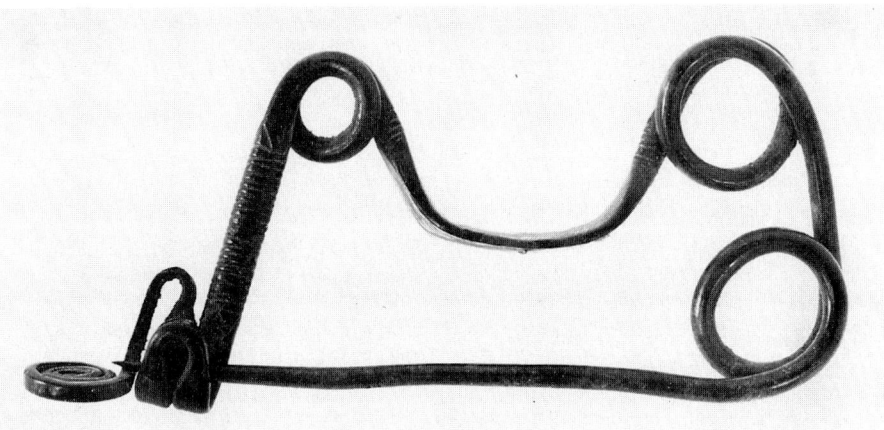

A 3.20

Eingehängter Ring, Bügel eckig, mit Querrippe in der Mitte, die beidseitig von einem Spangenmuster gesäumt wird. An beiden Enden des Bügels je zwei plastische Ringe. Fuß extrem lang.

Lit.: Vgl. Sundwall, Fibeln, Typ G II beta b; J. Close-Brooks, in: Italy before the Romans, 1979, S. 103 Abb. 5 (Veji II–III A).　　J. B.

A 3.30
Dragofibel

8. Jh. v. u. Z.
Bronze, gegossen. Ein Teil des Nadelhalters verloren; Beschädigung am Bügel
L. 7,6 cm
Alter Besitz, ohne Herkunfts- und Fundortangabe
Berlin, SMB, Antikensammlung
Inv.: Fr. 309

Der Schlangenbogen der Dragofibel besteht aus flachem Draht, der sich verdickt und der von vier Paaren seitlicher Fortsätze gegliedert wird, die mit kleinen Knöpfen besetzt sind. An diesen Teil der Fibel setzt der lange Fuß an. Die Nadel ist ohne Feder gebildet. Meist befindet sich am Nadelbogen eine kleine Verdickung, die der Faltenwehr dient.

Lit.: Friederichs, S. 102 Nr. 309; vgl. Sundwall, Fibeln, Typ H III alpha aa 2.　　I. K.

A 3.31
Einteilige Fibel in Gestalt eines Löwen

Norditalisch, spätes 7. Jh. v. u. Z.
Bronze. Fast intakt
L. 5,9 cm
Ankauf von Ginz, 1912
Plzeň, Westböhmisches Museum
Inv.: ZM 13530

Löwe oder Löwin mit offenem Maul in stark orientalisierender Durchführung bilden den Bogen der Fibel; langgezogener Nadelhalter.

Lit.: Vgl. Sundwall, Fibeln, Typ J I b; Hencken, Tarquinia, S. 349 Abb. 347 g.　　J. B.

A 3.32
Einteilige Fibel in Gestalt eines Löwen

Nordostitalien, um 600 v. u. Z.
Bronze, ursprünglich verzinnt. Relativ gut erhalten
L. 5,3 cm
Ankauf von Kallai, Wien 1911
Plzeň, Westböhmisches Museum
Inv.: ZM 13532

Löwe oder Löwin mit geöffnetem Maul. Durchführung gröber als beim vorigen Exemplar. Nadelhalter kürzer.

Lit.: Vgl. Sundwall, Fibeln, Typ J I b; Frey, Die Entstehung der Situlenkunst, 1969, Taf. 18.2; F. R. Ridgeway, in: Italy before the Romans, 1979, S. 441 Abb. 14. A 13.　　J. B.

A 3.33
Aufsatz einer Figurenfibel

10. Jh. v. u. Z.
Bronze, gegossen. Intakt
H. 4,9 cm; L. 6,2 cm
Alter Besitz
Berlin, SMB, Antikensammlung Inv.: 32575

Die menschliche Figur, die den linken Arm in die Hüfte stützt und den rechten zum Kopf erhoben hat, war ursprünglich auf einer Fibel in Violinbogenform aufgenietet, die jetzt nicht mehr erhalten ist. An beiden Ohren und an den seitlichen Tierköpfen sind Ösen und ein Bronzering erhalten geblieben.

Lit.: Vgl. Sundwall, Fibeln, Typ J II alpha a 1.
　　　　　　　　　　　　　　I. K.

A 3.34
Figurenfibel

7. Jh. v. u. Z.
Bronze, gegossen. Teil des Fußes verloren
L. 5,1 cm
Aus Sammlung Ancona (Mailand) 1892 mit der Herkunftsangabe Orvieto erworben
Berlin, SMB, Antikensammlung Inv.: M.I. 8325

Fibel mit navicellaförmigem Bügel, der mit drei hintereinander angeordneten Entenfiguren besetzt ist.

Lit.: Vgl. Sundwall, Fibeln Typ J II alpha c 4.
　　　　　　　　　　　　　　I. K.

Figurenfibel

7. Jh. v. u. Z.

Bronze, gegossen. Nadel, Teile des Fußes
sowie eine Aufsatzfigur verloren

L. 4,1 cm

Aus Nachlaß E. Gerhard 1869 erworben

Berlin, SMB, Antikensammlung

Inv.: Fr. 259

Der navicellaförmige Bügel hat seitliche,
runde Erweiterungen, auf denen je eine Ente
montiert ist (eine nicht mehr vorhanden). Zwei
weitere Entenfiguren sind auf den abfallenden
Teilen des Bügels befestigt. Von der Feder blieb
eine Windung erhalten. Der Fuß war langge-
streckt.

Lit.: Friederichs, S. 99 Nr. 259; vgl. Sundwall,
Fibeln, Typ J II beta a 4.   I. K.

A 3.36
Schmale Kahnfibel mit langem Fuß,
Endstück und Vogelfiguren

Nordostitalien, 7 Jh. v. u. Z.

Bronze. Windung und Nadel fehlen,
Schwanz des mittleren Vogels abgebrochen

L. 14 cm

Ankauf, ohne Fundortangabe

Jablonec, Glas- und Bijouteriemuseum

Inv.: MSB W 208

An beiden Seiten des Bügels aufgesetzte Ku-
geln, in der Mitte des Bügels drei kleine Vögel.
Am Ende des Fußes zwiebelförmiges Endstück.
Querrippen an beiden Enden des Bügels.

Lit.: Vgl. Sundwall, Fibeln, Typ J II beta b
(Typ G III beta c ohne Vögel); F. R. Ridgeway,
in: Italy before the Romans, 1979, S. 435
Abb. 9.5 und 12.   J. B.

A 4 Das Kriegergrab von Tarquinia

Das Kriegergrab aus Tarquinia zählt aufgrund
seines reichhaltigen Inventars zu den bedeutendsten archäologischen Fundkomplexen der
italischen Frühgeschichte. Nach dem Bericht
von W. Helbig (vgl. S. 406 f.) wurde es 1869 in
dem Gebiet Monterozzi, der Nekropole eines
früheisenzeitlichen Siedlungskomplexes im
Weichbild des späteren etruskischen Zentrums
Tarquinia, ausgegraben. (Vgl. M. Pallottino, in:
MonAnt 36, 1937, S. 99 ff.) Der Fundkomplex
konnte einige Jahre später von den Brüdern
Marzi durch Vermittlung von G. Bunsen und
Th. Mommsen (Notiz im Vaseninventar zu
V. I. 2374) für die Berliner Museen erworben
werden und wurde am 3. 11. 1873 von H. Heydemann in einem 124 Positionen umfassenden
Spezialinventar notiert. Der außergewöhnliche
Umfang des Fundes und die zwischen Auffindung und Ankauf verstrichene Zeitspanne ließen Zweifel an der Geschlossenheit des Grab-
fundes aufkommen. Die wissenschaftliche
Bearbeitung der Funde durch Å. Åkerström,
H. Hencken und zuletzt K. Kilian hat jedoch ergeben, daß derartige Zweifel unberechtigt sind
und sich der Fundkomplex in seiner archäologischen Aussage problemlos in das allgemeine
Bild der fortgeschrittenen ersten Phase der frühen Eisenzeit II (Wende 8. zum 7. Jh. v. u. Z.)
und den Beginn der orientalisierenden Kultur im
etruskischen Kerngebiet einfügen läßt. Auch
können zu dieser Zeit durchaus weitere, ähnlich
reich ausgestattete Gräber im italischen Umfeld
nachgewiesen werden, die auf eine herausragende Stellung von Einzelpersonen innerhalb
des Sozialgefüges schließen lassen. Nach Helbigs Bericht wurden die Funde alle – mit Ausnahme von Pferdekieferfragmenten (Heydemann, Nr. C 117) – in einem großen,
340 × 158 × 162 cm messenden Tuffsarkophag
entdeckt, auf den man in einer Tiefe von 2 m ge-
stoßen war. Auszusondern sind allerdings zwei
schwarzgefirnißte Teller, die in das 2. Jh. v. u. Z.
zu datieren sind und der späthellenistisch-römi-
schen Campana-Ware angehören (Heydemann, Nr. B 87, 88 – Inv. F 2976, 2977). Möglicherweise gelangten sie – vielleicht infolge einer nicht erkannten Grabstörung – relativ früh in
den Fundbestand, da Helbig sie bereits 1874
unbedenklich in seine Darstellung einschloß
(Vgl. Kat.-Nr. D 1.67).

Mit Ausnahme einiger nicht näher bestimm-
barer Fragmente (Heydemann Nr. C 118–124
und Helbig 1874, Taf. 10 d. 13 a, b – Teile von Fibeln, Glasperlen, Knöpfe, Nägel u. ä.) umfaßte
das Grabinventar einschließlich der Tongefäße
104 Objekte.

Das umfangreiche Inventar des Kriegergrabes verdeutlicht im Gegensatz zu den sparsa-
men Beigaben der Brandgräber der älteren Villanova-Zeit, die neben der charakteristischen
bikonischen Urne mit Deckelschale oder Helm
(Kat.-Nr. A 1.3, 4) nur Trachtzubehör, Toilettengerät und wenige Waffen enthielten, daß um die
Wende zum 7. Jh. v. u. Z. einzelne Personen
eine besondere Stellung im Sozialverband erreichen konnten, was sich durch eine beachtliche Steigerung der Anzahl und Qualität der dem
Toten mitgegebenen Gegenstände kundtat.
Diese »Fürstengräber« wurzelten ihrer Ausstattung nach zwar im Brauchtum der Villanova-
Kultur, zeigten daneben aber zukunftweisende
prägende Einflüsse aus dem orientalischen und
griechischen Bereich.

Das Inventar des Kriegergrabes von Tarquinia spiegelt diese Einflüsse besonders deutlich
wider. So gehörten zu den Trachtbestandteilen
neben einer ungewöhnlich großen Anzahl verschiedener Fibeln (Kat.-Nr. A 4.15–20, 22),
Gürtelhaken, profilierte und glatte Armringe
(Kat.-Nr. A 4.10, 13, 14), aber auch Glasperlen
und ein Siegelanhänger mit phönikischem
Skarabäus. Ergänzt wurde die Tracht wahrscheinlich durch ein Kettengehänge (Kat.-
Nr. A 4.21) und Hohlringe (Kat.-Nr. A 4.11, 12).
Das zum Toilettengerät zählende Halbmondrasiermesser (Kat.-Nr. A 4.24) war schon für die
älteren Gräber typisch. Auch die Teile der Bewaffnung – eine Lanze (Kat.-Nr. A 4.4, 5), ein eiserner Dolch und Lappenbeile mit Schaufelblatt
(Kat.-Nr. A 4.6, 7) – entsprachen einheimischer
Sitte. Besonders reich verziert waren aber die
Schutzwaffen – ein getriebener Bronzeschild
mit punzierten, geometrischen Mustern und
Vogelbarkenklappern (Kat.-Nr. A 4.1), Teile eines Bronzegürtels (Kat.-Nr. A 4.9 mit Hakenverschluß) sowie ein doppelaxtförmiger
Brustschutz (Kat.-Nr. A 4.2). Dieser sogenannte Kardiophylax ist abzuleiten von den Rü-
stungen assyrischer Krieger, wie sie z. B. auf
Reliefs aus der Zeit Assurbanipals (661 bis
631 v. u. Z.) auftraten. Zu dieser Schutzscheibe
gehörte auch ein Goldpektorale, das aufgrund
seiner punzierten Ornamentik zu den frühesten
Zeugnissen eines orientalisierenden Stils in Italien zu zählen ist. Derartige Arbeiten – ebenso
wie die wenig später auftauchenden Filigran-
und Granulationstechniken in der Edelmetallbe-
arbeitung, für die es keine Vorläufer in der älteren Villanova-Kultur gab – bestätigen die Annahme, daß phönikische Goldschmiede damals
in Italien tätig wurden, was wesentlich zur Förderung des einheimischen Edelmetallhand-
werks beigetragen hat.

Ein weiteres wichtiges Element der frühen
Prunkgräber bildeten Pferdeschirrungen. So
fanden sich in unserem Grab Bestandteile von
zwei Pferdeausrüstungen (Kat.-Nr. A 4.25–43).
Die Mitbestattung derartigen Zaumzeuges verbindet die italischen Grabanlagen mit dem Se-
pulkralbrauchtum nomadisierender Stämme
im thrakokimmerischen Steppengebiet. Dem
Toten wurden darüber hinaus noch 37 Gefäße
mitgegeben, die aus Holz gedrechselt (Kat.-
Nr. A 4.54–56) oder aus Bronze (Kat.-Nr.
A 4.44–52) bzw. Silberblech getrieben waren
(Patera, Henkeltasse und Kanthariskos) und
eine größere Gruppe von lokalen Impasto-
und italo-geometrischen Tongefäßen (Kat.-
Nr. A 4.72–75, 57–71). Diese Keramik imitierte
teilweise syrophönikische Vorbilder. Insgesamt
kann man dieses umfangreiche Geschirr auf ein
Trink- und ein Speiseservice aufteilen. Diese
Gefäße veranschaulichen – besonders auch in
der raschen Zunahme griechisch beeinflußter
bemalter Keramik – das Eindringen von neuen
Grabbräuchen, die aus dem orientalischen und
griechischen Bereich stammten. Sie gehörten
zu neuen aufwendigen Zeremonien beim To-

tenmahl, die mit Spendenopfern verbunden waren. Der sich in diesem Beigabenreichtum äußernde Grabluxus verkörperte den Anspruch einzelner Mitglieder des Sozialverbandes auf eine höhere Rangstellung. Um ein solches Sozialprestige zu verwirklichen, war der Kontakt mit den weiter entwickelten Hochkulturen des Orients unerläßlich.

Nur diese konnten hochwertige Güter liefern oder dem einheimischen Handwerk die Kenntnisse zu ihrer Herstellung vermitteln. Hierbei spielte die damals einsetzende Ausbeutung einheimischer Kupfererzlager und die damit verbundene Bronzeindustrie eine ebenso wichtige Rolle für die Bereitstellung von Tauschwaren wie die Expansion des phönikischen Handels infolge des politischen Druckes, den das assyrische Reich auf die levantinischen Küstenstädte auszuüben begann. Die mit den orientalischen und griechischen Handelskontakten einsetzende Entwicklung führte zusammen mit der ungewöhnlichen Aufnahmebereitschaft der Villanova-Gesellschaft gegenüber äußeren Anregungen in der Folgezeit zu einem kulturellen Wandel, dessen Ergebnis die eigentliche etruskische Kultur darstellte. Im Rahmen dieser Entwicklung etablierte sich in den etruskischen Zentren eine breitere aristokratische Schicht, die den Prestigeanspruch der Prunkgräberinhaber nachahmte. Damit verschwanden in der nachfolgenden Zeit die überreichen Grabausstattungen zugunsten einer größeren Anzahl von kollektiv angelegten Gräbern, deren Inventare Elemente des älteren Grabluxus auf bescheidenerem Niveau nachahmten.

Von den erwähnten 104 Objekten sind die nachfolgend aufgeführten Gegenstände nicht mehr im Bestand der Antikensammlung nachweisbar:

M.I. 6326.A 8 Bronzearmring, astragalisiert
M.I. 6326.A 15 Eisendolch
M.I. 6326.A 16 Teile des Hakenverschlusses von A 5, Bronze
M.I. 6326.A 23 Lanzenschaftfragment aus Holz mit Drahtspirale
M.I. 6326.A 28 und 29 Dragofibeln, Bronze
M.I. 6326.A 32–34 Drahtbogenfibeln, Bronze
M.I. 6326.A 35 Henkelattasche eines Eimers (?), Bronze
M.I. 6326.A 36 Gürtelhaken, Bronze
M.I. 6326.A 37 und 38 gegossene Bronzeringe
M.I. 6326.A 39 Fingerring, Bronze
M.I. 6326.A 43 Fuß der Kegelhalsamphora A 41–42, Bronze
M.I. 6326.A 52 Bodenfragment der Kegelhalsamphora A 41–42, Bronze
M.I. 6326.A 53 Riemenkreuzung, Bronze
M.I. 6326.B 75 italo-geometrische Schale Inv. F 226
M.I. 6326.B 78 italo-geometrische Schale Inv. F 229

A 4.1

M.I. 6326.B 80 durchbrochen gearbeitete Impasto-Zweihenkeltasse, Inv. F 1392
M.I. 6326.B 81 desgl., Impasto-Einhenkeltasse (Fragment), Inv. F 1393
M.I. 6326.B 88 Schwarzfirnisschale (nicht zugehörig), Inv. F 2976
M.I. 6326.B 89 birnenförmiges Henkelgefäß mit schwarzglänzender Oberfläche (Impasto?), Inv. V 1401
M.I. 6326.B 94 Impasto-Einhenkeltasse, Inv. F 1383
M.I. 6326.C 95 Goldpektorale, Goldinventar Nr. 329
M.I. 6326.C 98 Silberpatera
M.I. 6326.C 99 Silberne Dragofibel mit Goldblechauflage u. mit Golddraht umwickelt, Berlin (West)
M.I. 6326.C 100 Silberne Dragofibel
M.I. 6326.C 101 Ösen oder »Schnalle« aus Silber
M.I. 6326.C 102 Eiserne Drahtbogenfibel mit Beinverkleidung
M.I. 6326.C 103 Streifen aus gewebtem »Linnen« (zu B 5 gehörig)
M.I. 6326.C 104 Geweberand mit durchbrochen gearbeiteter Kante (»Linnen«) und Bronzestück mit Loch
M.I. 6326.C 105 Gewebeband, zwei Fragmente mit bronzenen Tutuli besetzt

M.I. 6326.C 106 Skarabäus aus »Knochen« (Helbig 1874: Glasfluß) mit beweglichem Bügel (Silber-Kupfer-Legierung)
M.I. 6326.C 107 Fibelbügelscheiben: drei aus Bernstein, zwei aus Glasfluß und eine aus »gebrannter Erde«
M.I. 6326.C 108 Hölzerner mit Bronzeblech umwickelter Lanzenschaft (auf dem Holz Abdrücke einer getriebenen Punktverzierung), zu B 23 gehörig (?)
M.I. 6326.C 112 Lederriemen, umgeschlagen, mit Bronzenagelung durch Tutuli in zwei Größen
M.I. 6326.C 113, 114 Lederriemen mit drei Bahnen kleiner Bronzenägel
M.I. 6326.C 116 Ring aus getrocknetem Lehm, Einlage der Kegelhalsamphora B 41
M.I. 6326.C 117 Zwei Fragmente eines Pferdekiefers
M.I. 6326.C 118 Kasten mit fünfzehn Fragmenten: Ketten, Fibeln, Bernstein, Tutuli und Geräten (?)
M.I. 6326.C 119, 120 Eisenfragmente, vielleicht Nadelhalter und Nadel der Fibel C 102
M.I. 6326.C 122 (Nachtrag) Ringperlen (grünes Glas und Bernstein)
M.I. 6326.C 123 (Nachtrag) Vier Fragmente aus Blei mit Löchern

A 4.2/A 4.3

M.I. 6326.C 124 (Nachtrag) Vier Fragmente aus Knochenringen mit Löchern

Bei Heydemann nicht aufgeführt, aber von W. Helbig abgebildet:
a) Bronzering, zu B 54 gehörig (?);
Helbig 1874, Taf. 10b. 19
b) Ringperle aus weißem Glas;
ebd. Taf. 10d. 13a
c) Perlenfragment aus türkisfarbigem Glas; ebd. Taf. 10d. 13b.

Lit.: Helbig 1869, S. 257 ff.; Helbig 1874,

S. 249 ff. Taf. 10–10d; Åkerström, S. 75 ff. Taf. 19–22; A. Rieth, IPEK 13–14, 1939–40, S. 86 ff.; Hencken, Tarquinia, S. 210 ff., S. 73 ff.; K. Kilian, in: Jdl 92, 1977, S. 24 ff. V.K.

A 4.1 (Abbildung)
Rundschild
Ende 8. Jh. v. u. Z.
Bronze, getrieben, genietet, Anhänger gegossen. Intakt bis auf kleine Fehlstellen am Rand und fehlendem Niet der Bügelbefestigung
D. 66,2 cm
Berlin, SMB, Antikensammlung
Inv.: M.I. 6326 (Corneto A 1)
Rundschild aus dünnem Bronzeblech mit

zweitstufigem Buckel und einem Kegelniet in der Mitte sowie mit einem aus Bronzedraht gebörtelten Rand. Der aus Blech gebogene Griff ist mit je vier Nieten befestigt. An der Innenseite an Drahtbügeln vier Paar Vogelbarkenanhänger mit eingerollten Hörnerenden. Der getriebene Dekor besteht aus einem radialen Strichmuster auf dem Schildbuckel, aus Tannenzweigzier, unterbrochen von einer bzw. zwei Perlreihen, gefolgt von drei Reihen mit Ringbuckeln zwischen doppelten Perlreihen. Ganz außen eine dreifache Perlreihe. Die gliedernden Perlreihen haben jeweils eine Leistenrahmung. Der Schild, dessen Lederfütterung nachträglich eingepaßt werden mußte, war eine besonders prunkvolle Ausführung dieser Schutzwaffe und wurde dem Toten im Kriegergrab auf die Brust gelegt.

Lit.: Helbig 1874, S. 249 ff.; Kilian, S. 26 Nr. A 1, S. 71 ff. Abb. 1.   I. K.

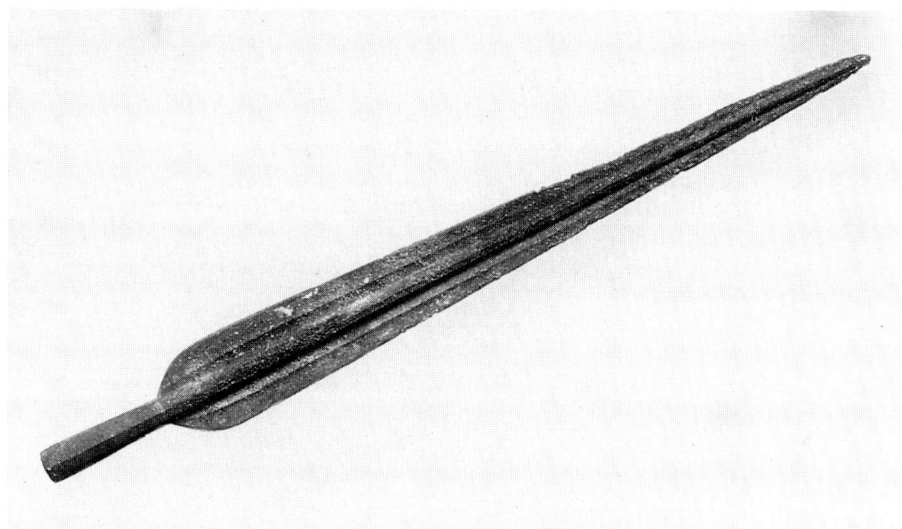

A 4.4

A 4.2 (Abbildung)
Kardiophylax (Brustplatte)
Ende 8. Jh. v. u. Z.
Bronze, getrieben, genietet. Oberfläche reduziert, Beschädigungen und Ausbrüche an den Rändern, auf der Platte Fehlstellen und viele gleichartige Kratzer; von den ehemals vier Nieten nur noch drei erhalten
H. 28,3 cm, Br. 27,1–27,2 cm
Berlin, SMB, Antikensammlung
Inv.: M.I. 6326 (Corneto A 2)

Die leicht gewölbte Panzerplatte lag auf der Brust des Toten, wo sie nach Helbig und Kilian durch ein Panzerband (Kat.-Nr. A 4.9) mit der rechten Schulter verbunden war. Die beiden nach außen gewölbten Ränder erhielten durch aufgenietete Streifen von etwa 2,4 cm Breite eine Verstärkung, die senkrechten, nach innen gewölbten Ränder dagegen nicht. Auf diesem Brustschutz lag eine Schmuckplatte aus getriebenem Gold (Kat.-Nr. A 4.3).

Lit.: Helbig 1869, S. 258; Helbig 1874, S. 255 ff. Taf. 10 b.1, 2; Kilian, S. 26 Nr. 2, S. 66 ff. Abb. 1, 9.1.   I. K.

A 4.3 (Abbildung)
Pektorale
Nachbildung des verschollenen Originals
Inv.: M.I. 6326 (Corneto C 95)
Ende 8. Jh. v. u. Z.
Original: Goldblech, gestempelt;
Nachbildung: Feinsilber, vergoldet
H. 19 cm, Br. 12 bzw. 13 cm

Das Original des Goldpektorale ist verschollen. Die Nachbildung entstand an Hand von Fotografien. Aus diesen und der Inventareintragung von 1873 geht hervor, daß das Goldblech aus vier Teilen bestand, mit einer sehr dünnen Bronzeplatte gefüttert war und daß es eine »ungemein feine dünne Arbeit« gewesen sei. Gegliedert ist das Rechteck durch zwei in Längsrichtung diagonal verlaufende Schmuckbänder mit schlangenförmigem Muster zwischen Li-

nien, die wie gekordelter Draht wirken. Die so entstandenen vier Dreiecke sind in unterschiedlich breite Zonen aufgeteilt, die jeweils von dem Schmuckdraht eingefaßt werden. Das Dekor der Streifen besteht aus Entenfiguren, T-förmigen Ornamenten, Kreisaugen, Halbmonden mit Kreisaugen sowie Ankern. Die Mitte des Goldbleches wird von einer großen Scheibe mit erhabenem Rand eingenommen, vier kleinere, ebenso gebildete Scheiben verzieren die Diagonalbänder an den Ecken. Auf Grund seiner Ornamentik wird das Goldpektorale zu den frühesten Werken des orientalisierenden Stils in Italien gezählt.

Lit.: Helbig 1869, S. 258 f.; Helbig 1874, S. 256 f. Taf. 10 b. 2; Kilian, S. 36 Nr. 95, S. 67, 69 f. Abb. 1; F. W. von Hase, in: Hamburger Beiträge zur Archäologie, Bd. 5, Heft 2, 1975, S. 126 Taf. 25 (oben).   I. K.

A 4.4 (Abbildung)
Lanzenspitze
Ende 8. Jh. v. u. Z.
Bronze, gegossen. An Spitze und Schneidekante Ausbrüche
L. 49,7 cm
Berlin, SMB, Antikensammlung
Inv.: M.I. 6326 (Corneto A 3)

Überlange Lanzenspitze, deren Tülle facettiert ist. Die Mittelrippe soll ausgedengelt erscheinen, ist aber gegossen.

Lit.: Helbig 1869, S. 258; Helbig 1874, S. 253 Taf. 10.4; Kilian, S. 26 Nr. 3, S. 63 f. Abb. 7.5, mit weiteren Vergleichen.   I. K.

A 4.5
Sauroter
Ende 8. Jh. v. u. Z.
Bronze, gegossen. Im unteren Drittel gebrochen
L. 51,8 cm
Berlin, SMB, Antikensammlung
Inv.: M.I. 6326 (Corneto A 4)

Der Sauroter (Lanzenschuh), ebenfalls über-

lang, hat einen facettierten Schaft und ist im oberen Teil unterhalb einer kleinen Kehle durch Rillen dekoriert.

Lit.: Helbig 1869, S. 259; Helbig 1874, S. 253 Taf. 10.5 (Schaft dort glatt); Kilian, S. 26 Nr. 4, S. 64 Abb. 7.6.   I. K.

A 4.6
Lappenbeil
Ende 8. Jh. v. u. Z.
Bronze, gegossen. Oberfläche reduziert; an Blatt und Schaftende größere Fehlstellen
L. 21,6 cm, Br. 11,2 cm
Berlin, SMB, Antikensammlung
Inv.: M.I. 6326 (Corneto A 6)

Zur Bewaffnung des Kriegers gehörten auch zwei Lappenbeile mit Schaufelblatt (vgl. Kat.-Nr. A 4.7). Ihre Fundlage ist nicht gesichert. Es ist jedoch aus anderen Gräbern bekannt, daß Beile an den Füßen, rechts am Knie, neben der rechten Hand oder links vom Schädel des Toten gelegen haben. Vorliegendes Exemplar hat ein großes Blatt von geringer Stärke, das leicht nach unten ausschwingt. Die Ärmchen an der Schulter sind als Tierprotomen ausgebildet. Das Loch in der Schäftungszunge diente zur Aufnahme des Schaftnagels.

Lit.: Helbig 1869, S. 259; Helbig 1874, S. 253 Taf. 10.7; Kilian, S. 27 Nr. 6, S. 64 ff. Abb. 7.3.   I. K.

A 4.7 (Abbildung)
Lappenbeil
Ende 8. Jh. v. u. Z.
Bronze, gegossen und getrieben. Oberfläche reduziert; Ausbrüche an den Kanten, Fehlstellen im Blatt
L. 14 cm, Br. 9,6 cm
Berlin, SMB, Antikensammlung
Inv.: M.I. 6326 (Corneto A 7)

Kleines Lappenbeil mit ausschwingendem Blatt, Loch für Schaftnagel und kleine Ärmchen (einfache Zipelärmchen).

Lit.: Vgl. Kat.-Nr. A 4.6; Kilian, S. 28 Nr. 7, S. 64 f. Abb. 7.1.   I. K.

A 4.8
Hakenverschluß
Ende 8. Jh. v. u. Z.
Bronze, genietet. Oberfläche reduziert.
Intakt.
L. 13 cm
Berlin, SMB, Antikensammlung
Inv.: M.I. 6326 (Corneto A 16)

Der Hakenverschluß besteht aus einer Doppelröhre, die mit drei rundköpfigen Nieten an einem Bronzeblech befestigt war. Vgl. das Bronzeband (Kat.-Nr. A 4.9), dem der Hakenverschluß zugehörig ist.

Lit.: Helbig 1874, S. 260 Taf. 10b. 20; Kilian, S. 28, Nr. 16, S. 66 f. Abb. 8.3.   I. K.

A 4.9
Schulterband oder Gürtel der Panzerung und Hakenverschluß
Ende 8. Jh. v. u. Z.
Bronze, getrieben, genietet. Oberfläche reduziert, Teile des Ösenverschlusses verloren
L. 22,6 cm (21,6 cm), Br. 13,6 cm
Berlin, SMB, Antikensammlung
Inv.: M.I. 6326 (Corneto A 5 und A 16)

Das Bronzeband diente nach Kilian zur Befestigung des Kardiophylax (vgl. Kat.-Nr. A 4.2). Obwohl ausreichende Fundbeobachtungen über die Befestigungsweise fehlen, wird angenommen, daß das Panzerband schräg von der Brust über die Schulter und auch schräg über den Rücken lief, daß wahrscheinlich an der Unterseite der Brustplatte ein Lederband befestigt war, welches zum Rücken geführt wurde, wo der Hakenverschluß in die Ösen des Panzerbandes einhakte.

Lit.: Helbig 1869, S. 258; Helbig 1874, S. 257 Taf. 10b; Kilian, S. 26 f. Nr. 5 und Nr. 16, S. 66 f. Abb. 8.2, 3.   I. K.

A 4.10
Armring
Ende 8. Jh. v. u. Z.
Bronze, gegossen. Kleine Ausbrüche, verkrustete Oberfläche
D. 9,6 cm
Berlin, SMB, Antikensammlung
Inv.: M.I. 6326 (Corneto A 9)

Der Armring ist mit sechs Rillen längs profiliert, die Enden sind überstehend und durch Querrillen und Knöpfe verziert.

Lit.: Helbig 1874, S. 259 Taf. 10b, 15; Hencken, Tarquinia, S. 208 Abb. 186; Kilian, S. 28 Nr. 9, S. 37, 1 und 2, S. 59 f. Abb. 5.5.   I. K.

A 4.11
Armring
Ende 8. Jh. v. u. Z.
Bronze, hohlgetrieben. Intakt
D. 12,9 cm, D. (Querschnitt) 2,5 cm, Wandstärke 0,2 cm
Berlin, SMB, Antikensammlung
Inv.: M.I. 6326 (Corneto A 12)

Der nach innen offene, hohlgetriebene Ring

von beträchtlicher Dicke ist nicht eindeutig der Tracht des Bestatteten zuzuweisen.

Lit.: Helbig 1874, S. 60 Taf. 10b. 27; Kilian, S. 28 Nr. 12, S. 52 f., 61 Abb. 5.7.   I. K.

A 4.12
Armring
Ende 8. Jh. v. u. Z.
Bronze, hohlgetrieben. Intakt
D. 9,1 cm, D. (Querschnitt) 1,1–1,5 cm, Wandstärke 0,1 cm
Berlin, SMB, Antikensammlung
Inv.: M.I. 6326 (Corneto A 13)

Der kleinere hohlgetriebene Ring mit nach innen offener Naht kann nicht der Tracht des Bestatteten zugewiesen werden. Es sind jedoch Vergleichsbeispiele aus Frauengräbern bekannt.

Lit.: Helbig 1874, S. 260 Taf. 10b. 26; Kilian, S. 28 Nr. 13 Abb. 5.6, S. 52 f., 61.   I. K.

A 4.13–14
Zwei Armringe
Ende 8. Jh. v. u. Z.
Bronze. Oberfläche reduziert
D. 9,6 cm
Berlin, SMB, Antikensammlung
Inv.: M.I. 6326 (Corneto A 10 und 11)

Zwei rundstabige Armringe, deren Enden überstehen. Das glatte Armringpaar wird zum sicheren Trachtzubehör des Bestatteten gerechnet, obwohl die Fundlage nicht eindeutig gesichert ist.

Lit.: Helbig 1869, S. 259; Helbig 1874, S. 259 Taf. 10b. 14; Kilian, S. 28 Nr. 10 und 11, S. 52 f. Abb. 5.3, 4.   I. K.

A 4.15
Kahnfibel mit gestrecktem Fuß
Ende 8. Jh. v. u. Z.
Bronze. Kleine Ausbrüche an den Rändern, Fußspitze abgebrochen
L. 9,9 cm, H. 4,5 cm
Berlin, SMB, Antikensammlung
Inv.: M.I. 6326 (Corneto A 24)

Große Kahnfibel mit stark gewölbtem Bügelkörper, der reichen Dekor trägt: Auf der Rückenzone ein dreigeteiltes, gratähnliches Muster, in das von außen je eine Spitze eingreift, dann folgt je eine schmale Zone mit fünf vertieften Kreisen und außen ein gegenständiges Rippenmuster.

Lit.: Helbig 1874, S. 259 Taf. 10b. 9, 9a; Sundwall, Fibeln, S. 199 Typ GI beta a 15; Kilian, S. 30 Nr. 24, S. 53 f. Abb. 3.2, 5.1   I. K.

A 4.16
Kahnfibel mit gestrecktem Fuß
Ende 8. Jh. v. u. Z.
Bronze. Nadel verloren
L. 10,7 cm, H. 4,6 cm
Berlin, SMB, Antikensammlung
Inv.: M.I. 6326 (Corneto A 25)

Große Kahnfibel mit stark gewölbtem Bügelkörper. Dekor etwas abweichend von Kat.-

Nr. A 4.14. Die Rückenzone ist in fünf Felder aufgeteilt, die Anzahl der Kreisornamente auf den folgenden Zonen ist verdoppelt.

Lit.: Helbig 1874, S. 259; Kilian, S. 30 Nr. 25 Abb. 5.2.   I. K.

A 4.17
Dragofibel mit gestrecktem Fuß
Ende 8 Jh. v. u. Z.
Bronze. Intakt bis auf den verlorenen vorderen Teil der Nadel; ein silberner und ein eiserner kleiner Ring, die beim Ankauf vorhanden waren, jetzt verschollen
L. 7,8 cm, H. 3,6 cm
Berlin, SMB, Antikensammlung
Inv.: M.I. 6326 (Corneto A 26)

Mittelgroße Dragofibel, deren Körper mit Protuberanzen und Knöpfen gegliedert ist. Die ohne Nadelrolle gebildete Fibel hat einen kräftigen Bügel-Nadelbogen mit einer kleinen Verdickung, die als Faltenwehr fungiert.

Lit.: Helbig 1874, S. 259 Taf. 10b. 11; Sundwall, Fibeln, S. 245 Typ H III aa 8 Abb. 405; Kilian, S. 30 Nr. 26, S. 53 f., 56 f. Abb. 6.1.   I. K.

A 4.18
Dragofibel mit gestrecktem Fuß
Ende 8. Jh. v. u. Z.
Bronze. Intakt bis auf fehlenden vorderen Teil des Nadelhalters
L. 7,4 cm, H. 3,3 cm
Berlin, SMB, Antikensammlung
Inv.: M.I. 6326 (Corneto A 27)

Mit dem vorhergehendem Exemplar Kat.-Nr. A 4.17 als Paar gearbeitet.   I. K.

A 4.19
Tierbügelfibel mit gestrecktem Fuß
Ende 8. Jh. v. u. Z.
Bronze, gegossen; Nadel geschmiedet. Oberfläche reduziert; Nadel und Fußspitze verloren
L. 6,7 cm
Berlin, SMB, Antikensammlung
Inv.: M.I. 6326 (Corneto A 30)

Der Fibelbügel ist in Form eines pferdeähnlichen Tieres mit gestrecktem Leib und steil aufgerichtetem Hals gebildet. Die Übereinstimmungen mit der folgenden Kat.-Nr. A 4.20 lassen darauf schließen, daß die beiden Fibeln als Paar gearbeitet worden sind. Bei Fibeln italischer Herkunft liegt der Verschluß immer links von der Nadelrolle, im Gegensatz zu griechischen Fibelpaaren mit linkem und rechtem Nadelverschluß.

Lit.: Helbig 1874, S. 259; Sundwall, Fibeln, S. 254 Typ Jlb; Kilian, S. 32 Nr. 30, S. 53, 57 f. Abb. 6.5.   I. K.

A 4.20
Tierbügelfibel mit gestrecktem Fuß
Ende 8. Jh. v. u. Z.
Bronze, gegossen; Nadel geschmiedet.
Oberfläche reduziert, Nadel verloren
L. 6,7 cm
Berlin, SMB, Antikensammlung
Inv.: M.I. 6326 (Corneto A 31)
    Vgl. vorhergehende Kat.-Nr. A 4.19
    Lit.: Helbig 1874, S. 259 Taf. 10b. 10; Kilian,
S. 32 Nr. 31 Abb. 3.3, 6.4 (mit Lit.).   I. K.

A 4.21
Kettengehänge
Ende 8 Jh. v. u. Z.
Bronze; Bommeln gegossen. Oberfläche
korrodiert, einzelne Ringe sind zerbrochen
und fehlen
L. ca. 80 cm, D. (einzelner Ring) 1,0–1,1 cm,
H. (Bommel) 2,6 cm
Berlin, SMB, Antikensammlung
Inv.: M.I. 6326 (Corneto A 67)
    Das Kettengehänge besteht aus Doppelring-
ketten, in die einzelne Ringe frei eingehängt
wurden. An den kürzeren Kettenteilen hängen
jeweils zwei Bommeln mit Stielösen. Das
prachtvolle Gehänge kann nicht mit Sicherheit
als zur Tracht des Bestatteten gehörend bestimmt werden. Es ist auf Grund von Fundbeobachtungen auch nicht auszuschließen, daß es
zur Ausstattung eines Pferdes gehört hat. Es
wurde darauf hingewiesen, daß im Falle des
Kriegergrabes dann allerdings nur ein Pferd
derart ausgestattet gewesen wäre.

Lit.: Helbig 1874, S. 259 Taf. 10b. 5; Kilian,
S. 36 Nr. 67, S. 53, 61 f. Abb. 6.6 (Rekonstruk-
tionsvorschlag für die Trageweise).   I. K.

A 4.22
Dragofibel
Nachbildung des verschollenen Originals
Inv.: M.I. 6326 (Corneto C 100)
Ende 8. Jh. v. u. Z.
Original: Silber, gegossen, leicht
vergoldet. Teil des Nadelbogens verloren;
Nachbildung: Silber, vergoldet
    Die Dragofibel ist von mittlerer Größe und mit
langem Fuß gebildet. Auf dem Bügel befinden
sich zwei Knöpfe zwischen rautenförmigen Er-
weiterungen. An der Nadel ist wahrscheinlich
eine Verdickung vorauszusetzen, die die Falten
festhielt.
    Lit.: Helbig 1874, S. 259 Taf. 10b. 8; Kilian,
S. 38 Nr. 100, S. 53, 55 Abb. 16.2.   I. K.

A 4.23 (Abbildung)
Messer mit Griffdorn
Ende 8. Jh. v. u. Z.
Bronze. Oberfläche reduziert; Ausbrüche
an der Schneide, Klingenspitze und Griff-
besatz verloren
L. 21,1 cm
Berlin, SMB, Antikensammlung
Inv.: M.I. 6326 (Corneto A 17)
    Das Messer hatte eine Verkleidung aus Bein,
die im Jahre 1874 noch vorhanden war, jetzt
aber verloren ist. Es wird angenommen, daß der
Griff mit einer flachen Knaufscheibe schloß,

was im Vergleich mit besser erhaltenen Exemplaren ersichtlich ist.
    Lit.: Helbig 1869, S. 259; Helbig 1874, S. 253
Taf. 10. 3; Kilian, S. 28 Nr. 17, S. 62f. Abb. 7.4.
        I. K.

A 4.24 (Abbildung)
Halbmondrasiermesser
Ende 8. Jh. v. u. Z.
Bronze, gegossen. Oberfläche reduziert;
Ausbrüche an Klinge und Innenseite, eine
Protome des Hakens beschädigt, Spitze
verloren, Flickung mit Blechplättchen und Niet
L. 11,2 cm
Berlin, SMB, Antikensammlung
Inv.: M.I. 6326 (Corneto A 18)
    Halbmondförmiges Rasiermesser mit repa-
riertem Blatt und zwei kleinen Tierprotomen an
der Grifföse sowie einer knaufförmigen Verzie-
rung an der oberen Spitze. Der Innenbogen mit
einem Winkeldekor (vgl. auch Kat.-Nr. A 3.7).
    Lit.: Helbig 1869, S. 259; Helbig 1874, S. 258
Taf. 10b. 4; Kilian, S. 30 Nr. 18, S. 62 Abb. 7.2.
        I. K.

A 4.25
Ring
Ende 8. Jh. v. u. Z.
Bronze, massiv gegossen. Intakt
D. 5,3 cm
Berlin, SMB, Antikensammlung
Inv.: M.I. 6326 (Corneto A 14)
    Der kleine Ring ist massiv und hat einen ova-
len Querschnitt.
    Lit.: Helbig 1874, S. 260 Taf. 10b. 28; Kilian,
S. 28 Nr. 14 Abb. 8.4.   I. K.

A 4.32/A 4.23

A 4.7/A 4.24/A 4.43

A 4.26–29
Vier Besatzbuckel mit Rückendorn
Ende 8. Jh. v. u. Z.
Nr. 26: Bronze, in einem Stück gegossen.
Ausbrüche am Rand. Oberfläche intakt
D. 4,3 cm, H. 2,2 cm
Nr. 27: Bronze, in einem Stück gegossen.
Ausbrüche am Rand. Oberfläche intakt,
Gegenbeschlag nicht erhalten
H. 2,2 cm, D. 4,2–4,3 cm
Nr. 28: Bronze, in einem Stück gegossen;
kleiner Ausbruch am Rand. Oberfläche
intakt, Gegenbeschlag erhalten
H. 2,1 cm, D. 4,2–4,3 cm
Nr. 29: Bronze, in einem Stück gegossen;
kleiner Ausbruch am Rand. Oberfläche
intakt, Gegenbeschlag vorhanden
H. 2,2 cm, D. 4,2 cm
Berlin, SMB, Antikensammlung
Inv.: M.I. 6326 (Corneto A 19–22)

Die vier Besatzbuckel werden auf Grund ihrer
technischen Zurichtung – zwei haben leicht
konvex gewölbte Gegenbeschläge, die in Resten erhalten geblieben sind – mit einiger Wahrscheinlichkeit zum Pferdezubehör gerechnet.
Lit.: Helbig 1874, S. 259 Taf. 10.17; Kilian,
S. 30 Nr. 19, S. 74, 76 Abb. 10.4–8.   I. K.

A 4.30
Zügelführung (?)
Ende 8. Jh. v. u. Z.
Bronze, gegossen, dunkelgrüne Patina.
Intakt
H. (Attasche mit Ring) 3,4 cm,
D. 5,5–10,2 cm, Dicke 0,6 cm
Berlin, SMB, Antikensammlung
Inv.: M.I. 6326 (Corneto A 51)

Der annähernd ovale, profilierte Ring mit der
angegossenen Attasche wird als Zügelführung
bestimmt und ist wahrscheinlich dem Pferdegeschirr zuzuordnen. Es wird angenommen, daß
er mit einer Attasche mit der Deichsel oder dem
Kasten eines Wagens verbunden war.
Lit.: Helbig 1874, S. 255 Taf. 10a. 9; Kilian,
S. 34 Nr. 51, S. 74, 77 Abb. 10.6.   I. K.

A 4.31
Trense
Ende 8. Jh. v. u. Z.
Bronze, gegossen. Intakt, geringe
Abnutzungsspuren
L. 23,4 cm, D. (Zügelringe) 4–4,2 cm,
D. (offene Ringe) 2,5–2,7 cm
Berlin, SMB, Antikensammlung
Inv.: M.I. 6326 (Corneto A 54)
Trense, bestehend aus einer zweiteiligen,

durch Ringe verbundenen Knebel- oder Gebiß-
stange, an deren ringförmigen Enden ein Zügel-
ring mit einem kleineren Ring eingehängt ist. An
den Gebißstangen hängen V-förmig gebildete
Dreiringknebel vom Typ Tarquinia. Die Ringe
sind mit Reliefdekor verziert. Die Trense zeigt
im Vergleich zu Kat.-Nr. A 4.32 nur geringe Abnutzungsspuren.
Lit.: Helbig 1869, S. 259; Helbig 1874, S. 259
Taf. 10b. 6b; Kilian, S. 34f. Nr. 54, S. 73ff.
Abb. 9.3.   I. K.

A 4.32 (Abbildung)
Trense
Ende 8. Jh. v. u. Z.
Bronze, gegossen. Oberfläche stellenweise
korrodiert, reduziert, Abnutzungsspuren
L. 23,7 cm, D. (Zügelringe) 3,3–3,6 cm,
D. (kleine darin eingehängte Ringe)
2,1–2,5 cm
Berlin, SMB, Antikensammlung
Inv.: M.I. 6326 (Corneto A 55)

Die Trense unterscheidet sich von der vorhergehenden Kat.-Nr. A 4.31 vor allem darin, daß in
die Zügelringe zwei Ringe mit platter Unterseite
eingehängt sind, und in der Form der Dreiringknebel, die nach der von F. W. v. Hase vorge-
nommenen Klassifizierung zum Typ Veji gehö-

64

ren. Die Trense zeigt auffallend starke Abnut-zungserscheinungen an vielen Stellen.

Lit.: Helbig 1869, S. 259; Helbig 1874, S. 259 Taf. 10b. 6a; Kilian, S. 35 Nr. 55, S. 73 ff. Abb. 9.2.   I. K.

A 4.33–40
Acht Ringfußknöpfe mit Knauf

Ende 8. Jh. v. u. Z.
Bronze, gegossen, Gußfehler mit Feile nachträglich überarbeitet. An fünf Exemplaren Beschädigungen der Ösen
D. 3,5–3,6 cm, H. 2,6 cm
Berlin, SMB, Antikensammlung
Inv.: M.I. 6326 (Corneto A 56–63)

Die acht Knöpfe waren Teil der Pferdeschirrung, und sie dienten der Riemensicherung. In der Mitte des Knopfes erhebt sich ein Dorn, ein Tutulus, und am Rand sind vier gegenständig angeordnete Ösenpaare mitgegossen. Auf der Unterseite des Knopfes befindet sich ein vierfach durchbrochener Ringfuß, durch den die Riemen geführt wurden.

Die zur Pferdeschirrung gehörenden Teile aus dem Inventar des Kriegergrabes, zwei Trensen (Kat.-Nr. A 4.31–32), acht Tutulusknöpfe (Kat.-Nr. A 4.33–40), vier Besatzbuckel (Kat.-Nr. A 4.26–29), zwei durchbrochene Zierscheiben (Kat.-Nr. A 4.42–43) und ein Jochaufsatz (?) (Kat.-Nr. A 4.41) lassen auf zwei Pferdeausstattungen schließen.

Lit.: Helbig 1869, S. 259; Helbig 1874, S. 260 Taf. 10b. 18; Kilian, S. 35 Nr. 56–63, S. 73, 75 Abb. 10.9–16.   I. K.

A 4.41
Jochaufsatz

Ende 8. Jh. v. u. Z.
Bronze, gegossen. Intakt, fast schwarze Patina
D. 5,5 cm, H. 1,4 cm
Berlin, SMB, Antikensammlung
Inv.: M.I. 6326 (Corneto A 64)

Zierscheibe mit reichem fein profiliertem Rillendekor und hochgezogenem Rand, der glatt abschließt. An die Rückseite setzt mit tiefer Rille ein nach innen hohler Fuß mit geringerem Durchmesser an. Größe und Dekor der Zierscheibe lassen vermuten, daß es sich um einen Jochbeschlag handeln könnte. Da jedoch keinerlei Vorrichtung für eine Befestigung vorhanden ist, kann über die einstige Verwendung keine eindeutige Aussage getroffen werden.

Lit.: Helbig 1874, S. 255 Taf. 10a. 14; Kilian, S. 35 Nr. 64, S. 74, 77 Abb. 10.2.   I. K.

A 4.42
Durchbrochene Scheibe

Ende 8. Jh. v. u. Z.
Bronze, gegossen. Intakt
D. 6,6 cm
Berlin, SMB, Antikensammlung
Inv.: M.I. 6326 (Corneto A 65)

Die durchbrochen gearbeitete Zierscheibe war wohl Teil des Pferdegeschirrs. Von einem Ring im Zentrum der Scheibe geht ein Achskreuz aus. Ein zweiter Ring ist durch vier und der nächstfolgende durch acht Öffnungen unterbrochen.

Lit.: Helbig 1874, S. 260 Taf. 10b. 25; Kilian, S. 35 f. Nr. 65, S. 75 f. Abb. 10.3 (zum Vorkommen derartiger Scheiben); vgl. auch: Etrusker in der Toskana, Katalog Hamburg 1987, S. 197 Nr. 88.   I. K.

A 4.43 (Abbildung)
Durchbrochene Scheibe

Ende 8. Jh. v. u. Z.
Bronze, gegossen. Intakt, dunkelbraungrüne Patina, Form etwas verzogen
D. 7,4 cm
Berlin, SMB, Antikensammlung
Inv.: M.I. 6326 (Corneto A 66)

Die durchbrochen gearbeitete Scheibe wird, wie auch das vorhergehend besprochene Exemplar, dem Pferdegeschirr zuzuweisen sein.

Das Dekor besteht aus einem Achskreuz in einem wulstigen Außenring, von dem aus je zwei Winkel eingreifen.

Lit.: Helbig 1874, S. 260 Taf. 10b. 24; Kilian, S. 36 Nr. 66, S. 76 Abb. 10.1.   I. K.

A 4.44 (Abbildung)
Kalpis mit hohem Fuß

Ende 8. Jh. v. u. Z.
Bronze, getrieben, genietet. Oberfläche reduziert; Verdrückungen, große Fehlstellen am Fuß und in Gefäßwandung
H. 38,3 cm, D. 34,6 cm
Berlin, SMB, Antikensammlung
Inv.: M.I. 6326 (Corneto A 40)

Der breit ausladende Gefäßkörper der Kalpis ist in einen Kegelfuß eingelassen. Der mit einem breiten Rand versehene Hals ist gedrungen. An der breitesten Stelle des Gefäßkörpers sind die beiden Teile des Gefäßes mit Kegelkopfnieten verbunden worden. Mit den gleichen Nieten

A 4.44

A 4.47

wurden die dünnen, viereckigen Henkel befestigt. Die Nieten werden beidseitig von leistengerahmten getriebenen Buckelreihen verziert. Die Übergangsstelle der Gefäßschulter zum Hals wurde mit ebensolchen getriebenen Buckeln zwischen Leisten dekoriert.

Lit.: Helbig 1869, S. 259; Helbig 1874, S. 254 Taf. 10a. 1; Strøm, Abb. 91; Kilian, S. 33 Nr. 40, S. 80 Abb. 12.2. I. K.

A 4.45
Deckel mit Griff
Ende 8. Jh. v. u. Z.
Bronze, getrieben, genietet. Fehlstellen an Rand und Schulter
H. 7,1 cm, D. 20,5 cm
Berlin, SMB, Antikensammlung
Inv.: M.I. 6326 (Corneto A 48)

Der Deckel, der in Form und Henkelgestaltung keine Parallele hat, gehört wahrscheinlich zu der Kalpis (Kat.-Nr. A 4.44) Er zeigt den gleichen liniengerahmten Buckeldekor wie die Kalpis, auch die Kegelnieten stimmen überein.

Lit.: Helbig 1874, S. 254 Taf. 10a. 4 (dort noch mit Becken Kat.-Nr. A 4.48 verbunden); Kilian, S. 34 Nr. 48, S. 80 Abb. 12.1. I. K.

A 4.46
Zwei Fragmente einer Kegelhalsamphora
Ende 8. Jh. v. u. Z.
Bronze, getrieben, genietet. Oberfläche reduziert; Fehlstellen und Brüche, Rand, unterer Gefäßteil, Boden und Kegelfuß verloren

H. 33,8 cm, D. (Gefäßkörper) 33 cm,
D. (Hals unten) 24,5 cm
D. (Hals oben) 11,5 cm
Berlin, SMB, Antikensammlung
Inv.: M.I. 6326 (Corneto A 41–42)

Aus den erhaltenen Fragmenten und aus überlieferten Zeichnungen von den jetzt verschollenen Teilen läßt sich die ursprüngliche Form des Gefäßes als Kegelhalsamphora mit hohem Fuß rekonstruieren. Der stark ausladende Gefäßkörper war an der breitesten Stelle mit dem Kegelhals, der mit der Schulter aus einem Stück getrieben ist, durch Nietung verbunden. Die Kegelkopfnieten, die fast alle erhalten geblieben sind, stehen dicht nebeneinander und haben auch Zierfunktion. Die etwa 8,5 cm breiten, aus Viereckdraht bestehenden Griffe sind an dieser Verbindungsstelle des Gefäßes ebenfalls durch Kegelkopfnieten befestigt. Der Übergang von der Schulter zum Hals ist mit einer liniengerahmten Perlbuckelreihe, der hohe Kegelhals mit vier in gleichem Abstand stehenden Zungen zwischen winzigen doppelten Perlreihen und fünf Perlbuckeln verziert. Der Rand war flach mit breiter Lippe und gebördelt.

Lit.: Helbig 1869, S. 259; Helbig 1874, S. 254 Taf. 10a. 3; Kilian, S. 33 Nr. 41–42, S. 79ff. Abb. 11. I. K.

A 4.47 (Abbildung)
Feldflasche mit Tüllenausguß
Ende 8. Jh. v. u. Z.
Bronze, getrieben, genietet. Oberfläche reduziert; Ausbrüche und größere Fehlstellen
H. 15,6 cm, D. 26,7 cm
Berlin, SMB, Antikensammlung
Inv.: M.I. 6326 (Corneto A 44)

Die kreisrunde Feldflasche hat einen hohen, röhrenförmigen Ausguß, der an der Mündung mit zwei Nieten und einem Blechstreifen befestigt ist. Die Flächen sind unterschiedlich stark gewölbt, doch tragen beide den gleichen Dekor, bestehend aus zehn konzentrischen, von getriebenen Buckeln gebildeten Kreisen zwischen winzigen Perlreihen. Das Zentrum blieb wie die seitliche Zone, unverziert. Es befinden sich dort vier aus Blechstreifen geschnittene und gebo-

gene Laschen, die angenietet sind. Durch diese wurde ein Ledergurt gezogen, was ein Tragen der Feldflasche ermöglichte.

Lit.: Helbig 1869, S. 259; Helbig 1874, Taf. 10a. 2a, b; Strøm, Abb. 90a, b; Kilian, S. 33 Nr. 44, S. 79, 84f. Abb. 2.2, 3, 13.4. I. K.

A 4.48
Becken
Ende 8. Jh. v. u. Z.
Bronze, gegossen. Boden und Teile der Wandung verloren, Beschädigung am Rand
H. 9,3 cm, D. 17,8 cm
Berlin, SMB, Antikensammlung
Inv.: M.I. 6326 (Corneto A 46)

Becken, dessen Wandung im oberen Teil steil verläuft mit leichter Einziehung zum Rand, der T-förmig gebildet ist. Der Boden setzt relativ flach an.

Lit.: Helbig 1874, S. 254 Taf. 10a. 4 (dort mit nicht zugehörigem Deckel Kat.-Nr. A 4.45 abgebildet); Kilian, S. 34 Nr. 46, S. 79, 86 Abb. 14.1. I. K.

A 4.49
Perlrandbecken
Ende 8. Jh. v. u. Z.
Bronze, getrieben. Boden und Teile der Wandung verloren, Ausbrüche am Rand
H. 8,2 cm, D. 18,3 cm
Berlin, SMB, Antikensammlung
Inv.: M.I. 6326 (Corneto A 47)

Die Oberseite vom Rand des Beckens ist mit einem getriebenen Perldekor versehen. Die nach außen umgebogene Randzone blieb unverziert. Das Becken hat einen halbkugeligen Körper.

Lit.: Helbig 1874, S. 255 Taf. 10a. 12; Kilian, S. 34 Nr. 47, S. 79, 86f. Abb. 14.2. I. K.

A 4.50
Einhenkelige Pfanne
Ende 8. Jh. v. u. Z.
Bronze, gegossen. Henkel verloren; von den eisernen Ansätzen blieben Reste erhalten, zwei Fehlstellen im Boden, braungrüne Patina in der Randzone intakt, sonst korrodiert und stark reduziert, Chloridausblühungen

A 4.52/A 4.53

A 4.57

H. 3,4 cm, D. 26,2 cm
Berlin, SMB, Antikensammlung
Inv.: M.I. 6326 (Corneto A 49)
Die Flachschale mit der nur leicht nach außen
bewegten Wandung hat einen 3–3,5 mm brei-
ten abgesetzten Rand, dessen Lippe nach in-
nen weist. Außen tritt nur eine winzige Rille in
Erscheinung. In der pfannenartigen Schale, für
die es keine früheisenzeitlichen Vorläufer aus
Bronze gibt, wird das älteste Exemplar der
Apenninenhalbinsel gesehen (Kilian S. 87).
Lit.: Helbig 1874, S. 255 Taf. 10a. 15; Kilian,
S. 34 Nr. 49, S. 87 Abb. 13.1.   I. K.

A 4.51
Einhenkelige Tasse
Ende 8. Jh. v. u. Z.
Bronze, gegossen. Größere Fehlstelle
am Rand, Oberfläche korrodiert
H. (ohne Henkel) 5,2 cm, D. 9,5 cm
Berlin, SMB, Antikensammlung
Inv.: M.I. 6326 (Corneto A 50)
Die Tasse hat einen annähernd halbkugeli-
gen Körper ohne Einziehung. Der mit einem
Kreisdekor zwischen Linien versehene Band-
henkel ist mit flachen Nieten befestigt. Er steigt
steil an und ist am Ansatz zur äußeren Gefäß-
wandung leicht eingezogen.
Lit.: Helbig 1874, S. 255 Taf. 10a. 8; Kilian,
S. 34 Nr. 50, S. 87f. Abb. 13.5.   I. K.

A 4.52 (Abbildung)
Kantharos
Nachbildung des stark zerstörten
Originals Inv.: M.I. 6326 (Corneto C 96)
Ende 8. Jh. v. u. Z.
Nachbildung: Kupfer, versilbert;
Original: Silber, getrieben. Vom
Original noch sechs Fragmente mit Brand-
und Schmauchspuren erhalten
H. 3,7 cm, H. (mit Henkel) 5,2 cm,
D. 7,1 cm
Das kleine zweihenkelige Gefäß (Kantharis-
kos) hat eine breite Mündung, die aus einem ge-
raden Hals besteht, dessen oberer Rand leicht
umbiegt. Die gebogenen, hohlen Henkel setzen
in elegantem Schwung an dem flach bauchigen
Gefäßkörper an, der mit einem Dekor in Form
eines Strahlenkranzes versehen ist, der in Ana-
logie zu anderen Gefäßen (vgl. Kat.-Nr. A 4.53)
von einem Omphalos in der Mitte des Bodens
seinen Ausgang nimmt. Außerordentlich feine
Ausführung.
Lit.: Helbig 1874, S. 254 Taf. 10a. 6; Kilian,
S. 36 Nr. 96, S. 79, 89 Abb. 4.3, 13.2.   I. K.

A 4.53 (Abbildung)
Einhenkelige Tasse
Nachbildung des zerstörten Originals
Inv.: M.I. 6326 (Corneto C 97)
Nachbildung: Kupfer, versilbert;
Original: Silber, getrieben; davon nur

noch ein kleines Randfragment erhalten
H. 6 cm, D. (laut Inventar) 8 cm
Die einhenkelige Tasse wird auf Grund des
Omphalos in der Mitte des Gefäßbodens als
Omphalostasse bezeichnet. Sie zeigt das glei-
che Strahlenkranzdekor wie der Kanthariskos
(Kat.-Nr. A 4.52) Der Hals ist konvex getrieben
und zu einem ausladenden Trichterrand erwei-
tert. An diesen setzt der breite Bandhenkel an,
dessen Ränder etwas aufgebogen sind. Der
senkrechte Teil des Henkels verläuft über ei-
nem Knick.
Lit.: Helbig 1874, S. 254 Taf. 10a. 5a, b; Kilian,
S. 36 Nr. 97, S. 79, 88f. Abb. 4.4, 13.3.   I. K.

A 4.54
Deckel
Ende 8. Jh. v. u. Z.
Holz (cydonia vulgaris), gedrechselt,
an der Unterseite hat sich der bronzene
Drehstift erhalten. Brandmalerei;
Fehlstellen an Rand und Oberfläche,
stark verzogen, Knauf verloren
D. ca. 12,4 cm
Berlin, SMB, Antikensammlung
Inv.: M.I. 6326 (Corneto C 109)
Der Deckel, in den ein Knauf eingelassen
war, ist mit einem Brandmalereidekor in Form
von Mäandern verziert. Am Rand, von Linien-
bändern gerahmt, ein Mäanderring. Die Innen-
fläche wird durch Mäanderstreifen in vier Zonen

A 4.61

geteilt, die jeweils ein Mäanderviereck zeigen. Um den Knauf Ringe und Zickzackmuster. Der Deckel ist keinem Gefäß zuzuweisen.

Lit.: Helbig 1874, S. 263 Taf. 10d. 1, 1a–b; Kilian, S. 39 Nr. 109, S. 78f. Abb. 15.1.　　I. K.

A 4.55
Fragmente eines Gefäßes mit Hebelgriff
Ende 8. Jh. v. u. Z.
Holz und Bronze. Bronzenägel korrodiert, nur zwei Fragmente des Gefäßkörpers mit Standring erhalten
a) D. 14 cm, D. (Fuß) 5,5 cm
b) L. 7 cm, Br. 2,8 × 1,1 cm
Berlin, SMB, Antikensammlung
Inv.: M.I. 6326 (Corneto C 110 und 115)

Aus den Fragmenten a und b läßt sich eine Hebelgrifftasse mit abgesetztem und durch Drehrillen verziertem Standring rekonstruieren. Gefäßwandung und Boden waren mit Reihen unterschiedlich großer Bronzenägel versehen, von denen die meisten jetzt ausgefallen sind. Eine in dem Henkelfragment b vorhandene längliche Aussparung sichert die Form als Gabelhenkel. Dieser war durch Bronzenagelung und durch Ritzmuster verziert. Die Hebelgrifftasse kann als Schöpfer benutzt worden sein.

Lit.: Helbig 1869, S. 259; Helbig 1874, S. 263 Taf. 10d. 2, 2a (a); Helbig 1874, S. 263 Taf. 10d 8, 8b (b); Kilian, S. 39 Nr. 110, S. 78f. Abb. 15.3, S. 39 Nr. 115, S. 78f. Abb. 15.3a.　I. K.

A 4.56
Fragmente einer Pyxis
Ende 8. Jh. v. u. Z.
Holz, gedrechselt, und Bronze. Drei Fragmente erhalten; Fehlstellen an Rand und Boden, mehrere Nägel verloren
H. 5,1 cm, D. 13,2 cm, D. (Öffnung) 5 cm
Berlin, SMB, Antikensammlung
Inv.: M.I. 6326 (Corneto C 111)

Aus den drei erhaltenen Fragmenten läßt sich ein fußloses Gefäß in Form einer flachen Pyxis

mit scharf einziehender Schulterzone gewinnen. Rings um diese Zone ein Dekor aus Bronzenägeln, die zu hängenden Dreiecken dicht aneinander gesetzt wurden. Der wohl vorauszusetzende Deckel ist nicht erhalten.

Lit.: Helbig 1869, S. 259; Helbig 1874, S. 263 Taf. 10d. 3, 7; Kilian, S. 39 Nr. 111, S. 78f. Abb. 15.2.　　I. K.

A 4.57 (Abbildung)
Vogelaskos
Italo-geometrisch,
2. Hälfte 8. Jh. v. u. Z.
Blasser, hellockerfarbiger Ton, rotbrauner bis schwarzbrauner Firnis.
Intakt, Oberfläche und Malerei stellenweise verrieben bzw. abgeblättert
H. 13 cm, L. 23 cm
Berlin, SMB, Antikensammlung
Inv.: F 244 (Corneto B 69)

Gießgefäß in Tiergestalt: länglicher Körper auf drei Beinen. Auf dem Rücken ein zweigeteilter Bügelhenkel, dahinter ein Einfüllstutzen und vorn ein Pferdekopf mit Ausgußöffnung. Die Beine sind ganz gefirnißt. An den Längsseiten läuft jeweils ein Fries von Wasservögeln nach links (Körper schraffiert, zwischengesetzte Punkte), darüber zwischen Leiterbändern stehende schraffierte Dreiecke. Bauch, Rücken, Henkel, Einfüllstutzen und Tierkopf mit horizontalen Linien, ebenso am Pferdehals (jetzt abgeblättert).

Die Frage nach der Herkunft des Typus (A. Blakeway, in: BSA 1932/33, S. 197: kretisch; Åkerström, S. 82: kyprisch – ebenso E. Gjerstad, The Swedish Cyprus Expedition, Bd. 4, 1948, S. 293f.) läßt sich am besten durch Parallelen in Zypern (Lapithos, Grab 315; Amathus, Grab 22) beantworten. Damit wird die These einer östlichen »Kulturströmung« in Verbindung mit Handelswegen vom Nahen Osten über Zypern, die griechischen Inseln nach Griechenland und Italien (Gjerstad) untermauert. Daß

hier jedoch eine lokale Umformung erfolgte, zeigt der Wechsel vom Vogelkopf an kyprischen Gefäßen zum Pferdekopf an italischen Beispielen (z. B. aus Bisenzio).

Lit.: Helbig, 1874, Taf. 10c.7 und 10d.21; Åkerström, S. 79, 82 Taf. 19.2; Hencken, Tarquinia, S. 213f. Abb. 190a; Strøm, S. 144 Abb. 93.　　U. K.

A 4.58 (Abbildung)
Kanne
Italo-geometrisch, Ende 8. Jh. v. u. Z.
Blaßgelber Ton, hellgelbe Engobe und hell- bis dunkelbrauner Firnis. Stück der Mündung fehlt; Ausplatzungen an Hals und Bauch; Engobe und Bemalung stark abgeblättert
H. 24 cm, D. 15,4 cm
Berlin, SMB, Antikensammlung
Inv.: F 203 (Corneto B 68)

Bauchige Kanne mit schlankem kegelförmigem Hals, kleeblattförmiger Mündung und dreiteiligem breitem Henkel. Hals und Lippe durch scharfgratige Tonringe abgesetzt. Um den Bauch dünne horizontale Linien, auf der Schulter ein Fries von Wasservögeln nach rechts, deren Körper schraffiert sind. Rechts und links vom Henkelansatz vertikale Striche. Am Hals zahnartig ineinandergreifende, mit Strichen gefüllte Stäbe, wodurch sich ein tongrundiger Zinnenmäander ergibt. Um den Lippenrand und auf den Henkelwülsten Punktreihen.

Der Typus dieser Kanne läßt sich von kyprischen Vorbildern herleiten (Gjerstad S. 296 Abb. 29.5; 33.2; 35.19,20; 41.11), während die Vögel auf rhodische Malerei zurückgeführt werden (Åkerström, S. 78). Kannen dieser Form sind auch aus Silber hergestellt worden (Tomba del Duce, Tomba Bernardini, Tomba Barberini). Eine etwas jüngere Form des gleichen Typus ist die Oinochoe Inv. 1587 in Tarquinia (CVA Tarquinia 3, 1974, Taf. 18.1, S. 25).

Lit.: Helbig 1874, Taf. 10c. 5; Åkerström, S. 78 Taf. 19.1, 23.16; Hencken, Tarquinia, S. 213 Abb. 194b.　　U. K.

A 4.59
Kännchen
Italo-geometrisch, 7. Jh. v. u. Z.
Hellbrauner Ton, rotbrauner Firnis.
Intakt; Oberfläche offensichtlich beschnitzt und die Bemalung stellenweise verrieben bzw. abgeblättert; am Bauch Anlagerungsspuren von Kupfer (Grünspan)
H. 10,5 cm, D. 5,1 cm
Berlin, SMB, Antikensammlung
Inv.: F 206 (Corneto B 85)

Schlankes Kännchen mit kurzem Hals und wenig sich erweiternder Mündung sowie breitem Bandhenkel. Um den Bauch horizontale Linien in unregelmäßigen Abständen; auf der Schulter dreimal konzentrische Kreise mit Zirkeleinstichloch. Mündungsrand und Henkelkanten gefirnißt.

Der Typus dieser Kannen ist syro-palästinen-

sischen Ursprungs, er erschien dann auf Zypern in der Phase »Cypro-geometric II« (950 bis
850 v. u. Z.) und wurde später allgemein in der
Ägäis und vereinzelt auch in Italien übernommen (Gjerstad S. 295; Åkerström S. 83). Parallelen: Cumae, Grab 52 (E. Gábrici, in: MonAnt
1913, Bd. 22, S. 255, 257 Taf. 49.1 und 36.2)
und Tarquinia (CVA Tarquinia 3, 1974,
Taf. 26.5–8, 10).
   Lit.: Helbig 1874, Taf. 10c. 12; Åkerström,
S. 79, 82f. Taf. 21.5; Hencken, Tarquinia,
S. 214, 216 Abb. 191g (rechts).   U.K.

A 4.60
Kännchen
Italo-geometrisch, 7. Jh. v. u. Z.
Hellbrauner Ton, rotbrauner Firnis.
Intakt; Oberfläche stärker zerstört,
Malerei verrieben und abgeblättert
H. 10,1 cm, D. 5,1 cm
Berlin, SMB, Antikensammlung
Inv.: F 207 (Corneto B 86)
   Form und Bemalung wie Kat.-Nr. A 4.59
   Lit.: Åkerström, S. 79, 82f. Taf. 21.3; Hen-
cken, Tarquinia, S. 214, 216 Abb. 191g (links).
                                        U.K.

A 4.61 (Abbildung)
Kotyle
Italo-geometrisch,
letztes Viertel 8. Jh. v. u. Z.
Blaßgelber bis rosafarbener Ton,
rötlicher Firnis. Ein Stück des Randes
und ein Henkel fehlen; Oberfläche an
der Seite zerstört, Bemalung stellenweise
abgeblättert
H. 5,5 cm, D. 9,2 cm
Berlin, SMB, Antikensammlung
Inv.: F 227 (Corneto B 84)
   Dünnwandiger konischer Napf mit schräg ansetzenden Henkeln. Innen gefirnißt, tongrundiger Streifen am Rand. Außen am unteren Teil
gefirnißt, darüber horizontale Reifen. In der
Henkelzone befinden sich vorn und hinten je ein
Fries mit sechs Wasservögeln nach rechts, dazwischen Punkte. Henkel mit vertikalen Strichen. Åkerström (S. 84) vergleicht die Kotyle mit
rhodischen Malereien (ebd. Abb. 33 und 34),
A. Blakeway, in: BSA 1932–33, S. 197, verweist
auf Ähnlichkeiten mit böotisch-geometrischer
Keramik. Die Form ist vielleicht eine Imitation
der korinthisch spätgeometrischen Kotyle
(siehe dazu CVA Tarquinia 3, 1974, S. 45 Nr. 1).
Die dort aufgeführten Beispiele (Taf. 34) sind jedoch nachlässiger bemalt. Die Verwandtschaft
der Gestaltung (Dünnwandigkeit) mit den halbkugeligen Schalen der Tomba del Guerriero
(Kat.-Nr. A 4.64–66) sowie den Wasservögeln
auf der Schale Kat.-Nr. A 4.62 lassen jedoch
den lokalen Ursprung erkennen, wenn auch
unter Berücksichtigung obengenannter Einflüsse.
   Lit.: Helbig 1874, Taf. 10c. 8, 10d. 22; Åkerström, S. 80, 85 Taf. 19,3; Hencken, Tarquinia,
S. 214 Abb. 190b.   U.K.

A 4.62 (Abbildung)
Schale
Italo-geometrisch, Ende 8. Jh. v. u. Z.
Hellockerfarbiger Ton, dünne blaßgelbe
Engobe, roter und schwarzbrauner Firnis.
Mehrfach gebrochen und geklebt, kleine
Stücke der Wandung fehlen
H. 7 cm, D. 13 cm
Berlin, SMB, Antikensammlung
Inv.: F 231 (Corneto B 76)
   Dünnwandige halbkugelige Schale mit leicht
eingezogenem Rand. Innen – bis auf einen
Randstreifen – gefirnißt. Außen abwechselnd
schwarzbraune, rote und blaßgelbe horizontale
Linien, darunter drei rote Linien. Über diesen
zwei Reihen stehender schraffierter Dreiecke
(abwechselnd rot und schwarzbraun). Am Rand
umlaufender Fries von roten und schwarzen
Wasservögeln nach rechts, als Füllmuster
Punkte. Wie bei den Gefäßen Kat.-Nr. A 4.58
und A 4.61 wird auch hier rhodischer Einfluß in
der Vogeldarstellung angenommen. Zum Typus der halbkugeligen Schale siehe Åkerström
S. 81 und CVA Tarquinia 3, Taf. 38.8–11, S. 52.
Für die bichrome Malweise lassen sich zahlreiche Tarquinienser Beispiele anführen, wodurch
die Annahme einer lokalen Werkstatt bekräftigt
wird (L. R. Portoghesi).
   Lit.: Helbig 1874, Taf. 10c.6 und 10d.23a und
b; Åkerström, S. 78, 81 Taf. 20.2; Hencken, Tarquinia, S. 214 Abb. 190c; L. R. Portoghesi, in:
StEtr 36, 1968, S. 311 Taf. 72f.   U.K.

A 4.58

A 4.63 (Abbildung)
Deckel
Italo-geometrisch, Ende 8. Jh. v. u. Z.
Grober rötlicher Ton, blaßgelbe Engobe,
schwarzbrauner und roter Firnis. Intakt;
Malerei und Engobe an einigen Stellen
abgeblättert
H. 4 cm, D. 13 cm
Berlin, SMB, Antikensammlung
Inv.: F 231 (Corneto B 83)

Runder schwerer Deckel mit flachem Knauf
und unbemalter Unterseite. Um den Knauf stehende strichgefüllte Dreiecke, abwechselnd rot
und schwarz. Darunter ebenso in der Farbe ab-
wechselnde schraffierte Vierecke, sie bilden
durch Versetzung Mäanderhaken, der Knauf
mit Strichmuster.

Der Deckel wurde schon in der Abbildung bei
Helbig 1874 der Schale Kat.-Nr. A 4.62 aufge-
setzt und wegen des gleichen Durchmessers
und analoger Bemalung als zugehörig betrach-
tet (Furtwängler, Vasen S. 26 Nr. 231). Die Un-
terschiede im Ton und die Tatsache, daß die
Schale nicht für einen Deckel zugerichtet ist,
lassen jedoch Zweifel an der Zugehörigkeit auf-
kommen. Zur Bemalung siehe auch Kat.-
Nr. A 4.62.
Lit.: Siehe Kat.-Nr. A 4.62; Åkerström, S. 80
Taf. 20,1; Hencken, Tarquinia, Abb. 190d;
L. R. Portoghesi, in: StEtr 36, 1968, Taf. 72b.
U. K.

A 4.64
Schale
Italo-geometrisch, Ende 8. Jh. v. u. Z.
Graubrauner Ton, blaßgelbe Engobe,
hell- und dunkelbrauner Firnis.
Intakt; Bemalung – insbesondere die mit
verdünntem Firnis aufgetragene hellbraune –
teilweise verrieben

H. 4,5 cm, D. 9,3 cm
Berlin, SMB, Antikensammlung
Inv.: F 232 (Corneto B 82)

Dünnwandige halbkugelige Schale mit leicht
eingebogenem Rand. Innen bis auf einen
schmalen tongrundigen Randstreifen gefirnißt.
Außen horizontale Streifen, abwechselnd hell-
und dunkelbraun, darüber zwei Punktreihen.
Am Rand hell- und dunkelbraune schraffierte
Mäanderhaken. Kübler hält diese Mäanderver-
zierung für attisch beeinflußt. Zum Typus der
Schalen siehe Kat.-Nr. A 4.65.
Lit.: Helbig 1874, Taf. 10c.9; Åkerström, S. 79
Taf. 21.8; K. Kübler, Kerameikos V 1, 1954,
S. 143; Hencken, Tarquinia, S. 214 Abb. 191a;
L. R. Portoghesi, in: StEtr 36, 1968, S. 311 f.
Taf. 72b. U. K.

A 4.65
Schale
Italo-geometrisch, Ende 8. Jh. v. u. Z.
Blasser hellockerfarbiger Ton,
schwarzbrauner Firnis. Intakt; Bemalung
stark abgerieben
H. 6,1 cm, D. 10,9 cm
Berlin, SMB, Antikensammlung
Inv.: F 228 (Corneto B 77)

Dünnwandige halbkugelige Schale. Innen bis
auf einen schmalen Randstreifen gefirnißt. Außen unterer Teil bis etwa zur Hälfte Firnis, darüber horizontale Linien.

Der Typus dieser Näpfe läßt sich von orienta-
lischen Metallvorbildern ableiten (CVA Tarqui-
nia 3, 1974, S. 52 Taf. 38.8–11).
Lit.: Helbig 1874, Taf. 10c.10; Åkerström,
S. 79 Taf. 21.7; Hencken, Tarquinia, S. 214
Abb. 191 c. U. K.

A 4.66
Schale
Italo-geometrisch, Ende 8. Jh. v. u. Z.
Blasser hellbrauner Ton und rotbrauner Firnis.
Intakt, Oberfläche stellenweise verrieben
H. 5,5 cm, D. 9,2 cm
Berlin, SMB, Antikensammlung
Inv.: F 230 (Corneto B 79)

Dünnwandige halbkugelige Schale mit leicht
eingezogenem Rand. Innen, bis auf einen
schmalen tongrundigen Streifen am Rand, gefirnißt. Ebenso außen unteres Drittel gefirnißt,
darüber horizontale Linien (vgl. Kat.-Nr. A 4.65).
Lit.: Åkerström, S. 79 Taf. 21.9; Hencken,
Tarquinia, S. 214 Abb. 191d. U. K.

A 4.67
Flache Schale
Italo-geometrisch, um 700 v. u. Z.
Blasser, hellockerfarbiger Ton, rötlich-
braune Bemalung. Intakt; kleine
Ausplatzungen, Farben stellenweise
abgeblättert oder verrieben
H. 5,8 cm, D. 15,3 cm
Berlin, SMB, Antikensammlung
Inv.: F 224 (Corneto B 74)

Flache runde Schale mit zwei kleinen vertikalen Henkeln und abgesetztem Standring. Innen
gefirnißt, Henkel mit horizontalen Strichen. Außen dünne horizontale Linien, in der Henkelzone eine Reihe vertikaler Striche, darüber
Zickzackband. Schalen dieser Form (siehe
auch die folgenden Nummern) sind von Metallvorbildern abgeleitet (Matteucig, S. 20f., Grab A
Nr. 8 und 9) und sind datierbar vom Ende 8. bis
1. Viertel 7. Jh. v. u. Z. (L. R. Portoghesi); vgl.
auch CVA Tarquinia 3, 1974, S. 39 f. mit Lit. zu
Taf. 31.
Lit.: Helbig 1874, Taf. 10c. 1; Åkerström,

A 4.63/A 4.62

A 4.71

S.79, 84 Taf.21.2; Hencken, Tarquinia, S.219
Abb.194a; L.R.Portoghesi, in: StEtr 36, 1968,
S.313 Taf.72c.   U.K.

A 4.68
Flache Schale
Italo-geometrisch, um 700 v.u.Z.
Blasser hellockerfarbiger Ton mit
rötlichbraunem Firnis. Intakt; Oberfläche
stellenweise beschädigt und verrieben
H.6,0–6,7 cm, D.16,2 cm
Berlin, SMB, Antikensammlung
Inv.: F 225 (Corneto B 73)
   Ähnlich wie Kat.-Nr. A 4.67, auf der Schulter
oben eine Reihe stehender Haken.
   Lit.: Åkerström, S.79 u. 84 Taf.21.4; Hen-
cken, Tarquinia, S.219 Abb.194a; L.R.Porto-
ghesi, in: StEtr 36, 1968, S.313 Taf.72c. U.K.

A 4.69
Teller
Italo-geometrisch, Ende 8. Jh. v. u. Z.
Hellockerfarbener Ton, rötlicher bis
brauner Firnis und aufgesetztes Weiß.
Intakt; Oberfläche stellenweise

verrieben, Engobe abgeblättert,
kleine Aussprengungen
H.3,5–4,0 cm, D.20,5 cm
Berlin, SMB, Antikensammlung
Inv.: F 240 (Corneto B 71)
   Flacher Teller mit abgesetztem, leicht nach
außen gebogenem Rand mit zwei nebeneinanderliegenden Löchern und gerader abgesetzter
Standfläche. Innen gefirnißt, auf dem Rand
weiß aufgesetzt acht metopenartige Felder, bestehend aus abwechselnd vier leiterartigen
Strichgruppen und zwei durch Punkte getrennte
übereinanderliegende Zickzacklinien. Unterseite: in der Mitte ein achtstrahliges Kreuz, umgeben von gittergefüllten Rhomben und einer
Gruppe von je acht vertikalen Strichen; oben
und unten jeweils ein schmales Leiterband. Am
Rand vertikale Striche. Die Verzierung ist typisch für Tarquinienser Keramik (vgl. CVA Tarquinia 3, 1974, Taf.42.2, 3) und entspricht der
sogenannten Metopengattung.
   Lit.: Helbig 1874, Taf.10c. 3,3a–b (Unterseite
dort fälschlicherweise ohne Bemalung); Åkerström, S.79f., 83f. Taf.22.3–3a; Hencken, Tarquinia, S.217 Abb.193a.   U.K.

A 4.70
Teller
Italo-geometrisch, Ende 8. Jh. v. u. Z.
Hellockerfarbener Ton, rotbrauner Firnis
und aufgesetztes Weiß. An der Unterseite
ist die Schalenoberfläche zu einem
Viertel stark zerstört; der Rand beschädigt,
die Malerei teilweise verrieben
H.3,4 cm, D.21,2 cm
Berlin, SMB, Antikensammlung
Inv.: F 241 (Corneto B 72)
   Flacher Teller der Form wie Kat.-Nr. 4.69. Innen gefirnißt, auf dem Rand weiß aufgesetzt
acht metopenartige Felder, bestehend aus abwechselnd vier leiterartigen Strichgruppen und
einem Vogel zwischen liegenden Sanduhrmoti-
ven. Auf der Unterseite horizontale Leiterbän-
der, dazwischen neun gittergefüllte Rhomben,
in der Mitte ein achtstrahliges Kreuz. Am Rand
vertikale Striche. Vgl. CVA Tarquinia 3, 1974,
Taf.42.1, 3.
   Lit.: Helbig 1874, Taf.10c.4,4a–b (dort Oberseite ohne Vogelmotiv); Åkerström, S.80,
83f. Taf.22.1–1a; Hencken, Tarquinia, S.217
Abb.193b.   U.K.

A 4.73/A 4.72/A 4.75

A 4.71 (Abbildung)
Teller
Italo-geometrisch, Ende 8. Jh. v. u. Z.
Blasser hellockerfarbener Ton und brauner
Firnis. Beim Brennen verzogen, in der
Mitte ein Loch und die Bemalung stellen-
weise abgerieben
H. 3,0–3,8 cm, D. 17,7 cm
Berlin, SMB, Antikensammlung
Inv.: F 242 (Corneto B 70)
  Flacher Teller mit abgesetztem Rand, zwei
horizontalen Henkeln mit Zacken an den Ansät-
zen und leicht eingewölbter Standfläche. Bema-
lung außen und innen: konzentrisch angeord-
nete dünne Reifen, an den Henkeln kurze Stri-
che. Auf dem Rand Gruppen von je fünf Strichen.
  Lit.: Helbig 1874, Taf. 10c.2,2a–b; Åkerström, S. 80, 84 Taf. 22.2–2a; Hencken, Tarquinia, S. 213 Abb. 193c.   U. K.

A 4.72 (Abbildung)
Zweihenkeltasse (kantharosartig)
Impasto, Ende 8. Jh. v. u. Z.
Schwarzbrauner Ton, braunfleckig poliert.
Randstück fehlt, Oberfläche stellenweise
zerstört; ein Buckel abgebrochen
H. 3 cm, D. 8 cm
Berlin, SMB, Antikensammlung
Inv.: F 1384 (Corneto B 90)

  Flaches, innen unpoliertes Gefäß mit scharf
abgesetztem Boden und kleiner Standfläche.
Zwei hochgezogene Henkel, am Ansatz durchbrochen. Am Halsansatz Strichritzungen, auf
der Schulter Riefeln, außerdem an jeder Seite
des Bodenansatzes ein kleiner Buckel.
  Lit.: Helbig 1874, Taf. 10c.17; Hencken, Tarquinia, S. 216 Abb. 191i.   U. K.

A 4.73 (Abbildung)
Einhenkeltasse
Impasto, Ende 8. Jh. v. u. Z.
Brauner Ton, schwarzbraun poliert.
Intakt, Politur stellenweise abgeblättert
H. 7 cm, D. 10 cm
Berlin, SMB, Antikensammlung
Inv.: F 1382 (Corneto B 92)
  Flaches, innen poliertes Gefäß mit scharf ab-
gesetztem Boden und breitem hochgezogenem
Henkel, der sich am inneren Ansatz verengt. In
Höhe des Gefäßrandes ein Steg zum äußeren
Henkelteil. Kleine, leicht eingedellte Standflä-
che, innen entsprechende omphalosartige Er-
hebung und ein eingeritztes Linienkreuz. Am
Halsansatz gravierte Strichelungen, auch am
inneren Henkelansatz horizontale Ritzungen.
  Lit.: Helbig 1874, Taf. 10c.15; Hencken, Tar-
quinia, S. 216 Abb. 191j.   U. K.

A 4.74
Einhenkeltasse
Impasto, Ende 8. Jh. v. u. Z.
Brauner Ton, außen schwarzbraun poliert.
Kleine Bestoßungen und der Henkel an
beiden Ansatzstellen gebrochen
H. 7 cm, D. 11 cm
Berlin, SMB, Antikensammlung
Inv.: F 1380 (Corneto B 91)
  Flaches, innen unpoliertes Gefäß mit scharf
abgesetztem Boden, kleiner, gerader Standflä-
che und hochgezogenem zweigeteiltem Hen-
kel. Geritzte Schrägstrichelung am Halsansatz;
gerippte Schulter; am äußeren Henkelansatz
Dreieck mit Ritzschraffur.
  Lit.: Furtwängler, Vasen, S. 160 Nr. 1380.
                                       U. K.

A 4.75 (Abbildung)
Einhenkeltasse
Impasto, Ende 8. Jh. v. u. Z.
Brauner Ton, außen schwarzbraun poliert.
Ein Stück des Randes herausgebrochen,
die Oberflächenpolitur stellenweise
abgeblättert
H. 6 cm, D. 7 cm
Berlin, SMB, Antikensammlung
Inv.: F 1381 (Corneto B 93)
  Vgl. Kat.-Nr. A 4.74. Zweigeteilter Henkel mit
Durchbrechung am Ansatz.
  Lit.: Helbig 1874, Taf. 10c.16; Hencken, Tar-
quinia, S. 216 Abb. 191h.   U. K.

A 5 Das Grab 16 von Poggio Buco

Die Nekropole an dem Poggio Buco genannten Hügel gehörte zu einer antiken Siedlung, die sich auf dem Sparne genannten Felsplateau befand und mit dem antiken Statonia in Zusammenhang gebracht wird. Die Grabfunde lassen auf eine Besiedlung im 7. und 6. Jh. sowie vom 3. bis 1. Jh. v. u. Z. schließen. Archäologisch zeigen die Funde den Einfluß Vulcenter Werkstätten.

Das Grab 16 (nach Mancinellis Inventar) war eine einfache Grube (tomba a fossa semplice) mit bestattetem Leichnam. Das Grab wurde im Januar 1897 auf dem Gut Sadun entdeckt. Der Ausgräber Riccardo Mancinelli (s. S. 217 f.) schließt aus dem Fehlen von Edelmetallen auf eine Öffnung des Grabes vor längerer Zeit. Der Grabinhalt bestand – außer den Spuren eines bestatteten Leichnams – aus 21 Tongefäßen, inventarisiert unter V.I. 3478–3498, 17 teilweise nur noch fragmentarisch erhaltenen Metallgegenständen (Inv.: M.I. 8633–8671), Bernstein- und Glasperlen (Inv.: M.I. 8672–8673) sowie den von R. Mancinelli erwähnten Zähnen. Durch Auslagerung ist dieser Grabfund – wie leider alle nach Berlin verbrachten Grabungsfunde – nicht mehr vollständig. Nachfolgend aufgeführte Gegenstände befinden sich daher nicht mehr in der Antikensammlung der SMB:
M.I. 8671 Fragmente silberner Ringe
M.I. 8661 Kahnfibel, Bronze
M.I. 8662 Kahnfibel, Bronze
M.I. 8665 Fragmente von Fibeln, Bronze
M.I. 8666 Bügel einer Fibel, Eisen
M.I. 8667 Armband, Bronze
M.I. 8668 Armband, Bronze
M.I. 8669 Knopf, Bronze
M.I. 8670 Gürtelhaken, Bronze
M.I. 8672 12 größere und kleinere runde und viereckige Perlen, Bernstein
M.I. 8673 2 Perlen, blaues Glas
V.I. 3479 Zweihenkelige Olla, Impasto, völlig mit V.I. 3478 übereinstimmend. Berlin (West)
V.I. 3483 Henkellose Schale, Impasto, ähnlich V.I. 3485. Berlin (West)
V.I. 3484 Henkellose Schale, Impasto. Berlin (West)
V.I. 3486 Schale mit hochgezogenem Henkel, Impasto. Berlin (West)
V.I. 3487 Zweihenkelige bikonische Schale, Impasto. Berlin (West)
V.I. 3488 Henkellose Schale mit Riefeln, Impasto. Berlin (West)
V.I. 3489 Kantharos, Riefeln am Bauch, Impasto. Berlin (West)
V.I. 3491 Zweihenkeliger Napf, geglättet, Impasto. Berlin (West)
V.I. 3492 Zweihenkeliger Napf, völlig mit V.I. 3491 übereinstimmend. Berlin (West)
V.I. 3494 Fußlose Olla mit weißer Schachbrettbemalung, rotes Impasto. Berlin (West)

V.I. 3495 Fußlose Olla mit weißem Netzmuster, rotes Impasto. Berlin (West)
»Importierte geometrische Gefäße«
V.I. 3496 Kleine Fußschale, ähnlich V.I. 3498, italo-geometrisch. Berlin (West)
V.I. 3497 Zweihenkelige Schale mit Metopenmuster, italo-geometrisch. Berlin (West)

Die Keramik des Grabes besteht aus Impastoware sowie einigen Gefäßen italo-geometrischen Stils, jedoch keiner Importware, wie Mancinelli – und nach ihm Boehlau – annahmen. Wie zu zeigen sein wird, handelt es sich ausschließlich um einheimische, teilweise genau lokalisierbare Erzeugnisse, welche alle in die 1. Hälfte des 7. Jh. v. u. Z., möglicherweise ins erste Jahrhundertdrittel, zu datieren sind. Der von R. Mancinelli in seiner »Classificazione« gegebene zeitliche Ansatz, diese tomba a fossa semplice der Periode I an den Anfang des 8. Jh. v. u. Z. zu datieren, kann jedoch nicht aufrechterhalten werden. Die geringfügigen Metall-

beigaben – möglicherweise handelt es sich wegen der Waffen um einen männlichen Verstorbenen – verweisen vielmehr auf die Zeit nach der Tomba del Guerriero (710–690 v. u. Z.).

Korrespondierend zu der Datierung des Grabes 16 sind die weiteren Fossa-semplice-Gräber aus Poggio Buco, die von Mancinelli nach Berkeley und Florenz verbracht wurden: G. Matteucig datiert das Grab A (Mancinelli Nr. 11) in das 1. Viertel des 7. Jh. v. u. Z., ebenso wie G. Bartoloni das Grab I (Mancinelli Nr. 15) in dieses Jahrhundertviertel datiert.　　U. K.

A 5.1
Kahnfibel mit Dekor aus halbrunden und geraden Linien
Bronze. Nadel und Nadelhalter fehlen, stark reduziert
L. 3,7 cm
Berlin, SMB, Antikensammlung Inv.: M.I. 8655

A 5.2
Kahnfibel mit Dekor
wie Kat.-Nr. A 5.1
Bronze. Nadel und Nadelhalter teilweise verloren
L. 4,2 cm
Berlin, SMB, Antikensammlung Inv.: M.I. 8656

A 5.3/4
Kahnfibelpaar ohne Dekor
Bronze. Beide Nadeln fehlen, an einem Exemplar auch der Nadelhalter. Intakte Patina
L. 4,8 cm (M.I. 8657),
L. 2,7 cm (M.I. 8658)
Berlin, SMB, Antikensammlung
Inv.: M.I. 8657 und M.I. 8658

A 5.5/6
Kahnfibelpaar mit Dekor in Form von Längs- und Querrillen
Bronze. Nadeln und Nadelhalter verloren, an einem Exemplar Feder erhalten; korrodiert
L. 2,5 cm (M.I. 8660),
L. 2,4 cm (M.I. 8659)
Berlin, SMB, Antikensammlung
Inv.: M.I. 8659 und M.I. 8660

A 5.7
Kahnfibel mit Fischgrätendekor
Bronze. Nur Bügel erhalten; korrodiert
L. 1,9 cm
Berlin, SMB, Antikensammlung
Inv.: M.I. 8663 (?)

A 5.8
Kahnfibel mit Liniendekor
Bronze. Nur Bügel und Feder erhalten; korrodiert
L. 1,5 cm
Berlin, SMB, Antikensammlung
Inv.: M.I. 8664 (?)

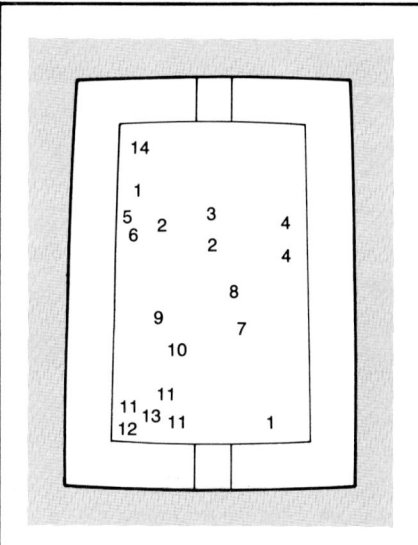

Lageplan des Grabes und der darin befindlichen Gegenstände (nach Mancinelli)
1　Zwei schwärzliche Kratere mit Riefeln (V.I. 3478, 3479)
2　Zwei Ollen mit Schachbrettmuster und Dreiecken (V.I. 3494, 3495)
3　Handgeformter Becher (V.I. 3490)
4　Zwei Untersätze (V.I. 3480, 3481)
5　Italo-korinthische Tasse auf hohem Fuß (V.I. 3497?)
6　Situla (V.I. 3493)
7　Kantharos (V.I. 3487 oder 3489)
8　Holmos (V.I. 3544)
14　Eisenlanze
Über dem Leichnam wurden gefunden:
9　Bronzeschnallen
10　Balteus
11　Fibeln
12　Silberspiralen
13　Zähne

A 5.9
Fragment einer Gürtelöse, mit vier Rundkopfnieten verziert

Bronze. Nur die Hälfte erhalten, Öse teilweise abgebrochen, verbogen; Oberfläche reduziert
L. 6,6 cm
Berlin, SMB, Antikensammlung
Inv.: M.I. 8670

A 5.10 (Abbildung)
Zweihenkelige Olla

Impasto, 1. Hälfte 7. Jh. v. u. Z.
Dunkelbrauner Ton, Oberfläche schwarzbraun, fleckig, poliert, Riefelungen.
Ein Henkel und Fuß gebrochen, Beschädigungen an der Lippe
H. 35,5 cm, D. 34,6 cm
Berlin, SMB, Antikensammlung
Inv.: V.I. 3478

Kugelförmiges Gefäß mit zwei in der Mitte gekerbten Horizontalhenkeln auf kleinem Fuß; breit ausladende Mündung. Zwischen den Henkeln vorn und hinten am Bauch je eine plastische Spitze. Flache vertikale Riefen vom Hals bis zum unteren Drittel des Gefäßes, auf der Vorder- und Rückseite bogenförmig um die Spitzen herumgehend, darüber je drei runde Eintiefungen, ebenso über den Henkeln, dort auch je drei konzentrische Kreise. Mündung innen mit drei umlaufenden Ritzlinien.

Zweihenkelige Ollen dieser Art sind typisch für das Vulcenter Gebiet und oft bis in kleinste Details (Henkelgestaltung, Zahl der Dellen) miteinander identisch, vgl. Vulci, Grab 22 Nr. 1, 3 (Dohan S. 88 Taf. 47) und Kat.-Nr. A 2.2.2. In Poggio Buco kommt diese Form vor allem in Fossa-Gräbern (Grab 12, Grab 25, Grab A und C bei Matteucig Taf. 1, 3 und 7) vor. Das Exemplar aus dem Kammergrab 23 (Kat.-Nr. B 3.3) zeigt schon die Auflösung der Ornamentik.

Lit.: Boehlau, S. 158f. U. K.

A 5.11 (Abbildung)
Holmos

Impasto, 1. Viertel 7. Jh. v. u. Z.
Schwarzbrauner Ton, Oberfläche poliert.
Mehrfach gebrochen und geklebt
H. 13 cm, D. 15,5 cm
Berlin, SMB, Antikensammlung
Inv.: V.I. 3480

Dreiteiliger Holmos: ovoides Unterteil mit ausschwingendem Fuß und vier dreieckigen Schlitzen, kugeligem Knauf und trichterförmigem Oberteil. Der Holmos ist ein Gefäßständer für rundbauchige Kessel (Dinoi). Prototypen sind die bronzenen Ständer (Bernardini-Grab, Barberini-Grab, Regolini-Galassi-Grab), die von den faliskischen, oft hybriden Impasto-Formen nachgeahmt werden, besonders in der Nekropole von Narce (Gräber 19 M, 16 F, 105 F, 17 F, 64 B – Dohan, Taf. 18.3; 24.3; 25.2; 28.1; 35.2; 36; 38.1, 2, 4).

Die Holmoi im Vulcenter Gebiet sind meist einfacher und kleiner, vgl. Falconi Amorelli,

Vulci, S. 114 Nr. 103 Abb. 46; Bartoloni, Poggio Buco, Grab 1, S. 20 Nr. 13 Abb. 5 Taf. 9e; Matteucig, Grab C, Taf. 7, 8. Etwa gleichzeitig entwickelten sich auch die italo-geometrischen Ständer (Narce, Gräber 4 F, 42 M). Obwohl es im Protoattischen auch ähnliche hohe durchbrochene Gefäßfüße und -ständer gibt (Ägina-Fund), muß ein lokaler Ursprung angenommen werden, dazu Bartoloni, S. 221 f.

Lit.: Boehlau, S. 159f. Abb. 4, 3. U. K.

A 5.12 (Abbildung)
Holmos

Impasto, 1. Viertel 7. Jh. v. u. Z.
Schwarzbrauner Ton, Oberfläche poliert.
Mehrfach gebrochen und geklebt
H. 23,8 cm, D. 16 cm
Berlin, SMB, Antikensammlung
Inv.: V.I. 3481

Genaues Pendant zu vorhergehender Kat.-Nr. A 5.11

Lit: Boehlau, S. 159f. U. K.

A 5.13 (Abbildung)
Henkelloser Napf

Impasto, Anfang 7. Jh. v. u. Z.
Braunschwarzer, glimmerhaltiger grober Ton, handgeformt, außen geglättet, innen vor dem Brennen mit Sand bestreut.
Haarrisse im Boden, Beschädigungen am Rand
H. 9–10 cm, D. 17 cm
Berlin, SMB, Antikensammlung
Inv.: V.I. 3482

Dickwandiger konischer Napf mit leicht eingebogenem Rand und ungleichmäßiger Standfläche. Unverziert. Der Sandbelag innen deutet auf den Gebrauch als Reibschale hin.

Der Napf gehört wie der Becher V.I. 3490 (Kat.-Nr. A 5.14) zu den Objekten, die wegen der Indifferenz der Formen schwer, d. h. nur im Fundzusammenhang datierbar sind. Da dieser handgeformte Typus aus Fossa-Gräbern bekannt ist (Narce, Grab 27 M: Dohan, Taf. 14, 12 und Poggio Buco, Grab 2: Bartoloni, S. 24 Abb. 7, 25, Taf. 9d), muß es sich um ein frühes Exemplar handeln.

Lit.: Boehlau, S. 167 Nr. 11. U. K.

A 5.14 (Abbildung)
Becher

Impasto, Anfang 7. Jh. v. u. Z.
Rotbrauner, glimmerhaltiger grober Ton, unpoliert. Ungebrochen, Beschädigungen am Rand
H. 9 cm, D. 9,5–10 cm
Berlin, SMB, Antikensammlung
Inv.: V.I. 3490

Schwerer, dickwandiger Becher, ungleichmäßig ovoid geformt, nach oben hin etwas eingezogen, ausbiegender Rand. Am Bauch leicht eingedrückte Schrägriefen, wohl mit dem Finger gezogen; ohne Bemalung.

Dieser Becher gehört zu den frühen Gefäßtypen in den Poggio-Buco-Gräbern, war aber

auch in anderen Gebieten bekannt, u. a. Narce, Grab 1 (Dohan, Taf. 31, 31–32). Charakteristisch ist die flüchtige Ausführung und das Fehlen jeglicher Politur, vgl. Bartoloni, Grab 2/13 (S. 33f. Abb. 11, 13, Taf. 12h), 6/22 und 23 (S. 70f. Abb. 32 Taf. 37b und c) und Matteucig, Gräber B und D (Taf. 5.14 und 9.15).

Lit.: Boehlau, S. 168 Nr. 15. U. K.

A 5.15 (Abbildung)
Einhenkelige Schale

Impasto, 1. Hälfte 7. Jh. v. u. Z.
Rotbrauner Ton, außen schwarzrot, poliert. Aus mehreren Stücken zusammengesetzt und ergänzt
H. (m. Henkel) 13 cm, H. (o. Henkel) 8 cm, D. 20 cm
Berlin, SMB, Antikensammlung
Inv.: V.I. 3485

Flache konische Schale mit gerader Standfläche, steilem, leicht einwärts geknicktem Rand und hochstehendem Henkel. Um den Rand horizontale Rille, zweimal unterbrochen von einer kurzen vertikalen Rippe. Unbemalt.

Schalen dieser Art dienten als Deckel großer bikonischer Urnen (Kat.-Nr. A 1.3), die in Pozzo-Gräbern üblich waren. Nach dem Übergang zur Bestattung wurden diese Urnen – und damit die Deckel – überflüssig und verschwanden in den späteren Grabinventaren bzw. wurden ersetzt durch die henkellose Form, meist auf kleinem Fuß, die auch von der Bucchero-Keramik übernommen wurde. Die geknickte Form deutet auf Metallvorbilder, man kennt jedoch auch ältere bauchige Formen, die bis in die Villanova-Zeit zurückreichen (Kat.-Nr. A 1.4). Parallelen sind die Schalen aus Vulci, Grab 25 (Dohan, Taf. 43) und Grab 66 (Dohan, Taf. 45) sowie Poggio Buco, Grab 2 (Bartoloni S. 31, 32, Abb. 10.6. Taf. 12a) und D (Matteucig, Taf. 9.9).

Lit.: Boehlau, S. 165 Abb. 4, 5. U. K.

A 5.16 (Abbildung)
Situla

Impasto, 1. Hälfte 7. Jh. v. u. Z.
Ziegelroter grober Ton, poliert; mit Resten weißgelber Engobe und hellroter Bemalung. Ungebrochen, Rand angeschlagen, Oberfläche mit Malerei größtenteils zerstört
H. (o. Honkol) 13,5 cm,
H. (m. Henkel) 18,5 cm, D. 12–13,7 cm
Berlin, SMB, Antikensammlung
Inv.: V.I. 3493

Zylindrisches, leicht oval gedrücktes Gefäß mit gerader Standfläche und rundem Bügelhenkel. Bemalung am Gefäßkörper: auf weißgelber Engobe vermutlich großes rotes Zickzack zwischen horizontalen Linien, ebenso um den oberen und unteren Rand rote Streifen. Auf dem Henkel kurze rote Striche auf weißem Grund.

Die Impasto-Situla ist eine Nachahmung von Bronzeformen und wird ihrerseits auch im Bucchero kolportiert (J. Gran Aymerich, in: MEFRA

A 5.11/A 5.10/A 5.12

A 5.13/A 5.14

A 5.18/A 5.15/A 5.16

84, 1972, S. 7–59). Besonders verbreitet im südetruskischen Raum (G. Camporeale, in: Atti del X Convegno di Studi Etruschi e Italici, Florenz 1977, S. 219f. mit Liste der bekannten Stücke in Anm. 30; zu Poggio Buco: CVA Grosseto 1, Taf. 35.1, S. 40). Ein faliskisches Exemplar aus Narce, Grab 2 F (Dohan, Taf. 24.4) zeigt kleine Abweichungen in der Form. Die Bemalung der Situla ist wohl am ehesten vergleichbar mit der der Olla V.I. 3544 (Kat.-Nr. A 5.17). Weitere Stücke bei J. W. Hayes, Etruscan and Italic Pottery in the Royal Ontario Museum, 1985, S. 138 Nr. E 2.

Lit.: Boehlau, S. 168 Nr. 14.   J. G. Sz.

A 5.17
Olla
Impasto, 1. Hälfte 7. Jh. v. u. Z.
Ziegelroter Ton, Oberfläche dunkelrot mit weißgelber Engobe und ziegelroter Bemalung. Fuß gebrochen und geklebt, stellenweise Bemalung und Engobe abgeblättert, Verharzungen
H. 29,3 cm, D. 25 cm
Ursprünglich zu Grab 23 gehörig inventarisiert, dann mit der Bemerkung »Das Gefäß gehört wie sich herausgestellt hat zu Grab 16!!« dort gestrichen.

Berlin, SMB, Antikensammlung
Inv.: V.I. 3544
Kugelförmiges Gefäß mit breiter trichterförmiger Mündung auf hohem schmalem, innen hohlem Fuß.

Weiße Engobe auch an der Unterseite des Fußes sowie innen und außen an der Mündung. Unterer Teil des Bauches mit horizontalen und schrägen roten Linien auf weißem Grund. Darüber breite Zone: abwechselnd stehende Dreiecke und schmale metopenartige Felder mit Schrägkreuz. Der Untergrund ist hier nicht durchgängig weißgelb, sondern besteht aus einem schrägen Gitterwerk sich diagonal kreuzender weißer dünner Linien. Die Bemalung entspricht sowohl in der Abfolge der verschiedenen Malschichten als auch – soweit das dort noch erkennbar ist – in der Ornamentik der Dekoration der Situla des Grabes 16 (Kat.-Nr. A 5.16) sowie weiteren Ollen aus Poggio Buco (CVA Grosseto 1, 1986, Taf. 38.1, 40.1 und 2 mit weiteren Vergleichsbeispielen).

Lit.: Boehlau, S. 167f. Abb. 9   U. K.

A 5.18 (Abbildung)
Schale auf hohem Fuß
Italo-geometrisch, 1. Hälfte 7. Jh. v. u. Z.
Orangebrauner Ton, hell- bis mittelbrauner Firnis. Mehrfach gebrochen und geklebt; Ergänzungen
H. 20,8 cm, D. 20 cm
Berlin, SMB, Antikensammlung Inv.: V.I. 3498
Tiefe bauchige Schale auf kegelförmigem, hohem, hohlem Fuß und untergriffiger, leicht umgebogener Lippe. Um Fußrand, Fußansatz und in der Bauchzone breite Firnisstreifen, dazwischen dünne horizontale Linien in gleichmäßigem Abstand. Oben am Gefäß ein Metopenfries, gebildet aus abwechselnden Gruppen von neun vertikalen Strichen und je zwei übereinanderliegenden kurzen Zickzackbändern; auf der Lippe Gruppen von je neun kurzen Strichen.

Diese Fußschalenform ist besonders im Vulcenter Gebiet beheimatet. Charakteristisch für Poggio Buco ist die Form mit doppelten Zickzacklinien in den Metopenfeldern, vgl. Matteucig, Taf. 2.3 (Grab A) und Taf. 10.2 (Grab D) sowie Bartoloni, Grab 1.1 und CVA Grosseto 1, Taf. 24.4 (Poggio Buco), S. 28f.; weiterhin G. Bartoloni, in: Studi di Antichità in onore di Guglielmo Maetzke, Bd. 1, 1984, S. 107 Anm. 33.

Lit.: Boehlau, S. 168 Nr. 16   U. K.

B
Die Blütezeit der etruskischen Stadtkulturen in Italien
(7. bis Mitte 5. Jh. v. u. Z.)

B 1 Impasto-Keramik

Im Verlaufe des 2. Viertels des 7. Jh. wurde in den führenden Keramikzentren Etruriens die Vorherrschaft der Impasto-Keramik in den Grabinventaren von einer neuen, qualitativ verbesserten lokalen Keramik – dem Bucchero – abgelöst. Für spezielle Gefäßtypen und minderwertige Imitationen zeitgenössischer Bucchero-Formen blieb die Impasto-Ware aber noch im folgenden 6. Jh. v. u. Z. im Gebrauch. Speziell im Gebiet von Caere wurde etwa seit dem dritten Viertel des 7. Jh. v. u. Z. auch eine Impasto-Keramik von kräftig roter Farbe produziert, die teilweise mit einer glänzenden roten Engobe überzogen war. In dieser Technik und mit weiß aufgesetzter Bemalung wurde diese Caeretaner »Red-ware« sowohl für architektonische Terrakotten (Acquarossa), Hausurnen, große Vorratsgefäße (Amphoren) als auch kleinere Vasentypen (Kat.-Nr. B 1.1.1, 1.2) verwendet. Daneben produzierten offenbar Caeretaner Werkstätten seit dem letzten Viertel des 7. bis in das 6. Jh. v. u. Z. hinein eine rote Grobkeramik, deren besonderes Kennzeichen eine friesartige Verzierung mit eingedrückten und abgerollten Stempeln darstellt. Es handelt sich dabei um großformatige geriefelte Pithoi mit Stempel- bzw. Rollstempelfriesen auf der Schulter und flache schwere Schalen, die fast ausschließlich mit Hilfe von Rollstempeln verziert wurden (Kat.-Nr. B 1.5). Diese Pithoi dienten wahrscheinlich als Vorratsgefäße, während die schweren Schalen nach Funden in Nekropolen und Heiligtümern für Totenmähler und kultische Feiern benutzt wurden. Ausschließlich für den Grabgebrauch wurden vom 7. bis 6. Jh. v. u. Z., besonders im Gebiet von Chiusi, aus Impasto sogenannte Kanopen gefertigt (Kat.-Nr. B 1.6 bis 9). Es handelt sich dabei um ein tönernes Grabgelege, das aus einem Thronsessel, einer Urne – teilweise mit anmodellierten oder angefügten Armen – und einem Kopfaufsatz, dem eigentlichen Kanopus, bestand – der hier nicht mit dem im ägyptischen Sepulkralkult geläufigen Eingeweidekrug zu verwechseln ist.

Lit.: Gli Etruschi e Cerveteri, Katalog Mailand 1980, S. 69 ff.; F. Buranelli, L'urna Calabresi di Cerveteri, 1985, S. 22–27; P. Tamburini, in: AnnFaina 2, 1985, S. 200 f. V. K.

Grabfund aus der Sabina
B 1.1.1–4

Im Jahre 1881 wurde von Wolfgang Helbig für das Berliner Museum ein Grabfund erworben (G. Treu, in: AZ 1882 Sp. 277), über den er in einem Brief am 19. 6. 1880 ausführte: »In der Tenuta Vaccareccia bei Castel Nuovo di Porto (bei Montefiore) in der Sabina, aus einem zufällig ausgepflügten Grabe. Die zugleich gefundenen Bronzen – wie es scheint nur einige Fibulae und Spiralen – waren derartig von der Feuchtigkeit angegriffen, daß sie sogleich zerfielen.«

Erhalten geblieben war jedoch die Keramik, die am 17. Mai 1881 unter den Nummern V. I. 2750–2762 inventarisiert wurde (vgl. Furtwängler, Vasen, S. 1076):

2750 (F 1634) Holmos aus »rotgefirnißtem« Ton
2751 (F 1258) etrusko-korinthische Olpe (Schuppenmuster)
2752 (F 243) »rotgefirnißte« Schale mit weißen Ornamenten
2753 (F 1644) Ollamündung (»rotgefirnißt«) mit Stempelornamenten
2754 (F 1645) Fragment eines ähnlichen Gefäßrandes
2755 etrusko-korinthischer Spitzaryballos (Streifenmuster)
2756 etrusko-korinthischer Spitzaryballos (Streifenmuster)
2757 (F 1372) Bucchero-Amphora
2758 (F 1386) Einhenkeltasse, Bucchero
2759 (F 1378) ähnliche Tasse mit abgebrochenem Henkel
2760 (F 1478a) Fragment einer Bucchero-Schale
2761 (F1280) Scherbe einer kleinen italo-geometrischen Olla
2762 (F1406) Spiralhenkelamphora

Von diesem Fund wurden schon 1882 die Spitzaryballen V. I. 2755 und 2756 gestohlen – deshalb auch nicht bei Furtwängler aufgeführt –, Kriegsverluste sind V. I. 2750, V. I. 2751 und V. I. 2760. In Berlin (West) befinden sich V. I. 2757, 2758, 2759 und 2762.

Die restlichen in der Antikensammlung noch vorhandenen vier Gefäße bzw. Fragmente sollen hier vorgestellt werden.

B 1.1.1 (Abbildung)
Schüssel

Impasto, »Caeretan Red-ware«,
letztes Viertel 7. Jh. v. u. Z.
Ziegelroter Ton, dunkelroter Überzug,
weiße Bemalung. Intakt, Stück der Lippe herausgeschlagen, kleine Ausplatzungen
H. 10,5 cm, D. 25 cm
Berlin, SMB, Antikensammlung
Inv.: F 243 (V. I. 2752)

Dickwandige halbkugelförmige Schale mit knapp ausbiegender gerader Lippe, unten kleine abgeplattete Standfläche. Innen breite konzentrische Streifen, außen dünne Linien, unterhalb des Randes ineinandergreifende schräge S-Haken (Flechtbandmuster), auf der Lippe Gruppen von je vier kurzen Strichen.

Keramik dieser Gattung (Kat.-Nr. B 1.2) wurde in und um Caere gefunden, so daß dort das Herstellungszentrum angenommen werden muß, vgl. Amphora in Oxford, Ashmolean Museum Inv. 1969.31 u. a. mit gleichem weiß aufgemaltem Streifen- und Flechtbandmuster (Ancient Italy before the Romans, Ashmolean Museum Oxford 1980, S. 35 Taf. 12a); weitere Amphoren s. G. Colonna, in: StEtr 41, 1973, S. 47 f. Anm. 14 – allgemein zur »Caeretan Red-ware« und den Beziehungen zu wahrscheinlich gleichzeitigen italo-geometrischen Amphoren siehe R. Dik, in: Classical Antiquities in Utrecht 1, 1978, S. 25 Anm. 10 und F. Buranelli, L'urna Calabresi di Cerveteri, 1985, S. 22–27.

Lit.: Furtwängler, Vasen, S. 28 Nr. 243. U. K.

B 1.1.2
Fragment einer kleinen stamnoiden Olla

Italo-geometrisch,
2. Hälfte 7. Jh. v. u. Z.
Blasser hellockerfarbener Ton, dunkelbrauner Firnis. Fragment mit Ansatz eines abgebrochenen Henkels, Ausplatzungen
H. (erh.) 10,1 cm, Br. (erh.) 12,8 cm,
vermutlicher D. 13 cm
Berlin, SMB, Antikensammlung
Inv.: F 1280 (V. I. 2661)

Teil der Wandung und des Randes eines dünnwandigen bauchigen Gefäßes ohne Lippe.

B 1.1.1

In Schulterhöhe Ansatz eines Henkels. Auf der Schulter Schleifenband, darunter dünne und dicke horizontale Linien.

Gefäße dieses Typs, die als Ollen oder Pyxiden bezeichnet werden, sind für die jüngere orientalisierende Phase in Latium und Südetrurien charakteristisch; vgl. F. Canciani, in: CVA Tarquinia 3, 1974, Taf. 30.7 S. 38 f. und hier Kat.-Nr. A 2.18.

Lit.: Furtwängler, Vasen, S. 147 Nr. 1280.

U. K.

B 1.1.3
Gefäßmündung (Olla)
Impasto, lazial, 2. Hälfte 7. Jh. v. u. Z.
Rotbrauner grober Ton, Stempel
D. (der Mündung) 21,4 cm
Berlin, SMB, Antikensammlung
Inv.: F 1644 (V. I. 2753)

Mündung eines Reliefgefäßes, knapp am Schulteransatz abgebrochen. Die flache Lippe mit umlaufenden konzentrisch eingeritzten Linien, auf der Schulter Stempelfries von stark stilisierten kleinen phönikischen Palmetten. Die Mündung gehörte wohl zu einer geriefelten Olla, wie sie aus dem lazialen Bereich bekannt ist; vgl. Olla aus Rom, Tomba infantile sotto il palazzo dei Flavi, Nr. 11 (Civiltà del Lazio primitivo, 1976, S. 124 f. Taf. 16 B 11) und die Ollen aus Pratica di Mare, Tomba a cassone sotto l'heroon di Enea, Nr. 23 und 24 (ebd. S. 309 Taf. 80).

Lit.: Furtwängler, Vasen, S. 198 Nr. 1644.

U. K.

B 1.1.4
Gefäßmündung (Olla)
Impasto, lazial, 2. Hälfte 7. Jh. v. u. Z.
Dunkelroter Ton mit Stempeln und Riefelung
D. (der rekonstruierten Mündung) 16,3 cm
Berlin, SMB, Antikensammlung
Inv.: F 1645 (V. I. 2754)

Mündung und Teil der Schulter eines kleineren Reliefgefäßes, ähnlich Kat.-Nr. B 1.1.3. Auf der Schulter Stempelfries mit stark abstrahierten kleinen phönikischen Palmetten, Ansatz vertikaler Riefeln.

Lit.: Furtwängler, Vasen, S. 198 Nr. 1645.

U. K.

B 1.2 (Abbildung)
Ringaskos
Impasto, »Caeretan Red-ware«,
Anfang 6. Jh. v. u. Z.
Ockerfarbener grober Ton mit weinrotem glänzendem Überzug und weißer Bemalung, teilweise abgewittert oder versintert.
Henkel und Lippe des Ausgusses abgebrochen
H. 7,0 cm, D. 13,5 cm
Aus Caere (Ruspoli 320); 1911 Schenkung von E. P. Warren
Leipzig, KMU, Antikenmuseum Inv.: T 3276

Rundes schlauchförmiges Gefäß, sogenannter Askos, mit hochgezogener Ausgußtülle und Bügelhenkel, wahrscheinlich zur Aufbewahrung von Öl. Luftloch unter dem Ansatz des abgebrochenen Henkels sichtbar. Das ungewöhnlich schwere dickwandige Gefäß mit geringen Unebenheiten zeigt trotz des nur grob geschlämmten Tones eine glatte glänzende Oberfläche in weinroter Farbe, von der sich die dicke weiße Bemalung, soweit erhalten und nicht versintert, kräftig abhebt. Das untere Drittel des Gefäßes und die Innenseite waren ursprünglich deckend weiß, die übrigen Partien mit einem (besser erhaltenen) weißen Dreiecksmuster bemalt. Auf dem oberen Teil sind den langen spitzwinkligen Dreiecken, die von innen nach außen zeigen, kleinere Dreiecke eingestellt. Der mittlere Streifen trägt eine Inschrift und kurze auf den Spitzen stehende Dreiecke. Die linksläufige Inschrift mit offensichtlich dünnlinig vorgezeichneten und dann verdickten weißen Buchstaben deutet durch den Wortbeginn »mi« Besitzanspruch an. Die von A. Rumpf vorgelegte Umschrift verzichtet auf Deutung oder

Worttrennung: *mi venclusiaχe(?)s.an(?)uluem-knievrtun.* Für die zeitliche Einordnung des Gefäßes bietet sich die Technik der Bemalung an. Sie entspricht der »Caeretan Red-ware« vom letzten Viertel des 7. bis zum Anfang des 6. Jh. v. u. Z. (vgl. E. Pottier, Vases Antiques du Louvre I, 1897 D 150 f. Taf. 34 und MonAnt 42, 1955, S. 531 Nr. 13 Abb. 128: Ornament am Hals der Amphore Inv. 47948). Vorbilder für Form und Dekorationsweise lassen sich in der italo-geometrischen Keramik aufzeigen (CVA Tarquinia 3, 1974, Taf. 27.7–8 S. 36).

Lit.: E. Rumpf, in: StEtr 2, 1928, S. 403 Taf. 44; zum Gefäßtypus vgl. U. H. Rüdiger, Askoi, Diss. Freiburg i. Br. 1960.   E. P.

B 1.3
Zweihenkelige Olla mit Deckel
Impasto, Bolsena-Gruppe,
letztes Viertel 7. Jh.–Anfang 6. Jh. v. u. Z.
Ziegelroter Ton, Oberfläche dunkelrot und schwarzfleckig, weiße Bemalung. Intakt, kleine Ausplatzungen am Deckelrand
H. (m. Deckel) 38,5 cm, D. 28 cm
Aus Orvieto. Das Gefäß war lt. Inventareintragung »zu etwa einem Viertel mit einer kleinen Hülsenfrucht gefüllt (wahrscheinlich Hirse)«; um 1892 erworben
Berlin, SMB, Antikensammlung
Inv.: V. I. 3214

Dickwandiges ovoides Gefäß mit zwei horizontal ansetzenden Henkeln im oberen Drittel. Kleine, knapp ausbiegende Lippe, innen mit einem Falz zur Aufnahme eines Deckels. Weiße Bemalung mit umlaufenden horizontalen Linien, dazwischen abwechselnd horizontale Wellenlinien und Punktreihen, in der Henkelzone konzentrische Kreise. Die Henkelansätze sind weiß umrandet und auf die Henkel Querstriche gemalt.

Deckel mit flachem Knauf und mittlerem Buckel. Auf dem Knauf ein Zickzackmuster, um den Knauf konzentrische Linien mit zwischengesetzten Punkten, ein Wellenband und konzentrische Kreise. Obwohl Material und Bemalung dem Gefäß gleichen, paßt der Deckelfalz nicht in die Mündung des Gefäßes.

Zur Bolsena-Gruppe, deren Werkstatt in oder bei Orvieto lokalisiert ist, siehe G. Colonna, in: StEtr 41, 1973, S. 57–58 und zuletzt P. Tamburini, in: AnnFaina 2, 1985, S. 200–201 Abb. 36 bis 39. Allgemein sind bisher zwei Vasenformen dieser Gruppe bekannt: die zweihenkelige Schale und die Olla (vgl. bes. mit unserer: Colonna, a. O., S. 58 Anm. 75).

Lit.: Unveröffentlicht.   J. G. Sz./U. K.

B 1.4
Reliefpithos
Impasto, Caere, 1. Hälfte 6. Jh. v. u. Z.
Ziegelroter Ton mit schwarzen Einschlüssen, dunkelroter Engobe, Relief- und Stempeldekor. Aus mehreren Stücken zusammengesetzt, Teil der Wandung und Fuß ergänzt

H. 111,5 cm, D. 59 cm
Aus Tarquinia; 1841 gefunden, 1876 durch
Curtius von Minutoli in Rom erworben
Berlin, SMB, Antikensammlung
Inv.: F 1642 (TC 7439)

Großes henkelloses, nach unten sich verjüngendes und gerade abschließendes Gefäß mit
kurzem Hals und umgebogener untergriffiger
Lippe. Am Bauch vertikal geriefelt, unten ein
plastisches Zickzackband zwischen horizontalen Wulstringen. Der unverzierte untere Teil des
Gefäßes – hier größtenteils in Gips ergänzt –
wurde bis zum Wulst in eine Standplatte gesetzt, um die Standfestigkeit des hohen Gefäßes zu sichern. In der Zone der größten Ausdehnung Band aus quadratischen Flachreliefstem-
peln mit schreitendem Greif, darüber plastischer Fries girlandenartig einander überschnei-
dender Halbbögen mit Kreisornament an den
Spitzen.

Nach den Hauptfundorten zu urteilen, sind
diese Vorratsgefäße vorwiegend in einer Caeretaner Werkstatt produziert worden. Unser
Gefäß muß deshalb als »Import« angesehen
werden.

In Form und Dekoration ist eine treffende
Parallele der Pithos in Leningrad, Staatliche Er-
mitage B 1835 (Aus Gräbern und Heiligtümern,
Katalog Hamburg 1980, S. 229); s. S. Bori-
skovskaja, in: WissZRostock 19, 1970, Heft 8,
S. 567 ff. und Gli Etruschi e Cerveteri, Katalog
Mailand 1980, S. 69 ff.

Die ursprüngliche Nutzfunktion der Pithoi als
Vorratsgefäße ist bei diesen mit orientalischen
Fabelwesen verzierten Gefäßen, die meist in
Gräbern gefunden wurden, umgewandelt in
eine sepulkrale Funktion als Teil des Hausrates,
der dem Verstorbenen im Jenseits zur Verfügung stehen sollte.

Lit.: Furtwängler, Vasen, S. 197 Nr. 1642;
M. Pallottino, in: MonAnt 36, 1937, 1, Sp. 211 f.
Abb. 47.   U. K.

B 1.2

B 1.5
Rundes Becken mit Rollstempelfriesen
Impasto, Caere, 1. Hälfte 6. Jh. v. u. Z.
Ziegelroter, an der Oberfläche teilweise
fleckiger Ton, Rollstempelfriese. Riß
und flache Beschädigung an der Lippe
H. 13,5 cm, D. 54 cm
Fundort unbekannt; 1882 erworben
Berlin, SMB, Antikensammlung Inv.: F 1638

Flaches schüsselartiges Gefäß mit breitem
umgebogenem Rand auf hohem Standring.
Zwei Bildstreifen auf der horizontalen äußeren
Randfläche und auf dem oberen schrägen Teil
der Innenwandung mit identischen Darstellungen: Laufender bartloser nackter Mann nach
rechts mit langem Haar, den linken Arm mit einem Jagdgerät weit vorstreckend, dann nackter
Reiter nach rechts, mit kurzem Stock auf das
laufende Pferd schlagend, Chimära nach
rechts, vor ihr ein Zweig, zuletzt eine Gruppe
von zwei Löwen, die einen Stier anfallen. Diese
Abfolge ist nicht immer vollständig im Rapport.

B 1.7

Der auch als Foculo oder Braziere bezeichnete Gefäßtyp (G. Camporeale, La Caccia in
Etruria, 1984, S. 108 f.) ist wie der Pithos (Kat.-
Nr. B 1.4) im Caeretaner Gebiet beheimatet und
diente dem sepulkralen und kultischen Gebrauch. Typisch ist die Rollstempelverzierung
auf und unterhalb der Lippe in mehreren Friesen (z. B. Becken A 7113 vom Monte Abbatone,
Grab 334 und A 7105 aus der Nekropole Lag-
hetto II, Grab 243). Der Rollstempelfries
tauchte zunächst auf Caeretaner Pithoi, dann
gegen Ende des 7. Jh. und im gesamten
6. Jh. v. u. Z. speziell auf den Foculi auf.

Lit.: A. Furtwängler, in: AZ 1883, Sp. 161 und
Kleine Schriften I, 1912, S. 486; siehe auch Gli
Etruschi e Cerveteri, Katalog Mailand 1980,
S. 69 ff.   U. K.

B 1.6
Thronsessel
Impasto, 3. Viertel 7. Jh. v. u. Z.
Rotbrauner Ton mit geglätteter Ober-
fläche und Ritzungen. Aus vielen Stücken
zusammengefügt und ergänzt
H. 41,5 cm, Br. 40,8 cm
Aus Chiusi, angeblich in einer
»tomba a ziro« gefunden, zusammen mit
dem Kanopus F 3977 in Berlin (West);
1884 von Helbig erworben
Berlin, SMB, Antikensammlung
Inv.: F 3976 (TC. 7836)

Zylindrisches Unterteil, leicht nach oben sich
verjüngend, mit breit ausladender Rückenlehne. Im Sitz eine kreisrunde Öffnung zur Aufnahme der Urne.

Um das Unterteil laufen neun eingeritzte Vierfüßler mit erhobenem Schwanz nach rechts, davor Andeutung aufgebogener Flügel, darunter
stehende Dreiecke. Außen befinden sich in der
Lehnenmitte eine Kreisrosette (teilweise falsch
ergänzt), rechts und links davon ineinanderge-
stellte Vierecke, dann je eine Rosette aus Kreissegmenten. Zwischen Unterteil und Lehne läuft
eine breite flache Leiste mit netzartiger Ritzung.

Der Thronsessel ist offenbar eine Imitation
gleichartiger Bronzesessel, deren Gravuren
hier in Ritzzeichnungen umgesetzt worden
sind. Der querschraffierte Tonwulst entspricht
den sonst üblichen Bronzereifen (Gempeler
S. 197), vgl. etwa dazu auch den Sessel aus
dem Regolini-Galassi-Grab von Caere (Giglioli,
AE, Taf. 16.2).

Lit.: A. Furtwängler, in: AZ 1885, Sp. 156;
Gempeler, S. 23 f. Nr. 8 (angeblich verschollen),
197 und 246 f. (Kanopensessel allgemein).
                                                        U. K.

B 1.7 (Abbildung)
Kanopus (Kopf)
Impasto, letztes Viertel 6. Jh. v. u. Z.
Roter Ton, Oberfläche geglättet. Risse
am Hals, Kinnpartie aufgerauht (Bart?),
zwei Löcher im Hals unten, wohl zur
Befestigung an einer Urne, und oben im
Schädel ein großes Brennloch
H. 22,8 cm
Aus Rom; 1833 zusammen mit einer nicht
zugehörigen Urne erworben, jetzt in
Berlin (West)
Berlin, SMB, Antikensammlung
Inv.: F 1632

Männerkopf, unten offen und hohl, mit niedriger Stirn, breiten geraden Brauen, gerader
Nase, geschlossenem Mund und kräftig modelliertem Kinn. Das kurze ungescheitelte Haar
fällt in dicken perlschnurartigen Strähnen
gleichmäßig vorn bis knapp an die Brauen und
hinten bis zum Ansatz des Nackens.

Der Kopf gehört in die Reihe der Kanopen
vom Typ Clusium 5 G (Riis S. 69) und ist vergleichbar dem Kopf in Florenz, Museo Archeologico Nr. 94617 (Gempeler, S. 112 Nr. 102,
Taf. 31.3–4).

Lit.: W. Dorow, Voyage arch. dans l'Etrurie.
Paris 1829, Taf. 5.1; Gempeler, S. 144 ff. Nr. 146
(dort als verschollen bezeichnet!).   U. K.

B 1.8
Kanopus (Kopf)
Impasto, frühes 5. Jh. v. u. Z.
Rotbrauner glimmerhaltiger Ton,
Oberfläche geglättet, mit Ritzungen.
Linkes Ohr fehlt, ein Stück am Hals
ergänzt und Kinn bestoßen
H. 22,5 cm
Fundort unbekannt, wahrscheinlich aus
dem Gebiet von Chiusi; zusammen mit einer
kopflosen Sitzstatue (Kat.-Nr. B 10.11)
von Gerhard erworben
Berlin, SMB, Antikensammlung
Inv.: 30826

Weiblicher, innen hohler Kopf, dessen erhaltenes Ohr zur Aufnahme eines Schmuckanhän-
gers durchbohrt wurde. Das nackenlange Haar
ist gescheitelt und nur eingeritzt. Der Mund ist
geschlossen, die Nase klein und gerade, die
Stirn niedrig. Der Hals ist an beiden Seiten
durchbohrt, wohl zur Befestigung auf einer
Urne

Die Verbindung des Kopfes mit einer figürlichen Steinurne war auf eine neuzeitliche Mani-
pulation zurückzuführen. Stilistisch gehört der
Kanopus zu den spätesten Exemplaren dieser
Gattung – vgl. etwa den Kopf in Florenz, Mus.
Archeol. Inv. 14620 (Gempeler, Nr. 111 Taf.
36.4 und 37.1).

Lit.: Conze, S. 486 Nr. 1262.   U. K.

B 1.9
Urne (Stamnoide Olla)
Impasto, 6. Jh. v. u. Z.
Roter geglätteter Ton. Fuß aus schwarzem
Ton nicht zugehörig
H. 25 cm
Aus Sarteano; 1841 von Gerhard erworben.
Unter gleicher Inventarnummer ein
Thronsessel und ein Kanopus,
beide in Berlin (West), deren
Zugehörigkeit nach Furtwängler,
Vasen Nr. 1631, nicht sicher ist
Berlin, SMB, Antikensammlung
Inv.: F 1631

Amphorenartiges, nach unten sich verjüngendes Gefäß mit zwei schlaufenartigen Henkeln an der Schulter und kurzem zylindrischem
Hals, über den ursprünglich ein Kanopus gestülpt wurde. Da diese Urne in einem Thronsessel stand, ist anzunehmen, daß sie fußlos war
wie ähnliche Aschenbehälter.

Gräber mit Thronsessel und einer Urne mit
Kopfaufsatz (Kanopus) gehören zu einer Bestattungsform, die für das Chiusiner Gebiet in
archaischer Zeit typisch war.

Die Gesichtszüge der Kopfaufsätze waren
meist sehr allgemein gehalten und verkörpern
eher einen traditionellen Typus, was porträt-
hafte Züge bis auf eine gewisse Charakterisierung des Geschlechtes (Barttracht) weitestge-
hend ausschloß. Die sogenannten Ziro-Gräber
(»Tonfässer« mit Urne und Beigaben), in denen
die Kanopen meist anzutreffen sind, stellten
eine Weiterentwicklung der eisenzeitlichen
Pozzo-Gräber seit dem 2. Viertel des 7. Jh.
v. u. Z. im Gebiet von Chiusi dar. Aus den Dek-
kelschalen entstanden die Kopfaufsätze, während die Graburnen ihre Olla-artige Gestalt bei-
behielten, auch wenn bisweilen zusätzlich Arme
anmodelliert oder beigefügt wurden. In der ersten Hälfte des 6. Jh. v. u. Z. erhielten dann die
Kanopen ihre bis zum Beginn des 5. Jh. v. u. Z.
nachweisbare »Standard-Form«, wie sie die
hier vorgestellten Exemplare zeigen. Die Kanopen, als eine besondere lokale Tradition im fu-
neralen Brauchtum, wurden kaum oder nur am
Rande von fremden Einflüssen, etwa der griechischen Kunstproduktion, berührt. Sie entstammen einem vorhistorischen bäuerlichen
Grabkult, der sich im Innern Etruriens offenbar
länger hielt als in den Küstenregionen und in
dem die Individualität des Verstorbenen durch
eine besondere Gestaltung des Grabgeleges rituell bewahrt wurde.

Lit.: E. Gerhard, Neuerworbene Denkmäler,
Heft 3, 1847, Taf. VI Nr. 1796; Gempeler,
S. 140 f Nr. 138; ergänzend zur Deutung der
Kanopen M. Cristofani, in: StEtr 44, 1976,
S. 475 ff. und L'arte degli etruschi, 1978, S. 123
bis 128.   U. K.

B 2 Bucchero-Keramik

Die Bucchero-Keramik ist eine charakteristische schwarzglänzende Tonware aus der Blütezeit der etruskischen Stadtkulturen im 7. und 6. Jh. v. u. Z. Der Name ist einer spanischen Bezeichnung für präkolumbianische südamerikanische Keramiken (bucaro) entlehnt, deren portugiesische Nachahmungen etwa zur Zeit der Entdeckung der etruskischen Nekropolen in Italien sehr beliebt waren. Die Bucchero-Ware war ein ausgesprochenes Tafelgeschirr, das vorwiegend aus Gefäßtypen bestand, die für den Weinkonsum benötigt wurden. Es entstand im 2. Viertel des 7. Jh. v. u. Z. aus dem lokalen Impasto durch Vervollkommnung der Brenntechnologie und wurde in großen Mengen bis zum Beginn des 5. Jh. v. u. Z. produziert. Bucchero-Vasen wurden auf der Drehscheibe gefertigt und unter Luftabschluß in einem mit organischem Material angereicherten Raum bei etwa 600 °C gebrannt. Unter diesen Bedingungen, die etwa denen im Inneren eines Meilers bei der Herstellung von Holzkohle entsprachen, wurde in einer reduzierenden Atmosphäre elementarer Kohlenstoff freigesetzt, der das Brenngut durchgehend dunkelgrau bis schwarz einfärbte und das im Ton enthaltene Kalzit im Verlaufe einer Brenndauer von 8–10 Tagen zersetzte. Aufgrund dieses Verfahrens darf man annehmen, daß die Bucchero-Produktion von der Technologie der Metallgewinnung, für die in großem Umfang auch Holzkohle notwendig war, beeinflußt worden ist. Gleiches gilt für die Gefäßtypen, die häufig Formen und Zierelemente auf

B 2.1

wiesen, die für aus Metall gefertigte Gefäße charakteristisch waren.

Nach der Dekorationsweise und der Tonqualität lassen sich zahlreiche lokale Werkstätten in Etrurien, aber auch im etruskischen Einflußgebiet (Kampanien) nachweisen. Außerdem wurde diese Keramik bisweilen außerhalb Italiens – z. B. in Südfrankreich – nachgeahmt, und auch in die griechische Vasenproduktion (Athen) wurden einzelne Gefäßtypen (Kyathoi, Kantharoi und nikosthenische Amphoren) übernommen.

Die frühe Bucchero-Keramik ist dünnwandig und hat eine hervorragend geglättete, schwarzglänzende Oberfläche, die nur sparsam in Ritztechnik und mit eingedrückten punktierten Fächermustern verziert ist. Diese geschlossenen oder geöffneten Fächer wurden meist mit Hilfe eines kammartigen Instrumentes eingedrückt. Seltener sind figürliche Ritzzeichnungen, meist Tierfriese, die den Einfluß der zeitgenössischen orientalisierenden etrusko-korinthischen Vasenmalerei zeigen. Dieses frühe Bucchero sottile (»feines Bucchero«) wurde hauptsächlich in Caere, daneben aber auch in Veji und Tarquinia produziert.

Charakteristische Gefäßtypen waren steilwandige Trinkgefäße mit flachem Boden (Kantharos, Kyathos und Kelch), Oinochoen, die protokorinthische Vorbilder nachahmten, und Amphoren, welche von den Impasto-Spiralamphoren abgeleitet werden können. Letztere lassen eine durchgehende Entwicklung von der gedrungenen sphärischen zur schlanken spindelförmigen Form der nikosthenischen Amphora erkennen. Jener etruskische Amphorentyp, der bis zum 3. Viertel des 6. Jh. v. u. Z. alte Merkmale wie Bandhenkel und Kegelhals tradierte, wurde in der athenischen Werkstatt des Nikosthenes nachgeahmt und nach Etrurien exportiert, was in Caere dazu führte, daß man auch Bucchero mit roter und weißer Farbe bemalt hat (s. S. 417 Abb.). Griechische Amphorentypen dagegen wurden erst im späteren 6. Jh. v. u. Z. in die Bucchero-Keramik übernommen (Kat.-Nr. B 2.4). Seit dem späten

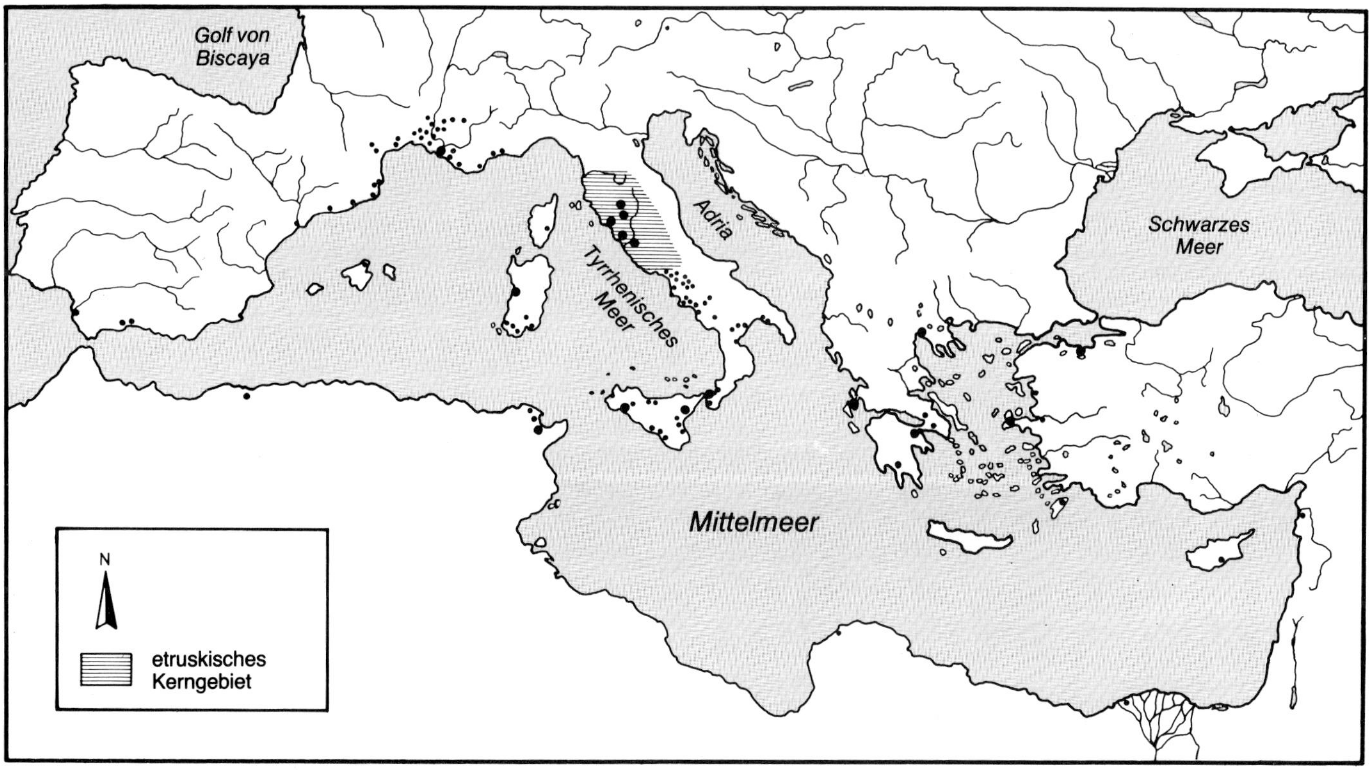

Verbreitung von Bucchero-Keramik

7. Jh. v. u. Z. sind besonders in Caere nach orientalischen Vorbildern auch Karyatidenkelche hergestellt worden – Gefäße mit figürlichen und durchbrochen gearbeiteten Stützen, zu denen auch Parallelen aus Metall und Elfenbein bekannt sind (Kat.-Nr. B 2.44, 45). Die Kelchstützen, ebenso wie reliefierte Gefäßhenkel, lassen die Verwendung von Matrizen zur Vervielfältigung einzelner Motive erkennen. Kelche erhielten seit dem frühen 6. Jh. v. u. Z. ornamentale oder figürliche Rollstempelfriese. Werkstätten dieser rollstempelverzierten Keramik (Bucchero a cilindretto) lassen sich in Tarquinia, Or-

vieto und Chiusi lokalisieren (Kat.-Nr. B 2.37 bis 39). Weitere Bucchero-Werkstätten, die südetruskisches Formengut aufgriffen und in wachsendem Maße durch abgeformten plastischen Dekor bereicherten, waren im Gebiet um Vulci (Kat.-Nr. B 2.14–17) angesiedelt. Eine Vorliebe für orientalisierenden Reliefdekor nach dem Vorbild frühen Caeretaner Buccheros zeigen Produktionszentren in Nordetrurien (Populonia, 3. Viertel 7. Jh. v. u. Z.). Formen und Verzierungen dieser Bucchero-Ware lassen enge Beziehungen zur Toreutik erkennen. Etwa seit der Mitte des 6. Jh. v. u. Z. kam das dickwandige, re-

liefverzierte Bucchero pesante (»schweres Bucchero«) in Chiusi auf. Das chiusinische Bucchero pesante war eine Massenware geringer Qualität, die in breiter Anwendung des Matrizenabformverfahrens überreich mit Reliefbildern und Applikationen aus einem begrenzten Typenvorrat verziert wurde. Einzelne Gefäßformen scheinen auch aus Teilen zusammengesetzt, die mit Hilfe von Schablonen entstanden. Details der manchmal unvollständig abgedrückten Model wurden mit dem Modellierstab nachgearbeitet. In der Dekoration dieser im 5. Jh. v. u. Z. verebbenden Vasenproduktion blieb man griechisch-orientalisierenden Vorbildern (»dädalische« Köpfe, Friese aus Tieren und Fabelwesen) verpflichtet. Die Gefäßtypen – Hydrien, Oinochoen, Becken, Räuchergefäße, »Kohlebecken« (foculi), Kelche und Pyxiden auf hohem Fuß – lassen einen zunehmenden Einfluß griechischer Gefäßformen erkennen.

Ein hoher Prozentsatz dieser Bucchero-pesante-Keramik wurde wahrscheinlich direkt als Grabbeigabe und für funerale Riten produziert. Bucchero-Vasen wurden aber auch in größerer Anzahl sicher im Zusammenhang mit dem etruskischen Weinhandel exportiert, worauf Kannen und Kantharoi aus Bucchero in Verbindung mit etruskischen Transportamphoren in Schiffswracks vor der südfranzösischen Küste hinweisen. Die Hauptexportzeit reichte vom letzten Drittel des 7. bis zur Mitte des 6. Jh. v. u. Z., und die Hauptfundorte liegen am Golf von Lyon, an der spanischen Küste und auf Sizilien. Auch in Karthago und in griechischen Heiligtümern (Samos, Perachora) wurde etruskischer Bucchero (meist Kantharoi) neben Bronzearbeiten gleicher Provenienz gefunden. Die Verbreitung dieses Materials erlaubt somit wichtige Rückschlüsse auf die Kontakte, die etruskische Zentren mit dem übrigen Mittelmeergebiet unterhalten haben. Die als Luxusgeschirr im Haushalt oder für den Grabritus der etruskischen Aristokratie verwendete Bucchero-Keramik liefert aber auch wichtige Informationen über das spezialisierte urbane Handwerk, das sich aus lokalen Wurzeln in den etruskischen Stadtstaaten unter anwachsendem griechischem Einfluß entwickelt hat.

Lit.: B. Bouloumié, Le bucchero nero d'Etrurie, in: Latomus 41, 1982, S. 772–784 (Bibliographie); T. B. Rasmussen, Bucchero Pottery from Southern Etruria, 1979; J. M. J. Gran Aymerich, CVA Louvre 20, 1982; G. Camporeale, Buccheri a cilindretto di fabbrica orvietana, 1972; ders., in: StEtr 40, 1972, S. 115–149; S. P. Boriskovskaja, in: VDI 1971, 1, S. 29–40; G. Batignani, in: StEtr 33, 1965, S. 295–316; L. Donati, in: StEtr 35, 1967, S. 619–632; 36, 1968, S. 319–355 und 37, 1969, S. 441–460; M. Cristofani u. a., in: StEtr 40, 1972, S. 75–114; Albore-Livadie; Etrusker in der Toskana, Katalog Hamburg 1987, S. 252–258 (S. Bruni); M. Bonamici, I Buccheri con figurazione graffite, 1974.   S. B.

B 2.2

B 2.1 (Abbildung)
Bandhenkelamphora
Bucchero sottile, Caere, 670–640 v. u. Z.
Grauer Ton, Oberfläche schwarzglänzend
poliert, im unteren Teil braun;
Ritzungen, teilweise mit weißen
Inkrustationen. Am Rand mehrfach
gebrochen, ein Henkel fehlt, Haarrisse
am Bauch
H. 19,2 cm, D. 17,5 cm
Fundort unbekannt; 1827 aus Sammlung
Bartholdy erworben
Berlin, SMB, Antikensammlung Inv.: F 1410

Sehr dünnwandiges Gefäß mit kugeligem
Bauch, deutlich abgesetztem kegelförmigem
Hals und breiten Bandhenkeln. Ritzungen: Am
Bauch beidseitig phönikische Palmette, bestehend aus einem Volutenbogen und einem großen Palmettenfächer über einem halbrunden
Kernstück. Auf den Henkeln vertikale Striche;
an den Seiten W-förmiges Ornament aus je
sechs parallel verlaufenden Ritzlinien.

Zur Entwicklung der Bandhenkelamphora
CVA Louvre 20, 1982, S. 19 ff. (mit Lit.). Vergleichbar ist die Stufe der Amphora Inv. C 403
(ebd., Taf. 10.3–4); siehe auch Amphoren des
Typs 1a bei Rasmussen, S. 69 Taf. 1. Die phönikische Palmette ist ein orientalisches Motiv, das
in der frühen orientalisierenden Phase in Etrurien häufiger auftritt (Elfenbeinarm aus Palestrina, Tomba Barberini: 670–650 v. u. Z.), später besonders auch auf etrusko-korinthischen
Vasen (Kat.-Nr. B 4.33–34).

Lit.: A. Furtwängler, Vasen, S. 163 Nr. 1410.
U. K.

B 2.2 (Abbildung)
Amphora
Bucchero, Caere, 560–530 v. u. Z.
Schwarzglänzender Ton
H. 35,2 cm
Fundort unbekannt; 1862 aus Sammlung
Campana erworben
Leningrad, GE, Antikensammlung Inv.: B 1368

Gefäß mit eiförmigem Rumpf, schmalen
Schultern und sich nach oben verengendem
schlankem Hals, der allmählich in eine breite
gerade Mündung übergeht und von dem zu den
Schultern breite, flache konkave Henkel führen.
Der Fuß ist trompetenförmig. Im oberen Teil des
Rumpfes ist ein Streifen, der von zwei Wulstringen eingefaßt wird. Auf dem Henkel ein gestempeltes Relief in einem rechteckigen Rahmen:
ein Panther, zwei Löwen nach links; unter dem
Maul des Panthers befindet sich eine Rosette
aus neun Punkten.

Das Gefäß gehört zur großen Gruppe der
nikosthenischen Amphoren. Es zeichnet sich
durch eine besonders herausragende Qualität
der glänzenden, fast spiegelglatten Oberfläche
aus. Zentrum der Herstellung ist Südetrurien,
wahrscheinlich Caere (vgl. CVA Louvre 20,
1982, Taf. 36,1–9 S. 78 f.).

Lit.: Stephani, Nr. 207, Val'dgauer, Nr. 466;
S. P. Boriskovskaja, in: SA 1969, Heft 2, S. 47 f.
Abb. 4–5. S. B.

B 2.3
Amphora
Bucchero pesante, Chiusi,
2. Hälfte 6. Jh. v. u. Z.
Glänzender schwarzer Ton.
Zusammengesetzt aus Fragmenten;
ein Teil des Randes, Fuß und Oberteil
von beiden Henkeln vervollständigt,
ebenso einige Teile des Halses,
besonders in der Mitte
H. 17,3 cm, D. 11,5 cm
Aus Sammlung Palme
Prag, NM Inv.: 4459

Kesselartiges Gefäß mit hohem konischem
Hals und Bandhenkeln, die von der ausladenden Schulter bis zum Lippenrand reichen. Der
Hals ist leicht gewölbt. In der Mitte konvexes
Band zwischen Rundstäben, auf dem Band geritzte Felder mit Andreaskreuzen. An der Schulter oben und unten je zwei waagerechte Leisten, dazwischen zwei geritzte Zickzacklinien.
Unten am Bauch im Relief vier Löwen mit vier
Zungen abwechselnd. Details der Löwen geritzt, ebenso die spiralförmigen Schwänze. Unter dem Löwenfries zwei waagerechte Rillen.
Die Form des Gefäßes erinnert an attische Amphoren des nikosthenischen Typs (vgl. Kat.-
Nr. B 2.2).

Lit.: Antické umění Nr. 231; Umění Etrusků
Nr. 48 (Abb.); ähnlicher Typ: L. Donati, in: StEtr
36, 1968, S. 347 Nr. 236, Abb. 5c. J. B.

B 2.4 (Abbildung)
Amphora
Bucchero pesante, Chiusi,
letztes Viertel 6. Jh. v. u. Z.
Dunkelbrauner Ton, Oberfläche graubraun
fleckig. Intakt
H. 29,0 cm, D. 21,0 cm
Aus Chiusi; 1831 aus Sammlung Dorow-
Magnus erworben
Berlin, SMB, Antikensammlung
Inv.: F 1599

Spitz nach unten zulaufendes Gefäß mit
knapp umbiegender Schulter, geradem, abgesetztem Hals, wenig sich erweiternder Mündung und breiten Bandhenkeln, die bogenförmig von der Schulter bis kurz unterhalb der
Lippe verlaufen. Auf beiden Henkeln gleiche
Reliefdarstellungen: Im Profil gegenüberstehend links nackter Mann mit langem Haar in
Schrittstellung, der seine Linke auf die Schulter
einer langgewandeten Frau rechts legt. Die
Frau berührt mit ihrer Rechten den Kopf des
Mannes, während sie seinen gesenkten rechten Arm am Handgelenk mit ihrer Linken umfaßt
hält. Derselbe Stempel ist auf verschiedenen
Vasenformen aus Chiusiner Gräbern verwendet worden – vgl. Kat.-Nr. B 2.20; zur Ikonographie G. Säflund, in: Italian Iron Age Artefacts in
the British Museum, 1986, S. 471–74; hier
S. 471 als »Vorspielmotiv« zum »Hieros Gamos« gedeutet.

Lit.: Furtwängler, Vasen, S. 188 Nr. 1599.
J. G. Sz./U. K.

B 2.5
Stamnoide Olla
Bucchero, Ende 7. Jh. v. u. Z.
Schwarzglänzender Ton
H.: 28,6 cm
Fundort unbekannt; 1862 aus Sammlung
Campana erworben
Leningrad, GE, Antikensammlung
Inv · B 1849

Kugelförmiges Gefäß mit niedrigem, abgesetztem Hals und breiter ausbiegender Lippe.
Im unteren und mittleren Teil des Körpers sowie
am Halsansatz Wulstringe. Am mittleren Wulst
setzen zwei horizontale kompakte Henkel mit
Innensteg an. Zwischen den äußeren Wülsten
ist der Körper mit vertikal eingeritzten dünnen
Linien bedeckt. Kleiner, sich leicht nach unten
verbreiternder Fuß. Diese Form tritt selten bei
den Bucchero-Vasen auf, ein analoges Exemplar aus einem der Gräber vom Monte Michele
(Bucchero sottile mit eingraviertem Fries) erlaubt, unsere Vase mit dem Vulcenter Gebiet in
Verbindung zu bringen.

Lit.: Stephani, Nr. 279; Val'dgauer, Nr. 476;
S. P. Boriskovskaja, in: VDI 1975, Heft 4, S. 102
Abb. 4; Cristofani, Monte Michele, S. 29, 55
Taf. 12.1 Abb. 10, 26. S. B.

B 2.6
Stamnoide Olla
Bucchero, Orvieto,
1. Viertel 6. Jh. v. u. Z.
Dunkelgrauer Ton mit mattschwarzer
Oberfläche. Aus mehreren Stücken
zusammengesetzt
H. 13,32 cm, B. (m. Henkeln) 17,41 cm
Aus Orvieto
Budapest, SzM, Antikensammlung
Inv.: 56.142. A.

Gefäß ähnlich wie Kat.-Nr. B 2.5, jedoch mit
leicht nach innen geneigter zylindrischer Mündung und zwei aufwärtsgebogenen Horizontalhenkeln. Auf der Schulter umlaufendes Roll-
stempelrelief: oben und unten von einer Reihe
kleiner Vierecke gerahmte Blattzungen, die
Vertiefung mit Kalk ausgefüllt. Die Verzierung
und die Technik (Kalkinkrustation) sind charakteristisch für die Bucchero-Werkstätten aus Orvieto, wo mehrere mit dem gleichen Stempel
verzierte Stücke gefunden worden sind.

Lit.: G. Camporeale, Buccheri a cilindretto di
fabbrica orvietana, 1972, S. 15, 101; CVA Budapest 1, 1981, Taf. 3.2 S. 25 f. J. G. Sz.

B 2.7
Olla mit Deckel (Urne)
Bucchero pesante, 2. Hälfte 6. Jh. v. u. Z.
Schwarzglänzender Ton. Aus mehreren
Fragmenten zusammengesetzt, Rand des
Fußes teilweise weggebrochen
H. 35,7 cm
Fundort unbekannt; aus Sammlung Campana
1862 erworben
Leningrad, GE, Antikensammlung
Inv.: B 1375

B 2.4/B 2.20

Gefäß mit ovalem, sich leicht nach oben verbreiterndem Körper, zylindrischer Mündung und schmalem ringförmigem Fuß. Auf den Schultern drei vertikale Henkel. Am Schulteransatz und im unteren Teil des Rumpfes je drei Wulstringe. Der Deckel ist oben etwas gerundet, mit großem bikonischem Knauf. Die Form ist charakteristisch für das Vejenter Gebiet.

Lit.: Stephani, Nr. 214; Val'dgauer, Nr. 475; S. P. Boriskovskaja, in: VDI 1975, Heft 4, S. 99 Abb. 6; Cristofani, Monte Michele, S. 44 ff. Abb. 22.   S. B.

B 2.8
Hydria
Bucchero pesante, Chiusi,
2. Hälfte 6. Jh. v. u. Z.
Dunkelgrauer, dickwandiger Ton, matte graubraune Oberfläche. Fuß, rückwärtiger und rechter Henkel ergänzt; Mündung aus vielen Scherben zusammengesetzt, mit kleineren Ergänzungen
H. (ohne Ergänzung) 40,8 cm, D. 29 cm
Fundort unbekannt; aus Sammlung
B. Procopius über das Kunstgewerbemuseum 1948 an das SzM

Budapest, SzM, Antikensammlung
Inv.: T. 685

Ovoides Gefäß mit ausbiegendem profiliertem Mündungsrand, am Hals drei horizontale Reifen. An der Schulter umlaufendes reliefiertes Zungenmuster. Die Henkelansätze und die Mitte des Henkels mit plastischen Ringen verziert. Am rückwärtigen Henkelansatz beiderseits stilisierter Schlangenkopf. Am Körper oben und unten von zwei Reifen eingefaßter Fries: sechs sitzende Sphingen nach links; Umrisse, besonders an den Köpfen, nachgezeichnet.

Lit.: CVA Budapest 1, 1981, Taf. 8.1, 3–4 S. 35 f.; zur Werkstatt G. Batignani, in: StEtr 33, 1965, S. 296 ff.   J. G. Sz.

B 2.9
Oinochoe
Bucchero, letztes Viertel 7. Jh. v. u. Z.
Schwarzglänzender Ton
H. 27 cm
Fundort unbekannt; 1862 aus Sammlung Campana erworben
Leningrad, GE, Antikensammlung
Inv.: B 1354

Eiförmige Kanne protokorinthischer Form mit hohem Hals, Kleeblattmündung und Bandhenkel. Auf dem Henkel sind punktierte Fächer, am Fuß des Gefäßes eingeritzte Strahlen. Im oberen Teil des Rumpfes befindet sich ein schmaler Fries mit eingeritzten, nach links orientierten Darstellungen: Löwe, Pferd, Blumenkomplex, Greif (?), vertikales Blatt, Panther, Löwe, Sphinx. Die Vase ist ein frühes Beispiel für Bucchero mit figürlichen Ritzungen und läßt sich verbinden mit der frühen etrusko-korinthischen Vasenmalerei der polychromen Gruppe (Newcastle-Maler). Werkstatt in Caere oder Veji.

Lit.: Stephani, Nr. 211; Val'dgauer, Nr. 443; S. Boriskovskaja, in: SGE 42, 1977, S. 38–40; Rasmussen, S. 80 Typ 3d Taf. 9.39; zum Fries vgl. ebd. S. 133 Nr. 11 Taf. 59.413.   S. B.

B 2.10 (Abbildung)
Oinochoe
Bucchero, Caere,
letztes Viertel 7. Jh. v. u. Z.
Schwarzglänzender Ton. Stark restauriert
H. 35,5 cm
Fundort unbekannt; 1862 aus Sammlung Campana erworben

Leningrad, GE, Antikensammlung
Inv.: B 1364

Kanne wie Kat.-Nr. B 2.9, jedoch mit hochgezogenem breitem durchbrochenem Henkel. Am Fuß sind Strahlen, die durch doppelte eingeritzte Linien wiedergegeben sind, darüber zwei Rillen und Band senkrechter Linien, das gleiche auf der Schulter. Der Fries ist mit dünnen gekerbten Wulstringen umrahmt; ebensolche Ringe sind an Hals- und Mündungsansatz. Auf dem Fries sind linksläufig schreitende Tiere dargestellt: Hirsche, Panther und Greif. Die Tierkörper sind mit Binnenritzungen versehen. Auf dem Henkel befinden sich drei Greife nach links in durchbrochenem Relief.

Lit.: Stephani, Nr. 158; Val'dgauer, Nr. 494; Kul'tura i iskusstvo Etrurii, S. 17–18 Nr. 16; vgl. Bandhenkelamphora im Louvre, Inv. C 566 (CVA Louvre 20, 1982, Taf. 22 S. 63 f.).   S. B.

B 2.11
Oinochoe

Bucchero sottile, Caere,
letztes Viertel 7. Jh. v. u. Z.
Schwarzglänzender Ton
H. 23 cm, D. 14,8 cm
Aus Sammlung Palme
Prag, NM Inv.: 4750

Kanne, ähnlich wie Kat.-Nr. B 2.9, 10 und 12. Bandhenkel mit zwei kleinen hornartigen Ausläufern an der Lippe, und am Ansatz des Halses ein plastischer Ring, oben und unten von je einer Rille gesäumt.

In der dekorierten Zone am Oberteil des Bauches, von je zwei waagerechten Rillen begrenzt, senkrechte Ritzlinien. Kleiner konkaver Fuß mit plastischem Buckel in der Mitte.

Lit.: Umění Etrusků Nr. 41 mit Abb.; Antické umění Nr. 227 Taf. 31; vgl. Rasmussen, S. 78 f. (Typ 3a) Taf. 8.30.   J. B.

B 2.12
Oinochoe

Bucchero sottile, Caere, 610–580 v. u. Z.
Dunkelgrauer Ton, Oberfläche
schwarzglänzend
H. 29,7 cm, D. (der Öffnung) 14,9 cm
1913 aus der Ermitage Leningrad übernommen
(vorher Sammlung Pizzati, Nr. 1216)
Moskau, GMII, Antikensammlung
Inv.: II 1.b.568

Kanne wie Kat.-Nr. B 2.11, auch am oberen Henkelansatz mit kleinen hornartigen Ausläufern. Der Gefäßkörper ist durch drei Gruppen horizontaler Ritzlinien gegliedert.

Lit.: Rasmussen, S. 78 f. Typ 3a Taf. 8.32; vgl. CVA Kopenhagen 5, Taf. 212.4.   O. V. T.

B 2.13
Schnabelkanne

Bucchero, Caere (?), Mitte 6. Jh. v. u. Z.
Schwarzer Ton, Oberfläche matt, nur stellenweise poliert. Kleines Loch vorn in der Gefäßwandung
H. 17,8 cm, D. 11,5 cm

Aus Rom; 1889 von H. Dressel erworben
Berlin, SMB, Antikensammlung
Inv.: TC 8217,176

Länglicher Gefäßkörper mit weitem Standring. Abgesetzter gedrungener Hals mit vorspringendem horizontalem Ausguß. Schmaler vertikaler Bandhenkel mit Tierkopfenden an der oberen Auflage. Unter dem Henkel bis zum Standring eingeritzte Inschrift: *mimcc*

Zur Kannenform siehe: Rasmussen, S. 87 Typ 9b, Taf. 20.83, dieselbe Henkelform wie S. 66 Nr. 9 Taf. 61.420.

Lit.: Unveröffentlicht.   U. K.

B 2.14
Oinochoe

Bucchero pesante, Vulci,
2. Hälfte 6. Jh. v. u. Z.
Dunkelgrauer dickwandiger Ton, glänzend schwarze Oberfläche. Ein Teil des Standringes fehlt
H. (m. Rotellen) 30,22 cm, D. 18,4 cm
Fundort unbekannt; 1951 erworben
Budapest, SzM, Antikensammlung
Inv.: 51.834

Bauchige Kanne auf konischem Fußring. Reliefierte Reifen am Halsansatz. Der Hals durch

B 2.10

85

zwei Reifen von der Kleeblattmündung getrennt. Runder Henkel; am oberen Ansatz Rotellen mit plastischer Scheibe und Kugel in der Mitte – eine typische Verzierung für Bucchero-Gefäße in Vulci, sonst sehr selten.

Lit.: CVA Budapest 1, 1981, Taf. 8.2 S. 36; zur Form und Lokalisierung: Gsell, S. 463 (Form 63); Beazley-Magi, S. 145; zur Nr. 76 und G. Batignani, in: StEtr 33, 1965, S. 310–313.

J. G. Sz.

B 2.15 (Abbildung)
Oinochoe
Bucchero pesante, Vulci, 2. Hälfte 6. Jh. v. u. Z.
Schwarzglänzender Bucchero, Ritzungen und plastische Ausformungen.
Intakt, Bestoßungen am Fuß, kleine Aussprengungen an der Oberfläche
H. 29,5 cm, D. 16,5 cm
Aus Poggio Buco, Necropoli delle Sparne dell'Abbadia del Fiume, Grab 3

(Tomba a camera); 1898 von Mancinelli erworben
Berlin, SMB, Antikensammlung
Inv.: V. I. 3600

Dickwandige ovoide Kanne mit kleeblattförmiger Mündung und Rotellenhenkel. Einfacher konischer Fußring. Um den Bauch geritzte Linien, darunter zwölf plastisch ausgeformte langgezogene Tropfen. Ober- und unterhalb des scharfgratigen Halsabsatzes eingeritztes Zickzackmuster, innerhalb des Lippenansatzes drei eingetiefte Linien. Die Rotellen am oberen Henkelansatz tragen plastische Frauenköpfe mit geritzter »dädalischer« Frisur.

Zu den Oinochoen mit plastischer Verzierung siehe G. Batignani, in: StEtr 33, 1965, S. 296 bis 309; vgl. auch Fragment einer Rotellenoinochoe mit Kleeblattmündung aus Poggio Buco (Bartoloni, Nr. E 15 S. 204 f. Abb. 102 Taf. 141c und Tomba VIII Nr. 37).

Lit.: Boehlau, S. 187 Abb. 29.3; StEtr 35, 1967, S. 624.

U. K.

B 2.16
Oinochoe
Bucchero pesante, Vulci,
2. Hälfte 6. Jh. v. u. Z.
Schwarzglänzender Ton
H. 29,2 cm
Fundort unbekannt; aus Sammlung Campana 1862 erworben
Leningrad, GE, Antikensammlung
Inv.: B 1356

Kanne ähnlich Kat.-Nr. B 2.15. Auf dem Hals vier Rillen. Am Halsansatz ein dünner Wulst, darunter eine geritzte Bogenkette. In den abgeteilten drei Feldern auf der oberen Gefäßwandung je ein nach links schreitender Hirsch. Vulcenter Werkstatt.

Lit.: Stephani, Nr. 227; Val'dgauer, Nr. 497; S. P. Boriskovskaja, in: VDI 1971, Heft 1, S. 37 bis 38 Abb. 9.

S. B.

B 2.17 (Abbildung)
Oinochoe
Bucchero pesante, Vulci,
2. Hälfte 6. Jh. v. u. Z.
Schwarzglänzender Ton
H. 31,3 cm
Fundort unbekannt; 1862 aus Sammlung Campana erworben
Leningrad, GE, Antikensammlung
Inv.: B 1360

Kanne ähnlich Kat.-Nr. B 2.16, doch etwas schlanker, auf nach außen schwingendem niedrigem gekehltem Fuß mit Randwulst. Kurzer wulstförmiger Henkel, am oberen Ansatz zwei flache Rotellen. Drei Rillen auf dem Hals unter der Mündung und unterhalb der Gefäßmitte. Die obere Gefäßwandung wird durch spitz zulaufende Wulstgrate in drei Felder eingeteilt: in jedem ein nach rechts schreitender Löwe im Flachrelief. Vulcenter Werkstatt.

Lit.: Stephani, Nr. 260; S. P. Boriskovskaja, in: VDI 1971, Heft 1, S. 36 ff. Abb. 8.

S. B.

B 2.17

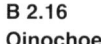

B 2.18

Oinochoe

Bucchero pesante,
2. Hälfte 6. Jh. v. u. Z.
Schwarzglänzender Ton
H. 34,8 cm
Fundort unbekannt; 1862 aus Sammlung
Campana erworben
Leningrad, GE, Antikensammlung
Inv.: B 1361

Bauchige Kanne auf flachem Fuß mit breiter Schulter, kurzem dünnem Hals und stark ausbiegender Kleeblattmündung. Der Bandhenkel ist verziert mit einem abstrakten Tierrelief; am oberen Henkelansatz Widderköpfe. Auf den Schultern ein reliefiertes Zungenmuster. Auf dem Körper ein Relieffries mit fünf nach rechts schreitenden Sirenen zwischen dreifachen Rundstäben; die Details geritzt. Das Gefäß ist sehr dickwandig und gehört zur Bucchero-pesante-Produktion einer Werkstatt in Chiusi oder Orvieto.

Lit.: Stephani, Nr. 209; Val'dgauer, Nr. 500; vgl. StEtr 33, 1965, S. 296 ff. (Typ A) Taf. 66 d.

S. B.

B 2.19

Gefäßfragment (Oinochoe?)

Bucchero pesante, 2. Hälfte 6. Jh. v. u. Z.
Dunkelgrauer Ton, glänzende schwarze Oberfläche.
Erhalten ist etwa die Hälfte des Vasenkörpers, aus fünf Scherben zusammengesetzt; am unteren Rand vier Löcher, wohl Spuren einer antiken Reparatur
H. 15,35 cm, B. 20,91 cm
Fundort unbekannt; in Rom erworben
(Nachlaß J. Fleissig)
Budapest, SzM, Antikensammlung
Inv.: T. 788

In einer oben und unten durch Reifen gerahmten Zone ein Relief mit fünf Löwenreitern, darunter umlaufender Fries aus der Wandung gedrückter Zungen. Die kleine Gruppe der stempelverzierten Bucchero-Gefäße, zu der das Stück gehört, ist eng mit der Produktion von Chiusi verbunden, aber nicht mit Sicherheit dort lokalisierbar.

Das Vorbild des Löwenreiters war vielleicht Herakles im Löwenkampf.

Lit.: CVA Budapest 1, 1981, Taf. 7.5–6 S. 34 f.

J. G. Sz.

B 2.20 (Abbildung)

Oinochoe

Braunes Bucchero pesante, Chiusiner Werkstatt, 2. Hälfte 6. Jh. v. u. Z.
Dunkelbrauner Ton, Oberfläche braun-graufleckig, matt poliert. Stück der Mündung ergänzt, Bestoßungen am Fuß, Ausplatzung unterhalb des Halses
H. 28,3 cm, D. 16 cm, H. (Relief) 11 cm, B. (Relief) ca. 3 cm
Fundort unbekannt; 1833 aus Rom erworben
Berlin, SMB, Antikensammlung
Inv.: F 1585

Ovoider Gefäßkörper auf niedrigem Fuß. Schlanker, durch dünne Tonringe abgesetzter Hals mit kleeblattförmiger Mündung. Breiter vertikaler Bandhenkel mit Relief. Nach der Gleichartigkeit des Materials (brauner Bucchero) und vor allem des gestempelten Reliefs dieselbe Chiusiner Werkstatt wie die Amphora (Kat.-Nr. B 2.4).

Lit.: Furtwängler, Vasen, S. 186 Nr. 1585.

U. K.

B 2.21 (Abbildung)

Kanne mit Deckel

Bucchero pesante, Chiusi,
2. Hälfte 6. Jh. v. u. Z.
Schwarzglänzender Ton
H. 38 cm
Fundort unbekannt; 1862 aus Sammlung
Campana erworben
Leningrad, GE, Antikensammlung
Inv.: B 1365

B 2.21

B 2.26

Bauchige Kanne mit kurzem dickem Hals und konischem Fuß mit breitem, außen profiliertem Rand. Fuß und Hals jeweils durch Rundstäbe abgesetzt. Auf dem oberen umbiegenden Teil des Rumpfes über einem unteren rundstabgesäumten konvexen Band ein Fries mit flachreliefierten Ebern im Profil nach links, getrennt durch stehende U-förmige Zungen mit angesetzten geritzten Voluten. Der Hals setzt über dem Rundstab mit einer Kehle an. Auf dem ausbauchenden Halsoberteil über einem dünnen Stab ein plastischer Frauenkopf mit darübergelegten Volutenbändern. Kurzer Bandhenkel mit Pantherrelief, der oben an die profilierte Lippe ansetzt. Kegelstumpfförmiger Deckel mit liegenden reliefierten Löwen im Profil nach rechts, getrennt durch hängende Zungen und eingefaßt von doppelten Stäben. Details geritzt. Auf der flachgewölbten Deckelkalotte ein hoher Knauf aus Rundwulst, konischer Scheibe und hoher Spitze mit flachem Knauf.

Lit.: Stephani, Nr. 263; Val'dgauer, Nr. 503; Kul'tura i iskusstvo Etrurii, S. 21 Nr. 30; StEtr 33, 1965, S. 304 f. (Typ B). S.B.

B 2.22
Olpe
»Übergangs«-Bucchero, Südetrurien, letztes Viertel 7. bis Anfang 6. Jh. v. u. Z.
Dunkelgrauer Ton mittlerer Dicke. Kleine Scharten am Rand des Ausgusses, Absplitterungen und Sprünge an der Oberfläche
H. 17,9 cm, D. 12,3 cm
Fundort unbekannt; bis zum zweiten Weltkrieg im Museum Wrocław
Warschau, NM, Galerie antiker Kunst
Inv.: 198095

Olpe mit ovalem Bauch, niedrigem scheibenförmigem Fuß mit leicht konkavem Boden. Auf dem Hals drei horizontale Rillen. Auf dem Bauch ein breiter Streifen gravierter senkrechter Linien, eingeschlossen zwischen horizontalen Rillen. Dieses Gefäß ist ein beliebter Typ im angeführten Zeitraum, in dem die Formen sich vereinheitlichen und die Produktion sich ausbreitet. Er leitet sich sicherlich von Metallvorbildern her. Die gravierten Linien auf dem Bauch erinnern gewiß an den Brauch, Gefäße mit Stroh zu verhüllen.

Lit.: CVA Warschau 6, 1976, Taf. 39.2 S. 45; vgl. Hirschland Hamage, S. 32 Taf. 21.3 (Typ 3B); Rasmussen, S. 90 Taf. 23, 24 (Typ 1b). W.D.

B 2.23
Olpe
Bucchero, Orvieto,
1. Hälfte 6. Jh. v. u. Z.
Dunkelgrauer Ton mittlerer Stärke, Oberfläche schwarz, leicht poliert mit Ausnahme eines Streifens unter dem Henkel und der Unterseite des Fußes.
Kleine Sprünge und Scharten, weißliche Ablagerungen an der Oberfläche
H. 16,3 cm, H. (m. Henkel) 18,1 cm, D. 8,7 cm

B 2.31

Fundort wahrscheinlich Kampanien, stammt entweder aus der Sammlung St. K. Potocki, zusammengestellt 1785/86 in Nola oder aus der in der 1. Hälfte des 19. Jh. gebildeten Sammlung Słubicka, die ebenfalls kampanisches Material enthielt. Bis 1945 in der Sammlung Branicki in Wilanów

Warschau, NM, Galerie antiker Kunst

Inv.: 147347

Olpe mit ovalem, kräftig gestrecktem Körper und herausgewölbter Lippe. Senkrechter, über das Niveau des Ausgusses hinausragender Henkel, scheibenförmiger Fuß.

Dieser Sondertyp kleiner Olpen aus Bucchero leitet sich her von einem metallenen Prototyp, der von Camporeale einer Werkstatt aus Orvieto zugeschrieben wird. Möglicherweise müssen auch die Exemplare aus Bucchero mit diesem Zentrum in Verbindung gebracht werden. Aus Orvieto gelangte Geschirr dieses Typs in der 1. Hälfte des 6. Jh. nach Norden über die Apenninen und nach Süden.

Lit.: CVA Warschau 6, 1976, Taf. 40.2 S. 46; M. Martelli, in: Prospettiva 4, 1976, S. 44–45; G. Colonna, in: AnnFaina 5, 1980, S. 44–45.

W. D.

B 2.24
Kännchen

Bucchero, 575–525 v. u. Z.
Schwarzgrauer, glänzend polierter Ton, Ritzungen, Inkrustationen. Intakt, nur an Lippe, Fuß und Henkelaufsatz leicht bestoßen
H. (bis zur Mündung) 9,0 cm,
D. (Mündung) 4,4 cm
Herkunft unbekannt
Altenburg, Staatliches Lindenau-Museum
Inv.: 119

Bauchiges Kännchen mit kegelförmig ansteigendem, profiliertem Standring und blattstabartigen Buckeln. In der oberen Hälfte des hohen, in der Mitte eingezogenen Halses zwei parallele Zickzacklinien. Den Halsansatz und die Mündung betonen Wülste mit einem stehenden Zungenornament darüber. Die Dekorbänder mit Resten weißer Inkrustation beginnen und enden jeweils an zwei senkrechten Parallellinien hinter dem Henkel. Jede dritte Ausbuchtung am Bauch trägt oben eine plastische weibliche Maske. Der hochgezogene Bandhenkel mit Kamm verjüngt sich nach oben. Außen sind zwei gegenständige Palmetten eingeritzt, getrennt von zwei waagerechten, an den Enden volutenartig eingerollten Linien. Über dem Ansatz des inneren Henkelbügels sitzt eine weitere plastische weibliche Maske. Meist mit dem Verzicht auf jegliche Dekoration stellt dieser Kannentyp eine der häufigsten Gefäßformen der Bucchero-Keramik dar. Applizierte »dädalische« Köpfe mit geritzter Frisur, ebenso wie geritzte Zickzackstreifen scheinen charakteristisch für Bucchero-Keramik aus dem Vulcenter Gebiet (vgl. Kat.-Nr. B 2.15).

Lit.: CVA Altenburg 3, 1960, Taf. 125.1–4

B 2.29

S. 55 f. Für die Form (ohne Dekor und Henkelaufsatz) vgl. Rasmussen, S. 90 f. Taf. 23 Abb. 102 (»jug« Typ 1b). Für den Kamm vgl. den Kyathos CVA Altenburg 3, Taf. 129.2. H.-P. M.

B 2.25
Trinkschale (Kylix)

Bucchero sottile, Caere, 625–575 v. u. Z.
Grauschwarzer Ton mit glänzender Oberfläche. Ein Teil des Fußrandes abgebrochen
H. 5,95 cm, Br. (m. Henkeln) 14,75 cm
Fundort unbekannt. Cerveteri (?)
Budapest, SzM, Antikensammlung
Inv.: 52.822

Breit abgesetzte, außen konvexe Mündung. Zwei runde Horizontalhenkel. Trompetenförmiger niedriger Fuß. Auf der Wandung, unter den Henkeln, drei dünne Ritzlinien. Die Form ist aus der ostgriechischen Keramik übernommen. Diese Variante des Typus ist in ganz Südtyrrien verbreitet und auch aus Latium und Kampanien bekannt. Das Herstellungszentrum war wohl Caere. Dementsprechend sind auch Exemplare aus Karthago bekannt, dessen frühe importierte Bucchero-Vasen wohl ausschließlich Caeretaner Ursprungs sind.

Lit.: CVA Budapest 1, 1981, Taf. 2.3 S. 23 f.

J. G. Sz.

B 2.26 (Abbildung)
Kantharos

Bucchero sottile, Südetrurien, 625–600 v. u. Z.
Schwarzer Ton mittlerer Dicke; Oberfläche poliert mit Ausnahme eines Streifens unter den Henkeln und der Unterseite des Fußes. Aus mehreren Fragmenten zusammengesetzt
H. 8,6 cm, D. (o. Henkel) 14,7 cm
Vor 1945 im Museum Wrocław
Warschau, NM, Galerie antiker Kunst
Inv.: 198569

Kantharos mit niedrigem dickem trompetenförmigem Fuß, gekrümmten dünnen Wänden, unten am Bodenansatz gekerbter Wulstring. Unterhalb des Randes drei geritzte, unter den Henkeln unterbrochene Linien. Darunter eine Reihe zusammengelegter punktierter Fächer; sechs auf jeder Seite. Unmittelbar über der Kerbenreihe auf beiden Seiten je drei geöffnete Fächer. Auf der Henkeloberfläche innen und außen Gruppen paariger geschlossener Fächer.

Das Stück findet eine nahe Parallele in einem in der Camera degli Alari (630–620 v. u. Z.) gefundenen Kantharos. Da in früheren Gräbern Kantharoi nicht zutage kamen und die überprüften Funde ihr Auftreten in Etrurien und außerhalb Etruriens zusammen mit frühkorinthischen und späteren Vasen bestätigen, gehören die

B 2.32/B 2.15

Stücke aus der Camera degli Alari zu den frühesten etruskischen Kantharoi. Dieser Gefäßtyp muß folglich um das Jahr 625 v. u. Z. entstanden und um das Ende des Jahrhunderts außer Gebrauch gekommen sein.

Lit.: CVA Warschau 6, 1976, S. 46 Taf. 41.1 bis 3; Rasmussen, S. 103 (Typ 3b).　　W. D.

B 2.27
Kantharos
Bucchero sottile, südetruskisch,
letztes Viertel 7. Jh. v. u. Z.
Schwarzglänzender Ton, Teil der
Mündung ergänzt
H. 12,5 cm, D. (Mündung) 16 cm
Herkunft unbekannt
Prag, MKG Inv.: 52 395

Gefäß wie Kat.-Nr. B 2.26. Dekor aus offenen Punktfächern und am oberen Rand schmales Band aus nach rechts gerichteten geschlossenen Punktfächern zwischen doppelter oberer und einfacher unterer Ritzlinie.

Lit.: J. Bouzek, in: Eirene 17, 1980, S. 74 Nr. 19 Taf. 9.18; Antické umění Nr. 226 Taf. 30; Umění Etrusků Nr. 39 m. Abb.; vgl. Rasmussen, S. 103 (Typ 3b) Taf. 30.163.　　J. B.

B 2.28
Kyathos
Bucchero sottile, 650–625 v. u. Z.
Grauer Ton, schwarzpolierte Oberfläche
H. (am Henkel) 7,9 cm, (ohne) 4,2 cm,
D. (Mündung) 8,7 cm
Aus Veji
Jena, FSU, Sammlung antiker Kleinkunst
Inv.: 244

Einhenkeliges, dickwandiges Trinkgefäß auf flachem wulstartigem Standring. Auf der Wandung sieben- bzw. achtstrahlige, nach rechts liegende geschlossene Fächer. Hoher, über dem Ansatz mit Sicherungssteg versehener Zackenhenkel mit knopfartigem Fortsatz auf dem Scheitel.

Lit.: V. Paul-Zinserling, Sammlung antiker Kleinkunst, 1981, S. 35 f. Abb. 18; Rasmussen, S. 110 (Typ 1b/c).　　V. P.-Z.

B 2.29 (Abbildung)
Kyathos
Buccheroider Impasto, Tarquinia, um 600 v. u. Z.
Dunkelgrauer Ton, Oberfläche mattpoliert,
Stempel und Ritzungen. Mehrfach gebrochen
und geklebt, kleine Fehlstelle am Rand

H. (m. Henkel) 19,5 cm,
H. (o. Henkel) 12,5 cm, D. 19,8 cm
Aus Tarquinia; 1831 aus Sammlung Dorow-Magnus erworben
Berlin, SMB, Antikensammlung Inv.: F 1523

Außen um den Bodenansatz gekerbtes Perlband, darüber umlaufend gestempelte Palmetten, durch geritzte Bögen verbunden; um den Rand stehende geritzte Dreiecke. Innen am Boden eingetiefte konzentrische Rillen, umgeben von flachen Riefeln. Henkel außen mit unregelmäßigen dünnen vertikalen und horizontalen Ritzlinien. Am inneren Henkelansatz bogenverbundene Stempelpalmetten, darunter Halbbögen und Zickzack zwischen horizontalen Linien.

Vgl. Beazley-Magi, S. 132 f. Nr. 44 Taf. 38 und CVA Würzburg 3, 1983, Taf. 7.1–3 S. 18.

Lit.: Furtwängler, Vasen, S. 172 Nr. 1523.　　U. K.

B 2.30
Kyathos
Bucchero, Vulci (?), Mitte 6. Jh. v. u. Z.
Schwarzglänzender Ton
H. 20,4 cm, D. 15 cm
Fundort unbekannt; 1862 aus
Sammlung Campana erworben

90

Leningrad, GE, Antikensammlung
Inv.: B 1337

Breites Gefäß mit nach außen geneigter ge-wellter Wandung und abgesetztem, flach ge-wölbtem Boden. Niedriger trompetenförmiger Fuß mit stark verbreiterter Standfläche. Auf dem Fußrand ein gekerbter Rundstab. Auf der Wan-dung reliefierte gestempelte Dreiecke über ge-kerbtem Bodenrandgrat. Bandförmiger hoher Henkel mit Zwischensteg unterm Gefäßrand. Auf dem Henkel ein breiter flacher Kamm, unten und oben besetzt mit drei reliefierten Köpfchen. Oben auf beiden Seiten auf dem Kamm unter dem oberen Kopf zwei Medaillons mit Gor-gonenmasken, zwei weitere am inneren Hen-kelansatz und außen am Henkel unter dem Kammaufsatz.

Die Medaillons sind mit einem Stempel in fla-chem Relief, die Köpfe in hohem Relief ausge-führt. Die Form des Kyathos ist im Vulcenter Ge-biet singulär.

Die Form des Kelches erinnert an Vorbilder aus Metall. Die Reliefköpfe ähneln den Applika-tionen der Gruppe B des chiusinischen Buc-chero pesante (L. Donati, in: StEtr 36, 1968, S. 629 ff.).

Lit.: Stephani, Nr. 1057; Val'dgauer, Nr. 529; S. P. Boriskovskaja, in: VDI 1971, Heft 1, S. 30 bis 34 Abb. 3 und 4.   S. B.

B 2.31 (Abbildung)
Kyathos

Bucchero pesante, Vulci,
2. Hälfte 6. Jh. v. u. Z.
Schwarzglänzender Ton
H. 39,5 cm, D. 29,4 cm
Fundort unbekannt; 1862 aus
Sammlung Campana erworben
Leningrad, GE, Antikensammlung
Inv.: B 1336

Breiter tiefer Kelch mit breitem abgesetztem Rand auf niedrigem breitem, am Rand profilier-tem Fuß. Der gewölbte Rumpf ist vom flachen Boden durch eine reliefierte Leiste getrennt. Der hohe Bandhenkel besteht aus einer gerade an-steigenden inneren Platte und einem rückwärtig angesetzten gebogenen Griffteil, auf dem ein kurzer Kamm sitzt. Die innere Henkelplatte und die Wandung sind verziert mit plastischen Köp-fen. Das Haar der Köpfe ist geritzt, außerdem dünne geritzte Ornamente außen am Lippen-rand (Zickzackband zwischen Linien), auf der inneren Henkelplatte (unten Voluten, in der Mitte Andreaskreuzfelder zwischen Zickzack-bändern) und auf dem Kamm (Blattzungen). Auf der Lippe fünf Knospen und zwei tropfenförmige Aufsätze am Henkelansatz.

Der Kyathos gehört zu den qualitätvollsten Exemplaren des in Vulcenter Werkstätten ge-fertigten Bucchero pesante.

Lit.: Stephani, Nr. 164; Val'dgauer, Nr. 527; S. P. Boriskovskaja, in: VDI, 1971, Heft 1, S. 30 Abb. 1–2; zum geritzten Henkelornament vgl. Kunst der Etrusker, Katalog Hamburg 1981, S. 47 Nr. 47.   S. B.

B 2.32 (Abbildung)
Kyathos

Bucchero pesante, Vulci,
2. Hälfte 6. Jh. v. u. Z.
Schwarzglänzender Bucchero, Ritzungen und plastische Verzierungen. Kleine Bestoßungen am Rand, Riß (nicht durchgehend) im oberen Teil des Gefäßes, ansonsten intakt
H. 21,5 cm, D. 17 cm
Aus Vulci; 1831 aus Sammlung Dorow-Magnus erworben
Berlin, SMB, Antikensammlung Inv.: F 1596

Dickwandiges Gefäß wie Kat.-Nr. B 2.31. Um den Bauch Buckel (im Gefäßinnern entspre-chende Dellen), um den Bodenansatz vertikale Strichritzungen. Unterhalb des Randes Zick-zackband zwischen horizontalen Linien, auf dem Rand aufgesetzt drei Knospen und zwei plastische Tropfen, ebenso oben auf dem Henkel.

Auf der inneren Henkelfläche in flachem Relief Jünglingsfigur nach rechts mit kurzem Chiton, Schnabelschuhen und langen Haaren, darüber bartlose Maske mit lockigem Stirnhaar. Um den Henkelrand ein geritztes Zickzackband, das am Henkelansatz zu Voluten eingerollt ist.

Die Form läßt sich auf eisenzeitliche Impasto-gefäße der Villanova-Kultur zurückführen (s. Hencken, Tarquinia, S. 485–486, 495).

Lit.: Furtwängler, Vasen, S. 188 Nr. 1596.
U. K.

B 2.33
Kyathos

Bucchero, Vulci, 2. Hälfte 6. Jh. v. u. Z.
Schwarzer, glänzend polierter Ton. Aus mehreren Bruchstücken zusammengesetzt und nur wenig ergänzt
H. (m. Henkel) 13,5 cm, D. 8,0 cm
Herkunft unbekannt
Leipzig, KMU, Antikenmuseum Inv.: T 20

Dünnwandiges Schöpfgefäß auf einem fla-chen, kegelförmig eingezogenen Standring mit steil aufsteigender, an der Lippe leicht aus-schwingender Wandung. Den äußeren Rand umläuft unterhalb der Lippe eine eingeritzte Zickzacklinie zwischen zwei Parallellinien. Auf dem Scheitel des hochgezogenen Bandhen-kels sitzt ein knospenförmiger Knauf, von dem aus beiderseits zu einer runden Scheibe sich verbreiternde Wülste herablaufen. Den Ansatz des Henkels markiert innen eine plastische männliche Maske. In der Entwicklungsreihe der wohl Villanova-, Impasto- und Metallvorbilder aufgreifenden Kyathoi stellt dieser offenbar in Vulci produzierte Typ eine späte Stufe dar. Auf ihn gehen höchstwahrscheinlich die am Ende des 6. Jh. v. u. Z. mit der Nikosthenes-Werkstatt erstmals nachweisbaren attischen Kyathoi zu-rück.

Lit.: W. Herrmann, Etrurien, Leipzig 1963, Taf. 21; Rasmussen, S. 113 Taf. 35.195 (Typ 1h); Maske: Beazley-Magi, S. 146 Abb. 30 und Taf. 41.78b (Henkelrotelle einer Oinochoe);

B 2.36

B 2.37

L. Donati, in: StEtr 35, 1967, Taf. 129.c und 131.f; zum Einfluß auf attische Kyathoi: M. M. Eismann, in: AJA 74, 1970, S. 193.

H.-P. M.

B 2.34
Kyathos
Bucchero, südetruskisch,
2. Hälfte 6. Jh. v. u. Z.
Schwarzglänzender Ton. Oberteil des Knopfes am Henkel und zwei kleine Teile des Randes abgebrochen
H. (m. Henkel) 13,5 cm,
H. (o. Henkel) 6,6 cm, D. 8,9 cm
Aus einer Privatsammlung
Prag, NM Inv.: 4786

Gedrungen proportioniertes Exemplar des Typs Kat.-Nr. B 2.33.

Lit.: J. Bouzek, in: Eirene 17, 1980, S. 75 Nr. 23 Taf. 10.17; Antické umění Nr. 230; Umění Etrusků Nr. 44 mit Abb.

J. B.

B 2.35
Kelch mit niedrigem Fuß
Buccheroider Impasto,
1. Hälfte 6. Jh. v. u. Z.
Rotbrauner Ton mit matt glänzender dunkelbrauner Oberfläche. Intakt
H. 7,24 cm, D. 13,14 cm
Fundort unbekannt
Budapest, SzM, Antikensammlung
Inv.: 51.830

Der Schalenboden ist abgesetzt, und um die Mitte der Kelchwand ziehen sich drei Rillen. Zum kreuzförmigen Graffito auf der Unterseite des Bodens: vgl. CVA Budapest 1, 1981, S. 29.

Lit.: CVA Budapest 1, 1981, Taf. 4.9; Rasmussen, S. 146 (Typ 4b); Albore-Livadie, S. 96 Phase IV Typ 3c, Abb. 23. Zum Graffito zuletzt F. Lenzi, in: Monterenzio e la Valle dell'Idice, Katalog Monterenzio 1983, S. 184–185.

J. G. Sz.

B 2.36 (Abbildung)
Kelch
Bucchero, faliskisch,
frühes 6. Jh. v. u. Z.
Schwarzglänzender Ton mit Ritzung.
Kleine Teile des Randes abgebrochen und ergänzt, das kleine Loch unter dem Rande vielleicht erst in moderner Zeit eingebohrt
H. 10,3 cm, D. 12,2 cm
Aus dem Kunsthandel
Prag, NM Inv.: 4458

Rand stark abgesetzt vom Bauch und etwas ausladend, der Fuß trompetenförmig. Ritzverzierungen am Rande: zwei Bänder mit hängenden, sich überschneidenden Halbkreisen – auf den Spitzen der Halbkreise Tannenzweige. Von den Bögen nach unten Gruppen von je drei kurzen vertikalen Strichen und unter diesen noch eine horizontale Ritzlinie. Die Verzierung stellt eine vereinfachte Version feinerer Knospen- und Blütenmotive dar. Vergleichbare Kelche mit ähnlichem Dekor wurden in den Nekropolen

von Capena gefunden (vgl. CVA Museo Preistorico L. Pigorini 1, 1953, S. 6 Taf. 3.8: Nekropole di Contrada S. Martino, Grab 16; 2. Hälfte 7. Jh. v. u. Z.). Das geritzte Ornament hat sich, nach den capenatischen Funden zu urteilen, aus Friesen mit phönikischen Palmetten entwickelt.

Lit.: J. Bouzek, in: Eirene 17, 1980, S. 74 Nr. 22 Taf. 10.16; Antické umění Nr. 229; Umění Etrusků Nr. 42 mit Abb.

J. B.

B 2.37 (Abbildung)
Kelch
Bucchero a cilindretto, Tarquinia,
1. Hälfte 6. Jh. v. u. Z.
Mattschwarzer Ton mit Rollstempelfries.
Fuß gebrochen, kleine Ausplatzungen
H. 10,5 cm, D. 15,4 cm, H. (Fries) 2 cm
Aus Tarquinia; 1831 aus Sammlung Dorow-Magnus erworben
Berlin, SMB, Antikensammlung
Inv.: F 1554

Innen glattwandiger Kelch mit abgesetztem Boden und niedrigem profiliertem trompetenförmigem Fuß. Außen zwischen je zwei Rillen flacher Rollstempelfries: äsender Hirsch zwischen zwei Löwen und Lotosbaum, flankiert von zwei Sphingen. Das Motiv wiederholt sich dreimal, im vierten Rapport erscheint der linke Löwe, der Hirsch und die nach links gewandte Sphinx, die den Hirsch zur Hälfte überschneidet. Der Rollstempelfries gehört mit anderen Exemplaren (z. B. Budapest, SzM Inv. 56.5 A) zur Gruppe III der von Camporeale beschriebenen Tarquinenser Werkstatt. Neu ist in dieser Gruppe das heraldische Sphingenmotiv, das auf ein ionisches Vorbild zurückzuführen ist. Vgl. CVA Budapest 1, 1981, Taf. 3.1,3–4 S. 25.

Lit.: Furtwängler, Vasen, S. 179 Nr. 1554; MonAnt 36, 1937, 1, S. 37 Anm. 3, S. 214 Anm. 5; Camporeale, in: StEtr 40, 1972, S. 126 Nr. 20; Antikensammlung III, 1985, S. 29 Abb. 20.

U. K.

B 2.38
Kelchfragment
Bucchero a cilindretto,
Ende 7. Jh.–1. Hälfte 6. Jh. v. u. Z.
Grauschwarzer Ton. Etwa nur zur Hälfte der Rundung erhaltener Kelch aus mehreren Bruchstücken von Wandung und Boden
H. 7,5 cm, D. (ergänzt) 15,5 cm
Aus Chiusi
Leipzig, KMU, Antikenmuseum Inv.: T 1

Ein Wulstring mit abgerundeten Kerben trennt den flachen, am Rand mit drei konzentrischen Rillen geschmückten Boden von der hohen, mittels Rollstempeln in drei übereinanderliegenden Zonen plastisch verzierten Wandung. Ein Flechtband von gegenständigen, oben und unten an den Blattspitzen verbundenen Lotosblüten rahmt einen sich sechsmal wiederholenden, in drei Szenen gegliederten Fries: Zwei geflügelte Kentauren, einander gegenüberstehend ein Reh haltend. Zwei mit dem

Schwert aufeinander losgehende Männer. Zwei Frauen mit Kannen (die erhobene Hand der einen im Anbetungsgestus, die vor ihr stehende Frau mit zwei Gefäßen) vor einer nach links thronenden, wohl weiblichen Figur. Unter dem Thron mit hoher Rückenlehne eine Sphinx. Die Friesstreifen werden von Ritzlinien eingeschlossen. Eine sichere Rekonstruktion des Fußes des Leipziger Fragments ist auf Grund der großen Variationsbreite des Gefäßtyps nicht möglich.

Lit.: W. Herrmann, Etrurien, 1963, Taf. 23; vgl. allgemein F. Scalia, in: StEtr 36, 1968, S. 357 ff. H.-P. M.

B 2.39
Kelch
Bucchero a cilindretto, Chiusi (?),
1. Hälfte 6. Jh. v. u. Z.
Grauer Ton, Oberfläche dunkelgrau poliert, mattglänzend. Beschädigungen am Rand
H. 10,8–11,3 cm, D. 13,6 cm, H. (Fries) 2,0 cm
Aus Orvieto; 1875 durch Helbig gekauft
Gotha, Schloßmuseum
Inv.: AVa 59 (alte Inv.-Nr. 22)

Kelch wie Kat.-Nr. B 2.37. Außen zwischen je zwei Tonwülsten flacher Rollstempelfries (unterschiedlich tief abgerollt): vier Rapporte von zwei hintereinanderfahrenden Zweigespannen (Biga mit Vierspeichenrad, Rosselenker mit Zügeln), zwischen denen ein bärtiger Mann schreitet, der in den Händen einen nicht zu identifizierenden Gegenstand trägt; vor dem vorderen Gespann eine Blüte. Vom fünften Rapport ist nur ein Gespann mit der Blüte davor abgerollt.

Lit.: CVA Gotha 1, 1964, S. 29 Taf. 16.3–4; F. Scalia, in: StEtr 36, 1968, S. 382 Nr. 162 Taf. 85b. U. K.

B 2.40 (Abbildung)
Kelch
Bucchero pesante, 2. Hälfte 6. Jh. v. u. Z.
Dunkelgrauer Ton, Oberfläche schwarzglänzend poliert. Fuß gebrochen und geklebt, etwa ein Drittel der Standfläche ergänzt, Riß in Kelchwandung und -boden, Beschädigungen am Kelchrand, ein großes Stück ergänzt
H. 19,2 cm, D. 18,6 cm, H. (Fries) 2,3 cm
Aus Chiusi; 1831 aus Sammlung Dorow-Magnus erworben
Berlin, SMB, Antikensammlung
Inv.: F 1586

Dickwandiger schwerer Kelch auf hohem trompetenförmigem Fuß mit profiliertem Rand. Außen plastische Verzierungen: Zwischen zwei Wulstringen oben und einem schrägpunktierten sowie einem einfachen Tonring unten Stempelfries mit beinlosen Wasservögeln. Am Stiel des Fußes drei weibliche Büsten mit lang herabfallenden Haaren und Stirnbändern. Auf dem Fuß ehemals vier Löwenkopfappliken (eine fehlend).

Zur Verzierung mit Frauenköpfen und Löwen-

kopfappliken vgl. Chiusiner Bucchero pesante (L. Donati, in: StEtr 36, 1968, S. 328 Nr. 33 und 43 Taf. 74.a und d – Gruppe A). Die Gestaltung der Frauenköpfe verweist jedoch mehr auf eine Werkstatt in Orvieto; vgl. den Kopf auf einer Amphora aus Orvieto, Mus. Faina, Inv. 184 – dort allerdings mit gekerbtem Stirnband (L. Donati, in: StEtr 37, 1969, S. 451 Nr. 15 Taf. 115d – Gruppe B).

Lit.: Furtwängler, Vasen, S. 186 f. Nr. 1586. U. K.

B 2.41 (Abbildung)
Kelch
Bucchero pesante, 575–525 v. u. Z.
Glänzender schwarzer Ton. Mehrmals gebrochen und geklebt
H. 16,1 cm, D. (Fuß) 13,2 cm
Herkunft unbekannt; 1891 von Professor Faldi (Florenz) erworben
Dresden, SKS, Skulpturensammlung
Inv.: ZV 938

Gefäß auf weit ausgezogenem, trompetenförmigem Fuß mit gewellter Kelchwandung. Auf dem Rand zwischen den Ausbuchtungen zwölf aufgesetzte Knospen. Der Typus war offenbar in den Gebieten um Vulci, Orvieto und Chiusi sehr verbreitet.

Lit.: Unveröffentlicht. Zur Ableitung von Metallvorbildern G. Camporeale, La Collezione alla Querce, materiali archeologici orvietani, 1970, S. 39 Nr. 16. K. K.

B 2.42
Weibliche Statuette
Bucchero, Caere (?),
letztes Viertel 7. Jh. v. u. Z.
Schwarzglänzender dichter Ton, Rollrädchendekor. Intakt; die schräg nach vorn geneigten Fußsohlen sind als Aufsatzfläche (mit modernem Eisenstift) gerauht, außerdem ein kleines Stiftloch auf der Rückseite am oberen Ende des Zopfes
H. 7,3 cm, B. 2,1 cm, Dicke (Kopf) 1,6 cm
Fundort unbekannt; 1867 aus dem Nachlaß E. Gerhard übernommen
Berlin, SMB, Antikensammlung
Inv.: F 1624

Kleine, sehr sorgfältig modellierte Frauenstatuette mit kurzärmeligem, knöchellangem gegürtetem Gewand. Rundlicher Kopf mit zugespitztem Kinn, gekerbten Augenbrauen, Augen, Mund und Stirnhaaransatz. Der Mittelscheitel ist als tiefe Rinne bis zum Nacken durchgezo-

B 2.41

93

gen, die seitlichen Haarsträhnen sind mit kleinen Schrägstrichen, die durch ein Rollrädchen erzeugt wurden, verziert. Hinter den seitlich angesetzten Ohren treten lange gestrichelte Zöpfe hervor, die sich auf der Brust nach außen einrollen und von den Händen der angewinkelten Arme erfaßt werden. Gewand mit Rollrädchenverzierung. Die Füße mit gekerbten Zehen ruhen auf einer dünnen Standplatte. Auf der Rückseite befindet sich ein nach unten sich verbreiternder Zopfsteg, der mit Rollrädchen-Sparrenmuster und Strichelungen dekoriert ist.

Die Statuette läßt sich einer Gruppe gleichartig gestalteter früher Bucchero-Figuren anschließen, die alle wahrscheinlich als Kelchstützen fungierten (Capecchi-Gunnella S. 98 ff. Typ I, Taf. 8a). G. Hanfmann vergleicht die Ikonographie des Figürchens (Rückenzopf, zopffassende Hände) mit syro-phönikischen Vorbildern).

Lit.: G. Hanfmann, Altetruskische Plastik, 1936, S. 17 f. Anm. 16, S. 23, 52, 67, 94, 100, 107 Abb. 3–4 (rechts) und 5; Parallele im CVA British Museum 7, 1932, IV, Ba, Taf. 12.5.   V. K.

B 2.43
Weibliche Statuette mit »Blütenaufsatz«
Bucchero, Caere,
Ende 7.–Anfang 6. Jh. v. u. Z.
Schwarzglänzender dichter Ton, Ritzung.
Intakt; vom »Blütenaufsatz« die linke Blattspitze und der mittlere Fortsatz gebrochen, schräge Fußsohlen als Aufsatzfläche mit (modernem) Eisenstift, Stiftloch auch im stabförmigen Fortsatz auf dem Kopf
H. 8,1 cm, Br. 2,1 cm, Dicke 1,6 cm
Fundort unbekannt; 1867 aus E. Gerhards Nachlaß übernommen
Berlin, SMB, Antikensammlung
Inv.: F 1625

Frauenstatuette analog Kat.-Nr. B 2.42, aber schlanker und markanter gegliedert sowie mit einer Blüte oder einem Flügelpaar auf dem Kopf. Hinter den seitlich herabhängenden Armen, deren Hände mit abgespreizten Daumen am Gewand liegen, fällt in glatter Bahn ein mit dem Chiton gleichlanger Mantel herab. Auf dessen Rückseite setzt sich der Mittelzopf in einem abgesetzten flachen, sich nach unten verbreiternden glatten Steg fort, der bis zu den Füßen reicht. Die technische Zurichtung der Figur, deren mittlerer stabförmiger Kopfaufsatz auch auf der Rückseite einen gebrochenen Ansatz zeigt, läßt auf eine Verwendung als Stützfigur vielleicht eines kelchartigen Gefäßes schließen (vgl. Kat.-Nr. B 2.44). Gleichartige Statuetten wurden in der Tomba Calabresi in Caere gefunden (Museo Gregoriano Etrusco Inv. 447–448). Weitere Stücke aus Caere befinden sich in Dresden (ehemalige Sammlung Dressel, Skulpturensammlung, Inv. ZV 632–644) und tragen Buchstaben jeweils auf der rechten Schulter, die als »Versatzmarken« gedeutet werden können.

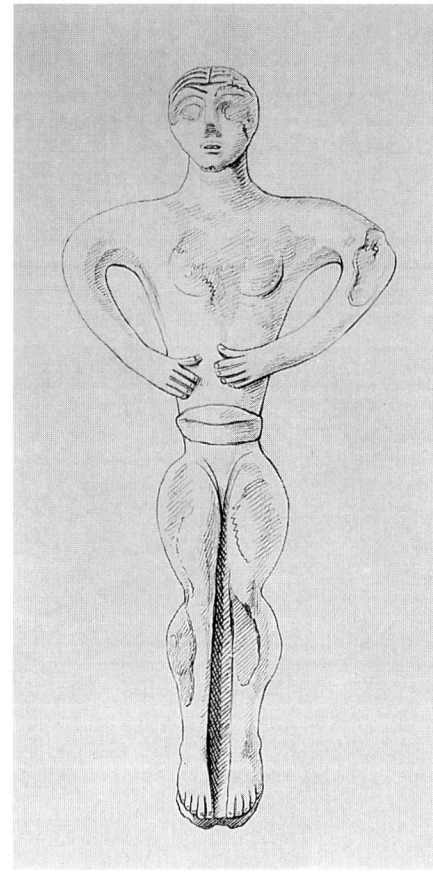

B 2.46

Lit.: G. Hanfmann, Altetruskische Plastik, 1936, S. 68 Nr. 2c, S. 95, 106 Abb. 3 und 4 (links); Capecchi-Gunnella, 98 ff., Typ II Nr. 1.
V. K.

B 2.44 (Abbildung)
Karyatidenkelch
Bucchero, südetruskisch, 610–580 v. u. Z.
Schwarzglänzender Ton
H. 18,7 cm, D. 15 cm
Herkunft unbekannt; 1862 aus Sammlung Campana erworben
Leningrad, GE, Antikensammlung
Inv.: B 1335

Je zwei durchbrochene (Sphingen) und zwei figürliche weibliche Stützen tragen zusammen mit einem in eine Spitze auslaufenden kegelförmigen Fuß eine steilwandige Schale mit konkavem Boden. Der Fuß ist zwischen konzentrischen äußeren und inneren Rillen durchbrochen und läuft in einen mittleren, aus Wülsten aufgebauten Dorn aus. Die Wandung ist durch drei Rillen in einen schmalen unteren Streifen mit punktierten Fächern und eine breitere obere Zone eingeteilt, wo abwechselnd nach rechts gewendete Vögel und stilisierte Vogelköpfe mit langen Schnäbeln eingeritzt sind. Dieses Motiv – »oiseaux près du sol« (Vögel neben »Noten«) – ist charakteristisch für eine umfangreiche Gruppe von Kelchen, Amphoren und Kannen, die hauptsächlich im Gebiet von Caere und Veji gefunden wurden. Das Schaleninnere ist mit schräglaufenden Rillen, die den zentralen

gewölbten Teil (Omphalos) umgeben, verziert. Derartige Karyatidenkelche sind typisch für die etruskische Keramik des späten 7. und der 1. Hälfte des 6. Jh. v. u. Z. Bisweilen wurden sie auch aus Elfenbein oder Metall hergestellt.

Lit.: Stephani Nr. 228a; S. P. Boriskovskaja, in: SA 1969, Heft 2, S. 48 ff. Abb. 6 f. und VDI 1975, Heft 3, S. 99; zum Typus: Capecchi-Gunnella, S. 80 Nr. 49 (Kelch Gruppe IV, S. 67 ff. ähnlich wie Abb. 7a; Frauenfigur Typ D, Taf. 6a und Sphinx Typ d, Taf. 9b); zum Motiv der Ritzzeichnung vgl. CVA Louvre 20, 1982, S. 69 ff. Taf. 20.6–8.   S. B.

B 2.45
Karyatidenkelch
Bucchero, 610–580 v. u. Z.
Schwarzgrauer Ton. An der Mündung leicht ausgesplittert, sonst intakt
H. 18,5 cm, D. (an der Mündung) 17,5 cm
Aus Caere (Ruspoli 282); Schenkung 1911 von E. P. Warren
Leipzig, KMU, Antikenmuseum
Inv.: T 3279

Karyatidenkelch wie Kat.-Nr. B 2.44. Die geflügelten, orientalische Vorbilder aufgreifenden Karyatiden sind mit einem gegürteten Chiton und einem hohen Kalathos bekleidet. Ihre Hände umfassen vor der Brust die gebogenen Enden zweier Zöpfe. Im zweigeteilten Bildfeld der Reliefplatten schreitet je ein Vierfüßler mit eingeringeltem Schweif nach links.

Lit.: W. Herrmann, Etrurien, 1963, Taf. 14 f.; für die Form: Rasmussen, S. 35 f. Taf. 26 Abb. 128–131 (»caryatid chalice« Typ 1a–b); Gli Etruschi e Cerveteri, Katalog Mailand 1980, S. 78.   H.-P. M.

B 2.46 (Abbildung)
Oberkörper einer idolartigen Akrobatenfigur (Henkel?)
Bucchero, Tarquinia, Mitte 7. Jh. v. u. Z.
Grauschwarzer Ton mit mattglänzender schwarzer Oberfläche. Bruch unterm Gürtel; Oberfläche am Kopf, Haupthaar, Augen, Brust, rechtem Arm und Rücken ausgeplatzt, Details gekerbt
H. 10,4 cm, Br. 8,7 cm, T. (Kopf) 2,9 cm
Aus Tarquinia; 1831 aus Sammlung Dorow-Magnus erworben
Berlin, SMB, Antikensammlung
Inv.: F 1618 (TC. 623)

Oberkörper einer ehemals 20,2 cm hohen, leicht gebogenen Akrobatenfigur, die auf Grund der Ansatzspuren am Hinterkopf, Gesäß und der Unterseite der schräg nach vorn gerichteten Füße als Henkel gedient haben wird.

Aufgrund des »geometrisch geschlossenen Aufbaus« sowie der »syrischen« Kopfform (V. Müller, Frühe Plastik in Griechenland und Vorderasien, 1929, Taf. 37.375–380) glaubte G. Hanfmann, an dieser Statuette die Einwirkung eines griechischen Kunstkreises der Zeit 725–620 v. u. Z. feststellen zu können. Vgl. auch Köpfe auf goldenen Armbändern aus Ve-

tulonia (Schätze der Etrusker, Katalog Saarbrücken 1986, S. 184 Nr. 1–4, Taf. 27 f. und 185
Nr. 6 f., Taf. 30).

Lit.: Gerh. App. V.25; AZ 1882, S. 330; AA
1895, S. 164; G. Hanfmann, Altetruskische Plastik, 1936, S. 87 Nr. 2, S. 99, 108 und 111; zum
Typus vgl. Ch. Zindel, Frühe etruskische Keramik, 1987, S. 33 ff. Nr. 4.   V. K.

B 2.47
Weibliche Statuette (Stützfigur?)
Bucchero, Tarquinia,
Ende 7.–Anfang 6. Jh. v. u. Z.
Schwarzglänzender Ton, mit einem »Kamm«
eingestochenes Punktmuster. Intakt;
schräg nach vorn geneigte aufgerauhte
Standfläche und nicht gemusterte
Anpaßstelle am Hinterkopf; in den
Vertiefungen der Verzierungen und im
linken Auge Reste einer weißen Füllmasse
H. 7,2 cm, Br. 2 cm, T. (Füße) 1,7 cm
Aus Tarquinia; zusammen mit der gleich-
artigen Figur Inv. F 1622 aus Sammlung
Dorow-Magnus 1831 angekauft
Berlin, SMB, Antikensammlung
Inv.: F 1621 (TC. 630)

Frauenfigur ähnlich wie Kat.-Nr. B 2.42, aber
in wesentlich gröberer Ausführung mit »ge-
schnitzten« Einzelformen. Die Ansatzfläche am
Hinterkopf und die Standfläche lassen auf eine
Verwendung als Gefäßstütze (Kelch?) schließen (eine gleichartige Figur aus der Sammlung
Bartholdy, Inv. F 1623, besitzt zusätzlich ein
Stiftloch im Scheitel). Die kompakte Körperbildung und die Dekoration steht den Stützfiguren
der Kelche der Gruppe I bei Capecchi-Gunnella
(S. 42 ff. Abb. 1–2 Taf. 1a) nahe, die in Tarquinia
und Caere gefunden wurden.

Lit.: Furtwängler, Vasen, S. 192 Nr. 1621.
                                                     V. K.

B 2.48 (Abbildung)
Geflügelte Frauenfigur
Bucchero, 625–580 v. u. Z.
Schwarzglänzender Ton mit Ritzung.
Die oberen Flügel gebrochen und geklebt
H. 10,5 cm, Br. 8,4 cm
Aus Tarquinia; 1831 aus Sammlung Dorow-
Magnus erworben
Berlin, SMB, Antikensammlung
Inv.: F 1620

Frontal ausgerichtete vierflügelige Frauenfigur mit Polos und lang herabfallendem Gewand. Markant geschnittener Kopf mit schräg
geritztem Stirnhaar und langen eingerollten
Zöpfen. Die Arme sind angewinkelt und vor die
gekerbte Brust genommen, am Oberarm wulstige Ringe (?). Glockenförmig fallender Falten-
rock mit kreuzschraffiertem Gürtel und Saum.
Die Flügel zeigen zwischen Längsrillen doppelte schräge, die Füße eine mittlere Ritzlinie.
Die eingerollten Flügelenden sind durchbohrt.
Rückseite glatt mit sich verbreiterndem Steg,
der in der Mitte des oberen Flügelansatzes beginnt. Polos und Fußsohlen sind schräg geschnitten. In der durch Ritzung aufgerauhten

B 2.44

Polosoberfläche befindet sich eine konische
Öffnung mit dem Rest eines Metalldornes. Die
Figur diente wahrscheinlich, zusammen mit
weiteren, als Schalenstütze.

Andere Repliken in Berlin (Kat.-Nr. B 2.49),
Kopenhagen und Budapest. Der sicher rituell
gemeinte Gestus der Figur läßt sich nicht näher
interpretieren.

Lit.: Furtwängler, Vasen, S. 192 Nr. 1620; vgl.
auch ebd. Nr. 1619; G. Micali, Storia degli antichi populi italiani III, 1832, Taf. 21.5 (Caere);
CVA Budapest 1, Taf. 2.1 S. 21 f. (mit Lit.); Variante des Typs III bei Capecchi-Gunnella,
S. 100, 102 Taf. 13.C.   V. K.

B 2.49 (Abbildung)
Geflügelte Frauenfigur
Bucchero, 625–580 v. u. Z.
Mattschwarzer Ton mit Ritzung. Polos
teilweise, die oberen Flügel ganz und
die Enden der unteren Flügel sowie die
Füße weggebrochen
H. 10,3 cm, Br. 7,2 cm
Aus Sammlung Bartholdy 1827 erworben
Berlin, SMB, Antikensammlung Inv.: F 1619

Wie Kat.-Nr. B 2.48, aber mit längerem Unterkörper. Auf der glatten und winklig geformten
Rückseite ist der Buchstabe e eingeritzt. Abweichend von Kat.-Nr. B 2.48 erfolgte die Zeichnung von Gürtel und Gewandsaum mit doppelter bzw. dreifacher Schrägstrichelung.

Lit.: Furtwängler, Vasen, S. 192 Nr. 1619; vgl.
Gerh. App. I.111: vollständiges Exemplar mit
gleicher Ritzung an Gürtel und Saum.   V. K.

B 2.49/B 2.48

B 2.50
Kelchstützen mit figürlichen Reliefs
Bucchero, Chiusi, Mitte 6. Jh. v. u. Z.
Matter grauschwarzer Ton mit matrizengeformtem Relief und Ritzung. Intakt;
Oberkanten (schräg) und Unterkanten
gebrochen
1) H. 8,4 cm, Br. 3,15 cm, Dicke 0,7 cm
2) H. 8,4 cm, Br. 2,9 cm, Dicke 1,2 cm
Fundort unbekannt; bei einer Auktion
11.–14. 5. 1903 in Paris (Kat.-Nr. 13)
gekauft
Berlin, SMB, Antikensammlung
Inv.: V.I. 4492 und 4494

Die etwas breitere Platte (1) zeigt in flachem Relief eine thronende männliche Gestalt mit einem Blütenszepter im linken Profil. Ihr rechter Arm ist angewinkelt, und die Hand erfaßt das Szepter, während der linke Arm auf dem Oberschenkel ruht. Kerbungen markieren die Einzelorgane und Gewanddetails. Die Füße stehen auf einem Schemel. Die Rückenlehne des Thrones ist eingerollt, und unter dem Thron sitzt ein nach links gewandter Vogel. Die zweite schmalere Platte (2) zeigt dagegen eine stehende langgewandte weibliche Figur im rechten Profil mit einem langen Stock. Ihre linke Hand erfaßt

den Stock, während die rechte angehoben ist. Das Haar ist gekerbt und fällt unter einem Nakkenband in Zöpfen auf Schulter und Rücken. Beide Platten zeigen oben und unten rahmende Stege und sind auf der Rückseite leicht konkav gebogen. Ein kompletter Kelch mit vier Stützfiguren des vorgestellten Typus befindet sich in Florenz (Museo Archeologico, Inv. 3464). Stil und die Tonbeschaffenheit sprechen für eine Lokalisierung der Werkstatt der Kelchstützen im Chiusiner Gebiet.

Lit.: Unveröffentlicht; zum Typ siehe Capecchi-Gunnella, S. 56 ff. Abb. 5 Taf. 6a (Stützentyp III C: Thronender) und b (Stützentyp III D: weibliche Figur). Zu (1) vgl. auch M. Cristofani, F. Zevi, in: ArchCl 17, 1965, S. 26 f. Typ E. V. K.

B 2.51 (Abbildung)
Pyxis
Bucchero pesante, Chiusi,
2. Hälfte 6. Jh. v. u. Z.
Schwarzgrauer, matt polierter Ton.
An Fuß und Mündung gebrochen und ergänzt
H. 14 cm, D. 14 cm
Aus Chiusi
Altenburg, Staatliches Lindenau-Museum
Inv.: 111

Die mit einem verlorengegangenen Deckel zu vervollständigende Pyxis steht auf einem hohen trompetenförmigen profilierten Fuß. In Fußmitte ein breiter, von dünnen Rundstäben gerahmter Tropfring. Auf der Lippe außen über einem dünnen Rundstab eingeritztes Zickzackmuster, darunter ist, oben von einem, unten von doppelten Rundstäben begrenzt, ein Fries eingestempelt, der viermal die Gruppe zweier Löwen (?), die einen Hirsch reißen, wiederholt. Kontur und Binnengliederung sind teilweise geritzt. Am Bodenrand ist eine frei nach unten ragende, mit einem weiteren geritzten Zickzack geschmückte Leiste angesetzt. Auf Buccheropyxiden ist das Motiv des Frieses ebenso selten wie die fortlaufende Darstellung.

Lit.: CVA Altenburg 3, 1960, Taf. 126.1 und 3, S. 56; ähnliche Formen mit Deckel: CVA Villa Giulia 2, 1926, IV Bl, Taf. 5. 3–6 und 8; I. Pecchiai, in: StEtr 35, 1967, S. 490–493 (Kelch Typ D Nr. 10–12); zur Technik siehe R. Sunkowsky, in: ÖJh 40, 1953, S. 117–126. H.-P. M.

B 2.52 (Abbildung)
Pyxis
Bucchero pesante, Chiusi (?),
2. Hälfte 6. Jh. v. u. Z.
Schwarzglänzender Ton
H. 23 cm, D. 14,5 cm
Fundort unbekannt; 1862 aus Sammlung
Campana erworben
Leningrad, GE, Antikensammlung Inv.: B 1344

Tiefer konischer Kelch oder Pyxis (hier ohne Deckel) mit profilierten Randzonen und Reliefdekor auf hohem profiliertem Stiel und trompetenförmigem Fuß. Auf der Wandung Sphingenoberkörper im Profil nach rechts. Die Details sind mit einer groben Ritzung hervorgehoben. Das Gefäß gehört zur Gruppe von Kelchen des Bucchero pesante aus dem Gebiet von Chiusi.

Lit.: Stephani, Nr. 274; Val'dgauer, Nr. 506; vgl. Etrusker in der Toskana, Katalog Hamburg 1987, S. 312f. Nr. 65f; StEtr 35, 1967, S. 491 Nr. 10 Taf. 80d. S. B.

B 2.53
Pyxis mit Deckel
Grauer Bucchero, 2. Hälfte 6. Jh. v. u. Z.
Stumpfer grauer Ton. Leicht bestoßen
sowie an Fuß und Deckel gebrochen
H. (m. Deckel) 10,0 cm, D. (Mündung) 6,9 cm

Aus Chiusi; Sammlung Lindenau
Altenburg, Staatliches Lindenau-Museum
Inv.: CV 353

Die kleine Dose steht auf einem niedrigen, zu großen Teilen ergänzten Fuß mit breiter Standplatte. Die Mündung der Dose ist nach innen gebogen und zur besseren Aufnahme des Deckels nach unten gezogen. Eine tiefe horizontale Einschnürung gliedert die Wand in der Mitte in zwei übereinanderliegende Wülste, auf denen oben und unten in jeweils entgegengesetzter Richtung schrägstehende Furchen mit Resten einer weißen Füllung verlaufen. Die Lippe und der Übergang zum Gefäßboden sind durch horizontale Rillen abgesetzt. Am Rand des Bodens ist eine konzentrische Linie eingeritzt. Der halbkugelförmige, innen hohle und mit einem Halteknauf zu ergänzende Deckel ist wiederum mit schrägstehenden Kerben dekoriert. Der vorspringende Rand besitzt an der Unterseite eine flache Auflagefläche. Die in der Bucchero-Keramik seltene Gefäßform greift lokale Impasto-Vorbilder auf.

Lit.: CVA Altenburg 3, 1960, Taf. 129.6 S. 59; vgl. auch Jena, FSU, Sammlung antiker Kleinkunst Inv. 249; CVA Budapest 1, 1981, Taf. 6.2 (ohne Deckel) S. 32 und den Deckel mit Knauf CVA Heidelberg 2, 1963, Taf. 49.6 S. 14.
H.-P. M.

B 2.54
Fußschale
Bucchero pesante, 6. Jh. v. u. Z.
Grauschwarzer matt polierter Ton. Aus
mehreren Bruchstücken zusammengesetzt,
am Fuß teilweise ergänzt
H. 14,5 cm, D. 15,5 cm
Herkunft unbekannt
Altenburg, Staatliches Lindenau-Museum
Inv.: 110

Halbkugelige Schale mit breitem waagerechtem Rand auf einem hohen, vom Schalenboden abgesetzten, nach unten trompetenförmig ausschwingenden Fuß, dessen profilierter Stiel durch zwei konkave Tropfringe gegliedert wird. Auf der von einem Randwulst eingefaßten Oberfläche vier in flachem Relief aufgesetzte Pantherköpfe. Quer über die Köpfe ziehen sich eingedrückte Punktlinien. Die Grundform der Schale geht auf etrusko-korinthische Vorbilder zurück.

Lit.: CVA Altenburg 3, 1960, Taf. 129.4–5, S. 59; für die Form vgl. I. Pecchiai, in: StEtr 35, 1967, S. 497f. (Schale Typ A). H.-P. M.

B 2.51

B 2.52

B 2.55
Fußschale
Bucchero, Chiusi, 6. Jh. v. u. Z.
Mattschwarzer Ton. Fuß teilweise ergänzt;
Gefäßschale sitzt schief auf dem Fuß auf
H. 13,4 cm, D. (Kelch) 14,8 cm
Herkunft unbekannt
Dresden, SKS, Skulpturensammlung
Inv.: Hermann-Verz. 173
     Flache Kelchschale mit breitem überstehen-
dem Rand auf hohem Fuß. Das Randornament
(Leierpalmetten) ist für eine Werkstatt in Chiusi
charakteristisch (vgl. Etrusker in der Toskana,
Katalog Hamburg 1987, S. 308 Nr. 54 mit Lit.).
     Lit.: Unveröffentlicht.   K. K.

B 2.56
Fußteller
Buccheroider Impasto,
1. Viertel 6. Jh. v. u. Z.
Hellgrauer Ton mit glänzender graubrauner Oberfläche. Fußkante beschädigt
H. 6,6 cm, D. 19,59 cm
Fundort unbekannt
Budapest, SzM, Antikensammlung
Inv.: 51.831
     Niedriger Teller mit abgesetztem breitem,
leicht konvexem Rand auf hohem trompetenförmigem Fuß. Im Rand zwei nebeneinander angebrachte Löcher. Innen in der Mitte der Schale
befindet sich ein kleiner, von zwei konzentrischen Rillen gerahmter Omphalos, an den gestempelte Verzierungen in Gestalt einer Kette
doppelter Halbkreise mit Rosetten anschließen.
Am Rand läuft ein gestempeltes Flechtband

um. Diese in Südetrurien, im Faliskergebiet und
in Latium verbreitete Gefäßform ist vielleicht
phönikischen Ursprungs. Die eher konventionellen, weit verbreiteten ornamentalen Motive
sind selten wie hier in Stempeltechnik ausgeführt.
     Lit.: CVA Budapest 1, 1981, Taf. 7.1–3 S. 34
(mit Lit.); J. M. J. Gran Aymerich, in: Atti I Congresso di Studi Fenici e Punici I, Roma 1983,
S. 83 Abb. 4 (mit Hinweis auf die phönikischen
Vorbilder).   J. G. Sz.

B 2.57
Fußteller
Bucchero pesante, Chiusi (?),
2. Hälfte 6. Jh. v. u. Z.
Dunkelgrau-rotbrauner dickwandiger
Ton, mattgraue Oberfläche. Fuß geklebt
H. 14,18 cm, D. 18,38 cm,
H. (Masken) 4,25–4,35 cm
Fundort unbekannt
Budapest, SzM, Antikensammlung
Inv.: 51.832
     Der Tellerrand innen profiliert, außen mit drei
horizontalen Reifen und drei aufgesetzten, mit
dem Rand verbundenen Reliefmasken verziert.
Trompetenartiger Fuß, in der Mitte abgesetzte
konvexe Zone. Wahrscheinlich aus einer
Werkstatt in Chiusi, wo die Form – entsprechend einer in der späten Bucchero-Keramik
vorherrschenden Tendenz – in vielen Varianten
vorkommt und die Masken, die den in der griechischen Kunst längst veralteten »dädalischen« Stil nachahmen, auf verschiedenen Vasenformen erscheinen. Auffallend häufig kom-

men Teller und Masken ähnlicher Form auch in
Orvieto vor. Das Verhältnis des etruskischen
Typus zu verwandten Vasen in der Magna
Graecia und Sizilien ist noch zu klären.
     Lit.: CVA Budapest 1, 1981, Taf. 6.3 und 5
S. 32f.
                                         J. G. Sz.

B 2.58
Feldflasche
Bucchero, 2. Hälfte 6. Jh. v. u. Z.
Dunkelbrauner Ton, Oberfläche graubraun
fleckig, poliert. Beide Henkel
weggebrochen; Bestoßungen und
Ausplatzungen am Gefäßkörper
H. 13 cm, D. 11,3 cm
Fundort und Herkunft unbekannt
Berlin, SMB, Antikensammlung
Inv.: F 3968
     Kreisrundes Gefäß, ungleichmäßig linsenför-
mig gewölbt (Vorderseite bauchiger), die Mündung kreuzförmig ausgezogen. Ursprünglich
beidseitig der Mündung Henkel. Rückseite mit
zwei konzentrischen Rillen. Zwischen Vorder-
und Rückseite breite Doppelkehle. Zur Form
vgl. linsenförmige Flaschen aus Chiusi und Falerii (MonAnt 35, 1933, Abb. 3a) sowie in Pienza
(StEtr 33, 1965, S. 451 Nr. 261 Abb. 12.d); dieselbe Form der »Pilgerflasche« wurde auch in
kampanisch-schwarzfiguriger Technik ausgeführt (CVA Kassel 2, 1975, Taf. 69.5–6 S. 46).
     Lit.: Furtwängler, Vasen, S. 1005 Nr. 3968;
P. Mingazzini, in: AA 1967, S. 350 Nr. D.4 –
ders. allgemein zum Gefäßtyp und seinen orien-
tal. Vorbildern S. 344ff. sowie I. Scheibler, in:
AA 1968, S. 389ff.   U. K.

B 2.59 (Abbildung)
Rhyton
Bucchero, Chiusiner Werkstatt?,
letztes Viertel 6. Jh. v. u. Z.
Brauner, weichgebrannter Ton schlechter
Qualität, Oberfläche grau, stellenweise
mit Messer geglättet. Mehrfach gebrochen,
Rand ausgebrochen, Auflagestützen ergänzt
H. 13 cm, L. 9 cm
Aus Tarquinia
Berlin, SMB, Antikensammlung
Inv.: F 1529
     Gefäß in Gestalt eines im Knie gekrümmten
menschlichen Beines mit Schnabelschuh und
zwei kleinen Auflagestützen am Knie. Um die
weite Öffnung zwei Wulstringe, darüber und
darunter in Ritzzeichnung dünne Zickzackbän-
der. Zu den Rhyta in Beinform s. G. Camporeale, in: ArchCl 25/26, 1973/74, S. 103ff. Demnach ist dieses Trinkgefäß eine Imitation ionischer Balsamarien und gehört zur Variante A.
     Lit: G. Camporeale, in: ArchCl 25/26,
1973/1974, S. 104 Nr. 2.   U. K.

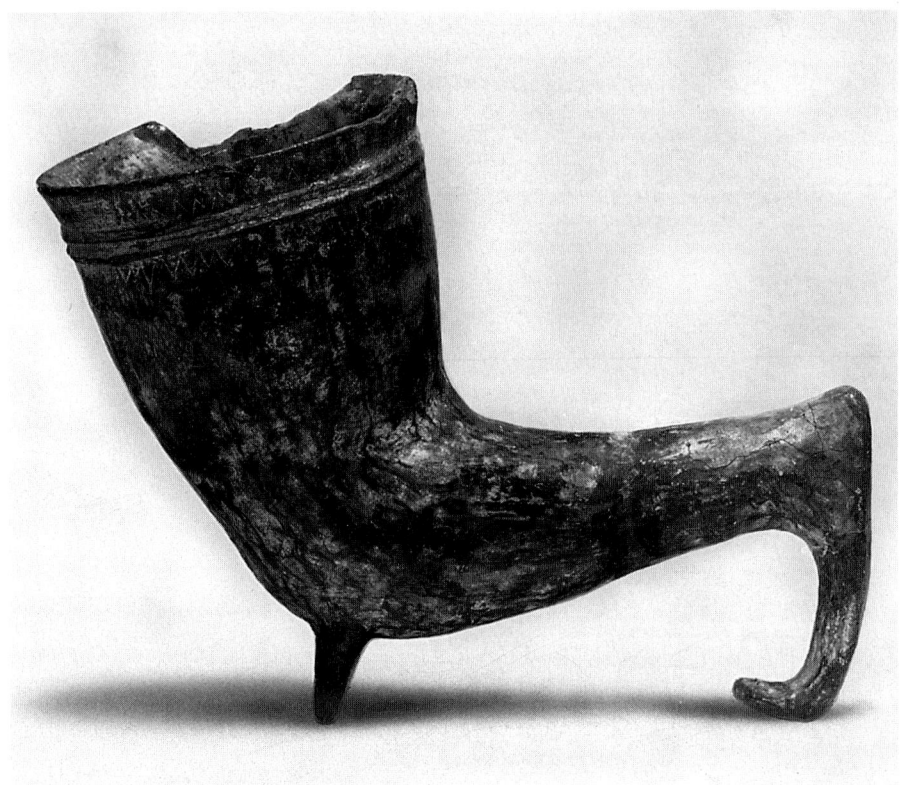
B 2.59

B 2.60

B 2.61

B 2.60 (Abbildung)
Räucherbecken mit Deckel
Bucchero pesante, Chiusi,
2. Hälfte 6. Jh. v. u. Z.
Schwarzglänzender Ton
H. 45,5 cm
Fundort unbekannt; 1862 aus Sammlung
Campana erworben
Leningrad, GE, Antikensammlung
Inv.: B 1376

Breites kesselartiges Gefäß mit ausschwingendem kanneliertem Fuß. Der Rand des gedrungenen Fußes ist profiliert, sein oberer Ansatz am Becken durch einen Rundstab markiert. Auf dem ausbiegenden Oberteil des Gefäßes zwischen konvexen, von Rundstäben gesäumten Streifen flachreliefierte liegende Flü-
gelpferde mit vertikalen Trennornamenten. Details geritzt. Über der Reliefzone applizierte Aufsätze, alternierend als Frauenkopfprotome und
liegende Löwen gestaltet. Der hochgewölbte
Deckel mit profiliertem Rand und wulstgesäumten
tropfenförmigen Durchbrüchen. Als Deckelgriff eine kniende männliche Figur mit lang herabfallendem Haar, auf den Kopf gelegter rech-

ter und auf dem vorgestellten Knie ruhender linker Hand. Details geritzt.

Lit.: Stephani, Nr. 208; Val'dgauer, Nr. 478;
Kul'tura i iskusstvo Etrurii, S. 20 Nr. 27 (mit
Abb.); vgl. Giglioli AE, Taf. 50.1.   S. B.

B 2.61 (Abbildung)
Schüssel mit Aufsätzen
Bucchero pesante, 2. Hälfte 6. Jh. v. u. Z.
Grauer Ton, Oberfläche schwarzgrau, matt
poliert. Risse von den Henkelansätzen
zur Gefäßmitte, Protome und aufgesetzte
Figuren teilweise gebrochen.
Ausplatzungen an der Unterseite der
Schüssel und an einer Protome
H. 23 cm, D. 35 cm
Aus Sarteano; 1841 von Gerhard erworben
Berlin, SMB, Antikensammlung Inv.: F 1604

Fußlose Schüssel mit konvexem Boden und
breitem, durch umlaufende Rillen verziertem
Rand mit zwei senkrecht stehenden Bügelhen-
keln aus drei Rundstäben, die beiden äußeren
gedreht. An jedem der Henkelansätze eine
Frauenkopfprotome. Auf den Henkeln jeweils
drei selbständig gearbeitete Tierfiguren mit

Stäbchen, die in Löcher greifen: Hahn zwischen
zwei Hennen, fliegender Vogel zwischen Hahn
und Ente.

Schüsseln oder Becken dieser Art sind in
Chiusi und Umgebung häufig gefunden worden.
Sie waren als Grabbeigaben möglicherweise
tönerner Ersatz für Hühnerkörbe (Gerhard). Unser Exemplar ist vergleichbar mit einem Gefäß
aus Florenz, Museo Archeologico Inv. 208 (Donati, S. 339 Nr. 116 Taf. 85) und läßt sich wie dieses der Gruppe B zuordnen (L. Donati, in: StEtr
36, 1968, S. 330 ff.).

Lit.: E. Gerhard, Neuerworbene antike Denkmäler, Heft 3, 1846, S. 66 Nr. 1806 Taf. 6; Furtwängler, Vasen, S. 189 Nr. 1504.   U. K.

B 2.62
Foculo (»Kohlenbecken«)
Bucchero pesante 550–480 v. u. Z.
Schwarzer Ton, mattglänzend. Riß im
Boden, mehrfach gebrochen und geklebt;
rechtes hinteres Bein ergänzt,
die anderen Beine angeklebt und ergänzt
H. 24–27 cm, L. 56 cm (ohne Henkel),
Br. 34 cm

B 2.63

B 2.65

Aus Chiusi; von Gerhard erworben
Berlin, SMB, Antikensammlung
Inv.: F 1605

Dickwandiges rechteckiges Becken auf Füßen (vorn Löwenfüße) mit breiter Öffnung in der
vorderen Längsseite und zwei horizontalen
Henkeln an den Schmalseiten. Auf der Rückwand und den Seitenwänden plastische Aufsätze: in der Mitte je eine Palmette, auf den Ek-
ken je ein Frauenkopf mit »dädalischer« Frisur.
Links und rechts von der Öffnung auf der Vorderseite jeweils ein größerer bartloser Kopf mit
unten aufgebogenen Seitenlocken. Zur Verwendung dieser und ähnlicher Foculi aus Chiusi
und Umgebung im Grabritus vgl. CVA Budapest
1, 1981, S.33 und Schätze der Etrusker, Katalog Saarbrücken 1986, S.236 Nr.17g. Unser
Foculo gehört zur Gruppe B der von L. Donati,
in: StEtr 36, 1968, S.319–355, aufgeführten
Bucchero-pesante-Keramik mit Maskenverzie-
rungen. In der Dekoration und im »dädalischen« Stil der Frauenköpfe entspricht er dem
Foculo aus Orvieto, Mus. Faina, Inv. 160 (Donati, S.337 Nr.87 Taf.76b).

Lit.: E. Gerhard, Neuerworbene Denkmäler,

Heft 3, 1846, Nr.1922 Taf.6, Nr.1888; P. Mingazzini, Vasi della collezione Castellani I, 1930,
S.97.   U.K.

B 2.63 (Abbildung)
Kanne
Bucchero sottile, Caere,
3. Viertel 7. Jh. v. u. Z.
Schwarzgrauer Ton, Oberfläche schwarz-
glänzend poliert; Ritzungen und
Kammfächer. Mehrfach gebrochen und
geklebt, Teil des Bodens mit
anschließendem Stück der Wandung ergänzt
H. 16,1 cm, D. 7,0 cm
Aus Grotta di Castro bei Bolsena;
1873 durch Helbig gekauft
Gotha, Schloßmuseum
Inv.: AVa 56 (alte Inv.-Nr.: Ahv. 18)

Dünnwandige, nach oben sich stark verjüngende Kanne mit gerader Standfläche, kleeblattförmiger Mündung und schmalem Bandhenkel, um den Hals zwei scharfgratige Tonringe. Ritzungen an Gefäßkörper und Boden.
Boden: Kreis mit Blüte (abwechselnd ein ge-
punktetes und zwei einfache lanzettförmige

Blütenblätter). Gefäß: Unten metopenartige Felder mit Andreaskreuzen und stehenden Wellenlinien, darüber stehende und hängende halb-
kreisförmige Kammfächer. In der Mitte Band
mit Andreaskreuzen in Metopen, darüber Lotos-
Palmetten-Fries (phönikische Palmetten und
Lotosblüten mit gegenständigen Blättchen),
Schlaufenlinie und punktgefüllte Strahlen. Die
Form erinnert an Kolumbusalabastra (vgl. Kat.-
Nr.B 3.33.1–4), ist offenbar Metallvorbildern
entlehnt und kann mit tönernen Nachahmungen
zyprischer u.a. östlicher Kegelhalskannen
(z.B. Tomba del Guerriero, s. Kat.-Nr.A 4.58
und Montetosto Tumulus, Grab 3, s. M.Bona-
mici, I buccheri con figurazioni graffite, 1974,
Nr.2 Abb.2 Taf.2a) verglichen werden. Zu der
hier vorliegenden Variante mit geradem Boden
ist keine direkte Parallele bekannt.

Lit.: CVA Gotha 1, 1964, Taf.15.3 und 18.3
S.28.   U.K.

B 2.64
Aryballos

Bucchero, 7. Jh. v. u. Z.
Schwarzglänzender Ton mit Ritzungen.
Intakt, kleine Bestoßungen am Fuß
H. 4,7 cm, D. 4,5 cm
Fundort unbekannt; nach 1867 aus
Gerhards Nachlaß übernommen
Berlin, SMB, Antikensammlung
Inv.: F 1532

Kleines Gefäß mit bikonischem Bauch, kleinem konischem Fuß und breiter gerader Lippe,
von der fast rechtwinklig ein Bandhenkel ab-
biegt. Auf dem Henkel geritztes Zweigorna-
ment: senkrechter Strich mit beidseitig anliegenden Bögen. Um den Bauch Inschrift: »mi
pianas plenianas«.

Lit.: Furtwängler, Vasen, S. 173 Nr. 1532 u.
Taf. 1; TLE, S. 276.   U. K.

B 2.65 (Abbildung)
Aryballos

Bucchero, 1. Hälfte 6. Jh. v. u. Z.
Dunkelgrauer Ton, Oberfläche schwarzglänzend poliert; Ritzungen. Große Teile
der Lippe und des Fußes fehlen,
ansonsten intakt

H. 9,3 cm, D. 5,1 cm
Aus Vulci; 1831 aus Sammlung Dorow-
Magnus erworben
Berlin, SMB, Antikensammlung
Inv.: F 1518

Dickwandiges, nach unten spitz zulaufendes
Salbgefäß mit breiter Einschnürung in der Gefäßmitte, flacher breiter Lippe, breitem Bandhenkel und abgesetztem kleinem Fuß. Auf dem
unteren Teil Ritzungen: stehende spitzwinklige
Dreiecke, darüber horizontale Linien, unterhalb
der Einschnürung und auf der Schulter liegende
Fächer nach rechts.

Das Gefäß ist eine Bucchero-Imitation korinthischer und etrusko-korinthischer Aryballoi,
die ihrerseits Kompositformen gängiger Spitzaryballen (vgl. Kat.-Nr. B 3.39) mit einem aufgesetzten kugelförmigen oder bikonischen
Schulterelement sind. Vgl. die Bucchero-
Aryballen Berlin F 1517 (Berlin/West, Poupé,
Nr. 23 Pl. 224) und CVA British Museum 7,
1932, IV Ba, Taf. 14.11, S. 13 (Inv. H 168) aus
Caere.

Lit.: J. Poupé, Les aryballes de bucchero imi-
tant des modèls protocorinthiens, in: Etudes
Etrusco-Italiques, 1963, S. 236 Nr. 20 Taf. 22.1.
    U. K.

B 2.66 (Abbildung)
Deckel

Bucchero pesante, Chiusiner Werkstatt,
2. Hälfte 6. Jh. v. u. Z.
Braunschwarzer Ton, matt poliert. Knauf
abgebrochen, aber offenbar
zugehörig, Risse am Rand
H. 14,5 cm, D. 17,3 cm
Aus Sarteano; 1841 durch Gerhard
erworben zusammen mit einem Napf, dessen
Zugehörigkeit von Furtwängler, Vasen
S. 182 f. Nr. 1564 angezweifelt wurde
Berlin, SMB, Antikensammlung
Inv.: F 1564

Kalottenförmiger Deckel, innen mit Falz. Außen um den Rand eingraviertes Zickzack, darüber in Hochrelief abwechselnd je vier Lotosknospen und Lotosblüten.

Der Deckel ist vergleichbar mit ähnlichen Exemplaren in Rom, Villa Giulia (CVA Villa Giulia
2, 1926, IV B1, Taf. 5.5,8), Palermo, Coll. Ca-
succini (StEtr 2, 1928, Taf. 15 oben rechts) und
besonders im Nationalmuseum Athen, Inv.
13490 (135), alte Sammlung (StEtr 37, 1969,
S. 300 Nr. 44 Taf. 65d).

Lit.: E. Gerhard, Neuerworbene Denkmäler,
Heft 3, 1846, Taf. 6, 1804.   U. K.

B 2.40/B 2.66

B 2.68

B 2.67
Tafel
Bucchero pesante, 2. Hälfte 6. Jh. v. u. Z.
Schwarzer Ton, matt poliert. Eine Ecke
abgebrochen, eine weitere angeklebt,
Oberfläche mit Kratzern
H. 17,2 cm, Br. 9,3 cm
Gefunden bei Chiusi »mit einem Griffel
aus Mergel« in einem Grabe, das »vasi
di bucchero und schwarzfigurige große
Gefäße« enthielt; von Helbig erworben

Berlin, SMB, Antikensammlung
Inv.: M.I. 7323.4
Leicht nach innen gewölbte rechteckige Tafel, an den Ecken der Längsseiten Einbuchtun-
gen, umlaufende Rille an den Rändern der
Oberseite.
Tafeln dieser Art sind oft zusammen mit anderen Gebrauchsgegenständen in Foculi gefunden worden. Die Bestimmung ist umstritten, mitunter werden sie als Schmink- oder als Schreibtafeln bezeichnet. Möglicherweise sind diese

Tontafeln, auf denen sich keine Gebrauchsspu-
ren finden, als Grabbeigaben Ersatz für metal-
lene Gebrauchsgegenstände. S. dazu auch die
Ausführungen zu der Tafel CVA Budapest 1,
1981, Taf. 6.4 S. 33 und dem Grabfund von Cor-
tona, Melone di Camucia (Schätze der Etrusker,
Katalog Saarbrücken 1986, S. 235f. Taf. 82
Nr. 17a–c).
Lit.: W. Helbig, in: Bulldell'Inst 1876, S. 84.
U. K.

B 2.68 (Abbildung)
Henkelgefäß
Grauer Bucchero, 1. Hälfte 6. Jh. v. u. Z.
Hellgrauer Ton mit schwarzen
Einsprengungen, durch Eisenreste stellen-
weise verfärbt. Aus mehreren Stücken
zusammengesetzt. Ergänzungen am Bauch,
Ausflickung eines breiten Risses vom
Rand aus; korrodiertes Eisen als Henkel
H. 10,8 cm, D. 12,5 cm
Angeblich aus Vulci; 1928 von Gregor
Aharon erworben
Berlin, SMB, Antikensammlung
Inv.: 31095
Dünnwandiger bauchiger Napf mit gerader
Mündung und kleinem profiliertem Fußring.
Oben an den Seiten zwei durch Ritzungen gegliederte Widderköpfe, die am Maul und zwischen den Hörnern durchbohrt sind und offenbar als Henkelhalter dienten (Reste von Eisen in
den Durchbohrungen). Unterer Teil des Gefäßes mit horizontalen Rillen, darüber Rollstempelfriese: stehende Blattzungen, Paare gegenständig eingerollter Voluten und Lotosblütenge-
schlinge mit zwischengesetzten Swastika-Or-
namenten. Die Ornamentik der Rollstempelfriese ist im chiusinischen Gebiet beheimatet
(zu den S-Voluten vgl. Kat.-Nr. B 2.55; zum Anthemion vgl. CVA Altenburg 3, 1960, Taf. 123.1,
4 S. 54).
Lit.: Unveröffentlicht. U. K.

B 3 Das Grab 23 von Poggio Buco

Das Grab 23 (nach Mancinellis Inventar) lag in
der Flur Insuglietti, dem Besitz der Herren
Ciacci, im südlichen Teil des Geländes Poggio
Buco und war ein Kammergrab (Tomba a camera) mit Leichenbestattung. Entdeckt wurde
das Grab im Juni 1897 (s. S. 417f.). Es schien unberührt, doch das Fehlen von »Wertgegenstän-
den« könnte, nach dem Ausgräber R. Mancinelli, auf eine frühere Öffnung hinweisen.
Der Inhalt des Grabes ist reich und vielfältig:
Spuren einer oder mehrerer Bestattungen,
nach den Angaben des Inventars 80 Tongefäße, inventarisiert unter V.I. 3500–3579a, 11
teilweise nur noch fragmentarisch erhaltene
Metallgegenstände (M.I. 8674–8684), Spinnwirtel, eine Tonperle (M.I. 8704–8705) sowie
19 zylinderförmige Tongewichte, nach Mancinelli Garnrollen, (M.I. 8685–8703). Letztere

Tongegenstände sind nicht in Mancinellis Lage-
plan verzeichnet, er erwähnt sie aber in seiner
»Classificazione«, allerdings als typisch für die
»Periode II« (tomba a fossa con loculi), wäh-
rend dieses Kammergrab zur »Periode III« ge-
rechnet wird. Leider sind jedoch diese Gegen-
stände, ebenso wie alle Metallbeigaben und ein
Teil der Vasen durch die Ereignisse des zweiten
Weltkrieges nicht mehr in der Antikensammlung
der SMB nachweisbar; so fehlen lt. Inventar:
V.I. 3502 Flache Schale, grauer Impasto
V.I. 3504 Fußlose Olla, roter Ton
V.I. 3505 Fußlose Olletta (H. 11 cm),
roter Ton
V.I. 3508 Henkellose Schale, braunroter Ton
V.I. 3514 Kyathos, Bucchero
V.I. 3515 Kyathos, Bucchero
ähnlich V.I. 3514, doch Fuß niedriger

V.I. 3516 Kyathos, Bucchero
ähnlich V.I. 3514, Berlin (West)
V.I. 3525 Kylix, Bucchero,
Form wie V.I. 3519
V.I. 3526 Kylix, Bucchero,
Form wie V.I. 3519
V.I. 3528 Kylix, Bucchero, wie V.I. 3517
V.I. 3538 Pithos, rötlich-gelber Ton
V.I. 3541 Becher, henkellos, graubrauner Ton
V.I. 3575 Kleine Fußschale, wie V.I. 3574
V.I. 3579 Flacher Teller mit seitlichen Ösen
M.I. 8674 Große eiserne Lanzenspitze
M.I. 8675 Speerspitze mit Hülse, Eisen
M.I. 8676 Speerspitze mit Hülse, Eisen
M.I. 8677 Lanzenfuß, Eisen
M.I. 8678 Lanzenfuß, Eisen
M.I. 8679 Lanzenfuß, Eisen
M.I. 8680 Zwei Schwertfragmente, Eisen

M.I. 8681 Eiserne Hacke mit rechteckigem Blatt
M.I. 8682 Fragmente eines eisernen Möbels (Sessel?) mit gedrehten Füßen
M.I. 8683 Fragmente eines eisernen Schuhbeschlages mit zahlreichen Nägeln
M.I. 8684 Fragmente von Bronzearmbändern (?) aus dünnem rundem Draht
M.I. 8685 bis 8703 19 gleichartige Geräte aus starkgebranntem Ton (?). Die Verwendung der Geräte ist unklar. Einzelne sind mit Einschnitten versehen. Die Seiten bald eingezogen, bald nicht. (Nach Zeichnung im Berliner Inventar kleine walzenförmige Gegenstände von 5–7 cm Länge.)
M.I. 8704 Spinnwirtel gewöhnlicher Art
M.I. 8705 Tonperle

Die Verschiedenartigkeit der Beigaben, insbesondere der Keramik, deren früheste Stücke noch der 1. Hälfte des 7. Jh. v. u. Z. angehören (Kat.-Nr. B 3.1–2), während die späteren etrusko-korinthischen Vasen in die Mitte des 6. Jh. v. u. Z. zu datieren sind, läßt die Schlußfolgerung zu, daß dieses Grab über einen Zeitraum von etwa 100 Jahren belegt wurde, vielleicht als Familiengrab diente. Dies ist für Kammergräber nicht ungewöhnlich. Ähnliche Beigaben sind auch von anderen Gräbern aus Poggio Buco bekannt: Grab 3, das Mancinelli ebenfalls zur Periode III der zweiten Epoche zählt, Gräber F (Mancinelli Grab 22) und G (Mancinelli Grab 5) in Berkeley (Matteucig, S. 39–53 und 61 f.) sowie die Gräber 7 und 8 in Florenz.

Die Erstbelegung des Grabes 23 wird in der zweiten Hälfte des 7. Jh. v. u. Z. erfolgt sein,

etwa in dieser Zeit sind auch die vorgenannten Gräber angelegt worden.

Nach der Art der Beigaben sind männliche und weibliche Bestattungen anzunehmen (sowohl Waffen als auch Hausgeräte und Salbgefäße). Interessant ist die Duplizität vieler Gefäßtypen, z. B. zwei Amphoren mit Pferden, vier Kolumbusalabastra, zwei Miniaturkyathoi, sechs Bucchero-Kylikes, zwei mittelgroße Bucchero-Kantharoi, je zwei Kugelaryballoi mit Punkten bzw. Panthern. U. K.

B 3.1
Kantharos
Impasto, 1. Hälfte 7. Jh. v. u. Z.
Grauer Ton, Oberfläche schwarzgrau fleckig, poliert, Zinnmalerei. Ein Henkel mehrfach gebrochen, kleine Ausplatzungen
H. (mit Henkel) 9,2 cm,
H. (ohne Henkel) 5,8 cm, D. 12,5 cm
Berlin, SMB, Antikensammlung
Inv.: V. I. 3507

Bikonische Schale mit steilem, leicht ausbiegendem Rand, vertikalen Henkeln und kleiner Standfläche. Die Henkel sind am inneren Ansatz geteilt und die Ränder oben aufgebogen. Auf der Schulter ist an jeder Seite ein kleiner Buckel. Um den Hals Zickzack, um die Schulter horizontale Linien in Zinnmalerei.

Zum Typus der Impasto-Kantharoi vgl. Exemplare in der Tomba del Guerriero (Kat.-Nr. A 4.72) und Poggio Buco, Grab C (Matteucig, Taf. 7.6) bzw. Grab 25 (Boehlau, S. 170 Abb. 12.5 und 7). Neu ist die Bemalung, vgl. nachfolgenden Kyathos. U. K.

Lit.: Boehlau, S. 182.

B 3.2
Kyathos
Impasto, 1. Hälfte 7. Jh. v. u. Z.
Grauer Ton, Oberfläche fleckig, poliert, Zinnmalerei. Aus mehreren Stücken zusammengesetzt und ergänzt
H. (mit Henkel) 15,8 cm,
H. (ohne Henkel) 9,0 cm, D. 21,6 cm
Berlin, SMB, Antikensammlung Inv.: V. I. 3501

Breite bikonische Schale mit hohem, in der Mitte leicht abgesetztem ausschwingendem Rand, hochgezogenem Bandhenkel und kleiner Standfläche. An den Ansätzen ist der Henkel dreieckig verbreitert, an der Vorderseite geschlitzt und im oberen Teil durch aufgebogene Kanten verengt. Auf der Schulter Mäanderhaken in Zinnmalerei, um den Rand horizontale Linien.

Die Form entspricht einem in Poggio Buco mehrfach belegten Typus (s. Matteucig, Grab B, Taf. 3.5, S. 23; Bartoloni, Taf. 8e, Nr. 18, S. 22 Abb. 6 und S. 39 Abb. 14 Taf. 16a.c), der aber auch im übrigen Gebiet beheimatet war: Selciatello Sopra, Grab 10 (Hencken, Tarquinia, S. 286 f., 289 Abb. 273b) und Narce, Grab 27 M (Dohan, S. 28 Taf. 13 Nr. 9–10).

Lit.: Boehlau, S. 182. U. K.

B 3.3 (Abbildung)
Zweihenkelige Olla
Impasto, Mitte 7. Jh. v. u. Z.
Graubrauner Ton, Oberfläche rotbraun, matt, plastische Rippen. Fuß und unterer Teil der Wandung fehlen, ebenso Hälfte der Lippe und Teil des Halses, Ausplatzungen und Loch im Gefäßkörper

Lageplan des Grabes und der darin befindlichen Gegenstände (nach Mancinelli)
1 zwei große Amphoren mit weißem Überzug und roten Pferden (V. I. 3542, 3543)
2 korinthische Salbgefäße (V. I. 3550–3573)
3 Vase mit Deckel und Ritzzeichnung (V. I. 3505–3506)
4 Eisensandalen (M.I. 8683)
5 Lanze
6 Lanze (fehlt im Original)
7 schwarze Buccheri (V. I. 3517–3537)
8 Hacke und Armbänder (M.I. 8681, 8684)
9 große Oinochoen in korinthischer Technik (V. I. 3547–3549)

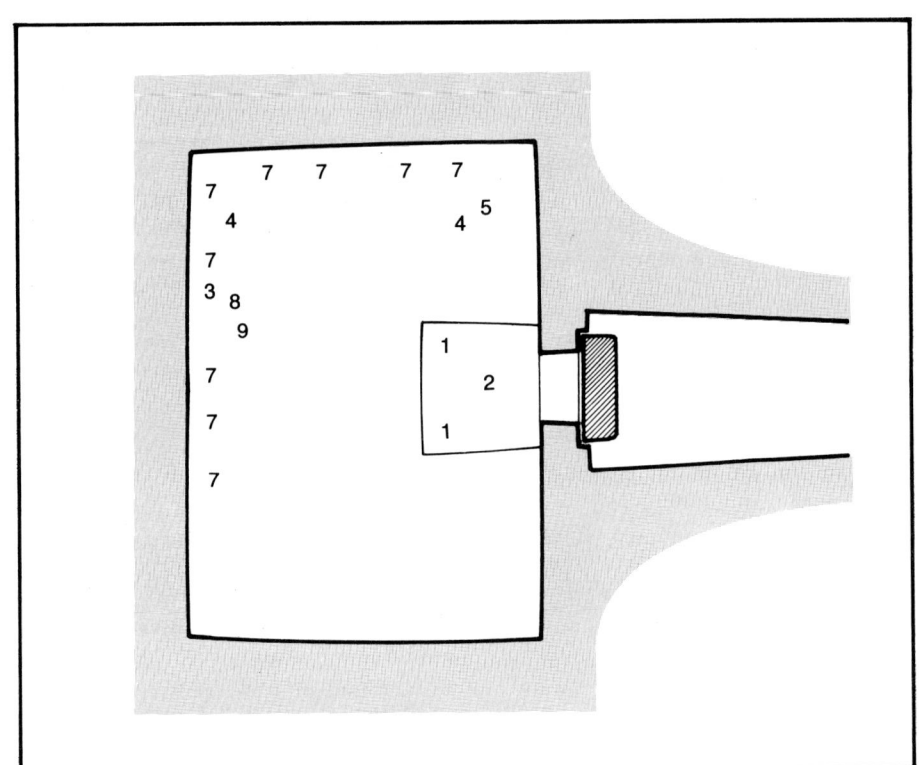

B 3.11/B 3.3/B 3.4

H. 26,0 cm, D. 25,8 cm
Berlin, SMB, Antikensammlung
Inv.: V.I. 3500

Bauchiges, nach unten hin sich verjüngendes Gefäß mit zwei schrägen Henkeln und ausschwingender Lippe. Um den Halsansatz Wulstring, von diesem ausgehend vier vertikale Rippen bis zur Hälfte des Bauches. Zwischen den Henkeln vorn und hinten plastische Spitze; um diese sowie die Henkel bogenförmige Rippen. Lippen innen und oben mit umlaufenden Rillen.

Die Form ist eine Weiterentwicklung des im Vulcenter Gebiet verbreiteten Typus mit flachen Riefen (s. Kat.-Nr. A 5.10), vgl. dazu Poggio Buco, Grab B (Matteucig, S. 23 Taf. 3.3).

Lit.: Boehlau, S. 181.   U. K.

B 3.4 (Abbildung)
Zweihenkelige Olla mit Deckel
Impasto, 7. Jh. v. u. Z.
Schwarzbrauner Ton, matt poliert, Ritzungen. Gefäß aus mehreren Stücken zusammengesetzt und ergänzt; Deckel nur zu zwei Dritteln erhalten
H. (ohne Deckel) 15,2 cm,
H. (mit Deckel) 20 cm, D. 15,6 cm
Berlin, SMB, Antikensammlung
Inv.: V.I. 3506

Dünnwandiges kugeliges Gefäß mit zwei Horizontalhenkeln in der Gefäßmitte; gerader Hals, auf der Schulter geritzte, einander überschneidende Bögen. Deckel mit steilem Rand, oben gewölbt, mit hochstehendem Ösenhenkel; um den Henkel ebenfalls Bogenritzungen.

Diese Form kommt fast ausschließlich in Poggio Buco vor: Gräber B (Matteucig Taf. 8), C (ebd. Taf. 7.4), F (ebd. Taf. 14.15) und Grab 3 (Boehlau, S. 186).

Lit.: Boehlau, S. 182 Abb. 23.7.   U. K.

B 3.5 (Abbildung)
Amphora
Impasto, subgeometrisch,
2. Hälfte 7. Jh. v. u. Z.
Gelboranger, glimmerhaltiger Ton mit weißer Engobe und roter Bemalung.
Intakt, Engobe und Bemalung stellenweise abgeblättert
H. 43,7 cm, D. 36 cm
Berlin, SMB, Antikensammlung
Inv.: V.I. 3542

Bauchiges, nach unten hin sich stark verjüngendes Gefäß auf niedrigem Fuß. Auf der Schulter zwei schlaufenförmige Rundhenkel; niedriger zylindrischer Hals mit umbiegender untergriffiger Lippe. Das ganze Gefäß ist mit einer weißen Engobe überzogen, darauf ziegelrote Bemalung: Am unteren Teil des Bauches übereinander zwei Streifen mit großem Zickzack, jeweils durch horizontale Linien getrennt; in der oberen Bauchzone vorn zwei Pferde nach rechts, unter dem Bauch des linken Pferdes kurze Wellenlinien, zu einem Quadrat zusammengedrängt, unter dem rechten Pferdekörper zwei lange vertikale Wellenlinien, auf der Schulter beidseitig je drei dreifache konzentrische Kreise mit Mittelpunkt; Hals mit Punkten, Henkel mit kurzen horizontalen Strichen, Lippe bemalt.

Die Amphora führt die Tradition des engobierten Impasto (s. Kat.-Nr. A 5.16) fort und gehört zu einer Gruppe von Gefäßen, auf denen sowohl geometrische als auch zoomorphe Darstellungen erscheinen, s. CVA Grosseto 1, 1986, S. 44 zum Fragment mit Tierdarstellung auf Taf. 39.5. Eine entwickeltere Form zeigt die Olla von Poggio Buco, Grab 7 Nr. 84 (Bartoloni, S. 84 ff. Abb. 45 Taf. 56c).

Lit.: Boehlau, S. 182 Abb. 23.4.   U. K.

B 3.6
Amphora
Impasto, subgeometrisch,
2. Hälfte 7. Jh. v. u. Z.
Rötlich-brauner, glimmerhaltiger Ton mit
weißer Engobe und blaßroter Bemalung.
Intakt, Stück der Lippe gebrochen,
Engobe mit Bemalung größtenteils
abgeblättert
H. 44,0 cm, D. 36 cm
Berlin, SMB, Antikensammlung
Inv.: V.I. 3543
    Genaues Pendant zu Kat.-Nr. B 3.5 (mit ver-
mutlich gleicher Bemalung).
    Lit.: Boehlau, S. 182.

B 3.7
Amphora
Impasto, 7. Jh. v. u. Z.
Rotbrauner Ton, Oberfläche geglättet. Intakt
H. 35 cm, D. 30,4 cm
Berlin, SMB, Antikensammlung
Inv.: V.I. 3545
    Bauchiges, nach unten hin sich leicht verjün-
gendes fußloses Gefäß. In Schulterhöhe zwei
vertikale Rundhenkel; kurze trichterförmige
Mündung.
    Lit.: Boehlau, S. 182.   U. K.

B 3.8 (Abbildung)
Zweihenkelige Olla
Impasto, 2. Hälfte 7. Jh. v. u. Z.
Orangebrauner Ton, teilweise rotgebrannt.
Intakt
H. 30,7 cm, D. 29,5 cm
Berlin, SMB, Antikensammlung
Inv.: V.I. 3546
    Schweres, bauchiges, nach unten hin sich
leicht verjüngendes fußloses Gefäß mit zwei
Horizontalhenkeln am Bauch. Auf der Schulter
scharfgratiger Tonwulst; niedrige, ausbiegende
Mündung, innen mit Drehrillen.
    Diese Olla ist eng verwandt mit den gerief-
ten polierten Impasto-Exemplaren (s. Kat.-
Nr. A 5.10), welche – wie auch hier – einen Ton-
wulst auf der Schulter haben.
    Lit.: Boehlau, S. 182.   U. K.

B 3.9
Olla
Impasto, 650–550 v. u. Z.
Rotoranger Ton, Oberfläche geglättet.
Intakt
H. 41,5 cm, D. 38 cm
Berlin, SMB, Antikensammlung
Inv.: V.I. 3539
    Schweres bauchiges, fußloses Gefäß, nach

unten hin sich verjüngend. Kurzer zylindrischer
Hals mit umgebogener Lippe; Drehrillen innen
und außen an der Mündung.
    Der Typus dieser rohen Gefäße ist im ganzen
Vulcenter Gebiet, besonders auch in der Nekro-
pole von Poggio Buco, verbreitet, s. Bartoloni,
S. 96 Nr. 83 Taf. 566 und Matteucig, Taf. 18.14.
Vgl. auch La Collezione Ciacci, S. 158 Nr. 374
und 375, S. 225 Nr. 548.
    Lit.: Boehlau, S. 182.   U. K.

B 3.10
Zweihenkelige Olla
Impasto, um 600–550 v. u. Z.
Gelboranger Ton, stellenweise rötlich
gebrannt, Oberfläche geglättet. Intakt
H. 30,2 cm, D. 33 cm
Berlin, SMB, Antikensammlung
Inv.: V.I. 3540
    Breitausladendes, fast kugelförmiges Gefäß
mit zwei Horizontalhenkeln in der Bauchzone.
Ohne Fuß und Hals; Mündung niedrig und trich-
terförmig, innen mit Drehrillen.
    Gewöhnlicher südetruskischer Typ, s. Barto-
loni, S. 98 Nr. 86 Abb. 46, Taf. 57c. Vgl. auch
La Collezione Ciacci, S. 158 Nr. 372, S. 224
Nr. 544, 545 und Matteucig, Grab G, Taf. 18.15.
    Lit.: Boehlau, S. 182.   U. K.

B 3.11 (Abbildung)
Kleine Schale
Impasto, 7. Jh. v. u. Z.
Braungrauer Ton, Oberfläche geglättet.
Intakt
H. 5,5 cm, D. 12,7 cm
Berlin, SMB, Antikensammlung
Inv.: V.I. 3503
    Konische, henkellose Schale auf Fußring, un-
verziert. Die gedrehte Schale ist annähernd ver-
gleichbar einer aus Narce, Grab 23 F (Dohan,
S. 21 Taf. 10.9).
    Lit.: Boehlau, S. 182.   U. K.

B 3.12 (Abbildung)
Henkellose Schale
Impasto, 7. Jh. v. u. Z.
Braunroter Ton, innen poliert. Intakt
H. 6,0 cm, D. 13,5 cm
Berlin, SMB, Antikensammlung
Inv.: V.I. 3509
    Konische Schale auf kleinem Standring mit
steilem vertikalem Rand. Unverziert.
    Boehlau bezeichnet diese Art von Schalen
als »Villanova-Näpfe«. Diese Formulierung ist
irreführend, denn die Form hat sich erst im 7. Jh.
entwickelt und geht in der Tendenz – wie nach-
folgende Exemplare zeigen – zu immer höhe-
rem Fuß über. Gleichzeitig erfolgt der Übergang
vom Impasto zum Bucchero.
    Zur Form vgl. Poggio Buco, Grab C (Matteu-
cig, Taf. 9, besonders Nr. 7 und 6).
    Lit.: Boehlau, S. 182.   U. K.

B 3.5

B 3.13 (Abbildung)
Henkellose Schale
Impasto, 7. Jh. v. u. Z.
Graubrauner Ton, Oberfläche poliert.
Intakt, kleine Risse im Fußring
H. 6,3 cm, D. 12,3 cm
Berlin, SMB, Antikensammlung
Inv.: V.I. 3510
Form wie V.I. 3509.
   Lit.: Boehlau, S. 182.

B 3.14 (Abbildung)
Henkellose Schale
Buccheroider Impasto, 7. Jh. v. u. Z.
Grauschwarzer Ton, matt poliert.
Intakt, Haarriß am Rand
H. 7 cm, D. 13 cm
Berlin, SMB, Antikensammlung
Inv.: V.I. 3511
   Konische Schale mit einwärts geknicktem
Rand und ausschwingendem Fuß. Die Form
ist eine Weiterentwicklung von V.I. 3509 und
V.I. 3510; vgl. auch Grab C (Matteucig,
Taf. 9.5).
   Lit.: Boehlau, S. 182.   U.K.

B 3.15 (Abbildung)
Henkellose Schale
Buccheroider Impasto, 7. Jh. v. u. Z.
Grauschwarzer Ton, Oberfläche poliert.
Intakt, kleine Ausplatzung am Rand
H. 6,8 cm, D. 12,9 cm
Berlin, SMB, Antikensammlung
Inv.: V.I. 3512
Form wie V.I. 3511.
   Lit.: Boehlau, S. 182.

B 3.16 (Abbildung)
Fußschale
Bucchero, 2. Hälfte 7. Jh. v. u. Z.
Schwarzgrauer Ton, Oberfläche matt
poliert. Intakt
H. 5,0 cm, D. 9,7 cm
Berlin, SMB, Antikensammlung
Inv.: V.I. 3513
   Flaches Schälchen mit einwärts gebogenem
Rand auf hohem, unten breit ausschwingen-
dem Fuß.
   Diese Bucchero-Form schließt eng an die
voraufgehenden Impasto-Gefäße an; vgl. ähnli-
che Exemplare aus Narce, Grab 65 M (Dohan,
Taf. 41.14) und Poggio Buco, Grab F (Matteu-
cig, Taf. 17.4).
   Lit.: Boehlau, S. 182.   U.K.

B 3.17 (Abbildung)
Miniaturkyathos
Bucchero, Ende 7. Jh. v. u. Z.
Schwarzer Ton, innen poliert. Intakt
H. (mit Henkel) 5,4 cm,
H. (ohne Henkel) 2,5 cm, D. 5,6 cm
Berlin, SMB, Antikensammlung
Inv.: V.I. 3517
   Kleines Gefäß mit abgesetztem Boden, leicht
eingewölbter Standfläche und trichterförmiger

Wandung. Der vertikale Schlaufenhenkel mit
Steg zur Wandung setzt dreieckig an, ist aber in
der oberen Hälfte flach gedrückt und hat einen
polygonalen Umriß.
   Die Form entspricht dem Typ 1a bei Rasmussen (S. 112 Taf. 34), ist aber offenbar eine
spätere Nachahmung. Parallelen sind die Miniaturkyathoi aus Poggio Buco, Grab G (Matteucig, Taf. 20.10–12).
   Lit.: Boehlau, S. 183.   U.K.

B 3.18 (Abbildung)
Miniaturkyathos
Bucchero, Ende 7. Jh. v. u. Z.
Schwarzer Ton. Intakt
H. (mit Henkel) 5,1 cm,
H. (ohne Henkel) 2,5 cm, D. 5,7 cm
Berlin, SMB, Antikensammlung Inv.: V.I. 3518
   Dieser Kyathos entspricht dem vorhergehen-
den Exemplar.
   Lit.: Boehlau, S. 183.   U.K.

B 3.19
Kantharosfragment
Bucchero, 1. Hälfte 6. Jh. v. u. Z.
Schwarzer Ton, poliert. Nur etwa die
Hälfte des Kantharos erhalten, aus
mehreren Stücken zusammengesetzt

H. (mit Henkel) 13,2 cm,
H. (ohne Henkel) 8,4 cm
Berlin, SMB, Antikensammlung Inv.: V.I. 3527
   Ursprünglich zweihenkeliges Trinkgefäß mit
breiten und schlaufenförmig hochgezogenen
Bandhenkeln. Die trichterförmige steile Wandung ist innen und außen deutlich vom Boden
abgesetzt. Außen ist der Bodenansatz umlaufend gekerbt. Um den Rand drei Ritzlinien, kleiner ausschwingender Fuß.
   Die Form entspricht dem Typ 3e bei Rasmussen (Taf. 32 Nr. 1b 169), der ab letztem Viertel
des 7. Jh. im Gebrauch war und im dritten Viertel des 6. Jh. v. u. Z. auslief. Vgl. auch Poggio
Buco, Grab 8 (Bartoloni S. 120 Abb. 57 Nr. 56
und 58), Grab F (Matteucig S. 43 Nr. 44–45,
Taf. 17.13–14).
   Lit.: Boehlau, S. 183 Abb. 23.1   U.K.

B 3.20 (Abbildung)
Kantharos
Bucchero, 1. Hälfte 6. Jh. v. u. Z.
Schwarzer Ton, poliert. Zwei Aus-
platzungen am Rand, ein Henkel gebrochen
H. (mit Henkel) 11,5 cm,
H. (ohne Henkel) 7,3 cm, D. 13,0 cm
Berlin, SMB, Antikensammlung
Inv.: V.I. 3529

B 3.8

Die Form entspricht der des voraufgehenden Kantharos V.I. 3527, nur sind hier die Einkerbungen verschliffen und um den Rand zwei Ritzlinien.

Lit.: Boehlau, S. 183.   U. K.

B 3.21 (Abbildung)
Kantharos
Bucchero, 1. Hälfte 6. Jh. v. u. Z.
Schwarzer Ton, poliert.
Intakt, kleine Ausplatzungen am Rand
H. (mit Henkel) 9,6 cm,
H. (ohne Henkel) 6,5 cm, D. 10,1 cm
Berlin, SMB, Antikensammlung
Inv.: V.I. 3530
  Zur Form und Verzierung s. Kat.-Nr. B 3.19.
  Lit.: Boehlau, S. 183.   U. K.

Schalen (Kylikes)
B 3.22.1–6
Bucchero, um 600 v. u. Z.

B 3.22.1
Schwarzer Ton, matt poliert, zwei
doppelte Ritzlinien auf der Unterseite.
Intakt, kleine Ausplatzungen am Rand
H. 6,8 cm, D. 12,6 cm
Berlin, SMB, Antikensammlung Inv.: V.I. 3519

B 3.22.2.
Schwarzgrauer Ton, Oberfläche matt
poliert, auf der Unterseite zweimal je
fünf konzentrische unregelmäßige Ritzlinien. Ein Henkel gebrochen
H. 5,5 cm, D. 10,5 cm
Berlin, SMB, Antikensammlung Inv.: V.I. 3520

B 3.22.3
Schwarzer Ton, poliert, auf der Unterseite unterhalb der Henkel eine Gruppe
von 6–7 unregelmäßig umlaufenden Ritzlinien. Stück der Lippe herausgebrochen
und ergänzt, Haarriß in der Wandung,
kleine Ausplatzungen an der Lippe
H. 6,1 cm, D. 12,6 cm
Berlin, SMB, Antikensammlung Inv.: V.I. 3521

B 3.22.4
Schwarzer Ton, poliert, Ritzungen auf
der Unterseite; zweimal drei umlaufende
Linien. Intakt, kleine Ausplatzungen an
Lippe und Fuß
H. 7,2 cm, D. 12,6 cm
Berlin, SMB, Antikensammlung Inv.: V.I. 3522

B 3.22.5
Schwarzer Ton, poliert, außen unterhalb
der Henkel fünf bis sechs ungleichmäßig
umlaufende Ritzlinien. Teil des Fußes fehlt,
Ausplatzungen an der Lippe
H. 6,0 cm, D. 12,4 cm
Berlin, SMB, Antikensammlung Inv.: V.I. 3523

B 3.22.6
Schwarzer Ton, poliert, außen zwei
Gruppen von acht bzw. vier umlaufenden
Ritzlinien. Ein Henkel am Ansatz
gebrochen
H. 5,7 cm, D. 12,1/13 cm
Berlin, SMB, Antikensammlung
Inv.: V.I. 3524

Der Ursprung dieser Trinkschalenform (Kylix)
liegt in Ostgriechenland, von wo aus sie zuerst
nach Etrurien gelangte; im Laufe des
6. Jh. v. u. Z. kommt der Typ auch nach Athen.
Diese Buccheroschalen entsprechen dem Typ
3b bei Rasmussen (Taf. 38f., S. 119–120); s.
auch die Schalen in Grab G von Poggio Buco
(Matteucig, S. 51 Taf. 21.3 und 4).
  Lit.: Boehlau, S. 184.   U. K.

B 3.23
Kanne
Bucchero, Anfang 6. Jh. v. u. Z.
Schwarzer Ton, poliert. Intakt
H. (mit Henkel) 16,2 cm,
H. (ohne Henkel) 14,4 cm, D. 9,4 cm
Berlin, SMB, Antikensammlung
Inv.: V.I. 3531
  Schlanke Kanne mit breitem kegelförmigem
Hals und leicht ausbiegender Mündung. Der
hochgezogene vertikale Henkel ist am Ansatz
bandartig flach, wird aber im oberen Teil rund.
  Die Form entspricht dem Typ 1b bei Rasmussen (Taf. 24 Nr. 104, S. 90 f.), der an das Ende
des 7., Anfang 6. Jh. datiert wird. Die Henkelform (vgl. Typ 1c, Taf. 24 Nr. 107) weist jedoch
ins 6. Jh. v. u. Z.; vgl. auch Poggio Buco, Grab F
(Matteucig, Taf. 17.6).
  Lit.: Boehlau, S. 183.   U. K.

B 3.24
Kanne
Bucchero, Anfang 6. Jh. v. u. Z.
Schwarzer Ton, metallisch glänzende
Oberfläche. Große Risse im Gefäß, Henkel
mehrfach gebrochen
H. (mit Henkel) 15,5 cm,
H. (ohne Henkel) 14,0 cm, D. 9,2 cm
Berlin, SMB, Antikensammlung
Inv.: V.I. 3532
  Die Form entspricht der vorhergehenden
Kanne, doch zeigt hier die Mündung durch
leichte Einziehungen Ansätze zu kleeblattförmiger Gestaltung.
  Lit.: Boehlau, S. 183.   U. K.

B 3.25
Kanne
Bucchero, Anfang 6. Jh. v. u. Z.
Schwarzer Ton, graufleckig, poliert,
Ritzungen. Intakt, kleine Ausplatzung
an der Lippe
H. (mit Henkel) 15,0 cm,
H. (ohne Henkel) 12,1 cm, D. 9,2 cm
Berlin, SMB, Antikensammlung
Inv.: V.I. 3533

Kanne von ähnlicher Form wie die beiden vorhergehenden Exemplare, aber etwas gedrungener. Die Mündung ist hier kreisrund, um den
Hals verlaufen drei horizontale Ritzlinien; vergleichbar Typ 1b (Rasmussen, Taf. 23 Nr. 100).
  Lit.: Boehlau, S. 183 Abb. 23.8.   U. K.

B 3.26 (Abbildung)
Kleeblattkanne
Bucchero, letztes Viertel 7. Jh. v. u. Z.
Schwarzgrauer Ton, Oberfläche matt
poliert, Ritzungen
H. 19,8 cm, D. 13,5 cm
Berlin, SMB, Antikensammlung
Inv.: V.I. 3537
  Kanne mit nach unten sich verjüngendem
Bauch »(piriforme«), schlankem Hals, kleeblattförmiger Mündung und breitem Bandhenkel auf
kleinem Standring. Um den Bauch oben drei bis
vier, darunter in gleichmäßigen Abständen je
zwei Ritzlinien.
  Die Form entspricht dem Typ 3a bei Rasmussen (Taf. 8.32); vgl. auch Poggio Buco, Grab G
(Matteucig Taf. 20.18).
  Lit.: Boehlau, S. 182.   U. K.

B 3.27 (Abbildung)
Kleeblattkanne
Bucchero, 2. Viertel 6. Jh. v. u. Z.
Schwarzer Ton, poliert. Intakt, kleine
Ausplatzungen an der Lippe
H. (mit Henkel) 16,3 cm, D. 16,0 cm
Berlin, SMB, Antikensammlung
Inv.: V.I. 3534
  Kanne mit kugelförmigem Bauch, trichterförmigem Hals und kleeblattförmiger Mündung auf
niedrigem Standring. Um den Halsansatz Wulstring. Der hochgezogene geschwungene Henkel
besteht aus drei Rundstäben.
  Zur Form s. Rasmussen Typ 7g (Taf. 18.74,
75); vgl. auch Poggio Buco, Grab G (Matteucig
Taf. 20 Nr. 16).
  Lit.: Boehlau, S. 182 Abb. 23.2.   U. K.

B 3.28 (Abbildung)
Kleeblattkanne
Bucchero, 2. Viertel 6. Jh. v. u. Z.
Schwarzer Ton, Oberfläche größtenteils
graufleckig, poliert. Kleine Ausplatzungen
an Fuß und Lippe, Politur großflächig
abgeblättert
H. 22,5 cm, D. 15,0 cm
Berlin, SMB, Antikensammlung
Inv.: V.I. 3535
  Kanne der Form wie Kat.-Nr. 3.27. Um den
Bauch zwei Wulstringe, ebenso Wulstring am
Halsansatz.
  Zur Form s. Rasmussen Taf. 18.74.
  Lit.: Boehlau, S. 182.   U. K.

B 3.12/B 3.13/B 3.14/B 3.15/B 3.16

B 3.17/B 3.18/B 3.20/B 3.21

B 3.26/B 3.28/B 3.27/B 3.29

B 3.29 (Abbildung)
Kleeblattkanne
Bucchero, 575–550 v. u. Z.
Schwarzer Ton, poliert, Oberfläche
stellenweise metallisch schimmernd.
Intakt, kleine Ausplatzungen
an der Lippe
H. 21,4 cm, D. 15,0 cm
Berlin, SMB, Antikensammlung
Inv.: V.I. 3536
   Kanne der Form nach wie Kat.-Nr. 3.27, doch
hier einfacher, nicht hochgezogener Rundhen-
kel, vgl. Rasmussen Typ 7f.
   Lit.: Boehlau, S. 182.   U. K.

B 3.30 (Abbildung)
Kleeblattkanne
Etrusko-korinthisch, Vulci, Gruppe
Archetti Intrecciati, 625–580 v. u. Z.
Blasser weißlich-gelber Ton, dunkel-
brauner, stellenweise rötlich gebrannter
Firnis, streifig aufgetragen,
aufgesetztes Rot und Weiß, Ritzungen.
Aus mehreren Stücken zusammengesetzt
H. (mit Henkel) 28,5 cm,
H. (ohne Henkel) 25 cm, D. 20 cm
Berlin, SMB, Antikensammlung
Inv.: V.I. 3547
   Dünnwandige bauchige und fast bikonische
Kanne auf flachem konisch geformtem Stand-

ring mit kegelförmigem Hals, Kleeblattmündung
und hochgezogenem Vertikalhenkel aus drei
Rundstäben. Fuß und unterer Teil des Gefäßes
gefirnißt. In der Mitte breites Firnisband, darauf
im unteren Teil weiße und rote Linien, im oberen
Teil einander überschneidende doppelte Ritzbögen mit weißen Punkten. Auf der Schulter liegende verbundene S-Voluten, Hals gefirnißt,
am Halsansatz weiße Punktlinie.
   Die Kanne gehört zu der Gruppe der Archetti
Intrecciati; derartig verzierte Gefäße wurden in
mehreren Gräbern von Poggio Buco gefunden:
Grab G (Matteucig Taf. 19.16, 17 und bes. 19), F
(ebd. Taf. 16.6), Grab 7 (Bartoloni, S. 76 Nr. 3
Taf. 40c); s. auch Oinochoen aus Poggio Buco
bzw. Pitigliano in Grosseto (CVA Grosseto 2,
1986, Taf. 7.2–3 und Text S. 10f.).
   Lit.: Boehlau, S. 184.   U. K.

B 3.31 (Abbildung)
Kleeblattkanne
Etrusko-korinthisch, Vulci, Gruppe
Archetti Intrecciati, 625–580 v. u. Z.
Weißgelber Ton, dunkelbrauner Firnis,
aufgesetztes Weiß. Mündung gebrochen und
ergänzt, Bemalung stellenweise abgeblättert,
kleine Ausplatzung am Fuß
H. (mit Henkel) 18,0 cm,
H. (ohne Henkel) 14,5 cm, D. 13,2 cm
Berlin, SMB, Antikensammlung Inv.: V.I. 3548

Breitausladende Kanne (Oinochoe) mit kurzem, abgesetztem, kugelförmigem Hals, Kleeblattmündung und hochgezogenem vertikalem
Bandhenkel auf niedrigem konischem Standring. Fuß und unterer Teil ungefirnißt, um den
Bauch breites Firnisband mit aufgesetzten weißen horizontalen Linien; auf der Schulter Gruppen vertikaler Striche. Hals gefirnißt, ebenso die
Henkelkanten, alles andere tongrundig.
   Die Kanne wird von E. Mangani eingereiht in
die Gruppe der Oinochoen der Archetti Intrecciati, auch ohne die entsprechende Verzierung,
s. CVA Grosseto 2, 1986, S. 11 zu Taf. 8.1 und
S. 12f. zu Taf. 9.2 (gleiche Form).
   Lit.: Boehlau, S. 184 Abb. 23.3.   U. K.

B 3.32 (Abbildung)
Kleeblattkanne
Etrusko-korinthisch, Gruppe Archetti
Intrecciati, 625–580 v. u. Z.
Weißgelber blasser Ton, rotbrauner
Firnis, streifig aufgetragen. Aus vielen
Stücken zusammengesetzt und ergänzt,
Oberfläche stellenweise fleckig,
Bemalung an einigen Stellen abgeblättert
H. (mit Henkel) 15,8 cm,
H. (ohne Henkel) 14,3 cm, D. 11,0 cm
Berlin, SMB, Antikensammlung Inv.: V.I. 3549
   Dünnwandige bauchige, nach unten hin sich
verjüngende Kanne auf schmalem Standring

B 3.31/B 3.32/B 3.30

B 3.43/B 3.34.7/B 3.41

mit kugelförmigem Hals, kleeblattförmiger Mündung und hochgezogenem schmalem Bandhenkel. Fußring außen und unterer Teil des Gefäßes gefirnißt, darüber breite tongrundige Zone mit horizontaler Firnislinie in der Mitte, unterhalb der Schulter breite Firnisstreifen, auf der Schulter flaches Wellenband. Hals, Henkel- und Lippenkanten gefirnißt, auf dem Henkel kurze Querstriche.

Die Kanne ist dem spätprotokorinthischen oder Übergangs-Typus nachgeahmt (CVA Tarquinia 3, 1974, S. 33 zu Taf. 25.6 mit Lit. zur Verbreitung in Süditalien); gehört wie voraufgehende Oinochoen zur Gruppe der Archetti Intrecciati, s. dazu CVA Grosseto 2, 1986, S. 12 zu Taf. 8.5: Kanne aus Monte Fiascone).

Lit.: Boehlau, S. 184. U. K.

Kolumbusalabastra
B 3.33.1–4
Etrusko-korinthisch, um 600–550 v. u. Z.

B 3.33.1 (Abbildung)
Blasser hellocker Ton, roter Firnis,
teilweise verdünnt aufgetragen.
Aus mehreren Stücken zusammengesetzt
H. 16,8 cm, D. 4,4 cm
Berlin, SMB, Antikensammlung Inv.: V.I. 3550
Schlankes kegelförmiges Salbgefäß auf gerader Standfläche mit flacher dünner Lippe, kleinem Bandhenkel und Wulstring am Halsansatz. In der unteren Hälfte Fries mit drei laufenden Hunden, sehr flüchtig gemalt, eingefaßt oben und unten von dünnen und dicken Firnisstreifen. Oberer Teil bis zum Wulstring gefirnißt, um die Mündung konzentrische Kreise, auf dem Henkel kurze Querstriche.

B 3.33.2
Blasser hellocker Ton, roter Firnis.
Mehrere Sprünge in der Wandung,
Bemalung stellenweise zerstört
H. 16,3 cm, D. 4,6 cm
Berlin, SMB, Antikensammlung
Inv.: V.I. 3551

B 3.33.3
Blasser hellocker Ton, orangefarbener
dünner Überzug, dunkelbrauner Firnis,
aufgesetztes Dunkelrot. Intakt,
Bemalung stellenweise abgeblättert
H. 16,3 cm, D. 5,1 cm
Berlin, SMB, Antikensammlung
Inv.: V.I. 3552
Bildstreifen mit laufenden Hunden etwas breiter als auf voraufgehenden Gefäßen; auf dem Firnisstreifen unterhalb des Frieses rote Linie, Hals mit zwei Doppellinien.

B 3.33.4
Hellocker Ton, orangebrauner dünner
Überzug, dunkelbrauner, teilweise
verdünnt aufgetragener Firnis. Intakt
H. 15,3 cm, D. 5,3 cm
Berlin, SMB, Antikensammlung
Inv.: V.I. 3553
Form etwas bauchiger als voraufgehende Gefäße. Abwechselnd breite braune und dünne rote Streifen; in Gefäßmitte schmaler Fries mit laufenden Vierfüßlern, hier nicht mit aufgebogenem Schwanz.

Vorbilder dieser häufig in Etrurien verwendeten Form sind Alabastergefäße aus Ägypten sowie nordsyrische und kanaanäische Elfenbeinge-

fäße; auch der Halsring ist auf östliche (kyprische) Einflüsse zurückzuführen. Griechisch (korinthisch) ist der Silhouettenstil der laufenden Hunde, während die Form in der griechischen Keramik sehr selten und spät erscheint. Zu Verbreitung, Vorbild und Parallelen s. CVA Budapest 1, 1981, S. 40 f. zu Taf. 11.4, 6, 10 (mit Lit.).

Lit.: Boehlau, S. 184 Abb. 24 (V.I. 3550). U. K.

Kleine Schlauchalabastra
B 3.34.1–11
Etrusko-korinthisch, um 600–550 v. u. Z.

B 3.34.1
Blasser rosa bis hellocker Ton,
hell- bis dunkelbrauner Firnis,
aufgesetztes Rot. Intakt
H. 7,3 cm, D. 4,5 cm
Berlin, SMB, Antikensammlung
Inv.: V.I. 3554

B 3.34.2
Blasser rosa bis hellocker Ton,
rotgebrannter Firnis. Intakt
H. 8,6 cm, D. 4,3 cm
Berlin, SMB, Antikensammlung
Inv.: V.I. 3555

B 3.34.3
Blasser hellocker Ton, braunschwarzer
Firnis, teilweise abgerieben. Intakt
H. 8,2 cm, D. 4,0 cm
Berlin, SMB, Antikensammlung
Inv.: V.I. 3556

B 3.39

B 3.34.8
Blasser hellocker Ton, graubrauner
Firnis. Intakt
H. 8,3 cm, D. 4,0 cm
Berlin, SMB, Antikensammlung
Inv.: V.I. 3561
In der Mitte zwei Firnisstreifen.

B 3.34.9
Rötlich hellocker Ton, hell- bis
mittelbrauner Firnis, teilweise verdünnt
aufgetragen. Intakt
H. 8,0 cm, D. 4,3 cm
Berlin, SMB, Antikensammlung
Inv.: V.I. 3562
In der Mitte zwei Firnisstreifen.

B 3.34.10
Hellbrauner Ton, rötlichbrauner Firnis.
Intakt
H. 7,2 cm, D. 4,0 cm
Berlin, SMB, Antikensammlung
Inv.: V.I. 3563
In der Mitte zwei Firnisstreifen.

B 3.34.11
Blaßrosa bis ockerfarbener Ton,
schwarzbrauner Firnis. Intakt
H. 7,3 cm, D. 3,7 cm
Berlin, SMB, Antikensammlung Inv.: V.I. 3564
Vier Punktlinien, eingefaßt oben und unten
von schmalen Firnisstreifen, Blättchen auf der
Schulter abwechselnd lang und kurz.

Kleines Salbgefäß mit Wulstring um den Hals,
gerader Lippe und kleinem Bandhenkel. In der
Mitte des Bauches drei rote Linien, oben und
unten eingefaßt jeweils von Punktreihe und
breitem Firnisband, auf der Schulter langgezo-
gene Blättchen, um die Mündung konzentrische
Linien, auf dem Henkel kurze Querstriche. Das
Alabastron mit abgesetztem Hals und Streifen-
Punkt-Verzierung ist in ganz Etrurien verbreitet
und wurde zahlreich in Gräbern von Poggio
Buco gefunden, vgl. Matteucig, Taf. 16.11 (Grab
F), Bartoloni, S. 168 Abb. 81 Taf. 110d (Spora-
dici B. 14). Zur Gruppe und Verbreitung s. CVA
Grosseto 2, 1986, S. 34f. zu Taf. 46.2.
Lit.: Boehlau, S. 184f.   U.K.

B 3.35
Schlauchalabastron
Etrusko-korinthisch, um 600–550 v.u.Z.
Blasser hellocker Ton, schwarzbrauner
Firnis. Intakt, Lippe bestoßen, Firnis
stellenweise abgeblättert
H. 12,0 cm, D. 6,2 cm
Berlin, SMB, Antikensammlung
Inv.: V.I. 3565
Schlauchförmiges Salbgefäß mit kleinem
Ösenhenkel, ohne Wulstring. Oben und unten
je ein breites Firnisband, dazwischen neun
Punktreihen. Auf der Schulter schmale langge-
zogene Blättchen.
Lit.: Boehlau, S. 184.   U.K.

B 3.34.4
Blasser hellocker Ton, rotbrauner
Firnis. Intakt
H. 8,2 cm, D. 4,0 cm
Berlin, SMB, Antikensammlung
Inv.: V.I. 3557

B 3.34.5
Hellocker Ton, Oberfläche schmutziggelb,
brauner Firnis. Intakt
H. 8,4 cm, D. 4,1 cm
Berlin, SMB, Antikensammlung
Inv.: V.I. 3558

B 3.34.6
Blasser hellocker Ton, brauner Firnis.
Intakt
H. 8,6 cm, D. 4,4 cm
Berlin, SMB, Antikensammlung
Inv.: V.I. 3559

B 3.34.7 (Abbildung)
Blaßrosa bis hellocker Ton, rotbrauner
Firnis. Intakt
H. 8,1 cm, D. 4,2 cm
Berlin, SMB, Antikensammlung
Inv.: V.I. 3560

B 3.40/B 3.33.1/B 3.45

B 3.36
Schlauchalabastron ohne Henkel
Etrusko-korinthisch,um 600–550 v. u. Z.
Hellbrauner Ton, schwarzbrauner Firnis.
Intakt, Bemalung stark verrieben,
Lippe bestoßen
H. 10,3 cm, D. 5,7 cm
Berlin, SMB, Antikensammlung
Inv.: V.I. 3566
Form und Bemalung wie Kat.-Nr. B 3.35.
    Lit.: Boehlau, S. 184.   U. K.

B 3.37
Schlauchalabastron
Etrusko-korinthisch, um 600–550 v. u. Z.
Hellbrauner Ton, dunkelbrauner Firnis,
aufgesetztes Rot. Intakt
H. 12,7 cm, D. 6,5 cm
Berlin, SMB, Antikensammlung
Inv.: V.I. 3567
    Schlauchförmiges Salbgefäß mit kleinem
Ösenhenkel. Um den Bauch drei rote Streifen,
eingefaßt von Firnislinien, dazwischen unre-
gelmäßiges Punktmuster. Auf der Schulter
schmale Blättchen.
    Lit.: Boehlau, S. 184.   U. K.

B 3.38
Kleines Schlauchalabastron
Etrusko-korinthisch, um 600–550 v. u. Z.
Hellbrauner Ton, schwarzbrauner Firnis,
aufgesetztes Rot. Stücke der Lippe fehlen
H. 7,6 cm, D. 4,6 cm
Berlin, SMB, Antikensammlung
Inv.: V.I. 3568
    Kleines schlauchförmiges Alabastron; um
den Bauch abwechselnd vier braune und drei
rote Streifen und schmale Blättchen an der
Schulter.
    Lit.: Boehlau, S. 184.   U. K.

B 3.39 (Abbildung)
Spitzaryballos
Etrusko-korinthisch, um 600–550 v. u. Z.
Hellrosa Ton, hell- bis dunkelbrauner
Firnis. Gebrochenes Teil der Lippe
ergänzt, ebenso Stück der Wandung
H. 10,0 cm, D. 4,7 cm
Berlin, SMB, Antikensammlung
Inv.: V.I. 3569
    Ovoides, nach unten hin spitz zulaufendes
Salbgefäß auf kleinem Fuß mit breiter, flacher
Lippe und Bandhenkel. Fuß und unterer Teil des
Gefäßes gefirnißt, darunter tongrundige Zone

mit zwei Firnislinien, in der oberen Hälfte fünf
breite horizontale Streifen, auf der Schulter
schmale Blättchen. Halsansatz mit Firnisring,
kurze Striche auf dem Bandhenkel; Lippenrand
gefirnißt, auf der Lippe außen kleine vertikale
Striche mit zwischengesetzten Dreiecken.
    Der Typus dieser »piriforme«-Aryballoi ist ab-
geleitet von spätprotokorinthischen Aryballoi
und überall in Italien verbreitet, s. dazu CVA
Grosseto 2, 1986, S. 36 f. zu Taf. 47.3 und CVA
Würzburg 3, 1983, S. 39 zu Taf. 18.6. Parallelen
aus Poggio Buco bei Bartoloni, S. 168 Abb. 81
Taf. 112 Abb. e, f (Sporadici B, Nr. 16 und 18)
und Matteucig, Taf. 16.15–16 (Grab F).
    Lit.: Boehlau, S. 184 f.   U. K.

B 3.40 (Abbildung)
Alabastron
Etrusko-korinthisch,
1. Hälfte 6. Jh. v. u. Z.
Blasser hellocker Ton, mittel- bis dunkel-
brauner Firnis. Aus mehreren Stücken
zusammengesetzt
H. 6,3 cm, D. 4,2 cm
Berlin, SMB, Antikensammlung
Inv.: V.I. 3577
    Kleines doppelkonisches Salbgefäß der

B 3.46

Kompositform: In Schulterhöhe springt ein weiterer doppelkonischer Teil vor. Gerader Hals,
flache gerade Lippe und kleiner vertikaler Bandhenkel. Um das Gefäß breite, exakt gezeichnete Streifen, abwechselnd hell- und dunkelbraun. Auf der Schulter schmale lanzettförmige
Blätter, auf dem Henkel kurze Querstriche.

Dieser Typ ist vor allem im Gebiet um Vulci
nachgewiesen worden, vgl. CVA Grosseto 2,
1986, S. 35f. zu Taf. 46.8 (mit Lit.); vgl. auch
A. Poupé, Les aryballes de Bucchero, in: Etudes
Etrusques Italiques, 1963, S. 236 Nr. 2, Taf. 22.1.

Lit.: Boehlau, S. 184f. Abb. 25.   U. K.

B 3.41 (Abbildung)
Kugelaryballos
Etrusko-korinthisch, 1. Hälfte 6. Jh. v. u. Z.
Hellbrauner Ton, dunkel- und rotbrauner
Firnis. Intakt
H. 9,5 cm, D. 8,7 cm
Berlin, SMB, Antikensammlung
Inv.: V. I. 3570
Kugelförmiges Salbgefäß mit schlankem zy-
lindrischem Hals, dicker gerader Lippe und
Bandhenkel. Der Gefäßkörper ist vollständig mit
kleinen Punkten bemalt; um den Hals drei rötli-
che Firnisstreifen, ebenso auf dem Henkel. Auf
der Lippe abwechselnd rötliche und dunkel-
braune Firnisstriche radial vom Rand zur Mün-
dung; am Lippenrand vertikale Striche.
Die Punktverzierung entspricht der auf figürlichen Salbgefäßen (Kat.-Nr. B 4.28–31) sowie
auf den kleinen Alabastra dieses Grabes und ist
eine typisch etruskische Dekoration.
Lit.: Boehlau, S. 184f.   U. K.

B 3.42
Kugelaryballos
Etrusko-korinthisch, 1. Hälfte 6. Jh. v. u. Z.
Hellocker Ton, dunkelbrauner und
rotgebrannter Firnis. Intakt,
Ausplatzungen an der Unterseite, Bemalung
stellenweise abgerieben
H. 9,1 cm, D. 8,2 cm
Berlin, SMB, Antikensammlung
Inv.: V. I. 3571
Form und Bemalung wie vorhergehende
Kat.-Nr. B 3.41
Lit.: Boehlau, S. 184f.   U. K.

B 3.43 (Abbildung)
Kugelaryballos
Etrusko-korinthisch, Zyklus der
antithetischen Hähne, Matsch-Gruppe,
575–525 v. u. Z.
Blasser hellocker Ton, Oberfläche
orangegelblich, schwarzbrauner matter
Firnis, Ritzungen. Intakt
H. 7,2 cm, D. 7,0 cm
Berlin, SMB, Antikensammlung
Inv.: V. I. 3572
Kugelförmiges Salbgefäß mit schlankem zylindrischem Hals, dünner, leicht zur Mitte hin geneigter Lippe und kleinem vertikalem Bandhenkel. Um Boden und Schulter Firnislinien, dazwischen breiter Fries: Ente (Kopf, Gefieder geritzt) zwischen zwei einander gegenüberstehenden Panthern (Köpfe geritzt); auf den Bildgrund verstreut Klecksrosetten in Form einfacher Tupfen mit kreuzförmiger Ritzung. Auf der
Schulter lange schmale Blätter.
Nach der Bemalung, besonders der Ritzung
der Pantherköpfe, kann die Vase einer Unter-

gruppe des Zyklus der antithetischen Hähne,
der Matsch-Gruppe, zugewiesen werden.
Lit.: Boehlau, S. 184.   U. K.

B 3.44
Kugelaryballos
Etrusko-korinthisch, Zyklus der
antithetischen Hähne, Matsch-Gruppe,
575–525 v. u. Z.
Blasser hellocker Ton, Oberfläche
orangegelblich; schwarzbrauner matter
Firnis, Ritzungen, aufgelegtes Rot,
Ritzungen. Intakt, Malerei stellenweise
verrieben
H. 8,0 cm, D. 7,6 cm
Berlin, SMB, Antikensammlung
Inv.: V. I. 3573
Salbgefäß gleicher Art wie voraufgehendes
Exemplar. Fries um den Bauch: einander ge-
genüberstehende Panther mit roten Vorderkör-
pern, zwischen ihnen ein Wasservogel nach
rechts mit langem Schnabel (Brust und
Schwanzfedern rot).
Lit.: Boehlau, S. 184.   U. K.

B 3.45 (Abbildung)
Pyxis
Etrusko-korinthisch, Pyxidengruppe,
2./3. Viertel 6. Jh. v. u. Z.
Hellbrauner Ton, gelborange Engobe, brauner
Firnis, aufgesetztes Rot, Ritzungen. Intakt
H. 8,5 cm, D. 3,5 cm
Berlin, SMB, Antikensammlung
Inv.: V. I. 3578
Flache doppelkonische runde Dose auf abge-
setztem Standring mit weiter Mündung, einge-
faßt von einem flachen Ring. Unten um den
Standring Firnislinien, ebenso auf dem Mün-
dungsring. Oben auf der Pyxis dichter, rechts-
läufiger Fries: Ente zwischen zwei Löwen (sehr
flüchtig gemalt und geritzt) und zwischenge-
setzten Klecksrosetten.
Die Malerei gehört in die Spätzeit des
etrusko-korinthischen Stils; vgl. auch Kat.-Nr.
B 4.18.
Lit.: Boehlau, S. 184f. Abb. 26.   U. K.

B 3.46 (Abbildung)
Kleine Fußschale
Etrusko-korinthisch, Vulci,
um 600–550 v. u. Z.
Hellbrauner Ton, dunkelbrauner Firnis.
Intakt
H. 7,0 cm, D. 10,0 cm
Berlin, SMB, Antikensammlung Inv.: V. I. 3574
Tiefe, fast halbkugelförmige Schale mit um-
gebogener, untergriffiger Lippe, auf flacher
Standplatte mit kurzem dickem Stiel. Fuß voll-
ständig gefirnißt; um die Schale in der Mitte brei-
ter Streifen. Innen ebenso vollständig gefirnißt.
Der Typ dieser kleinen Fußschalen kommt
vor allem im Fiora-Tal (bei Poggio Buco) vor, wo
auch die Fabrik zu lokalisieren ist (F. Canciani).
Weitere Beispiele aus Poggio Buco: Matteucig,
Grab E, Taf. 13.15; Grab F, Taf. 16.3; Grab G,

Taf. 20.1; Bartoloni, Grab 8, Taf. 69a–b, Sporadici B, Taf. 115a–d. Zu weiteren Vergleichsbeispielen s. CVA Grosseto 2, 1986, S. 29 zu
Taf. 37.3.

Lit.: Boehlau, S. 184 f.   U. K.

B 3.47
Kleine Fußschale
Etrusko-korinthisch, Vulci, um 600–550 v. u. Z.
Blasser hellocker Ton, dunkelbrauner
Firnis. Intakt
H. 7 cm, D. 10,2 cm
Berlin, SMB, Antikensammlung
Inv.: V.I. 3576

Fußschale der gleichen Form wie Kat.-
Nr. B 3.46. Hier nur Standplatte oben gefirnißt,
breiter unregelmäßiger Firnisstreifen am Stiel,
ebensolcher direkt unterhalb der Lippe.

Lit.: Boehlau, S. 184 f.   U. K.

B 3.48
Kylix
Etrusko-korinthisch, Rosoni-Gruppe,
1. Viertel 6. Jh. v. u. Z.
Blasser hellocker Ton, dunkelbrauner
Firnis, stellenweise rot gebrannt,
aufgesetztes Weiß. Aus mehreren Stücken
zusammengesetzt und ergänzt, Bemalung
teilweise abgerieben
H. 6,8 cm, D. 12,2 cm
Berlin, SMB, Antikensammlung
Inv.: V.I. 3579 (a)

Tiefe Schale mit Horizontalhenkeln und abgesetzter Lippe auf kleinem flachem konischem
Fußring. Innen gefirnißt bis auf tongrundige
Streifen an Lippenansatz und -rand, dort auch
weiß aufgesetzte umlaufende Linie. Außen
Standring, unterer Teil des Bauches, Henkel
und Teil der Wandung darunter gefirnißt. Um

den Bauch drei weiße Linien. Darüber in der
Henkelzone vorn und hinten ausgesparter Bildfries: zwei nach rechts laufende plumpe Wasservögel (Gefieder durch Ritzungen und weiße
Punkte angegeben), dazwischen jeweils eine
große Rosette und kleine Klecksrosetten. Darüber um Lippenansatz und -rand Punktreihen.
Auf der Lippe außen Metopenfelder.

Die Kylix gehört zu einer Gruppe gleichartiger
Schalen, die im Gebiet von Pitigliano und Pog-
gio Buco gefunden wurden (vgl. CVA Grosseto
2, 1986, S. 26 f. zu Taf. 34.4; Bartoloni, Grab 8,
S. 114 Nr. 23–25 Taf. 62c–e; Matteucig, Grab F,
S. 41 Nr. 29–30 Taf. 16.13–14; Grab G, S. 46 f.
Nr. 20–21 Taf. 19.5–6).

Diese Schale ist bei Boehlau nicht erwähnt,
möglicherweise handelt es sich um eine spätere
Zutat zu diesem Grabkomplex.

Lit.: Unveröffentlicht.   U. K.

B 4 Etrusko-korinthische Vasen

Die um 630 v. u. Z. beginnende spätorientalisie-
rende Periode zeigt auch in der Keramik das
Fortleben veralteter Ausdrucksformen in der
Töpferarbeit wie in der Verzierung der Gefäße.
Wesentlich ist aber das Auftreten neuer Formen
und Motive – Vermittler einer veränderten
Denk- und Ausdrucksweise und zugleich Zeugen der veränderten Bedeutung der bemalten
Vasen in der etruskischen Kultur. Die Quellen
sind vor allem die orientalischen und griechischen Importwaren, deren neuer Zustrom aber
nicht der Grund, sondern eher die Folge des
großen Geschmackwandels war. Unter den
neuen Vasenformen dominierten diejenigen,
die aus der korinthischen Keramik der Zeit übernommen wurden, wie die Oinochoe (Kat.-
Nr. B 4.5), die Olpe (Kat.-Nr. B 4.33), der Aryballos oder das Alabastron (Kat.-Nr. B 4.17).
Kein Wunder, daß in der spätorientalisierenden
Periode, die sich in der Vasenmalerei nicht zuletzt durch das neu erweckte rege Interesse für
figurale Darstellungen von den vorangegangenen Jahrzehnten unterscheidet, bald das Korinthisieren zum bestimmenden Faktor wurde und
diese etrusko-korinthische Produktion bis um
die Mitte des 6. Jh. praktisch die einzige Richtung der figuralen Verzierung von Tongefäßen
blieb.

Wir sind imstande, innerhalb der erhaltenen
Vielzahl etrusko-korinthischer Vasen Epochen,
Schulen und Meister zu unterscheiden. In der
Frühperiode (letztes Viertel 7. Jh.) standen zwei
Malweisen nebeneinander: die polychrome und
die schwarzfigurige. Die erstgenannte, die Belebung der eingeritzten Gestalten mit roter und
weißer Deckfarbe, hatte ihre Wurzeln in der lokalen Tradition, wurde aber auch von den importierten ostgriechischen und zunächst korinthischen Vasen angeregt. Die zwei wichtigsten
Schulen der polychromen Produktion waren die

in Caere tätige *Monte-Abbatone-Werkstatt*, in
der meist große Amphoren bemalt wurden, und
der Kreis des *Castellani-Malers* (Kat.-Nr. B 4.1
bis 3), der sich vor allem kleinen Salbgefäßen in
korinthischen Formen widmete. Die Einführung
der korinthischen schwarzfigurigen Vasenmalerei in Etrurien ist das Verdienst einer bedeutenden Künstlerpersönlichkeit, des *Malers der
bärtigen Sphinx*, der seine Laufbahn in Vulci
begann. In der spätorientalisierenden Periode
hatte Vulci seine einstige führende Rolle in der
etruskischen Kunst wiedergewonnen und be-
wahrte sie mindestens zwei Jahrhunderte. Der
Maler der bärtigen Sphinx hat in seinen frühen
Werken (Kat.-Nr. B 4.5) den spätprotokorinthischen Miniaturstil nachgeahmt. Etwa zur gleichen Zeit entwickelte eine Werkstatt in Caere
große Schuppenamphoren, die anfangs ebenfalls mit Friesen in spätprotokorinthischem Miniaturstil verziert wurden (Kat.-Nr. B 4.9). Um
600 v. u. Z. übersiedelte der Maler der bärtigen
Sphinx nach Caere und arbeitete dort in der
Werkstatt der Schuppenamphoren; seine
späteren, in immer vergröbertem Stil ausgeführten Werke (Kat.-Nr. B 4.7) wurden meist in
Caere gefunden, nur sehr vereinzelt in Vulci
(Kat.-Nr. B 4.8), wo in den Jahren um 600 v. u. Z.
eine ganze Reihe höchst individueller Meister
tätig war. Die bedeutendsten dieser Meister
wie der *Feoli*- und der *Pescia Romana-Maler*
(Kat.-Nr. B 4.10) haben anfangs nachweisbar
in polychromer Technik gearbeitet und wech-
selten später zur schwarzfigurigen. Ihre Tätigkeit leitet von der frühen in die mittlere Periode
(etwa 590–560 v. u. Z.) hinüber, in der Vulci den
unbestrittenen Vorrang in ganz Etrurien besaß
und das Werk der erwähnten Meister in zwei
großen Werkstätten seine Fortsetzung fand.
Für beide ist eine Massenproduktion von mittelmäßiger Qualität bezeichnend. Der führende

Meister der einen war der *Rosoni-Maler* (Kat.-
Nr. B 4.11), dessen Friese eine sehr beschränkte Zahl von Typen zeigen; besonders
die Vögel und Rosetten wurden von seinen
Schülern und Nachfolgern bis zum Überdruß
und in immer nachlässigerer Ausführung wiederholt (Kat.-Nr. B 4.12). Etwas besser ist in der
Regel die Vasenqualität der anderen Werkstatt,
in der die *Olpe* die beliebteste und namenge-
bende Form darstellte. Neben dem äußerst produktiven *Hercle-Maler* (Kat.-Nr. B 4.13), der die
typischen Merkmale dieser Werkstatt am deut-
lichsten dokumentiert, haben hier auch talen-
tiertere Meister gearbeitet (Kat.-Nr. B 4.14). Mit
beiden Werkstätten in Verbindung zu bringen ist
der wohl begabteste Meister der Zeit, der *Code-
Annodate-Maler*, in dessen Werk sich neben
vielen mittelmäßigen Stücken auch einige befinden, die wegen ihrer Form (Kat.-Nr. B 4.15) oder
Verzierung in dieser Periode einzigartig
sind.

In diesem Zeitabschnitt gab es außer Vulci
nur noch eine etruskische Stadt, in der etrusko-
korinthische Vasen mit figürlichen Verzierungen hergestellt wurden: Tarquinia, wo um
590 v. u. Z. in deutlicher Abhängigkeit von Vulci
eine neue Schule in Erscheinung trat. Am reichsten vertreten sind in dem uns bekannten Material die Werke des nach seiner auffallenden Dar-
stellungstechnik benannten *Senza graffito-
Malers*, jedoch arbeiteten in zwei weiteren tar-
quiniensischen Werkstätten wesentlich bedeu-
tendere Meister.

Für die letzte Periode (etwa 570–560 bis
550–540 v. u. Z.) ist eine beinahe totale künstlerische Erschöpfung charakteristisch. Die größeren Vasen verschwinden fast gänzlich. Vorherrschende Formen sind das Alabastron, der Kugelaryballos (z. B. Kat.-Nr. B 3.43) und die Pyxis
(Kat.-Nr. B 3.45) mit zumeist nachlässig aufge-

tragenen Tierfiguren (Menschendarstellungen fehlen in der gesamten etrusko-korinthischen Produktion fast völlig), die sich auf ein bis zwei Typen beschränken. Abgesehen von einigen anspruchsvolleren Kleinmeistern, die am Anfang der Spätperiode arbeiteten (Kat.-Nr. B 4.17), kann man die Produktion dieses Zeitabschnittes in drei große Gruppen einteilen: die *Gruppe der antithetischen Hahnenpaare*, die *Vögel-Gruppe* und die *Gruppe der Menschenmasken*. Die Letztere knüpft organisch an die Rosoni-Werkstatt an, nur verzieren die Vögel oft plastische Gefäße (Kat.-Nr. B 4.29), die früher in der etrusko-korinthischen Keramik sehr selten waren, in der Spätzeit jedoch, meist ohne figurale Bemalung, in den Werkstätten der figuralen Vasen massenweise hergestellt wurden (Kat.-Nr. B 4.27,28,30–31). Bei den Vasen der Vögel-Gruppe handelt es sich nahezu ausschließlich um Kugelaryballen, deren Figurenschmuck sich auf drei bis vier Vögel beschränkt (Kat.-Nr. B 4.26). Zunächst ganz alleinstehend ist ein Alabastron (Kat.-Nr. B 4.4), auf dem die Vögel in Nachahmung der polychromen Technik nicht aufgemalt, sondern eingeritzt sind.

Zahlenmäßig die größte unter den späten Gruppen ist die Gruppe der antithetischen Hahnenpaare (Kat.-Nr. B 3.43–44, B 4.20–25). Die auf den Aryballen und Alabastra monoton wiederholten Hahnenpaare, die geflügelten und ungeflügelten liegenden Panther, teils mit zwei Körpern (Kat.-Nr. B 4.20,22), mit ein bis zwei Vogelfiguren oder Baum-Motiven zwischen ihnen im Felde, lassen sich anhand bezeichnender Unterschiede der Einritzungen in verschiedene Untergruppen gliedern. Der führende Meister war der *Baum-Maler* (Kat.-Nr. B 4.25), doch allein schon in Anbetracht der großen Zahl der bekannten Stücke muß man annehmen, daß er in seiner Werkstatt mehrere Mitarbeiter hatte.

Die drei Hauptgruppen der Spätphase sind hinsichtlich ihrer Funktion, ihres Stils und Verbreitungsgebietes eng miteinander verbunden. Es besteht kein Anlaß, alle einer gemeinsamen Werkstatt zuzuschreiben, noch weniger ist es zwingend, alle Werkstätten in dasselbe Zentrum zu lokalisieren. Als Sitz der Werkstätten kommt nach dem Stil der Verzierung zunächst Vulci, nach den Fundorten zu urteilen, vor allem Caere in Betracht. Man kann aber auch die Verlegung von Produktionszentren und die Gründung von kleineren Filialen annehmen, was die auffallende Konzentrierung einiger Untergruppen an einzelnen Fundorten (z. B. Satricum in Latium, Nola in Kampanien) erklären würde. Jedenfalls scheint es äußerst wahrscheinlich, daß wenigstens der führende Herstellungsort der Gefäße der Spätzeit Caere war. Doch hatte diese anspruchslose Spätproduktion wohl nur einen beschränkten Abnehmerkreis. Das Korinthisieren war »altmodisch« geworden und verschwand fast spurlos, als um die Mitte des Jahrhunderts eine neue, »ionisierende« Geschmacksrichtung aufkam.

In dem Dreivierteljahrhundert ihrer Blüte beschränkte sich die etrusko-korinthische Vasenmalerei nicht nur auf die Herstellung figural verzierter Vasen; der größte Teil der Produktion bestand in Gefäßen, die für verschiedene Funktionen bestimmt und mit einfacher linearer Verzierung versehen waren (B 3.30–48 mit 4 Ausnahmen; B 4.32). Die Stelle der Reiher übernahmen die aus Korinth stammenden Silhouetten-Hunde (Kat.-Nr. B 3.33.1–4), die in allen Perioden der etrusko-korinthischen Keramik beliebt waren. Wie wenig man aber in Etrurien von einer korinthisierenden Orthodoxie sprechen darf, zeigen Formen, die keine korinthischen Vorbilder haben, sondern auf lokale Tradition (Kat.-Nr. B 4.16; B 4.32) zurückgehen, andererseits Fälle, wo in Vulcenter Werkstätten der etrusko-korinthischen Vasen der mittleren Periode einige Gefäße in polychromer Technik mit phönikischen Motiven geschmückt wurden (Kat.-Nr. B 4.33, 34). Trotzdem bleibt unverkennbar, daß das Gesamtbild der etruskischen Keramik der genannten Periode von der Nachahmung und Umbildung korinthischer Vorbilder bestimmt war.

Lit.: Szilágyi; CVA Grosseto 2, 1986.

J. G. Sz.

B 4.2

B 4.1
Spitzaryballos
Etrusko-korinthisch (polychrom),
Castellani-Maler;
letztes Viertel 7. Jh. v. u. Z.
Blasser hellocker Ton, Oberfläche
schmutzig-beige, rotbrauner Firnis,
aufgesetztes Purpurviolett, Ritzungen.
Intakt, kleine Ausplatzungen am Fuß,
Oberfläche durch Anlagerungen stellen-
weise fleckig
H. 10 cm, D. 5 cm
Aus Vulci; 1831 aus Sammlung Dorow-
Magnus erworben
Berlin, SMB, Antikensammlung
Inv.: F 1187

Birnenförmiger Spitzaryballos protokorinthischen Typs mit abgesetzter Standplatte (gefirnißt). Unten Blattzungenkranz mit langgezoge-
nen Spitzen, darüber drei dünne Firnislinien.
Um den Bauch breiter Firnisstreifen, darin in
Ritzzeichnung: Beine eines schreitenden nackten Mannes (ein Bein rot) zwischen zwei Löwen.
Der linke Löwe hält ein blattartiges Gebilde im
Maul, während der rechte seine Zähne in den
Unterkörper des Mannes schlägt und dabei
gleichzeitig selbst durch einen Panther von hinten angegriffen wird. Über den Tieren hängende
spitze Blätter. Auf der Schulter, über drei Firnislinien, vertikale Blättchen. Henkel gefirnißt, um
den Rand des Mündungstellers kurze Striche,
um die Mündung Firnisring.
Der zur »polychromen Gruppe« gehörende
Aryballos wurde von Szilágyi als ein Spätwerk
des Castellani-Malers erkannt, dessen Werkstatt in Vulci, Caere oder Veji zu suchen ist.
Lit.: J. G. Szilágyi, in: WissZRostock 16, 1967,
Heft 7–10, 1967, S. 547, 552 Nr. 50 Taf. 108.1
bis 3; Szilágyi, S. 25 ff. Taf. 5.6; Antikensammlung III, 1985, S. 26 f. Abb. 18; zum Castellani-
Maler vgl. M. Martelli, in: StEtr 39, 1971,
S. 379 ff.   U. K.

B 4.2 (Abbildung)
Spitzaryballos
Etrusko-korinthisch (polychrom),
Castellani-Maler;
letztes Viertel 7. Jh. v. u. Z.
Rosa-bräunlicher Ton, rotbrauner Firnis,
aufgesetztes Purpurviolett, Ritzungen.
Intakt
H. 9,8 cm
Aus Caere (?); wurde 1933 aus dem Museum
der Antike und Schönen Künste der Kaiser-
lichen Universität Jur'ev (heute Tartu)
übernommen (1871/72 durch W. Helbig im
Auftrage des Prof. Schwabe in Italien
erworben)
Voronesh, Inv.: 64
Spitzaryballos wie Kat.-Nr. B 4.1. Auf dem ge-
firnißten Friesstreifen ist ein Löwe, der einen
Stier verfolgt, dargestellt. Die Konturen der Fi-
guren sind eingeritzt, Details – Streifen und
Flecke auf dem Fell des Stiers und des Löwen,
Schnauze und Hörner des Stiers – sind in Pur-

pur aufgesetzt. Werk des Castellani-Malers
(vgl. Kat.-Nr. B 4.1).
Lit.: V. K. Mal'mberg, E. R. Fel'sberg, Antičnye vazy i terrakoty, 1910, S. 8, 21 Nr. 95; vgl.
Kat.-Nr. B 4.1.   O. V. T.

B 4.3
Spitzaryballos
Etrusko-korinthisch (polychrom),
Castellani-Maler;
letztes Viertel 7. Jh. v. u. Z.
Bräunlich-grauer Ton, rotbrauner Firnis,
aufgesetztes Purpurviolett. Hals und
Henkel fehlen
H. 7,8 cm, D. 5,67 cm

B 4.4 (Abbildung)
Alabastron
Etrusko-korinthisch (polychrom);
1. Hälfte 6. Jh. v. u. Z.
Ton
H. 13 cm

Fundort unbekannt
Budapest, SzM, Antikensammlung
Inv.: 56.135.A.
Spitzaryballos wie Kat.-Nr. B 4.1. Im Fries
nach links schreitender Löwe mit mer...chlichem
Bein im Maul und nach links laufender Stier.
Lit.: CVA Budapest 1, 1981, Taf. 9.1–3, 5
S. 37 (mit Lit.); vgl. Kat.-Nr. B 4.1.   J. G. Sz.

B 4.4

117

B 4.5

Bauchige Kanne mit Kleeblattmündung und hochgezogenem zweigeteiltem Henkel und konischem Fußring. Tierfriese auf Bauch und Schulter. Die Friese zeigen auf der Schulter zwei heraldisch angeordnete Gruppen von Flügelgreif und bärtiger Flügelsphinx im Figurenwechsel auf der linken sowie einen großen Eber und eine analoge Flügelsphinx nach rechts auf der rechten Seite. Der Bauchfries zeigt drei locker miteinander verbundene Gruppen: äsender Steinbock nach rechts (teilweise übermalt) mit Löwen nach links und Panther nach rechts, der eine äsende Damhirschkuh, ebenfalls nach links, in den Hinterschenkel beißt, sowie hintereinander nach rechts hockende bärtige Flügelsphinx mit Polos und zweiter Löwe.

Lit.: CVA Leipzig 1, 1959, Taf. 41 f. S. 49; zur Werkstatt vgl. Szilágyi, S. 31 ff. Nr. 26 (Pontrozetta-Gruppe) und ders., in: GettyMus 3, Occasional Papers on Antiquities 2, 1986, S. 1–3.
E. P.

B 4.6 (Abbildung)
Olpe
Etrusko-korinthisch, Maler der bärtigen Sphinx (Nachfolger), Ende 7. Jh. v. u. Z.
Hellockerfarbener Ton, dunkelbrauner Firnis, rote und weiße Deckfarben.
Fuß bestoßen, teilweise roter Fehlbrand und Bemalung stellenweise abgeblättert
H. (ohne Henkelrotellen) 34 cm
Aus Vulci; 1883 in Rom angekauft
Dresden, SKS, Skulpturensammlung
Inv.: ZV 81

Sackförmiger Gefäßkörper auf flachkonischem Fuß. Bandhenkel mit zwei Rotellen. Am Halsansatz plastischer Ring, runde Gefäßmündung. Weiße Punktrosetten am dunklen Hals, an den Rotellen und am oberen Henkelansatz außen und innen. Auf dem Gefäßkörper vier Tierfriese, durch schmale Streifen voneinander getrennt: 1. Zwei Greifen mit gemeinsamem Kopf, schlangenfüßiger Gigant mit Fackeln, Sphinx, Pegasos, hängende Palmette; 2. liegender Löwe, Sphinx, Pegasos, zwei Löwen mit gemeinsamem Kopf, Sphinx, Doppellöwe; 3. Doppellöwe, Eber, Greif, zwei Pegasoi, Löwe, Eber, Löwe; 4. Löwe, Eber, Pegasos, Panther, Löwe, Eber, Greif, Pegasos, Doppelgreif. Punktrosetten als Füllornament. Über dem Fuß Strahlenkranz.

Lit.: G. Treu, in: AA 1889, S. 170; Szilágyi, S. 31 ff. Nr. 84, S. 56.
K. K.

B 4.7
Kleeblattkanne
Etrusko-korinthisch, Maler der bärtigen Sphinx, Anfang 6. Jh. v. u. Z.
Ton, schwarzbrauner Firnis, aufgesetztes Weiß und Purpurrot; Ritzung. Aus zahlreichen Fragmenten zusammengesetzt, moderne Ergänzungen und Übermalungen
H. 21 cm
Fundort unbekannt
Altenburg, Staatliches Lindenau-Museum
Inv.: CV 173 (alt: 179)

Fundort unbekannt; aus der Sammlung Campana 1862 erworben
Leningrad, GE, Antikensammlung
Inv.: B 9120

Schlauchförmiges Salbgefäß. Auf dem Mündungsteller konzentrische Kreise, am Hals Blattzungen. Zwei Friese: im oberen auf schwarzem Firnisgrund ist ein strichförmiges Blattornament eingeritzt, einzelne Streifen sind purpurn gefärbt. Im unteren Fries vier Vögel nach rechts. Die Figuren sind auf schwarzem Firnisgrund eingeritzt, die Körper bestehen aus schraffierten Dreiecken, Füllornament aus geritzten Kreisrosetten mit Kreuzteilung. Das Gefäß stellt ein seltenes spätes Exemplar einer Vase aus der polychromen Gruppe dar.

Lit.: J. G. Szilágyi, in: WissZRostock 16, 1967, S. 550, 552 Nr. 57 Taf. 114.1; ders., in: ArchCl 20, 1968, S. 17–18 Taf. 14.1; S. P. Boriskovskaja, in: TGE 24, 1984, S. 25–26 Nr. 26 Taf. 2.
S. B.

B 4.5 (Abbildung)
Kleeblattkanne
Etrusko-korinthisch, Maler der bärtigen Sphinx, letztes Viertel 7. Jh. v. u. Z.
Weißgelber Ton mit grünlichbraunem, teilweise rot- bis schwarzbraunem Firnis, aufgesetztes Weiß und Karminrot, Ritzungen. Aus mehreren Bruchstücken zusammengesetzt; fehlende Partien ergänzt und übermalt
H. 26,1 cm, H. (m. Henkel) 28,5 cm, D. 20,5 cm
Alter Sammlungsbesitz
Leipzig, KMU, Antikenmuseum Inv.: T 48

B 4.6

B 4.10

Bauchige Kanne mit Fußstrahlen am Gefäßunterteil, auf der Schulter gefirnißte Streifen mit geritztem Blattstab, hierbei abwechselnd gefirnißte, weiß und rot aufgemalte Zungen. Der Bildfries eingefaßt von Firnisstreifen: ein Löwe, ein Panther, drei Hähne – zwei davon antithetisch gruppiert – und ein Hund. Details rot aufgesetzt. Spätwerk des von Vulci nach Caere übergesiedelten Malers der bärtigen Sphinx (Szilágyi, S. 31 ff. Nr. 29 S. 47).

Lit.: CVA Altenburg 2, 1959, Taf. 83.6–9, S. 35 f.; J. G. Szilágyi, in: GettyMus 3, Occasional Papers on Antiquities 2, 1986, S. 7.　　V. K.

B 4.8
Alabastron

Etrusko-korinthisch, Maler der bärtigen Sphinx, Anfang 6. Jh. v. u. Z.
Blaßrosa bis weißgelber Ton, hell- bis dunkelbrauner Firnis, ungleichmäßig aufgetragenes aufgesetztes Dunkelrot, Ritzungen. Zwei Drittel des Mündungstellers abgebrochen, Bemalung an Vorderseite abgeblättert, Oberfläche durch sekundären Brand verfärbt
H. 14,1 cm, D. 6,3 cm
Aus Vulci, Polledrara, tomba a cassone (s. Kat.-Nr. A 2.3); 1882 erworben
Berlin, SMB, Antikensammlung
Inv.: F 1222a
　　Schlankes, schlauchförmiges Salbgefäß mit kleiner Bodendelle, flachem Mündungsteller, kleinem vertikalem Ösenhenkel und Wulstring am Halsansatz. Um die Bodendelle radiale Striche. Das ganze Bildfeld einnehmend zwei gegenüberstehende Figuren: links bärtige Sphinx mit Polos und aufgebogenen Flügeln (Brust und Gefieder rot), rechts großer Hahn, dazwischen langgestrecktes Palmettenbündel, nur noch in Ritzzeichnung erhalten. Hinter und zwischen den Tieren Klecksrosetten mit eingeritztem Kreuz. Spätes Werk des Malers der bärtigen Sphinx.

Lit.: F. Zevi, in: StEtr 37, 1969, S. 57; Szilágyi, S. 38 Nr. 94.　　U. K.

B 4.9 (Farbtafel)
Schuppenamphora

Etrusko-korinthisch, Caeretaner Miniaturstil-Gruppe, Ende 7. Jh. v. u. Z.
Brauner Ton, Firnis braun bis schwarzrot, aufgesetztes Weiß und Rot, weißlicher Überzug. Oberteil des Halses und der Henkel rekonstruiert, Oberfläche stellenweise abgekratzt oder abgesplittert
H. (rekonstruiert) 62 cm, D. 51,5 cm
Fundort unbekannt
Prag, NM Inv.: 4781
　　Amphora mit ovoidem, sich nach unten stark verjüngendem Rumpf auf konischem Fuß (Dik, Form B). Die Oberfläche ist größtenteils von Schuppen mit weißen Punkten bedeckt. In der Schulterzone befinden sich zwei durch Flechtbänder getrennte und eingerahmte Tierfriese, in der unteren Bauchzone breiter Firnisstreifen, am Fuß und unterem Gefäßteil alternierend weiße und rote Zungen.

Ober- und unterhalb sowie zwischen beiden Friesen mit dem Zirkel eingeritzte Flechtbänder, im oberen Fries linksläufig achtzehn Figuren: weidende Hirsche, Ziegen, Einhörner, flügellose Greifen und Löwen, von denen einer in die Gegenrichtung schreitend dargestellt ist, sowie eine Gans mit langem Schwanz, Hund, Sirene, Sphinx und eine Sphinx mit dem Körper eines Rindes.

Im unteren Fries einundzwanzig Figuren: Löwen oder Panther, gegenüberstehende Greifen, Sphinx, Esel, Einhorn, Hirsch, wilde Ziegen oder Antilopen, Sirene, Gans, Mufflon, Pferd und eine menschliche Gestalt – ein Bläser mit einem der nordischen Lure ähnlichen Blasinstrument. Zur frühen Gruppe der Caeretaner Schuppenamphoren-Werkstatt gehörig (vgl. R. Dik, in: Archaeologia Traiectina 13, 1978, S. 30 f.).

Lit.: J. Bouzek, Casopis Národno muzea – Historie 49, 1980 S. 197 mit Abb., S. 78–82; Antické umění Nr. 220 Taf. 220; Szilágyi, S. 64 Nr. 94; Umění Etrusků Nr. 31 mit Abb.　　J. B.

B 4.10 (Abbildung)
Teller

Etrusko-korinthisch, Pescia Romana-Maler; Anfang 6. Jh. v. u. Z.
Heller, rosa-bräunlicher Ton, brauner, stellenweise rötlicher Firnis und aufgesetzte dunkelviolette Farbe; Ritzung. Intakt bis auf eine Ausplatzung am Rand
H. 5,3 cm, D. 25.6 cm
Aus Caere; 1869 in Italien erworben und 1911 dem Kabinett der schönen Künste der Moskauer Universität übergeben
Moskau, GMII, Antikensammlung
Inv.: II 1b 68
　　Niedriger, breit ausladender Teller. Am flachen abgerundeten Rand zwei kleine Henkel. Das Innere zeigt zwischen liniengesäumten Punktbändern einen konzentrischen Fries mit zwei Panthern zwischen zwei antithetischen Vogelpaaren. Die Details sind geritzt, die Hälse der Panther sowie Brust und Gefieder der Vögel rot aufgesetzt. Füllmuster aus runden Klecksen und Rosetten, teilweise mit rot aufgesetzten Punkten und geritzt. Im Zentrum des Tellers eine Firnisspirale, eingefaßt von einem rot aufgesetzten Kreis. Die Außenseite zeigt vier Gruppen vertikaler Striche, und der Rand ist innen wie außen gefirnißt, darauf innen doppelte rot aufgesetzte konzentrische Kreise. Zunächst dem American Academy-Maler zugewiesen, dessen Identität mit dem Pescia Romana-Maler J. G. Szilágyi unlängst nachwies (in: Antik Tanulmanyok 1981, S. 107 ff.). Sein Stil weist Bezüge zum Caduti- und zum Feoli-Maler, den wichtigsten Vertretern der »zweiten Generation«

A 2.2.1 Italo-geometrische Amphora (Metopen-Gattung) aus Vulci, um 700 v. u. Z.

B 4.9 Etrusko-korinthische Schuppenamphora (Miniaturstil-Gruppe, Caere), Detail, Ende 7. Jh. v. u. Z.

B 4.11 Etrusko-korinthische Olpe (Rosoni-Maler) mit Tierfriesen, 2. Viertel 6. Jh. v. u. Z.

B 5.10 Etruskisch-schwarzfigurige Amphora, 530–520 v. u. Z.

B 5.24 Etruskisch-schwarzfiguriger Kyathos, 500 v. u. Z.

B 5.27 Etruskisch-schwarzfigurige Halsamphora (Kreis des Micali-Malers), Kampfszene, 500–490 v. u. Z.

125

B 5.1 Etruskisch-schwarzfigurige Bandhenkelamphora (Parismaler), Tierkampfszene, 550–540 v. u. Z.

B 6.1.12 Giebelleiste, aus Caere, um 520 v. u. Z.

B 6.1.2 Frauenkopfantefix, aus Caere, um 540 v. u. Z.

B 6.1.18 Eos-Akroter, aus Caere, letztes Viertel 6. Jh. v. u. Z.

der Vulcenter Vasenmalerei, auf (CVA Grosseto 2, 1986, Taf. 32.1 S. 24 f. – mit Lit.).

Lit.: J. G. Szilágyi, in: ArchCL 20, 1968, S. 18 ff. Taf. 10.1 und Szilágyi, S. 93 ff. (American Academy-Maler); vgl. auch zuletzt ders., in: GettyMus 3, Occasional Papers 2, 1986, S. 7, 9 f.   O. V. T.

B 4.11 (Farbtafel)
Olpe
Etrusko-korinthisch, Rosoni-Maler,
2. Viertel 6. Jh. v. u. Z.
Hellbrauner Ton, schwarzbrauner, metallisch schimmernder Firnis, aufgesetztes Dunkelrot und Weiß; Ritzungen. Intakt, Ausplatzung an einer Rotelle, Bemalung stellenweise abgeblättert
H. (m. Rotellen) 42 cm, D. 18,3 cm
Aus Vulci; 1831 aus Sammlung Dorow-Magnus erworben
Berlin, SMB, Antikensammlung
Inv.: F 1250

Große schlanke Kanne (vgl. Kat.-Nr. B 4.6) mit knapp ansteigendem dreiteiligem Vertikalhenkel auf flacher, nach innen leicht eingezogener Fußplatte. Oberhalb der an den Rändern gefirnißten Fußplatte Streifen mit Vierblattgruppen, darüber vier Streifen mit Tieren und zwischengesetzten großen bunten sowie kleinen Klecks-Rosetten: 1. drei Schwäne nach rechts, 2. liegender Panther, liegender Löwe, Eber und Schwan nach rechts, 3. Schwan, Panther, Schwan und Steinbock, 4. vier Schwäne und ein Reh. Wulstring, Mündung, Henkel und Rotellen gefirnißt, auf der Mündung Punktrosetten, auf den Rotellen jeweils achtstrahliges Kreuz.

Lit.: G. Colonna, in: StEtr 29, 1961, S. 62 Nr. 5; D. A. Amyx, in: StEtr 35, 1967 S. 102 zu A-5.   U. K.

B 4.12 (Abbildung)
Kylix
Etrusko-korinthisch, Rosoni-Gruppe,
2. Viertel 6. Jh. v. u. Z.
Blasser hellockerfarbiger Ton, braunschwarzer Firnis, aufgesetztes Dunkelrot; Ritzzeichnung. Gefäß gebrochen und geklebt, Bestoßung am Fuß, Stück der Lippe ergänzt, Oberfläche stark verrieben und teilweise abgeblättert
H. 11,3 cm, D. (Mündung) 19,7 cm,
Br. (m. Henkel) 24,8 cm
Fundort unbekannt; aus der Sammlung des Grafen Henckel von Donnersmarck 1951 als Bodenreformgut an die Staatlichen Museen Schloß Heidecksburg überführt; 1976 von dort übernommen
Berlin, SMB, Antikensammlung
Inv.: 33260,1

Henkelschale auf niedrigem Fuß mit abgesetztem Rand. Fuß und untere Hälfte, ebenso das Innere gefirnißt, zwei dunkelrote Streifen. In der Henkelzone vorn und hinten Bildstreifen: je zwei Enten und Rosetten mit alternierend roten und schwarzen Blättern. Außenrand der Lippe

mit einfachen Metopenfeldern, oben und unten Punktreihen.

Lit.: Unveröffentlicht; zahlreiche Vergleichsbeispiele, z. B. Kylix aus Castel d'Asso in Toronto, Royal Ontario Mus. 919.596 (Szilágyi, S. 124 ff.).   U. K.

B 4.13
Olpe
Etrusko-korinthisch, Hercle-Gruppe,
590–560 v. u. Z.
Graugelb-bronzefarbener Ton, bronzefarben-schwarzer Firnis, metallisch glänzend; aufgesetztes Weiß und Rot, Ritzung. Aus vielen Fragmenten zusammengesetzt
H. 34,1 cm, (m. Rotellen) 36,8 cm, D. 17,6 cm

Herkunft unbekannt; angekauft im Jahre 1950 Warschau, NM, Galerie antiker Kunst
Inv.: 147820

Olpe (vgl. Kat.-Nr. B 4.11), über dem Fuß ein Kranz kurzer Strahlen und auf dem Bauch vier Tierfriesstreifen mit Löwen, Panthern und äsenden Hirschen, getrennt durch Firnisstreifen mit aufgesetzten weißen und roten Linien. Auf dem Hals und wahrscheinlich ursprünglich auch auf den Rotellen weiße Rosetten. Werk des Queen's College-Malers, der neben anderen Handwerkern zur Hercle-Gruppe gehört, die wahrscheinlich in Vulci tätig war. Die Vasen der Hercle-Gruppe gehörten zu den mittelmäßigen, konventionell verzierten Kannen der auf diese Gefäßformen spezialisierten Töpfer des Vulcenter Olpenzyklus.

B 4.12

B 4.15

B 4.16

Standfläche. Unterer Teil und Boden gefirnißt, darüber breiter Firnisstreifen. Um den Bauch zwei Tierfriese mit Löwe, Panther, Schwan, Hirsch, Steinbock und Eber nach rechts, dazwischen Tupfen und Klecksrosetten mit eingeritztem Kreuz. Auf der Schulter geritztes Stabornament. Firnisgrund abwechselnd mit aufgesetztem Weiß und Rot, um die Lippe Doppelhaken.

Der Dinos kann dem Code Annodate-Maler zugewiesen werden, zum Stil vgl. Olpe in Florenz, Mus. Arch. Inv. 71017 (Szilágyi, Taf. 32.47). Vgl. auch J. G. Szilágyi, in: Atti del X Convegno di Studi Etruschi e Italici, 1977, S. 49–63.

Lit.: Furtwängler, Vasen S. 145 Nr. 1263.

U. K.

B 4.16 (Abbildung)
Teller
Etrusko-korinthisch, um 575 v. u. Z.
Ton
D. 27 cm
Fundort unbekannt; aus der Sammlung
B. A. Turaev 1928 erworben
Leningrad, GE, Antikensammlung Inv.: B 4282

Flacher Teller auf ringförmigem Fuß. Im mittleren Teil des Gefäßes ein Fries aus großer Rosette, sechs rechtsläufigen Vögeln und einem nach links gewandten Vogel.

Stilistisch steht der Teller zwischen der Rossini- und der Senza-Graffito-Gruppe.

Lit.: Kul'tura i iskusstvo Etrurii, Nr. 135; S. P. Boriskovskaja, in: TGE 24, 1984, S. 26 Nr. 27 Taf. 2 (Senza graffito-Gruppe).

S. B.

B 4.17
Alabastron
Etrusko-korinthisch, Bobuda-Maler,
2. Viertel 6. Jh. v. u. Z.
Gelblich-brauner Ton; dunkelbraungrünliche Bemalung, aufgesetztes Purpurviolett. Aus mehreren Scherben zusammengesetzt, kleine Ergänzungen am Henkel, am Lippenrand und am Körper
H. 18,22 cm, D. 9,18 cm
Fundort unbekannt
Budapest, SzM, Antikensammlung
Inv.: 56.140.A

Schlauchförmiges Salbgefäß mit leicht konkavem Mündungsteller und kleinem Ösenhenkel. Runder Boden mit kleiner runder Vertiefung in der Mitte.

Auf dem Vasenkörper zwei antithetische löwenartige Gestalten, dazwischen vorn in der Mitte zwei übereinandergesetzte Wasservögel. Im Bildfeld große, meistens durch vier geritzte Linien geteilte Rosetten und kleine Klecksrosetten ohne Ritzung.

Werk des Bobuda-Malers. Das Œuvre dieses in Vulci tätigen Meister verbindet die »zweite Generation« der etrusko-korinthischen Vasenmalerei mit dem späten Zyklus der antithetischen Hahnenpaare und dem Vogel-Zyklus.

Lit.: CVA Budapest 1, 1981, Taf. 11.1–5, 8–9 S. 39f.; Szilágyi S. 202–205.

J. G. Sz.

Lit.: J. G. Szilágyi, in: ArchCl 20, 1968, S. 15 Anm. 37 (Gruppe Hercle); CVA Warschau 6, 1976, Taf. 43.1–4 S. 48 (Queen's College-Maler); zum Maler: D. A. Amyx, in: StEtr 35, 1967, S. 105.

W. D.

B 4.14
Alabastron
Etrusko-korinthisch, Züst-Maler;
2. Viertel 6. Jh. v. u. Z.
Weißgelber Ton, schwarzbraune Bemalung, aufgesetztes Karminrot. Intakt
H. 25 cm
Aus Veji
Jena, FSU, Sammlung antiker Kleinkunst
Inv.: 133

Salbgefäß wie Kat.-Nr. B 4.8 mit zwei übereinanderliegenden umlaufenden Tierfriesen. Im unteren Fries stehen sich zwei Löwen gegenüber, hinter ihnen Antilope und Schwan, dazwischen Klecksrosetten und Farbtupfen. Im oberen Fries, nach rechts gewandt, begegnen wieder in durch Binnenritzung und Rotauftrag belebter Technik Löwen, Antilope und Schwan zwischen flüchtig ausgeführten Rosetten und Tupfen. Dem Züst-Maler des Vulcenter Olpenzyklus zugeschrieben (Szilágyi).

Lit.: J. G. Szilágyi, in: ArchCl 20, 1968, S. 10 Anm. 24 Taf. 1.2 und 2.1; Szilágyi, S. 119 Taf. 30.43.

V. P.-Z.

B 4.15 (Abbildung)
Dinos
Etrusko-korinthisch, Code Annodate-Maler,
590–560 v. u. Z.
Blasser hellbrauner Ton, an der Oberfläche schmutzig-gelb; schwarzbrauner Firnis, aufgesetztes Dunkelrot und Weiß, Ritzungen. Mehrere Risse von der Mündung zur Wandung
H. 23,5 cm, D. 39,7 cm
Aus Vulci
Berlin, SMB, Antikensammlung
Inv.: F 1263

Großer flacher Kessel mit niedrigem Hals und breiter, leicht untergriffiger Lippe auf kleiner

B 4.18
Pyxis

Etrusko-korinthisch, Pyxiden-Gruppe;
um 575 v. u. Z.
Hellbrauner Ton; teilweise verblaßter
hell- bis dunkelbrauner Firnis,
aufgesetztes Rot, Ritzungen. Intakt,
Absplitterungen an der Mündung
H. 3,5 cm, D. 7,5 cm
Aus Tarquinia; nach 1867 aus Gerhards
Nachlaß erworben
Berlin, SMB, Antikensammlung Inv.: F 1165

Flache runde doppelkonische Dose auf niedriger Standfläche. Auf der Unterseite drei Gruppen von je fünf Strichen. Oben zwei liegende
Löwen und ein liegender Panther (Vorderleiber
rot), dazwischen Klecksrosetten mit Kreuzrit-
zung. Auf der Lippe kurze Striche. Diese Form
ist für Pyxiden in Etrurien typisch und wurde
auch in Bucchero nachgeahmt (Kat.-Nr.
C 1.9). Die Malerei steht der der Rosoni-Gruppe
nahe.
Lit.: M. Pallottino, in: MonAnt 36, 1, 1937,
S. 35 Anm. 1, S. 37 Anm. 3; G. Colonna, in: StEtr
29, 1961, S. 74 Nr. 36.   U. K.

B 4.19
Kugelaryballos

Etrusko-korinthisch, Zyklus der
antithetischen Hähne; um 570–550 v. u. Z.
Bräunlich-grauer Ton, gelbbraune
Bemalung, keine aufgesetzte Farbe.
Intakt, Bemalung teilweise abgerieben
H. 8,74 cm, D. 7,33 cm
Fundort unbekannt; in den fünfziger
Jahren des 19. Jh. in Rom erworben;
ehemals Sammlung des Malers Antal Haán
Budapest, SzM, Antikensammlung Inv.: 50.322

Konkave bemalte Mündung mit eingeritztem
Blattkranz. Breiter Bandhenkel, an der Außenseite zwei horizontale Streifen. Auf dem Mündungsrand Punkte, auf der Schulter Blattkranz,
am Boden ein dicker Streifen radial angeordneter Blätter. Im Fries antithetische Gruppe von
zwei liegenden Panthern auf beiden Seiten
eines Wasservogels nach rechts, dazwischen
Scheiben-, Stern- und Klecksrosetten, meistens mit eingeritztem Kreuz. Tiergestalten
mit eingeritzter Binnenzeichnung. Werk des
Baum-Malers. Dieser Maler war der führende
Meister in einer der größten Werkstätten der
Spätperiode der etrusko-korinthischen figuralen Vasenmalerei, in der die Vasen des »Zyklus
der antithetischen Hähne« massenweise hergestellt wurden. Die Herstellung erfolgte ver-
mutlich in Caere oder im Territorium dieser
Stadt.
Lit.: CVA Budapest 1, 1981, Taf. 10.1–7
S. 38f.; zum Baum-Maler: D. A. Amyx, in: Studi
in onore di L. Banti, 1965, S. 12–14 und StEtr 35,
1967, S. 108–110; zum Kreis der antithetischen
Hähne und zur Lokalisierung der Werkstatt
J. G. Szilágyi, in: Atti del X Convegno di Studi
Etruschi e Italici, 1967, S. 61–62 und RA, 1972,
S. 122–126; Szilágyi, S. 210 ff.   J. G. Sz.

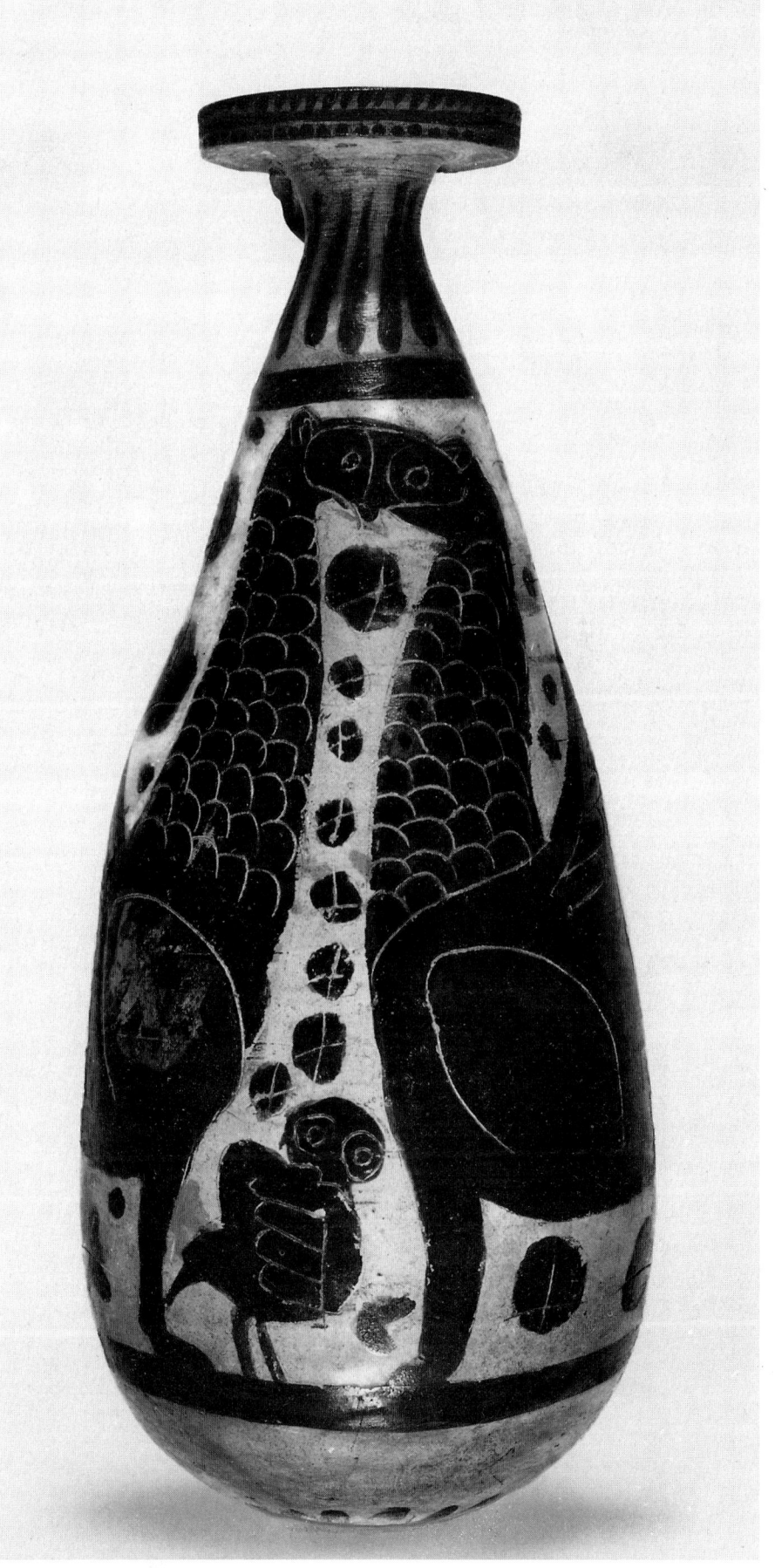

B 4.20

B 4.23

B 4.22
Alabastron
Etrusko-korinthisch, Zyklus der
antithetischen Hähne; 570–540 v. u. Z.
Hellbrauner Ton, rotbrauner Firnis,
aufgesetztes Rot; Ritzungen. Intakt;
Bemalung stellenweise abgeblättert,
unten Anlagerung von Glasfluß
H. 15 cm, D. 6,9 cm
Aus Nola; 1828 aus Sammlung Koller erworben
Berlin, SMB, Antikensammlung
Inv.: F 1213
Salbgefäß wie Kat.-Nr. B 4.8. mit kleinem
Ösenhenkel unterhalb des Mündungstellers.
Um den Gefäßkörper zwei Friesstreifen: unten
Eule mit rot aufgesetzter Brust zwischen Panthern, darüber antithetische Hähne mit roten Flügeln zwischen Klecksrosetten. Achtstrahliger
Stern zwischen den Schwänzen. Am Hals Blättchen, auf der Lippe rote, braune und tongrundige Linien um die Mündung. Zyklus der antithetischen Hähne, Ermitage-Untergruppe.
Lit.: P. Mingazzini, Vasi della collezione Castellani, I, 1930, S. 159; vgl. Szilágyi S. 213f.
U.K.

B 4.23 (Abbildung)
Kugelaryballos
Etrusko-korinthisch, Zyklus der
antithetischen Hähne; 570–540 v. u. Z.
Gelblicher Ton, gelbbrauner Firnis,
aufgesetztes Rot; Ritzung. Intakt,
Ausplatzung, Malerei teilweise verrieben
H. 7,3 cm, D. 6,4 cm
Fundort unbekannt
Halle, MLU, Archäologisches Museum
Inv.: 498
Salbgefäß wie Kat.-Nr. B 4.19. Zwei Tierfriese zwischen Streifen mit je drei Panthern
nach rechts. Füllmuster aus zahlreichen
Klecksrosetten mit geritzten Kreuzen. Binnenzeichnung der Tiere ebenfalls geritzt. Ungewöhnlich für diese Gefäßform ist der doppelte
Tierfries wohl in Anlehnung an gleicherweise
dekorierte Alabastra. Zyklus der antithetischen
Hähne, Ermitage-Untergruppe.
Lit.: Unveröffentlicht; vgl. Szilágyi, S. 213f.
V.K.

B 4.24
Alabastron
Etrusko-korinthisch, Zyklus der
antithetischen Hähne; 570–550 v. u. Z.
Blaßrosa Ton, hellockerfarbige Engobe,
hell- bis dunkelbrauner Firnis, durch
Brandfehler stellenweise rot;
aufgesetztes Karminrot, Ritzungen.
Mehrfach gebrochen und geklebt, an der
Rückseite größeres Stück ergänzt
H. 14,8 cm, D. 7,3 cm
Aus Caere; 1874 durch Helbig bei
Calabresi in Cerveteri gekauft
Gotha, Schloßmuseum Inv.: AVa 50
(alte Inv.: Ahv.7)
Salbgefäß wie Kat.-Nr. B 4.8. Bildfeld zwischen horizontalen Linien mit zwei gegenübersitzenden Panthern, Details geritzt, Hals und

B 4.20 (Abbildung)
Alabastron
Etrusko-korinthisch, Zyklus der
antithetischen Hähne; um 570–550 v. u. Z.
Gelblicher Ton, gelbbrauner Firnis.
Intakt, übermalt und Ritzung modern
nachgezogen
H. 23 cm
Fundort unbekannt
Altenburg, Staatliches Lindenau-Museum
Inv.: CV 12 (alt: 183)
Salbgefäß wie Kat.-Nr. B 4.8. Auf dem Bildfeld zwischen breiten Firnisstreifen antithetische Panthersphingen mit gemeinsamem frontal gesehenem Kopf auf langen geschuppten
Hälsen. Zwischen den Greifen auf der Bodenlinie ein Käuzchen. Füllmuster aus Klecksrosetten mit geritztem Kreuz. Zyklus der antithetischen Hähne, Michigan-Untergruppe.
Lit.: CVA Altenburg 2, 1959, Taf. 83.1–4
S. 35; vgl. Szilágyi, S. 212f.
V.K.

B 4.21
Alabastron
Etrusko-korinthisch, Zyklus der
antithetischen Hähne; Mitte 6. Jh. v. u. Z.
Ton
H. 15 cm
Fundort unbekannt; aus Sammlung Pizzati
1834 erworben
Leningrad, GE, Antikensammlung
Inv.: B 25
Salbgefäß wie Kat.-Nr. B 4.8. Im oberen Fries
sind zwei einander zugewandte Hähne, dahinter ein Vogel. Im unteren Fries zwei antithetische Panther mit gemeinsamem Kopf, dahinter
ein Vogel. Silhouettenmalerei, Details geritzt
und Purpur aufgesetzt. Füllornamente aus
Klecksrosetten mit eingeritztem Kreuz. Zyklus
der antithetischen Hähne, Ermitage-Untergruppe (Szilágyi).
Lit.: Stephani Nr. 186; Kul'tura i iskusstvo
Etrurii, Nr. 132; Szilágyi S. 213f.; S.P. Boriskovskaja, in: TGE 24, 1984, S. 28, 33 Nr. 32
Taf. 3.
S.B.

132

B 4.27/B 4.28

B 4.29/B 4.31/B 4.30

133

B 4.32

Brust mit dunkelroter Farbe. Zwischen den
Panthern Wasservogel; Kopf und Gefieder geritzt, Brust rot bemalt. Füllmuster aus Klecksrosetten mit geritztem Stern auf der Rückseite
zwischen den Schwänzen.

Nach Art der Bemalung läßt sich das Gefäß
innerhalb des Zyklus der antithetischen Hähne
der Matsch-Gruppe zuordnen.

Lit.: CVA Gotha 1, 1964, Taf. 14.4–5 S. 25
(irrtümlich Bobuda-Maler; dagegen schon
D. A. Amyx, in: StEtr 35, 1967, S. 108 Nr. A-2:
Baum-Maler); vgl. Szilágyi, S. 202 ff.   U. K.

B 4.25
Alabastron
Etrusko-korinthisch, Zyklus der
antithetischen Hähne; 2. Viertel 6. Jh. v. u. Z.
Braun-gelber Ton, schwarzbraune Bemalung,
aufgesetztes Karminrot und Ritzung.

H. 26 cm
Aus Veji
Jena, FSU, Sammlung antiker Kleinkunst
Inv.: 132

Salbgefäß wie Kat.-Nr. B 4.8. Vier übereinanderliegende Friese mit Panthern, Hähnen, Antilopen, Eule und Eber. J. G. Szilágyi hat dieses
Werk der Toronto-Untergruppe des Zyklus der
antithetischen Hähne zugewiesen.

Lit.: J. G. Szilágyi, in: RA 1972, S. 125
Abb. 13; Szilágyi S. 217 Taf. 47.75 (Toronto-
und Michigan-Gruppe).   V. P.-Z.

B 4.26
Kugelaryballos
Etrusko-korinthisch, Vogel-Zyklus;
um 540 v. u. Z.
Hellrötlichbrauner Ton, brauner Firnis,
Ritzung. Gebrochen und geklebt, Boden

etwas abgeschliffen, Firnis teilweise
abgeblättert
H. 7,9 cm, D. 7,2 cm
Aus Vulci; 1831 aus Sammlung Dorow-
Magnus erworben
Berlin, SMB, Antikensammlung
Inv.: F 1235

Salbgefäß wie Kat.-Nr. B 4.19. Auf dem Boden Blattrosette. Auf dem Bauch zwischen waagerechten Streifen zwei sitzende und ein stehender Vogel. Details geritzt. Der Aryballos gehört zur dritten späten Gruppe der etrusko-korinthischen Vasen, die nach dem monoton wie-
derkehrenden Grundmotiv der Bemalung als
Vogel-Zyklus bezeichnet wird.

Lit.: Furtwängler, Vasen, S. 141 Nr. 1235; vgl.
J. G. Szilágyi, in: Atti del X Convegno di Studi
Etruschi e Italici, 1977, S. 62 f.; Szilágyi, S. 228 f.
U. K.

B 4.27 (Abbildung)
Figürliches Salbgefäß: Schwan
Etrusko-korinthisch, Anfang 6. Jh. v. u. Z.
Hellockerfarbiger Ton, braunroter,
metallisch schimmernder Firnis,
aufgesetztes Rot und Weiß; Ritzungen.
Intakt, kleine Abplatzungen am
rechten Fuß
H. 8,1 cm, Br. 5,2 cm, L. 10,4 cm
Aus Nola; 1828 aus Sammlung Koller
erworben
Berlin, SMB, Antikensammlung
Inv.: F 1341

Salbgefäß in Gestalt eines gedrungenen
Schwanes auf zwei Stummelfüßen mit stark ge-
bogenem Hals und Einfülloch über dem Sterz.
Der Bauch nicht bemalt; oben dagegen das Ge-
fieder durch Firnisüberzug, rote Deckfarbe und
weiße Punktreihen angegeben. Auf dem Hals
Firnispunkte; Streifen auf dem Kopf und Schna-
bel. Die Augen sind als kleine Kreise aufgemalt.
Zum Typus vgl. Higgins II, S. 54 Nr. 1692 f. und
CVA Würzburg 3, 1983, Taf. 26.4 S. 45.

Lit.: Furtwängler, Vasen, S. 155 Nr. 1341.
U. K.

B 4.28 (Abbildung)
**Figürliches Salbgefäß: liegendes
Hirschkalb**
Etrusko-korinthisch, 600–550 v. u. Z.
Hellbrauner Ton, rotbrauner Firnis.
Linkes Ohr fehlt und Einsatzzapfen
gebrochen, rund um die Halsöffnung
mehrfach gebrochen und ergänzt; Bemalung
teilweise abgeblättert
H. (m. Kopf) 8,8 cm, L. 9 cm
Aus Tarquinia; 1831 aus Sammlung Dorow-
Magnus erworben
Berlin, SMB, Antikensammlung
Inv.: F 1329

Salbgefäß in Gestalt eines liegenden Hirsch-
kalbes. Der Kopf ist abnehmbar und diente als
Verschluß. Das Tier liegt auf angesetzten Bein-
wülsten, der Schwanz ist als Relief ausgeführt
und der Körper vollständig mit Firnispunkten bedeckt (Fell). Auch der Typus dieser Salbgefäße
gilt als etruskische Schöpfung (J. G. Szilágyi, in:

RA 1972, S. 122), die Lokalisierung des Produktionszentrums ist unklar; zahlreiche Funde im Vulcenter Gebiet und Tarquinia lassen an dort beheimatete Werkstätten denken.

Lit.: Furtwängler, Vasen S. 154 Nr. 1329.

U. K.

B 4.29 (Abbildung)
Figürliches Salbgefäß: Affe mit Dinos
Etrusko-korinthisch, Maschera-humana-Gruppe; 570–530 v. u. Z.
Hellbrauner glimmerhaltiger Ton, brauner Firnis, stellenweise rötlich gebrannt, Ritzungen. Intakt
H. 10 cm, Br. 4,7 cm
Aus Nola; 1828 aus Sammlung Koller erworben
Berlin, SMB, Antikensammlung
Inv.: F 1315

Salbgefäß in Form eines sitzenden Affen mit Einfüllöffnung oben am Kopf und bauchigem Krater auf den Knien. Die Beine sind angehockt und die Füße übereinandergesetzt; die Hände halten das Gefäß, dessen Vorderseite mit einer Ente und dessen Rand mit kurzen Strichen bemalt sind.

Der Affe ist am ganzen Körper, mit Ausnahme des Bauches, mit in Reihen angeordneten braunen Firnispunkten bedeckt (Fell); Pfoten, Kopf und wulstartiger Halsring sind dunkelbraun gefirnißt; die kreisrunden Augen sind durch Ritzung angegeben. Szilágyi weist diese Affen der »Maschera humana«-Gruppe zu, die er um 570/60 bis 540/30 v. u. Z. datiert.

Lit.: M. I. Maximova, Les vases plastiques dans l'Antiquité, 1927, S. 113–115 Taf. 41.156; W. C. McDermott, The Ape in Antiquity, 1938, Nr. 431 (Typ e); J. G. Szilágyi, in: RA 1972, S. 114 Nr. 5.

U. K.

B 4.30 (Abbildung)
Figürliches Salbgefäß: Affenmutter mit Kind
Etrusko-korinthisch, Maschera-humana-Gruppe; 570–530 v. u. Z.
Hellbrauner Ton, schwarzbrauner Firnis, Kopf mit dunkelrotbrauner Farbe übermalt.
Intakt, Bemalung stellenweise abgeblättert
H. 10,4 cm, Br. 5 cm
Aus Nola; 1828 aus Sammlung Koller erworben
Berlin, SMB, Antikensammlung
Inv.: F 1314

Sitzende Affenmutter mit gekreuzten Füßen und angehockten Beinen. Sie hält in ihren Armen einen kleinen Affen, der nach links gewandt auf ihren Knien sitzt. Die Köpfe der beiden Affen sind dunkelrotbraun bemalt und haben Eingußöffnungen, die Körper sind wie üblich punktiert. Um den Hals tragen beide wulstartig gefirnißte Halsringe.

Vgl. Grabfunde aus Poggio Buco, z.B. Grab 8 Nr. 32 (Bartoloni, S. 115 Abb. 52 Taf. 69e).

Lit.: Furtwängler, Vasen S. 152 Nr. 1314.

U. K.

B 4.33

B 4.31 (Abbildung)
Figürliches Salbgefäß: Affe
Etrusko-korinthisch, 570–530 v. u. Z.
Hellbrauner Ton, brauner Firnis. Beide Füße teilweise abgebrochen, linker Unterarm beschädigt, Bemalung stark verblaßt
H. 11,2 cm, Br. 6,3 cm
Fundort unbekannt; nach 1867 aus Gerhards Nachlaß übernommen
Berlin, SMB, Antikensammlung
Inv.: F 1313

Sitzender Affe mit angezogenen Beinen, die Füße wohl einstmals nebeneinandergesetzt. Eingußöffnung auf dem Kopf. Die rechte Pfote liegt am rechten Knie, mit der linken Pfote bedeckt der Affe sein linkes Auge. Der Körper ist mit Firnistupfen bedeckt. Dieser Affentypus kann geringen motivischen Veränderungen un-

terliegen. Vgl. Higgins II Nr. 1585 und 1586 (mit Lit.) und J. G. Szilágyi, in: RA 1972 S. 111 ff.

Lit.: Furtwängler, Vasen S. 152 Nr. 1313.

U. K.

B 4.32 (Abbildung)
Bandhenkelamphora
Etrusko-korinthisch, Archetti Intrecciati-Gruppe; 1. Hälfte 6. Jh. v. u. Z.
Blasser hellockerfarbiger Ton, hell- bis mittelbrauner, metallisch schimmernder Firnis, zum Teil rot verbrannt, aufgesetztes Dunkelrot und Weiß; Ritzungen.
Aus mehreren Stücken zusammengesetzt
H. 42,8 cm
Aus Tarquinia; 1827 aus Sammlung Bartholdy erworben
Berlin, SMB, Antikensammlung Inv.: F 1261

Dünnwandige, in der Schulter breit ausladende, nach unten hin sich stark verjüngende

Amphora auf schlankem hohlem Fuß. Zylindrischer Hals mit Wulstring in der Mitte und profilierter Lippe, breite vertikale, leicht nach außen gebogene Bandhenkel mit Mittel- und Randstegen. In der Zone der größten Ausdehnung breites Firnisband, oben, unten und in der Mitte mit aufgesetzten roten Linien. Dazwischen einander überschneidende geritzte Halbkreise mit weiß aufgesetzten Tupfen. Auf der Schulter Blattkranz und auf dem Hals drei rot aufgesetzte Streifen sowie am Lippenrand außen schräge Striche.

Die Amphora gehört zu den ornamental verzierten Gefäßen der Gruppe Archetti Intrecciati, die vom Ende des 7. bis in die Mitte des 6. Jh. v. u. Z. hergestellt wurden – vgl. CVA Grosseto 2, 1986, Taf. 3.1 S. 8. Die nachlässige Bemalung deutet auf eine eher späte Entstehung in einer lokalen Werkstatt in Tarquinia hin.

Lit.: M. Pallottino, in: MonAnt 36, 1937, S. 35 Anm. 2, S. 37 Anm. 3; zum Typus vgl. Kunst der Antike, Katalog Hamburg 1977, S. 427 ff. Nr. 369 (J. G. Szilágyi). U. K.

B 4.33 (Abbildung)
Olpe

Etrusko-korinthisch, Gruppe der phönikischen Palmetten, 1. Viertel 6. Jh. v. u. Z.
Hellbrauner Ton, schwarzbrauner Firnis, aufgesetztes Rot und Weiß; Ritzungen.
Intakt, Bemalung stellenweise abgeblättert
H. 31,8 cm, D. 15,2 cm

Aus Tarquinia; 1831 aus Sammlung Dorow-Magnus erworben
Berlin, SMB, Antikensammlung Inv.: F 1255

Schlanke Kanne wie Kat.-Nr. B 4.6. Unten um das Gefäß stehende Strahlen, darüber doppelte, einander überschneidende Ritzbögen, eingefaßt von weißen Linien. In der Bauchzone vorn als Ritzzeichnung ein nackter plumper Mann auf kurzen Beinen nach rechts im Kampf gegen eine zweiköpfige Schlange (Herakles und Hydra?), deren einen Kopf er abzuschlagen versucht. Zwischen Mann und Schlange eine zehnblättrige Rosette. Rechts und links an die Szene anschließend große geritzte phönikische Palmetten mit weißer und roter Bemalung. Oberteil der Kanne gefirnißt, auf der Vorderseite breites tongrundiges Feld mit langen vertikalen Stäben, auf der Rückseite links und rechts des Henkels große, weiß aufgemalte Doppelvolute und senkrechte Linien. Henkel außen, Rotellen, Mündung außen und im oberen Teil auch innen gefirnißt. Auf dem Wulstring kurze vertikale Striche, ebenso zwischen den Rotellen, die mit weißen Kreuzen versehen sind. Oben auf dem Henkel und außen auf der Lippe weiße Punktrosetten.

Lit.: M. Pallottino, in: MonAnt 36, 1, 1937, S. 37 Anm. 3; G. Colonna, in: ArchCl 13, 1961, Nr. 41; R. Dik, in: BABesch 56, 1981, S. 72 Abb. 33; zur Gruppe der phönikischen Palmetten vgl. G. Colonna, in: StEtr 29, 1961, S. 76 ff. und in: ArchCl 13, 1961, S. 15. U. K.

B 4.34
Olpe

Etrusko-korinthisch, Gruppe der phönikischen Palmetten,
1. Viertel 6. Jh. v. u. Z.
Gelbbrauner Ton, rotgebrannter Firnis, aufgesetztes Dunkelrot und Weiß; Ritzungen. Intakt, kleine Ausplatzungen an Lippe und Fußplatte
H. 31,8 cm, D. 15 cm
Aus Tarquinia; 1831 aus Sammlung Dorow-Magnus erworben
Berlin, SMB, Antikensammlung
Inv.: F 1253

Schweres dickwandiges Gefäß der Form wie Kat.-Nr. B 4.33, allerdings mit glattem Bandhenkel. Die Bemalung im unteren Teil des Gefäßes wie auf der Olpe Kat.-Nr. B 4.33, jedoch hier ohne Kampfszene. Oberhalb des Palmettenfrieses geritzte lange Zunge, abwechselnd mit roter und weißer Bemalung, zum Henkel hin mit einer vertikalen Zickzacklinie und weißen Doppelvoluten abgeschlossen. Rotellen und Mündung wie Kat.-Nr. B 4.33.

Die Olpe stimmt in der Dekoration genau überein mit der Olpe Inv. HA 7 in Würzburg (CVA Würzburg 3, 1983, Taf. 17.4–5 S. 37 mit Lit.).

Lit.: M. Pallottino; in: MonAnt 36,1, 1937, S. 37 Anm. 3; P. Mingazzini, Vasi della collezione Castellani, I, 1930, S. 123; G. Colonna, in: StEtr 29, 1961, S. 77 Nr. 9. U. K.

B 5 Etruskisch-schwarzfigurige Vasen

Der Übergang vom korinthisierenden zum schwarzfigurigen Stil in Etrurien wurde wiederum durch importierte griechische Vasen vorbereitet.

Den Übergang von den orientalisierenden Tierfriesen der etrusko-korinthischen Vasen zu den figürlichen, häufig mythologischen Bildern auf den Gefäßen nach der Mitte des 6. Jh. v. u. Z. vermittelten die attisch-schwarzfigurigen Vasen, die seit etwa 570–560 v. u. Z. in großer Zahl importiert wurden. Auch wenn schon früher einzelne im attischen Tierfriesstil bemalte Gefäße in Etrurien erschienen sind, so war doch in diesem Jahrzehnt das Interesse an den attisch schwarzfigurigen Vasen sprunghaft angestiegen, wofür der Hinweis auf eine veränderte soziale und wirtschaftliche Situation in Athen zu Beginn der Peisistratos-Zeit wohl nur eine allzu einseitige Erklärung abgäbe.

In der letzten Phase der etrusko-korinthischen Vasenmalerei genügten die belanglosen kleinen Salbgefäße offenbar nicht mehr der Befriedigung höherer Ansprüche. Diese Rolle übernahmen dagegen zunächst die »tyrrhenischen« Vasen, die während der letzten Phase der etrusko-korinthischen Produktion in Athen für den Export nach Etrurien hergestellt wurden.

Ihre Dekoration mit mythologischen Szenen auf der Schulter und darunter umlaufenden Tierfriesen, die sonst in Athen bereits völlig überholt waren und antiquiert wirkten, war geeignet, von der spät- und suborientalisierenden Phase zur etruskisch schwarzfigurigen Vasenmalerei überzuleiten.

Auch in der 2. Hälfte des 6. Jh. v. u. Z. hatte es dann nie an attischen Werkstätten und Künstlern gefehlt, die für die Etrusker arbeiteten. Auf die »tyrrhenischen« Amphoren, die ihren Namen in der modernen Forschung von ihrem Reiseziel (meist Cerveteri und Vulci) erhalten haben, folgte die Werkstatt des »Affecter«, und eng an seine Tätigkeit schloß sich in Fortsetzung der »tyrrhenischen« Werkstatt die Arbeit der äußerst produktiven Werkstatt des Nikosthenes (um 540–510 v. u. Z.) an. Mit Rücksicht auf ihre etruskischen Käufer hatte diese Werkstatt auch etruskische Vasenformen übernommen, um sie für den etruskischen Markt mit attischen Bildern zu verzieren. Doch das eigentlich kreative Moment der etruskisch-schwarzfigurigen Vasenmalerei bedeutete erst das Erscheinen lokaler Werkstätten, deren Meister – einerlei, ob Etrusker oder eingewanderte Griechen – die schon in der spätorientalisierenden

Periode übliche schwarzfigurige Maltechnik benutzten, um eine eigene etruskisch-schwarzfigurige Darstellungsweise zu entwickeln. In dieser neuen Periode der etruskischen Vasenmalerei hatten neben dem anhaltenden attischen Einfluß auch die durch importierte Vasen und offenbar gleichfalls die von eingewanderten Künstlern vermittelten ostgriechischen Vorbilder eine wichtige Rolle gespielt. Einwanderer aus Ionien mit einer ausgeprägten persönlichen Ausdrucksweise wie der Maler der Campana-Dinoi oder der Caeretaner Hydrien (Abb. S. 405) fanden ebensowenig Nachfolger wie am Anfang der spätorientalisierenden Zeit der Schwalben-Maler. Anders verhielt es sich mit der Werkstatt der »pontischen« Vasen, die ihren fest eingebürgerten Namen nach einigen Darstellungen fälschlich für skythisch gehaltener Bogenschützen bekamen. Der Begründer dieser wohl in Vulci lokalisierbaren Werkstatt, der Paris-Maler (Kat.-Nr. B 5.1; 5.2), hatte offenbar in Anlehnung an die »tyrrhenischen« Vasen eine selbständige etruskische Schule ins Leben gerufen. Er und seine mehr oder weniger talentierten Nachfolger (Kat.-Nr. B 5.4; 5.5; 5.6; 5.7) hatten etwa seit 550–540 v. u. Z. im Verlaufe einer Generation neben mittelmäßigen

auch eine Reihe bedeutender Werke hervorgebracht. Zugrunde lagen vor allem attische Darstellungen und Vasenformen, daneben aber auch korinthische und ostgriechische, die man jedoch ungeachtet ihrer Herkunft mit spezifisch lokalen Zügen und Traditionselementen zu einer eigenständigen, mit anderen gleichzeitigen Gattungen eng verbundenen etruskischen Malkunst verschmolz. Bezeichnend sind die verwendeten Vasentypen: Die bevorzugte Form war anfangs die attische Amphora, daneben finden wir aber auch die korinthische Hydria, orientalische Gefäßformen wie das Lydion (Kat.-Nr. B 5.3; 5.4) und solche, die aus der älteren lokalen Keramik übernommen wurden, z. B. die Bandhenkelamphora (vgl. Kat.-Nr. B 5.1 mit Kat.-Nr. B 2.2), der Fußteller (Kat.-Nr. B 5.7) oder der Kelch auf hohem Fuß (Kat.-Nr. B 5.8), der besonders in der Endphase der »pontischen« Werkstätten beliebt war.

Welch großen Anklang die schwarzfigurige Malweise in der etruskischen Kunst fand, ergibt sich nicht nur aus der Tatsache, daß heute rund zweihundert »pontische« Vasen bekannt sind, sondern wird auch dadurch unterstrichen, daß gleichzeitig mit der Blütezeit der »pontischen« Werkstatt weitere, zahlenmäßig bedeutende Produktionsstätten arbeiteten, denen höchst individuelle Malerpersönlichkeiten wie die beiden Meister der schon erwähnten, überwiegend unter ostgriechischem Einfluß stehenden Caeretaner Hydrien sowie die führenden Maler zweier augenfällig attisierender Vasengruppen, der Efeu-Maler und der La Tolfa-Maler, angehörten. Der in den Jahren 540–520 v. u. Z. tätige Efeumaler (Kat.-Nr. B 5.9; 5.10; 5.11; 5.12) bemalte vorwiegend Amphoren. Stilistisch stand er den attischen Manieristen der Amasis-Nachfolge nahe, bevorzugte aber seltsam überlängte Gestalten. Meistens verzierte er die Vasen mit Tierbildern oder Tierkampfszenen, wobei er sich selbst wiederholte. Einige seiner Szenen sind jedoch Glanzstücke etruskischer ikonographischer Phantasie. Unmißverständlich etruskisch sind auch Darstellungen menschlicher Gestalten mit den namengebenden großen Efeublättern an langen Stielen in Händen (Kat.-Nr. B 5.12). Kein Wunder, daß die übrige zeitgenössische Vasenmalerei von seiner Kunst nicht unberührt blieb (Kat.-Nr. B 5.13).

Vom Efeu-Maler sind heute über 50 Werke bekannt. Fast ebenso viele Stücke stammen aus der etwas später, um 530–510 v. u. Z., anzusetzenden Werkstatt des La Tolfa-Malers. Seine bekannte Produktion war mehr (Kat.-Nr. B 5.14) oder weniger mit der Stilrichtung der erwähnten Caeretaner Hydrien verbunden, doch der attische Einfluß dominierte in der gesamten Werkstatt, und die einheitliche Form der bevorzugten, plump wirkenden Halsamphoren sowie der Stil der zuweilen amüsant grotesken Figuren beweist die Einheitlichkeit der Produktion. Die Lokalisierung schwankt ebenso wie bei der Werkstatt der Efeugruppe zwischen Vulci und Caere.

Die »pontischen« Vasen fanden dann ihre unmittelbare Fortsetzung in der Vulcenter Werkstatt mit der wohl bedeutendsten Persönlichkeit der etruskisch-schwarzfigurigen Vasenmalerei, dem Micali-Maler. Es ist nicht leicht, seine etwa 200 bekannten Vasen chronologisch zu ordnen und seine künstlerische Laufbahn zu rekonstruieren. Am Anfang standen sicherlich Werke, die aufs engste mit den »pontischen« Vasen verbunden waren, und es ist wahrscheinlich, daß er sich im Laufe seiner das letzte Viertel des 6. Jh. v. u. Z. umfassenden Tätigkeit immer mehr den attischen Vorbildern anpaßte. Seine Kunst läßt sich jedoch nicht ausschließlich von griechischen Quellen ableiten, denn seine Bildwelt besitzt eine eigene Atmosphäre, die unverwechselbar etruskisch ist (Kat.-Nr. B 5.15–20). Die Farbigkeit der »pontischen« Vasen hatte er früh überwunden, auch die aufgemalte weiße und rote Farbe der attisch schwarzfigurigen Vasen fand er wohl meist überflüssig; das einzige Mittel für die Belebung seiner oft durch sorgfältige Vorzeichnung vorbereiteten Silhouettenfiguren war in seiner reifen Periode die Einritzung.

Darstellungen der griechischen Mythologie – abgesehen vom dionysischen Kreis – sind äußerst selten auf seinen Vasenbildern zu finden, die statt dessen mit Wundergestalten, Sirenen und geflügelten Pferden bevölkert sind. Er hatte eine besondere Vorliebe für die Wiedergabe aller festlichen Momente des etruskischen Lebens: von ausgelassenen Tänzen bis zu Wettkämpfen und Festzügen. Manche seiner Kompositionen sind Phantasiestücke (z. B. Kat.-Nr. B 5.19; 5.17), die aber vielleicht dennoch für ihre Käufer einen Sinn ergaben.

Bei einer Betrachtung der etruskisch-schwarzfigurigen Keramik darf man nie vergessen, daß deren Produktion vor dem Hintergrund eines immer mehr anwachsenden Imports attischer Vasen erfolgte, die in der 2. Hälfte des 6. Jh. v. u. Z. praktisch konkurrenzlos den etruskischen Markt beherrschten. Die Zahl der in Etrurien gefundenen attischen Vasen mit figuraler Verzierung hatte die der etruskischen schon im 3 , besonders aber im letzten Viertel des Jahrhunderts weit überholt. Das Verhältnis der beiden Produktionen betrug zwischen 550 bis 525 v. u. Z. ungefähr 2:1, zwischen 525 bis 500 v. u. Z. bereits 4:1; im letzten Viertel des Jahrhunderts sind in diesen Zahlen natürlich auch die begeistert aufgenommenen Meisterwerke der neuen rotfigurigen Technik mit einbegriffen. Offenbar waren für die meisten wohlhabenden Etrusker dieser Zeit attische Vasen der Inbegriff für kunstvoll geschmückte Tongefäße.

Die einzige etruskische Werkstatt, die sich im letzten Jahrhundertviertel gegenüber dem Zustrom attischer Ware behaupten konnte, war die des Micali-Malers. Es verwundert deshalb nicht, daß sein Einfluß auf die zeitgenössischen und unmittelbar nachfolgenden etruskischen Vasenmaler erheblich war. So ist es heute kaum noch möglich, zwischen seinen Mitarbeitern,

Schülern und Nachahmern immer klar zu unterscheiden. Allerdings reichte die Aktivität der Werkstatt, wenn auch nicht des Meisters, in das erste Viertel des 5. Jh. v. u. Z. hinein, als die Schultradition neben einigen besseren Nachfolgern auch von weniger begabten Handwerkern noch lange Zeit weitergepflegt wurde (Kat.-Nr. B 5.24; 5.25).

Bei den späteren Micali-Schülern, gemäß den im Spätwerk des Meisters bemerkbaren Tendenzen, offenbarte sich immer stärker der Einfluß der attisch-rotfigurigen Technik, wenn auch schwarzfigurig umgesetzt (z. B. bei dem Kyknos-Maler, Kat.-Nr. B 5.28), da die rotfigurige Maltechnik den etruskischen Meistern noch lange fremd blieb. Allerdings gab es einige zunächst noch isoliert dastehende Maler schwarzfiguriger Gefäße, die mit besonderer Empfänglichkeit die neue attische Malweise aufnahmen, ohne ihre Abhängigkeit von der Micali-Tradition zu verleugnen. Die Spitzenleistungen des etruskischen spätschwarzfigurigen Figuralstils sind ihnen zu verdanken (Kat.-Nr. B 5.29).

Der überwiegende Teil der zahlenmäßig bedeutenden Produktion des 1. Viertels des 5. Jh. v. u. Z. erschöpfte sich in mehr (Kat.-Nr. B 5.30) oder weniger (Kat.-Nr. B 5.31; 5.32) gelungenen Imitationen attisch schwarzfiguriger Vasen, mit immer mehr aufgesetztem Weiß und immer weniger geritzter Binnenzeichnung. Die Ikonographie der Darstellung oder die begleitende Inschrift kann aber in seltenen Fällen auch solchen Vasen eine besondere Bedeutung verleihen (Kat.-Nr. B 5.33). Die Produktion blieb in dieser Spätphase nicht so streng wie früher auf die südetruskischen Küstenzentren konzentriert. Man darf mit chiusinischen Werkstätten rechnen, und noch im letzten Jahrzehnt des 6. Jh. v. u. Z. entstanden die frühesten Stücke der Orvieto-Gruppe mit ihren rohen, zuweilen fast expressionistisch anmutenden Figuren. In dieser weder stilistisch noch geographisch mit der Micali-Schule zusammenhängenden Werkstatt, die wohl in Volsinii, dem heutigen Orvieto, zu lokalisieren ist, wurde die figurale Verzierung häufig durch die ornamentale abgelöst (Kat.-Nr. B 5.34–36). Die Anwendung der schwarzfigurigen Technik wurde auch sonst immer mehr auf die rein ornamentale Produktion beschränkt, wo sie noch lange gepflegt wurde. Mehrere Werkstätten hatten sich, wenn auch nicht ausschließlich, auf die Herstellung derartiger Vasen spezialisiert. Hinzuweisen ist besonders auf die Vulcenter Werkstatt der Punktkranzteller-Gruppe (Kat.-Nr. B 5.37) und die Spurinas-Gruppe (Kat.-Nr. B 5.38). Die Vasen der ersten Gruppe wurden nur mit schwarzen Punktreihen verziert, die der anderen mit aufgemalten Inschriften, die den Namen einer Gottheit, des Bestellers oder eventuell des Töpfers enthielten. Die Anfänge beider Gruppen gehen ins ausgehende 6. Jh. v. u. Z. zurück, ihre Produktion reicht aber bis weit in das 5. Jh. v. u. Z. hinein.

Das Aufkommen der pseudo-rotfigurigen

B 5.2

B 5.4

Malweise in Etrurien kündigte das Ende der schwarzfigurigen figuralen Vasenmalerei an. Der einzige lebensfähige Sproß der Micali-Tradition war die vermutlich von übersiedelten etruskischen Meistern in Capua begründete kampanisch-schwarzfigurige Schule. Die Ikonographie ihrer Darstellungen entwickelte sich im Dialog mit den Ausdrucksformen der attisch-rotfigurigen Vasenmalerei der klassischen Zeit, deren Einfluß sich immer mehr bemerkbar machte, und nicht zuletzt in der Begründung einer lokalen kampanischen Tradition der figuralen Vasenmalerei. Man kann in der etwa 200 Vasen umfassenden Produktion zwei Hauptphasen unterscheiden: eine frühere, die noch enger mit den besseren etruskischen Arbeiten der Micali-Schule zusammenhängt (Kat.-Nr. C 1.10; 1.13; 1.18), ist in das erste Viertel des 5. Jh. v. u. Z. zu datieren, die spätere, mit immer mehr absinkender Qualität in der Ausführung, war, wenigstens in ihren letzten Stücken, wohl mit den Anfängen der rotfigurigen »Owl-Pillar«-Gruppe zeitgleich.

Die Anwendung der schwarzfigurigen Technik in der etruskischen Vasenmalerei des 4. bis 3. Jh. v. u. Z. stand in keiner organischen Verbindung mit der früheren Produktion. Am häufigsten erscheint sie an Vasen mit ornamentaler Dekoration, wie auf einer Reihe eleganter Sky-

phoi des 4. Jh. v. u. Z. mit geometrischen und Pflanzenmotiven (Kat.-Nr. D 1.48), die möglicherweise in Chiusi hergestellt wurden. Eine andere, recht umfangreiche Gruppe, die Gruppe Toronto 495, besteht aus Oinochoen des Typus VII, die mit schwarzen Palmetten verziert wurden (Kat.-Nr. D 1.44; D 1.45) und in den Jahren um 325–275 v. u. Z. wahrscheinlich in mehreren südetruskischen Werkstätten, zunächst aber in Vulci und Tarquinia, entstanden.

Die Verwendung der schwarzfigurigen Technik für figurale Vasenbilder war in dieser Spätzeit äußerst selten. Eine Ausnahme bildete die mit der Gruppe von Toronto 495 gleichzeitige, nicht sicher lokalisierbare Werkstatt von meist kleinen, zweihenkeligen Gefäßen mit einer Vogelsilhouette auf beiden Seiten. Noch mehr isoliert steht zur Zeit die kleine Lekythos (Kat.-Nr. D 1.49) da: Das schwarzfigurig-polychrom verzierte Salbgefäß ist eine etruskische Nachahmung der sogenannten Pagenstecher-Gattung, einer in Großgriechenland und auf Sizilien verbreiteten Gruppe von ähnlichen Vasen.

Lit.: Dohrn; EVP; L. Hannestad, The Paris Painter, 1974; Hannestad, Followers; M. Tiverios, in: AEphem 1976, S. 44–57; J. M. Hemelrijk, Caeretan Hydriae, 1984; Spivey; A. Drukker, M. Zilverberg, in: Enthousiasmos, 1986, S. 39–60.						J. G. Sz.

B 5.1 (Farbtafel)
Bandhenkelamphora
Etruskisch-schwarzfigurig, pontisch, Paris-Maler, 550–540 v. u. Z.
Hellbrauner Ton, orangebrauner Überzug, schwarzbrauner Firnis, aufgesetztes Rot und Weiß, Ritzungen. Aus mehreren Stücken zusammengesetzt, große Teile des Bauches ergänzt; Zugehörigkeit des Fußes fraglich
H. 24,6 cm, D. 15,0 cm, Br. 16,4 cm
Fundort unbekannt; vor 1830 in Neapel gekauft
Berlin, SMB, Antikensammlung
Inv.: F 1885

Amphora nikosthenischer Form mit zwei Wulstringen unterhalb der Schulter (Nachahmung von Metallgefäßen), breiten Bandhenkeln und ausschwingender Mündung.

Unterteil des Bauches mit Strahlen, darüber gegenständige Efeublätter mit weißen Punkten am Ansatz. Um den Bauch Tierkampf: Stier, von zwei Löwen angefallen, links davon Löwe, der einen in die Knie gebrochenen Hirsch ins Hinterteil beißt, davor Panther, einen nur zur Hälfte erhaltenen Eber von hinten anspringend. Ein weiter links erhaltenes Stück vom Löwenschwanz deutet darauf hin, daß auch ein Löwe von vorn den Eber anfällt. Unterhalb der Schul-

ter, zwischen den Wulstringen, Mäanderband. Auf der Schulter vorn und hinten abwechselnd offene und geschlossene Lotosblüten, durch einander kreuzende Bogen verbunden. Henkelansätze unten, Hals außen und innen sowie Lippe außen gefirnißt; auf der Lippe Netzornament, welches auch in schmalen Streifen außen die Henkelfläche säumt, dazwischen Schuppenmuster mit Punkten.

Die Form ist eine Weiterentwicklung des Typs der Impasto- oder Bucchero-Bandhenkelamphoren (Kat.-Nr. A 1.6; B 2.1) und hat ihre direkten Vorläufer in den Bucchero-Amphoren mit Wulstringen, die um 560–530 v. u. Z. datiert werden, s. dazu J. Gran Aymerich, in: CVA Louvre 20, 1982, S. 82 ff. zu Taf. 39. Diese Form wurde in Attika von dem Töpfer oder Töpfereibesitzer Nikosthenes (Signaturen: Nikosthenes epoiesen) imitiert und für Amphoren verwendet, die offensichtlich für den Export nach Etrurien bestimmt waren und so dem Geschmack des Käufers entsprechen sollten.

Lit.: Dohrn, S. 42 ff. u. 72 Nr. 102 Taf. 4 (Ausschnitt); L. Hannestad, The Paris Painter, 1974, Nr. 37 Taf. 19.   U. K.

B 5.2 (Abbildung)
Bauchamphora
Etruskisch-schwarzfigurig, pontisch, Paris-Maler, 550–540 v. u. Z.
Hellocker Ton, orangebrauner Überzug, schwarzbrauner Firnis, aufgesetztes Weiß, Ritzungen. Teil der Lippe herausgeschlagen, Ausplatzungen an Fuß und Lippe
H. 33,5 cm, D. 20,8 cm
Aus Tarquinia; 1831 aus Sammlung Dorow-Magnus erworben
Berlin, SMB, Antikensammlung
Inv.: F 1675

Schlankes dünnwandiges Gefäß mit niedrigem Fuß, dreigeteilten Henkeln und profilierter Lippe. Fuß, Henkel außen und Henkelfeld gefirnißt. Unten am Bauch Strahlen mit zwischengesetzten Kreuzen, darüber zwei Ornamentfriese, jeweils durch Doppellinien getrennt: alternierend gegenständiges Lotos-Palmetten-Geschlinge mit kleinen Lotosknospen seitlich der Palmetten und gegenständige Efeublätter. Auf den Schulterfeldern jeder Seite zwei nach links schreitende bärtige Kentauren mit Pferdeohren (Haare und Bart rot) und auch vorn Pferdebeinen, Bauch unten weiß. Sie tragen über der linken Schulter große Zweige, die mit der Linken gehalten werden. Auf dem anschließenden Halsbild jeweils Efeuranke mit weißen Punkten und gegenständigen Herzblättern; auf der Lippe außen Netzmuster.

Zum Motiv der schreitenden Kentauren vgl. besonders die Amphora in Würzburg, L 778 (CVA Würzburg 3, 1983, Taf. 27.1–2, 28.1, 30.1–2 S. 47 ff.).

Lit.: Dohrn, Nr. 64 S. 35 ff.; L. Hannestad, The Paris Painter, 1974, Nr. 21.   U. K.

B 5.3
Lydion
Etruskisch-schwarzfigurig, 2. oder 3. Viertel 6. Jh. v. u. Z.
Rötlich-gelber Ton, rotbraune Bemalung, weiße Deckfarbe auf den Tongrund aufgetragen. Intakt
H. 11,5 cm, D. 10,2 cm
Fundort unbekannt; in den 50er Jahren des 19. Jh. in Rom erworben, ehemals in der Sammlung des Malers Antal Haán
Budapest, SzM, Antikensammlung
Inv.: 50.626

Lippe oben, Hals und Fuß außen bemalt. Auf dem Körper oben und unten je drei Streifen mit weißer Deckfarbe, dazwischen zwei Firnisstreifen. Die Form, aus Lydien übernommen, wurde in Etrurien in lokalen Werkstätten nachgeahmt.

Lit.: CVA Budapest 1, 1981, Taf. 12.9; E. Pierro, Ceramica »ionica« non figurata e coppe attiche a figure nere, 1984, S. 82 (lydisch); zu den in Etrurien gefundenen Lydia und ihren etruskischen Nachahmungen: M. Martelli, in: Les céramiques de la Grèce de l'Est et leur diffusion en Occident, 1978, S. 180–184.
                                    J. G. Sz.

B 5.4 (Abbildung)
Lydion
Etruskisch-schwarzfigurig, um 540–520 v. u. Z.
Hellroter Ton, orangebrauner Überzug, schwarzbrauner Firnis, aufgesetztes Rot, Ritzungen. Bruch am Fußansatz, Firnis stellenweise abgeblättert, Lippenrand an einer Stelle ausgebrochen
H. 8 cm, D. 6,2 cm

B 5.5

B 5.6

B 5.8

Aus dem römischen Kunsthandel von
Heydemann erworben
Halle, MLU, Archäologisches Museum
Inv.: 217

Salbgefäß auf profiliertem, außen gefirnißtem
Fuß. Am Boden ein konturierter alternierend
schwarz und rot gefärbter Blattstab, darüber ein
linksläufiger Tierfries mit Ziegenbock, Reh und
Hirsch. Auf der Schulter befindet sich eine
Reihe stehender Efeublätter. Auf der platten
Lippe befinden sich Dreiecke. Das Gefäß gehört
in die ionisierende Phase der etruskischen Vasenmalerei und steht den »pontischen« Vasen
nahe, kann aber nicht an diese angeschlossen
werden (Hannestad). Das Salbtöpfchen gehört
zu den zahlreichen Nachahmungen lydischer
Parfümgefäße in Griechenland und Etrurien
(vgl. Kat.-Nr. B 5.3).

Lit.: A. Rumpf, in: AM 45, 1920, S. 169
Taf. 5.4; Dohrn, S. 149 Nr. 133 (Tityosmaler);
E. Bielefeld, in: WissZHalle 11, 1952–53, S. 94
Nr. 53; Hannestad, Followers, S. 79 Nr. 1 (pon-
tisch?).   V. K.

B 5.5 (Abbildung)
Halsamphora
Etruskisch-schwarzfigurig, pontisch,
Nachfolger des Paris-Malers,
530–510 v. u. Z.
Hellocker bis rosa Ton, hellbraun-
fleckiger Überzug, dunkelbrauner
Firnis, oft verdünnt aufgetragen und rötlich
gebrannt, aufgesetztes Dunkelrot
und Weiß, Ritzungen. Aus mehreren
Stücken zusammengesetzt und ergänzt
H. 33,5 cm, D. 23,1 cm
Aus Vulci; 1831 aus Sammlung Dorow-
Magnus erworben
Berlin, SMB, Antikensammlung
Inv.: F 1673

Halsamphora mit echinusförmigem Fuß, kur-
zem Hals und profilierter, leicht untergriffiger
Lippe. Henkel doppelt: flache Bandhenkel, dar-
auf drei aufgelegte Rundstäbe. Fuß, Henkel,
Henkelfelder und Lippe außen gefirnißt, oben
Netzornament.

Um den Bauch unten breite Strahlen, darüber
kreuzweise kleine Palmetten, Lotosblüten und
-knospen, verbunden durch sich überschneidende Bögen. In der Mittelzone gegenständiges Anthemion, beiderseits einer 8förmigen
Rankenkette mit zwischengesetzten Kreuzen,
darüber Mäanderband. Auf der Schulter Bildfeld
mit antithetischen Sirenen (weiße Gesichter,
aufgesetztes Weiß an Flügeln und Brust) und
Punktrosetten. Das von dem Schulterbild nicht
abgesetzte Halsbild zeigt ein gegenständiges
Palmettenornament mit seitlichen Ranken.

Von Dohrn wurde die Amphora dem Werk-
stattbereich des Tityos-Malers zugewiesen,
wobei aber auch noch die Autorschaft des Amphiaraos-Malers möglich wäre.

Lit.: Dohrn, S. 48 Nr. 130; Hannestad, Followers, S. 73 Nr. 119.   U. K.

B 5.6 (Abbildung)
Randschale
Etruskisch-schwarzfigurig, Nachfolger
des Paris-Malers, 530–510 v. u. Z.
Hellbrauner Ton, hell- bis schwarz-
brauner Firnis (ungleichmäßig
aufgetragen, stellenweise durch Brand-
fehler rötlich), aufgesetztes Karminrot,
Ritzungen. Mehrfach gebrochen, ein
Henkel und Stück des Randes ergänzt,
Firnis stellenweise stark abgerieben
H. 10,3 cm, D. 14,7 cm
Aus Vulci; 1884 durch W. Helbig in Rom
gekauft
Gotha, Schloßmuseum Inv.: AVa 66
(Alte Inv.-Nr.: Ahv. 296)

Dünnwandige zweihenkelige Schale mit abgesetztem Rand auf hohem Fuß. Innen gefirnißt; ausgespartes tongrundiges Medaillon mit
laufendem Hahn: Hinterleib und Kamm rot, Gefieder durch Ritzungen angegeben. Außen Fuß,
Henkel und Mitte gefirnißt, darüber breite Firnisstreifen. In der Henkelzone an jeder Seite ein
bartloser Kopf nach rechts (Gesicht rot) zwischen zwei Palmetten, deren einzelne Blätter
durch Ritzungen angegeben sind. Am Lippenansatz und am Rand horizontale Firnisstreifen.
Die Schale ist eine pontische Nachahmung

attischer Kleinmeisterschalen. Sie steht zeitlich
in der Nachfolge der Werke des Paris-Malers,
ohne direkt dem Œuvre eines bestimmten Malers zugeordnet zu werden (Hannestad). Nach
Bildung der Palmetten könnte man sie jedoch
mit der Münchner Amphora Nr. 838 des Amphiaraos-Malers vergleichen.
Lit.: CVA Gotha, Schloßmuseum 1, 1964,
Taf. 19.2–5 S. 31; Hannestad, Followers, S. 70
Nr. 102.   U. K.

B 5.7
Fußteller
Etruskisch-schwarzfigurig, pontisch,
3. Viertel 6. Jh. v. u. Z.
Ockerfarbener Ton mit wenig hellerem
Überzug, Bemalung schwarz bis rotbraun
streifig, nicht vollständig deckend, in
Glanzton; Höhung in Weiß abgeblättert.
Fuß verloren, Riß in der Mitte der Schale
H. 4,5 cm, D. 11,5 cm
Fundort unbekannt; 1939 aus dem Nachlaß
von G. Körte erworben
Leipzig, KMU, Antikenmuseum Inv.: T 4735

Die flache Schale hat einen breiten Rand, der
wie der Spiegel tongrundig ist. Der Rand, von
dünnen Linien eingefaßt, trägt vier mal vier parallele Strichlagen. Die Unterseite tongrundig

bis auf einen breiten schwarzen Streifen auf
dem Rand und dem angrenzenden Schalenrund sowie am Fuß. Im Spiegel mit umlaufender
Randlinie Frau im Knielaufschema nach links in
langem Chiton, einen Zweig in der rechten
Hand, die Linke in die Hüfte gestemmt. Hinter
der Figur ein zweiter geschwungener Zweig an
der Randlinie ansetzend. Zur Form vgl. die flache, etwas gedrungenere Schale München
1010 (J. Sieveking, R. Hackl, Die königliche Vasen-Sammlung zu München I, 1912, S. 156
Taf. 44).
Lit.: W. Herrmann, Etrurien, 1963, Taf. 31;
CVA Leipzig 2, 1973, Taf. 48.4–5; Hannestad,
Followers, S. 76 Nr. 135.   E. P.

B 5.8 (Abbildung)
Kelch auf hohem Fuß
Etruskisch-schwarzfigurig, Micali-Schule,
1. Viertel 5. Jh. v. u. Z.
Blasser hellbrauner Ton, schwarzer
matter Firnis. Fuß gebrochen und
ergänzt, Bemalung teilweise verrieben
H. 13,5 cm, D. 12 cm
Fundort unbekannt, ehemals Sammlung des
Graf Henckel von Donnersmarck, 1974 vom
Schloßmuseum Heidecksburg in Rudolstadt
erworben

B 5.9

B 5.12

B 5.13

Berlin, SMB, Antikensammlung
Inv.: 33260,13

Schale mit außen und innen deutlich abgesetztem Boden auf hohem schlankem, in der
Mitte hohlem Fuß; um dessen Mitte ein Wulstring. Fuß vollständig gefirnißt, ebenso innen die
Wandung der Schale, Boden innen tongrundig,
außen mit dünnen Strahlen. – Wandung außen
mit Fries von 6 plumpen Wasservögeln mit erhobenen Flügeln.

Die Form des Kelches ist bereits in der späten
pontischen Keramik häufig anzutreffen (s. CVA
Würzburg 3, 1983, S. 52 zu Taf. 35).

Lit.: Unveröffentlicht; vgl. Spivey, S. 46 Taf.
34c.   U. K.

B 5.9 (Abbildung)
Bauchamphora
Etruskisch-schwarzfigurig, pontisch,
Efeugruppe, um 530 v. u. Z.
Hellbrauner Ton, streifig aufgetragener
schwarzbrauner, teilweise rötlich
gebrannter Firnis, aufgesetztes Rot,
Ritzungen. Aus mehreren Stücken
zusammengesetzt und ergänzt
H. 42 cm, D. 26,9 cm
Aus Vulci, Campanari-Ausgrabungen;
1834 von Gerhard in Rom erworben

Berlin, SMB, Antikensammlung
Inv.: F 1676

Dickwandige Bauchamphora mit abgesetzter
Lippe, Rundhenkeln und breitem echinusförmigem Fuß. Vollständig gefirnißt bis auf kurze und
lange Strahlen am unteren Teil des Gefäßes
und ausgesparte Bildfelder auf den Schultern.

Seite A: Zwei Männer auf Klappstühlen ein-
ander gegenübersitzend, wahrscheinlich links
Apollon (Apulu): langes Gewand und schräger
Mantel. In der Linken hält er eine Leier, von der
nur das obere Ende mit Saiten sichtbar ist, die
Rechte hält das Plektron an langem Faden.
Rechts vermutlich Dionysos (Fufluns): langes
Gewand und schräger Mantel. Die Rechte faßt
einen Kantharos. Zwischen den Sitzenden
Weinstock mit Trauben und Blättern; links au-
ßen großer Zweig (Myrthe oder Lorbeer), am
rechten Bildrand großer Efeuzweig.

Auf Seite B: Triton (Meeresdämon) hält in der
Linken einen kleinen Delphin mit weißem Bauch
und einen großen Efeukranz. Er ist umgeben
von Delphinen, die wohl das Meer andeuten
sollen.

Neuere Literatur zur Efeugruppe s. in: CVA
Budapest 1, 1981, S. 50 ff. zu Taf. 14.1–3.

Lit.: Gerhardscher Apparat 14, Bl. 12; Dohrn,
S. 8 ff. Nr. 22.   U. K.

B 5.10 (Farbtafel)
Bauchamphora
Etruskisch-schwarzfigurig, pontisch,
Efeu-Maler, um 530–520 v. u. Z.
Ton crèmefarben-rosa, Oberfläche orange
gefärbt; Firnis schwarz-bronzefarben, im
oberen Teil des Gefäßes ins Rötliche
übergehend, Weiß und Rot aufgesetzt
(Leiber und Mähnen der Tiere, Fell des
Panthers), sorgfältige Ritzungen. Aus
vielen Fragmenten zusammengesetzt,
an Hals und Bauch viele Ergänzungen
H. 40,8 cm, D. 23,9 cm
Fundort unbekannt; 1948 erworben
(vormals Museum Szczecin)
Warschau, NM, Galerie antiker Kunst
Inv.: 138522

Amphora wie Kat.-Nr. B 5.9, Metopen mit
Verzierung, oben mit einem Fries aus Lotosknospen geschmückt. A: Löwen, von vorn einen
Stier angreifend. B: Eber, von hinten durch einen Panther angegriffen.

Lit.: Dohrn, S. 8, 11, 15, 19, 20, 143 Nr. 20;
CVA Warschau 6, 1976, S. 49 Taf. 44.1–5.

W. D.

B 5.11

Bauchamphora

Etruskisch-schwarzfigurig, Efeu-Maler,
um 530–520 v. u. Z.
Rötlich-gelber Ton, orangeroter Überzug,
schwarzer bis rotbraun glänzender Firnis, aufgesetztes Purpurrot. Aus mehreren Scherben
zusammengesetzt und ergänzt; erhalten vom
Original: Unterteil des Vasenkörpers mit Fuß,
ein Henkel und ein Teil des zweiten,
das Bildfeld der Seite A mit Hals und
Mündung, untere Hälfte des Bildfeldes
auf Seite B mit anschließenden Teilen der
Wandung
H. 37,78 cm,
D. (mit Henkeln) 26,33 cm
Fundort unbekannt; einstmals in Rom, bei
Depoletti (dort von Gerhard gezeichnet),
in den 50er Jahren des 19. Jh. in Rom
erworben, ehemals in Sammlung des Malers
Antal Haán
Budapest, SzM, Antikensammlung
Inv.: 51.92

Bauchamphora des Typus B. Unten Strahlenkranz, auf beiden Seiten trapezförmiges Bildfeld, oberhalb der Bildfelder Fries von hängenden Lotosknospen. A: jagender Kentaur, der einen Fuchs am Schwanz gepackt hat, oben zwei
aufgehängte Kleidungsstücke. B: Tierkampfszene mit Hirsch und Löwe. Ungewöhnlich ist
die Wiedergabe der Vorderbeine des Kentauren mit im Knöchel eingeknickten Füßen. Die
vorherrschend attischen Züge der Kentauren-
darstellung (vier Pferdebeine, silensartige
Gesichtszüge) entsprechen der attisierenden
Richtung, bezeichnend für die »Efeugruppe«
und ihren führenden Meister, den Efeu-Maler.

Lit.: CVA Budapest 1, 1981, S. 50–52
Taf. 14.1–3; A. Drukker, M. Zilverberg, in: Enthousiasmos 1986, S. 39–48 Nr. 44   J. G. Sz.

B 5.12 (Abbildung)

Kleeblattkanne

Etruskisch-schwarzfigurig, Efeugruppe,
3. Viertel 6. Jh. v. u. Z.
Lederbrauner Ton mit dunkel- bis
hellbrauner Bemalung in Glanzton,
streifig und fleckig, aufgesetztes Violett
und Weiß. Mehrfach gebrochen,
Bruchränder und kleine Partien
in getöntem Gips ergänzt, Firnis
teilweise abgeblättert
H.: 42 cm
Herkunft unbekannt; 1897 aus Sammlung
F. Hauser erworben
Leipzig, KMU, Antikenmuseum
Inv.: T 329

Schlanke ovale Kanne mit Kleeblattmündung
auf hohem Fußring. Am Henkelansatz oben Rotellen mit plastischen Knöpfen. Zungenornament an der Halszone mit abwechselnd roten und schwarzen Blättern. Der Bauchfries
zeigt vier bärtige Männer mit ungewöhnlich langem Oberkörper und kurzen Beinen in stamp-
fenden Bewegungen nach rechts. Über den

langen kurzärmligen Chitonen sind die Mäntel
schalartig über die Schulter gelegt. In den gesenkten und erhobenen Händen werden große
herzförmige Efeublätter getragen, deren Stengel in Spiralen auslaufen. Die Darstellung gibt
einen Kultreigen wieder, was auf kultische Verwendung des Gefäßes schließen läßt. In den
Details weitgehende Übereinstimmung mit der
Oinochoe München 918 (J. Sieveking, R. Hackl,
Die Königliche Vasen-Sammlung zu München I,
1912, S. 128 Taf. 32).

Lit.: CVA Leipzig 2, 1973, Taf. 48.1–3; Kunst-
schätze der Karl-Marx-Universität, Antikenmuseum, Katalog Leipzig, 1981, S. 47, 42; E. Paul,
Antike Keramik, 1982, Abb. 98 f.; Antike Kunst
im Mittelmeerraum, Katalog Leipzig, 1984,
S. 33, Nr. 139.   E. P.

B 5.13 (Abbildung)

Bauchamphora

Etruskisch-schwarzfigurig, pontisch,
Efeugruppe (?), 530–520 v. u. Z.
Hellbrauner Ton, mittel- bis dunkelbrauner
Firnis zu großen Teilen rot gebrannt,
aufgesetztes Dunkelrot und Weiß,
Ritzungen. Großer Riß an der Rückseite
des Bauches, dort zwei Fehlstellen,
Teil der Lippe mit anschließendem
Halsstück fehlt (ergänzt); Risse und
Ausplatzung an der Unterseite des Fußes
H. 29,0 cm, D. 20,8 cm
Aus Vulci, Montalto; 1831 aus Sammlung
Dorow-Magnus erworben
Berlin, SMB, Antikensammlung
Inv.: F 1674

B 5.14

143

Bauchige Amphora, oberhalb des Fußes Strahlen, sonst – bis auf die Bildfelder auf Schulter und Hals – vollständig gefirnißt. Schulterfeld vorn und hinten mit Schuppenmuster. Auf den Halsbildern jeweils bärtiger Kopf nach links mit langem welligem Haar, dreifacher breiter Binde und großem mandelförmigem Auge.

Die Köpfe haben keine direkten etruskischen Parallelen, eher aber solche in der attisch-schwarzfigurigen Malerei (Dohrn, S. 13 Anm. 27 und 28).

Lit.: Dohrn, Nr. 34 S. 13. U. K.

B 5.14 (Abbildung)
Amphora
Etruskisch-schwarzfigurig, La Tolfa-Gruppe (Szilágyi),
3. Viertel 6. Jh. v. u. Z.
Heller, fester Ton, weißer Überzug, Firnis, Ritzzeichnung. Aus mehreren Stücken zusammengesetzt
H.: 33,0 cm
Fundort unbekannt; 1862 aus Sammlung Campana erworben
Leningrad, GE, Antikensammlung
Inv.: B 1315

Die Form erinnert an Amphoriskoi. Als ihr Prototyp könnten die italo-korinthischen Amphoren des 7. Jh. v. u. Z. angesehen werden. Auf den Schultern auf beiden Seiten je ein Löwenpaar, heraldisch angeordnet – ein Motiv, das oft auf den Werken korinthischer, chalkidischer und »ionischer« Meister vorkommt. Der Vergleich mit den Amphoren im Vatikan (A. D. Trendall, Vasi antichi dipinti del Vaticano, 1955, S. 227, 231 Taf. 59a, 92 und 90) und im Louvre (CVA Louvre 9, 1938, Taf. 609. 1–2, 612.1–2) bestätigt, daß die Vase in einer etruskischen Werkstatt hergestellt wurde, und verbindet sie mit der Gruppe Caeretaner Hydrien.

Lit.: Stephani, Nr. 1327; Val'dgauer, Nr. 569; Kul'tura i iskusstvo Etrurii, S. 50 Nr. 140; TGE, 17, 1976, S. 67–68. L. I. G.

B 5.15 (Abbildung)
Halsamphora
Etruskisch-schwarzfigurig, Micali-Maler, letztes Viertel 6. Jh. v. u. Z.
Hellbrauner Ton, schwarzbrauner Firnis, Ritzungen. Aus mehreren Stücken zusammengesetzt und ergänzt
H. 35,0 cm, D. 27,7 cm
Aus Tarquinia; 1831 aus Sammlung Dorow-Magnus erworben
Berlin, SMB, Antikensammlung
Inv.: F 2152

Schweres, dickwandiges Gefäß, nach unten hin spitz zulaufend, mit konischem Fuß, Rundhenkeln und abgesetzter Lippe. Um den Bauch vier Sirenen oder Harpyien mit Vogelkörper und Frauenkopf, eine mit menschlichen Armen, nach links fliegend; zwischen ihnen ein Satyr mit Roßschweif und Pferdehufen und langem Haar, aber unbärtig. Auf den Schulterstreifen jeweils zwei Augen mit geritzten Pupillen, zwischen ihnen Kreis, innen konzentrisch geritzt.

Dohrn schrieb diese Vase seinem Sirenen-Maler zu, dessen Gruppe Beazley (EVP, S. 12 ff.) wie die des Perseus-Malers als Schule des Micali-Malers bezeichnete. Nach Spivey Werk des Micali-Malers. Die Darstellung der Sirenen, der Seelenvögel, auf Gefäßen, die Grabbeigaben waren, entsprach dem alten Glauben, daß nach dem Tode die Seele des Verstorbenen in Vogelgestalt, oft mit Menschenkopf, weiterbestehen würde. Die Verbindung zu Dionysos als dem »Seelenherrn« und seinem Gefolge – Silene, Satyrn – kennzeichnet die Sirenen als »selige Geister«, s. Ch. Scheffer, in: MedelhavsMusB 14, 1979, S. 35 ff.

Lit.: Dohrn, Nr. 186 S. 91 Taf. 5; M. Pallottino, in: MonAnt 1937, S. 37 Anm. 3; Spivey, S. 10 Nr. 28. U. K.

B 5.15

B 5.16

144

B 5.16 (Abbildung)

Halsamphora

Etruskisch-schwarzfigurig, Micali-Maler,
letztes Viertel 6. Jh. v. u. Z.
Hellbrauner Ton, schwarzer matter Firnis,
aufgesetztes Rotbraun, Ritzungen. Intakt
H. 39,0 cm, D. 27,5 cm
Fundort unbekannt; 1892 aus Sammlung
Ancona, Mailand, erworben
Berlin, SMB, Antikensammlung
Inv.: V.I. 3226

Dickwandiges, breites Gefäß. Um den Bauch
Fries von zwölf laufenden Figuren, abwechselnd in kurzem und langem Gewand: kurzer
Chiton bzw. wadenlanges kurzärmeliges Kleid,
darüber jeweils schräger Mantel. An einigen Figuren sind durch Ritzungen Barthaare angegeben, auch bei den langgewandeten, so daß eine
Unterscheidung in Männer und Frauen nicht
möglich ist.

Auf der Schulter A: Zwei Gorgonen, dahinter
Perseus mit Kibisis. B: Heraldisches Motiv: in
der Mitte Blütenbaum, links und rechts je ein
springendes Flügelpferd, darunter jeweils zweiblättrige Pflanze mit rotem Stiel und geritzten
Blättern, die mit roten Punkten umrandet sind.

Diese Amphora war namengebend für eine
Gruppe von Gefäßen, die Dohrn einem Sirenen-
Maler zuschrieb. Auffallend ist an der Darstel-
lung auf der Schulter die Umkehrung des
Fluchtmotivs des Perseus nach der Köpfung
der Gorgo Medusa zu einer Verfolgung der bei-
den anderen Gorgonen (dazu Schauenburg
S. 36).

Lit.: Dohrn, Nr. 276, S. 119 ff. Taf. 7; K. Schauenburg, Perseus, 1960, S. 36 Taf. 19.2; G. Camporeale, in: Studi in onore di L. Banti, 1965,
S. 116 ff. Taf. 26b–c; Spivey, S. 9.   U. K.

B 5.17

Halsamphora

Etruskisch-schwarzfigurig, Micali-Maler,
um 520–500 v. u. Z.
Gelbbrauner Ton, orangeroter bräunlicher
Überzug, ungleich aufgetragene matte
schwarzbraune bis graubraune Bemalung.
Fuß bestoßen, Bemalung teilweise
abgeblättert
H. 40,86 cm, D. 27,4 cm
Herkunft unbekannt
Budapest, SzM, Antikensammlung Inv.: T.764

Amphora, ähnlich Kat.-Nr. B 5.16. Auf der
Schulter Seite A und B: beiderseits eines Efeu-
blattes zwei antithetische Sirenen mit zurückge-
wendetem Kopf. Auf dem Vasenkörper umlaufender Fries von drei laufenden Löwen nach
links mit Efeublatt unter dem Körper und dem
Kopf eines bartlosen Mannes mit Schnurrbart.
Ungewöhnlich ist dagegen das Motiv des männlichen Kopfes im Löwenfries, das auch auf der
Leningrader Oinochoe des Malers (Kat.-
Nr. B 5.19) wiederkehrt und in der etruskischen
Vasenmalerei schon früher, auf etrusko-korinthischen (CVA USA 1, 1926, Taf. 1.1, jetzt Cambridge, Fogg Art Museum, Inv. 25.30.1) und

B 5.19

»pontischen« (CVA Würzburg 3, 1983,
Taf. 37.5) Vasen auftaucht.

Lit.: CVA Budapest 1, 1981, S. 52 f. Taf. 15.1
bis 2, 16.1–4; Spivey, Nr. 46 mit weiterer Lit.
                                        J. G. Sz.

B 5.18

Hydria

Etruskisch-schwarzfigurig, Micali-Maler,
um 520–510 v. u. Z.
Gelbbrauner Ton, orangeroter Überzug,
mattschwarze Bemalung. Aus vielen
Scherben zusammengesetzt, mit kleineren
ergänzten Fehlstellen, der rechte
Seitenhenkel ist modern
H. (mit Henkel) 53,2 cm, D. (ohne
Henkel) 29,1 cm
Herkunft unbekannt

Budapest, SzM, Antikensammlung
Inv.: T. 765

Wassergefäß mit vertikalem Henkel aus zwei
Rundstäben und runden Horizontalhenkeln. Auf
der tongrundigen Oberseite der Mündung zwischen zwei Punktreihen umlaufende Efeublätter. Am Halsansatz über der Bildzone Zungen,
darunter Kette von Halbkreisen mit Punkten in
den Zwickeln. Im Bildfeld an der Schulter zwei
geflügelte antithetische Panther beiderseits eines geflügelten Gorgoneions. Bauchbild: auf
dünner Grundlinie Scheinkampf von zwei
Faustkämpfern im Tanzschritt, beide Hände erhoben, die äußere geballt, die innere mit abwehrender Geste geöffnet; sie tragen kurze Haare
und einen Schurz um die Hüfte. Hinter den
Kämpfenden je ein tanzender Jüngling mit lan-

145

gen Haaren im Mantel mit kreisverzierter Borte. Die Figuren sind von einem schlangenförmig sich windenden vertikalen Pflanzenmotiv umrahmt. Die Schlangenlinien, die den Rhythmus der Tanzbewegung unterstreichen, haben ihre Parallelen nicht nur auf anderen Vasen des Malers und seiner Nachahmer, sondern auch auf den Grabfresken von Tarquinia. Der geflügelte Gorgonenkopf ist eine der frühesten bekannten Darstellungen des Motivs, das in der griechischen Kunst scheinbar nur nach der Mitte des 5. Jh. v. u. Z. erscheint.

Lit.: CVA Budapest 1, 1981, S. 53–56 Taf. 15.3–4, 17.1–4 Abb. 3–4; J. G. Szilágyi, Ancient Art, 1986, Abb. 10; N. Spivey, The Micali Painter, 1987, Nr. 77; zur Geschichte des geflügelten Gorgoneions s. Floren, S. 207 ff. Taf. 19.1. J. G. Sz.

B 5.19 (Abbildung)
Oinochoe
Etruskisch-schwarzfigurig, Micali-Maler, letztes Viertel 6. Jh. v. u. Z.
Graugelber Ton, schwarzer matter Firnis, aufgesetztes Weiß, Ritzungen

B 5.21

H. 22,8 cm
Fundort unbekannt; früher in Sammlung G. A. Čertkov, 1923 aus dem Staatlichen Museumsfonds übernommen
Leningrad, GE, Antikensammlung Inv.: B 4368

Bauchige Kanne untersetzter Form mit dreiblättriger Mündung. Die Darstellung befindet sich auf Bauch und Schultern: in der Mitte eine Sirene mit ausgebreiteten Flügeln, rechts von ihr ein Wolf, unter seinem Bauch ein männlicher Kopf. Unter den Flügeln der Sirene eine Lotosblüte. Die Darstellung des menschlichen Profils ist typisch für den Micali-Maler.

Lit.: Kul'tura i iskusstvo Etrurii, S. 50 Nr. 141; TGE, 17, 1976, S. 70 Abb. 4. L. I. G.

B 5.20
Stamnos
Etruskisch-schwarzfigurig, Micali-Maler, um 510–500 v. u. Z.
Ton beige-gelb, Firnis schwarzglänzend, reiche Einritzungen. Aus mehreren Stücken zusammengesetzt, große Ergänzung am Hals
H. 32,5 cm, D. 24,5 cm

Fundort unbekannt; bis 1945 im Museum Wrocław
Warschau, NM, Galerie antiker Kunst Inv.: 198557

Stamnos auf echinusförmigem Fuß, mit eiförmigem Bauch, abgesetztem und sich nach oben leicht verbreiterndem Hals mit dickem und schrägem Ausgußrand, Henkel walzenförmig. Dekoration in Bildfeldern, die sich in der oberen Hälfte des Bauches befinden: beidseitig Acheloos, nach links sprengend. Unter dem Gott und auf einer Seite vor ihm schematische Efeuzweige und -blätter. Zur Form und Ornamentik vgl. Kat.-Nr. B 5.21 und Hydria München 898A. Beide Gefäße müssen aus derselben Werkstatt hervorgegangen sein.

Lit.: CVA Warschau 6, 1976, S. 49 Taf. 45.1 bis 5; vgl. J. Sieveking, R. Hackl, Die Königliche Vasen-Sammlung zu München I, 1912, S. 123 Nr. 898 Taf. 39; Beazley-Magi, S. 79 Nr. 52; S. Schwarz, in: RM 91, 1984, S. 73 Nr. 12. Spivey Nr. 139. W. D.

B 5.21 (Abbildung)
Stamnos
Etruskisch-schwarzfigurig, Micali-Maler, um 500 v. u. Z.
Rotbrauner Ton, schwarzer Firnis, Ritzungen. Intakt, kleine Absplitterungen am Firnis
H. 30,5 cm, D. 25,5 cm
Aus Sammlung Palme
Prag, NM Inv.: 4782

Breites, nach unten hin sich stark verjüngendes Gefäß, zur Lippe hin ausschwingend. Kleine Horizontalhenkel in Schulterhöhe, leicht konkaver, niedriger Fuß und ausbiegende Lippe. In der Henkelzone zwischen einem Firnisband oben und unten auf Seite A: Acheloos nach links sprengend, oben und unten wachsende Efeublätter. B: Panther mit offenem Maul nach links, vor ihm eine Blume, oben und unten ebenfalls Efeublätter. Sparsame Ritzungen, unter den Henkeln je zwei Doppelspiralen, aus deren Enden sechsblättrige Palmetten entspringen.

Lit.: J. Frel, in: Zprávy JKF 7, 1965, S. 90.2; Antické umění Nr. 221; Umění Etrusků Nr. 32 (mit Abb.). J. B.

B 5.22
Stamnos
Etruskisch-schwarzfigurig, Micali-Maler, um 500 v. u. Z.
Rotbrauner Ton, schwarzer Firnis, Ritzungen. Aus Scherben zusammengesetzt, kleine Ergänzungen, einige Teile der Malerei leicht abgerieben
H. 30,8 cm, D. 25 cm
Aus Sammlung Palme
Prag, NM Inv.: 5339

Stamnos der Form wie Kat.-Nr. B 5.21. In der Henkelzone oben und unten von tongrundigen Streifen gesäumt. A: Panther und geflügelte Sphinx nach links; vor dem Panther ein stilisier-

ter Baum. B: Tiergreif (mit Raubtierpranken) und Pferd, beide nach links schreitend. Reiche Innenritzung, auch der Umriß der Figuren geritzt. Unter den Henkeln stilisierte Bäume, von Voluten mit Lilien und anderen Blüten flankiert.

Lit.: J. Frel, in: Zprávy JKF 7, 1965, S. 90.3.

J. B.

B 5.23 (Abbildung)
Kolonettenkrater

Etruskisch-schwarzfigurig, Nachfolger des Micali-Malers, 1. Viertel 5. Jh. v. u. Z.
Heller, bräunlich-gelber Ton, mattschwarzer, an einigen Stellen bräunlicher Firnis, aufgesetztes Weiß
H. 23,7 cm, D. (der Öffnung) 20,5 cm
1933 aus dem Staatlichen Historischen Museum (ehemals Samokvasov-Sammlung, Nr. 1229) übernommen
Moskau, GMII, Antikensammlung
Inv.: II. 1b. 1119

Kolonettenkrater mit starker Einziehung zum Fuß hin. Breite Öffnung, an der zwei Henkelplatten eingesetzt sind. Die Henkel sind selbst paarweise als kurze vertikale Stäbe gebildet. Auf den Henkelplatten sind Palmetten, auf der Schulter ein Zungenornament, darunter Kreise mit weißem Punkt in der Mitte. Unter dem Henkelansatz ein breiter Fries: Drei Sphingen (zwei männliche und eine weibliche) mit weit nach beiden Seiten ausgebreiteten Flügeln nach links. Der Kolonettenkrater ist der Micali-Gruppe zuzurechnen (Sidorova).

Lit.: O. Waldhauer, in: JHS 43, 1923, S. 174 bis 175 Taf. 3–4; N. M. Loseva, N. A. Sidorova, Očerki po iskusstvu Etrurii i Drevnej Italii (im Druck); Spivey, S. 38.   O. V. T.

B 5.24 (Farbtafel)
Kyathos

Etruskisch-schwarzfigurig, Nachfolger des Micali-Malers, (Szilágyi)
um 500 v. u. Z.
Rötlicher Ton, Oberfläche orange gefärbt, schwarzer Firnis, leicht glänzend, zahlreiche Ritzungen. Henkel und Fuß geklebt, Ergänzungen am Fuß
H. 34,0 cm, D. 24,0 cm
Aus Sammlung Fontana, bis 1945 im Museum Wrocław
Warschau, NM, Galerie antiker Kunst
Inv.: 198101

Kyathos auf breitem scheibenförmigem Fuß, mit hohem, durch einen Wulstring unterteiltem Stiel, hochgezogenem Bandhenkel mit Flügelchen an der Spitze. Am Henkelansatz auf dem Rand der Schale zwei plastische Spitzen. Henkel vorn bemalt mit einem Bäumchen mit symmetrisch ausgebreiteten Zweigen, auf den Flügelchen des Henkels Punkte. Am Schalenrand außen einfacher Mäander mit kleinen Quadraten. Beidseitig des Henkels aus Voluten herauswachsende Palmetten. Wandung mit Kentaurenkampf. Die Kentauren haben die Gestalt junger Männer mit angefügtem Pferdehinterleib. Der von links herbeieilende Kentaur ist kurzge-

B 5.23

schoren und kämpft mit einer Baumkrone, die er mit beiden Händen hinter dem Kopf schwingt, die beiden übrigen, von rechts heranlaufenden sind langhaarig und halten Baumkronen in ihrer rechten Hand. Zwischen ihnen wächst ein großes Efeublatt.

Gewisse Verbindungen mit pontischen Vasen bewogen W. Dobrowolski dazu, in diesem dekorativen Gefäß ein frühes, noch schulmäßiges Werk des Micali-Malers zu erkennen.

Lit.: Dohrn, S. 155 Nr. 268; CVA Warschau 6, 1976, S. 50 Taf. 46.1–6 (Micali-Schule); Spivey, S. 46.   W. D./J. G. Sz.

B 5.25 (Abbildung)
Kyathos

Etruskisch-schwarzfigurig, Nachfolger des Micali-Malers, 1. Viertel 5. Jh. v. u. Z.
Gelbbrauner Ton, orangeroter Überzug, ungleich aufgetragene mattschwarze Bemalung, aufgesetztes Weiß. Spuren moderner Restaurierung an der Wandung unter dem Henkel, mit Gips ausgefüllt
H. (mit Henkel) 28,8 cm, D. 20,78 cm
Herkunft unbekannt
Budapest, SzM, Antikensammlung
Inv.: 51.835

Kyathos wie vorhergehendes Exemplar. Tongrundig die Bildfelder am Henkel vorn und an der Außenseite der Wandung, Kante und Unter-

seite des Fußes gefirnißt. Am Henkel nackter Satyr nach links mit Gürtel, linke Hand geballt, rechte geöffnet, Binde im Haar, beiderseits der Füße Kranz. Unterhalb des Schalenrandes umlaufende Reihe von Efeublättern, an der Wandung Fries von vier Sirenen mit erhobenen Armen nach links, ihnen gegenüber Frau in Chiton und Mantel, zurückblickend. Auf beiden Seiten des Henkels Palmette. Zwischen den Figuren gewellte Weinranken mit punktförmigen Blättern. Die erste Sirene von rechts hat keine Hände, die zweite nur eine Hand. Von einem der zahlreichen Nachfolger des Micali-Malers, der auch weitere Kyathoi bemalt hat (z. B. in Philadelphia, University Museum, Inv. MS 695; Grosseto, Museo Archeologico e d'Arte della Maremma, ohne Inv.-Nr.). Die Vasenform ist etruskisch und wurde in Athen nachgeahmt. Bucchero-Kyathoi dieses Typus wurden in Vulci hergestellt. Da auch die Micali-Werkstatt die Form bevorzugte, kann man diese wahrscheinlich ebenfalls in Vulci lokalisieren.

Lit.: CVA Budapest 1, 1981, S. 57f. Taf. 18.5 bis 6, 20.5–8; T. Rasmussen, in: AntK 28, 1985, S. 36–37; vgl. Beazley-Magi, S. 134.   J. G. Sz.

B 5.26
Oinochoe
Etruskisch-schwarzfigurig, Spätwerk oder
Werkstatt des Micali-Malers,
1. Viertel 5. Jh. v. u. Z.
Bräunlich-roter Ton, matter Firnis,
Ritzzeichnungen
H. 21 cm
Fundort unbekannt; 1834 aus Sammlung
Pizzati erworben
Leningrad, GE, Antikensammlung
Inv.: B 991

Kanne, ungefähr ähnlich der Form wie Kat.-
Nr. B 5.19, doch etwas schlanker. Unten um das
Gefäß Streifen kurzer Strahlen auf Tongrund,
über dem Halsansatz rechtsläufig Efeublätter
wie auf dem Budapester Kyathos (Kat.-
Nr. B 5.25). Vorn auf der Kanne breites Bildfeld,
links und rechts von vertikalen Mäanderbändern gerahmt. Fries mit vier Jünglingen in
schräg über den Oberkörper gelegten langen
Mänteln nach rechts mit angewinkeltem rechtem und erhobenem linkem Arm. Der erste und
dritte Jüngling hat den Kopf – wie im Gespräch –
zurückgewandt. Die Oberkörper sind leicht gedreht, Oberarme etwas verkürzt, Füße und Finger hingegen gelängt und nachlässig gemalt.

Lit.: Stephani, Nr. 331; Kul'tura i iskusstvo
Etrurii, S. 51 Nr. 143; TGE 17, 1972, S. 71–72
Abb. 6; vgl. S. 393. L. I. G.

B 5.27 (Farbtafel)
Amphora
Etruskisch-schwarzfigurig, Kreis des Micali-
Malers, 500–490 v. u. Z.
Ton creme-beige, Oberfläche rötlich gefärbt,
schwarzer, leicht glänzender Firnis,
aufgesetztes Weiß (teilweise übermalt),
Einritzungen. Aus vielen Fragmenten
zusammengesetzt, entlang den Klebekanten
ergänzt
H. 47,5 cm, D. 29,4 cm
Fundort unbekannt; früher im Museum Wrocław,
1946 erworben
Warschau, NM, Galerie antiker Kunst
Inv.: 198092

Halsamphora, über dem Fuß Strahlenkranz
mit innerem Zickzack. Auf dem Hals Schachbrett. Am Halsansatz ein Streifen kurzer Zungen. Schulter A: Lanzenkampf zweier Krieger,
mit Chlaina bekleidet und Bänder in den Haaren, über einem sitzenden Verwundeten, in Anwesenheit der Athena. B: Kampf zweier Krieger, die eine Frau zu trennen bemüht ist. Auf

dem Bauch beidseitig Kriegerzweikampf – auf
Seite B zwischen den Kriegern ein Knabe, der
sich nach links zurückwendet und in einer Bitt-
geste die Hand hochhebt. Die Kampfszenen folgen nicht genau den Schilderungen der Kämpfe
um Troja. An den trojanischen Mythos erinnern
Anwesenheit der Athena und das Motiv der die
Krieger trennenden Frau (Aphrodite, Äneas und
Diomedes trennend? Nike, in den Kampf zwischen Hektor und Aiax eingreifend?).

Lit.: CVA Warschau 6, 1976, S. 50 f. Taf.
47.13, 48.1–6; zur Amphora aus Würzburg mit
der Darstellung der Szene der Trennung des
Äneas und des Diomedes: I. Krauskopf, Der
Thebanische Sagenkreis, 1974, S. 37. W. D.

B 5.28 (Abbildung)
Hydria
Etruskisch-schwarzfigurig, Nachfolger des
Micali-Malers, Kyknos-Maler,
1. Viertel 5. Jh. v. u. Z.
Heller Ton mit rötlichem Überzug, matter
Firnis, aufgesetztes Weiß, Einritzungen
H. 45,0 cm
Fundort unbekannt; 1903 bei Hauchmann
gekauft
Leningrad, GE, Antikensammlung
Inv.: B 3146

Die Gefäßform ähnelt der spätarchaischer
Hydrien. Auf der Schulter ist ein Tierkampf dargestellt: Hirschkuh, von zwei Panthern angefallen. Auf dem Bauch: Kampf des Herakles mit
Kyknos, zwischen den Kämpfenden Blitzbündel, das pflanzenartig im Boden wurzelt, über
Herakles, zwischen seinen Beinen und zwischen den Beinen des Kyknos sind Schwertge-
hänge dargestellt, am rechten Bildrand ein
Zweig mit kleinen Blättern.

Lit.: EVP, S. 16 Nr. 1 unten (dort falsche Inv.-
Nr. B 3145!); O. A. Waldhauer, in: JHS 43,
1923, S. 170 ff. Abb. 1 Taf. 6; TGE 17, 1976,
S. 73; Kul'tura i iskusstvo Etrurii, S. 51 Nr. 144.
L. I. G.

B 5.29 (Abbildungen)
Bauchamphora
Etruskisch-schwarzfigurig, Maler der
Berliner Amphora 2154, um 470 v. u. Z.
Hellocker Ton, dünner rötlicher Überzug,
matter schwarzbrauner Firnis,
aufgesetztes Weiß und Braunrot,
Ritzungen. Intakt, Überzug und Firnis
stellenweise abblätternd, Übermalungen
H. 49,5 cm, D. 31 cm
Aus Vulci; 1836 von Gerhard erworben
Berlin, SMB, Antikensammlung
Inv.: F 2154

Schwere dickwandige Amphora mit kleinem
echinusförmigem Fuß, dicken Bandhenkeln
und abgesetzter Lippe. Fuß, Henkeloberfläche
sowie Lippe gefirnißt. Unten ausgesparte tongrundige kurze Strahlen mit Punkten, darüber
breiter Firnisstreifen und versetzter Doppel-
mäander mit zwischengesetzten Kreuzen.
Große ausgesparte Bildfelder auf Bauch, Schulter und Hals, jeweils durch Mäanderstreifen ge-

B 5.25

B 5.28

B 5.29(A)

B 5.29(B)

trennt. A, Bauch: Zug zum Parisurteil. Rechts Hermes mit Flügelschuhen, langem Gewand und Widder auf den Schultern. Die Füße des Tieres sind mit einem roten Band gefesselt, dessen Ende er in seiner Rechten hält, in der Linken das Kerykeion. Hermes wendet sich zurück zu den ihm folgenden drei Göttinnen in wadenlangen Gewändern und symmetrisch über die Schultern gelegten Mänteln. Die rechte Göttin hält eine Blüte in der Hand, die mittlere wendet sich der linken zu und hält ihr eine Frucht in der erhobenen Rechten entgegen, während diese ihrerseits eine Frucht zeigt. Vor Hermes rechts in starker Verkleinerung ein Jüngling mit Stock und Alabastron (Paris?). Schulter: Wagenrennen von drei Dreigespannen nach links mit Wagenlenkern und dahinterstehendem Jüngling. Links eine bärtige Gestalt, die Arme vorstreckend (um Halt zu gebieten?). B, Bauch: Vier Figuren: außen zwei Frauen, innen links ein Jüngling (Dionysos?), sich umsehend, rechts eine Frau, einen Panther am Strick haltend. Am rechten Bildrand außen ein großer gebogener Zweig mit Blättern. Schulter: Wagenrennen von wiederum drei Dreigespannen nach links. Das rechte Gespann ist gestürzt, ein Pferd liegt auf dem Rücken, mit den Hufen schlagend, das mittlere ist in die Knie gebrochen, und das dritte Pferd ist im Begriff durchzugehen. Ein Jüngling schickt sich an, die Zügel durchzuschneiden. Aus dem Wagengestell ohne Korb oben rechts stürzt der Lenker kopfüber auf die Erde. Am rechten Bildrand zwei Hornbläser in langen Gewändern, die – offenbar erschreckt – ihre Instrumente, ohne hineinzublasen, emporhalten. Auf den Halsbildern gegenständige Palmettenfriese mit zwischengesetzten Efeublättern und einer Punktreihe. Die Außenseiten der Henkel sind mit Efeublättern verziert.

Die Amphora (Typ A) ist nach Beazley namengebend für eine Gruppe später qualitätvoller schwarzfiguriger Gefäße, von denen besonders die Amphora in Würzburg, Inv. 799 (CVA Würzburg 3, 1983, S. 64ff. zu Taf. 47.1–2, 48.1 bis 51.2 mit Diskussion zu Stil und Datierung sowie Lit.), vergleichbar ist.

Lit.: Dohrn, S. 130f.; EVP, S. 16f.; R. Bronson, in: ArchCl 18, 1966, S. 24ff. Taf. 5–9. U.K.

B 5.30

Stamnos

Etruskisch-schwarzfigurig, 480–470 v.u.Z.
Hellocker Ton, orangebrauner Überzug, grauschwarzer, metallisch glänzender Firnis, weiße Binnenzeichnung.
Aus mehreren Stücken zusammengesetzt und ergänzt, Übermalungen, Binnenzeichnung stark abblätternd
H. 25,0 cm, D. 21,5 cm
Aus Vulci; 1831 aus Sammlung Dorow-Magnus erworben
Berlin, SMB, Antikensammlung
Inv.: F 2156

Bauchiges, nach unten sich verjüngendes Gefäß mit niedrigem hohlem Fuß, kurzem breitem Hals mit kleiner Lippe und zwei horizontal ansetzenden Henkeln. Unterer Teil des Gefäßes mit Strahlen, darüber breiter Firnisstreifen.

Vorder- und Rückseite: Eilende Frau nach rechts mit langem Gewand und nachflatterndem Gewand- (Mantel-?) Zipfel. Sie wendet sich nach links um und streckt wie abwehrend ihre Rechte zurück, der linke Arm mit geöffneter Hand leicht vorgestreckt. Unter und neben den Henkeln Palmetten und langgezogene Ranken; über den Henkeln Efeublatt zwischen Ranken. Um den Halsansatz abwechselnd dicke und dünne Stäbe.

Eine ähnliche Darstellung befindet sich auf einem Stamnos in Vulci, Antiquarium Inv. 64431 (M.T. Falconi Amorelli, in: ArchCl 20, 1968, S. 235 Nr. 10 Taf. 88, rechts; zur Gruppe München 886 s. EVP, S. 22). Es handelt sich hierbei um Nachahmungen später attisch-schwarzfiguriger Vasenbilder des 1. Viertels des 5. Jh. v.u.Z.

Lit.: Furtwängler, Vasen, S. 477 Nr. 2156.
U.K.

B 5.31

Halsamphora

Etruskisch-schwarzfigurig,
1. Viertel 5. Jh. v.u.Z.
Gelbbrauner Ton, orangeroter Überzug, ungleich aufgetragene dunkelbraune matte Bemalung, aufgesetztes Weiß.

B 5.32

Aus mehreren Scherben zusammengesetzt und ergänzt (unter den Henkeln und auf der Schulter der Seite A)
H. 22,35 cm, D. 13,44 cm
Fundort unbekannt; in den 50er Jahren des 19. Jh. in Rom erworben, vormals in der Sammlung des Malers Antal Haán
Budapest, SzM, Antikensammlung
Inv.: 50.908.

Standardtypus der spätschwarzfigurigen Halsamphoren, am Halsansatz umlaufende Rille. In der Schulterzone Zungen und Punktreihe, unter der Bildzone umlaufende Punktreihe zwischen horizontalen Linien. Unter den Henkeln Hängepalmetten, darüber je zwei Kreuze mit vier Punkten, unten beiderseits der mittleren Palmette Lotosblüte. Vorder- und Rückseite: bärtiger Mann in Chiton und Mäntel nach rechts schreitend, mit erhobener linker Hand, der Mann auf Seite B zurückblickend. Auf Seite A vor dem Mann, auf Seite B hinter ihm Weinranken mit punktförmigen Blättern. Die Vase ist nach Form und Verzierung ein typischer Vertreter der etruskischen Nachahmungen attischspätschwarzfiguriger Amphoren. Eng verwandt mit der Gruppe München 878, deren Werkstatt in Vulci(?) gesucht wird.

Lit.: CVA Budapest 1, 1981, S. 58 f. Taf. 19.1 bis 3, 20.1–2.   J. G. Sz.

B 5.32 (Abbildung)
Halsamphora
Etruskisch-schwarzfigurig,
480–470 v. u. Z.
Hellocker Ton, orangeroter Überzug, mattschwarzer Firnis, aufgesetztes Weiß, Ritzungen
Vordere Wandung gebrochen, kleine Ergänzungen
H. 25,0 cm
Aus Vulci
Altenburg, Staatliches Lindenau-Museum
Inv.: CV 355 (alt: 190)

Eiförmige Amphora mit abgerundeten Schultern, vertikalen Henkeln aus zwei Rundstäben und echinusförmiger Lippe auf dickem torusförmigem Fuß. Unten um den Gefäßkörper schlanke Strahlen, darüber linksläufiger Fries liegender dreiblättriger Blüten, das Mittelblatt durch Ritzungen abgesetzt.

Auf dem Bauch, A: nackter, rückwärtsblickender Jüngling nach rechts laufend, den rechten Arm nach oben abgewinkelt. Hinter dem Jüngling ein Kreis mit umgebenden Punkten.

Auf dem Bauch, B: Jüngling wie auf A, jedoch beide Arme gesenkt. Unter und neben den Henkelansätzen Palmetten, darunter jeweils ein Efeublatt, von Punkten umgeben. Auf der Schulter beidseitig Blattstabornament mit aufgesetzten weißen »Kernen«, auf dem Hals abwechselnd lange vertikale Stäbe und vertikale Punktreihen.

Lit.: CVA Altenburg 3, 1960, S. 61 Taf. 131.1 bis 2.   U. K.

B 5.33 (Abbildung)
Halsamphora
Etruskisch-schwarzfigurig, Gruppe Vatikan 265, 1. Viertel 5. Jh. v. u. Z.
Hellbrauner Ton, dunkelbrauner bis schwarzer Firnis. Aus Bruchstücken zusammengesetzt; Hals, Henkel, die obere Schulterzone und Teile der Gefäßwandung ergänzt
H. 41,5 cm
Fundort unbekannt; von Dr. Pollak (Prag) 1896 erworben
Dresden, SKS, Skulpturensammlung
Inv.: ZV 1653

Spätschwarzfigurige Amphora, ähnlich Kat.-Nr. B 5.32. Strahlenkranz über dem Fuß. Auf Seite A ist eine Opferszene dargestellt: Ein Satyr mit hochgebogenem Schweif führt einen Ziegenbock mit langen Hörnern und Bart nach rechts zum Altar. Vor diesem steht eine Frau mit einer Opferschale in der ausgestreckten Linken und drei Zweigen in der angewinkelten Rechten. Über dem Satyr befindet sich ein gebogener Zweig. Über der gesamten Szene eine Folge stilisierte Efeublätter mit S-förmigem Stiel und Punkten sowie ein Spiralornament. Zwischen den Figuren Buchstabenfolgen. Über dem Altar: erzkele; über dem Bock: (a) ϑ vpe ϑ; über dem Satyr: masteimi. Auf Seite B nackter Krieger mit Helm, Schild und Lanze im Tanz-

B 5.33

B 5.37

B 5.34

schritt. Neben ihm ein bärtiger, Doppelflöte blasender Mann. In Kopfhöhe und über den Figuren Buchstabenfolge: herm χ i(a)demi; darunter zwischen den Figuren: step. Unter den Henkeln gegenständiges Palmetten-Lotos-Ornament, das von jeweils zwei Palmetten flankiert wird. Nach dem großflächigen plumpen Figurenstil und der Dekoration handelt es sich um ein Werk aus der Gruppe Vatikan 265, die zu einem mitteletruskischen Werkstättenkreis gehört, der auch die Maler der Vasengruppen München 892 und 883 angehören (S.J.Schwarz, in: RM 91, 1984, S.61ff. speziell S.66ff. und in: GettyMus 1, Occasional Papers on Antiquities 1, 1983, S.121ff.), die stark von der zeitgenössischen attischen Vasenmalerei beeinflußt sind. Das Efeublattornament und die Spiralranke der A-Seite gehören außerdem zum Dekorations-Repertoire der »Pattern Class Vases« der Orvieto-Gruppe (S.J.Schwarz, in: StEtr 47, 1979, S.65ff., 72 Abb.2a, c). Dies und die Fundortstatistik – von 15 bekannten Gefäßen wurden fünf in Orvieto und vier in Chiusi gefunden – legen entgegen S.J.Schwarz (Vulci) eine Lokalisierung der Werkstatt in Orvieto nahe.

Lit.: P. Herrmann, in: AA 1898, S.134 Nr.20.
K.K./V.K.

B 5.34 (Abbildung)
Stamnos
Etruskisch-schwarzfigurig, Orvieto-Gruppe, Maler des Wiener Stamnos 318, 1. Viertel 5. Jh. v. u. Z.
Hellocker bis rosa glimmerartiger Ton, rotgebrannter Firnis. Intakt, Firnis stellenweise abgeblättert, Rückseite verrieben, dort Ausplatzung; ein Henkel gebrochen
H. 28 cm, D. 20,4 cm
Aus Orvieto; 1884 erworben
Berlin, SMB, Antikensammlung
Inv.: F 4025

Bauchiges, nach unten hin sich stark verjüngendes Gefäß mit schlankem Hals und weit ausschwingender Mündung. Am Bauch zwei horizontal ansetzende, aufwärts gebogene Henkel, kleiner Fuß. Das ganze Gefäß sowie Henkel gefirnißt, ausgesparte tongrundige Streifen an Schulter und Hals (mit Punktlinien) sowie Bildfelder auf Vorder- und Rückseite. A: Drei parallele Stiele mit gegenständigen Efeublättern, durch Bögen und schräge Bänder verbunden. B: Volutenbaum.

Die Vasen der Orvieto-Gruppe, zuerst zusammengestellt von A.L.Calò, in: StEtr 10, 1936, S.429ff., sind nach ihrem Herstellungs- und damit identischen Fundort benannt. Eine direkte Parallele ist der Stamnos aus Crocefisso del Tufo in Orvieto, Coll. Faina (Calò, Taf.45.4). Die florale Ornamentik auf unserem Stamnos ist singulär; allerdings sind Efeublätter in anderer Anordnung ein beliebtes Motiv auf Vasen dieser Gruppe: Halsamphora in Florenz, Inv. 4176 (Dohrn, Taf.9 Nr.296), s. dazu auch S.Schwarz, in: StEtr 47, 1979, S.65ff. Taf. 16 bis 22.

Lit.: Dohrn, S.134, 158 Nr.307g Taf.9. U.K.

B 5.36   B 5.38

B 5.35
Schale mit Bandhenkeln
Etruskisch-schwarzfigurig, Orvieto-
Gruppe, 1. Viertel 5. Jh. v. u. Z.
Gelblich-rosa Ton, matter schwarzbrauner
Firnis
D. 25 cm
Nach einer Aufschrift auf der Wandung
»Civita Lavinia, 1902«
möglicherweise in Latium gefunden;
1920 bei P. I. Scheltov erworben
Leningrad, GE, Antikensammlung
Inv.: B 3263

Tiefe Schale mit breiter flacher Lippe, auf der
bügelartig zwei Bandhenkel aufsitzen. Innen
breite und schmale konzentrische Kreise, auf
der Lippe Efeublätter, deren Stiele spiralartig
gerollt sind, mit zwischengesetzten Punkten,
unter den Henkeln jeweils zwei liegende, einander berührende S-Voluten mit Punkten. Nach
Tonqualität, Charakter und Motiven der Ornamentik sowie dem Stil gehört die Schale zur Orvieto-Gruppe, vgl. auch Schalen der U. S. National Museum Collection, Smithsonian Institution,
Washington, D. C. (S. Schwarz, in.: StEtr 47,
1979, Taf. 16.1–4).
Lit.: L. I. Gatalina, in: SGE 49, 1984, S. 42–43.
L. I. G.

B 5.36 (Abbildung)
Fußteller
Etruskisch-schwarzfigurig, Orvieto-
Gruppe, 1. Viertel 5. Jh. v. u. Z.
Gelblich-rosa Ton, schwarzer matter
Firnis; Fuß verloren
D. 10,5 cm
Fundort unbekannt; 1924 aus der Orient-
abteilung der GE übernommen
Leningrad, GE, Antikensammlung Inv.: B 3381

Kleiner Teller, einstmals mit kegelförmigem
Fuß, mit breiter flacher Lippe. Innen ein Punkt,
umgeben von kleinem Kreis und umlaufenden
Firnisstreifen. Auf dem Rand Efeublätter mit zu
Voluten gerollten Stielen. Das Ornament ent-
spricht dem auf der Schale Kat.-Nr. B 5.35, vgl.
S. Schwarz, in: StEtr 47, 1979, Taf. 19.21–24
(wahrscheinlich ähnliche Form des Tellers),
und ist der Orvieto-Gruppe zuzurechnen.
Lit.: L. I. Gatalina, in: SGE 49, 1984, S. 42–43.
L. I. G.

B 5.37 (Abbildung)
Fußteller
Etruskisch-schwarzfigurig,
1. Viertel 5. Jh. v. u. Z.
Rosa bis hellocker Ton, rötlich
gebrannter Firnis. Intakt
H. 5,5 cm, D. 14,0 cm
Aus Vulci; 1831 aus Sammlung Dorow-
Magnus erworben
Berlin, SMB, Antikensammlung
Inv.: F 312

Flacher, etwas eingetiefter Teller mit leicht
nach außen gebogenem Rand auf schlankem
Fuß mit breiter Handplatte. Auf dem Rand zwei
Punktreihen, durch Linie getrennt. Innen gefirnißt, Medaillon tongrundig ausgespart, darin
Kreis, von Punkten umgeben.
Der Teller kann in Verbindung gebracht werden mit der Spurinas-Gruppe (EVP, S. 24), gehört aber wahrscheinlich einer anderen Werkstatt an.
Lit.: Furtwängler, Vasen, S. 41 Nr. 312. U. K.

B 5.38 (Abbildung)
Fußteller mit Inschrift
Etruskisch-schwarzfigurig, Spurinas-
Gruppe, 5. Jh. v. u. Z.
Orange-bräunlicher Ton, schwarzer,
stellenweise rötlich-brauner Firnis
H. 5 cm, D. 15,6 cm
Aus Caere; wurde 1933 aus der
Voronesher Universität übernommen,
davor im Museum
der Universität Jur'ev (heute Tartu)
aufbewahrt, im Jahre 1872 durch Schwabe
von den Brüdern Boccanera erworben
Voronesh, Inv.: 46

Flacher, zur Mitte hin leicht eingetiefter Teller
mit nach außen gebogenem breitem Rand und
niedrigem Fuß mit breiter Standplatte. Die gesamte Oberfläche ist mit stark abgeblättertem
schwarzem Firnis bedeckt. Ausgespart sind innen ein Medaillon und umlaufende schmale
Streifen innen sowie an Rand und Fuß. Das
ausgesparte Innere wird von zwei schwarzen
Streifen umgeben, darin die Aufschrift (von
rechts nach links): *titeles*. Der Anfang und
das Ende des Wortes sind voneinander durch
drei übereinanderliegende Punkte getrennt.
A. I. Nemirovskij und A. I. Charsekin datierten
die Inschrift aus epigraphischen Gründen in das
5. Jh. v. u. Z. Der Name läßt auf italische Herkunft schließen und kann sowohl den Besitzer
als auch den Stifter bezeichnen.
Lit.: V. K. Mal'mberg, E. R. Fel'sberg, Antičnye vazy i terrakoty, 1910, Nr. 112 S. 8–9, 14
Abb. S. 17; V. A. Kozlovskaja, in: A. I. Nemirovskij, A. I. Charsekin, Etruski, 1969, S. 150, 152ff.,
189f. Taf. 5. 1–2; P. Fortini, in: Documenta Al-
bana 2.1, 1979, S. 108 Nr. 41; vgl. EVP S. 23f.
Nr. 8 (Berlin/West, Inv.: F 4090). O. V. T.

B 6 Architektonische Terrakotten

Der mit der Herausbildung der etruskischen Kultur vollzogene Übergang zur städtischen Lebensweise in Mittelitalien hat in dieser Region im Verlaufe des 7. Jh. v. u. Z. zur Entwicklung spezifischer urbaner Bautechniken und architektonischer Dekorationsformen geführt. So wurde im späten 7. Jh. v. u. Z. die ovale Villanovahütte verdrängt von rechteckigen Hausformen (San Giovenale) auf einem Quaderfundament mit aufgehenden Wänden aus Fachwerk oder Lehmziegeln und einem hölzernen gezimmerten Dachstuhl. Diese massivere Dachkonstruktion, die sich aus entsprechend gestalteten Grabinnenräumen besonders in Caere (Grabtyp B 2 mit Walmdächern, 650–600 v. u. Z. und Typen C-F mit Giebeldächern nach 625 v. u. Z.) erschließen läßt, bildete die Voraussetzung für die Übernahme des in Griechenland (Korinth) entwickelten schweren tönernen Ziegeldaches. Wie im östlichen Mittelmeerraum setzte sich dann auch in Etrurien für Tempelbauten das mit Ornamentik und figürlichen Elementen dekorierte flachgeneigte Satteldach durch, das allerdings einige spezifische lokale Gestaltungsmerkmale beibehielt. Dazu gehörten der offene Giebel mit tönernen Pfettenkopfabdeckungen (Antepagmenta) und ziegelgedecktem Boden sowie besondere bogenförmige und auch großfigürliche First- und Giebelaufsätze (Akrotere). Die in Acquarossa und Poggio Civitate gefundenen ältesten etruskischen Dachterrakotten aus dem späten 7. Jh. v. u. Z. waren in der für großformatige Tonwaren üblichen Impastotechnik hergestellt. Auch die Dekorationsweisen – entsprechend der Caeretaner Red-ware mit weißer Bemalung auf rotem Tongrund in Acquarossa oder mit Ritzungen, Durchbrechungen und plastischen Elementen in Poggio Civitate – wurzeln in dieser lokalen Tradition. Dagegen müssen jedoch für die Dachstrukturen (flache Ziegel und halbrunde Deckziegel mit Antefixen, Giebelleisten u. ä. m.) und die verwendete Ornamentik (Rosetten, Palmetten, Blattstäbe, Flechtbandmuster) ebenso wie für die ersten nach dädalischen Vorbildern gestalteten Kopfantefixe unbedingt griechische Vorbilder vorausgesetzt werden. Während im griechischen Siedlungsgebiet dekorierte Tondächer wohl ausschließlich den Sakralbauten vorbehalten blieben, sind sie in Etrurien wahrscheinlich auch an »profaneren« Bauten aufgetreten, wie dem Hofkomplex von Poggio Civitate oder einzelnen Häusern in Acquarossa. Hierbei muß jedoch eingeräumt werden, daß die genaue Interpretation dieser Architekturen noch ansteht und die Aristokratie sicher auch eine besondere Stellung in Religion und Kulten innehatte. Spätestens im 2. Viertel des 6. Jh. v. u. Z. war das verzierte Tondach in seinen wesentlichen Bestandteilen ausgebildet, was entsprechende Funde aus Rom (Regia, San Omobono), Poggio Civitate und anderen Orten dokumentieren.

Die Struktur dieser etruskischen Tondächer weist auf einen engen kulturellen Kontakt zu den griechischen Städten Kampaniens, Cumae und Pithekussai, hin, die schon für die Herausbildung einer spezifisch etrusko-geometrischen Vasenmalerei wichtige Impulse geliefert hatten.

Der Aufbau eines solchen kampanischen bzw. etruskischen Traufziegeldaches besteht zunächst aus einem Dachbelag, der sich aus Flachziegeln zusammensetzt. An den Giebelfronten erhalten die Flachziegel eine besondere Abschlußleiste, die Giebelsima. Diese tönerne Dachhaut kragt allseitig vor, wobei die sichtbaren Ziegelunterseiten ornamental bemalt sind. Auch die dem Wetter ausgesetzte Oberseite der Dachziegel konnte mit einfachen geometrischen Mustern (Streifen, Sanduhrornament) bemalt sein. Unter dem vorstehenden Dachbelag schützten und schmückten angenagelte Verkleidungsplatten den hölzernen Dachstuhl. Besondere Schmuckformen erhielten nun die traufseitigen Deckziegelstirnen in Gestalt ornamental oder figürlich gestalteter Antefixe. Besonders aufwendigen Schmuck zeigte der offene etruskische Giebel mit Tonplatten auf den vorkragenden Köpfen der hölzernen Dachpfetten, scheibenförmigen Firstziegelabschlüssen und schließlich besonderen ornamentalen oder figürlichen Giebel- und Firstaufsätzen, den sogenannten Akroteren. Für die Herstellung der tönernen Bauglieder bediente man sich bald der Matrizenabformtechnik, die es erlaubte, die nötigen großen Stückzahlen der Dachelemente mit der entsprechenden Wiederholungsgenauigkeit in relativ einfacher Weise herzustellen. Damit verknüpft war der Übergang von einer flächigen an die Vasenmalerei gebundenen Dekorationsform zur besonderen koroplastischen Gestaltungsweise. Das aus der Form gewonnene Relief aus grob gemagertem Ton erhielt einen feinen Tonüberzug, der als Malgrund diente. Die nicht immer die Qualität der Reliefvorla-

Caere, Tomba degli Animali dipinti:
Darstellung eines hölzernen Dachstuhles,
650–600 v. u. Z.

ge erreichende Farbfassung wurde mit mineralischen Farben vorgenommen und eingebrannt. Während der 2. Hälfte des 6. Jh. v. u. Z. haben sich dann im etruskischen Kampanien, in Latium und Südetrurien mehrere lokale koroplastische Werkstätten ausgebildet. Eine besondere Führungsrolle konnte Caere in dieser Zeit erringen. Die Weltoffenheit dieser etruskischen Handelsmetropole begünstigte offenbar auch die Ansiedlung griechischer Handwerker, die hier wichtige Impulse lieferten. Charakteristisch für die spätarchaischen Caeretaner Dachterrakotten war eine mehr flächige, dafür aber betont farbige Gestaltungsweise (Kat.-Nr. B 6.1.4, 5, 7–12). Eine Ausnahme bildeten die Antefixe, deren Entwicklungsreihe die Fortschritte in der Bewältigung plastischer Phänomene verdeutlicht. Erst relativ spät und wahrscheinlich von Latium vermittelt (Kat.-Nr. B 6.3) wurde der Antefixnimbus aus Kampanien übernommen, dabei aber das Format und die Ornamentik wesentlich gesteigert (Kat.-Nr. B 6.1.29–32). Bereits zu Beginn des 5. Jh. v. u. Z., als in Caere und seiner Hafenstadt Pyrgi neue Tempelbauten entstanden, traten die figürlich verzierten Verkleidungsplatten zugunsten rein ornamental ausgestatteter Zierfriese in den Hintergrund. Dafür konzentrierten sich figürliche Darstellungen in Gestalt der Columenreliefs im Giebel, an den Traufen (figürliche Gruppenantefixe), auf den Giebelleisten und Dachfirsten (Veji, Portonaccio).

Im Verlaufe des 5. Jh. v. u. Z. übernahm dann Orvieto die führende Stellung im etruskischen Tonhandwerk. Bereits in der Spätarchaik waren mit den ganzfigürlichen Antefixformen in Latium und Falerii und den von Blättern und Trauben gerahmten Stirnziegelköpfen Wege in Richtung auf eine kleinteilige Differenzierung und Bereicherung des dekorativen Erscheinungsbildes eingeschlagen worden, die dann mit retardierten Übernahmen aus dem Repertoire der hochklassischen griechischen Plastik eine spezifisch etruskische Synthese eingingen. Die weitere Entwicklung in hellenistischer Zeit weist kaum noch bemerkenswerte Höhepunkte auf. Die Tonindustrie Etruriens zehrte in dieser Zeit von dem bereits Erreichten und wird Teil einer eher gleichförmigen italischen Koine, die mehr oder weniger erfolgreich die Anregungen aus hellenistischen Kunstzentren verarbeitet. Neue hellenistische Kopftypen (Herakles- und Athenadarstellungen) treten an den Dächern auf. In der ersten Hälfte des 2. Jh. v. u. Z. kam dann sowohl in der romanisierten Zone (Cosa, Talamone, Civitalba) als auch in den noch eigenständigeren Zentren wie Arezzo, Volterra und Bolsena das tönerne figürliche Giebelrelief auf. Der Schwerpunkt der Tonindustrie hatte sich in den letzten Jahrhunderten sowohl nach Rom, als auch in die nordetruskischen Städte verlagert. Eine mehr »industrielle« Herstellung von

tönernen Dach- und Bauelementen setzte sich durch und mündete ein in die römische Tonindustrie der sogenannten Campana-Platten.

Lit.: S. Kat.-Nr. B 6.1; C 2 und D 4.   V. K.

B 6.1.1–33
Der Terrakotten-Depotfund aus Caere

In den Jahren 1869–1870 führte der »Antiquar« Augusto Jacobini mit seinem Vertrauten, dem römischen Advokaten Lauri, im Zentrum des antiken Stadtgebietes von Caere, in der Vigna Marini-Vitalini bei den Ruinen des römischen Theaters, eine »Grabung« durch, bei der sie auf einen 17 m in den anstehenden Fels eingetieften Zisternenschacht stießen. Dieser Schacht war angefüllt mit zahlreichen Bruchstücken architektonischer Terrakotten, die offenbar zur Dekoration von Kultbauten in einem nahegelegenen urbanen Heiligtum gehörten. W. Helbig vermittelte dann den Ankauf eines Teiles dieser Terrakotten durch die Berliner Museen (AZ 28, 1871, S. 123). Zunächst kam aber zumindest ein Teil der Funde aus der Jacobini-Grabung nach Rom, wo er im Museo Kircheriano zusammengestellt, von Romualdo Moscioni fotografiert sowie von L. Schulz (MonInst Suppl. 1891, Taf. 1–3) gezeichnet und vielleicht auch unter der Leitung von Jacobini »restauriert« wurde. Die Restaurierungen waren mit erheblichen Eingriffen – Abarbeitungen, Übermalungen und Ergänzungen – verbunden, da ihnen offenbar mehr ästhetisch-kommerzielle als wissenschaftliche Beweggründe zugrunde lagen. Erst danach gelangte ein Teil des Fundes, nach dem Inventar 246 Objekte, an das Berliner Museum und über die Sammlung Alessandro Castellani nach 1874 vor allem in die Ny Carlsberg Glyptothek Kopenhagen, das British Museum London sowie nach Philadelphia und New York (Metropolitan Museum).

Nach Jacobini hat der Grundstücksbesitzer Don Lazzari wohl noch einige Schürfungen durchgeführt, wobei zwar Mauerzüge, aber kaum veräußerbare Antiken zutage kamen. Wissenschaftliche Untersuchungen begannen erst mit den 1913 von R. Mengarelli begonnenen Grabungen im Areal der Vigna Zoccoli (Nuova Vigna Parochiale) unweit der alten Fundstelle, die ähnliche architektonische Ziegeltypen, Baulichkeiten und besonders auch Fragmente von Schwarzfirnisgefäßen mit dem eingeritzten Namenszug *Hera* zutage brachten. Aus diesen Weihgaben an die hier unter ihrem griechischen Namen verehrte etruskische Muttergöttin Uni schloß Mengarelli auf einen entsprechenden nahegelegenen Tempelbau (StEtr 10, 1936, S. 67 ff.).

Schließlich ist bei den 1983 erneut wieder aufgenommenen Untersuchungen im Bereich zwischen den Scavi Mengarelli und dem römischen Theater ebenfalls eine Zisterne mit vorwiegend architektonischen Terrakotten aus dem Zeitraum 540–500 v. u. Z. gefunden worden (M. Cristofani, in: Atlante 1984, S. 72 ff.).

Von den nach Berlin gelangten 246 Objekten,

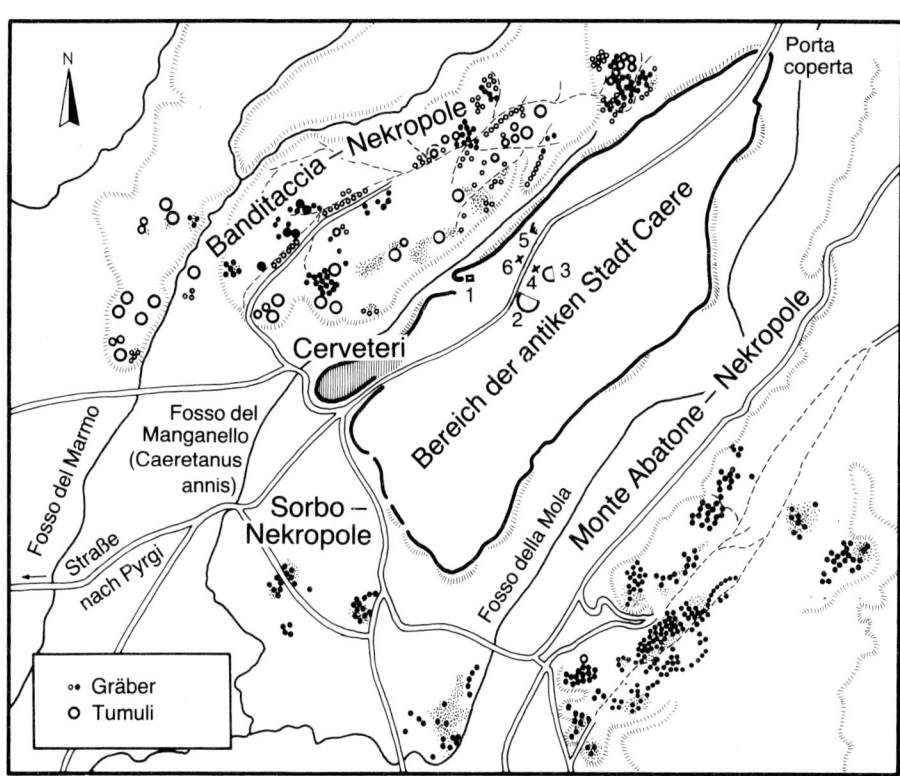

Caere, antikes Stadtgebiet und Nekropolen.
1 hellenistischer Manganello-Tempel
2 römisches Theater
3 römisches Amphitheater (?)
4 Grabung 1983
5 Grabung Mengarelli 1913
6 Grabung Jacobini 1869–1870

die unter der Inv. TC 6681 eingetragen wurden, sind zunächst 1912 (Protokoll v. 13. 5. 1912, R. Zahn) elf figürliche Fragmente – darunter wohl auch ein Antefix (vgl. Kat.-Nr. B 6.1.6) – an die Universitätssammlung Tübingen abgegeben worden. Weitere Bestandsveränderungen, deren Umfang sich aufgrund der unzureichenden Inventareintragungen leider nicht exakt verifizieren läßt, sind während des Zweiten Weltkrieges eingetreten. Es handelt sich dabei vor allem um den Verlust der meisten der im Inventar (vgl. AZ 1871, S. 123 ff.) als »III. Tektonische und architektonische Fragmente, zum Teil in vollen Farben« aufgeführten 129 Objekte, die teilweise von R. Koldewey 1879–80 gezeichnet (Berlin und die Antike, Katalog Berlin [West] 1979, S. 347 f. Nr. 732–35) bzw. von Th. Wiegand durch Zeichnungen bekannt gemacht worden sind (La Glyptothèque Ny-Carlsberg, 1912, II A, S. 23 ff. [a] cymaises Nr. 1–10 Abb. 14–39). Nicht mehr vollständig belegbar ist auch der Komplex II der ›kleinen plastischen Fragmente‹, der ehemals 86 Positionen umfaßte. Der in der Antikensammlung verbliebene Bestand Caeretaner Architekturterrakotten ist trotzdem noch beachtlich und umfaßt mit den oben angedeuteten Einschränkungen gerade jenen wichtigen Berliner Anteil aus den Jacobini-Grabungen, den bereits A. Andrén in seinem grundlegenden Werk über die italischen Dachterrakotten veröffentlicht hatte.

Die Funde aus dem von Jacobini ausgeräumten Depot entsprechen einem Zeitraum, der von

der Mitte des 6. Jh. v. u. Z. bis in das 4. Jh. v. u. Z. reicht. Die Fundstücke belegen also in nahezu lückenloser Folge die wichtigsten Phasen der Caeretaner Tonindustrie – die Blütezeit von der Spätarchaik bis in die Zeit des strengen Stils und die ›Renaissance‹ im 4. Jh. v. u. Z. Es handelt sich dabei zunächst vorwiegend um Antefixe, deren Entwicklung von den einfachen noch subdädalisch geprägten Köpfen (Kat.-Nr. B 6.1.1) über die von ostgriechischen Vorbildern geprägten Mädchenbildnisse (Kat.-Nr. B 6.1.6, 16, 17, 23–27) zu den großen Nimbusantefixen des frühen 5. Jh. v. u. Z. führt, die in der Übernahme attischer Vorbilder neue mit der Tradition brechende Gestaltungssymptome aufzeigen (Kat.-Nr. 6.1.29, 30). Gleichzeitig nahm auch das ornamentale Beiwerk der Dächer zu. Es ist besonders die florale Ornamentik ionischer Provenienz, die großen Anklang in den etruskischen Werkstätten Caeres findet und die hier eigenständig weiterentwickelt wird (Kat.-Nr. B 6.1.12, 21, 22). Als eine weitere Eigenart etruskischer Dächer gelten figürlich gestaltete, gemalte oder reliefierte Friese, die sowohl in der Gebälkzone als auch in den Innenräumen der Sakralbauten als Wandverkleidung eingesetzt wurden (Kat.-Nr. B 6.1.4–5, 8–11) und die ebenso wie die Vasenmalerei zumeist konventionellen archaischen Bildtraditionen (Reiterzüge, Wagenprozessionen) verpflichtet waren, die sich mit der von griechischen Vorbildern geprägten Lebenssphäre der etruskischen Aristokratie verbinden lassen. Daneben er-

scheinen aber auch mythologische Bilder (Kat.-Nr. B 6.1.10, 11, 13), die aufgrund ihres fragmentarischen Zustandes leider nur schwer zu interpretieren sind. Ein besonders kostbares Zeugnis vom freiplastischen Bauschmuck etruskischer Tempel stellt neben dem Rudiment einer Tonplastik (Kat.-Nr. B 6.1.15) das Berliner Eos-Akroter dar. Es zeigt, wie traditionelle Formen etruskischen Giebelschmuckes (Volutenbogenakrotere) in der Spätarchaik um bildliche Darstellungen bereichert wurden. Bemerkenswert sind letztlich auch die wenigen Beispiele von Architekturdekorationen aus dem 4. Jh. v. u. Z., die immer noch eine beachtliche Qualität aufweisen und in ihrer Aufnahme neuer pflanzlicher Ornamentrapporte (Kat.-Nr. B 6.1.33) sowie der retardierten Anlehnung an die attische reifklassische Plastik (Kat.-Nr. B 6.1.31, 32) dem allgemeinen Erscheinungsbild der etruskischen Kunst dieses Jahrhunderts entsprechen. Der Schwerpunkt der Kunstentwicklung hatte sich zu dieser Zeit allerdings schon nach dem mittleren Etrurien verlagert, wo von den Werkstätten in Orvieto die wichtigen Impulse für die weitere Entwicklung des tönernen Bauschmuckes ausgingen (vgl. Kat.-Nr. D 4.1.1–16).

Lit.: Andrén, S. 11 ff.; Th. Wiegand, in: La Glyptothèque Ny-Carlsberg, 1912, II A; Roncalli; Riis, S. 25 ff.; F. Melis, in: Italian Iron Age Artefacts, 1986, S. 159 ff.; M. Cristofani, in: BdA 1986, S. 1 ff. V. K.

B 6.1.1 (Abbildung)
Frauenkopfantefix
Caere, Mitte 6. Jh. v. u. Z.
Ziegelroter Ton mit schwarzen und ziegelroten Einschlüssen, beigefarbenem Überzug, schwarzer und hellroter Farbe.
Ringsum gebrochenes Gesichtsfragment, Nasenspitze abgesplittert und geklebt; Überzug und Farben an wenigen Stellen abgeblättert
H. 13,2 cm, Br. 10,6 cm, T. 6,5 cm
Berlin, SMB, Antikensammlung
Inv.: TC 6681.4 (1)
Fragment eines subdädalischen Frauenkopfantefixes. Die Haare schwarz mit aufgemalten hellroten Wellenlinien. Den Gesichtsausdruck bestimmen große halbrunde Augen mit schwarzen Konturen, Pupillen sowie Brauenbögen unter der schmalen Stirn. Unterhalb der kleinen spitzen Nase, deren Flügel schwarz umrandet sind, ein kleiner lächelnder Mund. Die Lippen hellrot mit schwarzem Kontur. Schwarz konturiert waren auch die seitlich unter der Haarkappe befindlichen Ohren, von denen nur die obere Hälfte des rechten erhalten geblieben ist. Das Antefix gehört zu den späten und qualitätvollen Exemplaren der vom griechisch-dädalischen Stil beeinflußten etruskischen Frauenkopfantefixe des ausgehenden 7. und frühen 6. Jh. v. u. Z., die aus Poggio Civitate-Murlo, Veji, Rom (Regia) und Acquarossa bekannt sind. Ein Exemplar desselben Caeretaner Typus

wurde auch im Bereich des Heiligtums von Pyrgi gefunden. Hier wie in dem Depotfund aus Caere stellen derartige Antefixe die ältesten nachweisbaren Architekturterrakotten dar.

Lit.: Andrén, S. 21 Typ I. 4b Taf. 6.14 (ergänzter Zustand); Riis, S. 25 Typ 2. A; N. Winter, in: RM 85, 1978, S. 35 Taf. 11 (Philadelphia, University Museum Inv. MS 1808) und G. Foti, in: NSc 1959, S. 147 NR. 2 Abb. 32.1 (Pyrgi); in Berlin zwei weitere Exemplare desselben Typs Inv. TC 6681.4 (2) und (3). V. K.

B 6.1.2 (Farbtafel)
Frauenkopfantefix
Caere, um 540 v. u. Z.
Ziegelroter Ton mit schwarzen und ziegelroten Einschlüssen, beigefarbener Engobe und rot-schwarzer Bemalung.
Intakt mit längerem Stück des halbrunden Kalypters
H. 15,3 cm, Br. (max) 19,2 cm, L. (mit Ziegel) 37,5 cm
Berlin, SMB, Antikensammlung
Inv.: TC 6681.4 (4)
Subdädalisches Frauenkopfantefix mit gescheiteltem schwarzem Stirnhaarwulst, der hinter den Ohren hufeisenförmig herabfällt und hier wie auf dem Scheitel mit weißen Wellenlinien bemalt ist. Die seitlich angesetzten Ohren nur als volutenartige Gebilde in roter Farbe mit einem roten Punkt auf dem Ohrläppchen aufgemalt. Dreieckiges Gesicht mit schwarzen Brauen, schmalen schwarzen Augen und kleinem lächelndem Mund. Aufgemalte Kette aus alternierend schwarzen und roten Punkten. Der halbrunde Ziegel, der sich ausbauchend rückwärtig anschließt, wobei seine Unterkante etwa 3,5 cm über dem unteren Antefixrand liegt, ist ebenfalls bemalt. Dem schwarzen Haarsaum der Antefixplatte folgen auf beigem Grund ein schmaler schwarzer Streifen und in größerem Abstand ein breiteres hellrotbraunes Band. Von diesem Ziegeltypus existieren zahlreiche Repliken, die meist schlechter erhalten sind, so allein vier weitere Exemplare in Berlin: Inv. TC 6681.4 (5, 6, 7, 8). Der Kopf leitet eine Serie ostionisch beeinflußter Frauenkopfziegel ein und steht so auf der Schwelle zwischen der älteren noch von dädalischen Vorbildern geprägten Ziegelgeneration und den lebhafteren und schmuckreicheren Frauenköpfen der zweiten Hälfte des 6. Jh. v. u. Z.

Lit.: Andrén, S. 20 f. Typ I. 4a Taf. 6.13; Riis, S. 25 Typ 1. A sowie N. Winter, in: RM 85, 1978, S. 35 Taf. 11.1; vgl. 2 Exemplare im Louvre, Paris Inv. S. 1089, S. 1091; in der Villa Giulia (Inv. 25214) und im Museo Nazionale Romano (Inv. 115289, MusNazRom, S. 49 Nr. 1 Taf. 1 aus Civilitá Castellana?) sowie aus Caere und Santa Marinella – Punta della Vipera (S. Stopponi, in: Quaderni Perugia 1, 1979, S. 249 ff. Taf. 1.1); nahestehend und vielleicht etwas älter ein Fragment in Hamburger Privatbesitz (Kunst der Etrusker, Katalog Hamburg 1981, S. 67 Nr. 76). V. K.

B 6.1.3
Fragmente einer Simakehle
Caere, 540–530 v. u. Z.
Ziegelroter Ton mit schwarzen und ziegelroten Einschlüssen, beigefarbener Engobe, schwarzer, orangegelber und dunkelroter Bemalung. Ein größeres Fragment aus 2 Stücken und ein einzelnes Fragment, jeweils seitlich und an der Unterseite gebrochen und beschliffen
H. (a) 9 cm, (b) 8,7 cm, L. (a) 31,7 cm, (b) 11,7 cm, T. (Profil) ca. 3,2 cm
Berlin, SMB, Antikensammlung
Inv.: TC 6681.6 (6)
Fragmente einer Strigilissima mit konkaven Blattzungen, die nach Stil und Abmessungen zusammen mit den Verkleidungsplatten Kat.-Nr. B 6.1.4–5 zu demselben Dach gehört haben müssen. Die Kehle besteht aus alternierend weiß-schwarz-weiß-rot gefärbten Blattzungen mit erhabenen schwarzen Rändern, die durch schmale orangegelbe Rillen mit aufgemalter oberer Spitze getrennt werden. Das Profil zeigt eine vorbiegende Kehle, wobei die Rückseite teilweise modern für die Anpassung an die Verkleidungsplattenfragmente abgeschliffen wurde. Die ursprüngliche Höhe des Profils und die Gestaltung der Unterkante sind unbekannt. Der reliefierte Blattstab der Sima, der in ähnlicher Weise auch an den Verkleidungsplatten wiederkehrt, entspricht einem auf der Peloponnes – in Lakonien und Achaia – beheimateten Bauornament, das sowohl in der nordostionischen als auch der Architektur der achäischen Kolonien in Süditalien aufgenommen wurde. Die nächste Analogie zu den Caeretaner Platten liefern demzufolge auch steinerne Architekturprofile aus Sybaris und Tonsimen der 3. »echtionischen« Gruppe (530–520 v. u. Z.) in Larisa am Hermos.

Lit.: Unveröffentlicht; vgl. D. Mertens, in: NSc 1972, Suppl., S. 431 ff. (Sybaris, besonders Profil C) und A. Akerström, Die architektonischen Terrakotten Kleinasiens, 1966, S. 61 ff. (Larisa am Hermos, Gruppe 3). V. K.

B 6.1.4
Verkleidungsplatte: Relief mit drei Reiterpaaren
Caere, 540–530 v. u. Z.
Ziegelroter Ton mit schwarzen und ziegelroten Einschlüssen, beigefarbenem Überzug, schwarzer, rotbrauner, blaugrauer, orangegelber und weißer Bemalung.
Aus sieben teils zusammengehörigen, teils dem gleichen Plattentyp zugehörigen Fragmenten, die bei Restaurierungen im 19. Jh. beschliffen wurden; bestoßen und die Farbschicht teilweise abgeblättert
H. (rekonstruiert) 32 cm, (Relief mit Rundstäben) 22,3 cm, (Kopfprofil) 9,7 cm, L. (rekonstruiert) 77–78 cm
Berlin, SMB, Antikensammlung
Inv.: TC 6681.6 (4–5)

Verkleidungsplatte mit Flachrelief eines nach links sprengenden Reiterzuges und Blattstabkrone. Die Unterkante mit roten Schrägstreifen auf beigem Grund und horizontale Einfassung des Reliefs durch schwarze Rundstäbe. Bekrönung als »Falkenschnabelprofil« mit reliefierter Blattstabkehle und abgerundeter Oberkante. Das Profil besteht aus jeweils zwanzig konkaven alternierend weiß-schwarz-weiß-rot gefärbten Blattzungen mit erhabenen schwarzen Rändern, die durch orangegelbe Rillen mit spitzen Zwickelblättern getrennt werden. Auf der Oberkante Dreiergruppen schwarzer Querstriche. Auf dem rechten Fragment ein Nagelloch. Das Relief auf beigefarbenem Grund mit farbiger schwarz konturierter Bemalung. Der Reiterzug beginnt rechts mit zwei hintereinander gestaffelten Reitern. Das vordere Pferd schwarz mit geritzten Details, weißem Zaumzeug und blaugrauer Mähne. Das hintere Pferd rotbraun. Die Hufe jeweils blaugrau. Die Reiter mit rotbraunem Inkarnat, barfüßig, weißen Augen und schwarzem, schulterlangem, gewelltem Haupthaar. Füße und Köpfe hintereinander gestaffelt, die Körper verdeckt durch einen großen konvexen Rundschild mit flachem Rand. Der Rand gelb, das Innere mit einer schwarz-weiß-roten Wirbelrosette in weißem Kreis mit weiß-schwarzem Schildbuckel. Außerdem schräg nach links gerichtete rotbraune Lanze mit Spitze und Lanzenschuh in blaugrauer Farbe. Die Hinterläufe der Pferde setzen auf dem Boden auf, die Schwänze werden vom rechten Reliefrand abgeschnitten. Dagegen überschneiden die erhobenen Vorderläufe die Schwänze des links folgenden Pferdepaares. Nach Plattenfragmenten in Kopenhagen und London zu urteilen waren die Pferde des mittleren Reiterpaares in einem schwebenden Stadium des Galopps dargestellt. Von diesem Paar hier nur noch das untere Lanzenende vor den Vorderhufen des beschriebenen Pferdepaares und ein Fragment vom oberen Rand mit einem Reiterkopf und dem bekrönenden Profil erhalten. Links das vordere Pferd des dritten Paares rotbraun mit schwarzer Binnenzeichnung und weißem Zaumzeug, das hintere dagegen schwarz. Das Motiv entspricht dem rechten Reiterpaar, jedoch sind die Vorderläufe der Pferde nicht so weit angehoben und der Schildbuckel zeigt einen roten Punkt im weißen Kreis. Hinter den Vorderläufen wiederum die Schwänze eines schwarzen und rotbraunen Pferdes, woraus der Anschluß einer Platte gleichen Typs gefolgert werden kann. Weitere Fragmente dieses Plattentyps von demselben Fundort befinden sich in Kopenhagen (Ny Carlsberg Glyptothek) und in London (British Museum, Inv. GR 1884.4–9, 29, 33 und 34).

Architektonische Reliefplatten mit Reiterdarstellungen sind bereits seit dem 2. Viertel des 6. Jh. v. u. Z. in Poggio Civitate (Murlo), Tuscania und Vignanello nachweisbar. Stilistisch entwickeltere Varianten (aus dem letzten Jahrhundertviertel) kennen wir dagegen aus Caere

B 6.1.1

(J. Christiansen, in: MeddelelsGlyptKøb 41, 1985, S. 136, 138 Abb. 4a: Inv. H. I. N. 713–19) und der spätarchaischen Veji-Rom-Velletri-Werkstatt (A. Andrén, in: OpRom 8.1, 1971, S. 53 f.; A. C. Brown, in: AR 1973–74, S. 64 f. [D] Abb. 6). Diese offenbar im 6. Jh. v. u. Z. sehr beliebten Darstellungen erinnern an Reiterspiele, deren Abbild als Ausdruck aristokratischen Selbstverständnisses bevorzugt zum Schmuck repräsentativer Bauwerke herangezogen wurden (vgl. J.-R. Jannot, in: RM 93, 1986, S. 100 ff.). Gegenüber den gleichförmigen Bewegungsabläufen auf diesen Platten zeigen die Caeretaner Reliefs bereits verschiedene sorgfältig beobachtete Stadien der Tierbewegung, deren Wiedergabe aber in einem ornamental verstandenen Rhythmus erfolgt, der durch die Farbgebung noch zusätzlich unterstützt wird.

Lit.: Andrén, S. 17 f. Typ I. 2a, b Taf. 5.10–12; F. Melis, in: Italian Iron Age Artefacts, 1986, S. 159 ff.   V. K.

B 6.1.5 (Farbtafeln)
Verkleidungsplatte: Relief mit zwei Viergespannen
Caere, 540–530 v. u. Z.
Ziegelroter Ton mit schwarzen und ziegelroten Einschlüssen, beigefarbenem Überzug sowie schwarzer, rotbrauner, blaugrauer, orange-gelber und weißer Bemalung. Aus zwölf – teilweise zusammengehörigen – Fragmenten eines Plattentyps zusammengesetzt; modern beschliffen (vgl. Kat.-Nr. B 6.1.5); Farbschicht teilweise abgeplatzt
H. (rekonstruiert) 32 cm,
L. (rekonstruiert) 77–78 cm
Berlin, SMB, Antikensammlung
Inv.: TC 6681.6 (1, 3)

Verkleidungsplatte wie Kat.-Nr. B 6.1.5, aber mit zwei nach rechts fahrenden Viergespannen. Links ein auf dem Wagen stehender, rechts ein aufsteigender Hoplit. Die Wagen mit kleinen fünfspeichigen roten Rädern, grauschwarzen Schürzen, gelben Geländerbügeln, roten schrä-

gen Stegen mit Halteringen, gelben Wagenbö-
den und roten Deichseln. Der hinten stehende
Hoplit im Profil nach rechts mit der rechten Hand
am Haltering und in der linken eine rote Lanze
mit blauer Spitze haltend. Inkarnat rotbraun, die
Augen weiß im gelben Feld mit schwarzer Binnenzeichnung. Auf dem Kopf ein gelber korinthischer Helm ohne Busch, unter dem das gewellte schulterlange schwarze Haupthaar her-
vorquillt. Bekleidet mit einem kurzärmligen weißen Chiton, darüber ein weißer Brustpanzer mit
angebundenen Schulterlaschen, ein breiter
senkrecht gestrichelter Gürtel, rote und gelbe
Lederlaschen sowie abschließend ein blaugrauer Saum. Davor ebenfalls im rechten Profil der
Wagenlenker mit kurzärmligem bis zu den
Oberschenkeln reichendem weißem Chiton.
Die Arme angewinkelt und in den vorgestreckten Händen die rotbraunen Zügel haltend. Die
hintereinander gestaffelten Pferde – schwarz
mit Ritzung und weiß aufgemalter Binnenzeichnung, weiß, rotbraun und gelb – werden in langsamer Gangart vorgeführt. Nach den Fragmenten in Kopenhagen und London können das
schwarze Pferd mit angewinkeltem rechten
Vorderlauf und geneigtem Kopf, die mittleren
Pferde mit geradeaus blickenden Köpfen und
das hintere mit erhobenem Kopf rekonstruiert
werden. Nach einem weiteren Fragment im British Museum (Inv. GR 1884.4–9.17) schloß
rechts direkt die Szene mit dem aufsteigenden
Krieger an. Der Hoplit wieder im rechten Profil
mit gelbem korinthischem Helm und langem rot-
weiß gestreiftem Helmbusch auf einer schwarz
gegitterten Schiene, bekleidet mit einem kurzärmligen bis zu den Oberschenkeln reichenden
Chiton und einem gelben Brustpanzer. Mit der
rechten Hand ergreift er den Haltering, und in der
linken hält er wieder eine schräg nach rechts gerichtete Lanze. Der Wagenlenker wie in der beschriebenen Szene. Die Pferde in ruhiger
Gangart, gestaffelt in Rotbraun mit schwarzer
Binnenzeichnung und weißem Zaumzeug,
Weiß, Schwarz und Gelb. Die Köpfe der beiden
äußeren Pferde leicht nach vorn geneigt, die der
mittleren erhoben.

Das Motiv der Wagenfahrt und besonders
des aufsteigenden Hopliten (Kriegerausfahrt)
war in der korinthischen Vasenmalerei (Am-
phiaraos-Krater, ehemals Berlin Inv. F 1655)
verbreitet und begegnet auch auf den zeitgenössischen pontischen Vasen (Amphora des
Amphiaraos-Malers in München, Inv. 838).
Ebenso wie Reiterszenen wurde es mehrfach
auf architektonischen Tonreliefs seit dem Anfang des 6. Jh. v. u. Z. sowohl in Großgriechenland (S. Biagio alla Venella) als auch in Etrurien
(Veji – Piazza d'Armi, Acquarossa, Tuscania)
dargestellt. Ein stilistisch verwandtes Fragment
mit Wagenlenker in Kopenhagen (Ny Carlsberg
Glyptothek, Inv. H.I.N. 819). Die nächste Analogie zum Motiv der Caeretaner Platten bilden
aber wieder die Reliefs der Veji-Rom-Velletri-
Werkstatt (vgl. Kat.-Nr. B 6.1.5), wobei hier der
kultische Charakter der Darstellung durch die

begleitenden Personen mit Lituus hervorgehoben wird (dazu auch J.-R. Jannot, in: RM 93,
1986, S. 109 ff.).

Lit.: Andrén, S. 14–17 Typ I. 1a, d; ders., in:
OpRom 8.1, 1971, S. 4 f.; zur Friesrekonstruk-
tion: F. Melis, in: Italian Iron Age Artefacts,
1986, S. 159 ff.; zur kunstgeschichtlichen Stellung: Å. Åkerström, in: OpRom 1, 1954,
S. 191 ff. und zur Deutung: M. Cristofani, in: Gli
Etruschi e Roma, 1981, S. 189 ff.   V. K.

B 6.1.6
Frauenkopfantefix
Caere, 525 v. u. Z.
Ziegelroter Ton mit schwarzen und
ziegelroten Einschlüssen, beige Engobe,
schwarze und rote Bemalung. Intakt mit
beschädigter Bemalung, Deckziegel
abgebrochen
H. 16,6 cm, Br. 14,6 cm, T. 10,8 cm
Berlin, SMB, Antikensammlung
Inv.: TC 6681.4 (9)

Frauenkopfantefix mit schwarzem gescheiteltem Stirnhaar, das hinter den Ohren in seitlich
herabfallende Doppelwulststrähnen übergeht
und mit weißen Wellenlinien bemalt ist. Auf dem
Hals ein schwarzes Band mit roten Querstri-
chelchen. Die seitlich aufgelegten Ohren besitzen schwarze ornamentale Binnenzeichnung
und einen roten Punkt (Ohrschmuck). Die Unterkante des Antefixes hing etwa 3,5 cm frei vor
dem Kalypter herab.

Von diesem Antefixtyp sind mehrere Repliken bekannt, vergleichbar sind ähnlich strukturierte Frauenkopfziegel z. B. aus Veji (Portonaccio) und Velletri.

Lit.: Andrén, S. 22 Typ I. 4d Taf. 6.16; ebd. die
Repliken in Kopenhagen (Ny Carlsberg Glypto-
thek Inv. H.I.N. 47) und Paris (Louvre, Inv. 5185,
S. 165 und ohne Inv.); weiterhin in Leipzig
(KMU, Antikenmuseum, E. Paul, Antike Welt in
Ton, 1959, S. 102 Nr. 366 Taf. 93) und Tübingen
(Universität Inv. S/10 2240; Italische Antiken,
Katalog Tübingen 1971, S. 58 Nr. 164).   V. K.

B 6.1.7
Tonpinax mit aufgemalter
Löwendarstellung (Fragment)
Caere; 530–520 v. u. Z.
Ziegelroter Ton mit schwarzen und
ziegelroten Einschlüssen, beigefarbener
Engobe sowie schwarzer, gelber und roter
Bemalung. An drei Seiten Bruchkanten,
rechts originale Kante erhalten sowie
links auf der Rückseite Ansatz einer
Verdickung (?); Zeichnung vorgeritzt
H. 20 cm, Br. 20 cm, Dicke (max.) 4 cm
Berlin, SMB, Antikensammlung
Inv.: TC 6681.22 (1)

Plattenfragment mit unregelmäßiger Rückseite und glatter bemalter Vorderseite. Auf die
originale rechte Kante folgen ein 8,6 cm breiter schwarzer Streifen, ein um 127° abgewinkel-
tes 1 cm breites beigefarbenes Band und auf
weinrotem Grund ein ockergelb gemalter Lö-

wenvorderleib im Profil nach links. An der unteren linken Bruchkante sind außerdem geringe
Reste einer gegenüberliegenden dunkelorange-
farbenen Darstellung erkennbar. Die Konturen
und die Binnenzeichnung der Malerei sind
schwarz ausgeführt. Der Löwe hat seinen Rachen mit heraushängender weißer Zunge und
weißen Zähnen weit aufgerissen. Die großen
weißen Augen besitzen schwarze Brauen und
Pupillen, das Ohr ist herzförmig, und die Mähne
wird durch gestrichelte Binnenzeichnung hervorgehoben. Wahrscheinlich gehörte das Fragment zu einer Tierkampfgruppe, die im Giebel
eines Gebäudes angebracht war.

Die Darstellung ist von der ostgriechischen
Vasenmalerei beeinflußt und steht im Stil den
Caeretaner Hydrien nahe.

Lit.: Roncalli, S. 27 Nr. 15, Taf. 10.2; Andrén,
S. CXLV, 26 Typ II.1k Taf. 7.21; L. Brown, The
Etruscan Lion, 1960, S. 116.   V. K.

B 6.1.8 (Farbtafel)
Tonpinax mit aufgemaltem Reiterfries
(Fragment)
Caere; 530–520 v. u. Z.
Ziegelroter Ton mit schwarzen und
ziegelroten Einschlüssen, beigefarbene
Engobe sowie schwarze, blaugraue, weinrote
gelbe und weiße Bemalung. Zwei zusammen-
gehörige, ringsum bis auf ein kurzes Stück
des originalen linken Randes gebrochene
Plattenfragmente; Zeichnung vorgeritzt
H. 16,2 cm, Br. 16,7 cm, Dicke 2,3 cm
Berlin, SMB, Antikensammlung
Inv.: TC 6681.22 (2)

Die Plattenfragmente zeigen auf der glatten
Vorderseite zwei hintereinander gestaffelte
nach links sprengende Reiter. Das vordere
Pferd ist ockergelb, das hintere weinrot, wobei
dessen linker Vorderlauf wieder ockergelbe
Färbung aufweist. Der Hintergrund ist blaugrau.
Die Konturen und die Binnenzeichnung sind in
schwarzer Farbe ausgeführt. Der vordere Reiter trägt weinrote Stiefel (Calcei repandi) und einen kurzen weinroten Chiton, während das Inkarnat orangegelb angegeben ist. Er wird fast
ganz von einem vollständig erhaltenen Rundschild verdeckt, unter dem unten rechts noch
ein orangegelber Lanzenstiel hervorschaut. Der
Schild hat einen weinroten Rand mit schwarzen
und weißen Punkten, der eine schwarz-weiß-rote Wirbelrosette einschließt. Hinter den Stiefeln
des ersten sind die orangegelben nackten Füße
des zweiten Reiters sichtbar. Ebenso erscheinen die roten Vorderläufe des hinteren Pferdes
über denen des vorderen. Die Brüste beider
Pferde zeigen am Kontur eine schwarze Strichelung. Beim hellen Pferd sind außerdem die
schwarzen Linien der Zügel und die wehende
Mähne erkennbar. Die Reiter lassen sich mit reliefierten Verkleidungsplatten vom gleichen
Fundort (vgl. Kat.-Nr. B 6.1.4) sowie ähnlichen
Friesen aus Poggio Civitate, der Veji-Rom-Velletri-Werkstatt und aus Satricum vergleichen.

Lit.: Andrén, S. CXLV ff. 25 Typ II. 1h Taf.

8.22; Berlin und die Antike, Katalog Berlin (West) 1979, S.347f. Nr.733; Roncalli S.26f. Taf.11.1; zur etruskischen Stiefelform siehe Bonfante, S.60ff. Abb.139 Nr.18.　　　V.K.

B 6.1.9
Pinax mit aufgemaltem Reiterfries
(Fragment)
Caere; 530–520 v.u.Z.
Ziegelroter Ton mit schwarzen und ziegelroten Einschlüssen, beigefarbener Engobe sowie schwarzer, blaugrauer, gelber und roter Bemalung. Aus zwei größeren und einem sehr kleinen Fragment zusammengesetzt; ringsum gebrochen bis auf einen Rest der originalen Unterkante; geritzte Vorzeichnung
H.22,5 cm, Br.17,9 cm, Dicke
(max.) 2,3 cm
Berlin, SMB, Antikensammlung
Inv.: TC 6681.22 (3)

Fragment mit dem Ausschnitt eines nach links sprengenden Reiterzuges. Die Unterkante zeigt auf beigefarbenem Grund schräge rote Streifen, ein roter Streifen markiert auch den unteren Plattenrand. Der erhaltene Ausschnitt gibt die Vorderleiber eines weißen hinteren und eines dunkelroten vorderen Pferdes im gestreckten Galopp vor einem blaugrauen Hintergrund wieder. Auch hier ist die hintere Vorderhand des roten Pferdes wieder gelb aufgemalt, ebenso die Stirnhaare des weißen. Die Pferdeaugen sind weiß mit schwarzen Pupillen, die Zügel als schwarze Linien angegeben. Rechts unten erscheinen die nackten gelben Füße der beiden Reiter, noch davor die Hinterhand eines gelben sowie die Schwänze eines dunkelroten und eines gelben Pferdes. Über den Pferdestirnen ist der undeutliche Rest einer eingeritzten etruskischen Inschrift erkennbar: ... (i)eprn ... lapre. Die Platte gehörte offenbar zu demselben Verkleidungsfries wie Kat.-Nr. B 6.1.8.

Lit.: Andrén, S.CXXIV, CXLV–VII, 25f. Typ II.1i Taf.8.23; Berlin und die Antike, Katalog Berlin (West) 1979, S.347 Nr.733; Roncalli, S.27 Nr.14 Taf.11.2.　　　V.K.

B 6.1.10　(Farbtafel)
Tonpinax mit aufgemalter mythologischer Darstellung
Caere; 530–520 v.u.Z.
Ziegelroter Ton mit schwarzen und ziegelroten Einschlüssen, beigefarbener Engobe und farbiger Bemalung. Annähernd dreieckiges Fragment mit linker originaler(?) Kante; die Farben teilweise abgeblättert
H.19,6 cm, Br.18,5 cm
Dicke (max.) 3,4 cm
Berlin, SMB, Antikensammlung
Inv.: TC 6681.22 (4)

Plattenfragment mit dem Teil des Oberkörpers einer Frau im Profil nach rechts. Schwarzes gewelltes Stirnhaar, das von einer roten, gelb geränderten Taenie zusammengefaßt

wird. Darüber der Rest eines über den Kopf gezogenen dunkelbraunen Mantels, der auch an der unteren linken Plattenecke mit einem Armansatz erscheint. Das Inkarnat ist beigefarben, schwarz sind die hochgezogene Braue, die Ränder des Auges und der Pupille mit dem Mittelpunkt und die übrigen Konturen. Unter einer kräftigen Nase ein kleiner Mund mit hellroten Lippen. Am Hals sind noch zwei ockergelbe Kugeln einer Halskette erkennbar, in der gleichen Farbe auch der Chiton. Hinter dem Kopf wird ein erhobener Frauenarm mit einem schwarzen Armband sichtbar. Quer über die Brust der Frau der Arm einer zweiten weiblichen Gestalt nach rechts, wo deren Hand von einer männlichen Person mit hellbraunem Inkarnat erfaßt wird. Darüber der Hinterleib eines vogelartigen Wesens. Schwanzfedern außen dunkelrot, im Kern blaugrau wie auch der erhaltene untere Flügel. Der Vogelleib ockergelb, am Flügelansatz ein schwarz aufgemaltes Körperteil (Kralle?). Dem Plattenfragment sind nach Stil und technischer Beschaffenheit noch zwei weitere kleinere Fragmente zuzuordnen (Kat.-Nr. B 6.1.11). Der Inhalt der mythologischen Szene, die nach dem Fundort zur Ausstattung eines sakralen Bauwerkes gehört haben wird, ist nicht sicher zu interpretieren (Hieros Gamos oder eher Parisurteil). Stilistisch steht das Frauenbild dem ionisch geprägten Malstil der Caeretaner Hydrien nahe.

Lit.: Andrén, S.24f. Typ II.1e Taf.7.20; Berlin und die Antike, Katalog Berlin (West) 1979, S.347f. Nr.733; Roncalli, S.24ff. Nr.10 Taf.9 und 10.1; zum Erstarken des ostgriechischen Einflusses im etruskischen Kunsthandwerk in der 2. Hälfte des 6. Jh. v.u.Z. als Phänomen der Akkulturation siehe M. Cristofani, in: Prospettiva 6, 1976, S.2–10.　　　V.K.

B 6.1.11　(Farbtafel)
Pinaxfragmente mit gemalten Darstellungen
Caere; 530–520 v.u.Z.
Ziegelroter Ton mit schwarzen und ziegelroten Einschlüssen, beigefarbener Engobe sowie roter, gelber, weißer und schwarzer Bemalung. Zwei allseitig gebrochene Fragmente, die Farbschicht teilweise abgeblättert
(a) 9,5 × 9,5 cm, Dicke (max.) 3,2 cm,
(b) 13,3 × 10,9 cm, Dicke (max.) 3 cm
Berlin, SMB, Antikensammlung
Inv.: TC 6681.22 (5, 6)

Zwei nicht zusammengehörige Fragmente gleichartiger bemalter Tontafeln: (a) zeigt vor weißem Hintergrund einen gelben Arm, der aus einem dunkelroten Gewand hervorgestreckt wird. Vor der dicken schwarzen Ärmelborte hängt ein rotes Band mit kugelförmigen Anhängern. Quer über den Hintergrund läuft ein breiter roter Streifen aus sich überschneidenden schwarzen Halbkreisen mit dunkelrotem Binnenfeld (Pferdemähne?).

(b) läßt dagegen noch den oberen Abschluß zweier Pferdeköpfe mit je einer Ohrspitze er-

kennen. Das untere vordere Pferd ist dunkelrot mit gelbem Haar, das hintere gelb mit dunkelrotem Haar gemalt. Die Stilisierung der dunkelroten Pferdemähne entspricht dem Band auf dem Fragment (a). Der Hintergrund mit einem weißen durch rote Zickzack- und Wellenlinien geschmückten Tuch ist nicht mehr genau bestimmbar. Beide Fragmente könnten vielleicht mit dem Fragment Kat.-Nr. B 6.1.10 zu einer Bildfolge gehören. Genaues ist auf Grund des Erhaltungszustandes aber nicht mehr erkennbar.

Lit.: Andrén, S.CXLV–VII, 25 Typ II.1f und 1g, Roncalli, S.26 Nr.11 und 12.　　　V.K.

B 6.1.12　(Farbtafel)
Ornamental bemalte Giebelleiste
Caere; 520 v.u.Z.
Ziegelroter Ton mit schwarzen und ziegelroten Einschlüssen, beigefarbener Engobe, roter, gelber und schwarzer Bemalung. Leiste aus sieben Fragmenten zusammengesetzt, die linke Kante(?) und die Ziegelplatte am Ansatz sind abgebrochen. Die hintere Außenkante der Volute z.T. abgesplittert
H. (max.) 29,5 cm, (Platte) 24,3 cm,
L. 67,5 cm, Dicke (oben) 3 cm,
(unten) 4,8–5,2 cm, (Volute) 5,5 cm
Berlin, SMB, Antikensammlung
Inv.: TC 6681.12

Rechtes Endstück einer mit einem Mäanderornament bemalten Giebelleiste, deren rechte Kante von einer flachreliefierten S-Volute gebildet wird. Die Volute ist um 10° nach links geneigt und zeigt zwischen roten Kanten ein gelbes Band mit schwarzem Mittelstreifen. Die obere Volute besitzt ein schwarzes konvexes, die untere ein gelbes konvexes Auge, das innere Zwickelblatt ist schwarz, das äußere gelb gefärbt. Ein schwarzer innerer Rand auf der Außenkante der Voluten endet unterhalb eines konischen Schlitzes auf dem Scheitel der oberen Volute. Die Platte verjüngt sich nach oben, auch ihre Dicke nimmt geringfügig nach links hin ab. An der Unterkante setzte auf der Rückseite ein Flachziegel an, von dem noch geringe Reste vorhanden sind und dessen Dicke ebenfalls von 5 cm bis 1,9 cm nach links hin abnimmt. Die Platte ist auf der Vorderseite in drei Zonen eingeteilt. Die rahmenden Außenstreifen bestehen aus einem linksgerichteten dreifach abgestuften alternierend schwarz-rotem Treppenmuster auf beigefarbenem Grund und einem schmalen beigefarbenen Streifen mit kleinen schwarzen Quadraten zum zentralen Mäanderband hin. Die Ränder der beiden Randmuster bestehen aus roten Linien. Der Mäander selbst setzt sich aus alternierend roten und schwarzen ineinander verhakten Elementen zusammen, die jeweils ein rechteckiges Mittelfeld einschließen. Die Hakenbänder werden von schmalen beigefarbigen Streifen gerahmt und getrennt. Das erste Feld rechts besteht aus einem schwarzgrundigen Quadrat mit einem hellgrundigen Blüten-

B 6.1.15

B 6.1.17

stern in nachlässiger schwarz-roter Umrißmalerei. Das zweite rechteckige Feld zeigt auf weinrotem Grund einen schwarzen Bodenstreifen mit nach links eingerollten Wellen. Aus diesen Wellen taucht links ein hellgrundiger Pferdekörper in Umrißmalerei auf, dessen Hinterteil von einem großen Flügel überschnitten wird, der von einem sonst fast vollständig zerstörten nach rechts schwimmenden Schwan herrührt. Die ehemals vorkragende sichtbare Unterseite des Ziegels war ebenfalls ornamental verziert, wovon noch undeutliche Reste wahrzunehmen sind (rote Voluten oder Kreise?).

Die Leiste gehört zu einer größeren Gruppe ornamental bemalter Caeretaner Dachterrakotten, deren Muster sich von der zeitgenössischen Vasenmalerei herleiten. Mäanderrapporte mit figural verzierten Feldern sind vor allem bei den pontischen Vasenmalern beliebt (vgl. z.B. die Kanne des Silenmalers, Antikensammlungen München Inv. 923). Blütensterne begegnen uns in verwandelter Ausprägung nicht nur auf Traufziegeln und Verkleidungsplatten, sondern auch in der Vasenmalerei (Fragmente aus Gräbern von San Giuliano).

Auch mit Volutengebilden abgeschlossene Simaziegel lassen sich mehrfach – wenn auch meist erst aus nacharchaischer Zeit – neben figürlich verzierten Simaenden nachweisen. Sie werden nach dem Vorbild ostionischer Giebelverzierungen (Eierstabsima vom Tempel auf dem Kalabaktepe, Milet; Mitte 6. Jh. v. u. Z.) entwickelt.

Lit.: R. Vighi, in: StEtr. 5, 1931, S. 141 Abb. 2; Andrén, S. 26 f. Typ II. 2b, Abb. 19a; zur Mäanderform eine Kanne des Parismalers in London (British Museum Inv. B 54, Dohrn, S. 146 Nr. 70); zum Blütenstern-Ornament auf Vasenfragmenten aus San Giuliano: AR 1985–86, 1986, S. 108 f. Abb. 11 und zur Volutenornamentik als Giebelleistenabschluß: L. Cozza in RendPontAcc. 48, 1975–76, S. 87–94 und J. R. Jannot, in: MEFRA 86, 1974, S. 723–744.

V. K.

B 6.1.13 (Abbildung)
Raubszene (Relieffragment)
Caere, letztes Viertel 6. Jh. v. u. Z.
Ziegelroter Ton mit schwarzen und ziegelroten Einschlüssen, beigefarbene Engobe, gelbe, rotbraune und schwarze Farbe.
Allseitig gebrochenes kräftig modelliertes Hochrelief aus zwei kleinen und einem großen Fragment; Gewandsaum und Nase bestoßen
H. 16 cm, Br. 11,5 cm
Dicke (mit Relief) 4,8 cm
Berlin, SMB, Antikensammlung
Inv.: TC 6681.8 (7)

Nach links eilende Person mit erhobenem rechtem Fuß, den dreieckigen Kopf frontal dem Betrachter zugewendet. Das Inkarnat rotbraun, die Augen schwarz mit weißen Augäpfeln. Das ebenfalls schwarze Haar ist schulterlang, wobei rechts am Kopf ein hornartiger Fortsatz erkennbar ist. Die Kleidung besteht aus einem weißen

Modell eines etruskischen Tempels, um 500 v. u. Z., Vorderansicht

B 6.1.19 Köpfe tönerner Kriegerstatuetten (Giebelbekrönungen), aus Caere, um 510 v. u. Z.

B 6.1.5 Fragmente einer Verkleidungsplatte (linke Hälfte), Viergespann mit Krieger, aus Caere, 540–530 v. u. Z.

B 6.1.5 Fragmente einer Verkleidungsplatte (rechte Hälfte), Viergespann mit aufsteigendem Krieger, aus Caere, 540–530 v. u. Z.

B 6.1.7 Tontafel mit aufgemaltem Löwen (Fragment), aus Caere, 530–520 v. u. Z.

B 6.1.10/B 6.1.11 Fragmente von Tontafeln mit gemalten figürlichen Darstellungen, aus Caere, 530–520 v. u. Z.

B 6.1.8 Fragmente einer Tontafel mit Reiterdarstellungen, aus Caere, 530–520 v. u. Z.

B 6.1.30 Silenskopfantefix mit Anthemionnimbus, aus Caere, 490–480 v. u. Z.

B 6.1.29 Frauenkopfantefix mit Anthemionnimbus, aus Caere, 490–480 v. u. Z.

166

B 6.31 Silenskopfantefix mit vorgewölbtem Anthemionnimbus, aus Caere, 4. Jh. v. u. Z.

B 6.1.27 Frauenkopfantefix mit hoher Stephane, um 500 v. u. Z.   B 6.8 Silenskopf, Antefixfragment, 1. Viertel 5. Jh. v. u. Z.

B 6.5/B 6.7 Zwei Frauenkopfantefixe aus Latium, Ende 6.–Anfang 5. Jh. v. u. Z.

kurzen Ärmelchiton, dessen unterer Wulstsaum mit schwarzen Punkten dekoriert ist. Die Figur trägt mit dem linken Arm eine Gestalt, deren weißes Gewand quer hinterm Träger erscheint. Links sind dort der Ansatz eines rotbraunen Kopfes(?), rechts hinter der Figur ein rotbraunes Bein(?) und ein mit schwarzen Wellenlinien bemaltes Gewandteil(?) sichtbar. Vor dem angewinkelten Bein des Trägers ist der Rest eines Nagelloches festzustellen (D.7 mm). Die glatte Rückseite ist schwarzgrau verfärbt.

Der Inhalt der Szene ist bisher nicht überzeugend gedeutet worden. Stilistisch ähnliche Verkleidungsplatten mit Hochreliefs in Kopenhagen (Ny Carlsberg Glyptothek Inv. H.I.N. 713–19) wurden um 500 v.u.Z. datiert.

Lit.: Andrén, S.19f. Typ I.3e; vgl. J.Christiansen, in: MeddelelsGlyptKøb 41, 1985, S.136ff. Abb.4a–b; eine ähnliche als »Seelenraub« bezeichnete Darstellung erscheint auf einer Campana-Pinax im Louvre (Rasenna, Storia e civiltà degli Etruschi, 1986, Abb.152; 530 bis 520 v.u.Z.). V.K.

B 6.1.14
Zwei Männer mit spitzen Helmen
(Relieffragment)
Caere, letztes Viertel 6. Jh. v.u.Z.
Ziegelroter Ton mit schwarzen und ziegelroten Einschlüssen, beigefarbener Engobe, schwarzer und roter Farbe. Von einem glatten Hintergrund losgelöste Figurengruppe, konkave Unterseite mit Bruchrand; verschiedene Abbruchspuren, die Helmspitzen abgesplittert und mit dem Ansatz eines schmalen Stirnaufsatzes
H. 15,7 cm, Br. 7 cm, T. 7,6 cm
Berlin, SMB, Antikensammlung
Inv.: TC 6681.7 (14)

Nach links gerichtete, gestaffelte Gruppe aus einer hinteren Figur mit größerem und einer vorderen Figur mit kleinerem Kopf. Die im Profil gezeigten Köpfe tragen konische Helme mit Randwulst und wenig ausgestelltem Gesichtsfeld. Der hintere Helm ist rot, der vordere weiß gefärbt. Auf den Helmstirnen befinden sich Abbruchspuren eines Schmuckaufsatzes. In den rotbraunen Gesichtern sind die Brauen und kleinen Augen schwarz gezeichnet. Der kleine eingekerbte Mund liegt über einem vorstehenden Kinn mit aufgemaltem schwarzem Bart. Beide Figuren tragen ein weißes Gewand mit schwarzen Details.

An der vorderen Figur zeigt die Abbruchspur einen vor den Leib gehaltenen angewinkelten Arm an, wobei schräg hinter diesem verlorenen Arm und unter der Schulter eine weitere Spur auf ein nicht mehr bestimmbares Trachtelement (Köcher?) hinweist. Die Figuren sind offenbar sitzend gedacht – vielleicht handelte es sich um in kräftig aufmodelliertem Hochrelief wiedergegebene Reiter.

Lit.: Andrén, S.42f. Typ II.19a Taf. 10.38. V.K.

B 6.1.13

B 6.1.15 (Abbildung)
Fragment eines beschuhten rechten Fußes
Caere(?),
letztes Viertel 6. Jh. v.u.Z.
Hellroter Ton mit schwarzen und ziegelroten Einschlüssen sowie beigefarbener Engobe, dunkelroter, weißer und gelber Farbe. Spitze und Ferse abgebrochen; außerdem oben Bruch am Schaftansatz sowie an der Unterseite und der Rückseite der Plinthe; die Rückseite des Fragmentes modern brandgeschwärzt
H. 15,6 cm, L. 22,7 cm, Br. 9,2 cm
Berlin, SMB, Antikensammlung
Inv.: 33596

Fragment einer unterlebensgroßen Terrakottastatue, bestehend aus dem Rest einer ockergelben Plinthe mit einem darauf stehenden rechten dunkelroten, spitz zulaufenden Stiefel. Die Ferse ist senkrecht durchbohrt (D.2,2 cm). Auf der Oberseite ist die Öffnung für eine Lasche im Relief angegeben und ornamental um-randet. Das Ornament besteht an der nicht geschwärzten Außenseite aus einem gelben Streifen und einer weißen an der Spitze eingerollten Linie, die außen von Gruppen dreieckig angeordneter weißer Punkte begleitet wird. Zur nicht mehr erkennbaren inneren Linienvolute lief vorn ein Bogen weißer Punkte. Die Schuhform ist ein schönes Beispiel für die »calcei repandi« – spitz zulaufende Stiefel mit Lasche, die für die ionische Phase der etruskischen Kunst (550 bis 475 v.u.Z.) besonders charakteristisch sind. Unser Fragment muß wahrscheinlich dem nach Berlin gelangten Komplex architektonischer Terrakotten aus Caere zugewiesen werden und dürfte Teil einer Akroterfigur gewesen sein.

Lit.: Unveröffentlicht; vgl. zur Schuhform: Bonfante, S.60ff. Abb.139 Nr.17 und 18 sowie Kat.-Nr.B 6.1.8. V.K.

B 6.1.16 (Abbildung)
Frauenkopfantefix mit Stephane
Caere, letztes Viertel 6. Jh. v. u. Z.
Ziegelroter Ton mit schwarzen und
ziegelfarbenen Einschlüssen, beige-
farbener Engobe sowie schwarz- roter
Bemalung. Bis auf die abgeschlagene
Nase und einige Bestoßungen voll-
ständiges Antefix mit einem Teil des
Kalypters; gut erhaltene Farbgebung
H. 22,7 cm, Br. 16,7 cm,
T. (mit Ziegel) 19,8 cm
Berlin, SMB, Antikensammlung
Inv.: TC 6681.3 (5)

Frauenkopfantefix mit ovalem Gesicht und
breiter über den Schläfen nach hinten umbiegender Stephane. Diese zeigt über einem Rundstab und einer schwarzen Fußlinie
schwarze Kreuze mit roten Endpunkten auf
beigefarbenem Untergrund mit abschließender
roter Oberkante. Das gewellte und gescheitelte
schwarze Stirnhaar besteht aus einem Bogen
konkaver Zungen, hinter dem unter der Stephane große Ohren mit Schmuckscheiben ansetzen. Die konkaven rotgeränderten Scheiben mit
einem schwarzen achtteiligen Stern. Unter diesen fallen doppelte wellenbandartige Haarsträhnen herab. Auf dem Hals ein rotes Wellenband. Der Deckziegel setzt auf der Rückseite
2,2 cm über der Fußkante des Antefixes an und
endet bereits 7,2 cm unter dessen Oberkante.
Kurz hinter dem Ansatz ist er mit einem schwarzen Querstreifen bemalt.

Das Antefix gehört zu den späten ostionisch
geprägten Stirnziegeln Caeres. Von ihm sind
zahlreiche Repliken – meist mit weniger gut erhaltener Polychromie – bekannt. Der Kopftypus
findet eine Parallele an einem fragmentierten
Sphinxakroter vom gleichen Fundort in Kopenhagen.
Lit.: Andrén, S. 33f. Typ II.11c Taf. 9.30; Riis,
S. 25 Typ 7. A; vgl. die Repliken in Florenz (Museo Archeologico, Inv. 75 462); Hannover (Kestner Museum, Katalog Kunstwerke der Antike;
Auktion XVIII. Basel 1958, S. 20 f. Nr. 67); aus
Pyrgi (NSc 1959, S. 147, 182 Abb. 32.2) und Civita Castellana (?) (Katalog MusNazRom, S. 51
Nr. 5) sowie das Sphinxakroter in Kopenhagen
(Inv. HIN 720–21): J. Christiansen, in: Medde-
lelsGlyptKøb 41, 1985, S. 135 ff. Abb. 3.   V. K.

B 6.1.17 (Abbildung)
**Frauenkopfantefix mit Stephane
und Aufsatz**
Caere, 510 v. u. Z.
Ziegelroter Ton mit schwarzen und
ziegelroten Einschlüssen, beigefarbenem
Überzug und geringen schwarzen Farb-
resten. Mit halbrundem Kalypteransatz;
Aufsatz hinter der Stephane abgebrochen
und modern für eine Ergänzung
abgeschliffen; gut erhaltene Engobe
H. 18 cm, Br. 17,2 cm, T. 15,6 cm
Berlin, SMB, Antikensammlung
Inv.: TC 6681.5

Frauenkopfantefix mit einem leicht vorgeneigten, nahezu vollplastischen ovalen Frauenkopf, der von einer schmalen gekehlten Stephane bekrönt wird, auf der noch ein schwarzer
Farbstreifen erkennbar ist. Unmittelbar hinter
der Stephane befindet sich die Abbruchspur eines im Grundriß gebogenen Aufsatzes unbekannter Form. Das Stirnhaar läuft als gewelltes
Band ohne Scheitel halbrund um die schmale
Stirn. Seitlich und etwas verschoben sind die
Ohren mit Schmuckscheiben unter der Stephane an das Gesicht angesetzt. Der Kopf ist ein
gutes Beispiel für die ostionisch beeinflußte
spätarchaische Entwicklungsphase der Caeretaner Baukeramik. Er dürfte etwa dieselbe Stil-
stufe vertreten wie ein Frauenkopfstirnziegeltyp
ohne Stephane, aber mit ähnlichem Gesichtsre-
lief, von dem zahlreiche Repliken in Cerveteri,
Ceri, Pyrgi und Rom gefunden wurden.
Lit.: Andrén, S. 48f. Typ II.6 Taf. 18.56; vgl.
auch den Antefixtyp Andrén, S. 48 Typ III.5
Taf. 18.54 und Riis, S. 25 Typ 8. A (Datierung
S. 29 wahrscheinlich zu früh); zur Ergänzung
des hinteren Kopfaufsatzes vgl. die Frauenköpfe mit spitzer Mütze wie Katalog MusNazRom,
S. 51 f. Nr. 7–10 (525–510 v. u. Z.).   V. K.

B 6.1.18 (Farbtafel)
Firstakroter: Eos und Tithonos
Caere, letztes Viertel 6. Jh. v. u. Z.
Ziegelroter Ton mit schwarzen und
ziegelfarbenen Einschlüssen, beige-
farbener Überzug; weiße, orange-gelbe,
dunkelrote und schwarze Bemalung.
Aus zahlreichen Fragmenten zusammen-
gesetzt (Ergänzungen des 19. Jh.
jetzt entfernt): Köpfe, Schulterflügel
sowie große Teile der bogenförmigen
Basis verloren; Bestoßungen und
Ausplatzungen, Farbschicht häufig
abgeblättert
H. 84,3 cm, Br. 90 cm,
T. (m. Stütze) 27 cm
Berlin, SMB, Antikensammlung
Inv.: TC 6681.1

Der Giebelaufsatz besteht aus einem fisch-
schwanzartigen Bogen mit sechs aufgesetzten
symmetrisch gruppierten Voluten. Darüber erhebt sich im archaischen Knielaufschema eine
weibliche Figur mit Flügelschuhen und Schul-
terflügeln, die nach links eilt und in ihren angewinkelten Armen einen nackten Knaben trägt.
Ihre Rechte umfaßt den Rücken, und ihre linke
Hand packt die Knie des Kindes. Die Göttin ist
mit einem lang herabfallenden orangegelben
Chiton bekleidet, dessen schwarze Steilfalten
nur aufgemalt waren: Zwischen den Beinen ge-
stufte Kante mit dunkelrotem Saumstreifen,
darauf ein beigefarbener Zinnenmäander. Um
die Schulter ist ein flachreliefiertes, ehemals
dunkelrotes Manteltuch gelegt, das mit spitzen,
durch Kügelchen beschwerte Enden über die
Brust herabhängt. Auch hier sind an den gewellten Innenkanten Reste einer Ornamentborte mit
kleinen gelben und weißen Kreuzchen erkenn-

bar. An den Handgelenken Armringe. Auf den
Schuhen rotbraune, auf den Schuhflügeln hellgelbe und dunkelrote Farbspuren. Die zu je vier
Perlschnüren auf die Brust fallenden Haarsträhnen der Eos hellgelb. Der Grund zwischen Chitonsaum und Voluten braunschwarz mit blauen
(?) Farbspuren, die Voluten beige mit roten
Konturlinien. Auf dem Akroterbogen mit dem
Zirkel vorgeritztes Schuppenmuster mit braunschwarzer und dunkelroter Bemalung, Konturen weiß aufgesetzt. Abgesetzte Oberkante mit
gleichfarbigen Vertikalstreifen. Unten in der Bo-
genmitte konkave Einarbeitung für den Aufsatz
auf einen halbrunden Firstkalypter. Rückseite
mit sich nach oben verjüngender Mittelstrebe
(Dicke 4,5 cm), die am unteren Ende quer
durchbohrt ist. Auf deren rechter Seite schwarz-
braun-rot aufgemaltes Spiralornament. Weitere
undeutliche geringe Farbspuren auf den übrigen Zonen der Rückseite. Die Figur diente als
Giebelaufsatz eines Tempels und wird als Göttin der Morgenröte, Eos (Thesan), gedeutet, die
einen Knaben entführt. Bei letzterem könnte es
sich um Tithonos (Tinthun), einen trojanischen
Königssohn, handeln. Eos (Thesan) wurde von
den Etruskern mit kultischen Opfern bedacht; in
ihrem Wesen sind aphrodisische und mütterli-
che Züge enthalten, weshalb sie in Pyrgi in einem Tempel zusammen mit Hera (Uni) verehrt
wurde. Zu einem Heratempel könnte auch das
Berliner Akroter gehören.
Lit.: Andrén, S. 36f. Typ II.16 Taf. 11.40;
V. Kästner, in: FuB 28 (im Druck).   V. K.

B 6.1.19 (Abbildung und Farbtafel)
**Fragmente einer Gruppe von
Kriegerstatuetten**
Caere, um 510 v. u. Z.
Ziegelroter Ton mit schwarzen und ziegelroten Einschlüssen, beigefarbener Engobe,
schwarzer, graublauer, roter, gelber und
weißer Bemalung. Fragmente der Köpfe,
Torsen und Gliedmaßen von Kriegern und
einer Heraklesfigur, die als Giebel-
bekrönung angebracht waren (Rückseite
vernachlässigt und mit Ansatzspuren
von durchbohrten Streben.)
a)   9,5 × 8,2 cm, T. 5,7 cm
b)   9,2 × 7,7 cm, T. 4,9 cm
c)   11,4 × 9,3 cm, T. 6,8 cm
d)   8,7 × 7,1 cm, T. 5,1 cm
e)   10,1 × 6,2 cm, T. 4,4 cm
f)   9,3 × 7,1 cm
g)   11,3 × 6,3 cm, T. 9 cm
h)   16,1 × 10,7 cm, T. 7 cm
i)   12,8 × 7,4 cm, T. 5,8 cm
j)   17,6 × 6,0 cm, T. 5,1 cm
k)   9,9 × 5,5 cm, T. 4,2 cm
l)   13,2 × 5,3 cm, T. 3,6 cm
m)   5,7 × 7,7 cm, T. 3 cm
n)   9,6 × 8,9 cm, T. 2,6 cm
Berlin, SMB, Antikensammlung
Inv.: TC 6681.7 (1–2), 6681.8 (1),
6681.7 (3–6), 6681.8 (2–6),
6681.11c (1–2)

B 6.1.16

171

Die Fragmente gehörten zusammen mit gleichartigen Kriegerfiguren in Kopenhagen (Ny Carlsberg Glyptothek Inv. H. I. N. 25) aus der Sammlung Castellani offenbar zum Giebelschmuck desselben Bauwerkes. Wie an der besser erhaltenen Firstfigur in Kopenhagen und analog dem Berliner Eos-Akroter (Kat.-Nr. B 6.1.18) waren die Rückseiten mit kantigen Streben verstärkt, die zusätzlich für die Aufnahme eines Metallstabes durchbohrt waren. Sie saßen auf einer Giebelleiste, wobei an einer der genannten Kopenhagener Figuren noch der Firstwinkel mit 150° bestimmbar ist. Diese mit der Giebelleiste maximal 58 cm hohen Figuren (Kopenhagen) waren als simaartige Bekrönung längs der Giebelschrägen angeordnet, ähnlich wie bei der Darstellung des kapitolinischen Jupitertempels auf einer römischen Münze des Petitilius Capitolinus (43 v. u. Z.). Nach der Beschaffenheit der Fragmente zu urteilen, waren Köpfe, Leiber und Gliedmaßen wenigstens teilweise mit Hilfe von Formen (uniforme Kopftypen) hergestellt und vor dem Brand zusammengefügt worden. Die Köpfe und Leiber waren hohl und die Rückseiten meist unausgearbeitet.

a) Fragment eines bärtigen Männerkopfes mit chalkidischem Helm, am Halsansatz gebrochen, außerdem fehlen der Helmbusch, die linke Hälfte des Helmes und die Bartspitze. Auf der ockergelben Helmkalotte sitzt eine längslaufende mit roten Streifen abgesetzte beigefarbene Schiene mit aufgemaltem schwarzem Gittermuster und roten Punkten, der auf dem Scheitel eine Palmettenlasche vorgesetzt ist. Vom schmaleren gleichfarbigen Helmbusch ist noch der Ansatz vorhanden. Das Visier und die Wangenklappe mit aufgemaltem Scharnier sind graublau, außerdem läuft die Oberkante des Visiers auf der Kalotte in einer schwarzen Spirale aus. Das Inkarnat rotbraun mit weißen vorstehenden Augen unter den Brauengraten. Brauen, Augenränder, Pupille, Schnurrbart und Vollbart sind schwarz bemalt. Die Ohröffnung des Helmes ist von einem dünnen Wulst mit knospenartigem Ende eingefaßt. Unter der abgeplatzten linken Helmhälfte sind die ursprünglich nicht sichtbaren aber wohl in der Form enthaltenen Stirnlocken erkennbar.

b und c) Bärtiger behelmter Männerkopf mit anpassendem Panzertorso. Der Kopf besitzt eine Bohrung in der Helmkalotte, und der Torso zeigt auf der Rückseite den Ansatz der abgebrochenen Strebe mit vertikaler Bohrung. Der Torso ist an den Schultern und in Hüfthöhe gebrochen. Der Kopf ist im linken Profil dargestellt, der Torso schräg nach links gewandt.

d) Rundplastischer behelmter bärtiger Kriegerkopf. Da die Rückseite eine Ansatzspur aufweist, war der Kopf wohl ursprünglich in linksschräger Anordnung zu sehen. Er ist am Halsansatz abgebrochen, ebenso fehlen die Nase und die Spitzen der seitlichen Helmflügel und des Bartes.

e) Vordere Hälfte eines Kriegerkopfes im linken Profil mit flacher Rückseite. Die angewandte Gesichtshälfte des in Kinnhöhe abgebrochenen Kopfes ist nachlässig gearbeitet. Über die gelbe Helmkalotte läuft ein dicker rot-gelb-schwarz gestreifter Helmbusch.

f) Ringsum gebrochenes aus 2 Stücken bestehendes Fragment eines Herakleskopfes. Erhalten sind das Obergesicht und ein Teil des übergestülpten beigefarbenen Löwenskalpes mit geschlossenen Augen, schwarz gestrichelter gelber Mähnenkante und dunkelroter Mähne.

g) Bärtiger behelmter aus zwei Fragmenten zusammengesetzter Männerkopf mit Schulterteil. Das Gesicht ist leicht nach rechts verzogen, so daß der Kopf wohl in linksschrägem Profil zu sehen war. Auf dem ockergelben Helm ist der Ansatz eines beigefarbenen gegabelten Kammes mit roter Unterkante sichtbar. Hinter der Gabelung befindet sich ein Meniskus-Loch. Das graue Visier mit nach innen eingerollten Voluten und der aus zwei Voluten zusammengesetzte Wangenschutz entsprechen der Mittelfigur der Kopenhagener Serie.

h) Torso eines nach rechts gestürzten Kriegers in Rückenansicht mit Ansatz des linken erhobenen Armes. Der Leib ist hohl und in der Hüfte abgebrochen.

i) Fragment des rechten Oberschenkels eines Kriegers. Das Bein war links sorgfältiger gearbeitet, die Rückseite dagegen vernachlässigt, so daß die Figur offenbar in rechtsschräger Rückenansicht zu sehen war.

j) Fragment des linken Beins eines Kriegers. Das Beinstück ist am Oberschenkelansatz sowie knapp über dem Fuß gebrochen und zeigt auf der Rückseite oben eine Anschlußfläche. Das Knie ist leicht nach links gebeugt.

k) Fragment des rechten Oberschenkels eines Kriegers. Das Beinstück ist am Schenkelansatz und unter dem Knie gebrochen, wo die Oberkante der dunkelgrauen Beinschiene abgeplatzt ist. Die Rückseite zeigt einen gebrochenen Anschluß. Der Oberschenkel mit einer dunkelroten Chitonkante gehörte zu einem stark angewinkelten nach rechts gerichteten Bein.

l) Fragment des angewinkelten nach rechts gerichteten linken Armes eines Kriegers. Am Unterarm zeichnet sich die Auflage eines Schildbandes ab, und der Daumen der summarisch modellierten geschlossenen Hand ist abgebrochen.

m) Fragment des rechten Fußes eines Kriegers. Der im rechten Profil gezeigte Fuß war angehoben und setzt mit den jetzt am Ansatz abgebrochenen Zehen auf. Oben ist er knapp über dem Ansatz der gelben Beinschiene abgeschlagen.

n) Fragment des nach rechts zeigenden linken Fußes eines Kriegers. Der Fuß war angehoben und setzte mit den Zehen auf. Die Kriegerköpfe stehen stilistisch dem Heraklesköpfchen von Esquilin (Kat.-Nr. B 6.4) und den Caeretaner Acheloos-Appliken nahe. Vergleichbar sind weiterhin die figürlichen Fragmente vom Tempel B in Pyrgi (Ende 6. Jh. v. u. Z.) und eine Tonurne im Louvre (letztes Jahrzehnt des 6. Jh. v. u. Z.). Diese Arbeiten bezeugen insgesamt eine stark ostionisch geprägte Koroplastenschule in Caere, die eine besondere Vorliebe für ornamentale Stilisierung und Farbwirkungen hatte.

Lit.: Andrén, S. 40–42 Typen II. 18a–n Abb. 20 Taf. 10.35; vgl. Riis, S. 25 Typen 9. A–D S. 29 (Datierung); G. Colonna, in: Die Göttin von Pyrgi, 1981, S. 24ff. Taf. 15–18 (Tempel B, Pyrgi) und M. F. Briguet, in: RA 1968, S. 63f. Abb. 16f. V. K.

B 6.1.20 (Abbildung)
Gorgoneion-Appliken
Caere, um 510 v. u. Z.
Ziegelroter Ton mit schwarzen und ziegelfarbenen Einschlüssen, beigefarbener Engobe, roter, schwarzer und gelber Farbe.
a) H. 12,7 cm, Br. 11,9 cm, Dicke 5 cm
b) H. 11 cm, Br. 11,5 cm, Dicke 5,3 cm
c) H. 8,8 cm, Br. 11,6 cm, Dicke 5,1 cm
d) H. 11,1 cm, Br. 11,4 cm, Dicke 5 cm
Berlin, SMB, Antikensammlung
Inv.: TC 6681.7 (7–10)

a) Kräftig modelliertes und wenig vor- und nach rechts geneigtes rundliches Gorgoneion. Ecke unten links, obere Ohrpartie rechts, Haarsträhne unten rechts und die Schlangenbekrönung bis auf Ansätze der zweiten und dritten Schlange von links ausgebrochen. Rückseite glatt und beiderseits unter den Ohren und zwischen dem dritten und vierten Schlangenaufsatz schräg einwärts laufende Nagellöcher (D. 0,4 cm). Über das schmale rote Wellenband des gescheitelten Stirnhaars legt sich ein fünffach unterteilter bindenartiger Wulst in schwarzer Farbe (darauf blaue Farbreste), auf dessen Oberseite die Abbruchspuren von 6 Schlangen erkennbar sind. Die seitlich angefügten Ohren sind weiß und tragen große gelbe Schmuckscheiben mit rotem Mittelknopf. Darunter schwingen doppelte, wulstige rote Haarsträhnen nach außen. Den Hals ziert eine Kette aus fünf abwechselnd großen gelben und kleineren roten Kugeln.

b) Schlangenbinde auf dem Kopf teilweise weggeschlagen, rechts die Haarkante ausgebrochen und links unten die Haarspitze bestoßen. Reste von drei Nagellöchern.

c) Schlangenbinde abgelöst und Unterkante abgebrochen. Drei Nagellöcher nachweisbar.

d) Schlangenbinde verloren, dazu rechts oben und unten bis auf einen kleinen Rest der Unterkante ausgebrochen. Nase und Oberlippe abgeschlagen. Drei Nagellöcher nachweisbar.

Alle vier Gorgoneia waren auf Grund ihrer glatten Rückseite und der Nagellöcher als Verzierung auf einen Hintergrund genagelt. Vielleicht dienten sie als Elemente eines Zierfriesels oder als Balkenkopfverkleidung. Der Gorgoneiontyp folgt dem spätarchaisch-ionischen Löwenmaultypus, der auch in Italien weit verbrei-

tet war. Eine ähnliche Reduktion des Schlangenkranzes auf eine Art Schlangendiadem zeigt ein zeitgenössischer Antefixtyp aus Sabucina (Sizilien).

Lit.: Andrén, S. 35 f. Typ II. 15 Taf. 10.36, S. CCIX (zur Verwendung); weitere Repliken desselben Typs in Rom (Villa Giulia Inv. 16396 und 25170) ebd. Taf. 10.39 sowie ein Neufund aus dem Stadtgebiet von Caere (Autostrade 28, 1986, 6, S. 95 (mit Abb.). V. K.

B 6.1.21 (Abbildung)
Fragment einer Traufziegelborte
Caere, um 520–510 v. u. Z.
Ziegelroter Ton mit schwarzen und ziegelroten Einschlüssen, beigefarbener Überzug und schwarz-weiß-rote Bemalung. Rechtes Eckstück aus zwei Fragmenten zusammengesetzt; bestoßen und ausgebrochen
H. 11,9 cm, L. 27 cm,
Dicke (oben) 6,1 cm, (unten) 2,5 cm
Berlin, SMB, Antikensammlung
Inv.: TC 6681.17 (3)

Rechte Ecke der Traufnase eines Flachziegels mit ornamentaler Hängeborte. Auf der glatten Rückseite mit roten Farbresten über einem schwarzen Rand der 3,5–4 cm breite Ansatz des Ziegels. Auf der Oberseite an der rechten originalen Stoßkante der Abbruch des Ziegelfalzes. Unter einer vorkragenden Leiste mit einem weißen, alternierend rot und schwarz ausgefüllten Mäanderband ein kymaartiger reliefierter Blattüberfall, bestehend aus mit weißen Stegen gesäumten abwechselnd roten und schwarzen Blättern sowie schmalen schwarzen Zwickelblättchen. Den unteren Abschluß bildet eine hinter den Blattüberfall zurücktretende Lotosknospen-Palmettenkette, deren Unterkante ausgeschnitten ist. Vergleichbare Ornamentborten wurden auch als Türrahmen verwendet (Pyrgi, Tempel B). Gleichartig stilisierte Palmettenformen treten in der spätkorinthischen Vasenmalerei (Schale Berlin, SMB, Antikensammlung Inv. F 1661) auf »pontischen« Vasen (z. B. des Silen-Malers) und in der etruskischen Grabmalerei (Tarquinia, Tomba delle Leonesse, um 520 v. u. Z.) auf.

Lit.: Andrén, S. 27 f. Typ II. 5 Taf. 8.26; Berlin und die Antike, Katalog Berlin (West) 1979, S. 347 Nr. 734; zum Ornament vgl. NSc 1970, Suppl. II, S. 380 Abb. 299 f. (Türrahmen, Pyrgi Typ B 5). V. K.

B 6.1.22
Reliefierte Anthemionborte
Caere, 1. Hälfte 5. Jh. v. u. Z.
Ziegelroter Ton mit schwarzen und ziegelroten Einschlüssen, beigefarbene Engobe und schwarz-rot-weiß-gelber Bemalung.
Fünf Fragmente, davon (a) mit linker originaler Kante und zurückspringendem Falzansatz sowie mit einem Loch auf der Oberseite nach der linken Kante (D. 0,8 cm); Kanten teilweise modern beschliffen; Farbe größtenteils abgeblättert

H. (rekonstruiert) 17,3 cm; Achsabstand zwischen 2 Palmetten 12 cm,
Dicke (oben) 4,8 cm, (unten) 2,5 cm
Berlin, SMB, Antikensammlung
Inv.: TC 6681.17 (2)

Einzelne, nachträglich kombinierte Bruchstücke eines Rundstabes mit angehängter Lotosblüten-Palmetten-Kette: (a) Plattenfragment in ganzer Höhe mit Palmette; (b) Fragment des Anthemions; (c) oberes Randstück; (d) Rundstab mit Ornamentansatz und (e) einzelne Lotosblüte. Die Rückseite der Fragmente ist glatt, ebenso die Oberseite des vorkragenden dicken Rundstabes mit Resten von schwarzbrauner und rotbrauner Farbe. Am Rundstab hängen paarig durch schwarze Stege zusammengebundene rote (Fragmente a, b, d) bzw. gelbe und weiße durch rote Querstege geklammerte Voluten (Fragment c). In diese Reihe ist eine zweite Serie verklammerter Voluten eingehängt, an denen frei ausgeschnitten alternierend angeordnete Palmetten und Lotosblüten sitzen.

Lit.: Andrén, S. 28 Typ II. 6 Taf. 8.27; Berlin und die Antike, Katalog Berlin (West) 1979, S. 347 Nr. 734. V. K.

B 6.1.23 (Abbildung)
Frauenkopfantefix mit hoher Stephane
Caere, um 500 v. u. Z.
Ziegelroter Ton mit schwarzen und ziegelroten Einschlüssen, beigefarbener Überzug, schwarzer, weißer, gelber und roter Bemalung. Aus 2 Fragmenten mit teilweise klaffender Fuge zusammengesetzt, das linke Ohr und die linke untere Ecke verloren, die Stephane größtenteils ausgebrochen, Nase und Kinn bestoßen, Reste der Bemalung
H. 25 cm, Br. 16 cm
Berlin, SMB, Antikensammlung
Inv.: TC 6681.3 (1)

Hufeisenförmiges Frauenkopfantefix mit hoher Stephane und schwarzem gewelltem Stirnhaar. Das Ornament der Stephane aus einem auf gelbem Grund gemalten schwarz-gelb-weißen Blattstabmuster, darunter eine Reihe gelb-weißer Scheibchen auf schwarzem Grund, die mit einem roten Leitermuster übermalt sind. Hinter dem Diadem sitzt eine kleine dreieckige Verstrebung. Das ovale zum vorstehenden Kinn hin zugespitzte Gesicht besitzt eine hohe halbrunde Stirn unter dem gesch/eitelten gewell-

B 6.1.19

173

ten Stirnhaarsaum, hochschwingende schwarze Brauen und große, schräge, schwarz gemalte Augen. Seitlich schließen große Ohren mit kreisrunden Schmuckscheiben an, die mit einem Punktmuster bemalt sind. Das Antefix gehört zu einer spätarchaisch-ionischen Stirnziegelserie, die in mehreren Varianten, von denen zahlreiche Repliken erhalten sind, produziert wurde. Typologisch und stilistisch entsprechende Stirnziegel traten etwa gleichzeitig auch in Kampanien (mit Blattkranzrahmen in Minturnae), Latium (Satricum, Pometia – ohne Stephane), Veji und in Zentraletrurien auf. Zu der hier genannten Caeretaner Variante gehören Repliken in Berlin, Rom (Villa Giulia), Philadelphia (University Museum MS 1814) und Princeton (University Museum Inv. 64–53).

Lit.: Andrén, S.33 Typ II.11b; der Typus ist unmittelbar abgeleitet von einer voraufgehenden Antefixgeneration ohne Diadem mit großen Ohrschmuckscheiben (E. Rystedt, in: MedelhavsMusB 15, 1980, S.59–72); zu den verwandten Antefixbildungen vgl. Riis, S.18 Typ 5.F (Minturnae), 25 Typ 8.B (Pometia), 33 Typ 6.F (Satricum), 8.F (Ficana); 44 Typ 8.J (Veji) und 57 Typ 5.F (unbekannter Fundort).   V.K.

B 6.1.24
Frauenkopfantefix mit hoher Stephane
Caere, um 500 v. u. Z.
Ziegelroter Ton mit schwarzen und ziegelroten Einschlüssen, beigefarbener Überzug, schwarze, gelbe und rote Bemalung. Zwei Antefixhälften wohl des gleichen Typs, aber nicht zu demselben Exemplar gehörig. Das Antefix war unter Beschleifung der Bruchkanten mit Fragmenten von seitlichen Haarsträhnen zusammengesetzt. Der Hauptbruch läuft schräg durch die Augen; die Ohren, Haarsträhnen und die Unterkante sind verloren; die Bemalung ist teilweise abgeblättert
a) H. 15,8 cm, Br. 16,4 cm, T. 11,0 cm
b) H. 10,3 cm, Br. 11,2 cm, T. 8,0 cm
Berlin, SMB, Antikensammlung
Inv.: TC 6681.3 (2)
Derselbe Antefixtyp wie Kat.-Nr. B 6.1.30. Gelbgrundige Stephane mit ähnlichem Ornament, bestehend aus einem oberen schwarzroten Blattstab zwischen roten Linien und einer unteren Reihe aus roten Kreisen mit schwarzem Mittelpunkt. Die Rückseite der verstrebten Stephane ist rot gefärbt. Den hier genannten beiden Stirnziegeln läßt sich ein weiteres Exemplar in Berlin mit weicher eingebettetem Mund anschließen, dessen ursprüngliche Höhe wegen der abgebrochenen Stephane nicht mehr exakt bestimmbar ist (Inv. TC 6681.3, 6).
Lit.: siehe Kat.-Nr. B 6.1.23.   V.K.

B 6.1.25 (Abbildung)
Frauenkopfantefix mit hoher Stephane
Caere, um 500 v. u. Z.
Ziegelroter Ton mit schwarzen und ziegelroten Einschlüssen, beigefarbener Überzug, schwarze, blaue, gelbe und rote Bemalung. Aus zwei ursprünglich nicht zusammengehörigen Teilen
a) H. 16,7 cm, Br. 15,7 cm, T. 8,7 cm
b) H. 7,0 cm, Br. 9,9 cm, T. 10,5 cm
Berlin, SMB, Antikensammlung
Inv.: TC 6681.3 (3)
Stilistisch entwickeltere Variante des Antefixtyps Kat.-Nr. B 6.1.23–24 mit ausgewogen proportioniertem und differenziert modelliertem Gesicht. Die Stephane ist mit einem Blattkranz bemalt, der aus einer roten Mittellinie und gegenständigen blauen Lanzettblattreihen besteht. Zwischen blauen Blättern die Spitzen versetzter schwarzer Blätter, die Zwickel dagegen rot. Ockergelbes gewelltes Stirnhaar mit zahlreichen parallelen schwarzen Wellenlinien. Dünne S-förmig geschwungene Brauen und große Augen mit schwarzen Rändern, blauen Pupillen und schwarzer Iris. Das Untergesicht, Fragment (b), besitzt einen verhalten lächelnden Mund mit vollen Lippen und Grübchen in den Winkeln. In der Bemalung fast identische Exemplare befinden sich in London (Britisches Museum Inv. B 624) und Caere (Grabung Mengarelli). Daneben sind zahlreiche Repliken in Berlin, Basel, Kiew (Inv.85 SK), Malibu (Inv.83 AD. 211.11), Kopenhagen (Inv. H.I.N. 48) und in Rom (Museo Gregoriano Etrusco Inv. 13883) bekannt. Nach den besser erhaltenen Exemplaren läßt sich eine ursprüngliche Höhe des Antefixes von etwa 27 cm rekonstruieren.
Lit.: Andrén, S. 31 f. Typ III. 11a (mit Repliken) Taf. 9.28; Riis, S. 25 Typ 5. A; zuletzt wurde dieser Typ von B. Wohl, in: GettyMusJ 12, 1984, S. 113 ff. (mit Lit.), behandelt. Anzuschließen ist eine interessante Variante in Dallas (Dallas Museum of Fine Arts, Bulletin 1983 (Spring), Titelbild).   V.K.

B 6.1.26
Frauenkopfantefix mit hoher Stephane
Caere, nach 500 v. u. Z.
In der gleichen Weise wie das vorgenannte Antefix zusammengefügte typengleiche Fragmente, die aber nicht zu demselben Ziegel gehört haben können
a) H. 14,9 cm, Br. 16 cm, T. 11,3 cm
b) H. 8,2 cm, Br. 10,6 cm, T. 9 cm
Berlin, SMB, Antikensammlung
Inv.: TC 6681.3 (4)
Das Fragment der oberen Gesichtshälfte ist eine schwarzhaarige Spielart des Antefixes Kat.-Nr. B 6.1.25. Haar durch parallele, weiß aufgesetzte Wellenlinien gegliedert. Die beiden Antefixvarianten, Kat.-Nr. B 6.1.25 und 26 lassen darauf schließen, daß an der Dachtraufe Antefixe mit verschiedenen Haarfarben alternierend angebracht wurden.
Lit.: siehe Kat.-Nr. B 6.1.25.   V.K.

B 6.1.27 (Farbtafel)
Frauenkopfantefix mit hoher Stephane
Caere, um 500 v. u. Z.
Hellroter Ton mit schwarzen und ziegelroten Einschlüssen, beigefarbenem Überzug, dunkelroter, gelber und schwarzer Bemalung. Die Stephane teilweise ausgeplatzt; die Nase und die linke Ohrscheibe bestoßen; die linke Haarsträhnenunterkante abgebrochen
H. 23,8 cm, Br. 15,2 cm, T. 13,8 cm
Berlin, SMB, Antikensammlung
Inv.: TC 6681.3 (5)
Etwas kleinere Variante der Frauenkopfantefixe der Typen Kat.-Nr. B 6.1.23–26 mit ockergelbem Haar und aufgemalten, gewellten schwarzen Haarsträhnen. Die großen runden Schmuckscheiben an den Ohren zeigen einen roten Rand mit gelben Punkten und ein blaues Innenfeld mit vier gelb-roten Punkten. Die Rückseite der Stephane hellrot gefärbt. Das kleinere Format, die hohe Stirn und der ernste Gesichtsausdruck erweisen dieses Exemplar als eine jüngere Variante des Typus, von dem weitere Repliken in New York (Metropolitan Museum), Philadelphia (University Museum, Inv. MS 1813) und wahrscheinlich in Kopenhagen (Dänisches Nationalmuseum, Inv. ABb 297) aufbewahrt werden.
Lit.: siehe Kat.-Nr. B 6.1.25.   V.K.

B 6.1.28
Fragmente schwarzgrundiger Reliefplatten
Caere, um 500 v. u. Z.
Ziegelroter Ton mit schwarzen und ziegelroten Einschlüssen, rötlich-beigefarbenem Überzug, schwarzer, brauner, orangegelber und roter Bemalung. Kleine Fragmente von Reliefdarstellungen, teilweise mit originalen Kanten
a) H. 10 cm, Br. 15,7 cm, Dicke (mit Relief) 4,3 cm
b) H. 6,6 cm, Br. 12,1 cm, Dicke (mit Relief) 3,5 cm
c) H. 6,3 cm, Br. 8,3 cm, Dicke (mit Relief) 4,8 cm
d) H. 8,3 cm, Br. 9,3 cm, Dicke (mit Relief) 5,5 cm
Berlin, SMB, Antikensammlung
Inv.: TC 6681.9c (1–4)
Fragmente mit Darstellungen in hohem Relief vor schwarzem Grund.
Fragment (a) weist noch zwei ursprüngliche, in einem Winkel von 138° aufeinandertreffende Kanten auf. Erkennbar ist noch eine Hälfte eines Rundschildes (D. 12,2 cm) mit glattem orangegelbem Rand und beigefarbenem gewölbtem Körper. Rechts darüber ist ein umgeschlagener dunkelroter Gewandzipfel mit schwarz abgesetzter beigefarbener Borte zu sehen.
Fragment (b) stammt von der linken unteren Ecke einer Platte mit ausgeschnittenem Relief. Die Unterkante und der Grund sind schwarz. Von ihm heben sich an der linken Kante ein

B 6.1.20

B 6.1.21

B 6.1.25

grauer Pferdehuf mit dunkelrotem Beinansatz und rechts daneben die Tatze eines gelben Raubtierfelles mit schwarzen Kreisen und roten Punkten ab.

Fragment (c) gehört zu einem rechten Giebelzwickel(?), da Ober- und Unterkante in einem Winkel von 21° aufeinander zulaufen. Vom schwarzen Grund hebt sich in hohem Relief ein von oben gesehener Helm (D. 6 cm) mit flachem orangegelbem Rand, ockergelber halbkugeliger Kalotte und Mittelgrat ab. Die Rückseite der Platte ist ebenfalls gebrochen.

Fragment (d) besitzt noch ein kurzes Stück der originalen Unterkante und zeigt darüber einen ähnlichen Helm (D. 5,2 cm) mit flachem orangegelbem Rand und Mittelgrat auf der schwarzen halbkugeligen Kalotte. Rechts daneben ist noch ein dunkelroter Reliefansatz erkennbar. Die Reliefstücke gehörten wohl entweder zu Columen-Platten (a, c) oder zu ausgeschnittenen Reliefdarstellungen (b), ähnlich den reitenden Amazonen, von denen Reste in der Villa Giulia in Rom und in Kopenhagen aufbewahrt werden. Nach den dargestellten Waffenstücken könnte es sich um Kampfszenen gehandelt haben, wobei die schwarzgrundige Farbgebung offenbar von importierten frührotfigurigen attischen Vasen inspiriert wurde. Ein

ähnliches Phänomen hatte bereits Å. Åkerström (Die architektonischen Terrakotten Kleinasiens, Lund 1966, S. 61 ff.) an kleinasiatischen Reliefplatten aus Larisa am Hermos (Gruppe 4, 520 bis 500 v. u. Z.) beobachten können.

Lit.: Andrén, S. 31, Typen Caere II. 10, Taf. 8.25. V. K.

B 6.1.29 (Farbtafel)
Frauenkopfantefix mit Anthemionnimbus
Caere, um 490–480 v. u. Z.
Blaßgelber Ton mit schwarzen und ziegelfarbenen Einschlüssen, beigefarbenem Überzug, weinroter und schwarzer Bemalung. Aus vier größeren und mehreren kleineren Bruchstücken zusammengesetzt; Nimbus teilweise ausgebrochen; Nase, linke Braue und Stirnhaar bestoßen, Unterkante von Fußleiste und Kalypter weggebrochen
H. 51 cm, Br. 46 cm, T. (m. Ziegel) 40 cm
Berlin, SMB, Antikensammlung
Inv.: TC 6681.2b

Großformatiges Frauenkopfantefix mit konkavem, teilweise á jour gearbeitetem reliefiertem Anthemionnimbus, der sich frei über einer schmalen Fußleiste mit schwarzrotem Hakenmäander erhebt. Rückwärtig ist ein Stück des Kalypters mit dem Ansatz der kantigen gebogenen Verstärkungsstrebe erhalten. An der linken Seite des Kalypters ein Rest der Nut für einen querliegenden Arretierungssteg. Das Anthemion besteht in alternierender Folge aus insgesamt 5 siebenblättrigen Palmetten und 4 Lotosblüten mit abgesetztem Kelch, aus dem Ranken entspringen, die sich unter den Palmetten einrollen. Der von einer orangegelb-roten Stephane bekränzte Kopf tritt fast vollplastisch und leicht nach vorn geneigt hervor. Ein dünner Rundstab umfängt ihn und läuft auf der Fußleiste aus. Der Kopf selbst zeigt eine kräftig abgesetzte wulstartige Stirnhaarkappe mit beiderseits eines Mittelscheitels gewellt zur Seite streichendem Stirnhaar. Büstenteil mit rotem Chiton und rot-schwarz auf den Hals gemalter Perlenkette. Das Antefix gehört zusammen mit dem Silenspendant Kat.-Nr. B 6.1.30 zu einer neuen, stark von spätarchaisch-attischen Vorbildern geprägten Antefixgeneration. Stilistisch lassen sich diese Ziegel mit attischen Kopfvasen der Zeit 510–480 v. u. Z. bzw. der Akropoliskore Nr. 683 (525–500 v. u. Z.) vergleichen.

Lit.: Andrén, S. 50 Typ III. 8 Taf. 17.53; Riis, S. 25 Typ 11. B; N. Winter, in: RM 85, 1983, S. 44; vgl. auch Fragmente von Nimbusmatrizen dieses Typs in: StEtr. 10, 1936, S. 76 Taf. 27.2. V. K.

B 6.1.30 (Farbtafel)
Silensantefix mit Anthemionnimbus
Caere, 490–480 v. u. Z.
Rötlicher Ton mit schwarzen und ziegel-
farbenen Einschlüssen, beigefarbener
Überzug, schwarzer, rotbrauner und roter
Bemalung. Aus 6 großen und zahlreichen
kleineren Fragmenten zusammengesetzt.
Nimbus beschädigt, rechte Ohrspitze und
Fußleiste an der Unterkante ausgebrochen
H. 50,5 cm, Br. 47,5 cm, T. 35,5 cm
Berlin, SMB, Antikensammlung
Inv.: TC 6681.2c

Qualitätvoller großformatiger Silensstirnzie-
gel mit konkavem, teilweise à jour gearbeitetem
reliefiertem Anthemionnimbus-Pendant zum
Frauenkopfantefix Kat.-Nr. B 6.1.29. Der Nimbus entspricht dem vorhergenannten Antefix bis
auf die Innenkante, bei der hier unter den Volu-
tenrankenzwickeln schwarze fünfeckige Blätter
aufgelegt sind. Der bärtige Silenskopf setzt
dann ohne vermittelnden Rundstab direkt an
und besitzt eine doppelte Stirnringellockenrei-
he, die von der rückwärtigen kappenartigen Kalotte, die ebenfalls rotbraun gefärbt ist, abgesetzt ist. Die äußeren Kanten des Büstenansat-
zes bilden breite, gewellte rote Bänder. Die abgesetzte kantige Fußleiste zeigt das gleiche
Mäandermuster wie der Frauenkopfziegel, und
auf der Rückseite setzt ein runder Kalypter mit
kantiger zum Nimbus gebogener Strebe an.
Von diesem Ziegeltyp existiert noch ein weiteres Exemplar gleichen Fundortes in Kopenhagen (Ny Carlsberg Glyptothek Inv. H. I. N. 55).
Anzuschließen sind die nur wenig jüngeren nahezu identischen Silenantefixe des Tempels A
in Pyrgi.
Lit.: Andrén, S. 49 f. Typ III. 7 Taf. 17.52; Riis,
S. 25 Typ 11. G; zu den Pyrgi-Ziegeln ebd. S. 26
Typ 12. G; zur Datierung M. Verzár Bass, in: AA
1982, S. 89 ff. V. K.

B 6.1.31 (Farbtafel)
Silensantefix mit Anthemionnimbus
Caere, um 4. Jh. v. u. Z.
Blaßgelber bis rötlicher Ton mit
schwarzen und ziegelroten Einschlüssen,
beigefarbenem Überzug, schwarzer, rot-
brauner und roter Bemalung. Aus 9 großen
Fragmenten zusammengesetzt; rechts
fehlen Nimbus und Fußleiste
H. 52,2 cm, Br. 35,2 cm, T. 27,2 cm
Berlin, SMB, Antikensammlung
Inv.: TC 6681.2d

Silenskopfantefix mit spitzovalem, konkavem
Anthemionnimbus. Die unteren Ecken des Nimbus ausgeschnitten, so daß unter dem Kopf
eine schmale Fußleiste erscheint, die eine Büste mit verknotetem reliefiertem Raubtierfell
einnimmt. Das aufgelegte Anthemionrelief des
stark vorbiegenden Nimbus beginnt unten jeweils mit einer halben Lotosblüte, darauf folgen
eine fünfblättrige Palmette, eine große Lotosblüte und im First eine siebenblättrige Palmette.
Alle Elemente sind mit Volutenranken verbun-

B 6.1.23

den, die wie bei den älteren Antefixen dieser
Form unter den Kelchen der Blüten beginnen.
Der metallisch scharf gearbeitete eindrucksvolle Kopf mit rotbraunem Inkarnat besitzt eine
Stirnglatze, wobei die schwarzen Haare vom
Scheitel zu den großen hochstehenden Pferdeohren hin gekämmt sind. Über die obere Stirnkante läuft ein applizierter Efeukranz aus seitlichen gestaffelten Blättern und zwei mittleren
Korymben. Von dem Ziegel sind Repliken und
eine Variante, die ebenso ikonographisch an
den reifklassischen griechischen Stil anknüpft,
in London (British Museum), Baltimore (Walters
Art Gallery) und aus den Pyrgi-Grabungen be-

kannt. Das Antefix selbst gehört zu den qualitätvollsten Schöpfungen der sonst durch Werkstätten in Orvieto, Falerii und Tarquinia bestimmten Produktion architektonischer Terrakotten in der »Interimsperiode«.
Lit.: Andrén, S. 55 f. Typ IV. 4 Taf. 20, 64; Riis,
S. 27, Typ 18. C; vgl. zur Zeitstellung v. a. südetruskische Kopfkantharoi (M. Harari, II »Gruppo Clusium« della Ceramografia etrusca, 1980,
S. 169 Taf. 56; T. Dohrn, in: RM 92, 1985, S. 82
Taf. 63.1–2). V. K.

B 6.1.32
Frauenkopfantefix mit Anthemionnimbus
Caere, 4. Jh. v. u. Z.
Blaßgelber bis rötlicher Ton mit
schwarzen und ziegelroten Einschlüssen,
beigefarbenem Überzug, roter, blauer,
gelber und schwarzer Bemalung.
Aus 6 großen und mehreren kleineren
Fragmenten zusammengesetzt. Teile des
Rahmens gebrochen
H. 49 cm, Br. 48 cm, T. 33 cm
Berlin, SMB, Antikensammlung
Inv.: TC 6681.2a

Frauenkopfstirnziegel mit gleichartigem Nimbus wie Kat.-Nr. B 6.1.31, wobei jedoch die
weich zerfließenden Anthemionformen bereits
eine fortgeschrittene Matrizengeneration verraten. Die Lotosblütenkelche und Palmettenherz-
stücke sind blaugrau, die spitzen Mittelblätter
der Lotosblüten sind rot und die übrigen Teile
des Ornaments weiß vor schwarzem Grund
ausgeführt. Die Innenkante des Rahmens unter
den Volutenranken ist wie üblich rot gefärbt. Der
Frauenkopf ist durch eine schmale rötliche Stephane mit plastischen Kreisen (stilisierte Blüten), einen davorliegenden dünnen Haarreif
(dreifaches Perlschnurband) und übergroße
gelbe traubenartige Ohrgehänge ungewöhnlich
reich geschmückt. Gewelltes rotes Stirnhaar.
Die Büste wird durch einen faltigen, an den Seiten hochgezogenen roten Mantelsaum gebildet. Darunter befindet sich eine schmale niedrige Fußleiste mit einem schwarz-weiß-roten Zinnenmäander. Die Auflage der Nimbusstrebe ist
auf dem Kalypter und am Nimbusrand um eine
kurze Lasche erweitert, wobei die obere für den
Meniskus durchbohrt ist. Von diesem Stirnziegeltyp sind wenigstens 12 Repliken in Rom (Vatikan), London (British Museum), Kopenhagen
(Ny Carlsberg Glyptothek), New York (Metropolitan Museum), Philadelphia (University Museum) Kiew (Museum der westlichen und
orientalischen Kunst) und in Privatbesitz (ehemals W. Kropatschek) erhalten. Weiterhin lassen sich zahlreiche typologisch ähnliche, reich
geschmückte Terrakottaköpfe im 4.–3. Jh.
v. u. Z. in Latium und Etrurien nachweisen.

Lit.: Andrén, S. 57f. Typ IV. 6 Taf. 20.66; Riis,
S. 27 Typ Caere 18. B; zu den Repliken siehe
z. B. »Aus den Gräbern und Heiligtümern« Katalog Hamburg, 1980, S. 260f. Nr. 148; zum
Ohrschmuck s. Andrén, in: StEtr 24, 1955–56,
S. 20ff.; M. F. Briguet, in: La Revue du Louvre
24, 1974, S. 247ff.   V. K.

B 6.1.33
**Verkleidungsplatte mit Strigiliskrone
und Anthemionrelief**
Caere, 4. Jh. v. u. Z.
Gelblicher bis hellroter Ton mit
schwarzen und ziegelroten Einschlüssen,
beigefarbenem Überzug, roter, schwarzer
und blauer Bemalung. Aus 14 Stücken
(16 Fragmenten) verschiedener Platten
gleichen Typs zusammengestellt;

teilweise mit originalen Stoßkanten und
Resten von Nagellöchern (D. ca. 12 mm),
teilweise auch modern abgearbeitet;
Reste der Bemalung erhalten
H. (rekonstruiert) 64,5 cm, Abstand
zwischen den Achsen benachbarter
Palmetten und Lotosblüten 12 cm,
T. (Bekrönung) 6,7 cm, Reliefplatten-
dicke 3–4,2 cm
Berlin, SMB, Antikensammlung
Inv.: TC 6681.16

Verkleidungsplatte, bestehend aus einer Stri-
giliskehle, einer Platte mit Anthemionrap-
porten und einer hängenden Knospenborte. Die
mit einem roten Streifen bemalten weißen Strigiles stehen vor schwarzem Grund und ragen
etwas über die obere Stirnkante vor. Die untere
Grenze des Kopfprofils bildet ein schwarz-weiß
schräggestreifter Rundstab, wobei zwischen
den Farben ein dünner Grat liegt. Das Anthemionrelief ist beiderseits einer mittleren liegenden S-Volutenreihe aus alternierend gegenständigen Lotosblüten-Palmetten organisiert.
Die elfblättrigen Palmetten haben seitlich über-
fallende Blätter und ein spitzes Mittelblatt, das
von runden Scheibchen flankiert wird sowie ein
Herzstück, das blau gefärbt ist. Die Blüten bestehen aus einem roten Rhombus zwischen
blauen Kelchblättern, über denen lang ausge-
zogene weiße Blütenblätter ein rotes spitzes
Mittelblatt mit flankierenden T-förmigen Staubgefäßen einschließen. Der Hintergrund des Ornamentes ist im Bereich des oberen und unteren Randes sowie in der Zone der S-Voluten
rot, sonst schwarz gefärbt. Die abschließende
ausgeschnittene Hängeborte besteht aus kleinen weißen Bögen, an denen Rosenknospen
hängen. Der Grund innerhalb der Bögen ist
schwarz, die inneren Blätter der Knospen sind
rot. Repliken dieses Plattentyps befinden sich
im Universitätsmuseum von Philadelphia und in
Paris (Louvre, Inv. S 1510).

Das Anthemion dieser Verkleidungsplatten
ist eine Weiterentwicklung des spätarchaischen
Grundschemas aus alternierend-gegenständi-
gen Lotospalmetten, wie es auf den korinthischen Simen vom Typ des Megarerschatzhau-
ses (Olympia) auftritt. Neben gewissen Natura-
lismen, wie den Rosenknospen am unteren
Rand und Staubgefäßen in den Lotosblüten, ist
besonders deren eigenartige Kelchgestaltung
mit rhomboidem Mittelblatt bemerkenswert. Sie
kann zurückgeführt werden auf die dreiblättrigen Kelche spätklassischer attischer Simen,
z. B. des Giebels des Arestempels und der
»Hephaisteion-Sima« in Olympia (G. Hübner,
in: AM 88, 1973, S. 117 Abb. 13 und 120f.
Taf. 69.2).

Lit.: Andrén, S. 59 Typ IV. 10 Taf. 19.62; Berlin und die Antike, Katalog Berlin (West) 1979,
S. 347f. Nr. 735; vgl. ähnliche jüngere Platten
aus Tarquinia (AJA 22, 1918, S. 328f. Taf. 9.3),
dem Gebiet von Bolsena (Breitenstein, S. 82
Nr. 778) und von Selvasecca (OpRom. 8.1
Taf. 86.77) zumeist ohne Knospenborte. V. K.

B 6.2
Silenskopfantefix
Vulci, letztes Viertel 6. Jh. v. u. Z.
Beigefarbener Ton mit Einschlüssen,
beigefarbener Engobe, dunkelbraune und
rote Farbe. Oben und unten gebrochen,
Engobe mit Farbschicht abgeblättert
H. 18,4 cm, Br. 16,9 cm, T. 11,8 cm
Aus Vulci; von Gerhard 1842 erworben
Berlin, SMB, Antikensammlung
Inv.: TC 4731

Kräftig modellierter vorgeneigter Silenskopf
mit markanter schmaler Stirn, vortretenden Augen, kurzer breiter Nase und lächelndem Mund.
Das Stirnhaar mit den außen anliegenden Pferdeohren bildet einen gebogenen Rundwulst
und ist wie der Vollbart, auf den der Schnurrbart
und das Unterlippenbärtchen aufgesetzt sind,
dunkelbraun gefärbt. Im Gesicht Spuren des roten Inkarnats. Über das Stirnhaar zieht sich eine
beige ausgesparte schmale Tänie mit rotem
Sparrenmuster. Der rückwärtige Abbruch biegt
etwas auf und trug vielleicht einen Nimbus. Auf
der Rückseite rechts oben der Ansatz des halbrunden Kalypters. Der Typus erinnert an spätarchaische Vulcenter Bronzearbeiten und frühe
kampanische Silensköpfe (vgl. Kat.-Nr. C 2.18).

Lit.: Andrén, S. 215 Typ Vulci I 3 Taf. 79.272;
Riis, S. 57 Typ 4 H, S. 60.   V. K.

B 6.3 (Abbildung)
Frauenkopfantefix
Latinisch, letztes Viertel 6. Jh. v. u. Z.
Rötlich-gelber Ton mit schwarzen und
ziegelfarbenen Einschlüssen sowie
beige-weißer Engobe. Die Nase leicht
bestoßen; die Nimbusplatte über dem
Diadem und rund um das Untergesicht
einschließlich des größten Teils der
Ohren weggebrochen
H. 20,4 cm, Br. 17,6 cm
Aus der Sammlung der Herzogin von
Sermoneta 1843 erworben
Berlin, SMB, Antikensammlung
Inv.: TC 3723

Flach angelegter Frauenkopf mit markant
vortretendem Kinn, großen mandelförmigen
Augen und gewelltem Stirnhaar, Stephane und
Blattkranznimbus. Die Ohren liegen flach auf
der Nimbusplatte und waren mit großen Scheiben geschmückt. Den Kopf rahmt ein schmales
Band mit schwarzen Punkten und roten Rändern. Der Blattstab des Nimbus schwarz konturiert mit rotem Mittelstreifen. Die Rückseite mit
senkrechter Nimbusstrebe, darunter der Ansatz
eines fünfeckigen Kalypters. Bekannt sind Repliken des gleichen Typs aus Palestrina, Rom-
Lunghezza (Collatia) und in Malibu, wo auch neben der gut erhaltenen Polychromie der Halsansatz mit den drei rechts herabfallenden Perlschnurhaarsträhnen und der Blattkranznimbus
über dem involutierten Rahmenband erhalten
sind. Verwandte Frauenkopftypen auch aus Falerii, Pyrgi, Roselle und Perugia.

Lit.: Unveröffentlicht; Repliken: Andrén,

S. 375 Typ II.1 Taf. 116. 407 (Palästrina); StEtr
41, 1973, S. 510 Taf. 93e (Rom-Lunghezza);
B. Lindros Wohl, in: GettyMusJ 12, 1984,
S. 116 ff. Abb. 4a, b (Malibu); allgemein: Riis,
S. 33 Typ 12E, S. 36, 76 f. und N. Winter, in:
RM 85, 1978, S. 40.   V. K.

B 6.4
**Herakulesköpfchen (Fragment eines
architektonischen Tonreliefs)**

Rom, um 510 v. u. Z.
Blaßgelber Ton mit schwarzen und ziegel-
roten Einschlüssen, beigefarbener Engobe
sowie schwarzer, brauner, roter und weißer
Bemalung. Köpfchen mit umlaufendem
Bruchrand; Bart größtenteils verloren
und Oberfläche mehrfach bestoßen
H. 7,8 cm, Br. 6,8 cm, T. 5 cm
Aus Rom, Esquilin-Nekropole; 1887 aus
Sammlung Dressel erworben
Berlin, SMB, Antikensammlung Inv.: TC 8102

   Rundplastisches Herakulesköpfchen mit übergestülptem Löwenskalp, das rechts an einen
Reliefgrund anschloß. Auf diesen beabsichtig-
ten Anschluß weist die grob strukturierte, aber
übermalte »Bosse« rechts oberhalb des Bak-
kenbartes hin, außerdem ist der Scheitel des
Stirnhaares gegenüber dem Gesicht nach
rechts verschoben. Über der Reihe der eingerollten reliefierten schwarzen Stirnlocken erscheint der Rest der durch vier Riefen gegliederten braunen Löwenschnauze mit einer weißen Zahnreihe. Auf die Schnauzenfalten sind
schwarze Streifen und eingestreute schwarze
Punkte gemalt. Links hinter den Stirnlocken ist
der Ohransatz erkennbar. Rechts ist ab der
zweiten Locke das Haar nur noch schwarz aufgemalt. Über den leicht geöffneten Mund legt
sich ein geschwungener schwarzer Schnurrbart, darunter der gleichfarbige Vollbart. Stil und
Ikonographie des Köpfchens sind von spätarchaischen ostgriechischen Vorbildern beeinflußt. Die Datierung ergibt sich aus dem Vergleich mit einem Herakuleskopf des Tempels B
in Pyrgi (um 500 v. u. Z.) und den Wandbildern
der Tomba delle Leonesse in Tarquinia (um
520 v. u. Z.).

   Lit.: Andrén, S. 345 Typ I.4; Riis, S. 25 Typ
9 D; E. Gjerstad, Early Rome 3, 1960, S. 139,
143 Nr. 42, S. 461 f. Abb. 131.3; vgl. G. Colonna,
in: Akten des Kolloquiums »Die Göttin von Pyrgi«, 1981, S. 25 Taf. 15a (Herakulesköpfchen,
Pyrgi) und 31 f. zu Hercle-Darstellungen.   V. K.

B 6.5 (Farbtafel)
Frauenkopfantefix

Latinisch, Ende 6. Jh. v. u. Z.
Roter Ton mit schwarzen und ziegelfarbenen
Einschlüssen; beigefarbene Engobe.
Annähernd vollständiger Antefixkopf mit
Ziegelansatz; Stephane oben teilweise
weggebrochen
H. 12,0 cm, Br. (Ziegel) 10,6 cm, T. 15,4 cm
Aus der Sammlung der Herzogin von
Sermoneta 1843 erworben

B 6.3

Berlin, SMB, Antikensammlung
Inv.: TC 3783

   Rundplastisch angelegter Mädchenkopf mit
Stephane vor sich leicht verjüngendem Kalypter
mit schräg vorspringendem unterem Halsansatz. Auf hellbeigefarbener Engobe sind die Lippen und Wangen rot, die Augen, das gewellte
Stirnhaar und das seitlich herabfallende Haar
schwarz gemalt. Die Stephane ist zwischen roten Rändern in gleicher Farbe mit Streifen, auf
denen je zwei schwarze Punkte sitzen, bemalt.
Schwarz gepunktete Halskette. Um den Halsansatz, über den Ziegel und den rückseitigen
Diadembogen läuft ein breites rotes Band. Die
Ohren liegen schräg auf dem Ziegelansatz unter der Stephane. Etwa 4 cm dahinter ein breiter
schwarzer Querstreifen über dem halbrunden,
beige engobierten Kalypter. Das Antefix gehört
zur ionisch beeinflußten Gruppe latinischer
Stirnziegel wie ähnliche Stücke aus Satricum.

   Lit.: Unveröffentlicht; vgl. R. Knoop, in: Satricum. Una città latina, Katalog Florenz 1982;
S. 58 ff., 63 Nr. 6; zu ionischen Frauenkopftypen
in Etrurien G. Hafner, in: Jdl 82, 1967, S. 254 f.
                                            V. K.

B 6.6 (Abbildung)
Juno-Sospita-Antefix

Latinisch, 500–480 v. u. Z.
Blaßgelber Ton mit schwarzen Einschlüssen
und gelblicher Engobe. Aus fünf Fragmenten
mit geringen Ergänzungen; Fußleiste, oberer
Rand, Nase und Helm etwas bestoßen.
Ausgezeichnet erhaltene Polychromie
in Schwarz und Weinrot auf gelbem Grund;
der rückseitige kantige Verstrebungsbogen
über dem ausgehöhlten Kopf und der
halbrunde Dachziegel sind glatt abgearbeitet
H. 29 cm, Br. 21,9 cm, Dicke 7,9 cm
Aus der Sammlung Bellori 1700 erworben
Berlin, SMB, Antikensammlung
Inv.: TC 544

   Das hufeisenförmige Antefix zeigt über einer
vortretenden schmalen Fußleiste mit rot und
schwarz eingefaßtem gelbem Zinnenmäander
einen behelmten Frauenkopf, dessen quer ge-
stellter Helmbuschbogen den Plattengrund bildet. Zwischen den Bogenenden und den Haupt-
haarsträhnen ist die Ziegelplatte durchbrochen.
Die schwarze Heimstirn ziert ein ausgesparter
Rhombus mit roten Konturen, ebenso ist der

Helmrand rot gefaßt. Auf der gelb-roten Kalotte ein schwarzer Ziegenskalp mit geschwungenen gerippten Hörnern und roten, schwarz umrandeten Ohren. Als Halsschmuck wurde ein rotes Band mit schwarzen und roten Strichelchen aufgemalt, rechts sind geringe Reste eines roten Gewandsaums erkennbar.

Der Stirnziegel gehört zu einem in Latium und bei den Faliskern beliebten Typus, von dem Repliken mit variierender ornamentaler Bemalung auch aus Satricum, Fidenae, Rom (Villa Giulia und Palatin), Lavinium, Segni und Falerii bekannt sind. Der zweiten Ausbauphase des Tempelbezirkes von Satricum wurden mehrere Antefixserien zugeschrieben, die stilistisch von der attischen Kunst des frühen 5. Jh. v. u. Z. abhängig sind. Zu ihnen werden neben einem unserem Ziegel entsprechenden kleineren Typ zwei Varianten eines größeren Juno-Sospita-Antefixes mit gedrungenerem Kopf, der einen korinthischen Helm mit Stierhörnern und Ohren trägt, gezählt. Dagegen sind detailliertere Ausformungen mit einem kleineren Junokopf, der einen chalkidischen Helm mit Stierhörnern und Ohren besitzt, aus Antemnae und Falerii (Matrize) jünger und vielleicht bis ins 4.–3. Jh. v. u. Z. produziert worden (Norba, Dianatempel). Der Kopftyp läßt sich mit der in Lanuvium verehrten einheimischen Göttin Juno Sospes (Seispes) Mater Regina (Cicero de nat. deor. 1,29,83; Münzbildnisse republikan. u. antoninischer Zeit) verbinden, deren Kult bis in die römische Kaiserzeit seine Bedeutung behielt. Nach einer im Vatikan aufbewahrten kolossalen Marmorstatue antoninischer Zeit zu urteilen, war sie mit einem über den Kopf gezogenen, gegürteten Ziegenfell bekleidet und trug Schild und Lanze.

Lit.: Andrén, S. 502, Typ I. 17 Taf. 156, S. 522; Riis, S. 33 Typ 13 F; G. Heres, Museum Bellorianum, Katalog Berlin 1974, Nr. 14; Archeologia Laziale 3, 1980, S. 72, 75 (Rom, Palatin); Enea nel Lazio, Katalog Rom 1981, S. 196 f. Nr. D 66 (Lavinium); Katalog MusNazRom, S. 70 f. Nr. 34 Taf. E und 12 (Antemnae) bzw. S. 316 Nr. 987 Taf. 12 (Norba, Dianatempel); Archeologio Laziale 4, 1981, S. 319 ff. Abb. 1 F (Satricum, kleiner Typ); ebd. Abb. 1 H Taf. 40.4 (größerer Typ). V. K.

B 6.7 (Farbtafel)
Frauenkopfantefix
Latinisch, nach 480 v. u. Z.
Gelblicher Ton mit schwarzen und ziegelfarbenen Einschlüssen; beigefarbene Engobe. Kopf mit abblätternder Engobe annähernd vollständig erhalten, Rahmenwerk unterm Kinn und über der Stephane größtenteils mit Kalypter weggebrochen.
H. 16,3 cm, Br. 10,9 cm, T. (max.) 6,6 cm
1843 aus der Sammlung der Herzogin von Sermoneta erworben
Berlin, SMB, Antikensammlung
Inv.: TC 3784

Rundplastisch angelegter Frauenkopf mit hoher Stephane. Das Gesicht ist vergleichsweise flach und biegt an den Orbitalen und Wangen kantig zu den Schläfen um. Schwarze Konturen am Stirnhaarsaum, an den Brauen und den Augen sowie an den Ohren. Das Stirnhaar ist breit in doppelten Wellenzügen beiderseits eines Mittelscheitels bis zu den Ohren geführt, die auf den Enden der Stephane aufliegen. Über der Stephane rotbraunes Strichmuster mit schwarzen Punkten. Auch die Oberseite der etwa 4,5 cm vorragenden Stephane rotbraun gefärbt. Darüber ein schräggestreifter Rundstab, der den Ansatz eines Blattkranznimbus gebildet haben wird. Die Rückseite mit senkrechter etwa 2 cm breiter Nimbusstrebe erinnert an das Antefix Kat.-Nr. B 6.3, aber die Kalypterform ist nicht mehr sicher bestimmbar.

Wahrscheinlich handelt es sich um den gleichen Typ wie bei einem kompletten Antefix aus Caere in der Villa Giulia (ohne Inv.) mit schmaler Fußleiste und konkavem Blattkranznimbus sowie einem Ziegel aus Rom (Lunghezza). Der Mädchenkopftyp läßt sich zurückverfolgen über Antefixe im Baseler Kunsthandel, aus Pyrgi und aus Rom (Antiquario Communale, Inv. 2126) bis zu den Köpfen spätarchaischer kampanischer Lotosblütenantefixe (Kat.-Nr. C 2.15), die von ostionischen Einflüssen geprägt sind. Die Zeitstellung des Typus ergibt sich auch im Vergleich mit dem ähnlichen Rahmenwerk an Frauenkopfziegeln strengen Stils und zeitgleichen Silensköpfen wie Kat.-Nr. B 6.9.

Lit.: Unveröffentlicht; Repliken aus Caere (Villa Giulia: N. Winter, in: RM 85, 1978, S. 43 Taf. 222) und Rom-Lunghezza: StEtr 41, 1973, S. 510 Taf. 93 f. sowie im Baseler Kunsthandel: Faltblatt der Einladung zur Schweizerischen Kunst- und Antiquitätenmesse 13.–21. April 1985, ein weiteres Fragment angeblich aus Nordostetrurien: Münzen und Medaillen AG, Katalog 1980, S. 18 Nr. 60; N. Winter, in: RM 85, 1978, S. 40 Taf. 16.4. V. K.

B 6.8 (Farbtafel)
Silenskopf (Antefixfragment)
Latinisch-faliskisch; 1. Viertel 5. Jh. v. u. Z.
Hellroter Ton mit schwarzen und ziegelfarbenen Einschlüssen sowie hellroter Engobe. Mit dem Modellierstab überarbeitet, Silenskopf am Hals abgebrochen, Bartrand, Nase und Brauen wenig bestoßen, wulstige Haarkante in Augenhöhe abgebrochen
H. 10,4 cm, Br. 8,3 cm, T. 9 cm
Aus Sammlung Dorow-Magnus 1831 erworben
Berlin, SMB, Antikensammlung
Inv.: TC 1307

Das Fragment zeigt einen Silen mit Stirnglatze, vorquellenden steggesäumten Augen und wulstigen Brauen. Über die Stirn laufen zwei geschwungene Furchen. Das Haupthaar bildet eine geschlossene Masse mit angesetzter wulstiger Unterkante. Die Schnurrbartsträhnen sind doppelt und mit eingerollten Enden modelliert. Im Gesicht Reste des dunkelroten Inkarnats, schwarze Farbspuren an den Augenrändern, im

Schnurr- und Vollbart. Unter der Unterlippe ein Bartzipfel in hellroter Farbe aufgelegt. Der Schädel wurde für einen Meniskus durchbohrt. Der Kopf wandte sich offenbar nach links und gehört demzufolge zu einem figürlichen Gruppenantefix mit Silen und Mänade. Vergleichbar sind entsprechende Antefixe vom zweiten Tempelbau in Satricum und der ersten Phase des Tempels von Sassi Caduti in Falerii. Stilistisch schließt er sich enger an die etwas älteren Typhonantefixe in Satricum und ein Antefix in Boston an. Die Barttracht entspricht spätarchaischen, latinischen und faliskischen Silensköpfen aus Rom, Lavinium, Lanuvium, Velitrae, Segni und Falerii.

Lit.: Unveröffentlicht; vgl. R. R. Knoop, in: Archeologia Laziale 4, 1981, S. 318 ff. Abb. 1b, Taf. 61.3 (Typhonantefix, Satricum) und Abb. 1D sowie Riis, S. 34 Typ 16 G, S. 38 ff. (Silenskopfantefix, Satricum) und Andrén, S. 496 f. Typ I. 2 Taf. 154, 520 (Boston) und S. 109 f. Typ Ie, f, Taf. 38.127 (Falerii, Sassi Caduti: Silen-Mänaden-Antefixe). V. K.

B 6.9
Silensantefix
Südetruskisch-faliskisch;
2. Viertel 5. Jh. v. u. Z.
Ziegelroter Ton mit beigefarbener Engobe. Nimbus größtenteils weggebrochen, unten etwas abgeschliffene Fußleiste; Nase und Bartspitze sind bestoßen, die übliche rot-schwarz-weiße Farbgebung gut erhalten
H. 25,7 cm, Br. 17,8 cm,
Tiefe (mit Ziegelansatz) 12,5 cm
Alte königliche Sammlung
Berlin, SMB, Antikensammlung
Inv.: TC 543

Antefix mit spätarchaischem Silenskopf und Blattkranznimbus. Der rückseitig ansetzende Kalypter ist außen fünfeckig und über eine kräftige, im Querschnitt ovale Strebe mit der Antefixplatte verbunden. Flaches dreieckiges Silensgesicht, eingerahmt von einem breiten Wulst kleinteiliger roter Buckellocken und einem breiten, vorragenden schwarzen Vollbart mit im Relief abgesetzten Backenzonen. Die Buckellöckchen des Bartes zu Rillen verschliffen. Unter den am Stirnhaar anliegenden rot konturierten Pferdeohren treten schräg nach außen gerichtete Bänder mit rotem Mittelstreifen hervor, die sich zu jetzt abgebrochenen Voluten aufrollten. Über das Stirnhaar legt sich ein turbanartiger alternierend schwarz und rot auf beigefarbenem Grund gestreifter Wulst, noch einmal umfangen von einem in den gleichen Farben schräg gestreiften Rundstab. Die im Ansatz erhaltenen, sich ehemals mit Zwickelspitzen vorwölbenden Blattzungen sind flach reliefiert, mit einem roten Mittelstreifen bemalt und schwarz umrandet. Wenig zurückspringende schmale Fußleiste mit gegenständig rot-schwarzem Mäander auf beigefarbenem Grund. Das Antefix gehört zu einer jüngeren Generation südetruskisch-faliskischer Silens-

B 6.6

B 6.10

stirnziegel, von denen ein älteres Exemplar in München (Inv. 7082) und Ausformungen gleichen Typs aus Veji (Campetti und Portonaccio: jüngeres Dach des Apollontempels), Falerii (Brüssel; Musées Royaux d'Art et d'Histoire Inv. 1645), Narce und ein Fragment in der Sammlung Gorga (Museo Nazionale Romano Inv. 264022) bekannt sind. Der Charakter des Silenskopfes ist spätarchaisch, wobei jedoch der gesammelte Gesichtsausdruck, die verschliffenen Modellierungen und das aufwendige Rahmenwerk – das in ähnlicher Form auch an verschiedenen, teilweise deutlich vom strengen Stil beeinflußten Frauenkopfstirnziegeln auftritt – schon in subarchaisch-frühklassische Zeit gehören.

Lit.: Panofka, S. 133f. Taf. 45; vgl. NSc 1953, S. 52 Abb. 27c und NSc 1973, S. 58ff. Abb. 3f. (Veji, nach dem Kontext vor 450 v. u. Z.: Riis S. 29); Andrén, S. 52 Typ III. 13, Taf. 15.49 (Caere); ebd. S. 151 Typ I Taf. 57.189 (Narce); Riis S. 26f. Typ 16 D Abb. 14 (Falerii) und Katalog MusNazRom, S. 70 Nr. 32 (Inv. 264022). V. K.

B 6.10 (Abbildung)
Frauenkopfantefix
Latinisch, 2.–3. Viertel 6. Jh. v. u. Z.
Hellbrauner Ton mit schwarzen und ziegelfarbenen Einschlüssen; beigefarbene Engobe. Das Rahmenwerk über der Stephane und unter dem Kinn größtenteils ganz, seitlich zum Teil weggebrochen
H. 21,6 cm, Br. 27,8 cm,
T. (mit Ziegel) 23,4 cm
Aus der Sammlung der Herzogin von Sermoneta 1843 erworben
Berlin, SMB, Antikensammlung
Inv.: TC 3778

Rundplastisch vortretender Frauenkopf mit flachem Gesicht und kantig umbiegenden Wangen. Gesicht und Rahmendetails offenbar mit dem Modellierstock nachgearbeitet. Das Gesicht zeigt einen lächelnden Mund, große mandelförmige Augen und eine dreieckige Stirn, gerahmt von gewelltem Haar mit Mittelscheitel und Haarband. Beiderseits flach auf die Antefixplatte gelegte Ohren, unter denen schräg gekerbte

doppelte Haarsträhnen herabfallen. Der Kopf gerahmt von einer hohen roten Stephane, die rückseitig in flankierende, wohl in Voluten auslaufende Bänder übergeht. Die Oberseite der Stephane schwarz gefärbt, das Volutenband mit rotem Mittelstreifen. Das Ganze wird umfangen von einem auf beigefarbenem Grund rotschwarz gestreiften Rundstab, über dem der Blattkranznimbus hervorwächst. Dieser besteht aus flachen, durch rote, kantige Rillen getrennten Blättern mit schwarzem Mittelstreifen. Der deutlich separat gearbeitete halbrunde Kalypter ist rückseitig angefügt und zusätzlich durch einen – im Querschnitt runden – Strebebogen (D. 3,8 cm) mit der Nimbusrückseite verbunden. Relativ späte Fassung desselben Grundtyps wie Kat.-Nr. B 6.7. Im Vergleich zu diesem Antefix jedoch durch kräftigere Modellierung des Gesichtes und Nacharbeit mit dem Modellierholz individueller und qualitätvoller gestaltet. Zum Rahmenwerk vgl. auch Kat.-Nr. B 6.9.

Lit.: Unveröffentlicht. V. K.

B 7 Gefäße, Geräte und Waffen aus Bronze

Gefäße

Das archäologische und kulturhistorische Interesse galt nicht nur den figürlichen Bronzen, sondern auch den einfachen Bronzegefäßen, den Geräten und den Waffen aus Bronze. Bronzegefäße gehörten zum teuren und hoch geschätzten Geschirr, und sie regten oft Töpfer zur Nachahmung an: Davon zeugen besonders Formen der Bucchero-Keramik (s. Kap. B 2). Die Metallgefäße wurden gewöhnlich aus dünnen Bronzeplatten getrieben und mit einzelnen Gußstücken ergänzt, insbesondere durch Henkel. Die endgültige Form wurde durch umfangreiche Kaltarbeit erreicht: durch Ziselierung, Gravierung und Schneiden. Der Guß kleiner, zierlicher Details oder figürlicher Gefäßteile erfolgte in der Technik der verlorenen Form, im Wachsausschmelzverfahren. Werkstätten der Stadt Vulci waren im späten 6. Jh. v. u. Z. aber nicht die einzigen bei der Herstellung von Bronzegefäßen und Geräten.

Die oft mit reich dekorierten Reliefattaschen versehenen Stücke – Amphoren, Oinochoen (Kat.-Nr. B 7.1), Olpen (Kat.-Nr. B 7.22), Kannen, Stamnoi (Kat.-Nr. B 7.24), Kessel und Hydrien – begleiteten beispielsweise als Grabbeigabe den Verstorbenen in das Jenseits und hatten so auch rituell-symbolische Funktion, indem sie mit der Vorstellung vom Leben im Jenseits verbunden waren. Alle Typen und Formen von Bronzegefäßen, die in den Nekropolen Etruriens gefunden wurden, haben Analogien in den Ländern des östlichen Mittelmeerraumes, vor allem in Griechenland, sind aber zeitlich später entstanden. Als Vermittler traten die griechischen Kolonien in Süditalien auf, vor allem solche großen Zentren wie Tarent. Eine Ausnahme ist lediglich die Schnabelkanne, ein spezifischer Typ der Kannen mit einem schnabelförmigen Ausguß (Kat.-Nr. B 7.5, B 7.6, B 7.17). Sie ist ein archaisches Rudiment der Kannenart des östlichen Mittelmeerraumes und war bis zum Hellenismus beliebt. Doch auch die anderen Bronzegefäße der Etrusker blieben außerordentlich originell in ihrer Feinheit, Einfachheit, ihrem strengen Kontur und im Reichtum an Dekor.

Besonderes Interesse gilt den Gefäßen (Amphoren, Oinochoen, Schnabelkannen) mit anthropomorphen Griffen, die wahrscheinlich aus dem Orient und aus Ostgriechenland nach Etrurien gelangten und die hier im späten 6. Jh. v. u. Z. und in der 1. Hälfte des 5. Jh. v. u. Z. verbreitet waren. Die Griffe haben etwa die Gestalt eines Jünglings, der zwei Löwen an ihren Schwänzen hält oder seine Füße auf eine Sphinx stellt (Kat.-Nr. B 7.2, B 7.3). Dieser etruskische »Herrscher der Tiere«, der in der griechischen »Potnia Theron« seinen Gegenpart hat, verkörperte möglicherweise im anthropomorphen Sinne den Lebensbaum und eine in sich geschlossene Welt. Dazu gehören die reichen vegetativen und pflanzlichen Symbole im Dekor der Gefäße, die Knospen, Lotosblüten, Palmetten, die Löwen-, Schlangen- und Stierfiguren.

Von zahlreichen Gefäßen blieben nur die Henkel verschiedenster Formen erhalten. Oftmals sind es hervorragende künstlerische Arbeiten (Kat.-Nr. B 7.7, B 7.9). Viele enden in Palmettenattaschen und oft in der spezifisch etruskischen Ankerform (Kat.-Nr. B 7.11) sowie in seitlichen Schlangenköpfen (Kat.-Nr. B 7.13). Zentrum der Herstellung dieser Gefäße, zu denen die Henkel gehörten, war Vulci.

Sepulkrale Vorstellungen liegen der Darstellung des Endymion zugrunde (Kat.-Nr. D 2.4). Der Henkel ist Bestandteil eines Gefäßes, dessen Typ bisher noch nicht genau bestimmt werden konnte. In der Form ähnlich sind horizontale Henkel auf den Deckeln von Cisten, kleiner zylindrischer Gefäße, in denen Toilettengeräteschaften aufbewahrt wurden. Die Griffe sind manchmal in Gestalt von »Brücke schlagenden« Jünglingen oder Mädchen geformt (Kat.-Nr. D 2.21, D 2.22).

Details der Bronzegefäße erlauben gewisse Rückschlüsse auf eine mythologische Sicht der Dinge. Das bärtige Mischwesen Typhon auf den beiden Halterungen für Gefäßhenkel (Kat.-Nr. B 7.32 und B 7.33) mit seinen in Schlangenköpfen endenden Beinen ist ebenso mit der Elementargewalt des Wassers verbunden wie die Darstellung des Pateragriffes (Kat.-Nr. B 7.34), bei dem die schlangenartigen, gewundenen Beine in Flossen enden. Es wird sowohl auf die Unterwelt als auch auf den Meeresbereich hingewiesen. Überhaupt kann seit dem 4. Jh. v. u. Z. eine deutliche Zunahme maritimer Motive in den Gefäßdetails festgestellt werden.

Einige Bronzegefäße, die sich in den Nekropolen Etruriens befanden, haben wahrscheinlich völlig ihre Alltagsfunktion verloren und hatten nur noch symbolische Bedeutung, so die Kopfgefäße (Kat.-Nr. D 2.5, D 2.6, D 2.7, D 2.8, D 2.9), die meist die Göttin Turan (Aphrodite) darstellten und die, wenn man sie den Verstorbenen mit ins Grab legte, häufig keinen Boden besaßen, wohl um sie dem Alltagsgebrauch zu entziehen. Ursprünglich dienten sie wahrscheinlich zum Aufbewahren von Duftstoffen. Diese kleinen Gefäße sind hervorragende, fein gearbeitete Bronzeerzeugnisse hellenistischer Zeit. Ein Exemplar ist doppelköpfig gebildet, es zeigt den Kopf eines Silens und den einer Mänade, den Begleitern von Fufluns (Dionysos) (Kat.-Nr. D 2.6).

Geräte

In den Nekropolen Etruriens wurden zahlreiche Alltagsgegenstände gefunden, die einerseits mit der Vorstellung von Festtafeln im Totenbereich verbunden waren, für die komfortable Dinge benötigt wurden, und die anderer-seits symbolischen Sinn bezüglich der Vorstellung von der Wiedergeburt des Toten hatten. Neben den bereits erwähnten Bronzegefäßen, die wie Kannen und andere Gerätschaften auch bei Festen Verwendung fanden, gehörten zum Bereich der Symposien auch Schöpfkellen (Kat.-Nr. B 7.38), die mit Reliefs und anderem Dekor reich verziert wurden. Das gleiche gilt für Siebe, durch die Wein geseiht wurde. Diese Siebe (infindibula) weisen zum Teil zwei Ringe auf (Kat.-Nr. B 7.36), um sie auf Gefäße mit verschiedenem Durchmesser setzen zu können. Auch mit Trichtern konnten sie kombiniert werden, wenn der Wein zugleich durchgesiht und aus einem größeren in ein kleineres Gefäß gegossen werden sollte. Über die Verwendung dieser Geräte bei Symposien geben Darstellungen auf Wandmalereien in der Tomba dei Vasi dipinti von Tarquinia (500 v. u. Z.) eine Vorstellung. Es handelt sich um die Darstellung eines Mundschenken, der mit zwei Kellen die Gäste an der Festtafel bewirtet.

Eine ganze Reihe von Bronzegegenständen war mit dem Haus und der Feuerstelle verbunden. Von einem etruskischen Kohlenbecken ist leider nur noch eine Löwenfigur erhalten (Kat.-Nr. B 7.47). Sie gehörte wahrscheinlich zu einem auf Rädern stehenden Boden, an dessen Kanten sich vermutlich drei weitere Löwenfiguren befanden. Form und Aussehen dieses Kohlenbeckens kann nach einem aus Orvieto stammenden Exemplar der ehemaligen Sammlung von Dr. J. Hirsch, New York, rekonstruiert werden. Hergestellt wurden solche Kohlenbecken im 6.–5. Jh. v. u. Z. in den Gebieten Val di Chiana, Chiusi, Bisenzio sowie in Perugia und Vulci.

In großen Mengen wurden in etruskischen Grabstätten Schürhaken gefunden (Kat.-Nr. B 7.48, B 7.49, B 7.50), mit denen man brennende Holzscheite bewegte. Sie waren besonders im 5.–3. Jh. v. u. Z. verbreitet. Mitunter besaßen die bronzenen Schürhaken die Form einer Hand, und die Griffe bestanden aus anderem Material, aus Holz oder Bein.

Die »Harpago« genannten Geräte waren im 5.–4. Jh. v. u. Z. verbreitet. Sie hatten die Form einer Metallstange, in deren unteren hohlen Teil ein Griff aus anderem Material eingesetzt werden konnte. Der obere Teil bestand aus einer Gabel mit gekrümmten Zinken (Kat.-Nr. B 7.55, B 7.56, B 7.57). Dieses Gerät diente aller Wahrscheinlichkeit nach als Fackelhalter. Kaum anzunehmen ist, daß es dem griechischen Pempobolon ähnlich war, mit dem Homers Helden während der Opferhandlung Fleisch aus dem Feuer holten.

Ebenfalls in Gräbern fand man Reste von Kampfwagen, mit denen die Toten in die Nekropole gefahren und in früheren Zeiten auch bestattet wurden. Sie bezeugen die konservative Beibehaltung eines urtümlichen Kriegsgerätes als Statussymbol. Von einem dieser Paradewa-

gen ist ein seltenes Stück von hervorragender Ausführung erhalten: ein gegossenes Relief mit der Darstellung des Sonnengottes Usil, das mit reicher Gravur verziert ist (Kat.-Nr. B 7.42). Der Sonnengott ist im Fluge, streng frontal mit ausgebreiteten Armen, Fingerblitzen und Strahlennimbus und bis zur Körpermitte wie aus dem Meer aufsteigend, wiedergegeben. Eng mit kultischen Funktionen verbunden waren auch Dreifüße und Kandelaber, die vor allem in den Werkstätten von Vulci entstanden. Besonders die Lampenständer und Dreifüße gehören zu den herausragenden Leistungen etruskischer Bronzekunst. Sie finden sich seit der archaischen Zeit in Gräbern und im etruskischen Haus.

Waffen

Waffen sind in Gräbern des 8.–1. Jh. v. u. Z. häufig gefunden worden, doch veränderten sich ihre Form und Bedeutung im Sepulkralkult mit der Entwicklung des Militärwesens und der Kriegstaktik, insbesondere seit der Übernahme der griechischen Kampfweise. Unter den Angriffswaffen (Speere, Pfeile, Schwerter, Dolche) und den Verteidigungswaffen (Schilde, Helme, Harnische, Beinschienen) hatte der Helm für die Etrusker eine besondere Bedeutung. In der Villanova-Epoche wurden die Urnen mit dem Leichenbrand an Stelle von Deckeln mit Helmen verschlossen. Der Helm konnte aber auch ein eigenständiges Teil bei der Bestattung sein. Es kam vor, daß ein Gefäß die Form eines Helmes hatte und anstatt eines Kraters oder Dinos auf einem Dreifuß stand. Der Dreifuß wiederum wurde von den Etruskern gewöhnlich als Räucherbeckenuntersatz benutzt. In der Villanova-Epoche besaßen etruskische Helme die Form halbrunder Mützen mit konischem Abschluß und breitem querlaufendem Kamm mit Ziselierung. Seit dem 7. Jh. v. u. Z. aber traten unter griechischem Einfluß und infolge der Veränderung der Kriegstaktik (Einführung der Phalanx, der Hopliten und der Kavallerie) korinthische Helme auf, die das gesamte Gesicht außer Augen und Nase bedeckten, und außerdem ionische und chalkidische Helme mit Federbüschen (Kat.-Nr. B 7.60). Seit der 2. Hälfte des 6. Jh. v. u. Z. wurden sie von Helmen des Negauer Typs mit konischer Form und beweglichen Wangenklappen (besonders verbreitet in Vetulonia) verdrängt (Kat.-Nr. B 7.62, B 7.63). Später wurden sie unter dem Einfluß keltischer Helmformen (Kat.-Nr. B 7.64), die seit der Mitte des 4. Jh. v. u. Z. in ganz Italien, vor allem in den von den Kelten besetzten Gebieten, verbreitet waren, verdrängt. Seit dem 3.–2. Jh. v. u. Z. hatte sich dieser Typ über ganz Europa ausgedehnt. Dieser Helmtyp war in verschiedenen Modifikationen Grundlage für die römischen Helme. Die Reliefappliken an den Helmen (Kat.-Nr. B 7.67, B 7.68, B 7.69) sind oftmals hervorragende künstlerische Arbeiten und häufig mit mythologischen Gestalten und Symbolen versehen. Die Tomba dei Relievi in Cerveteri aus

dem Anfang des 3. Jh. v. u. Z. zeigt in Tuff gehauene Reliefs mit einer Vielzahl von Waffen und Helmen, die über die gemachten Funde hinaus eine Vorstellung von der Bewaffnung der Etrusker geben.

Lit.: S. Haynes, Etruscan Bronze Utensils, 1965; A. M. Adam, Bronzes étrusques et italiques, 1984, (Geräte, Gefäße, Waffen, Trachtzubehör) mit ausführlicher Lit.; S. Haynes, Etruscan Bronzes, 1985. L. A.

B 7.1
Oinochoe
3. Viertel 6. Jh. v. u. Z.
Bronze. Vase und Fuß getrieben, Henkel gegossen und mittels einer Niete an beiden Attaschenarmen angebracht. Fuß zugehörig, aber modern angelötet. Tiefgrüne-rostbraune Patina, an einigen Stellen der Oberfläche korrodiert, einige Fehlstellen am Körper ergänzt
H. 24,65 cm
Herkunft unbekannt, der früher angegebene Fundort Mitrovica (Jugoslawien) hat sich als falsch erwiesen. Um 1875 in der Sammlung von György Rath (Budapest); 1904 Besitz von A. de Pass (Wien)
Budapest, SzM, Antikensammlung
Inv.: 66.142.A

Konischer Fuß mit konkavem Profil, abgesetzter Hals. Mündungsrand seitlich überstehend. An der oberen Henkelspitze plastisch gebildete Löwenprotome mit geöffnetem Maul; die mit gepunzten Kreisen und Vierecken verzierten Attaschenarme enden in Affenköpfen; die Henkelattasche besteht aus einer plastischen Palmette mit Voluten, deren Äste oben in abgerundeten Stümpfen enden. Am Löwenkopf sind die Falten der Schnauze eingraviert, die Kragenmähne durch eine Kette gravierter Dreiecke angegeben; der Kranz der Stirnhaare und die Nackenmähne ist ebenfalls eingraviert. Der Henkel ist in der Mitte durch die schwanzartige Fortsetzung der Mähne zweigeteilt. Die griechischen Vorbilder des Vasentypus und der Henkelverzierung sind wohlbekannt. In Etrurien werden sie auch in Bucchero nachgeahmt. Der griechische Grundtypus hat sich wahrscheinlich im Peloponnes entwickelt und wurde von den griechischen Siedlungen Süditaliens, vor allem Kampaniens, nach Etrurien vermittelt.

Lit.: L. Henszlmann, Magyarország Régészeti Emlékei, Bd. 2, T. 2, 1975–1976, S. 56; Burlington Fine Arts Club, Exhibition of Ancient Greek Art, London 1904, S. 64 Nr. D. 109 Taf. 71; J. G. Szilágyi, in: ActaAntHung 16, 1968, S. 117 bis 131 Abb. 1–5 (zur Herkunftsfrage); Th. Weber, Bronzekannen, 1983, S. 24, 70, 228 (Variante a) der etruskischen Nachahmung seines Typus I A. – Zur Henkelverzierung grundlegend D. K. Hill, in: AntK 10, 1967, S. 39–47. Zur Form, Typologie, Fragen des Ursprungs und der Datierung zusammenfassend Weber, a. O. S. 5 bis 89, S. 209–240; P. G. Calligas, in: AAA 13, 1980[1983], S. 235–245. J. G. Sz.

B 7.2
Kannenhenkel
Ende 6. Jh. v. u. Z.
Bronze, Vollguß. Sinterverkrustungen auf der gesamten Oberfläche
H. 16,5 cm
Alter Besitz ohne Herkunfts- und Fundortangabe
Berlin, SMB, Antikensammlung Inv.: Fr. 1440

Der Henkel gehörte zu einer Kanne mit kleeblattförmiger Mündung. Er besteht aus einer nackten Jünglingsfigur, die auf den Zehenspitzen steht und den Körper stark nach hinten biegt, wodurch der Henkel seine Krümmung erhält, die für die Handhabung erforderlich ist. Der Jüngling hat beide Arme angewinkelt und erhoben. Er hält die aus dünnem Bronzedraht gebildeten Schwänze von zwei liegenden Löwen, die sich auf dem Teil des Henkels befinden, der an der Gefäßmündung auflag. Henkel dieser Art oder noch reicher gestaltet kommen häufig vor.

Lit.: Friederichs, S. 300 Nr. 1440; Th. Weber, Bronzekannen, 1983, S. 287 (mit Lit.). I. K.

B 7.3
Gefäßhenkel
1. Viertel 5. Jh. v. u. Z.
Bronze
H. 19,2 cm
Fundort unbekannt; 1862 aus Sammlung Campana erworben
Leningrad, GE, Antikensammlung
Inv.: V 591a

Henkel eines Kruges in Form eines gekrümmten nackten Jünglings. Seine Schultern ruhen auf einer Platte, die wie die Gefäßform gebogen ist. Auf dem Rand der Platte liegen Löwen mit Vögeln auf den Vorderpfoten. Der Jüngling hält mit hoch erhobenen Armen die Schwänze der Löwen. Mit geschlossenen gestreckten Beinen stützt er sich auf die halbkugelförmige geriffelte Basis. An ihren Seiten befindet sich ein durchbrochenes Relief mit der Darstellung zweier Sphingen im heraldischen Schema, die auf einer siebenblättrigen Palmette sitzen. Der Kopf des Jünglings ist zurückgeworfen, das längliche Oval des Gesichts vom Haar eingerahmt. Über der Stirn sind Locken durch zwei Reihen von Einkerbungen dargestellt. Auch auf die Schulter und die Brust fallen zu beiden Seiten wellige Locken. Ausgeprägte Gesichtszüge im archaischen Typ.

Lit.: Stefani, Bronzy i terrakoty, Nr. 362; Kul'tura i iskusstvo Etrurii, Nr. 97; Z. A. Bilimovič, in: SGE, XLIV, 1979, S. 44–46. Z. B.

B 7.4
Henkelattasche
Frühes 5. Jh. v. u. Z.
Bronze gegossen. Korrodierte und reduzierte Oberfläche, besonders am rechten Flügel; halbrunde Verzierung unterhalb der Flügel und Henkel verloren (wurde glatt abgetrennt)
H. 7,6 cm

1831 aus Sammlung Dorow-Magnus erworben
Berlin, SMB, Antikensammlung Inv.: Fr. 2172a

Attasche in Form einer Sirene mit vier Flügeln in gestaffelter Angabe der Federn. Arme ausgebreitet und auswärts gerichtet. Frontal ausgerichteter Kopf mit geradem Stirnsaum und gebauschtem, fein gesträhntem Haar. Krallen in der Mitte des unteren Flügelpaares in Draufsicht angegeben. Darüber Rest des Niets, mit dem die Attasche am Gefäßkörper einer Kanne befestigt war.

Lit.: Friederichs, S. 475 Nr. 2172a; zum Typ vgl. E. Pernice, in: ÖJH, 1904, Abb. 78 mit erhaltenem Henkel; K. A. Neugebauer, in: AA 1924, S. 322, Anm. 1; das Motiv der vierflügeligen Sirene als Cistenfuß in: Aus Gräbern und Heiligtümern. Die Antikensammlung Walter Kropatscheck, Katalog Hamburg 1980, Nr. 141.　　I. K.

B 7.5 (Abbildung)
Schnabelkanne
Anfang 5. Jh. v. u. Z.
Bronze, getrieben, gegossen. Stark reduzierte Oberfläche und restaurierte Brüche
H. 26,3 cm
Aus Sammlung Bellori, 1700 für Berliner Kunstkammer erworben
Berlin, SMB, Antikensammlung Inv.: Fr. 597

Nach der Form der schnabelartigen Mündung werden diese Gefäße als Schnabelkannen bezeichnet. Die oberen Teile des Henkels, die halbrund die Mündung umgeben, enden in Widderköpfen. Im unteren Teil läuft der durch Längsrillen verzierte Henkel in einem menschlichen Kopf aus, an den eine elfblättrige Palmette ansetzt, aus der beidseitig Schlangenköpfe erwachsen.

Lit.: L. Beger, Thesaurus Brandenburgicus, Bd. III, 1701, Taf. 302; Friederichs, S. 145 f. Nr. 597; P. Jacobsthal–A. Langsdorff, Die Bronzeschnabelkannen, 1929, S. 91 Nr. 66 Taf. 7; G. Heres, Museum Bellorianum, Studio-Ausstellung Berlin, 1973–1974, Nr. 23; vgl. auch Aus Gräbern und Heiligtümern. Die Antikensammlung Walter Kropatscheck, Katalog Hamburg 1980, S. 246 f. mit weiterer Lit.　　I. K.

B 7.6
Schnabelkanne
1. Viertel 5. Jh. v. u. Z.
Bronze
H. 22 cm
Fundort unbekannt; 1862 aus Sammlung Campana erworben
Leningrad, GE, Antikensammlung Inv.: V 593

Der leicht eiförmige Gefäßkörper verbreitert sich oben und geht in einen fast geraden flachen Hals über, der mit graviertem Ornament bedeckt ist: doppelte Palmetten abwechselnd mit Lotosknospen. Der gebogene Henkel mit hervorgehobenem Mittelteil, an den Seiten Perlband. Der obere Teil des Henkels teilt sich zu beiden Seiten, liegt, gebogen wie der Gefäßhals, auf dem Rand auf und endet mit stilisierten

B 7.5

Tierdarstellungen. Das untere Ende der Henkelattasche ist in Form einer Palmette mit zwei Doppelspiralreihen gebildet.

Lit.: Stefani, Bronzy i terrakoty, Nr. 38; Kul'tura i iskusstvo Etrurii, Nr. 86; AChB, Nr. 174.　　Z. B.

B 7.7
Kannenhenkel
2. Hälfte 6. Jh. v. u. Z.
Bronze, gegossen; sorgfältige Kaltarbeit.
Reduziert, ansonsten intakt
H. 13,8 cm

Von E. Gerhard angekauft
Berlin, SMB, Antikensammlung
Inv.: Fr. 1408

Am unteren Ende des Henkels viereckige Attasche mit beidseitig von zwei langen Haarsträhnen gerahmtem Frauenkopf, von denen je eine Schlange ausgeht. Im oberen Teil Tierköpfe (Affen?), zwischen diesen ein menschlicher Kopf. An beiden Köpfen Angabe der Pupillen.

Lit.: Friederichs, S. 296 Nr. 1408; Furtwängler, Kleine Schriften I, 1912, S. 394 Anm. 7; zum Typ vgl. D. v. Bothmer, in: BMetrMus. 1960–1961, S. 148 f. C.　　I. K.

B 7.15/B 7.16

B 7.8
Kannenhenkel
Ende 6. Jh. v. u. Z.–Anfang 5. Jh. v. u. Z.
Bronze, gegossen. Intakt, Reste der
Gefäßmündung mit Nietung im oberen Teil
erhalten, ebenso Sandkern im Inneren
des Henkels
H. 14,3 cm
1828 aus Sammlung Koller erworben
Berlin, SMB, Antikensammlung Inv.: Fr. 1404
Reich dekorierter, gedrungener Kannenhenkel mit Attasche in Form einer zehnblättrigen Palmette. Im oberen Teil Löwenkopf zwischen Affenköpfen.
Lit.: Friederichs, S. 296 Nr. 1404; D. Kent Hill, in: AntK 10, 1967, S. 43 Nr. 5 Taf. 11.5; Th. Weber, Bronzekannen, 1983, S. 220 f. (mit Lit.); vgl. A. M. Adam, Bronzes étrusques et italiques, 1984, S. 7 f. Nr. 9. I. K.

B 7.9 und B 7.10
Zwei Kannenhenkel
5. Jh. v. u. Z.
Bronze, gegossen; kleine Bestoßungen der Oberfläche, ansonsten stabile Patina, von zwei Palmettenblättern fehlen Spitzen, Mittelblatt gebrochen und restauriert bei Fr. 1402, bei Fr. 1401 minimale Beschädigungen an drei Blättern
H. 20,7 cm

1843 ohne Herkunfts- und Fundortangabe gekauft
Berlin, SMB, Antikensammlung
Inv.: Fr. 1401 und 1402
Zwei identische Kannenhenkel mit Attaschen in Form elfblättriger Palmetten am unteren Ende. Aus den Voluten, die sich zwischen dem Bügel und den Palmetten befinden, entwickeln sich je zwei Schlangen, deren Oberseiten aus dem sich teilenden Henkel bestehen. Die Unterseite des Bügels ist glatt, die Oberseite zeigt einen Rillendekor, der aus einem doppelten Grat mit Hohlkehle besteht. Der obere Teil des Henkels mit den beiden waagerechten Seitenarmen, die der Mündung des Gefäßes auflagen, ist mit knospenartigen Enden verziert.
Lit.: Friederichs, S. 296 Nr. 1401 und 1402; P. Jacobsthal–A. Langsdorff, Die Bronzeschnabelkannen, 1929, Nr. 69, 70, S. 91; zum Rillendekor des Henkels vgl. Aus Gräbern und Heiligtümern. Die Antikensammlung Walter Kropatschek, Katalog Hamburg 1980, S. 246 f. Nr. 140. I. K.

B 7.11
Kannenhenkel
5. Jh. v. u. Z.
Bronze, gegossen; korrodierte Oberfläche an Henkelkrümmung, stellenweise fleckige Patina, beide Enden am oberen Teil verloren
H. 15,6 cm

Ohne Herkunfts- und Fundortangabe
Berlin, SMB, Antikensammlung
Inv.: Fr. 1407
Kannenhenkel mit Attasche in Form einer neunblättrigen Palmette, über der sich beidseitig sichelartige Enden erheben. Ringartige Verzierungen am Mittelblatt der Palmette, an den Sichelenden und an dem verdickten Verbindungsglied, das zum Henkel überleitet.
Lit.: Friederichs, S. 296 Nr. 1407; P. Jacobsthal–A. Langsdorff, Die Bronzeschnabelkannen, 1929, Nr. 54, S. 91; B. Bouloumié, Les oenochoes en bronze du type »Schnabelkanne« en Italie, 1973, S. 195. I. K.

B 7.12
Henkel einer Oinochoe
5. Jh. v. u. Z.
Bronze
H. 22,5 cm
Fundort unbekannt; 1928 aus Sammlung M. P. Botkin erworben
Leningrad, GE, Antikensammlung
Inv.: V 1969
Gebogener Henkel, der am oberen Ende in einer Ziegenbock-Protome endet; an den Seiten zu den Gefäßrändern hin gebogene Platten, deren Enden in Form stilisierter Löwen gebildet sind. Am unteren Ende des Henkels befinden sich ein Frauenkopf, seitliche Voluten und Flügel, unten eine dreizehnblättrige Palmette. Der Henkelschaft ist mit drei reliefierten Längsreihen verziert.
Lit.: Kul'tura i iskusstvo Etrurii, Nr. 100; AChB, Nr. 187. Z. B.

B 7.13
Kannenhenkel
5. Jh. v. u. Z.
Bronze; Oberfläche korrodiert, teilweise löchrig
H. 12,3 cm
1828 aus Sammlung Koller erworben
Berlin, SMB, Antikensammlung
Inv.: Fr. 1405
Gedrungener Kannenhenkel mit Attasche in Form einer neunblättrigen Palmette am unteren Ende. Schlangenköpfe summarisch gearbeitet, im oberen Teil Löwenkopf mit fein ziseliertem Fell, das über den Henkelansatz greift, zwischen zwei annähernd vollständig ausgeführten liegenden kleineren Löwen, deren Schweife das Fell des mittleren umgreifen.
Lit.: Friederichs, S. 296 Nr. 1405; Th. Weber, Bronzekannen, 1983, S. 257. I. K.

B 7.14
Henkel eines Kruges
1. Hälfte 5. Jh. v. u. Z.
Bronze
H. 22 cm
Fundort unbekannt; 1931 aus der Staatlichen Akademie der Geschichte der materiellen Kultur
Leningrad, GE, Antikensammlung Inv.: V 2278

Hochgewölbter vertikaler Henkel eines Kruges. Der obere halbrunde Teil des Henkels endet in stilisierten Stierfiguren. Am Rand und am
Mittelteil des Henkelschaftes befindet sich ein
Ornament aus Perlreihen und oben, anstelle einer Krümmung, ein reliefartiger blattförmiger
Vorsprung. Der Henkel endet unten mit einem
durchbrochenen Relief mit zwei Pegasos-Dar-
stellungen, die auf einer Palmette nach heraldi-
schem Schema sitzen. Ihre Körper und Flügel
haben Gravur-Ornamente. An der Basis der
Palmette zwei Ringe, an deren Außenseiten
zwei Knospen.
Lit.: Kul'tura i iskusstvo Etrurii, Nr. 98; AChB,
Nr. 186. Z. B.

B 7.15 und B 7.16 (Abbildung)
Henkelpaar einer Amphora
Mitte 5. Jh. v. u. Z.
Bronze
H. 35 cm; 33,5 cm
Fundort unbekannt; 1862 aus Sammlung
Campana erworben
Leningrad, GE, Antikensammlung
Inv.: V 582, 583
Henkel einer Amphora, oval im Schnitt, gebo-
gen und mit drei Perlstabornamenten ge-
schmückt. Im oberen Teil endet der Henkel in
den Vorderleibern zweier galoppierender Pfer-
de, im unteren Teil in einer elfblättrigen Palmet-
te, über der sich zwei Triton-Figuren im heraldi-
schen Schema befinden.
Lit.: Stefani, Bronzy i terrakoty, Nr. 174; Kul'-
tura i iskusstvo Etrurii, Nr. 99; AChB, Nr. 188.
Z. B.

B 7.17 (Abbildung)
Schnabelkanne
5. Jh. v. u. Z.
Bronze
H. 23,5 cm
Fundort unbekannt; 1930 aus dem Museum
der Gesellschaft zur Förderung der
Künste erworben
Leningrad, GE, Antikensammlung
Inv. V 2206
Einhenkelige Kanne mit zylindrischem, leicht
konkavem Rumpf. Der sich gleichmäßig verjün-
gende Hals schließt mit einer dreiblättrigen
Mündung ab. Der gebogene Henkel mit drei
Perlreihen endet im oberen Teil mit dem Kopf ei-
nes Schafbocks, im unteren Teil mit einem Gor-
goneion.
Lit.: Kul'tura i iskusstvo Etrurii, Nr. 90; AChB,
Nr. 176; vgl. Kat.-Nr. B 7.18. Z. B.

B 7.18
Schnabelkanne
5.–4. Jh. v. u. Z.
Bronze; separater Henkel (jetzt verloren)
angelötet; Eindellung, Risse und kleine
Fehlstellen
H. 19,3 cm, D. (Schulter) 9,4 cm
bzw. 11,8 cm
1831 aus Sammlung Dorow-Magnus mit
Fundortangabe Corneto erworben

B 7.17

Berlin, SMB, Antikensammlung
Inv.: Fr. 603
Gefäße dieser Gattung werden als »Kanne
mit Bauchknick« bezeichnet. Bauch und Schulter sind in scharfem Knick aneinandergesetzt.
Aus dem Hals entwickelt sich ein schnabelför-
miger Ausguß, an dem der separat gearbeitete

Henkel ansetzte. Zu den Henkeln dieses Oino-
choentyps vgl. Kat.-Nr. B 7.19, 20, 21.
Lit.: U. Liepmann, in: FuB 8, 1967, S. 29 ff.
Taf. 15.2, 3; mit weiterer Lit. I. K.

B 7.19

B 7.19 (Abbildung)
Attasche eines Kannenhenkels
2. Viertel 5. Jh. v. u. Z.
Bronze, gegossen; Reduzierung der
Oberfläche durch Oxydbildung; der glatte
Bruchverlauf zum Henkelansatz spricht
dafür, daß die Attasche vom Henkel
abgeschnitten worden ist
H. 5,5 cm, Br. 3,3 cm
1869 aus Sammlung E. Gerhard mit Fundortangabe Bomarzo erworben
Berlin, SMB, Antikensammlung Inv.: Fr. 1439b
    Das Bildfeld der nach oben abgerundeten At-
tasche wird ganz von einer eilig sich nach rechts
bewegenden, mit faltenreichen Gewändern be-
kleideten, barfüßigen und geflügelten weiblichen Figur eingenommen. Die mit erhobenen
Armen gehaltenen Gegenstände, ein Alabastron und ein nadelartiges Gerät (Discerni-
culum) erlauben eine Deutung der Figur als Lasa,
eine etruskische Gottheit, die männlich oder
weiblich sein kann (vgl. Kat.-Nr. F 19, D 6.18).
    Lit.: U. Liepmann, in: FuB 8, 1967, S. 31 f.
S. 36 Taf. 14 rechts (Rückseite), Taf. 15.1. I. K.

B 7.20
Kannenhenkel
1. Hälfte 5. Jh. v. u. Z.
Bronze, gegossen; Reduzierung der
Oberfläche durch fressende Patina,
dadurch Verzierung im oberen Henkelteil
stark verunklärt
H. (gesamt) 17 cm, H. 4,2 cm,
Br. (Attasche) 2,8 cm
1869 aus Nachlaß E. Gerhard erworben
Berlin, SMB, Antikensammlung Inv.: Fr. 1439
    Der massive geschwungene Henkel endet im
oberen Teil in einem Widderkopf, zeigt auf dem
Mittelteil einen Perlschnurdekor und hat als unte-
ren Abschluß eine längliche Attasche mit bild-

licher Darstellung. Die Verbindungsstelle zwischen Henkel und Attasche vermittelt ein halbrunder Buckel zwischen zwei kleinen Voluten.
Bei anderen, sorgfältiger ausgeführten Henkeln
befindet sich an dieser Stelle eine Palmette.
Das von einem schmalen erhabenen Rand umfaßte unprägnante Relief trägt die Darstellung
eines auf einer Schildkröte knienden und sie füt-
ternden bärtigen Alten im Himation mit herabhängenden Mantelzipfeln. Als Deutung dieses

Motivs, das auch auf etruskischen Skarabäen
vorkommt, wurde Odysseus, der auf einer
Schildkröte reitet und sie füttert, in Vorschlag
gebracht. Der Henkel gehört zur Gattung
der »Kannen mit Bauchknick« (siehe Kat.-
Nr. B 7.18).
    Lit.: U. Liepmann, in: FuB 8, 1967, S. 29, 34 f.
Taf. 13.1, 2, mit Lit.; zum Motiv der Attasche vgl.
P. Zazoff, Die antiken Gemmen, 1983, S. 259
Anm. 275 Taf. 66.15.   I. K.

B 7.22

B 7.21

Kannenhenkel

1. Hälfte 4. Jh. v. u. Z.

Bronze, gegossen; Abrieb durch Benutzung im oberen Teil; verriebene und reduzierte Oberfläche

H. (gesamt) 19,5 cm, H. 4,9 cm,

Br. (Attasche) 3,6 cm

1831 aus Sammlung Dorow-Magnus mit Fundortangabe Corneto erworben

Berlin, SMB, Antikensammlung

Inv.: Fr. 1437

Zur Henkelgattung vgl. Kat.-Nr. B 7.20. Auf der rechteckigen Attasche ist ein unbekleideter Satyr dargestellt, dessen Gewand in der oberen linken Ecke sichtbar ist und der aus einer Brunnenmündung in Form eines Löwenkopfes Wasser in eine Spitzamphora laufen läßt, die er mit beiden Händen hält.

Lit.: U. Liepmann, in: FuB 8, 1967, S. 30 Taf. 13.1 Taf. 14.1.   I. K.

B 7.22 (Abbildung)

Olpe

Vulci, 1. Hälfte 5. Jh. v. u. Z.

Bronze

H. 18,3 cm,

D. (des Halses) 6,9 cm

Fundort unbekannt; 1852 aus Sammlung Lavall erworben

Leningrad, GE, Antikensammlung

Inv.: V 481

Olpe mit flachem Boden, langgestrecktem und sich nach oben verjüngendem Bauch, der allmählich in einen schmalen Hals übergeht und in einem nach außen gebogenen Rand endet. Über dem Rand erhebt sich ein gebogener Henkel mit der Figur eines liegenden Löwen am unteren Ende, die Schnauze nach unten gerichtet. Zur großen Gruppe der Gefäße gehörig, die wahrscheinlich in Vulci hergestellt wurden.

Lit.: Stefani, Bronzy i terrakoty, Nr. 42; Kul'tura i iskusstvo Etrurii, Nr. 88; AChB, Nr. 177; Boriskovskaja, Bronzy, S. 77 Abb. 9.   S. B.

B 7.23

Oinochoe mit Löwenhenkel

1. Hälfte 5. Jh. v. u. Z.

Bronze

H. (mit Henkel) 16,9 cm,

(ohne Henkel) 12,6 cm

Herkunft unbekannt

Jena, FSU, Sammlung antiker Kleinkunst

Inv.: Br. 41

Von einer glatten Standfläche steigt der Körper des Gefäßes leicht ausladend auf und verengt sich nur wenig zum Hals, der in einen wulstigen Mündungsrand übergeht. Der über den Rand hochgezogene, geschwungene Rundhenkel läuft in einen stilisierten Löwenkörper aus, der der unteren Gefäßwand angebogen ist. Dieser Henkel ist das einzige Schmuckelement der schlichten, einst rotgold schimmernden Kanne, von deren Typus über dreißig Exemplare bekannt sind.

B 7.24

Lit.: V. Paul-Zinserling, Sammlung antiker Kleinkunst, 1981, S. 37 Abb. 20; Zusammenstellung des Materials: W. L. Brown, The Etruscan Lion, 1960, S. 130 ff.; M. Comstock, C. Vermeule, Greek, Etruscan and Roman Bronzes in the Museum of Fine Arts Boston, 1971, Nr. 516; Parallelen: Beazley – Magi, 2 Taf. 57.38, 58.39, 40; besonders das Exemplar Leningrad: unsere Kat.-Nr. B 7.22; Aus Gräbern und Heiligtümern. Die Antikensammlung W. Kropatschek, Katalog Hamburg 1980, S. 245 Nr. 139.   V. P.-Z.

B 7.24 (Abbildung)

Henkel und Hals

Fragmente eines restaurierten Stamnos

2. Hälfte 5. Jh. v. u. Z.

Bronze, Gefäßkörper im 19. Jh. ergänzt

H. 38,5 cm, D. (der Öffnung) 22 cm

Fundort unbekannt; 1862 aus Sammlung Campana erworben

Leningrad, GE, Antikensammlung

Inv.: V 591

Stamnos mit riefenverzierten Henkeln, die blattförmige Ansätze zur Befestigung haben. Auf ihnen befindet sich eine flache Reliefdarstellung mit der Maske des Acheloos. Auf dem umgebogenen Gefäßrand, der mit einem Eier-

stab verziert ist, steht eine oskische Inschrift in etruskischen Buchstaben: »Vinicus Vinilius Peracus gab (dieses Gefäß) Vinicius«. Die Inschrift zählt zu den frühesten bekannten oskischen Inschriften.

Lit.: A. I. Kharsekin, Etruscan and oscan inscriptions in Hermitage Museum of Leningrad, in: StEtr 26, 1958, S. 267, 268 Abb. 1–2; Kul'tura i iskusstvo Etrurii, Nr. 92.   Z. B.

B 7.25

Stamnoshenkel

Vulci, 5. Jh. v. u. Z.

Bronze, gegossen, getrieben, genietet, Kaltarbeit. Griff intakt, von der rechten Attasche fehlen große Teile, von der linken nur ein kleines Stück vom oberen Rand

H. 15 cm

1831 aus Sammlung Dorow-Magnus mit Fundort Corneto erworben

Berlin, SMB, Antikensammlung

Inv.: Fr. 1389

An dem hohlgegossenen, mit Längsrillen versehenen Henkel sind die beiden Attaschen angenietet worden. Die getriebenen, fein ziselierten und von einem Herzblattmotiv umrahmten

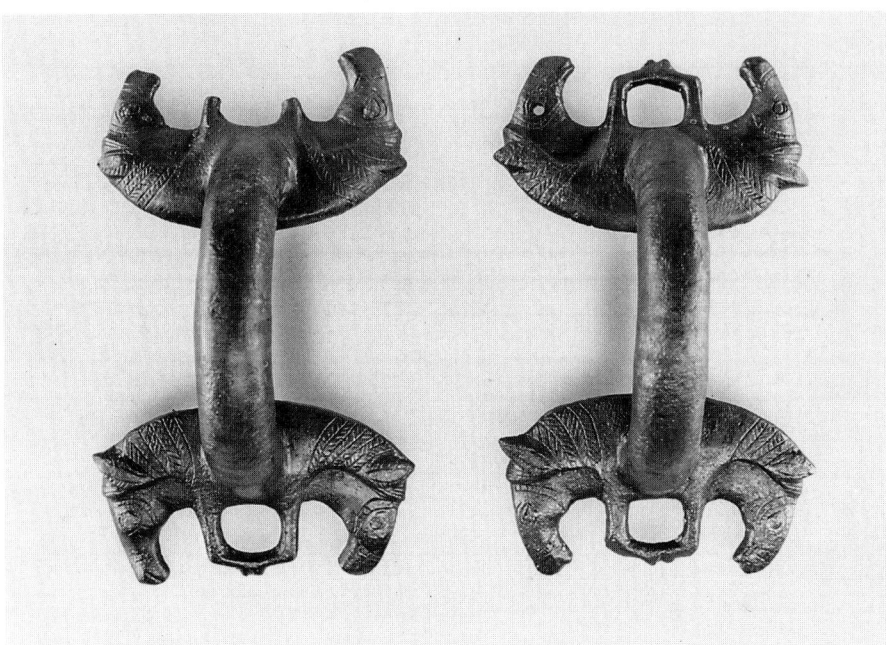

B 7.26/B 7.27

B 7.28

Attaschen haben eine spitz zulaufende Form und sind unterhalb des Henkels mit zwei stilisierten Augen (Augenschalenmotiv) und einem bärtigen Silenskopf dekoriert. Zentrum der Herstellung dieser Gefäße, zu denen derartige Henkel gehörten, war Vulci.

Lit.: Friederichs, S.294 Nr.1389; EVP, S.249 Nr.3; vgl. auch B.B.Shefton, in: Die Aufnahme fremder Kultureinflüsse in Etrurien. Mannheim 1980[1981], S.117ff. M.Maaß, in: AntK 1983, 1, S.10f. Taf.4.4, 5, 5.1, 2.　　　　I.K.

B 7.26 und B 7.27 (Abbildung)
Ein Paar Gefäßhenkel
Picenisch, 6.Jh.v.u.Z.
Bronze, gegossen, Kaltarbeit. Intakt bis auf einen fehlenden Teil des Vierecks zwischen den Pferdeköpfen
H.6 cm, L.12,5 cm
Zur Herkunft: »Beschläge eines etruskischen Metallkessels, gefunden 1875 in einem Grabe bei Foligno. Der aus dünnem Erzblech bestehende Gefäßkörper war zerfallen. Der Kessel war zum Hängen und zum Tragen bestimmt. Der Henkel mit je 4 Pferdeköpfen

(2 mal 2 verbunden). Zwischen den Henkeln die identische Gruppe eines Kriegers zwischen zwei Pferden im strengsten Wappenstil. Oben Stange (?) mit liegenden Löwen.« Inventareintragung von E.Curtius 23.9.1876
Berlin, SMB, Antikensammlung Inv.: M.I.7107

Die beiden Henkel saßen waagerecht am Gefäßkörper und dienten zum Tragen. Sie waren angenietet. Reste der Nieten sind in den Augen der Pferde erhalten geblieben. Die beiden Kriegergruppen befinden sich in Berlin (West).

Lit.: E.Pernice, in: ÖJh 1904, S.162f. Abb.73a,b und 74a,b; Neugebauer, Bronzen, S.68f., mit Lit.; H.Jucker, in: AntK 7,1964, Taf.2.4; M.Maaß, in: AntK, 1983, 1, S.11f. Taf.5.4.　　　　I.K.

B 7.28 und B 7.29 (Abbildung)
Zwei Kesselgriffe mit Hippokampen
Vulci, um 500 v.u.Z.
Bronze. Hellgrüne Patina durch Reduktion entfernt, Oberfläche teilweise angegriffen
H.15,5 cm, Br.19 cm
Aus Viterbo 1877 von Martinetti,
Rom, erworben
Dresden, SKS, Skulpturensammlung
Inv.: ZV 30, 42

Die im Querschnitt abgeflachten Griffe setzen mit Wulstringen an die Fischkörper der Attaschen in Gestalt von Hippokampen an. An ihrer Außenkante verläuft ein Perlstab. Die Fischkörper sind in flachem Relief gegeben und der Wölbung des Gefäßes folgend gebogen; die Pferdeköpfe wenden sich leicht nach vorn und sind ebenso wie die Vorderbeine vollplastisch gearbeitet. Die schleifenförmig gewundenen Fischkörper sind durch eine feine lineare Abstufung längs geteilt. Hinter dem Ansatz der Pferdebeine sitzt jeweils eine Flosse, an den Hufgelenken ein kleiner Flügel. Mähne, Stirnlocke, Augen, Innenzeichnung der Kinnbacken, Flügel und Flossen sind in feinen Linien sorgfältig graviert. Mit den in den Rotellen unter den Hufen erhaltenen Nieten waren die Henkel an der Gefäßwandung befestigt. Obwohl sich Einzelheiten ähnlich bei den Pferdeprotomen am Dreifuß aus Metapont (Neugebauer, Bronzen, S.77, Fr.768 Taf.18) wiederfinden, stehen unsere Kesselgriffe insgesamt den Vulcenter Bronzewerkstätten zugewiesenen Stabdreifüßen mit Pferdeprotomen wie etwa dem in City Art Museum in St.Louis (Neugebauer, in: Jdl, 1943, S.214 Abb.7, 8) stilistisch näher, so daß wir doch wohl die Herkunft aus Vulci anzunehmen haben.

Lit.: Unveröffentlicht.　　　　M.R.

B 7.30 und B 7.31
Zwei Griffe
Frühes 5.Jh.v.u.Z.
Bronze, gegossen. Reduziert, an einem Exemplar neue Ausblühungen, Beschädigungen an allen vier Löwenköpfen und an den Griffen
H.7–7,4 cm, Br.10,8–11,2 cm

1841 von E. Gerhard gekauft
Berlin, SMB, Antikensammlung
Inv.: Fr. 1398 und 1398a

Die eckigen Griffe sind auf der Oberseite mit einem feinen Perlschnurdekor versehen, der an den querliegenden, profilierten Übergangsstellen zu den Attaschen vergrößert ist. Die flachen Attaschen in Form von Löwenköpfen mit hochsitzenden, kleinen Ohren sind beiderseits von herabhängenden Löwenpranken umgeben.

Lit.: Vgl. K. A. Neugebauer, in: RM 38/39, 1923/24, S. 368 Abb. 9; Henkel in Lyon. Zu den Löwenköpfen; Henkel aus Olympia, Inv. Ol. 12425, Berlin, SMB, Antikensammlung. I. K.

B 7.32 und B 7.33 (Abbildung)
Ein Paar Halterungen für Gefäßhenkel
5. Jh. v. u. Z.
Bronze, gegossen und Kaltarbeit. Intakt
H. 6 cm, Br. 6,1 cm
1884 aus Auktion Castellani erworben
Berlin, SMB, Antikensammlung
Inv.: M. I. 7909 und 7910

Die Attaschen waren am Rand stamnosartiger Eimer aufgesetzt und bildeten die Halterung für die beiden Henkel (Doppelhenkel). Die Öffnungen sind dadurch entstanden, daß das dargestellte bärtige Mischwesen Typhon seine in Schlangenköpfen endenden Beine auswärts aufgerichtet hat und mit den Armen ergreift. Am unteren Abschluß ist ein Zungenmuster eingraviert.

Lit.: B. Schröder, in: 74. BWPr, 1914, S. 22 Abb. 20; vgl. fast identische Exemplare aus Aléria, abgeb. bei J. et L. Jehasse, La nécropole préromaine d'Aléria, 25. supplément à »Gallia«, 1973, S. 453 Nr. 1801 und 1802a und b Taf. 152; Giuliani-Pomes, Cronologia delle situle rinvenute in Etruria, in: StEtr 25, 1957, S. 42 Abb. 25.
I. K.

B 7.34 (Abbildung)
Patera mit figürlichem Henkel
2. Hälfte 5. Jh. v. u. Z.
Bronze
H. (mit Henkel) 37,5 cm,
D. (der Schale) 17,5 cm
Fundort unbekannt; 1862 aus Sammlung Campana erworben
Leningrad, GE, Antikensammlung
Inv.: V 570

Patera aus dünnen Wänden, die vom Rand fließend in den flachen Boden übergehen. Der Schalenrand ist mit Strichornamenten versehen. Der Henkel ist in Form eines nackten Mannes, des Dämons Typhon gearbeitet, der langes Haar, Schnurr- und Vollbart hat. Mit hoch erhobenen Händen hält er eine breite Platte, die mit ihrem gekrümmten Rand an die Patera anschließt. Die schlangenähnlich gewundenen Beine des Typhon gehen in die schmale flache Platte über, die in einem Ring endet. Die großflächigen Gesichtszüge sind sorgfältig ausgearbeitet, eine große, gerade Nase tritt hervor. Körper mit gut ausgearbeiteter Muskulatur. Der Henkel ist mit Gravierungen dekoriert. Auf der

B 7.32/B 7.33

B 7.36

breiten oberen Platte Zungenornament und Kreise, auf der unteren Platte Palmette mit Voluten. Auf der Rückseite, dort, wo die schlangenähnlichen Beine des Typhon enden, sind zwei Flossen eingraviert. Die Oberfläche des Ringes ist mit reliefierten konzentrischen Kreisen verziert, auf der Kante sind drei Vorsprünge in Form zweier Voluten und einer Palmette.

Lit.: Stefani, Bronzy i terrakoty, Nr. 341; Voščinina, Očerk, S. 29 Taf. 16; Kul'tura i iskusstvo Etrurii, Nr. 93; AChB, Nr. 179. Z. B.

B 7.35
Fragment eines Weinsiebes
Vulci, Mitte 6. Jh. v. u. Z.
Bronze. Bräunlich grüne Patina
L. 8,8 cm
Herkunft unbekannt. 1917 von L. Pollak in Wien erworben
Leipzig, KMU, Antikenmuseum
Inv.: MB 4 (M 53a)

Von dem Trichtersieb (infundibulum) ist nur das Mittelstück ohne Griff und Sieb erhalten. Auf dem lyraartig geformten, gleichsam ausgeprägten Teil ist mittels eines Scharniers ein be-

weglicher liegender Löwe angebracht, der ursprünglich das Weinsieb hielt. In dieses konnte der Trichter, von dem nur noch der Ansatz mit zwei seitlichen Zapfen erhalten ist, geklappt werden. Von den 32 Infundibula, die M. Zuffa zusammengestellt hat, besitzt der überwiegende Teil ein lyraförmiges Mittelstück und den Löwen als Siebhalter. Die Streuung der Fundorte geht von Norditalien (Marzabotto) über Griechenland (Olympia) bis Lindos. Im 6. Jh. oder Anfang 5. Jh. v. u. Z. in Vulci hergestellt. Das Leipziger Stück steht mit der scharfkantigen, gesägten Ornamentplatte der Halterungsvorrichtung und der Modellierung des Löwen am Anfang der Typenreihe.

Lit.: H. Sauer, in: AA, 1937, 285 ff. 295 Abb. 8 f.; M. Zuffa, in: StEtr 28, 1960, 165 ff., 184 f. Nr. 7 Taf. 23c, d; W. Herrmann, Katalog der antiken Metallarbeiten des Antikenmuseums Leipzig, Diss. Leipzig 1964, S. 51 Nr. 237; ders., Etrurien, 1963, Taf. 4 f. E. P.

191

B 7.34

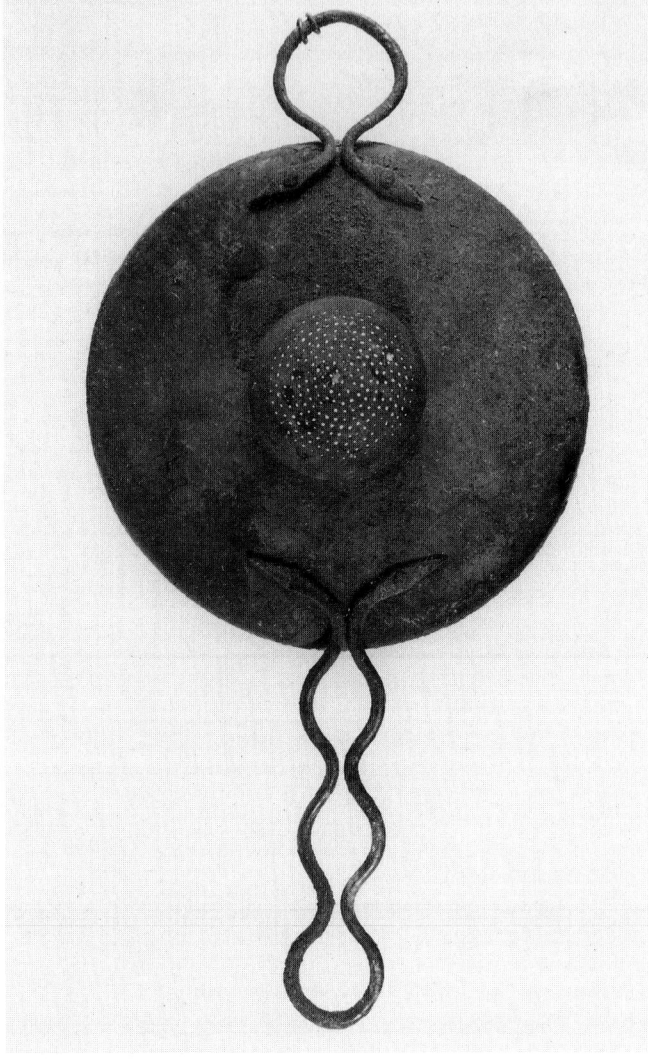

B 7.37

B 7.36 (Abbildung)
Weinsieb
Ende 6. Jh. v. u. Z.
Bronze
L. (mit Griff) 29,1 cm, D. 12 cm
Fundort unbekannt; 1862 aus Sammlung
Campana erworben
Leningrad, GE, Antikensammlung Inv.: V 595

Rundes Sieb mit tiefer Schale, deren Boden als Ring aus Löchern gebildet ist. Die Schale verjüngt sich nach oben und bildet einen breiten Hals mit nach außen gebogenem Rand. Flacher, dünner Griff, am Ansatz mit einem Palmettenornament graviert und in einer plastischen Löwenfigur endend.

Lit.: Stefani, Bronzy i terrakotty, Nr. 22; Kul'tura i iskusstvo Etrurii, Nr. 94; AChB, Nr. 180.
Z. B.

B 7.37 (Abbildung)
Weinsieb (sog. Blasensieb)
5. Jh. v. u. Z. (?)
Bronze
H. (der Siebkugel) 2,8 cm, L. 23,6 cm,
D. (des Siebtellers) 12 cm
Herkunft unbekannt

Jena, FSU, Sammlung antiker Kleinkunst
Inv.: Br. 49

In einem breiten, runden Siebteller mit flacher Wandung ist ein kleines blasenförmiges Sieb eingetieft, in dessen Löchern sich der Weinsatz absetzen konnte. Der wellenförmig gebogene Griff und der gegenüberliegende kreisrunde Halter sind aus dickem Draht gefertigt und mit flach geschlagenen, spitz zulaufenden Enden versehen, die mit dem Siebteller vernietet sind.

Lit.: V. Paul-Zinserling, Sammlung antiker Kleinkunst, 1981, S. 38 Abb. 21; vgl. A. Zuffa, in: StEtr. 28, 1960, S. 175 Taf. 19a (Tellersieb mit gewelltem Drahtgriff in Mailand, Museo Civico) u. Taf. 52 der Certosa di Bologna: A. Zannoni, Gli scavi della Certosa di Bologna, 1876, Nr. 20–22.
V. P.-Z.

B 7.38
Weinschöpfer
Anfang 5. Jh. v. u. Z.
Bronze, gegossen. Oberfläche stark reduziert, versintert; es fehlen der Haken am Stiel und große Teile vom Boden des Löffels

H. 24,5 cm, D. (des Löffels) 6,5 cm
Aus Vulci, 1841 von E. Gerhard gekauft
Berlin, SMB, Antikensammlung
Inv.: Fr. 634

Von dem ehemals feinen Dekor des Weinschöpfers ist durch Korrosion vieles verlorengegangen. Der Stiel war mit senkrecht verlaufenden Perlreihen und einem Blattornament verziert. Im unteren Bereich erweitert sich der Stiel attaschenartig. Die dem Löffel zugewandte Seite zeigt in flachem Relief eine sich nach rechts umwendende Sphinx. Auf der Außenseite ist ein Jüngling mit Mantel und Stab, weit ausschreitend und sich nach rechts umwendend, dargestellt. Der obere Rand des flach gewölbten Löffels ist mit einer Perlreihe und einem zierlichen Zweistrangflechtband dekoriert.

Lit.: Friederichs, S. 152 Nr. 634; vgl. ein etwas größeres Exemplar in Genua (Civiltà, S. 194, 7.4 2 5: Herakles im Löwenkampf, 490 bis 480 v. u. Z.).
I. K.

B 7.39
Gerätteil (Kesselgriff?)

7.–6. Jh. v. u. Z.

Bronze, Vollguß, Bruchstellen an beiden
Vorderpranken und am Leib

H. 7,6 cm

Aus dem Heraion von Samos

Berlin, SMB, Antikensammlung Inv.: Sa 42

Stilisierte Löwendarstellung – spitze Nase,
rechteckiger Umriß des Mauls, gerader Mäh-
nenabschluß, vorquellende Augen – auf sehr
langem, gebogenem Hals und vorgestreckten
Vorderbeinen. War wohl Teil eines Dreifußkes-
sels. Im Heraion von Samos sind etruskische
Votive belegt. Die Zuschreibung an eine etruskische Werkstatt ist aus stilistischen Gründen
möglich.

Lit.: U. Jantzen, Ägyptische und orientalische
Bronzen aus dem Heraion von Samos, 1972,
S. 63 Taf. 59. (Samos VIII); H. Kyrieleis, in: AM
101, 1986, S. 131 f. Taf. 28.4, 5.   I. K.

B 7.40 (Abbildung)
Türgriff (?)

5. Jh. v. u. Z.

Bronze

H. 16 cm, Br. (des Ringes) 16 cm,
Auflage (Lasche, Schließdeckel) 9 × 9 cm

Fundort unbekannt; 1862 aus Sammlung
Campana erworben

Leningrad, GE, Antikensammlung

Inv.: V 568

Türgriff in Form eines massiven fünfflächigen
ovalen Ringes mit zwei Querwalzen (-wellen).
Der Ring ist durch eine breite, flache Lasche mit
quadratischer Auflage einer Reliefdarstellung in
Form eines Gorgoneions in archaischer Manier
gezogen.

Lit.: Kul'tura i iskusstvo Etrurii, Nr. 96.   Z. B.

B 7.41
Aufsatz mit Greifenköpfen

6.–5. Jh. v. u. Z.

Bronze

L. (der Greifen) 10,5 cm,
L. (der Stange) 5,5 cm, D. 2,5 cm

Fundort unbekannt; 1852 aus Sammlung
A. G. Laval erworben

Leningrad, GE, Antikensammlung

Inv.: V 450

Oberer Teil: drei stilisierte Greifenköpfe auf
langen, gekrümmten Hälsen. Sie sind vereinigt
auf einer zylindrischen, hohlen Röhre mit zwei
runden Öffnungen zur Befestigung. An der Unterseite der Röhre tritt ein stangenartiges Teil
hervor, das im schiefen Winkel zur Röhre befestigt ist. Zweck des Gegenstandes unbekannt.
Die Röhre mit den Öffnungen läßt vermuten,
daß sie auf einen hölzernen Griff (Türgriff? Arm-
lehne?) aufgesetzt war. Man fühlt sich an die
Greifenprotomen erinnert, die auf den großen
Holmoi (Gefäßständer) anzutreffen sind.

Lit.: Kul'tura i iskusstvo Etrurii, Nr. 46. Vgl.
Etrusker in der Toskana, Katalog Hamburg
1987, S. 332 f. Nr. 8.   Z. B.

B 7.43

B 7.40

193

B 7.42

(G. Richter, Greek, Etruscan and Roman, Bronzes, 1915, S. 17 ff. Nr. 40) und für das 5. Jh. durch den Bronzekopf aus Cianciano in Kopenhagen (vgl. E. v. Mercklin, in: Jdl 48, 1933, S. 101 Abb. 17) bezeugt.

Lit.: Unveröffentlicht.   M. R.

B 7.44
Zierblech
Anfang 5. Jh. v. u. Z. (?)
Bronze, gepreßt. Oberfläche reduziert, stabil; in drei Fragmenten erhalten, kleine Fehlstellen
H. 8,3 cm, L. 9,7–9,9 cm
Aus der Nekropole von Orvieto; 1892 erworben
Berlin, SMB, Antikensammlung
Inv.: M. I. 8255

Das Zierblech, das wahrscheinlich mit kleinen Stiften an einem Möbelstück oder Kästchen befestigt war, ist mit einem fortlaufenden Muster dekoriert. Dieses besteht aus einem kleinen Blütenknospenfries. Darüber liegt ein Muster in Form eines Doppelvolutenbandes, über dem geschuppte Zapfen mit Kelchblättern alternierend mit Lotosblüten angeordnet sind. Ein von Linien gerahmtes flaches Zungenmuster bildet den oberen Abschluß.

Lit.: A. Furtwängler, in: AA 1893, S. 97 Nr. 7 (Zeichnung); Neugebauer, Bronzen, S. 71.
                                        I. K.

B 7.45 (Abbildung)
Acheloosmaske
Ende 500–480 v. u. Z.
Bronze, getrieben. Große Fehlstelle an rechter Gesichtsseite, Auge bis zur Braue, Teil der Nase und des Gesichtsumrisses verloren, Beineinlage der Augen vergilbt und brüchig
H. 17,5 cm
1831 aus Sammlung Dorow-Magnus mit Fundortangabe Corneto erworben
Berlin, SMB, Antikensammlung
Inv.: Fr. 1310

Die dünnwandige Maske war im Zentrum eines Rundschildes befestigt. Derartige Schilde dienten nicht als Waffen, sondern sie waren wohl Votivgaben an Verstorbene, bzw. sie wurden als Schmuck in den Gräbern verwendet. Die Protomen stellen in der Regel entweder Löwenköpfe dar oder wie im vorliegenden Fall einen »Mannstier« mit gehörntem bärtigem Gesicht.

Lit.: Friederichs, S. 271 Nr. 1310; Neugebauer, Bronzen, S. 71; Giglioli, AE, S. 25 Taf. 127.2; zur Gattung vgl. H. P. Isler, Acheloos, 1970, S. 156 Nr. 192; J. R. Jannot, Achéloos, Le taureau androcéphale et les masques cornus dans l'Etrurie archaique, in: Latomus 33, 1974, S. 781 Typ K; Aus Gräbern und Heiligtümern, Katalog Hamburg 1980, Nr. 138 S. 244 f. mit weiterer Lit.
                                        I. K.

B 7.42 (Abbildung)
Sonnengott, Schmuck eines Streitwagens
500–475 v. u. Z.
Bronze
H. 12 cm, Br. 16 cm, Stärke 0,3 cm
Fundort unbekannt; 1862 aus Sammlung Campana erworben
Leningrad, GE, Antikensammlung Inv.: V 561

Auf einer flachen Platte ist im durchbrochenen Relief die Halbfigur einer Gottheit dargestellt: ein Jüngling mit ausgebreiteten Flügeln und Armen, gespreizten Fingern, der Kopf strahlenumrandet. Der muskulöse Torso ist unbekleidet. Von den Schultern fällt ein Mantel, dessen Falten zickzackförmig enden. Anstelle der Füße wird die Linie der Schenkel durch zakkenförmige Vorsprünge fortgesetzt, die an den Seiten einen Perlstab zeigen. Das Gesicht ist von langem, auf die Schulter fallendem Haar umrahmt. Die Gesichtszüge sind deutlich modelliert. Durch Gravierungen sind hervorgehoben: das Gefieder der Flügel, der Saum des Mantels, die Strahlen des Kranzes. Gravierte Linien kennzeichnen die Fingergelenke und -nägel. Am Mantel, unterhalb der Arme, befinden sich zwei runde Öffnungen mit Nieten zur Befestigung des Reliefs an der Vorderseite eines Paradewagens. Die Darstellung des Sonnengottes, hier wohl apotropäisch verwendet, zeichnet sich durch strenge Frontalität und Symmetrie aus. Sie stellt ein seltenes Beispiel der spätarchaisch etruskischen Bronzeplastik dar.

Lit.: Kul'tura i iskusstvo Etrurii, Nr. 52; AChB, Nr. 136; M. Tirelli, in: StEtr 49, 1981, S. 41–50; S. K. Boriskovskaja, in: SGE 48, 1983, S. 30 bis 33; S. Haynes, Etruscan Bronzes, 1985, S. 173 Nr. 81.   Z. B.

B 7.43 (Abbildung)
Widderkopf
Um 500 v. u. Z.
Bronze, Hohlguß. Durch Reduktion gereinigt, vorzüglich erhalten
H. 9,2 cm, L. 11,4 cm, Br. 7,5 cm
Aus Caere; 1877 von Martinetti, Rom, erworben
Dresden, SKS, Skulpturensammlung Inv.: ZV 30, 68

Der Kopf eines jungen Widders mit zwei kleinen Hornansätzen über der Stirn wird am Halsabschnitt von einer ringsum etwas überstehenden, rechteckigen Rahmenplatte abgeschlossen. Das Vlies ist durch diagonal sich kreuzende Kerblinien in Rauten geteilt, die mit fein ziselierten, welligen Strähnen gefüllt sind, und setzt sich zum lebendig modellierten Vorderteil mit zwei Reihen fortlaufender Spirallöckchen ab. Die Augen sind groß geöffnet, die Oberlider von Hautfalten begleitet; der Tränenkanal ist tief eingeschnitten und weit nach vorn gezogen; die Ohren liegen glatt nach hinten an. Die vorzüglich gearbeitete Bronze steht stilistisch auf der Stufe des Widderkopfes an der Marmorsima des peisistratitischen Telesterions aus Eleusis (H. Winnefeld, Altgriechisches Bronzebecken aus Leontinoi, in: 59. BWPr., 1899, S. 20). Unter den etruskischen Denkmälern steht der Widder der Deckplatte aus Orvieto in Florenz am nächsten (P. Ducati, Storia dell'arte etrusca, 1927, S. 262, Taf. 106). Vor der Abschlußplatte sitzen seitlich zwei kleine Löcher und oben ein größeres Nagelloch mit einem durchgehenden antiken Stift zur Befestigung an der Spitze einer Wagendeichsel. Der Widder als Deichselkopf bei den Etruskern ist für das 6. Jh. durch den Bronzewagen aus Monteleone in New York

B 7.46
Löwenpranke (Fragment)
5. Jh. v. u. Z.
Bronze. Feine grüne Patina, unten
verkrustet
L. 30 cm, Br. 11,8 cm, D. 2–3 mm
Aus Sammlung Willner
Prag, UKA
Inv.: 58–459

Von vier Klauen der linken Pranke eines Löwenfells die rechte Klaue fast gänzlich und von
der linken die Spitze abgebrochen. Das Ende
biegt beim Bruch etwas nach oben. Die Klauen
sind alle hohl. Feine parallele Ritzungen stellen
die kürzeren Haare dar, tiefere in Gruppen die
Stellen mit längeren Haaren. Qualitätvolle Arbeit im spätarchaischen oder frühklassischen
Stil. Wohl von einem über einen Stuhl geworfen-
en Löwenfell wie in der Grabstatue Ny Carlsberg H 214 (Giglioli, AE, Taf. 232.1; Riis, Tyrrhenika, Taf. 20.5).

Lit.: J. Bouzek, in: Eirene 11, 1973, 96f.
Taf. 4; Antické uměni Nr. 242; Uměni Etrusků
Nr. 15 mit Abb.   J. B.

B 7.47
**Sitzender Löwe, figürlicher Teil
eines Kohlenbeckens**
2. Hälfte 6. Jh. v. u. Z.
Bronze
L. 12 cm
Fundort unbekannt; 1926 aus Sammlung
Stroganov erworben
Leningrad, GE, Antikensammlung
Inv.: V 1916

Figur eines sitzenden Löwens mit geradeaus
gerichtetem Kopf, aufgerissenem Rachen und
herausgestreckter Zunge. Die Pfoten sind nicht
differenziert, sondern schematisch angegeben.
Der Schwanz ist zu einem Ring zusammengelegt. Die Mähne ist durch Einkerbungen gegliedert, über der Stirn ist sie durch Flammzungen
gezeichnet. Die Ohren liegen eng am Kopf an.

Lit.: AChB, Nr. 170; Boriskovskaja, Bronzy,
S. 75 Abb. 6.   Z. B.

B 7.48
Schürhaken
Um 500 v. u. Z.
Bronze
L. 26,3 cm, D. (d. Tülle) 2,5 cm,
L. (d. ausgestreckten Hand) 8 cm
Aus der habsburgischen Sammlung im
Schloß Brandys nad Labem
Prag, NM
Inv.: 1288

Die Tülle zum Aufstecken, mit Loch für einen
Niet zur Befestigung der Holzstange, endet in
einer Hand mit Armring. Ein offener Ring mit
rechtwinklig nach unten gebogenen Enden und
Dreiecken (vgl. Kat.-Nr. B 7.49) hält eine tordierte Stange. Diese Stange endet ebenfalls in
einer Hand mit Armring (diesmal manschetten-
artig) geschlossen. Die Hand ist im Gelenk
rechtwinklig gebogen, die langen Finger sind

ausgestreckt und ihre Spitzen in eleganter Weise nach hinten gebogen. Die Hände sind im reifarchaischen feinen dekorativen Stil modelliert.

Lit.: Unveröffentlicht; vgl. Kat.-Nr. B 49 und
B 50.   J. B.

B 7.49 (Abbildung)
Schürhaken
5. Jh. v. u. Z.
Bronze, gegossen. Hand und kannelierter
Teil des Schaftes vollgegossen; unterer
Teil des Schaftes hohl (diente zur Aufnahme
eines wohl beinernen Griffes). Intakt
H. 33 cm
1841 durch E. Gerhard ohne Fundortangabe
gekauft
Berlin, SMB, Antikensammlung Inv.: Fr. 764

Die sorgfältig bearbeitete Hand der Griffstan-
ge, mit der das Brennmaterial zusammenge-
schoben wurde, erwächst aus einem mit dem

schräg kannelierten Schaft verbundenen
Schlangenkopf. Der untere, 9 cm hohe, achtek-
kige und mehrfach profilierte Teil des Schaftes
ist ebenfalls mit einem Schlangenkopf versehen, der ihn mit dem Oberteil verbindet.

Lit.: Friederichs, S. 190 Nr. 764; Helbig I,
S. 527, Hinweis auf ähnliche Schürhaken aus
Vulci; Ars Antiqua I, Luzern, 2. Mai 1959, 33
Nr. 80 Taf. 40; A. M. Adam, Bronzes étrusques
et italiques, 1984, S. 74 Anm. 7.   I. K.

B 7.50
Schürhaken
Vulci, 5. Jh. v. u. Z.
Bronze, gegossen. Patina intakt, Griff
verbogen, unterer Teil des Schaftes verloren
H (d. Hand) 49,4 cm, L. 9,1 cm,
D. (d. Schaftes) 1,2 cm
1841 durch E. Gerhard ohne Fundortangabe
gekauft

B 7.45

195

Berlin, SMB, Antikensammlung
Inv.: Fr. 765

Schürhaken in Form einer Hand, die im Vergleich zu Kat.-Nr. B 7.49 weniger sorgfältig ausgeführt wurde.

Die Hand ist flach und unkörperlich, die einzelnen Finger und Nägel nur eingeritzt. Der überlange Daumen dagegen ist annähernd rundplastisch gebildet. Der achteckige Schaft ist durch ein Wulstglied mit der Hand verbunden, den unteren Abschluß des Schaftes bildet eine eierstabverzierte Verbreiterung, an der die Halterung für den Griff aus anderem Material gesessen haben wird.

Lit.: Vgl. Kat.-Nr. B 7.49; Zeichnungen, in: O. Vacano, Die Etrusker, 1955, S. 202 Abb. 84; A. M. Adam, Bronzes étrusques et italiques, 1984, S. 74 Anm. 7.　I. K.

B 7.51
Runde Lampe
6. Jh. v. u. Z.
Bronze, gegossen und Kaltarbeit.
Oberfläche reduziert, ansonsten intakt
D. (ohne die Tülle und Stierköpfe)
11 cm, H. (Rand) 2,5 cm
1924 aus dem Berliner Kunsthandel
(P. Lederer) mit Herkunftsangabe Etrurien erworben
Berlin, SMB, Antikensammlung
Inv.: 30921

Kreisrunde Lampe mit drei Schnauzen, die beidseitig von geritzten Doppelwülsten flankiert werden. Zwischen den Schnauzen Stierköpfe, daneben vierblättrige gravierte Rosetten mit einem plastischen Mittelpunkt. In der Mitte leicht konische Röhre (Fassung für Aufsatz?).

Lit.: Vgl. J. D. Beazley, in: JHS, 60, 1940, 46f. Abb. 27; eine mehrteilige Lampe bei C. Rolley, Die griechischen Bronzen, 1984, Nr. 109 ohne Protomen.　I. K.

B 7.52
Heraklesstatuette
Vulci, 550–500 v. u. Z.
Bronze, Vollguß. Intakt, reduzierte Oberfläche
H. 10 cm
1865 aus Sammlung Pourtalès erworben
Berlin, SMB, Antikensammlung
Inv.: Fr. 2163

Aufrecht, mit dicht beieinander stehenden Füßen und geschulterter Keule ist der jugendliche Herakles in Frontalansicht dargestellt. Die Linke liegt eng am Körper. Herakles trägt das Löwenfell mit lang herabhängenden Tatzen

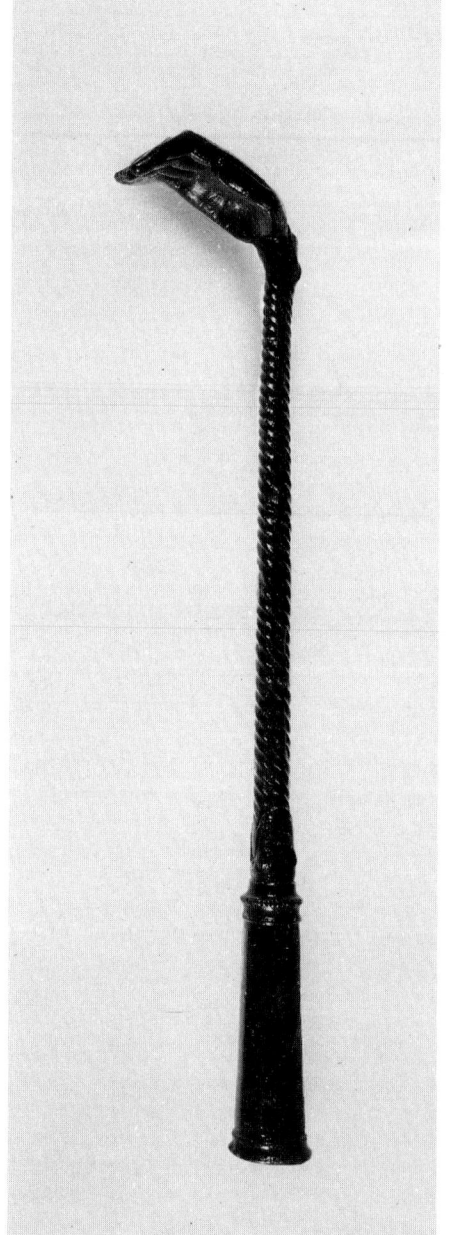

B 7.53

B 7.49

196

über einem Chiton. Die Statuette zeichnet sich durch besondere Qualität in der Ausführung aus. Vielleicht war sie Teil eines Kandelabers, was sich jedoch aufgrund der flachen Plinthe nicht eindeutig entscheiden läßt.

Lit.: Friederichs, S. 472 Nr. 2163; Neugebauer, Bronzen, S. 29; Antikensammlung II–III, 1984, S. 31 Abb. 22; S. 34 vgl. P. Lebel, Catalogue des collections archéologiques de Besançon, V: Les bronzes figures, 1961, S. 36 Taf. 39.1.　　　　　　　I. K.

B 7.53 (Abbildung)
Krieger und Frau, Kandelaberaufsatz
Vulci, 1. Hälfte 5. Jh. v. u. Z.
Bronze
H. 11,8 cm
Fundort unbekannt; 1862 aus Sammlung
Campana erworben
Leningrad, GE, Antikensammlung
Inv.: V 499

Krieger und Frau sind ruhig schreitend, mit nach vorn gestelltem linkem Fuß dargestellt. Mit dem rechten Arm umfaßt die Frau die Taille des Mannes, mit der linken Hand rafft sie das Gewand. Der Krieger hält in der gesenkten Hand ein Schwert. Er ist mit einem kurzen, gefälteten Chiton mit gepunktetem Ornament am Saum bekleidet, darüber trägt er einen Panzer mit spiralförmigen Kreisen auf Brust und Rücken. Auf dem Kopf ein attischer Helm mit langem Federbusch in ornamentaler Gravierung. An den Unterschenkeln Beinschienen mit gepunktetem Abschluß. Die Frau ist bekleidet mit langem Chiton und Mantel, der vorn und hinten in einer dreieckigen Form herabfällt. Der Mantel ist vorn, unterhalb der Brust und hinten am Hals breit umgeschlagen. Das Haar ist von einer Haube bedeckt. Die Falten des Chitons beider Figuren und des Mantels der Frau sind durch gewellte Linien, am Umschlag durch gerade Linien dargestellt. Die Köpfe beider Figuren sind geradeaus gerichtet. Ihre Gesichter sind von kurzem Haar umrahmt, das durch Einkerbungen angedeutet ist. Sie sind charakterisiert durch breite Backenknochen und vergröberte Gesichtszüge. Die Figuren erwecken einen Eindruck von Monumentalität und Feierlichkeit. Sie waren als Aufsatz für einen Kandelaber hergestellt und wurden aller Wahrscheinlichkeit nach in einer Werkstatt von Vulci gefertigt.

Lit.: Stefani, Bronzy i terrakoty, Nr. 512; Voščinina, Očerk, Taf. 18; Kul'tura i iskusstvo Etrurii, Nr. 54; AChB, Nr. 133; Boriskovskaja, Bronzy, S. 78, 79 Abb. 10.　　　　Z. B.

B 7.54 (Abbildung)
Figürlicher Teil eines Kandelabers:
Athlet
Vulci, Mitte 5. Jh. v. u. Z.
Bronze
H. 9 cm
Fundort unbekannt; 1928 aus Sammlung
Levašov erworben
Leningrad, GE, Antikensammlung Inv.: V 2042

B 7.54

B 7.59

einen möglichen Fundort im etruskischen Kampanien anzunehmen. Die Tülle endet mit einem Tierkopf (Löwe), der im offenen Maul die tordierte Stange hält. Details eingeritzt. Die Mondsichel ist knapp unter dem Sonnenring angesetzt und in der Mitte mit einem Tutulus versehen, die »Planeten«haken sind regelmäßig angeordnet.

Lit.: vgl. zur Gattung Kat.-Nr. B 7.57.　　J.B.

B 7.56
Fackelhalter
5.–4. Jh. v. u. Z.
Bronze
L. 41,7 cm, D. 23 cm
Fundort unbekannt; 1862 aus Sammlung
Campana erworben
Leningrad, GE, Antikensammlung
Inv.: V 574

Der Fackelhalter besteht aus einem kurzen, kegelförmigen Griff und einem Stiel, der aus dem Rachen einer Schlange hervorgeht und in einem Ring endet, an dem radial sieben gebogene Zinken befestigt sind. Ein Vorsprung mit zwei kleineren Zinken befindet sich am Stiel, kurz vor dem Ring.

Lit.: Stefani, Bronzy i terrakoty, Nr. 30; Kul'tura i iskusstvo Etrurii, Nr. 101.　　Z.B.

B 7.57
Fackelhalter
5. Jh. v. u. Z.
Bronze, gegossen. Intakt
H. 29,5 cm, D. (der Tülle) 2,4 cm
1865 aus Sammlung Pourtalès erworben
Berlin, SMB, Antikensammlung
Inv.: Fr. 1680

Große Gabel mit einem Kranz gebogener Zinken (vgl. Kat.-Nr. B 7.55, 56) und einem in der Mitte befindlichen Ring. Die Bedeutung dieser Geräte war lange Zeit umstritten. Wahrscheinlich handelt es sich um Fackelhalter.

Lit.: Friederichs, S. 358 Nr. 1680; zur Gattung vgl. Kunst der Etrusker, Katalog Hamburg 1981, Nr. 128, mit Lit.; S. Haynes, Etruscan Bronzes, 1985, Nr. 107.　　I.K.

B 7.58
Stützfigur eines Weihrauchständers
Vulci, 2. Hälfte 6. Jh. v. u. Z.
Bronze, Vollguß. Oberfläche der
Statuette durch Brandeinwirkung blasig
verändert, stabil. Kopf und Schaft
weniger stark angegriffen
H. (des jetzt noch Erhaltenen) 22,2 cm
Alter Besitz, ohne Herkunfts- und
Fundortangabe
Berlin, SMB, Antikensammlung
Inv.: Fr. 687

Von dem großen, reich verzierten Thymiaterion sind nurmehr die Stützfigur und ein Teil des durch unterschiedlich breite Wülste gegliederten Schaftes erhalten geblieben. Der die Keule tragende Herakles hielt ursprünglich noch einen Teil des Bogens in seiner Rechten, der bis auf einen Rest verloren ist. Der Held ist mit dem Lö-

B 7.55
Fackelhalter
5. Jh. v. u. Z.
Bronze. Dunkelgrüne, etwas gröbere
Patina mit roten Flecken. Fast intakt
erhalten. Der obere Haken des Halbmondes
leicht verbogen, die Spitze abgebrochen,
ebenso die Spitze des linken unteren
»Planeten«hakens
L. 31,8 cm, D. (der Tülle) 2,1 cm,
Außendurchmesser des Ringes 5,1 cm
Aus der Sammlung Josef Hellich,
angeblich aus Herkulaneum
Prag, NM
Inv.: 147

Unter derselben Inventarnummer sind ein etruskischer Spiegel, eine Strigilis und eine Ligula (Löffel) verzeichnet; die anderen Bronzen der Sammlung Hellich sind meist ohne Provenienz. Die Gruppe selbst ist zu heterogen, um

Nackter Jüngling in einer zum Lauf bereiten Haltung, den linken Fuß etwas vorgestellt. Die leicht angewinkelten Arme sind rückwärts geführt und die zur Faust geballten Hände in die Seite gestützt. Der Kopf ist nach vorn gerichtet, das lange durch Einkerbungen markierte Haar mit einem breiten Band umwunden. Es umrahmt das längliche Oval des Gesichts. Vorn ist das Haar wellenförmig, hinten als dreieckige Fläche auf Schultern und Rücken fallend gebildet. Brust- und Bauchmuskulatur sind gut ausgearbeitet. Die Figur steht auf einer doppelten runden Platte. Der Rand des oberen Diskus ist mit reliefartigen Ornamenten verziert. Aus einer Werkstatt in Vulci.

Lit.: AChB, Nr. 134; Boriskovskaja, Bronzy, S. 79 Abb. 2.11.　　Z.B.

wenfell bekleidet, dessen Kopf im Nacken wie eine Stütze absteht. Der Löwenschweif dient zur Gürtung und ist dekorativ vor den Leib gelegt. Das Gesicht wird von sorgfältig angeordneten Locken umrahmt. Der Kopf ist durch ein profiliertes und mit einem undeutlichen Eierstab versehenes Zwischenglied mit dem Schaft verbunden.

Lit.: Friederichs, S. 166 Nr. 687; Neugebauer, Bronzen, S. 69; Giglioli, AE, Taf. 210.1 S. 38; zum Typ vgl. M. Cristofani, Die Etrusker, 1985, S. 158 Abb. rechts. I. K.

B 7.59 (Abbildung)
Weihrauchständer
Vulci, Ende 6.–Anfang 5. Jh. v. u. Z.
Bronze, Vollguß. Oberfläche stark reduziert
H. 22,6 cm
Ohne Herkunfts- und Fundortangabe
Berlin, SMB, Antikensammlung
Inv.: Fr. 694

Von dem nicht mehr vollständigen Thymiaterion (Ständer für Weihrauchschale) blieben die dreiseitige Basis und die ehemals den Schaft haltende Figur erhalten. Die Basis ruht auf Löwenkrallen, die auf Eicheln stehen. An den Ecken sind schrägsitzende Entenfiguren mit graviertem Gefieder befestigt. Auf dem in der Mitte der Basis befindlichen profilierten Sockel steht ein nackter Tänzer auf seinem rechten Bein. Das linke ist stark angewinkelt. Er trägt Schnabelschuhe. In der linken ausgestreckten Hand hält er das untere Ende des Schaftes, während der rechte Arm in einer gekünstelten Pose zum Körper geführt ist. Der Kopf ist nach rechts gewendet. Dem Ausstattungsluxus dienende Geräte dieser Art gehören zu den bedeutenden Leistungen etruskischer Bronzekunst.

Lit.: Friederichs, S. 168 Nr. 694; Neugebauer, Bronzen, S. 69 f. mit älterer Lit.; Giglioli, AE, S. 38 Taf. 210.2 (unrestaurierter Zustand); vgl. K. A. Neugebauer, in: JdI 58, 1943, S. 273 Abb. 50; S. Haynes, Etruscan Bronzes, 1985, S. 156, 265 Nr. 54 (mit unterschiedlicher Armhaltung). I. K.

B 7.60
Bronzehelm
Korinthischer Typ, 8.–7. Jh. v. u. Z.
Bronze. Vom Naseneisen kleiner Teil abgebrochen; am Gesichtsausschnitt und am unteren Helmrand Fehlstellen.
Im Helm mit weißer Farbe bezeichnet: Capua/unbekannt; vermutlich durch den Sammler Zschille
H. 21,9 cm, Br. 18,2 cm, L. 22,5 cm, G. 2050 g
Fundort unbekannt. Ehemals Sammlung Zschille, Großenhain/Sachsen, danach erworben vom Völkerkundemuseum Leipzig, Inv.-Nr.: Ug 13175; 1976 nach Berlin
Berlin, MfDG
Inv.: U 76/67

Topfform mit gerundeter Schädeldecke, bis zum Hals herabreichende, fast senkrecht verlaufende Helmwände; im Nacken leicht einge-

zogen, hintere Halspartie mit aufgebogenem, etwa 20 mm breitem Rand; große, zur Seite spitz auslaufende Augenausschnitte, nach innen in Mundöffnung übergehend, die nach unten offen ist; kurzes Naseneisen; um den Gesichtsausschnitt und den unteren Helmrand dichter Lochkranz für das Helmfutter.

Lit.: R. Forrer, Die Waffensammlung des Herrn Stadtrath Rich. Zschille in Großenhain (Sachsen), 1894, Nr. 16; E. Hoffmann, Die Bronzehelme der Sammlung Zschille im Museum für Völkerkunde Leipzig, in: Jahrbuch des Museums für Völkerkunde zu Leipzig, 18, 1961, S. 104 f. Taf. 36 Abb. 7; H. Müller, F. Kunter, Europäische Helme aus der Sammlung des Museums für Deutsche Geschichte[2], 1984, S. 254 Nr. 2 Abb. 3. H. M.

B 7.61
Bronzehelm
5.–4. Jh. v. u. Z.
Bronze. Fehlstellen und starke Beschädigungen am unteren Helmrand (restauriert), großes Loch in der Helmglocke
H. (ohne Stützstange) 20,8 cm
Br. (Innenmaß) 19 cm, L. 23 cm, G. 1010 g
Talamone; Sammlung Zschille, Großenhain/Sachsen, danach erworben vom Völkerkundemuseum Leipzig, Inv.-Nr.: Ug 13163, 1976 nach Berlin übergeben
Berlin, MfDG Inv.: U 76/71

Helm in Form einer spitzen Filzmütze (des griechischen Pilos); vom unteren Rand, 50 mm hoch, flach abgesetzter Streifen; unterer Helmrand verstärkt und nach innen überstehend; auf dem Scheitel aufgelegtes Bronzeplättchen, nach zwei Seiten in Lindenblattform auslaufend; auf dem Scheitel vierkantige Stützstange für Helmschmuck von 48 mm Höhe und 4 mm Breite aufgenietet (zum Teil ausgebrochen). Im Helminnern verläuft unterhalb der Spitze quer ein etwa 50 mm langer Nietstab, der von zylindrischer Bronzehülse umgeben ist.

Lit.: E. Hoffmann, Die Bronzehelme der Sammlung Zschille im Museum für Völkerkunde Leipzig, in: Jahrbuch des Museums für Völkerkunde zu Leipzig, 18, 1961, S. 109 f. Taf. 38 Nr. 12; H. Müller, F. Kunter, Europäische Helme aus der Sammlung des Museums für Deutsche Geschichte[2], 1984, S. 255 Nr. 10.2 Abb.; gleichartige und ähnliche Heime siehe E. Sprockhoff, in: Reallexikon der Vorgeschichte, Bd. 5, s. v.: Helm, Taf. 90c. H. M.

B 7.62 (Abbildung)
Bronzehelm
Sogenannter Negauer Typ, 5. Jh. v. u. Z.
Bronze, dunkelgrüne-braungrüne Patina; getrieben. Kalotte in der Mitte gespalten, kleinere Fehlstellen
H. 19,4 cm, L. 25,3 cm
Fundort unbekannt; Ende 19. Jh. in Wien erworben, ehemals in der Sammlung von I. Delhaes

Budapest, SzM, Antikensammlung
Inv.: 8449

Ovale Kalotte mit einem Mittelgrat. Abgesetzter Rand mit hoher Hohlkehle, unten breit auslaufend, mit einer nach unten gezogenen profilierten Krempe, die oben und unten von einer schmalen gekerbten Leiste eingefaßt ist. An der Hohlkehle vorne und hinten sowie an dem nach außen biegenden waagerechten Unterteil des Randes auf beiden Seiten ein Nagelloch. Der nach einem Fundort in der Südsteiermark benannte sogenannte Negauer Typ ist Ende 6. Jh. v. u. Z. in Etrurien entwickelt worden und verbreitete sich in ganz Nordost-Italien und im Alpen-, besonders im Ostalpenraum. Der Typus, mit geographisch und zeitlich bestimmbaren Varianten, blieb bis in die frühe römische Kaiserzeit in Gebrauch. Unser Exemplar, durch Scheitelkante und Krempensaum charakterisiert, ist ein Vertreter der frühen etruskischen Formvariante.

Lit.: A Magyar Nemzeti Muzeum multja és jelene, 1902, S. 99 Abb. (links); zu den Negauer Helmen bes. P. Reinecke, 32, BerRGK 1942 [1950], S. 117–198 (mit älterer Lit.); grundlegend St. Gabrovec, in: Atti VI. Congr. Internaz. delle Scienze Preistoriche e Protostoriche III, 1966, S. 114–120; vgl. M. Egg, AKorrBl 6, 1976, S. 299–303; zur Geschichte des Typus in Etrurien bzw. zuletzt in Italien M. P. Baglione, Il territorio di Bomarzo, 1976, S. 145; P. Stary, Zur eisenzeitlichen Bewaffnung und Kampfeswesen in Mittelitalien (Marburger Studien zur Vor- und Frühgesch., Bd. 3), 1981, S. 66–67, 426–427 mit Karte 8; G. Bermond Montanari, in: StEtr 51, 1983, S. 39–42; A. Bottini, in: AnnAStorArtNapoli 5, 1983, S. 46; R. Ridella, in: RivArchComo, 1986, S. 16–28. J. G. Sz.

B 7.63
Bronzehelm
Sogenannter Negauer Typ, 2. Hälfte 3. Jh. v. u. Z.
Bronze. Etwa 50 % des Helmes durch untergenietetes Kupferblech ergänzt, außen farblich angeglichen, Hohlraum des unteren verstärkten Randes mit Zement ausgefüllt
H. 20,5 cm, Br. 22,5 cm, L. 24,3 cm, G. 1640 g
Ehemals Sammlung Zschille, Großenhain/Sachsen, danach erworben vom Völkerkundemuseum Leipzig, Inv.-Nr.: Ug 13169, übergeben 1976 nach Berlin
Berlin, MfDG
Inv.: U 76/66

Nach oben sich etwa kegelförmig verjüngende Helmglocke mit Mittelgrat; über einer 15 mm hohen und 12 mm tiefen Krempe ist die 25 mm hohe Helmwand mit Kehlung nach innen gezogen; zur Verstärkung ist in die Krempe ein 5 mm hoher und 13 mm breiter Eisenring eingezogen und angenietet.

Lit.: R. Forrer, Die Waffensammlung des Herrn Stadtrath Rich. Zschille in Großenhain (Sachsen), 1894, Nr. 9; F. Stroh, Gräberfunde

B 7.62

 Lit.: J. V. Arneth, in: SB Wien 9, 1852, S. 867 Anm. 2 Taf. 1, 13; F. Frh. v. Lipperheide, Antike Helme, 1896, Taf. 261 S. 14; zum Typus von Helm und Knauf: M. Princ, in: PamA 66, 1975, S. 356–380, bes. S. 365–366, 373 und 378 Abb. 5 (sein Typus B 4); U. Schaaff, in: JbZMus-Mainz 21, 1974, S. 189 Abb. 32.   J. G. SZ.

 stände ist nichts näheres bekannt) steht zur Zeit völlig isoliert da, unvorstellbar ist sie nicht, da in jener Zeit Berührungen zwischen Kelten und Etruskern in Italien reichlich belegt sind.

B 7.65 (Abbildung)
Bronzehelm
Etrusko-keltischer Typ,
4.–3. Jh. v. u. Z.
Bronze
H. 20,5 cm, Sockel 26,4 × 10,7 cm
Herkunft unbekannt; aus Sammlung Campana 1862 erworben
Leningrad, GE, Antikensammlung
Inv.: D 19

Halbkugelförmiger Helm, auf dem Scheitel oben stumpfkegliger, mit einer Rosette dekorierter Knauf oberhalb des unteren Randes ein Ornamentstreifen im Fischgrätenmuster. Unterer Rand und Nackenschutz mit einem Kordelmuster verziert, das vorn in die Flügel des Hermes übergeht und hinten in eine Herakleskeule. Inschrift auf der Rückseite graviert (von links nach rechts): suthina

Lit.: Stefani, Bronzy i terrakoty, Nr. 364; A. J. Charsekin, Voprosy interpretacii etrusskoj pismennosti, Stavropol 1963, S. 84 Nr. 40; Kul'tura i iskusstvo Etrurii, Nr. 103.   Z. B.

B 7.66
Bronzehelm
Etrusko-keltischer Typ, 3. Jh. v. u. Z.
Bronze, dunkelgrüne-dunkelbraune bis dunkelrote Patina, Kalotte getrieben, Knauf gegossen. Wangenklappen fehlen, Knauf abgebrochen, modern angelötet
H. 23,6 cm
Budapest, SzM, Antikensammlung
Inv.: 56, 57 A

Spitz hochgezogene, kegelförmige Kalotte mit Rand und breitem Nackenschutz, aus einem Stück gearbeitet. Der stumpfkegelförmige Knauf ist mit drei Reihen von eingeritzten Zungenmustern, der Rand mit Kordelmuster verziert, darüber schmaler Perlstab, auf dem beiderseits zwei Nietenlöcher angebracht sind. Die Nieten halten im Inneren ein zu einer Röhre gebogenes Blech fest, das zur Befestigung der Wangenklappen diente; über den Löchern zwei umlaufende Rillen. In der Mitte des profilierten Nackenschutzes ein Loch mit erhaltenem Niet und innen mit dem Rest eines auf beiden Seiten zu einer Röhre gebogenen Bleches. Das Problem des Ursprungs dieses Typus ist heftig diskutiert. Jacobsthals Formulierung, daß er »das Ergebnis von Zusammenarbeit etruskischer und keltischer Handwerker in einer italischen Werkstatt« sei, hat noch immer das meiste für

mit Bronzehelmen vom Monte San Gabriele bei Görz, in: Germania 28, 1944/50, S. 224 ff.; E. Hoffmann, Die Bronzehelme der Sammlung Zschille im Museum für Völkerkunde Leipzig, in: Jahrbuch des Museums für Völkerkunde zu Leipzig, XVIII, 1961, S. 102/103 Taf. 35 Abb. 6; H. Müller, F. Kunter, Europäische Helme aus der Sammlung des Museums für Deutsche Geschichte², 1984, S. 255 Nr. 92 Abb.; weitere Lit. zum Negauer Typ siehe Kat.-Nr. B 7.62.   H. M.

B 7.64
Bronzehelm
Keltischer Typ, Ende 4.–1. Hälfte 3. Jh. v. u. Z.
Bronze mit dunkelgrüner Patina; Haube getrieben, Knauf gegossen, getrennt gearbeitet und mit Hilfe eines Mittelstiftes mit der Kalotte verbunden, Haken gegossen. Am Nackenschutz und an der rechten Seite der Haube größere, an einigen weiteren Stellen kleinere Ergänzungen. An der rechten Seite eingedrückt und deformiert
H. 24 cm, Br. 16,4 cm, L. 24,8 cm
Aus einem Grabfund von Chiusi.
Geschenk des Grafen Keglevich I., 1884, mindestens seit 1852 im Besitz der Familie
Budapest, SzM, Antikensammlung
Inv.: 62,95 A

Spitzkonische, unten mit vier horizontalen Rillen verzierte Kalotte; der Unterteil besteht aus einer abgesetzten Hohlkehle und dem Rand, die durch einen plastischen Ring zwischen vier Rillen voneinander getrennt sind. Hoher, profilierter, mit vier Perlstäben geschmückter Knauf. Der Rand endet unten in zwei gekerbten Leisten; die untere, oben von einer Rille begleitet, läuft um den Saum des Nackenschutzes, der obere grenzt Rand und Nackenschutz voneinander ab. An jeder Seite über den gekerbten Leisten ein Loch mit großem Nietenkopf; auf der einen Seite hält die Niete im Inneren eine Platte fest, die sich in einem ausgebogenen, zur Befestigung des Kinnriemens dienenden, rundköpfigen Haken fortsetzt. Seiner Form nach ist der Helm keltisch, genaue Parallelen sind aber nicht vorhanden. Der Knauf erscheint meistens auf der frühesten Variante der keltischen Helme, die Helmform selbst ist äußerst selten, ihre Fundorte reichen von Picenum bis Transsylvanien. Es wurde mit Recht angenommen, daß »zumindest ein Teil dieser Helme für keltische Auftraggeber in italischen bzw. etruskischen Werkstätten hergestellt wurde« (U. Schaaff); in diesem Fall kann man sich auch die Vereinigung eines älteren Knauftypus mit der neuen Formvariante vorstellen. Die chiusinische Herkunft des Stückes (über die Fundum-

sich. Allerdings ist die obige Variante laut Zeugnis der Verbreitungskarte etruskisch und steht am Ende der etruskischen Entwicklung des Typus.

Lit.: A Magyar Nemzeti Muzeum multja és jelene, 1902, S.99 Abb. (in der Mitte); P. Jacobsthals Formulierung, Early Celtic Art, 1944, S.118; zur Typologie und zur Chronologie U. Schaaff, in: JbZMusMainz 21, 1974, S.189 bis 190; F. Coarelli, in: Mélanges offerts à J. Heurgon, 1976, S.157–179 (seine Variante D); vgl. dazu noch P. Stary, in: Germania 57, 1979, S.101–104, 107–109; U. Schaaff, in: AKorrBl 11, 1981, S.217–221, und zur Ursprungsfrage A.-M. Adam, Bronzes étrusques et italiques, 1984, S.117–118. J.G.Sz.

B 7.67 (Abbildung)
Helmbeschlag: Fischleibiger Dämon (Triton) mit Krieger
Vulci(?), frühes 5. Jh. v. u. Z.
Bronze. Durch Reduktion gereinigt
H. 3,5 cm, Br. 6 cm
Gefunden in einem Grab in Tarquinia,
1877 von Martinetti, Rom, erworben
Dresden, SKS, Skulpturensammlung
Inv.: ZV 30, 12

Der bärtige Dämon mit Fischleib und kräftig gebautem menschlichem Oberkörper hat einen sehr kleinen Oberkopf im Gegensatz zum großen Untergesicht. Glotzend vortretende Augen unter hoch geschwungenen Brauen, eine mächtige Nase mit breiten Flügeln und die spitz überhängende Unterlippe zwischen Lippen- und Vollbart verleihen dem Kopf mit menschlichen Ohren einen tierhaft wilden Ausdruck, der an die Darstellung desselben Dämons auf einer etruskischen Elfenbeinplatte (RM, 21, 1906, Taf. 16) erinnert. Die Haare breiten sich mächtig im Nacken und auf den Schultern aus. Die linke Hand ist auf den Fischleib gelegt, die rechte packt einen vornüber gestürzten, voll gerüsteten Krieger. Bei einem ähnlichen Beschlagstück aus Cordiano (Etrurien) in New York (Richter, Greek, Etruscan and Roman Bronzes, 1915, Nr. 49) sitzt anstelle des Kriegers ein zweiter Fischunterkörper. Eine Wiederholung der Dresdener Applik befindet sich noch in situ an einem Helm in Florenz, Mus. Arch. (Helbig, s. u.). Zusammen mit den weiteren vom gleichen Helm stammenden Appliken in Dresden – einem Kentauren, der einen kräftigen Ast oder jungen Baumstamm zum Angriff gepackt hat, einer geflügelten Silensbüste mit Schlangenfüßen (Typhon) und zwei Acheloosköpfen – hat K. A. Neugebauer versuchsweise die Fundgruppen den Vulcenter Bronzewerkstätten zugeordnet. Über die ursprüngliche Anordnung der Appliken gibt der Helm in Florenz (Helbig, s. u.) Auskunft; danach hat der Triton mit Krieger über der Stirnmitte gesessen.

Lit.: Helbig, 1874, S.47 Taf. K; Hettner, Die Bildwerke der Kgl. Antikensammlung zu Dresden[4], 1881, S.48 Nr.68–71; A. Furtwängler, Goldfund von Vetterfelde, in: Kleine Schriften I,

S.491; P. Baur, Centaurs in ancient art, 1912, S.71 Nr.185; R. Dressler, Triton und die Tritonen, 1892/93, S.15; K. A. Neugebauer, in: JdI, 1943, S.250f. Abb. 34–37. M.R.

B 7.68 (Abbildung)
Helmbeschlag: Hippokamp
Anfang 5. Jh. v. u. Z.
Bronze
L. 5,2 cm
Herkunft unbekannt
Leningrad, GE, Antikensammlung
Inv.: V 1171

Kleine Figur eines Hippokamp: vorderer Teil eines Pferdes mit gebeugten Beinen, zweigeteilter Fischschwanz mit Flossen. Der Schwanz ist zum Ring zusammengelegt. Die Figur befindet sich auf einer dünnen, leicht gebogenen Platte, deren vorderer Teil ein Zackenornament aufweist.

Die Figur des Hippokamp ist kompakt ausgeführt, besticht jedoch durch ihre Einfachheit. Sie gehört wahrscheinlich zu einem antithetischen

Helmbeschlag, der offensichtlich in Vulci gefertigt wurde.

Lit.: AChB, Nr.196; Boriskovskaja, Bronzy, S.75–76 Abb.7. S.B.

B 7.69
Helmbeschlag: Typhon
1. Viertel 5. Jh. v. u. Z.
Bronze, gegossen. Stabilisierte grüne Patina, intakt
H. 3,3 cm, Br. 3,4 cm
1987 aus Privatbesitz erworben
Berlin, SMB, Antikensammlung
Inv.: 33752

Applike in Form eines geflügelten Mischwesens mit großem gehörntem Kopf und mit herabhängenden Schnurrbartenden. Der als Typhon zu deutende Dämon reckt sein Kinn etwas nach vorn und hat beide Arme vom Körper abgestreckt und angewinkelt, so daß sie mit der Kontur der Flügel übereinstimmen. Die in drei Lagen wiedergegebenen Flügel verbinden sich mit den überkreuzten Schlangenbeinen mit Fisch-

B 7.65

B 7.67   B 7.68

schwänzen, so daß der untere Rand der Applike abgerundet ist. Die Rückenseite ist leicht nach innen gewölbt, was für eine Verwendung als Helmzier spricht.

Lit.: Vgl. zu Typhondarstellungen in der etruskischen Kunst: Boosen, 1986, S. 95f. Nr. B 1 (Terrakottaantefix), Typ IVb, S. 111f. und hier Kat.-Nr. B 7.32/33 (Gefäßhenkel-Halterungen aus Bronze).   I. K.

B 7.70
Helmzier: Geflügelte weibliche Figur mit Fischschwänzen
4. Jh. v. u. Z.
Bronze, Vollguß. Kleinere Beschädigungen der reduzierten Oberfläche, die beiden Spiralen in den Händen fehlen jetzt, der linke Flügel ist mehr als doppelt so dick wie der rechte
H. 9 cm
Alter Besitz, ohne Herkunfts- und Fundortangabe
Berlin, SMB, Antikensammlung
Inv.: Fr. 715a

Das geflügelte Mischwesen besteht aus einem weiblichen Körper, kräftigen Armen und

großen Händen sowie aus zwei miteinander verschlungenen Fischschwänzen. Die Figur trägt ein gegürtetes Gewand, dessen Saum über den Fischschwänzen flach umgelegt ist und faltig unterhalb des Gesäßes nach hinten geführt wird. Das fein gesträhnte Haar ist in der Mitte gescheitelt und am Hinterkopf aufgesteckt. Es wird angenommen, daß die Statuette als Helmschmuck diente bzw. daß in die jetzt fehlenden Spiralen Federn eingesteckt wurden.

Lit.: Friederichs, S. 178 Nr. 715a, dort als Kandelaberfigur gedeutet; Neugebauer, Bronzen, S. 11; vgl. E. Fimni, in: StEtr 1957, S. 486, Abb. 12; W. Dobrowolski, Mity morskie antyku, 1987, Abb. 37.   I. K.

B 7.71
Certosa-Fibel
Norditalien, um 500 v. u. Z.
Bronze. Endung und Nadel abgebrochen
L. 7,5 cm
Ankauf, ohne Fundortangabe
Jablonec, Glas- und Bijouteriemuseum
Inv.: MSB W 268

Am Ende des Nadelhalters kugelförmiges Schlußstück, nach oben gerichtet.   J. B.

B 7.72
Fibel mit langem zurückgebogenem Fuß
5. Jh. v. u. Z.
Bronze. Nadel restauriert
L. 22,8 cm
Budapest, SzM, Antikensammlung Inv.: 51.641

Auf dem Bogen der Fibel transversale Striche, am Nadelhalter Gruppen von zickzackartig angeordneten Strichen. Der Fuß ist plastisch gegliedert und spiralförmig zurückgebogen. Ähnlichkeit mit picenischen Fibeln des 5. Jh. v. u. Z., wohl aus Mittelitalien.   J. B.

B 7.73
Fibel mit wellenartigem Bogen und langem zurückgebogenem Fuß
5. Jh. v. u. Z.
Bronze. Fast intakt
L. 8,6 cm
Budapest, SzM, Antikensammlung
Inv.: 66.53.A

Der Bogen der Fibel ist wellenförmig. Querritzungen auf dem Fußteil. Langer Nadelhalter, zum Fuß hin mit plastischen Ringen versehen. Eine seltene Variante aus Nord- bis Mittelitalien.

Lit.: Montelius, Civilisation Taf. 158.7.   J. B.

B 8 Figürliche Bronzen

Bronze war ein von den Etruskern bevorzugter Werkstoff. Begünstigt durch großen Erzreichtum, eine lange Tradition sowie aufgrund kultureller Einflüsse aus dem Orient, Ägypten und seit dem Beginn des 7. Jh. v. u. Z. aus Griechenland konnten sich bedeutende metallverarbeitende Kunstzweige entwickeln. Entsprechend der politisch-ökonomischen Struktur Etruriens entstanden verschiedene lokale Zentren der Metallverarbeitung: Cerveteri, Vulci und Tarquinia in Mitteletrurien, Populonia, Chiusi, Volterra u. a. im Norden. Auch in den Randgebieten, bei-

spielsweise in Umbrien, wurden Bronzen produziert. In der archaischen Zeit von ca. 600 bis 475 v. u. Z. erlebte die etruskische Bronzekunst ihren Höhepunkt. Es entstanden Bronzewerke von großer Vollendung, die auch exportiert wurden. Sie waren hochgeschätzt und begehrt. Es handelte sich bei den Erzeugnissen um Gebrauchsgegenstände in teilweise luxuriöser Ausführung (Kandelaber, Thymiaterien und Dreifüße, die eine besondere Leistung der Werkstätten in Vulci waren, Gefäße und Geräte für das Symposion). Die überlieferten Gegen-

stände sind allerdings fast ausschließlich Grabbeigaben. Da das Grab nach Auffassung der Etrusker die Wohnung des Verstorbenen bedeutete, wurde es, entsprechend dem sozialen Status des Toten, mehr oder weniger reich mit Geräten, Gefäßen, Waffen, Schmuck und anderem ausgerüstet. Es kann angenommen werden, daß die Häuser der Lebenden ebenso ausgestattet waren. Nicht alle Luxusgegenstände wurden in Etrurien hergestellt. Man importierte sie auch aus dem Orient und aus Griechenland.

Einen anderen Bereich der Bronzekunst bil-

den die figürlichen Darstellungen, die als Votive in Tempeln und Heiligtümern geweiht wurden. Das Typenrepertoire umfaßt Gottheiten, mythologische Figuren, Krieger, Jünglinge und Mädchen. Die Statuetten sind in der Regel zwischen 7 und 25 cm hoch und sie unterscheiden sich erheblich in Qualität und Ausführung. Obwohl von griechischer Kunst beeinflußt, besitzen diese Statuetten in den meisten Fällen ein unverwechselbares eigenes Gepräge, durch das sie sich von ihren Vorbildern unterscheiden. So fallen bei der Gestaltung des menschlichen Körpers oft eine Überlängung der Proportionen (Kat.-Nr. B 8.5, B 8.6, B 8.20, B 8.22), eine Vernachlässigung anatomischer Zusammenhänge der einzelnen Körperteile, eine Überbetonung der Schulterpartie (Kat.-Nr. B 8.4, B 8.5, B 8.8, B 8.14, B 8.19) sowie ein starker Hang zu Stilisierung, Abstraktion und zu Ornamentalem auf. Diese Eigenheiten hinterlassen häufig den Eindruck von Übertreibung und Verzerrung. Verbreitet war auch ein Rückgriff auf Stilmerkmale der archaischen Zeit, in der offenbar die etruskische Gestaltungsweise für längere Zeit den ihr gemäßen Ausdruck fand. Nach der Niederlage der etruskischen Flotte bei Cumae im Jahre 474 v. u. Z., die den Verlust Kampaniens zur Folge hatte, zeigte sich zeitweilig ein spürbarer Rückgang der Kunstproduktion, vor allem in den Küstenstädten. Die griechische Entwicklung zu klassischer Gestaltung des Menschenbildes hatte auf die etruskische Kunst keinen entscheidenden, die innere Struktur berührenden Einfluß ausüben können. Stärker wirkten dagegen Gestaltungsweisen der in Unteritalien tätigen griechischen Werkstätten.

In Umbrien wurden im 5. Jh. v. u. Z. Kriegerstatuetten produziert (Kat.-Nr. B 8.15, 16, 17), die sich stark an Vorbilder der geometrischen Stilepoche anlehnen. Ihre übertriebenen Proportionen, die dünnen Gliedmaßen und die riesigen Helmbüsche sind keinesfalls als primitiv zu werten, sondern als Ausdruck eines eigenen Stilwillens. Die häufig ausgesprochen sorgfältig gearbeiteten Statuetten unterscheiden sich von manch einer der üblichen Votivstatuetten der Massenproduktion.

Typen und Gestaltungsweise der etruskischen Bronzen änderten sich im Verlaufe des 5. Jh. v. u. Z. nicht wesentlich. Erst im 4. und 3. Jh. v. u. Z. erfuhr der Typenschatz durch neue Themen eine Bereicherung, und es setzte sich ein stärkerer Einfluß griechischer Kunst durch. Bei den Votivstatuetten wurden Darstellungen des griechischen Heros Herakles immer zahlreicher (Kat.-Nr. D 2.34–46). Herakles ist meist in der Pose des Angreifers (Promachos) dargestellt. Dieses Bewegungsmotiv blieb lange konstant. Er ist mit dem Löwenfell bekleidet oder trägt es über dem linken Arm, in der Rechten schwingt er die Keule. In archaischer Zeit ist Herakles anders, streng frontal ausgerichtet, mit eng zusammen stehenden Füßen und ganz vom Löwenfell eingehüllt dargestellt. Die Keule ist über die rechte Schulter gelegt (vgl. die Gerät-

bronzen Kat.-Nr. B 7.52, B 7.58). Herakles war im gesamten italischen Bereich populär. Das späteste Beispiel der Ausstellung (Kat.-Nr. D 2.46) zeigt den Helden in veränderter Pose. Haltung und Stand sind weniger an ein starres Schema gebunden. Die Darstellung verrät gewisse Anklänge an hellenistische Herrscherbilder. Im Gegensatz dazu stehen allerdings die harten Modellierungen.

In großer Anzahl wurden seit dem späteren 3. Jh. und vor allem im 2. Jh. v. u. Z. Votivstatuetten produziert, die opfernde Jünglinge und Mädchen darstellen und die als Priester und Priesterinnen gedeutet werden. Sie sind in typischer Weise bekleidet, häufig bekränzt und halten in der rechten Hand eine Opferschale, gelegentlich in der Linken ein anderes Attribut (Kat.-Nr. D 2.47–58). Zu einem anderen Typus gehö-

B 8.5

ren die Darstellungen von Adoranten (Kat.-Nr. D 2.59, D 2.61, D 2.62 f.) und Adorantinnen. Diese Statuetten waren offenbar nicht von griechischen Vorbildern beeinflußt, sondern es handelte sich um eine eigenständige italische Erscheinung. Gerade bei diesen Votivstatuetten lassen sich erhebliche Qualitätsunterschiede feststellen (Kat.-Nr. D 2.60).

In der Ausstellung werden vorwiegend Statuetten kleineren Formates gezeigt, was nicht bedeutet, daß es in Etrurien keine Großplastiken gegeben hat. Halblebens- oder lebensgroße Bronzefiguren blieben allerdings in nur wenigen Beispielen erhalten. Der Deckel einer Aschenurne in Form eines liegenden Jünglings aus Perugia (Kat.-Nr. B 10.10) und eine Jünglingsfigur, deren Fundort unbekannt ist (Kat.-Nr. D 2.65), repräsentieren die großformatigen Bronzen. Auch eine Tierplastik, von der nur das Vorderteil erhalten ist (Kat.-Nr. D 2.28), weicht vom kleinen Format ab.

Die meisten Statuetten sind Vollgüsse, die in der Technik des Wachsausschmelzverfahrens hergestellt wurden. Die etruskischen Erzgießer haben dieses Verfahren meisterhaft beherrscht. Die Bronzen hatten ursprünglich einen hell schimmernden Glanz. Die Patina ist ein unantikes Element. Ein großer Teil der ausgestellten Bronzen weist derzeit eine Oberfläche auf, die durch ein Restaurierungsverfahren zustande kam, das auf Reduktion beruhte und das mit einem gewissen Substanzverlust verbunden war. Diese Methode findet jetzt keine Anwendung mehr.

Lit.: Colonna, Bronzi votivi; L. Franzoni, Bronzetti etruschi ed italici del Museo Archeologico di Verona, 1980; A. M. Adam, Bronzes étrusques et italiques, 1984; Richardson; M. Cristofani, I bronzi degli Etruschi, 1985; S. Haynes, Etruscan Bronzes, 1985 (mit ausführlicher Bibliographie). I. K.

B 8.1
Männliche Figur
7. Jh. v. u. Z.
Bronze, Vollguß. Hellgrüne Patina, intakt, bis auf die wohl nachträglich für eine Sockelung zugespitzten Füße
H. 6,5 cm
1987 aus Privatbesitz erworben
Berlin, SMB, Antikensammlung Inv.: 33749

Stehende männliche Figur mit aus dünnem Draht bestehenden Armen und verdickten Enden, die die Hände bilden. Der rechte Arm ist erhoben, der linke vor den Körper gelegt. Die Beine stehen etwas auseinander. Der unplastisch aufgefaßte Körper hat gelängte Proportionen mit Angabe des Genitals. Der Kopf ist rund mit eingeritzten Gesichtszügen und großen runden Ohren.

Lit.: Vgl. A. C. Brown, Ancient Italy before the Romans, Ashmolean Museum, 1980, S. 29 Taf. 9, die Figuren sind kleiner und werden als Teile eines fahrbaren Karrens gedeutet; Richardson, Taf. 1.2; Wiry geometric Serie A. I. K.

B 8.2
Weibliche Figur
7. Jh. v. u. Z.
Bronze, Vollguß. Hellgrüne Patina,
intakt bis auf den fehlenden rechten
Arm ab Mitte des Oberarmes
H. 6,6 cm
1987 aus Privatbesitz erworben
Berlin, SMB, Antikensammlung
Inv.: 33750

Stehende weibliche Figur von ähnlicher ab-
strakter Körperauffassung wie Kat.-Nr. B 8.1.
Die Arme sind etwas weniger dünn und drahtar-
tig gebildet. Die Finger der herabhängenden
Hand sind eingeritzt, die Hüftpartie ist leicht an-
gedeutet. Der Kopf ist eher schmal mit grob
eingeritzten Einzelzügen und großen runden
Ohren.
Lit.: Vgl. Kat.-Nr. B 8.1; Richardson, Taf. 2.8.
I. K.

B 8.3
Jünglingsfigur
Latinisch-geometrisch 6. Jh. v. u. Z.
Bronze, gegossen, einzelner Zapfen unter
den Füßen. Intakt
H. 7,1 cm
Ohne Herkunfts- und Fundortangabe
Berlin, SMB, Antikensammlung
Inv.: Fr. 2259

Stehender Jüngling in stark schematisierter
Form. Die Beine stehen eng beieinander, die
Arme liegen dicht am Körper an, die Proportio-
nen sind überlängt. Schmaler Kopf mit großen
Augen, Nase und Mund grob. Brustwarzen und
Nabel durch Kreise angegeben, Genital ange-
deutet.
Lit.: Friederichs, S. 488 Nr. 2259; Richardson,
S. 162 (Stück wird dort bei V 3, Series C, Group
4 eingeordnet). I. K.

B 8.4
Statuette eines Kuros
Nordetruskisch, 2. Hälfte 7. Jh. v. u. Z.
Bronze. Grobe dunkle Patina mit Rostspuren
von Eisen
H. 14,1 cm
Prag, NM
Inv.: 3165

Stehender Jüngling mit langem bis zur Schulter fallendem Haar (»Etagenperücke«) und kurzem Schurz.
Das Gesicht ist noch dädalisch, der linke Fuß
ist auf dem viereckigen Untersatz etwas vorgesetzt.
Die Arme sind angewinkelt und die Hände
nach vorn gestreckt; sie haben ursprünglich einen länglichen Gegenstand getragen, von dem
nur die stabartigen Enden in beiden Händen
erhalten sind. Der Kopf ist leicht nach hinten
gebogen, die Muskulatur nur schematisch angegeben.
Lit.: Antické umění Nr. 232 Taf. 32; Umění
Etrusků Nr. 1 Abb. Vgl. E. H. Richardson, in:
MemAmAc 27, 1962, Taf. 24.92–94 (aus der
Gegend von Arezzo). J. B.

B 8.5 (Abbildung)
Statuette eines Jünglings
Ende 7. Jh. v. u. Z.
Bronze
H. 10 cm
Fundort unbekannt; 1887 aus Sammlung
M. und F. Golicyn erworben
Leningrad, GE, Antikensammlung
Inv.: V 723

Jüngling mit Lendenschurz, dargestellt mit
auseinandergestellten Beinen und leicht nach
vorn gestelltem linkem Fuß. Die in den Ellenbogen eingeknickten Arme sind waagerecht nach
vorn gestreckt; in der linken Hand befindet sich
der Rest eines Speers. Etwas zurückgeworfe-
ner Kopf. Das Haar ist vorn kurz und fällt hinten
auf die Schultern. Die Figur mit disproportional
langen Beinen ist insgesamt relativ flach. Muskulatur nicht ausgearbeitet, hervorgehoben
sind lediglich die breiten Schultern und die
schmale Taille.
Die Statuette ist auf einer flachen quadratischen Platte befestigt.
Lit.: AChB, Nr. 125. Z. B.

B 8.6

B 8.6 (Abbildung)
Statuette eines Kuros
Nordetruskisch, aus der Gegend von
Arezzo, frühes 6. Jh. v. u. Z.
Bronze. Feine grüne Patina
H. 15,5 cm
Aus Sammlung Nostitz, wohl um 1800 aus
Italien erworben
Prag, NG Inv.: P 5794

Der Kopf einfach modelliert, das Haar als
»Mütze« angedeutet. Die Arme sind flau gebogen, ohne auf die Anatomie der Ellenbogen zu
achten. Die offenen Hände sind nach vorn gedreht. Der linke Fuß ist etwas vorgesetzt. Fußzapfen. Die stark vereinfachte Anatomie erinnert fast an die Villanova-Statuetten.
Lit.: Antické umění Nr. 233 Taf. 29; Umění
Etrusků Nr. 2 Abb. Vgl. E. H. Richardson, in:
MemAmAcc 27, 1962, Taf. 8.26–28; G. M. A.
Richter, Greek, Etruscan and Roman Bronzes,
1915, Nr. 193. J. B.

B 8.7
Krieger
625–600 v. u. Z.
Bronze, Vollguß. Patina intakt; es fehlen das
rechte Bein oberhalb des Knies, der linke Fuß
bis Knöchel, beide Arme ab Unterarm
H. 8,7 cm
1831 aus Sammlung Dorow-Magnus erworben.
Gefunden zwischen Perugia und Chiusi
Berlin, SMB, Antikensammlung Inv.: Fr. 2248

Stehender Krieger mit vorgestreckten Armen
und kräftigen, gedrungenen Körperformen.
Großer Kopf mit kappenartigem Haar, das bis
auf die Schultern herabfällt. Feine Ziselierung.
Große Augen und Nase. Mund flach, Kinn vor-
springend. Plastisch abgesetzter Hüftschurz.
Lit.: Friederichs, S. 468f. Nr. 2248; Neugebauer, Bronzen, S. 44 mit Lit.; K. A. Neugebauer, in: BerlMus, 61. Jahrgang, 1940, 1–2, S. 7 ff.
Abb. 1.2; Richardson, S. 70 Taf. 31 Abb. 122 (VI,
2, Series A, Groups 5. u. 6) mit weiterer Lit. I. K.

B 8.8 (Abbildung)
Heraklesstatuette
Votivstatuette, Ende 6. Jh. v. u. Z.
Bronze, Vollguß, Gravierung
H. 19,2 cm
Herkunft und Zeitpunkt der Erwerbung
unbekannt
Leningrad, GE, Antikensammlung
Inv.: V 1198

Die Figur des Herakles in angreifender Haltung mit erhobener rechter Hand, in der ein
Stück Keule (?) erhalten ist. In der nach vorn gestreckten linken Hand befindet sich das Bruchstück eines unbestimmten Gegenstandes. Der
Kopf ist leicht in Richtung der nach vorn gestreckten Hand geneigt. Das Gesicht mit archaischen Zügen ist von einem Lockenkranz umrahmt. Das Haar ist hinter die Ohren gekämmt
und fällt im Nacken herab. Der breitschultrige
Torso ist nackt. Die Schenkel sind mit dem Löwenfell bedeckt: vorn hängt die Schnauze her-

ab, an den Seiten die Pfoten, hinten der Schwanz. Die Muskulatur des Brustkorbes und des Rückens ist herausgearbeitet, ebenso die Schlüsselbeine; die Brustwarzen sind durch reliefartige Punkte hervorgehoben.

Lit.: AChB, Nr. 144; Richardson, S. 343, 344, Nr. 814. Z. B.

B 8.9
Jünglingsstatuette
6. Jh. v. u. Z.
Bronze
H. 25 cm
Aus Siena; 1928 aus Sammlung B. I. und W. H. Chanenko erworben
Leningrad, GE, Antikensammlung Inv.: V 2031

Die nackte Jünglingsfigur mit breiten Schultern und schmaler Hüfte ist streng frontal mit am Körper herabhängenden Armen dargestellt. Der sehr große Kopf ist fast ohne Hals ausgeführt. Auf dem Kopf eine spitze Mütze mit Umschlag (tutulus). Langes Haar, mit Einkerbungen markiert, liegt dicht auf den Schultern und auf dem Rücken. Symmetrisch fallen auf beiden Seiten je zwei Lockensträhnen auf Brust und Schultern. Volles Gesicht mit gerader, langer Nase. Mandelförmige Augen mit gebogenen Augenbrauen, die durch kleine Einkerbungen dargestellt sind. Kleines, zugespitztes Kinn. Die Ohren sind reliefartig angedeutet. Der Oberkörper mit kaum erkennbarer Muskulatur, der Bauchnabel ist als eingetiefter Kreis dargestellt. Entlang des Rückens ist durch eine vertiefte Linie die Wirbelsäule erkennbar. Die primitive Art der Darstellung der Details, die langgestreckten Finger lassen die Hand eines provinziellen etruskischen oder italischen Meisters erkennen. Die Statuette gilt als ein seltenes Beispiel der etruskischen Votivplastik.

Lit.: NSc, 1902, S. 199, 200 Abb. 1.2; S. Reinach, Repertoire de la Statuaire grecque et romaine, III, 1904, S. 23 Nr. 7; Kul'tura i iskusstvo Etrurii, Nr. 50; AChB, Nr. 127; Boriskovskaja, Novoe, S. 131 Abb. 11. Z. B.

B 8.10
Jünglingsfigur
Ende 6. Jh. v. u. Z.
Bronze, Vollguß. Oberfläche korrodiert; linker Fuß fehlt bis oberhalb des Knöchels
H. 8,2 cm
1869 erworben
Berlin, SMB, Antikensammlung Inv.: Fr. 2158

Stehender unbekleideter Jüngling mit auseinandergestellten Füßen und vom Körper steif abgestreckten Armen. Der runde Kopf mit eingeritztem Löckchenkranz, aber ansonsten glattem Haar, sitzt kurzhalsig auf breiter Brust. Einzelformen des Gesichts, der Hände und Füße sind angegeben.

Lit.: Friederichs, S. 471 Nr. 2158; vgl. auch U. Höckmann, Antike Bronzen (Staatliche Kunstsammlungen Kassel Nr. 4), S. 32 Abb. 11 (schlanker und eng anliegende Arme); vgl. auch Richardson, 787 Abb. 126. I. K.

B 8.8

B 8.11 (Abbildung)
Statuette eines stehenden Jünglings
Um 500 v. u. Z.
Bronze, Vollguß. Dunkelgrüne Patina, beide Füße fehlen
H. 9,45 cm
Herkunft unbekannt
Dresden, SKS, Skulpturensammlung Inv.: AB 693

Nackter stehender Jüngling mit leicht vorgesetztem linkem Bein. Der linke Arm ist angewinkelt und die Hand flach ausgestreckt auf die Hüfte gestützt. Die Rechte ist durchbohrt und liegt mitten vor dem Leib. Der Knick über dem Armgelenk deutet auf eine nachträgliche Verbiegung hin; zweifellos war der Unterarm ursprünglich nach vorn gestreckt und hielt eine Lanze oder einen ähnlichen Gegenstand (vgl. Richardson, Abb. 507 ff., 539). Das Haar ist ohne Gravierung der Strähnen wie eine geschlossene, in den Nacken fallende Kappe behandelt, ähnlich einem Helm mit langem Nackenschutz. Die summarische Formgebung mit weich gleitenden Übergängen folgt ionischen Vorbildern, ebenso die breitflächige Anlage des Gesichts. Das Motiv des angewinkelten, fest in die Hüfte eingestemmten Armes mit flach anliegender Handfläche kommt anscheinend in Griechenland nicht vor, ist bei spätarchaisch-etruskischen Bronzen aber häufiger (vgl. Richardson, Abb. 154 ff.).

Lit.: Unveröffentlicht. M. R.

B 8.11

B 8.12
Jünglingsfigur
Spätarchaisch, frühes 5. Jh. v. u. Z.
Bronze, Vollguß. Oberfläche stark korrodiert, Verkrustungen; linker Fuß bis oberhalb des Knöchels und Finger der linken Hand verloren
H. 8,1 cm
1827 aus Sammlung Bartholdy ohne Fundortangabe erworben
Berlin, SMB, Antikensammlung Inv.: Fr. 2194

Schreitender Jüngling mit weit vom Körper abgestreckten Armen. Großer Kopf im Verhältnis zu den dünnen Körperformen und Gliedmaßen. Eng anliegendes Haar, große Augen, Mund und Nase klein, Formen stark verschliffen und durch zerstörte Oberfläche verunklärt.

Lit.: Friederichs, S. 488 Nr. 2194; Richardson, S. 147, 478 Abb. 322 (III, i 3, Series A, Group 4, Nr. 8). I. K.

B 8.13
Jünglingsfigur
Umbrisch, nach Vorbild des frühen 5. Jh. v. u. Z.
Bronze, Vollguß; zwei Einlaßzapfen an Füßen. Reduzierte Oberfläche; linker Arm ab Ellenbogen verloren
H. 6,9 cm
Ohne Herkunfts- und Fundortangabe
Berlin, SMB, Antikensammlung Inv.: Fr. 2192

B 8.19

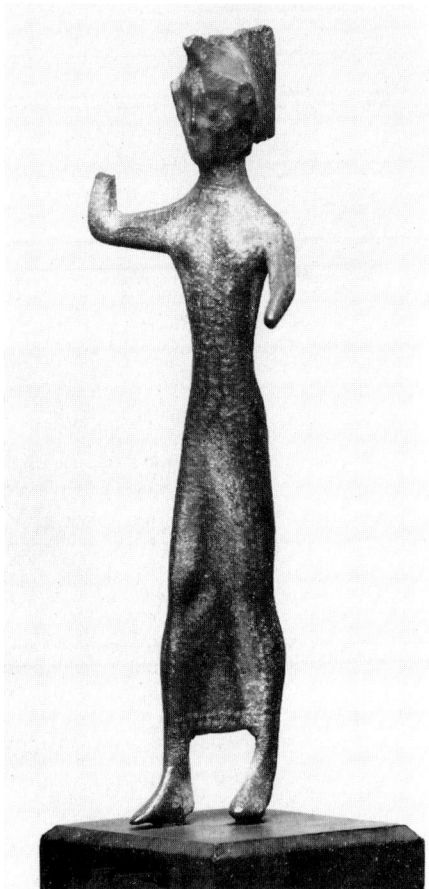

B 8.20

B 8.15

H. (m. Fußdorn) 14,5 cm,
(ohne) 13,4 cm
Prag, NM Inv.: 4787

Der Krieger trägt einen Helm mit hohem Kamm und langem buschartigem Zapfen und Hörnern. Der erhobene rechte Arm zeigt in der Hand ein Loch, das ursprünglich zum Fixieren der jetzt fehlenden Lanze diente. Der linke verkürzte Arm ist nach unten gebogen. Am Unterkörper ist der untere Rand des Panzers markiert und der darunter vorragende Chiton oder die Pteriges.

Der Krieger schreitet weit aus, dabei ist das linke Bein vorgesetzt und im Knie leicht angewinkelt. Von den beiden Fußzapfen ist der linke wesentlich länger. Einfache, aber elegante Modellierung.

Lit.: Antické umění Nr. 235 Taf. 32; Umění Etrusků Nr. 6, vgl. Colonna, Bronzi votivi, Nr. 151 Taf. 40–41, Nr. 157 Taf. 43, Nr. 159 Taf. 42.   Z. B.

Mit weit vom Körper abgestreckten Armen schreitender unbekleideter Jüngling. Die Gliedmaßen sind überlang im Verhältnis zum kleinen Körper. Haar, Einzelformen des Gesichts, Halsschmuck und Brustwarzen sind angegeben.

Lit.: Friederichs, S. 478 Nr. 2192; vgl. Colonna, Bronzi votivi, Nr. 248.   I. K.

B 8.14
Jünglingsfigur
Umbrisch, nach Vorbild des 5. Jh. v. u. Z.
Bronze, Vollguß; kleine Einlaßzapfen an Füßen. Stark verkrustete Patina, rechter Arm fehlt ab Mitte des Oberarms
H. 9,1 cm
1828 aus Sammlung Bartholdy ohne Fundortangabe erworben
Berlin, SMB, Antikensammlung
Inv.: Fr. 2195

Schreitender Jüngling mit rundem Kopf und überlangen Gliedmaßen. Stark schematisierte Darstellung der plastischen Körperformen. Schreitmotiv mit weit auseinanderstehenden Beinen. Einzelformen des Gesichts kaum mehr wahrnehmbar.

Lit.: Friederichs, S. 478 Nr. 2195; vgl. Colonna, Bronzi votivi, Nr. 136 (schematici umbrosettentrionali).   I. K.

B 8.15 (Abbildung)
Kriegerstatuette
5. Jh. v. u. Z.
Bronze
H. 19,3 cm
Fundort und Herkunft unbekannt
Leningrad, GE, Antikensammlung
Inv.: V 1256

Statuette eines Kriegers mit energisch nach vorn schreitendem linkem Bein. Der rechte Arm war erhoben, wahrscheinlich hielt er einen Speer. Der linke Arm ist nach vorn gestreckt. Die Rüstung besteht aus: Helm mit Federbusch, der im Rücken bis zum Gürtel herabhängt, ledernem Brustpanzer mit Gürtel, Beinschienen. Panzer und Beinschienen sind mit eingravierten Ornamenten aus Punkten, parallelen Linien und Kreisen verziert. Flache und geometrisierende Modellierung des Körpers. Figuren dieser Art sind charakteristisch für die spätarchaische Votivplastik Umbriens.

Lit.: Kul'tura i iskusstvo Etrurii, Nr. 60; AChB, Nr. 138; Boriskovskaja, Novoe, S. 129 Abb. 3.   Z. B.

B 8.16
Kriegerstatuette (Mars)
Südumbrien, Gruppe Montesanto
5. Jh. v. u. Z.
Bronze. Hell- bis dunkelgrüne glatte Patina, nur an einigen Stellen wucherartig verändert

B 8.17
Kriegerstatuette
5. Jh. v. u. Z.
Bronze
H. 11 cm
Fundort unbekannt; 1926 aus Sammlung
Stroganov erworben
Leningrad, GE, Antikensammlung
Inv.: V 1904

Der Krieger ist als Angreifer in dynamischer Bewegung dargestellt; die Arme sind seitwärts gestreckt. In der rechten Handfläche ist eine runde Aussparung für einen Speer. Auf dem Kopf ein Helm. Flache Figur, geometrische und verallgemeinernde Körperform. Brustwarzen und Bauchnabel sind durch runde Eingravierungen wiedergegeben. Eines von vielen Beispielen italischer Votivplastik des primitiven Stils.

Lit.: Kul'tura i iskusstvo Etrurii, Nr. 66; AChB, Nr. 141; Boriskovskaja, Novoe, S. 130 Abb. 7.
Z. B.

B 8.18 (Abbildung)
Kriegerstatuette
5. Jh. v. u. Z.
Bronze
H. 22 cm
Fundort unbekannt; 1851 aus Sammlung
Pizzati erworben
Leningrad, GE, Antikensammlung
Inv.: V 176

Statuette eines Kriegers mit hoch erhobenem rechtem Arm, in dessen Hand sich wahrscheinlich ein Schwert befand, und nach vorn gestrecktem linkem Arm. In der linken Handfläche ist ein Loch, offensichtlich befand sich dort ein Schild. Der Krieger trägt einen Helm mit Wangenklappen, einen Panzer, unter dem ein kurzer Chiton zu sehen ist, und Beinschienen an den Unterschenkeln. Helm und Panzer sind reich mit Ornamenten graviert. Die Gesichtszüge sind großflächig angelegt, die Augen waren eingelegt. Die klar gegliederte Statuette und ihre kraftvolle Gestalt erwecken den Eindruck von Monumentalität, was auf italische Herkunft des Stückes schließen läßt. Votivstatuetten dieser Art wurden Mars gewidmet.

Lit.: Stefani, Bronzy i terrakoty, Nr. 628; AChB, Nr. 137; Boriskovskaja, Novoe, S. 134 Abb. 13.
Z. B.

B 8.19 (Abbildung)
Turanstatuette
2. Hälfte 6. Jh. v. u. Z.
Bronze
H. 12,5 cm
Fundort unbekannt; 1931 aus der
Staatlichen Akademie für Geschichte der
materiellen Kunst erworben
Leningrad, GE, Antikensammlung
Inv.: V 2344

Figur einer aufrecht stehenden Frau mit spitzem Kopfschmuck und in einem langen Chiton, dessen Saum sie mit der linken Hand hält. Der rechte Arm hängt herab. An den Füßen kleine spitze Schuhe. Flache Modellierung. Es sind

B 8.18

nur Brustwarzen und Bauchnabel angedeutet. Primitive Darstellungen dieser Art sind charakteristisch für viele italische Bronzen, die in Provinzwerkstätten angefertigt wurden.
Lit.: AChB, Nr. 150.
Z. B.

B 8.20 (Abbildung)
Minerva
Spätarchaisch, Ende 6. Jh. v. u. Z.
Bronze, Vollguß. Oberfläche stark
korrodiert, es fehlen Teile des Helms
und beide Unterarme sowie Partien der
Einlaßzapfen unter den Füßen
H. 14,2 cm
1831 aus Sammlung Dorow-Magnus erworben;
Fundort zwischen Perugia und Chiusi

B 8.22

B 8.25

Berlin, SMB, Antikensammlung
Inv.: Fr. 2178

Schreitende Minerva von überlängten Proportionen, leicht nach rechts gewandt, in eng anliegendem Gewand ohne Angabe des Gorgoneions. Sie trägt einen Helm, an dem Reste von Wangenklappen erhalten geblieben sind. Der rechte Arm ist erhoben, der linke war gesenkt. Auf dem Gewand Reihen ziselierter Kreise. Großer Kopf mit vorquellenden Augen, Einzelformen verwischt.

Lit.: Friederichs, S. 476 Nr. 2178; J. Ch. Balty, in: Revue Belge, Phil. Hist. 39, 1961, S. 50 Anm. 3; Richardson, S. 353 Abb. 845 Taf. 256 (V, 4, Type III, Series C, Gr. 1,5).   I. K.

B 8.21
Statuette einer Frau
Fiesolanische Werkstatt (?),
Ende 6.–Anfang 5. Jh. v. u. Z.
Bronze. Oberfläche durch Korrosion zerstört, zahlreiche Löcher, abgebrochen der rechte Arm bis zum Ellenbogen, ein Teil der linken Hand und der Zapfen unter dem rechten Fuß
H. 20 cm
Fundort und Herkunft unbekannt
Warschau, NM Galerie für antike Kunst
Inv.: 138428

Kleine Frauenfigur mit stark gestreckten Proportionen, im Chiton mit zwei Ärmeln, Tutulus, Diadem oder Krone, Halsband mit drei bullae und »calcei repandi« (spitze Stiefel). Beine in Schrittstellung, das rechte etwas nach vorn gestellt, die Füße nach rechts gedreht. Die rechte Hand war (mit einem Attribut?) nach vorn gestreckt. Die linke, am Körper herabhängend, ist durch einen Steg mit der Hüfte verbunden. Votivfigürchen dieses Typs kommen häufig in Fiesole und im fiesolanischen Gebiet vor (Totenmahlvotiv aus der Villa Farchi und andere). In der Regel haben die Statuetten die linke Hand vom Körper gelöst und die Handfläche zur Erde gekehrt, dagegen halten sie in der rechten, ebenfalls erhobenen, z.B. einen Granatapfel, eine Blume usw. Deswegen hat man sie hypothetisch mit dem Kult chthonischer Gottheiten in Beziehung gesetzt.

Lit.: W. Ciężkowska Marciniak, in: RoczMuz Warsz 3, 1958, S. 92–94; vgl. P. Mingazzini, in: NSc 8, 1932, S. 458–469 (Frauenfigürchen aus der Villa Marchi); Colonna, Bronzi votivi, S. 34 bis 36 (Maestro Fiesole).   W. D.

B 8.22 (Abbildung)
Weibliche Statuette
Ende 6.–Anfang 5. Jh. v. u. Z.
Bronze, Vollguß; unter jedem Fuß Einlaßzapfen. Reduzierte, löchrige Oberfläche; ansonsten intakt
H. 10,9 cm (ohne Einlaßzapfen)
1869 aus Nachlaß E. Gerhard erworben
Berlin, SMB, Antikensammlung
Inv.: Fr. 2266a

Stehende weibliche Figur in eng anliegendem Ärmelgewand, das bis zu den Füßen reicht, und Schnabelschuhen. Das Haar ist zur Tutulus-Frisur aufgenommen. Beide Arme sind mit leicht nach außen gebogenen Handflächen vom Körper abgestreckt. Die Statuette ist streng frontal ausgerichtet, mit leicht differenziertem Standmotiv. Das linke Bein ist etwas nach vorn gesetzt. Die Proportionen sind überlängt, der Kopf ist klein, Hände und Füße sind dagegen groß.

Lit.: Friederichs, S. 489 Nr. 2266a; zum Stil vgl. eine Statuette im Gestus des Gewandraffens aus dem Depot di Brolio, A. Romualdi, in: Catalogo del deposito di Brolio in Val di Chiana, 1981, S. 15 Nr. 26 Taf. 26a, b, c.   I. K.

B 8.23
Mädchenstatuette
Ende 6. Jh. v. u. Z.
Bronze, Vollguß; langer Einlaßzapfen unter dem rechten Fuß. Verkrustete Patina; es fehlen beide Hände und linker Fuß bis oberhalb des Knöchels
H. 11,6 cm
Aus der Auktion Castellani mit Herkunftsangabe Italien
Berlin, SMB, Antikensammlung
Inv.: M. I. 7914

Nach rechts schreitendes Mädchen mit halbmondförmigem Diadem und eng anliegendem Gewand, das bis in die Mitte der Waden reicht; Arme vom Körper abgestreckt, schmale Körperformen und dünne Gliedmaßen. Grobes Gesicht mit großen Augen, langer Hals.

Lit.: A. Furtwängler, in: AA 1885, S. 156; Neugebauer, Bronzen, S. 44; Richardson, S. 319 Nr. 13 (V, 3, Series C).   I. K.

B 8.24
Mädchenstatuette
Spätarchaisch, Ende 6. Jh. v. u. Z.
Bronze, Vollguß; einzelner Einlaßzapfen unter den Füßen. Korrodierte Oberfläche, ansonsten intakt
H. 6,7 cm
1869 aus Nachlaß E. Gerhard erworben
Berlin, SMB, Antikensammlung
Inv.: Fr. 2266d

Stehende Kore, die mit linker Hand das Gewand rafft; die rechte ist mit nach unten gerichteter Handfläche vom Körper weit abgestreckt. Schematische Darstellung, schmaler Kopf und flacher Körper, Silhouettenwirkung. Zum Vorbild vgl. Statuette Fr. 2155 (Berlin [West]). Die

Figuren dieses Korentyps differieren in ihrer Darstellung von schön modellierten und fein ausgearbeiteten Exemplaren bis zu dünnen, geometrischen Silhouetten, bei gleichbleibendem Vorbild.

Lit.: Friederichs, S. 490 Nr. 2266d; Richardson, S. 315 (V, 3, Series C, Group 3 A, 30); vgl. zu Fr. 2155, Neugebauer, Bronzen, S. 28 Taf. 13. I. K.

B 8.25 (Abbildung)
Turanstatuette
Anfang 5. Jh. v. u. Z.
Bronze
H. 15,3 cm
Fundort unbekannt; 1926 aus Sammlung Stroganov erworben
Leningrad, GE, Antikensammlung
Inv.: V 1889

Statuette einer schnell laufenden Frau mit nach vorn gestreckter rechter Hand, in der sie einen Granatapfel hält. Der linke Arm ist in die Seite gestützt. Die Frau trägt einen langen Chiton mit rundem Kragen und Ärmeln. Der Chiton ist reich mit Gravierungen geschmückt. Am oberen Rand des Chitons und am Schoß Ornamente aus Halbkreisen; auf dem gesamten Chiton kleine Sterne. Auf dem Kopf ein Diadem, unter dem gewelltes Haar hervorkommt, das voll auf die Schultern fällt. Originell ist die Darstellung der Locken in Form von Pfeilen mit Kreisen. Die Füße sind mit kleinen spitzen Stiefeln bekleidet. Ein hervorragendes Beispiel der spätarchaischen Votivplastik – wahrscheinlich hergestellt in einer nordetruskischen Provinzwerkstatt.

Lit.: Kul'tura i iskusstvo Etrurii, Nr. 56; AChB, Nr. 161. Z. B.

B 8.26
Turanstatuette
Umbrisch, Anfang 5. Jh. v. u. Z.
Bronze, H. 13 cm
1926 aus Sammlung Stroganov erworben
Leningrad, GE, Antikensammlung Inv.: V 1903

Statuette einer vorwärts eilenden weiblichen Gestalt mit seitwärts gestreckten Armen, in der rechten Hand eine Frucht haltend. Sie ist bekleidet mit dünnem, eng am Körper anliegendem Chiton, durch den man Brustwarzen und Bauchnabel erkennen kann. Auf dem Kopf eine Haube und ein Diadem. Die Füße sind mit kleinen spitzen Stiefeln bekleidet. Figuren dieser Art mit gedehnten Proportionen und einer gewissen Geometrisierung der Formen sind charakteristisch für die umbrische Votivplastik.

Lit.: Kul'tura i iskusstvo Etrurii, Nr. 57; AChB, Nr. 162; Boriskovskaja, Novoe, S. 129 Abb. 2. Z. B.

B 9 Skulpturen des 7. und 6. Jh. v. u. Z. aus Vulci und Fiesole

Neben Chiusi, Vetulonia und Caere, wo in jüngerer Zeit die frühesten bekannten Steinskulpturen gefunden wurden, war Vulci eines der bedeutenden Zentren der archaischen Großplastik Etruriens. Aus dem Gebiet der Stadt stammt eine größere Anzahl von Skulpturen und Skulpturenfragmenten (bisher wurden über 60 Stücke registriert), die vorwiegend aus dem dort anstehenden vulkanischen Nenfro gearbeitet sind. Sie entstanden zwischen dem ausgehenden 7. Jh. und der Zeit um 520 v. u. Z. Dann bricht die Produktion anscheinend ab, ohne daß ein Grund dafür erkennbar wäre. Wie die gesamte Steinplastik Etruriens gehörten auch die Skulpturen von Vulci zur Ausstattung der Gräber, wo sie wohl vor allem im Zugang (Dromos) der Kammergräber, vielleicht auch im Eingangsraum aufgestellt waren. Auffallend ist in der Masse des Erhaltenen das Überwiegen von Tierfiguren (Löwen, Panthern) und Fabelwesen (Sphingen, geflügelten Löwen, Meerwesen, Kentauren) gegenüber menschlichen Figuren. Löwen, Panther und Sphingen könnten eine Wächterfunktion für das Grab ausgeübt haben. Die Bedeutung der Frauenfiguren ist nicht gesichert (Göttinnen, Klagende?). Die vergleichbaren männlichen und weiblichen Figuren aus Vetulonia wurden als Szenarium einer Totenklage oder als Ahnenstatuen gedeutet.

Die monumentale Steinplastik von Vulci entstand unter dem Einfluß der frühen griechischen Großplastik, die nach dem mythischen Bildhauer Daidalos »dädalisch« genannt wurde. Neben diesen Vorbildern sind vor allem Einflüsse des Orients bestimmend, die durch die Kleinplastik vermittelt wurden (Kat.-Nr. B 9.1). Im späteren 6. Jh. überwog der Einfluß Ioniens.

Während die Sphingen und Mischwesen sich über den gesamten Zeitraum der Vulcenter Produktion verteilen, scheinen die Löwen vorwiegend zur Zeit der Einrichtung der Cucumella im 2. Viertel des 6. Jh. und bald danach entstanden zu sein. Die Löwenfragmente Kat.-Nr. B 9.3 und B 9.4 sollen am Eingang der Cucumella gefunden worden sein.

Lit.: A. Hus, Recherches sur la statuaire en pierre étrusque archaïque, 1961; ders., Vulci étrusque et etrusco-romain, 1971; ders. in: Atti del X. Convegno di studi etrusci e italici 1975 (1977) S. 31 ff. Schätze der Etrusker. Kat. Ausstellung Saarbrücken 1986 S. 283 f. zu Nr. 3; G. Colonna, in: StEtr 41, 1973 S. 540 Taf. 112d und 113a, b. H. H.

B 9.1 (Abbildung)
Fragment einer Frauenstatue
Um 610 v. u. Z.
Nenfro
H. 0,55 m
Aus Vulci
Berlin, SMB, Antikensammlung Inv.: Sk. 1251

Erhalten ist der Oberkörper einer Frau mit Armen und dem unteren Teil des Kopfes. Vom Gesicht sind noch Mund und Kinn sichtbar. Faltenloser Chiton. Dreifaches Halsband, an den Armen dreifache Spiralarmbänder. Die dreiteilige Gürtung verbreitert sich zur Körpermitte hin. Das lange offene Haar ist in Strähnen geteilt, von denen zwei dicke gedrehte Locken nach vorn fallen und sich zu den Schultern aufrollen. Der Rest, in sechs Strähnen geteilt, fällt im Rücken herab. Die Hände liegen mit geballten Fäusten und emporgestreckten Daumen auf der Brust.

Die Statue ist eine der frühesten großplastischen Skulpturen von Vulci und unter dem Einfluß der dädalischen griechischen Plastik entstanden. »Hathor«-Frisur und Schmuck haben syrische Vorbilder. Der Gestus der Hände findet sich in der Kleinplastik des Nahen Ostens, des östlichen Griechenland und von Rhodos. Im etruskischen Bereich ist der Typus in Cerveteri bekannt. Vgl. hier die Figur der Bucchero-Keramik Kat.-Nr. B 2.48. Dargestellt ist wohl eine Göttin des Lebens oder der Fruchtbarkeit. Verwandt sind Skulpturen aus der Tomba della Pietrera in Vetulonia und aus Chiusi.

Lit.: Rumpf, E. 1 Taf. 1; A. Hus, Recherches sur la statuaire en pierre étrusque archaïque, 1961, S. 36 f. Nr. 1 S. 139 f.; ders., Vulci étrusque et etrusco-romain, 1971, S. 42. H. H.

B 9.2 (Abbildung)
Kopf einer Sphinx
Um 600 v. u. Z.
Nenfro. Erhalten Kopf und ein Teil des Halses mit schräg abwärts verlaufender Bruchfläche. Nase und linke Augenbraue bestoßen.
H. 0,40 m
Aus Vulci
Berlin, SMB, Antikensammlung Inv.: Sk. 1252

Der Kopf mit breitem Gesicht und niedriger Stirn ist erhoben. Augenbrauen und Oberlider sind hoch emporgewölbt, die Augäpfel treten stark hervor und sind von dicken Lidern gerahmt. Der Mund mit nach oben gebogenen Lippen ist dicht unter die breite Nase gerückt. Das Haar, auf der Kalotte glatt, läßt die großen Ohren frei. Unter dem Band, das unterhalb der Ohren waagerecht den Nacken umfaßt, fällt es in langen Strähnen auf die Schultern. Unter dem Kinn ein Halsband.

Der Kopf gehörte zu einer hockenden, geradeausblickenden Sphinx mit Löwenkörper und

nach oben aufgebogenen Flügeln. Am Hinterkopf ein Rest der Flügelspitzen, die hier den
Kopf berührten. Entstanden unter dem Einfluß
der dädalisch griechischen Plastik, aber in der
expressiven Gesamtwirkung etruskisch. Einzelformen, wie die Mund- und Nasenbildung, wurden mit den Köpfen archaischer Kanopen aus
Chiusi und Dolciano verglichen (Hus).

Lit.: Rumpf, E. 4 Taf. 3; A. Hus, Recherches
sur la statuaire en pierre étrusque archaique,
1961, S. 40 Nr. 6 Taf. 19, S. 141 ff.   H. H.

B 9.2

B 9.3
Geflügelter Löwe
570–550 v. u. Z.
Nenfro. Erhalten der stark bestoßene
Torso mit Hals, Brust, Ansatz des
Flügels und Kruppe mit dem linken
Oberschenkel. Auf der rechten Körperseite
Oberfläche abgesplittert
H. 1,00 m
Gefunden am Eingang der Cucumella in
Vulci. Geschenk des Fürsten Torlonia 1883

Berlin, SMB, Antikensammlung
Inv.: Sk. 1257

Der Löwe war hockend dargestellt, offenbar
mit weit geöffnetem Maul, wie der erhaltene tief
herabhängende Unterkiefer zeigt. Die Staufal-
ten über dem senkrecht stehenden Vorderbein
sind durch drei viertelkreisförmige Incisionen
angegeben. Drei parallele Incisionen auf dem
Oberschenkel nahe dem Kniegelenk. Der
Schweif ist über den Hinterschenkel gelegt. Die
steil ansetzenden Flügel waren zum Kopf geschwungen. Der Löwe gehört stilistisch zu einer
Gruppe von Tierbildern mit kurzem Körper und
sehr hohen Beinen. Zusammen mit anderen
Tierfiguren und Mischwesen, s. Kat.-Nr. B 9.4,
war er Bestandteil vom Skulpturenschmuck der
Cucumella, des bedeutendsten Tumulus des
archaischen Vulci. Es wird angenommen, daß
die Skulpturen auf der unterhalb der Aufschüt-
tung umlaufenden Krepis aufgestellt waren.
Ähnliche Skulpturen wurden in Castro im Einflußbereich von Vulci gefunden, wo sie vielleicht
an einer Gräberstraße aufgestellt waren. Ikonographische Vorläufer finden sich in der
orientalisierenden Kunst Etruriens.

Lit.: Rumpf, E. 2 Taf. 2; A. Hus, Recherches
sur la statuaire en pierre étrusque archaique,
1961, S. 49 Nr. 33 Taf. 7, vielleicht Pendant zu
Nr. 15 S. 52, S. 187 ff., S. 417 ff. zur Aufstellung
der Skulpturen auf der Cucumella. Vgl. die Löwen in Florenz und Kopenhagen S. 54 f. Nr. 1
und 4 Taf. 27; A. Hus, Vulci étrusque et etrusco-
romain, 1971, S. 73 ff. Skulpturen von Castro:
St. Steingräber, Etrurien, 1981, S. 226.   H. H.

B 9.4

Kopf eines Löwen
570–550 v. u. Z.
Nenfro. Erhalten der Kopf ohne den
Unterkiefer. Nase, Ohren und linke
Gesichtsseite bestoßen. Bruchfläche auf
dem Oberkopf hinter den Ohren. Über
der Bruchfläche am Hals Reste einer
kragenartigen Erhöhung (Flügelansatz)
H. 0,65 m
Von der Cucumella in Vulci, 1883 vom
Fürsten Torlonia geschenkt
Berlin, SMB, Antikensammlung
Inv.: Sk. 1258

Der Löwe war mit offenem Maul brüllend dargestellt. Weit geöffnete Augen mit hoch empor-
gezogenen Oberlidern und vortretenden Augäpfeln. Breite Nase mit vertieften Nasenlö-
chern. Die Falten um das Maul sind zu einem
blattzungenartigen Ornament stilisiert. Die glatte Mähne ist mit einer leichten Erhöhung gegen
das Gesicht abgesetzt. Ohren durch zwei stark
vortretende Halbmuscheln, die sich um einen
plastischen Kern legen, gebildet.

Wie B 9.3 zu einem geflügelten Löwen gehörig. Vgl. Getty MusJ 5, 1977, S. 47 f. Abb. 5, 6.

Lit.: Rumpf, E 3 Taf. 2; Hus, Recherches sur
la statuaire en pierre étrusque archaique, 1961,
S. 47 f. Nr. 27 Taf. 26; A. Hus, Vulci étrusque et
etrusco-romain, 1971, S. 75 f.   H. H.

B 9.1

B 9.5

B 9.5 (Abbildung)
Pfeilerförmiger Cippus
2. Hälfte 6. Jh. v. u. Z.
Sandstein. Bestoßungen an den unteren
Rändern des Pfeilers, Abschürfungen
besonders an der Oberfläche der Figur des
Verstorbenen
H. (gesamt) 0,93 m, Br. 0,32 m
»Aus der Umgegend von Florenz«. Ehemals
Sammlung Inghirami.
Erworben durch E. Gerhard
Berlin, SMB, Antikensammlung Inv.: Sk. 1220

Vierseitiger Pfeiler, oben von einer Hohlkehle
mit Blattstab abgeschlossen, darauf ein Cippus
in Form einer flachgedrückten Kugel, der mit
dem Pfeiler aus einem Stück gearbeitet ist. Auf
allen vier Seiten des Pfeilers in vertieftem Bildfeld flache Reliefs:

a) Der Verstorbene als bartloser Mann, nach
links schreitend, in der erhobenen rechten Hand
Lituus, die linke Hand in die Hüfte gestützt. Von
einem Gewand ist der Halssaum zu erkennen.
Der Mann trägt eine hohe Kopfbedeckung, unter der die Locken hervorsehen, Stiefel mit hohen, bis zu den Knien reichenden Schäften, an
denen Sohlen und die emporgebogenen Spitzen erkennbar sind. Dreifache Armspange am
linken Arm (?).

b) Steigende Sphinx nach links gewandt mit
eingezogenem Schweif.

c) Steigender Greif, nach links gewandt, mit
eingezogenem Schweif.

d) Steigender Löwe, nach links gewandt,
den Kopf zurückgedreht, mit eingezogenem
Schweif.

An der Unterseite des Pfeilers kurzer zylin-
derförmiger Einlaßzapfen zum Einsetzen in
eine Basis.

Das Grabmal gehört zu einer Gruppe von
Cippen aus dem 6. und frühen 5. Jh., die in der
Umgebung von Fiesole und Florenz und westlich bis nach Pistoia gefunden wurden und von
denen bis jetzt 36 Stücke bekannt sind. Mehrere
von ihnen wurden in einer Zweitverwendung gefunden, keines im ursprünglichen Zusammenhang. Den verschiedenen Typen ist die allseiti-
ge Verzierung mit flachen Reliefs gemeinsam,
die bei den frühen Exemplaren rundlich weiche
Formen haben und darin den Reliefs von Volterra verwandt sind. F. Magi nimmt an, daß die
Steine von allen Seiten sichtbar auf der Tumu-
lusspitze der Kammergräber standen.

Der Lituus in der Hand des Verstorbenen
deutet vielleicht auf dessen priesterliche Funktion. Sphinx, Greif und Löwe sind Wächter des
Grabes.

Lit.: F. Inghirami, Monumenti Etruschi, Serie
6, 1825, Taf. P 5 Nr. 1–5; Rumpf, E. 10 Taf. 6;
F. Magi, in: StEtr. 6, 1932, S. 14 Nr. 6, Taf. 5.1–4;
F. Nicosia, in: StEtr 34, 1966, S. 155, 158, 160
Typ C 1, 163; G. Capecchi, in: Bull. storico pisto-
iese 86, 1984, S. 33 ff. (zur Verbreitung und Wie-
derverwendung der Stelen).   H. H.

In der 2. Hälfte des 6. und im frühen 5. Jahrhundert, als Chiusi Reichtum und wachsende politische Vormachtstellung in Etrurien gewann, entwickelte sich in lokalen Werkstätten die eigenartige Grabkunst, deren Zeugnisse im Einflußbereich der Stadt gefunden wurden. Urnen, Sarkophage, Cippen und Basen für Statuen aus dem weichen einheimischen Kalkstein wurden mit flachen, farbig bemalten Reliefs geschmückt. Sie zeigen anfangs noch Tiere und orientalische Mischwesen, später Menschen bei den verschiedenen Riten und Zeremonien, die für die Oberschicht von Chiusi mit der Bestattung der Toten in den Kammergräbern verbunden waren: Aufbahrung (Prothesis), Ausfahrt des Toten zum Begräbnisplatz (Ekphora), Prozessionen, Klagetänze der Frauen, Reiterwettkämpfe und Waffentänze der Männer und das Bankett, das zu Ehren der Toten, die man sich anwesend dachte, abgehalten wurde, Darstellungen, die auch die Struktur der Gesellschaft spiegeln. Für die Entwicklung dieser Reliefkunst war zur Zeit der größten Blüte Chiusis die spätarchaische attische Vasenmalerei von großer Bedeutung, deren Produkte auch nach Chiusi eingeführt wurden und die den Stil der Reliefs bis in Details bestimmte. Bilder mit den gleichen Zeremonien, den gleichen lebhaft bewegten, in weite, elegant drapierte Gewänder gekleideten Teilnehmern schmückten auch die Wände der Kammergräber in Chiusi wie in Tarquinia. Die Produktion der Reliefs fand im zweiten Viertel des 5. Jahrhunderts ihr Ende, wohl infolge der sinkenden Bedeutung der Stadt.

Etwa seit der Mitte des 5. Jahrhunderts wurden etwa über zwei Generationen hin in Chiusi Grabstatuen und -gruppen aus Kalkstein geschaffen – thronende Frauen und zum Mahl gelagerte bekränzte Männer –, die in den Kammergräbern aufgestellt wurden und die Funktion von Urnen hatten. Das Innere der Statuen wurde ausgehöhlt zur Aufnahme des Leichenbrandes. Die Öffnung befand sich am Hals der Statue und wurde durch den eingesetzten Kopf geschlossen. Es ist naheliegend, besonders bei den thronenden Frauen an ein Fortwirken der Tradition der Kanopen von Chiusi zu denken. Doch hat M. Cristofani auf die unterschiedliche Art der Aufstellung und des sozialen Kontextes, dem die Statuen angehören, hingewiesen. Insgesamt sind etwa 30 Exemplare nachweisbar. Die Frauenstatuen stellen Verstorbene dar, deren Erscheinung durch das feierliche Thronen zu heroischer Würde gesteigert ist. Die Männer sind zum Bankett gelagert mit der Phiale in der Hand. Neben ihnen oder zu Füßen des Lagers sitzt die Gemahlin oder der geflügelte weibliche Todesdämon (Lasa oder Vanth). Im Unterschied zu den archaischen Symposiondarstellungen lagert sie nicht neben dem Mann auf der Kline. Dies entspricht dem Schema der tarentinischen und griechischen Heroenmahlreliefs.

Das stilistische Bild der Statuen wird geprägt durch Einflüsse der griechischen Kunst des strengen Stils auf dem Peloponnes und der klassischen Kunst Athens, die Etrurien über Sizilien und Großgriechenland erreichten, aber von den konservativen Werkstätten Chiusis nur zögernd aufgenommen wurden. Die Datierung der Statuen begegnet daher großen Schwierigkeiten. Einzelne Skulpturen, wie der gelagerte Bronzejüngling aus Perugia, der vermutlich aus dem Bereich von Chiusi stammt, gehören zu den bedeutendsten Bildwerken dieser Periode (Kat.-Nr. B 10.10).

Durch die Fertigung der Statuen in mehreren Teilen kam es häufig zum Vertauschen vor allem der Köpfe, sei es, daß der Befund bei der Entdeckung der Kammergräber nicht mehr eindeutig war, sei es, um die Statuen für den Handel attraktiver zu machen. Oft ist die Zugehörigkeit nicht mehr sicher nachweisbar.

Lit.: J.-R. Jannot, Les reliefs archaiques de Chiusi. Collection de l'école française de Rome 71, 1984; M. Cristofani, Statue-cinerario chiusine di età classica, 1975; F.-H. Briguet, in: MEFRA 87, 1975, 1, S. 143 ff.; Dohrn, Interimsperiode, S. 25 ff.   H. H.

B 10.1 (Abbildung)
Aschenkiste. Szenen aus den Bestattungszeremonien
Um 520 v. u. Z.
Stinkkalk. Die ursprünglich gut erhaltene Urne ist durch Kriegseinwirkung in viele Fragmente zerbrochen (zum ursprünglichen Zustand vgl. Rumpf Taf. 7 und 8).
Es fehlen: der größte Teil von Rückwand und oberem Rand des Kastens, Teile der Reliefs an Vorder- und Seitenflächen. Mehrere kleinere Fehlstellen.

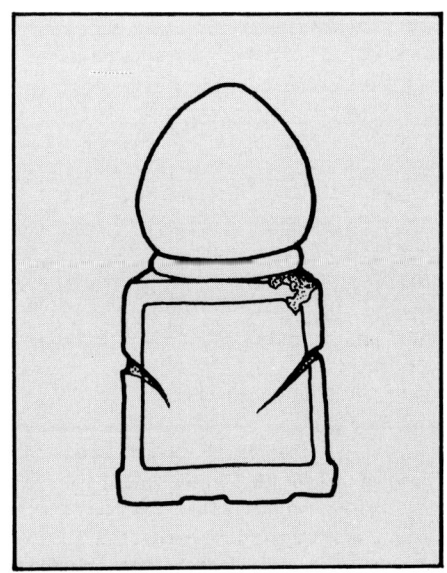

Cippus mit eiförmigem Aufsatz (nach Jannot 1984, S. 192 Abb. 4) vgl. B 10.2 und 3

Farben: Rot auf dem Rahmen des Kastens, an Haaren, Gewändern, am Körper des Mundschenks, an Schweif und Mähne des Pferdes; Rotbraun an den Gewandsäumen. Die Urne war im Inneren rot ausgemalt.
Kasten: H. 0,33 m, Br. 0,69 m, T. 0,36 m
Deckel: H. 0,083 m, Br. 0,85 m, T. 0,43 m
Zu groß, nicht zugehörig?
Aus Chiusi, von Mazetti durch Gerhard erworben
Berlin, SMB, Antikensammlung
Inv.: Sk. 1237

Kasten, im Typus der Holzkästen mit eingesetzten Elfenbeinreliefs, auf vier flachen Klötzen, die auf der Vorderseite vorgezogen sind und das Auflager für Löwenklauen bieten. An Vorder- und Nebenseiten Reliefs in vertieften, mit halbrundem Stab abgesetzten rechteckigen Feldern.

Langseite: »Bankett«. Auf einer Matratze auf dem linken Ellenbogen gelagert zwei Jünglinge, zwischen ihnen eine Frau, alle drei in kurzärmligem Chiton, Mantel um den Unterkörper geschlagen, so daß an der linken Körperseite lange Faltenbahnen herabfallen. Das Haar der Männer herabhängend, gewellt und bekränzt, die Frau trägt Tutulus und scheibenförmigen Ohrschmuck. Von links herantretend kleiner Flötenspieler in Chiton und Tebenna, hinter ihm nackter Mundschenk, in der rechten Hand Kanne, in der erhobenen linken ein Sieb (?). Neben ihm am Boden bauchiger Kessel. Zwischen beiden aufrechtstehender Blätterzweig. Nur die Frau hat eine Trinkschale in der linken Hand. Die Männer bewegen die Hände zur Musik wie beim Tanz (vgl. zu Kat.-Nr. B 10.2). Die Gelageszenen spiegeln die zu Ehren des Toten unmittelbar neben dem Grab abgehaltenen Gelage als Teil der Begräbniszeremonien wider, wobei auf den Urnenreliefs in der Regel keine Speisen dargestellt sind. Die Teilnehmer lagern auf Klinen (vgl. Kat.-Nr. B 10.4) oder zu ebener Erde auf Matratzen. Dieser Bildtypus, oft mit Pflanzendarstellungen, zeigt als Ort der Gelage die freie Natur unmittelbar neben dem Grab, geschützt vielleicht von einem Zelt oder einer provisorischen Hütte, an denen Kultgegenstände, wie hier ein Kranz, aufgehängt werden. Das Liegeschema mit angewinkeltem rechtem Bein wie auch der nackte Mundschenk folgen attischen Vorbildern. Die Frauen sind nicht wie dort Kurtisanen, sondern die Ehefrauen.

L. Nebenseite: Reise in das Jenseits. Der Verstorbene nach rechts schreitend, wendet sich um zu seinem Pferd, das er mit der linken Hand am Zügel mit sich führt, in der rechten schwingt er Stock oder Peitsche. Hinter dem Pferd zwei Bäumchen auf hohem Stiel mit rundlicher Krone.

R. Nebenseite: Tänzerpaar, in entgegengesetzte Richtungen tanzend, Köpfe einander zugewandt, die Arme im Tanz fast spiegelbildlich

bewegt. Zwischen ihnen ein Zweig oder kleiner Baum mit hoher schmaler Krone ohne Detailangaben.

Deckel in Form eines Satteldaches, mit flach abfallenden Dachschrägen, oben der Columen sichtbar. Die Dachflächen gegen die Ränder leicht eingetieft.

Lit.: Rumpf, E. 11 Taf. 7, 8; Jannot, 1984, B III, 3 Abb. 143–145, S. 212 f., Fig. 26 S. 362 ff.; E. Paribeni, in: StEtr 12, 1938, S. 131 Nr. 194; C. Weber-Lehmann, in: RM 92, 1985, S. 22 ff.

H. H.

B 10.2
Cippus. Tanzende Mädchen und Jünglinge

Um 500 v. u. Z.

Kalkstein. Unterseite bis auf wenige Reste in unterschiedlicher Höhe weggebrochen. Oberseite abgesplittert. An einigen Stellen abschließende glatte Fascie über den Reliefs noch erhalten. Fehlstück im Relief auf Seite b. Mehrfach von den Kanten her eingesägt. Es fehlt der ei- oder kuppelförmige Aufsatz. Farben: Rot in den Haaren von Frau und Knabe auf a, an Hals und Gesicht des Mannes auf b.

H. 0,30 m, Br. oben 0,27 m, unten 0,30 m
Aus Chiusi. Erworben von Mazetti durch Eduard Gerhard
Berlin, SMB, Antikensammlung
Inv.: Sk. 1224

Nach oben leicht konisch zulaufender massiver Quader. Oben breite glatte Fascie, unten Standleiste, an den senkrechten Kanten stilisierte Blattzweige. Auf allen vier Seiten im leicht vertieften Bildfeld Reliefs: Je ein Tänzerpaar mit einem tanzenden oder musizierenden Kind zwischen sich. Die weiblichen Figuren tragen eine bis zu den Füßen reichende »Tunika« aus enggefälteltem Stoff, Chiton mit langer Tütenfalte vor den Beinen und einen tief im Rücken herab und über die Schultern nach vorn fallenden Mantel, Tutulus und scheibenförmigen Ohrschmuck; Männer und Knaben wadenlange »Tunika« aus dünnem gewelltem Stoff und Tebenna, einen Kranz im kurzen Haar.

Der Tanz vollzieht sich in »bewegtem Schreiten« (Jannot). Die Oberkörper sind frontal, die Köpfe ins Profil gewandt dargestellt. Ausdrucksträger sind vor allem Arme und Hände. Die Bewegungen der Hände im Gelenk, empor oder abwärts gedrehte Handinnenflächen, sind wichtige Elemente des Tanzes. Die Bewegungen der Tänzer innerhalb der Paare entsprechen einander fast antithetisch, ohne daß starre Symmetrie entstünde. Die Abfolge der Bilder ergibt auch eine Abfolge von Tanzbewegungen.

Die Darstellungen der Tänzer in alltäglicher Kleidung reflektieren wohl Tänze von Angehörigen der Toten im Rahmen der Begräbniszeremonien.

Die Funktion der Cippen ist nicht sicher erklärbar. Wo der Fundort bekannt ist, befanden sie sich innerhalb der Grabkammern (Symbol

B 10.1

für die Gestalt des Toten? Der ei- oder knospenförmige Aufsatz ein Symbol von Leben und Fruchtbarkeit, das Mittelpunkt von Tänzen mit magischem Charakter ist?). Die von den Kanten schräg abwärts eingesägten Incisionen werden verschieden gedeutet: als kultische Zerstörung des nur für eine einzige Bestattung benutzten Mals oder zum Umlegen von Bindfäden, die Kränzen und Zweigen Halt bieten sollen. Das ergibt die Möglichkeit, daß die Cippen auch bei späteren Bestattungen als Inventar des Grabes wieder bekränzt und in die Feier einbezogen wurden.

Lit.: Rumpf, E. 25; Paribeni, in: StEtr 12, 1938, S. 82 Nr. 38; Jannot, 1984, C'7 Abb. 387 bis 390, S. 194 ff. (zur Funktion) S. 207 ff. (zu den Incisionen) S. 225 f. (zu den Blattzweigen) S. 314 ff. (zu den Tänzern).

H. H.

B 10.3
Cippus. Tanzende Jünglinge und Mädchen

Um 500 v. u. Z.

Kalkstein. Oben in Kopfhöhe der Figuren, unten in Fuß- bis Kniehöhe abgebrochen. Drei der oberen Ecken schräg abgestoßen, ebenso die seitlichen Kanten an vielen Stellen. Zwei abgebrochene Stücke wieder angesetzt. An mehreren Stellen von den Kanten her Sägespuren. Spuren roter Farbe im Haar, am Himation, an den Füßen und Blattstäben.

H. 0,31 m, Br. oben 0,24 m, unten 0,34 m
Aus Chiusi. Erworben von Mazetti durch E. Gerhard
Berlin, SMB, Antikensammlung
Inv.: Sk. 1223

Der nach oben leicht konisch zulaufende massive Quader trägt an allen vier Seiten Reliefdarstellungen mit Tänzern und Musikanten. Hauptbewegungsrichtung nach rechts. Die einzelnen Seiten werden jedoch durch einen Blattzweig an den senkrechten Kanten getrennt. Die Jünglinge tragen dünne, enggefältelte wadenlange Tuniken und die Tebenna, die die rechte Schulter frei läßt, im kurzen Haar eine Binde, die Mädchen eine dünne, enggefältelte bis knapp über die Füße reichende Tunika, Chiton, der vor den Beinen eine große Tütenfalte bildet, und Mantel über beide Schultern nach vorn gelegt, Tutulus und scheibenförmigen Ohrschmuck.

Vgl. zu Kat.-Nr. B 10.2.

Lit.: Rumpf, E. 27 Taf. 21, 22; Paribeni, in: StEtr 12, 1938, S. 82 Nr. 39; Jannot, 1984, S. 119 f., C'14 Abb. 404–407.

H. H.

B 10.4 (Abbildung)
Basis, Szenen aus den Bestattungszeremonien

Um 520 v. u. Z.

Stinkkalk. Die Urne war vielfach gebrochen. Vgl. den Zustand bei Micali. Es fehlen Teile von Profilen und Reliefs. Innen bis auf den Boden ausgehöhlt. Wandstärke des Mantels 8–16 cm. In den senkrechten Kanten je eine Incision bis zur Tiefe von 11,5 cm, die zum Zerbrechen der Urne führten. Farben: Rot im Haar der Tänzerinnen, am Tisch, an Säule und Dachschräge des Tempels, an den Füßen der Frauen in der Prozession.

H. 0,54 m, Br. unten 0,55 m, oben 0,51 m
Aus Chiusi. Erworben aus Sammlung Mazetti
Berlin, SMB, Antikensammlung
Inv.: Sk. 1222

Profile: (oben) breite Fascie, Torus, Hohlkehle, schmale Fascie; (unten) schmale Fascie, Hohlkehle, ablaufender Torus. Im Sockelteil auf allen vier Seiten Reliefs.

a) Prothesis. Front eines Tempels mit zwei tuskanischen Säulen. Auf den Dachecken als Akroterfiguren zwei gelagerte Löwen mit langem Schweif. Im Inneren Kline mit gedrechselten Beinen, darauf der Verstorbene (Kopf nach rechts), mit einem Tuch bedeckt. Hinter der Kline zwei Frauen nach rechts, die besser erhal-

213

tene mit ausgebreiteten Armen und nach oben bzw. außen gewendeten Handflächen; der rechte Arm der vorderen lag auf dem Tuch, das den Leichnam bedeckt, der linke war offenbar ebenfalls vorgestreckt. Rechts des Tempels ein Mann, mit der linken Hand die Säule berührend, mit der rechten die Stirn schlagend. Neben der linken Säule Flötenspieler im Mantel nach rechts, an der Hüfte das Futteral.

Der Tempel, dessen Architektur bis in Details angegeben wurde, stellt offenbar ein festes Gebäude dar und nicht eine nur für die einmalige Prothesis errichtete Hütte.

b) Zwei Pferde im Galopp mit erhobener Vorderhand dicht nebeneinander nach links. Das vordere trägt einen Reiter in kurzem Chiton mit nachwehendem Mantel. Unter den Pferden am Boden ein gestürzter Mann in Chiton und Tebenna, die Beine nach rechts angewinkelt, das Gesicht nach links zu Boden gewandt. Im rechten Teil des Bildes zwei Männer, die mit erhobener Hand vorgebeugt den Reitern nachblicken. Reiterspiele, vielleicht mit gestürztem Voltigeur, und Zuschauer?

c) »Bankett«. Auf einer Kline mit gedrechselten Beinen nach rechts gelagert zwei Jünglinge, die Unterkörper mit einem Mantel bekleidet. Lang herabfallendes Haar, das des Linken bekränzt. Dieser umfaßt mit der linken Hand den Fuß einer Trinkschale, die erhobene rechte ergreift einen Gegenstand, den ihm ein von links

herantretender Jüngling (langes Haar, bekränzt, Chiton und Mantel) aus einem Kasten reicht. Vor ihm eine kleine Gestalt, die die Hand (mit einem Simpulum?) auf die Kline legt. Der rechts Gelagerte hält den Kranz in Kopfhöhe in der Hand. Er wendet den Kopf rückwärts einer von rechts heranschreitenden Frau entgegen (Beinpartie mit Chiton und breiter Mittelfalte erhalten). Unter der Kline Becken mit herabhängenden Henkeln auf dreifüßigem Untersatz, darin ein bauchiges Kühlgefäß, daneben am Boden Hydria(?). Zur Bedeutung der »Bankettszenen« vgl. Kat.-Nr. B 10.1.

d) Vier Frauen im Chiton mit tiefer Mittelfalte, den Mantel im Rücken lang herabfallend und über die Schultern nach vorn gelegt, tanzen mit kurzen gemessenen Schritten nach rechts. Dabei wehen Mittelfalten und Gewandsäume leicht zurück. Die Arme mit zur Faust geballten Händen bei abgestreckten Daumen waren abwechselnd in Kopfhöhe erhoben oder vor die Brust gelegt. Offenbar sehr langsamer Trauertanz, bei dem das Schlagen der Brust und Raufen des Haares in symmetrisch abgemessene Tanzbewegungen verwandelt ist. Auch die hinter den Ohrscheiben gelöst in den Nacken herabfallenden Haare beziehen sich auf die Trauerriten. Schmuck und alltägliche Kleidung legen die Annahme nahe, daß es nicht professionelle Tänzerinnen, sondern Angehörige des Toten sind.

Zu den Basen, von denen eine größere Anzahl, meist in Fragmenten, erhalten ist, gehörte noch ein stufenartiger Untersatz. Proportionen und Profile entsprechen den Formen von Altären, Tempelpodien und Statuenbasen.

Neben dem Basistyp mit etwa gleichen Seitenlängen existieren auch Beispiele eines niedrigeren, breiteren Typus (vgl. Kat.-Nr. B 10.5). Sie waren manchmal massiv, meist aber ausgehöhlt zur Aufnahme der Asche der Toten. Die Zurichtung der Oberseiten erlaubt die Annahme, daß die Urnen nicht einfach verschlossen, sondern noch mit plastischem Schmuck, einem Cippus (Paribeni) oder Sitz-Statuen (Jannot) versehen waren.

Lit.: G. Micali, Monumenti inediti a illustrazione della storia degli antichi popoli italiani, 1844, Taf. 21.1–4, S. 135; Rumpf, E. 24 Taf. 16, 17; E. Paribeni, in: StEtr 12, 1938 S. 95 f. Nr. 77; Jannot, 1984, D I 5, Abb. 492–496 S. 202 ff. Fig. 21d (zu den Basen), S. 312 (zu den Klagetänzen), S. 348 f. (zur Reiterszene); A. Boethius, Etruscan and Early Roman Architecture, 1970 (1978), S. 38 f. Abb. 24; F. Magi, in: StEtr 48, 1980, S. 142 Taf. 46a; F. Prayon, in: Vitruv-Kolloquium, Darmstadt 1982 (1984), S. 147 Abb. 1d (zur tuskanischen Säule).   H. H.

B 10.5
Fragment einer Basis. Prozession
490–470 v. u. Z.
Stinkkalk. Rechts und oben in Halshöhe der Figuren gebrochen. Ein Fragment mit der linken oberen Ecke und den Köpfen der beiden linken Figuren wieder angesetzt. Von der links anschließenden Seite noch ein Stück erhalten.
Farben: Reste von Rotbraun im Haar des Mannes
H. 0,35 m, Br. 0,50 m
Aus Chiusi. Erworben durch Eduard Gerhard
Berlin, SMB, Antikensammlung
Inv.: Sk. 1226

Die Basis gehörte zum niedrigen breiten Typ (vgl. zu Kat.-Nr. B 10.4). Profil unten: weitausschwingender ablaufender Torus, Blattstab, Rundstab, glatte Fascie; oben: nur ein Teil der glatten Fascie über dem Figurenfries erhalten. An der Kante dreireihige aufrechtstehende Blattschuppen, deren mittlere Reihe um die Kante gebogen ist.

Im leicht eingetieften Bildfries Prozession trauernder Frauen nach rechts. Ein Flötenspieler am rechten Ende wendet sich nach links dem Zug der vier Frauen entgegen. Diese, bekleidet mit Chiton und Mantel, schreiten gemessen mit genau übereinstimmenden Bewegungen. Mit beiden vorgestreckten Händen heben sie die Säume des Mantels, so daß lange dekorative Faltenbahnen unter den Händen herabfallen. Die rechte Hand ist jeweils in Taillenhöhe, die linke, in der alle einen Zweig halten, in Brusthöhe erhoben. Der auf dem angesetzten Fragment erhaltene Kopf zeigt, daß der Mantel über den Tutulus gezogen war. Die Stirn überragt ein

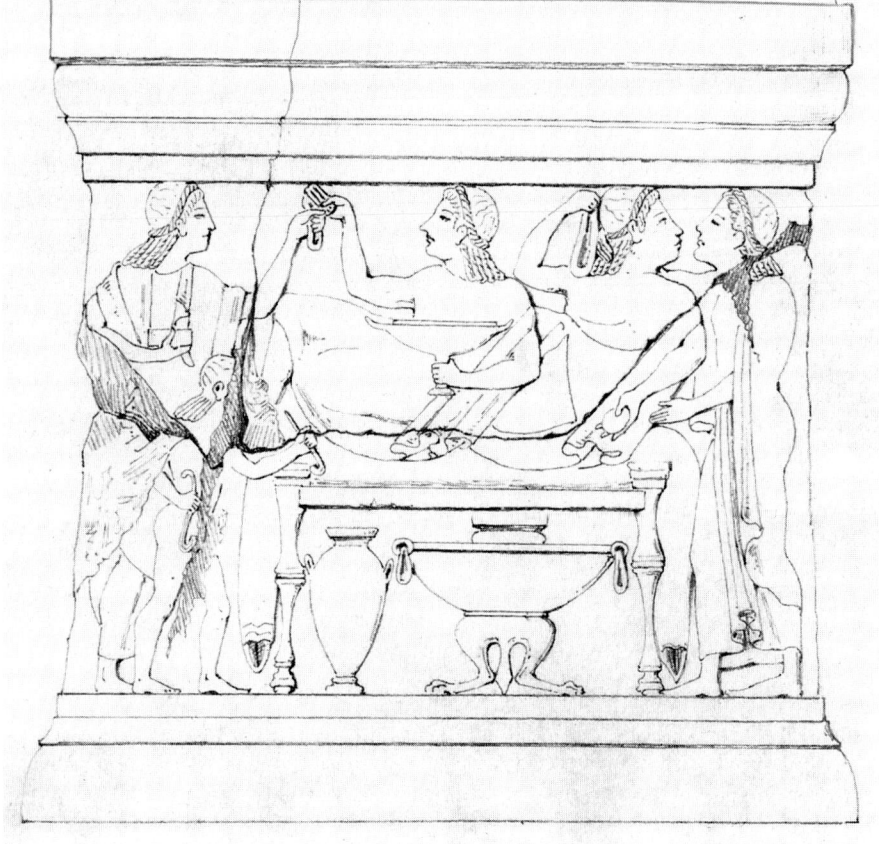

B 10.4

B 10.7

steiles Diadem. Am Schluß des Zuges ein Mann in kurzärmeliger Tunika und Tebenna, der die linke Hand grüßend erhebt und in der rechten einen gesenkten Stab mit gebogenem oberem Ende hält.

Nebenseite: Reste von der Gestalt eines Mannes in Chiton und Mantel nach rechts gewandt, rechts ein Plektron, links eine große Kithara haltend.

Lit.: Rumpf, E.26 Taf.20; E.Paribeni, StEtr 12, 1938, S.104 Nr.103; Jannot, 1984, C III 8, Abb.332–334 S.226 Fig.33 (Blattmotiv), S.326 zum Diadem.   H. H.

B 10.6
Fragment einer Basis, Ekphora
Um 470 v. u. Z.
Stinkkalk. Erhalten eine Seitenfläche
mit einem Stück der rechts anschließenden
Seite. Links und oben unvollständig.
Die obere Bruchkante fällt in einer
schrägen Stufe nach rechts hin ab.
Ecken der Profile abgestoßen. Die ehemals
links oben angesetzten Fragmente
(vgl. z. B. Rumpf, Taf. 20) nicht zugehörig.
Farben: Rot am rechten Wagenrad
H. 0,33 m, Br. 0,56 m
Nach dem Material aus Chiusi
Berlin, SMB, Antikensammlung
Inv.: Sk. 1227

Die Basis gehörte zum niedrigen breiten Typ (vgl. zu Kat.-Nr. B 10.4). Profil unten: weitausschwingender ablaufender Torus, Blattkehle. Rundstab, hohe Fascie.

Links männliche Figur im Mantel zum Rand gewandt, auf einem niedrigen Podium stehend. Gehörte inhaltlich zum Bild der links anschließenden Seite (Jannot: Flötenbläser einer Prothesis?). Nach rechts schreitende Frau in gegürtetem Chiton mit Wellenfalten, vor ihr etwas vorgebeugt Mann in Tunika und Mantel, vor diesem weitausschreitende Frau mit Tunika. Sie folgen einem Wagen, dessen beide sichtbare Räder massive, durch ein)-(gegliederte Scheiben darstellen. Vom Aufbau des Wagens ist eine schräg emporstehende Stange sichtbar, darunter ein nicht näher identifizierbarer Teil dessen, was auf dem Wagen lag. Der Wagen wird von vier Männern gezogen (zwei von ihnen auf der Nebenseite), deren weitausschreitende,

parallelgestellte Beine erhalten sind. Neben dem Wagen läuft eine Frau, die wie die übrigen bekleidet ist. Die Darstellungen griffen auf beiden Seiten offenbar um die Ecken der Basis.

Die Ekphora ging der Prothesis voraus, die – im Gegensatz zu griechischem Brauch – an einem Ort außerhalb des Hauses stattfand. Es kann aber auch der Transport der Leiche vom Ort der Prothesis zum Grab dargestellt sein.

Lit.: Rumpf, E.30 Taf.20; E.Paribeni, in: StEtr 12, 1938, S.106 Nr.106; Jannot, 1984, C II 3, Abb.225–227, S.370 f. zur Ekphora. H. H.

B 10.7 (Abbildung)
Basis eines Cippus. Griechen und Amazonen
1. Hälfte 5. Jh. v. u. Z.
Kalkstein mit blasiger Struktur wie
Travertin. Es fehlt der Cippus, der
vermutlich die Form einer flachgedrückten Kugel hatte und mit einem
eisernen Dübel, dessen Reste in der
muldenförmigen Vertiefung der Oberseite
sichtbar sind, befestigt war. Der
abgeflachte Ring, auf dem der Cippus
auflag, stellenweise bestoßen.
Abgestoßen die Köpfe der Figuren, die
freiplastisch über den Rand der Basis
emporragten. Rote Farbspuren an den
Stielen der Palmetten
H. 0,39 m, Br. 0,52 m
Aus Chiusi, Sammlung Mazetti
Erworben 1848
Berlin, SMB, Antikensammlung
Inv.: 1221

Über einer Standleiste Fries von Amazonen und Griechen, der die vierseitige Basis umfaßt. Die Figuren sind nach rechts eilend dargestellt, jeweils ein Grieche wechselt mit einer Amazone. An der Spitze des Zuges ein berittener Grieche, der zugleich das Ende der rechten Nebenseite (b) bildet und dem an der linken Nebenseite (c) eine zur Rückseite (d) gewandte berittene Amazone entspricht. Diesen beiden Reitern wenden sich auf der Rückseite (d) zwei Reiter, eine Amazone und ein Grieche entgegen. An den vorderen Kanten knicken die Figuren zur Nebenseite um. Die Griechen tragen Panzer mit Pteryges, Schild, Beinschienen und Schwert, die Amazonen einen vorn offenen und aus-

einanderfallenden enggefältelten Chitoniskos, Streitaxt, Bogen und Köcher. Über die Brust hängen die Zipfel der phrygischen Mütze herab. Die Amazone auf der rechten Nebenseite ist mit Ärmeljacke und Hose bekleidet. Den Raum unter den Pferdeleibern füllt eine Pflanze mit palmettenartiger Krone. Eine Palmette auch unter dem Krieger an der Ecke zur linken Nebenseite (c). Das Relief ist eine der frühesten Darstellungen der Amazonomachie in der etruskischen Kunst. Das Fehlen einer Kampfhandlung (die gefallene Amazone auf der Vorderseite wirkt wie ein Requisit aus dem Typenvorrat der griechischen Amazonomachien), das gleichförmige, »paradeartige« Vorbeieilen der Figuren, die Reiter in der Levade lassen vermuten, daß es sich um die Darstellung eines Tanzes oder dramatischen Spieles im Rahmen des Totenkultes handelt, für den aus dem fremden Mythos Kostüme und äußeres Bild entlehnt wurden (Jannot).

Handwerkliche Arbeit unter dem Einfluß der späten Reliefs von Chiusi.

Zur Funktion vgl. Kat.-Nr. B 10.2

Lit.: Rumpf, E.23 Taf.14, 15; Jannot, 1984, S.171, 173 D'2 Abb.581–585 S.192f. Fig.10, S.197, 384 ff. mit Lit.; ders., in: RM 93, 1986, S.114 Anm.11, S.117 Taf.27.2; vgl. Fragment mit Amazonen in Chiusi: Jannot, S.171 ff. D'1 Abb.579–580; LIMC I, 1981, s. v. Amazones etruscae, S.659 Nr.33, S.661 (E. Mavleev).
H. H.

B 10.8
Figürliche Aschenurne. Gelagerter Mann
460–440 v. u. Z.
Stinkkalk. Hohl und nach unten offen.
Aus zwei Teilen gearbeitet. Die Fuge
verläuft fast senkrecht vom rechten
Handgelenk über die Knie.
Eine große Fehlstelle (mit Gips geschlossen)
umfaßt die Partie unterhalb des rechten
Oberschenkels entlang der Schnittfläche,
die Basis bis zum Polster, das Gewand
unterhalb des Nabels des Mannes
einschließlich des Mantelzipfels.
Es fehlen Zehen des rechten, Teile der Zehen
des linken Fußes, Finger der linken Hand.
Auf den Schultern flache Abarbeitungen.
Oberfläche des Körpers verwittert.
Farbe: nackte Teile braunrot

H. (o. Kopf) 0,465 m, L. 1,12 m,
T. oben: 0,35 m, am Fußende 0,38 m
Aus Chiusi. Erworben 1878, zusammen mit
dem in die Schulterhöhlung eingesetzten
Kopf Kat.-Nr. B 10.9, dessen Zugehörigkeit
bezweifelt wird
Berlin, SMB, Antikensammlung Inv.: Sk. 1260

Der Mann liegt zum Betrachter gewandt mit aufgerichtetem Oberkörper, den linken Ellenbogen auf zwei Polster gestützt. Die vorgestreckte, nach oben geöffnete Hand, innen nur grob ausgearbeitet, hielt vielleicht eine Schale (aus Metall?). Die rechte Hand liegt auf dem Knie des rechten Beines, das angewinkelt und über das angezogene linke Bein gesetzt ist. Ein kleines Bohrloch zwischen Mittelfinger und Daumen der rechten Hand zum Einsetzen eines Gegen-

standes. Der Oberkörper ist nackt, der Unterkörper mit einem Mantel bekleidet, der bis zu den Füßen herabgeht und dessen Zipfel über den linken Unterarm und rechten Oberschenkel nach vorn geschlagen sind.

Der Mann ist nach griechischem Vorbild zum Bankett gelagert. Er kann beim Leichenschmaus anwesend oder beim Bankett im Jenseits gedacht sein. Die Figur zeigt Nachklänge spätarchaischer Kunst in der frontalen steilen Haltung und der Betonung des Umrisses. Die Faltenbildung des Mantels hat ihre Vorbilder im strengen Stil.

Lit.: Rumpf, E. 32 Taf. 23; M. Cristofani, Statue-cinerario chiusine di età classica, 1975, S. 38 Nr. 4 (mit Lit.), S. 68; Dohrn, Interimsperiode, S. 41. H. H.

B 10.9 (Abbildung)
Jünglingskopf, von einer Grabstatue
430–400 v. u. Z.
Stinkkalk. Nase, Kinn und linkes Ohr bestoßen. Farbe: Braunrot auf der Haut, Gelb an den Haaren, Reste von Vergoldung am Kranz (?)
H. 0,31 m
Aus Chiusi. Erworben 1878 zusammen mti Kat.-Nr. B 10.8
Die Zugehörigkeit des Kopfes zu der Grabstatue ist fraglich.
Berlin, SMB, Antikensammlung
Inv.: Sk. 1260

Der Kopf ist etwas nach vorn geneigt, der Blick geht geradeaus. Das Gesicht ist in großen Flächen gebildet. Die dicken rundlichen Lider, die die mandelförmigen Augen umgrenzen, und die breiten aufgeworfenen Lippen erinnern an Merkmale des strengen Stils in der griechischen Kunst, ebenso das Haar an den Schläfen, das zwei Reihen hakenförmiger Locken bildet. Über der Stirn eine Reihe dichter gerader Strähnen mit geschlossenem Haarsaum. Auf dem Oberkopf kurze sichelförmige Locken, in deren weiche Masse am Hinterkopf das Band einschneidet, das den Kranz hält. Dieser besteht aus drei streng geordneten Blattreihen im Wechsel mit Beeren, die von den Schläfen zur Stirn gerichtet sind. Oberhalb der Ohren entspringen die Blätter einer halbkugelförmigen Fassung, deren Ränder mit Perlreihen besetzt sind. Eine Öse dient als Halterung für das Band. Der Kopf ist im Typus dem Jünglingskopf einer Grabgruppe von Chianciano vergleichbar. Die Ausführung ist aber härter und trockener, was auf Qualitätsunterschiede zurückgeführt wurde.

Lit.: Rumpf, E. 32 Taf. 24; M. Sprenger, Die etruskische Plastik des 5. Jahrhunderts v. Chr. und ihr Verhältnis zur griechischen Kunst, 1972, S. 74 f. Nr. 8; M. Cristofani, Statue-cinerario chiusine di età classica, 1975, S. 38 Nr. 13 (mit Lit.), S. 66; Die Gruppe aus Chianciano in: Civiltà S. 303 Nr. 11.22 (M. Cristofani); Dohrn, Interimsperiode, S. 49 f. Nr. 3. H. H.

B 10.10 (Abbildung)
Deckel einer Aschenurne mit liegendem Jüngling
Mitte 4. Jh. v. u. Z.
Bronze
L. (der Platte) 60 om, H. (der Figur) 42 cm
Gefunden 1843 in Perugia; 1862 aus der Sammlung Campana erworben
Leningrad, GE, Antikensammlung
Inv.: V 485

Deckel einer Aschenurne in Form eines auf der linken Seite liegenden, sich mit dem Ellenbogen auf ein Kissen stützenden Jünglings. Sein linker Unterarm ist erhoben, die Handfläche nach oben gekehrt. Auf der Handfläche lag wahrscheinlich eine Schale. Der rechte Arm mit einem massiven Armreif liegt am Körper. Die Beine sind gekreuzt, so daß ein Knie angewinkelt und die Fußsohle nach unten gerichtet ist.

B 10.9

Der untere Teil der Figur, mit Ausnahme der Fußsohlen, ist mit einem Mantel bedeckt. Der Kopf ist dem Betrachter zugewandt. Auf dem Kopf ein Diadem, unter dem Locken hervorquellen. Der Mund mit vollen Lippen ist leicht geöffnet. Mandelförmige Augen waren einst eingelegt, über ihnen sind mit dünnen Linien die Augenbrauen gezeichnet. Brust- und Bauchmuskulatur sind sorgfältig ausgearbeitet. Auf der Brust plastische Angabe der Brustwarzen, die mit einem Kreis aus punktartigen Vertiefungen eingefaßt sind.

Lit.: A. I. Voščinina, Bronzovaja etrusskaja skul'ptura junoši, in: TGE, 7, S. 214–230; A. I. Voščinina, in: StEtr 33, 1965, S. 318–328 Taf. 71–74; Kul'tura i iskusstvo Etrurii, Nr. 61; AChB, Nr. 153; R. Bianchi Bandinelli, A. Giuliano, Etruschi e italici prima del dominio di Roma, 1976, S. 294 Abb. 338 (Ende 4. bis Anfang 3. Jh. v. u. Z.); O. J. Brendel, Etruscan art, 1978, S. 322 Abb. 245 (um 400 v. u. Z.); S. Haynes, Etruscan Bronzes, 1985, S. 207 Abb. 144 (420 bis 400 v. u. Z.).   Z. B.

B 10.11 (Abbildung)
Aschenbehälter. Thronende Frau
Um 400 v. u. Z.
Stinkkalk. Rechte Schulter flach abgearbeitet. Es fehlen Kopf und Hals, die als Verschluß für das Loch im Halsausschnitt (10,2 × 14 cm) dienten, sowie die früher mit einem Zwischenstück aus Gips angesetzte linke Hand mit dem Granatapfel. Ergänzt ein Zwischenstück am rechten Handgelenk. Gebrochen und angesetzt Beinpartie mit Vorderteil der linken Sphinx, die Füße der Sitzenden mit dem anschließenden Gewand. Die Fehlstellen mit Gips ausgeflickt. Innen völlig hohl und nach unten offen. Eine Plinthe oder Basis muß die Statue ehemals unten geschlossen haben. Bei der Auffindung wurden angeblich im hohlen Innenraum Asche und Knochenreste gefunden.
Keine Farbreste
H. 0,62 m
Gefunden 1831 von F. Sozzi bei Marciano in Val di Chiana (vgl. M. Cristofani).
Erworben durch Eduard Gerhard
Berlin, SMB, Antikensammlung
Inv.: Sk. 1262

Frau auf einem Sessel, den linken Ellenbogen nach rückwärts über die Lehne gelegt, Unterarm erhoben (die Zugehörigkeit des ehemals angesetzten Handfragmentes mit dem Granatapfel von A. Rumpf bestritten), rechter Unterarm etwas erhoben mit nach oben geöffneter Hand. Rechtes Bein leicht angehoben, der Fuß zur Seite gestellt. Langer Ärmelchiton (mit Apoptygma?) und Mantel, der Schoß und Beine bedeckt. Ein Zipfel über linke Brust und Schulter nach hinten geworfen. Über dem schweren massigen Körper der Frau bildet das Gewand lockere, am Chitonüberfall feine Falten. Thron

B 10.11

mit T-förmiger, im oberen Teil geschwungener Lehne, an beiden Seiten des Sitzes hockende Sphingen (vier mammae) mit schräg vorgestemmten Vorderbeinen und nach außen gewandten Köpfen. Die emporgestreckten Schwänze stützen beiderseits die Mittelstütze die Thronlehne. Über deren unteren Teil ist ein Löwenfell gehängt. Die Form des Sphingenthrones folgt orientalischen, vermutlich über Karthago nach Etrurien gelangten Vorbildern. Der Thron, in dieser Form wohl kein Möbel des täglichen Gebrauches, ist in Etrurien nur im Grabbereich nachweisbar. Er gibt der sitzenden Frau gesteigerte Bedeutung (heroisierte Verstorbene oder Unterweltsgöttin?). Urnenstatuen auf Sphingenthronen sind nur in einigen Exemplaren im Gebiet von Chiusi für das 5. Jh. nachweisbar. Durch das Löwenfell am Thron und stilistische Übereinstimmung schließen sich die Statuen in Bonn, Kopenhagen und Ber-

lin enger zusammen. Angelehnte Haltung und kleinteilige Faltenbildung des Gewandes der Berliner Statue gehen auf attische Vorbilder der reifen Klassik zurück. Auch in Gesichtstyp und Frisur der Sphingen wirken griechische Vorbilder der reifen Klassik.

Lit.: Rumpf, E. 34 Taf. 26; M. Cristofani, Statue-cinerario chiusine di età classica, 1975, S. 14, 41 Nr. 11 mit Lit., S. 63 ff. Taf. 1.1–3 (mit dem nach der Auffindung aufgesetzten, nicht zugehörigen Kopf Inv. 30826 vgl. Kat.-Nr. B 1.8) Taf. 24, 25.4; St. Steingräber, Etruskische Möbel, 1979, S. 27, 97 ff., 152 f., 293 Kat.-Nr. 500; Dohrn, Interimsperiode, S. 49 f. Nr. 1.   H. H.

B 10.10

B 10.12
Grabgruppe (Aschenbehälter)
4. Jh. v. u. Z.
Stinkkalk. Mehrfach gebrochen. Große
Fehlstellen (mit Gips geflickt), vor
allem im linken Teil und auf der
Rückseite. Der ehemals zugefügte, nicht
zugehörige Kopf der Lasa (vgl. Rumpf, Taf. 25)
jetzt abgenommen. Es fehlen
neuerdings auch die linke Hand des
Gelagerten, der rechte Fuß der Lasa,
die Spitze des Deckels, Teile der Beine
des Hundes.
Die Gruppe ist innen hohl und nach unten
offen. Die Köpfe waren eingesetzt, wie
der noch erhaltene des Knaben. Die nach
unten offene Höhlung im Inneren des
zusammengelegten Tuches durch den Deckel
verschlossen.
Farbe: Rot an Körper und Kopf des Knaben
H. 0,60 m, L. 1,09 m, T. 0,36 m
Aus Chiusi, gefunden in den Grabungen

von Mazetti 1836 oder 1837. Erworben
durch E. Gerhard 1841
Berlin, SMB, Antikensammlung
Inv.: Sk. 1261

Auf einer Matratze gelagerter Mann, den
Oberkörper aufgerichtet, den Ellenbogen auf
zwei Polster gestützt. Mit der rechten Hand umfaßt er Rücken und Oberarm einer kleinen geflügelten Frauengestalt (Ansätze der Flügel im
Rücken erhalten), die an seine Hüfte ge-
schmiegt sitzt, bekleidet mit einem langen gegürteten Ärmelchiton. In Höhe seiner Knie ein
in mehreren Schichten übereinandergelegtes
Tuch (»liber linteus«?). Die Höhlung in diesem
Aufbau oben durch den Deckel mit spitz aufra-
gendem Aufsatz (Phallos?) geschlossen. Am
Fußende steht frontal ein Knabe mit herabhängenden Armen, den Kopf, dessen nur skizzenhaft gearbeitetes Gesicht von strähnigem Haar
umgeben ist, etwas nach links gewandt. Ein
Hund hockt neben ihm am Boden. Der Oberkörper des Gelagerten ist nackt, der Unterkörper

mit einem Mantel bekleidet, der nur unterhalb
der Brust mit wenigen Falten sichtbar wird, an
der unteren Schmalseite der Urne aber in sie-
benfach übereinandergelegten Falten über den
bloßen, sehr großen Füßen liegt, von denen der
rechte von der Fußsohle zu sehen ist.

Der Typus der Gruppe, der in Chiusi in mehreren Exemplaren aus dem 5. und 4. Jahrhundert v. u. Z. nachweisbar ist, zeigt den Einfluß
griechischer Totenmahldarstellungen, bei denen neben dem Gelagerten auf der Kline oder
auf einem nebenstehenden Stuhl die Frau sitzt
und ein Knabe als Mundschenk fungiert. Die
Stelle der Frau nimmt hier die Totengeleiterin
oder Totengöttin ein, deren freundlich gütiges
Wesen die vertraute Berührung bezeugt.

Lit.: Rumpf, E. 33 Taf. 25; M. Cristofani, Statue-cinerario chiusine di età classica, 1975,
S. 22 f., zur Auffindung und Erwerbung, S. 46
Nr. 26, mit Lit. (Zusammengehörigkeit der Teile
der Gruppe bezweifelt); Scrivere Etrusco. Katalog Perugia 1985, Abb. S. 23.   H. H.

C
Die Etrusker in Kampanien

Es gibt eine Vielzahl griechischer und lateinischer Schriftquellen über die etruskische Herrschaft in Kampanien, die aber teils widersprüchlich und teils unglaubwürdig oder wenigstens schwer interpretierbar sind. Capua, die größte Etruskerstadt Kampaniens, wurde z. B. laut Velleius Paterculus um 800 v. u. Z., laut Cato 471 v. u. Z. von den Etruskern begründet, wobei die Entscheidung für eine der Zeitangaben auch davon abhängt, in welchem Sinne hier »Gründung« aufgefaßt werden soll. Was die Überlieferung betrifft, die über einen Bund von zwölf etruskischen Städten in Kampanien unter der Führung von Capua berichtet, wäre es heute nicht leicht, zwölf Siedlungen in Kampanien zu benennen, die als Etruskerstädte betrachtet werden dürften. Ein gewisser Grad von Sicherheit läßt sich nur gewinnen, wenn versucht wird, die literarischen Zeugnisse im Lichte der archäologischen und epigraphischen Quellen zu lesen und im weiteren Rahmen der Geschichte des westmediterranen Raumes zu deuten.

Sicherlich kann man heute soviel behaupten, daß die Anwesenheit der Etrusker in Kampanien von der Mitte des 8. Jh. bis zum ausgehenden 5. Jh. v. u. Z. nicht zu bezweifeln ist. Die Formen dieser Anwesenheit sind aber in Zeit und Raum verschieden gewesen. Es ist klar, daß die Gründung der griechischen Kolonien am Golf von Neapel einen Wendepunkt in den Verbindungen zwischen Etrurien und Kampanien bedeutete. Kontakte zwischen dem künftigen Etruskerland und Süditalien sind auch aus früherer Zeit nachweisbar (es genügt, auf die Verbreitung der Villanova-Kultur in Kampanien hinzuweisen), nach der Mitte des 8. Jh. v. u. Z. wurden aber ihre Ziele und Formen von den neuen Wirtschafts- und Handelsinteressen bestimmt, die die griechischen Kolonisten mit den Etruskern verbanden.

Es gab zwei verschiedene Verbindungen: einen Landweg durch die Flußtäler und Latium nach Südetrurien und einen Seeweg, der die Küste entlang vorzüglich zum sogenannten *ager Picentinus* führte, dem Gebiet zwischen der sorrentinischen Halbinsel und der Mündung des Silaris, des Grenzflusses zwischen Kampanien und Großgriechenland. Die ersten etruskischen Objekte bezeugen höchstens eine Handelstätigkeit, bei der die Griechenstädte sicherlich auch eine Vermittlerrolle zu ihrem Hinterland spielten. Erst seit der 2. Hälfte des

7. Jh. v. u. Z. mehren sich die Beweise etruskischer Anwesenheit in der Zone, die halbkreisförmig das griechische Küstengebiet umgibt, in solchem Maße, daß es berechtigt scheint, von einer etruskischen Vorherrschaft zu sprechen, die man sich aber nicht unbedingt und nicht ausschließlich als Folge einer militärischen Eroberung vorstellen darf.

Von einer einheitlichen und zentralisierten etruskischen Herrschaft in Kampanien kann keine Rede sein, vielmehr von der politischen und kulturellen Vormachtstellung eingewanderter etruskischer Familien in selbständigen, einheimischen Siedlungen oder Siedlungsgruppen, in denen auch die Formen der etruskischen Anwesenheit gemäß der ethnischen oder geographischen Situation verschieden sein konnten. So stand Pontecagnano bei Salerno als eine Art Freihafen auf dem Seeweg seit langem in reger Verbindung mit Etrurien und war für die Aufnahme etruskischen Einflusses und etruskischer Ankömmlinge besonders offen. Die frühesten inschriftlichen Belege für eine etruskisch sprechende und lesende Schicht sind hier gefunden worden. Sie stammen aus der Zeit um 600 und reichen bis ins 4. Jh. v. u. Z., eine Zeit, in der in anderen Teilen Kampaniens das Etruskische kaum mehr bekannt war. Andererseits hat die Siedlung ihre eigenen Wege in der Aneignung griechischer Kultur gefunden: Sie ist z. B. die einzige Stadt Kampaniens, wo die korinthischen figuralen Vasen unabhängig vom etruskischen Import in einer lokalen Schule nachgeahmt wurden.

Die wichtigsten Zentren des etruskischen Kampaniens außerhalb des *ager Picentinus* waren Capua, Calatia, Nola, Pompeji, Herculaneum und Nocera, die in den Schriftquellen als Etruskerstädte oder etruskische Gründungen erwähnt sind, weiterhin Suessula, Stabia und kleinere Siedlungen auf der sorrentinischen Halbinsel. In den letzteren war das einheimische Element stärker, während die italische Bevölkerung der erwähnten größeren Siedlungen tiefgreifender hellenisiert war, als sie unter etruskische Herrschaft kamen. Inschriftliche Spuren für die Durchsetzung der etruskischen Sprache, die die lokalen italischen Dialekte nie völlig verdrängte, erscheinen nach unserem heutigen Wissen in Pompeji und südlich des Sarno auffallend früher als nördlich davon, wo sie erst im 5. Jh. v. u. Z. belegt sind.

Die etruskisierten Städte oder Siedlungen und die griechischen Kolonien lebten friedlich nebeneinander; die Etrusker haben das Eindringen griechischer Kultur nicht verhindert. Es scheint sogar, daß dieses Einvernehmen auch durch die um 525 v. u. Z. einsetzenden Kämpfe zwischen Cumae und den Etruskern nicht gestört wurde: Die unter etruskischer Vormacht stehenden Gebiete Kampaniens waren von Etrurien politisch völlig unabhängig und haben zuletzt das Schicksal der benachbarten Griechenstädte geteilt, als sie zusammen mit jenen im letzten Viertel des 5. Jh. v. u. Z. von den Italikern überfallen und erobert wurden. Nach 400 v. u. Z. kann man, mit der einzigen Ausnahme von Pontecagnano, nicht mehr von etruskischer Anwesenheit in Kampanien sprechen. Über die politische Organisation und die Einrichtungen im etruskischen Kampanien wissen wir sehr wenig. Seine Situation spiegelt sich viel klarer in seiner Kunst wider, die bemerkenswerte etruskische Impulse am Anfang der Etruskerherrschaft zeigt. Doch infolge des Zusammenlebens mit der meist untergeordneten einheimischen Bevölkerung einerseits, der intensiven Berührung mit den griechischen Nachbarn am Golf von Neapel andererseits haben sich im Laufe eines Assimilationsprozesses nach und nach auch in der materiellen Kultur eigenartige etrusko-kampanische Formen entwickelt, die ebensoviele lokale Unterschiede aufweisen wie das Verhältnis von Etruskern und Griechen oder Italikern. In der Bucchero-Keramik erschienen neben den importierten südetruskischen Exemplaren als Nachahmung bald klar zu unterscheidende kampanische Typen (Kat.-Nr. C 1.1–9), die in verschiedenen Werkstätten hergestellt und allgemein verbreitet waren. Daneben gab es aber auch Varianten, deren Gebrauch auf ein sehr kleines Gebiet beschränkt blieb. Die Bucchero-Keramik Kampaniens konnte nicht mit der etruskischen Bucchero-Ware wetteifern; sie erschien nur vereinzelt in Latium und war auch in Großgriechenland weniger gefragt als die Produkte der südetruskischen Werkstätten; einen besseren Markt hatte sie scheinbar bei den italischen Völkern Lukaniens und Nordapuliens gefunden.

Viel bedeutender war der Einfluß der architektonischen Terrakotten, die seit Anfang des 6. Jh. v. u. Z. nach griechischen Vorbildern hauptsächlich in Capua hergestellt wurden. Ihre

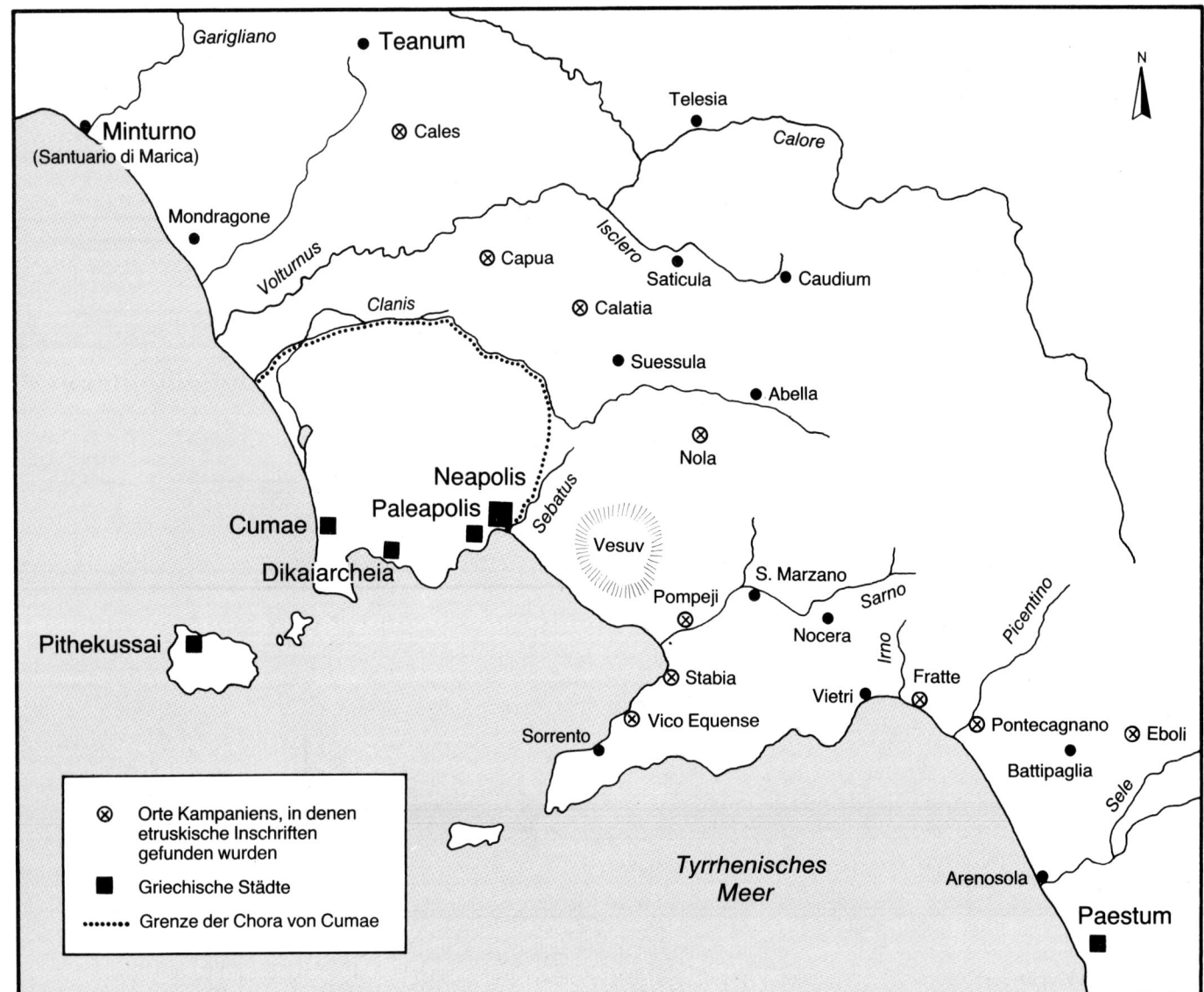

Kampanien im 5. Jh. v. u. Z.

Produktion hatte sich bis ins 5. Jh. v. u. Z. fortgesetzt, und die capuanischen Typen wurden nicht nur in ganz Kampanien verbreitet und nachgeahmt, sondern ebenso in Latium. Sie haben den südetruskischen Werkstätten, besonders Caere, wichtige Impulse gegeben.

Auch andere spezifisch kampanische Gattungen wie die zur Ausschmückung von Sarkophagen dienenden kleinen Terrakottaappliken (Kat.-Nr. C 2.30–42) oder die bronzenen Aschenbehälter mit plastischen Gestalten auf ihren Deckeln (Kat.-Nr. C 3.2–4) haben sich aus griechischer Kunsttradition entwickelt und zeigen mehr deren als etruskische Stilmerkmale. Beide Denkmälergruppen sind in Capua seit dem letzten Viertel des 6. bis um die Mitte des 5. Jh. v. u. Z. hergestellt worden, in der Zeit, als die Stadt ihre urbanistische Ausprägung erfuhr und die Eigennamen auf den etruskischen Inschriften die zunehmende Bedeutung des italischen Elements in der Bevölkerung bezeugen. Die Kontakte mit Etrurien wurden aber auch in

dieser Periode nicht unterbrochen. Die Buccheroproduktion wurde im ausgehenden 6. Jh. v. u. Z. eingestellt, die danach einsetzende schwarzfigurige Vasenmalerei jedoch, deren Zentrum in Capua zu suchen ist, war nicht weniger von südetruskischen Werkstätten abhängig, obwohl ihre Geschichte die rasch zunehmende Bedeutung attischer Einflüsse zeigt, die um die Mitte des 5. Jh. v. u. Z. auch die politische Entwicklung des Golfes von Neapel und seiner Umgebung in bedeutendem Maße bestimmten. Die erste kampanische Werkstatt rotfiguriger Vasen, die von etwa 470 v. u. Z. bis zur samnitischen Eroberung um 420 v. u. Z. in Capua tätig war, stand dann ebenso im Banne der Malerei Athens wie die wenigen erhaltenen Denkmäler der kampanischen Grabfresken.

Alle diese etruskisch oder griechisch beeinflußten Kunstgattungen fanden ihre Abnehmer zunächst in der etruskischen oder etruskisierten Bevölkerung der kampanischen Siedlungen. Anders war es mit den Votivskulpturen, die –

den in lokalen Heiligtümern verehrten Göttern dargebracht – viel mehr mit italischen Käufern rechnen konnten. Demgemäß zeigt die schwer datierbare, aus lokalem Tuffstein gearbeitete Reihe von Votivstatuen ebenso wie die um die Mitte des 5. Jh. v. u. Z. einsetzende Produktion der Terrakottavotive (Kat.-Nr. D 3.8, 14–17) eine charakteristische Mischung von Zügen der griechischen (zuweilen großgriechischen) plastischen Vorbilder und teilweise der von der etruskischen Kunst inspirierten italischen Stilelemente. Die wichtigsten Werkstätten beider Gattungen befanden sich in Capua, und es ist kein Wunder, daß ihre Produktion nach dem Ende der etruskischen Herrschaft in der samnitischen Stadt noch jahrhundertelang fortgesetzt wurde.

Lit.: J. Heurgon, Recherches sur l'histoire, la religion et la civilisation de Capoue préromaine, 1942; M. Frederiksen, Campania, 1984; D. Ridgway, L'alba della Magna Grecia, 1984.

J. G. Sz.

C 1 Bucchero-Keramik, kampanisch-schwarzfigurige Vasen und Amphoren der Owl-Pillar-Gruppe

C 1.1 (Abbildung)
Oinochoe
Bucchero, etrusko-kampanisch,
620–590 v. u. Z.
Dunkelgrauer Ton, Oberfläche schwarz-
glänzend poliert. Intakt, kleine
Ausplatzungen auf der Oberfläche
H. 34 cm, D. 19,5 cm
Fundort unbekannt; 1828 aus Sammlung
Koller erworben
Berlin, SMB, Antikensammlung
Inv.: F 1519

Bauchige dickwandige Kanne auf niedrigem
abgesetztem Fuß mit schmalem Hals und breit
ausschwingender Kleeblattmündung. Vertikaler Henkel mit polygonalem Querschnitt. Am unteren Henkelansatz geschlossener Punktfächer
mit Stiel, rings um die Schulter sieben weitere
offene Fächer mit Stiel. Die Kanne entspricht in
der Form dem Typ 10c bei Albore-Livadie, dort
allerdings ohne Dekoration (S. 94 Abb. 9: Capua, Grab 888; Abb. 10: Nola, Grab 27 und 22,
Typ 10c, Phase IV B, 620–590 v. u. Z.). Nach
dem Fächerornament muß es sich um ein frühes Exemplar dieses langlebigen Oinochoen-
typs handeln.
Lit.: Furtwängler, Vasen, S. 171 Nr. 1519.
U. K.

C 1.2
Oinochoe
Bucchero, etrusko-kampanisch,
600–525 v. u. Z.
Dunkelgrauer dickwandiger Ton, glänzende
schwarze Bemalung auch am inneren
Rand der Mündung, aber nicht auf dem
Körper unter dem Henkel. Eine Rotelle
abgebrochen
H. (mit Rotelle) 26,8 cm, D. 18,6 cm
Fundort unbekannt
Budapest, SzM, Antikensammlung
Inv.: 51.158

Runder Henkel, kleine Rotellen, Standplatte
unten konkav. Diese Variante der Oinochoe hat
sich in Südetrurien ausgebildet und wurde in
Kampanien allgemein nachgeahmt. Einzelheiten der Form, besonders die kleinen Rotellen,
zeugen von einer kampanischen Werkstatt.
Lit.: CVA Budapest 1, 1981, Taf. 8.5 S. 36; Albore-Livadie, S. 105 Typus 10c (zu hoch datiert); T. B. Rasmussen, in: Italian Iron Age Artefacts in the British Museum, 1986, S. 274–275
Nr. 8–12 (zur typisch kampanischen Halsform).
J. G. Sz.

C 1.3
Oinochoe
Impasto, etrusko-kampanisch,
1. Hälfte 6. Jh. v. u. Z.
Grauer bis gelbbrauner dickwandiger Ton,
graubraune Oberfläche. Aus mehreren
Stücken zusammengesetzt. Größere

Fehlstellen an der Mündung und unten am
Gefäßkörper ergänzt
H. (m. Henkel) 26,22 cm, D. 18,5 cm
Fundort unbekannt; 1948 aus dem Museum
für Kunstgewerbe übernommen
Budapest, SzM, Antikensammlung
Inv.: 50.231

Zweistabiger Henkel, über der Mündung mit
plastischem Dreieck verziert, am Henkelansatz
und oben je zwei Rotellen. Hals durch einen

Reifen von der Kleeblattmündung getrennt.
Glatte Standplatte. Der Typus ist eine in den
etruskisierten Städten Kampaniens verbreitete
Nachahmung etruskischer Bucchero-Oinocho-
en, die auf Metallvorbilder zurückgehen.
Lit.: CVA Budapest 1, 1981, Taf. 7.2, 4 S. 34;
zum Typus und seiner Verbreitung in Kampanien: M. Bonghi Jovino, La necropoli preromana
di Vico Equense, 1982, S. 43–44, 96, 110
Taf. 14.2, 3 Taf. 53.1, 3 und 130.6.   J. G. Sz.

C 1.1

C 1.4
Kanne
Bucchero, etrusko-kampanisch (?),
Ende 7. Jh.–575 v. u. Z.
Dunkelgrauer Ton mittlerer Stärke, Ober-
fläche schwarz poliert mit Ausnahme der
Unterseite des Fußes und eines Streifens
unter dem Henkel, mit metallischem
Glanz. Ausguß ergänzt
H. 15 cm, D. 9,4 cm
Stammt wahrscheinlich aus Kampanien,

Sammlungen St. K. Potockis oder Sammlung
Słubicka aus der 1. Hälfte des 19. Jh.,
bis 1945 in der Sammlung Branicki in Wilanów
Warschau, NM, Galerie antiker Kunst
Inv.: 147199
Kanne mit niedrigem, scheibenförmigem
Fuß, ovalem Bauch, abgerundeten Schultern,
abgesetztem hohem, konischem Hals, der in
dem herausgebogenen dreiteiligen Ausguß endet. Hochgezogener Rundhenkel. Die Kannenform entspricht Metallvorbildern syrischer Her-

kunft, wurde von den Etruskern aber wohl aus
Zypern übernommen. Seit dem Ende des
7. Jh. v. u. Z. wurde sie besonders beliebt in
Kampanien, wo man begann, lokale Nachah-
mungen anzufertigen.
Lit.: CVA Warschau 6, 1976, Taf. 39.5 S. 45 f.;
W. Johannowsky, in: StEtr 33, 1965, S. 695–96
Taf. 141b (Phase IV b aus Capua und Cales);
Albore-Livadie, S. 94 Abb. 21 (Typ 8 B).   W. D.

C 1.5

C 1.5 (Abbildung)
Kelch
Bucchero, etrusko-kampanisch,
spätes 7. Jh. v. u. Z.
Dunkelgrauer Ton, Oberfläche schwarz,
mattglänzend poliert. Kleine Fehlstelle
am Rand (ergänzt), Haarrisse in der
Kelchwandung
H. 24,5 cm, D. 25,7 cm
Aus Nola; 1828 aus Sammlung Koller
angekauft
Berlin, SMB, Antikensammlung
Inv.: F 1479
Schweres dickwandiges Gefäß auf hohem
trompetenförmigem Fuß. Wandung innen deutlich vom Boden abgesetzt, außen am Bodenansatz gekerbter Tonwulst mit fünf horizontalen
Ösenhenkeln. Über der Henkelzone zwei horizontale Rillen, darüber zehn unregelmäßige liegende geschlossene Punktfächer. Am Fuß
oben scharfgratiger Ring.
Der Kelch gehört zum kampanischen Bucchero. Die Kelchform wandelt sich von unverzierten Exemplaren auf hohem trompetenförmigem Fuß (Albore-Livadie, Phase IV A: 640 bis
620 v. u. Z.) hin zu Kelchen mit niedrigem Fuß,
Horizontalhenkeln und Rollrädchenfächern
(Phase IV B: 620–590 v. u. Z.).
Lit.: Furtwängler, Vasen, S. 168 Nr. 1479.
                                                      U. K.

C 1.6
Kantharos mit niedrigem Standring
Bucchero, etrusko-kampanisch (?),
570–520 v. u. Z.
Dunkelgrauer Ton mit glänzender
schwarzer Oberfläche
Kleine Beschädigungen an Fußkante
und Lippe
H. (m. Henkeln) 10,66 cm,
Br. (m. Henkeln) 18 cm
Fundort unbekannt
Budapest, SzM, Antikensammlung
Inv.: T. 717
Abgesetzter Schalenboden, zwei Bandhen-
kel, profilierter Standring. Seltene, langlebige
Variante des etruskischen Kantharos, die in
kampanischen Werkstätten häufig nachgeahmt
wurde.
Lit.: CVA Budapest, 1981, Taf. 6.1 S. 31 f.;
Hirschland Ramage, S. 28 Typ 5 A; Rasmus-
sen, S. 107–108 (Typus 3h) Taf. 33.175; Albore-
Livadie, S. 97 Abb. 24 (Phase V, Typ 4E).
                                                      J. G. Sz.

C 1.7

C 1.7 (Abbildung)
Skyphos
»Übergangs«-Bucchero, etrusko-
kampanisch (?), Ende 7. Jh.–575 v. u. Z.
Grauschwarzer Ton von mittlerer Stärke
mit schwarzer, geglätteter Oberfläche
H. 12,8 cm, D. 12,6 cm
Aus der Sammlung St. K. Potocki oder der
Sammlung Słubicka, die hauptsächlich aus
kampanischem Material zusammengestellt
ist, daher höchstwahrscheinlich in Kampanien

C 1.17

gefunden. Bis 1945 in der Sammlung
Branicki in Wilanów
Warschau, NM, Galerie antiker Kunst
Inv.: 147318

Skyphos auf echinusförmigem Fuß. Unterhalb des Randes zwei geritzte Linien. Zwischen
den Henkeln auf beiden Seiten je drei punktierte
zusammengefaltete Fächer. Unterhalb der
Henkel zwei breite Rillen und darunter zwei
Gruppen zu je drei dünnen geritzten Linien.
Ähnliche Formen auch in Südetrurien (Hirsch-

land-Ramage, Typ 2 D und Rasmussen, Typ C
– mit einer Furche unterhalb der Henkel).

Lit.: CVA Warschau 6, 1976, Taf. 42.1 S. 47;
vgl. ebd., Taf. 42.2 (gleiche Herkunft); J. W.
Hayes, Etruscan and Italic Pottery in the Royal
Ontario Museum, 1985, S. 79 C 28; W. Johan-
nowsky, in: StEtr 33, 1965, Taf. 141b (Phase
Capua/Cales IV); Albore-Livadie, Abb. 8 (obere
Reihe 3), Abb. 9 (unten links), Abb. 20, 23 (Ty-
pen 2 B, C). W. D.

C 1.8
Skyphos
Bucchero pesante, etrusko-kampanisch,
2. Hälfte 6. Jh. v. u. Z.
Grauschwarzer Ton, Oberfläche schwarz,
geglättet
H. 11,8 cm, D. 10,4 cm
Aus der Sammlung St. K. Potocki oder
Słubicka und deshalb wahrscheinlich in
Kampanien gefunden. Bis 1945 in der
Sammlung Branicki in Wilanów
Warschau, NM, Galerie antiker Kunst
Inv.: 147247

Skyphos ähnlich Kat.-Nr. C 1.7, doch nach
unten hin sich stark verjüngend. Breiter scheibenförmiger Fuß mit etwas aufgebogenem
Rand. Zwischen den Henkeln punktierte Zickzacklinie, eingeschlossen zwischen zwei breiten Rillen.

Lit.: CVA Warschau 6, 1976, Taf. 42.7 S. 47;
vgl. CVA Capua 4, 1969, IV B, Taf. 2.1, 3,
Taf. 7.5; L. B. van der Meer, De Etrusken, 1977,
Taf. 12 S. 23. W. D.

C 1.9
Pyxis
Grauer Bucchero, etrusko-kampanisch,
um 600 v. u. Z.
Grauer Ton, matt poliert. Intakt, kleine
Ausplatzung an der Lippe
H. 6,3 cm, D. 9,5 cm
Aus Nola; 1828 aus Sammlung Koller
erworben
Berlin, SMB, Antikensammlung
Inv.: F 1458

Dickwandiges doppelkonisches Gefäß auf
leicht hochgezogener Standfläche und kleiner
Mündung, die von einem glatten Rand eingefaßt ist.

Die Pyxis entspricht in ihrer Form der Periode
IV B (620–590 v. u. Z.) bei Albore-Livadie, S. 24
Abb. 22 Typ 13 A. Die doppelkonische Form
ist typisch für etruskische Pyxiden und auch
im Etrusko-Korinthischen anzutreffen (Kat.-
Nr. B 4.18; B 3.45).

Lit.: Furtwängler, Vasen, S. 167 Nr. 1458.
U. K.

C 1.10   C 1.12

C 1.10 (Abbildung)
Halsamphora
Kampanisch-schwarzfigurig (Szilágyi),
1. Viertel 5. Jh. v. u. Z.
Hellgelb-rötlicher Ton, matter schwarz-
brauner Firnis, Ritzung
H. 28,5 cm
Aus Sammlung Pizzati 1834 erworben
Leningrad, GE, Antikensammlung
Inv.: B 53

Gedrungene Halsamphora mit torusförmigem Fuß und zweiteiligem Henkel; Hals und
echinusförmige Lippe durch dünnen Rundstab
abgesetzt. Auf dem Hals beidseitig je eine
neunblättrige Palmette mit Volutenranken und
umrandetes Zungenmuster mit Zwickelspitzen
auf der Schulter. Am Bauch breiter Friesstreifen
mit Löwe und Eber.

Zum Löwentypus vgl. auch eine Halsamphora des Micali-Malers (CVA Heidelberg 2, 1963,
Taf. 57.2,4 S. 21), besonders aber kampanische Halsamphoren in Capua und Neapel (Badoni, S. 27 Nr. 3 Taf. 10; Code Bianche-Maler,
S. 67 Nr. 5 Taf. 32 mit gleicher Haltung, aber
sorgloser ausgeführt). Ungewöhnlich für
kampanisch-schwarzfigurige Vasen erscheint
die detaillierte Ritzzeichnung der Tierdarstellungen.

Lit.: Stephani Nr. 327; Val'dgauer Nr. 579;
Kul'tura i iskusstvo Etrurii, S. 50 Nr. 142; L. I. Ga-
talina, in: TGE 17, 1972, S. 70f. Abb. 5 – Micali-
Maler).   L. I. G.

C 1.11
Halsamphora
Kampanisch-schwarzfigurig, Gruppe des
Code Bianche-Malers,
1. Viertel 5. Jh. v. u. Z.
Gelbbrauner Ton, mattschwarzer Firnis,
aufgesetztes Weiß und Purpurrot
H. 29 cm
Aus Nola; 1834 aus Sammlung Pizzati
erworben
Leningrad, GE, Antikensammlung
Inv.: B 56

Halsamphora wie Kat.-Nr. C 1.10. Auf der
Schulter ein Lorbeerzweig mit rotem Stiel und
weißen Beeren; der Hals geschmückt mit einer
siebenblättrigen schwarzen Palmette über Volutenbögen, flankiert von halben Lotosblüten.
Die Bildfelder auf dem Bauch eingefaßt durch
schwarze Horizontalstreifen und senkrechte
Punktreihen:

A. Nach rechts vorstürmende nackte männliche Gestalt mit erhobenem rechtem und vorgestrecktem, mit einem Mantel umwickeltem linkem Arm; rechts vor ihr auf ein Schild rückwärts
gestürzte nackte männliche Figur, eine Hand in
abwehrender Gebärde erhoben (Gigantomachie?). B. Sirene mit roter Blüte im Profil nach
rechts. Zur A-Seite vgl. Kat.-Nr. C 1.12, die jedoch geritzte Binnenzeichnung aufweist und
deutlicher von attischen Vorbildern beeinflußt
scheint. Sirene und Halsornament entsprechen
in Stil und Detailzeichnung einer Amphora in

Wien, die ebenfalls dem Code Bianche-Maler
zugewiesen wurde (Badoni, S. 26f. Taf. 9).

Lit.: Stephani Nr. 1326; Val'dgauer Nr. 573;
L. I. Gatalina, in: TGE 13, 1972, S. 78f. Abb. 9f.
(Pegasos-Meister); Kul'tura i iskusstvo Etrurii,
S. 52 Nr. 147.   L. I. G./V. K.

C 1.12 (Abbildung)
Halsamphora
Kampanisch-schwarzfigurig, Gruppe des
Code Bianche-Malers,
1. Viertel 5. Jh. v. u. Z.
Hellocker Ton, matter schwarzbrauner
Firnis, aufgesetztes Weiß, Ritzungen.
Vertikaler Sprung in der seitlichen
Gefäßwandung, Ausplatzungen an der
Lippe
H. 24,6 cm, D. 15 cm
Aus einem Grab in Capri (zusammen mit
F 2131, Berlin [West], und F 2132);
1827 aus Sammlung Bartholdy erworben
Berlin, SMB, Antikensammlung
Inv.: F 2127

Halsamphora wie C 1.10. Hals: A. Palmette
auf Volutenbögen, umgeben von weißen Punkten, danebenstehende Zweige mit Knospe. B.
Palmette auf Volutenranken und Füllkreuz.
Schulter: umrandete Blattzungen mit angedeuteten Zwickelblättern. Bauch: Bildfelder mit seitlichen vertikalen Punktlinien: A. Von rechts
dringt Athena auf einen bärtigen Giganten ein,
der rückwärts zu Boden in seinen großen Rund-

C 1.13

C 1.16

schild gestürzt ist. Mit seiner Linken umklammert er den oberen Teil der Lanze, deren Spitze in seine Brust eindringt. Sein Mund ist geöffnet. Über ihm ein herabfliegender Adler. Rechts oben ein schwarzer Blattstern mit weißen Punkten. B. Bärtiger Dionysos auf Klappstuhl nach rechts sitzend, die Linke erhoben. Mit der Rechten faßt er einen Weinstock mit Trauben. Rechts vor ihm ein Altar mit Flammen auf Plinthe. Links unten ein Zweig emporwachsend.

Symbolhafte Bedeutung haben einzelne Bildelemente: Adler für die Gegenwart Zeus', Blattstern vielleicht als Gestirnszeichen (Rohde, S. 500).

Lit.: Th. Panofka, Il museo Bartholdiano, 1827, S. 87 ff. Nr. 13; CVA Capua 3, 1958, S. 7, Liste Nr. 3; E. Rohde, in: WissZRostock 16, 1967, 7/8, S. 500 f. Nr. 1 Taf. 70.1–2; Badoni, S. 29 f. Nr. 11.   U. K.

C 1.13 (Abbildung)
Halsamphora
Kampanisch-schwarzfigurig, Gruppe des Code Bianche-Malers,
1. Viertel 5. Jh. v. u. Z.
Hellocker Ton, schwarzbrauner Firnis, aufgesetztes Weiß, Ritzungen. Intakt, kleine Ausplatzungen an Lippe und Gefäßkörper
H. 25,2 cm, D. 15,8 cm
Wahrscheinlich aus Neapel; 1848 von Th. Panofka erworben

Berlin, SMB, Antikensammlung
Inv.: F 2128

Bauchige Halsamphora wie Kat.-Nr. C 1.10. Hals: Beidseitig je eine acht- bzw. siebenblättrige Palmette (mit Füllkreuzen) auf Volutenranken. Schulter: Umrandete Blattzungen. Bauch: A. Auf einem Klappstuhl nach rechts bärtiger, langhaariger Dionysos sitzend, in der Linken einen Rebstock haltend, dessen Zweige sich nach rechts und links verbreiten und große Trauben tragen. Von rechts kommt ein bärtiger Silen mit Halbglatze, Tierohren, Roßschweif und -hufen im Knielaufschema herbei, der in seiner Rechten ein Trinkhorn hält; die Linke faßt einen auf der Schulter liegenden Weinschlauch.

Im Bildfeld B. – von vertikalen Punktreihen eingefaßt – Hippokamp nach rechts: Pferdevorderleib mit langem Fischkörper, der in einer großen gegabelten Schwanzflosse endet. Diese Vase ähnelt in Form und Komposition Kat.-Nr. C 1.12 und läßt sich derselben Malerhand zuweisen. Zur Gestaltung der Silene in der etruskischen Vasenmalerei vgl. Rohde, S. 501; zum Hippokamp zuletzt Boosen, S. 135 ff.

Lit.: E. Rohde, in: WissZRostock 16, 1967, S. 501 (mit Lit.) Taf. 71.1–2; Badoni, S. 30 Nr. 12.   U. K.

C 1.14
Halsamphora
Kampanisch-schwarzfigurig, Leone-Gallo-Gruppe, 1. Viertel 5. Jh. v. u. Z.
Blasser hellocker Ton, schwarzbrauner Firnis, stellenweise verdünnt aufgetragen, Ritzungen. Intakt, Ausplatzung an der Lippe
H. 18,5–19 cm, D. 12,3 cm
Aus Capri (vgl. Kat.-Nr. C 1.13);
1827 aus Sammlung Bartholdy erworben
Berlin, SMB, Antikensammlung
Inv.: F 2132

Halsamphora wie Kat.-Nr. C 1.10. Hals: beidseitig aufrechtstehende Lotosblüte; Schulter mit umrandeten Blattzungen: A. Kentaur (Pferdeohren, -leib) in eiligem Lauf nach rechts, in der Rechten einen großen Zweig schwingend. B. Ein unbekleideter Jüngling mit kurzem Haar sitzt – ein Bein angewinkelt, ein Bein aufgestellt, mit dem linken Arm gegen einen schräg stehenden Schild gelehnt und in der Hand einen Kranz haltend – auf dem Boden, während seine ausgestreckte Rechte nach links weist. Der Oberkörper ist frontal dem Betrachter zugedreht, während der Kopf im Profil zurückgewandt ist. Neben dem Jüngling liegt eine Lanze oder ein Speer. Links ein Swastika-Ornament, dessen Enden volutenartig aufgerollt sind. Es handelt sich hierbei offensichtlich um einen siegreichen Waffenläufer und nicht um eine Gelageszene (Rohde, Badoni; vgl. Gelageszene mit bekleidetem Jüngling und deutlicher Klinendarstel-

lung auf F 2133, Berlin [West], desselben Malers, s. Badoni Taf. 15.8 A).

Lit.: Th. Panofka, II museo Bartholdiano, 1827, S. 90 Nr. 14; E. Rohde, in: WissZRostock 16, 1967, S. 501 f. (mit Lit.) Taf. 72.1–2; Badoni, S. 38 Nr. 11.   U.K.

C 1.15
Halsamphora

Kampanisch-schwarzfigurig, Leone-Gallo-Gruppe, 1. Viertel 5. Jh. v. u. Z.
Gelbbrauner Ton, mattschwarzer Firnis, Ritzung
H. 19,5 cm
Aus Nola; 1834 aus Sammlung Pizzati erworben
Leningrad, GE, Antikensammlung
Inv.: B 55

Halsamphora wie Kat.-Nr. C 1.14. Auf dem Bauch: A. Hippokamp nach rechts mit geritzten Details und Füllornamenten (punktiertes Kreuz oben, Kreuz aus S-Haken – Sonnenzeichen [?], Kreis links). B. nach rechts sprengender Hirsch mit geritzten Details und Füllkreuzen. Malerei und Ritzung nachlässig, die Füllornamente nach dem Vorbild orientalisierender griechischer Vasen.

Lit.: Stephani Nr. 1332; Val'dgauer Nr. 575; L. I. Gatalina, in: TGE 13, 1972, S. 78 f. Abb. 11 f.; Kul'tura i iskusstvo Etrurii, S. 52 Nr. 148.   L. I. G.

C 1.16 (Abbildung)
Halsamphora

Kampanisch-schwarzfigurig, um 470 v. u. Z.
Hellocker Ton, hellbrauner Überzug, schwarzbrauner Firnis, Ritzungen. Risse an Hals und Henkelansätzen, Ausplatzung am Fuß, Absplitterungen an der Lippe
H. 25,5 cm, D. 15,0 cm
Fundort unbekannt; aus Sammlung Chevalier de Bayet, Brüssel, 1909 im Berliner Kunsthandel erworben
Berlin, SMB, Antikensammlung
Inv.: V. I. 5017

Halsamphora gedrungener Form, ähnlich Kat.-Nr. C 1.10, Henkel jedoch mehr hochgezogen und ausbiegend. Am Hals Fries hängender Lotosblüten, auf der Schulter schräg liegender Palmetten-Rankenfries. Um den Bauch zwischen horizontalen Firnisstreifen ein Fries mit sechs Satyrn: ithyphallisch, bärtig, mit Roßschweif, Kontur und Binnenzeichnung geritzt. Diese Amphora konnte von Badoni keiner bestimmten Malergruppe zugewiesen werden. Die Zeichnung der Satyrn erinnert an Werke des Milano-Malers (Badoni, Taf. 17–21), während das Schulterornament sich mit dem auf attisch-rotfigurigen Vasen des 1. Viertels des 5. Jh. v. u. Z. vergleichen läßt (Brygos-Maler, Syleus-Maler).

Lit.: Auktionskatalog Lepke 1541 vom 9.3.1909, Nr. 419; Badoni, S. 73 Nr. 25; F. Badoni, in: ArchCl 16, 1964, S. 26 ff. Taf. 17.1–2 (Schulterornament des Stangenhenkelkraters Capua, Museo Campano, Inv. 179).   U.K.

C 1.17 (Abbildung)
Korbhenkelamphora

Kampanisch-schwarzfigurig, letztes Viertel 6. Jh. v. u. Z.
Blasser hellbrauner Ton mit gelbbrauner Engobe, braunschwarzer metallisch schimmernder Firnis, aufgesetztes Weiß. Intakt, kleine Ausplatzungen an der Oberfläche
H. (m. Henkel) 25,2 cm,
H. (o. Henkel) 19,8 cm, D. 12,5 cm
Angeblich aus Ruvo; aus Sammlung Chevalier de Bayet, Brüssel; 1909 aus dem Berliner Kunsthandel erworben
Berlin, SMB, Antikensammlung
Inv.: V. I. 5018

Ovoides Gefäß mit leicht gebogenem waagerechtem Henkel über der Mündung. Auf der Mitte des Henkels befindet sich eine stehende Ringöse. Auf dem umlaufenden Bildstreifen ist eine Jagdszene dargestellt: Ein bärtiger Silen mit Pferdeohren, Roßschweif und Pferdehufen eilt, in der Rechten ein Wurfholz oder eine Schleuder schwingend, einem großen Hasen nach, der zu einem Strauch hin flüchtet. Dem Silen folgt ein Jagdhund. Neben dem hinteren Bein des Silens ist eine Vorzeichnung erhalten. Der Gefäßtyp, der nur in Kampanien anzutreffen ist, läßt sich ableiten von den zylinderförmigen bronzenen Situlen und ihren Tonnachbildungen im 7. Jh. v. u. Z. (Kat.-Nr. A 5.16). Gefäße mit amphorenartiger Gliederung treten dann im 6. Jh. v. u. Z. im kampanischen Bucchero auf (Albore-Livadie, S. 109 Abb. 26 Typ 16 B) und sind vor allem im 4. Jh. v. u. Z. mit rotfiguriger Malerei anzutreffen (Morel, Form 6530–6531; vgl. auch Trendall, LCS, S. 367 f. Nr. 31 ff.). In der Art der Bemalung, der exzentrischen Bewegung der Figuren, kommt die Korbhenkelamphora den Werken des Milano-Malers nahe, dessen Figuren allerdings mit Ritzungen versehen sind (Badoni, S. 43 ff. Taf. 17).

Lit.: Auktionskatalog Lepke 1541, Berlin v. 9.3.1909, Nr. 418; CVA Capua 3, 1958, S. 12, B, Nr. 3; E. Rohde, in: WissZRostock 16, 1967, S. 503 Taf. 79.1–3.   U.K.

C 1.18 (Farbtafel)
Korbhenkelamphora

Kampanisch-schwarzfigurig, 1. Viertel 5. Jh. v. u. Z.
Hellbrauner Ton, braunschwarzer matter Firnis, aufgesetztes Purpurrot. Aus Fragmenten zusammengesetzt, ein kleines Stück des Randes ausgesplittert
H. (m. Henkel) 20,5 cm,
D. (Mündung) 8,7 cm
Aus einer Sammlung des 19. Jh.
Prag, NM, Inv.: 4748 (K 135)

Gedrungenes konisches Gefäß mit hohem konischem Hals sowie waagerechtem Henkel mit runder Öse. Auf der Schulter zwischen Linien umrandetes Zungenmuster. Auf dem Bauch: A. Bärtiger Triton nach rechts blickend mit erhobener linker Hand. B. Springender

Stier, Vorderläufe hoch erhoben, Hinterläufe auftretend, Schwanz nach unten hängend. Die Muskulatur der Figuren und weitere Details sind in dünnen, matten schwarzvioletten Linien auf den Firnis gesetzt. Einer Sondergruppe mit Parallelen in Neapel (Inv. 876 aus Suessula) und in Wien (Kunsthistorisches Museum, Inv. IV 1929), die der Diphros-Gruppe verwandt ist, zugehörig (Badoni, S. 66 Nr. 1 f. Taf. 30).

Lit.: J. Bouzek, in: Eirene 17, 1980, S. 72 f. Nr. 15 Taf. 8.   J. B.

Die Owl-Pillar-Gruppe (C 1.19–22)

Es gibt eine Gruppe von 60 bis 70 rotfigurigen Vasen, meistens Amphoren des sogenannten Nolanischen Typus, die nach einer Darstellung auf der Berliner Amphora Kat.-Nr. C 1.19 benannt wurden und deren künstlerische Zugehörigkeit und zeitliche Stellung heftig umstritten sind. Fundorte und Stil empfehlen eine Lokalisierung der Werkstatt in Kampanien. Die stilistischen Vorbilder sind attisch-rotfigurige Vasen des 2. und 3. Viertels des 5. Jh., aber technische Einzelheiten der Ausführung (B. B. Shefton, in: JHS 85, 1965, S. 159) sowie markant unklassische Züge der Zeichnung und eine Reihe ikonographischer Motive, die aus der griechischen Tradition kaum erklärbar sind, sprechen dafür, daß die Maler keine griechischen Meister, sondern lokale Lehrlinge der attischen Vasenkunst waren. Man hat schon immer auf den Zusammenhang dieser Vasen mit der etruskischen Keramik hingewiesen, obwohl es sich dabei mehr um eine allgemeine geistige Verwandtschaft als um eine konkret definierbare Beziehung handelt. Hierbei jedenfalls muß berücksichtigt werden, daß zum einen die Präsenz etruskischer Kultur mit dem Schwinden des politischen Einflusses der Etrusker in Kampanien nicht unterbrochen wurde, zum anderen die Owl-Pillar-Gruppe keine Verbindung zur später aufblühenden kampanisch-rotfigurigen Vasenmalerei hatte, sondern sich unverkennbar an die kampanisch-schwarzfigurige Produktion anschloß, deren etruskischer Charakter keinem Zweifel unterliegt. Die Meister beider Gattungen haben aller Wahrscheinlichkeit nach wenigstens eine Zeitlang nebeneinander gearbeitet, obwohl die Hypothese, daß es auch Fälle von »Zweisprachigkeit« gab, wobei ein oder mehrere kampanische Meister die schwarzfigurige Technik später mit der rotfigurigen vertauscht hätten, zur Zeit nicht bewiesen ist. Die Verteilung der erhaltenen Vasen an Meisterhände steht noch am Anfang, auch die ikonographische Deutung ist oft zweifelhaft, sogar in solchen Fällen, wo das griechische Vorbild klar erkennbar ist, z. B. bei Szenen aus der griechischen Mythologie. Die Darstellung läßt zuweilen auch die Annahme einer lokalen Interpretation zu.

Der sicherste Ausgangspunkt der Datierung der Gruppe, wenn auch nicht der Einzelstücke, ist der Vergleich mit der attischen Keramik. Der

einzige bekannte Fundkomplex (M. Bonghi Jovino – R. Donceel, Le necropoli di Nola preromana, 1969, S. 84–85 Taf. 40), der attische Importvasen einer Zeitspanne von etwa fünfzig Jahren enthält, führt nicht weiter, zeugt aber von dem in den sechziger Jahren des 5. Jh. v. u. Z. lebhafter gewordenen Interesse Athens an Verbindungen mit dem Golf von Neapel, in dessen Bereich auch die Vasen der Owl-Pillar-Gruppe entstanden sind. Die Produktion ist wohl in die Jahre zwischen 470–420 v. u. Z. zu verteilen. Für eine neuerdings vorgeschlagene spätere

Datierung gibt es vorläufig keine schlagenden Beweise. Der überwiegende Teil der bekannten Vasen wurde in Nola gefunden, wo auch die bevorzugte Vasenform der Gruppe besonders beliebt war. So wird ihre Werkstatt mit guten Gründen in diesem stark etruskisierten Zentrum Südkampaniens gesucht.
Lit.: J. D. Beazley, in: JHS 83, 1943, S. 66 bis 68; Shefton, a. O.; Trendall, LCS, S. 189, S. 667 bis 673 und Supplement 3, 1983, S. 309–310; Th. Hadzisteliou-Price, in: AEphem 1974, S. 168–198.					J. G. Sz.

C 1.19 (Abbildung)
Halsamphora
Kampanisch-rotfigurig, Owl-Pillar-Gruppe, Maler der Chikagoer Amphora,
470–420 v. u. Z.
Hellbrauner Ton mit dünnem, rötlichem Überzug, schwarzglänzender, ungleichmäßig aufgetragener Firnis. In der Mitte gebrochen
H. 34,0 cm, D. 16,5 cm
Aus Nola; 1828 aus Sammlung Koller erworben
Berlin, SMB, Antikensammlung
Inv.: F 2993

Schlanker, ovoider Gefäßkörper, nach unten hin sich verjüngend auf scheibenartigem Fuß (Rand tongrundig) mit abgesetztem Hals, ausladender Lippe und flachen glatten Vertikalhenkeln. Am unteren Teil des Gefäßes Leiterband mit Doppelpunkten in schwarzfiguriger Malerei. A. Links ein hoher eigentümlicher Pfeiler (oder Säule?), oben mit dreieckigen Ansätzen; rechts davor auf breiter Plinthe ein niedriger Pfeiler oder eine Säule (Kanneluren) mit doppeltem Kapitell, worauf sich, vielleicht als Weihgeschenk, eine Eule befindet. Rechts steht, in einen Mantel gehüllt und auf einen Stock gestützt, ein bärtiger Mann, der das Bildwerk betrachtet. B. Zwei Frauen in Chiton und Mantel, einander gegenüberstehend. Die rechte Gestalt streckt in ihrer Rechten einen großen Öl- oder Lorbeerzweig vor.
Lit.: Trendall, LCS, S. 668 Nr. 13; Th. Hadzisteliou-Price, in: AEphem 1974, S. 170.					U. K.

C 1.20 (Abbildung)
Halsamphora
Kampanisch-rotfigurig, Owl-Pillar-Gruppe,
470–420 v. u. Z.
Hellbrauner Ton mit dünnem rötlichem Überzug, schwarzglänzender Firnis. Intakt
H. 29 cm, D. 15,7 cm
Aus Nola; 1828 aus Sammlung Koller erworben
Berlin, SMB, Antikensammlung
Inv.: F 2992

Halsamphora, ähnlich Kat.-Nr. C 1.19. Um den Halsansatz Perlstab. A. Reitende Amazone in kurzem Chiton mit langen Ärmeln, orientalischer Mütze und Schnabelschuhen nach rechts, in der Rechten eine Doppelaxt. Der Pferdekopf ist herumgebogen, so daß er fast von vorn erscheint. B. Zwei fliehende Amazonen nach rechts. Die linke mit Pfeil und Bogen ist aufs Knie gestürzt; ihre Rechte hält eine Axt. Rechts vor ihr eine im Laufen sich umwendende Amazone mit langem kariertem Ärmel, die Arme ausstreckend, in der Linken eine Axt haltend. Beide Amazonen sind wiederum mit phrygischer Mütze, Schnabelschuhen und kurzem Chiton bekleidet.
Lit.: Trendall, LCS, S. 667 Nr. 9.					U. K.

C 1.19

C 1.20   C 1.21

C 1.21 (Abbildung)
Strickhenkelamphora
Kampanisch-rotfigurig, Owl-Pillar-Gruppe,
470–420 v. u. Z.
Hellbrauner Ton mit dünnem rötlichem
Überzug, schwarzglänzender, stellenweise
ungleichmäßig aufgetragener Firnis. Ein
Henkel abgebrochen, kleine Ausplatzungen
an der Lippe
H. 32,6 cm, D. (erh.) 19,5 cm
Aus Nola; 1827 aus Sammlung Bartholdy
erworben
Berlin, SMB, Antikensammlung Inv.: F 2988

Amphora wie Kat.-Nr. C 1.19, jedoch mit gedrehten vertikalen Henkeln. Unten um den Gefäßkörper schwarzfiguriger Mäander, eingefaßt
von schwarzen und tongrundigen Linien. Um
den Halsansatz rotfiguriger Perlstab, am Lippenrand ionisches Kymation. Bauch: A. Links
steht ein Manteljüngling nach rechts gewandt,
auf einen knotigen, zickzackförmig gebogenen
Stock gestützt. Von rechts eilt eine Frau in Chiton, Mantel und kampanischer Haube auf ihn zu
und streckt ihren rechten Arm zu dem Jüngling
vor. Hinter der Frau unter dem Henkel blattloser
Baum. B. Zwei Frauen in Chiton, Mantel und

kampanischer Haube einander gegenüberstehend; die linke hält in der gesenkten Rechten einen Weinschlauch, nach dem die rechte Frau
begehrlich ihre rechte Hand ausstreckt. Hinter
dieser Frau, unter dem Henkel, ein Lorbeer-
baum.
Hals: A. Links ein Ölzweig; rechts daneben
eine Eule. B. Links eine Palmette; rechts das
Brustbild einer Frau nach links mit kampanischer Haube, breitem Halsband und gefälteltem
Chitonansatz.
Lit.: Trendall, LCS, S. 668 Nr. 12.   U. K.

C 1.22
Strickhenkelamphora
Kampanisch-rotfigurig, Owl-Pillar-Gruppe,
470–420 v. u. Z.
Hellbrauner Ton mit dünnem rötlichem
Überzug, schwarzglänzender Firnis. Ein
Henkel rekonstruiert, kleine Ergänzungen
am Körper (auf der B-Seite auch ein
kleines Stück der Draperie der rechten Figur)
H. 37,3 cm, D. 19 cm
Herkunft unbekannt
Bratislava, Slowakisches Nationalmuseum
Inv. 5/44

Schlanke Amphora mit länglichem Bauch, ein
gedrehter Vertikalhenkel fälschlich durch Bandhenkel ersetzt. A. Zwei gegenüberstehende
Mantelfiguren: Rechts bärtiger Mann mit Stirnband, in einen langen Mantel gehüllt. In der linken Hand hält er einen T-förmigen Stock. Gegenüber steht eine Frauengestalt (?) mit einfachem Stirnband, aber mit stilisierten losen Lok-
ken und Schmuck an Ohr und Hals, in Chiton
und langem, schräg über den Oberkörper ge-
führtem Mantel (Chlaina). Die rechte Hand
scheint einen Zipfel des Mantels zu halten, die
linke berührt ein Ende des T-förmigen Stockes.
Der Raum zwischen den Füßen jeder der Gestalten ist nicht gefirnißt. B. Zwei gegenüberstehende junge Männer im Profil. Der rechte mit
kurzem Wangenbart, in einen langen Mantel
gehüllt, der linke bartlos in einem Chiton, den
Mantel über die linke Schulter geworfen. Einen
Zipfel des Mantels hält er mit der rechten Hand.
Lit.: Katalog Řecké umění z jižní Itálie (Greek
Art from South Italy), 1974 Nr. 15; Trendall,
LCS, S. 670 Nr. 43.   J. B.

Schale mit etruskischer Inschrift

Attische Schwarzfirnisware, 470–450 v. u. Z.
Rosa Ton, Firnis schwarz, stark glänzend;
nicht bedeckte Oberfläche rötlich
gefärbt; beim Brand nahm sie eine
schwarzbraune Färbung an
H. 5,5 cm, D. 15 cm
Von Jan Działyński um 1865 in Neapel oder
Capua gekauft. Bis 1880 im Hotel
Lambert in Paris; seit 1958 im National-
museum Warschau

Poznań, Nationalmuseum, Schloß Gołuchow
Inv.: MNP A 740

Henkelschale auf niedrigem, dickem zweistufigem Fuß. Im Inneren des Fußes ist mit spitzem
Werkzeug halbkreisförmig, von rechts nach
links laufend, eine Eigentümerinschrift eingeritzt: cupes carpunies mi ([ich] gehöre dem, bin
cupe carpunie). Die Worte sind abgeteilt durch
in halber Höhe der Buchstaben angebrachte
Punkte. Typisch für Kampanien ist die Schreibung »c« statt »k« und der Punkt im Buchstaben »rho«. Der Name carpunie, bekannt in ähn-

lichen Formen aus Kampanien selbst, aber
auch aus Rom, leitet sich vom griechischen Namen Karpos her, der häufig unter griechischen
Sklaven in Etrurien vorkommt. Es ist dies eines
von zahlreichen Beispielen des Hineinwach-
sens der Griechen in die etruskische Umgebung.

Lit.: I. Longpérieur, in: RA 1868, S. 352 Nr. 17;
J. de Witte, Description des Collections à l'Hôtel
Lambert, 1886, Nr. 97; CVA Gołuchów, 1932,
Taf. 46.6a–b; W. Dobrowolski, in: EtTrav 6,
1974, S. 102–110 (Lit.); TLE 1, S. 118.   W. D.

C 2 Kampanische Terrakotten

Architektonische Terrakotten
(C 2.1–29)

Das wichtigste Zentrum der etruskischen
Vorherrschaft in Kampanien bildete die am Fuß
der tifatinischen Berge nahe dem Volturnusfluß
gelegene Stadt Capua (heute: Santa Maria Capua Vetere). Der alte Name der als Nachfolgerin
einer alten oskischen Siedlung spätestens gegen Mitte des 6. Jh. v. u. Z. angelegten etruskischen Stadt soll nach Livius (4.37) Volturnus
gelautet haben. Die im flachen Land gelegene
Stadt wurde in westöstlicher Richtung von der
Via Appia durchquert, an die sich das reguläre
Straßennetz und die Centuriation des Umlan-
des der römischen Kolonie anschlossen. Diese
reguläre Planung, ebenso wie der aus der Lage
der Nekropolen (Fornaci-Nekropole des 9. bis
5. Jh. v. u. Z. im Westen, Madonna dei lupi-Ne-
kropole des 6.–5. Jh. v. u. Z. im Norden sowie
samnitische Gräber im Westen und Süden) er-
schließbare Verlauf der Stadtmauern in Gestalt
eines abgerundeten Quadrates von etwa einem
Kilometer Seitenlänge kann bereits auf die
etruskische Ordnung des Stadtgebietes zurückgehen. Die Haupttheiligtümer dieser Siedlung,
der Bezirk der Diana Tifatina im Norden und das
Areal einer italischen Muttergottheit im ehemaligen Fondo Patturelli bei dem Dorfe Curti unmittelbar südlich der Via Appia vor der östlichen
Stadtgrenze, lagen außerhalb der Stadt. In letzterem Gebiet unternahm bereits 1845 der damalige Besitzer Carlo Patturelli Grabungen
»ohne wissenschaftliche Absichten«, die ein
ungewöhnlich reiches Material, bestehend aus
Tuffstatuen von thronenden Frauen mit Kindern, Keramik, Votiv- und Dachterrakotten, zutage förderten. Hierbei wurden auch Reste eines querrechteckigen Podiums mit Freitreppe
und Altar sowie im Norden ein Brunnen, der
griechische Inschriften enthielt, aufgedeckt.
Aus Furcht vor dem Eingreifen der Regierung
ließ der Grundstücksbesitzer den Befund zer-
stören. Weitere seit 1873 unternommene syste-
matischere Untersuchungen durch Orazio Pasquale ergaben, daß die archaischen Architekturterrakotten unter dem Niveau des Podiums
bis in eine Tiefe von 4 m mit Häufungen im We-

sten und Norden deponiert waren, während sich
darüber ringsum im Heiligtum eine Schicht mit
Votivterrakotten ausdehnte. Eine etwa 25 cm
starke Brandschicht über dem Podium enthielt
Münzen aus Neapel und Cales, aber keine aus
Capua selbst. Bei späteren Nachgrabungen
konnten dann weitere oskische Inschriften gefunden werden, und schließlich stieß man 1875
im Norden auf einen zum Podium parallelen
Mauerzug (Rest eines Tempels oder einer Ein-
friedung) sowie 1893 im benachbarten Fondo
Morelli auf Terrakotta-Werkstätten.

Der größte Teil dieser Funde wird heute im
Museo Campano in Capua selbst aufbewahrt –
darunter allein 666 inventarisierte architektonische Terrakotten. Viele Objekte gelangten aber
auch über Zwischenhändler – Pellegrini, G. Ric-
cio, G. Casanova (später Sammlung Gargiulo),
R. Barone, V. Caruso und Pasquale Materazzi –
an Sammler wie Raoul-Rochette, Sir W. Temple, Campana, Bourguignon und A. Castellani,
schließlich in die Museen in Capua, Neapel,
London, Paris und Berlin.

Im Jahre 1875 wurden für die Berliner Skulpturensammlung Tuffstatuen thronender weiblicher Figuren (Inv. SK 161–167) und für das Antiquarium von W. Helbig Terrakotten aus Curti
angekauft (TC 7018–7023). Weitere umfangreiche Erwerbungen vermittelte F. von Duhn im folgenden Jahre (Inv. TC 7142–7263, 7269–7402
sowie die Vasen Inv. V. I. 2485–2518), wobei
ein Teil derselben in seiner Gegenwart im Gebiet der alten Nekropole von Capua gefunden
worden sein soll (Inv. TC 7239–7260 und V. I.
2508–2518). Hinzu kamen Erwerbungen aus
der Versteigerung der Sammlung A. Castellani
im Jahre 1884, die neben tarentinischen auch
kampanische Terrakotten erbrachten (Inv. TC
7845–7900, davon als kampanisch gekennzeichnet bzw. vermutet: TC 7862, 7863, 7887,
7893–7900). Auch ein einzelnes von Helbig
1890 gekauftes Antefix (Inv. TC 8220) wird wohl
aus den Grabungen im Fondo Patturelli herrühren. Unter diesen Erwerbungen der Berliner
Museen befanden sich zahlreiche Stirnziegel
archaischer bis hellenistischer Zeit. Das weitgehende Fehlen sonstiger architektonischer Ton-

fragmente unter den verkauften Stücken erklärt
sich vielleicht aus dem Umstand, daß diese als
schlecht veräußerbar angesehen und deshalb
wieder bei Zerstörung des Fundplatzes unter
den Schutt gemengt wurden.

Aus den verschiedenen Nachrichten über die
Grabungen auf dem Fondo Patturelli kann man
einige wichtige Schlußfolgerungen ziehen: Der
Umfang und die Art der architektonischen Terrakotten läßt auf einen ganzen Komplex von
Kultgebäuden schließen, die seit der 1. Hälfte
des 6. Jh. v. u. Z. bis in hellenistische Zeit entstanden sein müssen. Der Podiumbau mit
Freitreppe und einem auf sechs Säulen ruhen-
den Dach beherbergte wahrscheinlich die
Kultstatue einer thronenden Göttin und einen
Altar. Er dürfte um 300 v. u. Z. entstanden sein,
während die zahlreichen Votive – besonders
thronender Muttergottheiten – in die Zeit vom 4.
bis 1. Jh. v. u. Z. gehören. Erst im 3. Jh. v. u. Z.
griff dann auch die Nekropole auf das Areal des
Heiligtums über, bis im 1. Jh. v. u. Z. der Kultbe-
trieb eingestellt wurde.

Ungeachtet der beeindruckenden Menge architektonischer Terrakotten, die im Fondo Patturelli gefunden wurden, ist die Sonderform des
kampanischen Traufziegeldaches nicht hier,
sondern wohl zu Beginn des 6. Jh. v. u. Z. in den
griechischen Kolonien Pithekussai und Cumae
entwickelt worden. Dort wurden Traufrinnen
nach westgriechischem Vorbild und die frühesten halbrunden Antefixe gefunden, deren noch
in Malerei ausgeführte Zackenkränze auf pelo-
ponnesisch-lakonischen Ursprung hinweisen.
Die Griechen Kampaniens haben dann auch
den Übergang zur Matrizenfertigung von flachreliefierten Stirnziegeln mit rahmendem Blattkranz vollzogen. Etwa seit dem 2. Viertel des
6. Jh. v. u. Z. müssen dann die capuanischen
und die griechisch-kampanischen Werkstätten
in Pithekussai und Cumae nebeneinander existiert und praktisch identische Ziegeltypen produziert haben (Kat.-Nr. C 2.5, 6, 10), die sich
daraufhin nicht nur in Kampanien selbst (Capua, Minturno, Teano, Cales, Sant'Angelo in
Formis, Frignano, Casilinum, Allifae, Suessula,
Pompeji und Fratte bei Salerno), sondern so-

C 2.1

C 2.5

wohl im griechischen Siedlungsbereich (Velia) bis nach Nordwestsizilien (Lipari, Himera) als auch in Latium (Monte Circeo, Satricum) und nach Rom verbreitet haben. Von den italischen Stämmen im Hinterland (Melfi-Leonessa, Troia, Arpi) bis nach Bari hin wurden diese Antefixe ebenfalls – doch wohl erst seit dem 5. Jh. v. u. Z. – mehr oder weniger geschickt nachgeahmt. Die Entwicklung bestimmten jedoch in der 2. Hälfte des 6. Jh. v. u. Z. die griechischen Küstenstädte Kampaniens, über die auch ostgriechische Einflüsse vermittelt wurden (Kat.-Nr. C 2.11, 12, 18, 19). Als neue Antefixform ist besonders der Lotosblüten-Stirnziegel (Kat.-Nr. C 2.14–17) erwähnenswert, der aus den archaisch-großgriechischen Kolonien (Metapont, Paestum) nach Kampanien gelangte. Gegen Ende des 6. Jh. v. u. Z. und in der ersten Hälfte des 5. Jh. v. u. Z. häufen sich dann die Beispiele von Kopfantefixen, die ein nachlassendes organisches Gestaltungsvermögen verraten (Kat.-Nr. C 2.7, 13, 16, 20, 21); die Gesichtsstruktur wird nun stark abstrahiert. Diese Gestaltungsmerkmale sind ein wichtiges Indiz für das Anwachsen des indigenen Elementes in der »Pufferzone« zwischen dem italischen Hinterland und den griechischen Metropolen – begünstigt durch den Rückgang der politischen Macht der etruskischen Aristokratie in dieser Region. V. K.

C 2.1 (Abbildung)
Rosettenantefix mit Blattkranzrahmen
Kampanisch, 2. Viertel 6. Jh. v. u. Z.
Ziegelroter, innen grauroter Ton, weißer Überzug, rote Bemalung. Die Ränder der Blätter des rahmenden Kranzes meistens abgebrochen; Ansatz des Kalypters erhalten
H. 15 cm, Br. 21 cm
Fundort unbekannt; von Paul Arndt 1914 erworben
Budapest, SzM, Antikensammlung
Inv.: T 82

Gestelzte Halbrosette, umgeben von einer gebogenen Leiste und niedrigem Blattkranz. Die einzelnen Teile alternierend rot-weiß bemalt. Im Palmettenkern rote und weiße Halbkreise. Die rein ornamental verzierten halbrunden Antefixe zählen zu den frühesten kampanischen Architekturterrakotten. Entsprechende archaische Antefixformen wurden auch in der Magna Graecia (Tarent, Metapont) und auf Sizilien (Gela, Kamarina) gefunden. Die ältesten Antefixe waren wahrscheinlich nur bemalt. Für die Formen mit gemaltem Zackenkranz nach lakonischem Vorbild gibt es Belege aus Pithekussai und Cumae (L. A. Scatozza, in: Klearchos 13, 1980, S. 53, 60 ff. Abb. 1 ff.). Diese und die nachfolgenden Typen mit Blattkranzrahmen waren bereits flachreliefierte Matrizenabformungen. Das Budapester Antefix gehört zu den frühesten Ziegeln dieser Art. Repliken existieren in München (ebenfalls aus Sammlung Arndt), Minturno und Capua, wo sie zu den ältesten architektonischen Terrakotten des Fondo-Paturelli-Bezirkes gehören.

Lit.: Z. Oroszlán, in: ArchErt 48, 1935, S. 55 Nr. 1 Abb. 27; vgl. Koch, S. 23, 1. Art, Taf. 3.1 (Capua) und MonAnt 37, 1938, S. 727 Nr. 4–9 Taf. 5.7, 6.10 (Andrén 485 Typ I. 1b); zum Typus: V. Kästner, in: Beiträge der Winckelmann-Gesellschaft 11, 1982, S. 93 Abb. 13 f. V. K.

C 2.2
Rosettenantefix mit Blattkranz
Kampanisch, 2. Viertel 6. Jh. v. u. Z.
Blaßgelber bis rötlicher Ton mit schwarzen und ziegelroten Einschlüssen, beigefarbener Engobe, weinroter und schwarzbrauner Farbe. Die Fußleiste fehlt, der Blattkranz ist links und rechts unten ausgebrochen, der rückseitige Kalypter glatt abgeschlagen; bis auf eine geringe Brandschwärzung sehr gut erhaltene Bemalung
H. 19 cm, Br. 28,4 cm,
Dicke (max.) 2,5 cm

Aus Kampanien, 1827 aus Sammlung Bartholdy erworben
Berlin, SMB, Antikensammlung
Inv.: TC 427

Flachreliefiertes Antefix mit einer blattkranzgesäumten Halbrosette; ehemals mit schmaler Fußleiste. Alternierend rot-weiße Bemalung. Repliken dieses Ziegeltyps aus Capua (Museo Campano P. 413; Paris, Louvre, Campana 4000) und Cumae.

Lit.: Koch, S. 23 Typ A. II. Art, Taf. 35.3; vgl. L. A. Scatozza, in: Klearchos 13, 1971, S. 60–62 (Typ 2) Abb. 3 f. (Cumae). V. K.

C 2.3
Rosettenantefix mit Volutenband-Blattkranz-Rahmen
Kampanisch, Mitte 6. Jh. v. u. Z.
Ziegelroter Ton mit schwarzen und ziegelroten Einschlüssen, beigefarbener Engobe und rot-weiß-schwarzer Bemalung. Blattkranz oben rechts teilweise ausgebrochen, außerdem wie die Fußleiste etwas bestoßen. Kerbe auf der Rosette und rotbraune Verfärbung der linken unteren Hälfte durch Brandeinwirkung, sonst gut erhaltene Farben
H. 27,2 cm, Br. 34,2 cm, T. 9 cm
Aus Capua (Curti), 1890 erworben
Berlin, SMB, Antikensammlung
Inv.: TC 8220

Gestelzt halbrundes Rosettenantefix mit einem Kranz aus 19 kleinen Blättern mit plastischen weißen Rändern über einer schmalen gestuften Fußleiste. Der D-förmige Rahmensteg wird unten gesprengt durch ein breites innen angelegtes Band, das sich unter dem Blattkranz nach außen zu Voluten mit kleinem rotem Knopf aufrollt. Rot-weiße Bemalung. An der Rückseite befindet sich der Ansatz eines halbrunden Kalypters. Weitere Repliken desselben Typs befinden sich in Capua.

Lit.: Unpubliziert; vgl. Koch, S. 24, V. Art, Abb. 32 und Taf. 3.3. V. K.

C 2.4

Palmettenantefix mit Volutenband-Blattkranz-Rahmen

Kampanisch, 3. Viertel 6. Jh. v. u. Z.
Braungrauer, an der Oberfläche ziegel-
roter Ton, ockerfarbener Überzug,
braungelbe und purpurrote Bemalung.
Kleinere Bestoßungen; Ansatz des
Kalypters erhalten
H. 25 cm, Br. 26 cm
Fundort unbekannt; von Paul Arndt
1914 erworben
Budapest, SzM, Antikensammlung
Inv.: T. 81

Eine von einem fünfzehnblättrigen, nach
oben sich verbreiternden Blattkranz über einem
Rundstab mit unterlegtem Volutenband gerahmte Palmette auf flachem Basissteg, der an
beiden Seiten in nach unten biegenden Voluten
endet. Darunter die Fußleiste mit vertikalen
Zickzacklinien bemalt. Rot-weiße Bemalung.
Der Antefixtyp verkörpert eine Übergangsform
von dem Rosettenantefix zu den Stirnziegeln
mit hängender Palmette.

Lit.: Z. Oroszlán, in: ArchErt 48, 1935, S. 55
Nr. 2 Abb. 28; vgl. Koch, S. 25, 6. Art, Taf. 3.5
(Capua). J. G. Sz., V. K.

C 2.5 (Abbildung)

Antefix mit hängender Palmette im Blattkranzrahmen

Kampanisch, 3. Viertel 6. Jh. v. u. Z.
Grauer, an der Oberfläche ziegelroter
Ton, ockerfarbener Überzug, braungelbe,
purpurrote und schwarze Bemalung.
Absplitterungen am Rand des Blatt-
kranzes, Bemalung schlecht erhalten;
Ansatz des Kalypters vorhanden
H. 23 cm, Br. 27 cm
Fundort unbekannt; von Paul Arndt 1914
erworben
Budapest, SzM, Antikensammlung Inv. T. 80

Siebzehnblättriger Blattkranz über Rundstab.
Innen hängende Palmette mit S-Volutenranken,
die sich innen an den Rundstab schmiegen.
Fußleiste mit Sparrenmuster bemalt. Rot-gelbli-
che Bemalung. Das zentrale Motiv kann als Abschnitt eines Anthemions verstanden werden,
wie es bei den zeitgenössischen Dächern als
freihängende Verkleidungsplattenborte ange-
wendet wurde. Vergleichbar sind auch alternierende Palmettenranken der attisch-schwarzfigurigen Vasenmalerei. Der Typus ist in sehr
großer Anzahl produziert worden und tritt in fast
matrizengleicher Ausformung nicht nur in mehreren kampanischen Städten, sondern auch in
Latium (Satricum) und Nordwestsizilien (Himera) auf.

Lit.: Z. Oroszlán, Antik terrakottagyüjtemény
1930, S. 99 Nr. G 11 (mit Abb.); ders. in: ArchErt
48, 1935, S. 55 Nr. 4 Abb. 30; vgl. Koch, S. 17,
2. Art (Variante) Taf. 1.3; V. Kästner, in: Beiträge
der Winckelmann-Gesellschaft 11, 1982, S. 93
Abb. 13f. und EAZ 26, 1985, S. 296f. Abb. 2.2
(Entwicklung des Typus). J. G. Sz., V. K.

C 2.6 (Abbildung)

Gorgoneionantefix mit Volutenband-Blattkranz-Rahmen

Kampanisch, 3. Viertel 6. Jh. v. u. Z.
Brauner Ton mit mineralischen
Einschlüssen; beigefarbener Überzug,
schwarze und rote Farbe. Aus zwei Teilen
zusammengeklebt, die Ränder sind
abgestoßen
H. 37,5 cm
Übernommen aus der Stroganower Fach-
schule für Kunst und industrielle
Formgestaltung
Moskau, GMII, Antikensammlung
Inv.: Pll. 1a 286

Halbrundes Antefix mit dem Relief eines Gorgoneions, umgeben von einem Blattkranz-Volutenband-Rahmen. Schräggestreifter Rundstab
und Andreaskreuze zwischen doppelten Querstrichen auf dem Volutenband. Das Gesicht der
Gorgone ist als flaches Relief ausgeführt. Gegenständig schräg geordnete Lockenreihen.
Auf der Stirn aufgemalte Falten, leicht schräge
große Augen mit parallelen Brauen, die weit
auseinanderstehen. Breite kurze Nase, nieren-
förmiges Maul mit Zähnen und Hauern. Die her-
aushängende Zunge bedeckt das Kinn. Doppelte Haarsträhnen unter den seitlich angesetzten
Ohren als Perlenreihen mit Fransen. Das Untergesicht von gegenständig geordneten Bartzotteln gerahmt. Unterm Bart Chitonsaum mit Zickzackmuster. Abgesetzte breite Fußleiste mit
aufgemalten, sich berührenden Mäanderhaken
(vgl. auch Kul'tura i iskusstvo etrurii, S. 59

Nr. 171–172). Das Gorgoneion entspricht dem
»Löwentypus« (Floren, S. 9 ff.) der späten korinthischen Vasenmalerei, ist jedoch durch das
Fehlen einer Trennlinie zwischen Augenmaske
und Löwenmaul den organischer gestalteten attischen Masken des 3. Viertels des 6. Jh. v. u. Z.
angenähert.

Lit.: N. M. Loseva, in: Trudy GMII 1960, S. 73
(Abb.); zahlreiche Repliken – vgl. V. Kästner, in:
FuB 27 (im Druck). V. S. Z., V. K.

C 2.7 (Abbildung)

Gorgoneionantefix mit Volutenband-Blattkranz-Rahmen

Kampanisch, letztes Viertel 6. Jh. v. u. Z.
Grauer, an der Oberfläche ziegelroter
Ton; weißgelber Überzug, schwarze und
rote Bemalung. Linke Ecke der Fußleiste
beschädigt; Bemalung schlecht erhalten;
Kalypteransatz mit Verstärkungsstrebe
H. 34,5 cm, Br. 33,5 cm
Fundort unbekannt; von Paul Arndt 1914
erworben
Budapest, SzM, Antikensammlung
Inv.: T 85

Von einem Rundstabbogen mit innen ange-
legtem Volutenband umschlossen, darüber
Kranz mit fünfzehn Blättern. Flachreliefiertes
Gorgoneion mit herausgestreckter Zunge, mit
zwei Paar Hauzähnen, Lockenhaaren und Zot-
telbart. Seitlich angefügte Ohren mit Schmuckscheiben, darunter herabfallende jeweils doppelte Perlschnursträhnen mit Fransen. Durch
schmalen Kantstab getrennte hohe trapezoida-

C 2.6

le Fußleiste mit aufgemaltem Zinnenmäander. Haare rot und schwarz, Zunge rot, Bart abwechselnd rot/schwarz, Mäander rot/schwarz.

Der Budapester Ziegel gehört zu einer Gruppe von Stirnziegeln, auf denen die Gorgonenmaske des korinthischen Löwentypus im Sinne einer organischen Vereinheitlichung im letzten Viertel des 6. Jh. v. u. Z. weiterentwickelt wurde. Gleichzeitig läßt sich an dem Budapester Gorgoneion aber auch eine gewisse Schematisierung und Erstarrung gegenüber den anderen Vertretern dieser Typengruppe bemerken, was zusammen mit der Überbetonung der tierischen Elemente – große glotzende Augen und vergrößerte Hauzähne – den dämonischen Charakter verstärkt. Dies weist auf eine stärkere Einflußnahme des lokalen italischen Elementes bei der Gestaltung hin. Von diesem Typus sind weitere Repliken in Budapest, Amsterdam, Capua, Frankfurt (Main), Paris und London bekannt (V. Kästner, Gorgoneionantefixe aus Süditalien, in: FuB 27, im Druck).

Lit.: Z. Oroszlán, in: ArchErt 48, 1935, S. 56 Nr. 3 Abb. 35; vgl. Koch, S. 35 f., 4. Art Abb. 50 Taf. 6.1.   V. K.

C 2.8 (Abbildung)
Gorgoneionantefix mit Volutenband-Blattkranz-Rahmen

Kampanisch, Ende 6.–Anfang 5. Jh. v. u. Z.
Brauner Ton mit mineralischen Einschlüssen; beigefarbener Engobe mit roter und schwarzer Farbe. Bestoßungen, Verschmutzungen, abgeblätterte Farbe
H. 37 cm
Übernommen aus Stroganower Fachschule für Kunst und industrielle Formgestaltung
Moskau, GMII, Antikensammlung
Inv.: Pll. 1a 289

Halbrundes Antefix mit dem flachen Relief eines Gorgoneions, umgeben von einem Blattstab-Volutenband-Rahmen. Das runde Gesicht der Gorgone hat eine niedrige, faltige Stirn, weit auseinander stehende Augen, einen großen Mund mit gefletschten Zähnen und heraushängender Zunge. Die aufgedunsenen Wangen und das Doppelkinn mit Grübchen umgeben kurze gewellte Bartsträhnen. Die Stirnhaare bestehen aus gegenständigen Reihen eingerollter Locken. Die Ohren überschneiden den Rahmen, unter ihnen fallen, von den Bartzotteln überschnitten, doppelte Haarsträhnen als Perlenreihen herab. Auf dem Relief befinden sich schwache Spuren schwarzer und violettroter Farbe, auf der Fußleiste des Antefix ergeben Spuren der gleichen Farbe ein zweireihiges Sparrenmuster. Der Typ der Maske nimmt eine mittlere Stellung zwischen dem spätarchaisch-ostionischen Einheitstyp und dem frühklassischen mittleren Typus (Floren, S. 116 ff., 124 ff.) ein. Das Fragment einer Replik mit besser erhaltener Farbgebung befindet sich in Berlin (Inv. TC 7238).

Lit.: N. M. Loseva, in: Trudy GMII, 1960, S. 75 (Abb.); V. Kästner, in: FuB 27 (im Druck).
                                                    V. S. Z., V. K.

C 2.9
Gorgoneionantefix mit Volutenband-Blattkranz-Rahmen

Kampanisch, Ende 6.–Anfang 5. Jh. v. u. Z.
Brauner Ton mit mineralischen Einschlüssen. Aus Fragmenten zusammengeklebt und ergänzt, zahlreiche Kratzer, Blattkranz beschädigt, Oberfläche verwittert
H. 36 cm
Übernommen aus der Stroganower Fachschule für Kunst und industrielle Formgestaltung

Moskau, GMII, Antikensammlung
Inv.: Pll. 1a 280

Halbrundes Antefix mit dem Relief eines Gorgonenkopfes, umgeben von einem Volutenband-Blattkranz-Rahmen. Das breite, kräftig modellierte Gesicht besitzt zwei Reihen spiralig eingerollter Stirnlocken und geschuppte doppelte Seitensträhnen mit je zwei Bommeln, die hinter den kleinen Ohren herabfallen. Details des Reliefs und der auf der Fußleiste des Antefixes befindliche Mäander sind mit schwarzer und violettroter Farbe gemalt. Das Gorgoneion entspricht dem spätarchaischen ostionischen Einheitstyp mit Buckellocken (Floren, S. 68 ff.; Antefix aus dem samischen Heraion, AA 1985, S. 432 f. Abb. 76); vgl. auch die Gorgonenmaske Kat.-Nr. C 2.30 und ein Antefix aus Orvieto Kat.-Nr. D 4.1.1.

Lit.: N. M. Loseva, in: Trudy GMII, 1960, S. 70 (Abb.); V. Kästner, in: FuB 27 (im Druck).
                                                    V. S. Z., V. K.

C 2.10
Frauenkopfantefix mit Volutenband-Blattkranz-Rahmen

Kampanisch, 3. Viertel 6. Jh. v. u. Z.
Ziegelroter Ton mit schwarzen und ziegelroten Einschlüssen, beigefarbener Engobe, dunkelbrauner und weinroter Bemalung.
In Kinnhöhe gebrochenes Kopfantefix, die linke Braue und die Nase bestoßen, außerdem rechts ein Teil des Rahmens ausgebrochen; gut erhaltene Bemalung
H. 32,3 cm, Br. 33,7 cm,
T. (m. Ziegelrest) 10,5 cm
Aus Capua (Curti); 1876 erworben
Berlin, SMB, Antikensammlung
Inv.: TC 7159

Hufeisenförmiger Frauenkopfstirnziegel mit Fußleiste, umgeben von einem leicht vorge-

C 2.7

C 2.8

C 2.11

C 2.13

wölbten Rahmen aus einem Volutenband mit aufgelegtem Rundstab und ursprünglich 16 steggesäumten Kranzblättern. Der untere Abschluß des Ziegels besteht unter einem die Rahmenvoluten verbindenden, dünnen rot und dunkelbraun schräggestreiften Rundstab aus einer breiten Fußleiste mit einem sorgfältig gezeichneten weinrot-dunkelbraunen Hakenmäander auf beigefarbenem Grund. Knapp unter dem vorbiegenden Volutenbandscheitel sitzt in der oberen Hälfte des Binnenfeldes ein sich oval vorwölbender Frauenkopf mit dünnem zweireihig gewelltem, dunkelbraunem Stirnhaar, das sich seitlich unter den abstehenden Ohren in doppelten Perlschnurzöpfen fortsetzt. Im flachen Halsausschnitt ist zwischen doppelten gewellten roten und dunkelbraunen Bogenlinien ein gewelltes rotes Halsband mit drei lanzettförmigen Anhängern aufgemalt. Das Feld wird unten abgeschlossen von einem durch einen roten dicken Strich abgetrennten dunkelbraunen Zinnenmäander mit eingestreuten roten Andreaskreuzen. Der rückseitig etwa in Kinnhöhe des Antefixkopfes ansetzende halbrunde Kalypter ist noch mit einem breiten braunen Querstreifen bemalt. Der herbe Kopftyp des Antefixes läßt sich mit lakonischen Bronzeköpfen vergleichen. Mit ihm wird die bis etwa zur Mitte des 6. Jh. v. u. Z. von der dädalischen Physiognomie beherrschte Gestaltung der unteritalischen und etruskischen Kopfantefixe abgelöst durch naturnähere Formen, die unter dem sich verstärkenden Einfluß des ionischen Kunsthandwerkes stehen.

Lit.: V. Kästner, in: FuB 24, 1984, S. 66 ff. Nr. 1 Taf. 11.1, 2; H. Koch, S. 41–43, 4. Art, Abb. 55 f. Taf. 8.1. V. K.

C 2.11 (Abbildung)
Frauenkopfantefix mit Volutenband-Blattkranz-Rahmen

Kampanisch, nach 525 v. u. Z.
Grauer, an der Oberfläche ziegelroter Ton, beigefarbener Überzug, purpurrote und schwarze Bemalung. Aus zwei Teilen zusammengeklebt, Nase bestoßen
H. 36 cm, Br. 34 cm
Fundort unbekannt; von P. Arndt 1914 erworben
Budapest, SzM, Antikensammlung Inv.: T. 87

Frauenbüste mit oberem Saum des Chitons, im Blattkranz, gewellte Haare, hinter den Ohren fallen je drei Korkenzieherlocken auf die Schulter. Auf der zurücktretenden Fußleiste Kette von alternierenden Lotosknospen und Lotosblüten.

Lit.: Z. Oroszlán, Magyar Müvészet 6, 1930, S. 91 Abb. 1; ders. in: ArchErt 48, 1935, S. 56 Nr. 2 Abb. 38; Replik im Allard Pierson Museum, Amsterdam (Inv. 3594; BABesch 4.2, 1929, S. 3 ff. Abb. 3); zum Typus V. Kästner, in: FuB 24, 1984, S. 69 Typ 3, Abb. 13. V. K.

C 2.12
Frauenkopfantefix mit Volutenband-Blattkranz-Rahmen

Kampanisch, um 500 v. u. Z.
Ziegelroter Ton mit schwarzen und ziegelroten Einschlüssen sowie beiger Engobe mit schwarzbraunen und roten Farbresten. Bis auf geringe Bestoßungen an den Kranzblättern komplett erhaltenes Antefix
H. 39,5 cm, Br. 34 cm, T. 13,4 cm
Aus Capua; 1884 aus Sammlung Castellani erworben
Berlin, SMB, Antikensammlung Inv.: TC 7898

Hohes U-förmiges Frauenkopfantefix mit sehr breiter Fußleiste, umgeben von einem vorgewölbten Rahmen aus einem Volutenband mit aufgelegtem Rundstab und dreizehn steggesäumten Kranzblättern. Im schmalen Binnenfeld des vergleichsweise derben Rahmens sitzt in der oberen Hälfte ein langovaler Frauenkopf mit gewelltem schwarzbraunem Stirnhaar, das sich unter den rot umrandeten Ohren mit kreisrunden roten Schmuckscheiben in herabfließenden Haarsträhnen fortsetzt, die sich innen an das Volutenband anschmiegen. Auf die sehr flach reliefierte Büste ist der gefältelte Chiton mit einem oberen breiten roten Saumstreifen und gestufter Unterkante rot aufgemalt. Die Fußleiste springt unter der Büste etwas zurück und ist mit einem dreireihigen Schachbrett bemalt. Unter einem roten Rand folgt eine Reihe alternierend roter und beigefarbener Quadrate, während die unteren Reihen abwechselnd schwarzbraune und beigefarbige Felder zeigen. Auf der Rückseite setzt ein U-förmiger Kalypter an, dessen Ansatz mit einem breiten schwarzbraunen Streifen bemalt ist. Das Antefix gehört zu den jüngsten ionisch beeinflußten Frauenkopfziegeln kampanischer Produktion.

Lit.: H. Koch, S. 40 f. Abb. 54 Taf. 7.5; N. Winter, in: RM 85, 1985, S. 40 f. Taf. 18.2; V. Kästner, in: FuB 24, 1984, S. 66 ff. Nr. 2. V. K.

C 2.13 (Abbildung)
Frauenkopfantefix mit Volutenband-Blattkranz-Rahmen

Kampanisch, Anfang 5. Jh. v. u. Z.
Ziegelroter Ton mit schwarzen und ziegelroten Einschlüssen sowie beigefarbener Engobe mit dunkelbrauner und weinroter Bemalung. Die Kranzblätter,

C 2.16

C 2.20

die rechte Rahmenvolute und die Fuß-
leiste sind weggebrochen, die Nase ist
bestoßen.
H. 21,5 cm, Br. 25 cm, T. 10 cm
Aus Capua (Curti); 1876 erworben
Berlin, SMB, Antikensammlung
Inv.: TC 7163

Fragment eines hufeisenförmigen Blattkranz-
antefixes mit einem bekränzten Frauenkopf im
Rundstab-Volutenband-Rahmen. Das langova-
le Gesicht hat gescheiteltes schwarzbraunes
Stirnhaar mit einem aufgemalten, gewellten roten Band, an dessen kurzen weißen Stielen weiße Beeren hängen. Hinter den schwarzbraun
umrandeten, innen roten Ohren fallen perl-
schnurartige Strähnen herab. Gewelltes Halsband mit anhängenden Strichen. Der halbrunde
rückseitige Kalypteransatz ist mit einem breiten
schwarzbraunen Streifen bemalt. Das Antefix
muß nach einer Replik in Capua mit einer reliefierten gefälteten Chitonbüste und einer ornamental bemalten Fußleiste ergänzt werden. Neben vier Repliken in Capua und einer in Kopenhagen mit einem modifizierten Blattkranz existieren kleinere Varianten ohne Büste und
Kranzblätter im Museum Campano sowie eine
Variante in Melfi (Località Leonesse). Bemerkenswert sind die großen hochgesetzten Ohren, die an Silensköpfe erinnern. Der Ziegel gehört so zu den letzten italisierenden Nachfahren
der spätarchaischen capuanischen Frauenkopfstirnziegel.

Lit.: V. Kästner, in: FuB 24, 1984, S. 67 Nr. 3
Taf. 11.4, S. 69 f. (mit Lit.); Koch, S. 45 f. Typ A,
7. Art.					V. K.

C 2.14
Antefix mit einer Frauenbüste in der Lotosblüte (Fragment)
Kampanisch, um 525 v. u. Z.
Gelblicher Ton mit schwarzen und ziegel-
roten Einschlüssen, Reste der beige-
farbenen Engobe, schwarzbraune und
weinrote Farbspuren. Lotosblüte unter-
halb der Büste in Höhe des oberen
Kalypteransatzes abgebrochen, ebenso die
Palmettenbekrönung des Kopfes
H. 20,2 cm, Br. 34,5 cm, T. 7,3 cm
Kampanien; 1884 aus Sammlung Castellani
erworben
Berlin, SMB, Antikensammlung
Inv.: TC 7896

Oberteil eines Lotosblütenantefixes mit Zwik-
kelbüste. Der Halsausschnitt des Chitons bildet
eine aufgesetzte gebogene Leiste, die rot ge-
rändert und mit schwarzen Punkten bemalt ist,
darunter füllt eine aufgemalte schwarz-rot-
schwarze Palmette den Zwickel aus. Auf dem
langen Hals mit aufgemaltem rotem Band, an
dem ein lanzettblattförmiger Anhänger sitzt, erhebt sich in kräftigem Relief ein Frauenkopf mit
U-förmigem Gesicht. Die Stirn rahmt ein Perl-
schnurhaarbogen, hinter dem abgesetzt die Kalotte mit gleichartig gegliedertem Haupthaar
und Haarnetz sowie einem leicht vorgeneigten
runden Aufsatz anschließt. Seitlich setzt sich
das Haupthaar in doppelten Perlschnursträhnen fort, die S-förmig um die Ohren gelegt sind,
wobei der untere Schleifenbogen durch ein
schräges Band zusammengehalten wird. Das
Antefix läßt sich nach dem Vorbild eines vollständigen Exemplars im Louvre (Inv. S 1095)
als Lotosblüte mit abgesetzten Kelchblättern
und seitlich gebundenen S-Voluten über einer
abgesetzten ornamental bemalten Fußleiste ergänzen. Mit der fünfblättrigen, steggesäumten
Palmette über dem Kopfaufsatz erreichte die-

ses Antefix dann eine Höhe von 50,5 cm. Dieser
Typus leitet die Produktion einer für Kampanien
charakteristischen Reihe von floralen Antefixen
ein, in der italiotische Lotosblütenantefixe
(Paestum, »Basilika«) mit ionischen Frauen-
büsten verbunden wurden.

Lit.: V. Kästner, in: FuB 24, 1984, S. 70 ff.
Taf. 12.7–8 und 14 (Entwicklung des Typus);
Koch, S. 59 f. Typ B, 2. Art, mit Repliken
(Taf. 13.3: Louvre Inv. S 1095); Riis, S. 75 ff. Typ
Capua 5 D; N. Winter, in: RM 85, 1983, S. 43
Taf. 22.3.					V. K.

C 2.15
Antefix mit Frauenbüste in der Lotosblüte
Kampanisch, letztes Viertel 6. Jh. v. u. Z.
Rötlicher Ton mit schwarzen und ziegel-
farbenen Einschlüssen sowie beigefarbener
Engobe. Bis auf die abgebrochenen Ecken
der Fußleiste und den abgeschlagenen
Kalypter intakt; Farbgebung außer einem
dunkelbraunen Rest im Haar verloren
H. 38,7 cm, Br. 33,7 cm, T. 8,8 cm
Kampanien; aus Sammlung Castellani
1884 erworben
Berlin, SMB, Antikensammlung
Inv.: TC 7899

Antefix mit einer Frauenbüste in einer gesprengten Lotosblüte. Auf einem langen Hals,
der aus einem abgesetzten Chiton aufsteigt,
sitzt ein ovaler Frauenkopf, der seitlich von
ausbiegenden Blütenblättern mit abgesetzten
Kelchblättern, auf denen phialenförmige Scheiben liegen, flankiert wird. An die Blütenblätter
schmiegen sich außen S-Ranken mit nach innen schwingenden dreiblättrigen Lotosblüten.
Die halbrunde Stephane auf dem Kopf wird von
einem an den Enden eingerollten Rundstäb-
chen umfangen, über dem eine siebenblättrige
umrandete Palmette aufsteigt. Die Haarkalotte

schließt mit einem gewellt-kielbogigen Stirnsaum ab, außerdem fallen beiderseits unter den angesetzten Ohren doppelte Perlschnursträhnen herab und wickeln sich um die Kelchblattscheiben. Das Antefix stellt eine Weiterentwicklung des Typs Kat.-Nr. C 2.14 dar und ist in vier verschiedenen Größen produziert worden, von denen zahlreiche Repliken aus Capua, Cales und Cumae sowie von mehreren abgeleiteten Varianten (vgl. Kat.-Nr. C 2.16) überliefert sind. Der Frauenkopf besitzt eine ausgeprägt nordostionische Physiognomie, die in der großgriechischen Terrakottaplastik dieser Zeit aufgenommen wurde. Der Kopftypus scheint auch für eine größere Anzahl latinischer und südetruskischer Antefixe als Vorbild gedient zu haben (vgl. Kat.-Nr. C 2.16).

Lit.: V. Kästner, in: FuB 24, 1984, S. 71 ff. Nr. 6 Taf. 13.9–10 und 14; Koch, S. 56 f. Typ A, 2. Art, Abb. 6, 68, 69 Taf. 33.1 mit Repliken (52, 46, 41 und 38 cm hoch); N. Winter, in: RM 85, 1983, S. 40 Taf. 17.4; Riis, S. 18 Typ Capua 7. C (Exemplare aus Capua, Suessula, Cales, Fratte bei Salerno und Melfi); L. A. Scatozza, in: Klearchos 13, 1971, S. 74 Abb. 19 (Cumae). V. K.

C 2.16 (Abbildung)
Antefix mit einer Frauenbüste in der Lotosblüte
Kampanisch, Ende 6. Jh. v. u. Z.
Rötlicher, im Kern schwarzgrau verfärbter Ton mit schwarzen und ziegelroten Einschlüssen, hellbrauner Engobe sowie schwarzbraunen und roten Farbresten. Vom Antefix nur die krönende Palmette abgebrochen, Nase und Rahmen links bestoßen
H. 37 cm, Br. 38 cm, T. 21,8 cm
Aus Capua; 1884 aus Sammlung Castellani erworben
Berlin, SMB, Antikensammlung
Inv.: TC 7897

Fast vollständiges Lotosblütenantefix mit Frauenbüste über breiter, zurückgestufter Fußleiste. Ovaler Frauenkopf mit schwarz-braunem gescheitelten Stirnhaar und unter den seitlich angefügten Ohren herabfallende doppelte Perlschnurhaarsträhnen, die sich eng an die seitlichen Lotosblätter anschmiegen. Auf dem Kopf sitzt eine hohe Stephane, über der noch die Reste eines rot und schwarz gefärbten Volutenbandes erkennbar sind, das einst von einer bei allen erhaltenen Repliken jetzt fehlenden Palmette bekrönt gewesen sein dürfte. Der seitliche Rahmen besteht aus schlanken Blütenblättern mit abgesetzten Kelchblättern und einer phialenförmigen Fußscheibe. Außen lehnen sich die Ranken für einwärts geneigte, klammerförmige, hängende Blüten an. Das Feld zwischen Hängeblüte und Ranke sowie die Konturen der großen Blütenblätter sind rot gefärbt. Auf die breite, abgesetzte Fußleiste ist ein rotschwarzbrauner Hakenmäander gemalt. An der Rückseite setzt ein halbrunder Kalypter mit V-förmigen, zu den Blüten ausstreichenden Ver-

stärkungsrippen an. Repliken befinden sich in Capua (Museo Campano P. 168–172) und in Baltimore. Die weitere fortschreitende Degeneration dieses von lokal-italischen Gestaltungsimpulsen geprägten und von dem Lotosblütenziegel Kat.-Nr. C 2.15 abgeleiteten Ziegeltyps läßt sich anhand der Funde aus Fratte bei Salerno und Capua (Kopenhagen, Ny Carlsberg Glyptothek Inv. H.I.N. 15) bis in das 5. Jh. v. u. Z. hinein verfolgen.

Lit.: V. Kästner, in: FuB 24, 1984, S. 71 ff. Nr. 7 Taf. 13.11 (mit Lit.); Koch, S. 55 f., 1. Art, Abb. 67 Taf. 12.1; N. Winter, in: RM 85, 1978, S. 38 Taf. 15.1; Riis, S. 18 Typ 5 C. V. K.

C 2.17
Antefix mit Frauenbüste in der Lotosblüte
Kampanisch, Ende 6. Jh. v. u. Z.
Brauner Ton mit mineralischen Einschlüssen; beigefarbener Überzug, dunkelrote und schwarze Farbe. Aus zwei Fragmenten zusammengeklebt; Oberteil abgeschlagen, Bestoßungen; Farben teilweise zerstört
H. 42,5 cm
Übernommen aus der Stroganower Fachschule für industrielle Formgestaltung
Moskau, GMII, Antikensammlung
Inv.: II.1a 553

Antefix mit Frauenbüste in einer gesprengten Lotosblüte. Auf langem Hals, der aus einem von der Fußleiste abgesetzten Chiton aufsteigt, sitzt ein kräftig modellierter Frauenkopf mit halbrunder Stephane. Den Kopf bekrönte über einem Volutenbogen eine große siebenblättrige Pal-

mette (vgl. Koch, Taf. 12.5; Neapel, Nationalmuseum Inv. 21589).

Der Rahmen besteht aus Lotosblütenblättern mit abgesetztem Kelch, konkaven Fußrosetten und nach außen schwingenden S-Ranken mit gefüllten, nach innen schwingenden Blüten. Auf dem Hals aufgemaltes Band mit spitzblättrigen Berlocken.

Entwickelte, deutlich von ostionischen Stileinflüssen geprägte Variante des Lotosblütenantefixtyps (vgl. V. Kästner, in: FuB 24, 1984, S. 70 ff. Typ 5 Abb. 13).

Lit.: N. M. Loseva, in: Trudy GMII, 1960, S. 68 (Abb.). V. S. Z., V. K.

C 2.18
Silenskopfantefix
Kampanisch, letztes Viertel 6. Jh. v. u. Z.
Rötlicher Ton mit schwarzen und ziegelroten Einschlüssen, beigefarbener Engobe und geringen Spuren schwarzbrauner Farbe.
Vollständiges Kopfantefix; Kalypter am Ansatz abgebrochen, Ohren und Nasenspitze bestoßen, Oberfläche verwittert
H. 17,8 cm, Br. 14,2 cm, T. 7,8 cm
Aus Capua (?), alter Besitz
Berlin, SMB, Antikensammlung
Inv.: 33 702

Rundlicher, kräftig modellierter Silenskopf. Das Gesicht wird gerahmt von einem gekerbten Stirnhaarwulst und einem halbrund vorstehenden, breiten Vollbart. Seitlich sind hochstehende Pferdeohren angesetzt. Auf der Haarkalotte ist ein Rest rotbrauner Farbe, der die Ohren ausspart, erhalten. Nach dem rückseitigen halbrunden Abbruch des Kalypters hing die un-

C 2.21

tere Hälfte des ausgehöhlten Kopfes frei. Das Antefix gehört zu den frühesten der in Italien gefundenen Silenskopfantefixe. Stilistisch steht der Kopf einer Marmormaske aus Ikaria im Athener Nationalmuseum (540–530 v. u. Z.) nahe. In der Nachfolge unseres Kopfes, von dem Repliken in Capua (Museo Campano P. 324 bis 330) und aus der Sammlung Chigi in Siena bekannt sind, stehen mehrere stärker von ionischen Masken beeinflußte oder lokal umgeprägte Silens- und Achelooskopfstirnziegel.

Lit.: Koch, S. 70, Typ A, 1. Art, Taf. 18.1; Riis, S. 18 Typ 5 G.   V. K.

C 2.19
Achelooskopfantefix
Kampanisch, Anfang 5. Jh. v. u. Z.
Hellroter Ton mit schwarzen und ziegelroten Einschlüssen, beigefarbener Engobe und rotbraunen Farbspuren. Intakt bis auf den abgebrochenen Kalypter und geringe Bestoßungen
H. 21,5 cm, Br. 19,1 cm, T. 9,2 cm
Aus Capua (Curti); 1875 von Helbig erworben
Berlin, SMB, Antikensammlung
Inv.: TC 7020

Dreieckiger, vorgeneigter bärtiger Männerkopf mit diademartigem Aufsatz, aus dem seitlich kleine Stierhörner hervorstehen. Darunter begrenzt ein kielbogiger Stirnhaarsaum aus vier Perllockenreihen das Obergesicht mit den hochgeschwungenen Brauen und den kleinen, schrägsitzenden Augen. Der Vollbart des ausgehöhlten Kopfes hängt unter dem halbrunden Kalypter frei herab. Eine Replik zu unserem Kopf wird im Archäologischen Museum der Karl-Marx-Universität Leipzig (Inv. T 3155) aufbewahrt. Stilistisch bezeugt der Kopf den nachhaltig prägenden Einfluß der spätarchaischen-ostgriechischen Kunst auf die italische Terrakottaproduktion. Acheloos – im griechischen Mythos sowohl als Sohn der Erdmutter mit dem lebenspendenden Süßwasser, als auch über den Maskenkult mit der dionysischen Sphäre verbunden – ist in Italien, speziell in Etrurien, in Maskenform außerordentlich häufig dargestellt worden.

Lit.: Koch, S. 70 f. Typ B Taf. 18.5; H. P. Isler, Acheloos, 1970, S. 148 Nr. 145, S. 61 f., 104, 114 und LIMC I, s. v. Acheloos, S. 18 Nr. 81, S. 31; weiterhin J. R. Jannot, in: Latomus 33, 1974, S. 765 ff.   V. K.

C 2.20 (Abbildung)
Acheloosantefix mit Blattkranz-Volutenband-Rahmen
Kampanisch, 480–460 v. u. Z.
Blaßgelb bis rötlicher Ton mit schwarzen und ziegelfarbenen Einschlüssen sowie beigefarbener Engobe. Vollständig mit Kalypterstück, aber stark verwittert, Blattkranz bestoßen, Engobe auf der Rückseite erhalten
H. 35,6 cm, Br. 35,9 cm

Aus Kampanien; 1884 aus Sammlung Castellani erworben
Berlin, SMB, Antikensammlung
Inv.: TC 7895

Antefix mit bärtigem, gehörntem Männerkopf in einem Rahmen aus steggesäumten, wenig vorbiegenden Blättern. Der Kopf wird eingefaßt von einem Rundstab-Volutenband-Bogen, dessen Basis aus einem dünnen Rundstab besteht. Dessen Enden legen sich außen um die Voluten, um sich dann unter den Kranzblättern selbst einzurollen. Im U-förmigen Binnenfeld sitzt eine flachreliefierte, bärtige Maske mit kleinen Hörnern. Auf der Rückseite befindet sich noch ein Teil des halbrunden Kalypters mit einem kantigen Strebenkeil. H. P. Isler verwies auf die enge typologische Verwandtschaft dieses Antefixes mit den kampanischen Gorgoneionantefixen. Die dem etwas italisierend-abstrakt gestalteten Gesichtsaufbau ablesbare Ikonographie erinnert an ionisch-attisch geprägte Silens- und Acheloosbilder des frühen 5. Jh. v. u. Z. In der griechischen Tradition gehören Gorgo und Acheloos zu den »Maskengöttern«, »zu den unheimlichen, erdhaften, erschreckenden Mächten der älteren Göttergeneration« (H. P. Isler). Der dämonische Charakter dieser Masken erklärt wohl auch ihre Beliebtheit als »apotropäischer« Bauschmuck im griechischen Süditalien und Etrurien.

Lit.: Koch, S. 48, Typ D, Taf. 10.2; H. P. Isler, Acheloos, 1920, S. 61 f., 104, 114, 118 und 148 Nr. 146; ders. in: LIMC I, 1981, s. v. Acheloos, S. 18 Nr. 82.   V. K.

C 2.21 (Abbildung)
Kreisrundes Blattkranzantefix mit behelmtem Frauenkopf
Kampanisch, Anfang 5. Jh. v. u. Z.
Rötlicher Ton mit schwarzen und ziegelroten Einschlüssen, beigefarbener Engobe und roten und schwarzbraunen Farbspuren. Blattkranz mit Helmspitze oben und rechts ausgebrochen, Kranzblätter, Nase und Helmvisier bestoßen
H. 27 cm, Br. 34,2 cm, T. 11,3 cm
Aus der Nekropole von Capua
Berlin, SMB, Antikensammlung
Inv.: TC 7155

Kreisrunde, ehemals von 17 breiten Kranzblättern gesäumte Antefixscheibe mit zentralem, behelmtem Kopf in einem Wulstring über breiter, trapezoidaler Fußleiste. Die Kranzblätter haben einen breiten, von plastischen Stegen eingefaßten Rand, der alternierend rot und schwarzbraun gefärbt war. Das Zentrum der Scheibe bildet ein Wulstring, aus dessen Innenfeld ein Kopf mit spitz zulaufendem Helm herausblickt. Der Helm besteht nur aus großen, roten Wangenklappen, einem schmalen, diademartigen Visier und einer abgesetzten polygonalen Spitze, die mit einem Knauf ursprünglich bis zur Oberkante des Ziegels reichte. Visier mit schwarz-rotem Strichmuster. Die untere Stirnlockenreihe und die beiden inneren herabfallen-

den Haarsträhnen durch eingestempelte Reliefringe gegliedert. Sie setzen hinter den Helmwangenklappen an und werden außen von einem ebenfalls eingedrückten Schuppenstreifen begleitet, der vielleicht lederne Helmlaschen(?) andeuten soll. Nach dem langen Haupthaar wird man den Kopf, von dem weitere Repliken in Capua aufbewahrt werden, als weiblich ansehen dürfen. Im Stil lehnt er sich offensichtlich an die spätarchaischen Frauenköpfe kampanischer Antefixe an (vgl. Kat.-Nr. C 2.17 und die Verkleidungsplatten Koch S. 91 f. Taf. 29), wobei die unorganische Gestaltung und der maskenhaft starre Ausdruck wohl auf lokal-italische Einflüsse zurückgeführt werden können. Die ikonographische Deutung des Kopfes ist unsicher. Spitze Mützen bzw. Helme und kurzer Chiton sind typisch für die Darstellungen orientalischer Bogenschützen und Amazonen, die sich gerade zur Zeit der Entstehung unseres Antefixes in der kampanischen Bronzekunst (Kesselaufsätze, vgl. Kat.-Nr. C 3.3–4) und der kampanischen Vasenmalerei häufen. Vgl. auch die Kopfbedeckungen der Bogenschützen auf den Schulterbildern einer etruskisch-schwarzfigurigen Bauchamphora in Würzburg (CVA Würzburg 3, 1983, Taf. 48–51, S. 64 ff.). Außerdem kann eine große Zahl jüngerer kampanischer Antefixtypen samnitischer Zeit angeführt werden, die aus Capua, Pompeji (Foro Triangulare) und Fratte bei Salerno stammen und die einen Frauenkopf mit spitzer, an phrygische Helme erinnernder Kopfbedeckung zeigen. Sie werden häufig mit gleichartig gerahmten Heraklesköpfen gefunden und als Athenadarstellungen interpretiert (P. C. Sestieri).

Lit.: Koch, S. 47 f. Typ C, Taf. 10.1 und Abb. 60 f.; Riis, S. 18 Typ 6 A; M.-A. Adam, in: MEFRA 92, 1980, S. 645–647 (zur ikonographischen Deutung); vgl. P. C. Sestieri, in: NSc 1952, S. 97 ff. (zu den samnitischen Antefixen in Capua, Pompeji und Fratte).   V. K.

C 2.22 (Abbildung)
Minervakopf
Südetruskisch (?), um 480–460 v. u. Z.
Braungrauer, schwarzglimmeriger Ton, rotbrauner Überzug. Von einer fast lebensgroßen Statue; handgeformt, der Helmbusch fehlt; Bestoßungen an Kinn, Stirn, Helm, Nase und an den Wangen
H. 31,7 cm
Fundort unbekannt; in Neapel gekauft und 1914 von Paul Arndt erworben
Budapest, SzM, Antikensammlung
Inv.: T. 571

Kopf mit massivem Hals. In den Ohren je ein tiefes Loch. In der Mitte des Buschhalters Eintiefung mit Löchern zur Aufnahme des Busches(?), beiderseits tiefere Löcher für L-förmige Stützplatten oder – wahrscheinlicher – für zwei Federn. Der Helm mit kurzem Nackenschutz steht dem attischen Typus am nächsten, es fehlt aber jede Spur von Wangenklappen. Die langen Haupthaare sind hinten durch verti-

kale Ritzlinien angedeutet. An beiden Seiten fallen je drei plastisch geformte Locken auf die Schultern; an der Stirn und an den Schläfen kurze Lockenspiralen. Das Verschwinden des »archaischen« Lachens, die naturgetreuen Züge in der Ausbildung der Augen deuten darauf hin, daß der Kopf trotz der archaischen Elemente der Haartracht auf der Stufe des Minervakopfes des Tempels A in Pyrgi steht. Die Lokalisierung der Werkstatt ist unsicher, obwohl manche Züge des Gesichts an Vulcenter Kleinbronzen erinnern. Darstellungen der Minerva, die, soweit identifizierbar, immer die griechische Athena-Ikonographie nachahmen, sind in Etrurien seit dem Ende des 7. Jh. v. u. Z. bekannt, auch ihr Kult ist allgemein verbreitet.

Lit.: Z. Oroszlán, Antik terrakotta-gyüjtemény, Katalog Budapest 1930, S. 118 Nr. 12 (mit Abb.); J. G. Szilágyi, L. Castiglione, Museum der Bildenden Künste, Griechisch-römische Sammlung, Katalog Budapest 1957, Taf. 10.2; zur Minerva von Pyrgi grundlegend G. Colonna, in: NSc 1970, Suppl. 2, 48–82; Santuari, S. 136 bis 138 (mit Lit.); zum Kult von Minerva in Etrurien zusammenfassend A. J. Pfiffig, Religio Etrusca, 1975, S. 255–258; zu ihrer Darstellung in der archaisch-etruskischen Kunst vgl. noch E. Richardson, S. 346–354.   J. G. Sz.

C 2.23
Antefix mit figürlichem Relief: Flügelfrau
Kampanisch, Ende 6. Jh. v. u. Z.
Ziegelroter Ton mit schwarzen und ziegelroten Einschlüssen, rötlicher Engobe und rotbraunen Farbspuren. Vollständig bis auf leichte Bestoßungen des Rahmens und den weggeschlagenen rechten Unterarm der Figur
H. 20,3 cm, Br. 25,9 cm, T. 6,5 cm
Aus Capua (Curti); 1876 erworben
Berlin, SMB, Antikensammlung
Inv.: TC 7288

Gestelzt halbrundes Antefix mit schräg vorstehendem Randprofil und dem flachen Relief einer nach links eilenden beflügelten Frau in kurzem, gegürtetem Chiton. Das Randprofil besteht aus kleinen konvexen Blättern zwischen einem kräftigen Außenwulst und einem dünnen inneren Steg. Auch die Unterkante des Ziegels ist als kräftiger Wulst modelliert. Blattkranzprofil, Haare und Flügel sind rotbraun gefärbt. Die stark angewinkelten Beine erinnern an das archaisch-griechische »Knielaufschema«, das fliegende Figuren charakterisieren soll. Das Relief ist insgesamt etwas verwaschen und gehört wohl einer fortgeschrittenen Matrizengeneration an. Repliken des Typus befinden sich im Museum Campano, in London (Brit. Museum B 599) und in Berlin (Inv. TC 7287). Vom Motiv her sind weitere in Capua aufbewahrte Antefixe und eine nach rechts eilende Gorgo aus dem Dea Marica-Heiligtum bei Minturno zu vergleichen.

Lit.: Koch, S. 49 f. B 2. Art, Taf. 11.1 (mit Repliken); vgl. auch Koch, S. 50 T. 3 Taf. 11.2; S. 49, B 1. Taf. 10.4 sowie S. 52 f. Taf. 35.1 und Andrén, S. 487 Typ I. 6 (Minturno).   V. K.

C 2.24
Antefixfragment: Eos und Kephalos
Kampanisch, um 470 v. u. Z.
Ziegelroter Ton mit schwarzen und ziegelroten Einschlüssen, beigefarbene Engobe. Obere Hälfte eines figürlichen Antefixes, seitlich und unten gebrochen, Tutulusspitze bestoßen und Oberfläche stark verwittert
H. 20,3 cm, Br. 23,4 cm, T. (max.) 9,5 cm
Aus Capua (Curti); 1876 erworben
Berlin, SMB, Antikensammlung
Inv.: TC 7320

Fragment einer geflügelten Frau im gefältelten Chiton mit einem vor die Brust gehaltenen nackten Jüngling. Die Einzelformen sind infolge der Verwendung einer abgenutzten Matrize schon sehr flau. Der Kopf der Göttin zeigt über dem gescheitelten Stirnhaar eine schmale Stephane, die in eine kannelierte, nach hinten gezogene tutulusartig-konische Mütze übergeht. Unter dem gefältelten, kurzärmeligen Chiton zeichnen sich die Brüste ab. An seinem Außenrand werden die Ansätze der streifig gegliederten, großen Schulterflügel sichtbar. Mit ihrem

C 2.22

linken Arm umfaßt Eos die Brust des Jünglings, mit dem rechten hält sie dessen Oberschenkel. Der rechts herausragende Kopf und der Oberleib des Jünglings erscheinen in frontaler, die Beine in leicht nach vorn gekippter Seitenansicht. Der Jünglingskopf ist sehr verwaschen, läßt aber noch einen kleinen lächelnden Mund und die Perlschnursträhnen des breit herabfallenden Haupthaares erkennen. Die Rückseite zeigt die Enden der V-förmigen seitlichen und der mittleren Verstärkungsrippen. Der Deckziegelansatz ist nicht mehr erhalten.

Im Vergleich mit griechischen Vasen und etruskischen Spiegelbildern kann die Szene als Jünglingsraub der Eos (Thesan) gedeutet werden, wobei jedoch unklar bleibt, welcher der von ihr entführten jungen Männer (Kephalos oder Tithonos) hier gemeint ist.

Lit.: Koch, S. 67 Typ D, S. 6 Abb. 9 und Taf. 17.1; zur Datierung vgl. Pfister-Roesgen, S. 94; zum Motiv vgl. Kat.-Nr. B 6.1.24. V. K.

C 2.25 (Abbildung)
Fragment einer Strigilissima
Kampanisch (?), 2. Hälfte 6. Jh. v. u. Z.
Grauer Ton mit schwarzen und ziegelroten Einschlüssen, braunrotem poliertem Überzug, weißer, roter und schwarzer Bemalung. Zwei zusammengehörige Fragmente; rechts oben und rückseitig unten gebrochen
H. 18,3 cm, Br. 12,4 cm,
Dicke (unten) 5,4 cm
Aus Sammlung Fejérváry-Pulszky in den dreißiger Jahren des 19. Jh. erworben
Budapest, SzM, Antikensammlung
Inv.: T 705

Etwa 15 cm breiter rundstabgesäumter Streifen mit oben ansetzender Kehle aus 4 cm breiten konvexen Strigiles (Rundwülste). Die Strigiles waren alternierend schwarz-weiß-rot-weiß gefärbt, die Rundstäbe ebenso schräg gestreift. Den glatten Streifen schmückt ein schwarz-roter Mäander vor weißem Grund. Links ist die originale Kante erhalten. Die ehemals vorkragende Unterseite zeigt Spuren eines Kreismusters vor schwarzem Grund. Auf der glatten Rückseite befindet sich unten eine 4 cm breite Abbruchspur des Flachziegels. Vergleichbare Strigilissimen mit Flechtbandstreifen sind charakteristisch für archaische kampanische Dächer. Ein Mäanderornament zeigen neben Simafragmenten vom Foro Triangulare in Pompeji auch Giebelleisten in Latium und Etrurien, wo der Typus offenbar bald übernommen wurde.

Lit.: Unveröffentlicht; Vergleichsstücke PP 1974, S. 286 (Pompeji). V. K.

C 2.26 (Abbildung)
Fragment einer Verkleidungsplatte
Kampanisch, 1. Hälfte 6. Jh. v. u. Z.
Graubrauner Ton, weißgelber Überzug; schwarze und rote Bemalung. An allen Seiten gebrochen
H. 13,6 cm, Br. 14,8 cm

In den dreißiger Jahren des 19. Jh. aus Sammlung Fejérváry-Pulszky erworben
Budapest, SzM, Antikensammlung
Inv.: T 706

Zwischen zwei flachen schräggestreiften Leisten ein dreisträhniges Flechtband. Die Augen mit konzentrischen Kreisen. Oben Abbruchspuren von vier konvexen Strigiles einer bekrönenden Kehle, unten einer schwarzgrundigen Fußleiste. Augenachse vorgeritzt und Einstiche für den Malzirkel erkennbar. Vergleichbare Plattenfragmente wurden in Cumae gefunden (L. A. Scatozza, in: Klearchos 13, 1971, S. 94 ff. Abb. 46–50, 52; S. 100 ff. Abb. 58, 60); ein ähnliches Flechtbandfragment auch im Louvre, E. D. van Buren, Archaic fictile revetments, 1923, S. 104 Nr. 4 Taf. 9.35).

Lit.: Unveröffentlicht. V. K.

C 2.27
Fragment einer Verkleidungsplatte
Kampanisch, Mitte 6. Jh. v. u. Z.
Gelbgrauer, innen grauroter Ton, ziegelrote Oberfläche, purpurrote und beigeweiße Bemalung. Allseitig gebrochen
H. 13,2 cm, Br. 16,6 cm
Fundort unbekannt; in den dreißiger Jahren des 19. Jh. erworben; ehemals in der Sammlung Fejérváry-Pulszky
Budapest, SzM, Antikensammlung
Inv.: T 702

Verkleidungsplattenfragment, bemalt mit einem Doppelflechtband, die Zwickel ebenfalls mit Augen und alternierend gefüllt mit doppelten, außen punktierten Bögen oder fünfblättrigen Palmetten. Die Grundfarbe ist ziegelrot, alternierend die Palmettenblätter purpurrot, die Doppelstreifen der Flechtbänder weiß und purpurrot bemalt. Augenachsen durch parallele Linien im Abstand von 3,5 cm vorgeritzt. Eine Geisonkassette mit ähnlichem Ornament wurde im Gebiet von Sybaris gefunden (Museo Civico Cosenza; RendAccNapoli NS 36, 1961 (1962), S. 66 Typ A 1 Taf. 10).

Lit.: Unveröffentlicht. V. K.

C 2.28 (Abbildung)
Ziegelfragment
Kampanisch, Mitte 6. Jh. v. u. Z.
Braungrauer, an der Oberfläche ziegelroter Ton, braunroter polierter Überzug auf der Schauseite und an den Seiten; weiße, purpurrote und schwarzbraune Bemalung. Eckfragment, rechte und Oberkante gebrochen
H. 8,6 cm, Br. 15,2 cm
Fundort unbekannt; in den dreißiger Jahren des 19. Jh. aus Sammlung Fejérváry-Pulszky erworben
Budapest, SzM, Inv.: T 701

Untere Randleiste einer Verkleidungsplatte. Auf der Schauseite Palmette und hängende Lotosblüte. Hintergrund weiß, Palmettenblätter abwechselnd schwarz und rot, Voluten und Kelchblätter der Lotosblüte schwarz; Kern und

Konturlinien der Palmette, Kelch, Blüte und Konturlinien der Kelchblätter der Lotosblüte rot. Auf der Unterkante Reste eines dunkelbraunen und eines auf schwarzen Grund weiß aufgesetzten Streifens.

Anthemienrapporte der beschriebenen Art sind charakteristisch für unteritalisch-griechische Dachterrakotten. Abgesehen von der Verkleidungsplatte einer frühen großgriechischen Gorgonensima in Olympia (A. Mallwitz, in: Die Funde aus Olympia, 1980, S. 144, 147 f. Taf. 100.1) mit alternierend gegenständigen Blüten und Palmetten aus dem 1. Viertel des 6. Jh. v. u. Z., tauchen derartige gemalte Verzierungen verstärkt im 3. Viertel des Jahrhunderts auf: Basisleiste einer sizilischen Kehlensima in Syrakus (V. Kästner, in: WissZ Berlin, 25, 1976, 4, S. 522 f. Abb. 86) und Traufziegelfragment aus Sant'Angelo in Formis bei Capua (Koch, S. 2, 22, 6. Art. Taf. 32.2). Sie sind Anzeichen für eine durch ostgriechische Kontakte geförderte Ausbreitung pflanzlichen Ornamentes auf den architektonischen Terrakotten.

Lit.: Unveröffentlicht. V. K.

C 2.29 (Abbildung)
Zwei Fragmente der Hängepalmetten von Verkleidungsplatten
Kampanisch, 3. Viertel 6. Jh. v. u. Z.
Braungrauer Ton mit Glimmer, Engobe und beige-weißlichem Überzug, roter und schwarzer Farbe. An den Seiten und oben gebrochen; am größeren Fragment die Farbschicht verwittert
H. 12,3 und 12,7 cm, Br. 10,7 und 16 cm, Dicke 3,32 und 3 cm
Aus dem Kunstgewerbemuseum 1948 übernommen
Budapest, SzM, Antikensammlung
Inv.: 51.97 und 51.98

Siebenblättrige reliefierte Hängepalmetten unter zusammengebundenen Voluten, die Blätter alternierend weinrot und weiß mit weinrotem Kontur gefärbt. Seitlich befinden sich Anschlüsse einer schmalen unteren Leiste, die oben von einem dreifachen schmalen Band abgeschlossen wird. Ein in Abmessungen und Gestalt sehr ähnliches Stück wird im Magazin von Cumae aufbewahrt. Die Platte selbst läßt sich nach dem Vorbild eines fast vollständigen Exemplars aus dem Apollonbezirk von Pompeji rekonstruieren. Danach saßen die Hängepalmetten zwischen palmettengefüllten Volutenbögen. Über den Bogenreihen sind ein flechtbandbemalter Streifen und eine vorbiegende plastische Strigilisbekrönung zu ergänzen.

Lit.: Unveröffentlicht; vgl. L. A. Scatozza, in: Klearchos 13, 1976, S. 104 f. Typ 1 Abb. 62.1 (Cumae); H. Eschebach, Pompeji, 1978, Abb. 12 (Pompeji, Apollontempel).

V. K.

C 2.30 (Abbildung)
Terrakottaapplike: Gorgoneion
Kampanisch, Anfang 5. Jh. v. u. Z.
Orangebrauner Ton, Matrizenausformung,
Rückseite glatt, Reste weißer
Grundierung. Intakt
H. 6,7 cm
Fundort unbekannt; 1828 aus Sammlung
Koller erworben
Berlin, SMB, Antikensammlung Inv.: TC 762

Applike in Form eines Gorgoneions. Das runde Gesicht der Gorgo ist in einem geläufigen Typus dargestellt mit zwei Reihen spiralig eingerollter Löckchen, hervorquellenden Augen unter niedriger Stirn, breiter Nase und großem, geöffnetem Mund – mit Hauern und bleckender, bis an das Kinn reichender Zunge. Die Bemalung zweier Exemplare wurde 1833 von K. Levezow mitgeteilt, der auch auf die abgeplatteten Ohren an allen Stücken dieser Serie hingewiesen hat. Vgl. auch das Antefix Kat.-Nr. C 2.9. Die Verwendung der zierlichen Appliken ist nicht eindeutig geklärt, sie kommen aber vorwiegend im Grabzusammenhang vor. So wird angenommen, daß sie an hölzernen Sarkophagen befestigt waren, ein Gebrauch, der sich auch in späteren Zeiten erhalten hat. Einem Fundbericht zufolge waren sie »in einem Grabe zu Capua gefunden, rings um die Leiche gelegt«. Darstellungsthemen der Appliken sind Pferdegespanne, weibliche Masken, Acheloos und Silensmasken, Kriegerköpfe, Palmetten und Gorgoneia (siehe Kat.-Nr. C 2.31–42).

Lit.: K. Levezow, in: Abh. der Königlichen Akademie der Wissenschaften, Berlin, 1833; Panofka, S. 156 Taf. 62.2; Breitenstein, S. 79 Nr. 762 Taf. 91, vgl. Floren, S. 30 ff. (Attika) und 62 ff. (Ionien). I. K.

C 2.31 (Abbildung)
Terrakottaapplike: Gorgoneion
Kampanisch, Anfang 5. Jh. v. u. Z.
Orangebrauner Ton, Matrizenausformung,
Rückseite glatt, geringe Reste weißer
Grundierung. Kleine Ausplatzungen am
Rand, die Fehlstelle am Mund ist durch
Ausbruch eines groben Einschlusses im
Ton entstanden
H. 6 cm
Ohne Fundortangabe; 1877 aus Sammlung
Friedlaender erworben
Berlin, SMB, Antikensammlung Inv.: TC 7514

Applike in Form eines Gorgoneions, das in einigen Details von dem vorangegangenen (Kat.-Nr. C 2.30) abweichend gebildet ist. Bei gleichem, rundem Gesichtsschnitt mit vorspringenden hohen Jochbögen und niedriger Stirn ist das Haar nur am Stirnsaum gewellt, während es sonst glatt ist. Die Glotzaugen sind weiter geöffnet und stärker hervortretend ohne Angabe der Lidbögen. Die kleineren, aber ausgebildeten Ohren setzen gleich hoch an; die Eckzähne sind kleiner geworden.

Lit.: Vgl. Breitenstein, S. 79 Nr. 761 Taf. 91.
I. K.

C 2.32 (Abbildung)
Terrakottaapplike: Acheloosmaske
Kampanisch, 1. Viertel 5. Jh. v. u. Z.
Orangebrauner Ton, Matrizenausformung.
In zwei Teile zerbrochen, Fehlstelle an
linker Gesichtsseite
H. 4,6 cm
Aus Neapel; 1844 von G. Waagen erworben
Berlin, SMB, Antikensammlung
Inv.: TC 4742

Applike in Form einer Acheloosmaske. Das breite Gesicht mit den ganz flach gebildeten, schmalen Augen rahmen drei Reihen von Stirnlöckchen, über denen seitlich kräftige kurze Hörner, die durch Wulste abgesetzt sind, erwachsen. Die hochsitzenden Ohren liegen eng an, der fein gesträhnte Bart ist stumpf abgerundet. Die Nase ist eher knollig, der Schnurrbart gelockt mit einem ornamental aufgefaßten Unterlippenbart. Ohren und Hörner stehen vor einem Hintergrund.

Lit.: Riis, Campanian Types, S. 149 Typ B 2 Abb. 11; Riis, S. 24 Typ 7 K Taf. 1; vgl. zum Vorkommen von Acheloos in chtonischem Zusammenhang Isler, Acheloos, 1970, S. 115. I. K.

C 2.33 (Abbildung)
Terrakottaapplike: Acheloosmaske
Kampanisch, 1. Viertel 5. Jh. v. u. Z.
Orangebrauner Ton, Matrizenausformung,
Reste von weißer Grundierung. Beide
Hörner abgebrochen
H. 5,6 cm
1869 aus Nachlaß E. Gerhard erworben
Berlin, SMB, Antikensammlung
Inv.: TC 6110

Applike in Form einer Acheloosmaske mit feinen, durch Nacharbeit von Hand (?) erzielten Einzelformen. Das durch den langen, dünn gesträhnten Bart gestreckt wirkende Gesicht wird über der Stirn mit einer Reihe von sechs Locken gerahmt, deren Enden sich einrollen und einen Löckchenkranz bilden. Darüber liegt eine Tänie, an die ein glatter Teil anschließt, aus dem seitlich kurze, jetzt abgebrochene Hörner herausstehen. Darunter befinden sich in Augenhöhe spitze Tierohren. Die Augen sind schmal mit wulstigen Lidrändern, die Nase ist lang, der Mund klein mit einem rhombenförmigen Unterlippenbart. Der gedrehte Schnurrbart hängt lang herab.

Lit.: Riis, Campanian Types, S. 151, Serie B 3 Abb. 14; Riis, S. 24 Typ 8 K Taf. 1; vgl. Isler, Acheloos, 1970, S. 62, 114, 115, Nr. 158–165; ders., in: LIMC 1, 1981, s.v. Acheloos, S. 18 Nr. 85a, b. I. K.

C 2.34 (Abbildung)
Terrakottaapplike: Acheloosmaske
Kampanisch, 3. Viertel 5. Jh. v. u. Z.
Orangebrauner Ton, Matrizenausformung.
Intakt
H. 5,1 cm
Angeblich aus Capua stammend;
von W. Helbig 1869 erworben

C 2.25

C 2.28

C 2.29

C 2.26

C 2.38/C 2.39/C 2.42/C 2.30/C 2.31

Berlin, SMB, Antikensammlung
Inv.: TC 5993

    Applike in Form einer Acheloosmaske. Am Oberkopf des kräftigen Gesichts stehen die Hörner nur leicht aufwärts gebogen, fast waagerecht ab und überragen die in Augenhöhe befindlichen Tierohren nur wenig. Zwischen den Hörnern tief in die Stirn fallende Haarsträhnen. Augen schmal und lange, gerade Nase, kleiner Mund mit Schnurrbartenden, die sich den stark geringelten langen Locken des Bartes einfügen.

    Diesem Maskentyp liegt ein griechisches Vorbild zugrunde.

    Lit.: Riis, Campanian Types, S.145, Serie B 9 Abb.6, S.146 Nr.9, S.151 Abb.17; Riis, S.24, Typ 11 K Taf.1.   I.K.

C 2.35
Terrakottaapplike: bärtiger Männerkopf
Kampanisch, 1. Viertel 5. Jh. v. u. Z.
Hellgelber Ton mit Spuren des weißen Grundes und der weinroten Bemalung; Matrizenausformung mit glatter Rückseite. Oberfläche gering beschädigt
H. 4,8 cm
Aus Capua; 1897 aus der Sammlung Hauser erworben
Leipzig, KMU, Antikenmuseum Inv.: T 290

    Applike in Gestalt eines bärtigen Männerkopfes. Glatte Kalotte, kräftig vortretender Stirn-

haarwulst, der die Ohren verdeckt und in mehreren Reihen mit kleinen Buckellocken besetzt ist. Leicht schräg stehende glotzende Augen, von dünnen Stegen gesäumt, im dreieckigen Gesicht mit kurzer, breiter Nase, kleinem Mund, geschwungenem Schnurrbart und breitem flachem Vollbartsaum. Unter dem Mund ein aufgesetzter Unterlippenbartzipfel. Wahrscheinlich ein Silenskopf mit einer Haartracht, die spätattischen Vorbildern um 480 v. u. Z. entspricht. Vgl. Breitenstein, S. 79 Nr. 763 Taf. 91.

    Lit.: E. Paul, Antike Welt in Ton, 1959, S. 74 Nr. 100 Taf. 29; Riis, Campanian Types, S. 144 ff. Typ B 1 Abb. 6, S. 149 Abb. 10; Riis, S. 19, Typ 7 L Taf. 1.   V.K.

C 2.36 (Abbildungen)
Terrakottaappliken: Silensmasken
Kampanisch, 1. Viertel 5. Jh. v. u. Z.
Orangebrauner Ton, Matrizenausformung, handüberarbeitet, grau verkrustete Reste der weißen Grundierung; intakt bis auf kleine Fehlstelle unterhalb des linken Ohrs und Beschädigung am Stirnhaar
H. 5,3 cm
Aus Nola (?); 1828 aus Sammlung Koller erworben
Berlin, SMB, Antikensammlung
Inv.: TC 798, TC 799

    Applike in Form einer Silensmaske mit ge-

bauschtem, fein gesträhntem Haarkranz, der tief in die Stirn reicht und die Schläfen bedeckt. Die schräggestellten, mandelförmigen Augen mit abgesetzten Lidrändern und plastischen Brauen sind geradeaus gerichtet. Zur Physiognomie des Silens gehören die knollige Nase, Bart und Tierohren, die hoch ansetzen und aufgerichtet sind. Der Hintergrund zwischen der glatt belassenen Kalotte und den Ohren wurde nicht ausgespart, so daß die Applike einen geraden oberen Abschluß hat.

    Lit.: Panofka, S.136 Taf.47.1; Riis, Campanian Types S.146 Typ C 1; Riis, S.24 Typ 7 G Taf.1.   I.K.

C 2.37 (Abbildung)
Terrakottaapplike: Silensmaske
Kampanisch, 2. Viertel 5. Jh. v. u. Z.
Graubrauner Ton, unsorgfältige Matrizenausformung, Reste rotbrauner Farbe und weißer Grundierung. Kleiner Ausbruch an rechter Seite
H. 5,5 cm
Aus Capua (?); 1866 von W. Helbig gekauft
Berlin, SMB, Antikensammlung
Inv.: TC 5994

    Applike in Form einer Silensmaske mit Stirnglatze, starken Augenbrauen, deren Bögen von den Stirnfurchen mehrfach wiederholt werden, hervorquellenden Augen, Knollennase und lan-

C 2.34/C 2.36/C 2.36 C 2.32/C 2.33/C 2.37/C 2.40

gem Bart. Der kurze Schnurrbart und der als
kleiner Wulst angegebene Unterlippenbart sind,
wie die anderen Einzelformen auch, nachlässig
ausgeformt, waren aber ehemals wohl durch
Farben hervorgehoben. Darstellungen von Silenen, Begleitern des Dionysos, der auch im Totenkult seine Bedeutung hat, begegnen häufig
in sepulkralem Zusammenhang.

Lit.: Riis, Campanian Types, S. 147 C 6,
S. 151 Abb. 15; Riis, S. 24 Typ 9 H Taf. 1.   I. K.

C 2.38 (Abbildung)
Terrakottaapplike: Frauenkopf
Kampanisch, 1. Viertel 5. Jh. v. u. Z.
Hellbrauner Ton, Matrizenausformung,
Reste weißer Grundierung. Oberfläche,
vor allem an Nase, verrieben
H. 4,5 cm
Aus Nola (?); 1828 aus Sammlung Koller
erworben
Berlin, SMB, Antikensammlung
Inv.: TC 818

Applike in Form eines weiblichen Kopfes mit
weichen, verschwommenen Einzelformen. Das
schmale Gesicht mit mandelförmigen Augen,
gerader Nase und vollen, geschlossenen Lippen wird von reichem Haar umgeben, das aus
fünf Reihen übereinanderliegender Löckchen
besteht, die die Stirn freilassen, aber Schläfen
und Ohren bedecken. Das Haar ist von einer

leicht gewölbten Stephane bedeckt, die durch
ein Profil gegliedert ist.

Lit.: Panofka, S. 136 Taf. 47.5; Riis, Campanian Types, S. 144 f. Typ A 2, S. 147; Riis, S. 24
Typ 7 E Taf. 1.   I. K.

C 2.39 (Abbildung)
Terrakottaapplike: Frauenkopf
Kampanisch, 1. Viertel 5. Jh. v. u. Z.
Graubrauner Ton, Matrizenausformung,
Reste weißer Grundierung. Intakt
H. 4,1 cm
Alter Besitz, ohne Herkunfts- und
Fundortangabe
Berlin, SMB, Antikensammlung
Inv.: 33765

Applike in Form eines weiblichen Kopfes mit
schmalem Gesicht, mandelförmigen Augen mit
abgesetzten Lidrändern, gerader Nase, kräftigen Lippen und plastisch gewölbtem Kinn. Das
von einer Stephane bedeckte Haar ist als füllige, aber kaum gegliederte Masse in der Stirnmitte gescheitelt und an den Schläfen hochgenommen.

Lit.: Vgl. Riis, Campanian Types, Typ A 8 (mit
falscher Inventarnummer) S. 148.   I. K.

C 2.40 (Abbildung)
Terrakottaapplike: Kriegerkopf
1. Viertel 5. Jh. v. u. Z.
Orangebrauner Ton, Matrizenausformung,
Reste von Engobe. Risse in der oberen
Hälfte
H. 4,5 cm
1828 aus Sammlung Koller erworben
Berlin, SMB, Antikensammlung
Inv.: TC 809

Applike in Form eines Kriegerkopfes. Das
kräftige Gesicht mit den leicht schrägstehenden, wulstig umrandeten Augen, der geraden
Nase und dem breiten Mund ist von einem chalkidischen Helm umgeben, dessen Wangenklappen in Form von Widderköpfen gebildet
sind und die annähernd an die Mundwinkel her-
anreichen.

Lit.: Panofka, Taf. 47.6; Riis, S. 24 Typ 7 M
Taf. 1.   I. K.

C 2.41
Terrakottaappliken: Pferde
Kampanisch, 1. Viertel 5. Jh. v. u. Z.
Gelbrötlicher Ton; Matrizenausformung.
Intakt
H. 8,3 cm
Fundort unbekannt. Alter Besitz
Leipzig, KMU, Antikenmuseum
Inv.: T 298

Drei Pferde eines Gespannes in Vorderansicht. Derbe Modellierung und etwas überlängte Formen.

Lit.: E. Paul, Antike Welt in Ton, 1959, S. 75 Nr. 113–115, Taf. 29; Antike Kunst im Mittelmeerraum, Katalog Leipzig 1984, S. 34 Nr. 146; zum Motiv vgl. G. Hafner, Viergespanne in Vorderansicht, 1938, S. 12 Nr. 139f., S. 32. V.K.

C 2.42 (Abbildung)
Terrakottaappliken: Palmetten
Kampanisch, 1. Hälfte 5. Jh. v. u. Z.
Orangebrauner Ton, Matrizenausformung, Rückseite glatt, Reste weißer Grundierung und roter Farbe. Intakt bis auf einige Versinterungen
H. 5,3 cm, Br. 3,6 cm
Fundort unbekannt; 1831 aus Sammlung Koller und 1844 durch G. Waagen in Neapel erworben
Berlin, SMB, Antikensammlung
Inv.: TC 647, 648 und 4746
Drei Appliken in Form neunblättriger Palmetten, die aus Voluten erwachsen, welche sich nach außen spiralig einrollen. Zwischen den Voluten kleine tropfenförmige Zwickelblätter. Die Einzelformen sind wenig prägnant, ihre Wirkung wird durch Bemalung erreicht worden sein. Mit anderen Elementen, mit denen sie wahrscheinlich alternierend angeordnet wurden, waren die Palmetten Teile eines Zierfrieses.

Lit.: Vgl. ein um 5 mm kleineres Exemplar im Nationalmuseum Kopenhagen, Breitenstein, S. 79 Nr. 760 Taf. 91. I.K.

C 2.43 (Abbildung)
Tempelmodell
Kampanisch, 4.–3. Jh. v. u. Z.
Hellbeigefarbener Ton mit schwarzem Glimmer. Drei Ecken vom Giebel der Vorderseite und eine der Rückseite abgebrochen, kleine Bestoßungen
H. 10,5–12,3 cm, Br. 10 cm,
T. 13,5 cm
Aus Curti; 1876 erworben
Berlin, SMB, Antikensammlung
Inv.: TC 7197

Das Gebäude steht auf einer rechteckigen, etwa 1,4 cm hohen Platte, an die die geschlossenen drei Seitenwände aufsetzen. Um ca. 2,2 cm ist die Eingangsseite zurückgesetzt, so daß eine kleine Plattform entsteht. Die Wandsockel treten nur an der Front etwas vor, wodurch eine Abtreppung erreicht wird. Das Dach war mit Mittel- und Seitenakroteren sowie mit vier Reihen von Dachziegeln versehen. Tönerne Votivgaben in Gestalt von Haus- oder Tempelmodellen bzw. Dachteilen waren in Italien weit verbreitet. Neben den eisenzeitlichen Hüttenurnen (Kat.-Nr. A 1.1) überliefern sie mehr oder weniger getreue Abbilder der zeitgenössischen Architektur. Derartige Modelle lassen sich seit spätarchaischer Zeit in einem Gebiet nachweisen, das von Etrurien bis zum griechisch besiedelten Süditalien reicht.

Lit.: Unveröffentlicht; vgl. R. A. Staccioli, Modelli di Edifici Etrusco-Italici. I Modelli Votivi, 1968, S. 60 Nr. 54 Taf. 60. I.K.

C 3 Kampanische Bronzen

C 3.1
Jünglingsfigur
Kampanisch, Ende 6. Jh. v. u. Z.
Bronze, Vollguß. Sinterverkrustungen
H. 9 cm
Aus Capua, Scavi Simmaco Doria, 1878
Berlin, SMB, Antikensammlung Inv.: M. I. 7317

Die Jünglingsfigur ist unbekleidet. Sie trägt nur eine enganliegende, kappenartige Kopfbedeckung mit großem Knauf, der vielleicht zu einem Geräteteil überleiten sollte. Beide Arme sind weit vom Körper abgestreckt, wohl in einem Tanzgestus.

Lit.: Erwähnt in AZ 1879, S. 103; für den Knauf am Kopf vgl. ein Räuchergerät aus Vulci (O. v. Vacano, Die Etrusker, 1955, Taf. 97). I.K.

C 3.2 (Abbildung)
Deckelgriff einer kesselförmigen Urne. Jünglingsfigur
Kampanisch, um 480 v. u. Z.
Bronze, gegossen. Bis 1944 war die Urne im ganzen erhalten – mit einem Deckel, verziert durch eine kleine Jünglingsfigur und drei skythische Reiter entlang des Randes. Während des Warschauer Aufstandes wurde das Unterteil des Dinos zerstört, und der Deckel mit den Reiterfigürchen ging verloren
H. 14,8 cm
Gekauft im 2. Viertel 19. Jh. (?) durch die Działyński in Italien (Neapel?) oder Paris. Bis 1880 im Hotel Lambert in Paris, dann bis 1939 in Gołuchow
Warschau, NM, Galerie antiker Kunst
Inv.: 147074

Griff einer capuanischen Urne in Form eines Adoranten, der mit hoch erhobenen Händen auf einer kleinen runden Basis steht. Eine geringe Beugung des rechten Beines im Knie in Absicht einer Belebung erlaubt es, diese ziemlich bescheidene Figur mit den ersten Versuchen des Kontrapostes in der griechischen Bildhauerei in Verbindung zu bringen und sie um 480 v. u. Z. zu datieren. Dinosförmige Bronzeurnen mit figural verzierten Rändern (reitende Bogenschützen, Amazonen, Läufer, Pferde und Sirenen) und Deckeln (Diskobole, Widderträger, Adoranten, Sirenen, Tiere) und mit gravierten Ornamenten kommen vom Ende 6. bis ins 1. Viertel 5. Jh. v. u. Z. in capuanischen Gräbern »a cubo di tufo« vor.

Die Urnen sind charakteristische und künstlerisch oft bemerkenswerte Beispiele der lokalen Produktion, die sich an das Vorbild der südetruskischen Bronzewerkstätten anlehnt. Capua scheint in dieser etrusko-kampanischen Bronzeindustrie eine erstrangige Rolle gespielt zu haben.

Lit.: W. Dobrowolski, in: Roczn. MNW 10, 1966, S. 23–29 Abb. 1–5; zu den capuanischen Urnen allgemein: Riis, Campanian Types S. 140 ff.; A.-M. Adam, in: MEFRA 92, 1980, S. 641 ff.; W.-D. Heilmeyer, in: AA 1984, S. 395 ff.; Cl. Bossert-Radtke, in: MittDArV 18, 1987, 1, S. 14 ff. W.D.

C 3.3
Kesselaufsatz. Bogenschütze
Kampanisch, Anfang 5. Jh. v. u. Z.
Bronze
H. 8,1 cm
Fundort unbekannt; 1831 aus Sammlung Katharina II. erworben
Leningrad, GE, Antikensammlung
Inv.: V 37

Bärtige Männerfigur barbarischen Typs, im Lauf nach rechts gewandt und die Arme nach vorn haltend, in denen sich wahrscheinlich Bogen und Pfeil befanden.

Sie trägt ein kurzes chitonartiges Gewand mit rundem gekerbtem Kragen und Saum. Über der Brust gekreuzte Riemen. Auf dem Kopf eine spitz zulaufende Mütze, darunter kurzes, gekerbtes Haar. Die Figur ist auf einer schmalen, leicht gebogenen Leiste befestigt, die am Rand eines großen als Urne dienenden Dinos angebracht war.

Lit.: Voščinina, Očerk, Taf. 17; Kul'tura i iskusstvo Etrurii, Nr. 51; AChB, Nr. 131. Z.B.

C 2.43

C 3.2

C 3.4

C 3.4 (Abbildung)
Kesselaufsatz. Bogenschütze
Kampanisch, Anfang 5. Jh. v. u. Z.
Bronze
H. 8,5 cm
Fundort unbekannt; 1831 aus Sammlung
Katharina II. erworben
Leningrad, GE, Antikensammlung
Inv.: V 39

Figur eines bärtigen Bogenschützen barbarischen Typs. Diese Figuren wurden aufgrund
der Tracht als Orientalen, Skythen oder Amazonen gedeutet (M.-A. Adam, in: MEFRA 92,
1980, S. 645 ff.).

Lit.: Stefani, Bronzy i terrakoty, Nr. 483;
AChB, Nr. 132.   Z. B.

C 3.5
Statuette eines Jünglings, eine
Beinschiene anlegend
Kampanisch, um 480/70 v. u. Z.
Bronze, Vollguß. Linker Fuß fehlt;
dunkelgrüne bis leuchtend grüne Patina
durch Reduktion entfernt; Oberfläche
stellenweise leicht angegriffen
H. 6,7 cm
Fundort unbekannt; 1885 aus Sammlung
Dressel, Rom, erworben
Dresden, SKS, Skulpturensammlung
Inv.: ZV 492

Der nackte Jüngling steht mit eingeknicktem
linken Bein und beugt sich nieder, um an dem
angehobenen rechten Unterschenkel die Beinschiene anzulegen. Die fein ziselierten Haare
gehen vom Wirbel radial nach allen Seiten und

fallen in breiter Masse lang auf den Rücken. Die
Füße standen in einer Linie auf der schmalen
Basis, ohne daß der vordere aufgestützt gewe-
sen sein muß.

In ihrem kurvigen Umriß, der perspektivischen Drehung von Kopf und Oberkörper wie
der Schrägstellung der Glieder steht die Figur
so frei bewegt, daß sie trotz der Ähnlichkeit vor
allem des Kopfes etwas später als der skythische Bogenschütze in Berlin (K. A. Neugebauer, Antike Bronzestatuetten, 1921, Fig. 33)
zu datieren ist. Ob sie wie dieser auf dem Rand
einer Capuaner Aschenurne angebracht war,
läßt sich nicht mit Sicherheit feststellen.

Lit.: G. Treu, in: AA 1889, S. 103; G. v. Lük-
ken, in: AM 1919, S. 159; S. Reinach, Repertoire de la statuaire grecque et romaine II, 1897,
S. 192 Abb. 4.   M. R.

D 1.2

244

D
Die etruskischen Stadtkulturen
von der 2. Hälfte des 5. Jh. v. u. Z. bis zum Hellenismus
und der Eingliederung in den römischen Staat

D 1 Etruskische pseudo-rotfigurige und rotfigurige Vasen.
Hellenistische Keramik

**Vasen mit rot aufgemalten
(pseudo-rotfigurigen) Verzierungen**

Den Übergang von der schwarzfigurigen zur rotfigurigen Maltechnik in Athen um 530 v. u. Z. haben die etruskischen Vasenmaler zunächst nicht nachvollzogen. Offenbar waren sie an den neuen künstlerischen Ausdrucksmöglichkeiten der rotfigurigen Technik wenig interessiert. Da aber die neue Malweise durch importierte attische Vasen in Etrurien allgemein bekannt wurde, haben sie mit einer Verspätung von etwa vier Jahrzehnten dann doch versucht, die rotfigurigen Vasen nachzuahmen. Sie bedienten sich hierbei einer in Athen nur vorübergehend angewendeten Maltechnik, die auf den ersten Blick den Eindruck einer rotfigurigen Bemalung erweckt, tatsächlich aber wie die schwarzfigurige Technik eine Silhouettenmalerei ist. Die roten Farbeffekte gewann man nicht durch die tongrundige Aussparung der Figuren, sondern durch das Auftragen weißen bis roten Maltones auf die schwarze Glanztonschicht, mit der das ganze Gefäß überzogen wurde (daher die Benennung »pseudo-rotfigurig«). Für die Innenzeichnung hat man die Reliefllinien der attischrotfigurigen Vasen durch Einritzung ersetzt. Der Grund für die Beliebtheit dieses Verfahrens in Etrurien lag kaum allein in der Schwierigkeit, die attische rotfigurige Technik zu erlernen und nachzuahmen, sondern vielmehr in den andersartigen künstlerischen Absichten der etruskischen Meister.

Nichtsdestoweniger zeigen die um 490–480 v. u. Z. einsetzenden etruskisch-pseudo-rotfigurigen Vasen weitgehend den Einfluß attischer Vorbilder. Es gibt zwar auch Einzelstücke hoher Qualität in dieser frühen Produktion, in ihrer Mehrheit gehören sie aber zu einer einzigen stilistisch zusammenhängenden Gruppe, die nach einem mit griechischen Buchstaben geschriebenen Namen auf der Mündung einer zugehörigen Amphora aus Vulci im Cabinet des Medailles, Paris (EVP, S. 196 Nr. 12), als *Praxias-Gruppe* bezeichnet wird. Diese um 480 bis 450 v. u. Z. tätige Werkstatt, deren Vasenbilder in einigen Zügen die Tradition der Micali-Werkstatt fortsetzen, ist in Vulci zu lokalisieren. Die

etwa 100 bekannten Vasen der Praxias-Gruppe (Kat.-Nr. D 1.1–4) weisen jedoch bedeutende Stilunterschiede auf. Dadurch ist es möglich, Untergruppen und einzelne Malerpersönlichkeiten zu unterscheiden. Neben dem klar erkennbaren Jahn-Maler und dem etwas späteren Praxias-Maler gibt es auch solche, denen mehrere Werke zuzuweisen sind, die aber dennoch für eine nähere Charakterisierung nicht ausreichen. Man muß mit wenigstens vier bis fünf Meistern rechnen, die – wenn auch nicht alle gleichzeitig – in dieser Werkstatt tätig waren. Die Bilder zeugen zwar von einer gründlichen Kenntnis der Ikonographie attischer Vasen (vgl. bes. Kat.-Nr. D 1.1,3,4), doch ist bei keinem der Maler die Annahme griechischer Herkunft unbedingt zwingend.

Obwohl um die Mitte des 5. Jh. v. u. Z. auch die echte rotfigurige Technik in der etruskischen Keramik aufkam und sich vom Ende des Jahrhunderts ab weitgehend eingebürgert hat, ist doch die pseudo-rotfigurige Technik, die offenbar die Tradition der mit aufgemaltem Weiß verzierten geometrischen Impastogefäße und der etrusko-korinthischen polychromen Vasen fortsetzte, nicht ausgestorben. Wir wissen wenig von ihrem Fortleben in der zweiten Hälfte des 5. Jh. v. u. Z., doch zu Beginn des 4. Jh. v. u. Z., gleichzeitig mit dem Aufblühen der etruskisch-rotfigurigen Vasenmalerei, erscheinen auch wieder pseudo-rotfigurige Gefäße, zuweilen von beachtenswerter Qualität (Kat.-Nr. D 1.5) – wieder in klarer Anlehnung an attische Modelle. Im Laufe des 4. Jh. v. u. Z. läßt sich sogar die Tätigkeit einiger sehr produktiver Werkstätten erkennen, die sich auf die Herstellung pseudo-rotfiguriger Vasen spezialisierten, so zunächst die Werkstatt der *Sokra-* (Kat.-Nr. D. 1.10,11) und der *Phantom-Gruppe* (Kat.-Nr. D 1.12,13). Ihre chronologische Stellung kann aber heute ebensowenig als geklärt angesehen werden wie das Problem ihrer Lokalisierung. Möglicherweise gab es, wenigstens was die Phantom-Gruppe betrifft, mehrere Herstellungszentren. Als solche kommen zunächst Caere, Falerii und Tarquinia in Frage. Aller Wahrscheinlichkeit nach sind die Anfänge der Sokra-Gruppe früher als

die der Phantom-Gruppe noch in das 2. Viertel des 4. Jh. v. u. Z. zu setzen. Eine gegenseitige Beeinflussung ist aber nicht zu bezweifeln. Alles deutet darauf hin, daß die beiden Werkstätten in der 2. Hälfte des 4. Jh. v. u. Z. einige Jahrzehnte hindurch gleichzeitig tätig waren, aber der zuweilen angenommene genetische Zusammenhang bleibt noch zu beweisen. Die bevorzugte Vasenform der Sokra-Gruppe war die Schale, mit flüchtig gemalten Konversationsszenen auf den Außenseiten, während die Innenbilder der offenbar frühesten Stücke manchmal beachtenswerte Darstellungen aus der griechischen Mythologie (Kat.-Nr. D 1.10) und vielleicht auch aus dem etruskischen Dämonenglauben (Kat.-Nr. D 1.11) zeigen. In dieser Gruppe kann man ebenfalls einige markante Meisterhände erkennen. Viel schwieriger ist dies hingegen in der stark standardisierten, bis ins frühe 3. Jh. v. u. Z. andauernden Produktion der Phantom-Gruppe. Die hierher gehörenden Vasen sind überwiegend Kannen des Typs VII, deren Verzierung meistens aus einer einzigen Gestalt im Mantel in der Mitte des Vasenkörpers, aus einem Pflanzenmotiv darüber auf dem Hals und aus einer Palmetten-Rankenkomposition unter dem Henkel besteht. Es gibt mehrere Gefäße aus der 2. Hälfte des 4. Jh. v. u. Z., die mit der einen oder anderen dieser Gruppen in Zusammenhang stehen (Kat.-Nr. D 1.6,7). Es ist aber fraglich, ob das auch hinsichtlich der attisch inspirierten *Eulengefäße* (Kat.-Nr. D 1.9) – mit vertikalem und horizontalem Henkel und der Darstellung der Symbole Athens, der Eule und der Lorbeerzweige – angenommen werden darf. Das Ende der Produktion bemalter etruskischer Vasen war durch eine Verschiebung der Produktionszentren nach Süden (Rom) und nach Norden gekennzeichnet. In den beiden Untergruppen der *Ferrara T 585-Gruppe* dominierten zwei verschiedene Skyphosvarianten. In der einen wurde das Gefäß meistens mit einer stehenden Palmette, in der anderen mit einer seltsam abstrahierten Vogelgestalt verziert. Zumindest ein Teil der Vasen der Ferrara T 585-Gruppe wurde im Gegensatz zu den bisher betrachteten in Nordetrurien hergestellt. Ihre Produktion wird

245

die Mitte des 3. Jh. v. u. Z. nicht überschritten haben.

Die Geschichte der aufgemalten Technik endet nicht mit dem Aufhören der figuralen Vasenmalerei, sondern sie lebt in den Nachahmungen der meistens mit Pflanzenmotiven geschmückten großgriechischen *Gnathia-Vasen* wenigstens bis zum 2. Viertel des 3. Jh. v. u. Z. weiter. Den Epilog bildet eine kleine Gruppe von Gefäßen, der sogenannten Pocola, die offenbar in einer römischen Werkstatt im 1. Drittel desselben Jahrhunderts entstanden und die laut Zeugnis ihrer mit aufgemalter Farbe ausgeführten lateinischen Inschriften mit dem Kult verschiedener römischer bzw. in Rom verehrter Gottheiten verbunden waren.

Einzigartig ist eine kleine Kanne (Kat.-Nr. D 1.53), deren Form einigen Pocola nahesteht und die auf dem Hals eine dem Lateinischen entsprechende Formel enthält. Ihr chronologisches Verhältnis zu den römischen Pocola muß vorläufig noch offenbleiben.

Lit.: EVP, S. 195–229; F. Coarelli, J.-P. Morel, in: Roma Medio Repubblicana, Katalog Rom 1973, S. 57–69; J. G. Szilágyi, in: Archaeologia Polona 14, 1973, S. 95–114; G. Pianu, Ceramiche etrusche sovradipinte, Materiali del Museo Archeologico Nazionale di Tarquinia 3, 1982 (mit Lit.); V. Jolivet, in: RA 1985, S. 346–349; N. Vismara, in: StClOr 35, 1985, S. 239–281.

J. G. Sz.

D 1.1 (Abbildung)
Fragment einer Amphora
Pseudo-rotfigurig, Praxias-Gruppe, um 480–460 v. u. Z.
Hellocker-orangefarbener Ton, schwarz bis rotfleckiger Firnisüberzug, Figuren dick rot aufgemalt, Ritzungen. Aus sieben Bruchstücken zusammengesetzt
H. 11,5 cm, Br. 17,5 cm
Fundort unbekannt; 1897 aus der Sammlung F. Hauser erworben
Leipzig, KMU, Antikenmuseum
Inv.: T 738

Reste von zwei Mädchenfiguren in langem Chiton mit reichem Faltenwurf. Die linke, von der Gesicht, Oberkörper und die nackten Arme erhalten sind, bläst die Doppelflöte. Die rechte, Oberkörper, Kopf, rechter Arm und linke Hand erhalten, in tänzerischer Bewegung mit erhobenen Armen. In der hell konturierten knappen Haarkappe mit Nackenwulst liegt ein rotes Band, am rechten Handgelenk geritzter Armreif. Das großflächige Gesicht mit starken Lippen und Kinn und der Faltenwurf sind an frühklassischen Vorbildern orientiert. Das Fragment gehört zu einer großen Amphora aus dem Umkreis der Werkstatt des Praxias (vgl. EVP S. 195ff. mit älterer Lit.). Die Zeichnung des erhaltenen Kopfes läßt sich mit der der Köpfe zweier Sphingen auf einem Hydriafragment in Bonn vergleichen, das dem Jahn-Maler zugeschrieben wurde (J. G. Szilágyi, in: Archeologia Polona 14, 1973, S. 100 Nr. d 2 Abb. 3 S. 105).

Lit.: E. Paul, Antike Keramik, 1982, Abb. 100; Antike Kunst im Mittelmeerraum, Katalog Leipzig 1984, S. 33 Nr. 140.

E. P.

D 1.2 (Abbildung)
Bauchamphora
Pseudo-rotfigurig. Praxias-Gruppe, 480–460 v. u. Z.
Hellroter Ton, Ritzung. Zusammengesetzt und ergänzt
H. 52,1 cm, D. (Mündung) 24 cm
Aus Vulci
Jena, FSU, Sammlung antiker Kleinkunst
Inv.: 201

Schlanke, straff aufsteigende Bauchamphora mit scheibenförmigem Fuß und Bandhenkeln. Die Bildfelder auf Vorder- und Rückseite von breiten Ornamentbändern eingefaßt.

A: tanzende Mänade im Chiton und Mantel zwischen tanzenden bärtigen Satyrn, B: Jüngling zwischen zwei bärtigen »Mantelmännern«. Auf beiden Bildern bemerkt man die Unsicherheit des etruskischen Malers in der Beherrschung der bewegten Körper wie der Gestaltung der Tracht. Außerdem hat der moderne Ergänzer der Vase dem linken Mann auf Seite B einen am Oberkörper nicht angelegten Frauenchiton unter dem Mantelsaum hervorhängen lassen. Alle Binnenlinien sind geritzt, so daß der schwarze Firnis unter der roten Tonschicht hervorkommt.

Details der Figurenzeichnung der Jenaer Amphora weisen auf eine enge Verwandtschaft mit den Werken des Jahn-Malers der Praxias-Gruppe hin (J. G. Szilágyi, in: Archeologia Polona 14, 1973, S. 103, Anm. 9, 111).

Lit.: Goettling Nr. 42; W. Herbig, in: StEtr 8, 1934, S. 339–342 Taf. 40; EVP, S. 196 Nr. 6; B. B. Shefton, in: WissZ Rostock 16, 1967, 7–10, S. 534f.

V. P.-Z.

D 1.3
Bauchamphora
Pseudo-rotfigurig, Praxias-Gruppe, um 480–460 v. u. Z.
Rötlicher Ton mit schwarzem Firnisüberzug und aufgesetztem Rot, Ritzungen.
Intakt
H. 51 cm
Aus Vulci
Altenburg, Staatliches Lindenau-Museum
Inv.: CV 361 (alt: 340)

Amphora wie Kat.-Nr. D 1.2. Die Bildfelder der Vorder- und Rückseite werden durch eine doppelte Bodenlinie, seitliche Mäanderstreifen und auf dem Hals durch einen doppelt eingefaßten Ornamentstreifen mit vier umschriebenen Palmetten sowie Blättern und Blüten in den Zwickeln begrenzt. Auf beiden Seiten je drei Mantelfiguren in nur geringfügiger Abwandlung. Die Gestalten tragen einen faltenreichen Ärmelchiton mit darübergelegtem Mantel und reichem Ohr-, Arm- und Halsschmuck. Das bindengeschmückte Haar ist zu einem Krobylos aufgebunden. Die Amphora wurde zuletzt von C. Laviosa einer Sondergruppe des Praxias-Kreises angegliedert (BdA 45, 1960, S. 297; dagegen J. G. Szilágyi, in: Archeologia Polona 14, 1973, S. 103, 111).

Lit.: EVP, S. 196 Nr. 7; CVA Altenburg 3, 1960, Taf. 132 S. 63; J. Frel, in: Helikon 1, 1961, S. 364ff.; A. D. Trendall, in: AJA 65, 1961, S. 406f.

E. P.

D 1.4
Kalpis
Pseudo-rotfigurig, Praxias-Gruppe, um 480–460 v. u. Z.
Bräunlich-roter Ton; orange-roter Überzug auf den tongrundigen Teilen der Außenseite, glänzend schwarzer,

D 1.1

D 1.6

D 1.5

z.T. grünlicher Firnis, Darstellung
und Grundlinie mit orange-roter
Deckfarbe. Der linke Henkel geklebt
H. 31,97 cm, Br. (m. Henkel) 27,06 cm
Fundort unbekannt; vor 1876 erworben –
ehemals in der Sammlung des Grafen
Sándor Apponyi
Budapest, SzM, Antikensammlung
Inv.: 51.23

Horizontalhenkel bandförmig, Vertikalhenkel
rund. Abschiedsszene: Auf der umlaufenden
Grundlinie drei Jünglinge jeweils mit Binde im
Haar. Der mittlere in kurzem Ärmelchiton mit
rundem Schild in der rechten und Lanze in der
linken Hand, blickt zurück. Rechts und links, ihm
zugewandt, zwei Manteljünglinge. Die schwarzen Punkte der Mantelborten sind nach der Ritzung aufgetragen. Mittelmäßiger Meister der
Praxias-Gruppe, nach dem ehemaligen Besitzer der Vase Apponyi-Maler benannt.

Lit.: J. G. Szilágyi, in: Archaeologia Polona 14,
1973, S.100 Abb.4; CVA Budapest 1, 1981,
Taf. 21.1–4, 22.1 S.61f.; zur Praxias-Gruppe
zuletzt: F. Gilotta, in: Civiltà, S.224.   J. G. Sz.

D 1.5 (Abbildung)
Stamnos
Pseudo-rotfigurig, 3. Viertel 5. Jh. v. u. Z.
Ton hellbraun-rötlich, Firnis schwarz;
Malfarbe rosa-weißlich. Aus großen
Fragmenten zusammengesetzt, Teile der
Rückseite fehlen
H. 33 cm, D. 27,7 cm
Prag, NM Inv.: 4783

Schlanker Stamnos mit kannelierten Henkeln. Details meistens tief eingeritzt, einige aber
auch mit Strichen in einer dunkelroten Farbe
aufgesetzt. Auf der Schulter kurze vertikale Striche und Punkte zwischen zwei Linien, unter den
Bildfeldern S-Hakenspirale zwischen zwei Linien. Unter den Henkeln stehende Palmetten,
beide Szenen von Volutenranken mit Palmetten
flankiert.
A: Rechts sitzt ein bärtiger Mann auf einem
Stuhl, den Mantel über den Unterteil des Körpers und über den Stuhl geworfen, im Profil
nach links. Der linke Arm liegt auf den Knien, der
rechte ist der ihm gegenüberstehenden Frau
entgegengestreckt. Die Frau im langen unter-
gegürteten Chiton schaut dem sitzenden
Manne zu, in der linken Hand trägt sie eine
Schale (Korb?) mit kleinen kugeligen Früchten
(Gebäck?). Der linke Arm mit einem Zweig in
der Hand hängt hinter dem Körper herab.

B: Rechts eine Frau in Chiton und Mantel gehüllt, einem links stehenden bärtigen Mann zugewandt. Das Oberteil seines Kopfes fehlt, sein
linker Arm ist erhoben, die Hand fehlt. Der
Stamnos gehört zu einer Gruppe noch nicht näher untersuchter pseudo-rotfiguriger Vasen aus
Etrurien, die von attischen Vorbildern der
2. Hälfte des 5. Jh. v. u. Z. abhängig sind. Diese
Gruppe bildet gewissermaßen das Bindeglied
zwischen der Praxias-Gruppe und den Gefäßen
der Sokra-Gruppe im 4. Jh. v. u. Z. (vgl. dazu
auch A. Waiblinger, in: CRAI 1980, S. 140ff.).

Lit.: Antické umění Nr. 222 Taf. 37.   J. B.

D 1.6 (Abbildung)
Oinochoe
Pseudo-rotfigurig, Ende 5. Jh. v. u. Z.
Hellroter Ton, schwarzbrauner Firnis,
aufgesetztes Rot. Intakt
H. (m. Henkel) 18,9 cm, (ohne Henkel) 16 cm
Aus Veji
Jena, FSU, Sammlung antiker Kleinkunst
Inv.: 261

Schlanke Kanne mit Kleeblattmündung und
hochgezogenem Henkel. Das mit schwarzbraunem Glanzton überzogene Gefäß trägt das Bild
eines gebückt auf Zehenspitzen nach links
schleichenden schwarzbärtigen Satyrn. Die
Arme hat er weit nach vorn gestreckt, die linke

Hand hält einen Kantharos. Vor ihm ein kleines Bäumchen. Unter dem Henkel befinden sich eine stehende lineare Palmette, seitlich weit ausgreifende Volutenranken. Auf der Schulter ein Leiterband. »Die geringe Binnenzeichnung des Satyrkörpers ist wohl nach dem Auftrag des Tonschlammes herausgewischt worden, jedenfalls vor dem Brand, sie ist nicht etwa geritzt« (R. Heidenreich).

Die Form attischen Vorbildern entlehnt. Zum Halsornament und den seitlichen Palmettenranken vgl. Kat.-Nr. D 1.5 (B-Seite).

Lit.: Goettling, Nr. 199; R. Heidenreich, in: BJb 161, 1961, S. 48 Taf. 14.1; zum Motiv des Satyrn: A. D. Trendall, Vasi antichi dipinti del Vaticano. Vasi italioti ed etruschi a figure rosse, I, 1953, S. 49, 52 Taf. 14 und Kunst der Antike. Schätze aus norddeutschem Privatbesitz, Katalog Hamburg 1977, S. 359 Nr. 307.   V. P.-Z.

D 1.7
Oinochoe
Pseudo-rotfigurig, Ende 5. Jh. v. u. Z.
Hellroter Ton, schwarzglänzender Firnis,
aufgesetztes Rot. Intakt
H. (m. Henkel) 19,4 cm,
(ohne Henkel) 16,2 cm
Aus Caere
Jena, FSU, Sammlung antiker Kleinkunst
Inv.: 262

Kleine Kanne mit Kleeblattmündung. Zwischen einem Reifen im unteren Drittel und einem Zungenblatt, Strich- und Punktornament auf der Schulter, steht ein nackter Jüngling nach links mit einer Opferschale in der Rechten und einem Stab in der Linken vor einem Altar, auf dem drei Opfergaben liegen. Unter dem Henkelansatz entfaltet sich aus einer Palmette Rankengeschlinge nach beiden Seiten. Vgl. Kat.-Nr. D 1.6.

Lit.: Goettling, Nr. 239; R. Heidenreich, in: BJb 161, 1961, S. 48 Taf. 14.2.   V. P.-Z.

D 1.8
Eulenskyphos (Glaux)
Pseudo-rotfigurig,
Ende 5. bis Anfang 4. Jh. v. u. Z.
Ton, schwarzer, leicht metallisch
glänzender Firnis, aufgesetztes Rot. Intakt
H. 7,5 cm, D. (ohne Henkel) 9 cm
Altenburg, Staatliches Lindenau-Museum
Inv.: CV 250 (alt: 264)

Konischer Becher mit zwei Horizontalhenkeln auf Standring. Bis auf die tongrundige Unterseite des Standringes vollständig mit schwarzem Glanzton überzogen. Auf der A-Seite: von stehenden Olivenzweigen mit Punkten zwischen den Blättern auf einer Standlinie Eule nach links. Details in feiner Ritzzeichnung. Seite B: wie A, aber mit Manteljüngling nach links, Detailritzung nachlässiger. Imitation attischer Glaukes, vgl. EVP, S. 200f. und CVA Budapest 1, 1981, S. 63f. (mit Lit.).

Lit.: CVA Altenburg 3, 1960 Taf. 134.2–3 S. 64; vgl. Kat.-Nr. D 1.9.   V. K.

D 1.9 (Abbildung)
Eulenskyphos (Glaux)
Pseudo-rotfigurig, 1. Hälfte 4. Jh. v. u. Z.
Rötlicher Ton mit rötlich-braunem Firnis
und blaßrot aufgesetzter Bemalung. Intakt
H. 7,3 cm, Br. (m. Henkeln) 16,5 cm
Fundort unbekannt
Berlin, SMB, Antikensammlung Inv.: F 3655

Becher mit je einem senkrechten und einem horizontalen Ringhenkel (Skyphos Typ B). Knapp über dem Fuß sind drei Fingerspuren vom Anfassen beim Eintauchen in das Glanztonbad erkennbar. Über einer doppelt geritzten Fußlinie ist auf beiden Seiten auf dem Firnis mit blaßrotem Ton eine Eule zwischen Ölzweigen gemalt. Das Gefäß gehört zu den etruskischen Imitationen eines in Attika im 5. Jh. v. u. Z. hergestellten und nach dem aufgemalten »Wappentier« der Stadtgöttin Athena als Glaux (Eule) bezeichneten Bechertyps. Die technisch weitaus nachlässigere Imitation dieser Becherform in Italien hängt vielleicht mit der Tätigkeit attischer Emigranten in Etrurien zusammen. Mehrere gut vergleichbare Stücke, für die eine Werkstatt in Falerii Veteres angenommen wurde, im Museum von Tarquinia z. B. Inv. RC 5595 (G. Pianu, Ceramiche etrusche sovradipinte, 1982, S. 55ff.).

Lit.: Furtwängler, Vasen, S. 968 Nr. 3655; zum Typus allgemein mit Lit.: W. Hornbostel, Aus Gräbern und Heiligtümern, Katalog Hamburg, 1980, S. 134 zu Nr. 77.   V. K.

D 1.10
Schale (Kylix)
Pseudo-rotfigurig, Sokra-Gruppe;
2. Viertel 4. Jh. v. u. Z.
Ton mit schlechtem matt-dunkelbraunem,
teilweise metallisch schimmerndem Firnis
und blaßroter Bemalung, Ritzungen.
Aus mehreren Fragmenten zusammengesetzt;
der rechte Henkel und der Fuß fehlen,
außerdem jetzt auch größeres Randstück
oben mit einem Teil des Perseushutes
H. 7 cm (ursprünglich 9,5 cm),
D. (ohne Henkel) 23 cm
Aus der Sammlung Bazzichelli (Viterbo)
1901 erworben
Berlin, SMB, Antikensammlung
Inv.: V. I. 3973

Das von einem umlaufenden Sparrenband zwischen doppelton Randlinion eingefaßte Medaillon ist gefüllt mit einem nach links tänzelnden nackten Jüngling mit Mantel und doppelt geflügelten Schuhen. Petasos auf dem Kopf und Sichelmesser in der vorgestreckten linken Hand. In der rechten, rückwärts gewandten Hand hält er einen gelockten Satyrkopf, am Oberarm ein zurückpendelnder Beutel. Links vor dem Perseus taucht das Meerungeheuer Ketos auf. Auf der Unterseite Manteljünglinge im Gespräch zwischen rankengesäumten Henkelpalmetten ohne Ritzung. Die sorglos aber mit detaillierter Ritzung ausgeführte Malerei des Innenbildes gibt in zusammengefaßter Form die

beiden wichtigsten Perseusabenteuer – die Enthauptung der Medusa und den Kampf mit Ketos – in einer grotesk-theatralisch anmutenden Pose wieder. Die Schale selbst gehört zu einer umfangreichen Gruppe attischem Vorbild verpflichteter etruskischer Trinkschalen, die nach dem rudimentären Namenszug Sokra(tes) auf einer Kylix in der Villa Giulia (Inv. 3676) benannt wurde. Nach Beazley läßt sich unsere Schale zusammen mit den Schalen Kopenhagen, NM Inv. Abc 782 (aus Volterra), London, Brit. Museum, Inv. F 541 und Leipzig (Kat.-Nr. D 1.11), zu einer engeren Gruppe zusammenschließen, der vielleicht noch die Berliner Schale Inv. 30637 zugesellt werden kann. Zum Perseusmotiv selbst findet sich eine analoge Szene auf einer kampanischen Hydria in Berlin (West), Inv. V. I. 3238.

Lit.: G. Loeschcke, in: AdI 1878, S. 304f. Taf. S; Neugebauer, Vasen, S. 168; EVP, S. 202 Nr. 1; zur Gattung: G. Pianu, in: MEFRA 80, 1978, S. 161ff.; zum Perseusmotiv: K. Schauenburg, Perseus, 1960, S. 56 Anm. 373, S. 76 Anm. 512.   V. K.

D 1.11
Schale (Kylix)
Pseudo-rotfigurig, Sokra-Gruppe,
2. Viertel 4. Jh. v. u. Z.
Hell-ockerfarbener Ton mit streifig
ocker-rötlichem Überzug, schwarzer
Firnisüberzug und dick aufgetragenes Rot
und Weiß, Ritzungen. Gebrochen
H. 10 cm, D. (ohne Henkel) 24 cm
Erworben 1897 aus der Sammlung
F. Hauser (Rom)
Leipzig, KMU, Antikenmuseum
Inv.: T 632

Dünnwandige Schale auf halbhohem Fuß (Rückseite leicht eingedellt) mit weit abstehenden, kantig gebrochenen Henkeln. Auf den Außenseiten in rotfiguriger Technik mit grober Ritzung je ein nackter Jüngling (auf Seite A mit Strigilis) zwischen zwei Mantelfiguren. Die Henkelpalmetten sind rot aufgesetzt. Das Innenbild wird von einem Mäanderband, das von vier Blütenkreuzen unterbrochen ist, eingefaßt, darin steigender Pegasos, weiß aufgesetzt. Goldgelber Firnis an Brustgehänge und Flügeln. Unter den Pferdehufen ein großer aufsteigender Kopf mit Bart und vollem Haar mit Schlangen, ebenfalls weiß. A. D. Cook nimmt an, daß es sich um ein bärtiges Medusenhaupt handelt, eine Vermutung, die auch für den abgeschlagenen Kopf der Medusa auf dem Perseuskrater in Leipzig, Antikenmuseum Inv. T 83, des Tarporley-Malers geäußert worden ist. Die Schale ist die Replik eines Londoner Stückes (s. Kat.-Nr. D 1.10).

Lit.: F. Hauser, in: Jdl 11, 1896, S. 194f.; A. B. Cook, Zeus, Bd. 3, 1940, Taf. 65.1; EVP, S. 203 Nr. 17; W. Herrmann, Etrurien, 1963, Taf. 30; E. Paul, Antike Keramik, 1982, Abb. 102.   E. P.

D 1.12
Kanne
Pseudo-rotfigurig, Phantom-Gruppe;
letztes Viertel 4. Jh. v. u. Z.
Ton rotbraun, matt schwarzer Firnis,
Malfarbe rosa-weiß. Oberfläche stellen-
weise etwas abgerieben, ein kleines Loch
im Unterteil der Figur, sonst intakt
H. 29 cm, D. 13,7 cm
Aus Sammlung Palme erworben
Prag, NM Inv.: 4785

Schlanke Kanne der Form VII. Am schräg ab-
geschnittenen Hals ein senkrechter »Tannen-
zweig« zwischen zwei Rankenvoluten. Auf der
Schulter vorn Tropfenreihe von dünner Linie gerahmt, die seitlich zu den Halsranken hochgezogen ist. Auf dem Bauch vorn Silhouette einer
Gestalt im Mantel auf Standlinie zwischen Rankenvoluten.

Lit.: J. Frel, in: Zprávy JKF 7, 1965, S. 91; Antické umění Nr. 225; Umění Etrusků Nr. 37 mit
Abb.; zur Gattung: EVP, S. 205f.; G. Pianu,
in: MEFRA 90, 1978, S. 161ff. und Ceramiche
etrusche sovradipinte, 1982. J. B.

D 1.13
Kanne
Pseudo-rotfigurig, Phantom-Gruppe,
330–300 v. u. Z.
Beige-rosa Ton; Firnis braunschwarz,
leicht glänzend. Die in Weiß gemalte
Dekoration mit Ritzung fast völlig
verwischt; kleine Absplitterungen an der
Oberfläche
H. 16,2 cm, D. 9,2 cm
Bis 1945 in der Sammlung Branicki in Wilanów
Warschau, NM, Galerie antiker Kunst
Inv.: 147140

Kanne wie Kat.-Nr. D 1.12 mit phantomartiger
Darstellung. Auf dem Bauch eine stehende
Frauenfigur, nach rechts gewandt und vor sich
eine Pelike haltend. An den Seiten Oliven-
zweige. Auf dem Hals ist wahrscheinlich eine
nach rechts gewandte Eule dargestellt.

Lit.: CVA Warschau 6, 1976, Taf. 49.1–2,
S. 51; vgl. Kat.-Nr. D 1.12. W. D.

Etruskische rotfigurige und
hellenistische Keramik
5.–2. Jahrhundert v. u. Z.

Die echte rotfigurige Vasenmaltechnik, d. h.
der Überzug der Gefäßoberfläche mit schwarzem Glanzton (Firnis), wobei der rötliche Tongrund der Figuren sowie dekorative Motive ausgespart werden und die Binnenzeichnung
in schwarz aufgesetzter Linienzeichnung erscheint, ist in Etrurien erst relativ spät übernommen worden. Über hundert Jahre nachdem attische Töpfer diese wirkungsvolle Maltechnik unter gezielter Beeinflussung der Oxidations- und
Reduktionsprozesse des eisenhaltigen Tones
im Brennofen entwickelt und bereits einen un-
verwechselbaren meisterhaften Malstil hervorgebracht hatten, lassen sich vereinzelt gegen
Ende des 5. Jh. v. u. Z. in dieser Manier gefer-

D 1.9

D 1.14

tigte Vasen in Mittelitalien nachweisen. Erst zu dieser Zeit entstanden in Vulci und Falerii Werkstätten, die eine regelmäßige Produktion nicht nur für den lokalen Bedarf, sondern auch für das Umland hervorbrachten.

Über die Anfänge dieser echten rotfigurigen Vasenproduktion ist kaum etwas bekannt. In Anbetracht der deutlichen Anlehnung an das Vorbild der attischen Keramik der letzten Jahrzehnte des 5. Jh. v. u. Z. liegt es nahe anzunehmen, daß die ältesten rotfigurig arbeitenden Werkstätten in Etrurien von attischen Malern gegründet wurden. Außerdem weisen stilistische Merkmale der frühen faliskischen und etruskischen rotfigurigen Vasen auf einen gewissen Einfluß der süditalischen rotfigurigen Vasenmalerei hin.

Im Verlauf der ersten dreißig Jahre des 4. Jh. v. u. Z. dominierten auf dem etruskischen Markt Produkte aus den Werkstätten von Vulci und Falerii. Allgemein wurden groß- und mittelformatige Gefäße mit ausgewählten, bisweilen seltenen mythologischen Szenen bemalt. Einige von ihnen gehören zu den besten zeitgenössischen rotfigurigen Vasen.

Das Format und das ausgesuchte Repertoire beweisen, daß sie für einen ausgewählten aristokratischen Kundenkreis bestimmt waren. Der berühmte Stangenhenkel-Krater in Leipzig, von der Hand des Malers Vatikan G 111 aus dem 4. Jh. v. u. Z. (Kat.-Nr. D 1.15), gehört wahrscheinlich zu den frühen echtrotfigurigen Vasen aus einer der Vulcenter Werkstätten. Im 2. Viertel des 4. Jh. v. u. Z. wurde der Prozeß der Formen- und Dekorationsstandardisierung der Gefäße intensiviert. Das läßt sich gut anhand der faliskischen Vasen aufzeigen, deren Produktion billig war. Sie begann bald, die Werkstätten von Vulci, die ihren bisherigen hohen Standard beizubehalten versuchten, zu überflügeln. Daneben entstanden in dieser Zeit neue Zentren in Chiusi und Orvieto. Sie stellten rotfigurige Keramik in guter Qualität her, die stilistisch mit den faliskischen Gefäßen in Verbindung zu bringen sind. Unter den Gefäßen aus Chiusi zeichneten sich neben den qualitätvollen plastischen Vasen besonders die Trinkschalen (Kylikes) der Tondo-Gruppe aus, die in der Mitte des 4. Jh. v. u. Z. entstanden. Ihre Innenbilder, die künstlerisch die sehr summarisch ausgeführte Außendekoration weit überragten, wurden jedoch von den gleichen Künstlern ausgeführt, die eine überdurchschnittliche zeichnerische Begabung auszeichnete. Die meisten Schalen der Tondo-Gruppe wurden in Chiusi gefunden, man entdeckte sie aber auch in Vulci, Sovana, Tarquinia, Orvieto oder Volterra. Die Berliner Kylix (Kat.-Nr. D 1.25) zeigt eine dionysische Szene, die zur Lieblingsthematik des Malers der Tondo-Gruppe-Schalen gehörte, und könnte von ihm eigenhändig ausgeführt worden sein. In der Gestalt des Papposilen, der mit einem fellartigen Schauspielergewand bekleidet ist, wird hier der Bezug auf ein uns nicht weiter bekanntes Satyrspiel hergestellt.

Am Anfang der 2. Hälfte des 4. Jh. v. u. Z. begann die Produktion in Chiusi nach und nach zu versiegen. Man vermutet, daß die besten Maler von Chiusi nach Volterra übergesiedelt sind, wo sie eine neue Produktion ähnlicher rotfiguriger Vasen begründeten. Als typische, zunächst nur schwer von den chiusinischen zu unterscheidende Vasenform gilt der als Kelebe bezeichnete Stangenhenkelkrater – eine Gefäßform, die an verschiedenen Orten in Südetrurien als Aschenurne benutzt wurde. Anfangs noch sorgfältig bemalt, wurden sie mit der Zeit zu einer monotonen, flüchtig und nachlässig ausgeführten Massenware. So arbeitete auch die herausragendste Malerpersönlichkeit, der Nonnen-Maler (Kat.-Nr. D 6.23, D 6.24), trotz seiner Verdienste um eine eindrucksvolle Individualisierung in der Zeichnung menschlicher Köpfe recht oberflächlich. Dies war allerdings kein Einzelfall, denn überall in Etrurien läßt sich in der 2. Hälfte des 4. Jh. v. u. Z. ein allgemeiner Qualitätsverfall in der rotfigurigen Vasenmalerei beobachten. Die Gefäße wurden in dieser Zeit kleiner und die Darstellungen ärmlicher. Die großfigurigen Szenen mit interessanten mythologischen Themen verschwanden. Dagegen überwogen jetzt Gefäße mit rein ornamentaler Verzierung. Die Darstellungen beschränkten sich meist auf ein bis zwei Personen oder auf modisch hergerichtete Frauenköpfe im Profil, die von reichen stilisierten pflanzlichen Ornamenten umrankt waren. Es handelte sich offensichtlich um eine Massenproduktion, die auf weniger zahlungskräftige Kunden als in der ersten Hälfte des Jahrhunderts eingestellt war.

Auch die Werkstätten in Vulci versuchten, sich diesen veränderten Bedingungen anzupassen. Man bemerkt den Prozeß einer fortschreitenden Standardisierung z. B. an den Gefäßen der Funnel-Gruppe, die in diesem Zentrum hergestellt wurden und die man auch versucht hat, in Tarquinia zu lokalisieren.

Sie sind dank ihrer charakteristischen Ornamente leicht zu erkennen: ein Stabornament mit geradem Abschluß und in vier Segmente eingeteilte Scheiben mit vorspringenden weißen Ranken. Die in sich geschlossene Gruppe der Glocken- oder Kelchkratere und Stamnoi, die in der Mitte und im 3. Viertel des 4. Jh. v. u. Z. hergestellt wurden, zeigen ebenfalls eine allmähliche Beschränkung der figürlichen Darstellungen auf ein bis höchstens zwei Personen, die immer nachlässiger gezeichnet wurden, und eine rasche Ausbreitung ornamentaler Systeme. Der qualitätvolle Krater des Den-Haag-Funnel-Gruppe-Malers in Leningrad (Kat.-Nr. D 1.19) mit einem für diesen Maler charakteristischen umlaufenden Fries, der eine Amazonomachie darstellt, besitzt nicht nur eine besondere Form, die Merkmale eines Kraters und einer Amphora in sich vereinigt, sondern auch eine großzügig angelegte Komposition der Darstellungen, die eine Ausnahme in der Funnel-Gruppe bedeutet. Sie verbindet diese Gruppe noch mit der sorgfältigeren und ambitionierte-

ren Vasenmalerei der ersten Hälfte des Jahrhunderts. Der Berliner Stamnos dagegen (Kat.-Nr. D 1.35) gehört trotz gewisser Eigenheiten in der Verzierung zu den typischen Gefäßen dieser Gruppe.

Auch die faliskischen Werkstätten produzierten in der 2. Hälfte des 4. Jh. v. u. Z. weiter in großem Umfang, und zwar nicht nur einfache Gefäße, sondern ebenso eine gewisse Anzahl größerer Vasen mit sehr gut ausgearbeiteten figürlichen Darstellungen dionysischen Inhalts (Kat.-Nr. D 1.30). Ihre Absatzmöglichkeiten verringerten sich jedoch bereits wesentlich. Man kann das sicherlich mit der Gründung ähnlicher Werkstätten in Caere und Tarquinia und wahrscheinlich auch in Siena und Perugia erklären. Caeretanische Vasen stehen den faliskischen sehr nahe. Daraus kann man schließen, daß ihre Werkstätten ungefähr in der Mitte des Jahrhunderts von faliskischen Handwerkern gegründet wurden. Ohne eine ältere, lokale Tradition zu besitzen, entwickelten sich diese Werkstätten im Verlaufe weniger Jahrzehnte zu den wichtigsten und aktivsten in ganz Etrurien. Caere pflegte damals freundschaftliche Beziehungen zu Rom, und so entwickelte sich unter römischem Einfluß gegen Ende des Jahrhunderts eine Massenproduktion einfach verzierter Gefäße mittleren und kleineren Formats, so Oinochoen des Typs VII oder jene mit kleeblattförmigem Ausguß, Lekythen und seltener von Trinkschalen, die mit einander zugewandten Frauenköpfen verziert sind (Torcop-Gruppe, Kat.-Nr. D 1.36–38). Sehr verbreitet waren die in großen Stückzahlen getöpferten kleinen Teller der Genucilia-Gruppe, die nicht nur in Etrurien, sondern auch in Karthago, auf Malta und an der ligurischen Küste gefunden wurden. Hier entstand außerdem eine begrenzte Zahl größerer Gefäße mit Szenen aus dem Totenkult, die für lokale Abnehmer bestimmt waren.

Am Ende des 4. Jh. v. u. Z. wurden große rotfigurige Vasen immer öfter durch versilberte oder mit schwarzem Glanzton überzogene Gefäße (Schwarzfirnisware) ersetzt, die eher dem zeitgenössischen Geschmack entsprachen. Versilberte Gefäße, die aus gereinigtem Töpferton hergestellt und mit einem speziellen Metallüberzug versehen wurden, ahmten in Farbe, Form und mit ihren applizierten plastischen Verzierungen wertvolle bei der Aristokratie hochgeschätzte Silbergefäße nach. Sie entstanden vorwiegend in Werkstätten, die in Falerii und Volsinii beheimatet waren (Kat.-Nr. D 1.54–56). Auch im schwarzfigurigen Stil ornamental dekorierte Keramik wurde im Verlaufe des 4. Jh. v. u. Z. wieder sehr beliebt. Daneben dominierte die oben erwähnte Schwarzfirnisware.

Die in erheblichen Mengen zutage getretenen Schwarzfirnisvasen, die untereinander bedeutende Farb- und Formenunterschiede aufweisen, lassen mehrere Werkstätten und Herstellungszentren vermuten. Bisher sind drei Produktionsorte zu unterscheiden: Volterra, Arezzo und Chiusi. Die Keramik aus Volterra ist

D 1.16   D 1.15

am besten bekannt. Dort waren mehrere Werkstätten ansässig. Die prächtigsten Gefäße der
etruskischen Schwarzfirnisgattung entstanden
in der Malacena-Werkstatt, die nach einem Ort
in der Nähe von Monterrigioni benannt wurden,
wo das reiche Grab der Familie Calini Sepus mit
einer großen Menge qualitätvoller Schwarzfirnisware gefunden wurde. Die Malacena-Vasen
gehören zu den künstlerisch ansprechendsten
Tongefäßen der antiken Welt. Die Kratere, Amphoren, Gieß- und Trinkgefäße der Malacena-
Werkstatt waren für eine begrenzte Zahl vermögender Käufer nicht nur in Etrurien, sondern
auch in den Städten der Poebene (Spina,
Adria), an der ligurischen Küste und auf Korsika
bestimmt und ahmten in Form und Dekor offensichtlich ebenfalls Metallgefäße nach. Sie wurden bis in die 2. Hälfte des 2. Jh. v. u. Z. hergestellt. Ihre Nachfolge trat in römischer Zeit die
arretinische Reliefkeramik an.

Lit.: M. A. Del Chiaro, The Genucilia Group,
1957; ders. in: StEtr 28, 1960, S. 137–164
Taf. 10–18; M. Montagna Pasquinucci, Le Kelebai Volterrane 1968; M. A. Del Chiaro, Etruscan
Red-Figured Vase-Painting at Caere, 1974;
ders., The Etruscan Funnel Group 1974; M. Harari, Il »Gruppo Clusium« nella ceramografia
etrusca, 1980; J.-P. Morel, Céramique Campanienne, 1981; Jolivet, Recherches.   W. D.

D 1.14 (Abbildung)
Kanne
Etruskisch-rotfigurig, Vulci, Maler der
Vatikan-Biga; um 400 v. u. Z.
Rotbrauner weicher Ton, mattschwarzer
Firnis. Ein Stück des Randes abgebrochen,
Firnis stellenweise abgerieben
H. (m. Henkel) 21,8 cm, D. 13,6 cm
Prag, NM, Inv.: 1891

Gedrungene Kanne mit abgeknickter Schulter, kurzem schlankem Hals und Bandhenkel.
Auf der Schulter in schwarzfiguriger Technik
Hakenspiralen und Hakenmäander. Vorn auf
dem Bauch in rotfiguriger Technik; Pferd nach
rechts galoppierend, das Zaumzeug mit Punkten dekoriert, und mit nach hinten schweben-
dem Zügel. Unter dem Pferd nach rechts eine
Schlange mit gepunktetem Körper.

Lit.: J. Frel, in: Zprávy JKF 7, 1965, S. 90 Nr. 4;
Umění Etrusků Nr. 33 (Abb.); vgl. EVP, S. 46ff.
J. B.

D 1.15 (Abbildung)
Stangenhenkelkrater
Etruskisch-rotfigurig, Maler Vatican G 111,
Anfang 4. Jh. v. u. Z.
Hell-ziegelroter Ton mit orangerotem Überzug
und schwarz- bis rotgebranntem Firnis.
Intakt bis auf geringfügige Bestoßungen, Firnis
teilweise abgeblättert und Unterseite versintert

H. 34 cm, D. 23,5 cm
Wahrscheinlich aus Vulci; in Rom erworben
Leipzig, KMU, Antikenmuseum
Inv.: T 952

Schlanker Krater mit Stangenhenkeln. Die
Dekoration folgt im wesentlichen attischen Vorbildern vom Ende des 5. Jh. v. u. Z.: Lorbeer-
ranke auf dem Hals, Zungenornamente auf der
Schulter und an den Henkelansätzen, Mäanderband mit eingeschobenen Schachbrettfel-
dern, klassische Henkelpalmetten.

A: Opferszene mit Dionysos und jugendli-
chem Satyr zu seiten eines altitalischen Altares.
Der Satyr, nackt bis auf halbhohe Stiefel,
schlägt die Kithara, Dionysos mit Aryballos um
den Hals, Mantel um die Hüften und hohen
Schnürstiefeln hält eine Omphalosschale über
den Altar. B: Über einem Zweig zwei aufeinander zusprengende Reiter, der linke in enganliegendem, gemustertem Gewand (Schuppen-
panzer?) und nachwehendem Reitermantel,
Ovalschild, Lanze und gegürtetem Schwert, auf
dem Kopf ein runder Helm mit aufgemalten
Schlangen. Der rechte Reiter, dessen Körper
von seinem großen längsovalen Schild verdeckt
ist, trägt keinen Helm, hält aber in der Rechten
ein erhobenes Schwert. Schild mit detaillierter
Binnenzeichnung: Schildbuckel, sichelförmige
Beschläge und Bogen (?). Die Hälse der Pferde

D 1.17

sind mit scheibenbesetzten Ketten geschmückt (s. Kat.-Nr. D 1.11 und Stamnos München 3227), welche als typisch etruskisch angesehen werden. Bewaffnung und Tracht der Reiter legen die Deutung als Gallier nahe (vgl. Beazley und Studnizcka a. a. O.). Als ein besonderes Merkmal der frührotfigurigen etruskischen Vasenmalerei können die schwarzen Flächen innerhalb der rot ausgesparten Darstellungen gelten (z. B. Pferdekörper, Altar, Kithara).

Nach Beazley und Albizzati wahrscheinlich Vulcenter Werkstatt.

Lit.: F. Studnizcka, in: ÖJh 6, 1903, S. 140 Abb. 85f.; Beazley-Magi, S. 88f.; EVP, S. 43, 49f., 98f., Taf. 6.5 und 7.2; W. Herrmann, Etrurien, 1963, Taf. 28; E. Paul, Antike Keramik, 1982, Abb. 3 und 101; U. Fischer-Graf, Spiegelwerkstätten in Vulci, 1980, S. 116ff. (spätere Datierung); F. Gilotta, in: Prospettiva 45, 1986, S. 4f.   E. P.

D 1.16 (Abbildung)
Schnabelkanne
Etruskisch-frührotfigurig, Vulci,
1. Hälfte 4. Jh. v. u. Z.
Hellbrauner Ton, rötlich-brauner Überzug, schwarzglänzender Firnis. Kleine Ausplatzungen an Ausguß und Standfläche
H. 23,0 cm, D. 14,3 cm
Fundort unbekannt; 1892 aus Sammlung Ancona, Mailand, erworben
Berlin, SMB, Antikensammlung Inv.: V. I. 3235

Eiförmige Kanne mit schnabelförmigem Ausguß, Bandhenkel mit plastisch modellierter oberer Lippenauflage, gerader Standfläche. Um den Bauch drei mit Chiton und Mantel bekleidete Frauen. Von links trägt ein Mädchen in langem Haar ein geöffnetes Kästchen in der Linken und ein kleines Henkelgefäß in der Rechten herbei zu einer Frau mit Haube, die sich ihr zugewandt und die Arme vorgestreckt hat. Von rechts kommt eine dritte Frau mit hochgesteckten Haaren herbei. Unter und neben dem Henkelansatz rankenumschriebene Palmetten. Um den Halsansatz vorn schmales Kymation, auf Hals und Schnabel vorn große Palmette mit seitlichen Ranken.

Die Schnabelkanne läßt sich nach dem Stil der Figuren und der Henkelpalmetten mit Kannen in Castle Ashby und der Villa Giulia in Rom, Inv. 63660, verbinden (vgl. F. Gilotta, in: Prospettiva 37, 1984, S. 46ff.). F. Gilotta verweist auf die enge Verwandtschaft mit Werken frührotfiguriger Werkstätten in Vulci, die sich in ihrem Malstil eng an attische Vorbilder des ausgehenden 5. Jh. v. u. Z. anschließen. Gegenüber der traditionellen Datierung dieser Werkstätten glaubt er jedoch wie U. Fischer-Graf (Spiegelwerkstätten in Vulci, 1980, S. 116ff.) eine jüngere Entstehungszeit im fortgeschrittenen 4. Jh. v. u. Z. annehmen zu müssen. Bemerkenswert an der obengenannten Kannengruppe ist weiterhin die Imitation von Akzessoirs der Metalltechnik (Rotellen an der Kanne von Castle Ashby und Henkelauflage der Berliner Kanne).

Lit.: Unveröffentlicht.   U. K.

D 1.17 (Abbildung)
Stamnos
Etruskisch-rotfigurig, Vulci,
Anfang 4. Jh. v. u. Z.
Hellgelber Ton; mattschwarzer Firnis
H. 28 cm
Fundort unbekannt; aus Sammlung
G. A. Čertkov 1888 erworben
Leningrad, GE, Antikensammlung
Inv.: B 2003

Bauchiger Stamnos auf reich profiliertem Fuß mit hochgebogenen Horizontalhenkeln. Lippenrand mit ionischem Kyma, auf der Schulter ein hängendes Blattstabmuster, darunter ionisches Kyma. Henkelpalmetten. A: Links zurückgewandter Charun mit Hammer, davor spindelartiges Element und ein nach links sprengender jugendlicher Reiter mit Mütze und wehendem Mantel, der sich zurückwendet und eine Trompete bläst. Die Szene wird links und rechts von einer Volutenranke begrenzt. B: Von Maultierpaar nach links gezogener zweirädriger Karren, auf dem ein bärtiger Mann, in seinen Mantel gehüllt, liegt. Dargestellt ist offenbar die Reise des Verstorbenen in die Unterwelt. Ein nahezu identisches Exemplar in Berlin (West), Inv. F 2954, wurde von A. Neugebauer als faliskisch, unter kampanischem Einfluß stehend bezeichnet (Neugebauer, Vasen, S. 166).

Lit.: Val'dgauer Nr. 1102; Kul'tura i iskusstvo Etrurii, S. 53 Nr. 153; L. I. Gatalina, in: TGE 17, 1976, S. 75 Abb. 7; vgl. EVP, S. 61–63.   L. I. G.

D 1.18
Amphora
Etruskisch-rotfigurig, Alcsti-Gruppe,
Mitte 4. Jh. v. u. Z.
Heller gelber Ton, schwarzglänzender
Firnis, aufgesetztes Weiß
H. 67 cm
Aus Vulci (?); aus Sammlung Campana
1862 erworben
Leningrad, GE, Antikensammlung
Inv.: B 1844

Große Amphora auf hohem kegelförmigem Fuß. Der Lippenrand besteht aus einem plastischen Profil mit Perlstab und ionischem Kyma, auch am Fuß ionisches Kyma. Die plastisch gestalteten S-förmigen Henkel entspringen den an der Lippe ansetzenden Greifenköpfen und haben die Form von Raubtierpranken; unter den Pfoten je ein dreiarmiges Reliefpalmettenkreuz. Der Bauchfries zeigt über einem Hakenmäanderband drei nach rechts sprengende Viergespanne, dahinter rennen Jünglinge in barbarischer Tracht. Als Füllelemente ein fliegender Vogel, ein Schild und ein Tuch. Darüber, durch einen breiten dreifachen Schuppenstreifen getrennt, auf der Schulter zwischen den Henkeln Tierkämpfe, zwei Raubtiere mit einem Eber bzw. Reh zwischen Raubtieren. Vulcenter Werkstatt der Alcsti-Gruppe. Fragment eines genau entsprechenden Pendants, wahrscheinlich aus demselben Fundzusammenhang, im King's College, Newcastle-upon-Tyne (EVP, S. 134 Nr. 3 und A. Greifenhagen, S. 66ff. Nr. 5). Die Werkstatt hat ihren Namen nach einem Volutenkrater in Cabinet des Médailles in Paris (EVP, S. 133 Nr. 1) erhalten, der eine Darstellung des Mythos von Alkestis und Admetos (etruskische Beischriften: alcsti und atmite) zeigt. Die Darstellung der Leningrader Amphora zeigt dagegen das Geschehen auf einer Rennbahn. Die figürliche hybrid anmutende Henkelgestaltung hat Parallelen in der zeitgenössischen faliskischen Keramik (vgl. Kat.-Nr. D 1.54).

Lit.: Stephani Nr. 1358; Val'dgauer, S. 105; L. I. Gatalina, in: TGE 17, 1976, S. 75 Abb. 8; A. Greifenhagen, in: RM 85, 1978, S. 66ff. zu Nr. 5, Taf. 30–32 und 36.   L. I. G.

D 1.19 (Abbildung)
Krater
Etruskisch-rotfigurig, Funnel-Gruppe,
350–335 v. u. Z.
Heller Ton, schwarzer Firnis und
aufgesetztes Weiß
H. 52,8 cm
Fundort unbekannt; aus Sammlung Campana
1862 erworben
Leningrad, GE, Antikensammlung
Inv.: B 1841
Ungewöhnlich amphorenähnliche Kraterform mit hochgezogenen volutenartigen Henkeln, deren verbreiterte Seitenflächen mit je einer Reihe S-Voluten bemalt sind. Echinusartige Lippe mit lesbischem Kyma. Zwischen einem breiten Mäanderband unten und dem für die Funnel-Gruppe charakteristischen Blattstabmuster auf der abgerundeten Schulter ein umlaufender Bildfries mit Amazonenkämpfen in fünf Gruppen mit je zwei bis drei Figuren. Die Darstellung wirkt durch die Verkürzungen und den Bewegungsreichtum sehr lebendig. Der Krater läßt sich dem Den-Haag-Funnel-Maler zuweisen (vgl. EVP, S. 141ff. und M. Del Chiaro, The Etruscan Funnel Group, 1974). Diese Werkstatt wurde von M. Del Chiaro in Tarquinia

lokalisiert. Dagegen zählt Jolivet, Recherches, S. 72ff. den Den-Haag-Funnel-Maler zu seiner frühen A-Gruppe der Funnel-Vasen und lokalisiert diese wiederum in Vulci.

Lit.: Stephani Nr. 874; Val'dgauer Nr. 1101; Kul'tura i iskusstvo Etrurii, S. 56 Nr. 164; L. I. Gatalina, in: TGE 17, 1976, S. 77 Abb. 10; E. Mavleev, in: Iskusstvo i religija, 1981, S. 7–22.
     L. I. G.

D 1.20
Kelchkrater
Etruskisch-rotfigurig, Vulci (?);
2. Hälfte 4.. Jh. v. u. Z.
Heller Ton, mattschwarzer und verdünnter
brauner Firnis
H. 58,7 cm
Aus Santa Agata dei Goti; 1834 aus
Sammlung Pizzati erworben

D 1.19

Leningrad, GE, Antikensammlung
Inv.: B 310

Schlanker Kelchkrater mit abgesetztem Unterteil, parallel zur Wandung hochgezogenen Henkeln und ausbiegender Lippe (Kalyxkrater). Am oberen Rand des Unterteils Mäanderband mit zentraler gefelderter Platte. Unter der Lippe ein linksläufiger Lorbeerzweig, darunter zwischen hellgrundigen Streifen ein schmaler Tierfries: Vögel, Weintrauben und runde Scheibe alternierend mit weiteren Tierdarstellungen: Eber, Panther, Hund (?) und Fisch. Der Hauptfries durch großformatige Frauenköpfe mit Sakkos hinter den Henkeln in zwei Szenen eingeteilt. A: Eine nach links stürmende Frau in gemustertem langem Chiton und mit wehendem Mantel schlägt mit der Axt auf einen nackten in die Knie gebrochenen Krieger (phrygi-

sche Mütze, Rundschild) ein. Zwischen den Kämpfenden erhebt sich eine ionische Säule. Die Szene wird als Ermordung des Agamemnon durch Klytaimnestra gedeutet (A. Kossatz-Deissmann, Dramen des Aischylos auf unteritalischen Vasen, 1978, S. 91 Taf. 13.1). B: Symposium – Kline mit Beitisch, darauf gelagerter Jüngling und sitzende Frau mit Kithara, links ein Erote mit Binde. Der Malstil erinnert an Vasen der Funnel-Gruppe und ist vielleicht mit einer Werkstatt in Vulci zu verbinden.

Lit.: Stephani Nr. 812; Val'dgauer Nr. 1097; Kul'tura i iskusstvo Etrurii, S. 55 Nr. 162 (Abb.); L. I. Gatalina, in: TGE 17, S. 76f. Abb. 9; vgl. dagegen A. D. Trendall, in: LCS, Suppl. 3, 1983, S. 209f. Taf. 24.1 (Kampanisch-rotfigurig). L. I. G.

D 1.21
Kanne
Faliskisch-rotfigurig, Maler der Berkeley-Hydria, 1. Hälfte 4. Jh. v. u. Z.
Heller Ton, schwarzer und goldfarbiger Firnis, aufgesetztes Weiß
H. 21,3 cm
Fundort unbekannt; aus Sammlung Campana 1862 erworben
Leningrad, GE, Antikensammlung Inv.: B 1697

Kanne der Form VII. Auf dem Bauch eine zweifigurige Szene: sitzender Hermes und vor ihm fliehender Eros. Auf dem Hals ein mit ausgestreckten Armen laufender Silen mit wehendem Mantel. Die übrige Fläche ist mit einem üppigen pflanzlichen Ornament bedeckt. Form und Malstil weisen auf eine frühfaliskische Werkstatt, die sich an attischen Vorbildern aus dem späten 5. Jh. v. u. Z. orientierte, doch durch eine weniger korrekte anatomische Zeichnung und weichen spannungslosen Malstil auffällt.

Diese Merkmale sind charakteristisch für Beazleys »Group of the Bonn Faliscan« (EVP, S. 16ff.), speziell den Maler der Berkeley-Hydria (EVP, S. 101).

Lit.: Stephani Nr. 1138; Val'dgauer Nr. 1257; L. I. Gatalina, in: SGE 50, 1985, S. 38f. L. I. G.

D 1.22
Henkellose Schale
Faliskisch-rotfigurig, Gruppe Oxford 570, 4. Jh. v. u. Z.
Heller ockerfarbener Ton mit schwarzer bis goldgelber Firnisbemalung. Mehrfach gebrochen und ausgesplittert; kleinere Partien in Gips ergänzt
H. 5,4 cm, D. 22 cm
Aus Rom; 1897 aus Sammlung F. Hauser erworben
Leipzig, KMU, Antikenmuseum Inv.: T 632 a

Tiefe dünnwandige Schale. Rand außen und innen sowie Standring schwarz. Das Innenbild wird von einem Mäanderband mit zwischengesetzten Kreuzplatten eingefaßt. Die figürliche Darstellung des Spiegels paßt offenbar eine rechteckige Bildvorlage dem Rund des Schalenbildes an. Ein nackter Jüngling mit kurzem Lockenhaar, den rechten Fuß auf einen Stein gestellt, füllt eine Spitzamphora mit dem Wasser, das aus einem Löwenspeier fließt. Der Wasserspeier ist unmittelbar der Mäanderborte angesetzt und das Unterteil des Gefäßes der Krümmung des Schalenbildes angepaßt. Für den Mäanderstreifen und die Kreuzplatten, aber auch für die Figur bietet sich die schwächere Schale Amsterdam 479 (CVA Den Haag, 1931, Taf. 88) als Vergleich an.

Lit.: F. Hauser, in: JdI 11, 1896, S. 196 Nr. 51; EVP S. 112 Nr. 1; E. Paul, Antike Keramik, 1982, S. 206 Taf. 104. Antike Kunst im Mittelmeerraum. Katalog Leipzig, 1984, S. 33 Nr. 142. E. P.

D 1.23
Schale (Kylix)
Faliskisch-rotfigurig, 1. Hälfte 4. Jh. v. u. Z.
Hellocker Ton, schwarzbrauner matter Firnis. Aus mehreren Stücken zusammengesetzt und ergänzt
H. 6 cm, D. 23 cm
Aus Tarquinia
Berlin, SMB, Antikensammlung Inv.: F 2948

Flache, am Rande leicht aufgebogene Schale auf niedrigem schlankem Fuß mit breiter Fußplatte. Innenbild von Mäanderband mit zwischengesetzten Kreuzplatten umschlossen. Eros frontal, den linken Fuß auf einen Fels setzend, wendet den Kopf zu seiner Rechten. In der Linken hält er eine Deckelschale, in der Rechten eine Oinochoe. Links unten dreiblättrige Blüte, rechts großer Vogel mit emporgerecktem Hals. Außen A und B: nackter Jüngling (plump, Arme überlang) und Frau im Peplos. Um die Henkel rankenumschlossene Palmetten.

Beazley hatte diese Vase nicht zugewiesen; nach der Malweise kann man sie jedoch den faliskischen Schalen (EVP, Taf. 25, 26 S. 106ff.) anschließen.

Lit.: M. Pallottino, in: MonAnt 36, 1937, S. 37 Anm. 3 S. 482 Anm. 2 S. 484 Anm. 1. U. K.

D 1.24
Skyphos
Faliskisch-rotfigurig; 1. Hälfte 4. Jh. v. u. Z.
Heller Ton, schwarzer und goldgelber Firnis, aufgesetztes Weiß
H. 24 cm
Fundort unbekannt; aus Sammlung Campana 1862 erworben
Leningrad, GE, Antikensammlung Inv.: B 1672

Schlankes hohes Trinkgefäß. A: Links zwei sich am Louterion waschende unbekleidete Frauen, rechts eine weitere nackte weibliche Figur, anschließend ein nach rechts eilender Jüngling, den Blick zurückgewandt. Über dem Louterion ein abgelegter Mantel und ein Löwenkopfspeier, aus dem Wasser in das Becken fließt. Links davor ein Strauch und ein weiteres dreiblättriges Gebilde oben hinter der dritten Frau. B: Links eine Dreifigurengruppe aus zwei Manteljünglingen und einem sich entkleidenden Mädchen rechts, hinter ihr ein zusammengelegter Mantel. Rechts außen ein nach links sprengender Widder mit auf ihm liegendem, ein Krummhorn blasendem Satyr. Die Mantelfalten und die Muskulatur des rechten Jünglings der B-Seite sind mit Relieflinien gezeichnet, alle übrigen Figuren mit dünnen schwarzen oder gelblichen Firnislinien.

Faliskische Werkstatt, vgl. einen Stamnos in der Villa Giulia, Rom (CVA Villa Giulia 2, 1926, Taf. 84.3–5) sowie die etwas späteren Skyphoi in Brüssel (CVA Brüssel 2, 1937, Taf. 96.7a–c) und im Schloß Fasanerie (CVA Adolphseck 2, 1959, Taf. 761.8–10).

Lit.: Stephani Nr. 1184, Val'dgauer Nr. 1061; A. Voščinina, in: La mosaique gréco-romaine 1965, S. 317 Abb. 3; Kul'tura i iskusstvo Etrurii, S. 53f. Nr. 154; L. I. Gatalina, in: TGE 17, 1976, S. 81f. Abb. 16. L. I. G.

D 1.25 (Farbtafel)
Schale (Kylix)
Etruskisch-rotfigurig, Clusium-Gruppe, Mitte 4. Jh. v. u. Z.
Hellbrauner Ton, matter schwarzer Firnis, aufgesetztes Weiß. Aus vielen Fragmenten zusammengesetzt und ergänzt
H. 9,0 cm, D. 22,7 cm
Aus Chiusi, 1841 von Gerhard in Rom erworben
Berlin, SMB, Antikensammlung Inv.: F 2945

Schale wie Kat.-Nr. D 1.23. Innenbild: Auf einer Standlinie mit daruntergesetztem Kymation stehen drei Figuren: in der Mitte eine Frau von vorn in langem übergegürtetem Peplos mit Borten, die Doppelflöte blasend; rechts tanzt ein bärtiger gehörnter Satyr (Spitzohren, Knollennase, Stiefel), in der Rechten einen Stock haltend; links ebenfalls tanzend ein bärtiger Papposilen in langem, zottigem, enganliegendem Gewand, das an den Handgelenken und oberhalb der Schuhe abschließt, mit weißem Brustband. Außen A und B: nackter Jüngling (plump, Arme überlang) und Frau im Peplos, jeder eine Tänie haltend. Beazley wies die Schale der Clusium-Gruppe zu, nach dem Fund- und wahrscheinlichen Herstellungsort Chiusi. Zusammen mit weiteren Schalen (EVP S. 113ff.) wird sie als Werk der sogenannten Tondo-Gruppe (Maler B nach M. Harari, II »Gruppo Clusium«, 1980, S. 30 Nr. 10) genannt.

Lit.: E. Gerhard, Trinkschalen und Gefäße, 1848–1850, Taf. 10, 1.2; C. Albizzati, in: RM 30, 1915, S. 133 Nr. 6, Abb. 5; EVP, S. 114 Nr. 15; U. Fischer-Graf, Spiegelwerkstätten in Vulci, 1980, S. 51, 62; dies., in: BJb 182, 1982, S. 683f. U. K.

D 1.26
Eulenskyphos (Glaux)
Etruskisch-rotfigurig, Clusium-Gruppe, Mitte 4. Jh. v. u. Z.
Ton, schwarzer und gelbbrauner Firnis, aufgesetztes Weiß. Aus Fragmenten

zusammengesetzt, vertikaler Ringhenkel nur im Ansatz erhalten, Ausplatzungen
H. 8,5 cm, D. 8,5 cm
Aus Orvieto
Leipzig, KMU, Antikenmuseum
Inv.: T 714

Skyphosvariante ähnlich den attischen Glaukes mit schmalem Fuß auf Standring, der nach oben ausbiegt zum breiten tassenähnlichen Oberteil mit eingezogenem schmalem Lippenrand. Gegenständige Henkel waagerecht und senkrecht angesetzt.

Auf der Lippe gemaltes ionisches Kyma, darunter auf der Bauchzone zwischen Linien Rankenpaar mit pittoresken Blüten aus doppeltem Akanthuskelch: nach rechts drei Bögen mit eingefügten großen und zwei kleinen Kreuzblüten; nach links Doppelranke mit zwei großen Blüten, einer kleinen Dreiblattblüte und innerem eingerolltem Rankenbogen. Malerisch bunte Zeichnung.

Vgl. den Skyphos im Metropolitan Museum New York, Inv. 07.286.33, mit Köpfen in gleichartigem Rankenwerk.

Lit.: F. Hauser, in: JdI 11, 1896, S. 197 Nr. 53 (Abb.); EVP, S. 116 Nr. 3; E. Bielefeld, Von griechischer Malerei 1949, Taf. 13, 16a–b; F.-H. Pairault-Massa, in: RA 1980, S. 63ff. (Ornament); M. Harari, Il »Gruppo Clusium«, 1980, S. 77 Nr. 3.   V. K.

D 1.27
Skyphos
Spätfaliskisch-rotfigurig, Maler von Kopenhagen H 153;
2. Hälfte 4. Jh. v. u. Z.
Heller Ton, schwarzer und brauner Firnis, aufgesetztes Weiß
H. 22,5 cm
Fundort unbekannt; aus Sammlung Campana 1862 erworben
Leningrad, GE, Antikensammlung
Inv.: B 1671

Gedrungener Skyphos. Zwischen linksläufigen Sparrenbändern auf Seite A ein Silen, über eine Pflanze nach rechts springend; auf Seite B ein Silen, zurückgelehnt auf einem Pantherfell sitzend und nach rechts zu einem tympanonartigen Gegenstand (Spiegel?) blickend, den er in der vorgestreckten Linken hält. Seitliche Rahmung durch voluminöses, von den Henkelpalmetten ausgehendes Rankenwerk. Werk des Malers von Kopenhagen H 153 (V. Kästner).

Vgl. einen Skyphos aus Nazzano, den Beazley mit seiner Fluid-Gruppe verbunden hatte (EVP, S. 160 Nr. 1, Taf. 11.9 und A. Greifenhagen, in: RM 85, 1978, S. 76f. Nr. 11, Taf. 50 und 51.2).

Lit.: Stephani Nr. 1096; Val'dgauer Nr. 1106; Kul'tura i iskusstvo Etrurii, S. 54f. Nr. 159; L. I. Gatalina, in: TGE 17, 1976, S. 82f. Abb. 17; zum Maler Kopenhagen H 153: M. A. Del Chiaro, in: The J. Paul Getty Museum 2. Occasional Papers on Antiquities 3, 1985, S. 159ff.
                                       L. I. G.

D 1.28 (Abbildung)
Kanne
Faliskisch-rotfigurig, Maler von Wien 0.449; 330–320 v. u. Z.
Heller Ton, schwarzer und goldfarbiger Firnis, aufgesetztes Weiß.
Malerei auf dem Hals modern
H. 44 cm
Fundort unbekannt; aus Sammlung Campana 1862 erworben
Leningrad, GE, Antikensammlung
Inv.: B 1675

Hohe Kanne der Form VIIA. Vorn auf dem Bauch zwischen einem Mäanderband unten und einem aufgemalten ionischen Kymaband oben dionysische Szene: im Zentrum links nackte Frauenfigur mit im Rücken ausgebreitetem Mantel (Ariadne), ihr rechts gegenüber auf einem eingerollten Manteltuch sitzend ein Mann (Dionysos), von rechts naht eine weitere unbekleidete weibliche Figur (Mänade) und faßt ihn an Schulter und Oberarm; von links nähern sich der Mittelgruppe eine weitere nackte Mänade, davor durch ein Füllhorn (?) getrennt ein Satyr mit Thyrsosstab. Kreisförmige Füllornamente und seitliche Einfassung durch ausgreifende Henkelpalmetten. Auf der Schulter charakteristisches Wellenornament mit Zwickelblättchen. Die Ornamentik ist üppig und vielleicht von der süditalischen Vasenmalerei beeinflußt.

Lit.: Stephani Nr. 1250; Val'dgauer Nr. 1103; Kul'tura i iskusstvo Etrurii, S. 55 Nr. 160; L. I. Gatalina, in: SGE 50, 1985, S. 38ff. mit Abb.; zum Maler Wien 0.449 vgl.: EVP, S. 149–151; A. D. Trendall, Vasi antichi dipinti del Vaticano, 1953, S. 235.   L. I. G.

D 1.28

D 1.33

D 1.29
Glockenkrater
Spätfaliskisch-rotfigurig;
2. Hälfte 4. Jh. v. u. Z.
Heller Ton, schwarzer und verdünnter
heller Firnis, aufgesetztes Weiß. Aus
Fragmenten zusammengesetzt, weiße Farbe
teilweise abgeblättert; Übermalungen
H. 34,5 cm
Aus Orbetello; 1891 aus dem Museum der
Akademie der Wissenschaften übernommen
Leningrad, GE, Antikensammlung
Inv.: B 2083

Glockenkrater mit stark verjüngtem Fuß auf
gestufter Standplatte, abgewinkelten Horizontalhenkeln und breiter ausbiegender untergriffiger Lippe. Zwischen unterem Mäanderband mit
eingestreuter Schachbrettplatte und linksläufi-
gem Lorbeerzweig in der Lippenkehle Bildfries.
A: Medea mit den über ihren Armen herabhängenden Leichen der Söhne auf einem zweirädri-
gen, von einem Schlangendrachenpaar nach
links gezogenen Wagen. Unter den geflügelten
Schlangen wolkenähnliche Gebilde. B: Auf einem Schild sitzende nach rechts gewandte
Frau mit zurückgedrehtem Kopf, seitlich eingefaßt von großflächigen Palmetten-Voluten-Or-
namenten, die sich aus der Henkelpalmette ent-

wickeln. Die Konturen, Gewandfalten und anderen Details sind in schwarzem oder verdünntem
Firnis aufgetragen. Die Gefäßform und Eigenheiten der Zeichnung weisen auf kampanische
Einflüsse hin. Spätfaliskische Werkstatt.

Lit.: Val'dgauer Nr. 1095; Kul'tura i iskusstvo
Etrurii, S.55 Nr. 161 (Abb.); L.I. Gatalina, in:
TGE 17, 1976, S.83 Abb. 20. L.I.G.

D 1.30 (Farbtafeln)
Volutenkrater
Spätfaliskisch-rotfigurig;
320–300 v. u. Z.
Hellbrauner Ton, orange-brauner Überzug,
schwarzbraun glänzender Firnis, teil-
weise verdünnt aufgetragen, aufgesetztes
Weiß. Aus mehreren Fragmenten zusammen-
gesetzt; Ergänzungen am oberen Teil des
Bauches und der Schulter auf beiden
Seiten, Henkel mehrfach gebrochen
H. 54,5 cm, D. 30 cm
Aus Bomarzo; sicherlich zusammen mit
dem sehr ähnlichen Gefäß Inv. F 2958
in Berlin (West) gefunden
Berlin, SMB, Antikensammlung Inv.: F 2959

Volutenkrater auf profiliertem, zweistufigem
Fuß, Oberteil mit konkavem Profil, vom Körper
durch einen Wulst abgetrennt, abgeflachte

Schultern und konischer Hals mit abgesetztem
ungefirnißtem konkavem Profil und zweigliedri-
ger, konvex ausbiegender profilierter Lippe.

Am Lippenrand Wellenmuster, darunter
Efeuranke. Am Hals ein Fries mit jungen Satyrn,
Silenen und Mänaden, abwechselnd stehend
und sitzend, beim Spiel mit Panthern und Vögeln. Eine der Mänaden hebt ein Alabastron in
die Höhe. Auf den Schultern sich gegenseitig
angreifende Tiere. Bauch, A: Tanzende Mänade und Satyr (frontale Darstellung) an einem
mit einem Hirschfell bedeckten Altar, hinter welchem das Kultbild des Dionysos steht – mit einem Kantharos und Thyrsos. Vor dem Altar liegt
auf der Erde der abgeschlagene Kopf eines
Ochsen als Rest eines Opfers. B: Nach rechts
dahinjagende Quadriga. Unter den Hufen hervor flüchtet ein kleiner Greif, den Kopf abwen-
dend und den Adlerschnabel warnend nach
oben gestreckt. Das Gefäß ist charakteristisch
für die spätere faliskische Produktion durch die
Mischung volkstümlicher und alltäglicher Motive (Mänaden, Satyrn, Vögel) mit komplexeren
Motiven, die an süditalische oder sogar attische
Lösungen erinnern (Tanz vor der Dionysosdar-
stellung). Nach Meinung von Bocci soll außerdem die Darstellung einer Quadriga mit acht-
speichigen Rädern charakteristisch für den
Ager Faliscus sein.

Lit.: Furtwängler, Vasen, S.829f. Nr.2959;
EVP, S.164; M.P.Baglione, Ricognizioni archeologiche in Etruria. Il Territorio di Bomarzo
1976, S.99 (erwähnt die in dem von der Com-
missione Ausiliaria di Belle Arti angefertigten Inventar beschriebenen Vasen: Camerlengato B
208, 1832, Brief E, Nr.2); P.Bocci, in: StEtr 28,
1960, S.117. W.D.

D 1.31
Kantharos
Spätfaliskisch-rotfigurig;
300–280 v. u. Z.
Heller Ton, schwarzer und verdünnter
goldgelber Firnis sowie aufgesetztes Weiß
H. 15,5 cm
Fundort unbekannt; aus Sammlung Pizzati
1834 erworben
Leningrad, GE, Antikensammlung
Inv.: B 269

Bauchiger Kantharos mit hohem ausschwingendem Hals und ausbiegender, am Rand gekehlter Lippe auf hohem profiliertem Fuß. Schalenförmiger Körper mit Mäanderband, an das
die ausbiegenden und einwärts geschwungenen Henkel ansetzen. Bildfries am Hals mit
je zwei kämpfenden Panthern in weißer und gelber Farbe, dazwischengesetzte Scheiben. Auf
dem Lippenrand gemaltes ionisches Kyma.
Die Malerei in flüssiger Pinseltechnik entspricht
Beazleys Fluid-Gruppe (EVP, S.149ff.) und
steht stilistisch der spätfaliskischen Barbarano-
Gruppe nahe (M. Del Chiaro, in: StEtr 28, 1960,
S.159ff.). Raubtierkämpfe sind ein in der etruskischen Vasen- und Grabmalerei weit verbreite-
tes Motiv.

Lit.: Stephani Nr.1267; Kul'tura i iskusstvo Etrurii, S.53 Nr.152; L.I.Gatalina, in: TGE 17, 1976, S.81 Abb.15; zum Motiv vgl. A.D.Trendall, Vasi antichi dipinti del Vaticano, 1953, S.230 Taf.59g (Kylix); Beazley-Magi, S.90 Taf.33 (Stamnos).   L.I.G.

D 1.32
Kanne

Spätfaliskisch-rotfigurig, Barbarano-Gruppe, 300–280 v.u.Z.
Heller Ton, schwarzer und brauner Firnis
H. 23,6 cm
Fundort unbekannt; aus Sammlung
G.A.Čertkov 1888 erworben
Leningrad, GE, Antikensammlung
Inv.: B 1960

Kanne der Form VII. Auf dem Bauch vorn ein Frauenkopf mit Sakkos im Profil nach links zwischen den Ausläufern einer rückseitigen Rankenpalmette. Schulter mit einfachem radialem Strichmuster, darüber eine die ganze Vorderseite des Halses einnehmende Palmette. Obwohl das Frauengesicht in rotfiguriger Technik mit auf den Malgrund gesetzter Firniszeichnung wiedergegeben ist, gehört die Kanne dem Stil nach zu einer Gruppe faliskischer Gefäße, bei denen die weißgrundierten Köpfe mit verdünnter Firnisbinnenzeichnung dargestellt werden. Innerhalb dieses von M.Del Chiaro als Barbarano-Gruppe bezeichneten Werkstattkreises (StEtr 28, 1960, S.159ff.) läßt sich die Leningrader Kanne der faliskischen Full-Sakkos-Untergruppe zuweisen.

Lit.: L.I.Gatalina, in: Kul'tura i iskusstvo antičnogo mira, 1971, S.70f. Abb.5.   L.I.G.

D 1.33 (Abbildung)
Fußteller

Etruskisch-rotfigurig, Genucilia-Gruppe; Mitte 4. Jh. v.u.Z.
Heller Ton, schwarzer Firnis
H. 6 cm, D. 16 cm
Fundort unbekannt; aus Sammlung Campana 1862 erworben
Leningrad, GE, Antikensammlung
Inv.: B 1664

Teller auf niedrigem Fuß. Frauenkopf nach rechts im Profil mit Wellenornament auf dem Stirnband und netzartig dekoriertem Sakkos. Aus dem Stirnband ragen drei Federn hervor, an den Ohren runder Anhänger mit drei Kügelchen sowie dünnes Halsband mit Kügelchen. Auf dem breiten Rand ein linksläufiger Lorbeerzweig mit Beeren. Nasenflügel, Ohr, Ohrschmuck und Halsband mit schwarzen Relieflinien gezeichnet. Ungewöhnlich für die Gruppe sind das Randornament, das Stirnbandmuster und die Rechtswendung des Frauenkopfes. Der Stil der Zeichnung erinnert an den attischen Meidias-Maler und seinen Kreis (Ende 5. bis Anfang 4. Jh. v.u.Z.). Der Teller gehört zu einer Gruppe etruskisch-spätrotfiguriger Vasen, die von Beazley nach der lateinischen Inschrift P.Genucilia auf einem Teller in Providence

D 1.34

(EVP, S.175 Nr.2) benannt wurde. Die Zeichnung kann dem Begründer dieser Vasengruppe, dem Berkeley-Maler, der bald nach dem Beginn seiner Tätigkeit von Falerii nach Caere übergesiedelt ist, zugewiesen werden (M.A.Del Chiaro, The Genucilia Group, 1957, S.251ff.).

Lit.: Stephani Nr.1664; Val'dgauer Nr.1112; L.I.Gatalina, in: TGE 7, 1962, S.208 Taf.1a, 2a; Kul'tura i iskusstvo Etrurii, S.52 Nr.150 (Abb.).   L.I.G.

D 1.34 (Abbildung)
Stamnos

Etruskisch-rotfigurig, kampanisierend, Nach 350 v.u.Z.
Ockerfarbener Ton mit schwarzem Firnis, verdünntem Firnis und aufgesetztem Weiß, sparsame Ritzungen. Intakt
H. 35,0 cm
Aus Vulci
Altenburg, Staatliches Lindenau Museum
Inv.: CV 362 (alt: 330)

Hoher kelchartig profilierter Fuß, weit ausladender Gefäßkörper mit kräftig eingezogener Schulter, leicht geschwungenem Hals und ausladender Lippe. Großflächige Henkelornamente, Zungenmuster auf Schulter und Lippe.

Über einem Mäanderstreifen auf A: Todesdämon Charun mit Hammer in kurzem Ärmelchiton und fliehende Frau. Die Frau trägt eine Halskette und einen hinter sich gezogenen Mantel. Oben ein wolkenartiges Gebilde, zwischen den Beinen der Frau ein Zweig mit fleischigen Blättern und Punkten. B: zu Boden gestürzter Krieger mit Schild und gewaltiger Greif. Ritzungen an Haube, Brustgurten, Fellschurz, Schuhen und Schild des Kriegers. Die Übereinstimmung mit der Darstellung auf einem Stamnos in Triest (G. van Hoorn, Nederlands Kunsthistorisch Jaarbock 5, 1954, 141ff. Abb.1f.) veranlaßten E.Bielefeldt, ein gemeinsames Vorbild in der monumentalen Malerei anzunehmen. Der Stil der Gefäßdekoration entspricht Beazleys »kampanisierender« Gruppe etruskischer Keramik aus der Mitte des 4. Jh. v.u.Z. Einige Gefäße dieser Gruppe brachte M.Del Chiaro mit Vasenmalern in Verbindung, die nach Verlassen ihrer süditalischen Heimat – Paestum oder Kampanien – in Caere gearbeitet haben. Der Altenburger Stamnos und sein Pendant in Triest werden vielleicht auch in dieses Ambiente gehören.

Lit.: CVA Altenburg 3, 1960, Taf.134.1 und 135f., S.65; J.Frel, in: Helikon 1, 1961, S.364ff.; A.D.Trendall, in: AJA 65, 1961, S.406f.; zur Darstellung: F.De Ruyt, in: Scripta

257

minora, 1979, S. 43–80; zur Werkstatt: EVP, S. 63ff.; LCS, S. 182; M. Del Chiaro, Etruscan Red-Figured Vase-Painting at Caere, 1974, S. 123ff., 126f.   E. P.

D 1.35 (Farbtafel)
Stamnos
Etruskisch-spätrotfigurig, Akrathe-Maler, 2. Hälfte 4. Jh. v. u. Z.
Hellockerfarbener Ton mit orange-hell-braunem Überzug, schwarzbrauner Firnis, streifig aufgetragen, aufgesetztes Weiß.
Mündung am Hals abgebrochen und geklebt, Riß in der Wandung
H. 34,0 cm, D. 27 cm, Br. 30,5 cm
Aus Vulci; 1833 von Gerhard erworben
Berlin, SMB, Antikensammlung
Inv.: F 2957

Bauchiges Gefäß auf profiliertem Fuß ähnlich Kat.-Nr. D 1.34. Auf der Schulter Blattstabornament. Bauchzone zwischen tongrundigen Streifen mit flächigem Palmetten-Ranken-Ornament an den Henkelseiten. A: Gigantenkampf, Athena mit langem Gewand, Helm und Rundschild mit Gorgoneion, nach links gewandt, tritt mit dem rechten Bein nach einem auf einen Felsen stürzenden jungen Krieger (Gigant) mit kurzem Chiton und weißem Lederpan-

zer. Der linke Arm des Giganten ist ausgerissen und wird von der Göttin, gleichsam als Waffe, in ihrer Rechten geschwungen. B: Nike in langem Gewand, mit weit ausgebreiteten Flügeln nach links durch die Luft laufend, in den herabhängenden Händen eine lange Tänie haltend. Weibliches Inkarnat, Flügel der Nike, Steinhaufen, Panzer des Giganten sowie Helmbusch und Schildgorgoneion der Athena weiß aufgesetzt.

Das Motiv der recht drastischen etruskischen Version des Gigantenkampfes kehrt auf einem Spiegel in Perugia wieder (AA 1970, S. 351 Abb. 6), wobei dort der Gigant mit dem eingravierten Namen Akrathe bezeichnet wird. Danach hat M. Del Chiaro eine Gruppe von Kelchkrateren und Stamnoi, welche vergleichbare ikonographische und vor allem stilistische Merkmale wie dieser Stamnos aufweisen, einem Akrathe-Maler zugeschrieben, dessen Werkstatt er aufgrund stilistischer Vergleiche in Caere lokalisieren möchte. Vergleichbar mit dem Berliner Gefäß, auch wegen der analogen Darstellung auf der Rückseite, sind die Stamnoi in London, Brit. Museum F 485, und Paris, Cab. des Médailles 948.

Lit.: EVP, S. 146 (γ): Funnel-Gruppe; M. A. Del Chiaro, in: RM 92, 1985, S. 67 Nr. 5 Taf. 58,1–2.   U. K.

D 1.36
Kanne
Etruskisch-spätrotfigurig, Caere, Torcop-Gruppe; 310–280 v. u. Z.
Heller Ton; schwarzer, brauner und goldfarbener Firnis, aufgesetztes Weiß
H. 18,1 cm
Fundort unbekannt; 1918 bei Prang gekauft
Leningrad, GE, Antikensammlung Inv.: B 2967

Kanne der Form VII. Auf dem Bauch antithetische Frauenköpfe mit Altar, weiß aufgemalt. Motiv und Malstil entsprechen den Arbeiten des Populonia-Malers der in Caere beheimateten Torcop-Gruppe, vgl. M. Del Chiaro, in: StEtr 28, 1960, S. 147 Taf. 2.6.

Lit.: L. I. Gatalina, in: Kul'tura i iskusstvo antičnogo mira, 1971, S. 65ff.; Kul'tura i iskusstvo Etrurii, S. 54 Nr. 156.   L. I. G.

D 1.37 (Abbildung)
Kanne
Etruskisch-spätrotfigurig, Torcop-Gruppe, 310–280 v. u. Z.
Ton rotbraun, Firnis rot in den meisten Linien und schwarz in den Flächen.
Weiße Bemalung stellenweise abgerieben, ebenso große Teile der gelben Zeichnung.

D 1.46

Aus einigen Fragmenten zusammengesetzt,
Rand ergänzt
H.(rek.) 30 cm, (erhalten) 26,7 cm, D. 14,1 cm
Aus Caere, Sammlung Palme
Prag, NM, Inv.: 4784

Kanne der Form VII. Am Hals ein Frauenkopf
nach links und an der Henkelzone beiderseits je
eine Halbpalmette. Frauenkopf mit einem durch
Linien, Punkte, eine Rosette und ein flügelarti-
ges Gebilde verzierten Sakkos, vorn am Stirnband eine flügelartige Dekoration in Weiß. Details in Gelb aufgesetzt. Am Bauch – von Punktreihen oben und unten gesäumt – zwei ähnliche antithetische Frauenköpfe mit Sakkos. In
der Mitte zwischen ihnen eine runde von weißen
Punkten gesäumte Blüte und ein von oben
wachsender länglicher Gegenstand, der von
kurzen weißen Strichen umgeben ist. Details in
schlecht erhaltenem Gelb aufgetragen. Werk
des Populonia-Torcop-Malers. Nach M.A. Del
Chiaro stammt die Prager Kanne von derselben
Hand wie die Kanne Inv. K 471 im Louvre, Paris.

Lit.: M.A. Del Chiaro, in: StEtr 28, 1960, S. 147
Nr. 37; J. Frel, in: Zprávy JKF 7 1965, S. 91 Nr. 7
Taf. 4.3; Antické umění Nr. 223; Umění Etrusků
Nr. 35 (Abb.); M.A. Del Chiaro, in: EtTrav 4,
1970, S. 9 Abb. 7.   J.B.

D 1.38
Kanne

Etruskisch-spätrotfigurig, Caere,
Torcop-Gruppe; 300–280 v.u. Z.
Beigebrauner Ton, braunschwarzer Firnis;
weiße Farbe auf den Gesichtern
der Frauen; letztere stark abgeblättert,
wodurch die Zeichnung der Gesichtszüge
verschwommen wirkt
H. 31,5 cm, D. 16,0 cm
Wahrscheinlich aus einer Sammlung in
Krzeszowice
Warschau, NM, Galerie antiker Kunst
Inv.: 140 471

Oinochoe Form VII B. Hals: Kopf einer Frau
im linken Profil. Gesicht weiß bemalt. Haare in
einem Netz mit weißen Punkten zusammengenommen. Vor dem Kopf schematische Voluten
mit Palmette. Bauch: einander zugekehrte
Köpfe eines jungen Satyrn und einer Frau. Der
Satyr hat Tierohren und eine dicke, kurze Nase.
Haare mit einem Kranz geschmückt. Die Haare
der Frau sind vollständig in einen verzierten
Sakkos gehüllt. Zwischen den Köpfen hohes
Dreieck mit schwarzen und weißen Punkten.

Werk des zur Torcop-Gruppe gehörigen
Pennsylvania-Malers. Es illustriert gut die
durchschnittlichen Arbeiten Caeretaner Handwerker, die, zusammen mit den Werkstätten in
Tarquinia, in großem Ausmaß Oinochoen des
Typs VII B produzierten und sie unterschiedlich,
aber immer nichtssagend und eilig verzierten.

Lit.: M.A. Del Chiaro, in: EtTrav 4, 1970, S. 6
bis 12, Abb. 4; CVA Warschau 6, 1976,
Taf. 51.1–4; zur Gruppe: M.A. Del Chiaro, in:
StEtr 28, 1960, S. 148ff.; ders., Etruscan Red-
Figured Vase-Painting at Caere, 1974.   W.D.

D 1.37

D 1.39   D 1.40

D 1.39 (Abbildung)
Stamnos
Etruskisch-spätrotfigurig, Caeretaner
Castellani-Maler; 340–330 v. u. Z.
Bräunlicher Ton, schwarzbraune Bemalung,
aufgesetztes Weiß
H. 20.8 cm, D. (d. Mündung) 13,7 cm
Aus Caere
Jena, FSU, Sammlung antiker Kleinkunst
Inv.: 259

Plumper kleiner Stamnos, schwarzgefirnißt,
auf tongrundigem Standring, mit runder Schulter und breiter profilierter Lippe. Zwischen breiter derber Henkelornamentik auf A und B eine
mit Chiton bekleidete reich geschmückte Frau,
sich mit der Linken auf einen Felsensitz stützend. Mit der Rechten hebt sie einen zusammengebundenen, wohl aus Blüten zu denken-
den Kranz. Im freien Raum vor ihr eine Blüte,
hinter der Sitzenden »hängt« ein Spiegel. Der in
Caere arbeitende Castellani-Maler, dem das
Gefäß von M. Del Chiaro zugeschrieben wurde,
war einer der führenden spätrotfigurigen Vasenmaler, von dem fast zwei Dutzend Gefäße –
außer Stamnoi auch Oinochoen und Schalen –
bekannt sind.

Lit.: Goettling, Nr. 229; R. Heidenreich, in: BJb
161, 1961, S. 49 Nr. 3, Taf. 15.1; W. Müller, Ke-
ramik des Altertums, o. J., S. 34 Abb. 26; vgl.
M. Del Chiaro, Etruscan Red-Figured Vase-
Painting at Caere, 1974, S. 38–49 Taf. 40–51
Abb. 2–4 zum Motiv Abb. 3, zur Gefäßform 47 ff.;
Jolivet, Recherches, S. 46 f.   V. P.-Z.

D 1.40 (Abbildung)
Kelchkrater
Etruskisch-rotfigurig, Funnel-Gruppe
(Vatikan); 335–300 v. u. Z.
Gelblich-brauner Ton, rötlicher Überzug,
dunkelbraune bis schwarze Malfarbe;
der Schmuck der Frau in Weiß und Rosa
aufgesetzt
H. 36,0 cm
Herkunft unbekannt
Dresden, SKS, Skulpturensammlung
Inv.: AB 341

Fuß und unterer Teil des Gefäßkörpers,
Lippe, innerer Gefäßrand und Oberseiten der
Henkel gefirnißt. In der Henkelzone breites Zungenmuster, das zugleich die Basis für die Figuren bildet. Unter dem Gefäßrand Blattornament.

A: zwischen senkrecht verlaufendem Blattfries nackter, erregter Satyr in gebückter Haltung nach links mit »Kissen« (Beazley) in den
ausgestreckten Händen.

B: ebenfalls zwischen senkrecht verlaufendem Blattfries eine bekleidete und mit Ohrringen und Kette geschmückte Frau nach links.
Sie hält den rechten Arm angewinkelt nach
oben, den linken auf dem Rücken. Ihr Haar ist
zu einem abstehenden »Pferdeschwanz« gebunden.

Über und zwischen den Henkeln stilisierte
Palmetten. In den Zwickeln jeweils zwei Kreisornamente.

Lit.: StEtr 11, 1937, S. 375 f.; Taf. 42.2; EVP,
S. 142 Nr. 12 (Seite B falsch beschrieben mit

»the like«); vgl. zur Gruppe: M. A. Del Chiaro,
The Etruscan Funnel Group, 1974, S. 28 ff., Nr. 2
Taf. 22.   K. K.

D 1.41
Hydria
Etruskisch-spätrotfigurig, Gruppe der
Hydrien mit Ausguß; 325–300 v. u. Z.
Ton, schwarzer und verdünnter
hellbrauner Firnis, aufgesetztes Weiß
H. 42,5 cm
Aus Canino; 1834 aus Sammlung Pizzati
erworben
Leningrad, GE, Antikensammlung
Inv.: B 314

Kugelig-ovoides Gefäß auf einfachem Torus-
fuß mit abgesetztem kleinem, zur Lippe ausschwingendem Hals. Zwei hochgebogene Hori-
zontal- und ein Vertikalhenkel. Schwarz gefirnißt bis auf den Hals, der mit einem schwarzen
Lorbeerzweig bemalt ist, ebenso schwarze Palmetten unter den seitlichen Henkeln. Der Bauch
des Gefäßes ist über einer schmalen undekorierten Zone durch zwei dünne helle Streifen in
zwei umlaufende Friese eingeteilt. Oben beiderseits des Ausgusses: Jüngling im Kampf mit
einem Greifen, auf der Henkelseite nackter bärtiger Mann (Ödipus?) mit zurückgewandtem
Kopf und Stab links vor der Sphinx sitzend; darunter rechts nackte Frau mit stolaartig umgelegtem Mantel und ausgebreiteten Armen (Aphrodite) aus den Wellen steigend zwischen Löwe,
Eber und Wolf. Zwischen den Figuren verschie-

D 1.42

D 1.43

dene Füllornamente (Schilde, Diskoi, Rosetten, Kissen). Vulcenter Werkstatt wie Kat.-Nr. D 1.42.

Lit.: I. Micali, Monumenti inediti 1844, Taf. 40; Stephani Nr. 811; Val'dgauer Nr. 1098; EVP, S. 172 Nr. 2; Kul'tura i iskusstvo Etrurii, S. 56 Nr. 166 (Abb.); L. I. Gatalina, in: TGE 17, 1976, S. 77f. L. I. G.

D 1.42 (Abbildung)
Amphora
Etruskisch-spätrotfigurig, Gruppe der Hydrien mit Ausguß; 325–300 v. u. Z.
Hellbrauner Ton, schwarzer und verdünnter hellbrauner Firnis, aufgesetztes Weiß
H. 39 cm
Aus Canino; 1834 aus Sammlung Pizzati erworben
Leningrad, GE, Antikensammlung
Inv.: B 313

Gefäß wie Kat.-Nr. D 1.41, aber hier als Amphora mit zwei bandartigen Henkeln. Gefirnißt bis auf den Hals, der mit schwarzen Blattzungen bemalt ist, und die Felder, in die schwarze Henkelpalmetten eingesetzt sind.

Der ganze Gefäßkörper ist mit einem Fries aus großen Meerwesen – oben zwei Meerpferde, unten drei Meerdrachen – und kleinen Meertieren (Delphine, Muscheln, Quallen) bedeckt. Eine konturbegleitende feine Strichelung mit verdünntem Firnis läßt die Darstellungen plastisch erscheinen. Vulcenter Werkstatt wie Kat.-Nr. D 1.41.

Lit.: Stephani Nr. 813; Val'dgauer Nr. 1099; Kul'tura i iskusstvo Etrurii, S. 56 Nr. 167; L. I. Gatalina, in: TGE 17, 1976, S. 77f.; Boosen, S. 157 Nr. 75; vgl. EVP, S. 172. L. I. G.

D 1.43 (Abbildung)
Stangenhenkelkrater (Kelebe)
Etruskisch-spätrotfigurig, Volterra, Hesione-Maler, 325–300 v. u. Z.
Ton hellbraun bis rötlich, Firnis schwarz bis braun. Ein Teil der Lippe abgebrochen, Fuß aus Scherben zusammengesetzt und vervollständigt, sonst nur kleine Absplitterungen
H. 40,0 cm,
D. (Mündung ohne Henkel) 26,5 cm
Prag, NM Inv.: 2470

Kleiner profilierter Fuß, Bauch scharf abgesetzt vom konkav eingezogenen breiten und hohen Hals. Auf der profilierten Lippe Wolfzahnmuster, auf den Henkelplatten Doppelbogen mit schraffierten Kreissegmenten. Am Lippenrand außen Punktreihe, darunter Band mit Sparrenmuster, am Lippenansatz drei Linien, darunter Wellenbad mit Punkten. Am Hals Netzmuster mit eingestreuten Andreaskreuzen, am Übergang zum Bauch ein Band mit runden Rosetten und T-Ornamenten in den Zwickeln.

Bauchzone A: Jünglingskopf mit Lorbeerkranz im Profil nach links.

B: Jünglingskopf nach links, dem vorigen ähnlich, aber ohne Kranz. Unter den Henkeln abstrakte symmetrische Rahmenornamente.

Fuß und auch das Halsinnere gefirnißt. Werk des Hesione-Malers.

Lit.: J. Frel, in: Zprávy JKF 7, 1965, S. 90 Nr. 5; Sbornik NM 13, 1959, 5, S. 274 Nr. a 14; Umění Etrusků Nr. 34 mit Abb. (Seite B); M. Montagna Pasquinucci, Le Kelebai Volterrane, 1968, S. 101 Nr. 102 Abb. 131. J. B.

D 1.44
Kanne
Spätschwarzfigurig, Gruppe Toronto 495 (Tarquinia?); 350–300 v. u. Z.
Beige-rosa Ton, braunschwarzer Firnis, leicht glänzend. Geklebt; zahlreiche kleine Ausbröckelungen an der Oberfläche
H. 26,8 cm, D. 13,1 cm
Bis 1945 im Museum Wrocław
Warschau, NM, Galerie antiker Kunst
Inv.: 198543

Oinochoe der Form VII B. Firnisüberzug mit ausgespartem Bauchfries, der in schwarzfiguriger Technik mit fächerförmigen Palmetten bemalt wurde. Die Blätter der Palmetten sind abwechselnd nach oben eingerollt und nach außen gebogen.

Lit.: CVA Warschau 6, 1976, Taf. 50.2, S. 51; vgl. zur Gruppe Toronto 495: EVP, S. 182–185; G. Camporeale, La Collezione Alla Querce, 1970, S. 140 Nr. 152.9 (teilweise mit Tarquinia verbunden); A. Emiliozzi, La Collezione Rossi Danielli, 1974, S. 175–176; entsprechende Formen: K. Schauenburg, in: AM 90, 1975, S. 97 bis 102. W. D.

D 1.47

D 1.45
Kanne

Spätschwarzfigurig, Gruppe Toronto 495
(Tarquinia?); 350–300 v. u. Z.
Beige-rosa Ton; braunschwarzer Firnis,
leicht glänzend; aufgesetztes Weiß
H. 24,8 cm, D. 11,8 cm
Bis 1945 im Museum Wrocław
Warschau, NM, Galerie antiker Kunst
Inv.: 198103

Oinochoe der Form VII B. Mit schwarzem Firnisüberzug, der einen breiten Friesstreifen auf
dem Gefäßbauch ausspart. Auf dem Hals vorn
schematisierter Olivenzweig in Konturenzeich-
nung, an den Seiten Voluten und Halbpalmetten
und auf der Schulter radialer Strichkranz in
Weiß aufgesetzt. Auf dem Bauchfries fächerför-
mige Palmetten aus hakenförmigen Blättern in
schwarzfiguriger Technik.

Lit.: CVA Warschau 6, 1976, Taf. 50.3–4,
S. 51 f.; vgl. Kat.-Nr. D 1.44.   W. D

D 1.46 (Abbildung)
Entenaskos

Spätschwarzfigurig, Gruppe der späten
Entenaskoi; um 300 v. u. Z.
Rosa-orangefarbiger Ton; Firnis
schwarzglänzend und verdünnt braunfarbig
H. 13,7 cm
Bei Hauchmann 1917 gekauft

Leningrad, GE, Antikensammlung
Inv.: B 2960

Gefäß in Gestalt einer schwimmenden Ente
mit relativ langgestrecktem Körper auf konischem gefirnißtem Fuß. Rundlicher Kopf mit
schwarz aufgemalten Augen und langem ge-
kerbtem, vorn abgerundetem Schnabel auf konischem Hals. Hinter dem Kopf ansetzender,
außen schwarzer Bügelhenkel bis zur Einfüllöffnung auf dem Sterz. Auf dem Rücken ein Band
aus alternierend ineinandergesetzten und mit
punktiertem Strichkreuz gefüllten Quadraten.
Auf den Seiten ornamental stilisiertes Gefieder
mit breiter schwarzer »Bauchbinde« im vorderen Drittel. Vor der Binde liniengefaßte Wellenlinie und Tropfenblatt, dahinter zwei Reihen kurzer schuppenartiger und langgezogener Federn mit schräger kurzer Strichelung. Zum Typus A der späten Entenaskoi gehörig, die vielleicht in Tarquinia hergestellt wurden. (M.
A. Del Chiaro, in: RA 1978, S. 31 f.). M. Hariri
(StEtr 48, 1980, S. 101 ff.) hat unlängst auf den
strukturellen Unterschied zwischen den koro-
plastisch gestalteten, aus Matrizen hergestellten Askoi der Clusium-Gruppe und dem hier
vorliegenden späten Typ »a conformazione dis-
organica«, der ein relativ simples Töpferpro-
dukt darstellt, hingewiesen. Letzterer ist als Variante der von Beazley mit »deep askoi« bezeichneten Schwarzfirnisware (EVP, S. 272 ff.)

anzusprechen. Der Gefäßtyp diente vielleicht
als Salböl- bzw. Parfümbehälter und hat eine
weit zurückreichende Formengeschichte (vgl.
Kat.-Nr. A 4.57).

Lit.: Kul'tura i iskusstvo Etrurii, S. 57 Nr. 168;
L. I. Gatalina, in: TGE 17, 1976, S. 79 Abb. 13;
allgemein: EVP, S. 191 ff.   L. I. G., V. K.

D 1.47 (Abbildung)
Omphalosschale

Spätschwarzfigurig, Gruppe der Wein-
phialen; 350–300 v. u. Z.
Heller Ton; schwarzer, metallisch
glänzender Firnis
D. 22 cm
Fundort unbekannt; 1834 aus der
Sammlung Pizzati erworben
Leningrad, GE, Antikensammlung
Inv.: B 305

Omphalosschale mit Ornament in schwarzer
Silhouettenmalerei. Auf dem Omphalos ein
Sternornament, dazwischen Punkte. Um den
Omphalos breites von Linien eingefaßtes Firnisband. Umlaufender Friesstreifen mit kreuzförmig angeordneten gepunkteten Weintrauben,
dazwischen nach links gerichtete schwarze
Blätter. Zwischen beiden Motiven durchlau-
fende Wellenranke aus flüchtig gemalten Pin-
sellinien mit die Trauben flankierenden Korken-
zieher-Ranken. Aufgrund des Ornamentes können die Weinphialen (vgl. EVP, S. 181 f.; StEtr
14, 1940, S. 359 ff.) an die Vasen der Funnel-
Gruppe angeschlossen werden. Die Werkstätten dieser Schalen werden im Gebiet von Vulci
oder Tarquinia angenommen (G. Colonna, Norchia I, 1978, S. 335 und 364).

Lit.: Stephani Nr. 1080; Kul'tura i iskusstvo
Etrurii, S. 56 Nr. 165; L. I. Gatalina, in: TGE 17,
1976, S. 77 Abb. 11; zum Typ vgl. La Collezione
Ciacci, S. 80 Nr. 136 (mit Lit.).   L. I. G.

D 1.48 (Abbildung)
Skyphos

Spätschwarzfigurig, südetruskisch
(Tarquinia), Ende 4. Jh. v. u. Z.
Hellockerfarbiger Ton, blasser hellocker-
farbiger Überzug, schwarzbrauner Firnis
Intakt, Oberfläche stellenweise fleckig
H. 21 cm, D. 20,5 cm
Aus Tarquinia; 1831 aus Sammlung Dorow-
Magnus erworben
Berlin, SMB, Antikensammlung
Inv.: F 2961

Schlanker hoher Skyphos auf niedrigem torusartigem Standring mit kleinen horizontalen
Henkeln. Innen ganz gefirnißt, außen dagegen
nur das untere Drittel. Darüber stehende Blätter, Lorbeerfries nach rechts, liegende S-Volu-
tenranke, dazwischen kleine Blatthaken.

Die Form und größtenteils auch die Verzierung identisch mit Exemplaren in: A. Emiliozzi,
La collezione Rossi Danielli nel Museo Civico
di Viterbo, 1974, Taf. 136 (Nr. 239) und J. W.
Hayes, Greek and Italian Black-Gloss Wares
in the Royal Ontario Museum, 1984, S. 175

262

Nr. 283. Eine Lokalisierung der Werkstatt in Tarquinia ist möglich, da dort zu dieser Zeit derartig
verzierte Keramik produziert wurde (L. Donati,
in: ArchCl 18, 1976, S. 88–97); zur Gruppe vgl.
auch EVP, S. 185.

Lit.: Furtwängler, S. 830 Nr. 2961.   J. G. Sz.

D 1.49
Lekythos

Spätschwarzfigurig, um 325–275 v. u. Z.
Gelbbrauner Ton, schwarzer bis brauner,
metallisch glänzender Firnis, weiße
Deckfarbe. Hals geklebt
H. 13,9 cm
Angeblich aus Tarquinia
Budapest, SzM, Antikensammlung
Inv.: 77.22.A

Schlankes ovoides Gefäß. Mündung, Oberteil des Halses, Bandhenkel, Unterteil des Vasenkörpers und Oberseite des Fußes schwarz
bemalt, Seitenrand des Fußes tongrundig. Am
Halsansatz Zungenmuster. Vorn ein Frauenkopf, das Haar unregelmäßig schwarz aufgemalt, Gesicht und Hals mit Konturlinien gezeichnet und nur in Spuren erhalten, sonst mit weißer
aufgetragener Deckfarbe auf dem Tongrund
wiedergegeben. Unter dem Henkel Palmette,
zwei eingerollte in Spiralen endende Pflanzen
und eine Halbpalmette. Die Vase ist eine
etruskische Nachahmung der süditalischen
Pagenstecher-Gattung. Vergleichbare Henkelpalmetten aber auch auf den Vasen der etruskischen Phantom- und Toronto 495-Gruppe. Die
Zeichnung des weiblichen Profils kehrt auf Vasen der Genucilia- oder der Torcop-Gruppe
wieder. Süditalisch-griechischer Einfluß in
der etruskischen Keramik dieser Periode ist
geläufig.

Lit.: J. G. Szilágyi, in: BMusHongr 46–47,
1976, S. 82–85 Abb. 62; zur Gattung zuletzt
G. Schneider-Herrmann, in: Enthousiasmos,
Studies in Honor of J. M. Hemelrijk, 1986,
S. 167–176.   J. G. Sz.

D 1.50 (Abbildung)
**Pocolom-Schale mit Weihung an
Vulcanus**

Pocolom-Gruppe, 2. Viertel 3. Jh. v. u. Z.
Ton, schwarz gefirnißt mit aufgesetzten
Deckfarben. Intakt
D. 15 cm
Aus Vulci; von Dorow 1828 in Rom erworben
Berlin, SMB, Antikensammlung
Inv.: F 3635
Schwarz gefirnißter tiefer Napf auf ringförmigem Fuß. Innen aufgemalter weißer Efeukranz
mit gelben Blüten, von weißen Linien gefaßter
roter Streifen, der das Innenbild einrahmt:
ein kindlicher Eros mit kurzen Flügeln, zusam-
mengebundenem Stirnhaarschopf und Tänie
schreitet auf eine bärtige Herme zu, die thymia-
terionartig als Untersatz für einen Weihrauch-
napf dient. In seinen Händen hält Eros ein Alabastron, in das ein Stäbchen steckt. Darüber
die Aufschrift: VOLCANI POCOLOM (Becher

D 1.50

des Vulcanus). Der nach diesem Gefäß als
»Volcani Painter« bezeichnete Vasenmaler einer Sondergruppe der apulischen Gnathia-Gat-
tung wanderte nach Rom aus und war dann für
die römische Töpferwerkstatt des sog. »Ateliers
der kleinen Stempelchen« tätig. Der »Volcani
Painter« dekorierte auch andere Gefäßtypen,
die keine Pocolomweihung besitzen. Die Bilder
– meist Eroten, einmal auch ein Frauenkopf
oder eine Taube – haben keinen vordergründi-
gen Bezug zur jeweiligen Götterweihung, die offenbar erst zuletzt angebracht wurde (Kat.-
Nr. D 1.51). Der Verwendungszweck ist nicht
eindeutig bestimmbar: Unbeschriftete Vasen
wurden im Alltag benutzt, mit Götterweihung
fanden sie darüber hinaus einen kultischen Gebrauch, aber auch als Grabbeigabe wurden sie
gefunden.

Lit.: EVP, S. 210 Nr. 2; vgl. F. Coarelli, J.-
P. Morel, in: Roma Medio Repubblicana. Katá-
log 1973, S. 59 Nr. 14 Taf. 4 oben; B. Jessen, Ein
neues Fragment eines Pocolom mit Inschrift, in:
HASB 1, 1975, S. 25ff.; Th.-M. Schmidt, Zwei
»Pocola« in der Antikensammlung und zur Bedeutung hellenistischer Eroten in: FuB (im
Druck); zum Volcani-Maler: J. R. Green, in: AJA
80, 1970, S. 188f.   Th.-M. Sch.

D 1.51
**Pocolom-Schale mit Weihung an
Aesculapius**

Pocolom-Gruppe, 2. Viertel 3. Jh. v. u. Z.
Ton, schwarz gefirnißt mit aufgesetzten
Deckfarben. Intakt
D. 15 cm
Aus Chiusi oder Umgebung (?);
von Brunn 1865 in Rom gekauft
Berlin, SMB, Antikensammlung Inv.: F 3634

Wie Kat.-Nr. D 1.50. Im Innenbild ein kurzge-
flügelter schwebender Eros. In seiner Linken
hält er eine Schale oder ein Tablett, über dem
Ellenbogen eine flatternde Tänie. Mit seiner
Rechten gießt er den Inhalt einer Oinochoe in
weitem Bogen aus. Vor ihm ist mit wenigen Strichen eine aufgehängte Girlande angedeutet.
Darüber die Aufschrift: AISCLAPI POCOCO-
LOM (Becher des Aesculapius). Interessant ist
das fehlerhafte Wort »Pocolom«: Die Efeublatt-
spitze hinter POCO hängt so tief herab, daß der
Schreiber absetzen mußte und sich prompt unter Wiederholung der letzten Silbe mit »Pococo-
lom« verschrieb! Dies beweist, daß der Bild-
schmuck bereits vor der Inschrift vorhanden
war.

Lit.: EVP, S. 210 Nr. 1; F. Coarelli, J.-P. Morel,
in: Roma Medio Repubblicana, Katalog Rom
1973, S. 58 Nr. 13 Abb. 7; vgl. Kat.-Nr. D 1.50.

Th.-M. Sch.

D 1.48

D 1.52
Pocolom-Schüsselchen (ohne Inschrift)
Römische Arbeit, 1. Drittel 3. Jh. v. u. Z.
Graugelb-rötlicher Ton. Oberfläche
schwarz gefirnißt, leicht glänzend; aufgesetztes
Weiß, Gelb und Rot. Geklebt; fehlende Stellen
entlang der Kleberänder mit Gips ergänzt
H. 6,5 cm, D. 17 cm
Vor dem zweiten Weltkrieg im Museum
Wrocław
Warschau, NM, Galerie antiker Kunst
Inv.: 198133
Tiefer konischer Napf auf leicht angedeutetem kleinem Fuß mit schwach konkavem Bo-
den. Die gemalte Dekoration im Inneren des
Gefäßes besteht aus drei konzentrischen Kreisen. Der kleinste, weiße bezeichnet die Mitte
des Schüsselbodens. Die übrigen beiden – rot
mit einer Einfassung aus weißen Linien – säu-
men einen Fries aus paarweise gegenständig
angeordneten Efeublättern, die von kleinen Ringen umgeben sind. Zwischen den inneren Kreisen am Boden befindet sich ein Ornament in
Form einer weiß-gelben Halskette aus länglich-
en und querliegenden Perlen.
Lit.: CVA Warschau 6, 1976, Taf. 28.4–5,
S. 35; vgl. Kat.-Nr. D 1.50.   W. D.

D 1.53
Kännchen
Schwarzfirnisware, Gruppe von Harvard 3066,
Ende 4. bis Anfang 3. Jh. v. u. Z.
Rosafarbener Ton mit metallisch-grünlichgrau-
glänzendem Firnis. Intakt bis auf ein kleines
ausgebrochenes Lippenstück
H. 6,5 cm, D. (ohne Henkel) 5,2 cm

Herkunft unbekannt
Berlin, SMB, Antikensammlung
Inv.: 33138
Kännchen der Form XX mit Ringfuß, geriefel-
tem Bauch, abgesetztem eingezogenem Hals
und aufbiegender Lippe, daran ansetzend der
Doppelrundstab-Henkel mit aufgesetztem
Klammersteg; Fuß und Inneres des Gefäßes
außer der Lippe ungefirnißt. Auf dem Hals die
aufgemalte matt erkennbare Inschrift nach
rechts: ne θuinsl · sipaz (Widmung an Netuns?).
Der Gefäßtyp selbst ist in Südetrurien, Latium
und dem Gebiet von Chiusi häufiger anzutreffen
(Morel), so z. B. in den Nekropolen von Esquilin
(Rom) und Barbarono Romano (S. Giuliano,
Grab 6).
Lit.: Unveröffentlicht; vgl. EVP 257; Morel
S. 343 Typ 5226 (Henkel Taf. 239.3); vgl. Roma
Medio Repubblicana, Katalog Rom 1973, Poco-
lom-Kännchen S. 64 Nr. 25.   V. K.

D 1.54
Stamnos
Faliskisch, Gruppe Villa Giulia 2303;
2. Hälfte 4. Jh. v. u. Z.
Gelblich-grauer Ton
H. 41 cm
Fundort unbekannt
Altenburg, Staatliches Lindenau-Museum,
ohne Inv.-Nr.
Voluminöser ovoider Gefäßkörper auf profi-
liertem Fuß mit knapp umbiegender Schulter
und abgesetztem niedrigem Hals. An der unter-
kehlten Lippe ein eingestempeltes· ionisches
Kymation. Die beiden tordierten Henkel sind am
Gefäßansatz jeweils als Vorderteil eines Hippo-

kampen gebildet. Von dem bei der Keramik der
Gruppe Villa Giulia 2303 üblichen Silberüberzug mit weißen und gelben Ornamenten ist auf
dem Stamnos nichts mehr erkennbar. Derartige
Gefäße wurden wahrscheinlich im Grabzusammenhang verwendet, wobei die auch sonst in
der etruskischen Kunst des 4. Jh. v. u. Z. häufigen Meerwesen – hier sind es Hippokampen –
ein allegorischer Hinweis auf die Jenseits-
vorstellung von der »Insel der Seligen« sein
könnten.
Lit.: CVA Altenburg 3, 1960, Taf. 121.1–3
S. 52; I. De Chiara, in: StEtr 34, 1966, S. 390
Nr. 10; zur Vasengruppe: EVP, S. 281 ff.; vgl. zu
Meerpferden auch Boosen, S. 135 ff.
Th.-M. Sch.

D 1.55
Volutenamphora auf hohem Untersatz
Bolsena-Gruppe; 3.–2. Jh. v. u. Z.
Ton, grau untermalt und versilbert.
Oberer Teil des Untersatzes weggebrochen;
Silberüberzug meist verrieben und nur
stellenweise noch sichtbar
H. (insgesamt und ergänzt) 68 cm
Aus einem Grab in Orvieto, zusammen mit
weiteren versilberten Tongefäßen
(Inv. F 3896, F 3898, F 3899 – alle
in Berlin-West), einer Tonamphora und
mehreren Bronzen gefunden; 1876 durch
W. Körte gekauft
Berlin, SMB, Antikensammlung
Inv.: F 3897 (M. I. 7113)
Amphora mit Volutenhenkeln, auf einem ge-
sondert gearbeiteten, kannelierten konischen
Untersatz mit zweistufiger, fast quadratischer
Standplatte. Das Kapitell des Untersatzes ist
wie bei Inv. F 3896 als Blattkranzüberfall zu ergänzen. Der Bauch der Amphora ist flach geriefelt. Am unteren Henkelansatz je eine jugendliche Maske mit Locken und phrygischer Mütze.
Reliefverzierungen durch plastische Aufsätze
und Ritzungen an Lippe (ionisches Kymation),
Hals (Blattkranz, vorn und hinten je ein bartloser
Kopf; unter den Henkeln Rosetten), Schulter
(Blütenzweige und zwischengesetzte Köpfe,
teils in rundem Medaillonrahmen) und Henkeln
(eingetiefte Punkt- und Strichreihen). Versilberte Tongefäße sind charakteristisch für Grabfunde in Orvieto und Bolsena und wahrscheinlich dort selbst hergestellt worden. Sie imitieren
in Form und Material zeitgenössische Prunkge-
fäße aus Edelmetall, waren aber ausschließlich
für den Grabkult bestimmt (Loch im Boden der
Amphora).
Lit.: Furtwängler, Vasen, S. 991 f. Nr. 3897;
vgl. EVP S. 284 ff. und Kat.-Nr. D 1.56.   U. K.

D 1.56 (Farbtafel)
Volutenamphora
Bolsena-Gruppe; um 200 v. u. Z.
Brauner Ton, versilbert. Fuß fehlt
H. 36 cm
Aus der Nekropole von Orvieto, zusammen
mit Inv. V. I. 3211 und V. I. 3212 gefunden
Berlin, SMB, Antikensammlung Inv.: V. I. 3213

Amphora auf profiliertem Fuß mit schlankem Hals, breiter Lippe und sich volutenartig einrollenden Henkeln. Die Mündung trägt eine plastische Perlschnur und einen Eierstab. Unterhalb der Schulter ist ein umlaufender Relieffries aufgesetzt, der eine Amazonomachie zeigt. Der ehemals zu groß ergänzte Fuß mit Standring ist jetzt wieder entfernt worden. Oberfläche wie Kat.-Nr. D 1.55. Die nach ihren Hauptfundorten Orvieto und Bolsena auch als »volsinisch« bezeichnete Gattung datiert man ans Ende des 3. und in den Anfang des 2. Jh. v. u. Z., neuerdings wird ein Beginn der Produktion im späten 4. Jh. v. u. Z. erwogen (G. Pianu, in: StEtr 47, 1979, S. 119ff.).

Lit.: Unveröffentlicht; zur Gattung: EVP, S. 284ff.; I. De Chiara, in: StEtr 28, 1960, S. 127ff.; und in: StEtr 34, 1966, S. 385ff.; M. Moltesen, in: MeddelelsGlyptKøb 39, 1983, S. 32ff.; zur Darstellung: G. Camporeale, in: StEtr 27, 1959, S. 132f.   Th.-M. Sch.

D 1.57 (Abbildung)
Kernos

Polychrom; 2. Jh. v. u. Z.
Heller Ton mit Spuren von schwarzer und roter Bemalung auf weißem Überzug
H. (Gefäße) 11,3 cm, (Köpfe) 6 cm,
D. (Fuß) 23,5 cm
Fundort unbekannt; aus der Sammlung Pizzati 1834 erworben
Leningrad, GE, Antikensammlung Inv.: B 65

Der Kernos besteht aus vier eiförmigen Gefäßen mit schmaler ausbiegender Lippe auf hohem trompetenförmigem Fuß mit ausschwingendem Randprofil. Oben ein zweistabiger Korbhenkel, zwischen den Gefäßen Granatapfel (?) mit vorgeblendeten Frauenköpfen. Augenbrauen und Pupillen schwarz, Lippen und Haare rot bemalt. Auf dem Fuß Spuren eines Zickzackstreifens in Weiß und Rot. Ähnliche Gefäße wurden bei chthonischen Ritualen verwendet und dienten der Aufnahme von Getreide, Honig, Wein und Mohn. Sie wurden in den Nekropolen von Vulci und Tarquinia gefunden und gehören meist in die Zeit vom 3. bis 2. Jh. v. u. Z.

Lit.: Stephani Nr. 1406; Val'dgauer Nr. 568; EVP, S. 294 Nr. 1; Kul'tura i iskusstvo Etrurii, S. 57 Nr. 170 (Abb.); vgl. F. Messerschmidt, in: RM 46, 1931, S. 38 Taf. 5 und S. 48 Taf. 3, EVP, S. 294; zuletzt zum Gefäßtyp: A. Kossatz-Deissmann, in: AA 1985, S. 229ff.   L. I. G.

D 1.58
Fragment von der Henkelzone einer Glockensitula

Schwarzfirnisware, Ende 4.–Anfang 3. Jh. v. u. Z.
Hellroter Ton mit schwarzglänzendem Überzug und weiß aufgesetzten Ornamenten.
Dreieckiges Randstück
H. 13,1 cm, Br. 14,9 cm, Wanddicke ohne Relief 0,55 cm; Mündungsdurchmesser (rekonstruiert) 21,5 cm

Aus dem Museo Cinci in Volterra; 1841 angekauft
Berlin, SMB, Antikensammlung Inv.: F 4214

Randstück einer Glockensitula (»bell situla«) mit abgesetzter, außen leicht gekehlter Lippe, aufgesetzter Henkelattasche (Palmette zwischen Ranken) und aufmodellierten Henkelenden. Unter dem Henkel ein aufgesetztes Relief: Pan in menschlicher Gestalt mit kleinen Hörnern und herabhängendem, unter dem Hals verknotetem Fell greift nach einer nach links fliehenden Nymphe mit Thyrsosstab. Knapp unter der Randkehle weiß aufgemaltes Ornament aus gegenständigen Bogenreihen mit aufgesetzten Stricheichen und Punkten.

Lit.: Gerhardscher Apparat Bd 5,24 (3) Museo Cinci, Volterra 1828; Furtwängler, Vasen, S. 1048f. Nr. 4214 (alte Inv.-Nr. 1816a); vgl. Morel, S. 320 Taf. 137 Typ 4521a I; Montagna Pasquinucci, S. 428ff. Nr. 267 Abb. 11 (Form 143a): »production local ou regional (type local D)«.   V. K.

D 1.59
Kanne

Schwarzfirnisware; um 300 v. u. Z.
Rotgelber Ton, schwarzglänzender Firnis.
Intakt
H. 11,9 cm, D. 8,9 cm
Aus Caere
Jena, FSU, Sammlung antiker Kleinkunst Inv.: 276

Kleine birnenförmige Kanne mit gekehltem Bandhenkel, der unter der horizontalen breiten profilierten Mündung ansetzt und im bauchigen unteren Drittel des Gefäßes mit der plastischen

D 1.57

D 1.61

Bandinelli, in: StEtr 2, 1928, Nr. 89 Taf. 30 (Kelchkrater) und Nr. 104f. Taf. 33 (Schale); Form ähnlich wie Morel, S. 266 Typ 3511 a1 Taf. 96.

V. K.

D 1.62
Kelch

Schwarzfirnisware; 4.–3. Jh. v. u. Z.
Gelbbrauner Ton; dunkelbraune, glänzende Bemalung. Zusammengesetzt
H. 10,4 cm, D. 10,33 cm
Fundort unbekannt; in den fünfziger Jahren des 19. Jh. in Rom erworben; ehemals in der Sammlung des Malers Antal Haán
Budapest, SzM, Antikensammlung
Inv.: 50.320

Trompetenförmiger Fuß, glockenförmiger Körper. Die Form ist wohl mehr auf attische Vorbilder des 5. Jh. v. u. Z. als auf etruskische Buccherovasen zurückzuführen. Der Schalenboden der attischen Vasen ist meist kantig. Der runde Typus ist auch in Etrurien seltener, aber nicht ungewöhnlich.

Lit.: CVA Budapest 1, 1981, Taf. 23.6. S. 66; ebd. zum attischen Typus und zu den etruskischen Exemplaren mit rundem Unterteil.

J. G. Sz.

D 1.63
Henkelansatz einer Einhenkelpatera mit Silenskopf

Schwarzfirnisware, Malacena-Gattung; 1. Hälfte 3. Jh. v. u. Z.
Hellroter Ton mit schwarzglänzendem Überzug.
Fragment, seitlich und unten gebrochen, links Henkelansatz erhalten und der Kopf bestoßen
H. 5,3 cm, Br. 6,2 cm
Aus Volterra, 1841 angekauft
Berlin, SMB, Antikensammlung
Inv.: F 4216

Fragment einer flachen Schale mit profilierter Lippe (eingeprägtes ionisches Kyma). Links der Ansatz eines auf der Oberseite kannelierten im Querschnitt ovalen Horizontalhenkels, rechts ein bärtiger Silenskopf mit Blütenkranz über der Stirnglatze.

Es handelt sich bei diesem Gefäßtyp um Nachahmungen einhenkeliger Metallschalen, die vielleicht als Schöpfgefäß oder Trinkschalen dienten.

Derartige Schalen tauchen häufig zusammen mit verschiedenen Kannentypen ähnlich der Kombination von Griffschale und Kanne als »Set« in Grabinventaren auf. Als Handwaschgerät erscheinen diese Gefäße beim Totenmahl schon in der Wandmalerei tarquinensischer Gräber im 5. und 4. Jh. v. u. Z.

Lit.: Furtwängler, Vasen, S. 1049 Nr. 4216 (alte Inv.-Nr. 1816 c); vgl. Kunst der Etrusker, Katalog Hamburg 1981, S. 91 Nr. 111; Morel, S. 396 Typ 6311 a1; Montagna Pasquinucci, S. 393ff. Nr. 526 Abb. 3 (Form MP 124); EVP S. 278 (»pans with loop handle«).

V. K.

Maske eines Silens befestigt ist. Zwei Abdrehungen laufen um die schmale Partie unterhalb des Henkelansatzes.

Lit.: W. Müller, Keramik des Altertums, o. J., S. 31 Nr. 19; vgl. CVA Kopenhagen 5, 1937, Taf. 224.7; Morel, Typ 5213f 1; Montagna Pasquinucci, Form 152 Nr. 349 Abb. 15 (lokale oder regionale Werkstatt »type local D«).

V. P.-Z.

D 1.60
Fragment einer Kannenhenkelattasche mit Silenskopf

Schwarzfirnisware,
Ende 4.–1. Hälfte 3. Jh. v. u. Z.
Hellroter Ton mit schwarzglänzendem Überzug. Ringsum gebrochenes Fragment
7,6 × 5,6 cm,
Wandstärke des Gefäßes 0,3 cm
Aus Volterra 1841 angekauft
Berlin, SMB, Antikensammlung
Inv.: F 4215

Fragment vom Ansatz eines vertikalen bandartigen Kannenhenkels. Unter dem Ansatz Relief eines bärtigen Silens mit Efeukranz.

Lit.: Furtwängler, Vasen, S. 1049 Nr. 4215; vgl. Morel, Typ 5611 a1.

V. K.

D 1.61 (Abbildung)
Kantharos

Schwarzfirnisware, Malacena-Gruppe (Vatikan G 116); 250 v. u. Z.
Hellroter Ton, grünlich schimmernder schwarzglänzender Firnis. Intakt bis auf einen geklebten Henkel und eine abgeplatzte Traube.
H. 19,8 cm, D. 15,2 cm,
Br. (mit Henkel) 20,2 cm
Aus Gerhards Nachlaß nach 1867 erworben
Berlin, SMB, Antikensammlung
Inv. F 2886

Kantharos mit hohlem profiliertem Fuß und geriefeltem Boden. Auf der eingezogenen Wandung flachreliefierter Fries mit alternierenden Weintrauben und Blättern, die Ranken geritzt. Die Mündung abgesetzt. Die Henkel bestehen aus einem doppelten Rundstab, der oben verknotet ist und dessen Enden am Ansatz seitliche Spitzen bilden.

Der Kantharos zählt neben einem Exemplar in London (Inv. CS 356) zu den reich dekorierten Stücken der Gruppe Vatikan G 116. Vergleichbare Relieffriese begegnen auch an anderen Vasenformen der Malacena-Gattung.

Lit.: Furtwängler, Vasen, S. 799 Nr. 2886; Neugebauer, Vasen, S. 183; A. Greifenhagen, Jdl 21. Ergh. 1963, S. 36 Anm. 86; EVP, S. 233 Nr. 74; zum Traubenblattfries vgl. R. Bianchi

D 1.64 (Abbildung)

Omphalosschale

Schwarzfirnisware, Malacena,
Ende 4.–3. Jh. v. u. Z.
Hellbrauner Ton, durch sekundären Brand
teilweise grau verfärbt; schwarz-
glänzender Firnis. Aus mehreren Stücken
zusammengesetzt; Stempelverzierungen
H. 3,5 cm, D. 20,3 cm
Aus Poggio alla Città
Berlin, SMB, Antikensammlung
Inv.: V. I. 4006

Flache dünnwandige, an den Rändern aufgebogene Schale mit großem Omphalos. Um diesen ein Lilien-Palmetten-Stempelband, darüber, zwischen umlaufenden Rillen, ein gestricheltes Band. Form und Dekor wie Montagna
Pasquinucci, S. 351 ff. Form 63 Nr. 123 (»type local D«). Es handelt sich um einen für die Malacena-Ware charakteristischen Schalentyp, der
auch bis nach Spina, Adria, Todi und Vulci exportiert wurde.

Lit.: Unveröffentlicht.   U. K.

D 1.65

Schale (Kylix)

Schwarzfirnisware mit Stempeldekor,
um 200 v. u. Z.
Braungrüner, metallisch glänzender
Firnis. Stücke des Randes gebrochen
und ergänzt, beide Henkel gebrochen
H. 7,7 cm, D. 17,4 cm
Aus Bomarzo
Berlin, SMB, Antikensammlung
Inv.: F 2771

Flache Schale auf niedrigem Fuß mit weit
ausladenden und an den Enden einwärts gebogenen Henkeln. Innen umgibt ein breites Rillen-
band einen Kreis von 16 Stempeln – alternierend Palmetten und Lotosblüten, die untereinander durch sich überschneidende geritzte Bögen verbunden sind. In der Mitte kleiner doppelter Rillenkreis.

Lit.: Furtwängler, Vasen, S. 786 Nr. 2771; vgl.
Morel Typ 4231 a 1, zum Henkel S. 470, Taf. 237
Nr. 1; vgl. ähnliche Schalen bei T. Poggio, Ceramica a vernice nera di Spina. Le Oinochoe trilo-
bate, 1974, S. 103 Nr. 175b Abb. 5a Taf. 29.1 bis
2, Abb. und Taf. 175c sowie Taf. 30.1–2 aus
Grab 1083 (Spina), S. 16, 19–20.   V. K.

D 1.66

Zweihenkelige Schale

Schwarzfirnisware;
1. Hälfte 2. Jh. v. u. Z.
Rotgelber Ton; glänzend schwarzer
Firnisüberzug. Intakt
H. 4,2 cm, Br. (m. Henkel) 18,8 cm
Aus Castiglioncello
Budapest, SzM, Antikensammlung
Inv.: 71.2.A.

Profilierter Standring, runder Schalenkörper,
zwei »Ohrenhenkel«. Innen in der Mitte sechs

D 1.64

Stempel mit alternierenden Palmetten und Lotosblüten, anschließend in einer von zwei Rillen
begrenzten Zone sieben Reihen von eingeritzten schrägen Strichelchen. Der Schalentypus
ist in Etrurien und auch im Po-Gebiet verbreitet.
Er wurde nach attischem Vorbild vielleicht in der
Malacena-Werkstatt ausgebildet, aber später in
verschiedenen lokalen Werkstätten weiter produziert.

Lit.: J. G. Szilágyi, in: AJA 77, 1973, S. 104;
ders., in: BMusHongr 40, 1973, S. 93 Abb. 74;
zum Typus vgl. J.-P. Morel, in: MEFRA 75,
1963, S. 44–45 und A. Balland, in: MEFR Suppl.
6, 1969, S. 128–145; zu den Formvarianten und
zur Datierung Morel, S. 289 Serie 4111,
Taf. 116.   J. G. Sz.

D 1.67

Schale

Schwarzfirnisware, 180–50 v. u. Z.
Kräftig orangeroter Ton, schwarzer
mattglänzender Firnis. Stück des
Randes herausgebrochen
H. 4,8 cm, D. 16,5 cm
Angeblich aus dem Kriegergrab von
Tarquinia
Berlin, SMB, Antikensammlung
Inv.: F 2977 (Corneto 87)

Dünnwandige konische Schale, oben leicht
einbiegend, auf kleinem konischem Fußring.
Die Schale ist unverziert, innen befindet sich ein
kleiner eingetiefter Ring um den Mittelpunkt;
vermutlich durch das Stapeln des Brenngutes
im Brennofen ist die Mitte der Schale kreisför-
mig rot gebrannt.

Die Form entspricht Montagna Pasquinucci,
Form 5, S. 310 Abb. 1 Nr. 65.

Lit.: Furtwängler, Vasen, S. 832 Nr. 2977.
                                          U. K.

D 1.68

Guttus

Schwarzfirnisware, 3. Jh. v. u. Z. (?)
Hellbrauner Ton, schwarzglänzender
Firnis; Relief, Henkel und Tülle
abgebrochen, Fuß gebrochen und geklebt,
kleine Bestoßungen
H. (erh.) 7,8 cm, D. 9,5 cm
Aus Italien; 1910 aus dem römischen
Kunsthandel erworben
Berlin, SMB, Antikensammlung Inv.: V. I. 5892

Rundes Tropfgefäß (Form Furtwängler 244)
auf hohem profiliertem Fuß. Der Bauch ist vertikal geriefelt, seitlich setzte ein vertikaler Ringhenkel an, die Ausgußtülle war vermutlich lang
und trompetenförmig. Oben in der Mitte ein
Tondo mit gepreßtem Hochrelief: Eros, den
Kopf nach rechts gedreht und gesenkt, reitet auf
einer nach rechts laufenden Löwin (oder Panther). Das Gefäß ist vollständig, auch auf der
Unterseite, gefirnißt. Zum Relief vgl. R. Pagenstecher, in: JdI 27, 1912, S. 94 Nr. 176.

Lit.: Neugebauer, Vasen, S. 186; M.-O. Jen-
tel, Les gutti et les askoi à reliefs étrusques et
apuliens, 1976, S. 41–49, 53 (Typ I, 2g).   U. K.

D 2 Gefäße, Geräte und Statuetten aus Bronze

Eine allgemeine Einführung in Gefäße, Geräte und Statuetten aus Bronze ist im Kapitel B 7 zu finden.

D 2.1
Kleines Henkelgefäß
5.–4. Jh. v. u. Z.
Bronze, getrieben, gegossen. Intakt bis auf kleine Ausbrüche, Oberfläche reduziert
H. (mit Henkel) 7,8 cm,
H. (ohne Henkel) 5,5 cm; D. 5 cm
1828 aus Sammlung Koller erworben
Berlin, SMB, Antikensammlung
Inv.: Fr. 1570

Das kleine Bronzegefäß mit fast zylindrischem Körper, eingezogener Schulter und flacher Lippe hat einen hochansetzenden dünnen Henkel, dessen unteres Ende in einer stark vergröberten Satyrmaske endet. Gefäße dieser Art, in etwas unterschiedlicher Größe, dienten möglicherweise als Maße.
Lit.: Vgl. P. G. Guzzo, in: StEtr 37, 1969, S. 291 Nr. 14 Taf. 61,b (etwas größeres Exem-

plar aus Populonia) mit weiterer Lit.; Kunst der Etrusker, Katalog Hamburg 1981, S. 100 Nr. 122.   I. K.

D 2.2
Henkel mit Attaschen
2. Hälfte 4. Jh. v. u. Z.
Bronze, gegossen. Oberfläche an Bügeln reduziert, Patina stabil, kleine Ausbrüche, Attaschen nahezu intakt, braungrüne Patina
H. 5,5 cm, L. (Bügel) 12,2 cm;
H. (Attaschen) 5 cm
Fundort unbekannt; 1880 in Rom erworben
Berlin, SMB, Antikensammlung
Inv.: M. I. 7483

Die beiden flachen Bügel mit den aufgebogenen und knaufförmig verzierten Enden gehören mit den beiden Attaschen zu einem Eimer (Situla). Die Bügelenden greifen in zwei runde Öffnungen ein, die sich im oberen Teil der Attaschen befinden. Die Bügel sind somit beweglich und lagen flach auf der Gefäßmündung auf. Die

eine Attasche ist in Form einer Silensmaske mit Stirnglatze und stark bewegten Haarsträhnen gebildet. Ihr großer trichterförmiger Mund ist als Ausguß hergerichtet. Die als Jünglingskopf mit spitz über der Stirn hochstehender Kopfbedeckung gebildete andere Attasche war an der Rückseite des Gefäßes montiert.
Lit.: G. Treu, in: AZ 1881, S. 251; B. Schröder, 74. BWPr 1914, S. 18 Abb. 16; Beazley, EVP, S. 287; vgl. Kunst der Etrusker, Katalog Hamburg 1981, Nr. 123; S. Haynes, Etruscan Bronzes 1985, Taf. 221 Nr. 166.   I. K.

D 2.3
Eimerhenkel
4. Jh. v. u. Z.
Bronze, gegossen, Kaltarbeit.
Oberfläche reduziert, Chloridausblühungen, ansonsten intakt
H. 11,8 cm, L. 20,8 cm
1831 aus Sammlung Dorow-Magnus mit Fundortangabe Corneto erworben
Berlin, SMB, Antikensammlung Inv.: Fr. 1443

Der Henkel gehörte zu einem einhenkeligen Gefäß, das getragen und eingehängt werden konnte. In der Mitte des annähernd halbrund geschwungenen Bügels befindet sich ein mitgegossener Ring. Die Bügelenden laufen in sorgfältig ziselierte Schwanenköpfe mit abgeplatteter Unterseite aus. Vier Reihen plastischer Perlen dienen der Verzierung des Henkels. An den stark umgebogenen Enden vermitteln sie den Übergang zu den Schwanenköpfen.
Lit.: Friederichs, S. 302; B. Schröder, in: 74. BWPr 1914, S. 20 Abb. 24.   I. K.

D 2.4 (Abbildung)
Gefäßhenkel
4.–3. Jh. v. u. Z.
Bronze, gegossen. An Figur Korrosionsschäden, ansonsten intakt
H. 15,1 cm
1884 aus dem Kunsthandel Florenz erworben
Berlin, SMB, Antikensammlung Inv.: M. I. 7900

Der Henkel besteht aus einem mit einer Palmette, Widderköpfen und Volutenbändern verzierten halbrunden Ansatzstück, aus dem zwei pflanzenartige Stutzen erwachsen. Auf diesen ruht der eigentliche Griff in Form eines schlafenden und, bis auf Schuhe, unbekleideten Jünglings. Der rechte Arm liegt unter dem Kopf, der linke auf dem Oberschenkel. Der Jüngling wurde als Endymion gedeutet, dem von Zeus ewige Jugend und Schlaf sowie Unsterblichkeit verliehen wurden. Gefäße mit Henkeln dieser Art fanden wahrscheinlich im Totenkult Verwendung. Über die Art des Gefäßes wurde bisher keine Klarheit gewonnen.
Lit.: U. Liepmann, in: Niederdeutsche Beiträge zur Kunstgeschichte, 11, 1972, S. 11 Nr. 4; zur Gattung S. 9ff.   I. K.

D 2.4

D 2.5 (Abbildung)
Kopfgefäß
3.–2. Jh. v. u. Z.
Bronze. Deckel fehlt, Flügelspitzen
abgebrochen, grüne Patina durch
Reduktion gereinigt
H. 10 cm
Aus Tarquinia; 1877 von Martinetti,
Rom, erworben
Dresden, SKS, Skulpturensammlung
Inv.: ZV 30, 53

Frauenkopf mit reichem Schmuck. Das Haar
ist zur sogenannten Melonenfrisur in einzelne
Flechten gedreht und hinten in einem hochsitzenden Nest zusammengefaßt, das die Mündung bildet. Sie trägt ein von Perlrändern eingefaßtes Diadem mit rautenförmigem Schmuckstein in der Mitte und kleinen Flügeln an den
Seiten, Ohrschmuck in Form von Rosetten mit
situlaförmigen Anhängern und eine doppelreihige Halskette mit länglichen Anhängseln. Dicht
über dem Haaransatz sitzen sieben perlenartige Kugelpaare, bei denen die Art der Befestigung nicht erkennbar ist. Vergleichsstücke
im Britischen Museum, Nr. 759 und 766 sowie
im Museo Archeologico Florenz, Nr. 1556
(vgl. S. Haynes, H. Menzel, in: JbZMusMainz 6,
1959, S. 110ff. Taf. 40–42) lassen erkennen,
daß die Kugelpaare mittels schmaler Bänder
am Diadem angehängt sind. Über dem Diadem
sitzen zwei Ösen im Haar für die Tragekette.

Das Dresdener Kopfgefäß gehört zur Gruppe
I der von S. Haynes, s. o., S. 115f., zusammengefaßten Gefäße.

Lit.: Unveröffentlicht. M. R.

D 2.6
Kopfgefäß
Ende 3. Jh. bis 1. Hälfte 2. Jh. v. u. Z.
Bronze
H. 11 cm
Herkunft unbekannt
Leningrad, GE, Antikensammlung
Inv.: V 1666

Gefäß in Form eines Frauenkopfes mit Hals,
dessen unterer Teil den Ständer bildet. Der
Kopf mit sogenannter Melonenfrisur, breitem
verziertem Diadem, Flügeln im Haar und Mündung am Hinterkopf, wie bei Kat.-Nr. D 2.5. Ohrringe in Form einer Rosette mit situlaförmigen
Anhängern. Ebensolche Anhänger auf dem
Halsband, das aus zwei schmalen Reifen besteht. Der obere ist mit schrägen Einkerbungen
verziert. Vorn über dem Diadem sind zwei Ösen
zum Durchziehen einer Kette angebracht. Unter
der rechten Öse befindet sich eine runde Öffnung. Vgl. Gruppe III bei S. Haynes, H. Menzel,
in: JbZMusMainz 6, 1959, S. 117f.

Lit.: Stefani, Bronzy i terrakotty, Nr. 503; Kul'tura i iskusstvo Etrurii, Nr. 106; AChB, Nr. 184.
Z. B.

D 2.5/D 2.9

D 2.7
Kopfgefäß
4.–3. Jh. v. u. Z.
Bronze
H. 11,2 cm
Fundort unbekannt; 1926 aus Sammlung von
Stroganov erworben
Leningrad, GE, Antikensammlung
Inv.: V 1954

Figürlicher Behälter in Form eines Frauenkopfes mit Hals, dessen unterer Rand annähernd horizontal ausgebogen ist und eine Platte
bildet. Das Oval des Gesichtes wird vom Haar
gerahmt, das gescheitelt nach hinten gekämmt
und dort zu einem Knoten gebunden ist. Das
Haar wird von einem Band zusammengehalten.
Auf dem Scheitel ist ein niedriges Ansatzstück
mit ovaler Öffnung. An den Seiten des Ansatzstückes befinden sich runde Ösen mit Löchern
für eine Kette. Gesicht mit kleiner gerader Nase
und mandelförmigen Augen, in die Pupillen eingelegt waren. Das Kinn tritt leicht zurück. Die
Ohren sind schematisch dargestellt und mit
Ohrringen verziert.

Vgl. Gruppe IV bei S. Haynes, H. Menzel, in:
JbZMusMainz 6, 1959, S. 119f.

Lit.: Kul'tura i iskusstvo Etrurii, Nr. 104; AChB,
Nr. 182. Z. B.

D 2.8
Kopfgefäß
3. Jh. v. u. Z.
Bronze
H. 10,7 cm
Fundort unbekannt; 1862 aus Sammlung
Campana erworben
Leningrad, GE, Antikensammlung
Inv.: V 1652

Gefäß in Form eines zweigesichtigen Kopfes
mit Silen (A) und Mänade (B). Auf dem Scheitel

runde, flache profilierte Mündung, deren unterer
Rand durch Einkerbungen hervorgehoben ist.
An den Seiten der Mündung und in den Efeublättern im Haar befindet sich je eine Öffnung für
eine kleine Kette. In einer Öffnung ist ein kleiner
Drahtring erhalten.

Silen (A) mit kleingelocktem Vollbart, langem
Schnurrbart, gerunzelter Stirn, reliefartig hervorgehobenen Augenbrauen und mit stumpfer
Nase. Das Haar ist mit einem Efeukranz umrahmt und mit einem Band zusammengehalten.

Mänade (B) mit welligem, in der Mitte gescheiteltem Haar, Efeukranz und Haarband,
das in die Stirn fällt. Mandelförmige Augen, gerade Nase, volle Lippen und leicht hervortretendes Kinn mit Grübchen. Die Ohren sind mit
gravierten Ohrringen (Ring mit Anhänger)
geschmückt.

Vgl. Gruppe VI bei S. Haynes, H. Menzel, in:
JbZMusMainz 6, 1959, S. 122f.

Lit.: Stefani, Bronzy i terrakotty, Nr. 557; Kul'tura i iskusstvo Etrurii, Nr. 105; AChB, Nr. 183.
Z. B.

D 2.9 (Abbildung)
Kopfgefäß
2. Jh. v. u. Z.
Bronze. Der Boden fehlt, grüne,
verkrustete Patina durch Reduktion entfernt
H. 11,7 cm
1884 mit Vermächtnis v. Friesen erworben.
Aus Sammlung Scalambrini, Rom
Dresden, SKS, Skulpturensammlung
Inv.: ZV 122

Jugendlicher weiblicher Kopf mit kunstvoller
Frisur. Das Haar ist in der Mitte gescheitelt und
seitlich aufgerollt, die Haarpartien dahinter vom
Scheitel nach den Seiten hin in gedrehte Strähnen geteilt und im Nacken zu einem Knoten verflochten. Zwei Flechten gehen von dort nach
vorn, halten das Haar bandartig zusammen und

D 2.11

sind über der Stirn verknotet. Ohrschmuck wie Kat.-Nr. D 2.6, um den Hals doppelsträhniges Band mit eng gereihten dreieckigen Gehängen. Oben auf dem Scheitel sitzt die Mündung mit einem Kymation vorn unter der Lippe zwischen zwei seitlichen Ösen, in denen noch Reste der Tragekette hängen. Der flache Deckel mit Stopfen hat obenauf ebenfalls eine Öse, in der noch Reste einer Kette erhalten sind.

Gruppe IV nach S. Haynes und H. Menzel (JbZMusMainz 6, 1959, S. 110ff.).

Lit.: G. Treu, in: AA, 1889, S. 106.　　M. R.

D 2.10
Flasche

3.–2. Jh. v. u. Z.
Bronze, getrieben, ziseliert. An mehreren Stellen mit pastenartigem Material ausgebessert, an Innenseite mit Kupferblech unterlegte Fehlstellen, ein Stück am Fuß ausgebrochen, Boden fehlt
H. 15,1 cm
Ohne Herkunftsangabe
Berlin, SMB, Antikensammlung
Inv.: M. I. 2674

Bauchiges Gefäß auf niedrigem Fuß mit schmalem konischem Hals. In der Mitte des Verschlusses kleine Öffnung, in der in Analogie zu einem ähnlichen Gefäß eine kleine Bronzeöse ergänzt werden kann. Auf dem Gefäßkörper unterschiedlich breite horizontale Schmuckzonen. Die Muster bestehen aus Linien, Punkten, Blättern, Zungen, Wellenlinien mit drei Punkten, an schmalster Halszone laufender Hund.

Lit.: Vgl. StEtr 11, 1937, S. 399 Taf. 53,3 (mit drei Füßen); L. Mercando, in: Hellenismus in Mittelitalien, 1974, S. 160ff. Abb., S. 179 Nr. 5; vgl. Kat.-Nr. D 2.11; Artigianato artistico, S. 148ff.　　I. K.

D 2.11 (Abbildung)
Teil einer Flasche

Chiusi (?), 3.–2. Jh. v. u. Z.
Bronzeblech getrieben, ziseliert und punziert. Schwarzbraune, teilweise glänzende Patina. Mehrfach gerissen, ausgebrochen, Unterseite nicht erhalten
H. 15 cm, D. 18,9 cm
Herkunft unbekannt
Leipzig, KMU, Antikenmuseum
Inv.: M 36

Dünnwandiger kugeliger Gefäßkörper, nach unten abgeflacht mit Ansatz des scharf abgesetzten, sich verbreiternden Standringes, nach oben in einen schlanken Hals übergehend, gerade abgeschnitten. Schmalblättriges Zungenornament an den unteren zwei Dritteln und Blattwelle mit herzförmigen Blättern und Dreipunktblüten von Punktreihen eingefaßt. Auf der Schulter stark stilisierte Palmettenstreifen mit spitzwinkligen Dreiecken. Auf dem Übergang zum Hals ein schmaler Streifen mit laufendem Hund nach rechts auf gepunztem Grund. Am Hals zwei Reihen von runden Blättern mit eingestellten Dreiecken und Schrägschraffur. Die Flasche stimmt weitgehend mit der Bronzeflasche aus Montefortino mit beweglichem Kettenhenkel und Standplatte mit drei Füßen (P. Ducati, Storia dell'Arte Etrusca 1927, Taf. 251.608) und mit geringfügigen Abweichungen auch in der Gestaltung des Pfeifenornamentes überein, so daß man gleichen Werkstattzusammenhang annehmen darf. Verwandte Stücke finden sich weit gestreut in Pannonien (A. Rodńoti, Diss. Pann. Ser. 2 Nr. 6, 1938, S. 170 Taf. 44.8), Dakien (D. Popescu, in: Dacia N. S. 2, 1958, S. 168f. Nr. 10 Abb. 11f.; V. Hoffiller, in: ÖJh 11, 1908, Beiblatt Sp. 131 Nr. 64 Abb. 87) und aus Silber in Südrußland (B. Pharmakovsky, in: AA 1913, Sp. 187 Abb. 18). Eine Datierung der Gefäße in das 3. Jh. v. u. Z. ist am wahrscheinlichsten. Als Herstellungsort nimmt W. Herrmann aufgrund von Analogien Chiusi an.

Lit.: W. Herrmann, Katalog der antiken Metallarbeiten, ungedr. Diss. Leipzig 1964, S. 120f., 64 Taf. 47.　　E. P.

D 2.12
Gewandnadel

5. Jh. v. u. Z. (?)
Bronze, Vollguß, Kaltarbeit. Am Schaft reduzierte Oberfläche mit Löchern, im dekorierten Bereich intakt
L. 38 cm
Fundort unbekannt; 1880 in Rom erworben
Berlin, SMB, Antikensammlung
Inv.: M. I. 7481

Etwa zwei Drittel vom Schaft der ungewöhnlich langen Gewandnadel haben ein achteckiges Profil bis zur Spitze. Der obere Teil setzt über einem Wulst an ein reich durch Rillen dekoriertes Schaftstück an, aus dem der Nadelkopf erwächst. Dieser besteht aus einem nicht näher zu bestimmenden liegenden Raubtier, das seine Vorderpranken in ein vor ihm liegendes ähnliches Tier schlägt und das dessen Hinterteil mit den Zähnen gepackt hat. In seinen Pranken hält das angefallene Tier einen Vogel mit ausgebreiteten Flügeln.

Lit.: AZ 1881, S. 251; zu einzelnen liegenden Löwen als Nadelbekrönung vgl. W. L. Brown, The Etruscan Lion, 1960, S. 132 Taf. 47c–d.
　　I. K.

D 2.13–15 (Abbildung)
Drei Cistenfüße

Praeneste. Gegen Mitte 5. Jh. v. u. Z.
Bronze, nicht aus derselben Form gegossen. Blaugrüne Patina chemisch entfernt
H. 10,3 cm; 9,4 cm
Aus Praeneste; 1877 von Martinetti, Rom, erworben
Dresden, SKS, Skulpturensammlung
Inv.: ZV 30, 45a, b, c

Auf flacher Basis in Form einer runden Plinthe mit Hohlkehle sitzt eine Raubtierklaue, die im stumpfen Winkel in ein ionisierendes Volutenkapitell übergeht. Die Kehle des Volutenpolsters ist matt gepunzt, das innere Zwickelfeld geschuppt. Über dem Kapitell als Attasche ein nackter jugendlicher Dämon im »Knielauf« nach rechts, er trägt ein Diadem im Haar, je zwei große Flügel an den Schultern und Hüften und einen kleinen eingerollten Flügel am rechten Fuß. Die im Lauf rückwärts schwingende Rechte hält einen Kranz. An der Rückseite starker, gebogener Zapfen zum Aufsetzen der Ciste. Im oberen Flügelpaar zwei kräftige Nieten.

Unser Typ von Cistenfüßen kommt in ähnlicher Form häufiger (u. a. Florenz, Göttingen, London) und in Wiederholungen in Genf (RA 20, 1912, S. 37,2) vor. Im Unterschied zu den griechischen Vorbildern mit nur einem Flügelpaar an den Schultern (de Ridder, Bronzes sur l'Acropole Nr. 803, 804) ist der Dresdener Typ von ionischen Beispielen (Neugebauer, Bronzen, Taf. 4; K. A. Neugebauer, in: RM 1923/24, S. 427) abgeleitet; nur setzt der etruskische Meister das zweite Flügelpaar an die Hüfte an und den Fußflügel an die Ferse.

Lit.: Unveröffentlicht.　　M. R.

D 2.16
Cistenfuß

4. Jh. v. u. Z.
Bronze, gegossen. Reduzierte Oberfläche, bis auf zwei kleine Beschädigungen intakt
H. 8,5 cm
1869 aus Nachlaß E. Gerhard erworben
Berlin, SMB, Antikensammlung
Inv.: Fr. 547a

Die runden Cisten, meist gravierte und mit figürlichen Deckelgriffen (siehe Kat.-Nr. D 2.21,22) ausgestattete Behältnisse für Toilettengerät, standen auf drei massiven Füßen (siehe Kat.-Nr. D 2.13ff.), die mit unterschiedlichen Motiven verziert waren.

Der Fuß besteht aus einer auf runder Basis stehenden Raubtierkralle, die sich nach oben kapitellartig erweitert und so eine bildliche Dar-

stellung aufnehmen kann. Es handelt sich um einen kauernden nackten Jüngling mit großen Flügeln, der als Lasa gedeutet werden kann (vgl. Kat.-Nr. B 7.19, F 19, D 6.18).

Lit.: Friederichs, S. 132 Nr. 547a; ein ähnliches Exemplar bei Giglioli, AE, Taf. 290.1, F. Blanck-Jurgeit, in: Schriften des Deutschen Archäologen-Verbandes, 5, 1981, S. 182ff.
I. K.

D 2.17–D 2.19
Drei Cistenfüße
4.–3. Jh. v. u. Z.
Bronze, gegossen. Beschädigungen durch Brandeinwirkung im zweiten Weltkrieg, restauriert
H. 8,5 cm
In Rom 1862 durch Brunns Vermittlung erworben
Berlin, SMB, Antikensammlung
Inv.: Fr. 542

Von der Ciste, zu der die drei Füße mit der Darstellung eines auf den Vorderbeinen liegenden Löwen gehören, sind auch Fragmente des Gefäßkörpers erhalten. Der Deckelgriff, einen Satyr und eine Mänade darstellend, befindet sich in Berlin (West).

Lit.: Friederichs, S. 130 Nr. 542; E. Pernice, in: ÖJh 7, 1904, S. 168ff. Abb. 86; W. L. Brown, The Etruscan Lion, 1960, S. 162; W. D. Heilmeyer, in: AA 1986, S. 115 Anm. 7 mit Lit.
I. K.

D 2.20
Randfragment einer Bronzeciste
Um 300 v. u. Z.
Bronze mit feiner dunkelgrüner, etwas fleckiger Patina
H. 9,4 cm, Br. 7,4 cm, Blechdicke 0,05–0,25 cm (Randverdickung)
Aus Sammlung Willner
Prag, UKA Inv.: 58–460

Ritzverzierung: stehende Turan in langer Tunika und Mantel, der um die Hüften gewunden ist. Ein loser Zipfel fällt links nach unten. Turan blickt nach rechts, den linken Ellenbogen auf eine hohe schmale Amphora gestützt. Am linken Arm befinden sich zwei Ringe, auf der Hand sitzt eine Taube mit ausgebreiteten Flügeln. In der rechten Hand hält sie einen Spiegel. Auf dem Kopf trägt die Göttin eine Haube mit Band und wohl auch Federn, die jedoch die Stirn frei läßt. Qualitätvolle Arbeit unter starkem apulischem Einfluß.

Lit.: Antické umění Nr. 243 mit Abb.; Umění Etrusků Nr. 16 mit Foto und Umzeichnung. J. B.

D 2.21
Griff einer Ciste
5.–4. Jh. v. u. Z.
Bronze, gegossen, Rückseite hohl.
Reduzierte Oberfläche, Sinterverkrustungen, ansonsten intakt

H. 3 cm, L. 8,1 cm
1827 aus Sammlung Bartholdy erworben
Berlin, SMB, Antikensammlung Inv.: Fr. 545

Der Henkel ist in Form eines Brücke schlagenden unbekleideten Jünglings gebildet. Durchbohrungen zwischen den Füßen und an der linken Hand dienten zur Befestigung an einem Cistendeckel. Vgl. auch Kat.-Nr. D 2.22.

Lit.: Friederichs, S. 132 Nr. 545; vgl. Kunstwerke der Antike, Münzen und Medaillen, A. G. Basel, 13. Mai 1961, S. 39 Nr. 73 mit Lit.; D. G. Mitten, Master Bronzes from the Classical World 1967, S. 204 Nr. 207 (jüngeres Exemplar).
I. K.

D 2.22
Griff einer Ciste
Ende 4. bis Anfang 3. Jh. v. u. Z.
Bronze
L. 15 cm, H. 6 cm
Fundort unbekannt; 1887 aus Sammlung M. und F. Golizyn erworben
Leningrad, GE, Antikensammlung
Inv.: V 734

Figur einer nackten jungen Akrobatin, die eine Brücke schlägt. Handflächen und Fußsohlen sind auf flache efeublättrige Platten gestützt. Der Kopf mit kurzem Haar ist zurückgebeugt. An den Füßen flache kleine Stiefel mit Bändern.

Lit.: Kul'tura i iskusstvo Etrurii Nr. 71. Z. B.

D 2.13

D 2.23

D 2.23 (Abbildung)
Kandelaber
Wahrscheinlich aus Vulci, nach 450 v. u. Z.
Bronze. Schwarzbraune Patina, aus drei
Bruchstücken zusammengesetzt und ergänzt.
Drei Lampenarme und zwei Löwenbeine
gebrochen, rechter Arm der Figur
abgebrochen
Aufsatz mit Bekrönung H. 12,6 cm,
D. 13,9 cm, Schaftstück H. 25 cm,
Dreifuß mit Ansatz des Schaftes
H. 19,9 cm; Gesamthöhe 47,5 cm
Herkunft unbekannt
Leipzig, KMU, Antikensammlung
Inv.: MB 7 (M 42 a–c)

Drei geschwungene Löwenbeine, deren Tatzen auf einem flachen ringförmigen Sockel mit
Perlstab stehen, gehen über eine kegelförmige
Wirtelung mit Perlstab und Blattkranz in einen
sich nach oben verjüngenden achtkantigen

Schaft über. Während Dreifuß und Schaft aus
einem Stück gegossen wurden, setzt sich die
Bekrönung aus drei Teilen zusammen. Das
hohl gegossene, mit den beiden Stiftlöchern
versehene Verbindungsstück (ursprünglich mit
Stiften verzapft), reich profiliert und mit wulstartigem Perlstab versehen, bildet die Auflage für
den breiten Ring mit den vier geschwungenen
Kandelaberarmen, die über einen dreigeteilten
Wulst in palmettenartige Blütenblätter übergehen. Die eigentliche Bekrönung bildet eine
Jünglingsstatuette, deren in der Mitte stark eingezogener, nach unten kantig, nach oben gerundeter perlstabgeschmückter Sockel durch
einen angegossenen Zapfen mit den übrigen
Teilen verbunden ist. Die nackte jugendliche
Athletenfigur im ausgeprägten Kontrapost, die
linke Hand in die Hüfte gestemmt, der rechte
Arm abgebrochen. Die Körperdetails kalt nachgearbeitet. Analogien für Kandelabertypus in

der Ny Carlsberg Glyptothek (Bildertafeln des
Etruskischen Museums der Ny Carlsberg Glyp-
tothek 1928, S. 93) und Bekrönungsfigur (vgl.
Kat.-Nr. D 2.24) weisen auf Vulci. Nach dem
Körpertypus ist eine zeitliche Ansetzung vor der
Mitte des 5. Jh. nicht möglich.
Lit.: W. Herrmann, Katalog der antiken Metall-
arbeiten, ungedr. Diss. Leipzig 1964, 132ff.
Nr. 71 Taf. 53; ders., Etrurien, 1963, Taf. 32.
E. P.

D 2.24
Stehender Jüngling
Letztes Viertel 5. Jh. v. u. Z.
Bronze, Vollguß. Stark reduziert, vor
allem an rechter Seite zerfressene
Oberfläche
H. 11,8 cm
1908 aus dem römischen Kunsthandel
erworben
Berlin, SMB, Antikensammlung
Inv.: M. I. 10843

Der unbekleidete, eine Strigilis haltende
Jüngling war Teil eines Gerätes, das zum Auf-
hängen von Gegenständen bestimmt war, da
sechs mit Knospen verzierte Haken am unteren
Rand der Basis vorhanden waren. Diese jedoch
und ein großer Ring in einer Öse auf dem Kopf
der Statuette sind jetzt verloren. Die profilierte
Öse blieb erhalten.
Lit.: R. Zahn, in: Amtliche Berichte aus
den kgl. Kunstsammlungen 29, 1907–1908,
Sp. 291f. Abb. 160; Neugebauer Bronzen, S. 94
Taf. 31; S. Haynes, Etruscan Bronzes, 1985,
Nr. 133 Taf. 201; vgl. zur Öse mit Ring auf dem
Kopf bei D. G. Mitten, Master Bronzes from the
Classical World 1968, Nr. 178.
I. K.

D 2.25 (Abbildung)
Dioskur, Kandelaberstatuette
4. Jh. v. u. Z.
Bronze
H. 12 cm
Fundort und Herkunft unbekannt
Leningrad, GE, Antikensammlung
Inv.: V 1203

Figur eines unbekleideten Jünglings, der ein
sich aufbäumendes Pferd bändigt. Er steht links
vor dem Tier und hält mit der rechten Hand den
Hals des Pferdes, das auf den Hinterläufen am
Zaumzeug steht. Mit der linken Hand umfaßt er
den linken Vorderlauf. Der Dioskur hat kurzes
Haar, die Gesichtszüge sind grob ausgebreitet.
Die Gruppe ist auf einer runden, profilierten
Platte befestigt.
Lit.: AChB, Nr. 154.
Z. B.

D 2.26
Räucherständer
4.–3. Jh. v. u. Z.
Bronze, gegossen. Reduziert, Räucher-
schale fehlt
H. 49 cm
Von E. Gerhard 1841 in Italien gekauft
Berlin, SMB, Antikensammlung
Inv.: Fr. 689

D 2.28

Der Fuß des Thymiaterions besteht aus drei rechten menschlichen Beinen, die durch ein kurzes, mit Falten versehenes Gewand verbunden werden. An dem spiralsäuligen Schaft klettert ein Äffchen hoch, das einen offenbar eingefangenen Vogel (Ente) hochhält. Der obere Teil wird in Analogie zu anderen Räucherständern aus einer viereckigen Schale bestanden haben, die mit kleinen Vögeln besetzt war.

Lit.: Friederichs, S.166 Nr.689; zur Gattung vgl. W. Hornbostel, Aus Gräbern und Heiligtümern. Die Antikensammlung Walter Kropatscheck, 1980, S.250f. Nr.143; Kunst der Etrusker, Katalog Hamburg 1981, Nr.104 S.104, Ö. Wikander, Two Etruscan Thymiateria in the von Beskow Collection in: MedelhavsMusB 18, 1983, S.45ff.   I. K.

D 2.27
Räucherständer
4.–3. Jh. v. u. Z.
Bronze, gegossen. Sinterverkrustungen, ein Vogel fehlt
H. 40,2 cm
Herkunft und Fundort unbekannt
Berlin, SMB, Antikensammlung
Inv.: Fr. 691

Räucherständer mit kanneliertem Schaft wie Kat.-Nr. D 2.26.

Die Basis besteht aus drei Pferdefüßen. Auf dem sie verbindenden Zwischenglied ist je eine siebenblättrige Rosette aufgesetzt. Erhalten geblieben ist das Räucherschälchen, dessen Ecken mit Vögeln verziert sind.

Lit.: Friederichs, S.167 Nr.691, vgl. zu Kat.-Nr. D 2.26.   I. K.

D 2.28 (Abbildung)
Kopf eines Löwen
(Fragment einer Plastik)
2. Hälfte 5. Jh. v. u. Z.
Bronze
H. 26 cm
Fundort unbekannt; 1862 aus Sammlung Campana erworben
Leningrad, GE, Antikensammlung
Inv.: V 493

Fragment eines Löwen, der sich auf die Vorderpfoten stützt und zum Sprung ansetzt. Der Löwe ist mit aufgerissenem Rachen, fletschenden Zähnen und herausgestreckter Zunge dargestellt. Außerdem ist noch die linke Pfote erhalten. Die Ohren sind eng an den Kopf gelegt. Durch die Gestaltung der Mähne mit kleinen reliefartigen Locken kommt ein malerischer Zug in die Bronzeplastik, der durch die gravierte Rosette an den Ohren und die Sternchen über den Augen unterstützt wird.

Löwen oder Chimairen wurden am Eingang etruskischer Grabmäler als Wächter aufgestellt (vgl. Kat.-Nr. B 9.3). Das Exemplar in der Ermitage stellt ein seltenes Beispiel der etruskischen monumentalen Bronzekunst dar.

Lit.: E. Mercklin, in: Scritti in onore di B. Nogara, 1937, S.275–287 Taf.30.3,4; W. L. Brown,

The Etruscan Lion, 1960, Taf.49b, I,2, S.139 bis 140; Stefani, Bronzy i terrakoty, Nr.137; Kul'tura i iskusstvo Etrurii, Nr.53; AChB, Nr.171.   Z. B.

D 2.29
Minervastatuette
4. Jh. v. u. Z.
Bronze, Vollguß. Stellenweise korrodiert, grüne Patina, stabilisiert, Waffen jetzt verloren
H. 20,5 cm
Ohne Herkunftsangabe
Berlin, SMB, Antikensammlung
Inv.: Fr. 2176

Auf linkem Bein stehende in den Proportionen überlängte Minerva in Ärmelchiton und gegürtetem Peplos mit langem Überschlag. Zwischen Gürtung und Brüsten großes Gorgoneion. In der erhobenen Rechten ist eine Lanze zu ergänzen und in der Linken ein Schild. Be-

helmter Kopf mit geradeaus gerichtetem Blick. Großes Gesicht.

Lit.: E. Gerhard, Etruskische Gottheiten, A. 4,2; Akademische Abhandlungen 1868, Taf.37.2.; Friederichs, S.476 Nr.2176; Neugebauer, Bronzen S.41; vgl. U. Höckmann Antike Bronzen (Kassel, Kat.4), Nr.46, ähnlich mit unterschiedlichem Standmotiv.   I. K.

D 2.30
Minervastatuette
4.–3. Jh. v. u. Z.
Bronze, Vollguß, Patina verkrustet, Beine fehlen von Knien abwärts
H. 6,5 cm
1831 aus Sammlung Dorow-Magnus mit Angabe, »zwischen Perugia und Chiusi« erworben
Berlin, SMB, Antikensammlung
Inv.: Fr. 2179

D 2.25

D 2.39

D 2.31

Kleine Minervastatuette, die wohl auf dem rechten Bein stand, beide Arme erhoben, mit unklarem Gegenstand in der Linken. Großes Gorgoneion, von einer Schlange (?) umrahmt auf der Brust. Blick geradeaus gerichtet, Oberkopf stark verbreitert. Gesichtszüge und Einzelformen, auch die des Gewandes, grob.

Lit.: Friederichs, S. 476 Nr. 2179; vgl. zum Stil, M. Cristofani, Bronzi etruschi, 1985, Nr. 72 u. Nr. 74. I. K.

D 2.31 (Abbildung)
Minervastatuette
3.–2. Jh. v. u. Z.
Bronze
H. 11 cm
Fundort unbekannt, 1851 aus Sammlung Pizzati erworben
Leningrad, GE, Antikensammlung
Inv.: V 202

Statuette einer Minerva mit leicht auseinandergestellten Beinen. Der rechte Arm ist erhoben und hielt eine Lanze, der linke hängt leicht abgespreizt herunter. Die Göttin trägt einen Chi-

ton, darüber einen dorischen Peplos mit Überschlag, der über der rechten Schulter geknüpft ist; auf der Brust die Aigis, auf dem Kopf eine phrygische Mütze. Die Statuette ist auf einer flachen antiken Standplatte befestigt. Grobe und verallgemeinernde Interpretation der Figur.

Lit.: AChB, Nr. 169 Z. B.

D 2.32
Minervastatuette
3.–2. Jh. v. u. Z.
Bronze
H. 11,7 cm
Fundort unbekannt; 1851 aus Sammlung Pizzati erworben
Leningrad, GE, Antikensammlung Inv.: V 201

Statuette einer stehenden Minerva mit leicht zur Seite gedrehtem linkem Bein. Die Arme sind nach vorn gestreckt. Sie trägt einen langen Peplos mit Überschlag. Auf dem Kopf ein Helm. Die Figur steht auf einer hohen antiken Basis von rechteckiger und profilierter Form. Grobe, verallgemeinernde Interpretation der Formen.

Lit.: AChB, Nr. 168. Z. B.

D 2.33
Figürliche Spiegelstütze (Aphrodite)
3. Jh. v. u. Z.
Bronze, Vollguß. Hellgrüne Patina mit Verkrustungen
H. (mit Basis) 18 cm
Herkunft und Fundort unbekannt;
Berlin, SMB, Antikensammlung
Inv.: Fr. 13

Die bis auf Schuhe, Haube, Hals- und Ohrschmuck unbekleidete Aphrodite (Turan) hielt mit beiden Händen die Spiegelscheibe über ihrem Kopf. Sie steht auf dem linken Bein, das rechte ist nach hinten gesetzt und berührt nur mit der Fußspitze die profilierte Rundbasis.

Lit.: Friederichs, S. 27f., Nr. 13; Neugebauer, Bronzen, S. 40; vgl. De Ridder, Bronzes, Louvre II, Nr. 3023 S. 137 Taf. 106; ähnlich, aber Gefäßgriff R. S. Teitz, Masterpieces of Etruscan Art, 1962, S. 96 Nr. 87 Abb. S. 195. I. K.

D 2.34
Heraklesstatuette
Oskisch, Mitte des 5. Jh. v. u. Z.
Bronze
H. 29 cm
Fundort unbekannt; 1926 aus Sammlung
Stroganov erworben
Leningrad, GE, Antikensammlung
Inv.: V 1804

Statuette eines unbekleideten Herakles, der
mit dem rechten Bein nach vorn ausschreitet.
Der nach oben gewinkelte rechte Arm schwang
wohl die Keule. Der linke Arm hängt leicht abgewinkelt herunter und trägt am Unterarm ein zise-
liertes Löwenfell. Der Kopf ist gerade nach vorn
gerichtet. Gelängte Gesichtsform mit groben
Gesichtszügen. Das kurze Haar ist durch Einkerbungen dargestellt. Oberkörper mit breiten
Schultern und schmaler Taille. Brust- und
Bauchmuskulatur sind angedeutet. Bauchnabel
in Form eines vertieften Halbkreises mit Punkt.
Die Figur des Herakles ist ein gutes, relativ seltenes Beispiel für die oskischen Votivstatuetten.
Lit.: AChB, Nr. 145; S. Boriskovskaja, Novoe,
S. 132 Abb. 12.   Z. B.

D 2.35
Heraklesstatuette
Sabellisch,
nach Vorbild des 5. Jh. v. u. Z.
Bronze, Vollguß. Löwenfell abgebrochen,
linkes Bein unterhalb des Knies
angebrochen, Oberfläche reduziert
H. 10,4 cm
1828 aus Sammlung Koller erworben
Berlin, SMB, Antikensammlung
Inv.: Fr. 2038

Bewegungs- und Standmotiv sowie Löwenfell wie Kat.-Nr. D 2.34. Charakteristisch sind
der kleine Kopf auf breitem Hals, die groben Gesichtsformen sowie die feine Haarangabe.
Lit.: Friederichs, S. 446 Nr. 2038; Colonna,
Bronzi votivi, Nr. 618.   I. K.

D 2.36 (Abbildung)
Heraklesstatuette
Südetruskisch, 5. Jh. v. u. Z.
Bronze. Dunkelgrüne feine Patina. Beide
Beine in Kniehöhe, Keule und das Ende
des über den linken Arm geworfenen
Mantels abgebrochen, kleine Beschädigungen
an Bauch und Hüften, Korrosion und
Bestoßungen
H. 11,6 cm
Prag, NM, Inv.: 4788

Herakles im Löwenfell, ursprünglich auf das
rechte Bein gestützt, nach vorn schreitend, die
rechte Hand mit Resten der Keule erhoben. Das
Fell mit dem Löwenskalp ist über den Kopf des
Herakles gezogen, zwei Kragenzipfel an den
Wangen bildend. Die Stirnlocken ragen unter
dem Skalp hervor. Die Vordertatzen des Löwenfells auf der Brust zusammengebunden,
das Fell über den linken Arm geworfen. Die linke
Hand ist zur Faust geballt. Symmetrische S-för-

D 2.36

mige Ritzungen markieren im Rücken der Statuette das Haar des Löwenfells.
Lit.: Antické umění Nr. 237 Taf. 31 (mit Parallelen); Umění Etrusků Nr. 8.   I. B.

D 2.37
Heraklesstatuette
4. Jh. v. u. Z.
Bronze
H. 17,5 cm
Fundort unbekannt; 1925 aus Sammlung
Stiglitz erworben
Leningrad, GE, Antikensammlung
Inv.: V 1727

Statuette eines stehenden unbekleideten Herakles, mit S-förmig gebogenem Oberkörper. Er
steht auf dem rechten Bein, der linke Fuß berührt mit den Zehenspitzen den Boden. Rechter
Arm weit vorgestreckt mit einem Rhyton in der
Hand, der linke Oberarm nach hinten geführt;
über dem vorgestreckten Unterarm liegt das Löwenfell, auf dem in schematischer Darstellung
Maul und Tatzen des Löwen angegeben sind.
Kopf des Herakles auf schlankem Hals nach

rechts gedreht. Kurzes Haar, durch Einkerbungen markiert; genauer modelliert die Gesichtszüge, die Brust- und Rückenmuskulatur, Brustwarzen plastisch ausgearbeitet. Die Statuette
ist auf einem hohen, viereckigen antiken Sockel
befestigt; er hat ein oberes und unteres vor-
springendes Profil. Die Aussparungen an der
Grundplatte zeugen davon, daß die Figur auf
einem Untergrund aus Holz befestigt war.
Lit.: AChB, Nr. 152   Z. B.

D 2.38
Heraklesstatuette
4. Jh. v. u. Z.
Bronze. Dunkelgrüne feine Patina, Füße
und Keule abgebrochen, Bauch bestoßen
H. 9,8 cm
Prag, NM, Inv.: 4789

Herakles mit Löwenfell, auf das rechte Bein
gestützt, das linke nach vorne gesetzt, die linke
Hand (mit Rest der Keule) erhoben. Das Fell mit
dem Löwenskalp ist über den Kopf gezogen, die
Vordertatzen auf der Brust verknotet und das
Ende mit Zipfel über den linken Arm geworfen.

Die Arbeit ist gröber, härter als bei dem Exemplar Kat.-Nr. D 2.36.

Lit.: Antické umění Nr. 238 Taf. 33; Umění Etrusků Nr. 9 m. Abb. Vgl. bes. Babelon-Blanchet, Bronzes Bibliothèque National Paris, 1895, Nr. 538. I. B.

D 2.39 (Abbildung)
Heraklesstatuette
4. Jh. v. u. Z.
Bronze
H. 12,3 cm
Fundort unbekannt; 1851 aus Sammlung Pizzati erworben
Leningrad, GE, Antikensammlung
Inv.: V 187

Herakles in der Haltung des Angreifers mit erhobener rechter Hand, in der sich Reste der Keule erhalten haben, und vorgestrecktem linkem Arm, der den Bogen hielt. Oberkörper und Kopf sind leicht nach links gedreht; der Körper ist nackt. Über den Kopf gezogen ist das Löwenfell, das vor der Brust verknotet ist. Das Löwenfell bedeckt einen Teil des Rückens, die linke Schulter und ist über den linken Arm gelegt. Die Beine sind leicht gespreizt, das linke im Knie etwas gebeugt. Die Figur ist auf einer niedrigen antiken Basis von rechteckiger profilierter Form befestigt.

Lit.: AChB, Nr. 149; vgl. D. G. Mitten, Master Bronzes from the Classical World, 1968, Nr. 183. Z. B.

D 2.40
Heraklesstatuette
4. Jh. v. u. Z.
Bronze, Vollguß. Reduzierte Oberfläche, sonst intakt.
H. 17 cm
1828 aus Sammlung Koller erworben
Berlin, SMB, Antikensammlung
Inv.: Fr. 2024

Herakles wie Kat.-Nr. D 2.39; Oberkörper und Kopf aber kaum nach links gedreht. Der untere Teil des Löwenfells ist dekorativ um den linken Unterarm gelegt mit herabhängenden Pranken und Schweif.

Lit.: Friederichs, S. 445 Nr. 2054; K. A. Neugebauer, in: AA 1946/7, Sp. 12 Taf. 29,2; vgl. D. G. Mitten, Master Bronzes from the Classical World, 1968, Nr. 183. I. K.

D 2.41
Heraklesstatuette
4. Jh. v. u. Z.
Bronze
H. 20,3 cm
Fundort unbekannt; 1926 aus Sammlung Stroganov erworben
Leningrad, GE, Antikensammlung
Inv.: V 1887

Herakles wie Kat.-Nr. D 2.39. Die Gesichtszüge und die Körpermuskulatur des Herakles sind grob, aber ausdrucksstark.

Lit.: Kul'tura i iskusstvo Etrurii, Nr. 62; AChB, Nr. 151. Z. B.

D 2.42
Heraklesstatuette
Sabellisch, 4. Jh. v. u. Z.
Bronze, Vollguß. Korrodierte und löchrige Oberfläche, rechter Fuß oberhalb des Knöchels, Teil des Löwenfells und Keule verloren, Riß im rechten Oberarm
H. 14,4 cm
1828 aus Sammlung Koller erworben
Berlin, SMB, Antikensammlung
Inv.: Fr. 2055

Keuleschwingender Herakles mit rechtem Standbein. Das Löwenfell ist flach über den Arm gelegt und bedeckt nicht den Kopf. Dieser ist groß mit gesträhntem Haar, das die Stirn wie eine Kappe umgibt. Schematische, aber kräftige Körperformen.

Lit.: Friederichs, S. 448 Nr. 2055; Colonna, Bronzi votivi, S. 157 Nr. 480. I. K.

D 2.43
Heraklesstatuette
4. Jh. v. u. Z.
Bronze
H. 11 cm
Fundort unbekannt; 1851 aus Sammlung Pizzati erworben
Leningrad, GE, Antikensammlung
Inv.: V 184

Heraklesstatuette wie D 2.40. Am Kopf kurzes Haar, durch Einkerbungen wiedergegeben. Die Figur ist flach, der Torso nur leicht gekrümmt. Die Muskulatur ist schematisch angedeutet. Votivstatuetten dieser Art wurden in großer Zahl hergestellt und sind charakteristisch für die umbrischen, picenischen, sabellischen und samnitischen Werkstätten.

Lit.: Stefani, Bronzy i terrakoty, Nr. 499; AChB, Nr. 146. Z. B.

D 2.44
Heraklesstatuette
Sabellisch, 4.–3. Jh. v. u. Z.
Bronze, Vollguß. Nahezu intakte Patina, vereinzelt kleine Löcher, Keule und vordere Teile der Füße fehlen
H. 10,3 cm
1828 aus Sammlung Koller erworben
Berlin, SMB, Antikensammlung Inv.: Fr. 2040

Jugendlicher, schlankwüchsiger Herakles im Schema wie Kat.-Nr. D 2.40. Breiter Hals, Kopf mit Löwenskalp sehr schmal.

Lit.: Friederichs, S. 447 Nr. 2040. I. K.

D 2.45
Heraklesstatuette
3. Jh. v. u. Z.
Bronze, Vollguß. Intakt
H. 13 cm
Ohne Herkunftsangabe
Berlin, SMB, Antikensammlung
Inv.: Fr. 2053

Herakles im Schema wie Kat.-Nr. D 2.40. Die Körperformen sind überlängt und verschliffen. Schmaler, leicht verdrückter Kopf.

Lit.: Friederichs, S. 448 Nr. 2053; vgl. zum Vorbild: G. Colonna, Bronzi votivi, S. 149 Nr. 454 Taf. 110. I. K.

D 2.46
Heraklesstatuette
2.–1. Jh. v. u. Z.
Bronze, Vollguß. Oberfläche stark reduziert, dort, wo das bewegliche Löwenfell hängt, Abreibespuren; Teile von rechter Hand und Füßen verloren
H. 15,5 cm
1828 aus Sammlung Koller erworben
Berlin, SMB, Antikensammlung
Inv.: Fr. 2061

Statuette eines mit der Keule zum Schlag ausholenden Herakles. Über dem linken Arm hängt das separat gearbeitete Löwenfell. In der linken Hand befinden sich kleine runde Gegenstände (Äpfel der Hesperiden?). Die Formgebung der muskulösen Statuette ist hart. Am Brustkorb befinden sich neben den grob angegebenen Rippen sechsteilige Einkerbungen. Der Kopf ist etwas hochgenommen und nach links gewandt. Kurzgelocktes Haar mit einem Reif, in dessen Mitte über der Stirn ein halbrundes palmettenartiges Ornament aufragt.

Lit.: Friederichs, S. 448 Nr. 2061: vgl. Aus Gräbern und Heiligtümern. Die Antikensammlung Walter Kropatscheck, Katalog Hamburg 1980, Nr. 100. I. K.

D 2.47 (Abbildung)
Statuette eines opfernden Jünglings
2. Hälfte 5. Jh. v. u. Z.
Bronze, Vollguß. Beide Füße fehlen, schwarzbraune bis olivgrüne Patina
H. 8,8 cm
Fundort unbekannt, 1901 von P. Hartwig, Rom, erworben
Dresden, SKS, Skulpturensammlung
Inv.: ZV 1869

Stehender Jüngling, das linke Spielbein locker zur Seite gesetzt; in der erhobenen rechten Hand eine Omphalosschale. Mit nach vorn gekehrter Handfläche reckt er die Linke anbetend gen Himmel; Kopf und Blick sind in gleicher Richtung aufwärts zu den Göttern erhoben. Das fein ziselierte Haar ist mit seinen Enden über einen Reif aufgerollt; auf dem Vorderkopf sitzt von Ohr zu Ohr ein Blätterkranz. Der Jüngling ist lediglich mit einem zum Wulst gerollten Mantel bekleidet, der – wie ein Gürtel um den Leib geschlungen – an der rechten Hüfte gehalten wird, indem der eine Zipfel einfach hinter dem Gürtel durchgesteckt ist; das lange Ende – schräg über den Rücken und die linke Schulter geworfen – ist vorn mit dem Zipfel ebenfalls unter dem Gürtelwulst durchgezogen. In dieser Form mit oder ohne Chiton taucht der Mantel als Tracht von Tänzern und Wettkämpfern in etruskischen Darstellungen seit dem Ende des 6. Jh. v. u. Z. auf (Tomba della Scimmia, Tomba del Barone, Tomba delle Bighe). Er wird von den Tänzen, die einen Teil des Totenkultes bildeten, in un-

D 2.47

D 2.50

sere Opferdarstellung übernommen sein. Der so gegürtete Mantel tritt bei den Römern als cinctus Gabinus auf und wird von dem tanzenden Mars oder mit Tunica von den Laren getragen. Man wird die Dresdener Figur nicht wie P. Ducati (ÖJh 13, 1910, S. 137 Anm. 7) einfach zu den Laren rechnen dürfen, weil zwischen ihr und den römischen noch die Verbindungsglieder fehlen. Die stilistischen Übereinstimmungen mit einer Berliner Bronze aus Süditalien (AA 1904, S. 35f.) in Gesichtsschnitt und Haartracht mit dem Kranz aus dicht gereihten Blättern lassen an denselben Meister denken. Das Nebeneinander verschiedener Stilmerkmale wie die archaisierenden Falten, die Haarrolle und die gelöste Stellung mit auswärts gewendetem Spielbein ist bezeichnend etruskisch und hat seine Analogien u. a. in der Tomba Querciola, die zwischen dem 2. Viertel des 5. Jh. und Mitte des 4. Jh. v. u. Z. datiert wird (Steingräber, Pittura etrusca, 1984, S. 342f. Nr. 106). Wegen der geöffneten Haltung werden wir das Werk schon in die 2. Hälfte des 5. Jh. v. u. Z. datieren müssen.

Lit.: AA 1902, S. 111 Nr. 1 Abb. 3; W. Müller, in: AA 1931, Sp. 348f. Abb. 5 (mit älterer Lit.).

M. R.

D 2.48
Statuette eines opfernden Jünglings
3. Jh. v. u. Z.
Bronze. Hellgrüne feine Patina, grobe schematische Ziselierung der Oberfläche, auf der Rückseite mehrere Blasen vom schlechten Guß
H. 9,8 cm
Prag, NM Inv.: 4790

Statuette eines stehenden, nackten Jünglings. Vorn am Kopf ein Kranz oder gerollte Haarzöpfe. Der Kopf und das Oberteil des Rumpfes sind leicht nach hinten gebeugt, so daß das Gesicht nach oben blickt. In der rechten Hand eine Patera und in der linken Faust ein senkrechtes Loch für einen stabartigen Gegenstand. Der linke Standfuß leicht vorgesetzt, der rechte im Knie ein wenig gewinkelt und zurückgesetzt. Augen, Zehen, Mund und andere Details sind gepunzt.

Lit.: Antické umění Nr. 239; Umění Etrusků Nr. 11 (Abb.). J. B.

D 2.49
Priesterstatuette
3.–2. Jh. v. u. Z.
Bronze
H. 11 cm
Fundort unbekannt; 1851 aus Sammlung Pizzati erworben
Leningrad, GE, Antikensammlung Inv.: V 189

Stehender halbnackter Jüngling mit kurzem Umhang, der von der linken Hand gehalten wird. Der rechte Arm weist nach vorn und hält eine Phiale. Die Beine in Schrittstellung, der Kopf nach vorn gerichtet. Das üppige Haar, das das Gesicht umrahmt, ist mit einem Band umwickelt. Bauch- und Brustmuskulatur deutlich ausgearbeitet. Gutes Beispiel für Votivplastik hellenistischer Zeit.

Lit.: Stefani, Bronzy i terrakoty, Nr. 490; AChB, Nr. 158. Z. B.

D 2.50 (Abbildung)
Priesterstatuette
3.–2. Jh. v. u. Z.
Bronze
H. 12,5 cm
Fundort unbekannt; 1926 aus Sammlung Stroganov erworben
Leningrad, GE, Antikensammlung
Inv.: V 1891

Figur eines Manteljünglings mit leicht auseinandergestellten Beinen und nach vorn ausgestreckten Armen. In der rechten Hand hält er eine Phiale, in der linken eine Pyxis. Auf dem Kopf trägt er einen Kranz aus Efeublättern, an den Füßen Sandalen. Flache Modellierung, durchschnittliche Arbeit. Beispiel für die Massenproduktion spätetruskischer Votivplastik.

Lit.: Kul'tura i iskusstvo Etrurii, Nr. 70; AChB, Nr. 160. Z. B.

D 2.51
Priesterstatuette
2. Jh. v. u. Z.
Bronze, Vollguß. Reduzierte Oberfläche,
es fehlen rechter Arm ab Ellenbogen
und linke Hand mit den Opfergeräten
H. 9,3 cm
Ohne Herkunfts- und Fundortangaben
Berlin, SMB, Antikensammlung
Inv.: 32544

Opfernder jugendlicher Priester in einen links
über die Schulter geführten Mantel gehüllt, der
den Oberkörper unbedeckt läßt und bis etwa unterhalb der Knie reicht. Auf dem Kopf großer
Kranz aus sieben spitzen, mit feinen Linien gravierten Blättern. Vgl. Repliken in Cortona, Inv.
1656 und Arezzo, Inv. 12023
Lit.: Vgl. S. Haynes, in: RM 67, 1960, S. 37
Nr. 131 Taf. 16.1–2, Taf. 18.1–5.   I. K.

D 2.52
Priesterstatuette
Etruskisch-mittelitalisch,
zwischen 100 v. u. Z. und 50 u. Z.
Bronze. Glatte, feine dunkelgrüne
Patina, intakt
H. 7 cm
Aus Sammlung Willner
Prag, UKA Inv.: 58–458

Der Priester steht auf dem linken Bein, während das rechte Bein im Knie leicht angewinkelt
und nach hinten gesetzt ist. Ein kurzer Mantel ist
über die linke Schulter und über den linken Arm
geworfen und reicht bis in Kniehöhe. Auf dem
Kopf fünfteilige Blattkrone; in der ausgestreckten rechten Hand eine flache Scheibe mit kreuzförmig angeordneten kurzen Ritzlinien und eingetieften Punkten sowie in der linken Hand ein
rundes Gebäck mit ähnlicher Verzierung. Modellierung schematisch, Ziselierung aber fein
durchgeführt. Der Typ wird gewöhnlich als Darstellung eines Priesters des Helios/Sol oder der
Diana gedeutet.
Lit.: Antické umění Nr. 241; Umění Etrusků
Nr. 13 (Abb.).   J. B.

D 2.53
Priesterstatuette
Mitteletruskische Werkstatt,
100 v. u. Z.–50 u. Z.
Bronze, Vollguß. Dunkelbraune Patina,
stellenweise korrodiert, intakt bis auf
die abgetrennten Einlaßzapfen unter den
Füßen, von denen nur ein Teil erhalten blieb
H. 16,2 cm
Aus der alten königlichen Sammlung
Berlin, SMB, Antikensammlung
Inv.: Fr. 2094

Opfernder Priester vom Typ Kat.-Nr. D 2.50 in
einer späten Version und grober Ausführung.
Punktdekor an Mantelsaum, der Schale, der Pyxis (Acerra) und den Blättern des Kranzes.
Lit.: Friederichs, S. 457 Nr. 2094.   I. K.

D 2.54
Priesterstatuette
Mitteletruskisch, 100 v. u. Z.–50 u. Z.
Bronze, Vollguß. Korrodierte löchrige
Patina, stabilisiert, Schnittstellen
an dem gemeinsamen (?) Einlaßzapfen
H. 10,8 cm
Aus Nachlaß Rösel 1844 erworben
Berlin, SMB, Antikensammlung Inv.: Fr. 2099

Ganz flache, im Rücken hohle Figur vom Typ
Kat.-Nr. D 2.50. Blattkrone und Gesicht sind
sorgfältig ausgearbeitet.
Lit.: Friederichs, S. 457 Nr. 2099 mit Erwäh-
nung einer Basis, die jetzt fehlt.   I. K.

D 2.55
Priesterstatuette
Südetruskisch (?),
100 v. u. Z.–50 u. Z.
Bronze, Vollguß. Dunkle, auf Vorderseite
teilweise löchrige Patina, stabil,
Füße, rechter Unterarm und linke Hand
mitsamt den Opfergeräten verloren
H. 7,8 cm
Aus der alten königlichen Sammlung
Berlin, SMB, Antikensammlung Inv.: Fr. 2090

Opfernder Priester vom Typ Kat.-Nr. D 2.50
mit unterschiedlich ausgeführten Blättern des
Kranzes. Diese Blattbildung ist häufiger bei südetruskischen Stücken anzutreffen.
Lit.: Friederichs, S. 456 Nr. 2090; zur Blattform vgl. S. Haynes, in: RM 67, 1960, Taf. 16.1
bis 2.   I. K.

D 2.56
Statuette einer Priesterin
3.–2. Jh. v. u. Z.
Bronze
H. 12,5 cm
Fundort und Herkunft unbekannt
Leningrad, GE, Antikensammlung
Inv.: V 1216

Statuette einer aufrecht stehenden Frau mit
leicht auseinandergestellten Beinen und ausgestreckten Armen. In der rechten Hand hält sie
eine Phiale, in der linken eine Pyxis. Sie ist bekleidet mit einem langen Chiton mit Überschlag,
das Gürtelband ist vorn geknotet. Auf dem Kopf
ein gezacktes Diadem.
Nach der Kleidung stellt die Statuette ein selten anzutreffendes Beispiel der spätetruskischen Votivplastik dar.
Lit.: AChB, Nr. 163.   Z. B.

D 2.57
Statuette einer Priesterin
3.–2. Jh. v. u. Z.
Bronze, Vollguß. Oberfläche reduziert,
stabil, es fehlen rechter Arm ab
Ellenbogen mit Opferschale und linke
Hand mit Pyxis
H. 10,5 cm
1828 aus Sammlung Koller erworben
Berlin, SMB, Antikensammlung
Inv.: Fr. 2103

Stehende Priesterin in Chiton mit über den
Hinterkopf gezogenem Mantel bei Opferhandlung. In der ausgestreckten Rechten sind eine
Phiale und in der Linken eine Pyxis zu ergänzen. Die Priesterin trägt ein halbmondförmiges,
mit Strichmustern dekoriertes Diadem mit einer
mittleren Erhöhung (apex) und seitlichen scheibenförmigen Ornamenten. Figur unkörperlich
flach mit ausgeführter Rückseite.
Lit.: Friederichs, S. 458 Nr. 2103; zum Typ vgl.
S. Haynes, in: RM 67, 1960, S. 37 Taf. 15.1. I. K.

D 2.58
Statuette einer Priesterin
3.–2. Jh. v. u. Z.
Bronze, Vollguß. Stark reduzierte,
löchrige Patina, Oberfläche vor allem
im Gesicht fast ganz zerstört
H. 11,3 cm
Aus der alten königlichen Sammlung
Berlin, SMB, Antikensammlung
Inv.: Fr. 2113

Stehende Priesterin im Typ Kat.-Nr. D 2.57,
ohne Blattkranz, mit Opferschale in der ausgestreckten Rechten und Kännchen in der vom Himation umwickelten Linken.
Lit.: Friederichs, S. 458 Nr. 2113 (bekränzte
Frau; Kranz aber auch auf altem Neg. 3708
nicht mehr vorhanden).   I. K.

D 2.59
Statuette einer Adorantin
3.–2. Jh. v. u. Z.
Bronze, Vollguß. Dunkle stabile Patina,
intakt bis auf winzige Fehlstelle
am mittleren Blatt des Kranzes und an
einem Finger der rechten Hand
H. 9,9 cm (ohne Zapfen)
Aus Auktion Castellani erworben
Berlin, SMB, Antikensammlung
Inv.: M. I. 7912

Stehende weibliche Figur in gegürtetem Untergewand und einem um Hüften und linke
Schulter gelegten Mantel. Im am Hinterkopf zu-
sammengeschnürten Haar großer Kranz aus
fünf Blättern. Das Gesicht ist aufmerksam geradeaus gerichtet. Beide Arme sind mit ausgebreiteten Handflächen und abgespreizten Daumen im Gestus der Anbetung vorgestreckt.
Lit.: Vgl. S. Haynes, in: RM 67, 1960, Taf.
18.6.   I. K.

D 2.60
Statuette einer Priesterin
Hellenistisch,
100 v. u. Z.–50 u. Z.
Bronze, Vollguß, runder Einlaßzapfen? Intakt
H. 5,2 cm
Aus Nachlaß Levezow, 1840 erworben
Berlin, SMB, Antikensammlung Inv.: Fr. 2108

Spätes, ganz unkörperlich aufgefaßtes Exemplar einer opfernden Priesterin mit vierblättri-
ger Krone und großer Spendeschale.
Lit.: Vgl. S. Haynes, in: RM 67, 1960, Taf.
18.9.   I. K.

D 2.61

D 2.65

D 2.61 (Abbildung)
Statuette eines Adoranten
3.–2. Jh. v. u. Z.
Bronze, Hohlguß; Sandkern in Statuette
erhalten, jetzt Loch im Hals vorn.
Korrodierte Oberfläche mit Verkrustungen
H. 18,5 cm
Ohne Herkunftsangabe 1894 inventarisiert
Berlin, SMB, Antikensammlung
Inv.: M. I. 8486

Stehender Jüngling im Gestus der Anbetung.
Leicht differenziertes Standmotiv mit auseinandergestellten Füßen. Beide Arme sind vorgestreckt, die rechte Hand ist erhoben. Das von
gesträhntem mittellangem Haar umgebene Gesicht ist leicht aufwärtsgerichtet. Die Einzelformen sind herausgearbeitet. Haltung und Blick
sind zurückhaltend, fast scheu.

Lit.: G. Hafner, Togati, in: AntK 1967, S. 23ff.
Abb. 16; vgl. U. Höckmann, Antike Bronzen
(Kassel Kat. 4) Nr. 60 (mit Lit.); L. Franzoni, Col-
lezioni e Musei archeologici del Veneto, 1970,
S. 33 (Inv. A 4, 397). I. K.

D 2.62
Statuette eines Adoranten
3.–2. Jh. v. u. Z.
Bronze, Vollguß, Einlaßzapfen unter den
Füßen. Stark reduzierte Oberfläche,
an einigen Stellen löchrig
H. 9,4 cm

Von E. Gerhard 1841 in Italien erworben
Berlin, SMB, Antikensammlung
Inv.: Fr. 2119a

Stehender Jüngling in schmalem Mantel, der
die rechte Hälfte des Oberkörpers unbedeckt
läßt. Das Mantelende hängt im Rücken herab.
Beide Arme sind mit nach oben gewendeten
Handflächen vorgestreckt. Kopf mit altertü-
melnder Frisur. Haarsträhnen angegeben, die
Einzelformen des Gesichts jetzt verunklärt. Finger eingeritzt.

Lit.: Friederichs, S. 459 Nr. 2119a; vgl.
S. Haynes, in: RM 67, 1960, Taf. 19.2, qualitätsvolleres Exemplar. I. K.

D 2.63
Statuette eines Adoranten
Mittel-nordetruskisch, 3.–2. Jh. v. u. Z.
Bronze, Vollguß. Dunkle, im unteren Teil
korrodierte Patina, stabil, Bruchstellen
an den Einlaßzapfen
H. 8,3 cm mit Zapfen
Aus Sammlung Minutoli
Berlin, SMB, Antikensammlung Inv.: Fr. 2114

Jüngling mit Himation, das den Oberkörper
frei läßt, im Adorationsgestus. Die rechte Handfläche des angewinkelten Armes ist nach außen
gerichtet, von der Hand des eng am Körper liegenden linken Armes ist der Daumen abgespreizt. Diese Handhaltung wird im Sinne der
kultischen Verehrung gedeutet.

Lit.: Friederichs, S. 45f. Nr. 2114; vgl. auch
G. Hafner, Togati, in: AntK 1967 Abb. 14–15;
U. Höckmann, Antike Bronzen (Kassel, Katalog
4), Nr. 60 S. 31. I. K.

D 2.64
Jünglingsstatuette
Nordetruskisch, 4. Jh. v. u. Z.
Bronze, Vollguß. Stark reduzierte Oberfläche,
Loch im linken Oberschenkel
H. 11,4 cm
Ohne Herkunfts- und Fundortangaben
Berlin, SMB, Antikensammlung
Inv.: Fr. 2246

Jüngling mit linkem Standbein, das rechte
Bein leicht zur Seite gesetzt. Er stützt den linken
Arm in die Hüfte. Der rechte angewinkelte Arm
ist aufwärts gerichtet. Schmaler Oberkörper und
runder Kopf auf kräftigem Hals. Die Haarsträhnen sind einzeln angegeben, die Kalotte
blieb glatt.

Lit.: Friederichs, S. 486 Nr. 2246; seitenver-
kehrtes Standmotiv mit in die Hüfte gestütztem
Arm bei M. del Chiaro, Reexhumed Etruscan
Bronzes, 1981, Abb. 9 Nr. 9. I. K.

D 2.65 (Abbildung)
Jünglingsstatuette
3. Jh. v. u. Z.
Bronze
H. 52 cm
Herkunft unbekannt, 1928 erworben
Leningrad, GE, Antikensammlung
Inv.: V 2068

Statuette eines nackten jungen Mannes mit nach vorn gehaltenen Armen. In der rechten Hand der Griff eines Schwertes, in der nicht erkennbaren linken hielt er wahrscheinlich ein Palladion. Die linke Hand halb geöffnet nach oben weisend. S-förmig gebogener Körper mit linkem Standbein, das rechte angewinkelt und leicht zurückgesetzt, auf den Zehenspitzen stehend. Die Füße sind mit Stiefeln ohne Spitzen- und Fersenleder bekleidet. Der Kopf leicht nach unten in Richtung der rechten Hand gesenkt und trägt ein Reifendiadem sowie eine kleine Kappe, die wahrscheinlich in Form eines Schwanenkopfes endete. Erhalten ist lediglich eine runde Aussparung für die Befestigung. Entlang dem Rücken, auf den Schulterblättern, spaltenartige Vertiefungen, offensichtlich für die Befestigung von Flügeln; weiter unten, in Höhe der Lenden, zwei runde Aussparungen. Genaue Ausarbeitung der Gesichtszüge, die Pupillen nicht mehr vorhanden. Die Körpermuskulatur ist plastisch und weich ausgearbeitet, die Brustwarzen mit rotem Kupfer ausgelegt.

Lit.: O. F. Val'dgauer, Bronzovaja statuetka Diomeda, Eżegodnik Rossijskogo instituta iskusstv, 1922, S. 129–134; A. von Gerkan, F. Messerschmidt, Das Grab der Volumnier bei Perugia, in: RM, 57, 1942, S. 193 Abb. 22–24; Kul'tura i iskusstvo Etrurii, Nr. 69; AChB, Nr. 156; E. V. Mavleev, in: Chudožestvennye izdelija antičnych masterov, 1982, S. 82–96 Abb. 1.2.   Z. B.

D 2.66
Jünglingsstatuette
3.–2. Jh. v. u. Z.
Bronze, Vollguß. Grüne Patina, an einigen Stellen löchrig und abgegriffen, beide Unterarme verloren
H. 9,8 cm
1831 aus Sammlung Dorow-Magnus mit Angabe Perugia erworben
Berlin, SMB, Antikensammlung
Inv.: Fr. 2247

Unbekleideter Jüngling mit rechtem Standbein und erhobener linker Schulter, nach rechts gewandt. Arme vom Körper abgestreckt, der linke war wohl angewinkelt. Flacher, etwas verdrückter Kopf mit groben Gesichtszügen, Haar, Brustwarzen und Genital angegeben.

Lit.: Friederichs, S. 486 Nr. 2247, vgl. ähnliche Statuette bei A. Cederna, in: NSc 1951 Abb. 7,3.   I. K.

D 3 Votive und Grabbeigaben aus Terrakotta

Votivterrakotten konnten, da sie in der Regel aus Negativformen gewonnen wurden, relativ billig hergestellt werden. So waren sie für eine große Käuferschicht erschwinglich. Die in großen Mengen gefundenen Votive umfassen vor allem unterschiedlich große und unterschiedlich qualitätvolle Köpfe von Männern, Frauen und Kindern in verschiedenen Altersstufen (Kat.-Nr. D 3.1–27). Bei den einzelnen Typen treten, bedingt durch das Herstellungsverfahren mit Hilfe von Matrizen, häufig Wiederholungen auf. Obwohl eine gewisse physiognomische Differenzierung angestrebt wird, kann man bei diesen Terrakottaköpfen nicht von Porträts sprechen. Fast allen Köpfen gemeinsam ist der glatt abgeschnittene Hals, der sich allerdings in vielen Fällen zu einem leicht verbreiterten Standring erweitert. Es wird angenommen, daß die Köpfe in den Heiligtümern aufgestellt worden sind. Es gibt diese Köpfe auch als Halbköpfe (Kat.-Nr. D 3.16), bei denen lediglich eine Gesichtshälfte zur Darstellung kommt.
Die Negativformen konnten lange in Gebrauch bleiben, da sie ja immer wieder durch Abformen neu gewonnen werden konnten, was allerdings mit Qualitätseinbußen und auch mit einer Verkleinerung einherging. Für die Datierung ausschlaggebend ist in erster Linie das Vorbild, der Prototyp. Das Festhalten an bestimmten Typen erklärt sich auch durch ihre Beliebtheit als billige Votive bei einer breiten Käuferschicht.

Lit.: G. von Kaschnitz-Weinberg, in: Ausgewählte Schriften II, 1965, S. 5ff; ders., in: RM 41, 1926, S. 133ff.; T. Dohrn, in: Helbig⁴ I, zu Nr. 796; G. Hafner, in: RM 72, 1965, S. 41ff.; ders., in: RM 73/74, 1966/67, S. 29ff.; M. Bonghi-Jovino, Capua preromana, Terrecotte votive, I, 1965; S. Steingräber, in: RM 87, 1980, S. 215ff. mit der älteren Lit.; zuletzt R. M. Hofter, Untersuchungen zu Stil und Chronologie der mittelitalischen Votivköpfe, 1985; zu Votivbüsten vgl. M. F. Kilmer, The Soulder Bust in Sicily and South and Central Italy: A Catalogue and Material for Dating, 1977, S. 123 bis 154, 308–315; P. Pensabene, in: ArchCl 29, 1977, S. 225–235; H. Jucker, in: Gnomon 54, 1982, S. 169–173.

Einen weiteren Bereich von Weihungen stellen die *anatomischen Votive* dar (Kat.-Nr. D 3.32 bis 37).
In den Heiligtümern von Heil- und Geburtsgöttern Mittelitaliens und Etruriens wurden in großen Mengen Darstellungen von Körperteilen gefunden, die als Weihgaben von Gläubigen gestiftet wurden. Neben Abbildungen von Extremitäten und äußeren Organen sind vor allem die Abbilder innerer Organe von Interesse, die für Etrurien und Mittelitalien charakteristisch sind. Für die Zeit vor dem 4. Jh. sind sie schon im etruskischen Veji belegt. Die Darstellung der Organe und das Interesse an ihnen wird durch die Eingeweideschau der etruskischen Priester zweifellos angeregt worden sein. Wie weit die Kenntnis der etruskischen Ärzte über die inneren Organe des Menschen ging, wissen wir nicht. Durch die Griechen in Unteritalien könnten Erkenntnisse der griechischen Medizin an die Etrusker gelangt sein. Die Organvotive geben jedoch keine Auskunft über den Stand dieser Kenntnis. Sie sind wohlfeile Weihungen armer Gläubiger, die aus Matrizen serienmäßig von Handwerkern hergestellt wurden, die nicht über exakte Kenntnisse verfügten und womöglich volkstümlichen Vorstellungen folgten.

Lit.: P. Pensabene u. a., Terracotte Votive dal Tevere, Studi Miscellanea 25, 1980 mit Lit.; A. Krug, Heilkunst und Heilkult, 1984, S. 32ff; A. Comella, I Materiali Votivi di Falerii, 1986. (Corpus delle stipi votivi in Italia I.)

In der Nekropole des Esquilin in Rom kam eine große Anzahl von *Altärchen* (Arulae) zutage, die wahrscheinlich mit dem Grabkult in Zusammenhang zu bringen sind (Kat.-Nr. D 3.38–44). Derartige Altärchen sind zwar in ganz Italien verbreitet, doch der Fundort der Typen Kat.-Nr. D 3.38–44 spricht eindeutig für die Lokalisierung ihrer Werkstatt in Rom. Die Datierung ergibt sich aus den Fundzusammenhängen. Marken auf den Altärchen sind nicht selten. Die M-Marke auf Kat.-Nr. D 3.43 ist noch auf zwei weiteren Exemplaren desselben Typs nachweisbar (Werkstatt- oder Handwerkerzeichen). Die Arulae gehören zu den frühesten selbständigen Kunstprodukten Roms.

Lit.: E. D. van Buren, in: MemAmAc 2, 1918, S. 15–51; I. Scott Ryberg, An archaeological record of Rome from the seventh to the second century B.C., 1940, S. 154–176, 167; Roma Medio Repubblicana, Katalog Rom, S. 72ff.; D. Ricciotti, Terrecotte votive 1: Arule (Cataloghi dell'Antiquarium Comunale), 1978.

Die *Masken* (Kat.-Nr. D 3.45–56), deren Herstellungszentren in Tarquinia und Vulci lagen, sind Matrizenabformungen. Nach ihren Fundumständen zu urteilen, waren sie an den Wänden der Gräber aufgehängt worden. Sie treten auch häufiger in Tuscania auf, wobei jedoch die aus Tarquinia importierten Stücke vorherrschen. Eine Übernahme aus der griechischen Kultur Süditaliens oder Siziliens ist offensichtlich und beleuchtet die Situation der etruskischen Kultur in frühhellenistischer Zeit. Dennoch sind die etruskischen Masken keine einfachen Abformungen griechischer Typen.

B 10.7 Basis eines Cippus, Griechen und Amazonen, aus Chiusi, 1. Hälfte 5. Jh. v. u. Z.

C. 1.18 Kampanisch-schwarzfigurige Korbhenkelamphora, Ausschnitt mit Triton, 1. Viertel 5. Jh. v. u. Z.

D 1.35 Etruskisch-spätrotfiguriger Stamnos (Akrathe-Maler), Athena und Gigant, 2. Hälfte 4. Jh. v. u. Z.

D 1.10 Pseudo-rotfigurige Kylix (Sokra-Gruppe), Perseus und Ketos, 2. Viertel 4. Jh. v. u. Z.

D 1.25 Etruskisch-rotfigurige Kylix (Clusium-Gruppe), Flötenbläserin zwischen Satyr und Papposilen, Mitte 4. Jh. v. u. Z.

D 1.30 Spätfaliskischer rotfiguriger Volutenkrater, A-Seite: Opferszene mit Dionysos, 320–300 v. u. Z.

D 1.30 Spätfaliskischer rotfiguriger Volutenkrater, B-Seite: Quadriga, 320–300 v. u. Z.

D 1.56 Versilberte Volutenamphora (Bolsena-Gruppe), aus Orvieto, Relieffries mit Amazonomachie, um 200 v. u. Z.

D 3.1   D 3.2

Die Bedeutung der Funde von Maskenmodellen in italischen Gräbern ist nicht klar, doch sollte ihr Vorkommen in italo-griechischen und etruskischen Gräbern nicht unbedingt in gleicher Weise erklärt werden. Es ist zu bedenken, ob sie wirklich als Denkmäler etruskischer Theaterspiele zu betrachten sind.

Lit.: Messerschmidt, S. 59–80; Verbreitung und Typologie: Stefani, Maschere S. 239–322; dies., Terrecotte figurate. Materiali del Museo Arch.Naz. di Tarquinia 7, 1984, S. 75–90; zum etruskischen Theaterwesen: V. Jolivet, in: RA 1983, S. 23–27.   I. K./H. H./J. G. Sz.

D 3.1 (Abbildung)
Jünglingskopf
Südetruskisch, 1. Viertel 5. Jh. v. u. Z.
Bräunlich-roter, schwarzglimmeriger Ton.
Gesicht und Ohren aus einer Matrize,
Hals und Schädel handgeformt,
Nacharbeit an dem kurzgeschnittenen
Haar. An den Ohren kleine Bestoßungen.
H. 19,2 cm
Fundort unbekannt;
1914 von P. Arndt erworben
Budapest, SzM, Antikensammlung
Inv.: T. 562

Der nach unten hin sich verbreiternde Hals und der Schädel mit glatter Oberfläche; hinten die Abgrenzung von Haar und Hals, vorne die Gurgel plastisch angedeutet. Ein Hauch »ar-

chaischen Lächelns« ist noch an dem Gesicht zu bemerken, aber alles weist auf die »subarchaische« Phase der etruskischen Kunst hin. Besonders auffallend ist die Verwandtschaft der allzu großen und stark abstrahierten, nierenförmigen Ohren mit Darstellungen auf den Vasen der Praxiasgruppe. Der Kopf steht entwicklungsmäßig zwischen den spätesten Kanopen (Kat.-Nr. B 1.7–8) und den frühsten Votivköpfen.

Lit.: J. G. Szilágy – L. Castiglione, Museum der Bildenden Künste, Budapest, Griechisch-römische Sammlung 1957, Taf. 10,1; vgl. Vatikan Inv. 13797 (Matrize und Ton identisch); etwas später, doch typengleich Paris, Louvre, Inv. ED (Coll. Durand) 2136 (gelblicher Ton). Zu den späten chiusinischen Kanopendeckeln: Gempeler, Taf. 33–34.   J. G. Sz.

D 3.2 (Abbildung)
Weiblicher Kopf
1. Hälfte 5. Jh. v. u. Z.
Rötlich-brauner Ton mit groben
Einschlüssen
H. 29,5 cm
Fundort unbekannt;
Aus Sammlung Stroganov 1926 erworben
Leningrad, GE, Antikensammlung,
Inv.: G. 1488

Ovales Gesicht mit massivem rundem Kinn. Bogenförmige Brauen, die Augenlider als

gleichmäßig dünne Wülste. Als Kopfschmuck ein Polos. Das gewellte Stirnhaar umgibt ein schmales glattes Band, über dem ein Kranz aus Myrthenblättern liegt. Hinten ist der Kopf glatt. Der Hals dick und kurz mit Büstenansatz, darauf ein Reif und ein Medaillon an dünner Schnur.

Lit.: Kul'tura i isskustvo Etrurii, Nr. 175; Antičnaja koroplastika, Nr. 241.   E. M.

D 3.3
Weiblicher Kopf
Prototyp aus dem Ende des 5. Jh. v. u. Z.
Hellbeigefarbener Ton; Vorderseite
Matrizenausformung, Rückseite und Ohren
flüchtig handgemacht, kein Brennloch.
Größere Bestoßungen am linken Jochbein,
kleinere Beschädigungen an Lippen und
Nase; Bruch am Hals; Brandeinwirkung in
der oberen Kopfhälfte
H. 20,4 cm
Alter Besitz; Fundort unbekannt
Berlin, SMB, Antikensammlung Inv.: 33760

Der streng frontal ausgerichtete Kopf erhält seinen herben Ausdruck durch die festgeschlossenen Lippen. Das kräftige Gesicht wird von in der Mitte gescheiteltem Haar gerahmt, das in sechs stark gewellten Strähnen hinter die Ohren geführt ist, dessen rückwärtiger Rand nur grob eingeritzt ist.

Die abgebrochene Halspartie kann in Analogie zu anderen Exemplaren zu einem abgesetz-

D 3.4

D 3.5

ten Standring ergänzt werden. Das Vorbild für diesen Votivkopf ist in Veji entstanden.

Lit.: Unveröffentlicht; vgl. Hofter, S. 176 Nr. 64 (mit Lit.).   I. K.

D 3.4 (Abbildung)
Jünglingskopf
400 v. u. Z.
Hellrötlichbrauner Ton, Vorder- und Rückseite Matrizenausformung. Nasenspitze und Teile des Halses abgebrochen
H. 24 cm
Ohne Herkunftsangabe
Berlin, SMB, Antikensammlung Inv.: 33255

Der durch den Stil polykletischer Jünglingsbilder bestimmte Kopf bildete den Ausgangspunkt für eine größere Gruppe von Votivköpfen. Aus dem Verlauf des Bruches am Hals kann geschlossen werden, daß der Kopf wahrscheinlich zu einer Statue gehörte. Das kurze Haar liegt fest auf Kopf und Stirn. Stark abgesetzte Lidränder umgeben die großen Augen. Das Kinn ist breit, der Mund kräftig. Der Kopf war leicht nach links gewandt.

Lit.: T. Dohrn, in: RM 52, 1937, S. 135 Taf. 32.1,2; ders., Grundzüge, S. 56f.; ders., Interimsperiode, S. 33f.; G. Hafner, in: RM 73/74, 1966 bis 67, S. 29ff. Taf. 5.2 mit Lit.; Hofter, S. 52, 55, 177 Nr. 72, Anm. 172.   I. K.

D 3.5 (Abbildung)
Männlicher Kopf
1. Hälfte 4. Jh. v. u. Z.
Gelbbrauner Ton, Reste weißer Grundierung; Vorderseite aus einer Matrize, Rückseite handgeformt
H. 26,5 cm
Fundort unbekannt;
1914 von P. Arndt erworben
Budapest, SzM, Antikensammlung
Inv.: T. 570

Auf unebenmäßiger Standleiste bärtiges Gesicht mit über den Kopf gezogenem Mantel. Unten offen. Kurzgeschnittenes Stirnhaar, an den Schläfen und im Bart Spirallocken.

Aus der griechischen Klassik entlehnte stilistische Elemente vereinigen sich hier mit auf die archaisch etruskische Kunst zurückgreifenden Zügen und münden in einer Ausdrucksweise, die charakteristisch für diese Periode geworden ist.

Lit.: Unveröffentlicht; aus gleicher Matrize: Genf, Musée d'art et d'histoire, Inv. MF 394; Oxford, Ashmolean Museum, Inv. 700 (aus Cortona); Rom, Museo Nazionale Romano, Inv. 213; G. Hafner, in: RM 77, 1970, S. 48 Taf. 21,1; RM 87, 1980, Taf. 78.1. Zur Frisur Hafner, a. O.; Hofter, S. 41–44 zu diesem Typus.
                                                        J. G. Sz.

D 3.6
Männlicher Kopf
Latinisch (?), 4.–3. Jh. v. u. Z.
Hellbrauner Ton; Vorderseite Matrizenausformung, handgemachte Rückseite; ohne Brennloch. Kleine Bestoßungen an Nase und Kinn
H. 23 cm
Herkunft unbekannt
Berlin, SMB, Antikensammlung
Inv.: 33758

Verhüllter Kopf eines fast noch kindlich wirkenden Jünglings, in frontaler Ausrichtung mit leichter Neigung nach links. Das Gesicht mit den großen, mandelförmigen Augen, die von plastischen Lidrändern umgeben sind, und dem verhalten lächelnden Mund, ist von nahezu scheuem Ausdruck.

Der ausladende Oberkopf läßt die Kinnpartie klein erscheinen. Das Haar ist über der Stirnmitte gescheitelt und liegt in Strähnen auf, die zu den Schläfen geführt sind. Die Ohren sind undeutlich angegeben. Der den rückwärtigen Teil des Kopfes umgebende Mantel bildet einen ca. 2 cm breiten Rand, der am Hals, der büstenartig zur Standfläche hin erweitert ist, in leichten Bögen verläuft.

Lit.: Unveröffentlicht; vgl. Hofter, S. 54, 180 Nr. 84; Zum Vorbild Kat.-Nr. D 3.4.   I. K.

D 3.7
Weiblicher Kopf
1. Hälfte 4. Jh. v. u. Z.
Bräunlich-roter Ton
H. 40 cm
Fundort unbekannt;
Aus Sammlung Pizzati 1852 erworben
Leningrad, GE, Antikensammlung
Inv.: G 121

Relativ kleiner Kopf auf hohem konischem Hals, bekrönt von einem hohen Kalathos. Das Gesicht scheint unproportional klein im Vergleich zum gesamten Votiv. Niedrige Stirn, große Augen, schlanke Nase und knapper schmaler Mund. Mürrischer Gesamteindruck infolge nach unten geneigter Mundwinkel. Die Betonung der Augen vermittelt den Eindruck eines energischen Blickes, was offensichtlich in Beziehung zur Magie und zur Religion steht.

Lit.: Kul'tura i isskustvo Etrurii, Nr. 180; Antičnaja koroplastika, Nr. 242.   E. M.

D 3.8 (Abbildung)
Männlicher Kopf
Kampanisch, 4.–3. Jh. v. u. Z.
Matt blaßgrauer Ton, Vorder- und Rückseite Matrizenausformung, ohne Brennloch. Kleine Beschädigung an rechter Schläfe und am Rand des Halses
H. 21,5 cm
Aus Curti; 1876 erworben
Berlin, SMB, Antikensammlung
Inv. TC 7270

Nach dem Bruch am Hals vielleicht auch zu einer Statue gehörig. Summarisch dargestellter Kopf eines jungen Mannes mit eng anliegender, die Stirn gradlinig begrenzender Haarkappe oder Kopfbedeckung. Die Augen weit geöffnet und von plastisch abgesetzten Lidrändern umgeben, die Nase kurz und gerade, der Mund unbestimmt.

Der Kopf gehört wahrscheinlich zu der Gruppe von Votiven, die sich durch eine eigenständig italische Gestaltungsweise von den von griechischen Vorbildern beeinflußten Votivköpfen unterscheiden.

Lit.: Vgl. M. Bonghi-Jovino, Capua Preromana. Terrecotte votive, Bd. 2, 1971, Nr. 39 Taf. 31. 1–2; St. Steingräber, in: RM 87, 1980, S. 228 Taf. 72.1.   I. K.

D 3.9
Männlicher Kopf
2. Hälfte 4. Jh. v. u. Z.
Dunkelorangefarbener Ton
H. 31,5 cm
Fundort unbekannt;
Aus Sammlung Pizzati 1852 erworben
Leningrad, GE, Antikensammlung
Inv.: G 72

Ovaler Kopf mit tiefliegenden Augen, eingeritzten nach oben verschobenen Pupillen, kräftiger gerader Nase und wenig geöffnetem kleinem Mund. Kurz gelocktes Haar ähnlich der Frisur des Alexanderporträts. Hals mit ovalem Bü-

stenansatz. Auf geschlossener Rückseite in Nackenhöhe Brennlöcher. Auf der gesamten Oberfläche Spuren der Engobe, auf dem Gesicht ein Mennige-Überzug. Häufig nachweisbarer Typus.

Lit.: Kul'tura i isskustvo Etrurii, S. 62 Nr. 187.   E. M.

D 3.10
Weiblicher Kopf
2. Hälfte 4. Jh. v. u. Z.
Rosafarbener Ton
H. 26,5 cm
Fundort unbekannt.
Aus Sammlung Pizzati, 1852 erworben
Leningrad, GE, Antikensammlung
Inv.: G 80

Ovales Gesicht mit abgerundetem Kinn, weit auseinanderstehenden, etwas schielenden Augen, gratartigen Augenbrauen. Ausschwingender glatter Hals bis zum Schulteransatz. Gerade schlanke Nase und leicht geöffneter Mund mit vollen Lippen. Gescheiteltes, gelocktes Stirnhaar zur Seite gekämmt mit Haarreif. Lang herabfallende Schulterlocken. Der Kopf wird von einem Umhang eingefaßt, der auf die Schulter herabfällt. Brennloch auf der Rückseite. Griechisch-spätklassisches Vorbild.

Lit.: Kul'tura i isskustvo Etrurii, Nr. 181.   E. M.

D 3.11
Weiblicher Kopf
4.–3. Jh. v. u. Z.
Dunkelrotbrauner Ton; ohne Brennloch, Vorderseite Matrizenausformung, Rückseite handgeformt. Kinn, Nase und Ränder der Verhüllung bestoßen
H. 24,5 cm
Aus Sammlung Bartholdy 1827 erworben
Berlin, SMB, Antikensammlung
Inv.: TC 364

Votivkopf einer jungen Frau mit locker gewelltem, in der Mitte gescheiteltem Haar, das seitlich aufgenommen und über ein dreisträngiges Band gelegt ist. Die großen flüchtig ausgeführten Ohrgehänge sind vom Typ der etruskischen »a grappolo«-Ohrringe (vgl. Kat.-Nr. E 3), die im 4. und 3. Jh. v. u. Z. eine Modeerscheinung in Etrurien waren. Der frontal ausgerichtete Kopf mit den weit geöffneten Augen, deren Lider plastisch abgesetzt sind, hat einen kurzen Hals, der sich schulterbüstenartig erweitert. Die Umhüllung des Hinterkopfes folgt dem Umriß und umschließt den nach vorn leicht gerundeten Büstenausschnitt.

Lit.: Vgl. G. Hafner, in: RM 72, 1965, S. 47 Taf. 15.2; Hofter, S. 176 Nr. 68; zum Ohrschmuck vgl. Kat.-Nr. E 3.   I. K.

D 3.12 (Abbildung)
Thronende Frau
Calenisch, um 375–350 v. u. Z.
Kräftig ziegelroter Ton, Vorderseite von Gesicht und Oberkörper Matrizenausformung, Thron, Arme, Gewandbausch, Schmuck und Rückseite handgemacht,

D 3.8

D 3.15

Brennloch in Unterseite des Throns.
Beide Hände und einige Schmuckglieder
verloren, am Rand des Mantels bestoßen;
Figur etwa in der Mitte, unterhalb der
Brust in zwei Teile zerbrochen und geklebt
H. 80 cm
Aus der alten königlichen Sammlung
Berlin, SMB, Antikensammlung Inv.: TC 1347

Weibliche Figur in dünnem Untergewand und
Mantel, der über den Rücken gelegt ist und den
Hinterkopf verhüllt. Ein Mantelende ist quer vor
den Leib geführt und über den linken Arm gelegt. Daran schließt der unverzierte Thron an.
Beide Arme sind vorgestreckt. Das Gewand
durch senkrecht verlaufende Falten gegliedert.
Die junge Frau mit dem vollen Gesicht und den
weit geöffneten Augen trägt an dem kegelförmig
sich verbreiternden Hals eine kurze Kette aus
länglichen Schmuckgliedern mit einem Kügelchen als oberem Abschluß und eine lange Kette
mit drei Kapseln, von denen jetzt die rechte
fehlt. Ihre Frisur besteht aus schneckenartigen
Löckchen, die sich aus zwei Reihen über der
Stirnmitte zu je drei Reihen nach außen verbreitern. Der über den Kopf gezogene Mantel bildet
über dem Scheitel eine kleine Spitze.

Lit.: M. Bonghi-Jovino, Capua Preromana.
Terrecotte Votive, Bd. I, 1965, S. 143 Anm. 3;
Hofter, S. 181 Nr. 92; vgl. Enea nel Lazio, Kata-
log, Rom 1981, D 224 und D 227. I. K.

D 3.13
Weiblicher Kopf
Calenisch, Mitte 4. Jh. v. u. Z. bis
Mitte 3. Jh. v. u. Z.
Rotbrauner Ton, ohne Brennloch,
Vorderseite Matrizenausformung,
Rückseite gewölbt. Größeres Stück
der Verhüllung ausgebrochen,
kleinere Bestoßungen am Rand,
linkem Auge und Mund, Riß im oberen
Teil des Kopfes
H. 31 cm
Aus der alten Königlichen Sammlung
Berlin, SMB, Antikensammlung Inv.: TC 554

Votivkopf einer jungen Frau mit verhülltem
Hinterkopf. Der Blick der sorgfältig ausgearbeiteten Augen – abgesetzte Lider und Pupillenangabe – ist geradeaus gerichtet. Volles ovales
Gesicht, gerade Nase und kräftiger Mund. Zur
Löckchenfrisur vgl. Kat.-Nr. D 3.12. Die Halspartie ist kegelförmig mit Andeutung von Venusringen nach unten zu einem plastischen Standring verbreitert, an den sich der weit abstehende
Mantelsaum anschmiegt.

Lit.: Vgl. Kat.-Nr. D 3.12. I. K.

D 3.14
Weiblicher Kopf
Calenisch, letztes Viertel
4. Jh. v. u. Z.
Kräftig ziegelroter Ton, ohne Brennloch,
Vorderseite Matrizenausformung, Rückseite
flach angesetzt, Teile der Verhüllung und des
Standringes ausgebrochen, kleinere

Bestoßungen an Nase und Kinn
H. 25,8 cm
1828 aus Sammlung Koller erworben
Berlin, SMB, Antikensammlung Inv.: TC 40

Votivkopf einer Frau reiferen Alters mit verhülltem Hinterkopf. Schmales Gesicht, große
Augen. Frisur etwas abweichend gebildet von
Kat.-Nr. D 3.13. Haar über Stirnmitte in drei gewellten Strähnen zu den Schläfen geführt. Dort
bildet es drei kurze Korkenzieherlocken, aus
denen sich drei Reihen von schneckenartigen
Löckchen entwickeln. Auf dem Oberkopf ein git-
terartiges Haarnetz. Am Standring zwei Venus-
ringe.

Lit.: Vgl. Kat.-Nr. D 3.13; Hofter, S. 182 Nr. 94,
mit Lit. I. K.

D 3.15 (Abbildung)
Weiblicher Halbkopf
Calenisch, letztes Viertel
4. Jh. v. u. Z.
Hell-rötlichbrauner Ton, ovales
Brennloch (3 × 5 cm), Vorderseite Matrizen-
ausformung, Rückseite glatt angesetzt.
Intakt bis auf kleine Bestoßungen an
Rand und Kinn
H. 24,5 cm
Aus der alten königlichen Sammlung
Berlin, SMB, Antikensammlung Inv.: TC 359

Der weibliche Votivkopf entspricht dem Typ
der Kat.-Nr. D 3.14, ist aber als Halbkopf gearbeitet. Die Weihung des Kopfes oder eines
Kopfteiles als wichtigstem Teil des Menschen
ist ein nur in Mittelitalien anzutreffendes Phänomen, das diese Votive beispielsweise von denen der Griechen unterscheidet.

Lit.: Vgl. Helbig[4]; 1963, Bd. 1 S. 796ff. I. K.

D 3.16
Weibliche Büste
Kampanisch, 4.–3. Jh. v. u. Z.
Graubrauner Ton; Vorderseite Matrizen-
ausformung, Rückseite handgemacht,
Unterseite offen. Intakt bis auf einige
Bestoßungen, Brandeinwirkung an der
Kopfbedeckung
Herkunftsangaben fehlen,
doch wohl aus Curti stammend
H. 31 cm
Berlin, SMB, Antikensammlung
Inv. 33745

Büste einer Frau im Chiton, mit Polos und
darübergezogenem Mantel. Am Hals Kette über
spitzem Gewandausschnitt. Das Gesicht ist
breit mit kantigem Kinn und in der Mitte gescheiteltem Haar, dessen Fülle durch dünne, linear
wirkende Strähnen gegliedert ist. Darüber befindet sich ein breiter Polos. Die unteren Augenlider sind tief herabgezogen. Die durch ihre
Schmalschultrigkeit und die dünnen Arme unkörperlich aufgefaßte Büste steht in starkem
Kontrast zu dem breiten, kräftigen Gesicht.

Lit.: Vgl. M. Bonghi-Jovino, Capua Preromana, Terrecotte votive, Bd. 1, 1965, Taf. 4.4
sowie Bd. 3, 1975, Taf. 16.4. I. K.

D 3.17
Weibliche Büste
Caere, 300–250 v. u. Z.
Kremfarbener Ton; Vorderteil des Kopfes
aus Matrize gewonnen, Hinterkopf,
»aureola« und Büste glatt handgeformt.
Die Glieder der Kette an der Brust aus
derselben Form gepreßt und nachträglich
aufgesetzt; Nacharbeit am Haar, Ohren,
Schmuckstücken, unten offen, oben am
Hinterkopf Brennloch; aus mehreren
Stücken zusammengesetzt und ein großer
Teil der Büste und der umrahmenden
»aureola« modern ergänzt, Nase und
Torques bestoßen, der Anhänger des
rechten Ohrgehänges fehlt, vorn an der
Büste Spuren entfernter moderner Bullen.
H. 39,7 cm, Br. 34,5 cm
Herkunft unbekannt
Budapest, SzM, Antikensammlung
Inv.: 62.1.A

Junges Gesicht, in der Mitte gescheitelte
Haare, hinter den Ohren auf die Schultern fallende Locken. Ohrgehänge aus einer Scheibe
und einem blattförmigen Anhänger mit Kugel
zusammengesetzt. Unter dem Saum der Tunika (oder einem Band?) Torques und eine
Kette von denselben Anhängern, die auch die
Ohrgehänge schmücken. Der Typus der Büste
ist in verschiedenen Varianten bekannt und
stellt wohl eine chthonische Göttin dar. Den Torques haben die Etrusker von den Galliern übernommen und seit dem Anfang des 4. Jh. getragen. Der Typus der Ohrgehänge ist großgriechischen Ursprungs. Beide zusammen kommen
im 3. und in der ersten Hälfte des 2. Jh. oft an
Darstellungen etruskischer Frauen vor.

Lit.: Unveröffentlicht. Zum Typus der Büste
R. Pagenstecher, in: AA 1917, S. 94–99, Abb.
16–17; M. A. Del Chiaro, Etruscan Art from West
Coast Collections, 1967, Nr. 28 (noch weitere
Stücke in Berkeley, Lowie Museum); St. Stein-
gräber, in: RM 87, 1980, Taf. 79.1; St. Louis, City
Art Museum, Inv. 23–192:54; Toronto, Royal
Ontario Museum, Inv. CA 310; usw., alle aus
Cerveteri; vgl. M. Fenelli, ArchCl 27, 1975,
S. 247 Anm. 24. Lokale Nachahmungen in Lavi-
nium: Enea nel Lazio, Katalog Rom 1981,
S. 258, D 246–247. Zu Stil und Datierung
M. R. Hofter, S. 63; Torques in Etrurien: Bon-
fante, S. 144 Anm. 98. R. A. Higgins, Greek and
Roman Jewellery, 1961, Taf. 42.A. Torques und
Ohrgehänge auf etruskischen Darstellungen:
S. Haynes, in: JbZMusMainz 6 (1959) S. 126
(mit Lit.). G. J. Sz.

D 3.18
Weiblicher Kopf
3. Jh. v. u. Z. nach Vorbild des
späteren 4. Jh. v. u. Z.
Braunroter Ton; Vorderseite Matrizenausformung, Brennloch (D. 2,5 cm);
mehrfach gebrochen, restauriert;
Fehlstellen am Mantel, an Nase und Kinn
bestoßen

H. 20,5 cm
1828 aus Sammlung Koller erworben
Berlin, SMB, Antikensammlung
Inv.: TC 37

Mit über den Hinterkopf gezogenem Mantel
dargestellter Kopf einer jungen Frau mit lang
herabhängenden Schläfenlocken, die das Gesicht schmal und die Stirn dreieckig erscheinen
lassen. Die strickartig gedrehten Locken werden auf dem Oberkopf von einem gitterartigen
Haarnetz gehalten. Von den Locken ist nur die
vordere ausgeführt, die jeweils zwei folgenden
wurden lediglich durch Längsrillen angedeutet.
Weit geöffnete Augen unter stark gewölbten
Oberlidern, eine kurze, kräftige Nase und
schwellende Lippen. Der Hals erweitert sich zu
einer Art Schulterbüste.

Lit.: Zum Vorbild vgl. G. Hafner, in: RM 72,
1965, S. 52f. Taf. 19.2,4; Hofter, S. 70, 186
Nr. 122.   I. K.

D 3.19 (Abbildung)
Mädchenkopf
3. Jh. v. u. Z.
Orangefarbener Ton
H. 27,3 cm
Fundort unbekannt;
aus Sammlung Elterman, 1918 erworben
Leningrad, GE, Antikensammlung
Inv.: G 1281

Breitovales Gesicht auf einem kegelförmigen
Halsständer. Stirnhaar aus kurzen lanzettenför-
migen Strähnen, die auch die Ohren bedecken.
Unter den Ohren lange Locken. Glatter Hals mit
Venusringen. Tiefliegende große Augen, dicke,
gerade Nase und ein halbgeöffneter Mund mit
schwellenden Lippen. Rückseite glatt, in Nak-
kenhöhe Brennlöcher. Spuren der Engobe.
Nach griechischem Vorbild gearbeitete Matrize,
Ausformung stark überarbeitet.

Lit.: Kul'tura i iskusstvo Etrurii, Nr. 185. Antičnaja koroplastika, S. 79 Nr. 244.   E. M.

D 3.20
Weiblicher Kopf
3. Jh. v. u. Z.
Hellorangefarbener Ton
H. 31 cm
Fundort unbekannt; aus dem ehemaligen
Museum der Gesellschaft zur Förderung
der Künste, 1930 erworben
Leningrad, GE, Antikensammlung
Inv.: G 1935

Rundes Gesicht mit stark vortretender hoher
Stirn und kleinen Augen, kräftiger Nase, kleinem Mund mit zusammengepreßten vollen Lippen. Gescheiteltes, zur Seite gekämmtes Stirnhaar hinter die Ohren gesteckt, geschmückt mit
pyramidenförmigen Ohrringen. Im Haar ein ge-
flochtenes Diadem. Glatter Hals mit Büstenansatz. Halsschmuck aus einer Kette mit lanzett-
förmigem Anhänger. Der Kopf eingehüllt in einen Umhang, der auf die Schultern fällt. Auf der
gesamten Fläche der Darstellung, außer dem
Inkarnat, Spuren der Engobe. Das griechische

D 3.12

Vorbild, das für zahlreiche weitere Typen verwendet wurde, diente hier zur Darstellung einer
weiblichen Gottheit, die offensichtlich mit dem
Fruchtbarkeitskult verbunden war.

Lit.: Kul'tura i iskusstvo Etrurii, Nr. 182; Antičnaja koroplastika, S. 80 Nr. 248.   E. M.

D 3.21
Männlicher Kopf
4.–3. Jh. v. u. Z.
Kräftig ziegelroter Ton; Vorderseite Matrizen-
ausformung, Rückseite handgemacht,
Brennloch (D. 2,5 cm). Kleine Bestoßungen
an Rändern und im Gesicht, Riß in linker Seite
des Halses zum Standring verlaufend
H. 25,5 cm
Aus der alten königlichen Sammlung
Berlin, SMB, Antikensammlung Inv.: TC 38

D 3.19

D 3.23

Jugendlicher, streng geradeaus gerichteter Votivkopf auf kräftigem, sich zur Standfläche hin verbreiterndem Hals. Kleines Gesicht mit flachen Augen, deren Oberlider abgesetzt und stark gewölbt sind. Kurze gerade Nase und eine schwach ausgebildete Mundpartie. Unterschiedlich hoch sitzende Ohren und nur durch kleine Eindellungen angegebenes Haar. Der Hinterkopf ist verhüllt.

Lit.: Unveröffentlicht, vgl. zum Typ Breitenstein, Nr. 795; Hofter, S. 54, 173 Nr. 47.   I. K.

D 3.22
Männlicher Kopf
3. Jh. v. u. Z.
Beigefarbener Ton; Vorderseite Matrizenausformung, Rückseite handgemacht, ohne Brennloch. Nase und Rand der Verhüllung bestoßen, Gipsergänzungen am Rand und vor allem an der Rückseite, Reste roter Bemalung
H. 24 cm
Aus der alten königlichen Sammlung
Berlin, SMB, Antikensammlung
Inv.: TC 27

Kopf eines jungen Mannes mit verhülltem Hinterkopf (velatio capitis). Auf den tonnenförmigen Kopf mit der erstarrten Oberfläche, dem breiten eckigen Kinn sowie auf die geritzten

Haare wurde hingewiesen (Hofter) und herausgestellt, daß dieser Entwicklungsphase eine archaische Sehweise zugrunde liegt.

Lit.: Unveröffentlicht; vgl. Exemplar in Rom, Antiquarium Communale, Inv. 2581, in: Roma Medio Repubblicana, Katalog Rom 1973, Nr. 227 Taf. 37.1; Hofter, S. 45f. zu Nr. 50.   I. K.

D 3.23 (Abbildung)
Männlicher Kopf
Veji, 3. Jh. v. u. Z.
Beigefarbener Ton; Vorderseite Matrizenausformung, Rückseite handgemacht, ohne Brennloch. Intakt bis auf kleine Bestoßungen
H. 29,5 cm
Aus der alten königlichen Sammlung
Berlin, SMB, Antikensammlung
Inv.: TC 552

Votivkopf eines älteren Mannes mit verhülltem Hinterkopf. Das Haar ist in klar abgesetzten Strähnen um die Stirn gelegt und über den Schläfen leicht gebauscht. Große Augen mit Angabe der Pupillen, unbestimmter Mund, spitzes Kinn und schmaler Hals. Der Kopf folgt einem weit verbreiteten Typus. Zur Bildung des Standrings vgl. Kat.-Nr. D 3.22.

Lit.: Unveröffentlicht, vgl. G. Hafner, in: AntPl 9.1969, Taf. 22, Abb. 11–13; Hofter, S. 180f. Nr. 89.   I. K.

D 3.24
Weiblicher Kopf
4.–3. Jh. v. u. Z.
Rotbrauner Ton mit feinem Glimmer; Gesicht Matrizenausformung, Haarbüschel separat angesetzt, handmodelliert, Brennloch (D. 4,5 cm). Reste weißer Grundierung, Bruchstellen am Hals, an der Vorder- und Rückseite halbrunde Ausbrüche, Bestoßungen an Haarbüscheln, über der rechten Augenbraue ein Loch
H. 25,5 cm
1828 aus Sammlung Koller erworben
Berlin, SMB, Antikensammlung
Inv.: TC 34

Verhüllter weiblicher Kopf mit ungewöhnlicher Frisur und ursprünglich in der Mitte gescheiteltem Haar, das in parallel laufenden Büscheln seitlich nach hinten gekämmt ist. Bei vorliegendem Beispiel einzelne stark verselbständigte Haarbüschel aus kurzen, kompakten Gebilden, die vom Gesicht abstehen und die nicht mehr den Eindruck einer einheitlichen Haarmasse vermitteln. In dem Votivkopf Kat.-Nr. D 3.25 ist diese Tendenz noch weiter fortgeschritten.

Einige Details, wie der Bruchverlauf am Hals, der dickwandige Ton sowie zwei Lockenbüschel am Hinterkopf, lassen vermuten, daß der

Kopf von einer Votivstatue oder -büste stammen könnte.

Lit.: Unveröffentlicht; vgl. Hofter, S. 59, 183 Nr. 101; das flache Gesicht mit Pupillenangabe und Kinngrübchen wird auch mit der weiterentwickelten Frisur von Kat.-Nr. D 3.25 kombiniert.
I. K.

D 3.25
Weiblicher Kopf

3. Jh. v. u. Z.
Ziegelroter Ton mit feinem Glimmer; Vorderseite Matrizenausformung, einige Haarsträhnen separat angesetzt; Brennloch (D. 4,8 cm). Größere Fehlstellen am Hals, Bestoßungen an Nase, Wange und Haarsträhnen
H. 27 cm
1828 aus Sammlung Koller erworben
Berlin, SMB, Antikensammlung
Inv.: TC 553

Der weibliche Votivkopf mit den kompakten, an den Seiten abstehenden Haarbüscheln und kleinem rundem Ohrschmuck läßt sich einem weit verbreiteten Typ zuordnen (vgl. Kat.-Nr. D 3.24) und ist das letzte Glied einer Entwicklungsreihe, die auf ein spätklassisches Vorbild zurückgeführt werden kann. Der Blick der mandelförmigen Augen in dem fülligen Gesicht ist streng geradeaus gerichtet. Die Nase ist schmal, der Mund klein und fest geschlossen. An das schwere Kinn setzt ein breiter Hals an, der sich zur Standfläche hin erweitert. Der Hinterkopf ist verhüllt.

Lit.: Unveröffentlicht; vgl. qualitätsvolleres Exemplar im Allard Pierson Museum, Amsterdam, in: Griekse, etruskische en romeinse Kunst (Hermeneus, Tijdschrift voor antieke cultuur), 1976, S. 110 Abb. 105; Hofter, S. 58 ff. 183 ff. Nr. 98–112.
I. K.

D 3.26
Weibliches Köpfchen

Latinisch, 3. Jh. v. u. Z.
Kräftig brauner, stark glimmerhaltiger Ton; Vorderseite Matrizenausformung, Rückseite ohne Brennloch. Hals ab Kinn verloren, Bestoßungen an Gesicht und Rändern
H. 12,5 cm
Fundort unbekannt;
1958 aus Privatbesitz erworben
Berlin, SMB, Antikensammlung
Inv.: 32095

Das Votivköpfchen mit den großen, wulstig umrandeten Augen, dem ausladenden Oberkopf und dem voluminösen Schläfenhaar ist dem Votivkopf Kat.-Nr. D 3.6 eng verwandt. Die Ausführung des Haares allerdings ist sorgfältiger und differenzierter. Der Saum des Mantels, der über den Hinterkopf gezogen ist, ist diademartig erhöht.

Lit.: Unveröffentlicht.
I. K.

D 3.27
Weibliches Köpfchen

Latinisch, 3. Jh. v. u. Z.
Beigefarbener Ton mit schwarzem Glimmer; Vorderseite Matrizenausformung, Rückseite ohne Brennloch. Intakt bis auf einige kleine Bestoßungen an den Rändern
H. 12,1 cm
Herkunft unbekannt
Berlin, SMB, Antikensammlung
Inv.: 33746

Weibliches Votivköpfchen mit verhülltem Hinterkopf auf überlangem Hals, der sich nach unten zur Standfläche hin verbreitert. Das in der Mitte gescheitelte, grob gesträhnte Haar liegt als voluminöse Kappe auf und buchtet an den Schläfen aus. Das schmale Gesicht wird von übergroßen Augen und dem energisch wirkenden Kinn beherrscht. Der Kopf und Hals einrahmende Mantelsaum hat sich wie auch bei Kat.-Nr. D 3.26 gegenüber den meisten anderen Votivköpfen vergrößert. Das Köpfchen gehört zu den späten Beispielen der Gattung und ist mit Kat.-Nr. D 3.4 vergleichbar.

Lit.: Unveröffentlicht; vgl. fast identisches Exemplar, in: Umění Etrusků, Abb. 24; Hofter, S. 52, 177 Nr. 73 (mit Lit.).
I. K.

D 3.28
Stier

5.–4. Jh. v. u. Z.
Orangeroter Ton mit eingeschlossenem Glimmer. Hörner und Ohren abgeschlagen
H. 15,4 cm, L. 18 cm
Fundort unbekannt;
aus Sammlung Pizzati 1852 erworben
Leningrad, GE, Antikensammlung
Inv.: G 133

Figur eines stehenden Stieres auf einem rechteckigen Ständer, von dem sich reliefartig die Darstellung abhebt. Rückseite summarisch gestaltet. Falten am Hals des Tieres als schräge Einschnitte, ähnliche Striche an der Stirn des Stieres. Die Figur ist hohl und unten offen. In etruskischen Sanktuaren häufige Votivform.

Lit.: Antičnaja koroplastika, Nr. 250.
S. B.

D 3.29
Fuß mit Sandale (Fragment einer Statue)

Mittelitalisch-hellenistisch,
3. Jh. v. u. Z.
Rotbrauner Ton mit sorgfältiger Glättung, fein retuschiert
H. 6,1 cm, L. 12 cm
Aus Sammlung Willner
Prag, UKA Inv.: 58-385

Vorderteil des rechten Fußes einer unterlebensgroßen Frauenstatue. Von der Sandale sind die Sohle und zwei sich kreuzende Riemen erhalten. Im Spann des Fußes hohler Raum, da die Statue wohl hohl geformt war. Die Modellierung der Zehen und der Sandale außergewöhnlich qualitätvoll.

Lit.: Antické umění, Nr. 248 Taf. 33; Umění Etrusků, Nr. 22 mit Abb.
J. B.

D 3.30
Gruppe eines heroisierten thronenden Paares mit Kind

Südetruskisch, wohl um 300 v. u. Z.
Terrakotta, rotbrauner körniger Ton mit Resten weißer Engobe, aus abgenutzter Matrize gewonnen, ohne nachträgliche Überarbeitung. Kleine Absplitterungen, sonst intakt
H. 14,8 cm, Br. (Thron) 12,2 cm
Aus Sammlung Willner
Prag, UKA Inv.: 58-377

Das Ehepaar sitzt auf einem breiten Thron mit kreuzförmig ausgezogenen Ecken der Lehne. Der Mann, mit Tunika und langem über die linke Schulter geworfenem Mantel, hält einen kugelartigen Gegenstand in der linken Hand. Auf dem Kopf eine Mütze. Die Frau trägt einen Polos, einen langen Chiton und einen etwas kürzeren Mantel, der gleichfalls über die linke Schulter geworfen ist. Sie hält mit ihrer linken Hand ein nacktes Kind auf dem Schoß. Die rechte Hand liegt, ähnlich wie bei dem Manne, auf dem rechten Knie. Die beiden Hände des Kindes ruhen im Schoß. Die Füße der beiden großen Figuren ruhen auf einem Sockel.

Lit.: Umění Etrusků, Nr. 21 mit Abb.
J. B.

D 3.31
Mantelstatuette

Mittelitalisch-hellenistisch, 3.–1. Jh. v. u. Z.
Grober rotbrauner Ton, auf der Rückseite am Kopf und in Schulterhöhe zwei runde Brennlöcher, unter dem Sinter wohl Reste von Engobe. Das Unterteil der Statuette fehlt, die Nasenspitze ist teilweise abgebrochen, die Oberfläche zum Teil versintert
H. 48,5 cm, H. (mit Ergänzung) 49,5 cm
H. (Kopf) 12 cm
Aus dem Museum Ceské Budejovice
Prag, NM Inv.: 5600

Das Haar ist vorn kranzartig gekämmt. Der die ganze Gestalt verhüllende Mantel ist über den Kopf gezogen, am Hals einen V-förmigen Ausschnitt bildend.

Die feinen Züge des verhalten lächelnden Gesichts sprechen wohl für ein Mädchenbildnis – auch die Bulla am Hals spricht nach Aussage der Lavinium-Terrakotten nicht dagegen.

Lit.: Unveröffentlicht.
J. B.

D 3.32
Votivfuß

4.–3. Jh. v. u. Z.
Zimtroter Ton mit großen Einschlüssen
L. 25,6 cm
Fundort unbekannt; aus Sammlung Pizzati, 1851/1852 erworben
Leningrad, GE, Antikensammlung
Inv.: G 69

Rechter Fuß, abgetrennt über dem Knöchel, ruht auf einer sandalenartigen Fläche. Oben eine runde Öffnung, innen hohl.

Lit.: Antičnaja koroplastika, Nr. 249.
S. B.

D 3.33
Uterus
3.–2. Jh. v. u. Z.
Dunkelbrauner, relativ feiner Ton.
Reste weißer Engobe. Hohl, innen nur
roh geglättet
L. 14,7 cm, Br. 8 cm, H. 4.5 cm
Aus Sammlung Palme
Prag, NM Inv.: 3374

Der Uterus liegt auf einem Untersatz (abgestufte Platte), die Quermuskeln im Zustand knapp nach der Entbindung.

Lit.: Uměni Etruskǔ, Nr. 27 mit Abb.

D 3.34
Phallos
3.–2. Jh. v. u. Z.
Rotbrauner weicher Ton mit Resten einer
Rotbemalung. Auf der Rückseite rundes
Brennloch
L. 16,5 cm, Br. 8,2 cm
Aus Sammlung Willner
Prag, UKA Inv.: 58-597

An der Spitze des Penis eine Eindellung.

Lit.: Unveröffentlicht.

D 3.35
Phallos
3.–2. Jh. v. u. Z.
Heller gelbweißer Ton. Am Penisende Reste
von brauner, im oberen Teil von roter und
schwarzer Bemalung. Auf der Rückseite
rundes Brennloch
L. 14,9 cm, Br. 8,2 cm
Aus Sammlung Willner
Prag, UKA Inv.: 58-598

Lit.: Unveröffentlicht.

D 3.36
Phallos
3.–2. Jh. v. u. Z.
Orangefarbener Ton, Reste von Verkrustung.
Auf der Rückseite rundes Brennloch
L. 14 cm, Br. 6,8 cm
Aus Sammlung Willner
Prag, UKA Inv.: 58-599

Penis spitz zulaufend. Im Inneren ein
tönerner Gegenstand.

Lit.: Unveröffentlicht.

D 3.37 (Abbildung)
Eingeweidevotiv
3.–2. Jh. v. u. Z.
Blasser hellbrauner Ton mit Resten
von rötlicher und brauner Bemalung.
Querverstrebung in der Rückseite.
Der fehlende obere Teil war an die
geglättete Bruchfläche angesetzt.
Modernes Stiftloch
H. 16,2 cm, Br. 17 cm
1. Hälfte 19. Jh. erworben
Berlin, SMB, Antikensammlung
Inv.: TC 1333

Dargestellt sind die Eingeweide eines Säugetieres. Die Luftröhre ist zum Henkel gebogen.

Eingeweidevotive sind in zahlreichen Exemplaren erhalten. Sie können freiplastisch oder wie hier auf einer Platte »liegend« dargestellt sein. Oftmals handelt es sich deutlich um tierische Eingeweide, gelegentlich auch um eine Mischung von menschlichen und tierischen Organen.

Lit.: E. Holländer, Plastik und Medizin, 1912, S. 207f. Abb. 120; allgemein zu den Votiven: M. Tabanelli, La medicina nel mondo degli Etruschi, 1963, S. 23ff.   H. H.

D 3.38
Altärchen
5. Jh. v. u. Z.
Lehmfarbener Ton mit schwarzem Glimmer.
Bestoßungen an der Umrandung der
Vorderseite, linke untere Ecke verloren;
Rückseite nur etwa zur Hälfte erhalten;
bildliche Darstellung der Vorderseite
annähernd intakt
H. 9 cm, Br. 10,5 cm
Aus Rom, Nekropole des Esquilin;
1887 aus Sammlung Dressel erworben
Berlin, SMB, Antikensammlung
Inv.: TC 8100

Auf einem Bildfeld von 7 × 8,5 cm Größe ist links eine unbekleidete (?) Figur mit langem Haar dargestellt, die ein Trinkhorn vor sich hält. Die schräg zur Bildmitte sich bewegende Figur setzt das linke Bein auf den Boden, während das rechte angewinkelte nur mit der Fußspitze den Boden berührt. Die wohl als trunken zu deutende Figur lehnt sich an ein Ornament, das die ganze rechte Seite ausfüllt. Es besteht aus einem Band, das sich am Boden zu Spiralen einrollt. Im Zwickel eine Palmette.

Lit.: Unveröffentlicht; vgl. identisches Exemplar im Thermenmuseum Rom, bei F. Messerschmidt, in: RM 45, 1930, S. 183, Abb. 5.   I. K.

D 3.39
Altärchen
5. Jh. v. u. Z.
Hellbeigefarbener Ton mit feinem Glimmer;
Matrizenausformung. Nur Vorderseite
erhalten, Bestoßungen an linker oberer
Ecke, Rand und linke Ecke abgebrochen
H. 14,4 cm, Br. 15,5 cm, T. 4,2 cm
Herkunft wie D 3.38
Berlin, SMB, Antikensammlung
Inv.: TC 8074

Die Arula gehört zum »clessidra-Typ« mit unverzierter unterer und oberer Randzone. Auf dem Relief der Vorderseite ist ein Kampf zwischen Kentaur und Krieger dargestellt. Der von links angreifende Kentaur ist im Begriff, den auf sein rechtes Knie gesunkenen, mit Panzer und Helm gerüsteten Krieger mit einem Felsbrocken zu erschlagen, während der in Frontalansicht dargestellte Krieger mit der rechten Hand sein Schwert in den Leib des Kentauren stößt.

Lit.: H. Dressel, in: Anndell'Inst 1879, S. 259, Nr. 5, Monumenti dell'Istituto, Bd. 11, Taf. 10.5.   I. K.

D 3.40
Altärchen
5. Jh. v. u. Z.
Gelber Ton mit schwarzem Glimmer; innen
hohl, Matrizenausformung. Intakt bis auf
fehlende linke Ecke und einige
Bestoßungen am oberen Rand und am
Relief, Vorderseite mit Engobe überzogen
H. 11,5 cm, Br. (oben) 11,4 cm,
(unten) 12 cm, T. 10,5 cm
Herkunft wie D 3.38
Berlin, SMB, Antikensammlung
Inv.: TC 8075

Arula vom »clessidra-Typ« mit der Darstellung eines flachen breitnasigen Gorgonenhauptes zwischen symmetrisch angeordneten Schlangen.

Lit.: H. Dressel, in: Anndell'Inst 1879, S. 261, Monumenti dell'Istituto, Bd. 11, Taf. 10.4.   I. K.

D 3.41 (Abbildung)
Altärchen
3. Jh. v. u. Z.
Gelber Ton mit groben schwarzen
Glimmereinschlüssen; Vorderseite
Matrizenausformung, Brennloch
(D. 3,5 cm), innen hohl. Bestoßungen
am Gesicht, an rechter unterer Ecke
und beiden oberen Ecken
H. 13,5 cm, Br. 13,4 cm, T. 8 cm
Herkunft wie D 3.38
Berlin, SMB, Antikensammlung
Inv.: TC 8090

Arula vom »clessidra-Typ« mit der Darstellung eines jugendlichen Gorgokopfes zwischen Rankenornamenten. Der in der Mitte befindliche weibliche Kopf ist von dicksträhnigem Haar umgeben, dessen Enden deutlich in züngelnde Schlangen unterhalb der Ohren auslaufen. Die den Kopf umrahmenden bandartig flachen Ranken sind bei gleichem Grundmuster unterschiedlich ausgeführt. Die unteren steigen steiler auf und sind auch etwas größer als die im oberen Teil dargestellten, die in den Raum zwischen Kopf und Vorderkante der Oberseite eingepaßt wurden.

Lit.: H. Dressel, in: Anndell'Inst 1879, S. 274 Nr. 14, Monumenti dell'Istituto, Bd. 11, Taf. 10.12; vgl. ähnliches Exemplar, in: Roma Medio Repubblicana, Katalog Rom 1973, S. 86 Nr. 67 Taf. 20.   I. K.

D 3.42
Fragment eines Altärchens
3. Jh. v. u. Z.
Hellbeigefarbener Ton; Matrizenausformung,
Reste von Engobe und Bemalung.
Rot in Ranke, Gelb an Blatt und Hintergrund.
Es fehlen die rechte Seite, Teile des
Halses, des Kinns und der Unterkante,
Bestoßungen an Stirnhaar, Nase und
Oberkante
H. 17,5 cm, Br. 21 cm
Herkunft wie D 3.38
Berlin, SMB, Antikensammlung Inv.: TC 8095

D 3.37

D 3.41

Fragment einer Arula vom »clessidra-Typ«
mit der Darstellung eines jugendlichen Gorgonenkopfes. Das über der Stirnmitte gescheitelte
Haar umgibt das Gesicht in flatternden Strähnen. Weiches, volles Gesicht mit leicht abwärts
gerichtetem Blick unter breiten Oberlidern. Am
erhaltenen linken Ohr runder Schmuck. Der
Kopf erwächst aus einer sich der seitlichen Einziehung anpassenden bandförmigen Ranke,
die sich spiralig einrollt. Unterhalb des Ranken-
triebes ein dicklappiges Blatt. Der obere Rand
des Altärchens ist mit einem Kymation verziert.

Lit.: H. Dressel, in: Anndell'Inst 1879, S. 279
Nr. 20, Monumenti dell'Istituto, Bd. 11, Taf.
10.11.   I. K.

D 3.43 (Abbildung)
Altärchen
Römisch, um 300 v. u. Z.
Gelb-rosafarbener, schwarz-
glimmeriger Ton; Reste weißer
Grundierung. Kleinere Bestoßungen,
besonders an dem Gesicht der Frauengestalt.
H. 14,7 cm, Br. (unten) 15,1 cm
Aus Rom, Esquilin; ehemals in der
Sammlung J. v. Kopf.
1914 von Paul Arndt erworben
Budapest, SzM, Antikensammlung Inv.: T. 564

Viereckiges Altärchen. Hinten glatt; vorn und
an beiden kurzen Seiten hoher Sockel, oben

Gesims, das nur an der Vorderseite profiliert ist.
Unten offen. Vorderseite mit einem aus einer
Matrize gewonnenen Relief verziert. Eine
nackte Nereide mit wehendem Haar auf einem
Delphin, in der linken Armbeuge flatternder, hinten herabfallender Mantel. In der linken Hand
ein Helm mit Helmbusch, in der rechten eine
brennende Fackel. Unter dem Delphin Andeutung von Meereswellen. Nacharbeit an der Figur und an den Mantelfalten. Oben in der Mitte
vor dem Brennen eingeritzte M-förmige Marke.

Das Bild geht wohl auf Darstellungen einer
Nereide mit den Waffen Achills zurück, die Fak-
kel deutet vielleicht auf die funeräre Funktion
des Altärchens hin, obwohl auch eine andere
kultische Verwendung vorstellbar ist.

Lit.: L. Pollak, J. v. Kopf als Sammler, Be-
schreibung der von ihm hinterlassenen Samm-
lung, 1905, Nr. 170 Taf. 8; vgl. D. Ricciotti, Terre-
cotte votive 1: Arule (Cataloghi dell'Antiquarium
Comunale), 1978, über den obigen Typus (ihr
Typus II. A. 1) S. 44–47 (Ikonographie), S. 63
(Chronologie), S. 68–69 (Fundorte), S. 32
Anm. 43 (die M-Marke).   J. G. Sz.

D 3.44
Matrizenfragment für ein Altärchen
3. Jh. v. u. Z. (?)
Lehmfarbener Ton mit schwarzen
Einschlüssen. Bestoßungen an Rändern

H. 6,8 cm, L. 17 cm, Br. 12,5 cm
Herkunft wie D 3.38
Berlin, SMB, Antikensammlung Inv.: TC 8097

Das Fragment stammt von einer Matrize für
eine relativ große Arula. Erhalten geblieben ist
nur die rechte obere Ecke mit den charakteristischen seitlichen Einziehungen und Teilen eines
flachen Rankenornaments mit einem tropfenförmigen Blatt dazwischen.

Lit.: H. Dressel, in: Anndell'Inst 1879, Taf.
R.5, 5a (mit modernem Abdruck).   I. K.

D 3.45
Terrakottamaske. Minerva
Ende 4.–3. Jh. v. u. Z.
Hellgelber Ton.
H. 13,8 cm
Aus Tarquinia; 1928 aus Sammlung
M. P. Botkin erworben
Leningrad, GE, Antikensammlung
Inv.: G 1614

Minerva mit korinthischem Helm, der über der
Stirn absteht, an den Seiten Haarsträhnen. In
den Ohren runde Ohrringe. Gesicht regelmäßig
mit klassischen Konturen. Gehört zur Gruppe
der Theatermasken.

Lit.: Messerschmidt, S. 68 Abb. 29a–b; Kul'-
tura i iskusstvo Etrurii Nr. 209; Antičnaja koroplastika, Nr. 263; Stefani, Maschere, S. 309 Typ
0 II 1. Taf. 15.1.   S. B.

D 3.46
Terrakottamaske. Bartloser Dionysos
Ende 4.–3. Jh. v. u. Z.
Hellgelber Ton. Spuren von Bemalung
H. 12,5 cm
Aus Tarquinia; 1928 aus Sammlung
M. P. Botkin erworben
Leningrad, GE, Antikensammlung
Inv.: G 1663

Volles junges Gesicht des Dionysos, Stirn-
binde mit vorstehenden Zipfeln, große Blumen
und Weintrauben an den Schläfen. Zwei Löcher
zum Aufhängen. Gehört zu einer Gruppe von
Masken, die Figuren aus dem dionysischen
Thiasos darstellen.

Lit.: Messerschmidt, S. 62 Abb. 10; Kul'tura i
iskusstvo Etrurii, Nr. 207; Antičnaja koroplastika, Nr. 255; Stefani, Maschere, S. 284 Typ G
II 4 Taf. 4.1. S. B.

D 3.47
Terrakottamaske. Satyr
Ende 4.–3. Jh. v. u. Z.
Rosafarbener Ton mit dunklen
Einsprengungen. Spuren von Bemalung
H. 13,5 cm
Aus Vulci; 1926 aus Sammlung Stroganov
erworben
Leningrad, GE, Antikensammlung
Inv.: G 1480

Gesicht mit großen Augen, großer Nase, geöffnetem Mund. Brauen zusammengezogen.
Auf dem Kopf eine Binde mit herabhängenden
Enden und Blumen, darin abstehende Hörner
eingeschlossen; Pferdeohren. Das Exemplar
gehört zur Gruppe der dionysischen Masken
vom Typ satiro irato.

Lit.: E. Pollak, Sammlung Stroganoff, 1911,
Taf. 45; Kul'tura i iskusstvo Etrurii, Nr. 189; An-
tičnaja koroplastika, Nr. 253; Stefani, Maschere,
S. 278 Typ C I 6 Taf. 1.4. S. B.

D 3.48
Terrakottamaske. Papposilen
Ende 4.–3. Jh. v. u. Z.
Orangeroter Ton.
H. 12 cm
Aus Tarquinia;
1928 aus Sammlung M. P. Botkin erworben
Leningrad, GE, Antikensammlung Inv.: G 1655

Gesicht eines bärtigen, stumpfnasigen und
kahlköpfigen Alten mit langem wallenden Bart
und langem Schnurrbart. Auf dem Kopf eine
Binde, deren Enden an den Schläfen bis zum
Bart reichen. Zwei Löcher zum Aufhängen. Gehört zur Gruppe der dionysischen Masken.

Lit.: Messerschmidt, Abb. 11; Kul'tura i is-
kusstvo Etrurii, Nr. 206; Antičnaja koroplastika,
Nr. 256; Stefani, Maschere, S. 275 Typ A I 12.
Taf. 1.1. S. B.

D 3.49 (Abbildung)
Terrakottamaske. Alter Mann
Ende 4.–3. Jh. v. u. Z.
Hellgelber Ton. Spuren von roter Farbe.
H. 12 cm
Aus Tarquinia;
1928 aus Sammlung M. P. Botkin erworben
Leningrad, GE, Antikensammlung
Inv.: G 1647

Gesicht eines kahlköpfigen Alten mit weit geöffnetem Mund, breiter Nase mit großen Nasen-
löchern, runden aufgerissenen Augen und eingetieften Pupillen. Gesicht mit einer Binde eingerahmt, die auf die Stirn als Bogen fällt. Gehört
zur Gruppe der Theatermasken.

Lit.: Messerschmidt, Abb. 22; Kul'tura i iskusstvo Etrurii, Nr. 202. S. B.

D 3.50
Terrakottamaske. Mänade
Ende 4.–3. Jh. v. u. Z.
Hellgelber Ton, Spuren von Bemalung
H. 11,5 cm
Aus Tarquinia;
1928 aus Sammlung M. P. Botkin erworben
Leningrad, GE, Antikensammlung
Inv.: G 1652

Junges Gesicht mit halbgeöffnetem Mund
und weit geöffneten Augen. Auf dem Kopf befindet sich eine als Bogen auf die Stirn herabfallende Binde mit Blättern und Weintrauben. Zwei
Löcher zum Aufhängen. Gehört zur Gruppe der
dionysischen Masken.

Lit.: Messerschmidt, Abb. 9; Kul'tura i is-
kusstvo Etrurii, Nr. 208; Antičnaja koroplastika,
Nr. 257; Stefani, Maschere, S. 281 Typ E I 2
Taf. 3.2. S. B.

D 3.51
Terrakottamaske. Neger
Ende 4.–3. Jh. v. u. Z.
Hellgelber Ton.
H. 12,5 cm
Aus Tarquinia;
1928 aus Sammlung M. P. Botkin erworben
Leningrad, GE, Antikensammlung
Inv.: G 1624

Maske eines Negers mit großer Nase, halbgeöffnetem Mund mit dicken Lippen und hervor-
stehenden oberen Zähnen. Haar in Form wulstiger langer Locken, von denen eine in die Mitte
der Stirn fällt. Ohrringe. Zwei Löcher zum Aufhängen. Gruppe der Theatermasken.

Lit.: Messerschmidt, Abb. 14; Kul'tura i iskusstvo Etrurii, Nr. 191; Stefani, Maschere,
S. 307 Typ N I 3 Taf. 12.1. S. B.

D 3.52
Terrakottamaske. Sklave
Ende 4.–3. Jh. v. u. Z.
Hellgelber Ton, Spuren von Bemalung.
H. 13,5 cm
Aus Tarquinia;
1928 aus Sammlung M. P. Botkin erworben
Leningrad, GE, Antikensammlung Inv.: G 1700

D 3.43

Maske eines kahlköpfigen Alten mit großer Stirn, runden aufgerissenen Augen, großer Buckelnase, weit geöffnetem Mund und faltiger Stirn. Zwei Löcher zum Aufhängen. Gehört zur Gruppe der Theatermasken, Typ μαισων (Koch) nach Webster.

Lit.: Messerschmidt, Abb. 25; Kul'tura i iskusstvo Etrurii, Nr. 197; Antičnaja koroplastika, Nr. 260; Stefani, Maschere, S. 300 Typ K VII 1 Taf. 15.4.   S. B.

D 3.53
Terrakottamaske. Sklave
Ende 4.–3. Jh. v. u. Z.
Orangeroter Ton.
H. 10,5 cm
Aus Tarquinia;
1928 aus Sammlung M. P. Botkin erworben
Leningrad, GE, Antikensammlung
Inv.: G 1697

Maske eines bärtigen Alten mit weit geöffnetem Mund, breiter vorstehender Nase und großen aufgerissenen Augen. Haare durch tiefe Kerben wiedergegeben. Reliefierte Brauen. Die Pupillen der Augen sind durchbohrt. Gehört zur Gruppe der Theatermasken, die den Typ ἡγεμών ἐπίσειστος (komische Maske mit über die Stirn hängendem Haar) nach Webster darstellen.

Lit.: Messerschmidt, Abb. 27; Kul'tura i iskusstvo Etrurii, Nr. 195; Antičnaja koroplastika, Nr. 261; Stefani, Maschere, S. 298 Typ K III 1 Taf. 14.5.   S. B.

D 3.54
Terrakottamaske. Frauenkopf
Ende 4.–3. Jh. v. u. Z.
Rosa Ton mit dunklen Einsprengungen.
H. 10,5 cm
Aus Tarquinia;
1928 aus Sammlung M. P. Botkin erworben
Leningrad, GE, Antikensammlung
Inv.: G 1620

D 3.49

Maske einer jungen Frau mit halbgeöffnetem Mund und schlanker Nase. Weiches lockiges Haar, das nach oben gekämmt ist. Auf dem Kopf eine Kappe mit Diadem; runde Ohrringe. Zwei Löcher zum Aufhängen. Gehört zur Gruppe der Theatermasken.

Lit.: Messerschmidt, S. 71 Abb. 28; Kul'tura i iskusstvo Etrurii, Nr. 203; Antičnaja koroplastika, Nr. 262; Stefani, Maschere, S. 306 Typ M X 1 Taf. 15.3.   S. B.

D 3.55
Terrakottamaske. Silen
2. Jh. v. u. Z.
Poröser graugelber Ton mit Einsprengungen. Aus zwei Fragmenten mit verschiedenen Inventarnummern zusammengeklebt
H. 17 cm
Übernommen aus der Stroganover

Fachschule für Kunst und industrielle Formgestaltung
Moskau, GMII, Antikensammlung
Inv.: II Ia 106

Kahler, bärtiger Silenskopf mit einem Kranz aus Efeublüten und -blättern. Unregelmäßig abgeschnittener Rand. Stirnfalten, Pupillen und Haarsträhnen mit einem Modellierstab nachgearbeitet. Im Mund zwischen halb geöffneten Lippen ein durchgängiger Schlitz. Die Innenfläche der Maske ist geglättet. Zwei runde Löcher im oberen Teil der Stirn waren zum Aufhängen der Maske gedacht.

Lit.: Unveröffentlicht; vgl. Messerschmidt, S. 63 Abb. 11f., S. 66 Abb. 17, S. 67 Abb. 23a, b.
V. S. Z.

D 3.56
Terrakottamaske. Frauenkopf
Tarquinia, 3.–2. Jh. v. u. Z.
Graugelber Ton, weißgrauer Überzug;
im Haar Reste von roter Bemalung.
H. 13,2 cm
Fundort unbekannt;
Budapest, SzM, Antikensammlung
Inv.: 50.460

An der Stelle der Ohren halbkreisförmiger Ausschnitt, auch die Mundöffnung ausgeschnitten. Oben auf dem Kopf zwei kleine Löcher zum Aufhängen. Der Maskentypus geht wohl auf eine weibliche Maske der griechischen Neuen Komödie zurück. Ähnliche Komödien sowie dionysische Masken sind in Italien besonders in Sizilien und in Südetrurien verbreitet, kommen aber auch in Apulien und Campanien vor.

Lit.: Unveröffentlicht; aus derselben Negativform ein Exemplar aus Tarquinia (Genf, Musée d'art et d'histoire, Inv. F 559; T. B. L. Webster, Monuments illustrating New Comedy, 1961, S. 133, Nr. IT 26; RA 1983, S. 26 Abb. 13.d) und ein anderer aus Tuscania (M. Moretti – A. M. Sgubini Moretti, I Curunas di Tuscania, 1985, S. 122–123, Nr. 119 Taf. 122).   J. G. Sz.

D 4 Architektonische Terrakotten

Dachterrakotten vom Campo della Fiera bei Orvieto
D 4.1. 1–16

Die Reste der etruskischen Stadt unter den Bauten des aus dem teilweise bis zu 50 m über dem Pagliatal aufragenden Tuffmassivs von Orvieto können wahrscheinlich mit dem von den Römern als »Hauptstadt« Etruriens bezeichneten Volsinii (Velzna) identifiziert werden. Aufgrund ihrer Schlüsselposition für den Binnenhandel hatte diese Stadt, bei der auch das etruskische »Bundesheiligtum« – das Fanum Voltumnae – zu lokalisieren ist, gerade in der Krisenperiode der etruskischen Kultur im 5. Jh. v. u. Z., als Küstenstädte wie Caere ihre frühere beherrschende politische Stellung einbüßten, einen besonderen Aufschwung erlebt.

Diese Blütezeit reichte nach den archäologischen Quellen – vor allem den umfangreichen Funden importierter attischer Keramik – etwa von der Mitte des 6. bis 4. Jh. v. u. Z. Im Jahre 264 v. u. Z. wurde die Stadt bei einem Aufstand der Plebejer gegen die aristokratische Oberschicht von den Römern unter M. Fulvius Flaccus erobert, zerstört und die Einwohner nach Volsinii Novi am Bolsenasee umgesiedelt. Die Blütezeit des etruskischen Volsinii dokumentieren die zahlreichen Funde von Dachterrakotten der Tempel im Stadtgebiet (Piazza del Popolo, S. Andrea, S. Giovanni Evangelista, Dom, Via S. Leonardo und vom Belvedere) und in seiner näheren Umgebung in den Nekropolen von Crocefisso del Tufo und Canicella, sowie dem Campo della Fiera, wo ebenfalls Sakralbau-

ten existierten. Der Terrakotta-Komplex vom Campo della Fiera wurde bei den am 16. November 1876 im Besitztum des Herrn Bernardini von Menichetti begonnenen Grabungen im Süden von Orvieto gefunden. Bei diesen Grabungen sind ebenfalls Reste von bis 1,50 m hoch aufstehenden Tuffquadermauern und Reste von Votivgaben aufgedeckt worden. Die Terrakotten konnten im folgenden Jahr durch Körte für 715 Lire von dem Ingenieur Mancini für das Berliner Museum erworben werden. Der Komplex umfaßte neben Architekturterrakotten (Inv. TC 7555–7561) weitere Tongegenstände (TC 7562, 7564), 22 pyramidenstumpfförmige gestempelte Tongewichte (TC 7563) und Votivterrakotten (TC 7565–81). Von den im Inventar aufgeführten Objekten lassen sich in der Anti-

kensammlung noch nachweisen bzw. identifizieren die Inventarnummern TC 7535, 7537 bis 7545, 7547–7549, 7551, 7558, 7561 und 7571, während sich die Nummern TC 7546, 7550, 7554–7557, 7569, 7570, 7576 b und c sowie 7579–7581 jetzt im Antikenmuseum Berlin (West) befinden. Insgesamt läßt sich dieses Material in den Zeitraum vom Ende des 6./5. Jh. bis zum frühen 3. Jh. v. u. Z. datieren.

Gerade die Dachterrakotten erlauben einen guten Überblick über die koroplastische Produktion Volsiniis in der »Interimsperiode« der etruskischen Kunst (Mitte 5. bis Mitte 4. Jh. v. u. Z.). Während die frühen architektonischen Terrakotten vom Anfang des 5. Jh. v. u. Z. den Einfluß des attisch-spätarchaischen Stils bezeugen (Kat.-Nr. D 4.1. 1–3), zeigt die folgende Generation bereits Einflüsse des strengen Stils der klassisch griechischen Plastik. In der 2. Hälfte des Jahrhunderts folgten dann mehrere Typen von Frauenkopfantefixen, die deutlich Stileigentümlichkeiten der attischen Hochklassik zur Zeit des Phidias mit einer gewissen nicht genau bestimmbaren Verspätung aufgreifen (Kat.-Nr. D 4.1. 6–9). Die jüngsten Antefixe schließen dann an die Entwicklung der griechischen Kunst im 4. Jh. und im frühen Hellenismus an (Kat.-Nr. D 4.1. 10–13).

Im Anschluß an eine bereits in Caere begonnene florale Ausgestaltung der Antefixrahmen (Kat.-Nr. B 6.1.29,30) entstanden in Orvieto Nimben mit komplizierten Anthemionreliefs. Diese Entwicklung führte bereits im 5. Jh. v. u. Z. zum krenelierten Rahmenwerk (Kat.-Nr. D 4.1.8), dessen gewellter Umriß aus fünf von Volutenbändern eingehüllten Palmetten mit dazwischengesetzten Blüten gebildet wurde. Dieser Typus wurde dann im 3. Jh. v. u. Z. vom konkaven Schalennimbus abgelöst, wobei der Antefixkopf im vertieften Mittelteil (Omphalos) einer kreisförmigen vorgewölbten Schale angeordnet war, deren Grund ebenfalls mit pflanzlichem Ornament belegt wurde (Kat.-Nr. D 4.1.13). Derartige Antefixformen sind dann auch typisch für die unter römischer Regie entstandenen Tempelbauten von Cosa und Talamone. In stark degenerierter Form ist allerdings die gewellte Nimbusform auch noch im 2. Jh. v. u. Z. – z. B. in Chiusi – anzutreffen (vgl. Kat.-Nr. D 4.11). Charakteristisch für die tönerne Baudekoration Orvietos ist auch die Vorliebe für die Darstellung von Meerwesen (Kat.-Nr. D 4.1. 2, 14), was wenigstens seit dem 4. Jh. v. u. Z. mit einer Häufung von Wiedergaben maritimer Fabelwesen in der antiken, speziell der etruskischen Kunst zusammenfällt. Insgesamt ergibt sich aus einer Betrachtung der Orvieto-Funde, daß auch in der politischen Krisenperiode Etruriens der Kontakt zu den führenden griechischen Kunstzentren nicht abgerissen ist und durchaus künstlerisch hochstehende Neuschöpfungen möglich waren.

Lit.: Fundberichte in den NSc 1876, S. 184; NSc 1877, S. 146f. und AZ 36, 1878, S. 165; Andrén, S. 190ff.; Riis, S. 56ff.; zuletzt M. J. Gold-

berg, in: RM 92, 1985, S. 107ff. (orvietanische Typen in Tarquinia); zur etruskischen Kunst im 5./4. Jh. allgemein: T. Dohrn, Die etruskische Kunst im Zeitalter der griechischen Klassik, 1982, und M. Sprenger, Etruskische Plastik des 5. Jh. v. Chr. und ihr Verhältnis zur griechischen Klassik, 1972.   V. K.

D 4.1.1 (Abbildung)
Gorgoneionantefix
Orvieto, Anfang 5. Jh. v. u. Z.
Hellroter Ton mit schwarzen und ziegelfarbenen Einschlüssen, beigefarbenem Überzug, roten und schwarzen Farbresten. Rahmen links vollständig, rechts bis auf einen Teil des einfassenden Rundstabes mit Volutenrest weggebrochen
H. 28,1 cm, Br. 24,7 cm, T. 27,5 cm
Berlin, SMB, Antikensammlung Inv.: TC 7538

Rundlicher Gorgonenkopf über breiter Fußleiste von einem in Voluten endenden Rundstab und dem Rest eines vorgewölbten Nimbus umgeben. Das schwarz gefärbte Stirnhaar besteht aus fünf Buckeln und seitlich vor den Ohren herabhängenden Haarwülsten, während die übrige Haarmähne jeweils als ausschwingendes viersträngiges Band unter den Ohren herabfällt. Der Hals sitzt unmittelbar auf der Fußleiste auf, die über einer roten Grundlinie mit einem stehenden Blattstab bemalt ist. Auf der Rückseite des ausgehöhlten Kopfes befindet sich der Ansatz des U-förmigen Deckziegels mit einer geknickten kantigen Verstärkungsstrebe wie bei dem Frauenkopfantefix (Kat.-Nr. D 4.1.3). Nach Aufbau und Stil gehörte unser Antefix mit diesem zusammen zu ein und demselben Dach. Gorgoneionantefixe wurden in Etrurien nach griechisch-unteritalischem Vorbild bereits in der 1. Hälfte des 6. Jh. v. u. Z. gefertigt (Poggio Civitate), sind aber hier weitaus seltener. Unser Gorgoneion läßt sich typologisch mit der attisch-ostgriechischen spätarchaischen Variante des Löwentypus verbinden, die auch für die zahlreichen spätarchaischen Gorgoneionantefixe in Unteritalien, Sizilien und Kampanien vorbildlich war.

Lit.: Andrén, S. 192 Typ I.5, Taf. 72.243; V. Kästner, in: FuB 27 (im Druck); zum Gorgoneion vgl. Floren, 1977, S. 30ff. und 62ff.   V. K.

D 4.1.2
Fragment eines dreiköpfigen Dämons
Orvieto, Anfang 5. Jh. v. u. Z.
Hellgelber bis rötlichgelber Ton mit schwarzen und ziegelfarbenen Einschlüssen, beigefarbenem Überzug sowie roten, braunen und schwarzen Farbresten. Ehemals rückseitig an einer Platte befestigt, Bruch an den Hälsen, weiterhin Nasen- und Bartspitzen weggebrochen sowie auf dem Scheitel des vordersten Kopfes ein Meniskusloch
H. 17,5 cm, Br. 20 cm, T. 15,1 cm
Berlin, SMB, Antikensammlung
Inv.: TC 7537

Drei hintereinander gestaffelte nach links blickende bärtige Köpfe. Das schwarze Haupthaar bildet eine geschlossene Masse mit Stirnglatzen und Geheimratsecken, fällt als Wulst vor die Ohren und bildet am Hinterkopf eine Wulstkante. Augen und Münder sind mit dem Modellierstab überarbeitet. Die Köpfe gehörten offensichtlich zu einem dreileibigen Meeresdämon. Das fast vollplastisch gearbeitete Relief war einer Platte vorgeblendet, so daß eine architektonische Verwendung als Columenrelief oder Giebelsimaecke (vgl. Kat.-Nr. D 4.1.14) sehr wahrscheinlich sein dürfte. Die Ikonographie und der Stil der Reliefköpfe entsprechen dem Schema spätarchaischer Silensköpfe (vgl. Kat.-Nr. B 6.8). Darstellungen dreileibiger Meeresdämonen sind nicht sehr häufig. Vergleichbar sind in der griechischen Kunst der Nereus aus dem Kalksteingiebel von der Athener Akropolis (um 570 v. u. Z.) und in der etruskischen Kunst ein goldener Fingerring aus Populonia (2. Hälfte 6. Jh. v. u. Z.) sowie das Vasenbild einer schwarzfigurigen Amphora in Mailand (530–520 v. u. Z.). Bei allen drei Darstellungen dürfte es sich um Wiedergaben eines Heraklesabenteuers handeln, wobei die Verwandlungsfähigkeit des Meerwesens durch die Mehrleibigkeit charakterisiert wird.

Lit.: Andrén, S. 191f. Typ I.3 Taf. 72.241; Boosen, S. 99f. Nr. 2 (Ring aus Populonia, Florenz Museo Archeologico Inv. 89260), 100 Nr. 3 (Amphora, Galleria Finarte Mailand), allgemein S. 109.   V. K.

D 4.1.3
Frauenkopfantefix
Orvieto, Anfang 5. Jh. v. u. Z.
Hellroter Ton mit schwarzen und ziegelfarbenen Einschlüssen sowie hellbeigefarbenem Überzug, roten und schwarzen Farbresten. Kopf mit Ziegelansatz erhalten. Nimbus oberhalb eines einfassenden Rundstabes weggebrochen; rechts Rundstabvolute im Ansatz erhalten, Bestoßungen, Strebe an der unteren Auflage gerissen und Ende weggebrochen
H. 25,1 cm, Br. 22,5 cm, T.
(mit Ziegelansatz) 24,5 cm
Berlin, SMB, Antikensammlung
Inv.: TC 7539

Frauenkopf mit breiter Stephane, die auf hellrotem Grund mit einem dunkelroten Leitermuster bemalt ist. Auf der Oberseite des Kopfes Reste roter Farbe. Die dreieckige Stirn wird gerahmt von gescheiteltem, gewelltem schwarzem Stirnhaar, das vor den Ohren bogenförmig durchhängt und dann herabfällt. Ohren mit runden Schmuckscheiben. Auf dem Hals Reste einer Halskette aus hellroten und schwarzen Perlen, die durch dunkelrote Querstriche getrennt werden, roter Chitonausschnitt. Den Kopf umgibt ein Rundstab mit schwarz-rotem rechtsläufigem Sparrenmuster auf beigefarbenem Grund, der sich unten zu Doppelvoluten aufrollt. Von diesem bisher ältesten Frauenkopfziegel

aus Orvieto existieren mehrere Repliken aus Grabungen im Stadtgebiet (Canicella, Piazza Angelo und von unbekanntem Fundort, Museum Orvieto). Die Matrize eines etwas kleineren Exemplars mit vollständigem konkavem Blattkranznimbus stammt aus Vulci. Antefixe mit ähnlicher attisch beeinflußter Ikonographie wurden besonders in Caere gefunden (vgl. Kat.-Nr. B 6.1.36).

Lit.: Andrén, S. 192 Typ I.6 Taf. 72.242; Riis, Typ 6.F S. 57, 60, 63ff.; vgl. Andrén, S. 188f. Typ I.1 Taf. 71.234, S. 194f. Abb. 31.F 2 Taf. 73.248; Santuari, S. 118 Nr. 6.1 A.1, außerdem Andrén, S. 219f. Typ I.5 (Matrize aus Vulci). Der bisher nördlichste Fund eines Antefixes dieser Stilgruppe aus Pieve a Socana (bei Arezzo; Santuari, S. 165, 167 Nr. 9.3, B.1 – datiert 470–460 v. u. Z.).   V. K.

D 4.1.4
Frauenkopf (Antefixfragment?)
Orvieto, um 470 v. u. Z.
Hellroter bis gelblicher Ton mit schwarzen und ziegelfarbenen Einschlüssen sowie beigefarbenem Überzug; geringe schwarze und rote Farbreste. Kopf mit umlaufender Bruchkante, in zwei Teile zerbrochen; Kinn und Nase bestoßen
H. 10,8 cm, Br. 10 cm, T. 9,7 cm
Berlin, SMB, Antikensammlung
Inv.: TC 7551

Kräftig modellierter weiblicher Kopf eines Gruppenantefixes (Silen und Mänade), im Scheitel ein zugespitzter Bronzestiftrest vom Meniskus in Bleibettung (oberer D. etwa 8 mm, L. 31 mm, unterer D. 3 mm). Unter der aufgesetzten schmalen Stephane kräftiger Stirnhaarwulstbogen, schmale Stirn und große unter den Orbitalen hervortretende Augen. Im Haar und an der Stephane rote Farbspuren, dagegen schwarze Brauen, Augenränder und Pupillen. Unter der fein gezeichneten Nase sitzt ein kleiner sensibel geformter Mund zwischen vortretenden Wangen. Details, insbesondere Konturen, sind mit dem Modellierstab nachgezogen. Die Ikonographie des Kopfes ist vom griechischen »strengen Stil« beeinflußt und mit ähnlichen Gruppenantefixen aus Falerii (Sassi Caduti) vergleichbar.

Lit.: Andrén, S. 191 Typ I.2, Taf. 72.240; Riis, S. 57 Typ 6.E, S. 64f.; vgl. Andrén, S. 191 Typ I. 3h Taf. 38.128 (Falerii, Sassi Caduti) und zur Datierung die Malereien der Tomba del Triclinio, Tarquinia: St. Steingräber, Pittura etrusca, 1984, S. 355f. Nr. 121 (um 470 v. u. Z.).   V. K.

D 4.1.5 (Abbildung)
Giebelaufsatz: Fragment eines sich entschleiernden Mädchens
Orvieto, um 470 v. u. Z.
Hellroter Ton mit schwarzen und ziegelroten Einschlüssen, beigefarbenem Überzug sowie weißen, roten und schwarzen Farbspuren. Oberkörper aus zwei Stücken zusammengefügt (senkrechter Bruch vor

D 4.1.1

der rechten Brust mit klaffender Fuge), an der Unterseite Bruchkante über der Hüfte; der rechte Arm ist abgebrochen und ebenso die Unterkante des Mantels unter dem linken Ellbogen; über die Arme und den Kopf läuft eine Reihe von zehn Löchern für Meniskoi
H. 28,6 cm, Br. 30 cm, T. 10 cm
Berlin, SMB, Antikensammlung
Inv.: TC 7535

Oberkörper eines nach links blickenden rundplastisch gearbeiteten Mädchens, das mit der erhobenen linken Hand ein schleierartig über den Kopf gelegtes Manteltuch zurückzieht. Das Tuch ist fein gefältelt und hängt mit Zickzackfaltenrändern über dem rechten Oberarm und vor dem linken Chitonärmel herab. Das Mädchen ist weiterhin mit einem Chiton und einem im Relief abgesetzten roten schrägen Mäntelchen mit Wulstkante, das die linke Brust frei läßt, bekleidet. Die Faltenbögen des Schleiermantels auf dem Rücken und die Fältelung des Schrägmäntelchens sind mit dem Modellierstab eingeritzt, wobei senkrechte tiefe mit schrägen dünnen Liniengruppen abwechseln. Auf dem wulstartig geformten Stirnhaar sitzt eine schmale, gekehlte Stephane, die hinter den Ohren in ein das Haupthaar einfassendes Kopftuch übergeht.

Haartuch und Stirnhaar geritzt. Das Gesicht ähnlich wie Kat.-Nr. D 4.1.4, aber in den Details subtiler gestaltet. Da die Frauenfigur offenbar frei gearbeitet war, dürfte sie zu einer Gruppe gehört haben, die entweder die Spitze oder die Schräge eines Giebels bekrönte. Das Motiv der Frau oder des Mädchens mit stolaartig umgelegtem und über den Kopf gezogenem Mantel wurde – ebenso wie die ionische Schrägmanteltracht – aus der spätarchaischen griechischen Kunst übernommen. Vergleichen lassen sich in der Gewandstilisierung auch frührotfigurige attische Vasenbilder. Das Entschleierungsmotiv trat dabei in der griechischen Kunst besonders als »höfliche« Grußgeste bei Frauen und in Verbindung mit der Darstellung der Heiligen Hochzeit von Zeus und Hera auf. In Etrurien ist es mehrfach für Hera im Parisurteil belegt (Boccanera-Platten, London, British Museum, um 550 v. u. Z. und »pontische« Amphora München 837).

Lit.: Andrén, S. 190f. Typ I.1, Taf. 72.239; zur Dat. vgl. Kat.-Nr. D 4.1.4; zum Motiv des Entschleierns siehe G. Neumann, Gesten und Gebärden in der griechischen Kunst, 1965, S. 41 Anm. 134; zum in Etrurien seltenen »schrägen Mäntelchen« vgl. Bonfante, S. 53 Anm. 46, S. 56.   V. K.

D 4.1.10

D 4.1.6

Frauenkopfantefix (Fragment)
Orvieto, Mitte 5. Jh. v. u. Z.
Blaßgelber Ton mit schwarzen und
ziegelroten Einschlüssen sowie einem
weißlichen Überzug mit roten, schwarzen
und gelben Farbresten. Kopf mit
umlaufender Bruchkante, oben links Rest
des einfassenden Rundstabes erhalten;
bestoßen
H. 16,6 cm, Br. 13,3 cm, T. 8 cm
Berlin, SMB, Antikensammlung Inv.: TC 7544

Ovaler Frauenkopf mit dreireihigem gelbem
Blattkranz. Oben links ein kleiner Rest des roten
Nimbusansatzes mit Teil des einfassenden
Rundstabes. Die Kalotte des Kopfes hochge-
wölbt und schwarz gefärbt wie das Stirnhaar,
das einen mehrreihigen Spitzbogen aus perlschnurartigen Strähnen bildet. Unter den vortretenden Orbitalen große von Wulsträndern gesäumte Augen mit schwarzer Pupille. Grob gezeichneter Mund mit wulstigen roten Lippen.
Ohren und herabfallende Haarsträhnen fehlen.
Dieses Fragment wie weitere fragmentierte
Köpfe der Berliner Sammlung (TC 7545 und
7549) sind etwas gröber modellierte Varianten
eines klassischen Antefixtypus aus dem Belve-
dere-Heiligtum von Orvieto, der mit weiteren
ähnlichen Frauenkopfziegeln von verschiedenen Heiligtümern Orvietos und Arezzos sowie
einem klassischen Tonkopf des Vigna-Grande-
Heiligtums, ebenfalls in Orvieto, zusammen gesehen werden muß.
Lit.: Andrén, S. 193 Typ II.3; vgl. ebd. S. 187
Typ I Taf. 73.245; Riis, S. 57 Typ 7.D; La collezione Ciacci, S. 119 Nr. 231.   V. K.

D 4.1.7

Frauenkopfantefix (Fragment)
Orvieto, Mitte 5. Jh. v. u. Z.
Blaßroter, im Kern gelblicher Ton mit
schwarzen und ziegelroten Einschlüssen
sowie beigefarbenem Überzug mit geringen
roten Farbspuren. Kopf mit umlaufender
Bruchkante, auf der Rückseite ein Teil des
runden Kalypters erhalten, Oberfläche
stark verwittert, Kranz, Haar, Nase, Unterlippe
und Kinn bestoßen
H. 18,6 cm, Br. 17,8 cm, (mit
Ziegelrest) 13,8 cm
Berlin, SMB, Antikensammlung
Inv.: TC 7549

Ovaler Frauenkopftyp mit Blattkranz wie Kat.-
Nr. D 4.1.6. Hier sind jedoch die teilweise vom
Stirnhaarwulst verdeckten Ohren noch erhalten, ebenso links die in welligen Strähnen herabfallende Haupthaarbahn. Auf dem Hals ist ein
weinroter Rest des reliefierten Halsringes erkennbar, gleiche Farbreste befinden sich auch
an den Enden des Blattkranzes.
Lit.: Unveröffentlicht. Vgl. Kat.-Nr. D 4.1.8.
                                        V. K.

D 4.1.8 (Farbtafel)

Frauenkopfantefix mit Anthemionnimbus
Orvieto, 3. Viertel 5. Jh. v. u. Z.
Blaßgelber bis rötlicher Ton mit schwarzen
und ziegelfarbenen Einschlüssen sowie
beigefarbenem Überzug mit schwarzen,
roten und gelben Farbresten. Aus zwei
Fragmenten zusammengesetzt mit größerem
Teil des Nimbus rechts oben; Querhieb
auf der Kopfkalotte und die Nase bestoßen;
links ein größeres Feld der herab-

fallenden Haarsträhnen, rechts die ganze
Partie mit Ohr herausgebrochen; rückseitiger
Strebenansatz
H. 29 cm, Br. (oberes Fragment) 23,4 cm,
T. 8,3 cm
Berlin, SMB, Antikensammlung
Inv.: TC 7541 a

Frauenkopf mit vierreihigem gelbem Blattkranz in breitem konkavem Nimbus. Auf der
Nimbusfläche liegt ein flachreliefiertes Anthemionrelief mit lyraförmigen Ranken und außen
ansetzenden alternierenden fünfblättrigen Palmetten und Lotosblüten vor schwarzem Grund.
Das Feld innerhalb der Ranken ist rot gefärbt
und zwischen den Rankenteilen mit blauen Rosenknospen besetzt. Um den Kopf läuft ein
schmaler profilierter Bogen. Zwischen der
hochgewölbten roten Kalotte und dem roten
Stirnhaar der perlschnurartig stilisierte Blattkranz. Das kräftig gewellte kompakte Stirnhaar
ist in der Mitte gescheitelt und hängt vor den Ohren etwas durch, um dann unter diesen als
breite, aus welligen Strähnen bestehende Bahn
herabzufallen. Das erhaltene linke Ohr besitzt
einen gelben tropfenförmigen Anhänger. Brau-
engrate und von roten Stegen gesäumte Augen
mit roten Pupillen. Roter Mund mit gewellter
Ober- und vorgewölbter Unterlippe. Der sich
daraus ergebende strenge Gesichtsausdruck
wird unterstrichen durch ein markantes Kinn.
Gelber dicker Halsreifen mit Kügelchen und roter Chitonausschnitt auf einer schmalen, seitlich
ausgeschnittenen Fußleiste. Ihre Oberseite ist
schwarz und die Unterkante rot gefärbt. Das Antefix, zu dem Repliken in Kopenhagen und Rom
sowie ein ähnliches Exemplar aus Chiusi bekannt sind, zeigt deutlich den Einfluß der klassischen griechischen Plastik.
Lit.: Andrén, S. 193 Typ II.1; vgl. ebd. S. 506
Typ II.1 Taf. 158.536 und Riis, S. 57 Typ 8.F,
S. 60 und 76f. (Kopenhagen, Ny Carlsberg
Glyptothek Inv. H. I. N. 2479, aus Orvieto), Mus-
NazRom, 3, 1983, S. 63 Nr. 25 Taf. 9; La collezione Ciacci, S. 230 Nr. 559 (Matrize mit Nimbus); sowie M. Cristofani, Statue-cinerario chiusine di età classica, 1979, S. 80 Taf. 42.3–4
(Chiusi).   V. K.

D 4.1.9 (Abbildung)

Frauenkopfantefix mit Anthemionnimbus
Orvieto, letztes Viertel 5. Jh. v. u. Z.
Blaßroter bis gelblicher Ton mit schwarzen
und ziegelfarbenen Einschlüssen sowie
beigefarbenem Überzug mit schwarzen und
roten Farbresten. In mehrere Fragmente
zerbrochen, größere Teile des Nimbus
links unten, oben und rechts fehlen; die
Ecken der Fußleiste sind weggebrochen,
am Kopf und Blattkranz, Nase, Oberlippe
und Kinn bestoßen
H. 28 cm, Br. 30,2 cm, T. 13,3 cm
Berlin, SMB, Antikensammlung
Inv.: TC 7540

Ovaler Frauenkopf mit dunkelrotem dreireihigem Blattkranz, umfangen von einem breiten

302

konkaven Anthemionnimbus. Das Nimbusrund
zeigt in flachem Relief aufgelegte fünfblättrige
Palmetten, die mit Lotosblüten abwechseln und
vor schwarzem Grund durch liegende S-Voluten verbunden werden. Zwischen diesen Voluten und dem Rundstab des Kopfansatzes wechselt die Hintergrundfarbe in Rot. Die Kopfkalotte
ist kräftig nach oben gewölbt. Der dunkelrote
Kranzreifen umfängt das vom Mittelscheitel
schräg nach außen in gewellten Strähnen ge-
strichene schwarze Stirnhaar, das dann hinter
den Ohren jeweils in viersträhnigen Bahnen
herabfällt. Die Ohren schmücken große dunkelrote Scheiben. Hohe dreieckige Stirn, nahezu
waagerecht gezogene Brauen und von schwarzen Rundstegen gesäumte Augen mit schwarzen Pupillen. Unter der schlanken Nase ein
knapp gezeichneter Mund mit roten Lippen.
Über dem auf der schmalen Fußleiste aufsitzen-
den Chitonsaum befindet sich ein reliefierter
dunkelroter Halsring. Das Antefix gehört trotz
seiner starken Beschädigungen zu den qualitätvollsten Ziegeltypen Orvietos.

Lit.: Andrén, S. 193 Typ II. 2, Taf. 72.244; Riis,
S. 57 Typ 9.E, S. 60, 76f.   V. K.

D 4.1.9

D 4.1.10

Frauenkopfantefix (Fragment)
Orvieto, vor 350 v. u. Z.
Blaßrosa Ton mit schwarzen und ziegel-
farbenen Einschlüssen sowie weißlichem
Überzug und roten, schwarzen und gelben
Farbresten. Kopf mit umlaufender
Bruchkante; das rechte Ohr fehlt;
Kranz, Nase und Kinn bestoßen
H. 14,9 cm, Br. 13,7 cm, T. 7,5 cm
Berlin, SMB, Antikensammlung
Inv.: TC 7542

Frauenkopf von einem Antefixtyp mit krene-
liertem Anthemionnimbus (vgl. das Antefix in
Rom, Villa Giulia Inv. 26743) und ornamental
bemalter Fußleiste, über die eine Halskette mit
drei Bullae hängt. Das gewellte rote Stirnhaar ist
zur Seite gestrichen und wird von einem flach-
bogigen Blütenkranz abgeschlossen. Das
Haupthaar fällt in breiten gesträhnten Bahnen
hinter den Ohren herab, die runde gelbe
Schmuckscheiben mit Mittelknopf tragen. Hohe
Stirn mit eingetieften, schwarz umrandeten Augen, Oberlidwülsten und roten Pupillen. In das
breite halbrunde Untergesicht ist ein kleiner roter Mund eingebettet. Antefixe gleichen Typs
mit besser erhaltenem Rahmenwerk wurden in
verschiedenen Heiligtümern Orvietos (Via San
Leonardo, Canicella), weitere in Roselle und
Talamone gefunden. Exemplare einer vielleicht
etwas jüngeren Variante sind in großer Zahl aus
Orvieto und Roselle, aber auch aus Selvasecca
(Tarquinia) und Perugia bekannt. Die Ikonographie und der Stil entsprechen dem berühmten
weiblichen Tonkopf von der Via San Leonardo
(1. Hälfte 4. Jh. v. u. Z.), der nach reifklassi-
schem griechischem Vorbild gestaltet wurde.

Lit.: Andrén, S. 193 Typ II.4; Repliken: Riis,
S. 58 Typ 11.F; ein weiteres Fragment in Berlin

D 4.1.5

D 4.1.14

D 4.1.13

(Inv. TC 7543); und mit Nimbus: Andrén, S. 506,
Typ II.2 (Rom, Villa Giulia Inv. 26743); weiterhin
G. Maetzke, Roselle. Gli scavi e la mostra,
1975, S. 68 Nr. 4 Taf. 11c und le mito dei Sette a
Tebe, Katalog Florenz 1982, S. 55 Nr. 1b
Abb. 47.   V. K.

D 4.1.11
**Fragment eines krenelierten
Antefixrahmens**
Orvieto, vor 350 v. u. Z.
Blaßroter Ton mit schwarzen und
ziegelroten Einschlüssen, beiger Engobe
und Resten roter Farbe. Linkes unteres
Rahmenstück, oben und rechts gebrochen,
die Oberfläche durch sekundäre
Brandeinwirkung geschwärzt
H. 11,9 cm, Br. 11,2 cm, D. 2,5–3,9 cm
Berlin, SMB, Antikensammlung
Inv.: 33764

Fragment, bestehend aus dem Rest einer Volute mit konvexem Auge und links ansetzender
gerahmter fünfblättriger Palmette. Über der Volute ein Rest der die Palmetten verbindenden
Ranke. Rote Farbspuren auf dem Hintergrund
des Ornamentreliefs und auf einigen Palmettenblättern. Das Fragment gehört nach dem
Ausweis besser erhaltener Stirnziegel (z. B.
Villa Giulia, Rom Inv. 26743) zu demselben
Stirnziegeltyp wie die Köpfe Kat.-Nr. D 4.1. 9
bis 10.

Lit.: Unveröffentlicht; vgl. Andrén, S. 506, Typ
II.2, Taf. 158.537 (Villa Giulia).   V. K.

D 4.1.12
Frauenkopfantefix (Fragment)
Orvieto, um 350 v. u. Z.
Hellroter Ton mit schwarzen und
ziegelroten Einschlüssen sowie
weißlichem Überzug mit roten und
schwarzen Farbresten. Kopf mit
umlaufender Bruchkante; Kranz, Nase
und Kinn bestoßen, der weiße Überzug bis
zu den Brauen zerstört
H. 15,3 cm, Br. 14,2 cm, T. 7,6 cm
Berlin, SMB, Antikensammlung
Inv.: TC 7548

Kopf eines Nimbusantefixes ähnlich Kat.-
Nr. D 4.1.10. Der flachbogige Kranz besteht jedoch aus einer dreifachen Blattreihe, und das
rote Haar ist vom Mittelscheitel ausgehend gelockt, wobei die seitlich herabfallenden Locken-
bahnen die Ohren verdecken. Dreieckige Stirn
und waagerechte, gratartige schwarze Brauen
sowie kleine rundliche Augen mit erhabenen
schwarzen Rändern und schwarzen Pupillen,
unter dem kleinen Mund mit rot gefärbten
Lippen ein kräftiges Kinn. Das Gesichtsoval ist
im Vergleich zu Kat.-Nr. D 4.1.10 gedrungener
proportioniert, und der Gesichtsausdruck wirkt
mürrisch. Der Kopf ist umgeben von einem weißen Rundstab mit schwarz-rotem Sparrenmuster. Jüngere Variante des Ziegeltyps Kat.-
Nr. D 4.1.10.

Lit.: Andrén, S. 193 Typ II.5.   V. K.

D 4.1.13 (Abbildung)
Frauenkopf mit phrygischer Mütze im Schalennimbus (Fragment)
Orvieto, 3. Jh. v. u. Z.
Hellroter Ton mit schwarzen und ziegelroten Einschlüssen. Kopffragment mit Mütze und Nimbusrest rechts oben. Die Oberfläche stark verwittert, so daß die körnige Struktur der Magerung hervortritt
H. 20,1 cm, Br. 12,7 cm, T. 8,7 cm
Berlin, SMB, Antikensammlung
Inv.: TC 7547

Rundovaler Frauenkopf mit Blattkranz und phrygischer Mütze im konkaven Omphalos eines Schalennimbus. Nach der Replik des Belvedere-Heiligtums in Orvieto ist unten eine schmale Fußleiste anzunehmen und das Nimbusornament außen als flaches Anthemionrelief mit alternierenden Palmetten und Lotosblüten zu ergänzen. Im Omphalos war der Kopf seitlich von Zweigen und über der Mütze von Schleifen und Blüten (?) eingefaßt.

Kleine reliefierte Augen unter etwas verschliffenen Brauen. Zwischen der schlanken Nase und dem Kinn ist ein kleiner Mund mit geschwungenen Lippen. Die Rückseite des Kopfes nur wenig gehöhlt, oben der Ansatz der im Querschnitt fast quadratischen Strebe mit drei halbrunden Laschen. Nach besser erhaltenen Repliken der Sanktuare vom Belvedere und von Canicella in Orvieto muß am Hals noch eine Perlenkette angenommen werden. Ein sehr ähnlicher Typ stammt auch aus Falerii (Lo Scasato). Stilistisch ist unser Ziegeltyp an die frühesten Minervakopfantefixe aus Cosa und Talamone anzuschließen.

Der schalenförmige Nimbustyp ist etwa gleichzeitig auch an einem Silenantefix aus Falerii zu beobachten. Der Kopf selbst kann vielleicht aufgrund der phrygischen Mütze als Amazonendarstellung gedeutet werden.

Lit.: Andrén, S. 194 Typ II.6 und Riis, S. 58 Typ 12.C, S. 60 und 63 f.; vgl. MusNazRom, S. 71 Nr. 35, Taf. 13 (Sammlung Gorga), sowie Andrén, S. 143 Typ IV.3 (Falerii, Lo Scasato); zum Nimbustyp Kat.-Nr. D 4.9 und Riis, S. 58 Typ 12.J (Silensantefix aus Falerii; zu etruskischen Amazonen: LIMC I, s. v. »Amazones etruscae« (E. Mavleev), S. 654 ff. – speziell 655 Nr. 2a/b und 659 Nr. 11. V. K.

D 4.1.14 (Abbildung)
Giebelsimaleiste mit Meerdrachen
Orvieto, 4. Jh. v. u. Z.
Hellgelber Ton mit schwarzen und ziegelfarbenen Einschlüssen und hellgelbem Überzug, Reste roter und violettschwarzer Farbe. Links gebrochene Leiste; Kopf, vordere Bauchflosse und obere Rückenflosse des Meerdrachens abgebrochen, ebenso die linke obere Ecke der Leiste und der rückwärtig ansetzende Flachziegel mit Teilen der Leistenunterkante; Drachenleib beschädigt, Risse

H. 17,9 cm, L. (max.) 27,6 cm
D. (mit Relief) 8,4 cm;
(ohne Relief) 4,3 cm
Berlin, SMB, Antikensammlung
Inv.: TC 7561

Leiste vom rechten Eckziegel einer Giebelsima. Das Relief zeigt zwei Windungen eines schlangenförmigen Meerdrachens; Schwanzflosse, obere Rückenflosse und Kopf sind verloren. Die Bauchflosse ist blattförmig zu ergänzen. Auf dem Rücken zwei Spitzen einer Zackenmähne, die ebenso wie die Umrandung des Drachens und eine erhaltene untere dreieckige Bauchflosse rot gefärbt waren. Auf dem Leib befinden sich rote Punkte und schwarze sorglos gemalte Bogenlinien, die wohl die Schuppen des Tieres charakterisieren sollten. Der Plattengrund war schwarz. Die rechte Stirnkante ebenfalls rot und auf der Unterseite Ornamentreste. Giebelsimen und Friese mit Reliefbildern von Meerdrachen finden sich häufiger im Gebiet von Orvieto (Heiligtum in der Via San Leonardo und in Bolsena). Ein Meerdrache auf einer Strigilissima in Kopenhagen stammt aus Caere, und entsprechende Seitenakrotere besaß der Tempel von Talamone. Maritime Fabelwesen, die nach dem Vorbild des Seepferdchens gestaltet waren, kennt bereits die griechische Kunst. Bilder dieser Meerdrachen, meist mit anderen Meereswesen vereint, sind in der griechischen, speziell aber der etruskischen Kunst vom 4. bis 2. Jh. v. u. Z. außerordentlich häufig anzutreffen.

Lit.: Andrén, S. 192 Typ I.4; vgl. ebd. S. 162 f. Typ I.8 Taf. 62.199; S. Stopponi, Gli Etruschi a Orvieto, 1985, Abb. 12; Boosen, S. 195 Nr. 40, 196 Nr. 43, 196 Nr. 44 und S. 183 ff. (Meerdrachen allgemein). V. K.

D 4.1.15
Traufziegelecke
Orvieto (?), 5.–4. Jh. v. u. Z.
Blaßgelber Ton mit schwarzen und ziegelroten Einschlüssen, beigefarbenem Überzug sowie rot-schwarzer Bemalung. Rechtes Eckfragment, links und rückseitig gebrochen; Bemalung auf der Unterseite rechts teilweise abgerieben
L. 10,6 cm, Br. 8,5 cm, Plattendicke 3,3 cm
Berlin, SMB, Antikensammlung
Inv.: TC 7559 (?)

Rechte Ecke eines Ziegels mit ornamental bemalter Unterseite. Auf der Oberseite ist rechts der ausgebrochene Ansatz des seitlichen Ziegelfalzes erkennbar. Die glatte Stirn ist auf beigem Grund alternierend rot und schwarz gestreift. Auf der Unterseite wird eine schwarze Bogenkette mit abwechselnd schwarzen und roten dreiteiligen Anhängern (Knospen?) dreiseitig von roten Streifen gerahmt. An dem hinteren Streifen hängen außerdem alternierend schwarze und rote Punkte. Das Fragment gehört zu einem vorstehenden Traufziegel, dessen Stirn und sichtbare Unterseite ornamental bemalt waren. Nach Tonqualität und Technik könnte es sich bei diesem Fragment um die im

Terrakottainventar aufgeführte »Tonleiste mit aufgemaltem Ornament« aus dem Campodella-Fiera-Komplex handeln.

Lit.: Unveröffentlicht. V. K.

D 4.1.16
Fragment einer ornamentalen Verkleidungsborte
Orvieto, Anfang 5. Jh. v. u. Z.
Gelblicher Ton mit Einschlüssen und Engobe. Durch Brand sekundär beschädigtes und teilweise verfärbtes Fragment
H. 11,4 cm, Br. 10,1 cm, D. (oben) 2,4 cm
Berlin, SMB, Antikensammlung
Inv.: TC 7558

Bruchstück einer reliefierten Ornamentborte. Links und rechts gebrochen; oben eine eingearbeitete Nut. Die Oberkante mit Rundstab, darauf folgen konvexe Scheiben und zwei gegeneinander versetzte flachreliefierte Blattstäbe.

Lit.: Unveröffentlicht. V. K.

D 4.2 (Farbtafel)
Silensantefix mit einem Rahmen aus Rosetten, Blättern und Trauben
Latinisch (aus Rom); 2. Hälfte 5. Jh. v. u. Z.
Blaßroter-gelblicher Ton mit Einschlüssen; weißliche Engobe. Linker Rahmen und Teil des Bartes, rechter unterer Rahmenteil mit Fußleiste und Nase weggebrochen; Farbe teilweise abgeblättert
H. 23,5 cm, Br. 16,8 cm, T. 6 cm
Von P. Hartwig 1894 in Rom erworben
Berlin, SMB, Antikensammlung
Inv.: TC 8420

Bärtiger flachreliefierter Silenskopf mit Stirnglatze in einem Rahmen aus Efeublättern, Weintrauben und Vierblattrosetten. Auf der Rückseite halbrunder Kalypter und Ansatz eines Verstrebungsbogens. Der leicht nach rechts geneigte Silenskopf besitzt rotes Inkarnat, wobei die Stirnfalten, Brauen und Nasenlippenfalten im Relief hervorgehoben sind. Über die Stirnglatze spannt sich ein dreifaches gelbes Band. Schwarz gefärbtes Haupthaar beiderseits der Schläfen, ebenso sind die Augenkonturen und die Pupillen schwarz gezeichnet. Die ornamental stilisierten Haare des Schnurrbartes und Unterlippenbartes sind gelb gefaßt; der Vollbart dunkelrot getönt. Den Rahmen bilden alternierend schwarze und gelbe Weintrauben, weiße Blätter und Vierblattrosetten mit rotem Rand. Nach den leicht verschliffenen Oberflächenmodellierungen gehört der Ziegel zur fortgeschrittenen Generation. Vergleichbare Typen aus Lavinium und unbekannter Provenienz in den Nationalmuseen Kopenhagen und Rom. Vereinzelt läßt sich der Typus auch in Falerii und Capua belegen. Er gehört zu Antefixformen mit floralem Rahmen, die in Latium (Satricum, zweiter Tempelbau – 1. Viertel 5. Jh. v. u. Z.) gegen Ende der archaischen Zeit auftauchten und deren Produktion bis in hellenistische Zeit anhielt. Nach dem Stil des Silenskopfes muß unser Antefix entgegen anderen

Datierungsvorschlägen (Andrén) eindeutig mit der Übernahme reifklassischer griechischer Gestaltungsmittel in Latium verbunden werden.

Lit.: Andrén, S.61 Typ Caere (falsche Herkunftsangabe!) V.2, Taf.21.69 und A. Andrén, in: StEtr 48, 1980, S.93ff. Taf.35a; Vergleichsstücke: MusNazRom, S.78f Nr.58 und Riis, S.35 Typ 18.G Abb.2 (mit Lit. und weiteren Belegen für die Antefixform). V.K.

D 4.3 (Farbtafel)
Frauenkopfantefix mit einem Rahmen aus Rosetten, Blättern und Trauben
Latinisch, 2.Hälfte 4.Jh.v.u.Z.
Hellroter Ton mit schwarzen und ziegelfarbenen Einschlüssen, blaßgelber Engobe und weißlichem Überzug als Malgrund. Die obere und linke Partie des Rahmens ausgebrochen
H. 23,3 cm, Br. 17,5 cm, T. (max.) 10 cm
Aus Sammlung Dressel (Rom) 1889 erworben
Berlin, SMB, Antikensammlung
Inv.: TC 8217.75

Der konkav vortretende ovale Rahmen ist mit roten Vierblattrosetten, Blättern und schwarzen Trauben belegt. Darin ein langovaler Frauenkopf mit gescheiteltem gewelltem rotem Stirnhaar, hoher Stirn, schlanker Nase und markantem Kinn. In Ohrhöhe befinden sich tropfenförmige Anhänger, darunter fallen die schlau-

fenförmig gelegten Haarsträhnen herab. Der Büstenansatz tritt leicht über die schmale Fußleiste vor. Über ihm hängt an dicker gedrehter Schnur ein Widderkopfanhänger herab. Wangenflecken, Umrandung der Augen und Nasenflügel in Rosa, rote Farbspuren an den Lippen und auf der Büste. Auf der Rückseite Ansatz des kantigen Verstrebungsbogens und des halbrunden Kalypters. Das Antefix verkörpert eine jüngere Variante reifklassischer latinischer Antefixe mit Frauen- und Silensköpfen (vgl. Kat.-Nr.D 4.2) und steht Stirnziegeln in Boston (Inv. P 5620) und aus Ostia sehr nahe.

Lit.: Unveröffentlicht; vgl. A. Andrén, in: StEtr 48, 1980, S.93ff. Taf.35.b; allgemein Riis, S.35 Typ 18–19F. S.42 und 76f. V.K.

D 4.4 (Abbildung)
Frauenkopfantefix mit reliefiertem Anthemionnimbus
Mitteletruskisch (?), 4.Jh.v.u.Z.
Rötlicher Ton mit schwarzen und ziegelroten Einschlüssen sowie beigefarbener Engobe. Intakt bis auf abgebrochene Fußleiste und linke untere Nimbusecke, Nimbus und Nase bestoßen
H. 35,5 cm, Br. 37,8 cm, T. (max.) 11,4 cm
Aus Sammlung Koller 1828 erworben
Berlin, SMB, Antikensammlung
Inv.: TC 1214

Sehr dickwandiges Frauenkopfantefix mit konkavem Nimbus, der mit einem flachreliefierten Anthemion verziert ist. Unterhalb einer breiten, in der Mitte mit einer Rille versehenen Rahmenleiste wechseln breite fünfblättrige Flammenpalmetten mit Lotosblüten über zusammenstoßenden S-Volutenranken ab (vgl. Kat.-Nr.D 4.1.9). Der Kopf wird eingefaßt von einem Rundstab, an den sich innen ein konkaves Band anschmiegt, das sich mit ihm zusammen zu Voluten unter dem Anthemionrahmen aufrollt. Der ovale Kopf trägt einen derb modellierten Blattkranz aus schräg nach innen weisenden Blättern. Das nachlässig modellierte Stirnhaar mit Mittelscheitel in welligen Strähnen nach außen gekämmt, wo unter ihm Bänder schräg nach außen herabfallen. Der Hals scheint ehemals noch auf einer Fußleiste gesessen zu haben. Rückseite des Kopfes ausgehöhlt; der Kalypter glatt abgebrochen. Seitlich ehemals an diesen ansetzende Wülste laufen als verstärkende Kanten rings um den rückwärtigen Nimbusrand, um sich im Scheitel als gegabelter Strebenansatz abzulösen. Über diesem Ansatz befindet sich noch ein kleiner Nippel mit Meniskusloch. Das Antefix, zu dem bisher keine genauen Parallelen bekannt sind, ähnelt einer Gruppe von Mänaden- und Silensantefixen, die im 4. Jh. in Mitteletrurien (Orvieto, Vulci?, Perugia, Selvasecca bei Tarquinia) produziert wurde. Im Gegensatz zu diesen besitzt es jedoch einen relativ plumpen rundbogigen Nimbus.

Lit.: Panofka, S.142f. Taf.52–53 (als »Kora« gedeutet); vgl. die Antefixe Riis, S.57f. Typ 11.E. V.K.

D 4.5 (Abbildung)
Silenskopfantefix mit Blattkranznimbus
Südetruskisch-faliskisch,
2.Hälfte 4.Jh.v.u.Z.
Gelblicher Ton mit schwarzen und ziegelfarbenen Einschlüssen sowie beigefarbener Engobe mit roten Farbresten. Nimbus und Voluten fast vollständig abgebrochen
H. 22 cm, Br. 15,8 cm
T. (mit Kalypterrest) 17 cm
Alter Besitz
Berlin, SMB, Antikensammlung Inv.: 33762

Leicht vorgeneigter bärtiger Silenskopf mit mächtiger Stirnglatze, eingefaßt von einem mit ursprünglich am Fußende zu Voluten aufrollenden Rundstab und Blattkranznimbus. Auf der Rückseite teilweise erhaltener halbrunder Kalypter mit kantiger Verstärkungsstrebe. Rotes Inkarnat. Weiterhin rote Mittelstreifen auf den Blättern des Nimbus und über rotem Grund gemaltes Schwarz im Vollbart rechts. Repliken des Ziegels sind in Falerii gefunden worden, ein Exemplar unbekannter Provenienz wird in München aufbewahrt. Ähnliche, z.T. jüngere Antefixe gleichen Typs stammen aus Pyrgi und Caere. Der Silenstyp entspricht klassisch-griechischen Vorbildern und ist auch in der etruskischen bzw. faliskisch-rotfigurigen Vasenmalerei sehr verbreitet.

D 4.4

Lit.: Unveröffentlicht; Repliken: Andrén, S. 102 Typ II: 2 Taf. 34.116, S. 103f. Typ II.2; J. Sieveking, Die Terracotten der Sammlung Loeb, 1916, S. 59 Taf. 117.1; zuletzt Riis, S. 28 Typ 23.C, S. 31f.   V. K.

D 4.6 (Abbildung)
Frauenraub

Faliskisch, um 350 – Anfang 3. Jh. v. u. Z.
Gelbgrauer Ton; rote Bemalung auf weißer Grundierung. Fragment eines Giebelleistenreliefs, ringsum und Ziegelansatz auf der Rückseite gebrochen, massiv, handgeformt
H. 23 cm
Fundort unbekannt; von P. Arndt 1914 erworben
Budapest, SzM, Antikensammlung
Inv.: T. 569

Teil einer statuarischen Gruppe, beidseitig gebrochen. Erhalten ist eine Frauengestalt mit flatterndem Mantel, der den Körper unbedeckt läßt und auf die linke Armbeuge fällt. Ihr verlorener Kopf neigte sich zu ihrer linken Schulter. Auf der rechten Schulter Rest eines Halsringes. Der erhobene rechte Arm ist abgebrochen, der linke hatte vielleicht einen abwehrenden Gestus. Die Frauengestalt wird an ihrer rechten Hüfte von einer großen Hand gepackt. Der Körper der Frau ist rosa, der Mantel purpurrot, die männliche Hand ziegelrot bemalt. Der rückseitige Ziegelansatz zeigt, daß die Gruppe wohl zur architektonischen Verzierung eines Gebäudegiebels diente. Es handelt sich sicherlich um eine mythologische Szene, für die sich nach der zeitgenössischen etruskischen Kunst mehrere Deutungsmöglichkeiten anbieten: Boreas und Oreithyia, Raub der Persephone durch Hades, der Thetis durch Peleus oder – am häufigsten – Satyr und Mänade. Aufgrund von Stil, Tonfarbe und Bemalung hat schon Arndt in seinen handschriftlichen Notizen an eine faliskische Werkstatt gedacht, wobei es nicht klar ist, ob damit nicht auch die Herkunft des Stückes angedeutet werden sollte. Die bewegten, mit starken Schatteneffekten wiedergegebenen Mantelfalten und die sinnlich-feine Gestaltung des Frauenkörpers haben ihre Vorbilder in der durch Großgriechenland vermittelten griechischen Spätklassik, ihre nächsten lokalen Verwandten in faliskischen architektonischen Terrakotten wie die Nike von Fabrica di Roma oder in Vasenbildern (Volutenkrater des faliskischen Auroramalers in der Villa Giulia).

Lit.: Z. Oroszlán, Szépmüvészeti Muzeum, Antik terrakottagyüjtemény, Katalog Budapest 1930, S. 97–98 Nr. G 3 (Abb.); etruskische Frauenraubszenen: M. Sprenger – G. Bartoloni, Die Etrusker, 1977, Taf. 228 (Auroramaler) und 235; Bildertafeln des Etruskischen Museums der Ny Carlsberg Glyptothek, 1928, Taf. 114 (Inv. H.I.N. 21, aus Falerii); Nike von Fabrica di Roma: Giglioli, AE. Taf. 320.   J. G. Sz.

D 4.5

D 4.7
Relieffragment eines stehenden Jünglings

4.–3. Jh. v. u. Z.
Braungrauer, innen grauer, glimmeriger Ton, braunroter Überzug; Reste weißer Deckfarbe. Fragment massiv, handgeformt; Kopf, rechte Hand und die Unterbeine fehlen, Glied bestoßen
H. 25,5 cm
Herkunft unbekannt;
1914 von Paul Arndt erworben
Budapest, SzM, Antikensammlung
Inv.: T. 568

Hochrelief auf einer hinten abgeglätteten Platte, wohl von einer Gruppe, die sich zu seiner Rechten entwickelte, da die linke Seite glatt ist, die rechte dagegen Bruchspuren aufweist. Der Jüngling steht in polykletischem Kontrapost völlig nackt da und stützt die rechte Hand mit zwei nach vorn gestreckten Fingern in die Hüfte. Der Kopf wandte sich wohl zu seiner linken Schulter, wie bei einem bronzenen Diskusträger in Basel. Das Motiv der in die Hüfte gestemmten Hand mit zwei von vorn gesehenen Fingern ist in der etruskischen Kunst seit archaischer Zeit bekannt. Möglicherweise gehörte das Relief zur architektonischen Verzierung eines Tempels, wie z. B. die im Stil und Technik verwandten, aber früheren Relieffragmente aus Orvieto (Columenplatten).

Lit.: Unveröffentlicht; zum Basler Diskusträger: T. Dohrn, Die etruskische Kunst im Zeitalter der griechischen Klassik, 1982, S. 30f. (mit Lit.) Taf. 13; zum Motiv der in die Hüfte gestemmten Hand: H. Jucker, in: AA 1967, S. 620–621; ders., in: Art and Technology, A Symposium on Classical Bronzes, 1970, S. 199–203. G. J. Sz.

D 4.8 (Abbildung)
Verkleidungsplatte mit
Lilien-Rosenblüten-Fries
Südetruskisch (Tarquinia?), 3. Jh. v. u. Z.
Blaßgelber Ton mit schwarzen und
ziegelroten Einschlüssen sowie Resten
einer gleichfarbigen Engobe. Platte aus
zwei großen Fragmenten, links gebrochen
und mit Rissen oben auf und im
Kehlenprofil rechts, Kehle und Fußleiste
rechts und links teilweise weggebrochen
H. 38 cm, L. 42,5 cm, T. (max.) 11,5 cm
Aus Sammlung Koller 1828 erworben
Berlin, SMB, Antikensammlung
Inv.: TC 1215
  Verkleidungsplatte mit bekrönender Strigilis-
kehle, flachreliefiertem Blütenfries und schma-

ler Fußleiste. Rechts ist die originale Stoßkante
mit einer etwa 5 mm breiten Nut erhalten, im fast
rechtwinklig vorbiegenden Kehlenprofil ein ausgebrochenes und ein ganz erhaltenes Nagelloch (D. 1,6 cm). Die konvexen aufgelegten Strigiles ragen etwas über die obere Plattenkante
vor und waren nach den gelblichen Farbschat-
ten mit einem Mittelstreifen bemalt. Darunter
zwischen Rundstäben ein nach rechts gerichte-
tes Ornament aus Lilien- und Rosenblüten. Bei
den Rosenblüten sind die Kelchblätter abgesetzt, aus den schlanken dreiteiligen Lilienkel-
chen hängen je zwei Staubgefäße heraus. Ein
kleineres Fragment mit identischem Ornament
befindet sich in München (Antikensammlung,
Inv. 1049) und stammt aus Tarquinia, wo weitere vergleichbare Plattenfragmente entdeckt

wurden. Giebelsimen mit Lilien-Rosenblüten-
Friesen sind in Orvieto, Punta della Vipera und
in Falerii gefunden worden. In Talamone wurden Giebelsimen mit Lilienornament erst bei der
Erneuerung des Tempels nach 300 v. u. Z. verwendet, während Giebelsimaplatten des Jupitertempels von Cosa mit unserem Fragment
sehr ähnlichen Ornamentformen um 240–220
v. u. Z. datiert werden können.
  Lit.: K. Boetticher, Die Tektonik der Hellenen,
Potsdam 1852, Taf. 6.10; vgl. Andrén, S. 70f.
Typ II. 6 (d) Taf. 22.78 (München) und R. Pam-
panini, in: StEtr 5, 1931, S. 424f.; S. Stopponi,
in: Quaderni Perugia 1, 1979, S. 261f. (d)
Abb. 5.5–6 Taf. 9.4–5 (Punta della Vipera); Il
mito dei Sette a Tebe, Katalog Florenz 1982,
S. 63 Nr. 18 Abb. 66f. (Talamone); MemAmAc
26, 1960, S. 19ff., 158f. Abb. 3 Taf. 18.2 (Cosa).
                                                V.K.

D 4.9
Minervaantefix mit Schalenrahmen
Mittelitalisch, 3.–2. Jh. v. u. Z.
Hellroter dichter Ton ohne Einschlüsse
mit beiger Engobe und roter Farbspur am
Rahmenrand. Kopf vollständig ohne rechten
Helmflügel; Visierspitze, Nase und Kinn
bestoßen, vom Rahmen nur ein Abschnitt
links oben erhalten, auf der Rückseite
Kalypterrest mit Strebe
H. 33,6 cm, Br. 25,1 cm, T. 16,6 cm
Aus Sammlung Koller 1828 erworben
Berlin, SMB, Antikensammlung
Inv.: TC 50
  Behelmter Minervakopf mit schmaler Fußleiste und Schalennimbus. Die äußere Nimbus-
kehle besitzt einen flachen Rand mit dem Rest
eines roten Mittelstreifens. Die Kehle ist mit einem verschliffenen flachreliefierten Anthemion
aus alternierenden neunblättrigen Palmetten
und Lotosblüten dekoriert, und der durch eine
flache Leiste abgesetzte konkave Omphalos
zeigt ebenfalls Reste eines reliefierten pflanzlichen Ornamentes. Der korinthische Helm trägt
einen vorstehenden Helmkamm und lange seitliche Flügel. Seine Kalotte ist mit dem Relief eines Efeukranzes belegt. Unter dem Helmrand
quellen die gewellten Strähnen des in der Mitte
gescheitelten Stirnhaares hervor. Die schrägsitzenden Augen liegen tief unter den vorstehenden Orbitalen. Unter der schlanken Nase ein
leicht geöffneter Mund mit geschwungenen Lippen. Ohren mit konkaven Schmuckscheiben.
Den Hals schmückt eine Perlenkette.
  Ähnliche Minerva-Antefixe wurden teilweise
zusammen mit Herakles-Antefixen in Cosa (Ju-
pitertempel, Mitte 3. Jh. v. u. Z.), Talamone (Periode B: 300–150 v. u. Z.), Chiusi, Montalcino
(2.–1. Jh. v. u. Z.) und Pieve a Socana (bei
Arezzo, Mitte 3. Jh. v. u. Z.) gefunden. Sie ähneln sich in der Bildung des Minervakopfes und
der schalenförmigen Rahmung (vgl. Kat.-
Nr. D 4.1.13), wobei jedoch die Helmflügel unseres Antefixes eine Besonderheit darstellen.
Gegenüber den seit dem 4. Jh. v. u. Z. nachweisbaren kampanischen Antefixen gleichen

D 4.6

Sujets schließen sich die genannten Antefixe zu einer besonderen mittelitalischen Gruppe von Stirnziegeln zusammen, die vom 3. bis 1. Jh. v. u. Z. produziert wurden.

Lit.: Panofka, S. 29ff. Taf. 7 und 8.2 (»Athena Kissaea«) bzw. (»Minerva Pacifera« lt. Inv.); vgl. L. Richardson jr., in: MemAmAc 26, 1960, S. 151, 154–157 Nr. 2, S. 165 Taf. 17.1; Il mito dei Sette a Tebe, Katalog Florenz 1982, S. 61 bis 63 Nr. 17 b/c Abb. 63–65; Andrén, S. 251 Nr. 2, 258 Typ II.7; Santuari, S. 165, 167 Nr. 9.3, B.3   V. K.

D 4.10
Silensantefix

Mittelitalisch oder kampanisch,
2. Jh. v. u. Z.
Rotbrauner Ton mit dunklen Einschlüssen, blaßgelber Engobe und Resten eines weißlichen Überzuges. Plattenkanten und Gesicht sind an mehreren Stellen leicht abgeplatzt, vom weißlichen Malgrund und weinroten Farbauftrag im Gesicht nur geringe Spuren in den Augen- und Mundwinkeln sowie im Vollbart
H. 21,5 cm, Br. 17,3 cm, T. ca. 11 cm
Aus Sammlung Koller 1828 erworben
Berlin, SMB, Antikensammlung
Inv.: TC 546

Intakter U-förmiger Stirnziegel mit plastisch vortretender Silensbüste. Kopf innen hohl, an der Rahmenplattenrückseite ein halbrunder Deckziegelansatz. Der Silen hat eine Stirnglatze mit rahmendem Efeukranz und zwei mittleren Korymben. Stirn horizontal gefurcht, die Augenbrauen wulstartig über den tiefliegenden Augen hervortretend. Der Mund unter der kurzen und breiten Nase ist leicht geöffnet. Das Haar fällt unter den asymmetrisch angesetzten Ohren in locker gewellten Zotteln herab, ebenso sind Schnurrbart und Vollbart stilisiert. Das umgeworfene Fell (?) ist auf dem Büstenansatz durch einfache Rillen markiert. Der Silenskopf leitet sich vielleicht von einem latinischen Antefixtypus des 3.–2. Jh. v. u. Z. ab, von dem Exemplare in Ardea und beim Esquilin in Rom gefunden wurden.

Lit.: Panofka, Taf. 46; vgl. zuletzt MusNaz-Rom, S. 80f. Nr. 63 Taf. G und 19 (Ardea) mit Lit.
                                                             V. K.

D 4.11
Frauenkopfantefix mit kreneliertem floralem Nimbus

Mittelitalisch-hellenistisch, 2. Jh. v. u. Z.
Hellroter feingeschlämmter Ton mit wenigen ziegelroten Einschlüssen, gelblicher Engobe und weißlichem Überzug. Unterteil mit Fußleiste und Untergesicht sowie große Partien des Rahmens links und rechts weggebrochen. Teile abgesplittert
H. 32,7 cm, Br. 30 cm, T. 10,5 cm
Aus Sammlung Koller 1828 erworben
Berlin, SMB, Antikensammlung Inv.: TC 41

Zwei zusammengehörige Fragmente eines Frauenkopfantefixes mit breitem vorgewölbtem

D 4.8

Rahmen aus fünf Bogenschleifen mit breitem Rand und reliefierter Blütenranke. Das Frauengesicht hat eine vorgewölbte Stirn und tiefliegende Augen. Das gewellte Stirnhaar ist in der Mitte gescheitelt und wird von einem Blattkranz umfangen. In den Rahmenbögen sitzen oben zwei Lilienblüten und rechts eine Araceen-artige Blüte mit tropfenförmigem Kern an einer verzweigten Ranke. Die Ranke besteht aus gedrehten Teilstücken, die in Blattkelchen enden, aus denen weitere Rankenteile und Blütenstiele

entspringen. Rote Farbreste befinden sich in den Augen, im Gesicht und als Konturen auf den Rahmenornamenten. Auf der Rückseite ist der Ansatz eines kantigen Verstrebungsbogens erkennbar. Eine Matrize dieses Antefixtyps befindet sich im Museum von Chiusi. Der Typus ist eine späte und grobe Modifikation einer mitteletruskischen Antefixform.

Lit.: Unveröffentlicht; Riis, S. 69 Typ 11.F Abb. 44, S. 71 (Chiusi); zu den Vorbildern ebd. S. 57f. Typen 11 E, F und 12 E, F.   V. K.

D 4.14

D 4.13

D 4.12
Antefix mit Jünglingskopf
in floral verziertem Nimbus

Mittelitalisch-hellenistisch, 3. Jh. v. u. Z.
Hellroter feingeschlämmter Ton mit
wenigen ziegelroten Einschlüssen,
gelblicher Engobe und Resten eines
weißlichen Überzuges. Ringsum gebrochen;
Oberfläche leicht verscheuert
H. 21 cm, Br. 20,2 cm, T. (max.) 8,5 cm
Aus Sammlung Koller 1828 erworben
Berlin, SMB, Antikensammlung
Inv.: TC 46

Fragment mit ovalem, zum markanten Kinn
hin zugespitztem Jünglingskopf. Das Stirnhaar
fällt beiderseits des Scheitels in kurzen groben
Sichellocken. Unter der vorgewölbten Stirn tiefliegende, schräg angeordnete Augen. Rechts
ein Rahmenstück mit einer reliefierten Ranke
auf schwarzgefärbtem Hintergrund erhalten. Inkarnat dunkelrot. Auf der wenig ausgehöhlten
Rückseite befindet sich der Ansatz eines kantigen Verstrebungsbogens. Das Antefix gehörte
offenbar zu demselben Dach wie Kat. Nr.
D 4.11 und Berlin Inv. TC 45.

Die Köpfe dieser Antefixe verkörpern eine italische, in den Einzelformen stärker abstrahie-
rende Modifikation hellenistischen Formen-
gutes.

Lit.: Unveröffentlicht. V. K.

D 4.13 (Abbildung)
Antefix mit efeubekränzter Satyrbüste

Mittelitalisch-hellenistisch, 2. Jh. v. u. Z.
Rötlich-gelber Ton mit schwarzen und
ziegelfarbenen Einschlüssen, gelblicher
Engobe und weißlichem Überzug. Intakt
bis auf Risse am Hals und Bestoßungen an
den Kranzblättern; dunkelrote Farbreste
H. 22,4 cm, Br. 15,7 cm
T. (mit erhaltenem Ziegelteil) 36 cm
Aus Sammlung Koller 1828 erworben
Berlin, SMB, Antikensammlung
Inv.: TC 2739

Spitzovaler Deckziegel mit vorgesetzter Büste. Das Antefix besteht aus einem frei aufragenden ovalen jugendlichen Kopf, der rückseitig durch einen runden Strebebogen zusätzlich
gestützt wird. Das Stirnhaar mit einer mähnen-
artigen Lockengliederung wird von einem aus
sechs spitzen Efeublättern bestehenden Kranz
umfangen. Die Stirn des Gesichts ist schmal,
die Brauen sind über den tiefliegenden Augen
kräftig vorgewölbt. Die Nase stößt spitz nach
oben und der Mund leicht geöffnet, wobei die
Mundwinkel besonders mit dem Modellierstab
eingestochen wurden. Seitlich schmiegen sich
lange Pferdeohren an die Wangen, unter denen
lange Taenienzipfel herabfallen. Um den Hals
ist die Nebris gelegt und verknotet. Dieser Antefixtypus läßt sich auf Vorbilder des 3. Jh. v. u. Z.
zurückführen, von denen Ausformungen in
Rom (aus dem Tiber), Veji-Campetti und Norba
erhalten sind. Vgl. auch die Satyrziegel des
Manganello-Tempels von Caere.

Lit.: Unveröffentlicht; vgl. MusNazRom, S. 95
Nr. 121 Taf. 30 (Rom); Andrén, S. 389 Typ 10
Taf. 117.416 (Norba) und S. 63 Typ VI.B.1
Taf. 21.74 (Caere-Manganello). V. K.

D 4.14 (Abbildung)
Reliefplatte mit Kopf
zwischen Rankenwerk

Mittelitalisch, Ende 2. Jh. v. u. Z.
Hellbrauner Ton. Platte aus zahlreichen
Fragmenten, übermalt und auf Steinplatte
befestigt
H. 48 cm, L. 98 cm
Übernommen aus der Stroganower Fachschule
für industrielle Formgestaltung
Moskau, GMII, Antikensammlung
Inv.: II Ia 209

Rechteckige an den Rändern profilierte Platte
eines Architekturfrieses (Campana-Platte) mit
dem Reliefkopf einer Göttin mit Kalathos und
Schleiertuch (Hera oder Persephone?), aus einem dreifachen Akanthoskelch entsteigend und
flankiert von gewundenen Pflanzenstengeln mit
Spiralenranken und verschiedenartigen Blüten.
Sujet und Komposition des Reliefs erinnert an
apulisch-rotfigurige Vasenornamentik (A. D.
Trendall, in: Art Bulletin of Victoria 1970–71,
S. 3 Abb. 3, S. 5 Abb. 7). Das Relief, von dem
eine Matrize im Vatikan (Helbig 1[4], 1963, S. 791)
und Repliken in der Ny Carlsberg Glyptothek
(V. Poulsen, Catalogue des terres-cuites, 1949,

S. 49 Nr. 107–110 Taf. 63) und im Louvre (Inv. 3874 RW, S. 220 Taf. 7) existieren, stellt die gröbere Fassung eines in Caere gefundenen Reliefs (Helbig 1⁴, 1963, S. 810) dar und wurde aus einer zweiteiligen Form produziert. Stilistisch verkörpert der Typus den »Übergang« von den etruskischen zu den römischen Tonreliefs (A. Borbein, in: RM ErgH 14, 1968, S. 13 Taf. 1). Die nächsten Vergleichsstücke gehören bereits der augusteischen Zeit an (RW, Taf. 56 und 57.1).

Lit.: Unveröffentlicht.   V. S. Z./V. K.

D 4.15
Antefix mit Büste der Diana Nemorensis
Späthellenistisch-latinisch,
1. Hälfte 1. Jh. v. u. Z.
Hellroter Ton mit groben Einschlüssen und beige-gelblicher Engobe. Die Ziegelspitze oben links, die untere Ecke des

Giebels links und Fußleiste rechts ausgebrochen; mehrere Bestoßungen
H. 32,2 cm, Br. 21,8 cm, T. 9,4 cm
Aus dem Heiligtum der Diana in Nemi (?),
von Dressel 1889 erworben
Berlin, SMB, Antikensammlung
Inv.: 33761 (TC 8217.79)

Spitzgiebliger fünfeckiger Stirnziegel mit leicht eingezogenem schmal-rechteckigen Unterteil, eingefaßt von einem schmalen kantigen Steg über schmaler Fußleiste. Im Binnenfeld dominiert das kräftige Relief des Frauenkopfes über einem flach angelegten Büstenansatz. Das Frauengesicht hat ovalen Umriß, die Augen liegen tief unter der sich kräftig vorwölbenden Stirn, die Nase ist schlank und der kleine Mund leicht geöffnet. Das Stirnhaar ist in der Mitte gescheitelt, über ihm ein schleifenförmiger Haarknoten und ein in die Spitze laufender dornartiger Aufsatz. Die nach außen gestrichenen

Haupthaare enden über den Schultern in locker herabfallenden gewellten Strähnen. Der gefältelte Chiton über der Halsgrube mit einem runden Kopf zusammengeheftet. In den Augen sind die Pupillen ebenso wie die Haarsträhnen mit dem Modellierstab gearbeitet. Rückseitig setzt ein fünfeckiger Kalypter an, der oben in einen verstärkenden Mittelgrat ausläuft. Der Kopftyp erinnert an praxitelische Aphroditebilder und kehrt wieder an marmornen Dianabüsten des Heiligtums in Nemi aus etwa der gleichen Zeit. Zu unserem Antefixtyp existieren noch Repliken im Museo Nazionale Romano, in der Villa Giulia und in Nottingham Castle aus der Grabung von Lord Savile.

Lit.: Unveröffentlicht; Repliken: MusNazRom, S. 116 Nr. 189–191 Taf. 45f.; Andrén, S. 383 Nr. 3 Taf. 117.415 und G. Wallis, Catalogue of Classical Antiquities from the site of the temple of Diana Nemi, 1891, S. 58 Nr. 767 und 778.

    V. K.

D 5 Hellenistische Sarkophage und Aschenkisten aus Stein und Ton

Wie in archaischer Zeit blieb auch im Hellenismus im nördlichen Etrurien die Leichenverbrennung vorherrschend, im Süden dagegen die Körperbestattung (Kat.-Nr. D 5.2). Der Sarkophag aus dem nordetruskischen Chiusi (Kat.-Nr. D 5.3) sowie Grabkomplexe, in denen beide Bestattungsarten vorkommen, zeigen, daß die Trennung nicht ganz streng war.

Zentren der Herstellung von Aschenkisten in Stein und zum Teil auch in Ton (vgl. S. 327) waren Chiusi, Perugia und Volterra. Die Urnen sind kastenförmig, meist auf Füßen, der Deckel kann, wie bei Urnen archaischer Zeit, als Hausdach geformt sein. Die Urne ist dann als Haus des Toten zu verstehen. Der Deckel kann aber auch das Bild des Toten tragen, schlafend, halb liegend zurückgelehnt oder nach griechischer Sitte zum Bankett gelagert. Die Gestalt dieser Aschenkisten ist dann den Sarkophagen mit gelagerten Figuren vergleichbar. Die südetruskische Sarkophagkunst beeinflußte auch die Verzierung der Urnen im 4. und 3. Jh.: die hausförmigen Urnen können plastischen Schmuck an den Giebeln tragen (Kat.-Nr. D 5.1). Urnenkästen, die heute glatt und schmucklos erscheinen, waren häufig bemalt. Viele tragen flache Reliefverzierungen. Darstellungen der Reise des Toten in die Unterwelt waren ein bevorzugtes Thema. Daneben spielten während des ganzen Hellenismus ornamentale Verzierungen mit sepulkraler Bedeutung eine wichtige Rolle gerade auf den billigeren Urnen für die große Masse weniger vermögender Besteller. Die Rückseite der Kästen blieb immer glatt. In den Kammergräbern waren die Urnen mit der Rückseite gegen die Wand auf Steinbänken oder in Nischen aufgestellt.

Von großer Bedeutung für die hellenistische Urnenproduktion ist die Aufnahme griechischer Mythen in die Reliefverzierung der Kästen. Sie begann im frühen 2. Jh. v. u. Z. unter dem Einfluß der griechisch gebildeten Aristokratie. Der Einfluß der griechischen Kunst prägte nicht nur die Themen, sondern auch Stil und Formen der Urnenreliefs und die Gestaltung der Deckelfiguren. Bevorzugt waren Themen der trojanischen Sage (Tötung des jungen Troilos durch Achill, Kat.-Nr. D 5.19) sowie aus dem thebanischen Sagenkreis (Brudermord der Söhne des Ödipus, Kat.-Nr. D 5.11) und der Sage von Pelops und Oinomaos (Kat.-Nr. D 5.10). Aber auch andere Mythen, wie das Sirenenabenteuer des Odysseus (Kat.-Nr. D 5.26) und die Schleifung der Dirke (Kat.-Nr. D 5.27), waren beliebte Themen. Sie sind meist in Versionen dargestellt, die von der attischen Tragödie geprägt sind. Dabei handelt es sich um besonders grausame, blutige Todesszenen oder um solche, die einen unentrinnbaren Schicksalsablauf darstellen. Meist ist zwischen die Figuren der griechischen Sage ein etruskischer Todesdämon eingefügt, der in seltenen Fällen auch in die Handlung eingreift und die Bilder mit etruskischen Todesvorstellungen verbindet. Im Vergleich mit archaischen Grabmonumenten wie denen von Chiusi, auf welchen die Bestattungszeremonien der Aristokratie dargestellt sind, zeigt sich in diesen Bildern ein gewandeltes Verhältnis der hellenistischen Gesellschaft zum Tod. Die Themen wurden mit geringen Varianten immer wiederholt von Steinmetzen aller Qualitätsstufen. Ihnen standen wahrscheinlich Kartons oder Modelle als unmittelbare Vorbilder zur Verfügung, die ihrerseits auf griechische oder italisch-hellenisti-

sche Werke zurückgingen, die zum bekannten Bildgut der hellenistischen Welt gehörten und deren Reflexe in der italischen Vasenmalerei und Reliefkeramik, in der pompejanischen Wandmalerei, aber auch in der etruskischen bemalten Keramik und in den gravierten Spiegeln überliefert sind. Ferner können die im 2. Jh. entstandenen Terrakottagiebel der neuerbauten Tempel etruskischer Städte, wie Luni oder Talamone, Anregungen für die Urnenbilder geboten haben. Unmittelbaren Einfluß auf den Stil vieler Urnen übte die hellenistische Kunst Kleinasiens, vor allem von Pergamon und Rhodos aus, die von den Urnenkünstlern rasch angenommen wurde.

Neben den Darstellungen griechischer Sagen werden auch etruskische Mythen dargestellt wie die Sage von Cacu und Artile (Kat.-Nr. D 5.7) oder Szenen, die etruskische Vorstellungen spiegeln wie die Darstellung der Reise in die Unterwelt oder das Erscheinen des verstorbenen Mannes bei seiner Gemahlin (Kat.-Nr. D 5.25). Es scheint, daß einzelne Familien bestimmte Themen bevorzugten (zu den griechischen Sagen in Etrurien vgl. S. 30f.).

Die Urnen der drei Produktionszentren unterscheiden sich durch das verwendete, jeweils in der Gegend anstehende Material, dessen Charakter sich dann auch auf Stil und Qualität der Steinmetzarbeit auswirkte: in Perugia ein sehr poröser Travertin, in Chiusi weißer Alabaster, seit dem mittleren 2. Jh. häufiger Travertin, in Volterra bis in das mittlere 3. Jh. Kalkstein (Tuff), danach zunehmend Alabaster, der im 2. und 1. Jh. vorwiegend verwendet wurde. In vielen Fällen wurden grob gemeißelte Reliefs und Deckelfiguren noch mit Stuck überzogen und

D 5.1

mit der Stuckschicht die plastischen Details aufgebracht. Die Bemalung über dem Stuck erfolgte in lebhaften Farben. Auf den Urnen von Perugia ist die Farbe meist unmittelbar auf den Stein gesetzt. Einzelne Urnen müssen durch Vergoldung besonders reich und prächtig gewirkt haben.

Darüber hinaus bestehen Unterschiede in der Produktion der einzelnen Zentren, bedingt zum Teil durch unterschiedliche soziale Verhältnisse. Sie betreffen die Auswahl der Urnendekoration, aber auch den Stil der Reliefs und den Aufbau der Rahmung. Die Urnen von Chiusi haben zwischen glatten Faszien ein verhältnismäßig flaches Relief. D. Levi führt dies auf den Einfluß der dekorativen Friese der klassisch-griechischen Kunst zurück. Erst in den späteren Phasen lösen sich die Figuren durch Unterschneidungen und Bewegung vom Reliefgrund. Die Produktion der Alabasterurnen mit mythologischen Reliefs hörte im späteren 2. Jh. auf. Dies wird mit dem sinkenden Einfluß der Aristokratie erklärt, die Träger der griechischen Bildung war. Bevorzugt wurden nun schlichtere Travertinurnen in Hausform produziert (Kat.-Nr. D 5.14). In den billigen Terrakottaurnen lebt die Tradition der Mythen fort (vgl. Kat.-Nr. D 5.31).

In der Produktion von Perugia überwiegen die hausförmigen, mit symbolisch dekorativen Motiven wie Pelten oder Rosetten verzierten und mit Namensinschriften versehenen Urnen, was auf den größeren Einfluß der weniger begüterten Mittelschichten in der Bevölkerung der Stadt zurückgeführt wurde. Nur während des 2. Jh. sind die mit mythologischen Reliefs verzierten

Urnen mit Darstellung des auf der Kline gelagerten Toten auf dem Deckel häufiger nachgewiesen. Die besten Exemplare zeichnen sich durch ein besonders hohes Relief und mehrfach gestaffelte Figuren aus (Kat.-Nr. D 5.21).

Nachdem im 3. Jh. auf den Urnen von Volterra Darstellungen der Reise in die Unterwelt besonders beliebt waren, setzte im 2. Jh. die Produktion von Urnen mit mythologischen Darstellungen ein. Sie zeichnet sich durch große Themenvielfalt aus. Die Figuren sind in hohem Relief fast freiplastisch dargestellt und in reichen architektonischen Rahmen gefaßt. Der Umfang des vorhandenen Materials bot Gelegenheit zu stilistischen Vergleichen und Beobachtungen über Werkstattzusammenhänge und Fragen der Modelle. Dabei konnten einzelne Gruppen von Urnen den Werkstätten bestimmter Meister zugeordnet werden, die nach besonders bezeichnenden Stücken oder typologischen Eigentümlichkeiten benannt werden, so der »Meister der kleinen Schalen« im frühen 2. Jh. oder der bedeutende »Meister des Myrtilos«, der gegen Mitte des 2. Jhs. in Volterra tätig war und dessen Werkstatt bis in das letzte Viertel des Jhs. produzierte. Einzelne der architektonischen Ornamente wiederholen sich wie Marken einer Werkstatt.

Die Figuren der Deckel gleichen im 3. Jh. zunächst den schlafenden oder zurückgelehnt liegenden der Sarkophage. Seit dem späten 3. Jh. sind sie mit mehr oder weniger hoch aufgerichtetem Oberkörper, mit der Schale in der Hand und mit großer Girlande geschmückt wie zum Mahl gelagert dargestellt. Bei männlichen Verstorbenen ist der Oberkörper bis in den Anfang

des 2. Jh. nackt, dann wurde, beeinflußt vermutlich durch eine Gesetzgebung in Rom im Jahr 186, der Verstorbene mit der Tunika bekleidet dargestellt. Auf den Urnen in Perugia blieben jedoch auch weiterhin die Oberkörper der männlichen Verstorbenen unbekleidet, und die Darstellung des Verstorbenen behält so den Charakter des Heroischen. Die Beine der Gelagerten sind zunächst lang ausgestreckt, später angezogen, im späteren 2. Jh. wird auf den Deckeln von Volterra die Beinpartie stark verkürzt und der Kopf besonders betont, eine Entwicklung, die auch zu Veränderungen in den Proportionen von Kasten und Deckel führt. Die Gesichter vertreten in der Regel Typen: alte und junge Männer, ältere und jüngere Frauen. Eine Reihe besonders qualitätvoller Köpfe besitzt annähernd Porträtcharakter und folgt zunächst griechisch-hellenistischen Einflüssen, später dem Vorbild der römisch-republikanischen Bildnisse.

Von der Auffindung der Kammergräber seit dem 17. Jh. bis in die neuere Zeit gibt es kaum exakte Fundbeobachtungen. Oft waren die Kammern auch schon verwüstet, die Funde durcheinander geworfen. Viele der Urnen sind daher später mit Deckeln verbunden worden, die nicht zugehörig sind oder deren Zugehörigkeit nicht nachweisbar ist. Erst in jüngster Zeit konnten Grabkammern mit allen Beigaben an Vasen, Bronzen, Schmuck und Münzen sorgfältig beobachtet und die Ergebnisse für die Datierung der Urnen und Grabzusammenhänge ausgewertet werden. Dabei wurde festgestellt, daß auch in Fällen, in denen die Zusammengehörigkeit von Kasten und Deckel gesichert ist, die Deckel nicht immer genau auf die Kästen passen. Urnen und Deckel wurden unter Umständen in verschiedenen Werkstätten gearbeitet, wie für eine Reihe von Urnen aus Volterra nachgewiesen wurde.

Zur Datierung der Urnen wird die zeitgenössische kleinasiatisch-griechische Kunst, die Kunst Mittelitaliens und Tarents zum Vergleich herangezogen. Diese Einflüsse prägten das Bild der Urnen von Volterra, das Teil der hellenistischen Koine war. Mit dem wachsenden Einfluß der römisch-republikanischen Kunst im späteren 2. Jh. änderten sich auch Motive und Stil der Urnen.

Lit.: J. Thimme, in: StEtr 23, 1954, S. 25ff.; ders. in: StEtr 25, 1957, S. 87ff.; M. Michelucci, in: Atti Siena 1977, S. 93ff.; G. Dareggi, in: Quaderni Perugia I, 1972; A. E. Feruglio, in: Atti Siena 1977, S. 110ff.; O. W. v. Vacano, in: RM 67, 1960, S. 48ff.; ders. in: RM 68, 1961, S. 11ff.; C. Laviosa, Scultura tardo – etrusca di Volterra, 1964; F.-H. Pairault, Recherches sur quelques séries d'urnes de Volterra à représentations mythologiques, 1972; F.-H. Massa – Pairault, in: Atti Siena 1977, S. 154ff.; dies., Recherches sur l'art et l'artisanat étrusco – italiques à l'époque hellénistique, BEFAR 257, 1985; A. Maggiani, in: Atti Siena 1977, S. 124ff.; B. Van Der Meer, in: BABESCH 50, 1975, S. 179ff.; Artigianato artistico, S. 32ff., 74ff.   H. H.

D 5.2

D 5.3

D 5.1 (Abbildung)
Aschenkiste
2. Hälfte 4. Jh. v. u. Z.
Peperin. Die Ergänzungen wurden
abgenommen (Rumpf, Taf. 51). Es fehlen
die Köpfe der beiden Greifen, Teile der
Flügel, eine untere Ecke des Kastens mit
dem Kerberos. Kleinere Bestoßungen
Farbe: Reste von Rot und Gelb
Kasten: H. 0,35 m, Br. unten 0,63 m
oben 0,60 m, T. oben 0,386 m
Deckel: H. 0,23 m, Br. 0,71 m, T. 0,42 m
Aus Chiusi? Erworben 1837
Berlin, SMB, Antikensammlung
Inv.: Sk. 1293

Leicht konisch zulaufender niedriger Kasten,
innen sorgfältig ausgearbeitet und geglättet.
Vier Füße, an den Langseiten verbreitert als
Auflager für die Relieffigur eines gelagerten
Kerberos. Am unteren Rand des Kastens und
z.T. hinter den Hunden ringsumlaufend ein
Fries von stehenden Spiralen im Wechsel mit
aufrechtstehenden und gesenkten Palmetten.

Der Deckel in Form eines Daches mit gegen
die Ränder leicht vertieften Dachflächen. An der
Unterseite ringsum laufende Nut. An den First-
enden zum Giebel hin gelagerte Greifen. Als
Schmuck des Tympanon auf der einen Seite ein
weiblicher Kopf am columen und je ein bärtiger
Kopt (Satyrn?) an den mutuli, auf der anderen
Seite drei paterae. Das Schmuckband am unteren Rand des Kastens und die Verzierung der
Giebel findet Parallelen an Steinsarkophagen
des 4. Jh. v. u. Z.

Lit.: Rumpf, E. 76 Taf. 51; R. Enking, in: RM
58, 1943, S. 50, Anm. 2, 51, 53 Abb. 4; v. Freytag
gen. Löringhoff, Giebelrelief, S. 145, Anm. 572;
Herbig, Steinsarkophage, S. 21 Nr. 22 Taf. 5c.
H. H.

D 5.2 (Abbildung)
Sarkophag des Arnth Churcles
1. Viertel 3. Jh. v. u. Z.
Nenfro. Bestoßungen an den Kanten,
besonders an der Standfläche des Kastens,
am Rollgiebel am Kopfende des Deckels,
am Gesicht des Toten. Der Gegenstand in
seiner rechten Hand abgestoßen
Kasten: H. 0,89 m, L. 1,975 m, T. 0,63 m
Deckel: H. 0,42 m, L. 1,93 m, T. 0,42 m
Aus Norchia, Tomba Lattanzi
Gefunden 1852. Erworben 1879 in Vetralla
Berlin, SMB, Antikensammlung
Inv.: Sk. 1263

Der Sarkophagkasten zeigt die im 3. Jh. ausgebildete, nur an der Vorderseite mit Relief verzierte Form. Im vertieften Feld zwischen dem
breiten oberen und unteren Rand in symmetrisch antithetischer Anordnung zwei Tritone
(Boosen: Meermänner) nach außen gewandt.
Ihre langen Fischschwänze, die sich unter einem Blattschurz entwickeln, nähern sich einander in der Mitte des Frieses. Die Tritone schwingen als Waffe ein Ruder gegen zwei Männer,
die von beiden Seiten zur Mitte hin eilend dem
Angriff auszuweichen versuchen. Auf unterem

Rand und Schmalseiten Werkzeugspuren. Auf
dem oberen Rand Inschrift: arnθ: χurcles: lar-
θal: clan ramθas: nevtnial: zilc: parχis: amce:
marunuχ: spurana: cepen: tenu: avils: maχs-
semφalχls: lupu.

Deckel am Fußende mit dreifachem, am
Kopfende mit einfachem Rollgiebel. Auf der mit
Tierfell bedeckten Matratze liegt der Verstorbene auf dem Rücken, unter dem Kopf ein doppeltes, mit Quasten versehenes Polster. Die
linke Hand liegt am Gesicht, die rechte hält auf
dem Oberschenkel einen nicht mehr erkennbaren Gegenstand (Rumpf: Kantharos). Der Mantel verhüllt nur die Beine. Der obere Bausch
zieht in weitem Bogen um den nackten Körper
zum linken Ellenbogen. Das rechte Bein ist im
Knie leicht angewinkelt, die rechte Körperseite
angehoben, so daß sich die Figur für den Betrachter übersichtlicher darbietet. Diese Haltung stellt den Übergang dar von den auf dem
Rücken gelagerten Toten auf Deckeln des
4./3. Jh. zu den im »Fassadentyp« gegebenen
im späteren Hellenismus (vgl. Kat.-Nr. D 6.15).

Der Kopf des Toten, mit kurzem Haar und bekränzt, zeigt ein zerfurchtes Altersgesicht mit
tiefliegenden Augen.

Die Grabkammer der Tomba Lattanzi enthielt
fünf Nenfrosarkophage der Familie, von denen
zwei (die der Eltern des Arnth) aus dem Ende
des 4. Jh. stammen. Der Sarkophag des Arnth
ist am reichsten ausgestattet, weshalb man ihn
für den Begründer des Familiengrabes hielt.

Seit dem 3. Jh. ist die Dekoration der Sarkophage mit wilden Mischwesen, darunter auch
Meeresungeheuern, geläufig, deren bedrohli-
cher Charakter die Unerbittlichkeit des Todes,
der die Menschen dahinrafft, symbolisiert.
M. Boosen möchte die Meerwesen an die Seite
von Unterweltsdämonen wie Charun und Vanth
stellen.

Lit.: Rumpf, E. 73 Taf. 47f.; Herbig, Steinsarkophage, S. 12 Nr. 3 Taf. 25a, b, Taf. 92d,
S. 101ff.; K.-P. Goethert, Typologie und Chronologie der jüngeretruskischen Steinsarkophage, 1974, S. 184; E. Colonna di Paolo und
G. Colonna, Necropoli rupestri d'Etruria meri-
dionale. 2. Norchia I, 1978, S. 46, 282ff.; Boosen, S. 84 Nr. 29 S. 131; CIE 5874. TLE 165
(dort pevtnial statt nevtnial). H. H.

D 5.3 (Abbildung)
Sarkophag
2. Hälfte 3. Jh. v. u. Z.
Stinkkalk, Kasten an den Kanten
bestoßen, obere Randleiste fast völlig
abgestoßen. Der Deckel in Hüfthöhe der
gelagerten Figur fast senkrecht
gebrochen, Oberfläche ausgewittert
Kasten: H. 0,55 m, L. 1,95 m, T. 0,57 m
Deckel: H. 0,53 m, L. 2,04 m, T. 0,59 m
Aus Chiusi erworben
Berlin, SMB, Antikensammlung
Inv.: Sk. 1264

Kasten im Klinentyp: Auf der Vorderseite in
flachem Relief geschnittene Klinenbeine mit

Voluten und Palmetten in Nachahmung der ge-
schnitzten bzw. gesägten Vorbilder aus Holz
oder Elfenbein. Der Querbalken zeigt in flachem
Relief drei Paare geflügelter Seepanther beiderseits einer Rosette. Im freien Raum zwischen den Klinenbeinen annähernd in der Mitte
männliche geflügelte Skylla, in der rechten
Hand einen Stein; unter dem Blattschurz
zwei eingerollte Fischschwänze mit langen
Schwanzflossen. Zu beiden Seiten der Skylla
Seepanther mit sichelartig aufgebogenen Flügeln. Die Unterkörper bestehen aus Akanthusblättern: zwischen zwei kürzeren, nach oben
und unten gebogenen ein großes nach oben
aufgebogen. Die Panther legen die Vorderpranken auf die Flossen der Skylla.

Deckel: Auf der mit einem Tierfell bedeckten
Matratze ruht eine ganz in den Mantel gehüllte
Figur, trotz fehlendem Busen und Ohrschmuck
wohl eine Frau. Unter ihrem Kopf zwei Polster,
das obere mit drei Quasten, das untere mit
Fransen verziert. Die rechte Körperseite der
Liegenden ist leicht angehoben, das linke Bein
unter das rechte geschoben und damit gegenüber dem Sarkophag Kat.-Nr. D. 5.2 ein weiterer Schritt auf den Fassadentypus des 2. Jh. hin
getan, bei dem der Oberkörper der Liegenden
aufgerichtet zum Betrachter gewandt ist. Der
Mantel umgibt in zähflüssig geschwungenen
Falten die Beine. Die rechte Hand ist über der
Mantelschlinge sichtbar und hält eine Frucht
(?). Das Gesicht der Toten, von kurzem Haar
umgeben, ist nach oben gerichtet, die tiefliegenden Augen sind geöffnet. Auf der Felldecke am
Rand der Matratze Inschrift: rau: vetanei. An
den Schmalseiten gelagerte Greifen.

Der Klinentyp ist unter den etruskischen
Steinsarkophagen selten. Er imitiert die Toten-
betten, auf denen die Leichen in den Grabkammern beigesetzt wurden. In einigen Kammergräbern sind die Vorderseiten der steinernen
Liegeplätze ähnlich verziert (vgl. z.B. Tomba
dei Rilievi in Cerveteri). Vorbilder für den Kli-
nentypus des Sarkophages finden sich in
Volterra.

Das Meeresungeheuer Skylla, das nach der
Überlieferung griechischer und lateinischer
Dichter im westlichen Mittelmeer hauste, er-
scheint auf den etruskischen Sarkophagen und
Urnen als bedrohliches, todbringendes Wesen
(vgl. Kat.-Nr. D 5,35).

Lit.: Rumpf, E. 74 Taf. 48, 49; Herbig, Stein-
sarkophage, 1952, S. 12, Nr. 4, S. 102ff.; M. Cri-
stofani, L'Arte degli Etruschi, 1978, Abb. 182;
Boosen, S. 29, Nr. 23 Taf. 8 Abb. 11 S. 54;
W. Dobrowolski, Mity morskie antyku, 1987,
S. 328f. Abb. 64; Urne im Klinentyp aus Volterra
CUV I Nr. 246; CIE 1221. H. H.

D 5.4
Deckel einer Aschenkiste
(lag auf Kasten, Kat.-Nr. D 5.9)
Anfang 2. Jh. v. u. Z.
Grauer Alabaster. Senkrechter Riß von
der Schulter abwärts bis zum Boden,

D 5.6

weitere Risse, z. B. im rechten Arm.
Rückseite verwittert
H. 0,30 m, Br. 0,61 m, T. 0,29 m
Nach dem Material aus Chiusi
Berlin, SMB, Antikensammlung
Inv.: Sk. 1280

Gelagerte Frau, den linken Ellenbogen auf
das Polster gestützt, den Oberkörper nur leicht
aufgerichtet, rechtes Bein angewinkelt, das
linke daruntergeschoben. Die linke Hand liegt
auf dem Polster (Ring am 4. Finger), die rechte
ruht auf dem Oberschenkel und hält eine Frucht
(Granatapfel?). Gegürteter Chiton mit einer runden Schmuckscheibe unter der Brust. Mantel,
der Unterkörper, Rücken, linke Schulter und
Arm bedeckt. Kopf etwas nach hinten geneigt.
Flaches, weiches Gesicht, von lockigem Haar
umgeben, Kranz. Die Gestalt ist fast frontal aufgerichtet, haftet aber noch eng am Lager. Der
Umriß ist blockhaft rechteckig, der Oberkörper
schräg gegen das Kissen gedrückt. Der Aufbau
der Figur spricht für Entstehung des Deckels im
frühen 2. Jh. v. u. Z.

Lit.: Rumpf, E. 56, Taf. 39; J. Thimme, in: StEtr
23, 1954, S. 84f. S. 96.   H. H.

D 5.5
Deckel einer Aschenkiste
1. Hälfte 2. Jh. v. u. Z.
Alabaster. Oberfläche verwittert und
bestoßen. Fußteil des Lagers schräg

abgebrochen. An der Schmalseite unterhalb
des Fußes viereckiges Dübelloch. Risse,
mit Gips geflickt. Locken am Hals in
Stuck angesetzt (antik), darauf Reste
brauner Farbe.
H. 0,53 m, Br. 0,88 m, T. 0,46 m
Herkunft unbekannt
Berlin, SMB, Antikensammlung
Inv.: Sk. 1274

Gelagerte Frau, den halb aufgerichteten
Oberkörper auf den linken Ellenbogen gestützt,
das rechte Bein angewinkelt, den linken Fuß
daruntergeschoben. Der Kopf ist erhoben, der
ganze Körper leicht nach hinten geneigt. Sie
trägt einen gegürteten Chiton und einen Mantel,
der den Unterkörper, Rücken und linken Arm
bedeckt. Die linke Hand hält den Mantelzipfel,
die rechte liegt auf dem angewinkelten Knie und
hält eine flache Schale.

Sie ist reich geschmückt: Torques als Halsband, gedrehte Doppelarmreifen, lange ge-
flochtene Halskette, die an der Kreuzung über
der Brust mit einer Schmuckscheibe mit Rosette besetzt ist. Im Haar, das über den Ohren
aufgenommen ist und in Locken auf die Schultern fällt, ein Diadem. Schmales »durchsichti-
ges« Gesicht mit großen, pathetisch geöffneten
Augen.

Von der Inschrift nur noch Reste: ..el ...su-
θina.

Lit.: Rumpf, E. 48, Taf. 36.   H. H.

D 5.6 (Abbildung)
Aschenkiste
1. Hälfte 2. Jh. v. u. Z.
Alabaster. Ränder des Figurenfrieses
rechts und links ausgebrochen,
Oberfläche verwittert. Risse, viele
Bestoßungen. Nur auf der Vorderseite mit
Relief verziert.
H. 0,51 m, Br. 0,82 m
T. 0,37 m am oberen Rand
Aus Chiusi
Berlin, SMB, Antikensammlung
Inv.: Sk. 1285

Auf einer mit Tüchern verhängten Kline ist
eine Frau halb zurückgesunken, nackt bis auf
den Mantel, der über das rechte Bein und die
Kline herabfällt. Sie trägt Halsschmuck und
Armreif und erhebt die rechte Hand gegen einen
Krieger, der von links heranstürmt, sie im Haar
packt und mit dem Schwert bedroht. Vor der
Kline ist eine Dienerin zusammengebrochen,
eine andere steht hinter der nackten Frau und
hält ihren linken Arm, beide mit Gebärden des
Schreckens. An den Rändern nach außen eilende Krieger, der rechte schreitet über einen
Mann, der aus dem Hintergrund auf das Gesicht
nach vorn gestürzt ist. Die Szene wurde von
C. Robert (und ihm folgend J. P. Small) auf Helena und Menelaos gedeutet: Nach dem Fall
von Troja suchen Menelaos und Odysseus Helena im Hause des Deiphobos, wo sie seit dem

Tod des Paris lebt. Menelaos schont schließlich das Leben der Helena (Homer, Odyssee 8, 517ff.). Der bärtige Krieger am rechten Rand ist Odysseus, der Gefallene unter ihm Deiphobos.

Die Weichheit der Formen und enge Verbindung der Figuren zum Reliefgrund, die dichte Häufung und Überschneidung der Figuren sprechen für eine Entstehung der Urne im 2. Viertel des 2. Jh. v. u. Z.

Lit.: Rumpf, E. 43, Taf. 33; J. P. Small, Studies related to the Theban Cycle on late Etruscan Urns, 1981, S. 27 Nr. 19 S. 92, 95ff.　　　H. H.

D 5.7
Aschenkiste
2. Viertel 2. Jh. v. u. Z.
Alabaster. Oberfläche verwittert.
Es fehlt die linke untere Ecke des Kastens mit den Füßen der weiblichen Figur und dem rechten Fuß des sitzenden Mannes
H. 0,39 m, Br. 0,51 m,
T. 0,27 m am oberen Rand
Aus Chiusi
Berlin, SMB, Antikensammlung Inv.: Sk. 1281

Nur an der Vorderseite Relief. Oben glatte Fascie, von den Köpfen der Figuren überschnitten, unten glatte Fascie als Standfläche für die Figuren.

Darstellung der Sage von Cacu und Artile (?). Cacu, eine etruskische, dem Apollon ähnliche Sehergestalt, weissagt dem Artile. Sie werden von zwei Kriegern, caile und avle vipinas, überfallen.

In der Mitte sitzt Cacu unbekleidet auf einem Felsen halb nach rechts gewandt. Sein Mantel ist über den Felsen gebreitet. Langes Haar fällt auf die Schultern, eine Torques aus großen Perlen schmückt seinen Hals. Er spielt die Kithara. Zu seiner Rechten sitzt von ihm abgewandt Artile auf einem Felsblock, über den sein Mantel gebreitet ist. Er sitzt zusammengesunken nach vorn gebeugt, den linken Ellenbogen auf das Knie, den Kopf in die Hand gestützt. Über ihm wird der Vorderkörper eines Pferdes sichtbar. Am rechten Rand ein Krieger, zwischen seinen Beinen ein Krater. Am linken Rand steht statt des zweiten Kriegers eine nackte Frau, die Kopf und Hände auf eine Säule stützt. Die Deutung der Szene gilt als nicht gesichert, da eine ikonographische Verwandtschaft mit Darstellungen von Orest und Pylades in Tauris besteht. Der Steinmetz kann jedoch die Vorbilder für die beiden Jünglingsfiguren von den Urnen mit Orestdarstellung übernommen und für seinen neuen Zusammenhang verwendet haben. Der weiche plastische Stil der Figuren, die sich schon vom Reliefgrund lösen, spricht für Entstehung der Urne im 2. Viertel des 2. Jh.

Lit.: Rumpf, E. 51 Taf. 38; F.-H. Pairault, Recherches sur quelques séries d'urnes de Volterra à représentations mythologiques, 1972, S. 142f. Taf. 90; J. P. Small, Cacus and Marsyas in Etrusco – Roman Legend, 1982, S. 119 Nr. 6 Abb. 7; LIMC III, 1986, s. v. Cacu S. 175f. Nr. 6 Taf. 146 (E. Mavleev).　　H. H.

D 5.8
Aschenkiste mit Deckel
Mitte 2. Jh. v. v. Z.
Alabaster. Kasten an den Kanten bestoßen. Es fehlen Teile der Panfiguren, Kopf und rechter Arm der Mittelfigur, Teile der gelagerten Figuren. An vielen Stellen bestoßen und verwittert. Risse. Am Deckel fehlen die Köpfe der Gelagerten, der linke Unterarm des Mannes, der rechte der Frau. Vordere Ecke des Lagers am Fußende abgestoßen, Teile der Beine und einzelne Zehen ausgebrochen.
Farbe: Reste von Rot und Blau.
Kasten: H. 0,46 m, Br. unten 0,66 m,
T. 0,29 m
Deckel: H. 0,32 m, Br. 0,61 m
T. 0,34 m am oberen Rand
Aus Chiusi
Berlin, SMB, Antikensammlung
Inv.: Sk. 1287, 1288

Kasten: Oben hohe flache Fascie, unten flache Fascie an den Schmalseiten, an der Front drei übereinanderliegende, nach unten schmaler werdende und zurücktretende Fascien. Beiderseits vorgezogene viereckige Füße mit Rosetten zwischen Perlstab und Fascie.

Vorn und an beiden Seitenflächen Relief, das mit den verlorenen, ehemals freistehenden Köpfen über die obere Fascie hinausragte. Felsenlandschaft. An den beiden oberen Ecken Pan auf dem Felsen sitzend. Neben dem linken Pan Vorderteil eines Tieres (?), rechts an der entsprechenden Stelle Bruchfläche. Unten nach rechts halb liegend schlafende Frau, die rechte Hand auf dem Leib, die linke auf den Felsen gelegt. Ihr linker Oberschenkel geht anscheinend in eine Schlange über. Über ihr eine stehende Figur, halbnackt mit weichen Körperformen, nur die Beine noch vom herabsinkenden Mantel bedeckt, die Arme weit ausgebreitet. Der Kopf war in ein Zapfloch eingesetzt. Torques als Halsschmuck. Hinter der Stehenden liegt auf dem Felsen nach links gewandt eine Figur mit über den Kopf geworfenem linkem Arm und besonders dichtem struppigem Haar mit einer Binde.

An den Schmalseiten bricht je ein Tier aus einer Felsenhöhle hervor, den Kopf auf die vorgesetzten Füße gesenkt (rechts Eber, links Löwe).

Im Gegensatz zu den meisten Urnenbildern ist diese Szene auf anderen Urnen nicht überliefert. Ebenso ist die umfängliche Angabe der Felsenlandschaft ungewöhnlich. Die Erklärung des Bildes als dionysische Szene (F.-H. Massa-Pairault) wird gestützt durch die Panfiguren und die Tierbilder der Nebenseiten, die zum Bereich des Dionysos gehören: Dionysos findet Ariadne, die von Theseus auf der Insel Naxos zurückgelassen wurde. Die weichen Körperformen erlauben die Deutung der Mittelfigur auf Dionysos. Das ikonographische Schema ähnelt den Darstellungen der Sage z. B. auf pompejanischen Wandbildern, die auf griechische Vorbilder zurückgehen. Sieht man in den drei Mittelfiguren Frauen, so wäre eine Deutung auf eine Szene aus Euripides, »Bacchen« 689ff. möglich: Agaue weckt die schlafenden Bacchantinnen.

Eine Beziehung der auf dem Deckel lagernden Eigentümer der Urne zum Kult des Dionysos, ein Zusammenhang mit Schlaf und Erweckung als Initiationsformen des Kultes wurde erwogen.

Deckel: Matratze mit Tierfell bedeckt, darauf gelagertes Paar. Der Mann liegt halbaufgerichtet auf dem Rücken, den Ellenbogen auf ein doppeltes mit Quasten verziertes Polster gestützt, Oberkörper nackt, nur Beine, Rücken und linke Schulter vom Mantel bedeckt, dessen Rand genarbt ist wie das Tierfell. Große Halskette, die linke Hand hielt den Rand einer mit der Innenseite zum Betrachter gekehrten Omphalosschale. Mit der rechten umfaßt er die Schultern der Frau, die mit halb aufgerichtetem Oberkörper auf seinem rechten Bein liegt und den linken Arm an seinen Rücken legt. Bekleidet mit Ärmelchiton und einem Mantel, der Unterkörper und linke Schulter bedeckt und dessen Bausch unter der Brust um den Körper geschlungen ist. Torques als Halsschmuck.

Lit.: Rumpf, E. 39 und 40 Taf. 30, 28; F.-H. Pairault-Massa, in: MEFRA 90, 1978, 1 S. 197f.; LIMC III, 1986, s. v. Dionysos/Fufluns 55 Taf. 424 (M. Cristofani), datiert 200–180 v. u. Z.　　　H. H.

D 5.9
Aschenkiste
2. Hälfte 2. Jh. v. u. Z.
Grauer Alabaster. Boden der Urne schief. Verwittert, mehrfach bestoßen. Abgestoßen die rechte Hand des Pelops. Es fehlen größere Stücke an den Kastenfüßen auf der Vorderseite.
H. 0,45 m, Br. 0,62 m, T. oben ca. 0,26 m
Nach dem Material aus Chiusi
Berlin, SMB, Antikensammlung Inv.: Sk. 1279

An der Vorderseite oben schmale Fascie, die von den Köpfen der Figuren überschnitten wird, unten glatte weit vorspringende Fascie, tiefe Standfläche für die Figuren, in der Mitte der Vorderseite flache Einarbeitung, so daß rechts und links Scheinfüße entstehen.

Pelops und Hippodamia töten Myrtilos (?), vgl. zur Sage Kat.-Nr. D 5.10. In der Bildmitte vor einem Baum Myrtilos, ins Knie gebrochen; die rechte Hand schwingt noch das Schwert, das hinter dem Kopf verschwindet. Links von ihm Pelops, nackt, weit nach links ausschreitend. Er packt mit der Linken das Opfer im Haar und stößt mit der Rechten eine lange Lanze in seinen Hals oberhalb des Panzers. Rechts von dem Gestürzten Hippodamia nach rechts eilend. Sie blickt zu ihm zurück und schwingt mit beiden Händen eine Doppelaxt zum Schlag ausholend um den Kopf. Rechts und links nach den Seiten ausschreitende Soldaten. Schmalseiten: je ein Krater mit hohem, gerieftem Gefäßkörper und Volutenhenkeln.

Grobe Arbeit. Im Grad der Loslösung der Figuren vom Reliefgrund, den gedrungenen Körperproportionen und der flockigen Darstellung des Haares ist die Urne 13 aus dem Matausni-Grab in Chiusi verwandt, die in das 3. Viertel 2. Jh. v. u. Z. datiert wird (Thimme).

Lit.: Rumpf, E. 55 Taf. 40. Die Urne des Matausni-Grabes: J. Thimme, in: StEtr 23, 1954, S. 83 f., Abb. 31, S. 93.　　　　H. H.

D 5.10 (Farbtafel)
Aschenkiste
3. Viertel 2. Jh. v. u. Z.
Weißgrauer Alabaster. Abgestoßen Helmbusch (mit Kalkmörtel antik geflickt?) und Teil vom Schildrand des linken Soldaten; es fehlen die Waffe in seiner Hand, ein großer Teil vom Rad des Pelops, Teile der Pferde. Farbe: Reste von Rot, Grün, Braun und Schwarz
H. 0,625 m, Br. 0,86 m,
T. 0,41 m am oberen Rand
Nach dem Material aus Chiusi
Berlin, SMB, Antikensammlung
Inv.: Sk. 1273

Der unregelmäßige Kasten trägt nur an der Vorderseite Relief. Oben kräftig vortretende unverzierte Leiste, die von den Köpfen der Figuren überschnitten wird; unten vorspringende glatte Fußleiste als Standfläche für die Figuren. Die Kastenfüße durch Abarbeiten eines breiten Mittelstreifens aus der Unterseite des Kastens gebildet.

An der Vorderseite Relief mit Tod des Oinomaos: Oinomaos, König von Pisa in Elis, fordert alle Freier seiner Tochter Hippodamia zu einem Wagenrennen auf, in dem er sie mit seinen von Ares geschenkten Rossen besiegt und tötet. Pelops, der Sohn des Tantalos, der Hippodamia gewinnen will, besticht den Wagenlenker Myrtilos, der statt eiserner Stifte Wachsstifte in die Radnaben des Königs einsetzt. Oinomaos verliert während des Rennens ein Rad und stürzt. Die Urnen zeigen Pelops, der den am Boden Liegenden mit dem Rad erschlägt.

In der Mitte des Reliefs das gestürzte Gespann. Eine Furie reißt den Kopf des obersten Pferdes am Zügel empor und nähert die brennende Fackel seinen Nüstern. Sie trägt ein Tierfell über dem Kopf. Oinomaos ist auf das Innere des Wagens gefallen. Auf den linken Arm gestützt, hält er noch das Schwert in der Rechten. Über ihm steht mit weit gespreizten Beinen Pelops, der das Rad über seinem Kopf schwingt. Sein Mantel flattert vom Hals. Beiderseits der pyramidenartig aufgebauten Mittelgruppe am Rand des Reliefs je ein Krieger. Das Eingreifen der Todesgöttin, die mit der Fackel das Gespann in Schrecken versetzt, in den Ablauf des Geschehens, ist eine etruskische Umdeutung des griechischen Mythos. Das Relief ist grob, stellenweise skizzenhaft. Die Plastizität der Figuren und starke Unterschneidungen sprechen für eine Entstehungszeit im 3. Viertel des 2. Jh. v. u. Z.

Lit.: Rumpf, E. 47 Taf. 33; v. Freytag gen. Löringhoff, Giebelrelief, S. 124; LIMC III, 1986, s. v. Erinys Nr. 109 Abb. S. 840 (H. Sarian). H. H.

D 5.11
Aschenkiste
2. Jh. v. u. Z.
Alabaster. Oberfläche des Reliefs verwittert. Risse und Auswitterungen besonders im Körper des linken Kriegers und der Vanth. Auf der Rückseite die unteren Ecken des Kastens abgestoßen
H. 0,455 m, Br. 0,61 m
T. 0,295 m am oberen Rand
Nach dem Material aus Chiusi.
Erworben 1841 von E. Gerhard in Rom
Berlin, SMB, Antikensammlung
Inv.: Sk. 1283

Auf der Vorderseite zwischen schmaler Randleiste oben und höherer Standleiste eingetieftes Feld. In flachem Relief Tod der Ödipussöhne Eteokles und Polyneikes. Sie sinken in halbkniender Stellung nach beiden Seiten sterbend zu Boden. Beide tragen Helm und Lederpanzer und in der rechten Hand das Schwert. Der linke Bruder führt noch den Schild. Hinter ihnen nach beiden Seiten zwei gerüstete Soldaten mit Schwertern. In den freien Raum zwischen den symmetrisch angeordneten Figuren stürmt aus dem Hintergrund nach links vorn eine Furie mit Fackel. Im Vordergrund zwischen den Sterbenden ein nach rechts gerichteter Blitz.

Eteokles und Polyneikes waren von ihrem Vater Ödipus verflucht worden. Im Kampf um die Herrschaft über Theben töteten sie sich gegenseitig. Der Kampf wurde zunächst mit Lanzen, dann mit dem Schwert geführt. Nach der Tragödie »Phoinissen« des Euripides hatten beide die Hilfe von Göttinnen, Athena und Hera, erfleht. Es ist möglich, daß dem Urnenbild die Vorstellung zugrunde liegt, daß Hera in Gestalt der blitzführenden etruskischen Göttin Uni in den Kampf eingriff (B. v. Freytag).

Die Darstellung der sterbenden Brüder findet sich in leicht variierter Form auf Urnen von Chiusi, häufiger auf solchen von Volterra. Zum Stil vgl. Urne 2 des Matausni-Grabes in Chiusi.

Lit.: Rumpf, E. 35 Taf. 38; v. Freytag gen. Löringhoff, Giebelrelief, S. 283 U 57, Taf. 63,2 mit Lit.; Urne des Matausni-Grabes: J. Thimme, in: StEtr 23, 1954 S. 75 Abb. 22, S. 84 f.　H. H.

D 5.12
Deckel einer Aschenkiste
1. Hälfte 2. Jh. v. u. Z.
Alabaster. Linke vordere Ecke des Lagers in Stuckmörtel antik ergänzt, linke hintere Ecke abgebrochen. Kopf im Hals gebrochen (zugehörig), rechter Arm mehrfach gebrochen.
Farbe: Reste von Rot am Mantel und in den Buchstaben, Braun im Haar
H. 0,38 m, Br. 0,71 m, T. 0,29 m
Nach dem Material aus Chiusi.

Ehemals auf Kat.-Nr. D 5.11 aufgelegt
Berlin, SMB, Antikensammlung
Inv.: Sk. 1284

Üppige Frauengestalt, auf einer mit einem Fell bedeckten Matratze gelagert. Der Oberkörper ist halb aufgerichtet und frontal zum Betrachter gewandt. Die ganze Gestalt ist leicht nach hinten geneigt. Der Unterarm ruht auf zwei mit einer Ziernaht und Quasten versehenen Polstern, die dem Druck des Armes weich nachgeben. Das rechte Bein ist leicht angewinkelt, das linke daruntergeschoben. In der rechten Hand hält die Frau eine runde Spiegelscheibe mit erhabenem Rand. Sie stützt den Spiegel leicht auf das angewinkelte rechte Knie. Arm und Schultern bilden eine etwa waagerechte Linie. Die Kleidung besteht aus gegürtetem Chiton und Mantel, der die Beine umgibt und über linke Schulter und Oberarm nach vorn herabfällt. Den Zipfel des Mantels hält die Frau in der geöffneten linken Hand. Den leicht nach oben gerichteten Kopf mit vollem Gesicht und pathetisch emporblickenden Augen schmückt ein Diadem mit gezacktem Rand. Ein mit einem Medaillon besetztes Band läuft von der rechten Schulter über die Brust. Inschrift auf dem vorderen Rand des Lagers:

larθi: cupslnei: tutnasa

Verwandt in der parallelen Gruppierung der kerbenartigen Gewandfalten und in der Körperhaltung ist die Gelagerte auf dem Deckel der Urne Chiusi 526.

Lit.: Rumpf, E. 54 Taf. 39; CIE 2054; Urne Chiusi 526: J. Thimme, in: StEtr 23, 1954, S. 125 Abb. 55.　　　　H. H.

D 5.13 (Abbildung)
Aschenkiste mit hausförmigem Aufsatz
3.–2. Jh. v. u. Z.
Stinkkalk. Vielfach bestoßen. Größere Stücke abgeplatzt an den unteren Kanten des Sockels und am Profil. Es fehlt eine Ecke des Daches und die untere Ecke des Hauses an der gleichen Seite
H. 0,83 m, Br. unten 0,54 m
T. 0,80 m
Gefunden bei Chiusi, im Rundgrab des Poggio Gaiella.
1841 durch E. Gerhard in Rom erworben
Berlin, SMB, Antikensammlung
Inv.: Sk. 1242

Leicht konisch zulaufender niedriger Sockel, oben doppeltes Profil aus »Falkenschnabel«, Rundstab und Fascie, das obere vom unteren durch eine breite Kehle getrennt und von etwas geringerem Umfang. Die Höhlung im Sockel für den Leichenbrand wird geschlossen durch den hausförmigen Aufsatz. Dieser hat an allen vier Seiten die von etruskischen Grabkammern bekannte Tür, deren Öffnung und Pfosten sich nach oben verjüngen, mit einem beiderseits überkragenden Türsturz. Weit überstehendes Walmdach, dessen Firstbalken und Sparren auf der Oberseite angegeben sind, darüber ein zweites kleineres mit einer rechteckigen Vertie-

D 5.13

fung in der Mitte. Auf den Schmalseiten oben je
ein kleines Einsatzloch zum Aufsetzen eines
weiteren Dachelementes.

Die Urne wurde mit dem von Vitruv, de archi-
tectura VI,3, beschriebenen atrium displuvia-
tum in Verbindung gebracht, bei dem die Dach-
balken schräg aufwärts gerichtet sind, so daß
das Regenwasser nach außen abläuft. Eine
vergleichbare Dachform, bei der auch eine
rechteckige Öffnung im Dach angedeutet ist,
zeigt die nur noch in Zeichnungen dokumentierte Tomba della Mercareccia in Tarquinia (um
300 v. u. Z.). Der Haustyp ist im etruskischen
Bereich sonst nicht nachweisbar. Der Aufbau
der Urne, bei der die Wände des Innenraumes
über das Pultdach hinausragen und das zweite
Dach tragen, verbindet die Hausurne mit ita-
lisch-hellenistischen Atriumhäusern. Die Verwendung des Türmotivs an allen vier Seiten
zeigt, daß es sich nicht um einen exakt nachgebildeten Haustyp handelt. Unter den hausförmigen Urnen sind Einzelzüge vergleichbar (Hausurne Florenz: übereinandergesetzte, hier aber
podiumartig angeordnete Profile; Terrakotta-
urne, Florenz, Mus. Arch. 5491: abgestuft übereinandergesetzte Dachelemente, s. Kat.-Nr. L27).

Lit.: Rumpf, E. 87 Taf. 56; H. Kähler, Rom und
seine Welt, 1960, S. 52ff. Taf. 24; A. Boethius,
Etruscan and Early Roman Architecture[2], 1978,
S. 89f. Abb. 88f.; F. Magi, in: StEtr 48, 1980,
S. 142ff. Taf. 46.6, Taf. 53; J.-R. Jannot, in:
RBPhil 60, 1982, 1, S. 101ff. zur Tomba della
Mercareccia.   H. H.

D 5.14
Aschenkiste
3.–2. Jh. v. u. Z.
Travertin. Intakt. Einige Bestoßungen
am Deckel, Werkzeugspuren.
Rote Farbe in den Buchstaben
Kasten: H. 0,38 m,
Br. oben 0,52 m, unten 0,60 m,
T. oben 0,30 m, unten 0,38 m
Deckel: H. 0,17 m, Br. 0,61 m, T. 0,38 m
Aus Chiusi?
Berlin, SMB, Antikensammlung
Inv.: Sk. 1299

Kasten nach oben trapezförmig verjüngt, auf
zwei hohen Füßen an den Schmalseiten. Inschrift im oberen Teil der Langseite:
vl : tuna : leusa : larcesa.
Dachförmiger Deckel mit glatten Dachflächen
und Giebeln und abgeflachten Dachrändern.
Der Typus ist häufig in Chiusi.

Lit.: Rumpf, E. 86 Taf. 51; vgl. G. M. della Fina,
Le Antichità a Chiusi, 1983, Nr. 50 und 54; L'Ac-
cademia Etrusca, Katalog Cortona 1985, S. 129
Nr. 94; CIE 2987.   H. H.

D 5.15 (Abbildung)
Aschenkiste
2. Jh. v. u. Z.
Travertin. Bestoßungen an den Füßen.
Rote und blaue Farbe in den Buchstaben
Kasten: H. 0,37 m, Br. 0,48 m, T. 0,24 m

D 5.15

Deckel: H. 0,12 m, Br. 0,55 m, T. 0,30 m
Aus Chiusi
Berlin, SMB, Antikensammlung
Inv.: Sk. 1266

Kasten leicht konisch zulaufend, auf zwei niedrigen Füßen an den Schmalseiten. Vorderseite mit breitem ringsum laufendem Rand. Im leicht eingetieften Bildfeld beiderseits einer vierblättrigen Rosette mit Zwischenblättern senkrechte kannelierte Doppelspiralen, von denen oben und unten je ein kurzes Akanthusblatt zur Mitte abgeht.

Deckel in Hausdachform mit abgeflachten Dachrändern. Auf der Dachfläche oberhalb des Randes Inschrift: tutnal: sec: An der Vorderkante: fasi: velui: larcnasa:

Die Urnen mit Rosetten, Pelten und anderen dekorativen Elementen erscheinen im 2. und 1. Jahrhundert im Chiusiner Gebiet in großer Zahl. Sie tragen etruskische, aber auch schon lateinische Inschriften. Besteller der schlichten handwerklichen Erzeugnisse waren die unteren Schichten der Bevölkerung und Colonen. Es lassen sich verschiedene Werkstätten und Vorlagen nachweisen (Della Fina).

Lit.: Rumpf, E. 84 Taf. 55; vgl. G. M. della Fina, Le Antichità a Chiusi, 1983, Nr. 140 Typ D 2; Civiltà, S. 364, 370, Nr. 15.3.1; CIE 1212.   H. H.

D 5.16
Aschenkiste
2. Jh. v. u. Z.
Travertin. Kleine Bestoßungen.
Buchstaben z. T. noch mit Rot gefüllt
Kasten: H. 0,28 m, Br. 0,34 m, T. 0,20 m
Deckel: H. 0,13 m, Br. 0,40 m, T. 0,25 m
Aus Chiusi
Berlin, SMB, Antikensammlung Inv.: Sk. 1265

Rechteckiger Kasten auf vier hohen Füßen. In der Mitte der Vorderseite zwischen den Füßen hängend ein sich verjüngender Zapfen. Im leicht eingetieften Bildfeld an der Vorderseite Patera mit Vierblattrosette zwischen zwei Pelten, an den Schmalseiten je ein Rundschild.

Hausdachförmiger Deckel. Auf der Dachfläche Inschrift: larcnei velual papaslisa

Vgl. zu Kat.-Nr. D 5.15.

Lit.: Rumpf, E. 85 Taf. 55; vgl. G. M. della Fina, Le Antichità a Chiusi, 1983, Nr. 78 Typ B 3; CIE 1214.   H. H.

D 5.17 (Abbildung)
Aschenkiste
Mitte 2. Jh. v. u. Z.
Travertin. Es fehlen Kopf des Mannes am linken Rand, rechter Arm der Furie neben ihm (ehemals mit Bleidübel angestückt), rechter Fuß des Reiters, rechtes Vorderbein des Pferdes (im Oberschenkel Bohrloch zum Ansetzen), linke Schulter

D 5.17

D 5.18

und Arm des Knaben. Oberfläche porös, teilweise ausgewittert, vor allem am Körper der Frau. Der obere Rand der Vorderseite, wo auf anderen Urnen, z. B. Kat.-Nr. D 5.19, die Inschrift angebracht ist, schräg abgearbeitet.
Farbe: Reste von Rot
H. 0,53 m, Br. 0,61 m, T. oben 0,41 m, unten 0,52 m
Aus Perugia. Ehemals Sammlung Bartholdy.
Berlin, SMB, Antikensammlung Inv.: Sk. 1291

An der Vorderseite breite glatte Fascie als Standleiste für die Figuren. Bärtiger Reiter in Panzer und Chlamys nach rechts galoppierend über eine am Boden liegende Frau. Beiderseits des Reiters Furien in kurzem in der Taille zum Bausch gegürtetem Gewand und Stiefeln, das Haar im Nacken zum Knoten gebunden. Die eine folgt dem Reiter und faßt mit der Hand seinen rechten Arm, mit dem er die Waffe schwang, die andere fällt dem Pferd in die Zügel. Der Angriff des Reiters gilt dem Knaben am rechten Rand, der sich schutzsuchend an einen bärtigen Mann in kurzem doppelt gegürteten Chiton und Chlamys drängt. Dieser hat die rechte Hand mit geschlossener Faust über dem Kopf erhoben. Am linken Rand, von der Furie halb verdeckt, ein Mann in Chlamys. Schmalseiten: in leicht vertieftem Feld Rosetten.

Das Thema ist auf Urnen von Volterra, vor allem aber auf mehreren Exemplaren von Perugia mit verschiedenen Varianten dargestellt. Eine Urne in Perugia bildet auch die nächste stilistische und ikonographische Parallele. G. Körte deutet die Szene versuchsweise auf Athamas, der im Wahnsinn Learchos, seinen Sohn von Ino, der Tochter des thebanischen Königs Kadmos, tötet.

Die gelagerte Figur ist vielleicht eine Ortspersonifikation. Wegen der Verwandtschaft der im Rückenakt dargestellten Frau mit der Frauengestalt auf der Schmalseite von Kat.-Nr. D 5.21 nimmt L. Banti für beide Urnen den gleichen Meister an. Die Figuren sind dicht gedrängt und in zwei Ebenen hintereinander gestaffelt. Heftige Bewegungen und die Orientierung der Körper an divergierenden Schrägachsen machen die Dramatik des Geschehens deutlich. Das Motiv des Reiters ist von Reiterkampfbildern der klassisch griechischen Kunst beeinflußt.

Lit.: Rumpf, E. 41; Körte, II, 1, S. 204 Taf. 90.5, zur Deutung S. 207ff.; L. Banti, RE 19, 1937, Sp. 1081 s. v. Perugia; G. Dareggi, in: Quaderni Perugia 1, 1972, S. 21 Anm. 53 Taf. 43.2. Urne Perugia vgl. dort Taf. 44. H. H.

D 5.18 (Abbildung)
Deckel einer Aschenkiste
Mitte 2. Jh. v. u. Z.
Travertin. Rechte Hand und Zeigefinger der linken abgestoßen. Vielfach bestoßen, die Oberfläche porös verwittert,
Farbe: Reste von Rot
H. 0,44 m, Br. 0,62 m, T. 0,39 m
Zu Kat.-Nr. D 5.17 gehörig?
Berlin, SMB, Antikensammlung
Inv.: Sk. 1292

Auf einer mit Tierfell bedeckten Matratze gelagerter Mann. Oberkörper aufgerichtet und auf den linken Ellenbogen gestützt, der auf zwei mit Quasten verzierten Polstern ruht. Der Mantel bedeckt Unterkörper und Rücken, ein Zipfel ist um das linke Handgelenk geschlungen. Die rechte Hand faßte wohl die Falten des Mantels an der Hüfte, die linke umfaßt den Rand einer mit der Innenseite zum Polster gekehrten Omphalosschale, so daß die Fingerspitzen von oben in den Nabel der Schale greifen. Im kurzen gelockten Haar Blätterkranz mit Medaillon. Eine lange Kette aus aneinandergereihten Scheiben fällt auf die Polster herab. Das Gesicht ist länglich rund, weich und jugendlich. Inschrift am Rand der Matratze: vel: mievi: mehnatial

Lit.: Rumpf, E. 42 Taf. 32; CIE 4180; zum Kopf vgl. Köpfe des Telephosfrieses, H. Heres, in: FuB 16, 1974, Taf. 22.3, 23.4. H. H.

D 5.19 (Abbildung)
Aschenkiste
Mitte 2. Jh. v. u. Z.
Travertin. Abgestoßen Stirnhaar und rechte Schläfe des Achill, das Maul des Pferdes. Die Figuren stellenweise bestoßen und verrieben. Oberfläche verwittert. Die Inschrift durch Verwitterung undeutlich. Farben: Reste von Blau, Braun, Rot und Gold.
H. 0,57 m, Br. 0,62 m, T. oben 0,37 m, unten 0,44 m
»Gefunden mit einer Anzahl ähnlicher Stücke bei Perugia, erworben 1826 in Rom von Vescovali durch Bunsen« (Beschreibung 1891). Die Urne ist mindestens seit dem 18. Jahrhundert bekannt: Vgl. Th. Dempster, De Etruria Regali, Florenz 1723, Bd. I Taf. 68. mit der Angabe: »Perusiae In Marmore Apud Nobiles De Constanzis«, nach einem Stich von Cosimo Mogalli. – A. F. Gori, Museum Etruscum, Florenz 1737–1743 Bd. I Taf. 136, dort abgebildet mit dem Deckel Kat.-Nr. D 5.20 und der Angabe: »D. Camillo Pandolfini Senatori Eq. et Patricio Florentino«, das Maul des Pferdes ergänzt. Bd. II S. 264
Berlin, SMB, Antikensammlung Inv.: Sk. 1289

Kasten mit flachen Füßen. An der Vorderseite durchgehende Standfläche für die Figuren.

Vorderseite: Tod des Troilos. Nach einer Überlieferung, deren früheste erhaltene Quelle die Kyprien nach Proklos sind, überfiel Achill den trojanischen Königssohn Troilos in der Dunkelheit vor den Mauern der Stadt Troja und tötete ihn, wobei es ihm durch seine Schnelligkeit gelang, den Berittenen einzuholen.

Troilos im Panzer und Chiton auf einem nach rechts galoppierenden Pferd, dessen Rücken mit einem Rehfell bedeckt ist. Achill, bärtig, bekleidet mit Chlamys, das in ein Stiftloch ehemals eingesetzte Schwert in der gesenkten rechten Hand, packt ihn am Haar und reißt seinen Kopf nach hinten. Eine Furie stürmt mit über den Kopf erhobenem Schwert dem Pferde entgegen und packt es am Zügel. Am rechten Rand Krieger in Helm und Chlamys, der einen vor ihm am Boden hockenden vom Rücken gesehenen Mann in Chlamys am Haar packt und mit der (nicht angegebenen) Waffe in der rechten Hand bedroht. Unter dem Pferd gefallene Trojaner.

Am oberen Kastenrand Inschrift: an: titeś: vesi: manias: clan:

Seitenflächen: Im leicht eingetieften Feld
zwei aufrechtstehende Pelten gegeneinander
gelehnt. In den Zwickeln Akanthusblätter.

Die Troilossage auf Urnenreliefs weist auf die
Unentrinnbarkeit des Schicksals hin. Die unge-
naue Darstellung der Sage (Troilos war nach
der Überlieferung noch im Knabenalter und
führte am Abend des Überfalls seine Pferde zur
Tränke) scheint anzuzeigen, daß für das Verständnis des etruskischen Auftraggebers das
Thema des Kampfes im Vordergrund stand.

Das Vorbild für den auch auf Urnen von Volterra verwendeten Bildtyp kommt vermutlich
aus Süditalien. Kühne räumliche Motive wie das
des Gestürzten setzen die hochhellenistische
Kunst Pergamons voraus.

Der mit weit vorgestrecktem Bein Kniende hat
sein – indirektes – Vorbild in der Figur eines Per-
sers aus dem Weihgeschenk Attalos' II. von
Pergamon.

Lit.: Rumpf, E. 49 Taf. 37; G. Dareggi, in: Quaderni Perugia I, 1972, Taf. 52.1 S. 36 Anm. 99;
T. Dohrn, in: RM 68, 1961, S. 1 ff.; LIMC I, 1981,
s. v. Achle, S. 203 Nr. 41, S. 201, 210 f. (G. Camporeale); zur Dekoration der Seitenflächen vgl.
Dareggi, in: StEtr 37, 1969, S. 475 Nr. 19
Taf. 124a: L. Banti, in: RE 19, 1, 1937, Sp. 1081;
CIE 4100, corr. H. Rix, Das Etruskische Cogno-
men, 1963, S. 176: manial.   H. H.

D 5.19

D 5.20 (Farbtafel)
Deckel einer Aschenkiste
vermutlich zu Kat.-Nr. D 5.19 gehörig
Mitte 2. Jh. v. u. Z.
Travertin. Oberfläche stellenweise porös.
Bestoßungen an den Rändern. Rand und
ein Henkel des Kraters abgestoßen.
Unvollendete Partie an der linken Wange
H. 0,43 m, Br. 0,66 m, T. 0,40 m
Zur Erwerbung vgl. Kat.-Nr. D 5.19
Berlin, SMB, Antikensammlung
Inv.: Sk. 1290

Mit Fell bedeckte Matratze, auf der ein Mann
gelagert ist, den Oberkörper aufgerichtet und
auf den Ellenbogen gestützt, der auf zwei mit
Quasten verzierten Kopfpolstern liegt. Das
rechte Bein ist angewinkelt, der linke Fuß darunter geschoben. Nur Unterkörper und Rücken
vom Mantel bedeckt, von dem ein Zipfel über
die linke Schulter herabfällt. Im kurzlockigen
Haar ein Blätterkranz mit einer Rosette über der
Stirn. Lange, aus aufgereihten Scheiben bestehende Kette, die der Mann mit der linken Hand
faßt, am vierten Finger ein großer Ring. Die
rechte Hand ruht auf dem Oberschenkel und
hält einen kleinen Krater. Unterhalb der Hand
auf dem Oberschenkel Puntello. Der Körper ist
zum Betrachter hin fassadenartig aufgestellt
und an die Vorderseite der Matratze gerückt.
Kopf nach oben gewandt, die großen tiefliegenden Augen mit pathetischem Ausdruck nach
oben gerichtet. Wie der ganze Deckel ist auch
das breite Gesicht sorgfältig und mit reichen Details (bewegte Stirn, gebuckelter Nasenrücken,
herabgezogene Mundwinkel) gearbeitet und

D 5.21

fällt durch individuelle Züge aus dem üblichen Typenschema heraus.

Lit.: Rumpf, E. 50 Taf. 36; vgl. Kopf des Herakles aus Pergamon: M. Bieber, The Sculpture of the Hellenistic Age, ²1961, Abb. 476.　　　　H. H.

D 5.21 (Abbildungen)
Aschenkiste

Mitte 2. Jh. v. u. Z.

Travertin. Kasten porös. Das Relief im oberen Teil der Vorderseite verwittert. Es fehlen an den Figuren: Kopf der rechten Furie (bei Rumpf, Taf. 29 noch vorhanden), Kopf und rechter Arm der linken Furie, die Pferdeköpfe zwischen ihnen, Teil des Rumpfes und Arme des Pelops mit dem Rad, die z. T. mit Metallstiften angesetzt waren. Kopf und der größte Teil vom Körper der Figur am rechten Rand, der Kopf des gestürzten Mannes mit dem Salbgefäß. Farbe: Reste von Blau und Rot

H. 0,71 m, Br. 0,58 m, T. oben 0,35 m, unten 0,42 m

Nach dem Material aus Perugia

Berlin, SMB, Antikensammlung

Inv.: Sk. 1275

Der Kasten ohne oberes Profil auf einem hohen, reich verzierten Sockel. Relieffries und Sockelschmuck greifen um die Ecken auf die Schmalseiten über.

Sockel: von oben nach unten: zwei schmale Fascien, Zahnschnitt, Fries mit Rosetten und gegeneinandergelehnten Pelten, in der Mitte vorgesetzt ein Rad, Rundstab, Ablaufprofil mit Inschrift: larθ: hamφna: auleś: venetial: clan, glatte Fascie. Der Sockel dient als Standfläche für den Figurenfries mit Tod des Oinomaos (vgl. zur Sage Kat.-Nr. D 5.10).

Im Bild der Vorderseite liegt das Hauptgewicht auf den Furien, die von beiden Seiten den Pferden in die Zügel fallen. Die rechte, in voller Rückenansicht dargestellt, faßt mit der linken Hand das sich hoch aufbäumende Pferd am Zaumzeug und schwingt in der rechten Hand eine Fackel. Die zweite, geflügelte Furie packt den Zügel des Gespannes mit der linken Hand und schwang den rechten Arm mit der Fackel zum Schlag ausholend um den Oberkörper. Über die beiden zu Boden gestürzten Pferde, deren Köpfe nach rechts hin liegen, ist ein jugendlicher Mann rücklings aus dem Hintergrund des Bildes nach vorn gefallen, bis zum Kinn bedeckt von seinem Schild, die rechte Hand mit dem Schwert über den Kopf geworfen. Im linken Teil des Bildes Oinomaos am Boden kniend, die linke Hand, die eine Lanzenspitze hält, auf den Boden gestützt. Er wendet sich zurück und hebt Kopf und rechten Arm zu Pelops empor, der von links auf ihn eindringt, das Rad über dem Kopf schwingend. Am rechten Rand unten der Oberkörper eines zu Boden gestürzten Dieners, in der linken Hand ein Salbfläschchen an einem langen Band haltend. Am oberen Teil der rechten Kante Reste einer in einen

Mantel gewickelten Gestalt, der Saum nach links wie ein Segel gebläht, in der rechten Hand ein Schwert (auf der Seitenfläche der Urne sichtbar).

Schmalseiten: rechts Frau, nackt, vom Rücken gesehen, das Haar im Nacken zum Knoten gebunden, Beine vom Mantel verhüllt, dessen Zipfel über den linken Arm geschlungen ist, Gürtel und Armreifen. Sie läuft mit erhobenen Händen zur Vorderseite der Urne. Links fliehende Frau in gegürtetem Chiton und Mantel, der sich über ihrem Kopf wie ein Segel bläht. Sie blickt zur Vorderseite zurück. Mit den Händen faßt sie die Säume des Mantels.

Pelops und Oinomaos, die Hauptfiguren der Sage, sind in diesem Bild an den Rand gerückt. Niederlage und Tod des Oinomaos werden nicht vom Ablauf des Mythos bestimmt (das gebrochene Wagenrad ist nur wie ein Symbol in die Mitte der verzierten Sockelzone gesetzt), sondern, etruskischem Verständnis folgend, vom Eingreifen der Todesgöttinnen, die die Pferde schrecken und zum Scheuen bringen. Häufung und Staffelung der Figuren, Vertiefung und Öffnung des Bildraumes durch diagonale Bewegungen zeigen den Einfluß der hellenistischen Reliefkunst. Die Mädchenfigur der linken Nebenseite, deren künstlerische Wirkung weitgehend vom Umriß bestimmt ist, nimmt schon Tendenzen des spätgriechischen Klassizismus auf. Aufgrund der Ähnlichkeit der Figur mit dem Gelagerten auf der Urne Kat.-Nr. D 5.17 weist L. Banti beide Urnen versuchsweise dem gleichen Meister zu.

Lit.: Rumpf, E. 37 Taf. 29; CIE 4148; G. Dareggi, in: Quaderni Perugia 1, 1972, S. 37 Anm. 109 Taf. 49.2; L. Banti, in: RE 19, 1, 1937, Spalte 1081; F.-H. Pairault – Massa, in: MEFRA 90, 1978, 1 S. 230ff.; v. Freytag gen. Löringhoff, Giebelrelief, S. 124; vgl. zur Figurenanordnung Urne im Vatikan: T. Dohrn, in: RM 68, 1961, S. 1ff. Taf. 1.1.　　　　H. H.

D 5.22 (Abbildung)
Deckel einer Aschenkiste

150–125 v. u. Z.

Travertin. Köpfe und Teile der Schultern und Arme der Figuren weggebrochen. Es fehlen die (ehemals eingesetzten) Füße. Ein Stück der Matratze vor der Frau weggebrochen.

H. 0,29 m, Br. 0,63 m, T. 0,42 m

Nach dem Material aus Perugia. Auf der Federzeichnung von C. Ruspi auf der Aschenkiste Kat.-Nr. D 5.21 liegend (Gerhardscher Apparat Bd. 3 Taf. 91, 328).

Berlin, SMB, Antikensammlung Inv.: Sk. 1276

Auf einer mit einem Tierfell bedeckten Matratze gelagertes Paar, den Oberkörper aufgerichtet, den linken Ellenbogen auf je zwei mit Quasten verzierte Polster gestützt. Von der Bekleidung des Mannes ist nur der Mantel erkennbar und die lange Kette aus aneinandergereihten Scheiben. Er umfaßt den Rand einer aufrechtstehenden Omphalosschale mit der lin-

Hand, mit der rechten die Schultern der Frau. Diese trägt einen gegürteten Chiton und Mantel, der Unterkörper, Rücken und Arme bedeckt. Der Kopf war auf die linke Hand gestützt, die rechte faßt das lange, mit einem Fischgrätenmuster verzierte Band. Halsschmuck, Armreifen.

Lit.: Rumpf, E. 38 Taf. 28.　　　　H. H.

D 5.23 (Abbildung)
Aschenkiste

Mitte 2. Jh. v. u. Z.

Travertin. Kasten besonders an der Rückseite porös, an vielen Stellen ausgewittert. Das Relief im oberen Teil verwittert. Es fehlen die Köpfe der im Vordergrund stehenden Figuren, die meisten der freistehenden Gliedmaßen, die Schwerter des Gepanzerten am linken Rand und des knienden Mannes, der linke Arm und der größte Teil vom Kopf des Pelops, ein Teil des Rades. Viele Bestoßungen. Zum Zustand im 19. Jh. vgl. Conestabile, Monumenti di Perugia Taf. 60. Der Kopf der linken Furie bei Conze Beschreibung Nr. 1271 noch vorhanden. Köpfe des Gepanzerten und der linken Furie offenbar ehemals angestückt (moderne Stiftlöcher in den Bruchflächen). Farbe: Reste von Rot und Gold. Die Urne war offenbar reich vergoldet (z. T. nur bei Pigmentuntersuchungen sichtbar).

H. 0,53 m, Br. 0,61 m, T. oben 0,36 m, unten 0,48 m

Aus Perugia

Berlin, SMB, Antikensammlung Inv.: Sk. 1271

Am oberen Kastenrand flache Fascie, von den Köpfen der Figuren im Hintergrund überschnitten. Weit vorspringende hohe Fußleiste, an deren Vorderseite in leicht vertieftem Spiegel Wellenband, von beiden Seiten auf eine Rosette in der Mitte hin bewegt. Tod des Oinomaos (vgl. zur Sage Kat.-Nr. D 5.10). Im Vordergrund ist Oinomaos auf seinem Schild sitzend zusammengebrochen, die linke Hand auf einen Felsbrocken, die rechte auf das Knie gestützt. Über ihm Pelops, vom Rücken gesehen, das Rad über seinem Kopf schwingend. Eine Furie beugt sich aus dem Hintergrund über Oinomaos. Hinter ihr der geflügelte Kopf einer zweiten Furie, die mit einer Fackel nach rechts eilt. Links von Pelops am Boden kniend ein Mann in Exomis, mit einem Schwert in der rechten Hand. Diese Mittelgruppe wird gerahmt links von einer Furie mit einer Fackel in den Händen und einem Gepanzerten am Rand des Bildes, rechts von einem Jüngling und wiederum einem Gepanzerten. In den annähernd symmetrischen Aufbau des Bildes ist das Gespann einbezogen: die Köpfe zweier gestürzter Pferde erscheinen unter den Füßen der Figuren rechts und links am Boden zu den Kastenecken gewendet, der Vorderkörper je eines sich aufbäumenden Pferdes wird an den oberen Ecken sichtbar, neben ih-

D 5.23/D 5.24 (Zeichnung C. Ruspi)

D 5.21/D 5.22 (Zeichnung C. Ruspi)

D 5.24

D 5.26

nen jeweils der Kopf eines Jünglings mit petasosartigem Helm, die offenbar das Gespann zu zügeln suchen.

Schmalseiten: über unverzierter hoher Fußleiste Unterweltstor, davor zur Vorderseite gewandt eine Vanth, den linken Fuß auf einen Felsblock gesetzt, die linke Hand auf das Knie gestützt. Sie drückt eine gesenkte Fackel gegen den Boden, die rechte Hand mit Rolle in die Hüfte gestützt.

Die Figuren des Hauptbildes sind zwei- und dreifach hintereinandergestaffelt, die Körperachsen aber vorwiegend an der Senkrechten orientiert, so daß die Kämpfenden parataktisch nebeneinandergesetzt erscheinen und der Eindruck eines dramatischen Geschehens mehr durch das dichte Gedränge der Figuren und die verzerrten Gesichter als durch dynamische Körperbewegung entsteht.

Lit.: G.Conestabile, Dei monumenti di Perugia etrusca e romana, IV, 1870, Taf.60 S.94f.; Rumpf, E.35 Taf.27; Körte, II, S.109ff. S.119 Taf.47.14; G.Dareggi, in: Quaderni Perugia I, 1972, S.37 Anm.109 Taf.50.1; v.Freytag gen. Löringhoff, Giebelrelief, S.76, 162.   H.H.

D 5.24 (Abbildungen)
Deckel einer Aschenkiste
Mitte 2. Jh. v. u. Z.
Travertin, porös. Es fehlen Kopf mit einem Teil der Schultern, die rechte Hand. Unterhalb der linken Hüfte der Frau ein tiefes Loch, das sich unter den Polstern hinzieht. Farbe: Reste von Rot
H. 0,32 cm, Br. 0,68 m, T. 0,41 m
Angeblich aus Chiusi (E. Gerhard),
nach dem Material aus Perugia.
Der Urne D 5.23 aufgelegt.

Berlin, SMB, Antikensammlung
Inv.: Sk. 1272

Auf einer mit Tierfell bedeckten Matratze gelagerte Frau mit halb aufgerichtetem Oberkörper, den linken Ellenbogen auf zwei Polster gestützt, die an den Ecken mit Quasten verziert sind. Das linke Bein angezogen, der rechte Fuß darunter geschoben. Der Körper der Frau ist an die Vorderseite der Matratze gerückt, die rechte Seite angehoben. Gegürteter Chiton und Mantel, um Unterkörper, Rücken, Hinterkopf und Arme gelegt. Getreppte Zipfel fallen neben dem Oberschenkel auf das Lager und von der linken Hand über die Polster herab. In der linken Hand Griffspiegel, die rechte war in Schulterhöhe erhoben. Um den Hals Torques. Lange, unter der Brust gekreuzte und mit einer Schmuckscheibe befestigte Kette. Auf der Basis der Matratze Inschrift: sauturini . χvestnaś . velθurnal . śec

Lit.: Rumpf, E.36 Taf.28; CIE 3566; vgl. den in Einzelheiten der Gewanddrapierung übereinstimmenden Deckel in Villa Monti, Perugia; A.E.Feruglio, in: StEtr 37, 1969, S.487 Nr.1 Taf.127a.   H.H.

D 5.25
Aschenkiste
1. Hälfte 2. Jh. v. u. Z.
Alabaster. Mehrfach gebrochen.
Die Gipsergänzungen (vgl. Rumpf Taf.35) entfernt. Die Köpfe der drei rechten Figuren verloren. Ergänzungen in Alabaster. Farbe: Reste von Gold und Rosa
H. 0,325 m, Br. 0,54 m, T. unten 0,20 m, oben 0,23 m
Aus Volterra. 1843 in Rom erworben
Berlin, SMB, Antikensammlung
Inv.: Sk. 1277

Nur auf der Vorderseite Relief. Reiche Profile. Unten: Standleiste mit großem Perlstab; oben: Fascie, kleiner Perlstab, doppelte Kehle, Rundstab, großer Perlstab. Die Figuren überschneiden mit den Köpfen die Fascie unter dem Profil. In der Mitte auf verhängter Kline gelagerte Frau, halbaufgerichtet, den linken Arm auf das Kopfpolster gestützt, in gegürtetem Chiton und Mantel, der über Kopf und Schultern gezogen ist. Sie hält in der linken Hand einen Kranz und berührt mit der ausgestreckten rechten den Kopf des Mannes, der von links mit großem Schritt heraneilt. Er ist ganz in den Mantel gehüllt, der nur Gesicht und linke Hand, die einen rundlichen Gegenstand hält, frei läßt. Hinter ihm eine Säule mit profiliertem Abschluß und einem Cippus, die den Grabzusammenhang der Szene deutlich macht. Rechts von der Kline in Vorderansicht ein Mann (Sklave?), in der gesenkten linken Hand ein Band, an dem eine Bulla und zwei Ölfläschchen hängen, die rechte Hand zur Schulter der Frau erhoben. An den Rändern symmetrisch bewegt nach außen eilende Frauen in langem gegürtetem Chiton und Mantel, der um Unterkörper und Kopf gelegt ist. Die Köpfe sind zur Bildmitte gewandt.

Die Szene ist auf etwa 60 Urnen aus Volterra

mit verschiedenen Varianten überliefert und stellt in den meisten Fällen wahrscheinlich keine griechische Sage dar (erwogen wurde z. B. Admet und Alkestis, Protesilaos und Laodamia), sondern spiegelt etruskische Vorstellungen: Wiedersehen zwischen Ehegatten in der Unterwelt oder der früher verstorbene Mann, der die Frau in die Unterwelt holt (Körte), Ausdruck der Hoffnung auf Verbundenheit über den Tod hinaus, die dem Thema seine Beliebtheit sicherte.

Lit.: Körte, III S. 76; Rumpf, E. 46 Taf. 35; J. P. Small, Studies related to the Theban Cycle on late Etruscan Urns, 1981, S. 98f. Anm. 110; Artigianato Artistico, S. 60 zu Nr. 49.   H. H.

D 5.26 (Abbildung)
Aschenkiste
Um 120 v. u. Z.
Alabaster. Es fehlt der Deckel.
Abgeschlagen die Köpfe zweier Sirenen und der beiden Steuerleute, die Hände der Sirene mit der Lyra, der rechte Unterarm der Sirene mit Syrinx, die Enden der Steuer und der Ruder.
An Kanten und Ecken bestoßen. Die Seiten sind bedeckt mit schwarzem marmoriertem Stuck
H. 0,65 m, Br. 0,22 m, T. 0,25 m
Aus Volterra.
Früher in Sammlung Malmaison, dann Sammlung Pourtalès.
Gekauft auf der Auktion im Jahre 1865 durch J. Działyński für die Sammlungen im Hotel Lambert in Paris.
1880–1940 im Schloß Gołuchow
Warschau, Nationalmuseum
Galerie antiker Kunst Inv.: 143216

An der Vorderseite des Kastens Relief: Abenteuer des Odysseus mit den Sirenen (Homer, Odyssee 12, 157–200). Das Schiff des Helden ist an die Insel herangeschwommen, sein Schnabel nähert sich den Felsenriffen, auf denen drei der Töchter des Phorkys sitzen. Sie sind dargestellt als Frauen, in Chiton und Himation, geschmückt mit Diademen, Halsketten (Torques) und Armbändern. Die Sirenen spielen auf der Flöte, der Syrinx und der Kithara. Sie repräsentieren also die Musik. Aber wie diese den Dichter davonträgt, so bringt die Musik der Sirenen Vergessen und Tod. Dies wissend hat Odysseus (bekleidet mit Pilos und der flattern-den Chlamys) den Gefährten befohlen, sich die Ohren zu verstopfen und ihn an den Mast zu binden. Die Steuerleute im Bug und die übrigen Männer auf dem Schiff sitzen unbeweglich mit den Händen an den Griffen der Ruder. Zwei Soldaten mit Helmen, die Ohren von Kinnriemen bedeckt, verstärken ungerührt die Fesseln, mit denen der Held gebunden ist. Dessen nackter Rumpf ist stark nach vorn gebeugt, die Muskeln sind gespannt und verraten die Anstrengung, sich zu befreien und den Anruf der Sirenen zu erwidern, sich dem Schönen, der Lust hinzugeben ungeachtet der Gefahr. Wer dank seiner Klugheit die Leidenschaften beherrscht, eine Methode ihrer Bändigung kennt, beherrscht den Tod. Möglicherweise sicherte ein Gedankengang dieser Art die Popularität der Episode in der Serienproduktion der Volterraner Urnen in der 2. Hälfte des 2. Jh. v. u. Z. Die gleiche Episode findet sich auf ungefähr zwanzig anderen Urnen. Für die nur selten belegte Darstellung der Sirenen in reiner Frauengestalt wären als Entsprechungen die Musen zu nennen, mit denen sie manchmal verglichen werden und die den gebildeten Menschen Unsterblichkeit verliehen.

D 5.27

D 5.28

Lit.: W. Dobrowolski, Rosczn. MNW 22, 1978, S. 43–67 (frühere Lit.); zum Motiv: O. Touchefeu Meynier, Thèmes odysséens dans l'art antique, 1968, S. 175; B. Candida, RendAccLinc, 8, T. 26, 1971, fasc. 3–4, S. 199–235; A. Maggiani, in: Atti Siena 1977, S. 130.   W. D.

D 5.27 (Abbildung)
Vorderseite einer Aschenkiste
120–110 v. u. Z.
Alabaster. Vom Urnenkasten abgesägt. Standfläche ausgebrochen. Ecken des Gesimses abgestoßen. An den Figuren fehlen die linke Hand der Dirke, rechter Unterarm des Zethos. Oberfläche vom Gesims und den oberen Partien des Reliefs stark zersetzt. Moderne Bohrlöcher auf der Ober- und Unterseite sowie an der rechten Ecke von einer Montage, von der auch Reste von Gipsmörtel an der linken Seitenfläche stammten, unter denen sich Sinter und rote Farbreste fanden
H. 0,46 m, Br. 0,647 m, T. 0,11 m
Aus Volterra. Erworben 1868 in Cortona.
Ehemals Sammlung Venuti
Berlin, SMB, Antikensammlung
Inv.: Sk. 1278

Reicher architektonischer Rahmen. Oben: Fascie, kleiner Astragal, Zahnschnitt, Fascie, Astragal, grob gestricheltes Blattspitzenornament. Unten: Astragal, Fascie, Eierstab, Fascie, Astragal. Von der Standleiste nichts erhalten.

Bestrafung der Dirke, nach der »Antiope« des Euripides. Antiope lebt bei Lykos, ihrem Onkel, der König von Theben ist, wie eine Sklavin und wird von dessen Gemahlin Dirke gequält. Ihre von Zeus empfangenen Söhne Amphion und Zethos, die nach ihrer Geburt ausgesetzt worden waren, rächen, herangewachsen, die Mutter, indem sie Dirke von einem Stier zu Tode schleifen lassen.

Im vertieften Bildfeld sprengt nach rechts ein Stier. Amphion, nackt bis auf den Mantel, der hinter seinem Rücken weht, stemmt das linke Knie gegen dessen Schenkel und packt ihn bei beiden Hörnern. Von rechts kommt Zethos, in kurzer Tunika, den Mantel um den Leib geschlungen, und faßt mit der linken Hand den Stier an der Brust. Hinter dem Stier über dem Boden und halb auf dessen ausgestrecktem rechtem Hinterbein liegt Dirke in gegürtetem Gewand, das von der rechten Brust geglitten ist, mit Armbändern und einem Halsband aus Perlengliedern geschmückt und mit perlenverziertem Gürtel. Sie wendet den Oberkörper nach links und blickt zu Amphion empor. Ihr Mantel bildet ein Velum um ihren Kopf. Von links eilt Lykos heran in gegürtetem Chiton und Mantel und phrygischer Mütze. Sein Gürtel ist ebenfalls mit Perlen geschmückt. Neben ihm wird der Oberkörper eines Kriegers aus seinem Gefolge sichtbar. Unter dem Stier ist ein Mann in Chiton und Mantel auf das Gesicht gestürzt. Unter den Beinen des Zethos ein Helm.

Das Thema ist in der unteritalischen Vasenmalerei und in pompejanischen Wandgemälden dargestellt. Die bedeutendste monumentale Darstellung ist die Gruppe der Bildhauer Apollonios und Tauriskos von Tralles, die im 2. Jh. v. u. Z. für Rhodos geschaffen wurde und von der eine römische Marmorkopie in den Caracallathermen in Rom gefunden wurde. Auch in der pergamenischen Kunst ist das Thema nachweisbar (Ant. Pal. III,7). Unmittelbar im Bildtypus verwandt ist eine Urne im Museo Guarnacci.

Auf beiden Urnen sind die Figuren in gleicher Ebene dargestellt, eine Lösung, die durch das Format des Bildfeldes bedingt wird. Dirke ist, wie die gleitende Bewegung und die ausgebreiteten Arme zeigen, schon angebunden gedacht. In der Gestaltung der Profile und in Einzelformen ist die Urne Kat.-Nr. D 5.26 nahe verwandt.

Lit.: Rumpf, E. 45 Taf. 34; E. Winsor Leach, in: RM 93, 1986, S. 170 Taf. 50.2; LIMC III, 1986, s. v. Dirce, S. 637 Nr. 8 Taf. 504 (F. Heger); B. van der Meer, in: BABesch 1977–78, S. 65ff. Abb. 36 (Urne im Museo Guarnacci 435). Zum Werkstattzusammenhang: F.-H. Pairault – Massa, in: Atti Siena 1977, S. 161.   H. H.

D 5.28 (Abbildung)
Sarkophag
Chiusinisch, 2. Hälfte 2. Jh. v. u. Z.
Terrakotta, grau bis brauner Ton, Deckelfigur Matrizenausformung; über gelblich verfärbter Engobe teilweise gut erhaltene Bemalung: Gelb, Rot, Rotbraun; an den Ohren Gelb, wohl Reste der einstigen Vergoldung. Am Kasten kleinere Abplatzungen und Versinterungen, Deckel viermal quer zerbrochen, Bruchverlauf mit Abplatzungen und Fehlstellen, Brüche an Kinn, Hals und Hand
Kasten: H. 0,36–0,43 m, L. 1,76 m, T. 0,43–0,58 m
Deckel: L. 1,86 m, T. 0,47–0,59 m
Aus Chiusi, Tomba della Collina Martinella, Grab 211. Gelangte 1877 zusammen mit dem Tonsarkophag Kat.-Nr. D 5.29 als Geschenk von P. Bonci-Casuccini in die Sammlung
Berlin, SMB, Antikensammlung Inv.: Sk. 1300

Sarkophagkasten in Form einer Wanne mit unterschiedlich ausgeführtem Fuß- und Kopf-

ende. Letzteres ist abgerundet und geschwungen, das Fußende dagegen steil und gerade. Der Rand des unverzierten Kastens ist leicht auswärts gebogen, der Boden glatt. Auf dem überstehenden Deckel in Lebensgröße eine auf ihrer linken Seite liegende weibliche Figur in Chiton und Mantel. Die ganz flache, fast eingesunken wirkende Gestalt ist vom Mantel bis zum Kinn eingehüllt. Ihre teilweise unbedeckte rechte Hand liegt an der linken Seite auf dem Kopfpolster. Der Mantel reicht bis unterhalb der Knie; aus dem Untergewand, dessen Saum wie der des Mantels gerade verläuft, schaut ein Fuß heraus, mit einem Schuh bekleidet, der die Zehen unbedeckt läßt. Der Kopf ruht auf einem nur leicht erhöhten Kopfpolster. Das Gesicht ist großflächig angelegt, die weit geöffneten Augen blicken in unbestimmte Richtung. Das Haar ist in einer Rolle aufgenommen und wird mit einem Band zusammengehalten. Die Ohren tragen einfachen Schmuck, der wohl vergoldet war.

Der Sarkophag ist allem Anschein nach das einzig erhaltene Exemplar für eine in Etrurien ungewöhnliche Form. Ein glatter Deckel wäre vorauszusetzen. Die liegende Deckelfigur ist eine Angleichung an die einheimische Tradition.

Lit.: Conze, Beschreibung, Nr. 1300; Herbig, Steinsarkophage, S. 21; E. S. Türr, Spätetruskische Tonsarkophage, 1969, S. 69 Nr. 5.   I. K.

D 5.29
Sarkophag

Chiusinisch, 2. Hälfte 2. Jh. v. u. Z.
Terrakotta, kräftig roter Ton, Deckel und Kasten je aus zwei Teilen mittels Bleiverguß zusammengesetzt. Verkrustete Engobe an vielen Stellen des Deckels und des Kastens sowie Reste der Bemalung der Vorderseite (s. u.). Die Farben sind Schwarz, Rotbraun und Rot, das sich auch gut in den Buchstaben der Inschrift erhalten hat. Der Kasten ist viermal senkrecht durchgebrochen, auch an der Bleiverbindung, ein waagerechter Bruch verläuft durch den Kastenboden, an der vorderen Giebelseite ein senkrechter Riß
Kasten: H. 0,40 m, L. 1,80 m,
T. 0,40–0,48 m
Deckel: L. 1,83 m, T. 0,42–0,54 m
Fundort und Erwerbung wie Kat.-Nr. D 5.28
Berlin, SMB, Antikensammlung
Inv.: Sk. 1301

Kastenförmiger Sarkophag mit Deckel in Form eines abgewalmten Giebeldaches. Der Deckel besteht aus zwei Teilen, die mit Falzen ineinandergreifen und durch Bleistreifen verbunden wurden. Auf einer 6,5 cm hohen, leicht vorspringenden weißgrundigen Leiste an der Vorderseite des Kastens ist eine Inschrift in kräftigen, rot ausgemalten Buchstaben vor dem Brennen in den noch weichen Ton eingeritzt worden: Laris : larcna (:) cencual : . Auf der Fläche unterhalb der Inschrift geringe Reste einstiger Bemalung: Rechts und links außen ge-

D 5.30

drechselte Möbelfüße, die den Sarkophag als Kline ausweisen. Die ursprünglich dazwischen angegebenen Figuren wurden, als sie noch besser erhalten waren als zum gegenwärtigen Zeitpunkt, folgendermaßen beschrieben: »Von rechts anfangend erkennt man zunächst eine Gestalt in kurzem Chiton, welche mit vorgestreckter Rechten nach links schreitet. (Weiter rechts scheint noch eine Figur vorhanden gewesen zu sein.) Dann einen Mann in weißem Mantel en face, von dem nur der Unterkörper erhalten ist. Weiter ein ruhig stehender, in dreiviertel Vorderansicht dargestellter Mann im Mantel mit grünem Kranz im Haar, welcher die Rechte nach links hin ausstreckt. Die nackten Teile haben rote Färbung. (Zwischen dieser und der vorher beschriebenen scheint ebenfalls eine weitere Figur vorhanden gewesen zu sein.) Endlich eine stehende Figur, die in der Rechten eine große brennende Fackel hält. Links von dieser können noch zwei andere gewesen sein, doch sind keine sicheren Spuren erhalten. Die Figuren sind sehr flüchtig mit breiten schwarzen Umrissen und verschiedenen Lokaltönen gemalt.« (Conze) Die Szene stellte wahrscheinlich ein Totengeleit durch Dämonen dar.

Sarkophage dieser Art sind in Etrurien sehr selten. Unser Exemplar unterscheidet sich darüber hinaus noch durch die Form des Deckels, für die es bisher keine Parallelen gibt.
Lit.: Conze, Beschreibung, Nr. 1301 Herbig, Steinsarkophage, S. 21 Anm. 31; E. S. Türr, Spätetruskische Tonsarkophage, 1969, S. 68 Nr. 4; CIE 1217.   I. K.

D 5.30 (Abbildung)
Aschenurne

Chiusinisch, um 150–100 v. u. Z.
Terrakotta, kräftig brauner Ton, Relief handmodelliert (?), Deckelfigur Matrizenausformung mit Nacharbeit von Hand; geringe Reste von Hellrot, an der Deckelfigur versinterte Engobe und Reste von Rot. Beschädigungen an den Ecken und an vorstehenden Partien des Reliefs, Kopf der linken Furie sowie ein Hundekopf fehlen.
Kasten: H. 0,48 m, L. 0,62 m,
T. 0,25–0,27 m
Deckel: L. 0,61 m, T. 0,27 m
Wahrscheinlich aus Chiusi,
1841 in Rom erworben
Berlin, SMB, Antikensammlung
Inv.: Sk. 1302

Relief am Kasten: Zwei gewölbte Eingänge, von denen der rechte mit Tierköpfen versehen ist, gliedern die Darstellung einer Abschiedsszene am Eingang zum Hades. In der Mitte eine in blockhafter Haltung sitzende junge Frau in Chiton und Mantel, die ein Kleinkind im Arm hält. Sie reicht dem aus der linken Tür heraustretenden Mann in Chiton und kurzem Mantel ihre Rechte. Der Mann trägt eine Kopfbedeckung mit Apex, die ihn als Haruspex (Priester) kennzeichnet. Die aus der rechten Tür heraustretende männliche Figur ist durch eine Fellkappe auf dem Kopf als Hades zu deuten. Er hielt in der vorgestreckten Rechten einen jetzt verlorenen Gegenstand. Eine sitzende männliche Figur in kurzem Gewand, Stiefeln und einem über den Kopf gezogenen Tierfell rechts neben ihm hält ihm einen Hammer entgegen. Die als Charun gedeutete Figur trägt ein Ruder im linken Arm. Über ihr eine tierköpfige Gestalt,

der in der linken Ecke des Reliefs eine undeutlich dargestellte menschliche Figur entspricht. Über der Frau zwei durch ihre Kleidung, Schlangen im Haar und durch Fackeln charakterisierte Furien (die rechte geflügelt), die linke bedroht die Sitzende mit der Fackel.

Die aus freier Hand modellierten Tonurnen stellen eine Besonderheit der Urnenproduktion dar. Sie wurden auf individuelle Bestellung hin angefertigt und unterscheiden sich dadurch von den serienmäßig hergestellten Urnen.

Die Deckelfigur hebt sich ebenfalls durch Größe und Qualität von den meisten Exemplaren ab. Dargestellt ist ein älterer mit einem Mantel bekleideter Mann; der rechte Arm und der aufgerichtete Oberkörper vom Mantel unbedeckt. Die Figur stützt sich auf den linken Arm, die Hand faßt in die Mantelfalten, und die Rechte hält eine Patera. Der Fuß des rechten Beines ist zur Hälfte unbedeckt, der des untergeschlagenen linken Beines ist mit von oben gezeigter Fußsohle dargestellt. Der Kopf mit der kummervollen Miene und der Stirnglatze ist im Verhältnis zum Körper klein. Individuelle Züge sind angestrebt worden.

D 5.31

Lit.: Conze, Beschreibung, 1302; Körte III, S.118, Abb. 15 Taf. C,16; F. Messerschmidt, in: RM 45, 1930, S. 172 Taf. 54; J. Thimme, in: StEtr 25, 1957, S.87ff. Artigianato artistico, S. 100 Anm. 6. I.K.

D 5.31 (Abbildung)
Aschenurne
Chiusinisch, 2. Hälfte 2. Jh. v. u. Z.
Terrakotta, hellbrauner Ton, Relief und Deckelfigur Matrizenausformung. Reste von Engobe und Bemalung in Rot und Gelb; linke obere Ecke des Reliefs abgebrochen, Einzelheiten verrieben, unterhalb des rechten Arms der Deckelfigur verläuft ein Bruch, Bestoßungen an Kopf, Haar, Mantel und Ecken des Lagers
Kasten: L. 0,44 m, T. 0,235 m
Deckel: H. 0,265 m, L. 0,448 m, T. 0,195–0,22 m
1841 in Rom durch E. Gerhard erworben
Berlin, SMB, Antikensammlung Inv.: Sk. 1306

Die Reliefdarstellung des thebanischen Brudermordes gehört neben der Darstellung des mit der Pflugschar kämpfenden Heros zu den am häufigsten vorkommenden Themen der Tonurnen. Die Szene zeigt die beiden feindlichen Brüder in dem Augenblick, in dem sie sich den Todesstoß versetzen. Sie sind mit Panzer, Helm, Schwert und Schild ausgerüstet. In der heftig bewegten linken Figur wird Eteokles gesehen, der dem ins Knie gesunkenen Polyneikes das Schwert in die Kehle stößt. Dieser hat sein Schwert in den Leib des Bruders gebohrt. Die Kampfszene wird von fackelhaltenden Furien flankiert, die in Gestik und Körperhaltung auf die Kämpfenden hinweisen. Die Szene wird gerahmt von kannelierten Pilastern und einem Kymation, das teilweise von den Figuren überragt wird. Die Bodenlinie ist glatt belassen. Die Deckelfigur zeigt eine mit angewinkelten Beinen und halbaufgerichtetem Oberkörper ruhende weibliche Figur, die sich auf ihren linken Arm stützt, dessen Hand mit ausgestrecktem Zeigefinger auf dem Kopfpolster liegt. Die Figur ist ganz in ihren Mantel gehüllt. Ihr rechter, vor der Brust liegender Arm ist zur linken Schulter geführt, um den Mantelsaum festzuhalten, der, vom Kopf herabfallend, quer unter dem Kinn verläuft. Der große Kopf ist mit einer leichten Neigung nach rechts auf ein Gegenüber gerichtet. In Stil und Qualität unterscheidet sich diese Deckelfigur von den meisten anderen dieser Ausstellung.

Lit.: Conze, Beschreibung, Nr. 1306; Körte II, S. 32–38 Taf. 410, 1,2; vgl. I. Krauskopf, Der thebanische Sagenkreis und andere griechische Sagen in der etruskischen Kunst, 1974, S. 53f.; M. Michelucci, in: Atti Siena, 1977, S. 93ff. Abb. 40; Artigianato artistico, Nr. 107ff. I.K.

D 5.32
Aschenurne
Chiusinisch, 2. Hälfte 2. Jh. v. u. Z.
Terrakotta, kräftig brauner Ton (Kasten), hellbrauner Ton (Deckel), Relief und Deckelfigur Matrizenausformung. Reste von Engobe und roter, gelber und blauer Bemalung. Größere Abplatzungen an der Rückseite, Versinterungen, an der Vorderseite Beschädigung der linken unteren Ecke; Deckelfigur mehrfach gebrochen
Kasten: H. 22 cm, L. 35 cm, T. 22 cm
Deckel: L. 36 cm, T. 20,5 cm
Aus Chiusi 1878 erworben
Berlin, SMB, Antikensammlung
Inv.: Sk. 1303

Reliefdarstellung, in der ein nur mit einem schmalen, um die Hüften geschlungenen Mantel bekleideter jugendlicher Held mit einer Pflugschar gegen drei voll ausgerüstete Krieger kämpft. Der als Echetlos bezeichnete »Heros mit der Pflugschar« stürmt nach links. Er hält das Gerät mit beiden Händen und dringt auf einen auf das linke Knie gesunkenen Krieger ein, dem ein anderer Krieger von links zu Hilfe kommt. Der Krieger an der rechten Seite hat seinen Arm in einer abwehrenden Geste erhoben.

Die Vierfigurenszene wird von Pfeilern gerahmt, die mit weißen und roten Längsstreifen bemalt sind. Die obere, weißgrundige Rahmenleiste trägt eine in roten Buchstaben aufgemalte Inschrift: larta : cne : velχieś :.

Die Deckelfigur, eine liegende Frau mit steif aufgerichtetem Oberkörper, der mit dem Kopf ganz frontal aufgefaßt ist, hat den Mantel über den Kopf gezogen. Sie stützt sich auf ihren linken Arm. Der rechte angewinkelte Arm ist vom Mantelsaum, der in breiten Falten senkrecht verläuft, bedeckt. Die weibliche Figur ist mit Ohrringen, Halskette sowie mit fünf Ringen an der linken Hand geschmückt. Das rechte Bein ist angewinkelt und liegt über dem linken.

Lit.: Conze, Beschreibung, Nr.1303; Körte III, S.9 Taf.VI,6; Thimme, in: StEtr 25, 1957, 87ff.; vgl. M.Michelucci, in: Atti Siena 1977, S.101; Artigianato artistico, S.106f. Nr.105, 1–4, die alle andere Deckelfiguren haben; Civiltà, S.139f. Nr.6.5 (an der linken Seite ist eine Furie dargestellt).   I.K.

D 5.33
Aschenurne

Chiusinisch, 2. Hälfte 2. Jh. v. u. Z.
Terrakotta, graubrauner Ton,
Matrizenausformung. Farben: Reste weißer
Grundierung, von Rot, Lila und Gelb,
Verschiedentlich Abplatzungen und
Bestoßungen an den Vorderseiten von
Deckelfigur und Kasten
Kasten: H. 20 cm, L. 30 cm, T. 16,5 cm
Deckel: L. 31 cm, T. 18 cm
Herkunft unbekannt
Berlin, SMB, Antikensammlung
Inv.: Sk. 1307

Das Relief der Vorderseite der Urne zeigt eine Vierfigurenszene zwischen unkannelierten Säulen, die auf einer schmalen Bodenleiste stehen und ein Gebälk tragen, über das der Kopf der einen Figur etwas hinausragt. Die beiden mittleren Figuren – ein Mann und eine Frau in Chiton und Mantel – reichen sich vor einer Tür die Hand; sie ist mit Beschlägen und Löwenköpfen mit Ringen, die als Türklopfer dienen, versehen. Links außen steht Charun im Tierfell, Stiefeln und mit einem großen Hammer, im Begriff, den Mann mit sich fortzuziehen. Auf der anderen Seite eine nach rechts gewandte, aber zu der Frau hinblickende Furie; sie ist nicht nur im Rücken, sondern auch an den Schläfen geflügelt. Die Furie trägt ein Ärmelgewand mit gekreuzten Bändern auf dem Oberkörper und Stiefel. Auf dem Deckel ruht eine weibliche Figur in Chiton und über den Hinterkopf gezogenem Mantel mit aufgerichtetem Oberkörper, die sich auf ihren linken Arm stützt, der auf einem doppelten Kopfpolster liegt. Die Rechte hält einen dicken Kranz zwischen den Knien.

Lit.: A.Conze, Beschreibung, Nr.1307; Körte, III S.67 Taf.57, 7; J.Thimme, in: StEtr 25, 1957, S.87ff.; vgl. Exemplar in Cortona, in: L'Accademia etrusca, Katalog Cortona 1985, S.129 Nr.92.   I.K.

D 5.36

D 5.34
Aschenurne

Chiusinisch, um 150–80 v. u. Z.
Terrakotta, kräftig brauner Ton,
Matrizenausformung, Reste von weißer
Grundierung und Bemalung: Rot an
Rahmung und Pilastern, Rosa an Figuren.
Beschädigungen an den Ecken, kleine
Ausbrüche an Kasten und Deckel
Kasten: H. 18 cm, L. 28 cm, T. 11 cm
Deckel: L. 30 cm, T. 22 cm
1841 von E. Gerhard in Rom erworben
Berlin, SMB, Antikensammlung
Inv.: Sk. 1308

Aschenurne mit einer Abschiedszene wie Kat.-Nr.D 5.33, aber variiert. Die vier Personen stehen frontal nebeneinander und sind durch eine in verschiedene Felder eingeteilte schmale Bogentür in zwei Gruppen getrennt. Die rechts neben der Tür stehende weibliche Figur in langem gegürtetem Gewand hat ihren rechten Arm angewinkelt erhoben und weist auf eine mit einem langen Mantel bekleidete männliche Figur. Neben jeder Figur steht ein Charun mit einem Tierfell über Kopf und Schulter mit verknoteten Enden und einem Hammer, auf den er sich mit der Rechten stützt. Die Szene wird durch summarisch gegliederte Pilaster mit Kapitellen seitlich abgeschlossen. Die Standlinie ist glatt, der obere Abschluß als profilierte Leiste gebildet. Auf dem nicht sicher zugehörigen Deckel ist eine ganz in einen Mantel gehüllte männliche Figur auf einem Kopfpolster ruhend dargestellt.

Lit.: A.Conze, Beschreibung, Nr.1308; vgl. ein Exemplar in Siena, in: Artigianato artistico, S.101, 113, Nr.132, bei dem die linke Charunfigur fehlt.   I.K.

D 5.35
Aschenurne

Chiusinisch, 2.–1. Jh. v u. Z.
Terrakotta, graubrauner Ton, Matrizenausformung, Reste verkrusteter Engobe.
Intakt bis auf kleinere Abplatzungen und abgeriebene Gesichter
H. 29 cm, L. 45,5 cm, T. 29,8 cm
Vermutlich aus Chiusi.
1841 von E. Gerhard in Rom erworben
Berlin, SMB, Antikensammlung
Inv.: Sk 1312

Relief der Vorderseite mit Szene aus der Odyssee. Zwei Griechen, ein jugendlicher links und ein bärtiger rechts, unbekleidet, mit Schwertern bewaffnet, sind von den Fischschwänzen des Meeresungeheuers Skylla umschlungen. Das mit sehr großen Flügeln ausgestattete Mischwesen hält in ihren erhobenen Armen ein Steuerruder, mit dem es zum Schlag ausholt. Zur Gestalt der Skylla gehören Hundevorderteile, die aus dem Ansatz zwischen Leib und Fischschwänzen erwachsen. Diese wurden bei vorliegendem Beispiel nicht dargestellt, bzw. sie wurden stark verunklärt. Die Verbindung zwischen Menschenleib und Fischschwänzen wird durch großlappige Blätter hergestellt, deren Spitzen nach oben umschlagen

Das Relief hat keine Rahmung, über der glatten Bodenlinie sind Wellen angegeben.

Lit.: Conze, Beschreibung, Nr. 1312; Körte III, S. 29, 1a; zum Skyllatyp vgl. Artigianato artistico, S. 104 Nr. 99.   I. K.

D 5.36 (Abbildung)
Aschenurne
Chiusinisch, 2. Hälfte 2. Jh. v. u. Z.
Terrakotta, kräftig brauner Ton, Matrizenausformung, Reste von Engobe, Bemalung: Gelb, Rot, Blau. Intakt bis auf einige Bestoßungen an den Ecken, Brandflecken und Versinterungen
Kasten: H. 22 cm, L. 33 cm, T. 19 cm
Deckel: L. 36 cm, T. 21 cm
1841 von E. Gerhard in Rom erworben
Berlin, SMB, Antikensammlung
Inv.: Sk. 1314

Das sorgfältig ausgeformte Relief der Vorderseite des Kastens zeigt einen jugendlichen weiblichen Kopf mit geflügelter phrygischer Mütze und geschwungenen Bändern, die wie die flach gebogenen Akanthusblätter, deren Spitzen sich nach innen umbiegen, beidseitig das Gesicht umgeben. Nach einer Variante dieses Typs im Museum Leiden kann der weibliche Kopf als Meduse gedeutet werden. Das Relief wird von kannelierten korinthischen Pilastern und einer Zahnschnittreihe eingefaßt. Die schmale untere Zone ist unverziert.

Der mit dem Kasten zusammen erworbene Deckel ist wohl nicht zugehörig. Die zur linken Seite gewandte Deckelfigur mit Kopfpolster stellt einen kurzhaarigen, ganz in seinen Mantel gehüllten Knaben dar.

Lit.: Conze, Beschreibung, Nr. 1314; Körte III, S. 216 Taf. 145, 12; vgl. Artigianato artistico, S. 101, 111 Nr. 124.   I. K.

D 5.37
Aschenurne
Chiusinisch, 2. Hälfte 2. Jh. v. u. Z.
Terrakotta, hellbrauner Ton (Kasten), orangebrauner Ton (Deckel), Relief und Deckelfigur Matrizenausformung, Reste von Engobe und Bemalung: Rot, Blau, am Deckel reiche Reste verkrusteter Engobe und Rosa. Am Relief kleinere Bestoßungen und Löcher, die durch die Tonqualität bedingt sind; die Deckelfigur ist mehrfach gebrochen, zusammengesetzt, und Fehlstellen wurden in Gips ergänzt, die linke Hand fehlt
Kasten: H. 16 cm, L. 29 cm, T. 13 cm
Deckel: L. 30 cm, T. 17 cm
Fundort wohl Chiusi.
1841 von E. Gerhard in Rom erworben
Berlin, SMB, Antikensammlung
Inv.: Sk. 1315

Aschenurne mit Relief, das einen Löwenkopf mit schwarzumrandeten Augen, geöffnetem Maul, breiter Nase und mächtiger Mähne zwischen Amazonenschilden zeigt. Die mit Zierbuckeln besetzten Pelten, die erhabene Ränder

D 5.42

haben, sind zweifarbig bemalt, rot die obere, blau die untere Hälfte. Die Rahmung des Reliefs besteht aus Pfeilern mit einer Kannelur und Kapitellen sowie einem Gebälk mit Zahnschnitt, der abwechselnd blau und rot bemalt ist. Die Bodenlinie blieb glatt wie bei den meisten anderen Urnen auch. Die Zugehörigkeit des Deckels wurde bezweifelt. Er ist stark restauriert und gibt eine weibliche Figur wieder, die auf einem mit drei Troddeln verzierten Kopfpolster ruht. Der Mantel ist über den Hinterkopf gezogen. Die Rechte faßt in den Mantelsaum. Das Haar ist in der Mitte gescheitelt und in Strähnen aus der Stirn genommen. Die Beine liegen leicht angewinkelt nebeneinander.

Lit.: Conze, Beschreibung, Nr. 1315; Körte III, S. 224 Taf. 151, 22; vgl. Artigianato artistico, S. 101, 111 Nr. 122 (dort Löwenkopf mit geschlossenem Maul).   I. K.

D 5.38
Aschenurne
Chiusinisch, 1. Jh. v. u. Z.
Terrakotta, orangebrauner Ton, Matrizenausformung, Reste von Grundierung und Bemalung in Rot. Risse im Deckel und in der Deckelfigur, linke vordere Ecke fehlt, Bestoßungen
Kasten: H. 19 cm, L. 31 cm, T. 16 cm
Deckel: L. 33 cm, T. 16 cm
1841 von E. Gerhard in Rom erworben

Berlin, SMB, Antikensammlung
Inv.: Sk. 1316

Das flüchtig ausgeführte Relief der Vorderseite zeigt einen Rundschild mit erhabenem Rand und einer Buckelverzierung im Zentrum zwischen Pelten, deren Ränder ebenfalls plastisch abgesetzt sind. Auf jedem Schild eine maskenartige Verzierung. Zwei seitliche kannelierte Pfeiler mit überlängten korinthischen Kapitellen, ein oberes Zahnschnittgesims und eine untere Zahnschnittreihe umrahmen das Relief. Auf dem Deckel eine liegende männliche Figur auf einem Kopfpolster, die bis auf Gesicht und Hände ganz in ihre Gewänder, in Chiton und Mantel, gehüllt ist und die in der rechten Hand einen kleinen Kranz hält.

Lit.: Conze, Beschreibung, Nr. 1316.   I. K.

D 5.39
Aschenkiste
Chiusinisch, 2.–1. Jh. v. u. Z.
Terrakotta, hellbrauner Ton (Kasten), orangebrauner Ton (Deckel), Matrizenausformung, Reste von Engobe und Bemalung: an Deckelfigur Rotbraun, Rosa, Gelb, am Kastenrelief Grün, Rot. Bis auf fehlende linke hintere Ecke des Kastens und einige Bestoßungen intakt
Kasten: H. 15 cm, L. 27 cm, T. 12–13 cm
Deckel: L. 31 cm, T. 14 cm
1841 von E. Gerhard in Rom erworben
Berlin, SMB, Antikensammlung
Inv.: Sk. 1317

Das Relief auf der Vorderseite der Urne zeigt über einer schmalen Fußleiste in der Mitte eine zweiflügelige, in sechs Felder eingeteilte Rundbogentür, die mit Beschlägen und großen Ringen zum Öffnen versehen ist. Über die als Eingang zum Hades zu deutende Tür ist eine mit Tänien geschmückte Girlande gelegt, die zu den beiden seitlich stehenden Zypressen geführt wird. Links über der Tür eine Inschrift in roten Buchstaben: sutin /a/. Auf dem Deckel, dessen Zugehörigkeit nicht gesichert ist, ist eine auf einem Kopfpolster liegende, ganz in den Mantel gehüllte männliche Figur, die das rechte Bein leicht angewinkelt hat, dargestellt.

Lit.: Conze, Beschreibung, Nr. 1317; Körte III, S. 121 Taf. 101,2; vgl. Artigianato artistico, S. 107 Nr. 106.3.   I. K.

D 5.40
Aschenurne
Chiusinisch, 1. Jh. v. u. Z.
Bräunlich grauer Ton.
Intakt bis auf die abgeplatzte untere rechte Ecke, Reste weißer Grundierung an Kiste und Deckel, an Deckelfigur rötliche Bemalung, an Relief der Kiste Reste von Schwarz und Braun
Kasten: H. 18,2 cm, L. 29,4 cm
Br. 12,6 cm
Deckel: H. 11,2 cm, L. 29,4 cm
Br. 14,5 cm
1894 Geschenk von Herzog Alfred

Gotha, Staatliche Museen
Inv.: A; Pl. 18; I. 2495

Das Relief der Vorderseite der Aschenurne ist durch zwei Pilaster in drei Felder geteilt, von denen das etwas breitere mittlere von einem rundgesichtigen weiblichen Kopf eingenommen wird. Der als Meduse oder Todesdämon gedeutete Kopf trägt einen Hörnerhelm mit giebelförmigem Mittelteil, unter dem der Saum des in der Mitte gescheitelten ehemals schwarzen Haars sichtbar wird. Unterhalb des schweren Kinns sind kurzlappige Akanthusblätter dargestellt. Die beiden seitlichen Felder sind von je einer Zypresse gänzlich ausgefüllt. Die auf hohem Kopfpolster liegende Deckelfigur ist mit einem Ärmelchiton und einem über den Kopf gezogenen Mantel bekleidet, in dessen Falten sie mit dem rechten Arm greift.

Lit.: Von der Kunstkammer zum Museum. Plastik aus dem Schloßmuseum Gotha/DDR, Katalog Duisburg 1987, S. 116 Nr. 70 Abb. 70; vgl. Körte II, S. 250 Taf. 114.3; Artigianato artistico, S. 101 Nr. 123.　　　　I. K.

D 5.41
Aschenurne
Chiusinisch, 1. Jh. v. u. Z.
Terrakotta, hellbrauner Ton, teilweise Matrizenausformung, die beiden Figuren handgemacht (?), verkrustete Reste der Bemalung: Grün, Lilablau, Hellrot. Intakt

H. 17,5 cm, L. 25,5 cm, T. 15–16 cm
1841 in Rom erworben
Berlin, SMB, Antikensammlung
Inv.: Sk. 1319

Aschenurne in Form einer Kline. Die Vorderseite zeigt ein Klinengestell, bestehend aus einer profilierten Leiste und Beinen, die gedrechselte Vorbilder nachahmen. Zwischen den Klinenbeinen ein Bogen, der als Grotte (Hades?) gedeutet wird, in dem eine unbekleidete Figur steht, die zu einem links neben ihm Stehenden mit Hammer (Charun?) blickt. Das Thema tritt in mehreren, leicht abgewandelten Varianten auf den Urnen auf. Über den Köpfen der beiden Figuren eine Inschrift in roten Buchstaben: Terentia Pisenti.

Lit.: A. Conze, Beschreibung, Nr. 1319; Körte III, S. 118 Taf. 99; vgl. Artigianato artistico, S. 112f. Nr. 130, 131; Zu Klinen vgl. V. Tusa, in: StEtr. 21, 1953, S. 340f.　　　　I. K.

D 5.42 (Abbildung)
Grabcippus
1. Jh. v. u. Z.
Travertin. Leichte Bestoßungen, im unteren Teil gebrochen
H. 1,19 m, Br. 0,47 m, T. 0,32 m
Gefunden in Vulci, Nekropole am Ponte Rotto, an der römischen Straße über einem Brandgrab. Erworben 1884
Berlin, SMB, Antikensammlung
Inv.: Sk. 1207

Vorderseite des Steines als Tür mit vier kassettenartig durch Fascien vertieften Feldern gebildet, in den unteren Feldern Ringgriffe, zwischen den Feldern scheibenförmige Beschläge. Über der Tür zwei leicht vortretende Fascien, die sich an den Schmalseiten fortsetzen. Zwischen ihnen Reliefverzierung (Scheibe zwischen Rosetten). Auf der unteren Fascie lateinische Inschrift: Posilla Poblicia Sex. f. Grabmäler in Gestalt von Türstelen finden seit dem 3. Jh. v. u. Z. häufig Verwendung z. B. in Umbrien und in der Gegend von Alba Fucens. Der Türdarstellung liegt die gleiche Vorstellung von der Grab- oder Unterweltstür zugrunde wie den vergleichbaren Reliefs auf etruskischen Urnen (Kat.-Nr. D 5.33 und 34). Mit der Türstele aus Vulci vergleichbar, aber ohne die scheibenförmigen Beschläge, die Grabstele in Sarsina, Museo Civico. Vulci wurde nach 90 v. u. Z. römisches Municipium. Die Romanisierung Vulcis hatte den Übergang von etruskischen zu lateinischen Inschriften auf den Grabsteinen zur Folge.

Lit.: Conze, Beschreibung Nr. 1207; CIL XI, 2942; F. Messerschmidt, Necropolen von Vulci, 12. Jdl Erg.H., 1930, S. 18ff. 39. M. Verzar, in: Hellenismus in Mittelitalien, 1976,1, S. 127f. Abb. 15–17 (Stelen aus Umbrien); M. Buonocore, in: MEFRA 94,2, 1982, S. 735ff. (Stelen aus Alba Fucens); Zur Romanisierung Vulcis: A. Hus, Vulci étrusque et etrusco-romaine, 1971, S. 162.　　　　H. H.

D 6 Das Grab der Calisna Sepu bei Monteriggioni

Das Familiengrab wurde 1893 im Bereich von Malacena in intaktem Zustand entdeckt. Ein Dromos von 12 Stufen führte von Westen in die in den Kalkstein gehauene Grabkammer, die mit einer Travertinplatte verschlossen war. Sie hatte die Form eines rechteckigen Kammergrabes mit den Grundmaßen 5,65 × 4,10 m und mit einer Mittelstütze von 2 m Höhe (Abb.). An den Wänden lief ringsum eine aus dem Stein gehauene Bank von 0,55 m Höhe, auf und vor der die Bestattungen und Beigaben abgelegt waren, insgesamt 450 Objekte. Der Komplex ist heute über viele Museen und Sammlungen zerstreut, kann jedoch anhand einer Liste des Aus-

gräbers Terrosi rekonstruiert werden (zur Geschichte der Ausgrabung und der Erwerbung eines Teiles der Funde durch die Berliner Antikensammlungen vgl. S. 417f.). Es wurden 105 (oder 109) Bestattungen gezählt in 36 Kalkstein- bzw. Alabasterurnen, in sogenannten Kelebai Volterrane, unbemalten Ollen und Schwarzfirniskeramik, sowie in Bronzegefäßen. Als Beigaben wurden Kandelaber, Vasen verschiedener Gattungen, darunter der Gruppe, die nach dem Fundort Malacenagruppe genannt wird, Bronzegefäße, Spiegel, Schmuck, Waffen, Eisengeräte, Münzen u. a. gefunden.

Die Berichte über die Auffindung und die Skizzen von G. Gatti sagen nichts aus über die Zugehörigkeit der Beigaben zu den einzelnen Bestattungen des Grabes. Damit sind wichtige Hinweise zur Chronologie verloren. Aus den Münzfunden und der von anderen Orten bekannten Chronologie der Keramik, vor allem der in Volterra produzierten, kann geschlossen werden, daß das Grab vom späteren 4. Jh. bis in den Anfang des 1. Jh. v. u. Z. belegt wurde. Die ersten Bestattungen erfolgten in Schwarzfirnisvasen vom Ende 4. bis zum Anfang des 3. Jh. v. u. Z. Die frühesten Kalksteinurnen sind die hausförmigen. Aus dem 3. Jh. v. u. Z. stam-

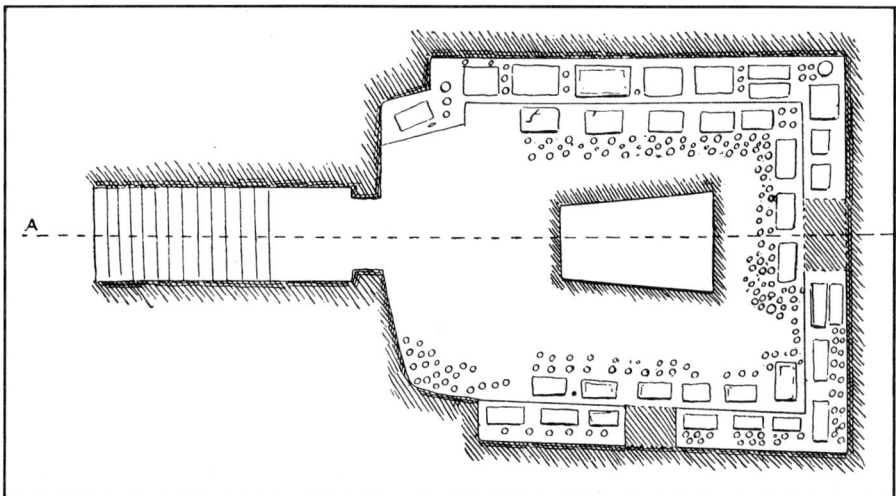

Plan des Grabes der Calisna Sepu bei Monteriggioni (nach G. Gatti)

men die drei Steinurnen mit Inschriften, von denen zwei den Namen der Familie nennen.

Von den nach Berlin gelangten Funden aus dem Malacenagrab ist ein Teil Kriegsverlust; ein weiterer Teil befindet sich im Antikenmuseum Berlin (West). Eine Vase wurde nach Tübingen abgegeben (in einzelnen Fällen ist die Herkunft der Vasen aus dem unter der gleichen Nr. inventarisierten Grab in Poggio alla Città möglich).

1. Verluste
Stein:
Kasten der Urne SK. Inv. 1709
Vasen:
V.I. 4004, 4007, 4026, 4033, 4040, 4042, 4073, 4075, 4079, 4083–4086, 4092, 4093, 4095, 4098, 4099, 4105–4108, 4111–4115, 4119, 4128–4131, 4137, 4217, 4226, 4263, 4276, 4277
Bronzen und Miscellen:
Gold: M.I. 10262–10279
Sardonyx, Knochen, Glas: M.I. 10280–10282
Bronze, Eisen: M.I. 10283–10286, 10288 bis 10292, 10294–10300, 10302–10318, 10323, 10331, 10349, 10349a, 10351, 10353, 10359, 10361, 10362

2. Berlin (West)
Steinurne:
M.I. 10360a
Vasen:
V.I. 3987, 3988, 3990–3993, 3997, 3999, 4000, 4002, 4003, 4008 (oberer Teil), 4009–4011, 4016, 4017, 4023 (Untersatz), 4024, 4025, 4031, 4032, 4068, 4117, 4124, 4125, 4138, 4147, 4158, 4185, 4190, 4215, 4216, 4218, 4220, 4223, 4225, 4227, 4230, 4231, 4234, 4250, 4251, 4253, 4254, 4257–4262, 4265, 4266–4269
Bronzen und Miscellen:
Gold: M.I. 10258–10261
Bronze, Eisen: M.I. 10287, 10293, 10301, 10319, 10350, 10352, 10354–10358, 10360
Alabaster: M.I. 10381

3. Nach Tübingen im Tausch 1912 abgegeben:
V.I. 3998.

Lit.: R. Bianchi Bandinelli, in: StEtr 2, 1928, S. 133 ff.; CUE I, S. 181 ff. (M. Cristofani Martelli). H.H.

D 6.1
Aschenkiste
3. Jh. v. u. Z.
Kalkstein. Oberfläche verwittert, die linke Tierfigur am Dach stark bestoßen. Reste des Stucküberzuges und von Bemalung in Schwarz und Rot erhalten (s. u.)
Kasten: H. 0,375 m, Br. 0,765 m T. 0,29 m
Deckel: H. 0,26 m, Br. 0,81 m T. 0,31 m
Berlin, SMB, Antikensammlung
Inv.: Sk. 1700

Kasten auf vier Füßen, die glatten Außenseiten ehemals mit bemaltem Stuck überzogen. An der rechten Schmalseite oben Reste einer Reihe von roten und schwarzen Dreiecken über einem roten Band. Das Ornament setzte sich auf der Vorderseite fort. Weitere Reste roter und schwarzer Bemalung.

Deckel in Form eines Satteldaches mit einem zur Mitte ansteigenden Firstbalken, der an den Enden zu Voluten aufgerollt ist. An den Schmalseiten hockende Löwen (?), die unter ihren Vorderfüßen einen rundlichen undeutlichen Gegenstand (menschlichen Kopf?) halten. Am rechten Tier ist die schwarze Bemalung von Behaarung, Zähnen und Augen erhalten. Die Dachflächen sind durch eine senkrechte Mittelrippe in je zwei Vierecke geteilt, die mit Stuck überzogen und mit figürlichen Szenen bemalt waren. Davon noch undeutlich erkennbar Reste von schwarzer und roter Farbe und eine mit rotem Mantel bekleidete Figur, rechts neben ihr und über ihrem Kopf in schwarzer Farbe Inschrift: p...apnei: lar(θ)alisa

Lit.: Rumpf, E. 78 Taf. 52; R. Bianchi Bandinelli, in: StEtr 2, 1928, S. 144 Nr. 5 Taf. 5 a–b (nach Zeichnungen von Gatti); M. Cristofani Martelli, in: CUE I, S. 174 f. Nr. 250. Zum orientalischen Motiv des menschenfressenden Löwen vgl. F.-H. Pairault-Massa, in: Atti Siena 1977. S. 164 Anm. 11. H.H.

D 6.2
Aschenkiste
3. Jh. v. u. Z.
Kalkstein. Plastischer Schmuck an den Stirnseiten bestoßen, Reste von weißem Kalküberzug? Oberfläche verwittert
Kasten: H. 0,38 m, Br. 0,52 m T. 0,29 m
Deckel: H. 0,18 m, Br. 0,53 m T. 0,32 m
Berlin, SMB, Antikensammlung
Inv.: Sk. 1702

Kasten auf vier hohen Füßen. Außenseiten glatt. Deckel als Satteldach mit hohem, am First entlanglaufendem Balken, an dessen Stirn eine Rosette, beiderseits Volutenschnecken, in den Giebelecken Rosetten, daneben Volutenschnecken, aus der gleichen Bosse wie die Voluten beiderseits der Firstrosette. Ein verwandter Deckel der gleichen Werkstatt von San Martino ai Colli. Vgl. auch die Volutengiebel an Sarkophagen Südetruriens (Kat.-Nr. D 5.2).

Lit.: Rumpf, E. 83 Taf. 52; M. Cristofani Martelli, in: CUE I, S. 182 f. Nr. 260; zur Urne von San Martino ai Colli: M. Cristofani Martelli, CUE I, S. 208 f. Nr. 309; F.-H. Pairault-Massa, in: Atti Siena 1976, S. 155. H.H.

D 6.3
Aschenkiste
3. Jh. v. u. Z.
Kalkstein. Oberfläche von Kasten und Deckel verwittert. Kopf gebrochen und angesetzt

Kasten: H. 0,28 m, Br. 0,56 m, T. 0,31 m
Deckel: H. 0,37 m, Br. 0,595 m, T. 0,33 m
Berlin, SMB, Antikensammlung
Inv.: Sk. 1705

Kasten auf vier hohen Füßen mit glatten Außenseiten. Auf dem Deckel gelagerter Mann, den Oberkörper aus der Rückenlage halb erhoben, den Kopf etwas nach hinten geneigt. Linker Ellenbogen auf zwei Polster gestützt. Die linke Hand ruht auf dem Kissen, die rechte liegt am Oberschenkel. Der Mantel bedeckt die Beine. Die Deckel mit den aus der Rückenlage erhobenen rohen Figuren entstanden im 3. Jh. v. u. Z.

Lit.: Rumpf, E. 69 Taf. 46; M. Cristofani Martelli, in: CUE I S. 186 f. Nr. 269. Zum Stil der Deckelfiguren vgl. dies. in: Atti Siena 1977, S. 86. H.H.

D 6.4
Aschenkiste
1. Hälfte 2. Jh. v. u. Z.
Kalkstein. Kasten wenig bestoßen und verwittert. Deckel besonders im Bereich der Beine des Gelagerten stark verwittert und zerklüftet. Linke vordere Ecke fehlt
Kasten: H. 0,30 m, Br. 0,56 m, T. 0,28 m
Deckel: H. 0,44 m, Br. 0,59 m, T. 0,28 m
Berlin, SMB, Antikensammlung
Inv.: Sk. 1691

Kasten auf vier hohen Füßen. Glatte Außenwände. Auf dem Deckel gelagerter Mann, den Oberkörper aus liegender Stellung fast gerade aufgerichtet, den linken Unterarm auf zwei Polster gestützt. Der Kopf ist erhoben und etwas nach hinten geneigt. Die rechte Hand liegt auf dem Oberschenkel und hält einen unkenntlichen Gegenstand. Der Mann ist offenbar nur mit einem Mantel bekleidet, der die Beine verhüllt und über die linke Schulter gelegt ist. Die linke Hand ruht neben der Hüfte auf dem Kissen.

Lit.: Rumpf, E. 70 Taf. 46; M. Cristofani Martelli, in: CUE I S. 186 f. Nr. 270. H.H.

D 6.5
Aschenkiste
Anfang 2. Jh. v. u. Z.
Kalkstein. Oberfläche verwittert.
Am Kasten Füße bestoßen, Ausbruch im oberen Rand der Rückseite. Kopf und linke Hand der Deckelfigur gebrochen.
Kasten: H. 0,31 m, Br. 0,56 m, T. 0,255 m
Deckel: H. 0,40 m, Br. 0,68 m, T. 0,27 m
Berlin, SMB, Antikensammlung
Inv.: Sk. 1692

Kasten auf hohen Füßen. Glatte Außenseiten. Leichenbrand. Deckel: gelagerter Mann. Oberkörper nach hinten geneigt, auf den Ellenbogen gestützt, linke Hand an der Schläfe mit eingezogenem 4. und 5. Finger und ausgestrecktem Zeige- und Mittelfinger. Kopf nach oben gerichtet. Die rechte Hand mit einer Spendenschale auf dem angezogenen Knie. Linkes Bein unter das rechte geschoben, Fußspitze auf der Rückseite sichtbar. Oberkörper nackt, der Mantel bedeckt Unterkörper und rechten Arm. Keine Angabe von Haar. Kranz. Die Körper-

achse liegt fast senkrecht zur Lagerfläche. –
Schließt noch an die zurückgelehnt liegenden
Deckelfiguren der frühen »Local Style Phase«
des 3. Jh. an (Nielsen). Auch trägt der Ver-
storbene noch nicht die seit 186 v. u. Z. übliche
Tunika.

Lit.: Rumpf, E. 67 Taf. 44; M. Cristofani Martelli, in: CUE I S. 184f. Nr. 267; M. Nielsen, in:
ActaInstRomFin 5, 1975 S. 283ff., 286ff.   H. H.

D 6.6
Aschenkiste
3. Jh. v. u. Z.
Kalkstein. Oberfläche verwittert.
Am Deckel Teile des Lagers an der
Vorderseite abgestoßen. Reste von
Stucküberzug.
Kasten: H. 0,39 m, Br. 0,55 m, T. 0,28 m
Deckel: H. 0,49 m, Br. 0,63 m, T. 0,37 m
Farbe: Reste von Rot und Schwarz
Berlin, SMB, Antikensammlung
Inv.: Sk. 1703

Kasten mit vier Füßen. Außenseiten glatt. Auf
dem Deckel gelagerte Frau mit schwerem Körper, massigen Schenkeln und unproportioniert
vergrößerten Armen. Der linke Ellenbogen auf
zwei Polster gestützt, der Oberkörper halb aufgerichtet, der Kopf erhoben, der Unterkörper
nach oben gedreht mit gespreizten Beinen, der
linke Unterschenkel unter das angezogene
rechte Bein geschoben. Gegürteter Chiton.
Mantel um Unterkörper, Rücken und linke
Schulter gelegt. Die linke übermäßig große
Hand ist zur Faust geschlossen und umfaßt einen unkenntlichen Gegenstand, die rechte liegt
auf dem angezogenen Knie und hält einen Granatapfel. Das Haar bildet auf dem Kopf eine
glatte Kappe und ist am Hinterkopf zum Knoten
zusammengenommen; über der Stirn ein Haar-
aufbau. Eiförmiges Gesicht mit feisten Wangen
und spitzer Nase.

Die zurückgelehnte und halb ruhende Stellung, die grobe, skizzenhafte Angabe des Gesichtes verbindet die Figur mit den Deckeln der
frühen »Local Style Phase« der Volterraner
Produktion (Nielsen).
Lit.: Rumpf, E. 64 Taf. 45; M. Cristofani Martelli, in: CUE I S. 180f. Nr. 258; M. Nielsen, in:
ActInstRomFin 5, 1975, S. 283–288.   H. H.

D 6.7
Aschenkiste
2. Jh. v. u. Z.
Kalkstein. Kiste grau, Deckel gelblich.
Am Kasten Oberfläche verwittert, linker
hinterer Fuß ergänzt, die übrigen Füße
bestoßen. Farbe: an der Vorderseite des
Kastens oben und unten parallel laufende
geritzte Linien, mit Rot ausgefüllt,
die einen Streifen mit Resten blauer
Farbe einfassen.
Deckel an vielen Stellen bestoßen,
rechter Unterarm des Gelagerten und Hand
abgestoßen. Vom Kopf noch das Vorderteil
erhalten und mit einem Gipszwischenstück

angesetzt (nach dem Material zugehörig).
Schale gebrochen und angesetzt.
Farbe: Rot, an der Basis Reste von
rundlichen Ornamenten (Eierstab?)
Kasten: H. 0,375 m, Br. 0,625 m, T. 0,225 m
Deckel: H. 0,49 m, Br. 0,68 m, T. 0,225 m
Berlin, SMB, Antikensammlung
Inv.: Sk. 1694

Kasten auf vier hohen Füßen, Vorderseite mit
geritzter und bemalter Verzierung (s. o.). Leichenbrand.

Deckel: Gelagerter Mann, den Oberkörper
aufgerichtet, auf den linken Unterarm gestützt,
der auf doppeltem Polster ruht. Das rechte Bein
angewinkelt mit hochgezogenem Knie, der linke
Fuß daruntergeschoben. Die Körperachse liegt
fast senkrecht zum Kastendeckel. Die rechte
Hand hält auf dem Knie eine Spendenschale,
die linke Hand ist vor der Brust flach ausgestreckt. Oberkörper nackt, Mantel um Unterkörper, Rücken und linke Schulter. Kopf mit breitem flachem Gesicht, von kurzem flockigem
Haar umgeben, Kranz. Im steilen frontalen

Aufbau nähert sich die Figur dem »Fassadentyp« (vgl. zu Kat.-Nr. D 5.3). Der unbekleidete
Oberkörper spricht für Entstehung der Urne vor
186 v. u. Z.

Lit.: Rumpf, E. 66 Taf. 43; M. Cristofani Martelli, in: CUE I, S. 184f. Nr. 266.   H. H.

D 6.8 (Abbildung)
Aschenkiste
Anfang 2. Jh. v. u. Z.
Kalkstein. Am Kasten Oberfläche
verwittert. Kleine Bestoßungen. An der
Rückseite fehlt die linke obere Ecke.
Die Oberkörper der Figuren auf den
Schmalseiten bis auf die Konturen
abgearbeitet. An der Deckelfigur ist die
Fußpartie und der rechte Unterarm
verwittert. Farbe: Reste von Rot auf
Gesicht und Körper, von Schwarz in
den Augen.
Kasten: H. 0,42 m, Br. 0,61 m, T. 0,22 m
Deckel: H. 0,40 m, Br. 0,62 m, T. 0,26 m
Berlin, SMB, Antikensammlung Inv.: Sk. 1689

D 6.8

D 6.11

D 6.12

An der Unterseite des Kastens von der Rückseite her Einarbeitung, die aber nicht bis zur
Vorderseite reicht.

Auf der Vorderseite über einer mit einem Eierstab verzierten Fußleiste flaches Relief: Reise
in die Unterwelt. Auf einem Pferd nach rechts
reitet der Verstorbene in kurzer Tunika und
Mantel sowie Stiefeln, ihm folgt ein Sklave in
kurzer gegürteter Tunika und Stiefeln, der ihm
Gepäck nachträgt. Von links schreitet dem Toten eine Frau entgegen, in Chiton und Mantel
gehüllt, der auch den Hinterkopf bedeckt. Zwischen dem Pferd und der Frau ein geflügelter
Todesdämon in kurzer Tunika und Stiefeln, der
eine Fackel in den Händen hält. Er schreitet
nach links, den Kopf wendet er zu der Frau
zurück.

An der linken Schmalseite Todesdämon in
kurzer Tunika mit Stiefeln, in jeder Hand eine
gesenkte Fackel, auf der rechten ein gleicher
Dämon nach rechts schreitend, eine gesenkte
Fackel in der rechten Hand. Mit der linken Hand
schulterte er anscheinend eine zweite Fackel.

Auf dem Deckel gelagerter Mann, den Oberkörper leicht schräg nach hinten geneigt und auf
den linken Unterarm gestützt, der auf zwei Polstern ruht. Der Kopf ist erhoben, der Blick nach
oben gerichtet. Die linke Hand umfaßt das
obere der Polster, die rechte hält auf dem Oberschenkel eine Schale. Der Mantel bedeckt
Beine und linke Schulter. Auf dem Kopf mit auf-

fallend großen Ohren ein Kranz, vor dem das
Stirnhaar eine Rolle bildet. Zum Werkstattzusammenhang der Deckelfigur vgl. zu Kat.-
Nr. D 6.9. Der Deckel muß, im Hinblick auf den
unbekleideten Oberkörper der Figur, vor 186
v. u. Z. entstanden sein.

Lit.: Rumpf, E. 58 Taf. 42; M. Cristofani Martelli, in: CUE I S. 178f. Nr. 256 mit Lit. zu den Figuren der Nebenseiten.   H. H.

D 6.9
Aschenkiste

1. Hälfte 2. Jh. v. u. Z.
Kalkstein. Kleine Bestoßungen am Kasten.
Ausblühungen besonders am Gesicht der
Gelagerten. Oberfläche zum Teil
verwittert. Farben: Reste von Rot,
Schwarz, Dunkelbraun. Am Kasten Rest
einer Bemalung in Rot und Schwarz.
Leichenbrand
Kasten: H. 0,40 m, Br. 0,57 m, T. 0,25 m
Deckel: H. 0,37 m, Br. 0,58 m, T. 0,20 m
Berlin, SMB, Antikensammlung
Inv.: Sk. 1696

Kasten auf vier hohen Füßen. Auf der Vorderseite Bemalung in Resten sichtbar; am oberen
Rand Eierstab in Schwarz. In Verlängerung der
Füße zwei senkrechte rote Linien. In dem entstandenen Quadrat zwei mit dem Zirkel geritzte
konzentrische Kreise, deren Zwischenraum mit
roter Farbe gefüllt ist. Im Inneren des Kreises

mit dem Zirkel vorgeritzt blattförmige Kreisseg-
mente in diagonaler Anordnung, mit Rot gefüllt.
Zwischen ihnen Blattpaare mit rotem Kontur.
Außerhalb des Kreises Gruppen von eiförmigen
Verzierungen in Schwarz.

Auf dem Deckel gelagerte Frau mit angezogenen Beinen, den linken Unterarm auf zwei
Polster gestützt, den Oberkörper halb aufgerichtet und zum Betrachter gewendet, den Kopf
erhoben. Die linke Hand liegt auf dem Polster,
zwei Finger hängen über den Rand des Kissens
herab. Die rechte Hand ruht auf dem emporge-
zogenen Knie und hält eine Frucht. Bekleidet
mit einem ärmellosen gegürteten Chiton. Der
Mantel bedeckt die Beine und den linken Unterarm. Das Haar bildet am Hinterkopf einen Knoten. Um das Gesicht ist es zu einer Rolle
gedreht. Über der Stirn zwei emporstehende
Locken.

In der Bearbeitung von Gewand und Haar in
groben Linien den Urnen Kat.-Nr. D 6.8 und Florenz, Inv. 97781 vergleichbar und vielleicht aus
der gleichen Werkstatt.

Lit.: Rumpf, E. 62 Taf. 45; M. Cristofani Martelli, in: CUE I S. 176 Nr. 253 S. 164.   H. H.

D 6.13

D 6.15

D 6.10
Aschenkiste

2. Jh. v. u. Z.

Kalkstein. Oberfläche verwittert, am
Deckel schwarz versintert. Nasenspitze
und zwei Finger der linken Hand des
Gelagerten abgestoßen.

Kasten: H. 0,34 m, Br. 0,50 m, T. 0,23 m
Deckel: H. 0,37 m, Br. 0,64 m, T. 0,28 m
Berlin, SMB, Antikensammlung Inv.: Sk. 1704

    Kasten unregelmäßig, auf vier Füßen. Außen-
seiten glatt. Deckel beiderseits weit überstehend. Halb aufgerichtet auf zwei Polstern ruhender Mann, den Oberkörper auf den linken
Ellenbogen, die Wange in die linke Hand gestützt; der 4. und 5. Finger eingebogen, Zeige-
und Mittelfinger liegen an der Schläfe. Kopf erhoben. Die rechte Hand hält eine Spendenschale auf dem Oberschenkel. Rechtes Bein
nur schwach angewinkelt, linkes Bein daruntergeschoben. Bekleidet mit Tunika und Mantel,
der den Unterkörper, Rücken und linken Ellenbogen bedeckt. Im Haar ein Kranz. Schmaler
magerer Kopf mit großer Nase, sehr großen Au-
genhöhlen und starken Jochbeinen.

    Zur frühen »Local Style Phase« der Volterra-
ner Produktion gehörig (Nielsen). Vgl. zu Kat.-
Nr. D 6.5, aber schon mit Tunika bekleidet.

    Lit.: Rumpf, E. 68 Taf. 44; M. Cristofani Mar-
telli, in: CUE I S. 186 f. Nr. 268; N. Nielsen, in: Act-
InstRomFin 5, 1975, S. 283 ff., 287, 288.   H. H.

D 6.11 (Abbildung)
Deckel einer Aschenkiste

2. Jh. v. u. Z.

Kalkstein. Oberfläche stark verwittert
Farben: Rot an der linken Hand und
am Kissen
H. 0,37 m, Br. 0,59 m, T. 0,33 m
Berlin, SMB, Antikensammlung
Inv.: Sk. 1701

    Gelagerter Mann mit schräg aufgerichtetem
Oberkörper und erhobenem Kopf, auf den linken Ellenbogen gestützt, der auf einem doppelten Polster ruht. Die linke Hand umfaßt mit ausgestrecktem Zeige- und Mittelfinger den Rand
der Polster, die rechte, mit einem verwitterten
unkenntlichen Gegenstand, ruht auf dem Oberschenkel. Das rechte Bein ist angewinkelt, der
linke Fuß daruntergeschoben. Bekleidet mit Tunika und Mantel, der Unterkörper, Rücken, linke
Schulter und Arm bedeckt. Gesicht nur skizzenhaft angegeben, im lockigen Haar ein Kranz (?).
Die zurückgelehnte, halb ruhende Stellung verbindet die Figur mit den Deckeln der frühen »Local Style Phase« der Volterraner Produktion
(Nielsen).

    Der zugehörige Kasten mit Resten von Male-
rei ist Kriegsverlust.

    Lit.: Rumpf, E. 61 Taf. 44; M. Cristofani Mar-
telli, in: CUE I, S. 184 f. Nr. 264; M. Nielsen, in:
ActInstRomFin 5, 1975, S. 283 ff., 286, 288.

                                               H. H.

D 6.12 (Abbildung)
Aschenkiste

2. Jh. v. u. Z.

Kalkstein. Oberfläche verwittert.
Lagerfläche des Deckels mehrfach, vor
allem am Fußende abgestoßen
Kasten: H. 0,27 m, Br. 0,41 m, T. 0,16 m
Deckel: H. 0,44 m, Br. 0,44 m, T. 0,21 m
Berlin, SMB, Antikensammlung
Inv.: Sk. 1697

    Kasten auf vier niedrigen Füßen. Außensei-
ten glatt. Auf dem Deckel gelagerter Mann, den
Oberkörper halb zurückgelehnt auf den linken
Ellenbogen gestützt, unter diesem zwei Polster.
Kopf erhoben, Unterschenkel angezogen und
nach hinten abgewinkelt. Bekleidet mit Ärmel-
tunika und einem Mantel, der in geschwungenen Falten um den Unterkörper liegt und um
den Rücken über den linken Arm gelegt ist. Die
linke Hand liegt auf dem Polster, die rechte hält
auf dem Oberschenkel ein zusammengelegtes
Diptychon. Kranz, kurze Haare um das runde
flache Gesicht mit skizzenhaft angedeuteten
Gesichtszügen. Noch an die frühe »Local Style
Phase« der Volterraner Produktion anschließend (Nielsen) vgl. zu Kat.-Nr. D 6,6.

    Lit.: Rumpf, E. 65 Taf. 45; M. Cristofani Mar-
telli, in: CUE I S. 184 f Nr. 265.   H. H.

D 6.13 (Abbildung)

Aschenkiste

3.–1. Hälfte 2. Jh. v. u. Z.

Kalkstein. Oberfläche des Kastens an vielen Stellen abgeplatzt und ausgewaschen. Deckel verwittert und verkrustet. Ehemals mit einer bemalten Stuckschicht überzogen (Reste erhalten). Farben: Reste von Braunrot, Gelb, Schwarz, die Haare schwarz auf roten Grund gemalt.

Kasten: H. 0,39 m, Br. 0,64 m, T. 0,24 m

Deckel: H. 0,395 m, Br. 0,68 m, T. 0,24 m

Berlin, SMB, Antikensammlung

Inv.: Sk. 1690

Kasten auf vier niedrigen Füßen. An der Vorderseite flaches Relief, das wie eine Bosse wirkt. Reise in die Unterwelt. In der Mitte der Verstorbene in einem faltigen Himation nach links reitend. Die Augen von Pferd und Reiter nur geritzt. Vor und hinter dem Reiter schreitet je ein Mann in kurzer Tunika und Stiefeln, den linken Arm angewinkelt, den rechten halb nach vorn erhoben (Todesdämonen?). Sie reichen mit ihren Schuhen in den Bereich der Urnenfüße hinab. Eine Standleiste ist nicht angegeben.

Auf dem Deckel gelagerter Mann, den Oberkörper halb aufgerichtet auf den linken Unterarm gestützt, der auf zwei Polstern ruht. Die Beine sind angezogen. Die linke Hand liegt auf dem Kissen und berührt die lange Halsgirlande, die rechte hält auf dem angewinkelten Knie eine große Patera. Der Mann trägt Tunika und Mantel, der die Beine verhüllt und um den linken Arm geschlungen ist. Der Kopf mit kurzem Stirnhaar und Kranz ist erhoben. Großflächiges Gesicht mit kräftiger Nase und breitem Mund. Die Augen sind pathetisch nach oben gerichtet. Der Kasten mit den primitiven Figuren mit großen Köpfen, die in weitem Abstand voneinander lebhaft bewegt schreiten, steht in der Tradition der Urnenreliefs des 3. Jh. Der zum Bankett Gelagerte kann, da er schon die Tunika trägt, erst nach 186 v. u. Z. entstanden sein. Dazu stimmt das hochhellenistischen Köpfen vergleichbare Pathos des Kopfes.

Lit.: Rumpf, E. 59 Taf. 43; M. Cristofani Martelli, in: CUE I S. 178 f. Nr. 254; dies., in: Atti Siena 1977 S. 88. Zum Deckel vgl. Deckelfigur aus der Tomba 60 D von Badia: M. Cristofani Martelli, in: CUE I S. 138 f. Nr. 217. Um 190–160; dies. in: Atti Siena 1977, S. 86.   H. H.

D 6.14 (Farbtafel)

Aschenkiste mit Deckel

Mitte 2. Jh. v. u. Z.

Alabaster. Kasten verwittert und bestoßen, besonders an der linken Schmalseite. Im Relief fehlt der obere Teil des Rades. Die Lagerfläche des Deckels am Fußende unregelmäßig. Von der linken Kopfseite über Schulter und Polster herab tief ausgewaschene Rinne, unterhalb auch am Kasten stellenweise Korrosionen.

Farbe: Reste von Rot und Schwarz

Kasten: H. 0,45 m, Br. 0,80 m, T. 0,30 m

Deckel: H. 0,44 m, Br. 0,71 m, T. 0,27 m

Berlin, SMB, Antikensammlung

Inv.: Sk. 1706

Kasten auf drei Seiten verziert. An der Vorderseite architektonischer Rahmen: beiderseits freiplastische kannelierte Säule mit attischer Basis und ionischem Kapitell, am Säulenhals Eierstab und Perlstab; Gebälk aus Triglyphen und Metopen, mit Rosetten gefüllt, darüber Rundleiste mit Perlstab und zwei flache Leisten mit Zickzackmuster bzw. glatt. Am Sockel zwischen zwei Leisten Fries aus Rosetten alternierend mit geknoteten diagonal aufgerollten Bändern.

Im tiefen Reliefraum zwischen den Säulen Tod des Myrtilos: Myrtilos, der Wagenlenker des Oinomaos, der sich nach dem Sieg des Pelops über Oinomaos an Hippodameia vergreifen wollte, wird von Pelops getötet (nach Apollodor Epit. 2,8). Nach einer anderen Quelle (Schol. Il 2 104) verleumdet Hippodamia den Myrtilos bei Pelops. Das Thema ist nur auf Urnen von Volterra bekannt.

In der Bildmitte Myrtilos in kurzer gegürteter Tunika, Chlamys, Stiefeln und phrygischer Mütze, der sich zu einem Altar geflüchtet hat. Er stützt das rechte Knie darauf und sucht mit der linken Hand Pelops abzuwehren, der von rechts auf ihn eindringt und ihn mit der linken Hand am Haar packt. In der rechten Hand hält Myrtilos das Rad, das ihm Hippodamia, nach links eilend, zu entreißen sucht. Rechts steht im kurzen und gegürteten Chiton, mit Mantel um die Hüften, Stiefeln und phrygischer Mütze ein »Pädagoge«, der sich mit der rechten Hand erschrocken an den Kopf greift. An den Schmalseiten Amphora mit Deckel und gerieftem Gefäßkörper; ein Schmuckband umfaßt unter dem Henkelansatz die breiteste Zone des Gefäßes. Beiderseits des Fußes aufgerolltes Akanthusblatt. Das Relief ist eine von vielen Nachahmungen der Urne Florenz Inv. 93484 oder von deren Entwurf, deren Meister nach seinem Werk »Meister des Myrtilos« genannt wurde. Der Entwurf wurde von anderen Bildhauern, die vielleicht seiner Werkstatt angehörten oder nahestanden, weiterverwendet wie von der »Werkstatt des profilierten Altares« ital.: dell'ara sagomata. Das Berliner Exemplar vereinfacht den reichen Schmuck des Vorbildes, behält aber die wesentlichen Elemente der Verzierung bei. Die Szene hat an Dynamik und barockem Reichtum der Einzelformen gegenüber dem Vorbild verloren, dennoch ist sie außerordentlich dramatisch dargestellt und zeigt in dem von Diagonalen beherrschten Bild den Einfluß hochhellenistischer Kunst.

Deckel: Gelagerter Mann in Tunika und Mantel, den Oberkörper halb aufgerichtet auf den linken Ellenbogen gestützt, der auf zwei mit Quasten und Ziernähten versehenen Polstern ruht. Das Lager ist mit einem Tierfell bedeckt. Die linke Hand (Ring am kleinen Finger) liegt auf dem Polster, die rechte hält eine Schale auf dem hochgezogenen rechten Knie. Das linke Bein, das sich deutlich unter dem Mantel abzeichnet, ist unter das rechte geschoben. Die Körperachse liegt senkrecht zum Deckel. Kopf leicht erhoben mit breitem massigem Gesicht und pathetisch emporgerichteten Augen, verrät den Einfluß des Hochhellenismus. Unter dem Kranz fällt das Haar in kurzen Locken ins Gesicht. Die verkürzten Proportionen der Beine und die von der linken Schulter zum Leib geradlinig herabziehenden Falten verbinden den Deckel mit der Gruppe um das Exemplar in Florenz Inv. 78484.

Lit.: Rumpf, E. 57 Taf. 41; M. Cristofani Martelli, in: CUE 1 S. 170 f. Nr. 247; Zu den Darstellungen auf Volterraner Urnen: Körte II S. 129 bis 139 Taf. 53–55; B. van der Meer, in: BABesch 1977/78 S. 74; M. Cristofani Martelli, in: Atti Siena 1977, S. 89.120; F.-H. Massa-Pairault, in: Atti Siena 1977, S. 118; A. Maggiani, in: Atti Siena 1977, S. 126 f.; Urne Florenz: Civiltà, S. 350 Nr. 15.1.4.   H. H.

D 6.15 (Abbildung)

Aschenkiste

Mitte bis 3. Viertel 2. Jh. v. u. Z.

Kalkstein. An der Vorderseite des Kastens oberer Rand an einigen Stellen ausgebrochen. Oberfläche durch Wassereinwirkung versintert. Kopf des Gelagerten gebrochen. Farbe: Ehemals mit bemaltem Stuck überzogen. Von den bei Rumpf erwähnten Farben noch sichtbar: »Malvenrot«. Leichenbrand.

Kasten: H. 0,425 m, Br. 0,52 m, T. 0,245 m

Deckel: H. 0,38 m, Br. 0,58 m, T. 0,26 m

Berlin, SMB, Antikensammlung Inv.: Sk. 1699

Kiste auf zwei seitlichen Fußstützen. Nur an der Vorderseite dekoriert. Rahmen: oben zwei schmale, von einer Kehle getrennte Leisten, seitlich flache kannelierte Pilaster, unten Metopen-Triglyphenfriese, in den Metopen abwechselnd einfache und doppelte vierblättrige Rosetten. Im leicht vertieften Bildfeld in der Mitte vierblättrige Doppelrosette, von der sich vier Bänder gegen die Ecken des Bildes ausrollen. In den seitlichen Zwickeln große Blütenstände (kelchförmige Blüten mit Akanthusblättern), die sich gegen die Pilaster entfalten, oben und unten kleinere Akanthusblüten mit nach außen fallenden Blättern.

Deckel: Gelagerter Mann, Oberkörper halb aufgerichtet auf den linken Unterarm gestützt, der auf zwei niedrigen mit Quasten verzierten Kissen liegt. Kopf leicht erhoben und nach außen zur linken Schulter gewendet (wenn die Anpassung richtig ist). Rechtes Knie angewinkelt, Unterschenkel nach hinten abgeknickt. Bekleidet mit Tunika und Mantel, der den Unterkörper bedeckt und über linke Schulter und Arm gelegt ist. Die linke Hand faßt den Mantelzipfel, die rechte hält auf dem angewinkelten Knie zusammengelegte Schreibtafeln. Auf dem kurzen strähnigen Haar ein Kranz. Körperachse fast

senkrecht zum Deckel, Kopf und die auffallend
kleine Schulterpartie frontal zum Betrachter.

Die Deckelfigur wird von A. Maggiani der
Gruppe »fetiu 6« zugeschrieben aus einer
Werkstatt, die für die Urnen des »Meisters des
Myrtilos« arbeitete und die ihren Namen nach
der Inschrift auf dem Deckel der Urne des Meisters in Florenz hat. Die Köpfe der Gruppe zeigen eine Abkehr vom Pathos des hohen Hellenismus. Der Kasten gehört zu einer Gruppe aus
Kalkstein gefertigter Urnen, die das »Nodus«-
Motiv und dekorative, meist florale Elemente
auf der Vorderseite zeigen. M. Cristofani Martelli möchte für die Urnen mit übereinstimmen-
der architektonischer Rahmung Werkstattzusammenhang annehmen. Der Berliner Urne unmittelbar vergleichbar ist die Urne aus der
Tomba Inghirami, Florenz, Museo Archeologico
Inv. 78482, auf der die pflanzlichen Motive in
ähnlicher Weise lebendig und plastisch differenziert sind. Die architektonische Rahmung
stimmt mit der der Urne Museo Guarnacci 538
überein.

Lit.: Rumpf, E. 60 Taf. 43; M. Cristofani Martelli, in: CUE I, S. 180f. Nr. 257; F.-H. Pairault –
Massa, in: MEFRA 85, 1973, 1 S. 91ff.; M. Cristofani Martelli, in: Atti Siena 1977, S. 127f.; vgl.
den Deckel Volterra, Museo Guarnacci 645: Artigianato artistico S. 92 Nr. 79. In die Übergangs-
phase vom Hellenismus zur römischen Zeit datiert M. Nielsen, in: ActInstRomFin 5, 1975,
S. 300; dies. in: Atti Siena 1977, S. 138 mit
Anm. 10.   H. H.

D 6.16 (Abbildung)
Gravierter Spiegel
Anfang 3. Jh. v. u. Z.
Bronze. Bis auf leichte Oberflächenkorrosion
gut erhalten
L. 28 cm, D. 13,8 cm
Berlin, SMB, Antikensammlung Inv.: M. I. 10347
Die Grundform entspricht dem Spiegel Kat.-
Nr. F 30. Der breite Griff ist in Form eines knorri-
gen Astes gebildet und läuft in eine Tierprotome
aus. Dargestellt sind drei Figuren vor einer Architektur, die wohl eine Palast- oder Tempeltür
wiedergeben soll. In der Mitte steht frontal eine
Priesterin (?) in langem, auf Brust und Schultern
geknüpftem Chiton, zur Seite sitzend zwei Figuren in ähnlichem, aber bewegtem Gewand, vielleicht Paris und Helena. Die Strichführung ist
unruhig und abbrevierend. In Technik und Motiv
eng verwandt ist ein Spiegel in Brüssel (R. Lambrechts, Les miroirs étrusques et prénestins des
Musées Royaux d'Art et d'Histoire à Bruxelles,
1978, Nr. 3), der aus der gleichen Werkstatt,
vielleicht von der gleichen Hand stammt.

Lit.: CSE, DDR I Nr. 43.   G. H.

D 6.17 (Abbildung)
Gravierter Spiegel
3. Jh. v. u. Z.
Bronze. Die Oberfläche ist vor allem
auf der Bildseite stark korrodiert
L. 28,9 cm, D. 14 cm

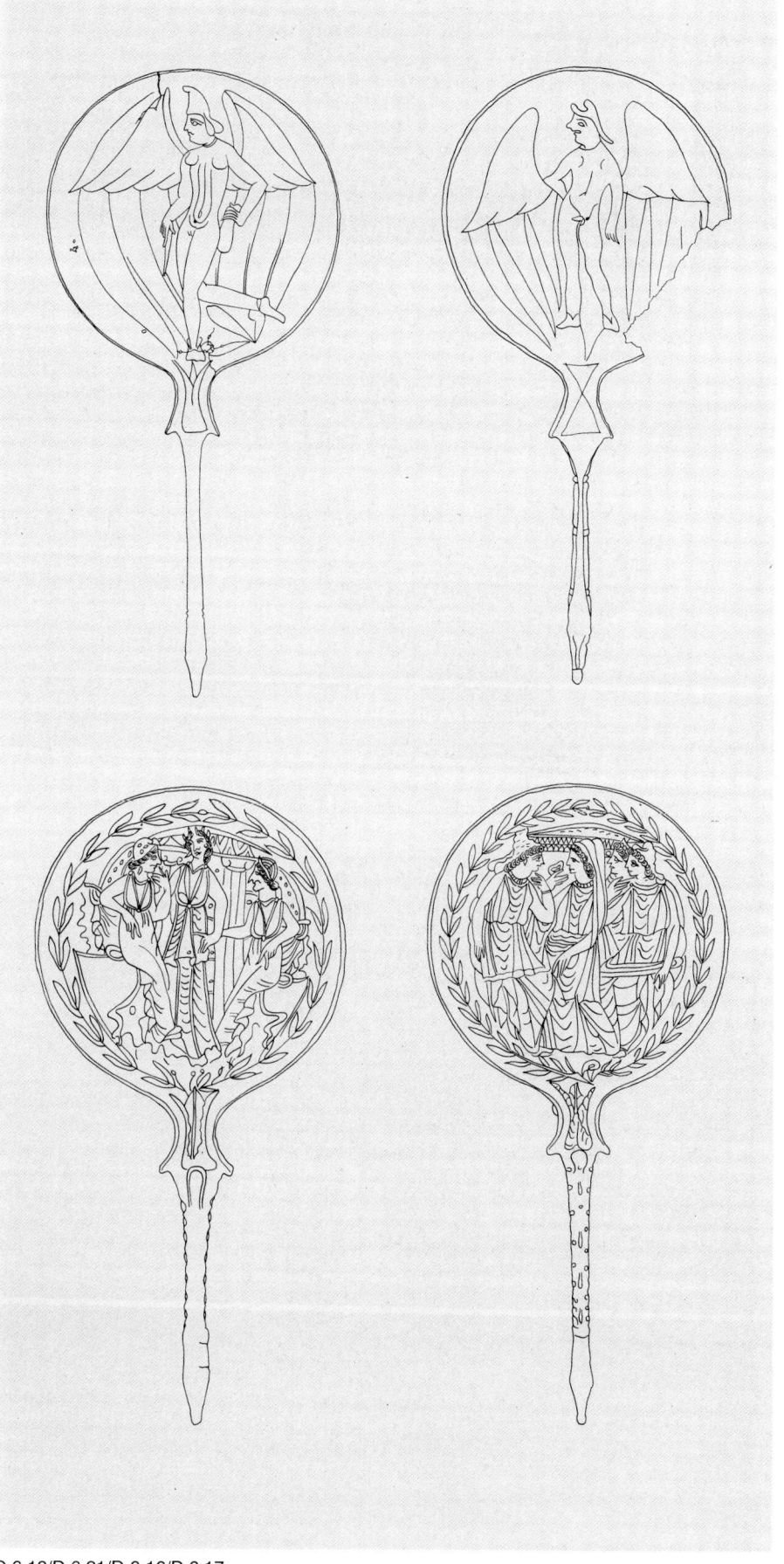

D 6.18/D 6.21/D 6.16/D 6.17

D 6.25   D 6.24

Berlin, SMB, Antikensammlung
Inv.: M. I. 10348

Der Spiegel steht in Form und Technik Kat.-Nr. D 6.16 nahe, aber Zwickel und Griff sind schmaler, die Tierprotome ist knapper gegliedert. Dargestellt ist eine Gruppe von vier weiblichen Figuren vor einem nur durch den Giebel angedeuteten Gebäude. Stand- und Gewandmotiv bleiben im einzelnen unklar. Die mittlere, dominierende Gestalt hat den Mantel über den Hinterkopf gezogen und hält in der Rechten eine Blüte (?). Die Seitenfiguren tragen phrygische Mützen. Von der vierten Figur ist im Hintergrund nur der Kopf mit Diadem sichtbar.

Die Szene ist eine Variante des auf etruskischen Spiegeln zahlreich überlieferten Parisurteils.

Lit.: CSE, DDR I Nr. 44.   G. H.

D 6.18 (Abbildung)
Gravierter Spiegel
3.–2. Jh. v. u. Z.
Bronze. Leichte Korrosion, einige Risse
und Löcher
L. 25,9 cm, D. 12,4 cm
Berlin, SMB, Antikensammlung
Inv.: M. I. 10341

Der Diskus wird von einem schmalen, auf der Spiegelseite gekerbten, auf der Bildseite schräg abfallenden Rand umschlossen. Der Griff ist lang, schmal und abgeflacht. Dargestellt ist eine nackte weibliche Gestalt mit großen Flügeln, nach links schreitend. Sie trägt ein Alabastron und einen Frisierstab, ihren Kopf bedeckt eine phrygische Mütze.

Das Exemplar gehört, wie auch die Spiegel Kat.-Nr. D 6.19–22, zu einer Gruppe primitiver Griffspiegel, dich sich vom Beginn des 3. bis zum Ende des 2. Jh. v. u. Z. nachweisen läßt. Bei allen Exemplaren ist der Diskus stark gewölbt, der schmale Rand auf der Spiegelseite gekerbt und von der Spiegelfläche durch eine breite Rille abgesetzt. Der Griff ist teils extrem flach (Kat.-Nr. D 6.18 und 19), teils plastisch mit eingebogenen Tierprotomen (Kat.-Nr. D 6.20–22) gebildet.

Die stehend oder schreitend dargestellten nackten Frauengestalten, deren Flügelpaar das gesamte Bildfeld ausfüllt, sind als dienende Göttinnen des aphrodisischen Bereichs ausgewiesen. Obwohl inschriftlich nicht belegt, hat sich für sie die Benennung Lasa durchgesetzt (A. Rallo, Lasa, 1974, S. 56ff.; A. J. Pfiffig, Religio etrusca, 1975, S. 271ff.). Auf dem Rand der Spiegelseite sind Reste einer eingeritzten Inschrift erhalten, die eine Lesung nicht mehr ermöglichen.

Lit.: CSE, DDR I Nr. 37.   G. H.

D 6.19
Gravierter Spiegel
3.–2. Jh. v. u. Z.
Bronze. Leicht korrodiert, am Rand kleine Risse, ein Stück ist herausgebrochen
L. 25,6 cm, D. 11,9 cm
Berlin, SMB, Antikensammlung
Inv.: M. I. 10342

Form und Bildmotiv wie Kat.-Nr. D 6.18; der Frisierstab ist durch eine Blüte ersetzt.

Lit.: CSE, DDR I Nr. 38.

D 6.20
Gravierter Spiegel
3.–2. Jh. v. u. Z.
Bronze. Leicht korrodiert, zwei Risse am Rand
L. 23,6 cm, D. 11,8 cm
Berlin, SMB, Antikensammlung
Inv.: M. I. 10343

Form und Bildmotiv variieren das Schema des Spiegels Kat.-Nr. D 6.18.

Lit.: CSE, DDR I Nr. 39.

D 6.21 (Abbildung)
Gravierter Spiegel
3.–2. Jh. v. u. Z.
Bronze. Ein großes Stück vom Rand ist weggebrochen
L. 25,38 cm, D. 12,2 cm

Berlin, SMB, Antikensammlung
Inv.: M.I. 10344
    Form und Bildmotiv variieren das Schema
des Spiegels Kat.-Nr. D 6.18, doch ist die Figur
männlich.
    Lit.: CSE, DDR I Nr. 40.

D 6.22
Gravierter Spiegel
3.–2. Jh. v. u. Z.
Bronze. Die Oberfläche ist leicht
korrodiert. Der Griff ist einschließlich
des Zwickels kurz über dem Diskusrand
gebrochen und verkittet
L. 25,9 cm, D. 12,3 cm
Berlin, SMB, Antikensammlung
Inv.: M.I. 10345
    Form und Bildmotiv variieren das Schema
des Spiegels Kat.-Nr. D 6.18.
    Lit.: CSE, DDR I Nr. 41.

D 6.23
Stangenhenkelkrater (Kelebe)
Etruskisch-rotfigurig, Nonnenmaler,
Anfang 3. Jh. v. u. Z.
Gelblichbrauner Ton, orange bis
schwarzbrauner Firnis. Intakt
H. 36,0 cm, D. 24,5 cm
Berlin, SMB, Antikensammlung
Inv.: V.I. 3989 (Malacena 36)
    Schlanker Krater auf hohem, hohlem profilier-
tem Fuß. Bauch nach unten hin sich verjüngend. Am Bauch seitlich je drei große faliskische Palmetten, dazwischen auf Seite A männlicher, bartloser Kopf mit kurzem Haar nach
links, auf Seite B weiblicher Kopf nach rechts
mit lang hinter den Ohren herabfallendem Haar.
Schädelkalotte von Palmette überschnitten.
Über dem Halsansatz beidseitig Fries von abwechselnd Kreisen mit Punktmuster und gegenständigen stilisierten Blüten. Darüber Gitter-
netz mit eingestreuten kleinen Kreuzen. Am Außenrand der Lippe Schrägstriche, auf der Lippe
strichgefüllte Dreiecke, auf den Henkelplatten je
eine Palmette. Felder unter den Henkeln unbemalt. Der Krater hat ein genaues Pendant in V.I.
3994 in Berlin (West), s. M. Montagna Pasquinucci, Le Kelebai Volterrane, 1968, S. 66
Abb. 67–68. Diese Vasen dienten meist als
Graburnen, ebenso nehmen die Darstellungen
auf den Sepulkralkult Bezug.
    Lit.: R. Bianchi Bandinelli, in: StEtr 2, 1928,
S. 113ff.; T. Dohrn, in: RM 1937, S. 123, 133ff.
Nr. 24 Taf. 30.1; EVP, S. 10, 128 Taf. 29.10;
M. Montagna Pasquinucci, ebd. S. 61 Abb. 58;
Zur Form s. Morel 4651 a 1, S. 326.   U.K.

D 6.24 (Abbildung)
Stangenhenkelkrater (Kelebe)
Etruskisch-rotfigurig, Nonnenmaler,
1. Hälfte 3. Jh. v. u. Z.
Hellocker bis rötlich-orangefarbener Ton,
schwarzbrauner Firnis. Mehrere Risse im
Bauch, Stück der Lippe gebrochen und
geklebt, Firnis stellenweise stark abgerieben

D 6.26

H. 33,0 cm, D. 22,4 cm
Berlin, SMB, Antikensammlung
Inv.: V.I. 3995 (Malacena 37)
    Krater derselben Form und ähnlicher Dekora-
tion wie Kat.-Nr. D 6.23.
    Am Bauch zwischen Palmetten auf Seite A
ein weiblicher Kopf nach links mit Haarsträhne
vor dem Ohr, das Haupthaar am Hinterkopf zusammengefaßt.
    Auf Seite B große dichte Palmetten.
    Über dem Halsansatz ist an beiden Seiten ein
ionisches Kymation gemalt.
    Lit.: R. Bianchi Bandinelli, in: StEtr 2, 1928,
S. 151 Nr. 65; T. Dohrn, in: RM 1937, S. 124
Nr. 28, 133 Taf. 31.1 (A); EVP, S. 128; M. Montagna Pasquinucci, Le Kelebai Volterrane, 1968,
S. 66 Abb. 69 (A).   U.K.

D 6.25 (Abbildung)
Fragment eines Stangenhenkelkraters
(Kelebe)
Etruskisch-rotfigurig, Volterra,
Hesione-Maler, 2. Hälfte 4. Jh. v. u. Z.
Ockerfarbener Ton, schwarzbrauner,
stellenweise verdünnt aufgetragener
Firnis. Bruchstück der Gefäßwandung
H. 5,3 cm, Br. 11,5 cm
Berlin, SMB, Antikensammlung
Inv.: V.I. 3986 (Malacena 20)

    Teil der Vorderseite des Gefäßes mit Darstel-
lung des Schwankörpers und einer linken Hand.
Der in qualitätvoller Weise bemalte Stangen-
henkelkrater zählt zu den Kriegsverlusten – mit
Ausnahme des erwähnten Fragments. Es ist
Teil einer Darstellung auf dem Bauch der Ke-
lebe: Auf einem fliegenden Schwan sitzt ein
nackter geflügelter Jüngling (Eros), in der Rech-
ten eine lange Tänie haltend.
    Lit.: R. Bianchi Bandinelli, in: StEtr 2, 1928,
S. 149 Nr. 45 Taf. 29,45; T. Dohrn, in: RM 1937,
S. 120 Nr. 2, 121, 128, 130, Abb. 1–2 Taf. 27.1;
EVP, S. 122, 124 Nr. 2, 132 Taf. 29.5–6;
M. Montagna Pasquinucci, Le Kelebai Volter-
rane, 1968, S. 58 Abb. 50 und bes. 51.   U.K.

D 6.26 (Abbildung)
Stamnos
Schwarzfirnisware, Malacena-Gattung,
Ende 4. Jh. v. u. Z.
Hellbrauner Ton, schwarzer mattglänzender
Firnis, stellenweise ungleichmäßig
gebrannt, plastische Verzierungen.
Intakt, kleine Abplatzungen
H. 39,0 cm, D. 34,0 cm
Berlin, SMB, Antikensammlung
Inv.: V.I. 4023 (Malacena 143)
    Großes Mischgefäß mit breiter Schulter, nach
unten hin sich leicht verjüngend, auf torusarti-

D 6.27

gem, abgesetztem Fußring. Niedriger konkaver Hals mit profilierter untergriffiger Lippe, deren Rand eine plastische Kymationsverzierung aufweist. An den Seiten horizontal ansetzende kannelierte, leicht gedrehte Henkel, deren Ansätze mit plastischen tropfenförmigen Attaschen verziert sind. In den Zwickeln der Attaschen je eine bärtige Silens-Maske, darüber unklares florales Element. Die Form der Attaschen mit Reliefverzierung ist offenbar Metallvorbildern entlehnt ebenso wie die Lippenverzierung.

Lit.: R. Bianchi Bandinelli, in: StEtr 2, 1928, S. 153 Nr. 88 Taf. 31; EVP, S. 248; Morel, Form 4411 a 1 (jedoch ohne Untersatz) S. 315.   U. K.

D 6.27 (Abbildung)
Schale
Schwarzfirnisware, 4.–3. Jh. v. u. Z.
Hellbrauner Ton, schwarzer mattglänzender Firnis, aufgesetztes Weiß und Rot, Ritzungen, plastische Verzierungen. Intakt
H. 11 cm, D. 26,5 cm
Berlin, SMB, Antikensammlung
Inv.: V. I. 4023 (Malacena 143)

Tiefe Schale, nach dem Inventar als Deckel zum Stamnos Kat.-Nr. D 6.26 gehörend, obwohl nicht genau auf die Mündung des Stamnos passend. Halbkugelförmiger Körper, unterhalb des Randes breite, leicht aufwärtsgerichtete Krempe ansetzend. Unten drei plastische Muscheln als Füße. Innen roter Tondo mit geritztem netzförmigem Stern, umgeben von roten und weißen konzentrischen Linien und kleinen Kreisen sowie vier weißen Dreipunktgruppen (Trauben). Unterhalb des Randes Drehrille, darunter, von weißen und roten Linien eingefaßtes dreisträhniges geritztes Wellenband mit weiß aufgesetzten gegenständigen Herzblättern und kleinen Trauben. Auf der Krempe Drehrille und geritztes Wellenband mit gemalten gegenständigen Herzblättern und Trauben.

Lit.: R. Bianchi Bandinelli, in: StEtr 2, 1928, S. 153 Nr. 88 bis Taf. 31. Zur Form der Muschelfüße vgl. Morel Form 2133 a 1 S. 139.   U. K.

D 6.28
Henkelfragment eines Volutenhenkelkraters
Schwarzfirnisware, Malacena-Gattung, 2. Hälfte 4. Jh. v. u. Z.
Hellroter Ton mit schwarzglänzendem Überzug. Fragment mit mehreren Absplitterungen
H. 11,6 cm, D. (Voluten) 4,7 cm
Berlin, SMB, Antikensammlung
Inv.: V. I. 4030 (Malacena o. Nr.)

Fragment eines profilierten Volutenhenkels: innen konvex, außen dreifach gekehlt. Volute beidseitig mit reliefiertem Rosettenornament, darunter jeweils eine schlanke Zwickelpalmette. Das Henkelfragment gehörte zu einem schlanken, reich verzierten Volutenhenkelkrater.

Lit.: R. Bianchi Bandinelli, in: StEtr 2, 1928, S. 154 Taf. 31 Nr. 91a; vgl. ebd. Taf. 31 Nr. 90 und 91; EVP, S. 248; Montagna Pasquinucci, S. 420 Nr. 283 Abb. 10 (Form 138: lokale oder regionale Produktion »type local D«; Malacena?).   V. K.

D 6.29
Fragment vom kannelierten Horizontalhenkel eines Kelchkraters mit Mänadenattaschen
Schwarzfirnisware, Malacena-Gattung, um 350 v. u. Z.
Hellroter Ton mit schwarzglänzendem Überzug. Fragment vom Bodenrand mit komplettem Henkel und Kopfattaschen
Abmessungen 10,3 × 8,3 cm,
Henkelbreite 6,5 cm
Berlin, SMB, Antikensammlung Inv.: V. I. 4279

Kannelierter Henkel mit nach innen gezogener Spitze. Unter den Ansätzen je ein reliefierter Mänadenkopf mit herabhängenden Tänienenden. Das Fragment gehörte zu einem großen Kelchkrater wie die Exemplare bei R. Bianchi Bandinelli, in: StEtr. 2, 1928, S. 154 Nr. 90 und 91.

Lit.: R. Bianchi Bandinelli, in: StEtr 2, 1928, S. 154 Nr. 89a; vgl. ebd. das ganze Exemplar Nr. 30 Taf. 89; EVP, S. 247 »Calyx-Kraters Nr. 2«; Montagna Pasquinucci, S. 325ff. Nr. 285f. Abb. 7 (Typ »local D«, Malacena?); Morel, Typ 4632a 1 (Henkel) und 4632b 1 (Gefäß) S. 323.   V. K.

D 6.30 (Abbildung)
Untersatz
Schwarzfirnisware, Malacena-Gattung, 2. Hälfte 4. Jh. v. u. Z.
Hellbrauner Ton, schwarzer mattglänzender Firnis. Intakt, innen Griffspuren und ungleichmäßiger Firnisauftrag, kleine Bestoßungen, stellenweise Firnis, abgeblättert
H. 15,0 cm, D. (oben) 14,1 cm, D. (unten) 14,3 cm
Berlin, SMB, Antikensammlung
Inv.: V. I. 4008 (Malacena 247)

Säulenförmiger Untersatz, zu einem in Berlin (West) sich befindenden Volutenkrater gehörend, innen hohl. Der Fuß besteht aus Leiste und Viertel-Rundstab, darüber kannelierter Schaft, unten ausschwingend, Kanneluren nur bis Dreiviertel der Höhe, dort durch Wulstring abgeschlossen. Oben über glatter Halszone Kapitell analog zur Basis, aber in zierlicherer Form. vgl. Montagna Pasquinucci, Form 138 Abb. 10 (Typ »local D«).

Lit.: R. Bianchi Bandinelli, in: StEtr 2, 1928, S. 154 Nr. 90 Taf. 31; Morel, Form 3551b 1 S. 272.   U. K.

D 6.31
Vasenfuß
Schwarzfirnisware, Malacena-Gattung,
um 300 v. u. Z.
Hellbrauner Ton, schwarzglänzend
gefirnißt, plastische Verzierungen.
Unten größere Beschädigung, Firnis
stellenweise abgeplatzt
H. 11,1 cm, D. (oben) 7,0 cm,
D. (unten) 12,3 cm
Berlin, SMB, Antikensammlung
Inv.: V. I. 4074 (Malacena 500)
  Dickwandiger, innen hohler Untersatz mit
Fuß in Form einer Säulenbasis (unterster Torus
mit aufgestempeltem Perlstab), das Mittelteil
kanneliert, die Kanneluren unten in plastischen
Blattzungen auslaufend. Oben zwei gleich-
große Scheiben, durch eine große Kehle ge-
trennt, über der oberen Scheibe offensichtlich
Vasenkörper abgesägt. Form Morel 3622a 1
(jedoch ohne das Gefäß) S. 275.
  Lit.: R. Bianchi Bandinelli, in: StEtr 2, 1928,
S. 154 Nr. 92a; vgl. Taf. 31 Nr. 92: V. I. 4024,
Berlin (West).   U. K.

D 6.32 (Abbildung)
Krateriskos
Schwarzfirnisware, Volterra, Gruppe
Kopenhagen Inv. 3817, 3. Jh. v. u. Z.
Hellbrauner Ton mit schwarzglänzendem
Firnisüberzug, aufgesetztes Weiß,
plastische Verzierungen. Intakt,
Bestoßungen an Lippe, Hals, Gefäßkörper
und Fuß
H. 21,9 cm, Br. 17,3 cm
Berlin, SMB, Antikensammlung
Inv.: V. I. 4015 (Malacena 153)
  Kleiner schlanker Krater, nach unten hin sich
stark verjüngend, mit abgesetztem, zur Mün-
dung hin ausschwingendem Hals auf profilier-
tem Fuß. Am Halsansatz zwei stehende Ring-
henkel in Form zweimal sich windender Schlangen, Schwanz und Kopf plastisch am Gefäß auf-
liegend. Untergriffige Lippe mit plastischem ionischen Kymation am Rand. Um den Hals gegenständige Bogenketten mit Punkten weiß
aufgemalt.
  Vgl. Form Morel 3561a 1, S. 272f. doch etwas
schlanker; s. auch Montagna Pasquinucci,
Form 140 Abb. 11, S. 424ff. (Typ »local D«).
  Lit.: R. Bianchi Bandinelli, in: StEtr 2, 1928,
S. 154 Nr. 94; EVP, S. 234 Nr. 4.   U. K.

D 6.33
Kantharos
Schwarzfirnisware, Volterra, um 300 v. u. Z.
Hellbrauner Ton, brauner, leicht
metallisch glänzender Firnisüberzug,
stellenweise schwarzfleckig. Ein Henkel
weggebrochen, Ausplatzungen an Fuß und
Lippe, innen Firnis leicht abgerieben
H. 10,2 cm, D. 7,5 cm
Berlin, SMB, Antikensammlung
Inv.: V. I. 4072 (Malacena 174)
  Schlankes Trinkgefäß auf hohem schma-

D 6.30

lem, nach unten hin profiliertem Fuß. Unterer
Teil des Gefäßes gebaucht, Wandung darüber
konkav eingezogen und zu der durch einen
Wulstring abgesetzten Lippe hin ausschwin-
gend. Henkel aus zwei Rundstäben leicht aus-
biegend, in Höhe der Lippe einen Knoten mar-
kierend.
Zur Form vgl. Morel 3512a 1 S. 266 (Montagna
Pasquinucci Form 128).
  Lit.: R. Bianchi Bandinelli, in: StEtr 2, 1928,
S. 156 Nr. 109 Taf. 31.   U. K.

D 6.34
Kännchen
Schwarzfirnisware, Volterra,
4. bis 3. Jh. v. u. Z.
Hellbrauner Ton, mattglänzender schwarzer
Firnisüberzug. Intakt, kleine
Ausplatzungen an Lippe, Fuß und Henkel
H. 6,0 cm, D. 5,1 cm
Berlin, SMB, Antikensammlung
Inv.: V. I. 4027 (Malacena 191)
  Kleines, bauchiges, nach unten hin sich ver-
jüngendes Gefäß auf niedrigem konischen Fuß.
Der leicht konkave Hals ist von der Schulter
durch zwei dünne Rillen abgesetzt, Lippe flach
gebogen und untergriffig. Der vertikale Henkel,
bestehend aus zwei Rundstäben, biegt stark
aus und setzt fast horizontal an der Lippe an,

wobei die Rundstabenden seitlich abspreizen
und kleine Zacken bilden.
  Form Morel 5362a 1, S. 356, vgl. Montagna
Pasquinucci, Abb. 16 Nr. 325 Form 154, die eine
lokale oder regionale Produktion annimmt (Typ
»local E«); s. Artigianato artistico Nr. 260.12.
  Lit.: Unveröffentlicht.   U. K.

D 6.35
Kleine Schnabelkanne
Schwarzfirnisware, Volterra,
1. Hälfte 3. Jh. v. u. Z.
Hellbrauner Ton, mattglänzender schwarzer
Firnisüberzug. Teil der Mündung
weggebrochen, kleine Ausplatzungen
H. 9,2 cm, D. 5,6 cm
Berlin, SMB, Antikensammlung
Inv.: V. I. 4019 (Malacena 180)
  Schlankes, stark nach unten hin sich verjün-
gendes fußloses Kännchen mit vertikalem
hochgezogenem Rundhenkel, kurzem Hals und
schnabelförmig zusammengedrückter Mün-
dung.
  Zur Form: Morel 5731a 3 S. 383; vgl. auch
R. Bianchi Bandinelli, in: StEtr 2, 1928, S. 156
Taf. 31 Nr. 110
  Lit.: Unveröffentlicht.   U. K.

D 6.36
Schnabelkanne
Schwarzfirnisware, Volterra,
1. Hälfte 3. Jh. v. u. Z.
Hellbrauner Ton, mattglänzender schwarzer
Firnis. Mündung und Henkel weggebrochen,
kleine Ausplatzungen
H. 13 cm, D. 7,2 cm
Berlin, SMB, Antikensammlung
Inv.: V. I. 4049 (Malacena?)

Form wie V. I. 4019, doch größer. Nach unten
hin zur Standfläche leicht verbreitert.
Lit.: Unveröffentlicht.   U. K.

D 6.37
Schnabelkanne
Schwarzfirnisware, Volterra, 3. Jh. v. u. Z.
Brauner Ton, schwarzer mattglänzender

Firnisüberzug. Henkel weggebrochen,
Mündung bestoßen, kleine Ausplatzungen
H. 15 cm, D. 7,5 cm
Berlin, SMB, Antikensammlung
Inv.: V. I. 4047 (Malacena 175)

Kännchen, ähnlich V. I. 4019, doch größer.
Fuß auf niedrigem konischem Standring; vgl.
Morel, Form 5731a 2 S. 383.
Lit.: Unveröffentlicht.   U. K.

D 6.38
Kleeblattkanne
Schwarzfirnisware, 325–275 v. u. Z.
Braungrauer Ton, schwarzer, mattglänzender
Firnis. Henkel weggebrochen
H. 14,0 cm, D. 8,2 cm
Berlin, SMB, Antikensammlung
Inv.: V. I. 4085 (Malacena 156)

Schlankes Kännchen auf konischem profiliertem Standring. Die Lippe ist flach und in Klee-
blattform; der vertikale hochgezogene Henkel
hat am unteren Ansatz eine plastische Verzierung: weibliche Maske mit gescheiteltem, aus
dem Gesicht zurückgestrichenem Haar. Um
den Hals und auf der Schulter flache Rillen. Die
Form entspricht der Oinochoe bei R. Bianchi
Bandinelli, in: StEtr 2, 1928, S. 154 Taf. 31
Nr. 96, allerdings keine Malerei am Hals.
Lit.: Unveröffentlicht.   U. K.

D 6.39
Schalenfragment
Schwarzfirnisware, 1. Hälfte 3. Jh. v. u. Z.
Hell- bis orangebrauner Ton, schwarzer
Firnisüberzug, ungleichmäßig aufgetragen,
matt, an einigen Stellen glänzend.
Etwa die Hälfte einer Schale, aus vier
Stücken zusammengesetzt
H. 6,1 cm, D. 18,6 cm
Berlin, SMB, Antikensammlung
Inv.: V. I. 4018 (Malacena 209)

Glatte, unverzierte Schale auf hohem koni-
schem Standring. Auf dem Rand eingeritzte In-
schrift (rechtsläufig): śepuś.
Form Morel 2784a 1 S. 224.
Lit.: R. Bianchi Bandinelli, in: StEtr 2, 1928,
S. 156 Taf. 32 Nr. 126.   U. K.

D 6.40 (Abbildung)
Tiefe Schüssel
Schwarzfirnisware, 3. Jh. v. u. Z.
Gelbbrauner Ton, schwarzer, metallisch
glänzender Firnis. Intakt, kleine Bestoßungen
H. 6,5 cm, D. 20,5 cm
Berlin, SMB, Antikensammlung
Inv.: V. I. 4091 (Malacena 223)

Tiefe Schüssel auf konischem Standring mit
flach gewölbter, leicht untergriffiger Lippe. Vgl.
Morel Form 1552c 1 S. 123: regionale oder lokale Produktion.
Lit.: Unveröffentlicht.   U. K.

D 6.41
Schüssel
Schwarzfirnisware, 3.–2. Jh. v. u. Z.
Orangebrauner Ton, brauner, größtenteils
rotgebrannter Firnis. Stück des Randes
herausgebrochen, Bestoßungen an Lippe
und Fuß, kleine Aussprengungen
H. 6,5 cm, D. 18,5 cm
Berlin, SMB, Antikensammlung
Inv.: V. I. 4189 (Malacena 108)

Tiefe konische Schale mit schmaler, nach außen umgeschlagener untergriffiger Lippe auf
konischem Fußring. Innen 2–3 konzentrische
Drehrillen.
Lit.: Unveröffentlicht.   U. K.

D 6.42
Fragment einer Schale
Schwarzfirnisware, 2. Jh. v. u. Z.
Hell- bis mittelbrauner Ton, schwarzbrauner
matter Firnis. Etwa ein Drittel erhalten

D 6.32

D 6.40/D 6.43/D 6.55

D 6.49/D 6.54

H. 5,8 cm, vermutlicher D. 21 cm
Berlin, SMB, Antikensammlung
Inv.: V. I. 4103 (Malacena 221)

Ehemals konische Schale auf geradem Standring. Die Form entspricht etwa den Typen Morel 2810–2820 Taf. 74f. S. 226ff., doch ist dort der Rand nicht so steilwandig abgeknickt wie an dem Fragment.

Lit.: Unveröffentlicht. U. K.

D 6.43 (Abbildung)
Tiefer Teller

Schwarzfirnisware, 1. Hälfte 2. Jh. v. u. Z.
Orangebrauner Ton, schwarzer, mattglänzender Firnis. Intakt, kleine Bestoßungen, Griffspuren um den Fußring
H. 4,8 cm, D. 16,0 cm
Berlin, SMB, Antikensammlung
Inv.: V. I. 4089 (Malacena 215)

Tiefer Teller mit breitem, gewölbtem untergriffigem Rand – an einer Stelle leicht eingedellt – auf konischem Standring. Ähnlich Morel Form 1262b 1 S. 99: vielleicht nordetruskische Produktion.

Lit.: Unveröffentlicht. U. K.

D 6.44
Schale

Schwarzfirnisware, 1. Hälfte 2. Jh. v. u. Z.
Orangebrauner Ton, schwarzer, metallisch glänzender Firnis, an der Unterseite um den Fuß Griffspuren, Ritzlinien und Stempelverzierungen. Intakt, kleine Ausplatzungen
H. 4,5 cm, D. 13,0 cm
Berlin, SMB, Antikensammlung
Inv.: V. I. 4094 (Malacena 193)

Dünnwandige Schale mit geradem Rand auf hohem, niedrigem profiliertem Fuß. Innen kleiner Kreis, umgeben von abwechselnd Palmetten und Blüten in Stempeldekor, eingefaßt von einem breiten konzentrischen Strichelband zwischen doppelten Ritzlinien.
Form Morel 2961 a 1 S. 239

Lit.: Unveröffentlicht. U. K.

D 6.45
Teller

Schwarzfirnisware, Sizilien (?), 1. Jh. v. u. Z.
Heller orangebrauner Ton, braunschwarzer, teilweise rötlich gebrannter Firnis, leicht metallisch schimmernd. Intakt, Firnisüberzug innen fast vollständig abgeblättert
H. 3,7 cm, D. 19,8 cm

Berlin, SMB, Antikensammlung
Inv.: V. I. 4213 (Malacena 34)

Tiefer konischer Teller mit abgesetztem halbrundem Rand auf breiter flacher Standfläche. Zur Form der Teller vgl. Morel Form 1160 Taf. 5 S. 89, die eine besondere sizilische Variante darstellen; abweichend ist nur die Randgestaltung. Dieser ist an den erwähnten Beispielen immer umgebogen und untergriffig.

Lit.: Unveröffentlicht. U. K.

D 6.46
Fußschale

Schwarzfirnisware, 3.–2. Jh. v. u. Z.
Beigebrauner Ton mit mattem rotem Firnis. Teile der Schale und des Fußes weggebrochen, Firnis stellenweise abgeblättert
H. 7,9 cm, D. 11,0 cm
Berlin, SMB, Antikensammlung
Inv.: V. I. 4150 bis (Malacena 112)

Schale mit leicht abgesetztem Rand auf hohem schlankem Fuß, der unten vollständig in eine konische Standplatte übergeht. Das Gefäß war – mit Ausnahme der Unterseite – gefirnißt. Ähnlich Morel Form 2536c 1 S. 180.

Lit.: Unveröffentlicht. U. K.

D 6.47

Kleines Fußschälchen

Schwarzfirnisware,
2. Hälfte 3. Jh. v. u. Z.
Orangebrauner Ton, rotbraun, stellenweise
dunkelbraun gebrannter Firnis. Intakt,
kleine Bestoßungen am Rand
H. 4,9 cm, D. 6,2 cm
Berlin, SMB, Antikensammlung
Inv.: V.I. 4053

Kleines Schälchen auf hohem schlankem
Fuß, der unten in einer breiten flachen, an den
Rändern leicht aufgewulsteten Scheibe endet.
Der Rand ist schmal umgeschlagen und steht
konisch ab. Ähnliche Form, doch Fußplatte hier
nicht eingewölbt, bei Morel 2537d 1 S.180; vgl.
auch Montagna Pasquinucci, S.308 Nr.175
Abb.1 (Form 4): Typ D.

Lit.: Unveröffentlicht. U.K.

D 6.48

Fußschale

Schwarzfirnisware, 3.–2. Jh. v. u. Z.
Graubrauner Ton, schwarzer,
mattglänzender Firnisüberzug. Intakt,
Bestoßungen am Rand, außen mehrere

kleine Ausplatzungen, Firnis stellenweise
abgerieben
H. 5,3 cm, D. 10,3 cm
Berlin, SMB, Antikensammlung
Inv.: V.I. 4034

Flache kleine Schale auf niedrigem kegelför-
migen Fuß, der unten abgesetzt ist. Der obere
Rand ist leicht gewölbt und kaum abgesetzt.
Ähnlich Morel Form 2536c 1 S.180.

Lit.: Unveröffentlicht. U.K.

D 6.49 (Abbildung)

Schälchen

Schwarzfirnisware, um 350–250 v. u. Z.
Blasser hellocker Ton, Reste von
schwarzem mattem Firnisüberzug. Intakt,
Ausplatzungen an den Rändern, Firnis
fast vollständig abgerieben
H. 4,5 cm, D. 9,5 cm
Berlin, SMB, Antikensammlung
Inv.: V.I. 4159 (Malacena 121)

Kleine Schale auf konischem Standring mit
heruntergezogenem untergriffigem Rand. Innen zwei bis drei konzentrische Ritzlinien. Vgl.
Form Morel 2528b 1 S.178.

Lit.: Unveröffentlicht. U.K.

D 6.50 (Abbildung)

Kelchkrater

Ungefirnißte Töpferware, 3. Jh. v. u. Z.
Hellbrauner Ton, geringe Reste einer
Bemalung mit matter roter Farbe. Rand an
mehreren Stellen beschädigt,
stellenweise starke Versinterungen
H. 27,0 cm, D. 25,0 cm
Berlin, SMB, Antikensammlung
Inv.: V.I. 4264 (Malacena 52)

Mischgefäß mit kugeligem, nach unten hin
sich verjüngendem Bauch auf breitem Standring. Der gedrungene Hals setzt etwa in der
Mitte des Gefäßes an und weitet sich zur Mündung wenig aus, Lippe ausbiegend. Am Halsansatz beidseitig vertikale Schlaufenhenkel in
Relief ausgeführt. Die Form ist den rotfigurigen
Kelebes nachempfunden, auch die gute Tonqualität und eventuell vorhanden gewesene
Malerei lassen dieses Gefäß mit Tafelgeschirr
vergleichen.

Lit.: Unveröffentlicht. U.K.

D 6.51

Becher

Ungefirnißte Töpferware, 3. Jh. v. u. Z.
Orangebrauner Ton. Teil der unteren
Wandung und der Standfläche beschädigt,
Anlagerungsspuren
H. 7,8 cm, D. 7,1 cm
Berlin, SMB, Antikensammlung
Inv.: V.I. 4139 (Malacena 86)

Kleiner ovoider Becher, nach unten hin sich
verjüngend, mit ausschwingendem Rand und
glatter Standfläche. Ähnlich Morel, Form 7221
b 1 S.405.

Lit.: Unveröffentlicht. U.K.

D 6.52

Becher

Ungefirnißte Töpferware, 3. Jh. v. u. Z.
Hellocker bis orangefarbener Ton. Intakt
H. 7,8 cm, D. 8,0 cm
Berlin, SMB, Antikensammlung
Inv.: V.I. 4140 (Malacena 87)

Ungefirnißter bauchiger Becher, nach unten
hin sich leicht verjüngend, mit glatter Standfläche und abgesetztem trichterförmigem Rand.
Ähnlich Morel, Form 7221b 1 S.405

Lit.: Unveröffentlicht. U.K.

D 6.53

Kleine Schüssel

Ungefirnißte Töpferware, 3.–2. Jh. v. u. Z.
Heller orangefarbener Ton, ungefirnißt.
Intakt, kleiner Brennriß innen in
der Mitte
H. 5,5 cm, D. 13,7 cm
Berlin, SMB, Antikensammlung
Inv.: V.I. 4181 (Malacena 109)

Dickwandige ungefirnißte Schale mit schrä-
ger Wandung auf kleinem Standring. Zur Form
Morel, 2685b 1, s. auch La Collezione Ciacci,
S.193 Nr.466.

Lit.: Unveröffentlicht. U.K.

D 6.50

D 6.54 (Abbildung)
Schälchen auf hohem Fuß (Thymiaterion?)
Ungefirnißte Töpferware,
3.–2. Jh. v. u. Z.
Rötlich-oranger glimmerhaltiger Ton,
ohne Überzug. Intakt, Bestoßungen und
Ausplatzungen
H. 5,5 cm, D. 6,5 cm
Berlin, SMB, Antikensammlung
Inv.: V. I. 4154 (Malacena 119)
   Kleine Schale mit nach unten umgeschlage-
nem Rand auf hohem zylindrischem Fuß, der
unten breit auslädt. Die Form mit umgeschlage-
nem Rand entspricht etwa der Form Morel
1343a 1 S. 97.
   Lit.: Unveröffentlicht.   U. K.

D 6.55 (Abbildung)
Teller
Ungefirnißte Töpferware,
2.–1. Jh. v. u. Z.
Hellocker Ton, Oberfläche stellenweise
graufleckig. Bestoßungen an Rand und Fuß
H. 5,0 cm, D. 15,5 cm
Berlin, SMB, Antikensammlung
Inv.: V. I. 4270 (Malacena o. Nr.)
   Konischer Teller, innen mit halbkugelförmiger
Eintiefung, mit schmalem, umgeschlagenem
untergriffigem Rand auf konischem niedrigem
Fuß.
   Lit.: Unveröffentlicht.   U. K.

D 6.56 (Abbildung)
Henkelloser Topf
Ungefirnißte Töpferware,
3.–2. Jh. v. u. Z.
Orangebrauner Ton, Oberfläche stellenweise
graufleckig, Reste brauner Bemalung.
Ungebrochen, Sprünge vom Rand zur
Schulter, kleine Ausplatzungen
H. 27,5 cm, D. 22,0 cm
Berlin, SMB, Antikensammlung
Inv.: V. I. 4229 (Malacena o. Nr.)
   Schlanker bikonischer Topf auf torusartig
gewölbter Standfläche; Lippe oben flach
und knapp ausbiegend. Aufgemalte breite hori-
zontale Firnisstreifen am Bauch schwach er-
kennbar.
   Lit.: Unveröffentlicht.   U. K.

D 6.57
Henkelloser Topf
Töpferware, 3.–2. Jh. v. u. Z.
Ockerfarbener Ton, an der Oberfläche
schwarzfleckig verfärbt (sekundärer Brand?),
Mündung mehrfach gebrochen und ergänzt
H. 25,0 cm, D. 24,0 cm
Berlin, SMB, Antikensammlung
Inv.: V. I. 4222 (Malacena o. Nr.)
   Bauchiges, nach unten hin sich leicht verjün-
gendes Gefäß mit knapp ausbiegender, fast
trichterförmiger Mündung auf flachem, wenig
abgesetztem Standring. Form etwa wie Kat.-
Nr. D 6.56.
   Lit.: Unveröffentlicht.   U. K.

D 6.58
Henkelloser Topf
Töpferware, 3.–2. Jh. v. u. Z.
Ockerfarbener Ton, matter rotbrauner
Überzug, stellenweise abgeblättert.
Ungebrochen, kleines Loch in der
Wandung, Ausplatzungen, stark versintert
H. 21,5 cm, D. 22,0 cm
Berlin, SMB, Antikensammlung
Inv.: V. I. 4232 (Malacena o. Nr.)
   Kleiner bikonischer Topf, ähnlich Kat.-Nr.
D 6.56
   Lit.: Unveröffentlicht.

D 6.59
Henkelloser Topf
Töpferware, 3.–2. Jh. v. u. Z.
Rosa bis hellocker Ton, rotbrauner,
stark verdünnt aufgetragener Firnis.
Beschädigung an der Lippe, Versinterungen
H. 25,5 cm, D. 24,0 cm
Berlin, SMB, Antikensammlung
Inv.: V. I. 4221 (Malacena 65)
   Bauchiges, nach unten hin sich leicht verjün-
gendes Gefäß auf schmalem Fußring. Der
kurze Hals ist abgesetzt und hat eine knapp
ausbiegende, oben flache Lippe. Schulter und
Hals sind außen mit verdünntem Firnis bemalt.
   Lit.: Unveröffentlicht.   U. K.

D 6.60
Henkelloser Topf
Töpferware, 3.–2. Jh. v. u. Z.
Rosa bis orangebrauner Ton, rotbrauner,
stark verdünnter Firnis. Intakt
H. 19,5 cm, D. 19,8 cm
Berlin, SMB, Antikensammlung
Inv.: V. I. 4233 (Malacena o. Nr.)
   Kleines bikonisches, gedrungenes Gefäß mit
gerader Mündung und torusartigem Standring.
Hals und Schulter mit Firnis übermalt, aber stark
verblaßt. Auf der Schulter Drehrille.
   Lit.: Unveröffentlicht.   U. K.

D 6.61
Stamnoider Topf
Töpferware, 3.–2. Jh. v. u. Z.
Orangebrauner Ton, Spuren hellbrauner
Bemalung. Aus mehreren Stücken
zusammengesetzt, großer Riß in der
Wandung, Bestoßungen; Bemalung stark
verblaßt

D 6. 56

H. 22 cm, D. 23,7 cm
Berlin, SMB, Antikensammlung
Inv.: V. I. 4255 (Malacena o. Nr.)

Zweihenkeliges Gefäß mit kaum abgesetztem Standring und weiter Mündung. Die horizontalen Rundhenkel sitzen in Schulterhöhe schräg auf. Um den Bauch des Gefäßes waren schmale horizontale Streifen gemalt, von denen nur noch geringe Reste zu sehen sind. Die Form ist nicht klassifiziert worden, vgl. etwa La collezione Ciacci, S. 96 Nr. 167 allerdings ohne die Rillenverzierungen (Typ »local F«).

Lit.: Unveröffentlicht. U. K.

D 6.62
Amphora

Ungefirnißte Töpferware,
3.–2. Jh. v. u. Z.
Orangebrauner Ton ohne Überzug. Intakt, Versinterungen
H. 27,6 cm, D. 20,5 cm
Berlin, SMB, Antikensammlung
Inv.: V. I. 4256 (Malacena 63)

Schlankes, nach unten hin sich verjüngendes Gefäß mit zwei vertikalen Bandhenkeln, deren Kanten etwas aufgewölbt sind. Fußlos, mit gerader Standfläche. Die Form entspricht ungefähr dem Typ »local F«, vgl. dazu La collezione Ciacci, S. 93 Nr. 158.

Lit.: Unveröffentlicht. U. K.

D 6.63
Henkelloser Topf

Grobe Töpferware, 3.–2. Jh. v. u. Z.
Grober orangebrauner Ton ohne Überzug. Ungebrochen; von der Mündung ausgehend Risse in der Wandung, Versinterungen
H. 27,7 cm, D. 29,0 cm
Berlin, SMB, Antikensammlung
Inv.: V. I. 4224 (Malacena o. Nr.)

Schweres gedrungenes Gefäß, etwa der Form wie Kat.-Nr. D 6.56, doch etwas plumper und fußlos. Flache, knapp ausbiegende Lippe.

Lit.: Unveröffentlicht. U. K.

D 6.64
Henkelloser Topf

Grobe Töpferware, 3.–2. Jh. v. u. Z.
Grober glimmerhaltiger, hellbraunfleckiger Ton, ungefirnißt. Hälfte der Mündung weggebrochen, Versinterungen
H. 30,5 cm, D. 27,5 cm
Berlin, SMB, Antikensammlung
Inv.: V. I. 4228 (Malacena o. Nr.)

Schweres bikonisches Gefäß der Form wie Kat.-Nr. D 6.56, fußlos mit kräftig ausbiegender Lippe.

Lit.: Unveröffentlicht. U. K.

D 6.65
Transportamphora

Grobe Töpferware, 2. Jh. v. u. Z.
Hellbrauner, an der Oberfläche weißlich verfärbter Ton. Ein Henkel ergänzt
H. 81,0 cm, D. 33,5 cm
Berlin, SMB, Antikensammlung
Inv.: V. I. 4271 (Malacena 138)

Bauchige, nach unten hin spitz zulaufende Amphora mit langem schlankem Hals, umgeschlagener untergriffiger Lippe und vertikalen Rundhenkeln. Vgl. Weinamphora in: La collezione Ciacci, S. 229 Nr. 557-558 mit Lit.

Lit.: Unveröffentlicht. U. K.

D 6.66
Transportamphora

Grobe Töpferware, 2. Jh. v. u. Z.
Orangeroter Ton. Lippe bestoßen, Anlagerungen und Versinterungen
H. 78,0 cm, D. 33,5 cm
Berlin, SMB, Antikensammlung
Inv.: V. I. 4272 (Malacena o. Nr.)
Weinamphora wie Kat.-Nr. D 6.65.
Lit.: Unveröffentlicht.

D 6.67
Velathri (Volterra)

Dupondius (Aes grave);
etwa 2. Hälfte 3. Jh. v. u. Z.
Bronze 303,70 g
Vorderseite: Jugendlicher, unbärtiger Doppelkopf mit flacher Kappe (Petasus)
Rückseite: Keule zwischen den Wertzeichen II; ringsum etruskische Aufschrift (rückläufig) mit dem Namen des Prägeortes.
Berlin, SMB, Münzkabinett Inv.: 715/1902
Lit.: Haeberlin, Aes Grave, 1910, S. 245 Nr. 1.

D 6.68
Velathri (Volterra)

Quadrans (Aes grave); etwa 2. Hälfte 3. Jh. v. u. Z.
Bronze 40,97 g
Vorder- und Rückseite wie beim vorherigen Exemplar, aber auf der Rückseite 3 Wertkugeln.
Berlin, SMB, Münzkabinett
Inv.: 716/1902
Lit.: Haeberlin, Aes Grave, 1910, S. 247 Nr. 20.

D 6.69
Velathri (Volterra)

Uncia (Aes grave); etwa 2. Hälfte 3. Jh. v. u. Z.
Bronze 18,34 g

Vorder- und Rückseite wie die vorigen Exemplare, aber auf der Rückseite eine Wertkugel.
Berlin, SMB, Münzkabinett
Inv.: 717/1902
Lit.: Haeberlin, Aes Grave, 1910, S. 249 Nr. 8.

D 6.70
Velathri (Volterra)

Semis (Aes grave); etwa 2. Hälfte 3. Jh. v. u. Z.
Bronze 68,95 g
Vorderseite: Jugendlicher, unbärtiger Doppelkopf mit flacher Kappe (Petasus)
Rückseite: Delphin, nach links schwimmend; etruskischer Buchstabe in Form eines Halbmondes als Wertkennzeichen; ringsum etruskische Aufschrift (rückläufig) mit dem Namen des Prägeortes.
Berlin, SMB, Münzkabinett
Inv.: 718/1902
Lit.: Haeberlin, Aes Grave, 1910, S. 250 Nr. 5

D 6.71
Unbestimmter Prägeort

vgl. Kat.-Nr. H 8
Bronzemünze, etwa 3. Jh. v. u. Z.
Bronze 3,08 g
Vorderseite: Herakleskopf mit dem Löwenfell; Perlkreis
Rückseite: Nach links laufender Hund, darunter Buchstabe
Berlin, SMB, Münzkabinett
Inv.: 719/1902
Lit.: wie Kat.-Nr. H 8

D 6.72
Unbestimmter Prägeort

Bronzemünze, etwa 3. Jh. v. u. Z.
Bronze 3,62 g
Vorder- und Rückseite wie beim vorigen Exemplar
Berlin, SMB, Münzkabinett Inv.: 720/1902

D 6.73
Rom

Victoriat, 211–210 v. u. Z.
Silber 3,10 g
Vorderseite: Kopf des Jupiter mit Lorbeerkranz
Rückseite: Victoria bekränzt ein Tropaion, Beizeichen Ähre; unter der Bodenlinie die Aufschrift ROMA
Berlin, SMB, Münzkabinett
Inv.: 721/1902
Lit.: M. H. Crawford, Roman Republican Coinage, Cambridge 1974, S. 170 Nr. 72.1. S. S.

E

Goldschmiedekunst

Die Goldschmiedekunst des 7. und 6. Jh. v. u. Z. überrascht durch die Vielfalt ihrer herausgebildeten Formen, die Mannigfaltigkeit der Verzierung und ein hervorragendes handwerkliches Können. Die Meister beherrschten vollständig die technischen und dekorativen Eigenschaften des Materials und verwirklichten ihre Kenntnisse und Fähigkeiten in ihren Erzeugnissen, die unumstritten als Meisterwerke in der antiken Welt anerkannt wurden. Im Norden und Süden Etruriens entwickelten sich gleichzeitig zwei Werkstattzentren, von denen keines dem anderen an Meisterschaft nachsteht. Vetulonia und Caere gelten als die führenden, jedoch nicht als die einzigen Zentren bei der Herstellung von Goldschmuck.

Schmuckgegenstände des 7. Jh. v. u. Z. fehlen in der Ausstellung. Der früheste Schmuck aus dem 6. Jh. ist ein kleiner Ohrring vom Baule-Typ (Kat.-Nr. E 1), der seinen Namen wegen der Ähnlichkeit mit einem kleinen Körbchen, ital. baule, hat. Der Ohrring weist einen ganzen Komplex technischer und künstlerischer Bearbeitungsformen auf, vereint flächenmäßige und räumliche Elemente, verbindet poliertes Gold mit matter granulierter Oberfläche des Metalls. Im Ergebnis entsteht der Eindruck von festlicher Pracht, von Eleganz und Überfluß, der für den etruskischen Schmuck so typisch ist.

Einzelne und paarige Ohrringe vom Baule-Typ sind zahlreich erhalten geblieben. Viele von ihnen stammen aus den Ausgrabungen in Orvieto, Populonia, Volterra und anderen Orten. Deshalb kann ungeachtet der Vielfalt ihrer Ornamente die Zeit ihrer Verbreitung recht genau festgestellt werden, nämlich das 6. Jh. und die erste Hälfte des 5. Jh. v. u. Z. Ebenso kann man zwei Gruppen der Ohrringe dieses Typs unterscheiden. Die erste, ältere Art, zu der auch das Stück aus der Ermitage gehört (Kat.-Nr. E 1), ist durch eine geringere Zahl von Exemplaren vertreten. Sie zeichnet sich aus durch strengere Formen, geometrische Teilung in Zellen und umfassende Anwendung der feinen Granulation a pulviscolo. Charakteristisch für diese Zeit ist auch die Übernahme von griechischen Motiven: Palmetten, Gorgoneien (zuweilen auf den Zylindern in Treibarbeit), Löwen, Sphingen usw. Auf den späteren Ohrringen des 5. Jh. v. u. Z., Vertretern der zweiten Art, dominieren pflanzliche Motive, durchbrochene Elemente und Filigrantechnik.

Neben dieser typisch etruskischen Form der Ohrringe finden auch sogenannte Disken (kreisrunde Scheiben) Verwendung (Kat.-Nr. E 2). Ihre Ähnlichkeit mit griechischem Schmuck erklärt sich durch ihre Herstellung in der hellenisierten Stadt Spina. Die Maße der Disken sind sehr verschieden, zuweilen erreichen sie 6 cm im Durchmesser. Das brachte einige Forscher zu der Annahme, daß die kleineren Exemplare als Ohrringe, die größeren aber als Fibeln dienten. Sie gelten allgemein als der vollkommenste Ausdruck für das Talent etruskischer Goldschmiede. Außer durch Vielfalt der dekorativen Elemente, Einfallsreichtum in der Ornamentik und Feinheit der Ausführung zeichnen sie sich durch gediegenen Geschmack und Harmonie der Formen aus.

In der Ausstellung ist auch ein für die etruskische Goldschmiedekunst relativ seltener Schmuckgegenstand vertreten – die Nadel (Kat.-Nr. E 5). Mit solchen Nadeln wurden die Kleider zusammengehalten, während man sonst dazu vorrangig Fibeln benutzte. Charakteristisch ist die Dekoration der Nadel, bei der Granulationen glatte Flächen umschließen. Auf den Fibeln und Armbändern des 7. Jh. v. u. Z. wurden Bilder als Silhouetten dargestellt. Diese unterschiedlichen Techniken rufen unwillkürlich den Vergleich mit der schwarzfigurigen und rotfigurigen Technik der Vasenmalerei hervor.

Das 4. Jh. v. u. Z. war die Ära einer neuen Blüte der etruskischen Goldschmiedekunst. In dieser Zeit erschienen die typisch etruskischen massiven Ohrringe a grappolo, ital. Traube. Von der Beliebtheit dieser Ohrringe zeugen Votivköpfe in Terrakotta, geschmückt mit einzeln in einer Form vorgefertigten Tonohrringen.

Das in der Ausstellung vertretene Exemplar (Kat.-Nr. E 3) zeichnet sich durch eine sehr sorgfältige Ausführung und die Verwendung von bildlichen Motiven aus. Die einzelnen Teile des Ohrrings sind miteinander verlötet und vergrößern optisch das Volumen des Schmuckstücks. Neben der Gruppe analoger Ohrringe sei eine Anzahl von Stücken hervorgehoben, die aus einem Goldblatt in Treibarbeit gefertigt sind. Man kann annehmen, daß es die billigere Imitation eines teuren Schmucks oder eine für den Totenkult bestimmte Produktion war.

In der späten Periode behalten die Ohrringe a grappolo etruskische Traditionen bei. Sie finden ihren Ausdruck in der eigenständigen Orna-

mentik, in der Verwendung von viel massivem poliertem Gold, in der Vorliebe für runde und halbrunde Formen und für bildliche Motive, die sich ins gesamte Ensemble einflechten.

Gleichzeitig gelangte der Typ ringförmiger Ohrringe mit Löwenköpfen nach Etrurien, der in der gesamten griechischen Welt gebräuchlich war und sich dann weiter verbreitete. Im etruskischen Formenempfinden wurden die Ohrringe massiver, die Löwenköpfe größer. Gegen das 3. Jh. v. u. Z. nahmen sie die Gestalt eines breiten hohlen Ringes mit einer unbeweglichen Perle an einem Ende an. Diese Variante ist in unserer Ausstellung vertreten (Kat.-Nr. E 4).

Die bei den Etruskern so sehr verbreiteten Fibeln sind mit nur einem Exemplar vertreten (Kat.-Nr. E 6). Solche Fibeln wurden in Kampanien in der Zeit vom 4. bis 3. Jh. v. u. Z. hergestellt. Die frühen Exemplare zeichnen sich durch überladenen Dekor, große Ausmaße und Sorgfalt der Ausführung aus. Auf den späteren Exemplaren, zu denen auch das aus der Ermitage gehört, werden die Dekorationen wesentlich zurückhaltender, Filigran und Granulat verschwinden.

Der Blattkranz aus der Sammlung der Ermitage (Kat.-Nr. E 7) demonstriert die späte Entwicklungsetappe dieser Kunstgattung. Sie ist nicht nur durch die Einfachheit des Dekors charakterisiert, sondern auch durch Nachlässigkeit in der Ausführung. Die Triumphkränze haben die Römer wahrscheinlich von den Etruskern übernommen, bei denen sie hauptsächlich dem Totenkult dienten. Nicht umsonst nannten die Römer die goldenen Kränze »corona etrusca«.

Aus der kleinen Zahl der ausgestellten Goldschmiedearbeiten kann man ihre Vielfalt und ihre zeitliche Entwicklung ersehen und die besondere, den Werken der Etrusker eigene Formensprache erfassen. Die Etrusker übernahmen gern orientalische oder griechische Motive, jedoch behielten sie während der gesamten Zeit ihrer Zivilisation ihre technische Meisterschaft, eine nur ihnen eigene, reiche, aus Kontrasten und scheinbar alogischen Verbindungen geschaffene Schönheit des Dekors.

Lit.: K. Hadaczek, Der Ohrschmuck der Griechen und Etrusker, 1903; G. Becatti, Oreficerie antiche, dalle minoiche alle barbariche, 1955; M. Cristofani u. a., L'Oro degli Etruschi, 1983.

I. S.

E 1 (Farbtafel)
Ohrring
6. Jh. v. u. Z.
Gold
L. 1,8 cm
Herkunft unbekannt; 1928 aus der
Sammlung M. P. Botkin erworben
Leningrad, GE, Antikensammlung
Inv.: D 499

Der Ohrring vom Baule-Typ besteht aus einem an den Seiten geschlossenen Zylinder. Der zylindrische Teil ist durch einen Filigrandraht in 18 maschenartige Quadrate geteilt, in denen sich Halbkugeln befinden. Glatte, aus poliertem Gold, wechseln mit völlig von feinem Granulat a pulviscolo (ital. feiner Staub) bedeckten, die wie eine matte, leicht flimmernde Oberfläche wirken. Die Seiten sind, im Unterschied zu dem offenen zylindrischen Teil, flächenförmig gestaltet. Sie sind mit konzentrischen Filigranornamenten und zwei Palmetten im Zentrum geschmückt. Auf dem Zylinder befinden sich Scharniere, an denen ein Haken und ein ihn verdeckendes halbrundes Schildchen mit einem Palmetten-Ornament, Gürtelchen und Reihen von Granulen befestigt sind.

Die Entstehung des Prototyps dieser in Etrurien weit verbreiteten Ohrringe gehört in die zweite Hälfte des 7. Jh. v. u. Z. Ihre endgültige Form erhalten sie im 6. Jh. und bleiben dann bis zur Mitte des 5. Jh. gebräuchlich. Die Schöpfung der Körbchen-Typen ist typisch etruskisch, es gibt dafür keine Parallelen in anderen Regionen der Welt. In den Details und in der Ornamentik werden weitgehend griechische Motive verwendet.

Lit.: Kul'tura i iskusstvo Etrurii, Nr. 110.   I.S.

E 2 (Farbtafel)
Ohrring (?)
Ende 6. – Anfang 5. Jh. v. u. Z.
Gold
D. 4,6 cm
Herkunft unbekannt; seit 1936 in der Ermitage
Leningrad, GE, Antikensammlung
Inv.: D 1061

Ohrring in Form eines Diskus. Der Diskus ist mit konzentrischen Kreisen in Treibarbeit ornamentiert. An der Außenseite verläuft ein Perlendraht, dann folgen aufeinander konzentrische Ringe mit kreuz-, herz- und halbkugelförmigen Ornamenten, getrennt durch Filigran, danach wieder ein kreuzförmiges Ornament und schließlich ein granulierter Wulst mit gezahntem Rand, der wahrscheinlich einen Farb- oder Reliefeinsatz umrahmte. Auch die »Herzen« und die Halbkugeln sind mit Granulation a pulviscolo bedeckt.

Auffallend ist die ungewöhnliche Sprödigkeit der Erzeugnisse, die aus äußerst dünnem Goldblech gefertigt sind. Deshalb erscheint die Annahme überzeugend, daß solche Ohrringe für den Totenkult gefertigt wurden.

Ungeachtet der griechischen Form der Ohrringe besteht kein Zweifel an ihrer etruskischen Herkunft, denn Funde sind nur in Etrurien und in Gebieten, die unter seinem Einfluß standen, belegt. Ausgehend von der Form, der Konstruktion, der feinen Zurückhaltung der Dekoration wird die hellenisierte Stadt Spina als das mögliche Zentrum der Herstellung dieser ihrem Stil nach griechisch-etruskischen Erzeugnisse angenommen.

Lit.: Kul'tura i iskusstvo Etrurii, Nr. 111.   I.S.

E 3 (Farbtafel)
Ohrring
Ende 4. – Anfang 3. Jh. v. u. Z.
Gold
H. 5,0 cm
Herkunft unbekannt; 1893 aus der
Sammlung von C. Lemme erworben
Leningrad, GE, Antikensammlung
Inv.: D 61

Der Ohrring (Leech-Typ oder a grappolo) besteht aus drei konstruktiven Teilen und ist reich dekoriert durch Prägung, Granulation und Filigran. Der obere hufeisenförmige Teil ist mit Ornamenten aus Halbkugeln und Scheiben mit jeweils einem Körnchen im Zentrum, die durch Perldraht getrennt sind, geschmückt. Der obere Teil umrahmt eine vertiefte, aber glatte Fläche, von dem auf ihr applizierten Dekor ist nur ein Teil eines Blattes mit einem Relief (möglicherweise eine Darstellung von Hippokampen oder Löwen in heraldischer Komposition, wie auf analogen Ohrringen) erhalten geblieben. In der Mitte ist eine massive gewölbte ringförmige Erhöhung. Das Ende ist durch den Ohrring geführt, biegt sich an der Rückseite ein und bildet auf diese Weise den Verschlußteil. Der untere Teil besteht aus zwei Männerköpfchen an den Seiten, aus drei Blumen und fünf Kugeln, die als Traube angeordnet sind und von kleinen Pyramiden aus vier Granulen abgeschlossen werden. Auf der Rückseite ist auf dem oberen Teil des Ohrringes, auf dem Ring und auf den Köpfchen eine glatte goldene Platte untergelegt, die in der Mitte des Ringes durchstochen ist. Auf den Kügelchen befinden sich ebenfalls Öffnungen, die den Schmuck beim Erhitzen vor dem Platzen bewahrten.

Ohrringe dieser Art sind typisch für die spätklassische und frühhellenistische Zeit. Ihre chronologische Einordnung ist durch vergleichbare Darstellungen an Terrakottaköpfen vom Ende des 4. bis Anfang des 3. Jh. v. u. Z. möglich. Hervorzuheben ist eine Gruppe von Ohrringen mit Männer- und Frauenköpfen sowie Relief-Applikationen. Im übrigen bleiben ihre dekorativen Elemente stabil und variieren nur unbedeutend. Möglich, daß das Zentrum der Herstellung dieser Ohrringe die Stadt Caere war.

Lit.: Kul'tura i iskusstvo Etrurii, Nr. 113; Civiltà Nr. 6.45.1 S. 172 (mit weiterer Lit. und Parallelen).   I.S.

E 4 (Farbtafel)
Ohrring
3. Jh. v. u. Z.
Gold
D. 2,4 cm
Herkunft unbekannt
Leningrad, GE, Antikensammlung Inv.: D 897

Der Ohrring besteht aus einem hohlen Ring, der sich an einem Ende verengt. Das breite Ende ist geschmückt mit einer Palmette in Treibarbeit auf aus Punkten bestehendem Grund. Das Ende wird von einer unbeweglichen Perle gebildet, die durch Perldraht und fein gerippte Ringe an den Seiten dekoriert ist.

Es handelt sich um eine typisch etruskische Form der Ohrringe, obwohl sie unter dem Einfluß griechischer ringförmiger Ohrringe mit Löwenköpfen entstanden ist. Die Art der Befestigung und des Tragens solcher Ohrringe ist nicht klar.

Unveröffentlicht.   I.S.

E 5 (Farbtafel)
Nadel
Ende 6. bis Anfang 5. Jh. v. u. Z.
Gold
L. 5 cm
Herkunft unbekannt; 1928 aus der
Sammlung von M. P. Botkin erworben
Leningrad, GE, Antikensammlung Inv.: D 489

Die Nadel besteht aus einem dünnen Stiel und einem hohlen runden Kopf, bedeckt mit filigranem Ornament aus doppelten Pelten und Kreisen. Der Grund ist bedeckt mit feiner Granulation a pulviscolo, die glatte Flächen frei läßt und die Ornamente bildet. Auf der Oberseite der Kugel befindet sich eine kleine Pyramide aus vier glatten Kügelchen, die ihrerseits durch kleine Pyramiden aus feinen Granulen gekrönt werden.

Nadeln sind in Etrurien eine ziemlich seltene Art von Schmuck. Sie kommen seit dem 7. Jh. v. u. Z. vor und behalten auch später die Form und den ungefähren Typ der Dekoration bei. Aus diesem Grunde ist die Datierung der Nadeln schwer.

Lit.: Kul'tura i iskusstvo Etrurii, Nr. 112.   I.S.

E 6 (Farbtafel)
Fibel
3. Jh. v. u. Z.
Gold
L. 6,8 cm
Herkunft unbekannt, aus der Sammlung
von A. I. Nelidov in Rom; seit 1936
in der Ermitage
Leningrad, GE, Antikensammlung
Inv.: D 1008

Fibel mit gondelförmigem Bügelrücken, hohl, geschmückt mit vier Streifen aus gaufriertem schmalem Band. Der Nadelhalter in Gestalt eines zu einem Rechteck zusammengefalteten Blattes ist auf der einen Seite durch eine aufgepreßte Palmette geschmückt, auf der anderen Seite durch den Kopf der Minerva (Athena) vom

Parthenon-Typ, doch mit korinthischem und nicht mit attischem Helm. Die Nadelplatte endet in Form eines Granatapfels.

Als Herstellungsort für solche Fibeln gilt Kampanien. Die Vermischung von etruskischen und griechischen Elementen, die auch für andere Erzeugnisse Kampaniens charakteristisch ist, erscheint hier in Verbindung von typisch etruskischer Form und griechischen Motiven der Ornamentik.

Fibeln solchen Typs sind auf dem gesamten Territorium Großgriechenlands nachweisbar, insbesondere aber in Italien. Man kann zwei Arten von Fibeln unterscheiden. Die einen zeichnen sich durch ungewöhnlich reiche Dekoration unter Verwendung von Granulation und Filigran aus. Die anderen sind, unter Beibehaltung der gleichen Form, wesentlich einfacher in der Aufmachung, nicht selten auch nachlässiger gearbeitet. Die ersteren werden aufgrund dokumentierter Funde in Cumae in das 4. Jh. v. u. Z. datiert, die vereinfachte Variante in das 3. Jh. v. u. Z.

Lit.: L. Pollak, Klassisch-antike Goldschmiedearbeiten im Besitz der Herren von Nelidov in Rom, 1903, Nr. 486 Pl. 17; I. Ondřejowa, in: Eirene, 1972 S. 91f. (über den Typ der Fibeln); Kul'tura i iskusstvo Etrurii, Nr. 114, B. Deppert-Lippitz, Griechischer Goldschmuck, 1985, S. 199   I. S.

E 7 (Farbtafel)
Blattkranz
3. Jh. v. u. Z.
Gold
L. 35,5 cm
Herkunft unbekannt; seit 1936 in der Ermitage

Leningrad, GE, Antikensammlung
Inv.: D 1115

Ein Kranz aus dünnem Goldstreifen, auf dem in Gegenrichtung Lorbeerblätter befestigt sind. Im Zentrum befindet sich ein getriebenes Medaillon mit einem Gorgonenkopf. An den Enden Rosetten, dann Pfaue mit entfalteten Schwänzen in den Halbkreisen, die ebenfalls getrieben sind.

Typisches Muster eines etruskischen Kranzes mit symmetrischer Anordnung der Blätter und mit Halbkreisen an den Enden. Ein Gorgoneion befindet sich oft im Zentrum solcher Kränze. Wie zahlreiche Zeugnisse der etruskischen Kunst verwendete man diese Kränze für den Bestattungskult; es ist jedoch nicht ausgeschlossen, daß sie auch im Leben getragen wurden.

Lit.: Kul'tura i iskusstvo Etrurii, Nr. 115.   I. S.

F 1/F 8/F 6/F 4

Spiegel

Bronzene Spiegel waren in Etrurien außerordentlich verbreitet. Man nutzte sie nicht nur als Gegenstände des alltäglichen Lebens, sondern sah in ihnen auch eigentümliche Instrumente, mit denen man als Mensch magische Beziehungen zum Jenseits herstellen konnte. Das erklärt die sehr komplizierte Entwicklung des Spiegels in der etruskischen Kultur.

Die Etrusker kannten verschiedene Spiegelkonstruktionen: bronzene Scheiben mit einem Griff aus anderem Material (so die Mehrzahl der Exemplare in der Ausstellung), Spiegel mit Ständer oder Spiegel mit einem Relief anstatt einer Gravur auf der Rückseite. Die dominierende Konstruktion bleibt aber die Form einer runden Scheibe (Diskus) mit einem kleinen Ansatz zur Befestigung des Griffs. Es ist durchaus möglich, daß dieser Typ des Spiegels, zusammen mit den Rezepturen für die Herstellung von Legierungen, aus Ägypten stammt, ebenso der Brauch, die Rückseite des Diskus mit einer Gravur zu versehen und Verzierungen, die Assoziationen dieser glänzenden gelben Metallscheibe mit der Sonne erlauben. Diese Assoziationen erscheinen ständig – einmal mehr, einmal weniger – im System der Ornamentierung etruskischer Spiegel. Die Gravur auf der Rückseite des Diskus wurde auch mit der Idee verbunden, in das Jenseits zu schauen. Speziell in diesem Sinne wurden einige Themen für Darstellungen ausgewählt. Diese Eschatologie erreichte ihren Höhepunkt in der zweiten Hälfte des 4. Jh. v. u. Z.

Die ersten etruskischen Spiegel sind erst im 6. Jh. v. u. Z. hergestellt worden. Im Verlauf des 6. und 5. Jh. v. u. Z. wurde die Darstellung von lokalen und griechischen Mythen über die Sonnengottheiten zur üblichen Erscheinung auf etruskischen Spiegeln. In dieser Zeit wurden verhältnismäßig wenig Spiegel produziert, obwohl sich einige Werkstätten schon unverkennbar in den verschiedenen Städten Etruriens unterscheiden lassen. Im Verlauf des 5. Jh. übernahm Vulci die absolute Führung. Die Werkstätten dieser Stadt schufen gewissermaßen einen Kanon in der Spiegelproduktion. Ihre Merkmale sind folgende: eine runde Scheibe mit einem Ansatz für die Griffbefestigung, der gesondert und aus organischen Materialien hergestellt wurde; die Rückseite des Diskus wurde mit Gravuren geschmückt. Die etruskischen Meister nutzten als Vorlagen Bilder der griechischen

Vasenmalerei, die in wachsender Zahl importiert wurden. Vier Spiegel aus verschiedenen Zeiten, die in der Ausstellung vorgestellt sind, vermitteln einen Begriff von der Entwicklung der Produktion in Vulci seit dem Ende des 6. Jh. bis zur Mitte des 4. Jh. v. u. Z. (Kat.-Nr. F 2, F 3, F 8, F 16).

Man muß auch die Spiegel von Praeneste, einer latinischen Stadt, die sehr früh unter den Einfluß der etruskischen Kultur geriet, erwähnen. Nicht ohne Mitwirkung etruskischer Meister begann hier eine Spiegelproduktion, die sehr schnell ihre eigenen Besonderheiten entwickelte. Mit ungewöhnlichen Themen ging eine etwas grobe »impressionistische« Art der Zeichnung einher. Außerdem entstand eine »birnenförmig« gelängte Form des Diskus, und der Griff wurde zusammen mit der Scheibe gegossen. Diese Vervollkommnung des technologischen Prozesses führte man in Praeneste viel früher als in Etrurien ein. Einige praenestinische Spiegel geben eine klare Vorstellung von der Variationsbreite der örtlichen Meister (Kat.-Nr. F 5, F 20, F 22, F 23).

Etwa seit 350 v. u. Z. beherrschte Volsinii mit seiner Spiegelproduktion den künstlerischen Markt, und die Werkstätten der Stadt produzierten die größte Anzahl Spiegel in der Geschichte etruskischer Spiegelherstellung. Dieser Aufschwung erklärt sich erstens aus der Rolle Volsiniis als Ort des etruskischen Bundesheiligtums und zweitens aus einer unerhörten Verbreitung eschatologischer Stimmungen in der etruskischen Gesellschaft. Die Meister von Volsinii prägten einen neuen Kanon für Spiegel aus. Wie schon die praenestinischen, so bestehen auch diese Spiegel aus einem Diskus und einem mitgegossenen Griff. Aber hier behält der Diskus die Kreisform, wobei die Vorderseite konvex und die Rückseite konkav ist. Der Diskus kann auch abgestuft sein, d. h. aus mehreren Ringen von verschiedenen Durchmessern bestehen. Der Griff hat ein kompliziertes Profil und wurde mit Szenen und Symbolen geschmückt, die eine Beziehung zu den Vorstellungen vom ewigen Leben nach dem Tode oder von der Seelenwanderung haben.

Besonders deutlich dokumentiert den beschriebenen Kanon eine der Volsinischen Werkstätten, die ihre Produkte auf dem Zwickel mit einem charakteristischen Zeichen ausstattete, das einem Blatt oder mehr einer Flammen-

zunge auf einem Dreifuß ähnelt (Kat.-Nr. F 25, F 36, F 31). Oberhalb des Griffs sind gravierte Ringe mit Symbolen dargestellt, die auf die Metamorphosen im Jenseits hinwiesen: ein Tierkopf als Symbol für ein Opfer, die Peinigung des Opfers durch Vögel vor dem Tod und schließlich die Verwandlung der Seele in eine Flamme, die zu einer riesigen Sonnenscheibe wird. Auf der Rückseite des Diskus wird das Thema der Metamorphose anhand dargestellter Mythen behandelt.

Der »Blätter-Flammen«-Gruppe geht eine andere volsinische voraus, die sich formal durch einen größeren Diskus als üblich unterscheidet sowie durch eine charakteristische Anordnung der Bildfolge als Kosmos von unten nach oben auszeichnet. Einer der führenden Meister dieser Gruppe schuf den Leningrader Spiegel (Kat.-Nr. F 9), der auf dem Zwickel zum Griff hin Herakles mit den Pferden des Diomedes als Zeichen für die Unterwelt zeigt, in der Mitte die trojanischen Helden als Vertreter der diesseitigen Welt und darüber eine geflügelte Göttin als Symbol für die Gewalten der Lüfte.

Aus anderen Werkstätten, deren Produktion bis ins 3. Jh. v. u. Z. reicht, kommen die folgenden Arbeiten. Die Werkstätten müssen, nach Form und Technik der Spiegel zu urteilen, im Süden Etruriens gelegen haben, doch kann man die Orte bedauerlicherweise bis heute nicht näher bestimmen. Eine Gruppe Spiegel sollte man etruskisch-praenestinisch nennen (Kat.-Nr. F 29, F 32, F 34, D 6.16). Form und Dekor werden von zwei Merkmalen bestimmt. Mit den praenestinischen Spiegeln verbindet sie die Konstruktion des Griffes, während die Form der Disken, die Ornamentierung und die Themen der mythologischen Kompositionen volsinisch sind. Die Meister dieser Gruppe waren außerordentlich produktiv, aber wenig originell, wovon man sich leicht am Beispiel der Arbeit eines der Meister überzeugen kann (Kat.-Nr. F 27, F 28, D 6.16). In dieser Zeit sind offensichtlich von zweitrangigen Werkstätten Spiegel nachgeahmt worden, die in Werkstätten angefertigt wurden, die große Popularität bei ihren Abnehmern besaßen. Diese Gruppen antiker »Handelspiraten« orientierten sich an verschiedenen Vorbildern, wobei die Kopien so genau sind, daß man sie nur schwer von den Originalen unterscheiden kann (Kat.-Nr. F 12, F 14 und F 33).

In Kampanien, einem Gebiet, das bis zum Beginn des 5. Jh. v. u. Z. weitgehend den Etruskern gehörte, wurde im 3. Jh. v. u. Z. ein neuer Spiegeltyp entwickelt, der aus zerlegbaren Elementen bestand. Davon fand man bisher eigentümlicherweise nur Griffe (Kat.-Nr. F 38).

Was Etrurien selbst angeht, so ist es sehr schwer, das zeitliche Ende der Spiegelproduktion zu bestimmen. Es scheint so, als ob die Zerstörung von Volsinii durch die Römer im Jahre 264 v. u. Z. die Produktion in Südetrurien beendete. Nach den Spektralanalysen von Legierungen zu urteilen, wurde nach diesem Zeitpunkt die Produktion in das Gebiet von Populonia verlegt, wo sie noch einige Jahrzehnte fortgesetzt wurde. Es entstanden dort aber nur sehr einfache Gegenstände, von deren künstlerischem Wert man nur bedingt sprechen kann (Kat.-Nr. F 35, D 6.20).   E. V. M.

Lit.: Gerhard, ES 1–5; Matthies, 1912; J. D. Beazley, The World of the Etruscan Mirror, in: JHS 69, 1949, S. 1–17; C. Pansieri, M. Leoni, in: StEtr. 25, 1957, S. 305–319; Mayer-Prokop, 1967; D. Rebuffat-Emmanuel, Le Miroir étrusque, 1973; R. Lambrechts, Les miroirs étrusques et prénestins des Musées Royaux d'Art et d'Histoire à Bruxelles, 1978; U. Fischer-Graf, Spiegelwerkstätten in Vulci, 1980; N. Thomson de Grummond, A Guide to Etruscan Mirrors, 1982; U. Höckmann, in: Jdl 102, 1987, S. 217ff.

F 1 (Abbildung)
Gravierter Spiegel
Ende 6. Jh. v. u. Z.
Bronze. Oberfläche stark korrodiert,
Kratz- und Feilspuren
L. 17,5 cm, D. 14,4 cm
Fundort unbekannt; 1906 von Ludwig
Pollak (Rom) erworben
Berlin, SMB, Antikensammlung
Inv.: M. I. 10788

Der fast plane, am Ansatz des Griffzapfens leicht geschweifte Diskus hat eine eingetiefte Bildfläche mit geperltem Rand. Das Bildfeld umschließt ein Efeukranz, der ohne Richtungswechsel verläuft und nur im Zwickel von einem Voluten-Palmetten-Ornament unterbrochen wird. Dargestellt ist ein nackter Jongleur mit wehendem langem Haar, der sich auf einer mit Nase und Augenpaar dekorierten Basis (Altar?) bewegt. Er balanciert auf Händen und Füßen je einen Satz übereinandergestellter Gefäße. Über seinen Armen sind drei Kränze locker verteilt, in der Mitte und an den Enden der Basis erheben sich je drei gewellte Stengel. Gaukler spielten im Leben, aber auch im Grabkult der Etrusker eine wichtige Rolle und wurden entsprechend häufig in der Kunst dargestellt.

Der Spiegel gehört zu einer im letzten Viertel des 6. Jh. v. u. Z. entstandenen Gruppe, die Mansuelli einem »Maestro dei Giocolieri« zuge-

schrieben hat. Vermutlich von der gleichen Hand wie das Berliner Exemplar stammt der Spiegel im Museo Nazionale di Villa Giulia zu Rom (Inv. 18005).

Lit.: H. Winnefeld, in: Amtliche Berichte aus den kgl. Kunstsammlungen 27, 1906, 3, Sp. XLVIII; G. A. Mansuelli, in: StEtr 19, 1946–47, S. 49; Mayer-Prokop S. 39ff. Nr. 54. 100f. Taf. 48.2 (Foto vor der Restaurierung); CSE, DDR I Nr. 45.   G. H.

F 2
Gravierter Spiegel
Ende 6. Jh. v. u. Z.
Bronze. Oberfläche des stark verzogenen
Diskus korrodiert, der untere Teil mit
dem Griffzapfen fehlt, vom Bruchrand
gehen Risse aus
L. 15,5 cm, D. 15,9 cm
Fundort unbekannt; 1869 aus dem Nachlaß
Eduard Gerhards erworben
Berlin, SMB, Antikensammlung
Inv.: Fr. 16

Der kreisrunde, massive Diskus ist auf der Bildseite konkav gewölbt. Ein Kranz herzförmiger Blätter rahmt das Bildfeld, in dem, etwas nach oben gerückt, eine Sirene dargestellt ist. Ihre Doppelflügel und ihr Schwanz sind ausgebreitet, die Beine mit markant wiedergegebenen Krallen an den Leib gelegt. Auf dem zur Rechten gewendeten Kopf erhebt sich ein gebogener Stengel mit einer spitzen Knospe (?). Das Ohr schmückt ein runder Anhänger, das Haar ein Diadem. Die seitwärts gestreckten Hände halten jeweils ein Ei, das bei den Etruskern als Grabbeigabe beliebt war (vgl. Kat.-Nr. F 16).

Die Gravierung steht Vasenbildern des Phineusmalers und des Sirenenmalers stilistisch nahe (Mayer-Prokop) und dürfte im letzten Jahrzehnt des 6. Jh. v. u. Z. entstanden sein. Eigentümlich ist die Graviertechnik: Während die meisten Konturen durchlaufen, sind einige aus kurzen Vertikalstrichen zusammengesetzt.

Lit.: Gerhard, ES 4, S. 85f. Taf. 429.2; Mayer-Prokop, S. 21 Nr. 17 Taf. 13.2; CSE, DDR I Nr. 1.   G. H.

F 3 (Abbildung)
Gravierter Spiegel
Um 470 v. u. Z.
Bronze
D. 15,5 cm
Fundort unbekannt; 1852 aus Sammlung
Laval erworben
Leningrad, GE, Antikensammlung
Inv.: V 305

Zur Bildseite hin ist der Rand aufgebogen. Eine dichte Lotos-Palmettenreihe rahmt das figürliche Bild; sie ist nur in dem unteren Teil unterbrochen, wo zum Zwickel hin ein geflügelter bärtiger Mann dargestellt ist. Darüber eine wellenartige Standlinie.

Dargestellt sind zwei Frauen, die den Körper des ermordeten Memnon tragen. Die linke Frau,

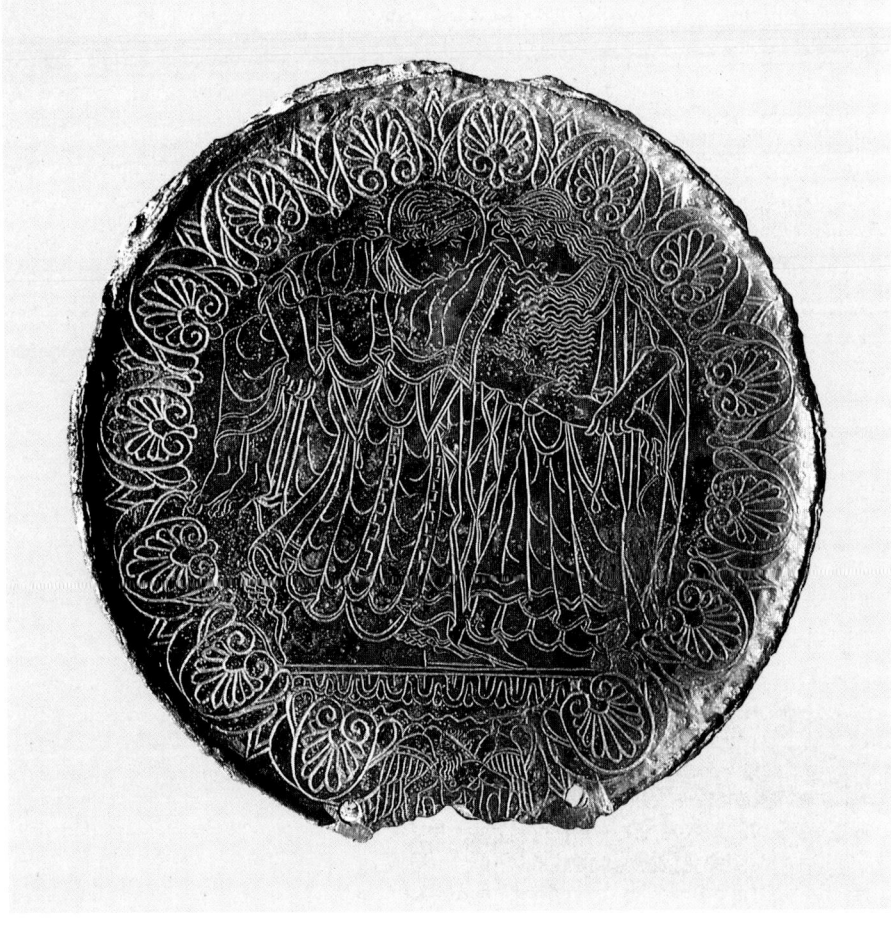

F 3

D 4.1.2 Fragment eines dreiköpfigen Dämons, Dachterrakotte aus Orvieto, Campo della Fiera, Anfang 5. Jh. v. u. Z.

D 4.2/D 4.3 Silens- und Frauenkopfantefix mit floralem Rahmen, 450–425 und 350–300 v. u. Z.

D 4.1.8 Frauenkopfantefix aus Orvieto, Heiligtum von Campo della Fiera, 3. Viertel 5. Jh. v. u. Z.

D 5.20 Gelagerter Mann, Deckel einer Aschenkiste, aus Perugia, 2. Jh. v. u. Z.

D 5.10 Aschenkiste aus Alabaster, Pelops erschlägt Oinomaos, aus Chiusi, 2. Jh. v. u. Z.

D 6.14 Aschenkiste eines Mannes, auf dem Kasten Tod des Myrtilos, aus dem Grab der Calisna Sepu bei Monteriggioni, Mitte 2. Jh. v. u. Z.

E 3 Goldener Ohrring (A-grappolo-Typ), Ende 4.–Anfang 3. Jh. v. u. Z.

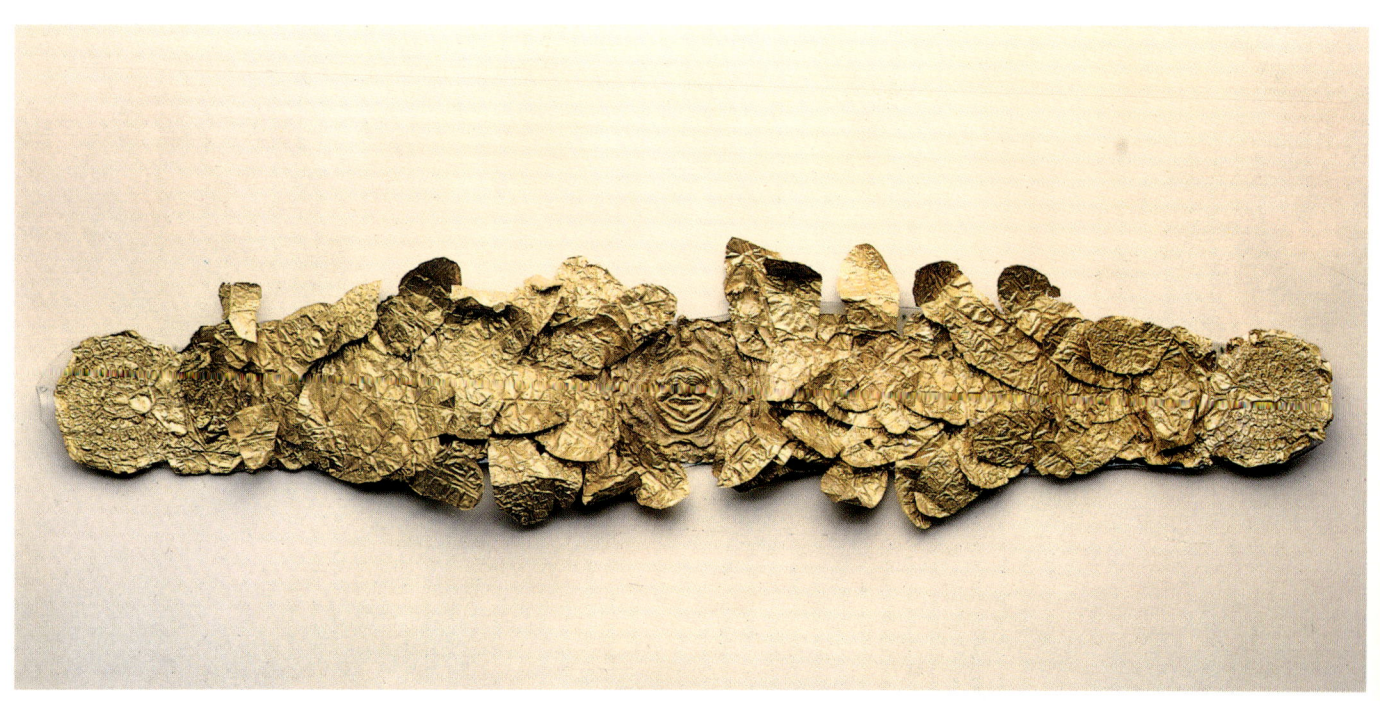

E 7 Blattkranz aus dünnem Goldblech, in der Mitte getriebenes Medaillon mit Gorgoneion (wahrscheinlich Grabbeigabe), 3. Jh. v. u. Z.

E 2 Goldener Ohrring in Diskusform, Ende 6.–Anfang 5. Jh. v. u. Z.

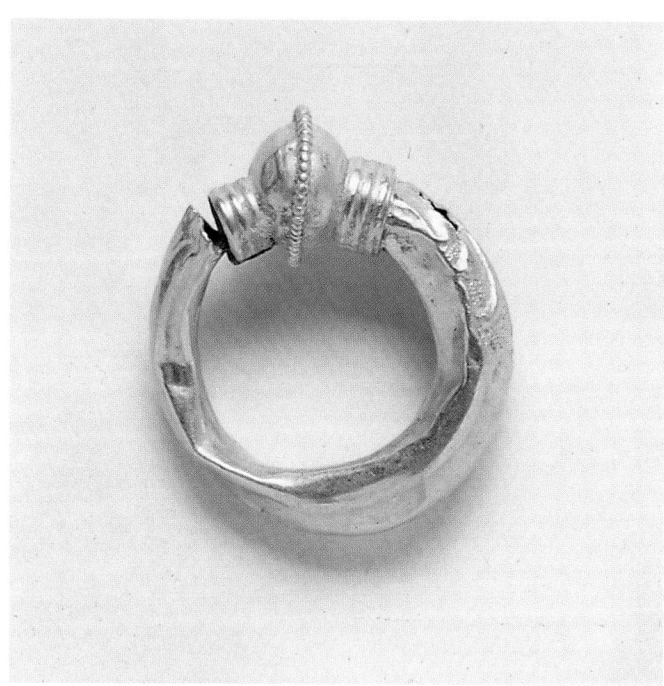

E 4 Goldener Ohrring, 3. Jh. v. u. Z.

E 5 Goldene Nadel mit Kugelkopf, Ende 6.–Anfang 5. Jh. v. u. Z.

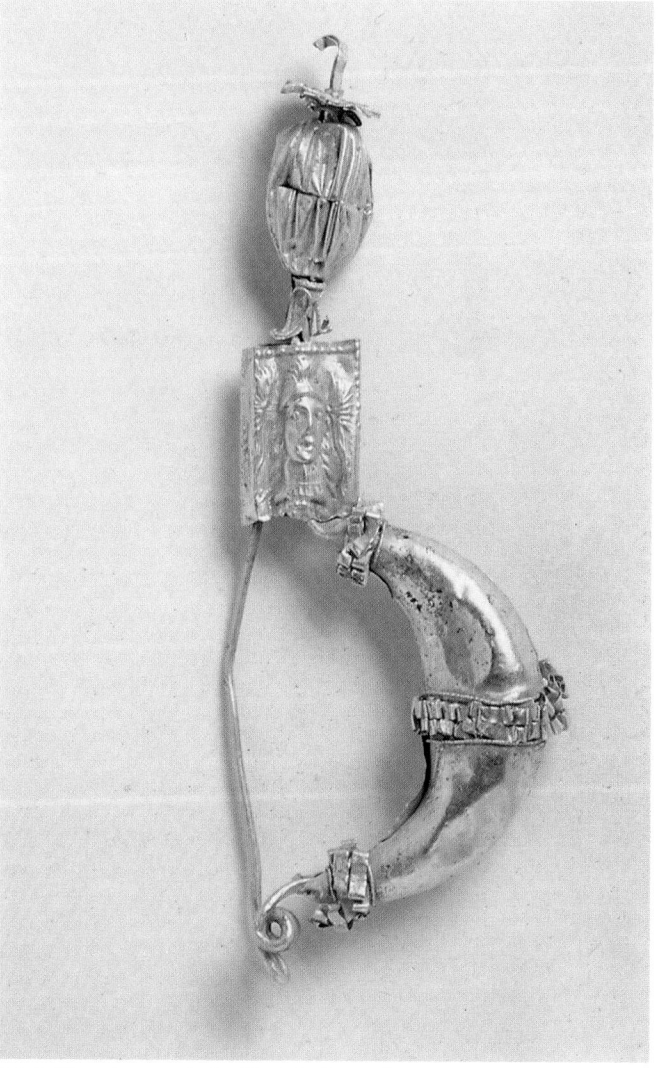

E 6 Goldene kampanische Fibel, 3. Jh. v. u. Z.

E 1 Goldener Ohrring mit Granulation (Baule-Typ), stark vergrößert (etwa 5:1), 6. Jh. v. u. Z.

(Eos) trägt geflügelte Schuhe und einen Strahlenkranz um den Kopf.

Der Künstler ist einer der talentiertesten Meister seiner Zeit. Er beherrscht virtuos die Technik der Gravur. Nur selten finden sich Details, die auf seinen früheren Werken zu finden waren. Die Vorbilder aus der attischen Vasenmalerei nutzt er als Anregung, um seine originelle künstlerische Sprache zu entfalten. Der Spiegel ist wahrscheinlich in einer der Werkstätten von Vulci hergestellt.

Lit.: L. Stefani, Putebodítel' po antičnomu otdeleniju Ermitaža, Moskva 1856, S. 113, Nr. 61; L. Stefani, Nimbus und Strahlenkranz, 1859, S. 61; OAK za 1872, S. 206; Gerhard, ES, 4, S. 397; Kul'tura i iskusstvo Etrurii, Nr. 77; AChB, Nr. 189; E. V. Mavleev, in: SGE, 45 (1980), S. 48–50; ders., Etrusskie zerkala, S. 29–31 Abb. 2–3; ders., Bronzovye zerkala.   E. M.

F 4 (Abbildung)
Gravierter Spiegel

3. Viertel 5. Jh. v. u. Z.
Bronze. Oberfläche durch Korrosion erheblich zerstört
L. 28,8 cm, D. 16,1 cm
Fundort unbekannt; 1859 von Eduard Gerhard erworben
Berlin, SMB, Antikensammlung
Inv.: Fr. 31

Der Diskus ist auf der Bildseite leicht konkav gewölbt, sein Rand beiderseits geperlt. Der angegossene Griff läuft in eine Tierprotome aus. Im Zwickel, der vom Bildfeld durch ein Wellenband abgesetzt ist, erhebt sich Usil (Helios) mit ausgebreiteten Flügeln über den Pferdeköpfen seines Viergespanns. Das Bildfeld umzieht ein Kranz zu beiden Seiten aufsteigender Lotosblüten, der im Scheitel durch einen Kelchkrater getrennt wird. Dargestellt ist der Muttermord des Orest, eine in der etruskischen Kunst beliebte Szene. Beide Figuren sind am oberen Bildrand inschriftlich benannt: uruśθe und clutumita. Orest, nackt bis auf den über die rechte Schulter auf den Rücken fallenden Mantel, hat seine Mutter an der Schulter gepackt und holt mit dem Schwert zum tödlichen Stoß aus. Klytaimnestra, bekleidet mit Chiton und Mantel, ist zusammengesunken und erhebt bittend die linke Hand. Ihr langes gewelltes Haar weht in der heftigen Bewegung. Am Bildrand sprießt rechts eine große, links eine kleinere Blüte.

Körperbildung und Faltenstil vereinigen reifklassische und archaistische Züge; sie deuten auf eine Entstehungszeit bald nach der Mitte des 5. Jh. v. u. Z. (Pfister-Roesgen). Diesem Ansatz widerspricht allerdings der angegossene Griff, der sich, ausgehend von Praeneste, erst im späteren 4. Jh. v. u. Z. in der etruskischen Spiegelproduktion durchsetzt. Deshalb ist Mansuellis Spätdatierung nicht unbegründet.

Lit.: Gerhard, ES 2 Taf. 237, 3, S. 221; G. A. Mansuelli, in: StEtr 20, 1948–49, S. 51 und 84; Pfister-Roesgen, S. 49f. Nr. 29, S. 136ff. Taf. 31f.; CSE, DDR I Nr. 4.   G. H.

F 5

F 5 (Abbildung)
Gravierter Spiegel

380–360 v. u. Z.
Bronze
L. 23,3 cm, D. 14,3 cm
Fundort unbekannt; 1932 aus der Akademie der Geschichte der materiellen Kultur (früher Sammlung K. N. Bobrinskij) erworben
Leningrad, GE, Antikensammlung
Inv.: V 2292

Diskus mit aufgebogenem Rand zur Bildfeldseite hin, die von zwei Lorbeerzweigen kranzartig umgeben wird. Zum Zwickel hin Voluten, darüber bis zur Standlinie eine Archeloos-Maske. Dargestellt ist ein fast gänzlich entkleideter Mann links und eine nackte Frau. Es ist möglich, daß auf diese Weise eine kultische Vereinigung (»hieros gamos«) wiedergegeben wird.

Der Meister des Spiegels ist ein hervorragender Zeichner und ein geschickter Graveur. Er hat eine charakteristische Manier, skizzenhaft den menschlichen Körper darzustellen.

Der Spiegel ist ein interessantes Beispiel aus der frühen Produktion von Praeneste.

Lit.: Unveröffentlicht   E. M.

F 6 (Abbildung)
Gravierter Spiegel

Mitte 4. Jh. v. u. Z.
Bronze. Bis auf kleine Korrosionsschäden gut erhalten
L. 23,9 cm, D. 13,1 cm
Gefunden vermutlich in der Umgebung von Bologna; 1827 aus Sammlung Bartholdy erworben
Berlin, SMB, Antikensammlung
Inv.: Fr. 58

Den Diskus umschließt ein wulstiger, mit grob geritztem Kymation verzierter Rand, der auf der Bildseite stark aufgebogen ist. Ein Zwickel mit kräftig ausgebildeten Spitzen leitet zum Griff über, der sich zur Spitze verjüngt und mit einer

Tierprotome endet. Das Bildfeld umzieht ein Lorbeerkranz mit Blättern und Früchten. Dargestellt ist der virtuos gravierte Kopf des Fufluns (Dionysos). Er ist leicht zur Linken gewendet und zeigt weiche, füllige Gesichtsformen. Die tief in den Nacken fallenden Locken schmückt ein Kranz aus Weinlaub.

In Typus und Stil knüpft der Kopf an Darstellungen an, wie man sie in der unteritalischen Vasenmalerei des späten 5. und des frühen 4. Jh. v. u. Z. (z. B. A. D. Trendall, A. Cambitoglou, The Red-Figured Vases of Apulia, Bd. 1, 1978, Taf. 5,2) findet. Die Kopfwendung ist charakteristisch für Statuen des sogenannten Typs Richelieu (vgl. E. Pochmarski, Der Bacchus Richelieu und Verwandtes, in: Römische historische Mitteilungen 14, 1972, S. 155 ff.).

Lit.: F. Schiassi, De pateris antiquorum ex schedis Iacopi Tatii Biancani, 1814, S. 44 Taf. 21; Gerhard, ES 1 Taf. 71.5, 3, S. 72; Klügmann-Körte, ES 5, S. 206f; CSE, DDR I Nr. 7.
                                            G. H.

F 7
Gravierter Spiegel

Mitte 4. Jh. v. u. Z.
Bronze. Griff samt Zwickel verloren, geringe Korrosionsschäden
L. 16,3 cm, D. 15,3 cm
Fundort unbekannt; 1915 von dem Münchner Kunsthändler Jacob Hirsch erworben
Dresden, SKS, Skulpturensammlung
Inv.: ZV 2671

Der »birnenförmig« gelängte Diskus wird von einem gekerbten Rand eingefaßt. Das Bildfeld wird durch einen überdimensionierten Kranz aus Blatt- und Fruchtständen, den im Scheitel eine Rosette trennt, mehr beengt als gerahmt. Dargestellt ist eine Brunnenszene. Auf zweistufigem Sockel und geschweiftem Fuß ruht ein Brunnenbecken, in das Wasser aus einem Löwenkopfspeier fließt. Neben diesem hängt Badegerät, hinter dem Becken steht eine große praenestinische Ciste mit Deckel. Links ersteigt eine langgewandete Frau mit langem Lockenhaar die Stufen, beugt sich vor und berührt mit der Rechten den Bart des Pan, der rechts neben dem Becken steht und bedeutungsvoll die Linke hebt. Seine Oberschenkel sind von zottigem Fell verdeckt; sein Phallus überschneidet den Beckenrand. Die Szene vermischt Motive des häuslichen Badegenres (Ciste, Salbgefäß) mit der sakralen Sphäre. Vielleicht handelt es sich um einen Fruchtbarkeitsritus im Panheiligtum.

Der Spiegel gehört in die frühe Phase der praenestinischen Spiegelproduktion. Die virtuose Gravur des Bildes und der ungelenke Rahmenkranz stammen nicht von der gleichen Hand.

Lit.: CSE, DDR II Nr. 18.   G. H.

F 8 (Abbildung)
Gravierter Spiegel

3. Viertel 4. Jh. v. u. Z.
Bronze. Starke Korrosionsschäden. Von der ursprünglichen Vergoldung haben sich Reste erhalten

L. 27,7 cm, D. 18,6 cm
Gefunden in Vulci; 1859 von Eduard
Gerhard erworben
Berlin, SMB, Antikensammlung
Inv.: Fr. 36

Der große, kreisrunde, fast plane Diskus ist durch einen knappen Zwickel mit dem langen Griffzapfen verbunden. Der Rand, auf der Bildseite stark aufgebogen, ist mit einem sorgfältig geschnittenen Eierstab dekoriert. Die Spiegelfläche umzieht ein Perlband. Das Bildfeld wird von zwei kräftigen Efeuranken umschlossen, die im Zwickel entspringen und sich im Scheitel treffen. Sowohl zum Rand als auch zum Bildfeld werden sie von feinen Punktreihen begrenzt. Von den vier Figuren der im Bildfeld dargestellten Gruppe sind drei inschriftlich benannt: *apulu*, *semla* und *fufluns*. Die Komposition wird beherrscht durch die Gestalt des Apulu (Apollon). Der Gott ist mit einem Mantel bekleidet, der über linke Schulter, Rücken, rechten Oberschenkel und linken Arm geführt wird. In der Linken hält er einen hohen Lorbeerstab, der die Bildmitte markiert; die Rechte stützt er in die Hüfte. Hinter ihm sitzt ein kleiner Satyr, der auf der Doppelflöte bläst. Der Blick des Gottes ruht auf der Gruppe von Fufluns (Dionysos) und Semla (Semele). Der jugendliche, fast kindliche Dionysos ist nackt. Er legt den Kopf in den Nacken und umfaßt mit beiden Armen den Hals der hinter ihm stehenden Mutter, die sich zu ihm herabbeugt und mit beiden Händen seinen Körper hält; mit der rechten stützt sie zugleich den Thyrsos, der dem apollinischen Lorbeer deutlich untergeordnet ist. Semele ist mit Chiton und langem Mantel bekleidet. Die Gravierung zeichnet sich durch eine Fülle feinster Details aus, die allerdings teilweise durch Korrosion zerstört sind. Zart gepunktete Säume und Punktgruppen verzieren die Gewänder, virtuos sind die Haare differenziert, sind Diademe, Hals- und Armringe, Ohrschmuck und Sandalen wiedergegeben.

Gerhards Deutung der Szene als »Apotheose der Semele« im Olymp und damit verbundene »Einigung von Apollo und Dionysos« wurde von der späteren Forschung bestätigt. Die Semele-Dionysos-Gruppe variiert ein Motiv des Niobidenfrieses vom olympischen Zeusthron (um 410 v. u. Z.). Obwohl abhängig vom reichen Stil des ausgehenden 5. Jh. v. u. Z., erweist sich das Bild als Werk des mittleren 4. Jh. v. u. Z. Eng verwandt, teilweise wohl von der gleichen Hand, ist der Teiresias-Spiegel im Vatikan (Museo Gregoriano Etrusco, Inv. 12687). Technik und Stil zeigen die Tradition der Spiegelwerkstätten des Fundortes Vulci. Mit Recht gilt er als »Meisterstück der klassischen etruskischen Bronzezeichenkunst schlechthin« (Pfister-Roesgen).

Lit.: E. Gerhard, Dionysos und Semele, Berlin 1833; Gerhard, ES 1, Taf. 83.3 S. 87; Pfister-Roesgen S. 49f. Nr. 29 S. 136ff. Taf. 31f.; U. Fischer-Graf, Spiegelwerkstätten in Vulci 1980, S. 64ff. Nr. 42 Taf. 18; K. Schefold, Die Götter-

sage in der klassischen und hellenistischen Kunst, 1981, S. 42 Abb. 43; CSE, DDR I Nr. 5; M. Cristofani, in: LIMC 3, 1986, S. 537. – Vgl. auch Kat.-Nr. L 17 (Ruspi-Zeichnung). G. H.

F 9 (Abbildung)
Gravierter Spiegel
Nach 320 v. u. Z.
Bronze
D. 17,5 cm
Fundort unbekannt; 1862 aus Sammlung
Campana erworben
Leningrad, GE, Antikensammlung
Inv.: V 509

Auf der Bildseite des Spiegels ist eine mehrfigurige Komposition in drei Segmente geteilt. Auf dem untersten, fast völlig zerstörten Spiegelteil ist Hercle (Herakles) mit den Pferden des Diomedes dargestellt. Die mittlere Komposition zeigt die Versammlung trojanischer Heroen mit etruskischen Inschriften: cast[ra] (Kassandra), zium (Diomedes), ϑeϑis (Thetis), ec[a]pa (Hekabe), priumne (Priamos). In dem oberen Segment ist eine geflügelte junge Frau gezeigt, wahrscheinlich Lasa.

Der Meister gehört zu den Schöpfern der Gruppe sogenannter großer Disken. Von ihm hergestellte Spiegel wurden wahrscheinlich als besondere symbolische Geschenke für Gesandte verwendet. Das erklärt, warum die Spiegel aus Volsinii in den verschiedenen Orten Etruriens, mit denen Volsinii Verträge hatte, gefunden wurden. Es war die Zeit der sogenannten Samnitischen Kriege, als fast alle Völker der Apenninenhalbinsel gegen Rom kämpften. Der Meister besaß eine hervorragende technischkünstlerische Kenntnis, die sich mit umfassendem Wissen aus der griechischen Mythologie verband.

Lit.: Stefani, Bronzy i terrakotty, Nr. 418; Gerhard, ES I Taf. 402; Kul'tura i isskustvo Etrurii, Nr. 79; AChB, Nr. 190; E. V. Mavleev, in: SGE 49 (1984), S. 43–46 (mit vollständiger Bibliographie bis 1982); ders., in: Bronzovye zerkala, S. 31–32 Abb. 4; ders., in: VDJ, 1986, 3, S. 120 bis 133 und in: VDJ 1987 (1), S. 187–193. E. M.

F 10
Gravierter Spiegel
Um 320 v. u. Z.
Bronze. Rand gesprungen. Zwickel abgebrochen; dort ein Loch für eine alte Reparatur. Rand und Oberfläche der Rückseite, besonders im oberen Teil des Spiegels, korrodiert
D. 18,1 cm, H. 20 cm
Fundort unbekannt; in der 1. Hälfte des 19. Jh. im Besitz des Herrn von Blankensee aus Berlin. Bis 1945 im Museum Wrocław
Warschau, NM, Galerie antiker Kunst
Inv.: 198629

Spiegel mit konvexer, runder Scheibe und mit einer Rückseite, die von dem den Diskus schräg überlappenden Rand eingerahmt wird. Im Bild-

feld eine vierfigurige Szene, interpretiert als die Dioskuren (Zierhelme, Körperpanzer, Lanzen und Schilde), auf Turan-Aphrodite schauend, die ihre Schwester Helena umarmt (nackte Körper, Gewand Rücken und Beine bedeckend, Diademe, Halsketten, Armreifen). Den Boden bildet ein breiter Streifen aus schraffierten Dreiecken, darunter im Zwickel Voluten-Palmettenornament. Die Ornamentik findet Parallelen in der chiusinisch-volterranischen Keramik aus der 2. Hälfte des 4. Jh. v. u. Z. Ähnlich ist die Art der Modellierung der männlichen Muskulatur durch Reihen schräger Strichchen, womit eine ähnliche Methode der Vasenmaler aus der Zeit vor dem Ende des 4. Jh. zur Kennzeichnung der Plastizität der Figur übertragen wird. Der Spiegel wurde von dem gleichen Graveur verziert, von dem sich ein identisches Stück im Museum in Gotha befindet. (Weitere stilistische und ikonographische Übereinstimmungen bestehen mit Stücken in Brüssel, Florenz und im Pariser Cabinet des Médailles.) Sie sind mit dem Helena-Meister zu verbinden, der sich auf diese Thematik spezialisiert hatte.

Lit.: Gerhard, ES I, Taf. 204; W. Dobrowolski, in: Roszn. MNW 9, 1965, vgl. L. Lambrechts, Les miroirs étrusques et prénestins a Bruxelles, 1978, Nr. 47, S. 54; B. Adembri, in: Pittura etrusca a Orvieto, 1982, S. 97-99; D. Rebuffat-Emmanuel, Le miroir étrusque, 1973, S. 605, 609. W. D.

F 11 (Abbildung)
Gravierter Spiegel
2. Hälfte 4. Jh. v. u. Z.
Bronze. Diskus verbeult und mit Korrosionsschäden
L. 26,3 cm, D. 18,05 cm
Fundort unbekannt; 1859 von Eduard Gerhard erworben
Berlin, SMB, Antikensammlung Inv.: Fr. 62

Der dünne, leichte Diskus ist auf der Bildseite konkav und wird von einem kräftigen, auf der Spiegelseite gekerbten Rand gesäumt. Der Griffzapfen sitzt an einem Zwickel mit ausgezogenen Spitzen, darin eine Taube. Im Bildfeld ist eine Gruppe von drei weiblichen Figuren dargestellt. Ketten von Segmenten, die den Bildrand umziehen, deuten felsige Landschaft an. Über den Bildrand verteilt sprießen sieben große trichterförmige Blüten. Zwei Frauen sind sitzend mit nacktem Oberkörper dargestellt; die linke hält einen Thyrsos, beide tragen Diademe und Ohrschmuck. In der Mitte steht, größtenteils verdeckt, eine Flötenbläserin mit Zackenkrone. Es handelt sich um Mänaden oder ähnliche Wesen aus dem dionysischen Bereich.

Die Gravierung gehört zu einer Gruppe rahmenloser, flächenfüllender Zwei- und Dreifigurenbilder, die nach der Mitte des 4. Jh. v. u. Z. entstanden sind. Mansuelli hat einige von ihnen einem »Maestro de Elena« zugeschrieben (wie Kat.-Nr. F 10). Eng verwandt mit dem Berliner Exemplar ist ein Spiegel in Brüssel (vgl. Kat.-Nr. F 10).

Lit.: Gerhard, ES 1, Taf. 95.3 S. 100; G. A. Mansuelli, in: StEtr 19, 1946–1947, S. 57; N. Thomson de Grummond, in: AntK 25, 1982, S. 4; CSE, DDR I Nr. 8.　　　G. H.

F 12 (Abbildung)
Gravierter Spiegel
Ende 4. Jh. v. u. Z.
Bronze. Griffzapfen verloren, Korrosions-
schäden, die jedoch die Gravur kaum
beeinträchtigen
L. 18,1 cm, D. 15,3 cm
Fundort unbekannt; 1859 von Eduard Gerhard
erworben
Berlin, SMB, Antikensammlung
Inv.: Fr. 104

Der Diskus verjüngt sich zum breiten Zwickel,
die konkave Bildseite wird von einem breiten
Rand umschlossen. Dargestellt ist ein Krieger-
paar in antithetischer Komposition. Beide Figuren sind nackt bis auf Schuhe und Helme; sie
stützen sich auf die hinter ihnen stehenden
Rundschilde, der rechts hält einen Speer. Solche Kriegerpaare sind auf etruskischen Spiegeln häufig zu finden; sie werden meist als Dioskuren gedeutet (vgl. Kat.-Nr. F 18). Die Gravur,
sicher und großzügig, steht in der Technik dem
Spiegel Kat.-Nr. F 11 nahe. Verwandt ist ein
Spiegel der Wiener Antikensammlung (Noll).

Lit.: Gerhard, ES 1, Taf. 54.1, 3, S. 48; R. Noll, in: ÖJh 29, 1935, S. 156f. Abb. 58; M. del Chiaro, in: AJA 59, 1955, S. 282 Nr. 18 Taf. 80.1; D. Rebuffat-Emmanuel, Le miroir étrus-que, 1973, S. 506; CSE, DDR I Nr. 11.　　G. H.

F 13
Gravierter Spiegel
Ende 4. Jh. v. u. Z.
Bronze. Tiefer Riß im Diskus, oberhalb
des Zwickels zwei kleinere Risse, stabile
blaugrüne Patina mit Korrosionszonen
L. 26,2 cm, D. 17,8 cm
Fundort unbekannt; 1895 von R. Forrer
(Straßburg) erworben
Berlin, SMB, Antikensammlung
Inv.: M. I. 8534

Der dünne und leichte Diskus wird von einem
schmalen, auf der Spiegelseite gekerbten Rand
gesäumt, der den Zwickel einbezieht. Der lange
konische Griffzapfen ist am Ende gerundet. Am
unteren Bildrand deutet eine geschlängelte Linie den Boden an. Dargestellt sind drei Frauengestalten: in der Mitte Turan (Aphrodite) im
Tanzschritt, nackt, den Mantel mit einer zierlichen Gebärde der Linken im Rücken festhal-
tend, zu beiden Seiten antithetisch komponiert
zwei Begleiterinnen in Chiton und Mantel. Alle
drei tragen Schuhe und sind mit Hals- und Armreifen sowie mit Ohrringen geschmückt. Während Aphrodite ein Diadem trägt, haben die Begleiterinnen das Haar in Beutel gehüllt, deren
zopfähnliche Enden im Rücken hängen.

Die zarte Linienführung der Gravur ist konsequent auf rationellen Einsatz des Stichels berechnet. Das Berliner Exemplar gehört zu einer

Gruppe leichter, ziemlich großer Spiegel mit
Griffzapfen, deren großzügige, flächenfüllende
Gravierung auf Rahmung verzichtet (vgl. auch
Kat.-Nr. 11 und 12).

Lit.: E. Pernice, in: AA 1904, Sp. 24f.; CSE, DDR I Nr. 36.　　　G. H.

F 14 (Abbildung)
Gravierter Spiegel
Mitte 4. Jh. v. u. Z.
Bronze. Rand, Spiegelfläche und Griffzapfen
stark korrodiert, Gravur stellenweise nur noch
schwach kenntlich, da die Bildseite durch
mechanische Reinigung abgerieben wurde
L. 22,5 cm, D. 14,5 cm
Gefunden in Tarquinia; 1878 von Wolfgang
Helbig (Rom) erworben
Berlin, SMB, Antikensammlung
Inv.: M. I. 7379

Der Diskus wird von einem Rand mit kräftig
modelliertem Eierstab umschlossen. Ein breiter
Zwickel mit ausgeprägten Spitzen leitet zum konischen Griffzapfen über. Ein Kranz von Blüten
an gewellten Stengeln, die über dem Zwickelor-
nament entspringen und im Scheitel durch eine
Rosette getrennt sind, umgibt das Bildfeld. Das
Segment unter der Standlinie ist mit »schraffiertem Dreiecksgeflecht« gefüllt. Vor gepunktetem
Bildgrund sind drei Figuren dargestellt. Sie sind
sämtlich inschriftlich benannt: *evan, atunis* und

mean. In der Mitte steht frontal Atunis (Adonis)
mit nacktem Oberkörper. Er hält in der Linken
einen Zweig und stützt die Rechte in die Hüfte.
Links neben seinem Kopf trägt ein Vogel ein
Halsband herbei. Ihm zugewandt sitzen Evan
und Mean, »Larenwesen« aus dem Umkreis
der Turan (Aphrodite). Beide tragen Sandalen
und sind mit Halsbändern und Ohrringen geschmückt. Evan hält ein Tympanon, Mean ein
Salbgefäß samt Frisierstab.

Lit.: Klügmann-Körte, ES 5, S. 35f. Taf. 28; A. Pfiffig, Religio etrusca, 1975, S. 281f. 337; CSE, DDR I Nr. 31.　　　G. H.

F 15
Gravierter Spiegel
2. Hälfte 4. Jh. v. u. Z.
Bronze. Oben runder Metallflicken,
ausgekerbte Ränder, stark korrodiert
D. 17 cm, H. 24,5 cm
Herkunft unbekannt
Moskau, GMII, Antikensammlung
Inv.: II.1a 407

Runder, flacher Spiegel mit aufgebogenem
Rand, Bildfeld vom Zwickel aus mit Efeukranz
umgeben, Vorderseite Palmette im Zwickel. Die
ursprüngliche Oberfläche mit den feinen Gravuren der vierfigurigen Komposition blieb nur im
linken unteren Teil erhalten. Dort ist die Figur
eines sitzenden nackten Jünglings mit einem

F 9

Schwert in der Hand und Beinschienen zu seinen Füßen dargestellt. Der Umhang ist am Hals zusammengezogen und hängt über dem Rükken. Der übrige Teil stark korrodiert, aber noch erkennbar. Im Zentrum ein offensichtlich stehender, bartloser Mann mit einem geschmückten Tuch um die Hüften. In der linken Hand hält er ein Blitzbündel, die rechte Hand ist über dem Kopf des sitzenden Jünglings gestreckt. Möglicherweise stellen die unklaren Vertiefungen über seiner rechten Schulter langes wehendes Haar dar. Die drei verschwommenen Buchstaben können als »lur« gelesen werden. Rechts davon ein Jüngling in halbgebeugter Stellung, dessen Fuß auf einen runden Gegenstand, den Umrissen nach ein Helm, gestützt ist.

Der mythologische Zusammenhang mit der zentralen Figur des Himmelsgottes ist unklar.

Lit.: Gerhard, CS 1, Taf. 162.2; U. Fischer-Graf, Spiegelwerkstätten in Vulci, 1980, S. 56, 58 Taf. 16.1; N. A. Sidorova, Etrusskaja bronza. Bronzovye zerkala, in: »Očerki po istorii Etrurii i drevnej Italii«. W. S. Z.

F 16
Gravierter Spiegel
Ende 4. Jh. v. u. Z.
Bronze. Griffzapfen fehlt, Oberfläche korrodiert, Riß schräg über den Diskus
L. 16,8 cm, D. 16,2 cm
Gefunden in der Nekropole Polledrara bei Vulci; 1882 von W. Helbig (Rom) erworben
Berlin, SMB, Antikensammlung Inv.: M. I. 7770

Der flache Diskus mit leicht konkaver Bildseite hat einen schmalen, undekorierten Rand. Das Bildfeld umschließt ein Efeukranz, wie er für die Vulcenter Tradition charakteristisch ist (vgl. Kat.-Nr. 5). Dargestellt sind zwei durch Beischriften benannte Figuren: *turms* und *tuntles*. Der bärtige Tuntles (Tyndareos) sitzt auf einem Felsen. Sein Mantel läßt den Oberkörper frei, an den Füßen trägt er Sandalen. Er hält in der Linken einen Stab und in der vorgestreckten Rechten ein Ei. Ihm gegenüber steht Turms (Hermes) mit Flügelschuhen, Petasos und verzierter Chlamys. Er hält in der Linken das Kerykeion. Die Übergabe des Eies der Nemesis durch Hermes an Tyndareos ist in der etruskischen Kunst häufig dargestellt, meist erweitert durch Leda und Aphrodite. Der Spiegel vertritt die Spätphase der Vulcenter Produktion im ausgehenden 4. Jh. v. u. Z. (vgl. U. Fischer-Graf, Spiegelwerkstätten in Vulci 1980, S. 113f.). Die Gravur ist sicher und großzügig; hervorzuheben ist die feine Körperschraffierung.

Lit.: Klügmann-Körte, ES 5, S. 92 Taf. 75; CSE, DDR I Nr. 32. G. H.

F 17
Gravierter Spiegel
Ende 4. Jh. v. u. Z.
Bronze. Vollständig erhalten, Oberfläche stellenweise stark korrodiert, mit Resten der ursprünglichen Politur
L. 26 cm, D. 17,3 cm

Gefunden angeblich in Tarquinia; 1877 von dem Kunsthändler Martinetti (Rom) erworben, vorher in Sammlung Marzi (Corneto)
Dresden, SKS, Skulpturensammlung
Inv.: H 445/39

Der massive, schwere Diskus wird von einem Rand mit Eierstabprofil umschlossen, dessen Kehlung auf der Bildseite nur flüchtig geglättet ist. Ein kurzer Zwickel mit markant ausgeprägten Spitzen leitet zum derben Griffzapfen über. Die Gravur des Zwickels ist nicht mehr klar zu deuten; vermutlich stellt der kauernde Knabe zwischen Ranke und fliegendem Vogel Dionysos dar. Das Bildfeld rahmt ein Kranz aus gegenständigen Blättern im Wechsel mit gestielten Früchten, der am breiten, aus schraffierten Dreiecken gebildeten Bodenstreifen ansetzt und im Scheitel von einer Rosette getrennt wird. Zum Bildfeld grenzt ihn ein mehrfach von Darstellungen unterbrochener Strich ab.

Die drei Figuren des Bildes sind inschriftlich benannt: *seθlans, uni, tretu*. In der Mitte thront Uni (Hera) auf einem kostbar verzierten Sessel. Die Göttin trägt einen faltenreichen Chiton und einen mäanderverzierten Mantel. Das reich gelockte Haar schmückt ein Diadem, den Hals eine dicke Kette mit Anhängern, den linken Arm ein Reif. Die Füße ruhen auf einer verzierten Fußbank. Sie wendet sich dem zur Rechten gebückt stehenden Sethlans (Hephaistos) zu, der mit einem in Falten über die Oberschenkel fallenden Gewand bekleidet ist. Er hält in der Rechten einen Hammer, mit dem er die Sessellehne über dem rechten Arm der Uni bearbeitet. Hinter dem Sessel kauert der nackte Gehilfe Tretu – dessen Name wohl von dem griechischen Wort τρητός (durchbohrt) abzuleiten ist – der mit Hammer und Meißel an der Sessellehne arbeitet. Am linken und rechten Bildrand deuten Strichbögen steinigen Boden an.

Die Szene entstammt einer häufig ins Bild gesetzten griechischen Mythenüberlieferung (vgl. K. Schefold, Die Göttersage in der klassischen und hellenistischen Kunst, 1981, S. 126ff.): Um sich für die Vertreibung vom Olymp zu rächen, hatte der mißgestalte Hephaistos seiner Mutter einen Thronsessel geschickt, der, Hera, als sie auf ihm Platz nahm, mit Fesseln umschloß. Von Dionysos trunken gemacht, erklärte sich Hephaistos bereit, auf den Olymp zurückzukehren und die Fesseln zu lösen, wenn er Aphrodite zur Frau bekäme. Der gleichen Bildtradition wie der Dresdener Spiegel folgt die Darstellung auf einem lukanischen Volutenkrater in Leningrad (Inv.: 988; Trendall, S. 161 Nr. 912); sie ist figurenreicher als die verknappende Gravur und wie diese in den letzten Jahrzehnten des 3. Jh. v. u. Z. entstanden.

Die Strichführung ist locker und großzügig, sicher und differenziert: Binnenzeichnung ist feiner als Umrißlinien, Körperrundungen werden durch zarte Schraffur angedeutet. Der »impressionistische« Duktus setzt den Einfluß praenestinischer Spiegelkunst voraus.

Lit.: Klügmann-Körte, ES 5, S. 58ff. Taf. 49;

G. A. Mansuelli, in: StEtr 19, 1946/47, S. 22 und 57; 20, 1948/49, S. 61 und 75; S. Steingräber, Etruskische Möbel, 1979, S. 259 Nr. 331; U. Fischer-Graf, Spiegelwerkstätten in Vulci, 1980, S. 82f.; CSE, DDR II Nr. 8. G. H.

F 18 (Abbildung)
Gravierter Spiegel
Um 300 v. u. Z.
Bronze
L. 21,6 cm, D. 16,5 cm
1950 erworben
Prag, NM, Inv.: 5943

Spiegel mit rundem Diskus sowie schräger Schmuckkante und trapezförmigem kurzem Wulst mit Doppelvolute. Kurzer, abgebrochener Griff. Der Rand trägt ein ionisches Kyma sowie eine Reihe plastischer Punkte.

Die Bildfläche wird von zwei Efeuranken umschlossen, die im Zwickel aus einer Doppelvolute erwachsen.

In der Mitte zwei Krieger, die Dioskuren. Der eine trägt auf dem Kopf einen makedonischen Helm oder Pilos. Der Mantel fällt über die Schultern am Rücken herab, und die erhobene linke Hand hält den Zipfel des Mantels. Der nach links gewandte Dioskur trägt auf dem Kopf eine phrygische Mütze oder einen stilisierten Helm. Der Mantel auf den Schultern fällt über den Rücken auf den Fels und läßt die vordere Körperseite nackt. Das rechte, gebeugte Bein mit angehobenem Fuß steht auf dem Fels. Der linke Arm ist gesenkt; die Hand hält einen Schild mit Griff. Die rechte Hand hält eine Lanze, deren untere Hälfte in der Gravur fehlt. Die Einfassung der Rückseite ist an beiden Rändern granuliert. Die Einschnitte sind unterschiedlich tief. Das Haar der Personen wird durch kurze, wellenförmige Striche angegeben. Manierierte Arbeit, aber von ungewöhnlicher künstlerischer Qualität und lebendig im Ausdruck. Aus einer Werkstatt in Vulci.

Lit.: U. Fischer-Graf, Spiegelwerkstätten in Vulci, 1980, S. 90–120, bes. S. 113f. Taf. 28.1 Abb. 3 V 85. J. B.

F 19 (Abbildung)
Gravierter Spiegel
Ende 4.– erste Hälfte 3. Jh. v. u. Z.
Bronze, dunkelgrüne Patina. Ein Riß am Diskus, erhaltener oberer Teil des dünnen Griffzapfens mit zwei Nieten am Zwickel befestigt (antike Reparatur?)
D. 12,3 cm, H. 15,3 cm
Herkunft unbekannt
Budapest, SzM, Antikensammlung
Inv.: 52.830

Kreisrunder Diskus, der Rand auf der konkaven Spiegelseite gekerbt. Auf der Bildseite tanzende oder laufende geflügelte Frauengestalt, die rechte Hand erhoben, das rechte Bein angewinkelt. Im Haar ein Diadem, die Füße muß man sich mit Schuhen vorstellen, da die Zehen nicht angedeutet sind. Vor der Frauengestalt eine Blume mit zwei Kelchen auf einem welligen

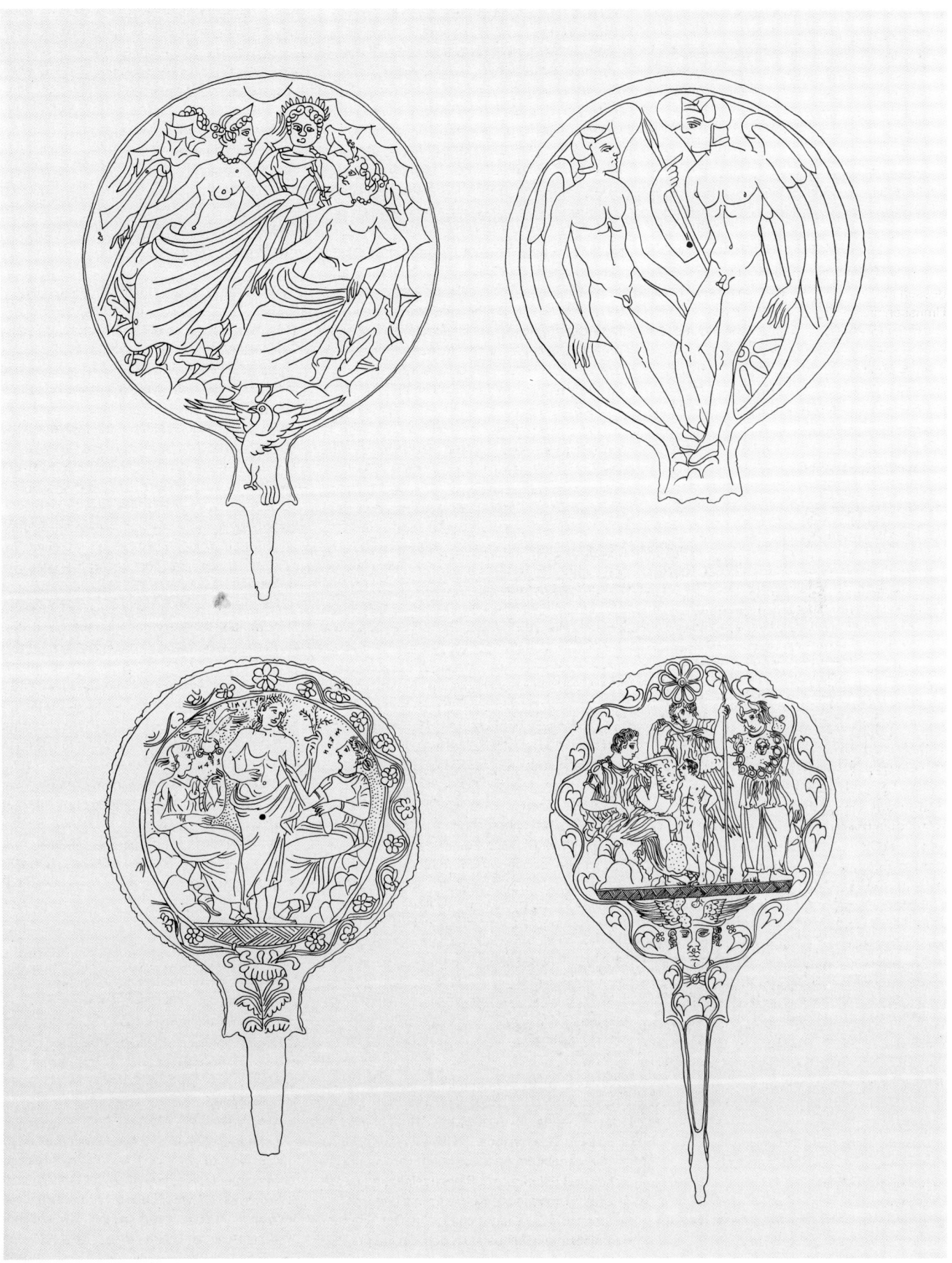

F 11/F 12/F 14/F 20

Stengel. Der Zwickel auf der Spiegelseite ist mit einer Palmette geschmückt. Die auf den etruskischen Spiegeln oft dargestellte Frauengestalt ist ein nicht näher identifizierbares göttliches Wesen, wohl aus dem Kreis der Aphrodite-Turan.

Lit.: J. G. Szilágyi, M. Szabó, in: SzM Antik kiállitás, Vezető, 1974, S. 83, Abb. 57; zur Ikonographie A. Rallo, Lasa, 1974, S. 53–56; zur Datierung D. Rebuffat-Emmanuel, Le miroir étrusque 1973, S. 594–595; zur stilistischen Gruppierung G. A. Mansuelli, in: StEtr 19, 1946 bis 47, S. 56 (»Maestro delle Lase«, wohl nicht alle von der gleichen Hand). J. G. Sz.

F 20 (Abbildung)
Gravierter Spiegel
Mitte 4. Jh. v. u. Z.
Bronze. Starke Korrosionsschäden; zwei größere Löcher, mit Kitt gefüllt. Gravur stellenweise großflächig zerstört
L. 34,8 cm, D. 18,8 cm
Fundort unbekannt; 1893 von R. Forrer (Straßburg) erworben

F 18

Berlin, SMB, Antikensammlung
Inv.: M. I. 8431

Der Diskus ist in der für praenestinische Spiegel charakteristischen Weise »birnenförmig« gelängt.

Den hohen Rand schmückt ein Eierstab. Der kurze, konische Griff endet mit einer Tierprotome. Das Bildfeld wird durch ein Band schraffierter Dreiecke geteilt und von Efeuzweigen gerahmt, die im Zwickel entspringen und im Scheitel durch eine große Rosette getrennt werden. Im Zwickel der Kopf des Hermes mit geflügeltem Petasos in Vorderansicht. Im oberen Teil des Bildfeldes ist eine Szene mit vier Figuren dargestellt. Links sitzt Aphrodite, bekleidet mit einem Chiton, vor ihr steht der nackte Erosknabe mit großen Flügeln. Hinter ihm, teilweise verdeckt, eine langgewandete Frau mit einer Tänie in beiden Händen. Rechts steht Athena in voller Rüstung und wendet den Kopf dem Geschehen zu.

Schmückungsszenen sind auf praenestinischen Cisten und Spiegeln häufig dargestellt. Die qualitätvolle Gravierung gehört in die Früh-

phase praenestinischer Spiegelproduktion. Nach der von Matthies, G. Foerst (Die Gravierungen der praenestinischen Cisten, 1978) und R. Adam (Recherches sur les miroirs prénestins, Etudes d'histoire et archéologie 2, 1980) erarbeiteten Chronologie ist er um die Mitte des 4. Jh. v. u. Z. entstanden.

Lit.: Klügmann-Körte, ES 5, S. 215, Nachtrag Nr. 5; A. Furtwängler, in: AA 1894, Sp. 118 Nr. 12; Matthies, S. 140; CSE, DDR I Nr. 33. G. H.

F 21
Gravierter Spiegel
2. Hälfte 4. Jh. v. u. Z.
Bronze. Oberfläche stellenweise durch Korrosion zerstört
L. 26,3 cm, D. 14,55 cm
Gefunden angeblich in Tarquinia; 1893 erworben
Dresden, SKS, Skulpturensammlung
Inv.: ZV 1209

Der runde, leicht gelängte Diskus ist fast plan; ihn umschließt ein schmaler, auf der Spiegelseite gekerbter Rand mit Eierstabprofil. Ein knapper Zwickel leitet zum kurzen Griff über, der auf der Spiegelseite plastisch gegliedert ist und mit einer Eselprotome endet. Das Bildfeld rahmt ein Kranz aus gegenständigen Blättern, dessen Zweige aus der Zwickelpalmette entspringen.

Dargestellt ist eine Badeszene: Drei nackte Frauen, zwei davon hockend und eine stehend, zwei mit Kopftüchern, waschen und salben sich vor einem Wasserbecken, das zwischen zwei Säulen steht. Die Strichführung betont das Körpervolumen und verknappt die gliedernde Binnenzeichnung. Badeszenen, meist Dreifigurengruppen, finden sich häufig auf etruskischen und praenestinischen Spiegeln. Das Dresdener Exemplar gehört in die spätere Phase der praenestinischen Produktion, könnte aber auch in Südetrurien unter praenestinischem Einfluß entstanden sein.

Lit.: P. Herrmann, in: AA 1894, S. 175 Nr. 14; Klügmann-Körte, ES 5, S. 205 Nr. 154; Matthies, S. 64 und 90ff.; CSE, DDR II Nr. 17. G. H.

F 22
Gravierter Spiegel
Ende 4. Jh. v. u. Z.
Bronze. Stabile Patina mit Erdresten
L. 32,8 cm, D. 18 cm
Fundort unbekannt; 1894 von T. von Schröder geschenkt
Berlin, SMB, Antikensammlung
Inv.: M. I. 8488

Den im unteren Teil gelängten Diskus umschließt ein Rand mit Eierstab, der den Zwickel mit seinen markanten Spitzen einbezieht. Der kurze, gedrungene Griff endet mit einer Tierprotome; er ist auf der Spiegelseite reliefiert, auf der Bildseite roh ausgehöhlt. Das Bildfeld umzieht ein Efeukranz (Blätter und Fruchtstände im Wechsel), der über einem herzförmigen Blatt im Zwickel entspringt. Unter der flüchtig gezo-

genen Standlinie ein Bukranion (?). Die drei Figuren des Bildfelds sind ohne Rücksicht auf den Rahmen graviert. Dargestellt ist die Schmükkung einer Göttin (Ariadne?). Sie ist mit Chiton und Mantel bekleidet; den letzteren zieht sie über den Hinterkopf und lüftet ihn mit der Rechten. Außerdem trägt sie Ärmel aus Fell oder Leder, was durch die kleinen Ovale angegeben ist. Sie stützt sich auf einen jugendlichen Satyr, ein älterer bringt ihr eine Tänie. Die Strichführung ist flüchtig, aber sicher. Der Spiegel stammt aus der Spätphase der praenestinischen Produktion vom ausgehenden 4. Jh. v. u. Z.

Lit.: F. Winter, in: Amtliche Berichte aus den kgl. Kunstsammlungen 16, 1, 1895, Sp. IIf.; Matthies, S. 79f.; CSE, DDR I Nr. 34.   G. H.

F 23 (Abbildung)
Gravierter Spiegel
3. Viertel 4. Jh. v. u. Z.
Bronze
L. 28,5 cm, D. 14,5 cm
Fundort unbekannt; 1862 aus Sammlung
Campana erworben
Leningrad, GE, Antikensammlung
Inv.: V 518

Ein mit pflanzlichen Motiven geschmückter Kranz umgibt das Bildfeld, das die Göttin Thalna und einen Krieger zeigt. Links steht die mit einem Chiton bekleidete Göttin, vor ihr ein halbbekleideter Krieger, der sich mit der Rechten auf einen Speer stützt und in der Linken ein Schwert hält. Hinter der Frau ist eine Pflanze mit lanzettförmigen Blättern zu sehen. Die Göttin Thalna wurde im Süden Etruriens und in Latium verehrt.

Der Spiegel wurde in Praeneste hergestellt. Dem Meister sind eine große Zahl von Kompositionen zuzuweisen, obwohl er nur mittelmäßig begabt war. Sein Stil ist für die praenestinischen Spiegel typisch: das Vorherrschen einer vertikalen Orientierung in den Kompositionen, die Vorliebe für kurze Striche, aber mit nur schwach ausgeprägtem Empfinden für die Strichstärke und die künstlerischen Möglichkeiten, die mit deren Modulation verbunden sind.

Lit.: Gerhard ES 3, Taf. 388.1; Matthies, S. 62, 78; Kul'tura i iskusstvo Etrurii, Nr. 80; R. Adam, Recherches sur les miroirs prénestins, 1980, Nr. 20; Mavleev, Etrusskie zerkala, S. 28 Abb. I.   E. M.

F 24
Gravierter Spiegel
Letztes Viertel 4. Jh. v. u. Z.
Bronze, mit graugrüner Patina. Am Rand langer Riß, kleinere Stücke herausgebrochen. Oberfläche der Spiegelseite korrodiert
L. 31,4 cm, D. 16,4 cm
Herkunft unbekannt
Budapest, SzM, Antikensammlung
Inv.: 51.944

Leicht konkaver, unten »birnenförmig« ausgezogener Diskus mit Stemmloch in der Mitte,

angegossener Griff. Der erhobene gekerbte Rand läuft bis zu den Spitzen des Zwickels und ist auf der Spiegelseite durch eine Rille vom Diskus getrennt. Der Griff ist auf der Bildseite gehöhlt, auf der Spiegelseite mit Reliefornament verziert. Er endet in einem gedrungenen, abgesetzten Tierkopf. Das Bildfeld ist von zwei im Zwickel entspringenden Lorbeerzweigen gerahmt. In der Mitte sind zwei stehende Frauenfiguren dargestellt, in hochgegürtetem Peplos mit Überschlag, mit Halskette und schlangenförmigen Armbändern an beiden Handgelenken geschmückt. An den Füßen Sandalen. Die nach links gewandte Figur ist geflügelt, hat ein Band im Haar und stützt ihren rechten Arm auf einen großen runden Schild (?), dessen Rand mit Fischgrätenmuster verziert ist. Ihr Gesicht ist im Profil gegeben, im Gegensatz zu der anderen, mit gekreuzten Beinen stehenden Frau, die ihren linken Arm auf die Schulter des göttlichen Wesens legt. Zwischen den Frauenköpfen erscheint ein kleiner, unter der Darstellung ein großer Stern, darunter im Zwickel die eingeritzten Buchstaben TM. Nach Form und Zeichnung

gehört das Stück in die Reihe der praenestinischen Spiegel, deren Meister mit den etruskischen Werkstätten in reger Verbindung standen. Der Spiegel gehört in eine eng zusammenhängende Gruppe, deren Stücke wenigstens zum Teil derselben Meisterhand entstammen. Das ikonographische Vorbild war vielleicht eine Darstellung von Athena-Menvra und Aphrodite-Turan.

Lit.: Unveröffentlicht. Über die Gruppe des Budapester Spiegels Matthies, S. 84–86, Gruppe D II; R. Adam, Recherces sur les miroirs prénestins, 1980, S. 77–86, Gruppe B; ein stark fragmentarischer Spiegel der Gruppe zeigt Athena und die nackte Aphrodite: I.M.B. Wiman, in: MedelhavsMusB 20, 1985, S. 64–66.   J.G.Sz.

F 25 (Abbildung)
Gravierter Spiegel
Vor 300 v. u. Z.
Bronze
L. 25,24 cm, D. 12,24 cm
Fundort unbekannt; 1925 aus Sammlung
Stieglitz erworben

F 19

Leningrad, GE, Antikensammlung
Inv.: V 1716

Der Diskus auf der Bildseite wird von einem Kranz aufsteigender dreigezackter Blätter umgeben. Eine vierfigurige Komposition nimmt das Bildfeld ein, die für diese Spiegelgruppe üblich ist und eine Kontamination zweier Bildschemen darstellt: die Darstellung des Paris-Urteils und die der Dioskuren. In diesem Fall ist die Gruppe in zwei, ein Gespräch führende Paare geteilt: die linke männliche Figur ist mit Menvra (Athena), die rechte mit Turan (Aphrodite) im Gespräch. Die Geste mit den zwei ausgestreckten Fingern, die hier dargestellt ist, soll die Aufmerksamkeit auf sich ziehen. Sie wurde wahrscheinlich aus der süditalienischen Vasenmalerei entlehnt und hatte dort eine Beziehung zu den orphisch-pythagoreischen Mysterien.

Der Meister des Spiegels steht hinsichtlich der Bildsprache in enger Verbindung mit der Gruppe großer Disken (vgl. Kat.-Nr. F 9). Er versteht es gut, die Möglichkeiten einer Strichmodulation in Tiefe und Breite zu nutzen und füllt den Bildgrund mit Punkten, um die Figuren silhouettenhaft abzuheben. Er stand vor der schwierigen Aufgabe, diese feinen Eigenheiten der Zeichnung einer neuen Form anzupassen. Man kann ihn als den Schöpfer eines neuen Kanons der Gruppe der »Blätter-Flammen« aus Volsinii betrachten.

Lit.: E. V. Mavleev, in: SGE, 47, 1982, S. 44 bis 46; ders., Bronzovye zerkala.   E. M.

F 26
Gravierter Spiegel
Um 300 v. u. Z.
Bronze. Diskus beschädigt, fast der gesamte Griff fehlend
L. 11,3 cm, D. 10,9 cm
1859 in Köln angekauft
Brno, Mährische Galerie
Inv.: 1169

Das Bildfeld wird von einer dichten Girlande spitzer Lorbeerblätter eingerahmt, die schuppenartig angeordnet sind. Die Girlande besteht aus zwei Hälften, die oben und unten auf jeder Seite von Gürtelschnallen in Form des Andreaskreuzes eingefaßt werden.

Dargestellt ist das Urteil des Paris. Paris, links, ist bekleidet mit einer gegürteten Tunika und phrygischer Mütze. Der rechte gebeugte Arm lehnt auf einer kleinen ionischen Säule hinter dem Rücken der Figur. Rechts neben ihm steht die Göttin Uni (Hera). Ihre rechte Hand liegt auf Paris' Schulter. Uni trägt einen langen ärmellosen Chiton, der bis auf den Boden fällt. Der nach links gewandte Kopf ist mit einer Haube bedeckt. Ganz nahe bei Uni steht Turan (Aphrodite) in ihrer nackten Schönheit. Ein einfacher Reif in der Form eines offenen Ringes ziert ihren Hals. Turan trägt eine hohe Fußbekleidung mit gekreuzten Riemen. Der von den Schultern zu Boden geglittene Mantel wickelt sich um das rechte Bein. Anmutig stützt sie den rechten Arm in die Hüfte. Menvra (Athena) steht

rechts von ihr, wie in Gedanken versunken. Sie stützt sich mit dem linken Unterarm leicht gegen einen Volutenpfeiler. Der Kopf ist behelmt, der Körper mit einer Tunika gleicher Form wie der des Paris bekleidet. Auch Menvra trägt hohe Fußbekleidung mit gekreuzten Riemen. Hinter den Köpfen der Gestalten kleine Horizontalstriche, die die Architektur der Stadt Troja symbolisieren.

Lit.: G. Hejzlar, in: Mnema Vladimir Groh, 1964, S. 107–116; Antické umeni, S. 64 Nr. 244.
J. B.

F 27
Gravierter Spiegel
Nach 300 v. u. Z.
Bronze
L. 27,4 cm, D. 13,6 cm
Fundort unbekannt; 1862 aus Sammlung Campana erworben
Leningrad, GE, Antikensammlung
Inv.: V 516

Das Bildfeld umgeben kranzförmig zwei oben zusammenlaufende Zweige mit lanzettförmigen Blättern. Links und rechts sind fast spiegelbildhaft sich wiederholende weibliche Figuren dargestellt, die in Sesseln sitzen. In der Mitte ein Mann mit Helm und in einem Frauenkleid, dessen Saum er anhebt und so seine Leistengegend entblößt. Rechts im Hintergrund die Profildarstellung eines Frauenkopfes mit Helm. Hinter den Köpfen der Figuren ein ornamental stilisierter Giebel. Die Darstellung des Paris-Urteils wurde bei diesem Spiegel im Sinne eines Rituals ausgeführt, das typisch ist für Fruchtbarkeitskulte.

Der Graveur wurde bekannt durch eine Reihe anderer Arbeiten in charakteristischem Stil mit reicher Verwendung von Kreisen unterschiedlicher Größe. Der Spiegel gehört zur etruskisch-praenestinischen Gruppe.

Lit.: AChB, Nr. 193; Mavleev, Sud'ba, S. 57 bis 58 Taf. U.20–22.   E. M.

F 28
Gravierter Spiegel
Nach 300 v. u. Z.
Bronze
L. 29,1 cm, D. 13,8 cm
Vermutlich aus Olbia; 1905 aus Sammlung Hauchmann erworben
Leningrad, GE, Antikensammlung
Inv.: V 994

Das Bildfeld umgeben kranzförmig zwei oben zusammenlaufende Zweige mit lanzettförmigen Blättern. Dargestellt ist das Paris-Urteil. Links, halb sitzend, ein nackter Jüngling, in der Mitte eine stehende, ihren nackten Körper zeigende Frau, einen Mantel im rechten Arm, den sie über den Rücken zur Linken führt. Weiter rechts eine sitzende Frau, mit einer Tunika bekleidet. Zwischen ihr und der stehenden Frau ein weiblicher Kopf, nach links blickend. Hinter den Köpfen ist ein Giebel dargestellt, der auf den Kapitellen korinthischer Säulen ruht.

Ungeachtet des dem Meister eigenen Eklekti-

zismus verfügte er über einen charakteristischen Stil und war, nach der Vielzahl von Spiegeln aus seiner Hand zu urteilen, sehr produktiv. Der Spiegel gehört zur etruskisch-praenestinischen Gruppe.

Lit.: Kul'tura i iskusstvo Etrurii, Nr. 82; AChB, Nr. 194; Mavleev, Sud'ba, S. 57 Taf. U.17-19.
E. M.

F 29
Gravierter Spiegel
Um 300 v. u. Z.
Bronze
L. 28,3 cm, D. 13,8 cm
Vermutlich aus Chiusi; 1862 aus Sammlung Campana erworben
Leningrad, GE, Antikensammlung
Inv.: V 512

Die vierfigurige Komposition wird von einem eingravierten Kranz aus paarweise verbundenen, lanzettförmigen Blättern umschlossen. Links ist eine Frau dargestellt, die um ihren linken Arm den Mantel geschlungen hat, der über den Rücken zur rechten Hand geführt ist. Die folgende Figur, in einen Mantel gehüllt, ist teilweise von der linken weiblichen Figur verdeckt. Rechts davon ein im Profil dargestellter Kopf mit Helm. Rechts ist ein Mann mit einem um die Hüften geschlungenen Mantel zu sehen. In der Darstellung von Details entdeckt man viele Ungereimtheiten, z. B. das Diadem auf dem Kopf des Manteljünglings.

Die Komposition stellt eine seltene Variante des Paris-Urteils dar. Paris ist rechts als Haruspex (Wahrsager) dargestellt. In der linken Hand hält er eine Leber und eine Lunge. Die weibliche Figur links von Paris ist Menvra (Athena), daneben wahrscheinlich Turms (Hermes) und Turan (Aphrodite). Der Spiegel gehört zur etruskisch-praenestinischen Gruppe.

Lit.: Stefani, Bronzy i terrakoty, Nr. 441; Gerhard, ES 5, Taf. 102; L. Lord, in: AA 41, 1937, S. 605; G. A. Mansuelli, Gli specchi figurati etruschi, in: StEtr 19, 1946–1947, S. 60; Ch. Clairmont, Das Parisurteil in der antiken Kunst, Zürich, 1951, S. 71; Mavleev, Sud'ba, S. 54–57 Taf. 2.6–9, 4.15.   E. M.

F 30
Gravierter Spiegel
Ende 4. bis Anfang 3. Jh. v. u. Z.
Bronze. Oberfläche korrodiert, besonders stark auf der Bildseite rechts; auf der Spiegelseite stellenweise die alte Politur erhalten
L. 26,7 cm, D. 13,2 cm
Fundort unbekannt;
1894 von T. von Schröder geschenkt
Berlin, SMB, Antikensammlung
Inv.: M. I. 8489

Den Diskus umschließt ein hoher schmaler Rand, der auf der Spiegelseite gekerbt ist und zur Bildseite steil abfällt. Ein gelängter Zwickel mit markanten Spitzen leitet zum Griff über, der mit einer sorgfältig durchgebildeten Widderprotome endet; er ist auf der Spiegelseite plastisch gegliedert, auf der Bildseite gehöhlt. Das Bild-

F 31/F 32/F 23/F 25/F 34

F 37

feld umzieht ein Lorbeerkranz von gegenständigen schmalen Blättern. Im eingetieften Medaillon ist eine der in der spätetruskischen Spiegel-
gravur häufigen Vierfigurengruppen dargestellt,
gerahmt von gezackten Bodenlinien. In der
Mitte steht frontal eine fast nackte weibliche Gestalt, vielleicht Turan (Aphrodite), links im Hintergrund die behelmte Menvra (Athena) in Seitenansicht. Beide werden eingefaßt von antithetisch komponierten Dioskuren mit phrygischen
Mützen und hochgegürteten Tuniken (vgl. Kat.-
Nr. F 25).

Die Gravur in ihrer virtuos flüchtigen Manier
ist bezeichnend für eine Gruppe spätetruskischer Spiegel. Charakteristisch ist z.B. die
Schematisierung der Haarlocken zu konzentrischen Bögen. Dem Berliner Exemplar ist technisch und stilistisch ein Spiegel in Chikago verwandt (R.D. De Puma, in: StEtr 41, 1973, S.
161ff.), Vgl. auch das Exemplar in Loningrad
(Kat.-Nr. F 31)

Lit.: F. Winter, in: Amtliche Berichte aus den
kgl. Kunstsammlungen 16, 1895, 1, Sp. 2f.;
CSE, DDR I Nr. 35.   G.H.

F 31 (Abbildung)
Gravierter Spiegel
Anfang 3. Jh. v. u. Z.
Bronze
L. 28,2 cm, D. 13,7 cm
Fundort unbekannt; 1862 aus Sammlung
Campana erworben

Leningrad, GE, Antikensammlung
Inv.: V 513

Auf der Rückseite des Spiegels ist, von einem
Blattkranz umgeben, eine Gruppe von vier Figuren dargestellt; die Figuren ganz links und
rechts wiederholen sich spiegelbildlich. Es sind
mit hochgegürteten Tuniken bekleidete Krieger.
Von der Mitte aus links steht eine Frau mit Helm
im hochgegürteten Chiton. Rechts eine nackte
männliche Figur mit athletischem Körperbau in
manierierter Stellung; er ist der einzige, der in
Vorderansicht dargestellt ist und so hervorgehoben wird.

Die Gravur ist fast skizzenhaft angelegt. Obwohl professionell in der Ausführung, zeigen
sich viele Ungenauigkeiten im Detail. Die
Werkstatt, aus der dieser Spiegel stammt, ist
bezeichnend für eine Zeit, in der die Steigerung
der Spiegelproduktion im Vordergrund stand
und damit die Qualität der Gravur sank. Er gehört zur Gruppe der »Blätter-Flammen«.

Lit.: Mavleev, Bronzovye zerkala; ders., Mifotvorčestvo.   E.M.

F 32 (Abbildung)
Gravierter Spiegel
1. Viertel 3. Jh. v. u. Z.
Bronze
L. 28,3 cm, D. 13,5 cm
Fundort unbekannt; 1925 aus Sammlung
Stieglitz erworben (möglicherweise
früher in der Sammlung Campana)

Leningrad, GE, Antikensammlung
Inv.: V 1717

Das Bildfeld wird von einem unterbrochenen
Blattkranz umgeben und beherrscht von drei
männlichen Figuren. In der Mitte befindet sich
ein nackter Mann, rechts und links sich spiegelbildhaft wiederholende nackte sitzende männliche Figuren. Die künstlerische Sprache ist so
allgemein gehalten, daß eine Bestimmung der
Szene schwerfällt. Modifiziert ist das Zwillings-
schema der Dioskuren, das vielleicht als religiöses Symbol einem Umdenkungsprozeß unterworfen war; als zentrale Figur ist wahrscheinlich
Hercle eingeführt worden. Es ist interessant,
diese Komposition mit traditionellen Zwillings-
darstellungen zu vergleichen. Dem Meister ist
eine recht große Zahl von Spiegeln zuzuweisen,
die in der gleichen Art ausgeführt sind und die
offenbar gern gekauft wurden. Der Spiegel gehört zu der späten etruskisch–praenestinischen
Gruppe.

Lit.: ES 3, S. 261; Kul'tura i iskusstvo Etrurii, Nr. 83; AChB, Nr. 195; Mavleev, Mifotvorčestvo.
                                           E.M.

F 33
Gravierter Spiegel
1. Viertel 3. Jh. v. u. Z.
Bronze
L. 24,67 cm, D. 12,05 cm
Fundort unbekannt; 1862 aus Sammlung
Campana erworben
Leningrad, GE, Antikensammlung
Inv.: V 517

Die Figurenkomposition wird am Rand von einem Flechtband umgeben. Im Bildfeld links und
rechts die Zwillinge (»Dioskuren«), hinter ihren
Rücken zum Rand hin ihre Schilde. Das Paar ist
durch Kleidung, Helmkonstruktion und Gesichtsausdruck voneinander unterschieden. In
der Mitte zwei stehende weibliche Figuren, die
rechte nackt. Über den Köpfen ist schematisch
ein Giebel dargestellt, von seinem Rand gehen
wellige Linien aus, die bis zu den Füßen reichen.

Der Meister ist ein guter Graveur und ein erst-
klassiger Zeichner. Er kennt die Gesetzmäßig-
keiten der perspektivischen Verkürzungen,
kann überzeugend den Faltenwurf der Kleidung
am Körper wiedergeben, was für diese Zeit
eine große Seltenheit ist. Er orientierte sich bei
dieser Arbeit an Beispielen der Gruppe »Blätter-Flammen«, obwohl sie nicht zu dieser
Gruppe gehört und diese nur nachahmt.

Lit.: Mavleev, Mifotvorčestvo.   E.M.

F 34 (Abbildung)
Gravierter Spiegel
1. Viertel 3. Jh. v. u. Z.
Bronze
L. 26,42 cm, D. 12,42 cm
Herkunft unbekannt
Leningrad, GE, Antikensammlung
Inv.: V 1217

Das Bildfeld ist umrahmt von einem stilisierten Flechtband. Die dreifigurige Komposition

zeigt eine bemerkenswerte Technik der Gravur. Rechts im Bildfeld ein nackter Mann mit Schwert, links von ihm zwei in Tuniken gekleidete Frauen, eine davon mit Bogen und Hindin, die andere mit einer Keule.

Über den Inhalt dieser Komposition kann man nur Vermutungen anstellen. Es ist möglich, daß es sich hier um die mythische Welt der Diana handelt, deren Verehrung im Süden Etruriens und in Latium, wo der Spiegel offensichtlich hergestellt wurde, mit einiger Sicherheit anzunehmen ist. Der Meister verfügt über eine charakteristische Technik der Gravur, die auch auf seinen anderen Spiegeln leicht zu erkennen ist. Der Spiegel gehört zur späten etruskisch-praenestinischen Gruppe.

Lit.: Unveröffentlicht   E. M.

F 35
Gravierter Spiegel
1. Hälfte 3. Jh. v. u. Z.
Bronze
L. 22,39 cm, D. 11,79 cm
Fundort unbekannt; 1862 aus Sammlung
Campana erworben
Leningrad, GE, Antikensammlung
Inv.: V 515

Ohne Umrahmung ist im Blickfeld die unbekleidete Lasa in schnellem Flug dargestellt. Lasa verkörpert die ursprünglichen, das Universum belebenden Kräfte. Sie trägt eine stilisierte phrygische Mütze und in der rechten Hand einen runden Gegenstand, wahrscheinlich einen Granatapfel.

Der Spiegel gehört zu einer künstlerisch nachlässig ausgeführten Gruppe, die aber eine gewisse handwerkliche Routine verrät, denn obwohl die weibliche Figur anatomisch falsch wiedergegeben ist, gelingt es dem Graveur mit erstaunlicher Brillanz, den Eindruck eines schwerelosen, sich leicht bewegenden Wesens zu vermitteln.

Der Spiegel wurde wahrscheinlich in Populonia hergestellt.

Lit.: Kul'tura i iskusstvo Etrurii, Nr. 85.   E. M.

F 36
Gravierter Spiegel
2. Viertel 3. Jh. v. u. Z.
Bronze
L. 20,63 cm, D. 10,38 cm
Fundort unbekannt; 1862 aus Sammlung
Campana erworben
Leningrad, GE, Antikensammlung
Inv.: V 504

Das Bildfeld rahmt ein Kranz aus zu beiden Seiten aufsteigenden stilisierten Lotosblüten. Dargestellt sind zwei spiegelbildhaft angeordnete Figuren von gleichem ikonographischen Typ. Die linke Figur in hochgegürtetem Chiton, leicht rückwärts geneigt, hält die Hände auf dem Rücken verschränkt. Auf dem Kopf trägt sie einen Helm, an den Füßen geschnürte Stiefel. Zu Füßen der beiden Figuren steht eine Amphora, in Brusthöhe der Figuren sind drei parallele waagerechte Linien gezogen, darüber eine Blume mit lanzettförmigen Blütenblättern, über den Helmen ein schematisch dargestellter Giebel und hinter den Rücken der Figuren kleine Säulen mit ionischen Kapitellen. Die dargestellten Personen sind offensichtlich Geschöpfe lokaler etruskischer Mythologie, obwohl sie an die griechischen Dioskuren erinnern.

Der Spiegel gehört zur Gruppe der »Blätter-Flammen« aus Volsinii.

Lit.: Mavleev, Mifotvorčestvo; ders., Bronzovye zerkala.   E. M.

F 37 (Abbildung)
Deckel eines Klappspiegels
Ende 4. bis Anfang 3. Jh. v. u. Z.
Bronze. Stark korrodiert und verbogen. Fehlstellen am linken Rand hinter der Figur, vor und hinter ihrem rechten Bein, links vor und hinter der Penelope. Vier Stücke am oberen Rand waren ausgebrochen und sind jetzt geklebt
D. 15,6–16,7 cm
Gefunden in Chiusi; 1875 von Remigio Mazzetti (Chiusi) erworben
Berlin, SMB, Antikensammlung Inv.: M. I. 6482

Der Deckel der (verlorenen) Spiegelplatte besteht aus einer massiven Scheibe und einem getriebenen Medaillon, das von einem Kranz gerahmt wird. Dargestellt ist eine Szene aus der Odyssee, die Begegnung des Odysseus mit Penelope. Am linken Bildrand steht der als Bettler mit einer Exomis bekleidete bärtige Odysseus mit dem Pilos; er stützt sich mit der Linken auf einen Knotenstock und streckt die Rechte im Redegestus vor. Ihm gegenüber steht Penelope in gegürtetem Peplos mit Überschlag; sie führt die Linke nachdenklich zum Kinn. Hinter ihr ein zusammengelegtes Gewand (?) auf einem Pfeiler. In der Mitte über einer Maske (Gorgoneion?) ein Bukranion; damit soll wohl die Haustür angedeutet werden.

Unter den nicht sehr zahlreichen etruskischen Klappspiegeln (vgl. W. Züchner, Griechische Klappspiegel, JdI Erg. H. 14, 1942, S. 148; Mayer-Prokop S. 148) nimmt der Bildtypus eine hervorragende Stellung ein. Es sind bisher fünf Repliken bekannt geworden, von denen zwei aus Tarquinia und zwei aus Cerveteri stammen (vgl. T. Dohrn, in: Helbig, 3 Nr. 2680).

Lit.: CSE, DDR I Nr. 29.   G. H.

F 38
Spiegelgriff
3. Jh. v. u. Z.
Bronze
L. 16 cm
Fundort unbekannt; 1852 aus Sammlung
Laval erworben
Leningrad, GE, Antikensammlung Inv.: V 305a

Der im Schnitt runde Griff ist reich mit plastisch modellierten Blättern verziert, die in drei Reihen angeordnet sind. In der Mitte, wo die Blätter der dritten Reihe auseinanderlaufen, erhebt sich frontal ein weiblicher Kopf mit langem Hals. Rechts und links sind auf den Enden der auseinanderlaufenden Blätter kleinere Köpfe dargestellt. Der Griff schließt am Ende mit einem modellierten Kopf eines Maultieres ab. Der Spiegel gehört zur mittelitalischen Gruppe.

Lit.: Unveröffentlicht   E. M.

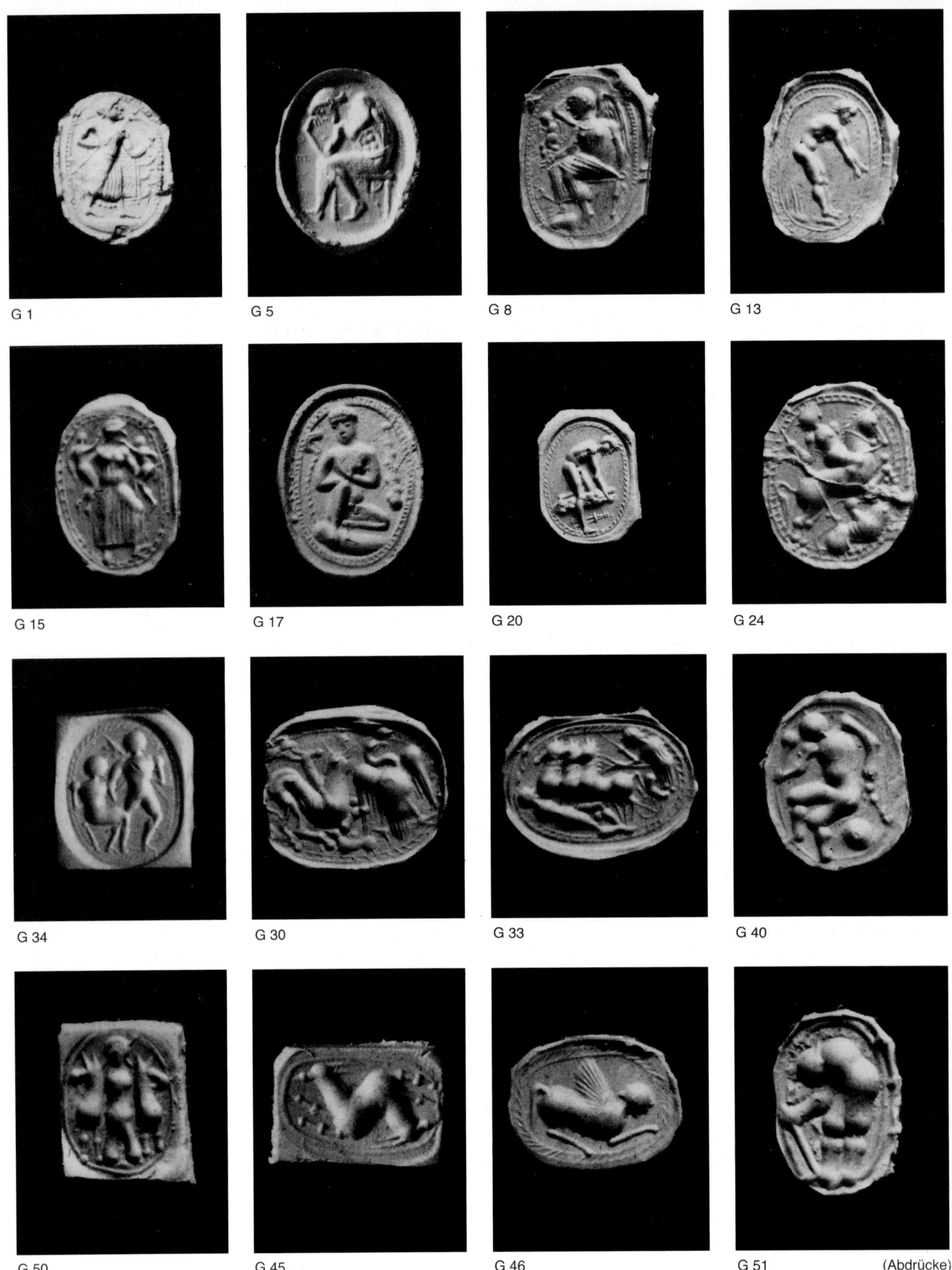

G 1   G 5   G 8   G 13

G 15   G 17   G 20   G 24

G 34   G 30   G 33   G 40

G 50   G 45   G 46   G 51   (Abdrücke)

»Die etruskischen Skarabäen sind das Beste und Vollkommenste, was der künstlerische Geist der Etrusker überhaupt hervorbringen konnte«, stellte A. Furtwängler im Jahre 1900 fest. Tatsächlich sind die besten Gemmen der Steinschneider Etruriens unübertroffene Meisterwerke feinster Technik. Sie zeigen nicht nur künstlerische Meisterschaft, sondern auch tiefstes Rhythmusgefühl und vollendetes dekoratives Empfinden der Künstler. Offensichtlich wurden die ersten etruskischen Gemmen in Werkstätten angefertigt, die Zuwanderer aus Griechenland und Ionien gründeten. Die frühesten Werkstätten entstanden gegen Ende des 6. Jh. v. u. Z. In diesen Schulen der Steinschneidekunst, die sich in Vulci und Tarquinia befanden, wurden auch die einheimischen Meister herangebildet. Im Unterschied zu den Griechen verwendeten die Etrusker die Gemmen anscheinend nicht als Siegelstempel, sondern nur als Schmuckgegenstände und Amulette.

Zu den Arbeiten der ersten archaischen Werkstätten kann man die Gemmen aus der Ermitage mit den Darstellungen von Minerva und Hippalektryon (Kat.-Nr. G 1, G 2) zählen. Ein Fund in der Nekropole von Populonia erlaubt es, die Entstehungszeit der Skarabäen in der Ermitage genauer festzulegen: etwa 520–500 v. u. Z.

Zur Periode des sogenannten strengen Stils am Beginn des 5. Jh. v. u. Z. gehören die vielleicht schönsten Skarabäen der Sammlung der Ermitage. Die seit H. K. E. Köhler gebräuchliche Bezeichnung »Herakles und der schlangenfüßige Gigant« für das Motiv (Kat.-Nr. G 3) erfordert wohl eine Präzisierung: Hier haben wir es mit der etruskischen Variante eines griechischen Mythos zu tun, dem Kampf des Herakles mit Echidna oder einer skythischen, schlangenbeinigen Göttin. Ein Glanzstück ist der Pseudoskarabäus mit der Darstellung von Aias, der den Körper des sterbenden Achilleus trägt (Kat.-Nr. G 4). Hier ist ein eigentümlicher glyptischer Palimpsest erhalten, denn anstelle des ursprünglichen Käfer-Rückens wurde später eine Sirene eingraviert – ein sepulkrales Motiv. Die Beischriften nennen die dargestellten Figuren. Die Etrusker standen lange im Bann der archaischen Kunst Griechenlands, obwohl man alle Etappen des strengen, Übergangs- und freien Stils der griechischen Kunst ebenso an den etruskischen Kunstwerken verfolgen kann.

Man kann einen »Konservatismus« nicht übersehen, der in den örtlichen Werkstätten herrschte: als ob sich Schüler nicht trennen könnten vom Material (fast ausschließlich Karneol), von der Gemmenform (Skarabäen), von den einmal gewohnten Verfahren und dem Stil ihrer Lehrer. Ebenso entnahm man die Themen in der Regel den hellenischen Sagen, wobei eindeutig die Helden des trojanisch-thebanischen Zyklus bevorzugt wurden: Achilleus, Aias, Tydeus, Kapaneus, Kadmos (Kat.-Nr. G 4, G 12). Eine Besonderheit der etruskischen Gemmen aus dem 5. bis 4. Jh. v. u. Z. sind ihre Inschriften. Sie sind wertvolle Überreste der noch in vieler Hinsicht rätselhaften Sprache der Etrusker. Aber während man auf griechischen Gemmen dieser Zeit öfter Signaturen der Gemmenschneider findet, sind es auf den etruskischen Skarabäen fast ausschließlich die Namen der dargestellten Figuren. Manchmal versieht der Meister die Darstellung eines jungen Athleten mit dem Namen eines der berühmten und bei den Etruskern so beliebten griechischen Helden. Ein Meisterwerk aus der Phase des freien Stils ist der Karneol mit der Darstellung eines Jünglings, der als *taitle* (Tantalus) bezeichnet ist (Kat.-Nr. G 14).

Die gewissenhafte Bearbeitung der Rückseite unterscheidet die etruskischen von den ihnen ähnlichen griechischen Skarabäen. Auf den gravierten Steinen der klassischen Epoche sind in großem Umfang spezifisch etruskische Figuren vertreten: z. B. geflügelte Lasen (Kat.-Nr. G 8), dazu geheimnisvolle Dämonen und märchenhafte Ungeheuer des düsteren Pantheons Etruriens, Herakles-Melkart, der von den Phönikern übernommen wurde, u. a. Nach 480 v. u. Z. unterhält Etrurien keine direkten Kontakte mehr zu Griechenland. Damit erklärt sich auch der Konservatismus der Gemmenschneider, die Orientierung an vergangenen Leistungen sowie ein Anstrich von Provinzialismus und Handwerklichkeit in ihren Arbeiten.

Zu Beginn des 4. Jh. v. u. Z. entsteht, wahrscheinlich nicht ohne Einfluß der Italiker und Kelten, in der etruskischen Glyptik ein außerordentlich effektvoller dekorativer Stil. Er erhält die Bezeichnung a globolo, denn für die Gemmenbilder sind kleine Kugeln, ital. globolo, charakteristisch, die durch eine bestimmte Art von Schneidwerkzeug (Rundperl) entstehen. Aus Kombinationen dieser Kugeln wird eine eigen-

tümliche Bilderwelt auf den etruskischen Skarabäen geschaffen. Eine starke Politur, die bereits jede Andeutung eines Details hervorhebt, gibt der Darstellung eine überaus abstrakte Stilisierung. Möglicherweise erklärt sich diese kühne Stilisierung nicht nur durch den Einfluß der Nachbarn der Etrusker, sondern vielmehr durch innere Tendenzen ihrer eigenen Kunst, die sich stets durch das »Anti-Klassische« auszeichnet. Bisweilen kostet es Mühe, in den abstrakten Konstruktionen a globolo die traditionellen Sujets zu erkennen: »Entführung der Helena« (Kat.-Nr. G 48), »Selbstmord des Aias« (Kat.-Nr. G 51). Verwandt sind Gemmen in Berlin und Leningrad mit einem sehr spezifischen Motiv, der Darstellung einer ausgebreiteten Tierhaut (Kat.-Nr. G 56, G 57). Die seltene Darstellung vom Bau eines Schiffes auf einem Skarabäus der Berliner Sammlung (Kat.-Nr. G 27) muß, wie entsprechende Gemmen der Ermitage und des Britischen Museums zeigen, dem Zyklus der Sagen um die Argonauten zugeordnet werden.

Etruskische Skarabäen dieser Zeit sind weit verbreitet. Davon zeugt ihre Auffindung außerhalb Italiens, auf der Pyrenäen-Halbinsel und im nördlichen Schwarzmeergebiet (siehe S. 389f.). Gemmen des a globolo-Stils vollenden Ende des 3. bis Anfang des 2. Jh. v. u. Z. die eigenständige Entwicklung etruskischer Glyptik. Die späteren Arbeiten der Steinschneidewerkstätten Etruriens verschmelzen mit der umfangreichen Gattung etruskisch-italischer Gemmen des späten Hellenismus.

Lit.: A. Furtwängler, Die Antiken Gemmen, 1900, Bd. III, S. 170ff.; P. Zazoff, Etruskische Skarabäen, 1968; W. Martini, Die etruskische Ringsteinglyptik, 1971, RM, Erg.H. 18; P. Zazoff, Die antiken Gemmen, 1983. (Handbuch der Archäologie); O. Neverov, in: StEtr 49, 1981, S. 13ff (zur Erwerbung der Gemmen der Ermitage).   O. N.

G 1 (Abbildungen)

Minerva

Fragment eines Skarabäus, Ende 6. Jh. v. u. Z.

Onyx

1,1 × 0,8 cm

1786 aus Sammlung Beverly erworben

Leningrad, GE, Antikensammlung

Inv.: Ž 677

Bild: Figur der bewaffneten Minerva, auf ihren Schultern die Aigis, in den Händen Schild und

Speer. Ein schraffiertes Bodensegment und Strichrand.

Die Aigis reicht bis zur Erde und ist mit »goldenen Quasten« verziert; die Darstellung geht auf die homerische Gestalt in der »Ilias« zurück (II, 446ff).

Lit.: P. Victori, Animadversiones ad lamellam aeneam vetustissimam, Roma 1741; Köhler, Ges. Schr. Bd. 4, S. 10 Taf. 1; Köhler, Käfer-Gemmen, S. 146, Nr. 7 (»Agamemnon«); Reinach, S. 125 Taf. 120; Furtwängler, Taf. 17, 11; Zazoff, Nr. 354; Kul'tura i iskusstvo Etrurii, Nr. 216. O.N.

G 2
Hippalektryon
Skarabäus, Ende 6. – Anfang 5. Jh. v. u. Z.
Karneol
$1,0 \times 0,8 \times 0,6$ cm
Seit Beginn des 19. Jh. in der Sammlung
Leningrad, GE, Antikensammlung
Inv.: Ž 712

Bild: Phantastische Gestalt aus einer Verbindung von Pferd und Hahn. Ornamentale Ausführung der Komposition mit zwei Kugeln. Strichrand.

Käfer: Kopf und Beine, Linie zwischen Thorax und Elytren in Relief dargestellt. Kleine Flügel sind genau gekennzeichnet.

Lit.: Kul'tura i iskusstvo Etrurii, Nr. 217; Neverov, S. 17 Taf. 6 Abb. 4. O.N.

G 3 (Abbildung)
Herakles und Echidna
Skarabäus, Anfang 5. Jh. v. u. Z.
Karneol
$1,4 \times 1,1 \times 0,8$ cm
Seit Ende des 18. Jh. in der Sammlung
Leningrad, GE, Antikensammlung
Inv.: Ž 682

Bild: Herakles mit der Keule zum Schlag auf den Kopf eines schlangenbeinigen geflügelten Wesens ausholend, berührt mit der anderen Hand dessen Kopf. Strichrand.

Käfer: Kopf und Beine, Linie zwischen Thorax und Elytren, Basis mit Kerben in Relief dargestellt. Durch Einschnitte sind kleine Flügel genau gekennzeichnet.

Lit.: A. Capello, Prodomus iconicus, Venetiae 1702, Nr. 260; Köhler, Käfer-Gemmen, S. 167 Nr. 14; Furtwängler, Bd. III, S. 208; M.I. Maksimova, S. 50 Taf. 1,9; Kul'tura i iskusstvo Etrurii, Nr. 218; O. Neverov, Antičnye intalii v sobranii Ermitaža, 1976, Nr. 70. O.N.

G 4 (Abbildung)
Aiax, den Körper des Achill tragend
Pseudoskarabäus, Anfang 5. Jh. v. u. Z.
Karneol
$1,5 \times 1,1 \times 0,9$ cm
1787 aus der Sammlung des Herzogs von Orleans erworben
Leningrad, GE, Antikensammlung
Inv.: Ž 676

Bild: Aiax im Knielauf mit Helm, Harnisch und Beinschienen, trägt auf den Schultern den nackten Körper des toten Achill. Ihm zu Füßen eine kleine geflügelte Figur – die Seele des gefallenen Helden. Beiderseits der Darstellung die Namen der Figuren: αἴνας (von links nach rechts), αχελε (von rechts nach links). Schraffiertes Bodensegment. Strichrand.

Käfer: Kopf (mit Punkten bedeckt) und Beine in Relief dargestellt, Basis mit Kerben. Auf dem Rücken Relieffigur der Sirene, die den Kopf zum Zeichen der Trauer senkt und sich an die Brust schlägt.

Lit.: Caylus, Bd. 4 S. 92 Taf. 31; Köhler, Ges. Schr. Bd. 4 S. 8 Taf. I; Köhler, Käfer-Gemmen, S. 136 Nr. 11; Reinach, S. 140 Taf. 128; Furtwängler, Taf. 16.19; Zazoff, Nr. 11; Boardman, Archaic Gems, Nr. 605; Richter, Engraved Gems, Nr. 822; M.I. Maksimova, S. 50; Charsekin, S. 85; Kul'tura i iskusstvo Etrurii, Nr. 219; O. Neverov, Antičnye intalii v sobranii Ermitaža, 1976, Nr. 71. O.N.

G 5 (Abbildung)
Theseus
Abguß eines verlorengegangenen Skarabäus (?), Anfang 5. Jh. v. u. Z.
Glaspaste, Jaspis-Imitation
$1,2 \times 0,9$ cm
Seit Ende des 18. Jh. in der Sammlung
Leningrad, GE, Antikensammlung
Inv.: Ž 870

Theseus auf dem Stuhl sitzend, den Kopf auf die Hand gestützt. Am Rand eine Aufschrift: ϑese. Strichrand.

Lit.: Furtwängler, Taf. 16.66; Zazoff, Nr. 307; Charsekin, S. 85; Kul'tura i iskusstvo Etrurii, Nr. 220. O.N.

G 6
Löwe
Skarabäus, Anfang 5. Jh. v. u. Z.
Karneol
$1,4 \times 0,9 \times 0,7$ cm
Seit Beginn des 19. Jh. in der Sammlung
Leningrad, GE, Antikensammlung
Inv.: Ž 675

Bild: Löwe, der zum Sprung ansetzt. Strichrand.

Käfer: Kopf und Beine in Relief dargestellt.

Lit.: Furtwängler, Taf. 17.64; Zazoff, Nr. 1433; Boardman, Archaic gems, Nr. 452; Kul'tura i iskusstvo Etrurii, Nr. 221. O.N.

G 7
Jüngling mit Louterion
Fragment eines Skarabäus,
1. Hälfte 5. Jh. v. u. Z.
Karneol, durch Hitzeeinwirkung verfärbt
$1,6 \times 1,2 \times 0,9$ cm
Seit Beginn des 19. Jh. in der Sammlung
Leningrad, GE, Antikensammlung
Inv.: Ž 704

Bild: Nackter Jüngling (Peleus?), sich das Haar waschend im neben ihm stehenden Loute-

rion. Unter dem Gefäß hockend ein kleiner Junge. Strichrand.

Käfer: Kopf und Beine, Linie zwischen Thorax und Elytren, Basis mit Kerben in Relief dargestellt. Detailliert eingeschnittene kleine Flügel.

Lit.: Köhler, Käfer-Gemmen, S. 143 (»Peleus«); Kul'tura i iskusstvo Etrurii, Nr. 222. O.N.

G 8 (Abbildung)
Lasa
Skarabäus, 2. Hälfte 5. Jh. v. u. Z.
Karneol
$1,8 \times 0,9 \times 0,8$ cm
1787 aus der Sammlung des Herzogs von Orleans erworben
Leningrad, GE, Antikensammlung
Inv.: Ž 678

Bild: Geflügelte Lasa (oder Proserpina) auf einem Thron sitzend, in der Hand eine kleine geflügelte Gestalt haltend – wahrscheinlich die Seele eines Toten. Zu ihren Füßen Kerykeion des Hermes. Strichrand.

Käfer: Kopf und Beine, Linie zwischen Thorax und Elytren, Basis mit Kerben in Relief dargestellt. Kleine eingeritzte Flügel in Form von Dreiecken.

Lit.: Caylus, Bd. 4 S. 93 Taf. 31; Köhler, Käfer-Gemmen, S. 174 Nr. 11 (»Hermes mit dem kleinen Dionysos«); Furtwängler, Taf. 18.31; Zazoff, Nr. 416; Kul'tura i iskusstvo Etrurii, Nr. 223. O.N.

G 9 (Abbildung)
Prometheus und Hephaist
Skarabäus, 2. Hälfte 5. Jh. v. u. Z.
Karneol
$1,8 \times 1,4 \times 0,8$ cm
1893 aus der Sammlung von J.C. Lemmé erworben
Leningrad, GE, Antikensammlung
Inv.: Ž 679

Bild: Hephaist kettet Prometheus an den Felsen. Beide Figuren stehend. Der entblößte Prometheus mit der Kette am Fuß stützt sich auf einen Stab. Hephaist, bekleidet mit Chiton und Mütze, hält den Titanen. Strichrand.

Es ist möglich, daß die Darstellung auf ein verlorengegangenes Bild des Künstlers Parrhasios zurückgeht.

Käfer: Kopf und Beine, Linie zwischen Thorax und Elytren, Basis mit Kerben in Relief dargestellt. Kleine eingeritzte Flügel in Form von Dreiecken.

Lit.: L. Milani, Il mito di Filottete, 1879, S. 95 (»Odysseus und Telephos«); Furtwängler, Bd. 3 S. 204 Abb. 131; Kul'tura i iskusstvo Etrurii, Nr. 224; Neverov, S. 21, Taf. 7. O.N.

G 10 (Abbildung)
Gefährte des Odysseus
Skarabäus, 2. Hälfte 5. Jh. v. u. Z.
Karneol
$1,2 \times 0,8 \times 0,6$ cm
1846 aus der Sammlung von A. Mostras (ehem. Sammlung von Elisa Bonaparte) erworben

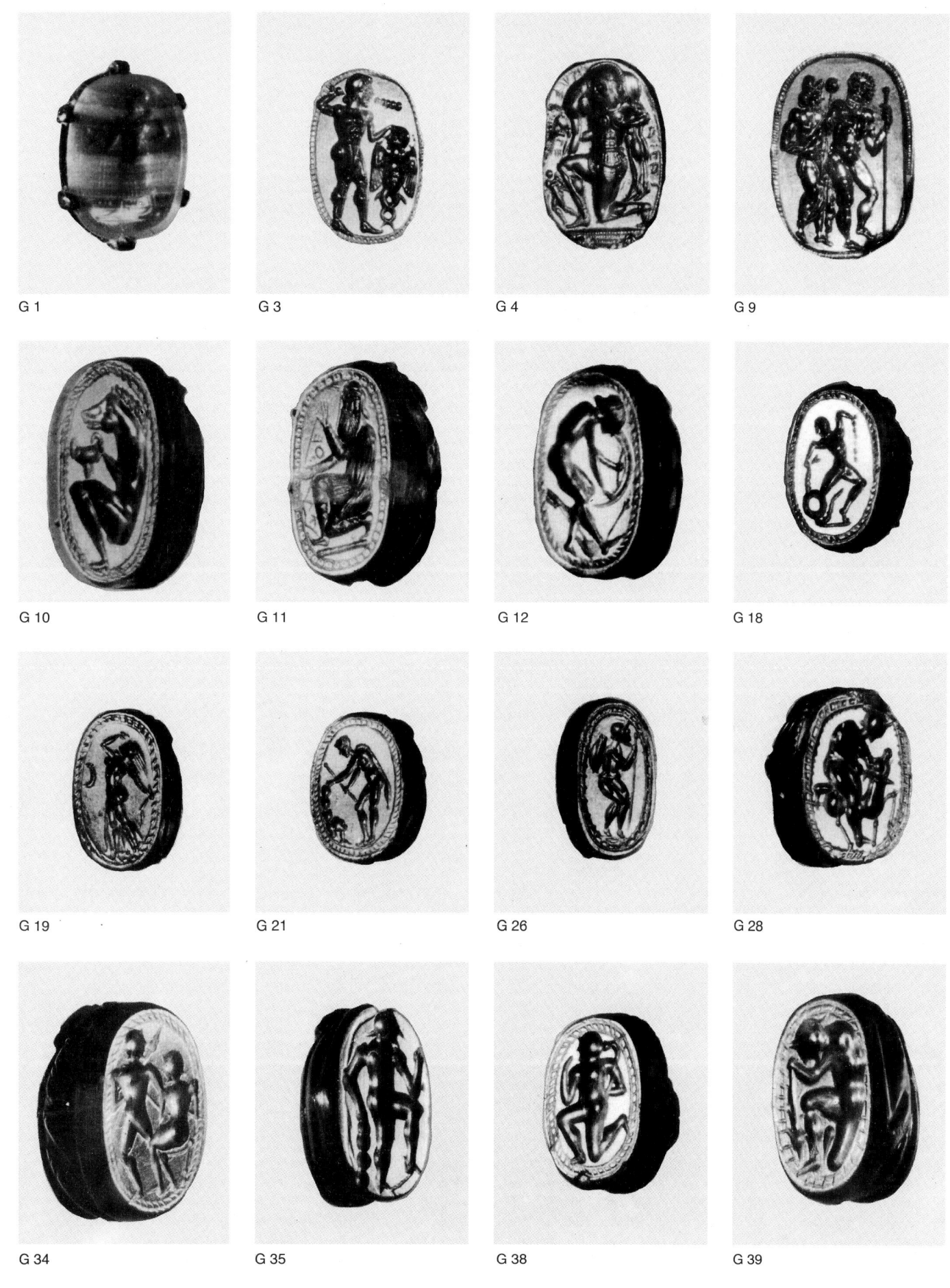

G 1　　　　　　　　　G 3　　　　　　　　　G 4　　　　　　　　　G 9

G 10　　　　　　　　G 11　　　　　　　　G 12　　　　　　　　G 18

G 19　　　　　　　　G 21　　　　　　　　G 26　　　　　　　　G 28

G 34　　　　　　　　G 35　　　　　　　　G 38　　　　　　　　G 39

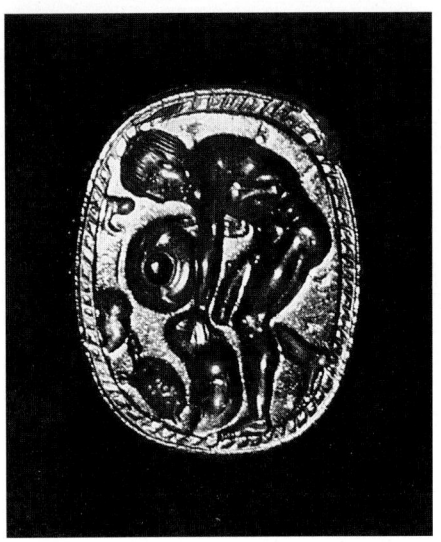

G 14 (Gemme)

Leningrad, GE, Antikensammlung
Inv.: Ž 688

Bild: Einer der Gefährten des Odysseus, von
Kirke in ein Schwein verwandelt, ist am Boden
hockend mit einem Becher in der Hand dargestellt.

Käfer: Kopf und Beine, Linie zwischen Thorax
und Elytren in Relief dargestellt. Durch Einschnitte kleine Flügel angegeben.

Lit.: Köhler, Lettre, S. 67 Taf. 3; J. Harrison,
Mythos of the Odyssey, in: JHS, 13, 1932/33, S.
82 Taf. 20; Kul'tura i iskusstvo Etrurii, Nr. 226.
O. N.

G 11 (Abbildung)
Skythe mit Pfeil

Skarabäus, etwa Mitte 5. Jh. v. u. Z.
Sardonyx
1,5 × 1,0 × 0,6 cm
1873 aus der Sammlung von L. A. Perowski
erworben
Leningrad, GE, Antikensammlung
Inv.: Ž 701

Bild: Kniender Skythe mit einem Pfeil in den
Händen. Im Bildfeld vor ihm die Beischrift σχυθε
(von rechts nach links). Die Standleiste durch
einen Strich dargestellt. Rand in Form von
Flechtwerk mit Punkten.

Käfer: Kopf (mit Punkten bedeckt) und Beine,
Linie zwischen Thorax und Elytren, Basis mit
Blattornament in Relief dargestellt.

Lit.: M. I. Maksimova, Etrusskij skarabej s iso-
braženiem Skita, SGAIMK, 1, 1926, Nr. 267f.;
Kul'tura i iskusstvo Etrurii, Nr. 229.   O. N.

G 12 (Abbildung)
Verwundeter Krieger

Skarabäus, Ende 5. Jh. v. u. Z.
Sardonyx
1,4 × 1,1 × 0,6 cm
1938 aus der Sammlung von N. P. Lichačov
erworben
Leningrad, GE, Antikensammlung
Inv.: Ž 1003

Bild: Verwundeter Krieger (Tydeus?) mit

G 14 (Abdruck)

Schild, sich bückend, um einen Pfeil aus dem
Bein zu ziehen. Strichrand.

Käfer: Kopf und Beine, Einfassung des Thorax, Basis mit Kerben in Relief dargestellt.

Lit.: Kul'tura i iskusstvo Etrurii, Nr. 232; Neverov, Taf. 7 Abb. 6.   O. N.

G 13 (Abbildung)
Athlet mit Hanteln

Skarabäus, um 400 v. u. Z.
Karneol
1,5 × 1,0 × 0,7 cm
1846 aus der Sammlung von A. Mostras
(ehem. Sammlung der Elisa Bonaparte)
erworben
Leningrad, GE, Antikensammlung
Inv.: Ž 702

Bild: Ein jugendlicher Athlet, im Sprung dargestellt, mit Hanteln in den nach vorn gestreckten Händen. Hinter ihm drei vertikale Linien.
Strichrand.

Käfer: Kopf, Basis und Linie zwischen Thorax
und Elytren in Relief dargestellt. Die Beine sind
durch Einschnitte angegeben.

Lit.: Köhler, Lettre, S. 68 Taf. 3; Kul'tura i iskusstvo Etrurii, Nr. 233; Neverov, Taf. 7 Abb. 5.
O. N.

G 14 (Abbildungen)
Tantalos

Skarabäus, Ende 5. – 4. Jh. v. u. Z.
Karneol, längs durchbohrt. In der Durch-
bohrung waren Reste von Silberdraht in
Sand verbacken enthalten. Ausbruch am
Strichrand.
1,5 × 1,21 × 0,9 cm
Aus der Sammlung H. Dressel erworben
Berlin, SMB, Antikensammlung
Inv.: 32 237, 260

Bild: Nackter Jüngling, vorgebeugt stehend,
den einen Fuß zurückgesetzt, eine Hand auf
den Rand eines Felsbrunnens gestützt, gießt
mit der anderen Hand aus einer Amphora mit
kugeligem Gefäßkörper. Über dem Brunnen Lö-
wenwasserspeier. Eine Schildkröte steigt zwi-

schen den Felsen am Rand empor. Im Rücken
des Jünglings, beginnend in seinem Nacken
und endend zwischen seinen Füßen, am Rand
entlang Buchstaben *taitle* (Tantalos). Strichrand.

Käfer: Basisrand mit Kymation. Beine und
Kopf gekerbt. Thorax mit Strichrand von den
Flügeln, mit Doppellinie vom Kopf abgesetzt.
Die Elytren ebenfalls mit Doppellinie getrennt.
Kleine Flügelchen als Dreieck im Winkel der
Elytren.

Lit.: Furtwängler, Taf. 64.27; Zazoff, S. 201
Nr. 1333: freier Stil.   H. H.

G 15 (Abbildung)
Latona mit ihren Kindern (?)

Skarabäus, Anfang 4. Jh. v. u. Z.
Karneol
1,3 × 0,9 × 0,7 cm
1794 aus der Sammlung von I. Franz
erworben
Leningrad, GE, Antikensammlung
Inv.: Ž 705

Bild: Eine stehende Frauengestalt (Latona?)
hält in ihren Händen zwei Kinder, die sie am
Hals berühren. Strichrand.

Käfer: Kopf und Beine, Linie zwischen Thorax
und Elytren, Basis mit Kerben in Relief dargestellt. Durch Einschnitte sind kleine Flügel angegeben.

Lit.: B. de Montfaucon, L'Antiquité expliquée
et représentée en figures, 1719ff., Bd. 2 Taf.
155; Köhler, Käfer-Gemmen, S. 178 Nr. 10;
Kul'tura i iskusstvo Etrurii Nr. 234; Neverov, S.
22 Taf. 5 Abb. 2, Taf. 7 Abb. 8.   O. N.

G 16
Nemesis

Skarabäus, 4. Jh. v. u. Z.
Karneol, durch Hitzeeinwirkung verfärbt
1,5 × 1,1 × 0,7 cm
Seit Ende des 18. Jh. in der Sammlung
Leningrad, GE, Antikensammlung
Inv.: Ž 681

Bild: Frauengestalt mit Flügeln (Nemesis),
einen Stab in der Hand haltend. Zu ihren Füßen
ein Rad. Strichrand.

Käfer: Kopf, Beine und Basis in Relief dargestellt.

Lit.: Köhler, Käfer-Gemmen, S. 177 Nr. 9;
Kul'tura i iskusstvo Etrurii, Nr. 235.   O. N.

G 17 (Abbildung)
Herakles an der Quelle

Skarabäus, 4. Jh. v. u. Z.
Karneol, durch Hitzeeinwirkung verfärbt
1,6 × 1,2 × 0,7 cm
Aus der Ausgrabung der Nekropole von
Gorgippi (heute Anapa), 1881
Leningrad, GE, Antikensammlung
Inv.: Gp 1881.66

Bild: Am Boden hockender Herakles. Aus der
Quelle, die mit einer Löwenmaske geschmückt
ist, fließt auf ihn ein Wasserstrahl. Neben ihm
die Keule. Strichrand.

Käfer: Kopf und Beine, Basis und Linie zwischen Thorax und Elytren in Relief dargestellt.

Lit.: Furtwängler, Bd. 3, S. 193 Abb. 129; OAK za 1882–1888, 1891, S. 40 Taf. 2; Kul'tura i iskusstvo Etrurii, Nr. 236; Neverov, S. 23 Taf. 10.
O. N.

G 18 (Abbildung)
Herakles und Hydra
Skarabäus, Anfang 4. Jh. v. u. Z.
Karneol
1,3 × 0,9 × 0,5 cm
1846 aus der Sammlung A. Mostras
(ehem. Sammlung von Elisa Bonaparte)
erworben
Leningrad, GE, Antikensammlung Inv.: Ž 878

Bild: Herakles versetzt der lernäischen Hydra mit der Keule einen Schlag. Er packt dabei das Ungeheuer am Schopf und drückt es mit dem Fuß nach unten. Strichrand.

Käfer: Kopf und Basis in Relief dargestellt. Die Beine sind durch Einschnitte, kleine Flügel durch drei Striche angegeben.

Lit.: Köhler, Lettre, S. 72 Taf. 3; Kul'tura i iskusstvo Etrurii, Nr. 238.
O. N.

G 19 (Abbildung)
Mänade
Skarabäus, 4. Jh. v. u. Z.
Karneol
1,3 × 0,9 × 0,5 cm
1846 aus der Sammlung A. Mostras
(ehem. Sammlung der Elisa Bonaparte)
erworben
Leningrad, GE, Antikensammlung Inv.: Ž 871

Bild: Mänade, in einer Hand eine Schlange haltend, die andere Hand über sich schwingend. Im Hintergrund Halbmond. Strichrand.

Käfer: Kopf und Basis in Relief dargestellt. Die Beine durch Einschnitte angegeben.

Lit.: Köhler, Lettre, S. 70 Taf. 3; Kul'tura i iskusstvo Etrurii, Nr. 243.
O. N.

G 20 (Abbildung)
Theseus
Skarabäus, 4. Jh. v. u. Z.
Karneol
1,6 × 1,2 × 0,7 cm
1846 aus der Sammlung A. Mostras
(ehem. Sammlung der Elisa Bonaparte)
erworben
Leningrad, GE, Antikensammlung Inv.: Ž 758

Bild: Nackter Jüngling (Theseus), der einen Felsbrocken anhebt und darunter eine Waffe findet. Strichrand.

Käfer: Kopf und Basis, Linie zwischen Thorax und Elytren, Beine in Relief dargestellt. Kleine Flügel als dreieckige Einschnitte.

Lit.: Köhler, Lettre, S. 70 Taf. 3.
O. N.

G 21 (Abbildung)
Etrusker und Kopf des Tages
Skarabäus, 4. Jh. v. u. Z.
Karneol
1,4 × 1,0 × 0,7 cm
1846 aus der Sammlung A. Mostras

(ehem. Sammlung der Elisa Bonaparte)
erworben
Leningrad, GE, Antikensammlung Inv.: Ž 869

Bild: Nackter Mann mit kurzem Mantel, einen Stock in der linken Hand haltend und sich mit der rechten auf einen Fels stützend, an dessen Fuß der Kopf eines Menschen (Tages oder Tolos?) liegt. Strichrand.

Käfer: Kopf und Beine, Basis mit Kerben, Linie zwischen Thorax und Elytren in Relief dargestellt. Kleine Flügel als eingeschnittene Dreiecke.

Lit.: Köhler, Lettre, S. 72 Taf. 3.
O. N.

G 22
Reiter
Ringstein, 4. Jh. v. u. Z.
Karneol, modern gefaßt
1,5 × 1,1 cm
1764 aus der Sammlung Ph. v. Stosch
erworben
Berlin, SMB, Antikensammlung Inv.: FG 773

Bild: Galoppierendes Pferd, Reiter nackt, bärtig, mit ovalem Schild am linken Arm. Er wendet sich zurück, so daß sein Oberkörper frontal, das Gesicht im Profil erscheint. Mit der rechten Hand zieht er einen Speer aus der Hüfte.

Lit.: Furtwängler, Gemmen Nr. 773 Taf. 10. Vgl. Zazoff, S. 73 Nr. 105 (freier Stil); ders., Die Antiken Gemmen, 1983 (Handbuch der Archäologie), S. 233 Anm. 99 Taf. 59.4.
H. H.

G 23
Herakles und der Löwe
Skarabäus, 1. Hälfte 4. Jh. v. u. Z.
Karneol
1,5 × 1,2 × 0,8 cm
Seit Ende des 18. Jh. in der Sammlung
Leningrad, GE, Antikensammlung Inv.: Ž 684

Bild: Bewaffneter Krieger (Herakles?) im Kampf mit dem Löwen. Strichrand.

Käfer: Kopf und Beine, Basis mit Kerben in Relief dargestellt. Kleine Flügel als dreieckige Einschnitte.

Lit.: A. Capello, Prodromus iconicus, 1702, Nr. 270; Köhler, Käfer-Gemmen, S. 181 Nr. 19; Kul'tura i iskusstvo Etrurii, Nr. 245; Neverov, S. 27 Taf. 8.
O. N.

G 24 (Abbildung)
Bellerophon und Chimaira
Skarabäus, 1. Hälfte 4. Jh. v. u. Z.
Karneol
1,8 × 1,5 × 0,9 cm
Seit Ende des 18. Jh. in der Sammlung
Leningrad, GE, Antikensammlung Inv.: Ž 714

Bild: Bellerophon zu Roß, Chimaira mit dem Speer einen Stoß versetzend. Strichrand.

Käfer: Kopf und Beine, Einfassung des Thorax und der Basis mit zwei Reihen Einkerbungen in Relief dargestellt.

Lit.: A. Capello, Prodromus iconicus, 1702, Nr. 257; Köhler, Käfer-Gemmen, S. 183 Nr. 30; Kul'tura i iskusstvo Etrurii, Nr. 246; Neverov, S. 27 Taf. 8.
O. N.

G 25
Reiter
Skarabäus, 4. Jh. v. u. Z.
Karneol, längs durchbohrt. Bügel modern
1,45 × 1,12 × 0,8 cm
Berlin, SMB, Antikensammlung Inv.: FG 239

Bild: Reiter, mit einer Hand die Zügel straff anziehend und das Pferd versammelnd. Strichrand.

Käfer: Basis glatt, darüber Strichrand. Beine und Kopf gekerbt. Trennung von Kopf, Thorax und Elytren durch Linien und Doppellinien.

Lit.: Furtwängler, Gemmen Nr. 239 Taf. 5; Zazoff, S. 94 Nr. 1213.
H. H.

G 26 (Abbildung)
Krieger mit Lanze
Skarabäus, 4. Jh. v. u. Z.
Karneol
1,0 × 0,6 × 0,5 cm
Seit 1925 in der Sammlung, aus dem Palastmuseum der Šuvalov
Leningrad, GE, Antikensammlung Inv.: Ž 868

Bild: Stehender Krieger, sich auf den Speer stützend, den Schild auf dem Rücken. Strichrand.

Käfer: Kopf und Beine, Linie zwischen Thorax und Elytren, Basis mit Kerben in Relief dargestellt. Kleine Flügel sind durch drei Striche angegeben.

Lit.: Kul'tura i iskusstvo Etrurii, Nr. 251.
O. N.

G 27 (Abbildungen)
Argonaut am Schiff
Skarabäus, 4. Jh. v. u. Z.
Karneol, durch Hitzeeinwirkung verfärbt. Längs durchbohrt. Bügel modern
1,26 × 1,04 × 0,7 cm
1764 aus der Sammlung Ph. v. Stosch
erworben
Berlin, SMB, Antikensammlung Inv.: FG 258

Bild: Mann (Jason?), vorgebeugt an dem Holzgerüst für einen Schiffsrumpf (?) arbeitend. Hinter ihm ein Hammer, nach unten gekehrt. Strichrand.

Käfer: Basis glatt, darüber Strichrand. Beine und Kopf gekerbt. Kopf vom Thorax mit zwei Linien, der Thorax von den Elytren mit einem Strichrand abgesetzt. Flügelchen als gekerbte Winkel angegeben.

Lit.: Furtwängler, Gemmen, Nr. 258 Taf. 5; Zazoff, S. 172 Nr. 820.
H. H.

G 28 (Abbildung)
Mann, einen Stier schlachtend
Skarabäus, 4. Jh. v. u. Z.
Karneol
1,3 × 1,1 × 0,8 cm
Seit Beginn des 19. Jh. in der Sammlung
Leningrad, GE, Antikensammlung Inv.: Ž 685

Bild: Mann, einen Stier schlachtend. Er setzt ihm dabei das Knie auf den Rücken. Strichrand.

Käfer: Kopf und Beine, Linie zwischen Thorax und Elytren, Basis in Relief dargestellt. Kleine Flügel sind durch zwei Striche angegeben.

Lit.: Köhler, Käfer-Gemmen, S. 119 Nr. 60 (»Einer der Freier Penelopes«); Kul'tura i iskusstvo Etrurii, Nr. 252.   O. N.

G 29
Silen
Skarabäus,
Ende 4. – Anfang 3. Jh. v. u. Z.
Karneol, längs durchbohrt, Goldbügel
1,29 × 1,02 × 0,59 cm
In der 2. Hälfte 19. Jh. erworben
Berlin, SMB, Antikensammlung Inv.: FG 253
  Bild: Silen, kenntlich am langen Schwanz, reitet auf einem Thyrsos. Eine Hand hält den Stamm, die andere liegt auf der Hüfte. Strichrand.
  Käfer: Basis schmucklos. Kopf und Beine gekerbt. Thorax vom Kopf und von den Elytren mit einfacher Linie abgesetzt.
  Lit.: Furtwängler, Gemmen, Nr. 253 Taf. 5.
                                              H. H.

G 30 (Abbildung)
Chimaira, Vogel und Damhirsch
Fragment eines Skarabäus, 4. Jh. v. u. Z.
Karneol
1,7 × 1,2 cm
Seit Beginn des 19. Jh. in der Sammlung
Leningrad, GE, Antikensammlung Inv.: Ž 742
  Chimaira und Vogel, zwischen ihnen ein winziger Damhirsch. Strichrand.
  Lit.: Köhler, Käfer-Gemmen, S. 192, Nr. 74 (»Die Besiegung des Ungeheuers durch Bellerophon und Herakles«); Kul'tura i iskusstvo Etrurii, Nr. 254; Neverov, S. 27 Taf. 8.   O. N.

G 31
Chimaira
Skarabäus, 1. Hälfte 4. Jh. v. u. Z.
Karneol
1,8 × 1,4 × 0,9 cm
1787 aus der Sammlung des Herzogs
von Orleans erworben
Leningrad, GE, Antikensammlung Inv.: Ž 674
  Bild: Chimaira. Strichrand.

Käfer: Kopf und Beine, Einfassung von Thorax und Basis mit Einschnitten in Relief dargestellt. Kleine eingeschnittene dreieckige Flügel.
  Lit.: Caylus, Bd. 4 S. 99 Taf. 41; Köhler, Käfer-Gemmen, S. 191 Nr. 68; Kul'tura i iskusstvo Etrurii, Nr. 255; Neverov, S. 27 Taf. 8.   O. N.

G 32
Löwe
Skarabäus, 4. Jh. v. u. Z.
Graugrüner opaker Stein (Nephrit?),
längs durchbohrt
1,46 × 1,05 × 0,75 cm
Aus der Sammlung Dressel erworben
Berlin, SMB, Antikensammlung
Inv.: 32 237,467
  Bild: Anspringender Löwe mit geöffnetem Maul. Auf dem a globolo gravierten Körper ist die Mähne als Strichgitter angegeben. Der lange Schweif ist eingezogen. Strichrand.
  Käfer: Strichrand an der Basis, Kopf und Beine gekerbt. Thorax von den Elytren durch Strichrand getrennt. Gekerbte Dreiecke als Flügelchen.
  Lit.: Unveröffentlicht. Vgl. z. Stil Furtwängler, Taf. 17.62 (ehemals Sammlung Schaafhausen); hier Kat.-Nr. G 31.   H. H.

G 33 (Abbildung)
Frau in einem Kampfwagen
Fragment eines Skarabäus, 4. Jh. v. u. Z.
Karneol
1,6 × 1,2 cm
Seit Beginn des 19. Jh. in der Sammlung
Leningrad, GE, Antikensammlung
Inv.: Ž 715
  Eine Frau lenkt einen Kampfwagen. Unter dem Gespann ein liegender Mann. Wahrscheinlich die Darstellung von Hippodameia und Oinomaos oder der Tochter des Servius Tullius (s. Livius, I, 48). Strichrand.
  Lit.: Köhler, Käfer-Gemmen, S. 183 Nr. 35 (»Hippodameia«); Kul'tura i iskusstvo Etrurii, Nr. 256; Neverov, S. 27 Taf. 8.   O. N.

G 34 (Abbildungen)
Achill und Odysseus
Skarabäus, 4. Jh. v. u. Z.
Karneol
1,5 × 1,2 × 0,9 cm
Seit Beginn des 19. Jh. in der Sammlung
Leningrad, GE, Antikensammlung
Inv.: Ž 703
  Bild: Zwei Männer, der eine auf einem Stuhl sitzend, der andere mit Lanze schreitend, den sitzenden mit sich ziehend (Achill und Odysseus?). Strichrand.
  Käfer: Kopf und Beine, Linie zwischen Thorax und Elytren, Basis in Relief dargestellt. Kleine Flügel sind durch Einschnitte genau angegeben.
  Lit.: Köhler, Käfer-Gemmen, S. 187 Nr. 52; Kul'tura i iskusstvo Etrurii, Nr. 257; Neverov, S. 27 Taf. 8.   O. N.

G 35 (Abbildung)
Herakles
Skarabäus, 3. Jh. v. u. Z.
Karneol
1,5 × 1,0 × 0,6 cm
Seit Beginn des 19. Jh. in der Sammlung
Leningrad, GE, Antikensammlung
Inv.: Ž 729
  Bild: Stehender Herakles, sich auf eine Keule stützend. Lineare Einfassung.
  Käfer: Kopf und Basis in Relief dargestellt. Kleine Flügel sind durch drei kurze Striche angegeben.
  Lit.: Kul'tura i iskusstvo Etrurii, Nr. 289.   O. N.

G 36
Triton auf einer Amphore
Skarabäus, 3. Jh. v. u. Z.
Karneol
1,5 × 1,1 × 0,7 cm
Seit Beginn des 19. Jh. in der Sammlung
Leningrad, GE, Antikensammlung
Inv.: Ž 725
  Bild: Triton schwimmt auf einer Amphore über das Meer, ein Ruder in der Hand. Lineare Einfassung.
  Käfer: Kopf und Basis in Relief dargestellt. Die Beine sind als Einschnitte, die Flügelchen mit zwei Strichen angegeben.
  Lit.: Kul'tura i iskusstvo Etrurii, Nr. 262; Neverov, S. 28 Taf. 9.   O. N.

G 37
Kentaur
Skarabäus, Ende 4. – Anfang 3. Jh. v. u. Z.
Karneol
1,5 × 1,1 × 0,7 cm
Seit Beginn des 19. Jh. in der Sammlung
Leningrad, GE, Antikensammlung Inv.: Ž 953
  Bild: Stehender Kentaur, in der einen Hand einen Zweig, in der anderen eine Lanze haltend.
  Käfer: Kopf und Basis in Relief dargestellt. Die Beine sind durch Einschnitte angegeben.
  Lit.: Kul'tura i iskusstvo Etrurii, Nr. 270; Neverov, S. 28 Taf. 9.   O. N.

G 27 (Bild)

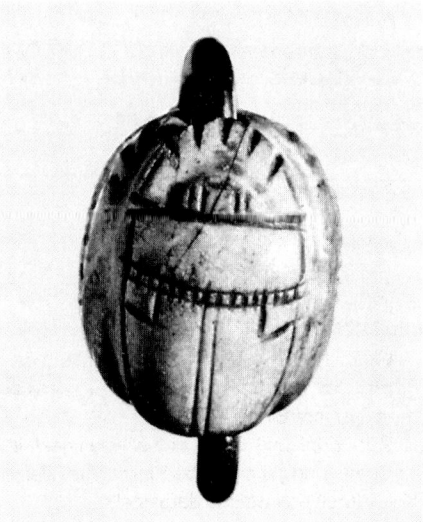

G 27 (Käferrücken)

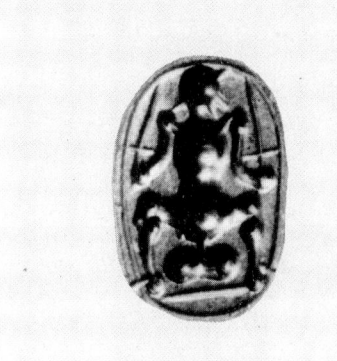 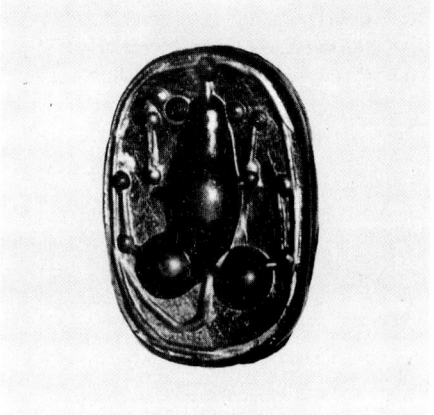 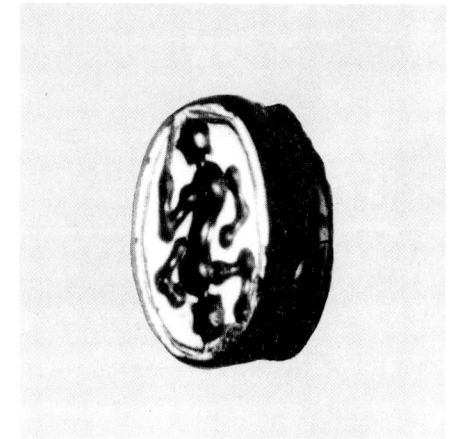

G 52/G 57/G 58

G 38 (Abbildung)
Laufender Mann
Skarabäus, Ende 4. Jh. v. u. Z.
Karneol
1,7 × 1,2 × 0,8 cm
1792 aus der Sammlung von J. B. Casanova
erworben
Leningrad, GE, Antikensammlung Inv.: Ž 706
Bild: Mann im Knielauf, über der Schulter die
Spitze eines krummen Stocks, den er in der
Hand hält. Strichrand.
Käfer: Kopf, Beine und Basis, Linie zwischen
Thorax und Elytren in Relief dargestellt. Kleine
eingeschnittene Dreiecke als Flügelchen.
Lit.: Köhler, Käfer-Gemmen, S. 189 Nr. 62;
Kul'tura i iskusstvo Etrurii, Nr. 277.   O. N.

G 39 (Abbildung)
Mensch mit Fisch
Skarabäus,
Ende 4. – Anfang 3. Jh. v. u. Z.
Karneol
1,4 × 1,0 × 0,8 cm
Seit Ende des 18. Jh. in der Sammlung
Leningrad, GE, Antikensammlung Inv.: Ž 896
Bild: Ein kniender Mensch hält einen Fisch
am Schwanz. Strichrand.
Käfer: Kopf, Beine und Basis in Relief darge-
stellt. Kleine Flügel sind mit zwei Strichen ange-
geben.
Lit.: Kul'tura i iskusstvo Etrurii, Nr. 285.   O. N.

G 40 (Abbildung)
Sitzender Herakles
Skarabäus, 3. Jh. v. u. Z.
Karneol
1,4 × 1,1 × 0,7 cm
Seit Beginn des 19. Jh. in der Sammlung
Leningrad, GE, Antikensammlung
Inv.: Ž 735
Bild: Herakles, auf einem Felsen sitzend, in
der einen Hand eine Keule, in der anderen
einen Apfel. Lineare Einfassung.
Käfer: Kopf und Basis in Relief dargestellt.
Die Beine sind durch Einschnitte, kleine Flügel
durch drei Striche angegeben.
Lit.: Kul'tura i iskusstvo Etrurii, Nr. 291.   O. N.

G 41
Herakles auf einem Floß
Skarabäus, 3. Jh. v. u. Z.
Karneol
1,5 × 1,1 × 0,8 cm
Seit Beginn des 19. Jh. in der Sammlung
Leningrad, GE, Antikensammlung
Inv.: Ž 720
Bild: Herakles-Melkart liegt auf einem Floß,
das aus fünf Amphoren besteht. Strichrand.
Käfer: Kopf, Linie zwischen Thorax und Elyt-
ren, Basis mit Einkerbungen in Relief darge-
stellt. Beine sind durch Einschnitte angegeben.
Lit.: Kul'tura i iskusstvo Etrurii, Nr. 294.   O. N.

G 42
Zwei Pferde
Skarabäus, 3. Jh. v. u. Z.
Karneol
1,3 × 0,9 × 0,9 cm
Seit Ende des 18. Jh. in der Sammlung
Leningrad, GE, Antikensammlung, Inv.: Ž 738
Bild: Zwei Pferde in Vorderansicht ver-
schmelzen zu einem phantastischen zweiköpfi-
gen Tier.
Käfer: Kopf in Relief dargestellt, durch Ein-
schnitte sind Basis, Beine und Flügel ange-
geben.
Lit.: Kul'tura i iskusstvo Etrurii, Nr. 297; Ne-
verov, S. 27 Taf. 9.   O. N.

G 43
Zwei Hunde
Skarabäus, 3. Jh. v. u. Z.
Karneol
1,4 × 1,0 × 0,7 cm
Seit Ende des 18. Jh. in der Sammlung
Leningrad, GE, Antikensammlung
Inv.: Ž 925
Bild: Zwei spielende Hunde, einer, auf den
Hinterbeinen stehend, beißt in den Hals des an-
deren. Lineare Einfassung.
Käfer: Kopf und Basis in Relief dargestellt.
Die Beine sind durch grobe Einschnitte, kleine
Flügel durch drei Striche dargestellt.
Lit.: Kul'tura i iskusstvo Etrurii, Nr. 298; Ne-
verov, S. 28 Taf. 9.   O. N.

G 44
Kerberos
Skarabäus, 3. Jh. v. u. Z.
Karneol
1,3 × 0,9 × 0,7 cm
Seit Ende des 18. Jh. in der Sammlung
Leningrad, GE, Antikensammlung
Inv.: Ž 743
Bild: Der dreiköpfige Hund Kerberos. Die
Köpfe sind in Vorderansicht dargestellt. Lineare
Einfassung.
Käfer: Kopf und Basis in Relief dargestellt.
Kleine Flügel sind durch Striche angegeben
worden.
Lit.: Kul'tura i iskusstvo Etrurii, Nr. 304.   O. N.

G 45 (Abbildung)
Zwei Hirsche
Skarabäus, 3. Jh. v. u. Z.
Karneol
1,4 × 0,9 × 0,7 cm
Seit Ende des 18. Jh. in der Sammlung
Leningrad, GE, Antikensammlung
Inv.: Ž 744
Bild: Zwei Hirsch-Protomen, die zu einem
phantastischen Tier verschmolzen sind. Line-
are Einfassung.
Käfer: Kopf und Basis in Relief dargestellt.
Die Beine sind durch Einschnitte, die kleinen
Flügel durch Striche angegeben.
Lit.: Kul'tura i iskusstvo Etrurii, Nr. 307; Ne-
verov, S. 27 Taf. 9.   O. N.

G 46 (Abbildung)
Sphinx
Skarabäus, 4. – 3. Jh. v. u. Z.
Karneol
1,6 × 1,2 × 0,7 cm
Seit Ende des 18. Jh. in der Sammlung
Leningrad, GE, Antikensammlung
Inv.: Ž 710
Bild: Sphinx im Profil, sich auf die Vorder-
beine aufstützend. Strichrand.
Käfer: Kopf, Beine und Basis in Relief dar-
gestellt.
Lit.: Kul'tura i iskusstvo Etrurii, Nr. 303; Ne-
verov, S. 28 Taf. 9.   O. N.

G 47
Stier
Skarabäus, 3. Jh. v. u. Z.
Karneol
1,3 × 0,9 × 0,6 cm
Herkunft unbekannt; 1813 aus der
Sammlung J. B. Mallia erworben
Leningrad, GE, Antikensammlung Inv.: Ž 933
Bild: Stehender Stier, den Kopf nach hinten
drehend. Lineare Einfassung.
Käfer: Kopf und Beine, Linie zwischen Thorax
und Elytren in Relief dargestellt.
Lit.: O. Neverov, in: SGE, 40, 1975, S. 41
Abb. 9.   O. N.

G 48
Drei Menschen in einem Boot
Skarabäus, 3. Jh. v. u. Z.
Karneol
1,2 × 0,9 × 0,6 cm
Seit Ende des 18. Jh. in der Sammlung
Leningrad, GE, Antikensammlung
Inv.: Ž 726
Bild: Drei Menschen in einem Boot (Entfüh-
rung der Helena?). Lineare Einfassung.
Käfer: Kopf und Basis in Relief dargestellt.
Die Beine sind durch grobe Einschnitte, kleine
Flügel durch drei Striche angegeben.
Lit.: Kul'tura i iskusstvo Etrurii, Nr. 315; Ne-
verov, S. 28 Taf. 9.   O. N.

G 49
Aiax (?)
Skarabäus, 3. Jh. v. u. Z.
Karneol
1,6 × 1,2 × 0,7 cm
Seit Ende des 18. Jh. in der Sammlung
Leningrad, GE, Antikensammlung
Inv.: Ž 734
Bild: Gebeugter, auf ein Knie gestützter
Mann, in seiner Hand ein Schwert (Selbstmord
des Aiax?). Lineare Einfassung.
Käfer: Kopf und Basis in Relief dargestellt.
Die Beine sind durch grobe Einschnitte ange-
geben.
Lit.: Kul'tura i iskusstvo Etrurii, Nr. 313; O. Ne-
verov, Antičnye intalii v sobranii Ermitaža, 1976,
Nr. 72; Neverov, S. 28 Taf. 9.   O. N.

G 50 (Abbildung)
Mann mit zwei Pferden
Skarabäus, 3. Jh. v. u. Z.
Karneol
1,2 × 1,1 × 0,7 cm
Seit Ende des 18. Jh. in der Sammlung
Leningrad, GE, Antikensammlung
Inv.: Ž 716
Bild: Mann zwischen zwei Pferden stehend.
Lineare Einfassung.
Käfer: Kopf und Basis in Relief dargestellt.
Die Beine sind durch grobe Einschnitte, kleine
Flügel durch drei Striche angegeben.
Lit.: Köhler, Käfer-Gemmen, S. 187 Nr. 48
(»Odysseus und die Pferde des Rhesos«);
Kul'tura i iskusstvo Etrurii, Nr. 314.   O. N.

G 51 (Abbildung)
Aiax (?)
Skarabäus, 3. Jh. v. u. Z.
Karneol
1,3 × 0,9 × 0,6 cm
Seit Ende des 18. Jh. in der Sammlung
Leningrad, GE, Antikensammlung Inv.: Ž 733
Bild: Mann mit Schwert, sich zur Erde beu-
gend (Aiax ?). Lineare Einfassung.
Käfer: Kopf und Basis in Relief dargestellt.
Die Beine sind durch grobe Einschnitte, kleine
Flügel durch dreieckige Striche angegeben.
Lit.: Kul'tura i iskusstvo Etrurii, Nr. 323. O. N.

G 52 (Abbildung)
Sitzender Krieger
Skarabäus, 3. Jh. v. u. Z.
Karneol
1,5 × 1,2 × 0,8 cm
Seit Mitte des 19. Jh. in der Sammlung
Leningrad, GE, Antikensammlung Inv.: Ž 888
Bild: Krieger mit Helm, auf dem Schild sit-
zend, zwei Schwerter mit der Spitze nach oben
haltend.
Käfer: Kopf und Basis in Relief dargestellt.
Die Beine sind durch tiefe Einschnitte ange-
geben.
Lit.: Kul'tura i iskusstvo Etrurii, Nr. 293. O. N.

G 53
Silen
Skarabäus, 3. Jh. v. u. Z.
Karneol, längs durchbohrt. Ausbrüche an
den Eingängen der Durchbohrung. Der Kopf
dadurch fast völlig verloren. Bügel modern
1,28 × 0,8 × 0,58 cm
1764 aus der Sammlung Ph. v. Stosch
erworben
Berlin, SMB, Antikensammlung Inv.: FG 227
Bild: Schreitender Silen mit langem Schwanz,
die Haare strahlenförmig um den Kopf. Er wendet Kopf und beide Arme zurück, um eine Amphora auszugießen. Die eine Hand ist über den
Kopf geführt und faßt die umgestülpte Amphora
am Fuß, die andere befindet sich an der Gefäßmündung. Das Wasser ist als große Wolke gegeben.
Käfer: Basis ohne Schmuck. Kopf vom Thorax durch Strichrand abgesetzt, sonst Linien als
Trennungen.
Lit.: Furtwängler, Gemmen, Nr. 227 Taf. 5;
Zazoff, Nr. 1281.   H. H.

G 54
Löwe
Skarabäus, 3. Jh. v. u. Z.
Karneol
1,3 × 1,1 × 0,7 cm
Seit Ende des 18. Jh. in der Sammlung
Leningrad, GE, Antikensammlung Inv.: Ž 739
Bild: Löwe. Strichrand.
Käfer: Kopf und Basis in Relief dargestellt.
Die Beine sind durch grobe Einschnitte, kleine
Flügel durch dreieckige Striche angegeben.
Lit.: Kul'tura i iskusstvo Etrurii, Nr. 329. O. N.

G 55
Hund
Skarabäus, 3. Jh. v. u. Z.
Karneol
0,9 × 0,7 × 0,5 cm
Seit Beginn des 19. Jh. in der Sammlung
Leningrad, GE, Antikensammlung Inv.: Ž 916
Bild: Stehender Hund mit zurückgedrehtem
Kopf und erhobenem Schwanz.
Käfer: Kopf in Relief dargestellt. Kleine Flügel
sind durch dreieckige Striche angegeben.
Lit.: O. Neverov, in: SGE 40, 1975, S. 41
Abb. 11.   O. N.

G 56
Geschlachtetes Tier
Skarabäus, 3. Jh. v. u. Z.
Karneol
1,2 × 0,8 × 0,6 cm
Seit Mitte des 19. Jh. in der Sammlung
Leningrad, GE, Antikensammlung
Inv.: Ž 928
Bild: Geschlachtetes Tier, mit dem Kopf nach
unten hängend. Lineare Einfassung.
Käfer: Kopf und Basis in Relief dargestellt.
Die Beine sind durch grobe Einschnitte, kleine
Flügel durch drei Striche angegeben.
Lit.: Kul'tura i iskusstvo Etrurii, Nr. 334. O. N.

G 57 (Abbildung)
Geschlachtetes Tier
Skarabäus, 3. Jh. v. u. Z.
Karneol, längs durchbohrt. Ausbruch am
Kopf. Bügel modern
1,24 × 0,83 × 0,56 cm
1764 aus Sammlung Ph. v. Stosch erworben
Berlin, SMB, Antikensammlung
Inv.: FG 279
Bild: Ein geschlachtetes Tier mit langem
Schwanz, mit dem Kopf nach unten hängend.
Randlinie.
Käfer: Glatte Basis, Kopf und Beine gekerbt.
Kopf, Thorax und Elytren durch Linien vonein-
ander getrennt. Flügelchen durch Schräglinien
in den Ecken der Elytren angegeben.
Lit.: Furtwängler, Gemmen, Nr. 279 Taf. 5;
Zazoff, Nr. 1449.   H. H.

G 58 (Abbildung)
Heraldische Verbindung
von zwei menschlichen Oberkörpern
Skarabäus, 3. Jh. v. u. Z.
Karneol
1,1 × 0,9 × 0,7 cm
Seit Mitte des 19. Jh. in der Sammlung
Leningrad, GE, Antikensammlung
Inv.: Ž 746
Bild: Bild und Spiegelbild eines menschlichen
Oberkörpers mit erhobener, ein Schwert halten-
der Hand. Lineare Einfassung.
Käfer: Kopf und Basis in Relief dargestellt.
Die Beine sind durch grobe Einschnitte, kleine
Flügel durch Striche angegeben.
Lit.: Kul'tura i iskusstvo Etrurii, Nr. 326; Ne-
verov, S. 28 Taf. 9.   O. N.

Münzen

Zu einer Münzprägung kam es bei den Etruskern erst nach der Zeit ihrer höchsten Entfaltung als Handels- und Seemacht. Wie bei vielen anderen Völkern gaben auch hier griechische Münzen den Anstoß, eine eigene Prägung aufzunehmen. Im nordetruskischen Gebiet wurden frühestens seit Ende des 6. Jh. v. u. Z. – allerdings in recht beschränktem Umfang – Münzen der ionischen Stadt Phokaia verwendet, die von der Tochterstadt Massilia importiert worden waren. Diese Münzen wurden wohl auch von den Etruskern im lokalen Kleinhandel eingesetzt und sind später offenbar nachgeprägt worden. Ein wichtiger Schritt war dann der Übergang zur Eigenprägung, also die Profilierung einzelner etruskischer Städte als Prägestätten. Als solche ist vor allem Populonia hervorgetreten. Es gehört zur Eigenart der etruskischen Münzen, daß sie in ihrem Gewichtssystem und ebenso in der Thematik der Darstellungen anfangs von der griechischen und im 3. Jh. v. u. Z. von der römischen Münzprägung bestimmt sind. Das schließt jedoch eigenständige künstlerische Formulierungen nicht aus (s. z. B. Kat.-Nr. H 2, H 3, H 4).

Da es keinen durch eine koordinierende Zentralgewalt ausgewiesenen etruskischen Staat gab, war auch die Münzprägung nicht zentral gelenkt, sondern wurde von den Kommunen oder von Städtebünden geregelt. Einige hochentwickelte Gemeinwesen – z. B. Caere, Vulci oder Veji – haben sich offensichtlich überhaupt nicht an der Münzproduktion beteiligt. Es muß angenommen werden, daß der Handel dort überwiegend mittels der traditionellen Geldformen abgewickelt wurde (u. a. Rohbronze als Gußfladen, Bronzebarren, Metallgegenstände). Manche Städte dürften ihren Geldbedarf auch durch eine Münzallianz mit anderen Prägeorten gedeckt haben. Aufschriften sind auf den etruskischen Münzen eine Seltenheit. Deshalb bleibt die Zuweisung weithin problematisch und ist auf die Registrierung der Funde angewiesen.

In der frühen Periode der Prägetätigkeit (2. Hälfte 5. Jh. v. u. Z.) waren die Küstenorte Nord- und Mitteletruriens die Zentren. An erster Stelle ist Populonia zu nennen, das durch den Erzabbau auf der Insel Elba ohnehin schon auf die Metallverarbeitung spezialisiert war und damals zu den größten Handelshäfen im westlichen Mittelmeer zählte. Die Silberserien mit dem charakteristischen, ganz archaisch anmu-

H 18 (etwa 2:1)

tenden Gorgoneion (Kat.-Nr. H 9, H 11) sind sicher mit Populonia zu verbinden, da sich auf späteren Vertretern die Beischrift des Stadtnamens findet. Weniger eindeutig ist das für die Goldmünzen mit einem Löwenkopf zu ermitteln (s. Kat.-Nr. H 2), die jedoch vielfach für Populonia beansprucht werden. Für uns kann das gezeigte Exemplar als Zeugnis dafür dienen, daß außer Silber und Bronze vereinzelt auch in Gold geprägt worden ist.

Aufschriften finden sich, wie schon erwähnt, selten auf etruskischen Münzen, während auf Statuen vergleichsweise rege Gebrauch davon gemacht wurde. Zur Anwendung kam das griechische Alphabet in einer archaischen Sonderform. Das Münzbild ist zuweilen nur von einem einzigen Buchstaben begleitet (s. etwa Kat.-Nr. H 4, H 5, H 7, H 8), dessen Bedeutung – sofern es sich nicht um eine Wertangabe handelt – unsicher bleibt. Besonders wertvoll sind natürlich durch die Aufschrift mitgeteilte Namen von Prägestätten. Außer Popluna (das römische Populonia) sind in der gezeigten Auswahl noch Vetulonia, Cosa und der nicht genau zu lokalisierende Ort Peithesa sowie das sonst unbekannte Thezle vertreten (Kat.-Nr. H 14f., H 19f., H 21, H 22, H 3). Bemerkenswert ist dabei, daß der Stadtname mitunter verschieden geschrieben wurde.

Bei einer ersten Betrachtung wird sogleich auffallen, daß etliche Münzen nur einseitig gestaltet sind, d. h., daß sie eine glatte Rückseite aufweisen (Kat.-Nr. H 2, H 4–6, H 9–11, H 16 bis 18). Eine Erklärung für diese Eigentümlich-

keit gibt es nicht. In der Antike läßt sich dafür kaum eine Parallele nachweisen. Ohne größere Schwierigkeiten ordnen sich hingegen die *Münztypen* dem aus der griechischen, römischen und etruskischen Überlieferung bekannten Bildprogramm ein. Fast alle Darstellungen nehmen Bezug auf Religion und Kultus der Etrusker. Sie sind den Hauptgottheiten oder lokal verehrten Göttern gewidmet. Dabei zeigt sich eine weitgehende typologische Anlehnung an die aus der griechisch-römischen Kunst vertrauten Götterbilder. So erscheinen Apollon (Kat.-Nr. H 4, H 17), Hephaistos (Kat.-Nr. H 15), Herakles (Kat.-Nr. H 8) und Hermes (Kat.-Nr. H 18, H 22) in der bekannten Art mit den für sie durch die griechische Mythologie festgeschriebenen Merkmalen. Gelegentlich lassen sich auch direkte Kopien fremder Münzen konstatieren wie im Fall von Kat.-Nr. H 16, H 20, H 23. Andererseits macht sich ein offenbar spezifisch etruskisches Element in den Darstellungen geltend, gewachsen aus eigenen religiösen Vorstellungen und Gebräuchen. Man kann hier auf die Vorliebe für dämonische Fabelwesen verweisen (Kat.-Nr. H 2, H 5, H 6, H 9ff.), auf eine gewisse Exzentrik des Ausdrucks (Kat.-Nr. H 2, H 3, H 4) und auch auf Bilder, die uns rätselhaft bleiben (Kat.-Nr. H 12, H 19). Insgesamt sind wir mangels schriftlicher Quellen nur eben über einzelne Wesenszüge der etruskischen Gedankenwelt informiert. Wir wissen, daß dem Totenkult große Aufmerksamkeit geschenkt wurde und daß neben den griechisch gefärbten Gottesvorstellungen die Erscheinungen des Himmels tiefen Einfluß ausübten. Zu einzelnen Münzbildern oder zu bestimmten Details ist ein direkter Zugang bisher nicht möglich. So bleibt die Benennung des Kopfes Kat.-Nr. H 3 mit der ihn einfassenden Schlangenlinie ungeklärt und ebenso die Benennung des durch den »Fischhelm« ausgezeichneten Kopfes (Kat.-Nr. H 19f.). Über die Bedeutung des lustig springenden Hundes (Kat.-Nr. H 8) ist ebenfalls kein Aufschluß zu gewinnen. Vielleicht gehört die Darstellung zu den seltenen Beispielen mit aktuellem Bezug, zu denen jedenfalls Kat.-Nr. H 7 mit der Wiedergabe des eindrucksvollen Nubierkopfes und des Elefanten zu rechnen ist.

Zu Beginn des 2. Jh. v. u. Z. wurde die Münzprägung von den etruskischen Städten bereits wieder eingestellt. Es dokumentiert sich darin

der endgültige Verlust der Selbständigkeit gegenüber dem mächtigen alten Gegner Rom.

Hauptsächliches Zahlungsmittel im Inneren des Landes war das sogenannte *Schwergeld* (Aes grave), d.h. gegossene Bronzestücke erheblichen Gewichtes. Es handelte sich um eine auch in anderen Gegenden Mittelitaliens, besonders in Rom, bekannte Geldform urtümlichen Charakters. Kennzeichnend sind die regelmäßige Angabe von Wertzeichen, die das geltende Duodezimalsystem erkennen lassen. Die schlichten Motive zeigen wahrscheinlich Kultsymbole (Kat.-Nr. H 27) und Gegenstände, die sowohl im Kultgebrauch wie im bäuerlichen Leben eine Rolle spielten (Kat.-Nr. H 24 ff.). In der Frage der Zuweisung bestehen die gleichen Schwierigkeiten wie bei den unbeschrifteten etruskischen Münzen.

Lit.: Atti del V Convegno del Centro Internazionale di Studi Numismatici 1975, 1976 (Supplement zu Bd. 22 der Annali) – Sammlung von Aufsätzen zu Fragen der etruskischen Numismatik, s. besonders F. Panvini Rosati, Gli studi e la problematicità attuale sulla monetazione etrusca, S. 25–54; S.L. Cesano, Tipi Monetali Etruschi, 1926; E.J. Haeberlin, Aes Grave. Das Schwergeld Roms und Mittelitaliens, 1910; B.V. Head, Historia Numorum, 1911, S. 11–16; A. Sambon, Les Monnaies Antiques De L'Italie, 1903, S. 7–8; Civiltà, S. 171–175, 238–241, 338–341, 372f. S.S.

Vormünzliches Geld

H 1
Fragmentierter nordetruskischer Barren
1. Hälfte 1. Jahrtausend v. u. Z.
Bronze 2,433 kg
Gefunden in Vitorchiano bei Viterbo
Berlin, SMB, Münzkabinett
Inv.: Haeberlin 1940

Vorder- und Rückseite mit einfachem Zweigmuster. Derartige Bronzebarren und ebenso die häufig gefundenen Gußfladen waren in der Mittelmeerwelt ein begehrter Handelsartikel, mit dem etruskische Städte Luxusgüter aus Griechenland (u.a. bemalte Tongefäße) und dem Orient erwarben.

Lit.: Haeberlin, S. 14 Nr. 13, 1. S.S.

Geprägte Münzen
Lokalisierung unsicher (vorwiegend von Küstenstädten am Tyrrhenischen Meer)

H 2 (Abbildung)
Goldmünze mit Wertbezeichnung ΛXX = 25
etwa Mitte 4.–Ende 3. Jh. v. u. Z.
Gold 1,39 g
Berlin, SMB, Münzkabinett Inv.: 24/1907

Vorderseite: Kopf eines Löwen mit geöffnetem Maul, aus dem die Zunge heraushängt; unten seitlich die Wertzahl; Perlkreis.

Rückseite: Glatt und ohne Prägebild.

Die Münze ist in vier verschiedenen Einheiten nachweisbar (mit den Wertzeichen 100, 50, 25 und 12 ½). In dem Löwenkopf wird ein apotropäisches Element erkannt. Andererseits ist auch davon gesprochen worden, daß die etruskische Kunst stark orientalisierende Züge aufweist und daß mit dem Aufgreifen des besonders in Kleinasien sehr verbreiteten Löwenbildes bewußt an diese Tradition angeknüpft werden sollte. Die flache, ganz lineare Gestaltung mit auffälligen Parallelismen kann als Eigentümlichkeit der ziemlich großen Münzserie gelten. Über ihren Zeitansatz gehen die Meinungen weit auseinander: Entweder meint man, sie noch in die archaische Zeit des ausgehenden 6. Jh. v. u. Z. datieren zu können, oder aber man erkennt in der Regelmäßigkeit der Linienführung archaistische Tendenzen. Für eine späte Einstufung der Löwenkopfserie wird außer dem Stil ein Fund bei Piombino aus der Mitte des 4. Jh. v. u. Z. geltend gemacht. Darin waren 15 Exemplare enthalten, die – wie fast sämtliche sonstigen Beispiele auch – kaum Zirkulationsspuren zeigen. Es ist in diesem Zusammenhang erwogen worden, ob die Goldprägungen als Sold für angeworbene keltische Krieger angesehen werden können.

Lit.: Sambon, S. 12f. Nr. 2.; Zum Datierungsproblem s. E. Specht, Zur Datierung des etruskischen Löwenkopfgoldes, in: Actes du 9° Congrès International de Numismatique, Berne 1979, Louvain-Luxembourg 1982, S. 199–201 (mit Bibliographie) und Civiltà, S. 240 f.; Zur Typendeutung s. J. Heurgon, Etruskische Münztypen und die orientalisierende Bestie, Atti del V Convegno, 1976, S. 311–318. S.S.

H 3 (Abbildungen)
Halbstater
4. Jh. v. u. Z.
Silber 5,31 g
Berlin, SMB, Münzkabinett
Inv.: 956/1904

Vorderseite: Jugendlicher männlicher Kopf mit Diadem, im Dreiviertelprofil, oberhalb und unterhalb Schlangenlinie; Aufschrift ΘEZI; Perlkreis.

Rückseite: Kauernde weibliche Sphinx mit ausgebreiteten Flügeln auf doppelter Bodenlinie; ringsum Linienkreis.

Die durch die Aufschrift benannte Münzstätte Thezi (in der Schreibung auch als Thezle vorkommend) kann bisher mit keinem Ort Etruriens verbunden werden. Eng an etruskische Kultvorstellungen geknüpft muten die von den verschiedenen Prägungen dieser Stadt bekannten Darstellungen an. Es sind die in der etruskischen Kunst so überaus häufig auftretende Gorgo und das Rad (auf den Stateren) sowie der Stierkopf und Fabeltiere. Hinter dem eher zeichnerisch als plastisch erfaßten Jünglingskopf muß gleichfalls religiöses Gedankengut vermutet werden, wobei die Anregung zu der Darstellung durch ein griechisches Münzvorbild nicht auszuschließen ist.

Lit.: Garrucci, Le Monete Dell'Italia Antica, 1885, S. 55 Nr. 32; Sambon, S. 41 f. Nr. 13. S.S.

H 4 (Abbildung)
Tetradrachme
4. Jh. v. u. Z.
Silber 10,87 g
Berlin, SMB, Münzkabinett Inv.: 32/1907

Vorderseite: Jünglingskopf im Profil mit Blattkranz im Haar; dahinter Buchstabe; Perlkreis.

Rückseite: Glatt und ohne Prägebild.

Auch dieses Kopfbild läßt den von griechischen Münzen gewohnten plastisch-strukturellen Stil vermissen und weist ausgesprochene Härten in der Wiedergabe der stofflichen Substanz auf, besonders deutlich an den wie aufgesetzt wirkenden Brauenbogen und am Übergang der Wange zum Hals. Eine gewisse Unvermitteltheit zwischen lapidaren Formen (etwa dem Blattkranz) und einer sensibel differenzierenden Linienführung bewirkt die von diesem Kopf ausgehende Unruhe. Es kann vermutet werden, daß eine griechische Münze mit dem Bild Apollons als Prototyp diente.

Lit.: Sambon, 1903, S. 65f. Nr. 101; BMC, 1873, S. 13 Nr. 4. S.S.

H 5 (Abbildung)
Hemidrachme
4. Jh. v. u. Z.
Silber 2,08 g
Berlin, SMB, Münzkabinett Inv.: 625/1903

Vorderseite: Hippokamp zur rechten Seite schwimmend, unten Delphin, oben Buchstabe, Perlkreis.

Rückseite: Glatt, mit Spuren von Reliefzeichen.

Das Bild des Meeresungeheuers mit langem Fischschwanz, Flossen und Pferdevorderteil erscheint in mehreren Varianten auf etruskischen Silber- und Bronzemünzen. Es deutet auf den maritimen Bereich und erinnert damit zugleich an die jahrhundertelang von den Etruskern behauptete Seeherrschaft, die seit dem ausgehenden 6. Jh. v. u. Z. mehr und mehr eingeengt wurde.

Lit.: Sambon, S. 45f. Nr. 25; BMC, 1873, S. 7 Nr. 2. S.S.

H 6 (Abbildung)
Tetradrachme
4. Jh. v. u. Z.
Silber 16,325 g
Berlin, SMB, Münzkabinett
Inv.: Fox 1873

Vorderseite: Geduckter Löwe, der mit den Vorderpranken an etwas zu zerren scheint; der Rachen ist geöffnet mit heraushängender Zunge; der peitschende Schwanz endet in einem bärtigen Schlangenkopf. Dreifache Bodenlinie; Perlkreis.

Auf wiederholten Prägeschlag sind die mehrfachen Konturen zurückzuführen, störend vor allem an Gesicht und Nacken des Löwen.

Rückseite: Glatt und ohne Prägebild.

Das in wilder Angriffslust gezeigte Raubtier erhält durch die Verbindung mit der Schlange etwas Entsetzenerregendes. Auf den Münzen können etliche ähnlich phantastische Bestien nachgewiesen werden. Auf dieser dämonischen Hintergründigkeit, genährt von uns nicht näher faßbaren Jenseitsvorstellungen, beruht eine Wesensseite etruskischer Kunst, die sich in allen ihren Gattungen wiederfinden läßt.

Lit.: Dressel, S. 44 Nr. 1; BMC, 1873, S. 7; Nr. 1; Sambon, S. 43 Nr. 18. S. S.

H 3 (etwa 2:1)

H 7
Bronzemünze
2. Hälfte 3. Jh. v. u. Z.
Bronze 5,795 g (Vs.) bzw. 6,57 g (Rs.)
Berlin, SMB, Münzkabinett
Inv.: 6673/1846 bzw.
Imhoof-Blumer 1900

Vorderseite: Kopf eines Nubiers mit krausem Haar, tief eingesattelter Nase und wulstigen Lippen, dahinter Buchstabe; Perlkreis.

Rückseite: Elefant mit um den Hals gebundener Glocke, darunter Buchstabe.

Die umfangreiche Münzreihe mit dem realistischen Bildnis eines durch negroide Züge gekennzeichneten Männerkopfes gehört zu den späten etruskischen Schöpfungen. Wegen der Typen sowie der häufigen Funde am Trasimenischen See und im Tal der Chiana wurde die Prägeserie mit Hannibals Anwesenheit in Italien in Verbindung gebracht. Andererseits hat schon Pyrrhos den Kriegselefanten in Italien zum Einsatz gebracht, weshalb unser Münztyp auch auf diese historische Episode zurückgeführt worden ist. Beide Deutungsvorschläge sind bezweifelt worden, da man von einer antirömischen Stellungnahme seitens einer etruskischen Stadt auszugehen hätte. Durch einen neuen Inschriftenfund scheint aber wieder ein Hinweis auf Hannibals Armee gewonnen zu sein. Schließlich ist versucht worden, den Zusammenhang zu einem mehr familiengeschichtlich bedeutsamen Ereignis herzustellen, dem Triumph des römischen Consuls L. Caecilius Metellus im Jahre 250 v. u. Z.

Lit.: Dressel, S. 47 Nr. 21 f.; Sambon, S. 34 f., S. 81 Nr. 145; BMC, 1873, S. 15 Nr. 21. Argumente für eine Spätdatierung s. bei E. S. G. Robinson, Numismatic Chronicle, 1964, S. 46–48. Für die unterschiedlichen Deutungsversuche: Garrucci, Le Monete dell'Italia Antica, 1885, S. 1–13; F. Panvini-Rosati, in: La città etrusca e italica preromana, 1970, S. 77 bis 83 (non vidi). Civiltà, S. 372 f.; Etruscan Life and Afterlife. S. S.

H 8
Bronzemünze
etwa 3. Jh. v. u. Z.
Bronze 2,71 g (Vs.) bzw. 2,85 g (Rs.)
Berlin, SMB, Münzkabinett
Inv.: Löbbecke 1906 bzw. Imhoof-Blumer 1900

Vorderseite: Männlicher Kopf mit übergestülptem Tierfell; Perlkreis.

H 15 (etwa 2:1)

Rückseite: Nach links laufender Spitzhund, darunter Buchstabe; Perlkreis.

Die Gestaltung beider Bildseiten zeichnet sich durch eine sehr feine, plastisch nuancierte Durchführung aus.

Lit.: Garrucci, Le Monete Dell'Italia Antica, 1885, S. 59 Nr. 8–10; Sambon, S. 81 f. Nr. 146; Dressel, S. 47 Nr. 24–27; BMC, 1873, S. 15 Nr. 14. S. S.

Münzen einzelner Städte

Mit den großen Gorgoneionserien betreten wir sicheren Boden, denn ihre Zuweisung an Populonia ist durch vereinzelte Aufschriften und auch durch Funde gesichert. Die Stadt war eine der Metropolen des Landes, vermögend und einflußreich durch die Erzverarbeitung und den Erzhandel.

Seit langem werden nach den angebrachten Wertkennzeichen zwei Gorgonenserien unterschieden. In der Verdoppelung des zunächst gebräuchlichen X auf XX (bei den stilistisch späteren Beispielen) hat man eine Wertreduzierung erkannt, die im italischen Umkreis auch sonst nachweisbar ist. In der Beurteilung des Zeitansatzes der Gorgoneionmünzen gibt es eklatante Meinungsunterschiede, die sich entweder auf stilistische oder metrologische Argumente stützen.

Wohl kein anderes Motiv ist von den Etruskern so häufig gestaltet worden wie die aus dem Perseusmythos bekannte Gorgo, die in der neuen Umwelt eine eigenständige kultische Bedeutung gewonnen haben muß. Bei den Münzbildern und ebenso bei den etruskischen Tempelbauten mit gehäuft auftretenden Gorgonenfiguren oder Gorgonenköpfen ist es naheliegend, auf eine ganz allgemeine apotropäische Funktion zu schließen.

H 9 (Abbildung)
Didrachme
Populonia, etwa 2. Hälfte 5. Jh. v. u. Z.
Silber 6,92 g
Berlin, SMB, Münzkabinett Inv.: Fox 1873

Vorderseite: Gorgonenhaupt mit vorquellenden Augen und herausgestreckter Zunge, im Haar Reif; unten die Wertangabe X; Perlkreis.

Rückseite: Glatt und ohne Prägebild.

Zu den frühen Serien gehört unser Beispiel mit den für den archaischen Typ kennzeichnenden plastisch markanten Zäsuren und vielteilig bewegtem Kontur. Das furchterregende Äußere des Monsters erscheint gesteigert durch die Stirnwülste und die unter den hervorquellenden Augen angegebenen Tränensäcke.

Lit.: Dressel, S.37 Nr.2; Sambon, S.48 Nr.36. Zur Problematik der Datierung: I. Krauskopf, Atti del V Convegno, 1976, S.319–343; Dies., Schweizer Numismatische Rundschau 64, 1985, S.61–72. S.S.

H 10 (Abbildung)
Didrachme
Populonia,
Anfang 4. Jh.–1. Hälfte 3. Jh. v. u. Z.
Silber 8,28 g
Berlin, SMB, Münzkabinett
Inv.: 28657/1863
   Vorderseite: Gorgoneion wie bei Kat.-Nr. H 9; unten Wertzahl XX zwischen Punktornament, seitlich Ringe; Perlkreis.
   Rückseite: Glatt und ohne Prägebild.
   Das Relief der Bildseite ist deutlich flacher angelegt als bei den unreduzierten Vorläufern. Es läßt sich überdies die Tendenz zur Parallelisierung und Ausgleichung der Linien erkennen. Die Erstarrung der Formen geht mit einer Abschwächung der urtümlichen Ausstrahlungskraft einher.
   Lit.: Dressel, S.37 Nr.5; Sambon, S.50 Nr.45. S.S.

H 11
Didrachme
Populonia, etwa 2. Hälfte 5. Jh. v. u. Z.
Silber 7,81 g
Berlin, SMB, Münzkabinett
Inv.: 8295/1847
   Vorderseite: Wie Kat.-Nr. H 9.
   Rückseite: Glatt und ohne Prägebild.
   Lit.: Dressel, S.37 Nr.1; Sambon, S.48 Nr.36. S.S.

H 12
Didrachme
Populonia, Anfang 4.–1. Hälfte 3. Jh. v. u. Z.
Silber 8,11 g
Berlin, SMB, Münzkabinett Inv.: 28657/1863
   Vorderseite: Wie Kat.-Nr. H 10.
   Rückseite: Glatt mit drei Kreuzzeichen und den Ansätzen von zwei weiteren derartigen Zeichen.
   Eine gültige Erklärung für die Symbole steht weiterhin aus.
   Lit.: Dressel, S.38 Nr.9; Sambon, S.51 Nr.50; BMC, 1873, S.2 Nr.6. S.S.

H 13
Didrachme
Populonia,
Anfang 4.–1. Hälfte 3. Jh. v. u. Z.
Silber 8,01 g
Berlin, SMB, Münzkabinett
Inv.: Fox 1873
   Vorderseite: Wie Kat.-Nr. H 10.
   Rückseite: Zwei Tintenfische, zwischen den Fangarmen Kugel und Stern.
   Schlecht zentriert.
   Lit.: Dressel, S.38 Nr.7; Sambon, S.53 Nr.56. S.S.

H 2

H 5

H 9

H 14
Didrachme
Populonia, etwa Ende 4. Jh. v. u. Z.
Silber 8,21 g
Berlin, SMB, Münzkabinett
Inv.: 312/1911
   Vorderseite: Wie Kat.-Nr. H 10.
   Rückseite: Dreizack, Halbmond, ringsum Bezeichnung der Münzstätte Pupluna; Perlkreis.
   Lit.: Garrucci, Le Monete Dell'Italia Antica, 1885, S.51 Nr.15; Sambon, S.54f. Nr.60. S.S.

H 6

H 4

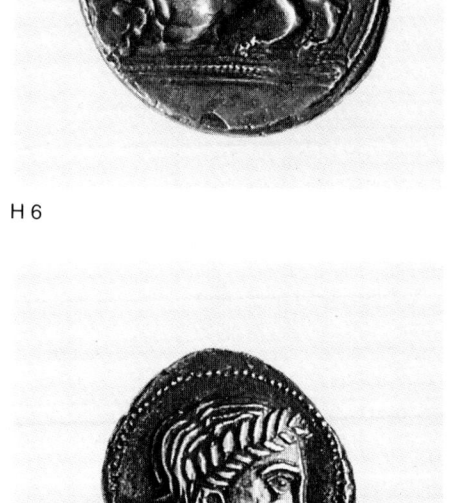

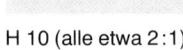
H 10 (alle etwa 2:1)

H 15 (Abbildungen)
Triens
Populonia, etwa 3. Jh. v. u. Z.
Bronze 10,96 g (Vs.) bzw. 7,16 g (Rs.)
Berlin, SMB, Münzkabinett
Inv.: Imhoof-Blumer 1900 bzw. 599/1908
   Vorderseite: Kopf des Schmiedegottes Hephaistos mit spitzem Hut; dahinter das Wertzeichen X; Perlkreis.
   Rückseite: Schmiedewerkzeuge Hammer und Zange um vier Wertkugeln. Benennung der

384

Münzstätte Pupluna (rückläufige Schrift); Perlkreis.

Die aufeinander abgestimmten Bilder beider Münzseiten demonstrieren die für die Stadt wichtigsten Produktionszweige – den Erzabbau und das metallverarbeitende Handwerk.

Lit.: Sambon, 1903, S. 72 Nr. 119; BMC, 1873, S. 5 Nr. 26.   S. S.

H 16
Drachme
Vermutlich Populonia, 4.–3. Jh. v. u. Z.
Silber 3,75 g
Berlin, SMB, Münzkabinett
Inv.: Fox 1873

Vorderseite: Jugendlicher weiblicher Kopf mit breiter Haarbinde und Ohrgehänge; dahinter das Wertzeichen X; Perlkreis.

Rückseite: Glatt und ohne Prägebild.

Im Gegensatz zu den meisten bisherigen Münzen handelt es sich in diesem Fall um eine direkte motivische Übernahme des von den griechischen Münzen der Stadt Neapolis im 4. Jh. v. u. Z. geläufigen Nymphenkopfes. Es wird ebenso deutlich, zu welch hohen Leistungen die etruskischen Toreuten fähig waren, als auch, worin ihre eigene Sprache besteht.

Lit.: Dressel, S. 39 Nr. 17; Sambon, S. 57 f. Nr. 68; BMC, 1873, S. 3 Nr. 13   S. S.

H 17
Drachme
Vermutlich Populonia, etwa 3.–2. Jh. v. u. Z.
Silber 4,27 g
Berlin, SMB, Münzkabinett
Inv.: Fox 1873

Vorderseite: Jugendlicher Männerkopf mit Lorbeerkranz; im Nacken die Wertbezeichnung X; Linienkranz.

Rückseite: Glatt und ohne Prägebild.

Diese ausgefeilte, jedoch etwas spröde Arbeit kann den griechischen Einfluß nicht verleugnen. Wahrscheinlich ist der Gott Apollon dargestellt, den auch die Etrusker verehrten, obwohl über seine Bedeutung weniger bekannt ist.

Lit.: Dressel, S. 40 Nr. 22; Sambon, S. 59 Nr. 73; BMC, 1873, S. 3 Nr. 14.   S. S.

H 18 (Abbildung)
Quinar
Vermutlich Populonia, etwa 3. Jh. v. u. Z.
Silber 2,16 g
Berlin, SMB, Münzkabinett
Inv.: Löbbecke 1906

Vorderseite: Kopf des Hermes mit Flügelkappe (Petasus), verziert durch ein Wellenband; im Nacken Wertzeichen; Linienkreis.

Rückseite: Glatt und ohne Prägebild.

Der wiederum durch griechische Vorbilder angeregte Hermeskopf zeichnet sich durch markante, porträthaft anmutende Gesichtszüge aus.

Lit.: Garrucci, Le Monete Dell'Italia Antica, 1885, S. 53 f. Nr. 15; Sambon, S. 64 Nr. 95. S. S.

H 23

H 26

H 27 (alle leicht verkleinert)

H 19
Sextans
Vetulonia, etwa 3. Jh. v. u. Z.
Bronze 10,12 g
Gefunden in Colonna, nahe Grosseto
(Bull. d'Inst. 1884, S. 29 ff.)
Berlin, SMB, Münzkabinett
Inv.: 363/1885

Vorderseite: Jugendlicher männlicher Kopf, der nach Art des Herakles eine Tierhaut (von einem Meerestier) über den Hinterkopf gestülpt

trägt; unten zwei Wertkugeln; Nennung der Münzstätte in etruskischer Schrift; Perlkreis.

Rückseite: Dreizack, umgeben von zwei Delphinen; zwei Wertkugeln; Perlkreis.

Wie auch durch die Rückseitendarstellung nahegelegt wird, ist eine etruskische Meeresgottheit wiedergegeben. Es könnte darin der Gründerheros des Ortes erkannt werden.

Lit.: Dressel, S. 43 Nr. 2; Sambon, S. 74 Nr. 122; BMC, 1873, S. 14 Nr. 12.   S. S.

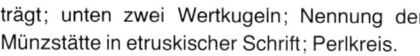

H 20
Bronzemünze
Vetulonia, etwa 3. Jh. v. u. Z.
Bronze 6,48 g
Berlin, SMB, Münzkabinett
Inv.: v. Rauch 1878
    Vorder- und Rückseite: Wie Kat.-Nr. H 19, ohne die Wertbezeichnung.   S. S.

H 21
Litra
Cosa, 3. Jh. v. u. Z.
Bronze 5,08 g
Berlin, SMB, Münzkabinett Inv.: Fox 1873
    Vorderseite: Kopf der Athena mit korinthischem Helm, Beizeichen Stern; Nennung der Münzstätte; Perlkreis.
    Rückseite: Vorderteil eines gezäumten Pferdes; Nennung der Münzstätte in etruskischer Schrift.
    Die Typen sind von römisch-kampanischen Münzen übernommen.
    Lit.: Dressel, S. 34 Nr. 1; Sambon, S. 83 Nr. 152.   S. S.

H 22
Bronzemünze
Peithesa, Ende 3. Jh. v. u. Z.
Bronze 2,64 g (Vs.) bzw. 2,69 g (Rs.)
Berlin, SMB, Münzkabinett
Inv.: Fox 1873 bzw. Imhoof-Blumer 1900
    Vorderseite: Kopf des Hermes mit Flügelkappe.
    Rückseite: Eule in Frontalansicht; Nennung der Münzstätte (rückläufige und spiegelverkehrte Schrift).
    Lit.: Garrucci, Le Monete Dell'Italia Antica, 1885, S. 58 f. Nr. 2–3; Sambon, S. 76 Nr. 128.   S. S.

Gegossenes Schwergeld (Aes grave)

H 23 (Abbildungen)
Semis
Velathri (Volterra), etwa 2. Hälfte 3. Jh. v. u. Z.
Bronze 73,85 g bzw. 72,82 g
Berlin, SMB, Münzkabinett ohne Inv.-Nr. bzw. Inv.: Haeberlin 1940
    Vorderseite: Jugendlicher Doppelkopf mit flacher Kappe.
    Rückseite: Nach links schwimmender Delphin; darüber das Wertkennzeichen; ringsum rückläufige etruskische Aufschrift mit dem Namen der Münzstätte.
    Der auch von latinischen Schwergeldserien bestens bekannte Januskopf ist wahrscheinlich von den Etruskern mit ihrem Torgott Culsans identifiziert worden.
    Lit.: Haeberlin, Aes Grave, S. 250 Nr. 3; BMC, 1873, S. 11 Nr. 1.   S. S.

H 31 (etwa 1 : 1)

H 24
Dupondius
Lokalisierung unsicher,
etwa 2. Hälfte 3. Jh. v. u. Z.
Bronze 284,11 g
Berlin, SMB, Münzkabinett
Inv.: Haeberlin 1940
    Vorderseite: Rad mit sechs Speichen und doppeltem Radreif (üblich für den Kriegswagen sowie für den Fest- und Kultwagen); etruskischer Buchstabe in Form eines Halbmondes.
    Rückseite: Anker mit je einem Ring am oberen Schaftende und an der Spitze der Schaufel; Wertbezeichnung II; ringsum Kreislinie.
    Lit.: Haeberlin, Aes Grave, S. 266 Nr. 7.   S. S.

H 25
As
Lokalisierung unsicher,
etwa 2. Hälfte 3. Jh. v. u. Z.
Bronze 164,20 g bzw. 183, 24 g
Berlin, SMB, Münzkabinett
Inv.: Haeberlin 1940
    Vorderseite: wie Kat.-Nr. H 24
    Rückseite: Mischkrug (Krater), auf dem Gefäßkörper zwischen den seitlichen Henkeln das Wertzeichen I; oben etruskischer Buchstabe; ringsum doppelte Kreislinie.
    Lit.: Haeberlin, Aes Grave, S. 266 Nr. 4 bzw. S. 258 Nr. 9.   S. S.

H 26 (Abbildungen)
Semis
Lokalisierung unsicher,
etwa 2. Hälfte 3. Jh. v. u. Z.
Bronze 87,97 g
Berlin, SMB, Münzkabinett
Ohne sichere Inv.-Nr.
    Vorderseite: Strebenrad mit zwei gebogenen Felgen, Mittelachse und doppeltem Radreif (üblich für den Last- und Ackerwagen).
    Rückseite: Wie Kat.-Nr. H 28.
    Lit.: Haeberlin, Aes Grave, S. 271.   S. S.

H 27 (Abbildungen)
Semis
Lokalisierung unsicher,
etwa 2. Hälfte 3. Jh. v. u. Z.
Bronze 98,08 g

Berlin, SMB, Münzkabinett
Inv.: Haeberlin 1940
    Vorderseite: Wie Kat.-Nr. H 24
    Rückseite: Doppelaxt ohne Stiel (Bipennis); 6 Wertkugeln und etruskischer Buchstabe in Form eines Halbmondes; doppelte Kreislinie als Umgrenzung.
    Lit.: Haeberlin, Aes Grave, S. 261 Nr. 4.   S. S.

H 28
Triens
Lokalisierung unsicher,
etwa 2. Hälfte 3. Jh. v. u. Z.
Bronze 51,73 g
Berlin, SMB, Münzkabinett
Inv. Haeberlin 1940
    Vorderseite: Wie Kat.-Nr. H 26
    Rückseite: Drei Halbmonde um einen Zentrierpunkt; doppelte Kreislinie als Umgrenzung, darüber die 4 Wertkugeln.
    Lit.: Haeberlin, Aes Grave, S. 272 Nr. 5.   S. S.

H 29
Quadrans
Lokalisierung unsicher,
etwa 2. Hälfte 3. Jh. v. u. Z.
Bronze 37,45 g
Berlin, SMB, Münzkabinett
Inv.: Haeberlin 1940
    Vorderseite: Vierspeichiges Wagenrad mit doppeltem Radreif.
    Rückseite: Spitzamphora mit zwei Henkeln; 3 Wertkugeln und umgebender Linienkreis.
    Lit.: Haeberlin, Aes Grave, S. 264 Nr. 13.   S. S.

H 30
Sextans
Lokalisierung unsicher,
etwa 2. Hälfte 3. Jh. v. u. Z.
Bronze 21,97 g
Berlin, SMB, Münzkabinett
Inv.: Haeberlin 1940
    Vorderseite: Strebenrad mit zwei gebogenen Felgen und doppeltem Radreif; 2 Wertkugeln.
    Rückseite: ebenso
    Lit.: Haeberlin, Aes Grave, S. 270 Nr. 2.   S. S.

H 31 (Abbildungen)
Uncia (geprägt),
Lokalisierung unsicher,
etwa 2. Hälfte 3. Jh. v. u. Z.
Bronze 8,72 g bzw. 8,41 g
Berlin, SMB, Münzkabinett
Inv.: Fox 1873 bzw. Imhoof-Blumer 1900
    Vorderseite: Sechsspeichiges Wagenrad mit doppeltem Radreif; 1 Wertkugel.
    Rückseite: Wie Kat.-Nr. H 24; 1 Wertkugel (und etruskischer Buchstabe).
    Lit.: Haeberlin, Aes Grave, S. 268.   S. S.

Der etruskische Norden
und die Auswirkungen der etruskischen Kultur auf Mitteleuropa

Der etruskische Norden, dessen Zentrum in der Gegend von Bologna lag, war lange in einem der Villanova-Kultur ähnlichen Zustand verblieben. Die Stufen der kulturellen Entwicklung in diesem Bereich nennt man meistens nach Nekropolen in der Nähe Bolognas Benacci I und II, Arnoaldi und Certosa. In dieser letzten Stufe, die um 500 v.u.Z. ansetzt und bis ins frühe 4. Jh. v.u.Z. andauert, entfaltete sich auch im Norden eine etruskische Kultur »klassischer« Prägung. Ins 5. Jh. v.u.Z. fällt ebenfalls die Blütezeit der Städte Spina und Adria an der Po-Mündung, Handelsplätze, wo neben den Etruskern auch griechische Händler lebten. Die Nordetrusker hatten lange mit den im Norden angrenzenden Kelten friedlich zusammengelebt, Handelsbeziehungen und einen regen Handelsaustausch gepflegt. Das mitteleuropäische Gebiet der Hallstatt- und Latènekultur kam auf verschiedenen Wegen mit den antiken Kulturen des Mittelmeerraumes in Berührung. Zunächst gab es wichtige Kontakte mit den griechischen Kolonien, die seit dem Ende des 7. Jh. v.u.Z. an der ligurischen Küste bis zum Golf von Lyon entstanden waren, dann besonders durch das Vordringen der Etrusker im 6. Jh. v.u.Z. in die Po-Ebene und über die dort gegründeten griechisch-etruskischen Handelsfaktoreien Adria und Spina. Sie setzten sich im Rahmen der keltischen Südexpansion vom 4. bis 2. Jh. v.u.Z. fort und wurden dann nachhaltig durch das Ausgreifen des römischen Staates unter Zurückdrängung des keltischen Einflusses in den Alpenraum und darüber hinaus wirksam. Diese mittelmeerischen Kontakte waren zunächst von merkantilen Interessen geprägt und so wohl besonders mit dem Erwerb von begehrten Rohstoffen (Zinn und Bernstein; daneben Pelze, Leder und Honig), dem Sklavenhandel und der Suche nach Absatzmärkten (Weinhandel) verbunden. Dieser einfache Tauschhandel, der sich entlang der natürlichen Zugänge, den Tälern der Rhône und Saône sowie über die Alpenpässe, vollzog, hatte die Mittelgebirgszone zunächst nicht überschritten, denn einzelne frühe Objekte in Dänemark waren erst in späterer Zeit dorthin verbracht worden. Die Importwaren bestanden zumeist aus Gefäßen und Geräten, die mit dem Weingenuß in Verbindung zu bringen sind. Daneben hatten die Südkontakte auch zivilisatorische Einflüsse wie die Übernahme der Töpferscheibe (um 500

v.u.Z.), Verbesserungen der Eisengeräte und Waffentechnik, sporadische Einflußnahme auf den Befestigungsbau (Heuneburg) und eine eigene keltische Münzprägung seit dem 3. Jh. v.u.Z. bewirkt. Im Prozeß dieser kulturellen Beziehungen hatten die Etrusker neben den in Südfrankreich siedelnden Griechen eine nicht zu unterschätzende Rolle gespielt. In der Entwicklung und dem Charakter dieser kulturellen Kontakte lassen sich mehrere Zeitphasen unterscheiden, die in die späte Hallstatt- und frühe Latènezeit (6. bis 5./4. Jh. v.u.Z.) und die mittlere Latènezeit (4.–2. Jh. v.u.Z.) fallen.

In der frühen Phase waren es vor allem großgriechische und etruskische Bronzewaren neben griechischen Vasen und etruskischer Bucchero-Keramik, die in den an das Mittelmeergebiet nördlich angrenzenden Siedlungsräumen auftauchten. In der ostalpinen Region wirkte sich der griechisch-etruskische Einfluß seit dem Ende des 7. Jh. v.u.Z. auch auf den Figurenschmuck der traditionellen lokalen Bronzegefäßproduktion aus, gleichartige Auswirkungen

sind außerdem in der Situlenkultur der Transpadana zu verzeichnen, die ihrerseits dem östlichen Frühlatènekreis als Vorbild diente. Im nordwestalpinen Gebiet entwickelte sich dann unter den mediterranen Einflüssen seit dem 5. Jh. v.u.Z. ein eigener ornamentaler Latènestil im Bronzehandwerk.

Bereits seit dem 7. Jh. v.u.Z. tauchten vereinzelt etruskische Bronzefigürchen (Kriegerstatuetten) in Norditalien und jenseits der Alpen bis zur Bretagne längs eines Weges auf, der wahrscheinlich dem Zinnhandel aus Cornwall diente. Außerdem lassen sich hohle Goldperlen in Granulationstechnik in den Waffengräbern der Westschweiz (Hallstattkultur, Stufe C–D 1, 7. bis 6. Jh. v.u.Z.) nachweisen. Vereinzelt tauchten italische Bronzesitulen zusammen mit griechischen Erzeugnissen jenseits der Alpen in Grabhügeln der Hallstattkultur auf. Infolge der Konsolidierung der keltischen Aristokratie verstärkte sich dann auch der Import von Luxuswaren, der eine zusätzliche Belebung durch die Gründung von Massilia um 600 v.u.Z. erfuhr.

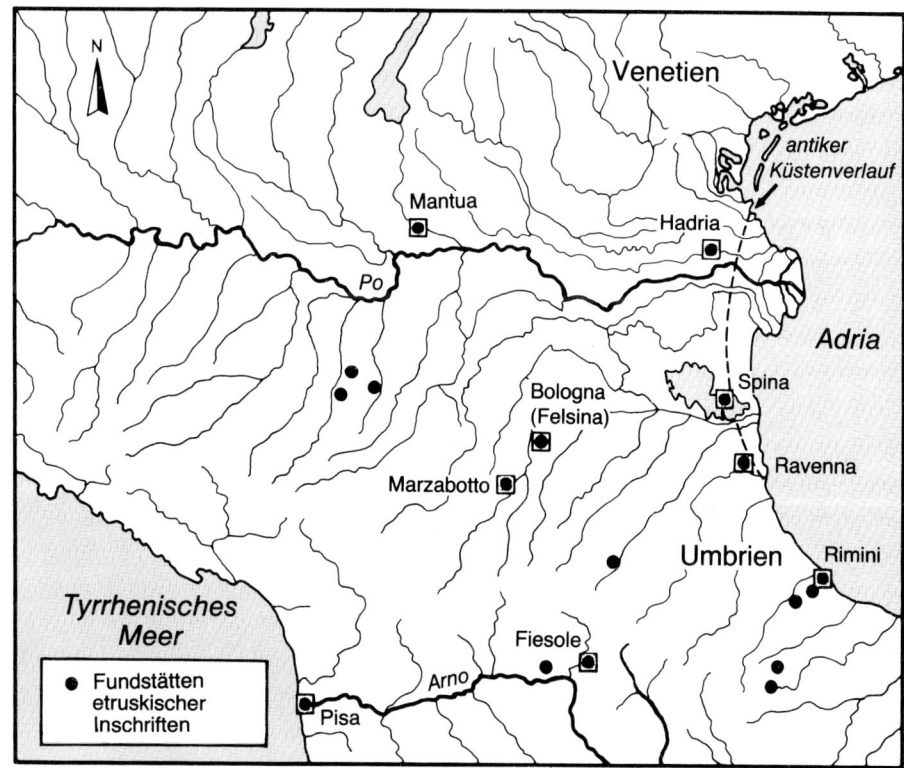

Etrusker in der Po-Ebene

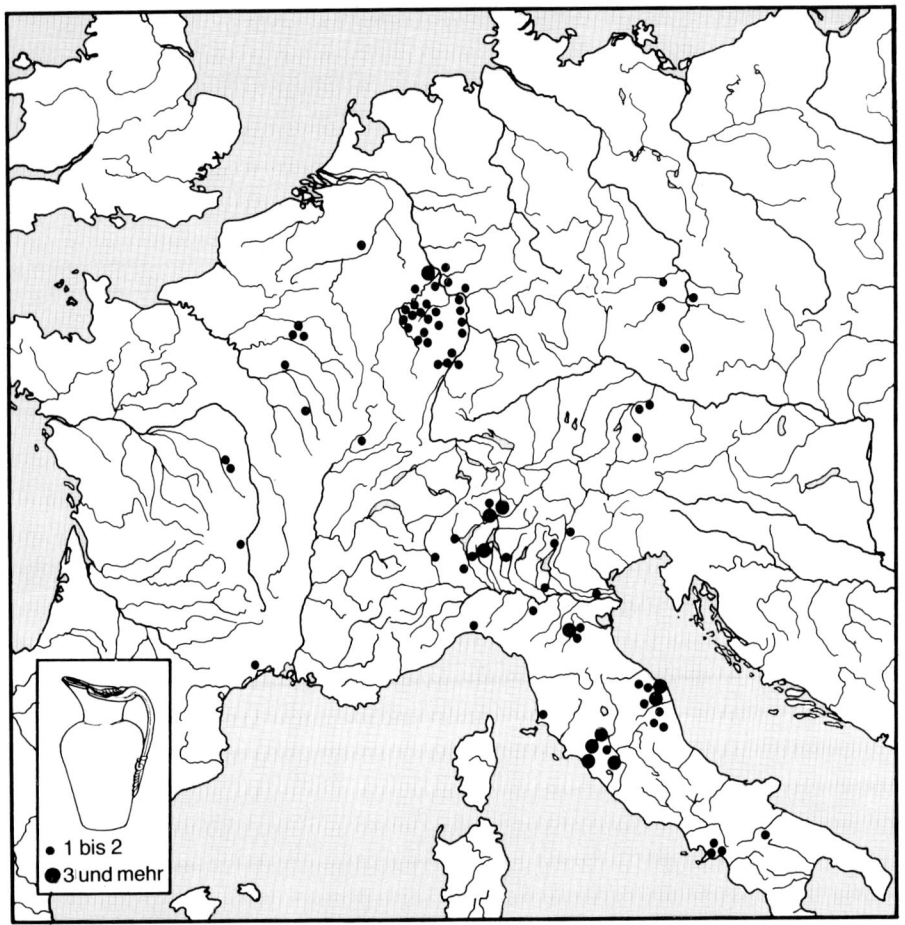

Verbreitungskarte der etruskischen Bronzeschnabelkannen

Legend within image: • 1 bis 2 ● 3 und mehr

Der von dieser Stadt kontrollierte Zwischenhandel über die Rhône-Saône-Route schloß etruskische Waren ein, die mit dem Weinhandel verbunden waren, wobei eigenartigerweise jedoch die Bucchero-Keramik nicht über das Rhône-Mündungsgebiet hinaus gelangte. Bronzeweinkannen mit Kleeblattmündung dagegen (sogenannte rhodische Kannen vom Typ Vilsingen), die entweder als etruskische Produkte (O.H. Frey) oder als griechische Erzeugnisse unter phönikischem Einfluß (B.Shefton) angesehen werden, aber auch dann von den Etruskern gehandelt worden sind, gelangten in die reich ausgestatteten Gräber der Durance und in das südliche Baden-Württemberg (Wagengrab von Vilsingen, Hallstatt D 1 um 600 v.u. Z. und etwas jüngerer Grabfund von Kappel am Rhein), etruskische Perirandbecken außerdem als spezielles Zubehör zum Totenmahlritus in die Randzone der Westalpen. Gegen Ende des 6. Jh. v. u. Z. verstärkte sich neben den griechischen Importen der Zufluß italischer Waren, besonders der Bronzeschnabelkannen (frühe Schnabelkanne im Wagengrab von Vix, um 500 v.u.Z.), vorzugsweise über die Alpenpässe. Im Verlauf des 5. Jh. v.u. Z. griffen dann auch die neuen griechisch-etruskischen Handelsfaktoreien Adria und Spina verstärkt in den Nordhandel ein. In der späten Hallstattkultur der nordwestalpinen Region häuften sich so die Funde

etruskischer Schnabelkannen (Hatten, Mercey, Worms), die offenbar in den Funeralritus der keltischen Oberschicht integriert waren; ebenso wie der Import griechischer Keramik, figurale Steinmale auf Grabhügeln in Württemberg und das begrenzte Auftreten mediterraner Bautechniken (Lehmziegelmauer der Heuneburg) lassen sie auf einen lebhafteren Kontakt mit dem Mittelmeergebiet schließen. In der Frühlatènezeit (5. Jh. v.u.Z.) erfuhr der etruskische Nordhandel von der Po-Ebene aus eine weitere Begünstigung durch die Krisensituation in der griechischen Kolonie Massilia. Archäologische Belege für diese Handelsbeziehungen konzentrierten sich im Mosel-Saar-Marne-Kreis, in Böhmen und im Ostalpengebiet um Hallein. Der griechische Keramikimport wurde jetzt von der Einfuhr etruskischer Bronzegefäße – von Stamnoi, flachen Becken und besonders Schnabelkannen – überflügelt, die gehäuft in der Saar- und Nahergion zu verzeichnen sind. Daran knüpften sich Nachahmungsversuche, was Bronzeschnabelkannen mit Henkeln im Latènestil in einem ausgedehnten Bereich zwischen Mosel und Salzach belegen (frühe Beispiele von Klein-Aspergle bei Ludwigsburg und Borsch, Kreis Salzungen; 5. Jh. v. u.Z.). Tonnachbildungen desselben Gefäßtypes und deren Auftreten in Siedlungen weisen auf einen über den Grabritus hinausgehenden profanen

Gebrauch hin. In der folgenden Zeit der Keltenzüge (4.–2. Jh. v. u. Z.), deren Zielgebiete gerade jene Regionen darstellten, aus denen die angeführten Luxusgüter beschafft worden waren, ging der Import stark zurück, auch wenn vereinzelte südliche Objekte noch hier und da den Weg in die Regionen nördlich der Alpen fanden. Eine nachhaltige Belebung und aktive Auseinandersetzung mit dem Südimport läßt sich dann erst wieder in Verbindung mit der Expansion des römischen Staates verzeichnen, wobei die 181 v. u. Z. gegründete latinische Kolonie Aquileia als Stützpunkt des Nordhandels gewissermaßen das Erbe der früheren etruskischen Niederlassungen in der Po-Ebene antrat.

Sichere Funde etruskischen Bronzegeschirrs sind – wie bereits oben vermerkt wurde – auch aus Böhmen bekannt. Diese Fundgruppe besteht aus Schnabelkannen, Tassen und einer Situla; eine figurale Nadel aus Hradiště ist leider verlorengegangen ähnlich wie ein Teil der goldenen Ohrringe; die noch erhaltenen hat man wohl im keltischen Bereich selbst hergestellt. Wegen des schlechten Erhaltungszustandes der aus einem dünnen Blech hergestellten Bronzegefäße erschien es ratsam, in dieser Ausstellung nur die gut erhaltenen Schnabelkannenhenkel aus Hradiště, Modřany und Žatec zu zeigen. Sie alle stammen wohl aus Gräbern der frühkeltischen Aristokratie (die Henkel aus Modřany von jenen der Herren von Závist bei Prag, wohl dem wichtigsten keltischen Fürstensitz und religiösen Zentrum Böhmens in der damaligen Zeit) und gehören zu einer frühen Gruppe von Schnabelkannen, die in die zweite Hälfte des 6. Jh. zu datieren ist. Das Frauengrab von Hradiště bei Pisek ist dagegen erst im frühen 5. Jh. v. u. Z. belegt worden. Die Ausstattung dieses Grabes hinterläßt den Eindruck, als ob hier eine Aristokratin, die im Rahmen einer »diplomatischen Heirat« nach Böhmen gelangt sein könnte, mit ihrer norditalischen »Mitgift« bestattet worden wäre.

Zu dieser Gruppe des keltischen Südimportes gehört auch ein Teil der Funde von Bad Dürkheim im Rheingebiet, die nach Budapest gelangt sind (Kat.-Nr. I 5,6). Außerdem hat man unter den Lesefunden aus zwei thüringischen Burgwällen ein Fragment eines Beckens aus Bucchero pesante (Randstück mit Sphinxrelief vom »Alten Gleisberg« bei Graitschen im Kreis Eisenberg: Studien aus Alteuropa 2, 1965, S. 22 Abb. 4 f.) und ein anderes einer schwarzgefirnißten mittelitalischen Ware (Wandstück eines Bechers vom kleinen Gleichberg bei Römhild: WZ Jena, Gesellschafts- und Sprachwiss. Reihe 28, 1979, Heft 3, S. 327) identifiziert, aber es darf wohl zu Recht angenommen werden, daß sie erst in der Neuzeit dorthin verschleppt worden sind; in den Gebieten, wo es Funde von etruskischem Bronzegeschirr gibt, finden sich dazu kaum Parallelen.

Auch die Länder östlich von Böhmen haben mit Ausnahme relativ später sporadischer Einzelfunde keinen sicheren Nachweis eines etrus-

kischen Bronzeimports geliefert, wohl deshalb, weil kurz vorher durch die Skytheneinfälle die Zentren entlang der ostalpinen Bernstein- straße, über die viel Bernstein im 7. und noch im frühen 6. Jh. v. u. Z. nach Etrurien gekommen war, zerstört wurden. Um 400 v. u. Z. kam es zu Veränderungen in der inneren Struktur der kelti- schen Gesellschaft, zur Absetzung der »Kö- nige«, und dies führte zum Abbruch der frühe- ren freundlichen Beziehungen zwischen Kelten und Etruskern (Polybius III, 17). Bald danach haben die Kelten Nordetrurien besetzt und so-

wohl die Städte im toskanischen Etrurien als auch Rom (387 v. u. Z.) geplündert.

Lit.: J. G. Szilàgyi, in: ActaAntHung 1, 1953, 419ff.; J. Filip, Keltové ve strední Evropé, 1956; B. Bouloumié, in: Gallia 31, 1973, S. 1–135; F. Fischer, in: Germania 51, 1973, S. 436ff.; K. Peschel, in: Von der archäologischen Quelle zur historischen Aussage, 1979; F. Fischer, in: AW 13, 1982 (Sondernummer); K. Chytrácek, in: ARozhl 35, 1983, S. 427–451; W. Kimmig, in: JbRGZM 30, 1983, S. 5ff.; U. Schaaff, A. K. Tay- lor, in: Ausgrabungen in Deutschland 1.3, 1975; S. 312ff.; Historische und kulturelle Zusammen- hänge und Handelsbeziehungen die europäi- sche Bernsteinstraße entlang vom 1. Jahrtau- send v. u. Z. bis zum Ende der römischen Kai- serzeit (Kolloquium Bozsok-Szombathely 1982), in: Savaria 16, 1982 (1983); Répertoire des importations étrusques et italiques en Gaule 1, in: Caesarodunum, Suppl. 57, 1987; J. Bouzek, in: StEtr 1987 (im Druck); K. Kramer, in Jb RGZM 33.1, 1986, S. 1 ff.   J. B., V. K.

Etruskische Funde aus dem Schwarzmeergebiet

Von einer weiten Verbreitung kultureller Hinter- lassenschaft der Etrusker spricht die narrative Überlieferung. Athenaios vermerkt insbeson- dere etruskische Bronzekandelaber und Ge- fäße, die exportiert wurden (Athenaios, I.28, 700). Plinius berichtet, daß »tuskanische Figürchen in allen Winkeln der Welt verbreitet sind« (Plinius d. Ä., 33, 34). Archäologische Funde bestätigen diese Mitteilungen antiker Au- toren: Gegenstände etruskischen Exports wur- den in Griechenland, Frankreich, Jugoslawien, Bulgarien und an anderen Orten festgestellt. Über das Eindringen etruskischer Erzeugnisse in den Norden Europas schrieben G. Szilàgyi und S. Bouché. In diesem Zusammenhang wur- den Spuren etruskischen Exports im nördlichen Schwarzmeergebiet, im Dneprgebiet und in Transkaukasien festgestellt. Etruskische Bron- zen fand man in der Ukraine (Pestschanoe und Smela im Tscherkassker Gebiet und im Cherso- ner Gebiet), auf der Krim, im Nordkaukasus, auf dem Territorium Transkaukasiens sowie im öst- lichen Schwarzmeergebiet (Kolchis, Pitsch- wnari). Bronzegegenstände aus Etrurien im nördlichen Schwarzmeergebiet hat S. A. Bilimo- vič bearbeitet.[1]

Einzelne Funde stellen verschiedene Er- zeugnisse der etruskischen Toreutik dar: ein Kriegerhelm, zwei Situlen und Spiegel aus dem 6. und 3. Jh. v. u. Z., gefunden in der Nähe von Cherson, im Tscherkassker Gebiet und im sky- thischen Neapel in der Nähe von Simferopol.[2]

Eine besondere Gruppe des etruskischen Ex- ports bilden Gemmen, aus farbigem Stein ge- schnittene Skarabäen. Im Jahre 1900 äußerte A. Furtwängler als erster die Annahme, daß die- ser Teil der Funde aus dem Schwarzmeerge- biet etruskischer Herkunft sei. Heute kann diese Gruppe bedeutend erweitert werden.

Ein durch Feuer entfärbter Skarabäus, 1881 in der Nekropole von Gorgippia (Anapa) gefunden, ist der früheste in dieser Gruppe (Kat.-Nr. G 17). Er wurde zusammen mit Gegenständen aus dem 4. bis 3. Jh. v. u. Z. in einem steinernen Grab entdeckt. Wegen seiner farblosen Ober- fläche hielt ihn L. Stephani fälschlicherweise für eine Paste und ordnete ihn so ein in jene

»alexandrinischen oder phönizischen Imitatio- nen, die massenhaft in der gesamten grie- chisch-römischen Welt verbreitet waren«.[3] He- rakles wird hier in der charakteristisch italischen Variante dargestellt: als junger bartloser Held, an einer Quelle sitzend. Aus einer Löwen- maske, die die Quelle schmückt, fließt ein Was- serstrahl auf ihn, daneben seine Keule. Nicht umsonst hießen in Italien Heilquellen Herakles- bäder. In ihrer Nähe huldigte man dem Helden, der als Beschützer der Gewässer und Beherr- scher der Elemente und Urstoffe der Weltschöp- fung unter die Erde hinabgestiegen war. Der Skarabäus aus Anapa kann zu den Erzeug- nissen etruskischer Gemmenschneider der er- sten Hälfte des 4. Jh. v. u. Z. gezählt werden.

In Kertsch (Glinischtsche, Grab mit Brandbe- stattung) wurde 1863 eine zweite etruskische Gemme gefunden. Auf einem ebenfalls unter Feuereinwirkung entfärbten Skarabäus erkennt man die Darstellung einer Frau, die sich in ei- nem Louterion auf hohem Untersatz das Haar wäscht. Dieser Skarabäus kann zu den etruski- schen Gemmen vom Ende des 4. bis Anfang des 3. Jh. v. u. Z. gerechnet werden. In einem Kurgan in der Nähe von Kertsch wurde 1874 ein dritter Skarabäus aus Karneol gefunden. Er ge- hört zu einer nur für Etrurien charakteristischen Art von A-globolo-Gemmen, die in der helleni- stischen Epoche in großer Zahl hergestellt wur- den und in ganz Italien sowie auch außerhalb seiner Grenzen verbreitet waren.

In den Skarabäus aus Kertsch ist in meister- hafter Weise ein Kentaur-Dendrophor, ein Teil- nehmer der Schlacht gegen Lapithen, geschnit- ten.

Zum Typ der Skarabäen a globolo gehört eine farblose Gemme, die 1834 in der Nekropole von Kertsch, an der Karantiner Chaussee, gefunden wurde. Auf ihr ist ein stehender Stier mit zurück- gebogenem Kopf dargestellt. Anscheinend aus der gleichen Werkstatt des 3. Jh. v. u. Z. stam- men auch die Gemmen mit der Darstellung ei- nes Hündchens, das den Kopf zurückwendet und nach oben blickt, als schaue es seinen Herrn an. Eine dieser Darstellungen, aus der Nekropole von Nympheion stammend, wird in

Berlin aufbewahrt, eine andere befindet sich seit Anfang des 19. Jh. in der Ermitage. Die Gemmen sind einander so verwandt, daß man sie für Repliken halten kann, geschaffen von ein und demselben Meister.

Fünf Gemmen aus dem nördlichen Schwarz- meergebiet bilden eine kleine, doch bezeich- nende Gruppe etruskischen Exports. Funde ähnlicher Skarabäen sind in Sardinien, Sizilien, in Süditalien, Griechenland (auf dem Festland und auf den Inseln) und in Kleinasien festge- stellt worden.

Wie schon erwähnt, kann man in das Verbrei- tungsgebiet etruskischer Exporte (Bronzen und Gemmen) auch Skythien und die nordponti- schen Kolonien einbeziehen. Natürlich ist es kaum möglich, aufgrund dieser Funde die Frage nach einem unmittelbaren Handel etruskischer Zentren mit den Städten des nördlichen Schwarzmeergebietes zu stellen, besonders seit dem Ende des 5. Jh. v. u. Z., in der Epoche des beginnenden Verfalls der »Tyrrhenischen Thalassokratie«. Wahrscheinlich kann man nur von einem mittelbaren Handel sprechen, durch den Erzeugnisse etruskischer Toreuten und Gemmenschneider in das nördliche Schwarz- meergebiet kamen. Dennoch besteht Grund zu der Annahme, daß im fernen Westen der anti- ken Oikumene Geschmack und Bedarf des orientalischen Marktes berücksichtigt wurden. In diesem Zusammenhang wäre der Skarabäus strengen Stils zu erwähnen, mit Darstellungen, die an die »Skythischen Legenden« von Hero- dot erinnern. Herakles wird als ein etruskischer Keulenschwinger im Kampf mit der skythischen Göttin Echidna dargestellt (Kat.-Nr. G 3).

Noch interessanter ist eine andere etruski- sche Gemme aus der Ermitage: ein Skarabäus aus Achat, der im Jahre 1873 aus der Samm- lung von L. A. Perowski ins Museum gelangte (Kat.-Nr. G 11). Fundort und Fundumstände sind leider unbekannt. Ein etruskischer Meister vom Ende des 5. Jh. v. u. Z. stellte einen knien- den Skythen dar, der einen Pfeil in der Hand hält. Er trägt eine Mütze mit langen Enden, ei- nen bestickten Kaftan und durch aufgenähte Streifen geschmückte orientalische Beinkleider

(Anaxiriden). Neben der Darstellung befindet sich eine etruskische Beischrift: σχυϑε (Skythe). Dieser Skarabäus ist ein beredtes Zeugnis für das lebhafte Interesse der Etrusker an der Kultur des fernen orientalischen Volkes und für die Kenntnis, die etruskische Künstler von den Besonderheiten der Kultur Skythiens und des nördlichen Schwarzmeergebietes hatten.

Anmerkungen

1 Z.A. Bilimovič, Etrusskie bronzovye sitečki, najdennye v Severnom Pričernomor'e. Iz istorii Severnogo Pričernomor'ja v antičnuju epochu, 1979, S. 26–36.
2 L. Jakounina, Une trouvaille de l'age de La Tène dans la Russie méridionale, in: ESA, 1927, Bd. 1, S. 100–109; O. D. Ganina, Antičnī bronzi z Pesčanogo, 1976, Taf. 2; P. N. Šul'c, Mavzolej Neapolja Skifskogo, 1953, Taf. 1. 17.
3 OAK za 1882–88; 1890, S. 40.   O. N.

I 1
Henkel einer Schnabelkanne
2. Hälfte des 6. Jh. v. u. Z.
Bronze
H. 21 cm, Br. 12 cm
Erhaltungszustand: Linkes Ende der unteren Attasche leicht beschädigt
Aus Hradiště b. Písek
Prag, NM Inv.: 1013 A

Der obere Teil des Henkels endet in einem stilisierten »Widderkopf«, der untere Teil in einer scharf gegliederten Palmette mit nach unten gebogenen Schlangen. Oben zwei, unten ein Niet. Typ der Schlangenattasche, wohl in Vulci gearbeitet.

Lit.: J. Filip, Keltové ve střední Evropě, 1956, S. 272; K. Chytráček, in: ARozhl 35, 1983, S. 434 Abb. 4.1; J. Bouzek, in: StEtr 53, 1987 S. 20 Abb. 2c.   J. B.

I 2
Henkel einer Schnabelkanne
2. Hälfte 6. Jh. v. u. Z.
Bronze
H. 14,6 cm, Br. 12 cm
Aus Modřany (jetzt Stadtteil von Prag)
Prag, Städtisches Museum Inv.: 40735

Wie Kat.-Nr. I 1, doch Palmettenblätter an der unteren Attasche mehr abgerundet, kleine Kügelchen an der Spitze des Ankers. Typ der Ankerattasche, wohl in Vulci gearbeitet.

Lit.: J. Filip, Keltové ve střední Evropě, 1956, S. 272 Abb. 77.2; K. Chytráček, in: ARozhl 35, 1983 S. 434 Abb. 3.2a; J. Bouzek, in: StEtr. 53, 1987 S. 20 Abb. 2a.   J. B.

I 3
Henkel einer Schnabelkanne
2. Hälfte 6. Jh. v. u. Z.
Bronze
H. 16 cm
Aus Činov b. Žatec
Žatec, Städtisches Museum Inv.: 1323

Wie Kat.-Nr. I 2, aber obere Attaschenenden glatt. Wohl in Vulci gearbeitet.

Lit.: J. Filip, Keltové ve střední Evropé, 1956, S. 272 Abb. 77; K. Chytráček, in: ARozhl 35, 1983, S. 434 Abb. 4.2; J. Bouzek, in: StEtr 53, 1987 S. 20 Abb. 2b.   J. B.

I 4
Henkel einer Schnabelkanne
2. Hälfte 6. Jh. v. u. Z.
Bronze
H. 14 cm
Aus Modřany
Prag, Städtisches Museum, Inv.: 40736

Die oberen Attaschenenden sind einfach geformt, die unteren als Lotosknospe stilisiert. Der Henkel stellt wohl einen Vorläufer des Typs mit herzförmigen Attaschen dar.

Lit.: K. Chytráček, in: ARozhl 35, 1983, S. 434 Abb. 4.4; J. Bouzek, in: StEtr 53, 1987 S. 20 Abb. 2d.   J. B.

I 5, I 6 (Abbildungen)
Zwei Stangenbekrönungen von einem Stabdreifuß
Anfang 5. Jh. v. u. Z.
Bronze, Vollguß. Dunkelgrüne bis hellgrüne Patina. Fragmente, die Gestalten intakt, Oberfläche stellenweise zerfressen.
H. (A) 8,6 cm, (B) 8,2 cm
Beim Bahnbau in Dürkheim (Rheinpfalz) 1864 in einem Hügelgrab mit Wagenbestattung gefunden. Der Fund ist in Speyer, Historisches Museum der Pfalz, aufbewahrt, die zwei Bekrönungen gerieten 1866 als Geschenk von F. Kakuczkay ins Ungarische Nationalmuseum.
Budapest, SzM, Antikensammlung Inv.: 8451.1–2

Die Bekrönungen von zwei Stäben eines Dreifußes. Auf Knospen und Blumenkelchen sitzt eine profilierte, vorne mit eingeritztem Flechtband verzierte Plinthe, darauf eine Gruppe von je zwei Gestalten, die nur vorne ausgearbeitet sind. A: Herakles und eine Frau in heftiger Bewegung nach rechts; der Held trägt einen Chiton und das Löwenfell, in der rechten Hand die Keule, die linke faßt den rechten Arm der Frau an. Diese trägt Chiton und Mantel, die typische kegelförmige Haartracht der etruskischen Frauen (tutulus), im Haar ein mit eingeritzten Halbkreisen verziertes Diadem, die linke Hand zieht den Chiton zusammen. B: zwei Jünglinge im Chiton und Mantel, mit geflügelten Schnabelstiefeln (Dioskuren?); in der Frau neben Herakles ist wohl die Göttin Hera (Uni) zu erkennen; die mythischen Beziehungen der beiden waren auch in Etrurien wohlbekannt. Beide Gruppen kehren mit wenigen Abweichungen auch an weiteren etruskischen Dreifüßen wieder, die Werkstatt hat man mit Recht in Vulci lokalisiert. Die Reste eines Rostes beweisen, daß der Dürkheimer Dreifuß sicherlich als Kohlenbecken diente.

Lit.: L. Lindenschmit, Die Alterthümer unserer heidnischen Vorzeit II, 2, 1870, Taf. 2; I. Undset, in: Westdeutsche Zeitschrift 5, 1886 S. 233 ff. Taf. 11.2–3; J. G. Szilágyi – L. Castiglione, Griechisch-römische Sammlung, Führer, Budapest 1957, Taf. 9.1; J. R. Jannot, in: RA 1977, S. 9 Abb. 7–8. Zum Grabfund Lindenschmit, a. O.; zur Gattung und Werkstatt der Bronzedreifüße L. Savignoni, MonAnt 7, 1897, S. 280–375; G. Fischetti, in: StEtr 18, 1945, S. 9–27. Zur Deutung: A. M. Adam, Bibliothèque Nationale, Bronzes étrusques et italiques, 1984, S. 65–66.   J. G. Sz.

I 7
Fragment eines Weinsiebes (Infundibulum)
3. Viertel 6. Jh. v. u. Z.
Bronze
L. 7 cm, H. (der Buchstaben) 1–2 mm
Pantikapaion, gefunden 1949 (Mischschicht der ersten Jahrhunderte u. Z.)
Moskau, GMII, Antikensammlung Inv.: M–410

Fragment vom Griff eines Weinsiebes vom lyraartigen Typ, nach der Klassifikation von M. Zuffa. Vergleichbare Objekte fanden sich in frühkeltischen Gräbern vom Ende des 6. Jh. v. u. Z. im Norden Italiens. Auf der Außenseite des Griffes ist der Teil einer der Artemis (Artemis Ephesia) geweihten Inschrift erhalten.

Das Fragment des Infundibulums aus Pantikapaion – das älteste etruskische Stück im nördlichen Schwarzmeergebiet – ist unserer Meinung nach Zeuge der nordionischen Welle der Kolonisierung des Bosporus um 540 v. u. Z.

Lit.: V. D. Blavatskij, Raskopki Pantikapeja (1949), in: KSIIMK, 1951, 37, S. 224; N. P. Rozanova, Posvjatitel'naja nadpis' Artemidy Efesskoj, najdennaja v Pantikapee v 1949 g: VDI 1960, 3, S. 130–132; M. J. Trejster, in: Tez. dokl. seminara »Antičnaja civilizacija i varvarskij mir v Podon'e-Priazov'e«, Novočerkassk, 21–23 maja 1987; ders., in: KŠIA (im Druck); J. G. Vinogradov, in: VDI 1974(4), S. 130–132; N. Ehrhardt, Milet und seine Kolonien, 1983, S. 154 f.   M. J. T.

I 8
Bronzehelm
Etrusko-keltischer Typ, 4.–3. Jh. v. u. Z.
Bronze. Wangenklappen fehlen
H. 21,5 cm, innerer D. 19,5 × 22 cm
Zufälliger Fund 1900 in der Nähe des Gutes Marjewka, 5 km entfernt vom Ufer des südlichen Bug (Ukrainische SSR); angekauft 1982
Moskau, GMII, Antikensammlung Inv.: II. 1e 2957

Der Helm ist gegossen, Helmglocke kegelförmig hochgezogen, oben Knauf in Form eines stumpfen Kegels und breiter Nackenschutz. An beiden Seiten des Helms sind am Rand zwei Nietlöcher mit Resten eiserner Nieten zur Befestigung der Wangenklappen. An den Helmseiten und unter dem Nackenschutz sind kleine Röhren angebracht. In der Mitte des profilierten

I 5

I 6

Nackenschutzes ein Loch. Auf der Helmglocke und dem Nackenschutz sind Ornamente eingraviert: auf der Helmglocke unten zwei durch horizontale Linien getrennte Friese aus doppelten Bögen, vorn auf dem Helm Augen und Nase stilisiert, darunter sind zwei horizontale Linien mit einem groben Fischgrätenmuster; auf dem Helmrand sind schräge und gerade (an der Vorderseite des Helms) Kerben angebracht. Die Ornamente unterstützen die Annahme, daß der Helm etruskischer Herkunft ist. Er gehört zum Typ Montefortino A (nach Robinson) oder zum Typ C nach Coarelli. Bei Auswertung des gesamten Komplexes der Funde aus Marjewka ergibt sich, daß der Helm Bestandteil der Grabbeigaben eines keltischen Kriegers aus der 2. Hälfte des 2. Jh.–1. Jh. v. u. Z. ist. Auf dem Gebiet der südlichen UdSSR sind noch 7 Helme des Typs Montefortino A/B sowohl aus sarmatischen Gräbern der gleichen Zeit als auch aus zufälligen Funden bekannt.

Lit.: Zu den Funden von Marjewka vgl. Lit. zu Kat.-Nr. I 9; L. Iakounina-Ivanova, in: ESA I, 1927, S. 101–103 Abb. 8; A. V. Simonenko, in: Pamjatniki bronzovogo i rannego železnogo ve-

kov u Podneprovja, 1987, S. 104–113; V. M. Kossjanenko u. a., in: SA, 1978, Nr. 2, S.267 bis 268; M. J. Trejster, in: Tez. naučnych sessij GMII, 1986, Moskva 1987; B. A. Raev, in: KSIA (im Druck); vgl. ferner: V. P. Silov, in: Problemy sovetskoj archeologii, Moskva 1978, S. 108 bis 112 und Lit. zu Kat.-Nr. B 7.65 und 66.   M. J. T.

I 9
Situla
3.–2. Jh. v. u. Z.
Bronze, Eisen
H. 22 cm, D. (Gefäßkörper) 24,5 cm
H. (Hals) 17 cm, D. (Gefäßrand) 20,5 cm
1903 in der Nähe des Gutes Marjewka (siehe Kat.-Nr. I 8) gefunden.
Erworben 1982
Moskau, GMII, Antikensammlung
Inv.: II. 1e 2956

Die Situla ist aus dünnem Bronzeblech getrieben. Der Boden ist gewölbt, der Gefäßkörper weitet sich nach oben hin, die Schulter stark abgerundet, der Hals geht unvermittelt in einen breiten nach außen zurückgeschlagenen Rand über. Am Hals der Situla befinden sich Rostspu-

ren von zwei Fragmenten eines geschmiedeten, aus zwei Hälften zusammengenieteten eisernen Reifens, in dem der heute verlorengegangene vertikale Henkel befestigt war.

In Form und Technik der Ausführung kommt die Situla aus Marjewka den Funden aus dem Gebiet Perugia, Vace (Jugoslawien) aus dem 3. Jh. v. u. Z. und aus Metapont (hellenistische Zeit) nahe. Mit Wahrscheinlichkeit ist die Situla aus Marjewka in einer italischen Werkstatt hergestellt worden bzw. stellt eine latènezeitliche Nachempfindung eines italischen Vorbildes dar.

Lit.: L. Iakounina-Ivanova, in: ESA, I, 1927, S. 103–104 Abb. 9 (etruskisch, 4.–3. Jh. v. u. Z.); P. Reinecke, in: Festschrift für Otto Tschumi, 1948, S. 93 (augusteisch); G. P. Sergeev, in: Izvestija Moldavskogo Filiala AN SSSR 1956, Nr. 4(31), S. 135–139; Jh. V. Kucharenko, in: SA 1959, I, S.39; K. F. Smirnov, Sarmaty i utverzdenie ich političeskogo gospodstva v Skifii, 1984, S.69–70; M. J. Trejster, in: Tez. naučnych sessij GMII 1986, Moskva 1987; A. V. Simonenko, in: ArcheologijaKiiv 55, 1986, S.64 bis 66.   M. J. T.

K 6

392

K
Fälschungen etruskischer Kunstwerke

Die Geschichte der Fälschungen gehört zu den wichtigsten Quellen für das Studium des Fortlebens und der Rezeption der Kunst einer vergangenen Kultur, da die gefälschten Kunstwerke, die unerkannten ebenso wie die sofort erkannten, etwas Wesentliches über die Kunstauffassung in ihrer Entstehungszeit und deren Verhältnis zu den Vorbildern aussagen. Das gilt auch für die Etrusker, deren Rezeption in der neuzeitlichen Kulturgeschichte im ausgehenden 15. Jh. mit gefälschten historischen Dokumenten im Dienste aktueller Machtansprüche von Renaissanceherrschern beginnt und im folgenden Jahrhundert im Mythos des etruskischen Ursprungs der Macht der Medici ihre Fortsetzung findet. Auch im 18. Jh. war eine typische Erscheinung der auflodernden »etrischeria« die mehr oder weniger bewußte Mißdeutung antiker Schriftquellen zugunsten der Verherrlichung etruskischer Leistungen im Geiste des italienischen Lokalpatriotismus. Am Interesse für etruskische bzw. dafür gehaltene Kunstwerke hat es in diesen Jahrhunderten nie gefehlt. Die Fälschung von etruskischen Kunstwerken verbreitete sich aber erst nach dem Erscheinen von Winckelmanns grundlegendem Werk über die Kunst des Altertums, als dem philhellenischen Klassizismus des Begründers der modernen Kunstwissenschaft die Kunst der Ägypter und Etrusker gegenübergestellt wurde. Nach den stürmischen Erfolgen der Ausgrabungen in Cerveteri und Vulci seit den 20er Jahren des 19. Jh. verstärkte sich bei den Sammlern in immer wachsendem Maße der Wunsch, etruskische Kunstwerke zu besitzen, was eine rege Fälschertätigkeit nach sich zog, die sich auf alle Gebiete der etruskischen Kunst ausdehnte. Die berühmt gewordenen Kunstwerke, meistens Fälschungen von Großskulpturen in Ton, waren mehr für die Museen bestimmt und oft genug erfolgreich. Daneben entstand zur Befriedigung breiterer Interessen die Masse von nachgebildeten, kopierten oder imitierten Werken der Kleinkunst: bemalte Vasen, Kleinbronzen, geschnittene Steine. Ihre Qualität war ebenso verschieden wie ihre Absicht. Was die letztere betrifft, gab es Meister, die mit künstlerischem Anspruch mit den bewunderten Vorbildern wetteifern wollten, und andere, die ihre Nachbildungen sogar signierten, am häufigsten aber wurden solche Werke zum Zwecke böswilliger Täuschung angefertigt. Künstlerisch betrachtet ist

diese Produktion sehr unterschiedlich. Um nur einige typische Erscheinungen zu erwähnen: Es gab mit beachtenswertem Stilgefühl nachgeahmte archaische Bronzen (Kat.-Nr. K 5) oder Vasen (Kat.-Nr. B 5.26) und in markant klassizisierender Weise entworfene Zeichnungen (Poznán, Inv.: A. 673). In Serien wurden belanglose Kopien oder Nachahmungen der gewöhnlichen Typen von kleinen Votivstatuen hergestellt (Kat.-Nr. K 1), zuweilen mit falscher Inschrift (Kat.-Nr. K 3) und Glanzleistungen neuzeitlicher Kleinplastik mit einer für ihre Entstehungszeit im 19. Jh. bezeichnenden Gleichgültigkeit gegenüber der Unterscheidung griechischer und etruskischer Stilelemente (Kat.-Nr. K 4). Das führte auch dazu, gefälschte etruskische Spiegelbilder mit griechischen Inschriften zu versehen (Kat.-Nr. K 7) oder bei Fälschungen plastischer Buccherogefäße griechische Kunstwerke zum Vorbild zu nehmen (Kat.-Nr. K 8, K 9). Neben erstaunlich genauen Kopien (Kat.-Nr. K 6) findet man arg mißverstandene mythologische Darstellungen mit leblosklassizisierendem Gesichtsausdruck (Kat.-Nr. K 2) und auch Kompositionen, deren Schöpfer sich offenbar wenig um die Glaubwürdigkeit ihrer Werke kümmerten (Poznán, Inv.: A. 673).

Wie weitgehend die Beurteilung der Fälschungen von unserem Wissen um die Originale bestimmt wird, zeigen Fälle, in denen griechische Werke, meist bemalte Vasen, gemäß der jeweiligen Kenntnis über die etruskische Kunst für etruskisch erklärt wurden, weil man ihre gefälschte Darstellung in dem bekannten Bestand der griechischen Keramik nicht unterbringen konnte (Leningrad, Inv.: B 46). Der Grund für solche Urteile war die bis heute nicht völlig überwundene Meinung, daß ein Kunstwerk, wenn es griechisch aussieht, aber sehr schlecht ausgeführt oder vom Standpunkt der griechischen Kunst stilwidrig ist, noch immer als etruskisch gelten kann.

Das führt aber zurück zur Frage der Bedeutung der Fälschungen. In ihrer geschichtlichen Abfolge spiegelt sich der Wandel der künstlerischen Aspekte des Etruskerbildes von Winckelmann bis in unsere Tage. Nicht minder bedeutsam ist die Tatsache, daß sie auch zu neuen Erkenntnissen über die etruskische Kunst und über die Kunstbetrachtung überhaupt führen. Man muß sich nämlich bewußt sein, daß sich die Eigenschaften eines geistigen Produktes

keineswegs durch dessen Charakter als Fälschung erschöpft haben und daß jede Fälschung gleichzeitig ein Originalwerk seines Meisters und seiner Zeit ist. Wer es gelernt hat, Fälschungen in diesem Sinne ohne Vorurteile als Originale anzusehen, der hat auch gelernt, die wahre Eigenart etruskischer Kunst, wie sie sich in unseren Augen von ihren späteren Nachbildungen unterscheidet, zu verstehen. Zugleich versteht er besser als vorher, ein Kunstwerk unbefangen zu betrachten und zu genießen, unabhängig davon, ob es heute oder vor zweitausend Jahren entstanden ist. Gerade das ist die höchste Forderung der Kunstbetrachtung.

Lit.: M. Pallottino, Il problema delle falsificazioni d'arte etrusca in fronte alla critica (1961), in: Saggi di Antichità II Rom 1979, S. 1181 bis 1192; »Mito« etrusco e ideologia medicae, in: Annali della Facoltà di Lettere e filosofia dell'Università di Siena 2, 1981, S. 195–249; E. Paul, Gefälschte Antike, 1981, bes. 255 bis 263; M. Cristofani, La scoperta degli Etruschi, 1983; K. Türr, Fälschungen antiker Plastik seit 1800, 1984, besonders S. 95–119; Fortuna degli Etruschi, Katalog Florenz 1985; Falsi e falsari, Katalog Gradoli 1987. 　　J. G. Sz.

K 1
Opfernder Jüngling
Moderne Fälschung
Gelbe Bronze mit dunkelgrüner bis rotbrauner Patina, Vollguß mit Gußfehlern an den Beinen, Spuren von zwei Matrizen an den Seiten. Der Gegenstand in der linken Hand fehlt(?)
H. 24,2 cm
Herkunft unbekannt
Budapest, SzM, Antikensammlung
Inv.: 67.6.A

Ein Jüngling, der in der vorgestreckten rechten Hand eine Opferschale hält und in der erhobenen linken (durchbohrt) einen uns unbekannten Gegenstand trug. Lockenspiralen sind kranzartig um den Kopf gelegt; die einzige Bekleidung ist ein kurzer Lendenschurz, vorn in verunklärter Weise geknotet. Unter den Füßen Zapfen. Eine Statuette aus derselben Form ist seit etwa 150 Jahren bekannt.

Lit.: Unveröffentlicht. Zur Tracht vgl. etwa StEtr 26, 1958, S. 220 Abb. 35. Das Paarstück: D. K. Hill, Catalogue of Classical Bronze sculp-

ture in the Walters Art Gallery, 1949, Nr. 125
Taf. 30. Hill's Argumente gegen die Echtheit der
Statuette in Baltimore haben sich – trotz dem
Rettungsversuch von M. Pallottino, in: StEtr 23,
1954, S. 459 – als begründet erwiesen.

J. G. Sz.

K 2
Herakles
Moderne Fälschung
Bronze, Vollguß. Die rechte Hand fehlt,
in der linken Reste eines nicht näher
bestimmbaren Gegenstandes (Bogen?)
erhalten. Unten zwei Löcher mit einem
modernen Nagel
H. 11,9 cm
Herkunft unbekannt
Budapest, SzM, Antikensammlung
Inv.: 62.68.A

Der Heros trägt einen Mantel um die Schultern, der vor der Brust mit einem Knopf zusammengehalten wird und sich über dem Kopf als
eine Art Strahlenkranz fortsetzt. Vorn ist er über
den vorgestreckten linken Arm gelegt; im Haar
ein Diadem. Das ausdruckslose Gesicht und die
seltsame Vermischung des mißverstandenen
Löwenfells und des Mantels lassen keinen
Zweifel über den modernen Ursprung des Stük-
kes aufkommen.

Lit.: Unveröffentlicht   J. G. Sz.

K 3
Opfernder Mann
Moderne Fälschung
Bronze mit dunkelbrauner Patina, die vorn ent-
fernt ist, um die Inschrift sichtbarer zu machen.
Vollguß. Intakt, mit einem Zapfen in der Basis

H. 12,2 cm
Herkunft unbekannt
Budapest, SzM, Antikenslg. Inv.: 62.69.A

Ein auf einer profilierten rechteckigen Basis
stehender Mann in Tunika und Mantel, in der
vorgestreckten rechten Hand eine Opferschale,
in der linken eine Pyxis haltend, um das Haar einen Blattkranz. Die sinnlose Inschrift, die unor-
ganischen Mantelfalten, die Form der Basis
sind Hinweise auf eine mittelmäßige Fälschung,
die im vorigen Jahrhundert offenbar in mehreren Exemplaren auf den Markt gebracht wurde.

Lit.: Unveröffentlicht. Über das im 3.–2. Jh.
weit verbreitete etruskische Vorbild S. Haynes,
in: RM 67, 1960, S. 36–45. Eine Replik der Fälschung: S. Reinach, Répertoire de la statuaire
grecque et romaine, II, 1908², S. 111 Abb. 5.

J. G. Sz.

K 5

K 4

K 4 (Abbildung)
Herakles
Moderne Fälschung
Bronze, dunkelgrüne Patina. Vollguß.
Intakt, nur in der linken Hand fehlt
der Bogen (?)
H. 11,9 cm
Herkunft unbekannt,
aus dem Museum G. Ráth
Budapest, SzM, Antikensammlung
Inv.: 512847

Der Heros ist nackt, sein Oberkörper nach
rechts gedreht. In der erhobenen Rechten hält
er die Keule, über dem vorgestreckten linken
Arm hängt das Löwenfell, in der Hand ist wahrscheinlich der Bogen zu ergänzen. Das Gesicht
ist von kurzem Stirnhaar gerahmt, dahinter bezeichnen kurze Striche die Haarsträhnen. Herakles war der populärste Heros der vorrömi-
schen Italiens. Auch dieser Typus ist wohlbekannt im etruskisch-mittelitalischen Kreis, doch
das mißverstandene Löwenfell, die stilwidrige
Haartracht und die allzu naturalistische Wiedergabe der Beine zeugen von einer Fälschung
des 19. Jh. nach einem Original aus dem
4. Jh. v. u. Z.

Lit.: Unveröffentlicht. Zum Typus etwa S. Rei-
nach, Répertoire de la statuaire grecque et ro-
maine, II, 1908[2], S. 205 Abb. 1 und S. 208
Abb. 2; D. K. Hill, Catalogue of Classical Bronze
Sculpture in the Walters Art Gallery, 1949,
Nr. 96 Taf. 24; U. Höckmann, Antike Bronzen,
Staatliche Kunstsammlungen Kassel, 1972,
Nr. 47 Taf. 15.   J. G. Sz.

K 5 (Abbildung)
Stehender Jüngling
Moderne Fälschung
Bronze mit dunkelbrauner Patina. Linke
Hand fehlt, unten zwei nachträglich
angebrachte Zapfen
H. 7,6 cm
Herkunft unbekannt,
aus dem Museum G. Ráth
Budapest SzM, Antikensammlung
Inv.: 56.6.A

Eine nach links gewendete Jünglingsgestalt;
nur der Oberkörper ist vollplastisch gearbeitet,
während der untere Teil zum Anpassen an einen Gegenstand flach ausgebildet ist. Auf die
Schulter fallendes langes Haar, dessen Fülle
durch eingeritzte Wellenlinien gegliedert ist.
Lendenschurz und Ärmelchiton mit eingeritzten
Falten und Saum. Die linke Hand war vorgestreckt. Der vorn in eine Spitze auslaufende
Chitonsaum ist sinnlos, aber die Gestalt und besonders das Gesicht ahmen die spätarchaischen Vulcenter Bronzen mit außerordentlich
feinem Gefühl nach.

Lit.: Unveröffentlicht. Zur Tracht L. Bonfante,
Etruscan Dress, 1975, S. 170 Abb. 48 (ägypti-
scher Schurz) und 49 (etruskischer Schurz mit
Chiton).   J. G. Sz.

K 8

K 6 (Abbildung)
Gravierter Spiegel
Moderne Fälschung
Bronze mit dunkel- bis braungrüner
Patina. Griffzapfen nicht zugehörig,
nachträglich angelötet, Spiegelseite
stark korrodiert
L. 19 cm, D. 14,6 cm
Herkunft unbekannt
Budapest, SzM, Antikensammlung
Inv.: 63.2.A

Ungewöhnlich dicker, kaum konkaver Diskus, der erhabene Rand an der Seite mit Perlstab geschmückt. Im Bildfeld, das von zwei aus
einer Palmette herauswachsenden Efeuranken
eingerahmt wird, ist, von einem Kreis umschrie-
ben, die auf einer Hirschkuh reitende Artemis
dargestellt, gefolgt von einem Hirsch. Die Göttin
trägt einen Chiton, Mantel und Sandalen, Diadem, Ohrgehänge und Armband. Sie umfaßt mit
der rechten Hand das Geweih des Hirsches und

hält in der anderen eine Blume, rechts oben
eine linksläufige Inschrift: In etruskischen Buchstaben ist der etruskische Name der Gottheit
(artumes) eingraviert.

Die Zeichnung ist eine etwas verkleinerte und
vereinfachte Wiederholung des Bildes auf einem angeblich aus Orvieto stammenden Spiegel, der sich vor mehr als hundert Jahren im Besitz A. Castellanis befand.

Lit.: Unveröffentlicht. Der Castellani-Spiegel:
Klügmann-Körte, ES 5, S. 16–17 Taf. 10; D. G. Mitten, Classical Bronzes, 1975, S. 128–131; I. Krauskopf, in: LIMC II, S. 778 Nr. 21 Taf. 582.   J. G. Sz.

K 7
Gravierter Spiegel
Moderne Fälschung
Bronze, Griffzapfen nicht zugehörig,
geschmiedet und mit zwei Nieten angebracht.
Riß über dem Griff, zahlreiche Kratzer
L. 19 cm; D. 13,5 cm

Aus der Sammlung des Rumjanzew-Museums übernommen
Moskau, GMII, Antikensammlung
Inv.: II. 1a 234

Der runde Spiegel in Form einer dünnen Scheibe hat einen leicht gebogenen Rand. Auf der Bildseite ist in einer feinen Gravur eine groteske Darstellung eingeschnitten. Die Komposition besteht aus vier Figuren. Zu beiden Seiten die Dioskuren mit phrygischer Mütze, gegürtetem Chiton und hohen Sandalen. Zwischen ihnen stehen sich kleinwüchsige, barfüßige und zerzauste Männer in Chiton und Mantel in Streitpose gegenüber. Von der fünfzeiligen griechischen Inschrift ergibt nur ein griechisches Wort einen Sinn: »KALOS«. Die Darstellung der Dioskuren gehört zu den häufigsten Bildthemen etruskischer Spiegel.

Lit.: Unveröffentlicht   V. S. Z.

K 8 (Abbildung)
Kopf eines Kriegers
Moderne Fälschung
Rotbrauner Ton, schwarz polierte Oberfläche, die mit modernem Sinter bedeckt war. In zwei Teilen gefertigt, auf dem Kopf ein Loch zum Einsetzen einer Mündung oder eines Helmbusches. Handgeformt; kein Brennloch, unten geschlossen
H. 11,9 cm
Herkunft unbekannt
Budapest, SzM, Antikensammlung
Inv.: 58.25.A

Bärtiger Kopf mit attischem Helm, der aber nur vorn angedeutet ist. Die Augenwinkel sind mit Weiß gedeckt. Die zwei Teile sind aus zwei Matrizen gedrückt, aber anscheinend nie zusammengeklebt worden. Als Vorbild dienten wohl die ostgriechischen plastischen Gefäße in Form eines Kriegerkopfes, der Stil erinnert an die berühmten Fälschungen etruskischer Kriegergestalten aus Terrakotta im Metropolitan Museum. Doch handelt es sich nicht um die gleiche Fälscherhand, wohl aber um die gleiche Modeströmung, in der die archaische Plastik Etruriens das Interesse von Fälschern und Sammlern erweckte.

Lit.: Unveröffentlicht. Ostgriechische plastische Gefäße: J. Ducat, Les vases plastiques rhodiens archaiques en terre cuite, 1966, S. 7 bis 29; die Kriegerterrakotten des Metropolitan Museums: D. v. Bothmer – J. V. Noble, An Inquiry into the Forgery of the Etruscan Terrakotta War-riors in the Metropolitan Museum of Art, 1961; zur Fälschung etruskisch-archaischer Plastik nach der Entdeckung der Terrakottaskulpturen in Veji M. Pallottino, in: Atti dell'Accademia Nazionale di San Luca 5, 1961, S. 3–11 (= Saggi di antichità III, Roma 1979, S. 1181–1192).
                                          J. G. Sz.

K 9
Bärtiger Kopf
Moderne Fälschung
Graubrauner Ton, schwarz polierte Oberfläche, mit modernem Sinter bedeckt, handgeformt. Fragment, in zwei Teilen gefertigt; Ober- und Hinterteil des Kopfes fehlen
H. 10,2 cm
Herkunft unbekannt
Budapest, SzM, Antikensammlung
Inv.: 58.34.A

Bärtiger Kopf mit langem Schnurrbart. Die Augenwinkel sind mit Weiß gedeckt. Die zwei Teile sind aus zwei Matrizen gedrückt und nach dem Brennen zusammengeklebt worden. Unten geschlossen. Aus der gleichen Werkstatt wie Kat.-Nr. K 8, der etruskisierende Charakter des Gesichts ist hier aber noch markanter.

Lit.: Unveröffentlicht   J. G. Sz.

Etruskische Kunst in Berlin

Erwerbungen im 18. Jahrhundert: Etruskische Gemmen aus der Sammlung Stosch

Die Schwester Friedrichs II., Markgräfin von Bayreuth, hatte ihrem Bruder den Ankauf der einzigartigen Gemmensammlung des preußischen Barons Philipp von Stosch (1691–1757), die in Florenz zum Verkauf stand, anempfohlen mit der Bemerkung, »den König von traurigen Zeitereignissen abzulenken«.[1] 1764, ein Jahr nach Beendigung des Siebenjährigen Krieges, auf den die Bayreutherin anspielt, erfolgte der Ankauf der damals größten und bedeutendsten Gemmensammlung Europas.[2] Sie umfaßte 3444 geschnittene Steine aus der Antike, und kein Geringerer als J. J. Winckelmann hatte 1760 einen ausführlichen Katalog unter dem Titel »Description des Pierres gravées du feu Baron de Stosch« (erschienen in Florenz bei André Bonducci) verfaßt. Winckelmann wußte wie kaum einer seiner Zeitgenossen um die Bedeutung dieser nach Berlin gegangenen Sammlung, als er sich 1765 – vergeblich – um die Stelle eines Aufsehers der Bibliothek und des Münz- und Altertumskabinetts in Berlin bewarb.[3] Dennoch hatte die »Description« seinen Ruhm als hervorragender Gelehrter in Italien und Frankreich begründet: Die 1726 gegründete Etruskische Akademie in Cortona ernannte ihn daraufhin zu ihrem Mitglied ebenso wie die Maler-Akademie von S. Luca in Rom.[4] Die Ehrung war kein Zufall, denn die Stoschsche Sammlung enthielt vorzügliche etruskische »Gravüren«, und Winckelmann hatte in treffenden Beschreibungen zugleich ein Bild etruskischer Kunst entworfen. Vornehmlich waren es der berühmte »Stoschsche Stein« mit den »Fünf Helden« (Sieben gegen Theben), den bereits A. F. Gori bekanntgemacht hatte, und der »Tute«, Tydeus (Abb. S. 398f.). Der »Stoschsche Stein« war durch den Fundort Perugia und die altertümliche Schrift als etruskisch eingeordnet worden und blieb im Werk Winckelmanns Dreh- und Angelpunkt für den ältesten Stil, für die etruskische wie griechische Archaik schlechthin. Auch in seinen späteren Werken wies er immer wieder auf enge stilistische Verwandtschaft griechischer und etruskischer Archaik hin und verfolgte nicht weiter wie seine Vorgänger die Frage, ob der Stein von griechischen oder etruskischen Künstlern gearbeitet sei[5] – eine Frage, die heute um so mehr an Be-

deutung verloren hat, da man weiß, daß seit etwa 540 v. u. Z. die etruskischen Gemmen »bald keinen Unterschied mehr zu griechischen Arbeiten« aufweisen.[6] Mit seinen Beschreibungen in der »Description« formulierte Winckelmann erste Versuche, etruskische Werke aus ihrem Stil, der Proportion, Komposition und dem Gewandstil eingeschlossen, sowie aus ihrer Ikonographie heraus sichtbar zu machen.

Trotz Einschränkungen im Hinblick auf die »idealische Schönheit« lobte er den »Stoschschen« Karneol: »Dieser Stein ist daher unter allen anderen gravierten Steinen das, was Homer unter den Poeten ist: kein Kabinett kann sich rühmen, ein solch kostbares Denkmal der Glyptik zu besitzen.«[7] Winckelmann lobte ebenso die »extreme Sorgfalt« und »Finesse« der antiken Steinschneider[8] und kommt zu der Schlußfolgerung, daß sich die künstlerische Technik bereits in der Archaik perfektioniert habe – eine Erkenntnis, die man noch heute für die Werke der etruskischen wie griechischen Kunst des 6. Jh. v. u. Z. gelten lassen wird. Auch an der später entstandenen Tydeus-Gemme hebt er die Perfektion des Technischen hervor und sieht in dem Bild das beste Beispiel für die »Kunst der Hetrurier in ihrer höchsten Schönheit«,[9] so daß man »mit Hilfe dieser Tydeus-Figur den Charakter und die Eigenschaften der Zeichnung der Etrusker näher bestimmen kann«.[10] In seinen späteren Werken, insbesondere »Geschichte der Kunst des Altertums« (Dresden 1764) und Einleitung zu den »Monumenti antichi inediti« (Rom 1767), hat Winckelmann für die Chronologie und Ikonographie der etruskischen Kunst wichtige Beobachtungen gemacht; seine Gliederung etruskischer Kunst in drei Perioden und sein stetiger Versuch, die allein auf Fundort und Inschriften gründende Zuschreibung zahlreicher griechischer und römischer Werke zu überwinden und aus ihrer künstlerischen Eigenart heraus zu verstehen, war bemerkenswert.[11] Deutlich überwand er damit die von nationalen Gesichtspunkten beherrschte Argumentation toskanischer Gelehrter und wies der etruskischen Kunst einen eigenen Stellenwert zu, der durch das folgende, auf die griechische Kunst fixierte Antikbild wieder zurückgedrängt oder gar verneint wurde.[12]

Was Homer für die Poeten gilt, ist der Stoschsche Stein für ein Kabinett: Diese Winckel-

mannsche Bewertung trug auch zum Ruhm der 1764 nach Berlin gelangten Kabinettstücke etruskischer Kunst en miniature bei und warf Glanz auf die gesamte »Kunst und Antiquitätenkammer« in Berlin und Potsdam. Es waren damit die ersten Werke etruskischen Kunstschaffens in Preußens Herrscherbesitz, denn der von Lorenz Beger 1701 verfaßte 3. Band des monumentalen Stichwerkes, des »Thesaurus Brandenburgicus«, verzeichnet namentlich nur einmal eine »Amphora Bacchi«, die wie die etruskischen Vasen aussehe.[13] Gemeint ist damit allerdings ein attisch-rotfiguriger Krater, der, ebenso wie ein etrusko-korinthisches Alabastron[14] und eine unteritalische Amphora[15] in der Sammlung von 1701 nachweisbar sind. Umgekehrt wurden zwei etruskische Bronzekannen als ägyptische Werke verstanden[16] und ein etruskischer Spiegel als römisches Tafelgeschenk (Apopherreta) oder Opferschale (Patera) bezeichnet.[17]

Etruskische oder griechische Vasen

Vasen aus Ton mit bildlichen Darstellungen galten seit dem 17. Jh. durchgängig als etruskisch, und erst Winckelmann hatte zunächst vorsichtig Zweifel an der etruskischen Herkunft angemeldet.[18] Sie stammten vornehmlich aus den Gräbern Süditaliens, Kampaniens und Etruriens. Doch hatte der florentinische Gelehrte Antoni Francesco Gori (1691–1757) fast ausschließlich die in der Toskana gefundenen Gefäße im Blick, als er in seinem »Museum Etruscum« (1737–1743) sie ebenfalls für die etruskische Kunst vereinnahmte.[19] Darin folgte ihm auch Giovanni Battista Passeri, der in drei Bänden und auf rund 300 Tafeln Vasenbilder aus allen damals bekannten italienischen und nördlich der Alpen gelegenen Sammlungen in seinem »Picturae Etruscorum in Vasculis« (1767 bis 1775) abbildete (Abb. S. 409).[20] Wie sehr sich in diesen 60er Jahren des 18. Jh. die Diskussion um die etruskischen Vasen zuspitzte, zeigt das zu einer Sammlung 1766 bis 1767 im Auftrag des englischen Gesandten am Neapolitanischen Hof und Sammlers Sir W. Hamilton erschienene Werk in vier Bänden, das Pierre-François Hugue d'Hancarville bearbeitete, der noch einmal Winckelmanns Kritik an der vermuteten etruskischen Herkunft wiederholte.[21] Zeigte doch gerade die Sammlung Hamilton, daß diese Gefäße ausschließlich aus

kampanischen Gräbern stammten und einer Zeit angehörten, in der die Etrusker Kampanien aufgeben mußten und griechischer Einfluß dominierte. Denn entgegen Gori und dem großen Standardwerk zur frühen Etruskologie von Thomas Dempster »De Etruria Regali« (1723 erschienen)[22] vermutete Winckelmann zu Recht eine einseitig florentinische Sicht, zumal die ihm bekannten Vasensammlungen in Rom und Neapel[23] am wenigsten ihre Gefäße aus dem Kernland der Etrusker, der Toskana, erworben hatten. Vielmehr weiß er Nola und Capua als Fundorte in Kampanien und süditalische Grä-

ber zu nennen. Bei der Durchsicht der ihm zugänglichen Vasensammlungen bemerkte er zudem häufig griechische Inschriften auf den Gefäßen. Seine Vermutung einer griechischen oder zumindest kampanischen Herkunft versuchte er durch eine Analyse der Zeichnung auf den Gefäßen zu erhärten: Als bewunderungswürdig hebt er die durch die Technik des antiken Malers charakteristische »unabgesetzte ... Linie des Umrisses« hervor. »Diese Gefäße sind«, schrieb Winckelmann weiter für die 2. Auflage der »Geschichte der Kunst des Altertums« (erschienen in Wien 1776), »das Wun-

derbare in der Kunst und der Art der Alten und so wie in Raphaels ersten Entwürfen seiner Gedanken der Umriß eines Kopfes, ja ganze Figuren, mit einem einzigen unabgesetzten Federstriche gezogen, dem Kenner hier den Meister nicht weniger als in dessen ausgeführten Zeichnungen zeigen; ebenso erscheint in den Gefäßen mehr die große Fertigkeit und Zuversicht der alten Künstler als in anderen Werken. Eine Sammlung derselben ist ein Schatz von Zeichnungen.«[24] Seine eigenen Zweifel, ob es nicht doch daneben noch etruskische Gefäße gegeben habe, wollte er nicht ohne Sichtung von neuem Material entscheiden.[25]

Die mit Winckelmann begonnene Diskussion über die Herkunft und zeitliche Einordnung der griechischen Vasen sollte noch bis ins 19. Jh. die Archäologie bewegen. Winckelmanns Verweis auf die griechischen Inschriften hat der Philologe Gustav Kramer 1837 genutzt, um epigraphisch die griechische Herkunft eindeutig festzulegen. Winckelmanns Hinweis auf den zu gewinnenden »Schatz von Zeichnungen« sollte im 19. Jh. in einer differenzierten stilistischen Betrachtung Fortsetzung finden. Ansätze dazu hat er selbst formuliert, als er einen Gegensatz von schlanken Figuren auf den Vasen zu den »empfindlichen Andeutungen und dem Gewaltsamen der etruskischen Zeichnung« konstatierte. Vertreter des deutschen Klassizismus, die sich, ohne neue Argumente liefern zu können, generell gegen die Anerkennung eines etruskischen Stils in der Kunst aussprachen,[26] haben undifferenziert diese These übernommen. W. Tischbeins Edition der zweiten Sammlung des englischen Gesandten Hamilton zeigt dies bereits im Titel an: »Collection of engravings from ancient vases of pure Greek workmanship ...« (1791–1795).[27] Die das 18. Jh. beherrschende Annahme, daß die Gefäße dort, wo sie gefunden, auch hergestellt wurden, schien zunächst zu stimmen: Attisch-rotfigurige Gefäße waren in Nola (wie man glaubte, eine Stadt griechischer Gründung) gefunden, apulische in Apulien, schwarzfigurige in Sizilien (deshalb meist sizilisch genannt), die schwarze Bucchero-Ware in Etrurien. Erst später setzte sich die Erkenntnis von den griechischen Exporten nach Etrurien durch. Auf Grund stilistischer Kriterien die Eigenart griechischer Gefäße deutlich formuliert zu haben, das war dem italienischen Archäologen Luigi Lanzi in der Schrift »Dissertazione di vasi antichi depinti volgarmente chiamati etruschi« 1806 gelungen.[26]

Doch erst die spektakulären Vasenfunde in Vulci seit 1828 haben durch die Fülle der aus etruskischen Gräbern stammenden Gefäße das Bild von antiker Keramik wesentlich erweitert. Noch immer spannend liest sich der Bericht, den Eduard Gerhard im Mai 1829 aus Italien an den Preußischen Generalanzeiger sandte:

»An allen Punkten dieser ausgedehnten Strecke, an der außer dem Prinzen von Canino noch zwei Besitzer, die Herren Candellori und Feoli, beteiligt sind, ist bisher unablässig und

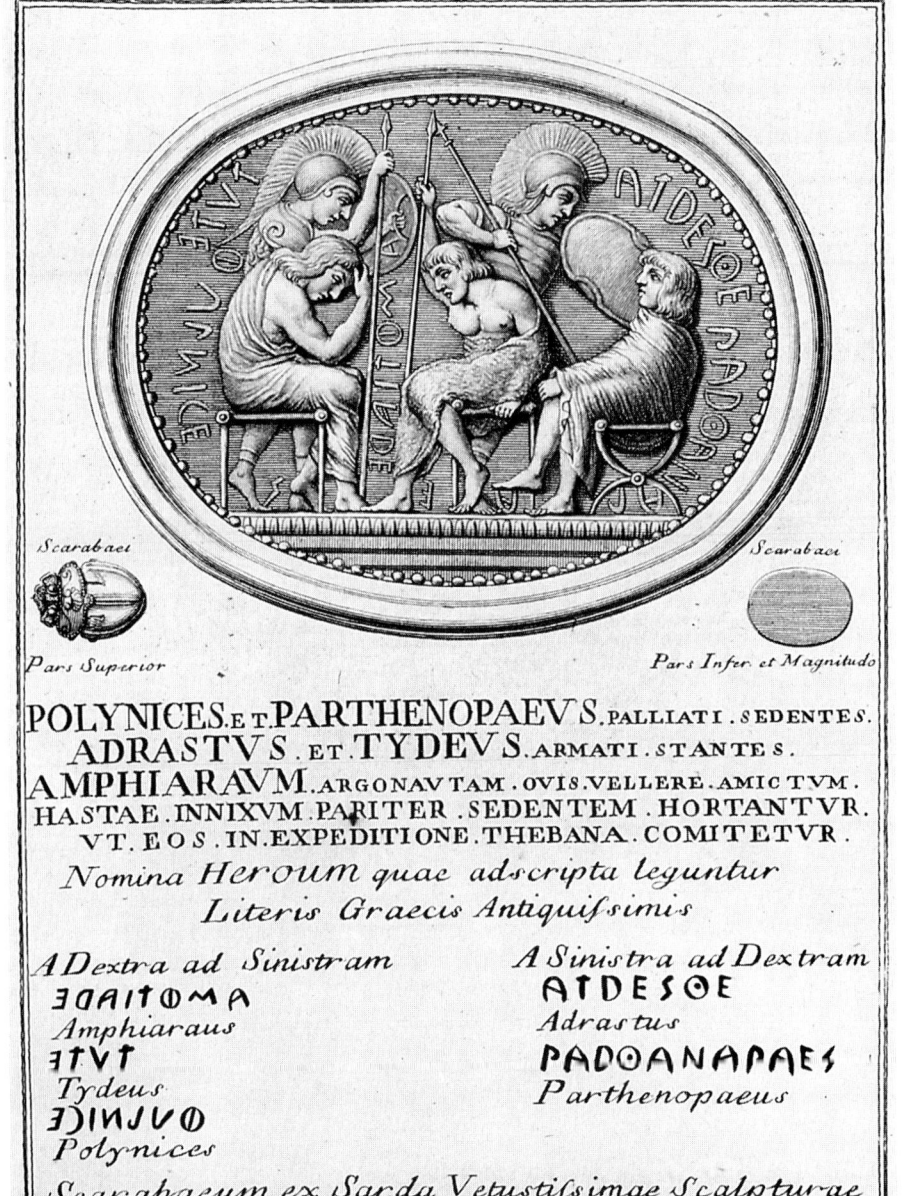

»Stoschscher-Stein«, Stich von J. A. Schweikhardt

398

mit glücklichstem Erfolge nachgegraben worden; mit größtem Aufwand und reichster Ausbeute von dem Prinzen, der den größten Teil jener Grundstücke besitzt. Außer den Hirten der ganzen Gegend waren seit dem November vorigen Jahres täglich hundert Arbeiter mit regelmäßigen Ausgrabungen beschäftigt, die unter seiner persönlichen Leitung geführt wurden. Eine bedeutende Anzahl bemalter Gefäße und Schalen war die tägliche Frucht dieser Ausgrabungen; viele fanden sich heil, die Mehrzahl der übrigen ward unverzüglich an Ort und Stelle zusammengesetzt. Der Berichterstatter, der als Augenzeuge spricht, kann des wunderbaren Schauspiels nicht vergessen, das ihm zuerst auf der Höhe von Capomorto (dem Ausgrabungsorte des Herrn Feoli) aus dem Anblick der in der nahen Ebene vom mächtigen Grabhügel in ihrer Mitte, la Cucumella, nach jeder Seite hin vielfach zerstreuten Ausgrabungen erwuchs und bei näherer Betrachtung auf die überraschendste Weise gesteigert wurde. Zwischen den einzelnen Scharen fern her gekommener Arbeiter, meistens Abbruzzesen und Romagnolen, die unter verschiedene Befehlshaber ihrer Provinz verteilt blieben, bildeten drei Zelte den Mittelpunkt für den unablässigen Zufluß frisch gefundener, noch von der Erde bedeckter und befeuchteter Vasen und Vasenscherben. In dem Zelte, das dem Prinzen und seiner Familie tagtäglich diente, wurden sofort Versuche der Zusammensetzung angestellt, die vereinten Stücke gesondert nach Musignano, dem Landhause des Prinzen, geschickt und mehreren, nach längerer Übung bereits wohlerfahrenen Restauratoren übergeben. Deren Arbeit schritt Tag und Nacht vorwärts; der Referent sah mit Staunen eines Morgens zwei große und schöne Vasen zusammengesetzt, deren Scherben er am Nachmittag vorher auf dem Ausgrabungsplatz erblickt hatte.«[29] E. Gerhard hat dann auch in den »Annali« des in Rom gegründeten Archäologischen Instituts die als »Rapporto Volcente« bekannten Fundberichte veröffentlicht und die Bedeutung der mehr als 2000 in Vulci gefundenen Gefäße im Vergleich zu anderen Fundorten in Mittel- und Süditalien erkannt. So unterschied er drei zeitgleiche Schulen in den Gefäßen von Vulci, die nolanische, die »tyrrhenische« und die etruskische. Die nach seiner Meinung von Griechen (oder Italogriechen) in Nola gearbeiteten nolanischen Gefäße erwiesen sich als die in Form und Malerei qualitätvollste Gruppe, die »tyrrhenischen« Gefäße dagegen seien gearbeitet von in Etrurien angesiedelten Griechen, die eine altertümliche und gröbere Art zeigen, während etruskischen Gruppen die Vasen zuzurechnen seien, die sich klar durch etruskische Inschriften verraten oder einen vernachlässigten Stil und ebensolche Details zeigen.[30] Obwohl er sich im Zeitansatz um fast ein Jahrhundert irrte und die lukanischen und apulischen Vasen der dritten und damit spätesten Periode nach 300 v. u. Z. zurechnete, waren seine systematisierenden Versuche für

die folgende Vasenforschung von erheblichem Einfluß. Bezeichnend für Gerhard und das 19. Jh. in Deutschland blieb der von Winckelmann beeinflußte, aber erst nach ihm entstandene ästhetisch-normative Stilbegriff, der generell die etruskische Kunst nur als Derivat griechischer Kunst verstand. So hat Carl Otfried Müller in seinem »Handbuch der Archäologie der Kunst« (1830) die etruskische Kunst folgerichtig dem Kapitel »Episode von der griechischen Kunst bei den italischen Völkern« zugeordnet; in seinem von der Berliner Akademie 1826 preisgekrönten Etruskerbuch spricht er den

Etruskern manche der Kunstwerke ab, die bisher als etruskisch galten.[31] Nach der besonders in der deutschen Archäologie herrschenden klassizistischen Theorie verband sich der Gedanke des künstlerischen Fortschritts mit dem Gesichtspunkt der Naturwiedergabe: Der Höhepunkt lag in der griechischen Klassik, so daß die etruskische Kunst als künstlerisches Problem kaum von Belang war. Erst das 20. Jh. sollte mit der Wiederentdeckung der Archaik auch das Etruskische neu bewerten und schätzen lernen.[32]

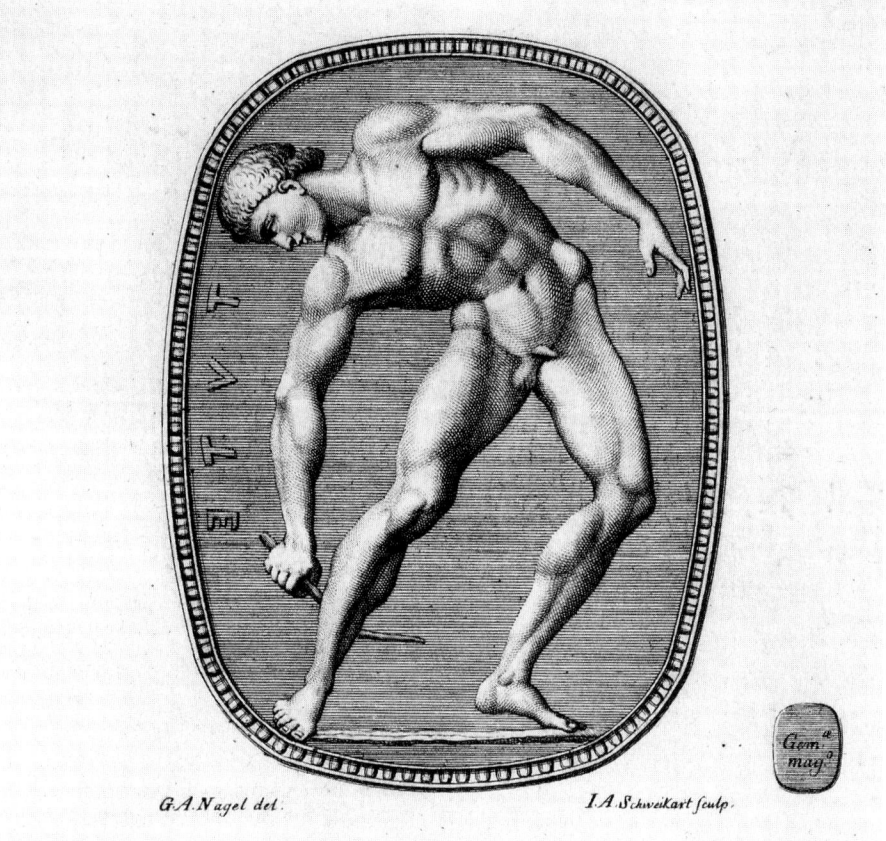

G. A. Nagel del. I. A. Schweikart sculp.

TYDEVS HEROS

Post legationem apud Tebanos obitam

ab ipsis in reditu vulneratus, e crure jaculum retrahit.

Sardae incisum.

Ex Dactyliotheca Stoschiana Florentiae.

»Tute« (Tydeus), Stich von J. A. Schweikhardt

Neuer Flügel im Schloß Charlottenburg, etruskischer Raum mit Deckenmalerei von J. E. Niedlich

Etruskische Gräber mit Wandmalereien: Berliner Kopien

Eine andere, bisher kaum beachtete Kunstgattung trat eben in den Jahren der aufsehenerregenden Vasenfunde von Vulci an das Licht. Bereits Winckelmann hatte sich, allerdings ohne Autopsie und gestützt auf die vom Zeitgeschmack stark beeinflußten Zeichnungen der Tomba del Cardinale (dem »Grab der wandernden Seelen«), vorsichtig zu der etruskischen Wandmalerei geäußert, aber sich jeder Bewertung enthalten. In Corneto, dem antiken Tarquinia und dem später wieder so benannten Ort, traten in mehreren geöffneten Grabkammern farbenreiche Wandmalereien zutage. Die bis ins 6. Jh. v. u. Z. zurückreichenden Malereien entsprachen durchaus nicht dem Zeitgeschmack, dennoch war das Interesse besonders an der Polychromie und an den ikonographischen Inhalten geweckt.

Zu den ersten, die sich um eine genaue Wiedergabe der vom schnellen Verfall bedrohten Malereien bemühten, gehörten der in Rom weilende Baron Otto Magnus von Stackelberg und August Kestner, beide Mitbegründer des bald einflußreichen »Istituto di Corrispondenza Archeologica«, sowie der Architekt Joseph Thürmer. Sie kopierten die Malereien in den Gräbern, doch scheiterte dann ihr publizistisches Unternehmen.[33] Verkleinerte Aquarelle und handaquarellierte Drucke sind damals durch Eduard Gerhard auch nach Berlin an die Königlichen Museen gegangen, unter ihnen Zeichnungen nach Gottfried Semper (1803–1879), der seit 1832 in Rom weilte und in den Tarquinienser Gräbern gearbeitet hatte.[34] 1834 wurde er als Direktor der Bauschule und Professor für Architektur nach Dresden berufen. Seine Zeichnungen, allerdings kopiert und auf die Hälfte verkleinert, haben sich in Rom, Dresden und Berlin erhalten (Kat.-Nr. L 1–4). So arbeitete Semper in der 1832 entdeckten Tomba del Tifone, zeichnete den Grundriß, die Malereien der Wände, des Mittelpfeilers und der Decke (Kat.-Nr. L 2–3) sowie in der ein Jahr später entdeckten Tomba delle Due Bighe (Kat.-Nr. L 4) und der Tomba del Morto (Kat.-Nr. L 1). Eingehend gewürdigt hat man erst jüngst das Wirken des ita-

lienischen Zeichners Carlo Ruspi,[35] der seit 1830 durch Gerhards Vermittlung in den Gräbern tätig wurde und hervorragende Faksimiles und Pausen anfertigte. Von seiner Hand stammen die im Auftrag Gerhards in verkleinertem Maßstab gearbeiteten Aquarelle mit den Malereien der Tomba Querciola II, mit dem Vermerk des Funddatums, dem 5. Mai 1832, sowie zwei Drucke aus den »Monumenti«, die nachträglich aquarelliert wurden und die Gräber del Triclinio (Kat.-Nr. L 7) und Querciola (Kat.-Nr. L 6) wiedergeben.

Der dokumentarische Wert der Aquarelle nach den heute oft als verloren geltenden oder zumindest erheblich zerstörten Malereien liegt auf der Hand, vermitteln sie doch eine vollständige Anschauung dieser etruskischen Gräber.

Eduard Gerhard, Sekretär im gerade gegründeten Archäologischen Institut in Rom, setzte sich immer wieder für die Herstellung von Pausen und Faksimiles ein, auch nach seiner Anstellung an den Berliner Museen 1833. Schon vorher hatte er bei der Königlichen Akademie in Berlin finanzielle Mittel für Zeichnungen nach etruskischen Denkmälern erwirken können, um einen »archäologischen Apparat«, eine dokumentarische Sammlung antiker Kunstwerke, in Berlin einzurichten.[36]

Etruskische Kabinette und Säle in Deutschland

Wie sehr sich bis zum Ende des 18. Jh. gewöhnlich das »Etruskische« mit der Vorstellung von griechischen Vasen und antiken Gemmen verband und erst im 19. Jh. durch Motive aus den Wandmalereien von Tarquinia und anderen etruskischen Nekropolen ersetzt wurde, vermag ein kurzer Blick auf etruskische Kabinette und Säle in Preußen anschaulich zu zeigen.

Schon die Gesamtanlage der 1788 im neuen Flügel des Charlottenburger Schlosses eingerichteten Sommerwohnung Friedrich Wilhelms II. macht die exotische Ferne des Etruskischen deutlich: In der Mitte der fünf Räume umfassenden Wohnung liegen drei »chinesische Zimmer«, die von beiden Seiten von Räumen im »etruskischen Stil« eingefaßt werden (Abb. S. 400). Die von J. G. Niedlich gemalte Decke »en etrusque«, die Wände mit grünen Papiertapeten, arabeske Bordüren und Türfassungen sowie der Rahmen des großen Spiegels wollen etruskisch wirken.[37] Vorlagen gehen deutlich auf die »etruskischen« Vasenbilder zurück, wie sie in den erwähnten großen Abbildungswerken von Passeri und d'Hancarville zu finden waren. Es sind also in Wirklichkeit die griechisch rotfigurigen Vasen, die zur Kennzeichnung des »Etruskischen« dienten. Die Bordüren mit ihrer arabesken Ornamentik ahmen kostbare, mit aufgesetztem Weiß effektvoll schimmernde Gemmenbilder mit ihren figürlichen Darstellungen nach; man erinnert sich an die hohe Bewertung des Stoschschen Steins durch Winckelmann. Antiken, meist aus der Sammlung Friedrichs II., und Antikennachbildungen in den beiden Räu-

men verbreiteten dazu eine »antike Atmosphäre«.

In dem 1804 eingerichteten »etruskischen Kabinett« im Potsdamer Stadtschloß[38] sind es dann ausschließlich antike Vasen, rotfigurige Amphoren und Kratere aus Kampanien und Unteritalien (und moderne Nachbildungen solcher Gefäße), die mit den Wand- und Deckenmalereien eine Synthese zur Kennzeichnung des »Etruskischen« eingehen. Den auf Johann Gottfried Schadow (1764–1850) zurückgehenden Entwurf verwerteten die Brüder Catel in einer von ihnen entwickelten speziellen Technik, einer »musivischen« Stuckierung. Auf schwarzem Grund sind in Rot gehaltene stuckierte Figuren aufgetragen und imitieren so die Technik rotfiguriger Vasen. Akzentuierter treten die vergrößerten Vasenbilder an den Wänden hervor. Der »etruskische Stil« erweist sich auch hier in Wahrheit als griechischen Vorbildern entnommen. Deshalb paßt er sich so mühelos in die meist an pompejanischen Vorbildern orientierten Wanddekorationen des Klassizismus ein und trifft völlig den Zeitgeschmack.[39] So wie die berühmte englische Porzellanmanufaktur Wedgwood nach d'Hancarvilles Stichen griechischer Vasen eine ganze Serie »etruskischer Porzellane« produzierte, gingen auch Deutschlands Porzellanmanufakturen bald dazu über, mit griechischen Vasenbildern etruskisches Modeporzellan zu produzieren.[40] Der Klassizismus hatte sich so ein Bild etruskischer Kunst geschaffen, das in einem Punkt ganz dem der Wissenschaft entsprach: Etruskische Kunst war Derivat, war ein Ableger griechischer Kunst, wie es vor allem an den Gemmen und Vasen abzulesen war. Die neuen Aufgaben seit 1830, nämlich repräsentative Museumsräume zu gestalten, erforderten ein Umdenken. Dem voraus gingen freilich die Entdeckungen und Ausgrabungen der Archäologie zur etruskischen Kunst, und das so gewonnene neue Bild

Etruskisches Kabinett im Potsdamer Stadtschloß

Entwurf zum Vasensaal der Alten Pinakothek in München von Leo Klenze, Aquarell, 30er Jahre des 19. Jahrhunderts

wirkte dem klassizistischen Geschmack entgegen, graduell zwar sehr verschieden, wie ein Blick nach Berlin, Dresden und München zeigt.

In München benutzte Leo von Klenze (1784 bis 1864) für die Inneneinrichtung der Alten Pinakothek (Abb. S. 402), die auch die königliche Vasensammlung aufnehmen sollte, Faksimiles, die Carlo Ruspi im Auftrag König Ludwigs I. angefertigt hatte.[41] Wie Ludwigs Kunstagent in Rom, Johann Martin von Wagner, es formulierte, war es das Ziel, den ursprünglichen Zusammenhang von Vasen und ihren Fundorten, etruskische Gräber, durch die Faksimiles der Wandmalereien wieder herzustellen: »Dieses würde meiner Meinung nach um so interessanter, und für die Lokalität um so zweckmäßiger sein, wenn man diese Gemächer mit denselben Gemälden verzieren würde, womit jene Althetrurischen Begräbnißkammern, aus welchen diese Vasen größtentheils genommen wurden, ausgemalt waren. Man würde hierdurch sozusagen in jene Gräber selbst versetzt werden, und dadurch einen weit richtigeren Begriff von der Malerkunst jener frühen Zeiten, und der Bestimmung solcher Vasen bekommen. Letztlich würde dieses dem Zwecke einer Pinakothek am vollkommensten entsprechen, indem grade mit solchen Gemälden jene hetrurischen Gräber verziert waren, welche zu gleicher Zeit in Hin-

sicht auf die Kunstgeschichte von höchstem Interesse sind ...«[42] Dank Klenzes Einfluß und seinem kultivierten Geschmack entstand bis 1840/1841 für die Aufstellung griechischer Vasen in der Pinakothek München eine auf die Ausstellungsstücke bezogene prachtvolle Innendekoration. Auch für die Neue Ermitage in Petersburg schuf Klenze ein solches für etruskische und attische Vasen bestimmtes Gesamtensemble von Dekoration, Mobiliar und Ausstellungsstücken in dem sogenannten 20-Säulen-Saal.

Als Semper mit seinen Erfahrungen und Zeichnungen von Tarquinienser Gräbern nach Dresden zurückkehrte und 1836 an die Ausgestaltung der Säle für die Antikensammlung im Japanischen Palais ging, entschied er sich in einem Raum, trotz genauer Kenntnis etruskischer Malerei, für eine dem klassizistischen Kunstgeschmack entsprechende Umwandlung der etruskischen Vorlagen aus der Tomba del Morto und Tomba del Tifone.[43] Unterhalb der Decke umzog ein Fries den Raum, eine Komposition von Vorlagen nach verschiedenen etruskischen Szenen. Frei abgewandelt ist eine Szene etwa der in der Spätarchaik (um 510 v. u. Z.) entstandenen Malerei aus der Tomba del Morto, die er selbst in Tarquinia kopierte. Die Sempersche Darstellung zielt auf ausgewo-

gene Figurenschönheit im griechisch-klassischen Sinne. Der schwarze Hintergrund, der die Figuren ausspart, zitiert die rotfigurige Vasenmalerei. Neben diese formalen treten wichtige inhaltliche Änderungen: Entgegen der Vorlage aus der Tomba del Morto, die Aufbahrung, Klage und ausgelassene Tanzszenen vereinigte, also Ekstase, rituellen Rausch und Verbundenheit von Lebenden mit Toten zeigt, trennte Semper diese so schwer vorstellbare, aber bezeichnende etruskische Verbindung von Leben und Tod. Die über den Toten sich beugende Frau bekränzt nun ihren Helden, und statt der Tänzer eilt ein würdiger Rhapsode hinzu, der die unvergänglichen Taten des jungen Helden besingt und das Gedächtnis an ihn wahren wird. Lebensrausch, Tanz und Gelage gehörten nicht in den Bereich des Todes, eine heroische Verklärung, Stille à la grec war gefragt. Bis auf die beiden Mittelfiguren sind denn auch alle übrigen Figuren neu hinzugekommen, um das Thema in klassizistischem Sinne zu deuten.

Als unter Eduard Gerhards Mitwirkung im Berliner Alten Museum 1844 ein »Etruskischer Saal« eingerichtet wurde,[44] nahm man Abstand von derartigen inhaltlichen Verfremdungen, ohne auf die formalen »Modernisierungen« verzichten zu wollen. Über der Tür, den Fenstern

und über beide Wände hinweg zog sich unter der Decke ein Fries, der, gemäß der Berliner Museumsidee, die geistige Bildung der Nation durch Anschauung des Schönen zu erreichen und erst in zweiter Hinsicht »historisch« zu wirken,[45] die verschiedensten Vorlagen benutzte, vereinheitlichte und – wo man es als notwendig empfand – ergänzte und erweiterte. Gegenüber den Faksimiles in München und im Museo Gregoriano in Rom ging es nicht um eine Veranschaulichung etruskischer Malerei, also um eine möglichst genaue Dokumentation, sondern um eine Thematisierung »Darstellungen des etruskischen Lebens« auf der linken und »Scheiden aus dem Leben« auf der rechten Seite des Raumes.[46] Die meisten Szenen gehen direkt auf eine Vorlage nach Malereien etruskischer Gräber zurück, aber die thematisch neu geordneten Frieskompositionen versuchten, eine Übereinstimmung mit den Ausstellungsobjekten zu erreichen. Unter dem Friesteil »Scheiden aus dem Leben« mit Darstellungen des im griechischen Sinne verstandenen Abschieds (Abb. S. 410), der Aufbahrung (Abb. S. 410) und der Fahrt des Toten in die Unterwelt (Abb. S. 410) standen etruskische und römische Aschenkisten und Urnen. Die ebenso einem didaktischen Programm gleichende Friesanordnung auf der anderen Seite zeigte dagegen Gelage (Abb. S. 411), Tanz (Abb. S. 411) sowie gymnischen und hippischen Agon (Abb. S. 411). Die aus verschiedenen Zeiten stammenden etruskischen Malereien sind im Berliner Fries zu einem formal einheitlichen Ganzen verschmolzen worden und entsprechen dem Zeitgeschmack vor der Mitte des 19. Jh. Offenbar schien es dem Sinn eines Gesamtkunstwerkes und »der architektonischen Komposition von Malerei« zu widersprechen, Malereien der Archaik (»Tomba del Morto«) und des Hellenismus (»Tomba del Cardinale«) mit ihren stilistischen Unterschieden unvermittelt zu übernehmen. Auch sieht man deutlich, daß man dort, wo nur aus Stichwerken ohne Farbangabe das Motiv entnommen wurde, eine neue Farbgebung der Figuren gewählt wurde (»Tomba del Cardinale«), farbige Vorlagen dagegen aus Gerhards Apparat weitgehend beibehalten wurden (»Tomba Querciola«, Abb. S. 415).

Viele der damals schon beklagten »Modernismen«[47] dürften indes nicht nur den vereinheitlichenden klassizistischen Stil betroffen haben, denn zahlreiche Figuren sind hinzuerfunden worden, um symmetrische Angleichungen und geschlossene Kompositionen zu erreichen, um im griechischen Sinne die Schönheit jugendlicher Athleten zu demonstrieren. Auch die schon in Dresden verfremdete Vorlage aus der Tomba del Morto wurde leicht geändert und im Sinne einer Entkleidung des Toten verstanden, um sie in die Gesamtabfolge der Totenzeremonie einzupassen. Der puritanische Klassizismus in Berlin entfernt natürlich auch erotische Handlungen oder Züge aus den Vorlagen, und

aus dem veredelten Antlitz der Figuren spricht erhabene Schönheit. Nicht etruskische Formensprache sollte vermittelt werden, sondern »Schönheit« schlechthin.

Bis 1890 hatte diese Synthese Bestand. Für Gerhard waren die »Modernisierungen« notwendig, weil sie »vermittelnder als treue Kopien gewesen«[48] waren, weil sie ein ästhetisches Ideal der Etrusker hochhielten, das dem Zeitbild der vorigen wie dieser Generation entsprach. Im Sinne der Belehrung »durch Anschauung des Schönen« sind sie ein wichtiges Zeitdokument, wenn man sich klarmacht, daß neue Erkenntnisse der Wissenschaft dieses Bild von den Etruskern sehr bald überholten. Die Neugier an der entdeckten Polychromie der Antike konnte so freilich befriedigt werden. Nicht viel später entstand in Stülers Neuem Museum in Berlin auf ähnliche Weise ein »Gesamtkunstwerk«. Doch auch hier trat bald der Bruch zwischen vordergründig belehrenden Themen der Wandmalereien, fortschreitender Erkenntnis und künstlerischem Zeitgeschmack zutage, so daß man die Diskrepanz zwischen gewachsener historischer Erkenntnis und künstlerischer Historizität als störend oder verfälschend empfand.

Erwerbungen im 19. Jahrhundert

Die Einrichtung des »Etruskischen Saals« im Alten Museum durch Eduard Gerhard markiert eine in den 20er und 30er Jahren des 19. Jh. betriebene aktive Ankaufspolitik im Zusammenhang mit dem 1830 eröffneten ersten öffentlichen Museum in Berlin. Die dafür bereitgestellten finanziellen Mittel waren beträchtlich, und der Kunstmarkt in Italien schien unerschöpflich; viele preußische Gesandte, Gelehrte und Künstler sind in Italien für diesen Zweck tätig gewesen.

Bereits 1827 gelangte mit dem Ankauf der Privatsammlung des preußischen Generalkonsuls in Rom, Jacob Bartholdy (1779–1825), eine umfangreiche Antikenkollektion nach Berlin, in der sich auch zahlreiche etruskische Objekte befanden.[49] Der Archäologe Theodor Panofka verfaßte 1828 einen Katalog dieser Sammlung, der u. a. 59 figürliche Bronzen, 18 etruskische Spiegel und mehr als 100 bemalte Vasen, Terrakotten und Gemmen enthielt. Die genaue Herkunft der Kunstwerke läßt sich bei den meisten Stücken nicht mehr ermitteln: Auf fortgesetzten Reisen innerhalb Italiens, aber auch in Griechenland hatte Bartholdy Antiken gekauft. In Rom und in Florenz, wo er einen Teil des Jahres zubrachte, fand er Gelegenheit, sich aus etruskischen Gräbern stammende Funde zu verschaffen; darunter waren Bronzen von höchster Qualität. Andere Bronzen kaufte er aus einer alten Privatsammlung in Perugia, dem Museum Oddi.[50] Diese Sammlung gehörte zu den ältesten und reichsten der umbrischen Metropole, die ihren höchsten Glanz unter dem Conte Alexandro Boglioni Oddi in der Mitte des 17. Jh. erreichte, im späteren 18. Jh. aber das

Schicksal vieler italienischer Privatsammlungen teilte und beste Stücke zum Verkauf anbot; nur schwer transportable Stücke verblieben am Ort und gelangten später in das Museo Archeologico in Perugia.

Ein Jahr später gelang ein weiterer Ankauf für Berlin, Antiken aus der Privatsammlung Franz von Koller (1767–1826). Der österreichische Freiherr hatte für sein neuerbautes Schloß Obrzistwy in Böhmen eine Kunstsammlung zusammengebracht, aus der der Antikenbestand nach Berlin gelangte. Als Generalintendant der österreichischen Armee in Italien weilte er in den Jahren 1815–1818 und 1821–1826 in Neapel, ließ selbst Grabungen in Kampanien durchführen und kaufte insbesondere griechische Vasen in Süditalien direkt von den Ausgräbern. Im Ankaufsverzeichnis sind 1348 Vasen genannt, aber auch Marmorarbeiten, Terrakotten und Bronzen, darunter figürliche etruskische Bronzen und Spiegel. Im erhaltenen handschriftlichen Inventar von R. Gargiulo werden Fundorte genannt, die in A. Furtwänglers Augen glaubwürdig waren;[51] doch muß offenbleiben, ob die Angaben italienischer Zwischenhändler in jedem Fall zuverlässig sind.

In eben den 20er Jahren des 19. Jh. hat ein in Italien weilender preußischer Hofrat mit kleinen Publikationen auf sich aufmerksam zu machen versucht und in ihnen seinen Spürsinn, seine Begeisterung und seinen merkantilen Erfolg bei Erwerbungen zu rühmen gewußt. Es war der mit einem Reisegeld nach Italien entsandte Hofrat Wilhelm Dorow (1790–1846).[52] Seine publizistischen Versuche wie »Notizie intorno alcuni vasi etruschi« (1828), »Etrurien und der Orient« (1829) oder seine »Voyage archéologique dans l'ancienne Etrurie« (1829) verraten eine Mischung von geschäftigem Dilettantismus und echtem Interesse, das vorrangig dem Etruskischen galt. Auf allen damals interessanten Fundplätzen findet man auch die Spuren von Wilhelm Dorow. 1827 wurde er auf die durch Stackelberg und Kestner bekannt gewordenen bemalten Grabkammern in Tarquinia aufmerksam; sein Versuch, dort selbst tätig zu werden, scheiterte aber an den Genehmigungen der päpstlichen Regierung, für die bereits die erwähnten beiden Maler arbeiteten. Er kam zu spät, wie auch der Franzose Raoul-Rochette, mit dem er heftig gegen das »absurde privilège« zu Felde zog.[53] Eine erste topographische Karte und Beschreibung von Tarquinia soll mit Hilfe des Topographen J. H. Westphal und W. Gell entstanden sein[54] und – vertraut mit dem Gelände von Tarquinia – veranlaßte Dorow heimliche Nachgrabungen. Sie müssen von beträchtlichem Umfang gewesen sein, denn seine Sammlung enthielt eine große Zahl von Vasen und etruskischen Bronzen, sowohl figürliche Bronzen wie Bronzegeräte, die aus diesen Grabungen stammen sollen. Seinem Spürsinn verdankt es Dorow, daß er als einer der ersten an den Vasenfunden in den Nekropolen von Vulci profitierte: An der Ponte dell'Abbadia und in

Montalto hatte der Verwalter von Lucien Bonaparte, des Fürsten von Canino, bereits vor den spektakulären Vasenfunden heimlich Ausgrabungen durchgeführt. Wilhelm Dorow war zur Stelle und erwarb vom später geflüchteten Verwalter eine ansehnliche Zahl von Vasen und Goldschmuck. Durch diese Funde aufmerksam gemacht, nahmen daraufhin die Eigentümer dieser Gebiete, Lucien Bonaparte, Campanari und Feoli die Ausgrabungen selbst in die Hand.

Doch mehr als für diese Funde begeisterte er sich für die in Chiusi und Sarteano gefundenen »schwarzen Töpfe«, die etruskische Bucchero-Keramik also, von der er in kurzer Zeit rund 180 verschiedene Gefäße und ornamentierte oder figürliche Fragmente zusammenbrachte (Kat.-Nr. L 11-14). Gerade diese sonst noch wenig beachtete etruskische Gefäßgattung brachte ihm dann Anerkennung und machte u. a. seine Sammlung auch für Berlin interessant. Er selbst publizierte zwei Gutachten von Thorwaldsen: »Man kann wohl behaupten, daß keine Form der Vasen in Etrurien gefunden ist, die nicht auch in dieser Sammlung anzutreffen wäre«, ja es sei die einzige Sammlung, »welche eine lokale, und zwar eine echt etrurische, genannt zu werden verdient«.[55] Wichtige Stücke dieser Sammlung hat er abbilden lassen (Kat.-Nr. L 11-14) und einen Teil der bemalten etruskischen und griechischen Vasen für Berlin gezeichnet. Eine große Serie Dorowscher Originalzeichnungen ist später in den Gerhardschen Apparat in Berlin aufgenommen worden (Kat.-Nr. L 9-10).

Dorows publizistische Versuche galten vorzugsweise der Bucchero-Keramik mit ihren Stempel- und Reliefbildern. In seiner Schrift »Etrurien und der Orient« geben sie ihm Anlaß, über den orientalischen, innerasiatischen Ursprung der Etrusker auf Grund des Bildprogramms der Gefäße zu spekulieren, ja er sieht in den Stempelbildern die direkten Vorformen der ägyptischen Hieroglyphen: »Jene, die sich mit Hieroglyphen abgeben, werden nun notwendig diese schwarzen Töpfe studieren müssen.«[56] Spekulationen dieser Art dürften in Mode gewesen sein, hatte doch wenige Jahre zuvor der Franzose Champollion am Beispiel der in Rom stehenden ägyptischen Obelisken den erstaunten Zuhörern Proben seiner Entdeckung, der Entzifferung der Hieroglyphen, geliefert.

Trotz des chronologischen Anachronismus in der Annahme von »Vorläufern« der Hieroglyphen auf etruskischen Gefäßen folgte Dorow einer weitverbreiteten Annahme der Archäologen von dem ägyptischen Ursprung etruskischer Kunst. Noch Gerhard spricht gelegentlich von den »ägyptischen Vasenbildern«, wenn er von der frühen etruskischen Keramik spricht.[57]

Seine Sammlung verkaufte Dorow in Rom dem Maler Eduard Magnus (1799-1872), der noch einige Stücke dazuerwarb und sie 1831 dem Königlichen Museum in Berlin für 57.500 fl. verkaufte. So gelangte die bis dahin umfang-reichste Sammlung etruskischer Kunst nach Berlin, denn neben wichtigen Teilen der heutigen Bronzesammlung sind es Tongefäße, insbesondere der Bucchero-Keramik aus der Dorowschen Sammlung, die den Grundstock der einst umfangreichen Berliner Kollektion ausmachten. Sie bildeten in der damaligen Vasenaufstellung einen wichtigen, nach Fundorten gegliederten Abschnitt der Ausstellung.[58]

Eduard Gerhard, der Archäologe, und Carlo Ruspi, der Artist-Archäologe, in ihrem Wirken für Berlin

In seinen seit 1831 herausgegebenen »Rapporto intorno i vasi Volcenti« hat Eduard Gerhard (1795-1867) die Dorowschen Aktivitäten in Etrurien mehr beiläufig erwähnt.[59] Als ein gründlich geschulter und publizistisch bereits tätiger Philologe kam er nach Italien und stand so dem spekulativen Dilettantismus Dorows mißtrauisch gegenüber.[60] Auf seinen italienischen Reisen erlangte er bald eine umfassende Denkmälerkenntnis. Die Vorstellung, daß sich Wilhelm Dorow wie er selbst um eine Anstellung an dem Berliner Museum bemühte, trug kaum zu einer Verständigung zwischen zwei so unterschiedlichen Charakteren bei. So stand Dorow den Idealen des 1825 ins Leben gerufenen »Hyperboräisch-römischen Freundeskreises« um Gerhard fern, und als die einflußreiche Gruppe das Privileg zum Kopieren nach Tarquinienser Wandmalereien erhielt, entstand neben Rivalität eine durch Dorow mehr oder weniger offen ausgetragene Feindschaft. Eduard Gerhards Verdienste um das 1829 gegründete internationale Forschungsinstitut, das »Istituto di Corrispondenza Archeologica«, um die wichtigen Publikationsreihen des Instituts und seine eigenen umfangreichen wissenschaftlichen Veröffentlichungen während seiner italienischen Jahre entschieden dann im Jahre 1833 seine erhoffte Anstellung in Berlin, die verbunden war mit der Befugnis für wissenschaftliches Reisen.

Bereits vor seiner Anstellung war Gerhard für das Königliche Museum vielfältig aktiv gewesen. Wichtige Sammlungsbereiche verdankten seinem Erwerbungsgeschick in Italien neue Objekte, so auch etruskische Kunstwerke; die ersten archaisch-etruskischen Steinskulpturen aus Chiusi (Kat.-Nr. B 9.1-4) gelangten durch Gerhard nach Berlin, weiterhin etruskische Vasen, Terrakotten und Bronzen. Bereits bei seinem ersten Besuch in Etrurien, 1824, faszinierten ihn die etruskischen Metallspiegel, deren Rückseite gravierte Bilder zeigten, und die reliefgeschmückten etruskischen Aschenkisten aus Stein sowie Urnen aus Terrakotta. Beide Gattungen versprachen ihm, neben den griechischen Vasenbildern, durch ihre mythologischen Szenen und Symbole neue Erkenntnisse für die inhaltlich-mythologische Interpretation antiker Kunst, die für den philologisch geschulten Gerhard im Mittelpunkt archäologischer Tätigkeit stand. Zwei neue, bisher kaum genutzte Quellen sah er in diesen Denkmälergruppen, deren systematische Erfassung er energisch betrieb. 1828 hatte er von der Königlich Preußischen Akademie finanzielle Mittel erhalten, um etruskische Denkmäler zeichnen zu lassen – zwei Jahre zuvor hatte dieselbe Akademie Carl Otfried Müllers Etruskerbuch preisgekrönt. Für dieses Unternehmen gewann er Carlo Ruspi (1786-1863), einen römischen Zeichner, der dann seit 1830 durch Pausen und Faksimiles etruskischer Wandmalereien von sich reden machte.[61] Mit Ruspi bereiste er 1828 Etrurien, »wo er ihn an den wichtigen Orten einführte und wohl instruiert zum Zeichnen zurückließ«.[62] 1828 und 1829 hatte sich Ruspi im Auftrag Gerhards in den Museen und Privatsammlungen Etruriens mit der zeichnerischen Aufnahme von etruskischen Denkmälern beschäftigt. Da auf seinen qualitätvollen Zeichnungen Ort und Jahr jeweils angegeben sind, kann man seine Tätigkeit verfolgen: 1828 arbeitete er in den Sammlungen von Volterra, ein Jahr später dann in Florenz, Arezzo, Cortona, Chiusi und Perugia, schließlich in Rom, wo er in den Vatikanischen Sammlungen zeichnete (Kat.-Nr. L 15, 19, 21, 22, 27–30). Offenbar hatte Gerhard zunächst ein umfangreiches Sammelwerk aller etruskischer Altertümer, mit Ausnahme der Wandmalereien, Plastik und Gemmen, vorgeschwebt, denn Ruspi war von ihm instruiert worden, Aschenkisten zu zeichnen (Kat.-Nr. L 27–30), soweit diese nicht schon in den älteren Stichwerken abgebildet waren, etruskische Bronzestatuetten und -geräte (Kat.-Nr. L 18), Spiegel (Kat.-Nr. L 16–17) und auch etruskische Gefäße (Kat.-Nr. L 19, 21, 22) in Beispielen auszuwählen. Über Gerhard gelangte dieses umfangreiche Zeichenwerk nach etruskischen Denkmälern – das Berliner Inventar verzeichnet allein von Aschenkisten 264 Zeichnungen und Aquarelle – an die Berliner Akademie und bildete Jahre später den Grundstock des umfangreichen wissenschaftlichen Apparats, den Gerhard nach seiner Anstellung am Königlichen Museum dort aufbaute. Die Dokumentation zu den etruskischen Aschenkisten belief sich bald auf 511 Blätter, weitere sind noch später hinzugekommen. Eingeflossen in diese Sammlung sind die Drucke aus Francesco Inghiramis Werk (Kat.-Nr. L 24), der in den Jahren 1821–1829 in mehreren Lieferungen seine »Monumenti Etruschi« als das bis dahin umfangreichste Abbildungswerk zur etruskischen Kunst herausgab.[63] Gerhard erwarb auch zahlreiche Originalzeichnungen, die Inghirami für sein Werk angefertigt hatte (Kat.-Nr. L 25–26). Diese in grau bis braun gehaltenen Aquarelle Inghiramis geben die plastischen Werte der Reliefs deutlicher wieder, sind aber im Detail weniger exakt als die von der Linie bestimmten Bleistift- und Federzeichnungen Ruspis. Ruspis Zeichnungen bestechen durch ihre Genauigkeit im Detail: Bei einigen wichtigen Aschenkisten markiert er farbig Bestoßungen und Bruchstellen bzw. kennzeichnet so moderne Ergänzungen. Noch bestechender sind seine Zeichnungen nach etrus-

Caeretaner Hydria, um 520 v. u. Z. (Berlin, SMB, Antikensammlung, Kriegsverlust)

405

kischen Spiegeln, die überraschend viele Details genau wiedergeben; die Graviertechnik der antiken Künstler trifft mit seiner von der Linie bestimmten Zeichnung gut zusammen.

Als Gerhard seinen Spiegelcorpus veröffentlichte,[64] hatte man mit diesen Vorlagen seine Mühe, da drucktechnisch die Feinheiten nicht wiederzugeben waren: Die Neuzeichnungen auf Folien brachten es mit sich, daß starke Vereinfachungen und Ungenauigkeiten entstanden (Kat.-Nr. L 17).

Neben Drucken und Zeichnungen von Inghirami enthält die Berliner Sammlung von Aschenkisten auch die einschlägigen Stiche aus Goris »Museum Etruscum« von 1737. Gerhard ordnete seine umfangreiche Sammlung nach ikonographischen Gesichtspunkten, so daß den ornamental verzierten Urnen die Rubriken »Meereswunder«, »Fabelwesen«, »Todesdämonen«, »Sepulkrales« und »Heroische Szenen der Mythologie« folgten. Ein überaus brauchbarer wissenschaftlicher Apparat war damit in Berlin installiert. Er sollte die Grundlage bilden für ein in Aussicht genommenes vollständiges Corpus zu den etruskischen Aschenkisten und Urnen. Dieser Plan Gerhards blieb jedoch unverwirklicht, wurde aber zum Ausgangspunkt für das begonnene umfangreiche Corpus-Unternehmen zu dieser Gattung, das E. Brunn und G. Körte seit 1870 betrieben.

Für seine eigene Forschung ausgewertet hat Gerhard »aus dem Berliner Apparat« konsequent die Sammlung von Zeichnungen nach etruskischen Spiegeln, gravierte Bronzespiegel, die er zudem selbst sammelte. Aus allen öffentlichen und privaten Sammlungen, auch außerhalb Italiens, hat er sich Zeichnungen zu verschaffen gewußt und in den Jahren 1843–1867 ein monumentales Abbildungswerk veröffentlicht, das über viele Jahrzehnte das gültige wissenschaftliche Standardwerk zur Spiegelforschung war.[65] Dank seiner eigenen Sammlung, die an die Berliner Museen kam, und der für Berlin vermittelten Ankäufe gehörte die Berliner Spiegelsammlung zu den bedeutendsten ihrer Art. Nach 1830 hat Gerhard den »Artist-Archäologen« Carlo Ruspi nur noch gelegentlich für Zeichnungen für den Berliner Apparat gewinnen können oder wollen (vgl. Kat.-Nr. z. B. L 16 bis 17). Immerhin umfaßte diese archäologische Dokumentation schließlich rund 2500 Blatt, meist Handzeichnungen nach antiken, zumal unveröffentlichten Werken. Zu den besten Zeichnungen gehören die durch ihre handwerklich-technische Meisterschaft bestechenden von Carlo Ruspi, einem übrigens ausschließlich reproduzierenden Künstler.

Gerhards Bestandsaufnahme etruskischer Denkmäler, seine Ankäufe für die Museen, die finanziellen Zuwendungen der Berliner Akademie und ihre Förderungen zur Erforschung etruskischer Kultur und Geschichte – alles zeugt von einem in der Berliner Altertumswissenschaft erwachten Interesse an dieser wenig bekannten Kultur, der man im zeitgenössischen Kunstgeschmack nach wie vor mit einem gewissen Mißtrauen begegnete. In München etwa hatte Ludwig I., als er die von Wagner 1820 angekauften berühmten etruskisch-archaischen Bronzebleche aus der Dodwellschen Sammlung sah, seine Enttäuschung nicht verbergen können und Anweisung gegeben, sie wieder zu verkaufen.[66] Eine ähnliche Grundhaltung läßt sich auch in maßgeblichen Berliner Künstlerkreisen feststellen: Durch Vermittlung Bunsens gelangten bereits 1826 drei hellenistische Aschenkisten nach Berlin (Kat.-Nr. D 5.19, 20), 1830 die ersten archaischen Skulpturen durch Gerhard (Kat.-Nr. B 10.2–3), der auch in den folgenden Jahren – insbesondere 1841 – Steinskulpturen kaufte, daneben die bereits erwähnten Spiegel, Bronzen und Vasen. Seine Ankäufe fanden durchaus nicht ungeteilten Beifall; Schinkel und Rauch etwa wollten nichts »von der archäologisch merkwürdigen und altertümlichen Vasenmalerei« hören.[67] Der Ankauf mancher der von Gerhard vorgelegten Kunstwerke wurde abgelehnt, sie verblieben so in seiner Privatsammlung und wurden erst nach seinem Tode erworben.[68] Dank seiner direkten Kontakte zum Königshaus setzte Gerhard einige Ankäufe durch, indem er in direktem Auftrag des Königs, so 1840–1841, Erwerbungen tätigte. Aber er war auch nicht ohne Konkurrenz auf dem Kunstmarkt: Besonders München, der Vatikan, Paris und London waren stets an Neuankäufen interessiert.

Bei der Versteigerung der Vasen aus Vulci etwa, die der Fürst von Canino 1838 in London ausgestellt hatte und die in Frankfurt a. M. schließlich zum Verkauf standen, waren die Münchner schneller; nur einen kleinen Rest von 22 Gefäßen konnte Gerhard für Berlin noch erwerben. Die Enttäuschung in Berlin war groß und fand in Katalogen noch Jahrzehnte später einen Niederschlag.[69]

Gerhards Versuch, im Jahre 1852 mit eigenen kleinen Grabungen in Vulci durch François zu qualitätvollen Vasen zu gelangen, war im Ergebnis aber so mager, daß er auf eine Fortsetzung verzichtete.[70] Für die Erforschung und Sammlung etruskischer Kunst in Berlin war Gerhards Tätigkeit von nachhaltiger Wirkung und hat für die folgende Erforschung der Geschichte, Sprache und Kunst der Etrusker den Boden bereitet. Die Museumsgeschichte verdankt ihm den 1844 eingerichteten Etruskischen Saal im Alten Museum, der auch sichtbarer Ausdruck seiner breitgespannten Tätigkeit und Organisationsfähigkeit für die Etruskerforschung war.

Erwerbungen in der 2. Hälfte des 19. Jahrhunderts

Bis ins 20. Jh. erwarben die Berliner Museen Kunstwerke aus dem etruskischen Bereich, und oft waren es in Italien tätige Archäologen, zumal am Archäologischen Institut in Rom, die direkt Ankäufe nach Berlin weiterverkauften oder im Auftrag der Museen handelten. Namen wie Eduard Gerhard, Emil Braun oder Wolfgang Helbig stehen für wichtige etruskische Erwerbungen. Dennoch lassen sich zwei Etappen in der Erwerbungsgeschichte unterscheiden, die sich aus der Museumspolitik und den finanziellen Möglichkeiten ergaben. Die ersten großen Ankäufe, vor allem die Übernahme großer Privatsammlungen für das im Aufbau befindliche Museum in Berlin in den 20er Jahren und die Erweiterung der Ausstellung in den 30er Jahren haben wir bereits gestreift.[71] Der Aufbau einer repräsentativen und öffentlichen Kunstausstellung im Alten Museum war schließlich auch ein Anliegen des preußischen Königshauses.

Die zweite Etappe großer Erwerbungen, von denen auch die Sammlung etruskischer Kunst profitierte, beginnt in den 70er Jahren des 19. Jh., als Berlin Reichshauptstadt des geeinten Deutschlands wurde, die Museen einen bedeutenden Stellenwert als Kultur- und Bildungseinrichtung erlangten und es erklärtes Ziel war, den Museen der anderen Hauptstädte Europas an Rang und Bedeutung gleichzukommen. Im Gefolge der imperialistischen Politik des preußischen Kaiserhauses wurde auch für den Antikenbestand ein bedeutender Zuwachs möglich; die Erwerbungen zur etruskischen Kunst halten sich freilich in bescheidenen Grenzen. Mit einem Namen sind eine Reihe von Ankäufen verbunden: dem des Archäologen Wolfgang Helbig.[72] Von 1865–1887 war er 2. Sekretär des Römischen Instituts, das sich seit 1874 Kaiserliches Deutsches Archäologisches Institut nannte, und er verstand es, dank seiner durch Heirat erreichten gesellschaftlichen Stellung, Informationen über Neufunde durch die italienischen Latifundienbesitzer nicht nur wissenschaftlich-publizistisch, sondern auch mit merkantilem Geschick für Erwerbungen nach Berlin und Kopenhagen zu nutzen. In Tarquinia waren seit 1869 neue wichtige Entdeckungen gemacht worden: Die mit Wandmalereien erhaltene Tomba dell'Orco war in diesem Jahr entdeckt worden und nicht weit davon entfernt ein weiteres Grab mit zwei Marmorsarkophagen, einer davon bemalt; bei dem letzteren handelte es sich um den später nach Florenz gekommenen Amazonensarkophag. Helbig veranlaßte die zeichnerische Dokumentation durch den in Daßlitz bei Greiz geborenen Zeichner Louis Schulz,[73] der weitere, vom Besitzer seit 1867 geheimgehaltene Malereien in der Tomba dei vasi dipinti im Auftrag des Instituts kopierte.

Im Spätsommer oder Herbst des folgenden Jahres wurde die Tomba degli Scudi entdeckt, die G. Mariani dokumentierte.[74] Eigentümer des Grundstücks, auf dem sich die Tomba befand, war der Kanonikus Marzi, dem man für das Zeichnen eine hohe Abfindung zahlen mußte. Als Helbig 1869 in Tarquinia weilte, wußte er von seinem Gewährsmann Sensi, daß sich in der Villa Marzi ein umfangreicher Grabfund vom Ende des 8. Jh. befand.[75] Er konnte ihn dort sehen, aber nicht für die »Monumenti« des Instituts zeichnen lassen, da die Brüder Marzi offen-

sichtlich bei einer Veröffentlichung eine finanzielle Einbuße befürchteten. Auf Grund der Helbig mitgeteilten Beschreibungen kann man noch heute die Fundstelle von 1869 recht genau lokalisieren und sich eine Vorstellung dieses frühen Grabes machen: In einer Tiefe von 2 m stießen die Arbeiter auf einen Nenfrosarkophag von gewaltigen Maßen, von 3,40 m Länge, 1,58 m Breite und 1,62 m Höhe; er soll das Skelett eines Kriegers enthalten haben, wie unschwer aus den Grabbeigaben zu schließen war. Das als Tomba del Guerriero in die Archäologie eingegangene Grab eines Mitgliedes der aristokratischen Oberschicht von Tarquinia enthielt die komplette Ausrüstung eines Kriegers, die aus einem Leinenpanzer, rechteckigem Brustschutz aus Bronze, Bronzeschild, Lanze und Spitzdolch bestand, dazu Pferdetrensen, Bronze- und Impastogefäße sowie italo-geometrische Keramik (Kat.-Nr. A 4). Das Berliner Spezialinventar verzeichnet 124 Objekte. Da der Ankauf erst vier Jahre später durch G. Bunsen erfolgen konnte, ist mit letzter Gewißheit nicht zu sagen, ob alle Funde aus diesem Grab nach Berlin gelangten.

Über die Auffindung eines anderen, insgesamt 246 Objekte umfassenden Ankaufs in Cerveteri berichtete Wolfgang Helbig ausführlich im »Grenzboten« von 1870.[76] In dem Weingarten des Kanonikus Vitalini hinter dem römischen Theater von Cerveteri habe man schon früher beim Pflügen polychrome Terrakotten gefunden, die in den römischen Kunsthandel gelangten. Zusammen mit zwei Bekannten unternahm der Eigentümer 1869 Ausgrabungen und stieß auf einen 17 m tiefen viereckigen, in den Tuff gehauenen Raum, der mit Terrakottastücken verschiedener Art angefüllt war; diese waren nicht schichtweise, sondern bunt durcheinander gefunden worden, ohne Spuren einer Zerstörung durch Feuer, aber doch meist zerbrochen. Wörtlich heißt es weiter in Helbigs Bericht: »... doch fanden sich in der Regel die meisten zu den einzelnen Stücken gehörigen Figuren«[77], wodurch die größte Anzahl der Stücke mit relativer Vollständigkeit wiederhergestellt werden konnte. Einen Teil des Fundkomplexes konnte Helbig für Berlin erwerben, ein weiterer Teil sei im Besitz der Eigentümer verblieben, ein letzter Teil liege noch in der Erde, weil die Ausgrabungen nicht zu Ende geführt seien (sie wurden ein Jahr später durch Jacobini und Lauri fortgesetzt). »Möge daher«, beendet Helbig seine Ausführungen, »der noch in Rom und Cerveteri verbliebene Bestand des Fundes seinen Weg nach der nordischen Hauptstadt finden.« Der Weg der übrigen Fundteile ging dann auch wirklich nach Norden, aber in die Museen der Metropolen London und Kopenhagen.[78] Helbigs Einschätzung des Fundes von Cerveteri, nämlich, daß die »Terrakotten und Incrustationen, Stirnziegel und Friesreliefs« geeignet seien, eine Geschichte der Stile architektonischer Terrakotten Caeres zeigen zu können, trifft insofern zu, als man tatsächlich mit den Akroterien,

Stirnziegeln und Friesplatten mit figürlichen Darstellungen aus Terrakotta eine wichtige Etappe Caeretaner Bauplastik des 6. bis 4. Jh. v. u. Z. überblicken kann (Kat.-Nr. B 6.1 bis 33). Die Fundteilung hatte aber zur Folge, daß der Gesamtfund bis heute als noch nicht völlig ausgewertet gelten muß. Und als wir jüngst an die Restaurierung der Berliner Stücke gingen, wurde die ganze Problematik der damaligen Zusammensetzungen erst deutlich. Viele der vorher prächtig und in Vollständigkeit nach Berlin gekommenen Stücke erwiesen sich als Zusammenstückelung verschiedener Fragmente mit modernen Ergänzungen. Auch der berühmte Eos-Firstakroter (Kat.-Nr. B 6.18), der seit seiner Ausstellung in Berlin kaum in einer Kunstgeschichte zur etruskischen Kunst fehlt, ist aus zahllosen Fragmenten damals zusammengesetzt worden. Der gern zur Datierung herangezogene Kopf der Akroterfigur stellte sich als eine moderne Ergänzung heraus. Erst diese heutigen »Entrestaurierungen« geben Einblicke in den wahren Sachverhalt der antiken Fundobjekte, und sie gewinnen trotz der Fragmentierung etwas von ihrem alten farblichen Glanz zurück.

Die Sammlung italisch-etruskischer Terrakotten und Steinplastik konnte in den folgenden Jahren, 1875, 1876 und 1884 (aus Sammlung Castellani), durch weitere Ankäufe beträchtlich erweitert werden. Aus einem Heiligtum im Osten des alten Capua (St. Maria di Capua Vetere), nahe dem heutigen Dorf Curti, konnten von den Brüdern Pascale für die Berliner Museen eine größere Zahl von Funden erworben werden.[79] Bereits 1845 stieß der damalige Eigentümer des Geländes, Carlo Patturelli, auf die Fundamente eines hellenistischen Podiumbaues, und bei Nachgrabungen durch Orazio Pascale kamen Terrakottenfunde und Vasen zutage, die sich von der Mitte des 6. Jh. bis in hellenistische Zeit datieren lassen. Votivterrakotten, Antefixe (Kap. C 2) und einige Gefäße gelangten so nach Berlin. Aus einem weiteren Heiligtum unweit von Orvieto, dem Sanktuar Campo della Fiera, erwarb Gustav Körte (1852–1917),[80] der neben Helbig immer wieder für Ankäufe tätig war, neben anderen Kleinfunden Dachterrakotten, die sowohl aus der Wende vom 6. zum 5. Jh. v. u. Z. wie auch aus dem 4. und 3. Jh. v. u. Z. stammen (Kat.-Nr. D 4.1–16).[81] R. Mancini, der in Orvieto selbst, in den Nekropolen und in der Stadt, Grabungen durchführte, hatte dieses Heiligtum entdeckt. Der Tempel auf dem Campo della Fiera, dessen Mauern noch bis zu einer Höhe von 1,50 m angestanden haben sollen, ist seitdem wieder in Vergessenheit geraten; man wird neue Ausgrabungen abwarten müssen, um Näheres zu diesem Heiligtum sagen zu können.

Die direkt aus seiner Sammlung, dem »Museo Mancini«, erworbenen Terrakotten, vor allem Antefixe, zeugen von der herausragenden Bedeutung der Orvietaner Koroplastenwerkstatt u. a. im 5. Jh. v. u. Z. Neben diesem Heilig-

tum sind sechs Tempel in der Stadt sicher nachweisbar, die eine Vorstellung von der Qualität der Dachverzierung etruskischer Tempel geben können.

Wolfgang Helbig und Gustav Körte vermittelten in den folgenden Jahren noch den Ankauf einer Reihe wichtiger Grabfunde: 1876 kaufte Körte für 300 Lire einen Grabfund aus Orvieto aus dem 3.–2. Jh. v. u. Z., der eine versilberte Volutenamphora mit Untersatz enthielt (Kat.-Nr. D 1.56)[82]; 1880 erwarb Helbig für 65 Lire einen aus dem 7. Jh. v. u. Z. stammenden Grabfund bei Castel Nuova di Porto (bei Montefiore) in der Sabina (Kat.-Nr. B 1.1.1–4),[83] 1882 Grabfunde aus der Polledrara bei Vulci.[84] Diese südlich der Stadt Vulci gelegene Nekropole war seit 1839 bereits durch eine besonders reich ausgestattete Tomba, die Tomba di Isidi, bekannt geworden. F. Mancelliani führte 1882–1883 Grabungen durch und verkaufte die Funde; sie gelangten nach Berlin, nach Rom in die Villa Giulia, ins Museo Torlonia, ins Museo Archeologico in Florenz und in die Ny Carlsberg Glyptothek nach Kopenhagen.[85] Aus dem Berliner Inventar geht hervor, daß Helbig Funde aus einer Tomba a pozzo, einem Schachtgrab des 9. bis 8. Jh. v. u. Z. aus Tuff- oder Nenfro-Platten, für 200 Lire erworben hatte (Inv.: M. I. 7807 bis 7830).[86] Wie die nach Berlin gelangten Funde belegen, muß es sich um ein Kriegergrab gehandelt haben, denn neben Gefäßen enthielt es ein Schwert, eine Lanzenspitze, ein Messer und Rasiermesser, Armringe und anderen Bronzeschmuck. Über den zweiten Weltkrieg hinweg haben sich in den Berliner Antikensammlungen davon nur zwei Bronzehenkel und ein Topf mit seitlichen Henkeln erhalten.[87] Wolfgang Helbig hat aus eben dieser Nekropole bei Vulci im gleichen Jahr für 800 Lire einen weiteren Grabfund erworben, der nach seinem eigenen Bericht[88] bereits zehn Jahre zuvor in einem in den Fels gehauenen Kammergrab entdeckt worden sein soll; nach Aussonderung der Bronzegegenstände, die nicht nach Berlin gelangten, sind fünf Gefäße, darunter eine blauemaillierte Pyxis und ein Glasfläschchen, gekauft worden (vgl. Kat.-Nr. A 2.2.1–2).[89] Später hatte man Zweifel, ob die geometrischen und etrusko-korinthischen Gefäße wirklich aus einem Grab stammen können, zumal die Angaben zum Grabtyp zwischen Inventar und Bericht von Helbig divergieren.[90] Aber noch einen weiteren Grabfund hat Helbig vom gleichen Fundort 1882 gekauft. Er soll aus einer Tomba cassone stammen und wurde für 496 Lire erworben: Er enthielt fünfzehn Gefäße und Goldschmuck (Inv.: M. I. 7868–70; V. I. 2784–98, vgl. dazu Kat.-Nr. A 2.3).[91]

Helbig hat alle drei Funde offenbar mit den Angaben zu den genannten Grabtypen von Mancelliani erworben; Zweifel sind natürlich angebracht, ob diese Angaben wirklich zutreffen und ob nicht bis zur Inventarisierung der Funde in Berlin einiges durcheinandergekommen ist. Kaum verständlich sind heute die genannten

Preisangaben: 800 Lire für die fünf Gefäße aus dem Kammergrab sind unverhältnismäßig viel im Vergleich zu dem bedeutend reicheren Inhalt des zuletzt genannten Cassonegrabes, für den nur 496 Lire gefordert wurden.

Zusammengehörige Funde aus Nekropolen sind natürlich für die sozialgeschichtliche Interpretation sowie die kunstgeschichtliche Einordnung der Funde interessant. Um so wichtiger ist das Bemühen, verlorene Zusammenhänge zu rekonstruieren. Oft sind die Angaben, die Privatsammler gaben, bewußt ungenau und daher schwer nachprüfbar. Dies trifft auch für die Privatsammlung des Archäologen H. Dressel zu, dessen 1887 und 1889 nach Berlin gelangte etruskische Funde kaum mehr in Zusammenhänge einzuordnen sind. Sie sollen aus der Ne-kropole des Esquilin in Rom stammen. Darunter sind zahlreiche, z. T. prächtige Bronzefibeln (Kat.-Nr. A 3.21) des 9. und 8. Jh. v. u. Z. und eine Anzahl von Tonaltärchen (arulae) aus dem 5. bis 3. Jh. v. u. Z.[92] (Kat.-Nr. D 3.38 ff.). Da zu den Esquilinfunden der Sammlung Dressel auch kaiserzeitlich römische Lampen gehören, dürften die Dresselschen Nekropolenfunde kaum aus systematischen Grabungen stammen. Sie sind aber wichtige Belege für die Villanova-Kultur in Rom und die etruskische Periode der Ewigen Stadt.

Helbigs Aktivitäten lassen sich an weiteren wichtigen Erwerbungen aus Grabungen belegen. Nordwestlich von Chiusi hatte man seit den 70er Jahren des vorigen Jahrhunderts ein Zirogräberfeld entdeckt und 1883 eines dieser etwa 20 Gräber freigelegt, das bemerkenswerte Bronzegeräte enthielt.[93] Diese Funde der Tomba a ziro No. 2, die in Berlin als Tomba del Trono aus Dolciano bekannt wurde, kaufte Helbig nur wenige Tage nach der Freilegung, so daß seine Beschreibung des Grabes und der Funde als zuverlässige Quelle anzusehen ist. Bereits 1875 hatte Helbig übrigens von diesem Gräberfeld über einen Kunsthändler in Siena erfahren, der mit eben diesen Fundangaben ihm eine Bronzeurne (Inv.: M. I. 7031)[94] und einen fragmentierten Bronzeschild (Inv.: M. I. 6517)[95] verkaufte. Nach Helbigs Angaben stammt der Fund aus der Tomba del Trono aus einem Zirograb: In einer Tiefe von 1 m fand man, von mehreren Verschlußsteinen abgedeckt, ein bis 2,50 m tief in den Tuff eingestelltes großes Tongefäß von 1,10 m Länge und 1,10 m Breite. Darin fand man neben wenigen, meist zerbrochenen Tongefäßen einige Waffen (Lanzenspitzen, Reste eines Schwertes), Bronzefibeln, Ringe und Scheiben aus Bronze, weiterer Schmuck sowie ein apotropäisches Augenpaar aus Horn mit Bernsteinpupillen. Die wichtigsten Funde waren aber ein Bronzestuhl, auf dem man in situ eine Bronzeurne fand, und ein aus ebenso dünnem Bronzeblech gearbeiteter Tisch[96] (Kat.-Nr. A 3.14). In anderen Chiusiner Zirogräbern aus der Zeit des 2. Viertels des 7. Jh. bis zum Ende des 6. Jh. v. u. Z. traten ähnliche Funde zutage, oft enthielten sie auch statt Bronzeurnen die typischen Kanopen aus Impasto oder Bucchero (vgl. Kat.-Nr. B 1.6–9) für die Brandbestattung; Tisch und Stuhl sind wohl mit dem Gedanken des Totenmahls zu verbinden.

Östlich von Dolciano befindet sich auf den Poggio Gaiella ein berühmter spätarchaischer Grabkomplex. In verschiedener Höhe sind in den Hügel hinein unterirdische Gräber (Hypo-gäen) angeordnet, die durch ein labyrinthartiges Gangsystem miteinander verbunden sind. Seit 1836 suchte man dort immer wieder nach etruskischen Schätzen, zumal die Größe des Grabkomplexes die Phantasie beflügelte und man es mit dem berühmten, in der antiken Literatur beschriebenen Grabmal des Königs Porsenna in Verbindung brachte.[97] Als 1841 Eduard Gerhard eben daher eine Aschenkiste mit hausförmigem Aufsatz (Kat.-Nr. D 5.13) für Berlin erwarb, entzündete sich erneut die Diskussion darüber, angeregt durch seinen Schüler und Assistenten Emil Braun, der am Beispiel der Berliner Aschenkiste zu den Rekonstruktionen von Quartremère de Quincy (1829) und Albert Duc de Luynes (1829) Stellung nahm.[98] Diese versuchten, den spätarchaischen Tumulus mit dem in der antiken Literatur genannten zu identifizieren und zeichnerisch zu rekonstruieren: Das Grabmal Porsennas soll einen 300 Fuß breiten und 50 Fuß hohen Sockel gehabt haben, auf dem fünf jeweils 150 Fuß hohe pyramidale Aufbauten standen, die mit Scheiben und Glocken geschmückt waren.[99]

Der Tumulus ist heute durch die Grabräubereien völlig zerfurcht und zergraben wie auch

Vase im »Etrurischen Stil«, Königliche Porzellanmanufaktur Berlin, Kunstgewerbemuseum Berlin

Vorsatzblatt zum 2. Band der »Picturae Etruscorum in Vasculis«, Romae 1770. Kolorierter Kupferstich von M. Carloni

Wandmalereien aus dem 1843–44 eingerichteten etruskischen Kabinett im Alten Museum, Berlin. Oben: Abschiedsszenen, Aufbahrungsszene; Mitte und unten: Fahrt des Toten in die Unterwelt, Typhon

Wandmalereien aus dem 1843—44 eingerichteten etruskischen Kabinett im Alten Museum, Berlin.
Oben: Gelageszene; Mitte: Tanz, Pferdegespanne; unten: Pferde, Reiter

411

L 1 Tomba del Morto, Tarquinia, zeitgenössische Kopie von Müller nach einem Aquarell von G. Semper, 1833

L 2 Tomba del Tifone, Tarquinia, kolorierte Federzeichnung

L 3 Tomba del Tifone, Tarquinia und Details einer Aschenkiste, kolorierte Federzeichnung

L 4 Tomba delle Due Bighe, kolorierte Federzeichnung

L 5 Tomba Querciola II, Tarquinia, kolorierte Federzeichnung, von Carlo Ruspi

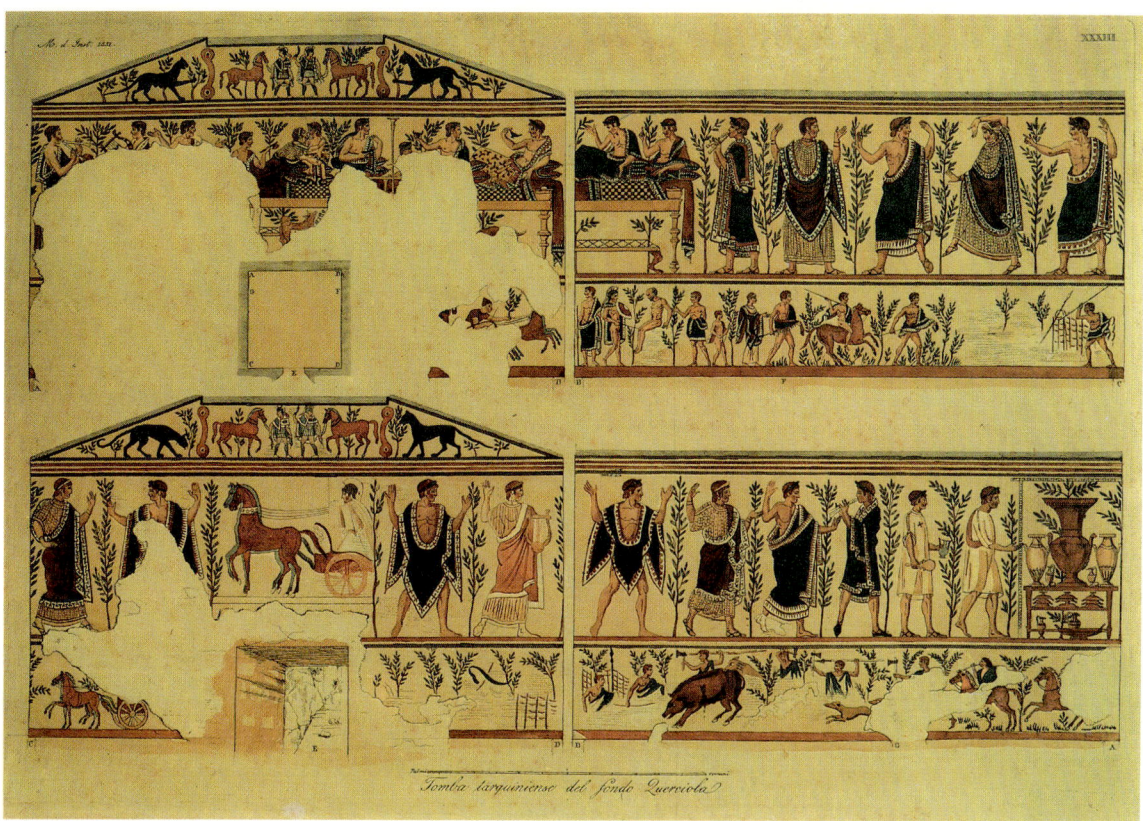

L 6 Tomba Querciola, Tarquinia, aquarellierter Druck aus den »Monumenti inediti«

L 7 Tomba del Triclinio, Tarquinia, aquarellierter Druck aus den »Monumenti inediti«

L 27 Etruskische Tonurne in Hausform, kolorierte Federzeichnung, von Carlo Ruspi

L 29 Etruskische Tonurne, kolorierte Federzeichnung, von Carlo Ruspi

andere Tumuli, so der in Vulci als »Cucumella« bekannte, der ein Jahrhundert vor dem Chiusiner entstanden ist und 1856 entdeckt wurde. Auch dieser Grabhügel regte die Phantasie der Architekten frühzeitig an. Eigentümer des Geländes wurde in der Nachfolge Lucien Bonapartes der Fürst Torlonia, der 1883 den Königlichen Museen zwei archaische Skulpturen, einen geflügelten Löwen (Kat.-Nr. B 9.3) und den Kopf eines Löwen (Kat.-Nr. B 9.4) zum Geschenk machte. Sie werden auf dem teils erbauten, teils in den Fels gehauenen Podium gestanden haben.

Drei umfangreiche Grabfundkomplexe sind noch in der Wende zum 20. Jh. nach Berlin gelangt und prägen noch heute das Profil der etruskischen Sammlung mit. In den Jahren 1901–1902 erwarb die Berliner Sammlung von dem unternehmungslustigen Antiquario von Certaldo, G. Maccianti, aus einem Familiengrab bei Monteriggioni fünfzehn Urnen, fast 300 Gefäße, Münzen, Gold- und Bronzeschmuck, Bronzegefäße und -geräte, einen Skarabäus und zwei Lanzenspitzen[100] (Kat.-Nr. D 6). Wie sich herausstellte, ist der ohnehin schon umfangreiche Komplex nur ein Teil eines 1893 freigelegten Gentilgrabes östlich von Volterra bei Monteriggioni, nahe bei Malacena. Es enthielt insgesamt 105 Bestattungen; Inschriften geben den oder die Besitzer als Calisna Šepuś oder Calini Šepus an. Belegt war das 5,68 m × 4,10 m große, mit einem Mittelpfeiler versehene Kammergrab vom 4. bis Anfang des 1. Jh. v. u. Z.

K. Winnefeld vermittelte den Ankauf. Dieser hat seine Vorgeschichte in einem erst später gerichtlich entschiedenen Streit zwischen Maccianti und dem Bauern, der die Entdeckung gemacht hatte, auf der einen Seite und den Eigentümern des Bodens, den Terrosis aus Florenz, auf der anderen Seite. Für die Kaufsumme von 12.000 Lire erwarb Berlin den Teil von Maccianti, während der zweite Teil der Funde den Kern der Sammlung Terrosi bildete, der schließlich 1956 vom Museo Guarnacci in Volterra und von der Commune von Colle Val d'Elsa angekauft wurde. Einige weitere Stücke gelangten schon um die Jahrhundertwende in das Museum von Volterra.[101]

Dieses Grab im Einflußbereich von Volterra steht nicht allein: Bereits 1861 wurde die berühmte Tomba Inghirami gefunden, die heute im Garten des Museo Archeologico in Florenz eindrucksvoll rekonstruiert ist und 53 Urnen enthielt. Neben den charakteristischen Volterraner Tuff- und Alabasterurnen sind die reichen Keramikbeigaben von Interesse: Bei den rotfigurigen Vasen frühhellenistischer Zeit sind auch unter den Berliner Gefäßen Beispiele der sogenannten Volterraner Kelebai (Kat.-Nr. D 6.23 ff.) vertreten ebenso wie die reliefierte Schwarzfirniskeramik des 3. und 2. Jh. v. u. Z., die als Malacena-Ware (Kat.-Nr. D 6.26 ff.) in der Archäologie bekanntgeworden ist.

Sind wir über den Fundzusammenhang des Malacena-Grabes recht gut unterrichtet, so wis-

sen wir um so weniger über einen anderen Grabfund, der in der Nähe von Viterbo gemacht worden ist und nach Berlin gelangte. Nach den in Berlin befindlichen Objekten zu urteilen, muß er aus einem spätetruskischen Grab oder Grabkomplex stammen (2.–1. Jh. v. u. Z.). Er enthielt ein schönes Bronzerelief, Bronze- und Tongefäße sowie einige Terrakotten.[102] In der Südtoskana, zwischen Pitigliano und Manciano liegt auf dem Sparne genannten Tuffhochplateau Poggio Buco, das seit archaischer Zeit zum Einflußgebiet von Vulci gehörte. In den »Notizie degli Scavi« von 1892 konnte man einen kurzen Bericht von V. Pacelli über die jüngst entdeckten Gräber westlich des Sparne-Plateaus (Necropoli delle Sparne della Badia) lesen.[103] 1896–1898 unternahm der Maler und Antiquar von Orvieto,

Riccardo Mancinelli, systematische Untersuchungen in der Nekropole.[104] Systematisch sind seine Grabungen zu nennen, weil er zu jedem Grab eine genaue Beschreibung gab, es zeichnete und ein Fundverzeichnis anfügte. Diese Dokumentation hoffte er, mit seinen allgemeinen Überlegungen zur Chronologie und Typologie der Gräber von Poggio Buco zu publizieren, und gab sie den jeweiligen Käufern der Funde (Kat.-Nr. L 32, 33). Erich Pernice, 1895–1903 an der Berliner Universität tätig, weilte im Auftrag der Museen im Dezember 1898 in Pitigliano, um die angebotenen Funde in Augenschein zu nehmen. Für die Berliner Museen notierte er auch flüchtig den Inhalt der anderen, nicht zum Verkauf stehenden Gräber.[105] Wie aus dem sich anschließenden Briefwechsel zwi-

Bucchero-Amphora, 560–530 v. u. Z. (Leipzig, KMU, Antikenmuseum, Kriegsverlust)

schen Pernice und Mancinelli hervorgeht, hatte der Orvieter Antiquar mit dem Verkauf eine gewisse Hoffnung verbunden, daß seine Beschreibungen und Zeichnungen der nach Berlin gelangten Grabkomplexe publiziert werden könnten. Die Berliner Museen erwarben das Grabinventar von insgesamt sechs Gräbern, von drei Fossagräbern, zwei Kammergräbern und einem Grab römischer Zeit. Mancinellis Unterlagen verblieben im Berliner Spezialinventar und geben noch heute Einblicke in die Fundsituation: Die Form der Gräber ist zeichnerisch wiedergegeben, Angaben zur Fundsituation sowie eine Auflistung der Funde sind angefügt; einen ausführlichen Katalog der Fundobjekte sollten die Berliner Archäologen nachtragen. Die exakten Zeichnungen verraten den geübten Maler, die Kenntnis der Typologie und Entwicklung von den Fossa- zu den Kammergräbern, der Fossae mit einem oder zwei loculi zu den ein- oder mehrräumigen Kammergräbern beweisen den Archäologen Mancinelli (Kat.-Nr. L 34). Er erkannte bereits, daß die Fossagräber (seit dem 1. Viertel des 7. Jh. v. u. Z.) von den Kammergräbern (2. Hälfte 7. Jh. v. u. Z.) abgelöst werden, es aber zeitlich eine Überschneidung von den späteren Fossae zu den Kammergräbern gibt (seine Perioden III und IV).

Auch Mancinellis 1899 nach Berlin gesandte vergleichende Studie, seine Interpretation der Funde im Zusammenhang mit der Chronologie der Grabtypen kam in Berlin nicht zum Druck, vielmehr hat der Archäologe J. Boehlau acht Jahre später die Publizierung der Funde, vor allem der Keramik von Pitigliano, vorgenommen.[106] Boehlau hatte man zunächst nur um ein Vorwort zu dem geplanten Druck der Fundberichte von Mancinelli gebeten; in der ungedruckt gebliebenen Fassung heißt es: »Dass die Fundberichte genau und zuverlässig sind, ist bei italienischen Ausgrabungen nachgerade selbstverständlich«, später, da die Publizierung nicht zustande kam und er seinen eigenen Beitrag unter anderen Vorzeichen vorbereitete: »Die Zahlen, die die Fundstellen an den einzelnen Gräbern auf Mancinellis Plänen angeben, sind mir unwesentlich«.[107] So blieben schließlich in den Neuzeichnungen Mancinellis Fundangaben weg, ebenso der Maßstab, die Himmelsrichtung und die Fundlage. Boehlau interessierten nicht Fragen nach der Fundsituation, einer Einfach- oder Mehrfachbelegung der Gräber, sondern nur noch der Typ des Grabes selbst und die Keramik, die genauestens interpretiert wurde. Mit den sechs Gräbern von Poggio Buco gelangten rund 250 Vasen und 100 Bronze- und Eisengegenstände nach Berlin (Kat.-Nr. A 5, B 3). Und wie bei vielen Grabkomplexen haben die anderen von Mancinelli ausgegrabenen Gräber einen anderen Weg genommen und sind heute in verschiedene Museen verstreut; dies hat eine umfassende Publizierung und Auswertung lange verhindert. Ebenfalls 1902 erwarb die Sammlung der Universität von Kalifornien in Berkeley sieben

Grabinhalte und Mancinellis handgeschriebenes »Inventario«, sie wurden 1951 eingehend publiziert;[108] das Material eines Grabes gelangte in das Universitätsmuseum von Philadelphia, einige Gefäße ins Peabody Museum Cambridge/Mass., während die Funde aus den übrigen Gräbern in das Museo Archeologico von Florenz und in das Museo Archeologico e d'arte della Maremma von Grosseto kamen und seit 1972 bzw. 1986 publiziert vorliegen.[108]

Sieht man von den zahlreichen Einzelerwerbungen ab, stellen die Funde von Poggio Buco und Monteriggione für die Berliner Sammlung die letzten großen Erwerbungen zur etruskischen Kunst dar. Berlin besaß damit eine der bedeutendsten Sammlungen auf diesem Gebiet außerhalb Italiens: Als während des vom deutschen Faschismus begonnenen zweiten Weltkrieges auch die Kleinkunstbestände der Ausstellung verlagert und diese Bestände nach Beendigung des Krieges in Celle von den Westmächten zusammengeführt wurden, um später in das zu gründende Antikenmuseum in Charlottenburg zu gelangen, hatte das eine unheilvolle Trennung der Sammlung und der einst geschlossenen Fundkomplexe aus Etrurien zur Folge; so steht noch immer eine den heutigen geschichtlichen, gesellschaftlichen und kunsthistorischen Fragestellungen entsprechende Publizierung aus. Dennoch vermögen die in der Berliner Antikensammlung des Pergamonmuseums verbliebenen Bestände die Vielfalt und die Qualität der etruskischen Kunst und des Kunsthandwerks überzeugend zu veranschaulichen. M. K.

Anmerkungen

1 Zitiert nach P. u. H. Zazoff, Gemmensammler und Gemmenforscher. Von einer noblen Passion zur Wissenschaft, 1983, S. 133
2 Zum Ankauf ausführlich bei Zazoff (wie Anm. 1) S. 131 ff.
3 C. Justi, Winckelmann und seine Zeitgenossen[5], 1956, Bd. 3, S. 346–352; H. Degering, in: Aus der Handschriften-Abteilung der Preußischen Staatsbibliothek, 1922, S. 1–54
4 Zur Aufnahme in die Etruskische Akademie: Justi (wie Anm. 3) Bd. 2, S. 325–328; Zazoff (wie Anm. 1) S. 77. Allgemein zur L'Accademia etrusca. Katalog Cortona, Palazzo Casali, 1985
5 Gori und Antoniolo hielten den Stein für etruskisch, Stosch dagegen für griechisch; ausführlich zur Kontroverse: Zazoff (wie Anm. 1) S. 58 ff.
6 P. Zazoff, Die antiken Gemmen (Hdb. d. Arch.), 1983, S. 216
7 Zitiert nach der Übersetzung bei Zazoff (wie Anm. 1) S. 86 ff.
8 Zazoff (wie Anm. 1) S. 86 ff.
9 J. J. Winckelmann, Nachrichten von dem berühmten Stoßischen Museum in Florenz, in: Kleine Schriften, Vorreden und Entwürfe, hrg. v. W. Rehm, 1968, S. 165, 11
10 Zitiert nach Zazoff (wie Anm. 1) S. 90
11 Justi (wie Anm. 3) Bd. 2, S. 304–318; M. Cri-

stofani, in: Prospettiva 25, 1981, S. 24–30; ders., La scoperta degli Etruschi. Archeologia e Antiquaria nel '700, 1983, S. 142–156
12 Dazu siehe S. 397 ff. am Beispiel der Auseinandersetzung um die griechischen Vasen
13 Lorenz Beger, Thesaurus Brandenburgicus Selectus ... Bd. 3, 1701, S. 391 f.
14 Beger (wie Anm. 13) S. 396 (»Ampula«)
15 Beger (wie Anm. 13) S. 363 f. (»Fidelia«)
16 Beger (wie Anm. 13) S. 302 f. (Bronzekanne F 597 aus Sammlung Bellori)
17 Beger (wie Anm. 13) S. 424 f. (Fr. 122 und Fr. 173 = CSE DDR I Nr. 16)
18 J. J. Winckelmann, Geschichte der Kunst des Alterthums, 1764, S. 118 ff.; vgl. auch die Einführung in die »Monumenti antichi inediti, 1767 (zitiert nach der Ausgabe von Eiselein, 1825 bis 1829, Bd. 7, S. 96). Zur Vasenforschung ausführlich: R. M. Cook, Greek Painted Pottery, 2. Aufl. 1972, S. 287 ff.; H. Sichtermann, Die griechische Vase, 1963, S. 7 ff.; E. Paul, Antike Keramik, 1982, S. 7 ff; zur Wertigkeit griechischer Vasen im 18. Jh., vgl. M. Vickers, in: Past & Present 116, 1987, S. 98–137.
19 Zu F. Gori vgl. Cristofani, La scoperta (wie Anm. 11) S. 53 ff.; G. Cruciani Fabozzi, in: Kunst und Barock in der Toscana, 1976, S. 275–288; A. R. Trento, in: L'immagine dell'antico fra settecento e ottocento. Katalog Bibliotheca communale dell'Archiginnasio 1983/1984, S. 153 ff.; E. Panozzo, in: Bibliotheca Etrusca, Katalog Accademia dei Lincei 1985/1986, S. 23 ff.
20 Zu G. B. Passeri vgl. Cook (wie Anm. 18) S. 290 f.; Paul (wie Anm. 18) S. 9 ff.; Trento (wie Anm. 19) S. 139 ff.
21 Zu D'Hancarville vgl. Cook (wie Anm. 18) S. 292; Paul (wie Anm. 18) S. 10 ff.; Trento (wie Anm. 19) S. 135 ff.
22 Zu Th. Dempster zuletzt Cristofani, La scoperta (wie Anm. 11) S. 15 ff.; Pannozzo (wie Anm. 19) S. 7 ff.
23 Von Winckelmann in der 2. Aufl. der »Geschichte der Kunst«, 1776, S. 198 ff., ausführlich behandelt
24 Winckelmann (wie Anm. 23) S. 212
25 Winckelmann, Monumenti antichi inediti (wie Anm. 18) S. 96 f.
26 Vgl. dazu den Kommentar von Meyer in der Eiselein-Ausgabe (wie Anm. 18), der sich zu einer ausführlichen Entgegnung zu Winckelmanns Definition eines etruskischen Stils veranlaßt sah (Bd. III, S. 412 ff.) und dafür eine Reihe von Gewährsmännern zitiert.
27 Zu Tischbeins Werk vgl. Cook (wie Anm. 11) S. 291 f.; Paul (wie Anm. 11) S. 10 ff.; Panozzo (wie Anm. 19) S. 142 ff.
28 Zu Lanzi vgl. M. C. Marchei, in: Bibliotheca Etrusca (wie Anm. 19) S. 107 ff.; M. Cristofani, in: Prospettiva 1976, S. 19 ff.; ders., La scoperta (wie Anm. 11) S. 167 ff.
29 A. Michaelis, Ein Jahrhundert Kunstarchäologischer Entdeckungen[2], 1908, S. 60/61
30 Vgl. dazu besonders: Cook (wie Anm. 11) S. 295 f.
31 Das Kapitel »Von den bildenden und zeich-

nenden Künsten der Etrusker« ist ausschließlich philologisch orientiert. Vgl. die Bemerkung S. 260, Anm. 64: »Winckelmann indessen, sich von den damals herrschenden italiänischen Antiquaren noch nicht völlig lossagend ...«; S. 264 faßt er zusammen: »Immer erscheint die Kunst in Etrurien wie eine fremde Pflanze, die der Boden und das Klima nicht hervorgebracht haben und nicht unterhalten können.«

32 Vgl. dazu M. Pallottino, in: Kunst und Leben der Etrusker. Katalog Köln 1956, S. 13. Zum Gedanken des künstlerischen Fortschritts E. H. Gombrich, Kunst und Fortschritt. Wirkung und Wandlung einer Idee, 1978

33 Zu den Zeichnungen von Stackelberg, Kestner und Thürmer ausführlich C. Weber-Lehmann, in: Malerei der Etrusker in Zeichnungen des 19. Jahrhunderts, Katalog Köln 1987, S. 17 ff.

34 Ebenda S. 19 ff.

35 Ebenda S. 19 ff.

36 Dazu ausführlicher S. 404 f.

37 Zu Charlottenburg vgl. M. Kühn, Die Bauwerke und Kunstdenkmäler von Berlin. Schloß Charlottenburg, 1970, S. 102–104

38 H. Schmitz, Berliner Baumeister vom Ausgang des 18. Jh., 1914, S. 42 Abb. 290; P. Werner, Pompeji und die Wanddekoration der Goethezeit, 1970, S. 65 Abb. 30; H. Börsch-Supan, Marmorsaal und blaues Zimmer, 1976, S. 145; Berlin und die Antike, Katalog 1979, S. 324 f.

39 Dazu Werner, Pompeji (wie Anm. 38)

40 Zu Wedgwood: Fortuna degli etruschi, Katalog Firenze 1985 S. 74 ff. Zur Porzellanmanufaktur Berlin vgl. Berlin und die Antike, Katalog 1979, S. 252 ff. Die Gothaer Porzellanmanufaktur produziert seit 1789 Vasen im etruskischen Geschmack, vgl. Die Gothaer Porzellanmanufaktur, 1975, S. 18.

41 Malerei der Etrusker (wie Anm. 33) S. 23 ff.; Ein griechischer Traum. Leo von Klenze. Der Archäologe. Katalog München 1985/86, S. 71 ff.

42 Malerei der Etrusker (wie Anm. 33) S. 23

43 Zum etruskischen Raum im Japanischen Palais, vgl. Malerei der Etrusker (wie Anm. 33) S. 26; Gottfried Semper zum 100. Todestag. Katalog Dresden 1979, S. 16 f.; W. Werner, Die Malereien Gottfried Sempers im Japanischen Palais zu Dresden, in: Dresdner Kunstblätter 1, 1985, S. 2–13

44 Dazu zuletzt Malerei der Etrusker (wie Anm. 33) S. 26. Ausführlich beschrieben sind die Wände in den Katalogen »Königliche Museen, Verzeichnis der antiken Bildhauerwerke« 30. Aufl. Berlin, 1855, S. 46 ff.

45 So in Schinkels und Waagens Denkschrift, zitiert in: V. Plagemann, Das deutsche Kunstmuseum, 1967, S. 76 f. Schinkel hätte wohl »das Untereinanderstellen der Malerei und Bildwerke« als »etwas störendes« empfunden, nicht aber die »architektonische Komposition von Malerei und Verbindung mit Skulptur, wo das Ganze als eins gedacht und in einem Stil durchgeführt ist« (zitiert nach F. Schinkel, Reisen nach Italien, 1979, S. 170).

46 Königliche Museen, Verzeichnis (wie Anmerkungen 44) S. 46 ff.

47 Zur Kontroverse vgl. den Briefwechsel Gerhard und Braun, auszugsweise zitiert in: Malerei der Etrusker (wie Anm. 33) S. 26

48 Gerhard (wie Anm. 47) S. 26

49 Theodor Panofka, Il museo Bartoldiano 1827; ders. Le Musée Bartoldiano 1828; A. Furtwängler, Vasen, S. XIV. Allgemein: Steffenhagen, in: ADB, 2, 1875, S. 107; C. Löwenthal-Hensel, in: Preuß. Bildnisse des 19. Jh., 1981, S. 77 f.

50 Zum Museo Oddi: G. Bellucci, Guida alle collezioni del Museo Etrusco-Romano in Perugia, 1910, S. 7 f.; Santi, Il Museo Oddi AS. Erminio Presso Perugia, in: Bollettino della Deputazione di Storia Patria dell'Umbria, 43, 1946, S. 97–104

51 Vgl. A. Furtwängler, Vasen, S. XIV–XV. Allgemein zu Kollers Sammlung: G. Heres, in: Listy filologické 100, 1977 S. 104 ff.

52 Zu Dorow allg. L. v. Urlichs, in: ADB 5, 1877, S. 359 ff.; vgl. auch Furtwängler, Vasen, S. XVI

53 Dorow, Etrurien und der Orient, 1829, S. 4. Zum päpstlichen Privileg und zur Kritik vgl. auch: Malerei der Etrusker (wie Anm. 33) S. 18

54 Dorow, Etrurien (wie Anm. 53) S. 11/12

55 Dorow, Etrurien (wie Anm. 53) S. 27 ff.

56 Dorow, Etrurien (wie Anm. 53) S. 6

57 E. Gerhard, Berlins Antike Bildwerke, 1836, S. 171 »ägyptische Vasenbilder« als früheste Phase

58 Vgl. dazu die Berliner Kataloge von Levezow und Gerhard (A: Tarquinia und Vulci, B.: Chiusi und Sarteano, C.: übriges Etrurien und Nola)

59 Anndell'Inst. 1831, S. 6 f.

60 Vgl. dazu die Biographie von E. Jahn, Eduard Gerhards, 1868, S. 76 f. Zu Gerhards Tätigkeit vgl. Furtwängler, Vasen, S. XIX f.; Ulrichs, in: ADB 8, 1878, S. 760 ff.; C. B. Stark, Systematik der Geschichte der Archäologie der Kunst, 1880, S. 284 ff.; O. Vacano, Kunst und Leben der Etrusker. Katalog Köln 1956, S. 44 f.; A. H. Borbein, in: Berlin und die Antike. Aufsätze, 1979, S. 119 ff.

61 Ausführlich zu Ruspi in: Malerei der Etrusker (wie Anm. 33), passim

62 Jahn (wie Anm. 60) S. 78

63 Band 1–6, 1821–1826. Zu Inghirami: Vacano (wie Anm. 60); Bibliotheca Etrusca (wie Anm. 19) S. 45; C. Besanti, in: L'immagine dell'antico (wie Anm. 19) S. 176 ff.

64 E. Gerhard, Etruskische Spiegel, 5 Bd. 1843–1897 (Bd. 5 bearbeitet von Klügmann und Körte)

65 Zur Einschätzung zuletzt G. Heres, CSE DDR I, 1987, S. 12

66 R. Wünsche, in: Ein griechischer Traum. Leo von Klenze. Der Archäologe. Katalog München 1985/1986 S. 62 f.

67 Zitat bei Furtwängler, Vasen, S. XVII

68 Ausführlich: Furtwängler, Vasen, ebenda

69 Furtwängler, Vasen, ebenda

70 Furtwängler, Vasen, ebenda

71 Unter den angekauften Privatsammlungen mit nennenswerten etruskischen Objekten sind die Sammlung Pourtalés (1865) und die Sammlung Dressel (1887/1889) hervorzuheben (zu Dressel siehe S. 408)

72 Vgl. zu Helbig seine Autobiographie: W. Helbig, Eine Skizze meines wissenschaftlichen Bildungsweges, 1911; Strena Helbigiana, 1900; G. Rodenwaldt, Archäologisches Institut des Deutschen Reiches 1829–1929 (1929), S. 32; W. Schiering, in: Allgemeine Grundlagen der Archäologie (Hdb. d. Arch.), 1969 S. 48

73 Zu Schulz: Malerei der Etrusker (wie Anm. 33) S. 57 ff. – Im Staatlichen Museum Greiz, Sommerpalais, befindet sich ein Teil des Nachlasses der Gebrüder Schulz, darunter Andrucke für die »Monumenti«, aber keine Zeichnungen.

74 Dazu: Wandmalerei der Etrusker (wie Anm. 33) S. 56 f.; zu den nach Berlin an die Preußische Akademie gegangenen Pausen konnte ich nichts mehr ermitteln.

75 Vgl. Bulldell'Inst. 1869, S. 258 f.; Anndell'Inst. 1874, S. 249 ff.; Mondell'Inst. 10, 1874 bis 1878, Taf. X–Xd. Zur Entdeckung zuletzt H. Hencken, Tarquinia, S. 201 ff. Weitere Lit. siehe Kat.-Nr. A 4.

76 W. Helbig, in: Grenzboten, 29, 1870, S. 149–160; vgl. AZ, 28, 1871, S. 123; zu dem Terrakottafund (TC 6681) vgl. auch das Berliner Spezialinventar

77 W. Helbig, in: Grenzboten 29, 1870, S. 157

78 Vgl. zuletzt F. Melis, in: Italian iron age artefacts in the British Museum, 1986, S. 159 ff.

79 G. Duhn, in: Bulldell'Inst. 1876, S. 177; Mancini, in: Gionnale degli scavi Pompei, 1874, S. 217 ff. Zum Heiligtum zuletzt in: Santuari d'Etruria, Katalog Arezzo 1985, S. 121 f. Die Fundgruppen umfassen die Berliner Inv.-Nr. TC 7142–7438, 7263, 7269–7402, V. I. 2485–2518 und Sk 161–167

80 Zu Körte, der den letzten Band der von Gerhard hinterlassenen etruskischen Spiegel publizierte und die von seinem Lehrer Brunn besorgten »Relievi delle urne Etrusche« Bd. 2, 1890 und Bd. 3, 1910, herausgab, vgl. Schiering (wie Anm. 72) S. 71

81 NSc 1876, S. 184; NSc 1877, S. 146 f.; AZ 36, 1887, S. 165 Allg. zum Sanktuar: St. Steingräber, Etrurien, 1981, S. 279; Andrén, 1940, S. 190 ff.; Zu R. Mancini: Gli Etruschi a Orvieto, 1985, S. 11, 50 ff.; zu seiner Sammlung: G. Dennies, The Cities and Cemetries of Etruria, 1907, Bd. 2, S. 46 ff.

82 Berliner Inv.: M. I. 7112–7121. Ein dort ebenfalls gefundener Bronzekandelaber und ein Spiegel wurden separat verkauft.

83 Berliner Inv.: V. I. 2750–2762 (»aus einem zufällig ausgepflügten Grabe. Die zugleich gefundenen Bronzen – wie es scheint nur einige fibulae und Spiralen waren derartig von Feuchtigkeit angegriffen, daß sie zugleich zerfielen«). Heute noch in der AS vorhanden: F 243, F 1644, F 1645, F 1280

84 Vgl. Helbig, in: Bulldell'Inst. 1882, S. 100;

zu den Grabungen zuletzt zusammenfassend M.T.Falconi Amorelli, Vulci. Scavi Bendinelli, 1983, S.11 ff.

85 Falconi Amorelli (wie Anm.84) S.13f.

86 Berlin, Acta 1197/82. Der Kauf wurde zunächst von der Sachverständigenkommission abgelehnt, später aber genehmigt.

87 Von den Funden der Tomba a pozzo (vom Besitzer als Tomba Egizia foderata di tufo bezeichnet) sind noch in der AS vorhanden: M.I. 7825–7826, 7807 (= F 1352)

88 Helbig (wie Anm.86). Wie schon Montelius, Civilisation, versuchte Åkerström S.69ff. aus den widersprüchlichen Angaben Helbigs und der Analyse der Gefäße nachzuweisen, daß es sich nicht um einen geschlossenen Grabkomplex handeln kann.

89 Heute noch in der AS: M.I. 7760 (= F 1378), 7759 (= F 192). Im Bericht der Sachverständigenkommission ist von »einer Nachgrabung in der Tenuta della Polledrara« die Rede.

90 Siehe Anm.88

91 In der AS noch vorhanden: F 235a; F 246a; F 996, F 1210a; F 1222a

92 Von den Fibeln sind in der AS in Berlin vorhanden: M.I. 7981, 7982, 7984, 7986 (3 Ex.), 7987 (1 Ex.), 7988 (20 Ex.), 7989, 7990 (?). Von den arulae: M.I. 8071–8101 die Nr. M.I. 8074 bis 75, 8077–78, 8083, 8087–90, 8095, 8097, 8100

93 Vgl. W.Helbig, in: Bulldell'Inst. 1883, S.192f.; ferner Montelius, Civilisation, Bd.2, Taf.217; MonAnt 30, 1925, S.365. Im Berliner Inv.: M.I. 7888

94 Berlin, AS (Verlust?)

95 Berlin, AS (Verlust?)

96 Erhalten blieb nur der Tisch; der vorhandene Bronzestuhl soll aus einem anderen Grab stammen, vgl. Kat.-Nr. A 3.14

97 Zur Situation allgemein: Steingräber (wie Anm.81) S.237. Zum Porsenna-Grab zuletzt: Bibliotheca Etrusca (wie Anm.19) S.75 ff.

98 E. Braun, Il Labrinto di Porsenna, 1840

99 Plinius (36, 31), der auf Varro zurückgreift

100 NSc 1894, S.1f.; Micali, Museo Archeologico di Firenze I, S.284; R. Bianchi-Bandinelli, in: StEtr, 1928, S.133–176; M.Cristofani Martinelli, Monterrigioni, in: Urne Volterrane. 1.Complessi tombali. 1975, S.162ff.

101 Zur Fundteilung vgl. Cristofani Martinelli (wie Anm.100)

102 Berliner Inv.: M.I. 10193–10208 (davon heute in der AS: M.I. 10103, 10105 10201, 10204, 10205, 10208); V.I. 4287–4301 (vorhanden 4291, 4292); T.C. 8740/42

103 NSc 1892, S.260f.

104 Dazu Matteucig, S.1ff.; Bartoloni, S.12ff. (Anm.4 mit weiterer Lit.)

105 Im Berliner Spezialinventar enthalten

106 J.Boehlau, in: JdI 1900, S.155–195

107 Die Korrespondenz mit Mancinelli und Boehlau ist in Berlin erhalten geblieben.

108 Bartolini (wie Anm.104) zu den Florentiner Beständen, E. Mangani und O. Paoletti, in: CVA Grossetto I und II, 1986.

L 1 (Farbtafel)
Tomba del Morto, Tarquinia.
Ansichten von drei Wänden, fünf Köpfen
Zeitgenössische Kopie von Müller nach einem Aquarell von G. Semper 1833 (lt. Inventar des Gerhardschen Apparates der Antikensammlung)
Feder, schwarz, Bleistift, Pinsel, Wasserfarben
26 × 39,8cm
Bezeichnet: Tombeau Etrusque à Corneto
Berlin, SMB, Antikensammlung,
Gerhardscher Apparat Bd. 7 Blatt 13b

Ein weiteres Blatt befindet sich in Dresden im Institut für Denkmalpflege, eine Bleistiftkopie in Rom. Da das Dresdener Aquarell in den Maßen mit dem Berliner Blatt identisch ist, wird es sich bei dem Dresdener Blatt nicht um ein Original handeln, sondern, wie die Inventareintragung in Berlin bestätigt, um verkleinerte Kopien der Semperschen Zeichnung. Im Gerhardschen Apparat befindet sich ein zweites Blatt, ein aquarellierter Druck nach der Tafel in den »Monumenti inediti« II, Taf. 2.

Die Malereien der um 510 v. u. Z. geschaffenen Tomba del Morto wurden zum Vorbild für die Wandfriese im Japanischen Palais in Dresden und im Berliner Etruskischen Kabinett im Alten Museum.

Lit.: Malerei der Etrusker, S.77ff. (mit weiterer Lit.). Zum Dresdener Blatt: vgl. Gottfried Semper zum 100.Todestag. Katalog Dresden 1979, S.104 Nr.237.   M. K.

L 2 (Farbtafel)
Tomba del Tifone, Tarquinia.
Grund- und Deckenriß, ein Längs- und ein Querschnitt
Feder schwarz, Bleistift, Pinsel und Wasserfarben
41,8cm × 26,4cm
Beschriftet: Tombeau Etrusque à Corneto
Berlin, SMB, Antikensammlung,
Gerhardscher Apparat Bd. 7, 13c   M. K.

L 3 (Farbtafel)
Tomba del Tifone, Tarquinia.
Malereien des Mittelpfeilers und der Rückwand,
Details und Deckel einer Aschenkiste
Feder, schwarz, Bleistift, Pinsel und Wasserfarben
41,8cm × 26,4cm
Bezeichnet: Details du Tombeau
Berlin, SMB, Antikensammlung,
Gerhardscher Apparat Bd. 7, 13d

Die 1832 entdeckte Tomba del Tifone stammt aus der 1.Hälfte des 2.Jh. v. u. Z. Sie wurde im II.Band der »Monumenti dell'Instituto« (1834 bis 1838), Taf.3–5 publiziert. Da sich ein identisches Blatt in Dresden befindet und die Handschrift mit dem Blatt Kat.-Nr. L 1 übereinstimmt, wird es sich auch hier um Aquarelle von Müller nach Semper handeln.

Lit.: Zum Dresdener Blatt vgl. G. Semper zum 100.Todestag. Katalog Dresden 1975, Nr.236.

Zur Tomba del Tifone M.Cristofani, MemAcc-Linc 366, 1969, Bd.14, S.213ff.; St.Steingräber, Pittura Etrusca, 1984, Nr.118.   M. K.

L 4 (Farbtafel)
Tomba delle Due Bighe. Grund- und Deckenriß, Rückwand mit Malerei
Feder schwarz, Pinsel, Wasserfarben
40cm × 25cm
Bezeichnet: Tombeau de Corneto.
M. A. Y. 1833
Berlin, SMB, Antikensammlung,
Gerhardscher Apparat Bd. 7, Bl. 13a

Das Grab wurde 1833 entdeckt und zunächst Tomba Francesca Giustiniani genannt. Die Zeichnung ist im gleichen Jahr entstanden (Müller nach Semper?).

Lit.: St.Steingräber, Pittura Etrusca, 1984, Nr.65.   M. K.

L 5 (Farbtafel)
Tomba Querciola II, Tarquinia.
Grundriß und Ansicht der rechten hinteren Ecke in einer Zeichnung von Carlo Ruspi, 1832
Maßstab 1:40 bzw. 1:8
Feder schwarz, Bleistift, Pinsel, Wasserfarben.
Mit Feder beschriftet von Ruspis Hand
53cm × 40,2cm
Bezeichnet: Camera Sepolcrale rinuenuta nei terreni dei Sig.^{ri} Querciola circa un Miglio fuori di Porta Clementina in Corneto. li 5. Maggio 1832. Carlo Ruspi disegno sul locale.
Berlin, SMB, Antikensammlung,
Gerhardscher Apparat Bd. 7, 10b

Die im 3.Jh. v.u.Z. entstandene Tomba Querciola II wurde 1832 entdeckt und von Carlo Ruspi gezeichnet; die Malereien wurden erst 1866 durch Brunn in den »Annali dell'Instituto« publiziert. In Rom, DAI, befindet sich ein identisches Blatt von Ruspi. Im Inventar des Gerhardschen Apparates wird es noch als »unediert« geführt (»Malerei eines tarquin. Grabes mit Todesdämon, uned.«).

Lit.: Malerei der Etrusker, S.196ff. Nr.15.   M. K.

L 6 (Farbtafel)
Tomba Querciola, Tarquinia.
Aquarellierter Druck, vier Ansichten der Wände und Grundriß
Aus den »Monumenti inediti pubblicati dall'Instituto di Corrispondenza Archeologica«, 1831, Taf. 33, Maßstab 1:17
Berlin, SMB, Antikensammlung,
Gerhardscher Apparat Bd. 32, Taf. 3

Das 1831 entdeckte Grab wurde von Carlo Ruspi für die Publikation »Monumenti« aufgenommen. Das 1831 entstandene Aquarell gilt als vollständigste Quelle für die Wandmalereien, da die Friese bereits 1835 nicht mehr zu kopieren waren. Der aquarellierte Druck dürfte direkt von Ruspis Aquarell übernommen worden sein (durch ihn selbst?).

Lit.: Malerei der Etrusker, S.131 ff.   M. K.

L 7 Farbtafel
Tomba del Triclinio, Tarquinia.
Aquarellierter Druck
Aus den »Monumenti inediti pubblicati
dall'Instituto di Correspondenza
Archeologica«, 1831, Taf. 32
Maßstab 1:17
Berlin, SMB, Antikensammlung,
Gerhardscher Apparat Bd. 32, Taf. 2

Das Grab wurde im Dezember 1831 entdeckt; die erste Zeichnung von Carlo Ruspi
diente als Vorlage für den Druck in den »Monumenti«. Nach Ruspis Zeichnungen werden
auch die Farben in dieses Blatt übertragen worden sein (durch Ruspi selbst?).

Lit.: Malerei der Etrusker, S. 129 ff.　　M. K.

L 8
Tomba delle Iscrizioni, Tarquinia.
4 Zeichnungen der Wandmalereien,
eine der beiden Giebelfelder
Feder, Bleistift, Pinsel und Wasserfarben
1 Blatt 47 cm × 20 cm,
2 Blätter, je 48,5 cm × 20 cm,
1 Blatt 61 cm × 20 cm
Nicht bezeichnet. Im Inventar zum Gerhardschen Apparat: »Tarquinische Wandmalereien
der durch Stackelberg bekannten Grotten.
Coloriert und in Rom gekauft durch Gerh.«
Berlin, SMB, Antikensammlung,
Gerhardscher Apparat Bd. 7,
Blatt 15a–b; Bd. 32, Blatt 4–6

Die Tomba (um 520 v. u. Z.) gehört zu den ersten, 1827 durch Stackelberg, Kestner und
Thürmer aufgenommenen Gräbern. Thürmer
hatte die ersten Zeichnungen übernommen.
1835 faksimilierte C. Ruspi nochmals, im Auftrag des Bayernkönigs Ludwig I., die Malereien.
Die Zeichnungen in Berlin sind offensichtlich
noch einige Jahre später, aber vor 1844, entstanden, da sie einen schlechteren Erhaltungszustand der Malerei wiedergeben als in den
»Annali« 1929 und bei Ruspi. Die Zeichnungen
sind unbeholfen, fast ohne Binnenzeichnung
an den Körpern, in Details mißverstanden, und
durch Änderung der Schrittstellung ist die Angabe des männlichen Geschlechts vermieden.

Lit.: Malerei der Etrusker, S. 61 ff. (mit weiterer Lit.).　　M. K.

L 9
Zwei Aryballoi und ein Alabastron
in einer Zeichnung aus der Sammlung
Wilhelm Dorow
Öl auf Papier
64 cm × 45,5 cm
Berlin, SMB, Antikensammlung,
Gerhardscher Apparat Bd. 9, Blatt 30

Ein Jahr nach Erwerbung der Sammlung Dorow-Magnus kauften 1832 die Berliner Museen
ein Konvolut von 69 Zeichnungen Dorows nach
schwarzfigurigen Gefäßen. 38 Zeichnungen haben sich im Gerhardschen Apparat erhalten.
Die hier dargestellten Gefäße kamen mit der
Sammlung Dorow-Magnus nach Berlin.

1. Etrusko-korinthischer Aryballos mit einer
Gans zwischen Sphinx und geflügeltem Panther, Inv.: F 1218 (heute Berlin/West)
2. Vier Tierstreifen auf einem korinthischen Alabastron, Inv.: F 1152 (Verlust?)
3. Kampf zweier Sphingen, weitere Sphinx und
Gans, Inv.: F 1232 (heute Berlin/West).

Lit.: Furtwängler, Nr. 1218, 1152, 1232.　M. K.

L 10
Etruskische Halsamphora des
Micali-Malers in einer Zeichnung
aus Sammlung Wilhelm Dorow
Öl auf Papier
45,5 cm × 57 cm
Berlin, SMB, Antikensammlung,
Gerhardscher Apparat Bd. 9, Blatt 29

Zur schwarzfigurigen Amphora des Micali-
Malers vgl. Kat.-Nr. B 5.15 mit weiterer Lit.
　　M. K.

L 11
Amphora
Bucchero a cilindretto,
1. Hälfte 6. Jh. v. u. Z.
Graubrauner Ton, Oberfläche braunschwarz,
fleckig, matt poliert, Rollstempelfries.
Stück der Mündung herausgebrochen,
große Beschädigung an einer Seite der
Bauchoberfläche, Fuß abgebrochen,
wahrscheinlich nicht zugehörig, Deckel
(nicht zugehörig) aus mehreren Stücken
zusammengesetzt und ergänzt
H. (m. Deckel) 44 cm, (ohne Deckel) 35 cm
Aus Sarteano; 1831 aus Sammlung
Dorow-Magnus erworben
Berlin, SMB, Antikensammlung
Inv.: F 1545

Bauchige Amphora auf kleinem profiliertem
Fuß, mit Wulstringen um den kegelförmig ansetzenden Hals und mit dreiteiliger Lippe. Die vertikalen Henkel zweigeteilt und leicht ausbiegend.
Unterhalb der Henkel Rollstempelfries mit
zwölfmal wiederholtem Rapport: Langbeklei-
dete bartlose Figur thront nach rechts, in der
einen Hand ein Zepter mit Lotosknauf aufstützend, von rechts kommen zwei nackte Jünglinge mit Speer heran, hinter ihnen, ebenfalls
nach links schreitend, ein Kentaur mit menschlichen Vorderbeinen, einen großen Ast mit Zweigen in der Rechten über der Schulter haltend.
Der unverzierte Deckel mit abgesetztem
Rand und profiliertem Knauf. Das Motiv entspricht dem der Gruppe 47 von Scalia, vgl.
Kelch in Florenz, Mus. Arch. Inv. 9678 aus Cortona (E. Franchini, in: StEtr 20, 1948/49 S. 34
mit Lit.). Zur Amphorenform s. J. Gran Aymerich, CVA Louvre 20, 1982, S. 91 f. zu Taf. 44 mit
neuester Lit.

Lit.: W. Dorow, Voyage archéologique dans
l'Etrurie, 1829, Taf. 4, 2; F. Scalia, in: StEtr 36,
1968 S. 390 Nr. 216.　　U. K.

L 12
Henkelfragment
Bucchero pesante, Chiusi, 2. Hälfte 6. Jh. v. u. Z.
Schwarzbrauner Ton, schwarz poliert.
Aus mehreren Stücken zusammengesetzt,
oberer Teil abgebrochen
H. (erh.) 12,5 cm, Br. (am Ansatz) 5 cm
Fundort unbekannt; 1831 aus Sammlung
Dorow-Magnus erworben
Berlin, SMB, Antikensammlung
Inv.: F 1612 (TC. 634)

Breiter, gebogener Gefäßhenkel mit dem Relief einer frontal stehenden Frau in kurzärmeligem langem Gewand und mit Stirnband. Ihre
Hände sind über der Brust zusammengeführt
und fassen lange, an den Enden volutenartig
gerollte Streifen. Direkt über dem Kopf beginnt
ein zweiter Stempel mit dem Oberteil eines Kriegers im Glockenpanzer, ähnlich Kat.-Nr. L 13
(F 1610). Nach der Dorowschen Zeichnung war
der Henkel oben durch einen Löwenkopf abgeschlossen und hatte seitlich Rotellen mit je einem Gorgoneion – gehörte also zu einer Kanne.
Das Motiv der Potnia theron ist bereits von
Schalenstützen bekannt (Capecchi-Gunnella,
S. 58 Typ III B, S. 60 f. Taf. 3b) und tritt auch an
den Henkeln einer Olla in Altenburg auf (CVA
Altenburg 3, 1960, Taf. 123.6, S. 54 f.).

Lit.: W. Dorow, Voyage archéologique dans
l'Etrurie, 1829, Taf. 9.2; Furtwängler, Vasen,
S. 191 Nr. 1612.　　U. K.

L 13
Henkelfragment
Bucchero pesante, Chiusi, 2. Hälfte 6. Jh. v. u. Z.
Grauschwarzer Ton, schwarz poliert.
Aus vier Stücken zusammengesetzt,
Arm weggebrochen
H. (erh.) 16 cm, Br. (am Ansatz) 7 cm
Fundort unbekannt; 1831 aus Sammlung
Dorow-Magnus erworben
Berlin, SMB, Antikensammlung
Inv.: F 1610 (TC. 635)

Breiter Gefäßhenkel mit dem Relief eines stehenden bärtigen Kriegers nach rechts mit korinthischem Helm (Helmbusch abgebrochen) und
Glockenpanzer, in den Händen zwei Lanzen vor
sich aufstützend, das linke Bein vorgesetzt.
Dasselbe in der Bucchero-pesante-Produktion
sehr häufige Motiv auch auf dem Henkel einer
Hydra in Athen, Nationalmuseum, Inv.: 13483
(127) siehe P. G. Guzzo, in: StEtr 37, 1969,
S. 299 Nr. 41 Taf. 65a und mit weiteren Beispielen CVA Kassel 2, 1975, Taf. 67.1–4, S. 40 f.

Lit.: W. Dorow, Voyage archéologique dans
l'Etrurie, 1829, Taf. 9.1; Furtwängler, Vasen,
S. 190 Nr. 1610.　　U. K.

L 14
Kelch
Bucchero a cilindretto, 1. Hälfte 6. Jh. v. u. Z.
Schwarzer Ton, matt poliert,
Rollstempelfries, sehr schwach ausgeformt.
Fuß gebrochen und zu Reparaturzwecken
mehrfach durchbohrt, Stück der Wandung

herausgebrochen, teilweise wieder angeklebt und ergänzt
H. 14 cm, D. 16 cm
Aus Chiusi, 1831 aus Sammlung Dorow-Magnus erworben
Berlin, SMB, Antikensammlung Inv.: F 1548

Dünnwandiger Kelch mit deutlich abgesetztem Boden auf schlankem hohem hohlem Fuß. Außen Rollstempelfries, ziemlich undeutlich, mit viermal wiederholtem Rapport zweier Gruppen: 1. Sitzende Figur mit Lanze nach links auf einem Klappschemel, hinzukommende Frau mit Kranz in der Hand und nackter Mann mit Lanze, der eine ihm folgende Frau an der Hand führt; rechts des Sitzenden zwei nackte Krieger mit Lanze nach links gewandt. 2. Zwei Frauen mit einem Kranz in der Hand und Mann mit Bogen vor einem nach links Thronenden mit Kranz in der Hand, unter dem Thron ein Vogel.

Dieser Rollstempelfries entspricht dem Motiv I bei Scalia, vgl. Kelche in Chiusi, Inv. 2323 (Scalia Nr. 1, S. 362, Taf. 83a) und Boston, Mus. of Fine Arts, Inv. 80535 (G. H. Chase, A Guide to the Classical Collection – Mus. of Fine Arts 1950, S. 136 Abb. 174). Der Rollstempelfries wurde erstmals bei W. Dorow abgebildet.

Lit.: W. Dorow, Voyage archéologique a l'Etrurie, 1829, Taf. 2,.5 (Fries); F. Scalia, in: StEtr 36, 1968, S. 362 Nr. 3.   U. K.

L 15
Die sogenannte Göttin Norzia in einer Zeichnung von Carlo Ruspi
Feder, schwarz, Bleistifteintragungen
32 cm × 21,5 cm
Zahlreiche Bleistifteintragungen, Wiederholung der etruskischen Inschrift
Bezeichnet unten: Carlo Ruspi Romano Desegno Anno 1828
Berlin, SMB, Antikensammlung, Gerhardscher Apparat Bd. 1, Blatt 114

Die mit einer etruskischen Inschrift versehene Marmorstatue hatte bereits Buonarroti in Dempsters Werk (1723, Taf. 42; 1724, S. 20), später F. Gori in seinem »Museum Etruscum« Bd. 1, Taf. 4 publiziert und als etruskisch erklärt. Die aus der Mitte des 3. Jh. v. u. Z. stammende Grabstatue stammt aus der Sammlung Maffei und wurde von Guarnacci für Volterra (Museo Etrusco Guarnacci) erworben. Carlo Ruspi zeichnete sie 1828 im Museum von Volterra neu und versah die Zeichnung mit zahlreichen Anmerkungen, auch zum Erhaltungszustand.

Lit.: E. Fiumi, Volterra etrusca e romana, 1976, Taf. 19; Artigianato artistico l'Etruria settentrionale interna in età ellenistica, Katalog Volterra 1985, Nr. 152 S. 127; zur Inschrift: CIE 76 = TLE^2 397.   M. K.

L 16
Gravierter Spiegel in einer Zeichnung von Carlo Ruspi 1832
Feder, schwarz
21,2 cm × 32 cm
Bezeichnet, am Spiegelrand rechts

unten: Carlo Ruspi, Romano rinuenne e Desegno 1832
Bezeichnet unten: Specchio rinuenuto in Corneto nella Camera Sepolcrale del Sig.^{ne} Canonico Marzi scoperta l'Anno 1832, ora possieduto dal'Sig.Cav.^{ne} Manzi in Civitavecchia.
Berlin, SMB, Antikensammlung, Gerhardscher Apparat Bd. 25, Blatt 120

Diesen von ihm entdeckten Spiegel beschreibt Carlo Ruspi in einem Brief an Eduard Gerhard vom 10. Mai 1832 und legt ihm diese Zeichnung bei. Es heißt dort: »... questo (der Spiegel) è dello Stile il pius antico, perfettamente desegnato, e di finissimo grafitto, rappresenta due Figure, un letto, ed un Lago con molti pesci; qual soggetto rappresentivi serberò a Voi d'interpretato giacchè io nomi conosco capace d'indicorvelo« (zitiert in: Malerei der Etrusker, 1987, S. 226, D 24).

Die von Carlo Ruspi erwähnte Grabkammer in Tarquinia, in der er diesen Spiegel fand, ist wohl die Tomba dei Bacchanti, die Ruspi 1832 durch einen Zufall entdeckte (ebd. S. 94 f.)

Lit.: Gerhard, ES 4, Nr. 171 (nur von einer Grotte Marzi die Rede).   M. K.

L 17
Gravierter etruskischer Spiegel in einer Zeichnung von Carlo Ruspi
Feder, schwarz
21,8 cm × 34 cm
Bezeichnet (am Spiegelrand rechts unten): Carlo Ruspi Des.A. 1831
Berlin, SMB, Antikensammlung, Gerhardscher Apparat Bd. 27, Blatt 71

Den aus Vulci stammenden Spiegel zeichnete Ruspi 1831 in Eduard Gerhards Sammlung, die 1859 an die Berliner Museen gelangte. Die Originalzeichnung Ruspis bewahrt den Detailreichtum der etruskischen Gravur sehr viel genauer als der Druck nach einer Neuzeichnung im Gerhardschen Spiegelcorpus. Zum Spiegel vgl. Kat.-Nr. F 8.   M. K.

L 18
Bronzener Dreifuß in einer Zeichnung von Carlo Ruspi
Maßstab 1 : 1
Feder, schwarz
35,2 cm × 48,7 cm
Berlin, SMB, Antikensammlung, Gerhardscher Apparat Bd. 29, Blatt 84

Die Zeichnung zeigt einen Dreifuß aus Vulci (?), 5. Jh. v. u. Z. Die figürlichen Teile gibt Carlo Ruspi unten in Detailzeichnungen wieder. Das Bronzegerät befindet sich heute im City Art Museum in Saint Louis (Acc. 37 : 26).

Lit.: Mon. dell'Inst. Bd. 2 Taf. 2.b; R. S. Teitz, Masterpieces of Etruscan Art, 1967, Nr. 19 Abb. S. 122; M. F. Briquet, in: Etruscan Life and Afterlife, 1986, Abb. IV.72.   M. K.

L 19
Gefäße aus Bronze und Ton aus dem Museo Cinci in Volterra in Zeichnungen von Carlo Ruspi
Feder, schwarz, Bleistift
21,3 cm × 32 cm
Bezeichnet Mitte oben: Museo Cincei
Bezeichnet Mitte unten: Carlo Ruspi Romano Des.An. 1828
Unter den Gefäßen Erläuterungen zum Material der Gefäße
Berlin, SMB, Antikensammlung, Gerhardscher Apparat Bd. 30, Blatt 4.   M. K.

L 20
Schmuckanhänger
Picenisch, 7.–6. Jh. v. u. Z.
Bronze, Vollguß. Reduzierte Oberfläche, beide äußeren Arme der kleineren Figuren sowie die unteren Ecken der Platte verloren, kleinere Bestoßungen
H. 11 cm
Aus Spoleto (?)
Berlin, SMB, Museum für Ur- und Frühgeschichte, Inv.: IV h 1

Anthropomorpher Anhänger, bestehend aus drei Figuren, von denen die mittlere größer ist und einen mitgegossenen Ring auf ihrem Kopf zeigt. Im Standmotiv stimmen die Figuren überein, in der Armhaltung nur die beiden äußeren. Die Figuren sind unbekleidet, die mittlere als weiblich gekennzeichnet. Die Gesichtsformen sind grob und schematisch. Die Figuren stehen auf einer Standleiste, an die eine schmale Platte anschließt, die mit neun Löchern versehen ist. Es kann angenommen werden, daß dort ursprünglich kleine Anhänger, wohl auch in menschlicher Form, angebracht waren. Carlo Ruspi hat diesen Schmuckanhänger in einer Privatsammlung 1829 in Antella gezeichnet; die Zeichnung blieb erhalten (Gerhardscher Apparat 1, 91).

Lit.: Vgl. ähnliches Exemplar A.-M. Adam, Bronzes étrusques et italiques, 1984, S. 136 Nr. 175.   I. K.

L 21
Zwei Bucchero-Gefäße in Zeichnungen von Carlo Ruspi (um 1828)
Maßstab 1 : 2
Feder, schwarz
19 cm × 24 cm
Berlin, SMB, Antikensammlung, Gerhardscher Apparat Bd. 30 Blatt 15

Oben ein Skyphos mit einem mittels Schablone eingedrückten Dekor (Greif und Sphinx), unten ein mit Rollstempelverzierung dekorierter henkelloser Becher. Es sind gängige Typen der Bucchero-Keramik (Becher ähnlich dem Berliner Exemplar Inv.: F 1554). Vgl. Kat.-Nr. B 2.46 mit Lit.   M. K.

L 22

Rotfiguriger Krater in Florenz in einer Zeichnung von Carlo Ruspi

Feder, schwarz
49,8 cm × 39 cm
Bezeichnet Mitte oben: Museo Cinci
Volterra 1828
Berlin, SMB, Antikensammlung,
Gerhardscher Apparat Bd. 30 Blatt 9

Der heute in Florenz, Museo Archeologico, aufbewahrte etruskische rotfigurige Krater wurde in einer Werkstatt in Volterra im letzten Viertel des 4. Jh. v. u. Z. gearbeitet. Carlo Ruspi hat im Museo Cinci in Volterra diesen Krater 1828 gezeichnet und die Gefäßform sowie die figürlichen Szenen genau wiedergegeben: Am Hals des Gefäßes ein weiblicher Kopf zwischen zwei Pferden, die an je eine Säule gebunden sind, und auf dem Gefäßkörper der Kampf zweier Pygmäen mit Kranichen.   M. K.

L 23

Etruskische Aschenkiste, Grundriß und Querschnitt durch eine Grabkammer

Unbekannter Zeichner
Feder, braun
20,8 cm × 20,6 cm
Bezeichnet unter dem Grundriß: Braccia
Toscana
Bezeichnet am Rand links: Incrizione
dal N° 7 del tutto similer altra presente
del desegno
Berlin, SMB, Antikensammlung,
Gerhardscher Apparat Bd. 3, Taf. 33
Nr. 158

Im Grundriß sind acht Urnen eingezeichnet und in der Zeichnung zwei Inschriften wiedergegeben. Im Gerhardschen Apparat befinden sich neben dieser Aschenkiste die Zeichnung zu der Urne Nr. 5 sowie drei weitere nicht mehr numerierte Zeichnungen zu Aschenkisten, offenbar aus dieser Grabkammer.   M. K.

L 24

Etruskische Aschenkiste
Farbiger Druck aus Inghiramis
»Museum Etruscum«

20 cm × 13,7 cm (Platte)
Berlin, SMB, Antikensammlung,
Gerhardscher Apparat Bd. 3, Taf. 29, Nr. 126

Volterraner Aschenkiste von Florenz, Real Galleria aus Francesco Inghirami, Monumenti Etruschi (1821–1826) S. 1 Taf. 4. Vgl. auch Bibliotheca Etrusca, Katalog Lincei 1985/86, S. 110, Nr. 18 Taf. 10.

L 25

Etruskische Aschenkiste in einer Zeichnung nach Inghirami

Feder, hellbraun laviert
24,8 cm × 18,3 cm
Berlin, SMB, Antikensammlung,
Gerhardscher Apparat Taf. 30 Nr. 208

Vgl. F. Inghirami, Monumenti Etruschi (1821 bis 1826) Nr. 34; Körte II. 1.2 Taf. 96.

L 26

Etruskische Aschenkiste in einer Zeichnung von Inghirami

Bleistift
27,2 cm × 37 cm
Bezeichnet unten Mitte: In meo Museo
Berlin, SMB, Antikensammlung,
Gerhardscher Apparat Bd. 3,
Taf. 152, Nr. 500

Lit.: F. Inghirami, Monumenti Etruschi (1821 bis 1826) Bd. 1 Nr. 10.

L 27   (Farbtafel)

Etruskische Aschenurne in Hausform in einer Zeichnung von Carlo Ruspi

Bleistift, Feder, aquarelliert
und laviert
29 cm × 19,2 cm
Bezeichnet rechts: Carlo Ruspi
Romano Dis. Anno 1828
Bezeichnet Mitte: Cinci (spätere Eintragung)
Bezeichnet unten: Cassa Ossuaria di
Terracotta dipinta a varia colori,
in forma di un Tempio
Berlin, SMB, Antikensammlung,
Gerhardscher Apparat Bd. 3 Taf. 2 Nr. 5

L 28

Etruskische Aschenkiste in Zeichnungen von Carlo Ruspi im Museum Volterra

Feder, rot laviert
31,3 cm × 19,3 cm
Bezeichnet Mitte: Carlo Ruspi Rom.
Dis. 1828
Weitere Bleistiftbeschriftungen auf dem
Blatt
Berlin, SMB, Antikensammlung,
Gerhardscher Apparat Bd. 3 Taf. 10
Nr. 69 a–e

L 29   (Farbtafel)

Etruskische Aschenurne in einer Zeichnung von Carlo Ruspi

Bleistift und Feder, aquarelliert und
laviert
27 cm × 19,2 cm
Bezeichnet rechts unten: Carlo Ruspi
Romano dis. Anno 1828
Bezeichnet Mitte: T.c. Cinci (spätere
Eintragung)
Berlin, SMB, Antikensammlung,
Gerhardscher Apparat Bd. 3 Taf. 1 Nr. 1

Vgl. Berliner Aschenurne (Kat.-Nr. D 5.35).

L 30

Etruskische Aschenurne in einer Zeichnung von Carlo Ruspi

Bleistift, Feder, schwarz aquarelliert
und laviert
27 cm × 19,2 cm
Bezeichnet rechts: Carlo Ruspi
Romano Dis. Anno 1828
Bezeichnet Mitte: Cinci (spätere Eintragung)
Berlin, SMB, Antikensammlung,
Gerhardscher Apparat Bd. 3 Taf. 1 Nr. 2

L 31

Tomba Avvolta, Tarquinia;
Intaktes Kammergrab für zwei Personen mit Inventar

1. Grundriß und Querschnitt durch die Tomba, publiziert in den »Annali dell'Instituto« 1929, S. 91 ff. Taf. B
2. Bauchiger Krater mit Untersatz und Deckel, Inv.: F 1635 (Verlust)
3. Rundschild, Sammlung Dorow Nr. 538, 1831 angekauft, 700–600 v. u. Z. Berlin, SMB, Antikensammlung Fr 1008 Siehe Kat.-Nr. A 3.4
4. Bronzeschild, Fragment eines ganz ähnlichen Schildes, Fr 1008 a (Verlust)

Das nach seinem Finder, Carlo Avvolta, benannte Kammergrab wurde 1823 intakt aufgefunden. Avvolta, korrespondierendes Mitglied des wenige Jahre später gegründeten »Istituto« in Rom, berichtete über das Grab und sein Inventar 1829 in den »Annali« (S. 91 ff.). Das Grabinventar wurde bald nach der Auffindung geteilt und verkauft. Neben Kestner und Lord Kinnard gehörte W. Dorow zu den ersten, die in Tarquinia Ankäufe tätigten. Da Dorow bestenfalls den Fundort und keine weiteren Angaben zu seinen Stücken notierte, war man auf den Stich und die Beschreibung in den »Annali« von Avvolta als einzigen Hinweis zu dem Grabinhalt angewiesen. 1937 gelang es M. Pallottino, drei Objekte der Tomba Avvolta in der nach Berlin gelangten Sammlung Dorow nachzuweisen (Nr. 2–4): Deutlich sieht man in der Abbildung in den »Annali« Gefäße mit schlangenartigen Verzierungen auf der Schulter auf durchbrochenem Untersatz und zwei große Bronzeschilde in orientalisierendem Stil. Zudem geht aus einer in Tarquinia erhalten gebliebenen Verkaufsquittung hervor, daß Dorow Funde aus einem 1825 (?) entdeckten Grab, darunter Gefäße, erwarb.

Erst im Laufe des späteren 19. Jahrhunderts wurde es für die Finder zunehmend attraktiv, ganze Fundzusammenhänge (oder als solche ausgegebene) zum Verkauf anzubieten.   M. K.

L 32

Nekropole della Sparne dell'Abbadia bei Poggio Buco
Grundriß, Querschnitt und Aufsicht des Grabes Nr. 16 in einer Zeichnung und in einer Beschreibung von R. Mancinelli, 1898

Feder, schwarz; 1 Blatt gefalzt
Berlin, SMB, Antikensammlung,
Spezialinventar

L 33

Nekropole della Sparne dell'Abbadia bei Poggio Buco
Grundriß, Querschnitt und Aufsicht des Grabes Nr. 23 in einer Zeichnung und in einer Beschreibung von R. Mancinelli, 1898

Feder, schwarz; 1 Blatt gefalzt
Berlin, SMB, Antikensammlung
Spezialinventar

L 34
Nekropole della Sparne dell'Abbadia bei Poggio Buco
Dokumentationen von R. Mancinelli

a) R. Mancinelli, Progressione nello sviluppo architettonico delle tombe a fossa (Die Stufen der architektonischen Entwicklung der Fossa-Gräber), Tavolo I.^{ma}
b) R. Mancinelli, Derivazione delle tombe a camera la quelle a fossa e loro progressione architettonica
(Die Ableitung der Kammergräber von den Fossa-Gräbern und ihre architektonische Entwicklung), Tavola II.^{a}
a) und b): Feder, schwarz; je 1 Blatt gefalzt
Berlin, SMB, Antikensammlung
Spezialinventar

Auf den zwei Tafeln versucht Mancinelli die architektonische Entwicklung der Fossa- und Kammergräber in Grundrissen und Querschnitten wiederzugeben (vgl. S. 418). Die Klassifizierung und Datierung modifizierte er 1899 (Kat.-Nr. L 35). M. K.

L 35
Nekropole della Sparne dell'Abbadia bei Poggio Buco
Dokumentation von R. Mancinelli

R. Mancinelli, Classificazione e Studio comparativo dei corredi ricuperati negli scavi del 1895–96–97 e 98. Scavi e studii di Ricardo Mancinelli, Pitigliano 1898–1899 (Klassifizierung und vergleichende Studie der Gegenstände, die bei den Ausgrabungen von 1895–96–97 und 98 gefunden wurden. Ausgrabungen und Studien von Ricardo Mancinelli, Pitigliano 1898–99)

Handschriftlich, mit zahlreichen Bleistiftzeichnungen, 25 Seiten
Berlin, SMB, Antikensammlung
Spezialinventar

Schon 1898 kündigte Mancinelli Pernice in Berlin eine vergleichende Studie über die Funde aus den Gräbern bei Poggio Buco und die architektonische Entwicklung der Grabtypen an. Während er das architektonische Entwicklungsschema in Zeichnungen noch im selben Jahr nach Berlin sandte, konnte er diese Studie erst im Dezember 1899 beenden. Sie berücksichtigt alle Funde der Gräber, auch die später nach Florenz und in die USA verkauften Komplexe. Die wichtigen Gefäßtypen und Bronzegegenstände sind in Zeichnungen und Beschreibungen wiedergegeben und der Chronologie der architektonischen Entwicklung der Gräber zugeordnet. M. K.

Verzeichnis der Fachausdrücke

(griech. = griechisch; franz. = französisch;
ital. = italienisch; lat. = lateinisch)

A

Adorant
  (lat. adorare, anbeten, verehren)
  Gläubiger, der sich der Gottheit mit
  Gesten der Bitte oder Verehrung nähert

Agraffe
  (franz.) Schmucknadel

Akroter
  (griech.) Giebelaufsatz

Alabastron
  (griech.) Salbgefäß, nach oben verengt

Amphoriskos
  (griech.) kleine Amphora

Antefix
  (lat.) Stirnziegel

Anthemion
  (griech.) ornamentaler Fries aus
  Lotosblüten und Palmetten

Apex
  (lat.) äußerste Spitze, Kuppe, spitzer
  Aufsatz der Priesterkappe

apotropäisch
  (griech.) Unheil abwehrend

Appliken
  (lat.) aufgesetzte Schmuckelemente

As
  (lat.) Grundeinheit im Münzsystem der
  Römer und Etrusker. Vom italischen
  Schwergeld sowohl als Gußstück in
  Bronze bekannt wie auch geprägt; mit
  Wertmarke I

Askos
  (griech.) Gießgefäß

Atrium
  (lat.) offener Innenhof des italisch-römischen
  Hauses

Attasche
  (franz.) verbreiterte und meist besonders geschmückte Ansatzfläche eines Geräteils

B

Bikonische Urne
  villanovazeitliche Urne mit
  ausgebauchter Wandung

Bulla
  (lat.) Kapsel, Amulett

C

Cassone-Grab
  in den Boden eingetieftes, sarkophag-
  artiges Grab (ital. cassone – Kasten)

Chiton
  (griech.) langes oder kurzes, bei Frauen
  gegürtetes Untergewand

Chlaina
  (griech.) Oberkleid; langer Mantel aus
  rechteckig geschnittenem Tuch,
  auf einer Schulter genestelt

Chlamys
  (griech.) leichter, auf der Schulter
  gehefteter Mantel für Männer

Cippus
  (lat.) allgem. Bezeichnung für
  steinerne Grabaufsätze

Ciste
  (lat., griech.) Kiste, Kasten. Oft
  runde Gefäßform mit Deckel für Schmuck

Columenrelief
  reliefgeschmückte Verkleidungsplatte auf
  der Balkenstirn der Firstpfette (lat. columen)
  im Giebel des etruskischen Tempels

Cucumella
  großer Grabhügel (D. 65 m) aus dem frühen
  6. Jh. v. u. Z. in der Nekropole von Vulci

D

Didrachme
  (griech.) Silbermünze im Wert von
  2 Drachmen

Dinos
  (griech.) meist fußloser Kessel

Diskobol
  (griech.) Diskuswerfer

Drachme
  (griech.) Kleinsilbermünze,
  deren Gewicht sich nach dem
  jeweiligen Münzfuß richtet. Die D.
  war stets 1/100 von 1 Mine

Dupondius
  (lat.) Münzeinheit; beim etrusk. Schwergeld
  das Doppelte des As und demzufolge mit
  Wertangabe

E

Echinus
  (griech.) rundes gewölbtes Glied
  speziell des dorischen Kapitells

Elytren
  (griech.) Flügeldecken der Käfer

Exomis
  (griech.) kurzer gegürteter Chiton, der eine
  Schulter freiläßt

F

Fascie
  (lat.) streifenartiges Architekturglied

Filigran
  Goldschmiedetechnik, bei der dünne
  Metalldrähte miteinander verflochten
  wurden

Firnis
  Malschlicker, Glanzton

Fossa-Kultur
  prähistorische Kultur der Eisenzeit
  in Süditalien (Latium, Kampanien,
  Kalabrien und Ostsizilien), für die
  neben den Brandbestattungen Fossagräber
  besonders charakteristisch sind
  (Mitte 8. – Anfang 6. Jh. v. u. Z.)

Fossa-semplice-Gräber
  einfaches Grubengrab (ital. fossa –
  Grube) mit Körperbestattung

G

Gorgoneion
  Haupt der Gorgo Medusa
  (griech. Fabelwesen)

Granulation
  Goldschmiedetechnik, bei der feinste
  Metallkörnchen auf einer Oberfläche
  festgelötet wurden

H

Harpago
  (griech.) Harke, harkenförmiger Fackelhalter

Himation
  (griech.) rechteckiger Mantel aus Wollstoff

Holmos
  (griech.) Gefäßständer

Hydria
  (griech.) Wassergefäß

I

Incisionen
  (lat. incidere – einschneiden)
  hier: die mit der Säge geführten Einschnitte
  in den Kanten der Cippen

Inkarnat
  (ital.) Fleischfarbe

ithyphallisch
  (griech.) mit erigiertem Glied

K

Kalathos
(griech.) geflochtener Korb

Kalpis
(griech.) Sonderform der Hydria,
auch Urne

Kalypter
(griech.) Deckziegel

Kalyxkrater
(griech.) Kelchkrater

Kandelaber
(lat.) Ständer für Kerzen und Lampen

Kanope
(griech.) ursprünglich Eingeweidekrug,
hier Kopfteil etruskischer Urnen

Kantharos
(griech.) weites Trinkgefäß mit zwei
schlaufenartigen Henkeln

Kapitell
(lat.) oberer Säulen- oder Pfeilerabschluß

Kerykeion
(griech.) Heroldstab des Hermes

Kline
(griech.) Bett, Lager

Korymben
(griech.) traubenförmige Fruchtbüschel
des Efeu

Kotyle
(griech.) kleiner Trinknapf

Krater
(griech.) Mischgefäß für Wein und Wasser

Krateriskos
(griech.) kleines Mischgefäß

Krobylos
(griech.) Haarschopf

Kyathos
(griech.) einhenkeliges Trinkgefäß

Kylix
(griech.) zweihenkelige Trinkschale

Kyma (Kymation)
(griech.) architektonisches Profil in
Form eines Blattüberfalls;
wellenartiges Profil

L

Lekythos
(griech.) schlankes, flaschenartiges
Gefäß für Öle und Salben, besonders
im Totenkult verwendet

Litra
(griech.) nur im italisch-sizilischen Raum
gebräuchliche Münz- und Gewichtseinheit.

Lituus
(lat.) oben gebogener, in ein dickeres
Ende auslaufender Stab; Würdezeichen
von Priestern und Beamten

Louterion
(griech.) Waschbecken

M

Mamma
(lat.) Brust, Euter

Metope
(griech.) Tafel zwischen den Triglyphen
des dorischen Frieses

N

Nimbus
(lat.) hier schalenförmiger Rahmen des
Stirnziegels

Nodus
(lat.) Knoten, Schlinge

O

Oinochoe
(griech.) Weinkanne

Olla
(ital.) Topf

Olpe
(griech.) ursprünglich Ölflasche,
allgemein für schlanke Kannenform

Omphalos
(griech.) Nabel, nabelartige Vertiefung
bzw. auf der Gegenseite Buckel

P

Patera
(lat.) Schale, Opferschale

Pektorale
(lat.) Brustschmuck

Pelte oder Pelta
(griech.) kleiner, halbmondförmiger Schild,
bes. auf Amazonendarstellungen

Peplos
(griech.) rechteckiges Frauengewand
aus Wollstoff mit Überschlag, auf der
Schulter geheftet und rechts offen

Phiale
(griech.) henkellose Schale

Pilos
(griech.) spitzer Filzhut

Pithos
(griech.) großes Vorratsgefäß aus Ton

Plektron
(griech.) Werkzeug des Kitharaspielers,
mit dem er die Saiten anschlägt

Plinthe
(griech.) rechteckige Standplatte

Poculum
(lat.) Becher, Trinkgefäß

Polos
(griech.) kappenartige Kopfbedeckung

polygonal
(griech.) vieleckig

Pozzo-Grab
(ital. pozzo – Brunnen) Schacht mit
Urnengrab

Prothesis
(griech.) feierliche Aufbahrung
des Toten

Protome
(griech.) Vorderteil eines Tieres

Pteryges
(griech.) Flügel; Streifen am unteren
Rand des Brustharnisches

Puntello
(ital.) Strebe, Stütze

Pyxis
(griech.) Büchse, Dose

Q

Quadrans
(lat.) Einheit für Bronzemünzen, die ¼ des
As wert waren und demzufolge auf dem
etrusk. Schwergeld durch 3 Wertkugeln
gekennzeichnet sind

Quinar
(lat.) röm. Silbermünze; die Hälfte des
Denars

R

Rotella
(ital.) Rädchen, runde Scheibe

S

Sakkos
(griech.) Haube

Sanktuar
(lat.) Heiligtum

Sextans
(lat.) beim italischen Schwergeld
geläufige Einheit für Bronzemünzen;
als Sechstel des As durch
2 Wertkugeln gekennzeichnet

Sima
(griech.) Rinnleiste, Dachrinne

Simpulum
(lat.) kellenartiges Weinsieb

Situla
(lat.) Eimer, Gefäß mit Bügelhenkel

Skyphos
(griech.) zweihenkeliger Trinknapf

Stamnos
(griech.) zweihenkeliges Weingefäß mit weiter Mündung

Stater
(griech.) gängige griech. Silbermünze, die
häufig der Didrachme gleichzusetzen ist

Stephane
(griech.) Kopfschmuck, Stirnreif

Strigilis
(lat.) Schabeisen, Striegel

Strigiliskrone
Charakteristisches Kopfprofil
etruskischer Dachterrakotten: Hohlkehle
mit gereihten Rundwülsten oder
konkaven Zungen

Swastika
(Sanskrit) Sonnen-, Hakenkreuzornament

Symposion
(griech.) Trinkgelage, Gastmahl

Syrinx
(griech.) Hirten- oder Pansflöte aus
nebeneinanderliegenden Röhren
ungleicher Länge und Dicke

T

Tebenna
etruskischer Mantel, halbkreisförmig
geschnitten, über eine Schulter
oder über beide gelegt

Tetradrachme
(griech.) überaus häufig geprägte griech.
Silbermünze im Wert von 4 Drachmen

Thiasos
(griech.) dionysischer Schwarm
Thorax
(griech.) Brustpanzer,
beim Skarabäus der Brustkasten
Thymiaterion
(griech.) Räucherbecken
Torques
(lat.) gedrehter ringförmiger offener
Halsschmuck

Torus
(griech.-lat.) Architekturprofil: gewölbtes
Rundglied speziell der Säulenbasis
Triens
(lat.) Münzeinheit des italischen Schwergeldes, einem Drittel des As entsprechend
und demzufolge durch 4 Wertkugeln
gekennzeichnet.
Triglyphe
(griech. Dreischlitz) geschlitztes
Zierglied des dorischen Frieses
Tumulus
(lat.) Grabhügel

Tunika
(lat.) Untergewand knielang; vgl. Chiton
Tutulus
etruskische, meist weibliche Kopfbedeckung
oder Haartracht von konischer Form

U

Unica
(lat.) Niedere Münzeinheit innerhalb des
italischen Schwergeldes; als ½ des As
mit 1 Wertkugel versehen

Abkürzungsverzeichnis zur Literatur

Außer den in der Archäologischen Bibliographie empfohlenen Sigeln werden folgende
Abkürzungen verwendet:

AChB
Antičnaja chudožestvennaja Bronza,
Katalog Leningrad 1974
A. M. Adam, Bronzes étrusques et
italiques 1984
Adam, A. M., Bibliothèque Nationale.
Bronzes étrusques et italiques, 1984
Åkerström
Å. Åkerström, Der geometrische Stil
in Italien, 1943
Albore-Livadie,
Albore-Livadie, C., in: Le bucchero
nero étrusque et sa diffusion en Gaule
Méridionale, 1979 (Coll. Latomus 160)
S. 91ff.
Albore-Livadie, Calderoni
Albore-Livadie, C., Tre calderoni di
bronzo da vecchi scavi cumani, in:
AttiMGrecia 18–20, 1977–1979, S. 127ff.
Andrén
Andrén, A., Architectural Terracottas
from Etrusco-Italic Temples, 1939–40
Anndell'Inst
Annali dell'Instituto di Corrispondenza
Archeologica
Antické umění
Antické Umění v Československych
Sbirkách, Katalog Prag 1979
Antičnaja koroplastika
Antičnaja koroplastika. Gosudarstvennyj
Ermitaž. Katalog Leningrad 1976
Antikensammlung III, 1984
Staatliche Museen zu Berlin, DDR. Führer
durch die Ausstellungen des Pergamon-
museums. Antikensammlung III, 1985
Artigianato artistico
Artigianato artistico L'Etruria settentrionale
interna in età ellenistica. Katalog Volterra
1985
AttiConv
Atti del Convegno di Studi sulla
Magna Grecia
Atti Del V Convegno
Contributi Introduttivi Allo Studio
Della Monetazione Etrusca. Atti Del V
Convegno Del Centro Internazionale
Di Studi Numismatici. Napoli 20–24 Aprile
1975, 1976 (Suppl. zu Bd. 22 der Annali)

Atti Siena 1977
Caratteri dell'ellenismo nelle urne etrusche.
Atti dell'incontro di studi. Università
di Siena 1976 (Prospettiva Suppl. I)
AZ
Archäologische Zeitung

Badoni
Badoni, F. P., Ceramica Campana a
Figure Nere, 1968
Bartoloni
Bartoloni, G., Le tombe da Poggio Buco
nel Museo Archeologico di Firenze, 1972
Beazley-Magi
Beazley, J. D., Magi, F., La raccolta
Benedetto Guglielmi nel Museo
Gregoriano Etrusco I, 1939
BMC
R. S. Poole, A Catalogue of Greek Coins
in the British Museum. Italy, 1873
Boardman, Archaic Gems
Boardmann, J., Archaic Gems, 1968
Boehlau
Boehlau, J., Die Grabfunde von
Pitigliano im Berliner Museum, in:
JdI 15, 1900, S. 155–195
Bonfante
Bonfante, L., Etruscan Dress, 1975
Boosen
Boosen, M., Etruskische Meeresmisch-
wesen. Untersuchungen zu Typologie und
Bedeutung, 1986
Boriskovskaja, Bronzy
Boriskovskaja, S. P., Bronzy iz Vul'ci
v cobranii Ermitaža, in: Chudožestvennye
izdelija antičnych masterov, 1982
Boriskovskaja, Novoe
Boriskovskaja, S. P.: G. Colonna, Bronzi
votivi umbro-sabellici a figura
umana. I. Il periodo arcalco,
1970. Rez. in: Eirene 14, 1976 S. 125ff.
Breitenstein
Breitenstein, N., Danish National
Museum. Catalogue of Terracottas, 1941
Bulldell'Inst
Bullettino dell'Instituto di
Corrispondenza Archeologica

Capecchi-Gunella
Capecchi, G., Gunella, A., Calici
di bucchero a sostegni figurati, in:
AttiMemFirenze 40, 1975, S. 35ff.

Caylus
Caylus, A., Recueil d'antiquités,
I–VIII, 1752–1768
Charsekin
Charsekin, A. J., Vaprosy interpretacii
pamjatnikov etruskoj pis'mennosti,
1963
CIE
Corpus Inscriptionum Etruscarum
CIL
Corpus Inscriptionum Latinarum
Civiltà
Civiltà degli etruschi. Katalog
Florenz 1985
Colonna, Bronzi votivi
Colonna, G., Bronzi votivi
umbro-sabellici a figura umana.
I. Il periodo arcaico. 1970
(Studi e materiali di etruscologia
ed antichità italiche, 8)
Conze, Beschreibung
Königliche Museen zu Berlin.
Beschreibung der antiken Skulpturen.
Hrsg. v. A. Conze, 1891
Cristofani, Monte Michele
Cristofani, M., Le tombe da Monte
Michele nel Museo Archeologico
di Firenze, 1969
CUE
Corpus delle urne etrusche ellenistiche
I, Urne volterrane. I complessi
tombali, 1975; II, Urne volterrane.
Il Museo Guarnacci, parte prima,
1977
CVA
Corpus Vasorum Antiquorum

Dohan
Dohan, E. Hall, Italic Tomb-Groups
in the University Museum, 1942
Dohrn
Dohrn, T., Die schwarzfigurigen
etruskischen Vasen der zweiten Hälfte
des sechsten Jahrhunderts, 1937
Dohrn, Interimsperiode
Dohrn, T., Die etruskische Kunst
im Zeitalter der griechischen Klassik.
Die Interimsperiode, 1982
Dressel
Königliche Museen zu Berlin.
Beschreibung der Antiken Münzen von
H. Dressel, III, 1894

EAA
Enciclopedia dell'arte antica classica
e orientale Rom
EVP
Beazley, J. D., Etruscan Vase Painting,
1947

Falconi Amorelli
Falconi Amorelli, M. T., Vulci, Scavi
Bendinelli 1919–1923, I, 1983
Floren
Floren, J., Studien zur Typologie des
Gorgoneions, 1977
v. Freytag gen. Löringhoff, Giebelrelief
Freytag gen. Löringhoff, B. v., Das
Giebelrelief von Telamon und seine
Stellung innerhalb der Ikonographie
der »Sieben gegen Theben«, 1986
(RM ErgH. 27)
Friederichs
Berlins Antike Bildwerke. II. Geräthe
und Broncen im Alten Museum, von
C. Friederichs, 1871
Furtwängler
Furtwängler, A., Die antiken
Gemmen I–III, 1900
Furtwängler, Gemmen
Königliche Museen zu Berlin.
Beschreibung der Geschnittenen Steine
im Antiquarium von A. Furtwängler, 1896
Furtwängler, Vasen
Königliche Museen zu Berlin.
Beschreibung der Vasensammlung im
Antiquarium von A. Furtwängler I, II, 1885

Garrucci, Le Monete Dell'Italia Antica
Garrucci, P. R., Le Monete dell'Italia
Antica, 1885
Gempeler
Gempeler, R. D., Die etruskischen
Kanopen, 1974
Gerhard, ES 1–4
Gerhard, E., Etruskische Spiegel Bd. 1
1843, Bd. 2 1845, Bd. 3 1862,
Bd. 4, 1 u. 2 1865/1867
Giglioli, AE
Giglioli, G. Q., L'Arte Etrusca, 1935
Goettling
Goettling, C. W., Verzeichnis der
Gegenstände des im Jahre 1846
gegründeten archäologischen Museums
der Universität Jena, 1856[3]
Gsell, Vulci
Gsell, S., Fouilles dans la nécropole
de Vulci, 1891

Haeberlin, Aes Grave
Haeberlin, E. J., Aes Grave.
Das Schwergeld Roms und Mittelitaliens,
1910
Hannestad, Followers
Hannestad, L., The Followers of the
Paris Painter, 1976
Helbig 1869
Helbig, W., in: Bulldell'Inst 1869 S. 257ff.

Helbig 1874
Helbig, W., in: Anndell'Inst 1874
S. 249ff.
Helbig 1–4
Helbig, W., Führer durch die
öffentlichen Sammlungen klassischer
Altertümer in Rom, 1–4. 4. Auflage,
1963–1972
Hencken, Tarquinia
Hencken, H., Tarquinia, Villanovans and
Early Etruscans, 1968
Herbig, Steinsarkophage
Herbig, R., Die jüngeretruskischen
Steinsarkophage, 1952
Higgins II
Higgins, R. A., Catalogue of the
Terracottas in the British Museum II,
1959
Hirschland-Ramage
Hirschland-Ramage, N., Studies in
Early Etruscan Bucchero, in: BSR 28,
1970, S. 1ff.
Hofter
Hofter, M. R., Untersuchungen zu Stil
und Chronologie der mittelitalischen
Terrakotta-Votivköpfe, 1985

Jannot 1984
Jannot, J.-R., Les reliefs archaïques
de Chiusi, 1984 (Collection de l'Ecole
française de Rome, 71)
Jolivet, Recherches
Jolivet, V., Recherches sur la
céramique étrusque à figures rouges
tardive du Musée du Louvre, 1982
(Notes et documents des musées de
France, 6)

Kilian
Kilian, K., Das Kriegergrab von
Tarquinia. Beigaben aus Metall und
Holz, in: JdI 92, 1977, S. 24ff.
Klügmann-Körte, ES V
Klügmann, A., Körte, G., Etruskische
Spiegel Bd. 5, 1897
Koch
Koch, H., Dachterrakotten aus
Campanien, 1912
Köhler, Ges.Schr.
Köhler, H., Gesammelte Schriften,
herausgegeben von L. Stephani,
1850–1852
Köhler, Käfer-Gemmen
Köhler, H., Über Käfer-Gemmen und
etruskische Kunst, in: Köhler,
H., Gesammelte Schriften, hrsg. von
L. Stephàni, V, 1852, S. 109ff.
Köhler, Lettre
Köhler, H., Lettre sur quelques pierres
gravées dont vient de s'enrichir le Musée
Imperial de l'Ermitage. Mémoires de la
Societé d'archéologie I, 1847, S. 67ff.
Körte
Brunn, E., Körte, G., I Rilievi delle
urne etrusche, I–III, 1870–1916

Kul'tura i iskusstvo Etrurii
Kul'tura i iskusstvo Etrurii.
Katalog Leningrad 1972

La Collezione Ciacci
Donati, L., Michelucci, M., La Collezione
Ciacci nel Museo Archeologico di Grosseto,
Katalog Rom 1981
LIMC
Lexicon Iconographicum Mythologiae
Classicae

Maksimova
Maksimova, M. I., Antičnye reznye
kamni Ermitaža, 1926
Malerei der Etrusker
Malerei der Etrusker in Zeichnungen
des 19. Jh., Katalog Köln 1987
Matteucig
Matteucig, G., Poggio Buco.
The Necropolis of Statonia, 1951
Matthies
Matthies, G., Die praenestinischen
Spiegel, 1912
Mavleev, Bronzovye Zerkala
Mavleev, E. V., Bronzovye Zerkala
etrusskogo goroda Vol'sinii, in:
Antičnaja torevtika, 1986, S. 91ff.
Mavleev, Etrusskie Zerkala
Mavleev, E. V., Etrusskie Zerkala, in:
SA 1984, 2, S. 22ff.
Mavleev, Mifotvorčestvo
Mavleev, E. V., Mifotvorčestvo
isobrazitel'nogo iskusstva, in:
Vipperovskie čtenija »Žizn'mifa v
iskusstve«, Moskau 1987
Mavleev, Sud'ba
Mavleev, E. V., Sud'ba grečeskogo
skazanija o »Sude Parisa« v Etrurii
VI–III vv. do n. e., in: TGE 24, 1984,
S. 49ff.
Mayer-Prokop
Mayer-Prokop, I., Die gravierten
etruskischen Griffspiegel archaischen
Stils, 1967 (RM Erg.H. 13)
Messerschmidt
Messerschmidt, F., Disiecta membra,
in: RM 46, 1931, S. 44ff.
Montagna Pasquinucci
Montagna Pasquinucci, M., La ceramica
a vernice nera del Museo Guarnacci
di Volterra, in: MEFRA 84, 1972, 1,
S. 269ff.
Montelius, Civilisation
Montelius, O., La civilisation primitive
en Italie depuis l'introduction des
métaux 2, 1904
Morel
Morel, J. P., Céramique Campanienne.
Les formes, 1981 (Bibliothèque des
Ecoles françaises d'Athènes et de
Rome, 244)
MusNazRom
Museo Nazionale Romano. Le Terrecotte.
III. 1. Antefisse, 1983

Neugebauer, Bronzen
    Neugebauer, K. A., Staatliche Museen
    zu Berlin. Führer durch das
    Antiquarium I: Bronzen, 1924
Neugebauer, Vasen
    Neugebauer, K. A., Staatliche Museen
    zu Berlin. Führer durch das
    Antiquarium II: Vasen, 1932
Neverov
    Neverov, O., Die Sammlung etruskischer
    Glyptik in der Ermitage, in: StEtr 49,
    1981, S. 13ff.

OAK
    Otčet Archeologičeskoj Komissii

Panofka
    Panofka, T., Terrakotten des
    Königlichen Museums zu Berlin, 1842
Pfister-Roesgen
    Pfister-Roesgen, G., Die etruskischen
    Spiegel des 5. Jahrhunderts v. Chr.,
    1975 (Archäologische Studien 2)

Quaderni Perugia
    Quaderni dell'Istituto di Archeologia
    dell'Universita di Perugia

Rasmussen
    Rasmussen, T. B., Bucchero Pottery
    from Southern Etruria, 1979
RE
    Paulys Realencyclopädie der classischen
    Altertumswissenschaft
Reinach
    Reinach, S., Pierres gravèes des
    collections Marlborough et d'Orleans,
    1895
Richardson
    Richardson, E. H., Etruscan Votive
    Bronzes. Geometric, Orientalising,
    Archaic, 1983
Richter, Engraved Gems
    Richter, G. M. A., The Engraved Gems
    of the Greeks, Etruscans and Romans,
    I, 1968
De Ridder, Bronzes, Louvre II
    De Ridder, A., Les bronzes antiques du
    Louvre II. Les instruments, 1915
Riis
    Riis, P. J., Etruscan Types of Heads, 1981

Riis, Campanian Types
    Riis, P. J., Some Campanian Types of
    Heads, in: From the Collections of the
    Ny Carlsberg Glyptotek II, 1938,
    S. 140ff.
Riis, Tyrrenika
    Riis, P. J., Tyrrenika, 1941
Roncalli
    Roncalli, F., Le lastre dipinte da
    Cerveteri, 1966
Roscher
    Ausführliches Lexikon der griechischen
    und römischen Mythologie, hrsg. von
    W. H. Roscher, Bd. 1ff., 1884/6ff.
Roczn MNW
    Rocznik Muzeum Narodowego
    w Warszawie
Rumpf
    Staatliche Museen zu Berlin. Katalog
    der Etruskischen Skulpturen von
    A. Rumpf, 1928
RW
    v. Rohden, H., Winnefeld, H.,
    Die Antiken Terrakotten
    4.1 Architektonische römische Tonreliefs
    der Kaiserzeit, 1911

SA
    Sovetskaja archeologija
Sambon
    Sambon, A., Les Monnaies Antiques
    de l'Italie, 1903
Santuari
    Santuari d'Etruria. Katalog Arezzo 1985
Sbornik NM
    Sbornik Národniho musea v Praze.
SGAJUK
    Soobščenija Gosudarstvennoj Akademii
    istorii material'noj kul'tury.
SGE
    Soobščenija Gosudarstvennogo Ermitaža
Spivey
    Spivey, N. J., The Micali Painter
    and his Followers, 1987
Stefani, Bronzy i terrakoty
    Stefani, L., Drevnie Bronzy i
    terrakoty, 1883
Stefani, Maschere
    Stefani, G., Maschere fittili etrusche
    in età ellenistica, in: AnnPerugia 17,
    1979–80, S. 243ff.

Stephani
    Stephani, L., Die Vasensammlung der
    Kaiserlichen Ermitage, St. Petersburg
    1869
Strøm
    Strøm, J., Problems Concerning the
    Origin and Early Development of the
    Etruscan Orientalizing Style, 1971
Sundwall
    Sundwall, J., Die italischen
    Hüttenurnen, 1925
Sundwall, Fibeln
    Sundwall, J., Die älteren italischen
    Fibeln, 1943
Szilágyi
    Szilágyi, J. G., Etruszko-korinthosi
    Vázafestészet, 1975

TGE
    Trudy Gosudarstvennogo Ermitaža
TLE
    Pallottino, M., Testimonia Linguae
    Etruscae, 1968
Trendall, LCS
    Trendall, A. D., The Red-Figured Vases
    of Lucania, Campania and Sicily I.II.,
    1967
Trudy GMII
    Trudy Gosudarstvennii Musei
    isobrasitel'nich iskusstv imeni
    A. Puschkina

Val'dgauer
    Val'dgauer, O. F., Kratkoe opisanie
    antičnych raspisnych vaz, 1914
VDJ
    Vestnik Drevnej Istorii
Voščinina, Očerk
    Voščinina, A. J., Očerk po istorii
    drevnerimskogo iskusstva, 1947

Weber, Bronzekannen
    Weber, Th., Bronzekannen. Studien
    an ausgewählten archaischen und
    klassischen Oinochoenformen aus Metall
    in Griechenland und Etrurien, 1983

Zazoff
    Zazoff, P., Etruskische Scarabäen, 1968
Zprávy JKF
    Zprávy Jadnoty klasických filologu

Ortsverzeichnis

Abbildungsnachweis

Die Vorlagen für die Schwarzweißabbildungen wurden von den jeweiligen an der Ausstellung beteiligten Museen und Sammlungen zur Verfügung gestellt. Die Aufnahmen von den Objekten der Berliner Antikensammlung der Staatlichen Museen zu Berlin erfolgten in der Fotowerkstatt der Staatlichen Museen zu Berlin (Leitung: R. Saczewski, Mitarbeiter: R. Mai, K. Betthausen, U. Wirth, E.-M. Borgwaldt, M. Schrick, Chr. Jaenichen, Chr. Begall †). Weitere Fotos verdanken wir dem Kupferstichkabinett (S. 398/399) der Staatlichen Museen zu Berlin, der Meßbildstelle des Instituts für Denkmalpflege (S. 401), der Antikensammlung und Glyptothek München (S. 402), A. Blaha (Prag), Z. Doliński (Warschau), I. Ripke und Dr. A. Effenberger (S. 25). Für die Überlassung von Farbaufnahmen danken wir der PubbliAer Foto (M. Mazzuchelli) Mailand (S. 17, 20f., 22), dem Istituto Fotografico Editoriale Scala, Florenz (S. 18, 23 oben), dem Archiv der Giunti Publishing Group, Florenz (S. 19), Dr. A. Effenberger (S. 23 unten), Dr. M. Kunze (S. 24), Prof. J. Bouzek (S. 122, 282), T. Sóltowska (S. 124, 125), dem Dipartimento di Scienze Storiche, Archeologiche e Antropologia dell'Antichità, Sezione di Etruscologia e Antichità Italiche der Università Rom (S. 161), der Staatlichen Ermitage, Leningrad (S. 358–360) und dem Zentralinstitut für Kunstgeschichte der Universität München (S. 410, 411). Die Reproduktionen fertigte die Fotowerkstatt der Staatlichen Museen zu Berlin an.